Beck im dtv

Arbeitsrecht von A–Z

dtv

Beck im dtv

Arbeitsrecht

von A–Z

verständlich · übersichtlich · klar

Begründet von
Dr. h.c. Günter Schaub †, Vors. Richter am BAG a.D.

Herausgegeben von
Prof. Dr. Ulrich Koch, Vors. Richter am BAG

Bearbeitet von
Prof. Dr. Martina Ahrendt, Richterin am BAG,
Prof. Klaus Bepler, Vors. Richter am BAG a.D.,
Dr. Mario Eylert, Vors. Richter am BAG a.D.,
Edith Gräfl, Vors. Richterin am BAG a.D.,
Oliver Karl Klose, Richter am BAG,
Prof. Dr. Ulrich Koch, Vors. Richter am BAG,
Dr. Rüdiger Linck, Vizepräsident des BAG,
Dr. Maren Rennpferdt, Richterin am BAG,
Dr. Ursula Rinck, Richterin am BAG,
Prof. Dr. Sebastian Roloff, Richter am BAG,
Kristina Schmidt, Vors. Richterin am BAG,
Prof. Dr. Günter Spinner, Richter am BAG

27., überarbeitete Auflage

dtv

www.dtv.de
www.beck.de

Originalausgabe

dtv Verlagsgesellschaft mbH & Co. KG,
Tumblingerstraße 21, 80337 München

Druck und Bindung: Druckerei C.H. BECK, Nördlingen
(Adresse der Druckerei: Wilhelmstraße 9, 80801 München)
Satz: ottomedien GmbH, Darmstadt
Umschlaggestaltung: Agentur 42, Bodenheim,
unter Verwendung eines Fotos von © Kurhan-Fotolia.com

CO_2 neutral
chbeck.de/nachhaltig

ISBN 978-3-423-51276-3 (dtv)
ISBN 978-3-406-78983-0 (C. H. Beck)

9 783406 789830

Vorwort

Mit der vorliegenden 27. Auflage wird das von Günter Schaub begründete Arbeitsrechtslexikon weitergeführt. Das Buch soll in Form von Stichworten Arbeitgeber, Arbeitnehmer und Betriebsratsmitglieder über die wichtigsten Fragen des Arbeitsrechts unterrichten. Behandelt werden auch sozialversicherungsrechtliche Themen aus der Arbeitslosen-, Kranken- und Unfallversicherung, soweit diese für das Arbeitsverhältnis von Bedeutung sind.

Das Buch enthält mehr als 450 Stichworte, die der Orientierung über das weitverzweigte Gebiet des Arbeitsrechts dienen sollen. Unser Hauptanliegen ist es, die nicht immer einfache und stellenweise unübersichtliche arbeitsrechtliche Materie in einer verständlichen und gleichermaßen informativen Weise darzustellen. Dabei haben wir uns vorrangig an der Rechtsprechung des Bundesarbeitsgerichts orientiert, aber auch arbeitsrechtlich bedeutsame Urteile des Gerichtshofs der Europäischen Union (→ *Europäischer Gerichtshof*) sind berücksichtigt worden. Auf besonders wichtige Entscheidungen wird zur besseren Auffindbarkeit mit Datum und Aktenzeichen gesondert hingewiesen, sodass sie im Internet auf der Homepage des Bundesarbeitsgerichts (www.Bundesarbeitsgericht.de) oder des Gerichtshofs der Europäischen Union (https://curia.europa.eu/jcms/jcms/j_6/de/) abgerufen werden können.

Die Stichworte entsprechen dem Stand der Gesetzgebung vom 30. November 2022. Berücksichtigt wurden insbesondere die in der Jahresmitte 2022 verabschiedeten Änderungen im NachwG (→ *Nachweisgesetz*), im Teilzeit- und Befristungsrecht (→ *Teilzeitbeschäftigung*, → *Befristeter Arbeitsvertrag*, → *Abrufarbeit*) sowie beim → *Mindestlohn*. Auf den Gesetzentwurf zum Hinweisgeberschutzgesetz, mit dem der Gesetzgeber die Umsetzung der sog. Whistleblowing-Richtlinie der EU beabsichtigt, ist ebenfalls hingewiesen (→ *Anzeige gegen den Arbeitgeber (Whistleblowing)*). Aufgrund der nach wie vor anhaltenden Pandemiesituation ist bereits in der Vergangenheit ein Stichwort → *Corona* aufgenommen worden, auch in anderen Stichworten werden pandemiebedingte Themen berücksichtigt. In dieser Auflage ist aus aktuellem Anlass das Stichwort → *Impfpflicht* hinzugekommen. Daneben sind die Stichworte – einer Anregung aus der Praxis folgend – um neue Erscheinungsformen der Arbeit (→ *Agiles Arbeiten,* → *Crowdworking,* → *Matrixorganisation*) sowie verfahrensrechtliche Themen ergänzt worden, ebenso hat die Darstellung der betrieblichen Altersversorgung (→ *Betriebliche Altersversorgung*) einen größeren Raum erhalten. Neu aufgenommen ist zur besseren Auffindbarkeit auch eine Stichwortübersicht über betriebsverfassungsrechtlich besonders relevante Themen.

Neu hinzugetreten in den Autorenkreis ist Frau Richterin am Bundesarbeitsgericht Dr. Maren Rennpferdt. Auf Wunsch des Verlags ist die Urheberschaft der Beiträge durch die Anfügung eines Namenskürzels für den Leser erkennbar. Die nicht gekennzeichneten Beiträge hat der Herausgeber zu verantworten.

Die Autoren danken den Mitarbeitern des Verlags C.H. Beck und den von diesem beauftragten Unternehmen für ihre Mitarbeit an der Herstellung dieser Auflage. Unser ganz besonderer Dank gilt jedoch der Lektorin des Buchs, Frau Claudia Schöberl, für ihre zahlreichen sowie stets wertvollen Anregungen und Hilfestellungen bei der Manuskripterstellung.

Konstruktive Anregungen, Hinweise und Verbesserungsvorschläge aus dem Leserkreis sind uns stets willkommen.

Erfurt, im November 2022 Die Verfasser

Stichwortverzeichnis

B

C

D

G

H

I

J

N

O

P

R

S

W

Z

Stichwortverzeichnis für betriebsverfassungsrechtlich besonders relevante Themen

(nachfolgend sind betriebsverfassungsrechtlich besonders relevante Stichworte und ihre Fundstellen aufgeführt)

Abkürzungsverzeichnis

AA .... Agentur für Arbeit (bisher: Arbeitsamt)
aA .... anderer Ansicht
ÄArbVtrG .... Gesetz über befristete Arbeitsverträge mit Ärzten in der Weiterbildung
AbgG .... Abgeordnetengesetz
ABl. .... Amtsblatt
ABl. EG .... Amtsblatt der EG
Abs. .... Absatz
AEntG .... Gesetz über zwingende Arbeitsbedingungen für grenzüberschreitend entsandte und für regelmäßig im Inland beschäftigte Arbeitnehmer und Arbeitnehmerinnen (Arbeitnehmer-Entsendegesetz)
AETR .... Europäisches Übereinkommen über die Arbeit des im internationalen Straßenverkehr beschäftigten Fahrpersonals
AEUV .... Vertrag über die Arbeitsweise der Europäischen Union
aF .... alte Fassung
AG .... Arbeitgeber, Aktiengesellschaft
AGB .... Allgemeine Geschäftsbedingungen, Arbeitsgesetzbuch
AGG .... Allgemeines Gleichbehandlungsgesetz
AktG .... Aktiengesetz
Alg. .... Arbeitslosengeld
AN .... Arbeitnehmer
ANBA .... Amtliche Nachrichten der Bundesagentur für Arbeit
ArbG .... Arbeitsgericht
ArbGG .... Arbeitsgerichtsgesetz
ArbMedVV .... Verordnung zur arbeitsmedizinischen Vorsorge
ArbNErfG .... Gesetz über Arbeitnehmererfindungen

ArbPlSchG .... Gesetz über den Schutz des Arbeitsplatzes bei Einberufung zum Wehrdienst (Arbeitsplatzschutzgesetz)
ArbSchG .... Gesetz über die Durchführung von Maßnahmen des Arbeitsschutzes zur Verbesserung der Sicherheit und des Gesundheitsschutzes der Beschäftigten bei der Arbeit (Arbeitsschutzgesetz)
ArbStättV .... Verordnung über Arbeitsstätten (Arbeitsstättenverordnung)
ArbZG .... Arbeitszeitgesetz
arg. .... argumentum
ARGE .... Arbeitsgemeinschaft
ASiG .... Gesetz über Betriebsärzte, Sicherheitsingenieure und andere Fachkräfte für Arbeitssicherheit
AsylbLG .... Asylbewerberleistungsgesetz
AT .... Außertariflich
ATG .... Altersteilzeitgesetz
AU .... Arbeitsunfähigkeit
AufenthG .... Gesetz über den Aufenthalt, die Erwerbstätigkeit und die Integration von Ausländern im Bundesgebiet (Aufenthaltsgesetz)
AÜG .... Gesetz zur Regelung der Arbeitnehmerüberlassung (Arbeitnehmerüberlassungsgesetz)
AVE .... Allgemeinverbindlicherklärung
AVR .... Arbeitsvertragsrichtlinien
BA .... Bundesagentur für Arbeit
BAFin .... Bundesanstalt für Finanzdienstleistungen
BAFzA .... Bundesamt für Familie und zivilgesellschaftliche Aufgaben
BAG .... Bundesarbeitsgericht
BAnz. .... Bundesanzeiger
BAT .... Bundesangestelltentarifvertrag
BAuA .... Bundesanstalt für Arbeitsschutz und Arbeitsmedizin
BB .... Brandenburg

BBG .... Bundesbeamtengesetz
BBiG .... Berufsbildungsgesetz
BDA .... Bundesvereinigung der Deutschen Arbeitgeberverbände
BDSG .... Bundesdatenschutzgesetz
BEEG .... Gesetz zum Elterngeld und zur Elternzeit (Bundeselterngeld- und Elternzeitgesetz)
BEM .... Betriebliches Eingliederungsmanagement
BeschV .... Verordnung über die Beschäftigung von Ausländerinnen und Ausländern (Beschäftigungsverordnung)
BetrAVG .... Gesetz zur Verbesserung der betrieblichen Altersversorgung (Betriebsrentengesetz)
BetrVG .... Betriebsverfassungsgesetz
BFDG .... Gesetz über den Bundesfreiwilligendienst (Bundesfreiwilligendienstgesetz)
BFV .... Verordnung über die Anerkennung von Weiterbildungsveranstaltungen zur Bildungsfreistellung nach dem Brandenburgischen Weiterbildungsgesetz (Bildungsfreistellungsverordnung BB)
BGB .... Bürgerliches Gesetzbuch
BGBl. .... Bundesgesetzblatt
BGH .... Bundesgerichtshof
BIBB .... Bundesinstitut für Berufsbildung
BImSchG .... Gesetz zum Schutz vor schädlichen Umwelteinwirkungen durch Luftverunreinigungen, Geräusche, Erschütterungen und ähnliche Vorgänge (Bundes-Immissionsschutzgesetz)
BMAS .... Bundesministerium für Arbeit und Soziales
BMFSFJ .... Bundesministerium für Familie, Senioren, Frauen und Jugend
BMJV .... Bundesministerium der Justiz und für Verbraucherschutz
BMTV .... Bundesmanteltarifvertrag
BMWi .... Bundesministerium für Wirtschaft und Energie
BPersVG .... Bundespersonalvertretungsgesetz

BPersVWO	Wahlordnung zum Bundespersonalvertretungsgesetz
BR	Betriebsrat
BRat	Bundesrat
BRD	Bundesrepublik Deutschland
BR-Drs.	Bundesrats-Drucksache
BReg.	Bundesregierung
BRKG	Bundesreisekostengesetz
BRModG	Gesetz zur Förderung der Betriebsratswahlen und der Betriebsratsarbeit in einer digitalen Arbeitswelt (Betriebsrätemodernisierungsgesetz)
BRTV	Bundesrahmentarifvertrag
BRTV-Bau	Bundesrahmentarifvertrag für das Baugewerbe
BSeuchG	Gesetz zur Verhütung und Bekämpfung übertragbarer Krankheiten beim Menschen (Bundes-Seuchengesetz) (aK, siehe jetzt: IfSG)
BSG	Bundessozialgericht
BT-Drs.	Bundestags-Drucksache
Buchst.	Buchstabe
BUrlG	Mindesturlaubsgesetz für Arbeitnehmer (Bundesurlaubsgesetz)
BV	Betriebsvereinbarung
BVerfG	Bundesverfassungsgericht
BVersG	Gesetz über die Versorgung der Opfer des Krieges (Bundesversorgungsgesetz)
BVV	Verordnung über die Berechnung, Zahlung, Weiterleitung, Abrechnung und Prüfung des Gesamtsozialversicherungsbeitrages (Beitragsverfahrensverordnung)
BW	Baden-Württemberg
BZRG	Gesetz über das Zentralregister und das Erziehungsregister (Bundeszentralregistergesetz)
CLP	Classification, Labelling and Packing
DBGrG	Gesetz über die Gründung einer Deutsche Bahn Aktiengesellschaft (Deutsche Bahn Gründungsgesetz)
DDR	Deutsche Demokratische Republik

DGB .... Deutscher Gewerkschaftsbund
dh .... das heißt
DPMA .... Deutsches Patent- und Markenamt in München
DRiG .... Deutsches Richtergesetz
DrittelbG .... Gesetz über die Drittelbeteiligung der Arbeitnehmer im Aufsichtsrat (Drittelbeteiligungsgesetz)
DRK .... Deutsches Rotes Kreuz
DruckluftVO .... Verordnung über Arbeiten in Druckluft (Druckluftverordnung)
DRV Bund .... Deutsche Rentenversicherung Bund
DS-GVO .... Verordnung (EU) 2016/679 des Europäischen Parlaments und des Rates vom 27. April 2016 zum Schutz natürlicher Personen bei der Verarbeitung personenbezogener Daten, zum freien Datenverkehr und zur Aufhebung der Richtlinie 95/46/EG (Datenschutz-Grundverordnung) (ab 25.5.2018)
DVO .... Durchführungsverordnung
e.V. .... eingetragener Verein
EAO .... Anordnung des Verwaltungsrats der Bundesanstalt für Arbeit zur Pflicht des Arbeitslosen, Vorschlägen des Arbeitsamtes zur beruflichen Eingliederung zeit- und ortsnah Folge leisten zu können (Erreichbarkeits-Anordnung)
EDV .... Elektronische Datenverarbeitung
EFZG .... Gesetz über die Zahlung des Arbeitsentgelts an Feiertagen und im Krankheitsfall (Entgeltfortzahlungsgesetz)
EG .... Europäische Gemeinschaft
EGBGB .... Einführungsgesetz zum Bürgerlichen Gesetzbuche
EGMR .... Europäischer Gerichtshof für Menschenrechte
EhfG .... Entwicklungshelfer-Gesetz
EignÜbG .... Gesetz über den Einfluss von Eignungsübungen der Streitkräfte auf Vertragsverhältnisse der Arbeitnehmer und Handelsvertreter sowie

	auf Beamtenverhältnisse (Eignungsübungsgesetz)
Eingangshs.	Eingangshalbsatz
ELStAM	Elektronische Lohnsteuerabzugsmerkmale
EMRK	Europäische Menschenrechtskonvention
EntgTranspG	Gesetz zur Förderung der Entgelttransparenz zwischen Frauen und Männern (Entgelttransparenzgesetz)
EStG	Einkommensteuergesetz
EU	Europäische Union
EUAbgG	Gesetz über die Rechtsverhältnisse der Mitglieder des Europäischen Parlaments aus der Bundesrepublik Deutschland (Europaabgeordnetengesetz)
EuGH	Europäischer Gerichtshof
EuGVVO	Verordnung (EU) Nr. 1215/2012 des Europäischen Parlaments und des Rates vom 12. Dezember 2012 über die gerichtliche Zuständigkeit und die Anerkennung und Vollstreckung von Entscheidungen in Zivil- und Handelssachen
EV	Einigungsvertrag
EVG	Eisenbahn- und Verkehrsgewerkschaft
EWG	Europäische Wirtschaftsgemeinschaft
EWG-VO	Verordnung der EWG
EWR	Europäischer Wirtschaftsraum
EZB	Europäische Zentralbank
f., ff.	folgende Seite bzw. Seiten
FPersG	Gesetz über das Fahrpersonal von Kraftfahrzeugen und Straßenbahnen (Fahrpersonalgesetz)
FPfZG	Gesetz über die Familienpflegezeit (Familienpflegezeitgesetz)
FW	Fachliche Weisungen der Bundesagentur für Arbeit
G.	Gesetz
GA	Geschäftsanweisung der Bundesagentur für Arbeit

GBl.	Gesetzblatt
GBR	Gesamtbetriebsrat
GdB	Grad der Behinderung
GdP	Gewerkschaft der Polizei
GebrMG	Gebrauchsmustergesetz
GefStoffV	Verordnung zum Schutz vor Gefahrstoffen (Gefahrstoffverordnung)
gem.	gemäß
GenDG	Gesetz über genetische Untersuchungen bei Menschen (Gendiagnostikgesetz)
GeschGehG	Gesetz zum Schutz von Geschäftsgeheimnissen
GEW	Gewerkschaft Erziehung und Wissenschaft
GewO	Gewerbeordnung
GewStG	Gewerbesteuergesetz
GG	Grundgesetz
ggf.	gegebenenfalls
ggü.	gegenüber
GJA	Gesamt-Jugend- und Auszubildendenvertretung
GKG	Gerichtskostengesetz
GmbH	Gesellschaft mit beschränkter Haftung
GmbHG	Gesetz betreffend die Gesellschaften mit beschränkter Haftung
GRC	Grundrechte-Charta
grds.	grundsätzlich
GS	Gesetzessammlung
GVBl.	Gesetz- und Verordnungsblatt
HAG	Heimarbeitsgesetz
HebG	Gesetz über den Beruf der Hebamme und des Entbindungshelfers (Hebammengesetz)
HGB	Handelsgesetzbuch
HinSchG-E	Gesetz für einen besseren Schutz hinweisgebender Personen (Hinweisgeberschutzgesetz) (Entwurf)
hM	herrschende Meinung
Hs.	Halbsatz

HwO .... Gesetz zur Ordnung des Handwerks (Handwerksordnung)
IAO (ILO) .... Internationale Arbeitsorganisation
ICF .... Internationale Klassifikation der Funktionsfähigkeit, Behinderung und Gesundheit
ICT-Karte .... Intra Corporate Transferee-Karte (Aufenthaltstitel)
idF .... in der Fassung
idR .... in der Regel
idS .... in diesem Sinne
iE .... im Einzelnen
ieS .... im engeren Sinne
IfSG .... Gesetz zur Verhütung und Bekämpfung von Infektionskrankheiten beim Menschen (Infektionsschutzgesetz)
IG BAU .... IG Bauen-Agrar-Umwelt
IG BCE .... IG Bergbau, Chemie, Energie
IGM .... IG Metall
iHd .... in Höhe der/des
IHK .... Industrie- und Handelskammer
iHv .... in Höhe von
InsO .... Insolvenzverordnung
iS .... im Sinne
iSd .... im Sinne des/der
iSv .... im Sinne von
IuK .... Information und Kommunikation
iVm .... in Verbindung mit
IVOM .... intravitreale operative Medikamenteneingabe
iwS .... im weiteren Sinne
JArbSchG .... Gesetz zum Schutze der arbeitenden Jugend (Jugendarbeitsschutzgesetz)
JAV .... Jugend- und Auszubildendenvertretung
JAVers. .... Jugend- und Auszubildendenversammlung
JFDG .... Gesetz zur Förderung von Jugendfreiwilligendiensten (Jugendfreiwilligendienstegesetz)
JGG .... Jugendgerichtsgesetz

KatSG	Gesetz über die Erweiterung des Katastrophenschutzes
KBR	Konzernbetriebsrat
KG	Kommanditgesellschaft
KGaA	Kommanditgesellschaft auf Aktien
KindArbSchV	Verordnung über den Kinderarbeitsschutz (Kinderarbeitsschutzverordnung)
KrPflG	Gesetz über die Berufe in der Krankenpflege (Krankenpflegegesetz) (aK; siehe jetzt PflBG)
KrWG	Gesetz zur Förderung der Kreislaufwirtschaft und Sicherung der umweltverträglichen Bewirtschaftung von Abfällen (Kreislaufwirtschaftsgesetz)
KSchG	Kündigungsschutzgesetz
KUG	Kurzarbeitergeld
KWG	Gesetz über das Kreditwesen (Kreditwesengesetz)
LeihAN	Leiharbeitnehmer
LPVG	Landespersonalvertretungsgesetz
MAVO	Rahmenordnung für eine Mitarbeitervertretung [in der katholischen Kirche]
MgVG	Gesetz über die Mitbestimmung der Arbeitnehmer bei einer grenzüberschreitenden Verschmelzung
MiLoG	Gesetz zur Regelung eines allgemeinen Mindestlohns (Mindestlohngesetz)
MitbestG	Gesetz über die Mitbestimmung der Arbeitnehmer (Mitbestimmungsgesetz)
Montan MitbestErgG	Gesetz zur Ergänzung des Gesetzes über die Mitbestimmung der Arbeitnehmer in den Aufsichtsräten und Vorständen der Unternehmen des Bergbaus und der Eisen und Stahl erzeugenden Industrie
MontanMitbestG	Gesetz über die Mitbestimmung der Arbeitnehmer in den Aufsichtsräten und Vorständen

	der Unternehmen des Bergbaus und der Eisen und Stahl erzeugenden Industrie
MTM	Methods-Time Measurement
MuKStiftG	Gesetz zur Errichtung einer Stiftung „Mutter und Kind – Schutz des ungeborenen Lebens“
MuSchArbV	Verordnung zum Schutze der Mütter am Arbeitsplatz (aK zum 31.12.2017)
MuSchG	Gesetz zum Schutz von Müttern bei der Arbeit, in der Ausbildung und im Studium (Mutterschutzgesetz)
mWv	mit Wirkung vom
NachwG	Gesetz über den Nachweis der für ein Arbeitsverhältnis geltenden wesentlichen Bestimmungen (Nachweisgesetz)
NGG	Gewerkschaft Nahrung, Genuss, Gaststätten
Nr.	Nummer
NRW	Nordrhein-Westfalen
oÄ	oder Ähnliche/s
OHG	Offene Handelsgesellschaft
ÖPNV	Öffentlicher Personennahverkehr
OT	Ohne Tarifbindung
PatG	Patentgesetz
PersVG	Personalvertretungsgesetz
PfändfreiGrBek	Pfändungsfreigrenzenbekanntmachung
PflBG	Gesetz über die Pflegeberufe (Pflegeberufegesetz)
PflegeZG	Gesetz über die Pflegezeit (Pflegezeitgesetz)
PKH	Prozesskostenhilfe
PostPersRG	Gesetz zum Personalrecht der Beschäftigten der früheren Deutschen Bundespost (Postpersonalrechtsgesetz)
PR	Personalrat
RA	Rechtsanwalt
RechtsVO	Rechtsverordnung
REFA	Reichsausschuss für Arbeitszeitermittlung; jetzt: Verband für Arbeitsgestaltung, Betriebsorganisation und Unternehmensentwicklung e.V. bzw. REFA Bundesverband e.V.

RL	Richtlinie
RöV	Verordnung über den Schutz vor Schäden durch Röntgenstrahlen (Röntgenverordnung) (aK; siehe jetzt StrlSchV)
RPflG	Rechtspflegergesetz
Rs.	Rechtssache
Rspr.	Rechtsprechung
RTV	Rahmentarifvertrag
RVO	Reichsversicherungsordnung
S.	Seite, Satz
SBV	Schwerbehindertenvertretung
SCEBG	Gesetz über die Beteiligung der Arbeitnehmer und Arbeitnehmerinnen in einer Europäischen Genossenschaft (SCE-Beteiligungsgesetz)
SchwarzArbG	Gesetz zur Bekämpfung der Schwarzarbeit und illegalen Beschäftigung (Schwarzarbeitsbekämpfungsgesetz)
SchwbAV	Schwerbehinderten-Ausgleichsabgabeverordnung
SchwbG	Gesetz zur Sicherung der Eingliederung Schwerbehinderter in Arbeit, Beruf und Gesellschaft (Schwerbehindertengesetz) (aK; siehe jetzt: SGB IX)
SchwbVWO	Wahlordnung Schwerbehindertenvertretungen
SE	Statut der Europäischen Gesellschaft
SEBG	Gesetz über die Beteiligung der Arbeitnehmer in einer Europäischen Gesellschaft (SE-Beteiligungsgesetz)
SeeArbG	Seearbeitsgesetz
SeemG	Seemannsgesetz (siehe jetzt: SeeArbG)
SG	Sozialgericht
SGB	Sozialgesetzbuch Buch I–XII
SGG	Sozialgerichtsgesetz
sog.	so genannt
SprAuG	Gesetz über Sprecherausschüsse der leitenden Angestellten (Sprecherausschussgesetz)
StGB	Strafgesetzbuch

StrlSchV	Verordnung über den Schutz vor der Wirkung ionisierender Schäden (Strahlenschutzverordnung)
SvEV	Verordnung über die sozialversicherungsrechtliche Beurteilung von Zuwendungen des Arbeitgebers als Arbeitsentgelt (Sozialversicherungsentgeltverordnung)
TKE	Telekommunikationseinrichtungen
TKG	Telekommunikationsgesetz
TMG	Telemediengesetz
TV	Tarifvertrag
TVG	Tarifvertragsgesetz
TV-L	Tarifvertrag für den öffentlichen Dienst der Länder
TVöD	Tarifvertrag für den öffentlichen Dienst
TzBfG	Gesetz über Teilzeitarbeit und befristete Arbeitsverträge (Teilzeit- und Befristungsgesetz)
u.a.	unter anderem
ULAK	Urlaubs- und Lohnausgleichskasse der Bauwirtschaft
UmwG	Umwandlungsgesetz
UN	Vereinte Nationen
UN-BRK	UN-Behindertenrechtskonvention
usw.	und so weiter
uU	unter Umständen
UWG	Gesetz gegen den unlauteren Wettbewerb
VAG	Gesetz über die Beaufsichtigung der Versicherungsunternehmen (Versicherungsaufsichtsgesetz)
ver.di	Vereinte Dienstleistungsgewerkschaft
VermBG	Fünftes Gesetz zur Förderung der Vermögensbildung der Arbeitnehmer (Fünftes Vermögensbildungsgesetz)
VKA	Vereinigung der kommunalen Arbeitgeberverbände (VKA)
VO	Verordnung

VTV .... Tarifvertrag über das Sozialkassenverfahren im Baugewerbe
VU .... Versäumnisurteil
VVaG .... Versicherungsverein auf Gegenseitigkeit
VwVfG .... Verwaltungsverfahrensgesetz
WHG .... Gesetz zur Ordnung des Wasserhaushalts (Wasserhaushaltsgesetz)
WHO .... World Health Organization (Weltgesundheitsorganisation)
WissZeitVG .... Gesetz über befristete Arbeitsverträge in der Wissenschaft (Wissenschaftszeitvertragsgesetz)
WO .... Wahlordnung
WPflG .... Wehrpflichtgesetz
ZAbk .... Zusatzabkommen zum NATO-Truppenstatut
zB .... zum Beispiel
ZDG .... Gesetz über den Zivildienst der Kriegsdienstverweigerer (Zivildienstgesetz)
ZPO .... Zivilprozessordnung
ZVK .... Zusatzversorgungskasse
ZVK-Bau .... Zusatzversorgungskasse des Baugewerbes
zzt. .... zurzeit

A

► Abfindung

I. Grundsatz

Zu den weitverbreitetsten Irrtümern von AN gehört ihr Glaube, der AG müsse bei einer von ihm ausgesprochenen → *Kündigung* stets eine Abfindung bezahlen. Dies ist nicht der Fall. Es gibt kein Gesetz oder einen Rechtsgrundsatz mit diesem Inhalt. Das Gesetz sieht die Zahlung einer Abfindung nur vor, wenn **(1)** der AN → *Kündigungsschutzklage* erhoben hat, die Kündigung des AG sozialwidrig ist und das Arbeitsverhältnis auf Antrag einer der Arbeitsvertragsparteien durch eine gerichtliche Entscheidung aufgelöst wird (→ *Auflösung des Arbeitsverhältnisses durch Urteil*) oder **(2)** der AG gegen seine Pflichten bei der Durchführung einer → *Betriebsänderung* verstößt (→ *Nachteilsausgleich*). Ansonsten muss **(3)** eine Abfindung entweder in einem TV, einer BV (→ *Sozialplan*) oder – was eher selten vorkommt – im Arbeitsvertrag vereinbart sein. Daneben kann der AG beim Ausspruch einer → *betriebsbedingten Kündigung* die Zahlung einer Abfindung zusagen (dazu unter II.). Auf eine vom AG gezahlte Abfindung wegen des Arbeitsplatzverlustes müssen keine Sozialversicherungsbeiträge entrichtet werden, da es sich nicht um Arbeitsentgelt iSd § 14 SGB IV handelt. Die Abfindung unterliegt im Jahr ihres Zuflusses der Einkommensteuer und kann zum Ruhen von Ansprüchen auf → *Arbeitslosengeld I* führen (→ *Erstattungsanspruch der Bundesagentur für Arbeit*). Abfindungen gehören vollstreckungsrechtlich zum Arbeitseinkommen iSd § 850 Abs. 1 ZPO und werden daher von einem darauf gerichteten Pfändungs- und Überweisungsbeschluss erfasst. Wird die Abfindung in einer Summe gezahlt, besteht nur Pfändungsschutz nach § 850i ZPO.

II. Abfindungsanspruch bei betriebsbedingter Kündigung

Nach § 1a KSchG kann der AN eine Abfindung verlangen, wenn (**1**) der AG wegen dringender betrieblicher Erfordernisse kündigt, (**2**) der AN bis zum Ablauf der Klagefrist keine → *Kündigungsschutzklage* erhebt und (**3**) der AG den AN in der Kündigungserklärung darauf hinweist, dass die Kündigung auf dringende betriebliche Erfordernisse gestützt wird (→ *betriebsbedingte Kündigung*) und der AN bei Verstreichenlassen der Klagefrist die Abfindung beanspruchen kann. Der AN muss bei einem entsprechenden Angebot des AG nur untätig bleiben. Die Höhe der Abfindung nach § 1a KSchG beträgt 0,5 Monatsverdienste für jedes Jahr des Bestehens des Arbeitsverhältnisses. Bei der Ermittlung der Dauer des Arbeitsverhältnisses ist ein Zeitraum von mehr als sechs Monaten auf ein volles Jahr aufzurunden (§ 1a Abs. 2 KSchG). Der AG kann frei wählen, ob er eine Abfindung im Kündigungsschreiben zusagt oder – im Vertrauen auf die Wirksamkeit seiner Kündigung – das Risiko ihrer gerichtlichen Überprüfung eingeht. Äußert sich der AG im Kündigungsschreiben nicht zur Abfindung, ist er nicht zur Zahlung einer Abfindung verpflichtet. Eine nach Ablauf der Frist des § 4 S. 1 KSchG erhobene Klage führt ebenso zum Ausschluss des Abfindungsanspruchs nach § 1a KSchG wie die Rücknahme einer zunächst erhobenen Kündigungsschutzklage. Die Parteien sind trotz der gesetzlichen Regelung nicht an der Vereinbarung einer geringeren oder höheren als der vom Gesetz vorgesehenen Abfindung gehindert.

► Abgeordnete

Nach Art. 48 Abs. 2 S. 1 GG darf niemand gehindert werden, das Amt eines Abgeordneten zu übernehmen. Die Rechtsverhältnisse der Bundestagsabgeordneten sind im Abgeordnetengesetz (AbgG) vom 21.2.1996 (BGBl. I 326) und diejenigen der Europaabgeordneten im Europaabgeordnetengesetz (EUAbgG) vom 6.4.1979 (BGBl. I

413) geregelt. Eine → *Kündigung* aus Anlass oder wegen der Abgeordnetentätigkeit ist unwirksam (§ 2 Abs. 3 AbgG) und im Übrigen nur als → *außerordentliche Kündigung* aus wichtigem Grund zulässig. Der Kündigungsschutz beginnt mit der Aufstellung des Bewerbers durch das dafür zuständige Organ der Partei oder mit der Einreichung des Wahlvorschlags. Er gilt ein Jahr nach Beendigung des Mandats fort (§ 2 Abs. 3 AbgG, § 3 Abs. 3 EUAbgG). Zur Vorbereitung seiner Wahl hat der Abgeordnete Anspruch auf Wahlvorbereitungsurlaub (§ 3 AbgG, § 4 EUAbgG); ein Anspruch auf Entgeltfortzahlung wegen → *Arbeitsverhinderung* besteht nicht. Entsprechende Vorschriften gelten in den Ländern sowie für Abgeordnete von Land-, Kreis- und Ortsvertretungen. Jedoch verbieten die landesrechtlichen Vorschriften regelmäßig nicht jede Kündigung eines Arbeitsverhältnisses, sondern nur solche ordentlichen Kündigungen, deren Gründe im Zusammenhang mit der Annahme oder Ausübung des Mandats stehen (vgl. § 2 Abs. 3 AbgG NW). Nach § 3 Abs. 3 EUAbgG sind auch Kündigungsgründe im Zusammenhang mit der Kandidatur ausgeschlossen (BAG 18.5.2017 – 2 AZR 79/16). Für die ehrenamtliche Tätigkeit der Abgeordneten in den Kommunen sehen die Ländergesetze eine Verpflichtung des AG zur Freistellung von der Arbeitsleistung vor. Die Pflicht zur Vergütungsfortzahlung ergibt sich grds. aus § 616 BGB, der aber vertraglich abbedungen werden kann. *(SR)*

▶ Abmahnung

I. Begriff

Mit der Abmahnung macht der AG in qualifizierter Form von seinem vertraglichen Rügerecht gegenüber dem AN Gebrauch. Durch die Abmahnung weist der AG als Gläubiger der Arbeitsleistung den AN als Schuldner auf seine vertraglichen Pflichten hin und macht ihn auf eine Verletzung dieser Pflichten aufmerksam. Zugleich fordert er ihn für die Zukunft zu einem vertragsgerechten Verhalten auf und kündigt, wenn ihm dies angebracht erscheint, individualrechtliche Konsequenzen für den Fall einer erneuten Pflichtverletzung an, insbesondere durch die Androhung einer → *verhaltensbedingten Kündigung*. Die Abmahnung hat drei Bestandteile: **(1)** Die

Umschreibung des vom AG beanstandeten Verhaltens, (**2**) die Aufforderung, das gerügte Verhalten zu ändern, und (**3**) die Androhung von Rechtsfolgen für den Bestand des Arbeitsverhältnisses im Wiederholungsfall. Die Abmahnung ist zu unterscheiden von der Ermahnung oder Beanstandung, durch die der AN angehalten werden soll, seine individual- oder kollektivvertraglichen Pflichten einzuhalten, bei denen es aber an einer Androhung von kündigungsrechtlichen Folgen fehlt. Mit der Abmahnung kann nach Auffassung des BAG nur eine Verletzung des Arbeitsvertrags gerügt werden; eine „betriebsverfassungsrechtliche" Abmahnung, dh die Rüge einer Verletzung von betriebsverfassungsrechtlichen Pflichten ist unzulässig. Hingegen kann ein BRmitglied abgemahnt werden, wenn das beanstandete Verhalten zumindest auch eine Verletzung der arbeitsvertraglichen Pflichten darstellt. Von der Abmahnung zu unterscheiden ist die Betriebsbuße, die Strafcharakter hat. Da die Abmahnung die Ausübung eines Gläubigerrechts darstellt, kann auch der AN den AG abmahnen. Der BR hat keinen Anspruch darauf, dass ihm alle ab einem bestimmten Zeitpunkt erteilten Abmahnungen in anonymisierter Form vorgelegt werden (BAG 19.9.2013 – 1 ABR 26/12).

II. Voraussetzungen

Die Abmahnung ist an keine besondere Form gebunden, sie kann daher auch mündlich ausgesprochen werden. Zu Beweiszwecken wird sich aber eine Abmahnung in Schrift- oder Textform empfehlen. Abmahnungsberechtigt sind nicht nur Kündigungsberechtigte, sondern alle Mitarbeiter, die verbindliche Anweisungen wegen des Orts, der Zeit sowie der Art und Weise der arbeitsvertraglich geschuldeten Arbeitsleistung (→ *Direktionsrecht*) erteilen können. Wegen ihrer Hinweisfunktion muss der AN von ihr Kenntnis genommen haben; daher muss der AG für den Zugang der Abmahnung beim AN sorgen. Bei ausländischen AN kann eine Übersetzung der Abmahnung empfehlenswert sein. Es besteht keine (Ausschluss-) Frist, binnen derer das Rügerecht ausgeübt werden muss. Die Abmahnung setzt eine Verletzung der arbeitsvertraglichen Pflichten durch steuerbares Verhalten voraus. Es kommt nach der Rspr. des BAG nicht darauf an, ob dieser Pflichtenverstoß dem AN subjektiv vorwerfbar ist.

III. Abmahnung und Kündigung

Die Bedeutung der Abmahnung liegt im Wesentlichen im Kündigungsrecht; idR muss einer → *ordentlichen Kündigung* des AG eine Abmahnung vorausgehen, wenn der Kündigungsgrund ein steuerbares Verhalten des AN betrifft, es sei denn, das KSchG findet wegen der geringen Unternehmensgröße (§ 23 Abs. 1 KSchG) oder nicht erfüllter Wartezeit (§ 1 Abs. 1 KSchG) keine Anwendung (BAG 28.6.2007 – 6 AZR 750/06). Nach dem Grundsatz der Verhältnismäßigkeit ist eine Kündigung nicht gerechtfertigt, wenn es andere geeignete mildere Mittel gibt, um die Vertragsstörung zukünftig zu beseitigen. Dies ergibt sich aus § 314 BGB. Eine Abmahnung ist daher auch in der → *Kirche* zugeordneten Betrieben oder in → *Tendenzbetrieben* notwendig, ebenso vor der außerordentlichen Kündigung von → *Berufsausbildungsverhältnissen.* Nach Ansicht des BGH ist eine Abmahnung vor Ausspruch einer außerordentlichen Kündigung eines Organvertreters (Vorstand, Geschäftsführer) einer Kapitalgesellschaft entbehrlich (BGH 2.7.2007 – II ZR 71/06).

Der Verhältnismäßigkeitsgrundsatz verlangt idR von einem AG, vor dem Ausspruch einer → *außerordentlichen Kündigung* den pflichtwidrig handelnden AN abzumahnen. Ein Kündigungsrecht erlischt durch → *Verzicht,* wenn der Kündigungsberechtigte wegen des ihm bekannten Kündigungssachverhalts eine Abmahnung ausspricht und sich die für die Kündigung maßgebenden Umstände später nicht geändert haben. Ein abgemahnter Sachverhalt ist dann für eine Kündigung verbraucht. Will der AG dennoch wegen des Sachverhalts kündigen, muss er sich dies in der Abmahnung **vorbehalten.** Es kann sich auch aus den Umständen ergeben, dass der AG die Angelegenheit mit der Abmahnung nicht als „erledigt" ansieht. Der AN ist nicht verpflichtet, sich gegen eine Abmahnung gerichtlich zu wehren. Er kann die abgemahnte Pflichtwidrigkeit in einer späteren → *Kündigungsschutzklage* bestreiten. Das ist auch zu empfehlen, da im Unterliegensfall im Rechtsstreit gegen die Abmahnung die Pflichtverletzung des AN feststeht.

Die Abmahnung ist vor Ausspruch einer Kündigung **entbehrlich,** wenn **(1)** eine Verhaltensänderung in Zukunft trotz Abmahnung nicht erwartet werden kann oder (2) es sich um eine schwere Pflichtverletzung handelt, deren Rechtswidrigkeit dem AN ohne weiteres erkennbar ist und die Hinnahme des Verhaltens durch den AG offensichtlich ausgeschlossen ist. **Zahlreiche Abmahnungen** wegen gleichartiger Pflichtverletzungen, denen keine Konsequenzen folgen, können die **Warnfunktion abschwächen.** Der AN muss die in der Abmahnung enthaltene Drohung noch ernst nehmen können; es darf sich nicht um eine „leere" Drohung handeln. Er muss daher nach mehreren Abmahnungen noch einmal eindringlich abgemahnt werden (BAG 27.9.2012 – 2 AZR 955/11 – „letzte Abmahnung"). Eine Abmahnung kann nach längerem einwandfreien Verhalten des AN ihre **Wirkung verlieren,** wofür die Umstände des Einzelfalls maßgeblich sind. Nach einer längeren Zeit einwandfreier Leistung kann daher eine erneute Abmahnung erforderlich werden, bevor eine verhaltensbedingte Kündigung wegen einer erneuten gleichartigen Pflichtverletzung gerechtfertigt wäre (BAG 19.7.2012 – 2 AZR 782/11). Ein AG kann einen AN nach unwirksamer Kündigung wegen des für die Kündigung nicht ausreichenden Sachverhalts abmahnen.

IV. Personalakte

Die Abmahnung wird idR zur Personalakte des AN genommen. Wegen ihrer Dokumentationswirkung und der Beeinträchtigung seines Persönlichkeitsrechts kann der AN die **Entfernung** ungerechtfertigter Abmahnungen aus der → *Personalakte* verlangen. Der Anspruch besteht, wenn die Abmahnung entweder inhaltlich zu unbestimmt ist, unrichtige Tatsachen enthält, auf einer unzutreffenden rechtlichen Bewertung des Verhaltens des AN beruht oder den Grundsatz der Verhältnismäßigkeit verletzt, und auch dann, wenn selbst bei einer zu Recht erteilten Abmahnung kein schutzwürdiges Interesse des AG mehr an ihrem Verbleib in der Personalakte besteht. Dies gilt nicht, wenn das Arbeitsverhältnis inzwischen beendet ist und keine Auswirkungen der Abmahnung für die Zukunft mehr zu erwarten sind. Aus Art. 17 DS-GVO könnte sich aber ein hiervon unabhängiger Entfernungsanspruch ergeben. Der Anspruch unterliegt keiner tariflichen → *Verfallfrist.* Enthält das Abmahnungsschreiben mehrere Rügen, von denen nur eine fehlerhaft ist, muss das gesamte Schreiben aus der Personalakte entfernt werden. Neben der Entfernung einer Abmahnung aus den Personalakten kann der AN einen Anspruch auf Widerruf der in der Abmahnung abgegebenen Erklärungen haben. *(SR)*

▶ Abrechnung

Nach § 108 GewO hat der AG dem AN bei Zahlung des Arbeitsentgelts eine Abrechnung in Textform zu erteilen. Die Abrechnung bezweckt die Information über die erfolgte Zahlung. Die Regelung dient der **Transparenz.** Der AN soll erkennen können, warum er gerade den ausgezahlten Betrag erhält. Die Abrechnung muss mindestens Angaben über den Abrechnungszeitraum und die Zusammensetzung des Arbeitsentgelts enthalten. Hinsichtlich der Zusammensetzung sind insbesondere Angaben über Art und Höhe der Zuschläge, Zulagen, sonstige Vergütungen, Art und Höhe der Abzüge, Abschlagszahlungen sowie Vorschüsse erforderlich. Die Verpflichtung zur Abrechnung entfällt, wenn sich die Angaben gegenüber der letzten ordnungsgemäßen Abrechnung nicht geändert haben (§ 108 Abs. 2 GewO). Die AN können gem. § 82 Abs. 2 BetrVG verlangen, dass ihnen die Berechnung und Zusammensetzung ihres Arbeitsentgelts – auch mündlich – erläutert wird.

Durch Auslegung ist zu ermitteln, ob die Abrechnung nach § 108 GewO zugleich ein → *Schuldanerkenntnis* **darstellt.** Mit der Abrechnung teilt der AG dem AN einseitig nur die Höhe des Arbeitsentgelts und sonstiger Ansprüche, wie etwa des Urlaubsanspruchs, mit. Sie hat nicht den Zweck, streitig gewordene Ansprüche endgültig festzulegen. Bei Irrtum kann grds. keine Seite die andere am Inhalt der Mitteilung festhalten. Die in einer Abrechnung ausgewiesene Vergütung ist aber streitlos gestellt und muss vom AN nicht noch einmal zur Wahrung von **Ausschlussfristen** schriftlich geltend gemacht werden (→ *Verfallfristen*).

▶ Abrufarbeit

Abrufarbeit ist ein Instrument zur bedarfsabhängigen Arbeitszeitgestaltung. Sie muss besonders vereinbart werden. Es sind **zwei Erscheinungsformen** denkbar: **(1)** AG und AN vereinbaren im Voraus ein bestimmtes Zeitdeputat für einen Monat, eine Woche, einen Tag, das der AG nach seinem Bedarf abrufen kann; (2) AG und AN vereinbaren ein Arbeitsverhältnis, bei dem der AG das Recht haben soll, nicht nur die Lage, sondern auch die Dauer der Arbeitszeit zu bestimmen (BAG 24.9.2014 – 5 AZR 1024/12). Ist dem AG das Recht eingeräumt, auch den Umfang der Arbeitszeit zu bestimmen, unterliegen solche Vereinbarungen der → *Inhaltskontrolle* nach § 307 BGB. Eine Vereinbarung ist unwirksam, wenn der Anteil der abrufbaren Arbeit mehr als 25% der vereinbarten Mindestarbeitszeit beträgt (BAG 7.12.2005 – 5 AZR 535/04). In § 12 TzBfG ist nur die erste Form zugelassen. Hiernach besteht Vertragsfreiheit, welches Zeitdeputat die Parteien vereinbaren (§ 12 Abs. 1 TzBfG). Treffen sie **keine Vereinbarung,** besteht eine Fiktion, dass zwanzig Stunden vereinbart sind, die der AG vergüten muss, ohne Rücksicht darauf, ob er sie abgerufen hat oder nicht. Entsprechendes gilt aber nicht für tarifliche Regelungen, die die Arbeitszeit unbestimmt lassen, oder für Teilzeitbeschäftigte. Der Anteil der abzurufenden und zu vergütenden **Zusatzarbeit** darf die vereinbarte Mindestarbeitszeit um höchstens 20% unterschreiten und 25% überschreiten (§ 12 Abs. 2 TzBfG). Als Entgeltfortzahlung im Krankheitsfall und an Feiertagen ist der Durchschnittsverdienst der letzten drei Monate zu zahlen (§ 12 Abs. 4 und 5 TzBfG).

Der AG ist verpflichtet, den Zeitrahmen, bestimmt durch Referenzstunden und Referenztage, festzulegen, in dem auf seine Aufforderung hin Arbeit stattfinden kann. Der AN ist auf Abruf nur **zur Arbeitsleistung verpflichtet,** wenn ihm der AG die Lage seiner Arbeitszeit mindestens vier Tage im Voraus (zB Mittwoch für Montag der Folgewoche) mitteilt (§§ 187, 193 BGB) und die Arbeitsleistung in dem vom AG festgelegten Zeitrahmen zu erfolgen hat. Werden die Fristen nicht eingehalten, kann der AN arbeiten, braucht es aber nicht. Damit der AN durch lange Wegezeiten nicht übermäßig belastet wird, muss der AG den AN bei jedem Abruf mindestens drei Stunden in Anspruch nehmen, wenn die Arbeitszeit nicht bereits im Vertrag festgelegt ist (§ 12 Abs. 1 S. 4 TzBfG). Durch TV kann von den Arbeitszeitregelungen in § 12 Abs. 1 TzBfG und von der Vorankündigungsfrist auch zuungunsten des AN abgewichen werden, wenn der TV Regelungen über die tägliche und wöchentliche Arbeitszeit und die Vorankündigungsfrist vorsieht (§ 12 Abs. 6 S. 1 TzBfG).

AG und AN können sich aber beim Abschluss von bedarfsorientierten Arbeitszeitmodellen gegen die Vereinbarung von Abrufarbeit entscheiden. Möglich ist auch der Abschluss einer **Rahmenvereinbarung,** in der zunächst nur die Bedingungen der (befristeten) Arbeitsverträge festgelegt werden, die von AG und AN zukünftig abgeschlossen werden (zB die Entgelthöhe). Diese Vereinbarung verpflichtet beide Seiten noch nicht zum Abschluss eines Arbeitsvertrags. Dieser kommt erst zustande, wenn der AG dem AN einen konkreten Einsatz anbietet und der AN das Angebot annimmt. In diesem Fall unterliegt erst der → *befristete Arbeitsvertrag* der Befristungskontrolle (BAG 31.7.2002 – 7 AZR 181/01).

Hinweis: Nach § 2 Abs. 1 Nr. 9 NachwG muss der AG bei Vereinbarung von Abrufarbeit entweder in den schriftlichen Arbeitsvertrag oder in eine von ihm unterzeichnete **Nachweisurkunde** (→ *Nachweisgesetz*) folgende Angaben aufnehmen: **(1)** die Vereinbarung, dass der AN seine Arbeitsleistung entsprechend dem Arbeitsanfall zu erbringen hat, **(2)** die Zahl der mindestens zu vergütenden Stunden, **(3)** den Zeitrahmen, bestimmt durch Referenztage und Referenzstunden, der für die Erbringung der Arbeitsleistung festgelegt ist, und **(4)** die Frist, innerhalb derer der AG die Lage der Arbeitszeit im Voraus mitzuteilen hat.

▶ Abschlagszahlung

→ *Vorschuss*

▶ Abteilungsversammlung

→ *Betriebsversammlung*

▶ Abtretung

Dies ist der Vertrag, durch den der Abtretende (Zedent) seine gegenwärtige oder hinreichend bestimmte zukünftige **Forderung auf einen Dritten** (Zessionar) **überträgt** (§ 398 BGB). Sie ist formlos gültig. Die Abtretung der gegenseitigen Pflichten aus dem Arbeitsvertrag ist nur eingeschränkt zulässig. Der AG kann seinen Anspruch auf Arbeitsleistung nicht auf einen anderen AG übertragen (§ 613 S. 2 BGB). Die Abtretung der **Arbeitsvergütung** unterliegt den allgemeinen Regeln der Forderungsabtretung. Der AG braucht an den Dritten nur zu leisten, wenn der AN die Abtretung schriftlich angezeigt hat (§ 410 Abs. 2 BGB) oder der Dritte dem AG eine Urkunde über sie aushändigt (§ 410 Abs. 1 BGB). Der Anzeige der Abtretung muss eine Urkunde über die Abtretung beigefügt sein, sonst kann sie vom AG aus diesem Grunde zurückgewiesen werden (§ 410 Abs. 1 BGB). Hat der AN dem AG die Abtretung angezeigt, muss er sie gegen sich gelten lassen, auch wenn sie nicht erfolgt oder nicht rechtswirksam ist (§ 409 Abs. 1 BGB). Dasselbe gilt, wenn der AN eine Urkunde über die Abtretung ausgehändigt hat und diese dem AG vorgelegt wurde. Solange der AG keine Kenntnis von der Abtretung hat, muss der Dritte Rechtsgeschäfte zwischen dem AN und dem AG über das Arbeitsentgelt gegen sich gelten lassen (§ 407 Abs. 1 BGB).

Einwendungen, die dem AG bisher gegenüber dem AN zustanden (zB → *Verfallfristen,* auch wenn sie erst gegenüber dem Dritten ablaufen), können gegenüber dem Dritten geltend gemacht werden (§ 404 BGB). Eine → *Aufrechnung* mit Forderungen gegen den AN ist auch gegen den Dritten möglich, es sei denn, dass der AG bei dem Erwerb der Forderung von der Abtretung Kenntnis hatte oder dass diese erst nach Erlangung der Kenntnis und später als die abgetretene Forderung fällig geworden ist (§ 406 BGB). Die Abtretung des Vergütungsanspruchs ist unzulässig, soweit dieser nicht gepfändet werden kann (§ 400 BGB, §§ 851, 850 ff. ZPO). Eine gegen § 400 BGB verstoßende Abtretung ist nichtig (§ 134 BGB). AG und AN können durch Vertrag vereinbaren, dass die Abtretung ausgeschlossen ist (§ 399 BGB). Ein Abtretungsverbot ist im BRTV-Bau enthalten, der regelmäßig allgemeinverbindlich und deshalb zu beachten ist (→ *Baugewerbe*). Haben AG und AN vereinbart, dass Vergütungsabtretungen und Verpfändungen der Einwilligung des AG bedürfen, sind Verstöße gegen diese Vereinbarung idR kein Grund für die Kündigung des Arbeitsverhältnisses. Eine wirksame Abtretung, auch wenn sie zur Sicherheit erfolgt, geht einer späteren Lohnpfändung vor. Tritt der AN seine Arbeitsvergütung mehrfach ab, sind die nachfolgenden Abtretungen nur dann nicht unwirksam, wenn die vorhergehenden offengelegt worden sind.

▶ Abwerbung

Die Abwerbung fremder Mitarbeiter ist als Teil des freien Wettbewerbs auf dem Arbeitsmarkt grds. erlaubt. Dies gilt aber dann nicht, wenn wettbewerbsrechtlich unlautere Begleitumstände hinzukommen, insbesondere unlautere Mittel eingesetzt oder unlautere Zwecke verfolgt werden. Eine unzulässige Abwerbung setzt ein ernsthaftes und beharrliches Einwirken des AN auf Kollegen voraus, um diese zu veranlassen, für ihn oder einen anderen AG tätig zu werden. Unzulässig ist etwa das zielbewusste, systematische Abwerben von AN durch Verleumdung des bisherigen AG, die Verleitung zum Arbeitsvertragsbruch, das Übernahmeversprechen einer möglichen → *Vertragsstrafe*, das Abwerben in Schädigungsabsicht gegenüber dem früheren AG oder zur Erlangung von Geschäfts- und Betriebsgeheimnissen. Ein AN verstößt noch nicht dadurch gegen seine → *Treuepflicht* und setzt einen wichtigen Grund zur → *außerordentlichen Kündigung*, wenn er beabsichtigt, **sich selbständig zu machen,** und vor Ende des Arbeitsverhältnisses Vorbereitungshandlungen für seinen künftigen Gewerbebetrieb trifft, zB durch Anmieten von Geschäftsräumen oder Anwerben von Arbeitskräften. Er darf daher seinen Verselbständigungswillen im Betrieb des AG kundtun, aber nicht versuchen, aktiv auf AN seines alten AG einzuwirken, Arbeitsverträge mit ihm abzuschließen. Unzulässig ist auch das Abwerben von Führungspersonal unter Nutzung sachlicher und personeller Betriebsmittel. Verboten ist im Übrigen jede Tätigkeit, die geeignet ist, die Geschäftsinteressen des AG zu gefährden. Nach § 60 Abs. 1 HGB ist es daher im bestehenden Vertragsverhältnis einem → *Handlungsgehilfen* untersagt, ein Geschäft in dem Handelszweig seines Prinzipals – dh jede spekulative, auf Gewinn gerichtete Teilnahme am Geschäftsverkehr – zu machen (BAG 28.1.2010 – 2 AZR 1008/08).

Der durch die unzulässige Abwerbung geschädigte AG kann von dem AN **Unterlassung** der Beschäftigung der Abgeworbenen und

Schadensersatz verlangen, und zwar nach § 3 UWG, wenn die Abwerbung gegen die guten Sitten (→ *Sittenwidrigkeit*) verstieß, nach § 826 BGB, wenn die Abwerbung eine gegen die guten Sitten verstoßende Schadenszufügung darstellt und nach § 823 Abs. 1 BGB, wenn sie einen Eingriff in den eingerichteten oder ausgeübten Gewerbebetrieb begründet. Daneben kann er das Arbeitsverhältnis mit dem abwerbenden AN durch eine → *außerordentliche Kündigung* beenden. Besteht begründete Besorgnis, dass ein Unternehmer von demselben AG erneut Arbeitskräfte abzuwerben versucht, kann der gefährdete AG mit einer Unterlassungsklage gegen diesen vorgehen. Zur Sicherung seines Anspruchs kann er auch den Erlass einer einstweiligen Verfügung beantragen (§§ 935, 940 ZPO). Der Arbeitsvertrag mit dem neuen AG ist auch bei unlauterer Abwerbung wirksam. Unbeschadet dessen kann der alte AG auch vom abgeworbenen AN bis zum Ablauf der → *Kündigungsfrist* die Fortsetzung der Beschäftigung verlangen. *(SR)*

▶ Abwicklungsvertrag

Der Abwicklungsvertrag unterscheidet sich vom Aufhebungsvertrag dadurch, dass durch den Aufhebungsvertrag das Arbeitsverhältnis konstitutiv gelöst wird. Dagegen geht dem Abwicklungsvertrag regelmäßig ein anderer Beendigungstatbestand voraus, zumeist eine Kündigung des AG, dessen Folgen vertraglich geregelt werden sollen. Der Abwicklungsvertrag soll die Wirksamkeit des vorangehenden Beendigungstatbestands – etwa durch einen → *Verzicht* auf die → *Kündigungsschutzklage* – absichern. Ein Abwicklungsvertrag kann vorliegen, wenn der AN die Kündigung annimmt, dagegen noch nicht dann, wenn ein gekündigter AN darum bittet, bereits vorzeitig eine andere Arbeit aufzunehmen, sich aber die Rechte aus einer → *Kündigungsschutzklage* vorbehält. Der Abwicklungsvertrag wird vielfach anstelle eines Aufhebungsvertrags geschlossen, um eine → *Sperrzeit* und damit eine Minderung des → *Arbeitslosengelds* zu vermeiden. Die Unterschiede dürften inzwischen jedoch hinfällig sein (→ *Aufhebungsvertrag*). Eine Sperrzeit tritt durch den Abschluss eines Abwicklungsvertrags nicht ein, wenn die Grenzen des § 1a Abs. 2 KSchG nicht überschritten werden (0,5 Gehälter Abfindung pro Beschäftigungsjahr → *Abfindung*). Anderes kann allerdings bei einer frei vereinbarten Abfindungssumme gelten, die die Grenzen des § 1a Abs. 2 KSchG deutlich überschreitet, wenn die Kündigung nicht rechtmäßig war. § 623 BGB unterwirft den Abwicklungsvertrag nicht ausdrücklich der Schriftform. Da aber das BAG für Klageverzichtsvereinbarungen im unmittelbaren zeitlichen und sachlichen Zusammenhang mit dem Kündigungsausspruch die Einhaltung der → *Schriftform* noch nicht aufgegeben hat (BAG 25.9.2014 – 2 AZR 788/13), ist die Einhaltung der Form des § 623 BGB bei dem Abschluss des Abwicklungsvertrags zu empfehlen (→ *Verzicht*). Ein vor Ablauf von drei Wochen nach Zugang der Kündigung formularmäßig erklärter Verzicht des AN auf die Erhebung einer Kündigungsschutzklage ist ohne eine kompensierende Gegenleistung des AG wegen unangemessener Benachteiligung des AN unwirksam. Die Verpflichtung, ein Zeugnis mit einer näher bestimmten (überdurchschnittlichen) Leistungs- und Führungsbeurteilung zu erteilen, stellt keinen ausreichenden Vorteil dar. Der Abschluss eines Abwicklungsvertrags kann zu Problemen führen, wenn dieser rückwirkend, zB durch → *Anfechtung*, beseitigt wird. In diesem Fall kann die Frist zur Erhebung der → *Kündigungsschutzklage* abgelaufen sein. Im Allgemeinen wird aber nach einer erfolgreichen Anfechtung die Kündigungsschutzklage nach § 5 KSchG nachträglich zuzulassen sein. Für den AN besteht wegen § 312g BGB kein Rücktrittsrecht, der Abwicklungsvertrag ist kein Haustürgeschäft. Allerdings kann er sich wie vom → *Aufhebungsvertrag* lösen, wenn der AG ihm keine faire Chance bei den Verhandlungen gelassen hat (BAG 7.2.2019 – 6 AZR 75/18). In einem Abwicklungsvertrag kann dem AN das Recht zum vorzeitigen Ausscheiden aus dem Arbeitsverhältnis eingeräumt werden. Die Ausübung dieses Rechts zur vorzeitigen Beendigung erfolgt durch Abgabe einer Kündigungserklärung und unterfällt dem Formzwang des § 623 BGB. *(SR)*

▶ Agentur für Arbeit

Die Agentur für Arbeit nimmt auf der örtlichen Verwaltungsebene die Aufgaben der → *Bundesagentur für Arbeit* wahr. Sie ist an die Stelle der ehemaligen Arbeitsämter getreten. Über Einzelheiten zum Dienstleistungsangebot und zu den Dienstanweisungen der Agentur für Arbeit informiert der Internetauftritt http://www.arbeitsagentur.de.

▶ AGG

→ *Allgemeines Gleichbehandlungsgesetz*

▶ Agiles Arbeiten

Der Begriff der agilen Arbeit fasst verschiedene Arbeits- und Organisationsformen zusammen, die sich dadurch auszeichnen, dass auf als zu starr empfundene hierarchische Strukturen und Berichtslinien verzichtet wird. Dies soll es ermöglichen, flexibler auf Marktänderungen oder Kundenbedürfnisse zu reagieren. In der Praxis ist vor allem die Arbeitsmethode **Scrum** verbreitet. Bei dieser gibt es einen sog. Scrummaster, dem nicht die Rolle einer Führungskraft, sondern lediglich eine moderierende Funktion zukommt. Der sog. Product Owner ist für die Konzeption und die Mitteilung an das Entwicklungsteam verantwortlich. Ihm obliegt es, die Anforderungen an das Produkt zusammenzustellen und diese in einzelne Arbeitsaufträge („Tasks") aufzuteilen. Das einzelne Team muss sich selbst organisieren und verwalten. Seine Mitglieder bestimmen eigenständig, wer etwas wie erledigt. Bei der Einführung agiler Arbeitsmethoden kann dem → *Betriebsrat* nach § 87 Abs. 1 Nr. 13 BetrVG ein Mitbestimmungsrecht zustehen, wenn eine Eigenverantwortung der Gruppe für ein Gesamtergebnis besteht und die Gruppe auf eine gewisse Dauer angelegt ist. Denkbar ist auch, dass in diesen Fällen eine nach § 111 BetrVG beteiligungspflichtige → *Betriebsänderung* vorliegt. *(MA)*

▶ AIDS

Der AG ist aufgrund der → *Fürsorgepflicht* verpflichtet, seine beschäftigten AN vor einer Infektion mit AIDS zu schützen. Nach § 3a Abs. 1 S. 1 ArbStättV hat er dafür zu sorgen, dass Arbeitsstätten so eingerichtet und betrieben werden, dass von ihnen keine Gefährdungen für die Sicherheit und die Gesundheit der Beschäftigten ausgehen. Weitere arbeitsschutzrechtliche Verpflichtungen können bestehen, soweit es sich um Tätigkeiten handelt, bei denen eine besondere Infektionsgefahr für Mitarbeiter oder Kunden besteht.

Nach § 87 Abs. 1 Nr. 7 BetrVG hat der BR ein **erzwingbares Mitbestimmungsrecht** bei Regelungen über die Verhütung von Arbeitsunfällen und Berufskrankheiten sowie über den Gesundheitsschutz im Rahmen der gesetzlichen Vorschriften oder den Unfallverhütungsvorschriften (→ *Betriebsrat (Beteiligungsrechte)*). Es erfasst nur die Mitbestimmung im Rahmen des bestehenden Gesundheitsschutzes, die überobligatorische Einführung von Schutzmaßnahmen kann nicht erzwungen werden. Nach § 88 Nr. 1 BetrVG sind in freiwilligen BV zusätzliche Maßnahmen zum Gesundheitsschutz möglich. Infiziert sich der AN im Rahmen seiner Berufsausübung mit HIV-infiziertem Blut, handelt es sich um einen → *Arbeitsunfall* gem. §§ 7 ff. SGB VII.

Die Frage nach einer HIV-Infektion bei der **Einstellung** ist wegen ihrer schweren Folgen regelmäßig wegen des Verbots der Benachteiligung aus Gründen der Behinderung unzulässig (§ 1 AGG). Etwas Anderes kann bei einer Beschäftigung in Bereichen gelten, in denen die Gefahr besteht, dass infiziertes Blut mit dem von anderen Mitarbeitern oder Kunden in Berührung kommt. Zudem darf nach einer bestehenden Aidserkrankung einschließlich des Vorstadiums gefragt werden, wenn die Gefahr einer dauerhaften Arbeitsunfähigkeit besteht oder der Bewerber bereits arbeitsunfähig ist. Werden derartige Fragen in einen Einstellungsfragebogen aufgenommen, hat der BR ein Mitbestimmungsrecht nach § 94 BetrVG. Ärztliche Einstellungsuntersuchungen sind nur in dem Umfang zulässig, wie auch Fragen zulässig sind (→ *Fragerecht des Arbeitgebers*).

Die → *personenbedingte Kündigung* des Arbeitsverhältnisses wegen AIDS ist eingeschränkt möglich. Besteht Kündigungsschutz, rechtfertigt die HIV-Infektion für sich allein genommen grds. keine ordentliche Kündigung. Etwas Anderes kann gelten, wenn wegen der Infektion ein Beschäftigungsverbot eingreift und eine → *Versetzung* nicht möglich ist. Unterliegt ein AN nicht dem allgemeinen oder besonderen → *Kündigungsschutz*, ist die Kündigung eines HIV-Infizierten oder eines an AIDS erkranken AN ebenfalls nicht ohne weiteres zulässig. Sie kann den AN wegen einer Behinderung iSd § 1

AGG benachteiligen (→ *schwerbehinderte Menschen*). Der AG muss gegenüber einem behinderten Menschen, der an einer ansteckenden Krankheit leidet, die ihm zumutbaren Vorkehrungen treffen, um einerseits dem behinderten AN eine (leidensgerechte) Tätigkeit zu ermöglichen, andererseits aber Ansteckungsgefahren für Kollegen oder Dritte mit der erforderlichen Sicherheit verhindern zu können (BAG 19.12.2013 – 6 AZR 190/12). Allerdings kann eine → *Druckkündigung* des HIV-Infizierten in Betracht kommen, wenn der AG von den übrigen Mitarbeitern unter Druck gesetzt wird, den AN zu entlassen. *(SR)*

▶ Akkord

I. Arten

Beim Zeitlohn wird die → *Arbeitsvergütung* nach der Dauer der Zeit bestimmt, die der AN dem AG zur Arbeitsleistung zur Verfügung steht; die Akkord-Vergütung wird leistungsabhängig nach dem Arbeitsergebnis bemessen. Trotz leistungsabhängiger Entlohnung bleibt der AN allein zur Arbeitsleistung und nicht zur Herstellung eines bestimmten Werkes (§ 631 BGB; → *Werkvertrag*) verpflichtet. Eine Akkordentlohnung ist nur sinnvoll, wenn der AN das Arbeitsergebnis durch seine Arbeitsleistung beeinflussen kann. Nach dem Bemessungsmaßstab sind der Stück-, Gewichts-, Maß-, Flächen- und Pauschal-Akkord zu unterscheiden. Diese können Geld- oder Zeit-Akkord sein.

Beim **Geld-Akkord** wird die Vergütung ermittelt, indem die Zahl der Arbeitsstücke (Stück-Akkord), das Gewicht der Arbeitsmenge (Gewichts-Akkord), der laufende Meter der Arbeitsleistung (Maß-Akkord), die Fläche der Arbeitsleistung (Flächen-Akkord) mit dem Geldfaktor multipliziert wird. Beim **Pauschal-Akkord** werden verschiedene Arbeitsvorgänge zusammengefasst und mit einem Geldfaktor multipliziert. Der Vorteil des Geld-Akkords besteht in der einfachen Berechnungsweise (Multiplikation von Arbeitsmenge mal Geldfaktor); sein Nachteil besteht darin, dass jede Veränderung des Lohnabkommens eine Änderung der Geldfaktoren notwendig macht und diese durch die Arbeitsvorbereitung bei Feststellung von Maschinenbelastungszeiten nicht verwertbar sind. Beim **Zeit-Ak-**

kord wird für eine bestimmte Arbeitsleistung eine bestimmte Zeit vorgegeben **(Vorgabezeit).** Der AN erhält diese Zeiteinheiten verrechnet, gleichgültig, wie lange er tatsächlich für die Arbeit aufgewandt hat (Arbeitsergebnis × Zeitfaktor × Geldfaktor).

II. Vereinbarung über die Arbeit im Akkord und Mitbestimmung

Ist der Akkord nicht durch TV oder BV geregelt, müssen AG und AN die Akkordbedingungen vereinbaren. Ob der AN zur Arbeit im Akkord verpflichtet ist, entscheidet sich nach den getroffenen Vereinbarungen. Der AN kann die Übernahme von Akkord-Arbeit nicht ablehnen, es sei denn, dass sie kraft Arbeitsvertrags ausgeschlossen ist oder der AN kraft Gesetzes (§ 11 Abs. 6 Nr. 1, § 12 Abs. 5 Nr. 1 MuSchG, § 23 JArbSchG, § 3 FPersG) oder TV von der Arbeit im Akkord ausgenommen ist. Der AN kann eine Beschäftigung im Akkord ohne Vereinbarung mit dem AG nicht verlangen. Ist die Arbeit im Akkord vereinbart, bestimmt der AG, welche Arbeiten dort verrichtet werden sollen. Der AG kann den AN selbst dann von der einen zur anderen Akkordarbeit umsetzen, wenn damit eine Lohnminderung verbunden ist. Lediglich der Ecklohn darf sich nicht vermindern.

Die Akkordentlohnung ist überwiegend durch **Tarifvertrag** geregelt. Soweit eine gesetzliche oder tarifliche Regelung nicht besteht, hat der BR ein erzwingbares Mitbestimmungsrecht (→ *Betriebsrat (Beteiligungsrechte)*). Dieses bezieht sich nach § 87 Abs. 1 Nr. 10 BetrVG auf die Aufstellung von Entlohnungsgrundsätzen. Hierzu zählt die Frage, ob im Zeitlohn oder Akkord gearbeitet werden soll. Nach § 87 Abs. 1 Nr. 11 BetrVG hat der BR mitzubestimmen bei sämtlichen Faktoren, von denen die Höhe des Akkords abhängt, also die Festsetzung der Akkord- und Prämiensätze einschließlich der Geldfaktoren. Das Mitbestimmungsrecht steht unter dem Vorbehalt einer tariflichen Regelung (§ 87 Abs. 1 Eingangshs. BetrVG). Der BR hat für die Erzwingung von Akkord-Regelungen ein **Initiativrecht.**

▶ Aktienoptionen

Sie werden zur Anwerbung und Bindung qualifizierter Mitarbeiter verwandt. Aktienoptionspläne dienen der rechtsgeschäftlichen Einräumung von mittelbaren oder unmittelbaren Bezugsrechten von unternehmenseigenen Aktien. Der **Aktienoptionsplan** berechtigt den Begünstigten, gegen Zahlung eines zuvor festgelegten Optionspreises innerhalb einer bestimmten Frist, die nach § 193 Abs. 2 Nr. 4 AktG mindestens vier Jahre betragen muss, unter den festgelegten Bedingungen Aktien der Gesellschaft zu erwerben. Die gewährten Optionen beinhalten das Versprechen des AG, zu einem festgelegten Kurs nach einer bestimmten Wartezeit an einem bestimmten Stichtag einen bestimmten Aktienbetrag an den AN zu erbringen. Dieser kann nach der Festlegungsfrist von der Aktienoption Gebrauch machen, wenn der Kurs inzwischen gestiegen ist, oder das Optionsrecht verfallen lassen, wenn der Kurs gefallen ist. Wird einem AN im Rahmen seines Arbeitsverhältnisses ein nicht handelbares Bezugsrecht auf den späteren Erwerb von Aktien zu einem bestimmten Übernahmepreis gewährt, liegt darin zunächst nur die Einräumung einer Chance. Ein geldwerter Vorteil fließt dem Berechtigten erst zu, wenn er die Option ausübt und der Kurswert der Aktien den Übernahmepreis übersteigt.

Die Befugnis zur Ausübung der Bezugsrechte kann an das Bestehen eines ungekündigten Arbeitsverhältnisses unabhängig davon geknüpft werden, aus welchen Gründen dieses geendet hat. Es muss auch nicht danach unterschieden werden, ob das Arbeitsverhältnis vor Ablauf der Wartezeit oder erst nach Ablauf der Wartezeit im Ausübungszeitraum gekündigt wird oder endet. Schließt der AN eine Vereinbarung über die Gewährung von Aktienoptionen nicht mit seinem AG, sondern mit einem anderen **Konzernunternehmen** (→ *Konzern*) ab, werden Ansprüche aus dieser Vereinbarung nicht Bestandteil des Arbeitsverhältnisses mit dem VertragsAG. Dessen eigene Verpflichtung kann nur in einer besonderen Vereinbarung begründet werden.

▶ Alkohol

Eine Kündigung des AN im Zusammenhang mit Alkohol ist möglich entweder als → *personenbedingte Kündigung,* wenn der Alkoholkonsum das Stadium einer Krankheit erreicht hat, oder als → *verhaltensbedingte Kündigung,* wenn alkoholbedingte, nicht auf einer Krankheit beruhende Störungen im Arbeitsverhältnis vom AN verschuldet auftreten. Bei Alkoholabhängigkeit kann dem AN zum Zeitpunkt der Pflichtverletzung kein Schuldvorwurf gemacht werden; eine verhaltensbedingte Kündigung scheidet daher aus; alkoholbedingte Ausfälle ohne Abhängigkeit können hingegen eine solche Kündigung rechtfertigen. Eine krankheitsbedingte Beeinträchtigung kann eine außerordentliche Kündigung nur rechtfertigen, wenn das Recht zur ordentlichen Kündigung ausgeschlossen ist. Bei Alkoholabhängigkeit und schuldhaftem Verhalten des AN kann der Anspruch auf → *Entgeltfortzahlung im Krankheitsfall* etwa wegen eines Rückfalls ausgeschlossen sein. Wird ein AN allerdings infolge seiner Alkoholabhängigkeit arbeitsunfähig krank, kann nicht stets von einem schuldhaften Verhalten ausgegangen werden (BAG 18.3.2015 – 10 AZR 99/14). Soll im Betrieb ein absolutes Alkoholverbot aufgestellt werden, wird diese Maßnahme zur Ordnung des Betriebs nach § 87 Abs. 1 Nr. 1 BetrVG der Mitbestimmung des BR unterliegen (→ *Betriebsrat (Beteiligungsrechte)*). *(SR)*

▶ Allgemeine Geschäftsbedingungen

I. Begriff

Da das BGB, insbesondere das Schuldrecht, weitgehend dispositives, also abdingbares Recht enthält, haben die Parteien die Möglichkeit, die Regelungen des Gesetzes durch eigene Vertragsbestimmungen zu ersetzen. Häufig wiederkehrende Verträge werden in AGB standardisiert. Nach der gesetzlichen Definition sind AGB Vertragsbedingungen, die für eine Vielzahl von Verträgen vorformuliert sind und von einer Vertragspartei – dem Verwender – der anderen Vertragspartei bei Abschluss des Vertrags gestellt werden (§ 305 Abs. 1 S. 1 BGB). Gleichgültig ist, ob die Bestimmungen einen äußerlich gesonderten Bestandteil des Vertrags bilden oder in die Vertragsurkunde selbst aufgenommen werden, welchen Umfang sie haben, in welcher Schriftart sie verfasst sind und welche Form der Vertrag hat. Auch eine mündliche Vertragsbedingung, die der AG für eine Vielzahl von Arbeitsverhältnissen verwendet, ist eine AGB (BAG 16.5.2012 – 5 AZR 331/11). Der AG muss die Vertragsbedingung nicht selbst erstellt haben; ausreichend ist daher, wenn er ein von einem Dritten – zB einem AGverband – für eine Vielzahl von Verträgen angefertigtes Formular benutzt. Die Vertragsbedingungen sind für eine Vielzahl von Verträgen formuliert, wenn zumindest ihre dreimalige Verwendung beabsichtigt ist (BAG 15.9.2009 – 3 AZR 173/08). Da im Arbeitsverhältnis der AN → *Verbraucher* iSd § 13 BGB ist und der Arbeitsvertrag somit einen Verbrauchervertrag iSv § 310 Abs. 3 Nr. 2 BGB darstellt, gelten die Schutzvorschriften in den §§ 305 ff. BGB schon dann, wenn der AG die von ihm vorformulierte Vertragsbedingung nur einmal verwenden will, sofern der AN auf ihren Inhalt keinen Einfluss nehmen konnte. Keine AGB liegen vor, wenn und soweit die Vertragsbedingungen zwischen den Vertragsparteien im Einzelnen ausgehandelt wurden. Ein „Aushandeln" erfordert, dass der AG sich deutlich und ernsthaft zur Änderung der Vertragsbedingung bereit erklärt hat und dies dem AN bei Abschluss des Vertrags auch bewusst war (BAG 25.5.2005 – 5 AZR 572/04).

II. Einbeziehung in den Vertrag

AGB werden normalerweise nur dann Vertragsbestandteil, wenn der Verwender bei Vertragsschluss erstens die andere Vertragspartei ausdrücklich oder, wenn ein ausdrücklicher Hinweis wegen der Art des Vertragsschlusses nur unter unverhältnismäßigen Schwierigkeiten möglich ist, durch deutlich sichtbaren Aushang am Ort des Vertragsschlusses auf sie hinweist und er zweitens der anderen Vertragspartei die Möglichkeit verschafft, in zumutbarer Weise, die auch eine für den Verwender erkennbare körperliche Behinderung der anderen Vertragspartei angemessen berücksichtigt, von ihrem Inhalt Kenntnis zu nehmen (§ 305 Abs. 2 BGB). Für AGB in Arbeitsverträgen gelten diese Anforderungen jedoch nicht (§ 310 Abs. 4 S. 2 Hs. 2 BGB). Daher wird ein → *Tarifvertrag* oder eine vom AG verfasste Arbeitsordnung, auf die der Arbeitsvertrag verweist, auch dann zum Inhalt des Arbeitsvertrags, wenn der AG weder auf diese besonders hinweist noch sie aushändigt. Überraschende AGB, die nach den Umständen, insbesondere nach dem äußeren Erscheinungsbild des Vertrags, so ungewöhnlich sind, dass der AN mit ihnen nicht zu rechnen braucht, werden nicht Vertragsbestandteil (§ 305c BGB). Sind AGB ganz oder teilweise nicht Vertragsbestandteil geworden, bleibt der Vertrag im Übrigen wirksam. Soweit die Bestimmungen nicht Vertragsbestandteil geworden sind, richtet sich der Inhalt des Vertrags nach den gesetzlichen Vorschriften (§ 306 Abs. 2 BGB).

III. Unklarheitenregelung

Der AG ist gehalten, die von ihm vorgegebenen Vertragsbedingungen möglichst klar und unmissverständlich zu formulieren. Zweifel bei der Auslegung der AGB gehen zu seinen Lasten (§ 305c BGB). Die Auslegung von AGB richtet sich nach ihrem objektiven Inhalt und typischen Sinn. Da sie für eine Vielzahl von Personen gelten, sind sie einheitlich so auszulegen, wie sie von rechtsunkundigen, verständigen und redlichen Vertragspartnern unter Abwägung der Interessen der normalerweise beteiligten Verkehrskreise verstanden werden. Maßgeblich sind nicht die Verständnismöglichkeiten des konkreten, sondern eines durchschnittlichen AN (BAG 20.1.2010 – 10 AZR 914/08). Eine AGB ist erst dann unklar, wenn auch nach Ausschöpfung aller Auslegungsmethoden ein nicht behebbarer Zweifel an ihrem Inhalt bleibt und mindestens zwei Auslegungen rechtlich vertretbar sind (BAG 19.5.2010 – 5 AZR 253/09).

IV. Inhaltskontrolle

Das Gesetz regelt in §§ 308, 309 BGB ausdrücklich bestimmte Klauselverbote. Verstößt eine AGB gegen ein dort normiertes Verbot, ist sie unwirksam. Darüber hinaus sind AGB nach § 307 Abs. 1 S. 1 BGB unwirksam, wenn sie den Vertragspartner entgegen den Geboten von Treu und Glauben unangemessen benachteiligen. Eine unangemessene Benachteiligung ist im Zweifel anzunehmen, wenn eine Bestimmung **(1)** mit wesentlichen Grundgedanken der gesetzlichen Regelung, von der abgewichen wird, nicht zu vereinbaren ist oder **(2)** wesentliche Rechte oder Pflichten, die sich aus der Natur des Vertrags ergeben, so einschränkt, dass die Erreichung des Vertragszwecks gefährdet ist (§ 307 Abs. 2 BGB). Zudem kann sich eine unangemessene Benachteiligung auch daraus ergeben, dass die Bestimmung nicht klar und verständlich ist (sog. Transparenzgebot, § 307 Abs. 3 S. 2 BGB). Der uneingeschränkten Inhaltskontrolle unterliegen nur Bestimmungen in AGB, die von Rechtsvorschriften abweichen oder die diese ergänzende Regelungen enthalten (§ 307 Abs. 3 S. 1 BGB). Fehlt es hieran, kann sich eine unangemessene Benachteiligung nur aus einem Verstoß gegen das Transparenzgebot ergeben. Rechtsvorschriften sind nicht nur die Gesetzesbestimmungen selbst, sondern auch alle ungeschriebenen Rechtsgrundsätze, wie zB der Grundsatz, wonach Verträge einzuhalten sind. Da der Gesetzgeber für den Arbeitsvertrag den Inhalt der geschuldeten **Arbeitsleistung** und die **Höhe des dafür zu zahlenden Arbeitsentgelts** nicht näher geregelt hat, sind ABG hierüber nur darauf zu überprüfen, ob sie gegen das Transparenzgebot verstoßen.

V. Transparenzgebot

Nach § 307 Abs. 1 S. 2 BGB kann sich eine zur Unwirksamkeit der Klausel führende unangemessene Benachteiligung auch daraus ergeben, dass die Klausel nicht klar und verständlich ist. Mit dem Transparenzgebot soll der Gefahr vorgebeugt werden, dass der AN von der Durchsetzung bestehender Rechte abgehalten wird (BAG 29.8.2012 – 10 AZR 385/11). Ein Verstoß gegen das Transparenzgebot liegt nicht schon dann vor, wenn der AN keine oder nur schwer die Möglichkeit hat, die betreffende Regelung zu verstehen. Das Transparenzgebot verlangt, dass die Rechte und Pflichten des AN im Rahmen des rechtlich und tatsächlich Zumutbaren so klar und präzise wie möglich zu umschreiben sind. Voraussetzungen und Umfang der Leistungspflicht müssen so bestimmt oder zumindest so bestimmbar sein, dass der AN bereits bei Vertragsschluss erkennen kann, was „auf ihn zukommt". Daher ist eine Klausel, nach der „erforderliche Überstunden mit dem Monatsgehalt abgegolten sind", unwirksam, weil sich der Umfang der danach ohne zusätzliche Vergütung zu leistenden Überstunden nicht hinreichend deutlich aus dem Arbeitsvertrag ergibt (BAG 1.9.2010 – 5 AZR 517/09). Verweist eine Klausel im Arbeitsvertrag auf die jeweils geltenden TV, ist sie deswegen nicht intransparent, denn die im Zeitpunkt der jeweiligen Anwendung einbezogenen Regelungen sind bestimmbar (BAG 14.11.2012 – 5

AZR 107/11). Auch die Verwendung englischer Begriffe oder einer deutsch-englischen Kunstsprache in einer Gesamtzusage steht jedenfalls unter Berücksichtigung der beteiligten Verkehrskreise in einem internationalen IT-Unternehmen der Transparenz der Regelung nicht entgegen (BAG 20.8.2014 – 10 AZR 453/13). Für die Prüfung der Transparenz kommt es auf die Gesetzeslage bei Vertragsschluss an (BAG 8.9.2018 – 9 AZR 162/18). Auf die etwaige Intransparenz einer Klausel kann sich nur der AN, nicht jedoch der AG als Verwender der Klausel berufen (BAG 22.9.2016 – 2 AZR 509/15).

VI. Rechtsfolgen der Unwirksamkeit

Ist eine Klausel unwirksam, bleibt der Vertrag im Übrigen nach § 306 Abs. 1 BGB grds. wirksam. An die Stelle der unwirksamen AGB treten die gesetzlichen Vorschriften (§ 306 Abs. 2 BGB). Ist nur ein Teil einer Klausel unwirksam, bleibt der Rest bestehen, wenn die Klausel teilbar ist. Die Teilbarkeit ist mittels einer Streichung des unwirksamen Teils mit einem „blauen Stift" zu ermitteln (sog. blue-pencil-test). Ist die verbleibende Regelung weiterhin verständlich, weil die Klausel mehrere sachliche Regelungen enthält, bleibt der verbliebene Teil weiter gültig (BAG 12.3.2008 – 10 AZR 152/07). Unwirksame Klauseln sind grds. nicht auf einen mit dem Recht der AGB noch zu vereinbarenden Regelungsgehalt zurückzuführen. Eine sog. geltungserhaltende Reduktion sieht das Gesetz nicht vor (BAG 13.12.2011 – 3 AZR 791/09). Eine ergänzende Vertragsauslegung kommt bei Arbeitsverträgen, die vor Inkrafttreten des Schuldrechtsmodernisierungsgesetzes zum 1.1.2002 geschlossen worden sind, in Betracht, wenn keine passenden gesetzlichen Vorschriften zur Lückenfüllung zur Verfügung stehen und sich das Festhalten am Vertrag für den Verwender ohne die Klausel als unzumutbare Härte iSd § 306 Abs. 3 BGB darstellen würde (BAG 11.2.2009 – 10 AZR 222/08).

VII. Einzelfälle

(1) **Abtretungsverbot:** AG und AN können durch AGB vereinbaren, dass die → *Abtretung* ausgeschlossen ist (§ 399 BGB).

(2) **Änderungsvertrag:** Berühmt sich der AG im Vorfeld einer Vertragsänderung im Hinblick auf die geänderten Regelungen einer

Rechtsposition, sind die Vertragsänderungen am gesetzlichen Vertragsleitbild des § 779 BGB zu messen. Danach ist eine Ungewissheit über die Rechtslage oder ein Rechtsverhältnis durch gegenseitiges Nachgeben zu beseitigen. Diesem gesetzlichen Leitbild widerspricht eine unangemessen benachteiligende einseitige Festsetzung der Vertragsbedingungen (BAG 15.11.2016 – 3 AZR 582/15).

(3) Änderungsvorbehalt: Eine Klausel, nach der der AG die versprochene Leistung ändern oder von ihr abweichen kann, ist gem. § 308 Nr. 4 BGB unwirksam, wenn nicht die Vereinbarung der Änderung oder Abweichung unter Berücksichtigung der Interessen des Verwenders für den anderen Vertragsteil zumutbar ist. Nicht von § 308 Nr. 4 BGB erfasst sind dagegen Klauseln, die es dem AG ermöglichen, die vom ihm geschuldete Leistung überhaupt erst festzulegen. Eine AGB, mit der der AG sich das Recht zur Entscheidung über die Höhe einer jährlichen → *Sonderzuwendung* vorbehält, ist daher idR wirksam (BAG 16.1.2013 – 10 AZR 26/12).

(4) Arbeitgeberdarlehen: Eine Kündigungs- oder Fälligkeitsklausel, welche die weitere Gewährung eines Darlehens (→ *Vorschuss*) des AG an den Fortbestand des Arbeitsverhältnisses knüpft, benachteiligt den AN unangemessen, wenn sie auch Kündigungen des AG erfasst, deren Gründe nicht im Verhalten des Beschäftigten liegen, oder vom AG veranlasste Eigenkündigungen des AN, bei denen kein schützenswertes Interesse des AG an einer vorzeitigen Abwicklung des Darlehensvertrags besteht (BAG 28.9.2017 – 8 AZR 67/15).

(5) Arbeitsmittel: Eine Klausel, nach der die Bereitstellung zwingend notwendiger → *Arbeitsmittel* durch den AN selbst zu erfolgen hat, ohne dass dies vom AG angemessen ausgeglichen wird, benachteiligt den AN unangemessen und ist daher unwirksam (BAG 10.11.2021 – 5 AZR 334/21).

(6) Arbeitszeit: Eine Klausel, nach der im Arbeitsvertrag nur eine durchschnittliche → *Arbeitszeit* festgelegt wird, ohne dass der Zeitraum für die Ermittlung des Durchschnitts festgelegt ist, ist intransparent und daher unwirksam (BAG 21.6.2011 – 9 AZR 238/10).

(7) Aufhebungsvertrag: Die in einem → *Aufhebungsvertrag* vereinbarte Regelung, durch die das Arbeitsverhältnis gegen Zahlung einer

→ *Abfindung* beendet wird, unterliegt keiner Inhaltskontrolle nach §§ 307 ff. BGB (BAG 22.4.2004 – 2 AZR 281/03).

(8) **Ausgleichsklausel:** Ausgleichs- oder Abgeltungsklauseln in einem → *Aufhebungsvertrag* sind idR nicht überraschend iSv § 305c Abs. 1 BGB. Eine Ausgleichsklausel, die einseitig nur Ansprüche des AN betrifft und dafür keine entsprechende Gegenleistung gewährt, ist unwirksam (BAG 21.6.2011 – 9 AZR 203/10).

(9) **Ausschlussfristen:** → *Verfallfristen.*

(10) **Befristung einzelner Vertragsbedingungen:** → *Befristeter Arbeitsvertrag.*

(11) **Betriebliche Übung:** Auch eine → *betriebliche Übung* unterliegt der Inhaltskontrolle nach den §§ 305 ff. BGB (BAG 5.8.2009 – 10 AZR 483/08).

(12) **Beweislastregelung:** Veränderungen der Beweislastverteilung zulasten des AN sind nach § 309 Nr. 12 BGB unwirksam.

(13) **Bezugnahme auf Tarifverträge:** Ist im Arbeitsvertrag vereinbart, dass für das Arbeitsverhältnis bestimmte TV gelten sollen, so unterliegen die tariflichen Normen nicht der Inhaltskontrolle (§ 310 Abs. 4 S. 1 BGB). Sind lediglich einzelne Tarifnormen in Bezug genommen worden, unterliegen diese einer Kontrolle nach den §§ 307 ff. BGB, da bei einer Herausnahme einzelner Bestimmungen aus dem tariflichen Gesamtwerk die von der Rspr. angenommene Richtigkeitsgewähr des TV entfällt.

(14) **Dienstwagen:** Eine AGB, nach der ein AN einen auch privat nutzbaren → *Dienstwagen* bei einer Freistellung an den AG zurückgeben muss, ist wirksam (BAG 21.3.2012 – 5 AZR 651/10). Die Klausel, nach der der AG die Überlassung eines auch zur Privatnutzung zur Verfügung gestellten Dienstwagens jederzeit widerrufen kann, ist dagegen unwirksam (BAG 19.12.2006 – 9 AZR 294/06).

(15) **Fortbildungskosten:** Vereinbarungen, nach denen sich ein AN an den Kosten einer vom AG finanzierten Fortbildung zu beteiligen hat, sind idR zulässig. Sie benachteiligen den AN selbst dann nicht unangemessen, wenn sie ihm nicht die Möglichkeit einräumen, die

Rückzahlung der Darlehenssumme durch Betriebstreue zu vermeiden (BAG 25.1.2022 – 9 AZR 144/21).

(16) Freiwilligkeitsvorbehalt: zum Begriff → *Sonderzuwendungen.* Ein vertraglicher Freiwilligkeitsvorbehalt, der sich auf die laufende Arbeitsvergütung bezieht, ist unwirksam (BAG 25.4.2007 – 5 AZR 627/06). Gleiches gilt für einen solchen, der alle zukünftigen Leistungen unabhängig von ihrer Art und ihrem Entstehungsgrund erfasst (BAG 14.9.2011 – 10 AZR 526/10). Wird in einer AGB eine bestimmte Sonderzahlung ausdrücklich und hinsichtlich der Höhe konkret zugesagt, ist ein sich darauf beziehender Freiwilligkeitsvorbehalt wegen Intransparenz unwirksam (BAG 30.7.2008 – 10 AZR 606/07). Auch in der Kombination eines Freiwilligkeitsvorbehalts mit einem Widerrufsvorbehalt („die Leistung erfolgt freiwillig und ist jederzeit widerruflich", → *Widerrufvorbehalt*) liegt idR ein zur Unwirksamkeit der Klausel führender Verstoß gegen das Transparenzgebot (BAG 14.9.2011 – 10 AZR 526/10).

(17) Haftung des Arbeitnehmers: AGB, mit denen von den vom BAG entwickelten Grundsätzen zur → *Haftung des Arbeitnehmers* zu dessen Lasten abgewichen wird, sind unwirksam.

(18) Hinterbliebenenversorgung: Eine Beschränkung der Hinterbliebenenversorgung auf die Ehefrau, die zum Zeitpunkt des Wirksamwerdens der Zusage mit dem AN verheiratet war, benachteiligt diesen unangemessen und ist daher unwirksam (BAG 21.2.2017 – 3 AZR 297/15).

(19) Klageverzicht: Ein formularmäßiger Klageverzicht (→ *Verzicht*) in einem → *Aufhebungsvertrag*, der zur Vermeidung einer vom AG angedrohten → *außerordentlichen Kündigung* geschlossen wird, benachteiligt den AN unangemessen iSv § 307 BGB, wenn ein verständiger AG die angedrohte Kündigung nicht ernsthaft in Erwägung ziehen durfte (BAG 12.3.2015 – 6 AZR 82/14). Ein formularmäßiger Verzicht auf die Erhebung einer → *Kündigungsschutzklage* ohne angemessene arbeitgeberseitige Gegenleistung – etwa in Bezug auf den Beendigungszeitpunkt, die Beendigungsart, die Zahlung einer Entlassungsentschädigung oder den Verzicht auf eigene Ersatzansprüche – stellt eine unangemessene Benachteiligung des AN dar (BAG 24.9.2015 – 2 AZR 347/14).

(**20**) **Kündigungsfrist:** Wird die gesetzliche Kündigungsfrist für den AN erheblich verlängert, kann darin auch dann eine unangemessene Benachteiligung iSv § 307 BGB liegen, wenn die Kündigungsfrist für den AG in gleicher Weise verlängert wird (BAG 26.10.2017 – 6 AZR 158/16).

(**21**) **Probezeit:** Während die Vereinbarung einer Probezeit in einem Berufsausbildungsvertrag als zwingendes Recht nach § 20 BBiG als solche keiner Inhaltskontrolle nach §§ 307 ff. BGB unterliegt, ist die Dauer der Probezeit als normausfüllende Klausel der Inhaltskontrolle nach §§ 307 ff. BGB zu unterziehen. IdR ist danach eine Probezeit von vier Monaten nicht zu beanstanden (BAG 12.2.2015 – 6 AZR 831/13). Auch eine Regelung, die bei einer Unterbrechung der Probezeit von mehr als einem Drittel der Probezeit eine Verlängerung um den Zeitraum der Unterbrechung vorsieht, ist nicht unangemessen (BAG 9.6.2016 – 6 AZR 396/15).

(**22**) **Rückzahlungsklauseln:** → *Ausbildungskosten*, → *Sonderzuwendungen*. Eine Rückzahlungsklausel für Fortbildungskosten genügt dem Transparenzgebot nur, wenn der AN sein Rückzahlungsrisiko abschätzen kann. Daher müssen die einzelnen Positionen (zB Lehrgangsgebühren, Fahrt-, Unterbringungs- und Verpflegungskosten) und Berechnungsgrundlagen der ggf. zu erstattenden Kosten angegeben werden (BAG 6.8.2013 – 9 AZR 442/12). Die Klausel, nach der ein AN die Ausbildungskosten auch dann zurückzahlen muss, wenn das Arbeitsverhältnis vor Ablauf einer bestimmten Frist endet, ist unwirksam, da die Rückzahlungspflicht auch greift, wenn der Grund für die Vertragsbeendigung beim AG liegt (BAG 11.4.2006 – 9 AZR 610/05). Unzulässig ist es, die Rückzahlungspflicht nur an das Ausscheiden aufgrund einer Eigenkündigung des AN innerhalb der vereinbarten Bindungsfrist zu knüpfen. Es muss nach dem Grund des vorzeitigen Ausscheidens differenziert werden (BAG 11.12.2018 – 9 AZR 383/18). Die Vereinbarung einer Rückzahlungspflicht für den Fall der Vertragsbeendigung kombiniert mit einer teilweisen Abgeltung der Ausbildungskosten durch eine in den ersten drei Beschäftigungsjahren verringerte Vergütung ist ebenfalls unzulässig (BAG 10.5.2016 – 9 AZR 434/15).

(23) Ruhensvereinbarung: Im Arbeitsvertrag einer in einer Schule eingesetzten Reinigungskraft kann wirksam vereinbart werden, dass das Arbeitsverhältnis während der Schulferien ruht (BAG 10.1.2007 – 5 AZR 84/06).

(24) Schriftform: Eine doppelte Schriftformklausel, nach der Ergänzungen des Arbeitsvertrags der → *Schriftform* bedürfen und eine mündliche Änderung der Schriftformklausel nichtig ist, ist idR unwirksam, da sie beim AN den irreführenden Eindruck erweckt, jede vom Vertrag abweichende mündliche Abrede sei gem. § 125 S. 2 BGB nichtig. Das entspricht nicht der wahren Rechtslage, denn nach § 305b BGB haben individuelle Vertragsabreden Vorrang vor den AGB (BAG 20.5.2008 – 9 AZR 382/07).

(25) Schuldanerkenntnis: → *Schuldanerkenntnis.* Eine Klausel, durch die das Recht des AN ausgeschlossen wird, geltend zu machen, dass die dem Schuldanerkenntnis zu Grunde liegende Forderung nicht besteht, ist unwirksam (BAG 5.3.2005 – 9 AZR 502/03).

(26) Stichtagsregelung: Eine → *Sonderzuwendung*, die jedenfalls auch als Vergütung für eine bereits erbrachte Arbeitsleistung gezahlt wird, kann in AGB nicht vom ungekündigten Bestand des Arbeitsverhältnisses zu einem Zeitpunkt außerhalb des Zeitraums, für den die Sonderzuwendung gezahlt wird, abhängig gemacht werden. Eine entsprechende Stichtagsklausel ist unwirksam, da sie dem AN bereits erarbeiteten Lohn entzieht. Dient die Sonderzuwendung dagegen nicht der Vergütung geleisteter Arbeit und knüpft sie nur an den Bestand des Arbeitsverhältnisses an, stellt es keine unangemessene Benachteiligung dar, wenn der ungekündigte Bestand des Arbeitsverhältnisses zum Auszahlungstag als Anspruchsvoraussetzung bestimmt wird (BAG 18.1.2012 – 10 AZR 612/10).

(27) Überstundenpauschale: Die AGB-Klausel „erforderliche Überstunden sind mit dem Monatsgehalt abgegolten" genügt nicht dem Transparenzgebot (§ 307 Abs. 1 S. 2 BGB), wenn sich der Umfang der danach ohne zusätzliche Vergütung zu leistenden Überstunden nicht hinreichend deutlich aus dem Arbeitsvertrag ergibt (BAG 1.9.2010 – 5 AZR 517/09). Eine Klausel, nach der in der vereinbarten Monatsvergütung die ersten zwanzig Überstunden monatlich

„mit drin" sind, ist hingegen weder überraschend noch intransparent (BAG 16.5.2012 – 5 AZR 331/11).

(28) Übertarifliche Zulage: Eine übertarifliche Zulage kann der AG auch ohne ausdrückliche Klausel auf Tariflohnerhöhungen anrechnen (BAG 27.8.2008 – 5 AZR 820/07; → *Anrechnung*).

(29) Verfallklausel: → *Verfallfristen.* Eine Regelung über eine Frist zur Geltendmachung von Ansprüchen ist unwirksam, wenn die Frist nicht mindestens drei Monaten ab Fälligkeit des nicht erfüllten Anspruchs beträgt (BAG 28.9.2005 – 5 AZR 52/05). Bezieht sich die Verfallklausel ausnahmslos auf alle Ansprüche, die sich aus dem Arbeitsverhältnis ergeben, ist sie wegen Verstoßes gegen § 202 Abs. 1 BGB nach § 134 BGB nichtig, da damit auch Schadensersatzansprüche aus vorsätzlicher Vertragsverletzung und aus vorsätzlicher unerlaubter Handlung erfasst werden (BAG 26.11.2020 – 8 AZR 58/20).

(30) Versetzungsklausel: → *Versetzung.* Eine Klausel, in der sich der AG vorbehält, einseitig ohne den Ausspruch einer → *Änderungskündigung* die vertraglich vereinbarte Tätigkeit unter Einbeziehung geringer wertiger Tätigkeiten zu Lasten des AN zu ändern, ist unwirksam. Ergibt die Auslegung einer in AGB enthaltenen Versetzungsklausel, dass diese inhaltlich der Regelung des § 106 S. 1 GewO entspricht, unterliegt die Klausel keiner Angemessenheitskontrolle nach § 307 Abs. S. 1 BGB (BAG 25.8.2010 – 10 AZR 275/09).

(31) Vertragsstrafe: → *Vertragsstrafe.* Eine Abrede über eine Vertragsstrafe für den Fall, dass der AN das Arbeitsverhältnis ohne Einhaltung der maßgeblichen Kündigungsfrist auflöst, ist in der Regel unwirksam, wenn die Vertragsstrafe höher ist als die Arbeitsvergütung, die dem AN für die Zeit bis zum Ablauf der Kündigungsfrist zu zahlen gewesen wäre. Ausnahmsweise zulässig ist eine solche Klausel nur dann, wenn das Interesse des AG den Wert der Arbeitsleistung aufgrund besonderer Umstände typischerweise und generell übersteigt (BAG 17.3.2016 – 8 AZR 665/14). Unzulässig ist auch eine Regelung, die für jeden Fall der Zuwiderhandlung des AN gegen ein → *Wettbewerbsverbot* eine Vertragsstrafe in Höhe von zwei Monatseinkommen vorsieht und gleichzeitig bestimmt, dass bei einer dauerhaften Verletzung des Wettbewerbsverbots jeder angebrochene Monat als eine erneute Verletzungshandlung gilt (BAG 14.8.2007 – 8 AZR 973/06). Gleiches gilt für eine Klausel, wonach eine Vertragsstrafe durch „schuldhaft vertragswidriges Verhalten des AN, das den AG zur fristlosen Kündigung des Arbeitsverhältnisses veranlasst" verwirkt ist, da sie nicht erkennen lässt, durch welche konkrete Pflichtverletzung die Vertragsstrafe verwirkt wird (BAG 21.4.2005 – 8 AZR 425/04).

(32) Verzicht: → *Verzicht.*

(33) Widerrufsvorbehalt: → *Widerrufvorbehalt.* Die Klausel, nach der der AG das Recht hat, „übertarifliche Lohnbestandteile jederzeit unbeschränkt zu widerrufen", ist gem. § 308 Nr. 4 BGB unwirksam. Die widerrufliche Leistung muss nach Art und Höhe eindeutig sein. Die Klausel muss zudem zumindest die Richtung angeben, aus der der Widerruf möglich sein soll (wirtschaftliche Gründe, Leistung oder Verhalten des AN). Wurde der Vertrag vor dem 1.1.2002 abgeschlossen, kommt eine ergänzende Vertragsauslegung zur Schließung der entstandenen Lücke in Betracht. Es gelten dann die Widerrufsgründe, die die Vertragsparteien zugrunde gelegt hätten, wenn ihnen die gesetzlich angeordnete Unwirksamkeit der Widerrufsklausel bekannt gewesen wäre (BAG 12.1.2005 – 5 AZR 364/04).

(34) Zielvereinbarung: Die formularmäßige Vereinbarung einer → *Zielvereinbarung* muss dem Transparenzgebot entsprechen und darf den AN nicht unangemessen benachteiligen (BAG 24.10.2007 – 10 AZR 825/06). Für Führungskräfte kann in AGB vereinbart werden, dass der AG jährlich ein Zieleinkommen und die tatsächliche Höhe der variablen Vergütung nach billigem Ermessen (§ 315 BGB) unter Beachtung bestimmter Faktoren und der Erreichung vereinbarter Ziele bestimmt (BAG 14.11.2012 – 10 AZR 783/11). *(MA)*

▶ Allgemeines Gleichbehandlungsgesetz

I. Gesetzeszweck und Geltungsbereich

Das Allgemeine Gleichbehandlungsgesetz (AGG) dient der Umsetzung von vier Richtlinien der EU, nach denen der Schutz vor Diskriminierung wegen der Rasse, der ethnischen Herkunft, der Religion und Weltanschauung, der Behinderung, des Alters, der sexuellen

Identität und des Geschlechts im Bereich von Beschäftigung und Beruf zu gewährleisten ist. Für andere, nicht in § 1 AGG aufgeführte Merkmale gilt das Gesetz nicht. Nach § 2 Abs. 3, 4 AGG gilt das Gesetz nur eingeschränkt für Sozialversicherungsleistungen und für die betriebliche Altersversorgung (einschränkend BAG 11.12.2007 – 3 AZR 249/06). Für → *Kündigungen* gelten nach § 2 Abs. 4 AGG ausschließlich die Bestimmungen zum allgemeinen und besonderen Kündigungsschutz. Bei der Prüfung der Wirksamkeit von Kündigungen, die dem KSchG unterfallen, sind die Diskriminierungsverbote des AGG als Konkretisierung der Sozialwidrigkeit einer Kündigung nach § 1 Abs. 1 KSchG zu beachten (BAG 6.11.2008 – 2 AZR 701/07); auf Kündigungen außerhalb des KSchG (dh im Kleinbetrieb und in den ersten sechs Monaten) finden die Regelungen des AGG hingegen unmittelbar Anwendung (BAG 19.12.2013 – 6 AZR 190/12). In personeller Sicht findet das AGG auf AN, zu ihrer Berufsbildung Beschäftigte, → *arbeitnehmerähnliche Personen* und Bewerber Anwendung. Bewerber ist, wer eine Bewerbung beim AG eingereicht hat; hierfür reicht es aus, dass die Bewerbung dem AG zugegangen ist iSv § 130 BGB (BAG 23.1.2020 – 8 AZR 484/18).

II. Benachteiligungsgründe

(**1**) Mit den Begriffen der **Rasse** oder **ethnischer Herkunft** soll ein möglichst lückenloser Schutz vor ethnisch motivierten Benachteiligungen gewährleistet werden. Die unionsrechtlich auszulegenden Begriffe umfassen Kriterien wie Hautfarbe, Abstammung, nationaler Ursprung oder Volkstum (vgl. BT-Drs. 16/1780, 31). Unter einer ethnischen Gruppierung sind Bevölkerungsteile zu verstehen, die durch gemeinsame Herkunft, eine lange gemeinsame Geschichte, Kultur oder Zusammengehörigkeitsgefühl verbunden sind. Nicht dazu gehört die Staatsangehörigkeit (BAG 21.6.2012 – 8 AZR 364/11). Unerheblich ist, ob die ethnische Unterscheidung positiv oder negativ definiert ist. Erfasst werden daher sowohl Fälle, in denen die Benachteiligung an eine bestimmte Herkunft anknüpft, als auch solche, in denen darauf abgestellt wird, dass der Betroffene nichtdeutscher Herkunft ist.

(**2**) Vom Begriff des **Geschlechts** ist die biologische Zuordnung zu einer Geschlechtsgruppe erfasst (männlich/weiblich/intersexuell).

(3) Unter der **Weltanschauung** versteht die Rspr. eine mit der Person des Menschen verbundene Gewissheit über bestimmte Aussagen zum Weltganzen sowie zur Herkunft und zum Ziel des menschlichen Lebens (BAG 22.3.1995 – 5 AZB 21/94). Das Merkmal **Religion** zielt auf die Zugehörigkeit des Einzelnen zu einer religiösen Gemeinschaft und das Vorhandensein religiöser Vorstellungen. Geschützt wird auch das Recht, seine Überzeugungen den Anforderungen der Religion entsprechend zu praktizieren – etwa durch Beteiligung an Gottesdiensten und religiösen Unterweisungen – und Regeln oder Gepflogenheiten zu beachten und zu befolgen.

(4) Vom Begriff der **Behinderung** wird eine Einschränkung von langer Dauer erfasst, die insbesondere auf physische, geistige oder psychische Beeinträchtigungen zurückzuführen ist und die ein Hindernis für die Teilhabe des Betreffenden am Berufsleben bildet; eine Behinderung beruht regelmäßig auf einer Krankheit; nicht jede Krankheit stellt aber zugleich eine Behinderung dar (→ *Schwerbehinderte Menschen*). Nach der Rspr. des EuGH stellt ein Zustand, der durch eine ärztlich diagnostizierte heilbare oder unheilbare Krankheit verursacht wird, eine Behinderung dar, wenn diese Krankheit eine Einschränkung mit sich bringt, die insbesondere auf physische, geistige oder psychische Beeinträchtigungen zurückzuführen ist, die in Wechselwirkung mit verschiedenen Barrieren den Betreffenden an der vollen und wirksamen Teilhabe am Berufsleben, gleichberechtigt mit den anderen AN, hindern können, und wenn diese Einschränkung von langer Dauer ist. Für die Frage, ob der Gesundheitszustand einer Person unter diesen Begriff fällt, kommt es nicht auf die Art der Maßnahmen an, die der AG ergreifen muss (EuGH 11.4.2013 – C–335/11).

(5) Der Begriff des **Alters** bezeichnet jedes Lebensalter, also sowohl ein hohes wie auch ein geringes Alter.

(6) Geschützt wird durch § 1 AGG auch die **sexuelle Identität** iS einer identitätsprägenden sexuellen Ausrichtung. Erfasst wird sowohl die Hetero- als auch die Homo-, Bi- oder Transsexualität. Letztere wird auch vom Merkmal „Geschlecht“ umfasst (BAG 17.12.2015 – 8 AZR 421/14).

III. Begriff der Benachteiligung

Das AGG untersagt Benachteiligungen wegen der in § 1 AGG genannten Merkmale, sofern diese nicht ausnahmsweise durch besondere Umstände erlaubt sind. Der Begriff der Benachteiligung ist in § 3 AGG definiert. Benachteiligung ist eine weniger günstige Behandlung als sie einem Nicht-Merkmalsträger widerfährt. Als Benachteiligungen gelten nach § 3 AGG die unmittelbare Benachteiligung, die mittelbare Benachteiligung, die Belästigung und die sexuelle Belästigung. Auch die Anweisung zur Benachteiligung einer Person aus einem in § 1 AGG genannten Grund gilt nach § 3 Abs. 5 AGG als Benachteiligung.

(1) Eine **unmittelbare Benachteiligung** nach § 3 Abs. 1 AGG liegt vor, wenn eine Person wegen eines in § 1 genannten Grundes eine weniger günstige Behandlung erfährt, als eine andere Person in einer vergleichbaren Situation erfährt, erfahren hat oder erfahren würde. Der Begriff der vergleichbaren Situation verlangt im Fall einer Bewerbung nicht, dass der nicht eingestellte Bewerber objektiv für die ausgeschriebene Stelle geeignet war (BAG 19.5.2016 – 8 AZR 470/14). Da das Gesetz einen formalen Bewerberbegriff enthält, kommt es auch nicht darauf an, ob die Bewerbung „subjektiv ernsthaft“ war (BAG 11.8.2016 – 8 AZR 809/14). Eine solche Bewerbung kann allenfalls dann unbeachtlich sein, wenn sie dem Rechtsmissbrauchseinwand (§ 242 BGB) ausgesetzt ist. Dieser setzt voraus, dass der Bewerber nicht beabsichtigte, die ausgeschriebene Stelle zu erhalten, sondern es ihm nur darum gegangen war, den formalen Status als Bewerber iSd Gesetzes zu erlangen mit dem ausschließlichen Ziel, eine Entschädigung geltend zu machen (BAG 11.8.2016 – 8 AZR 4/15). Eine unmittelbare Benachteiligung liegt zB vor, wenn ein TV für ältere AN mehr Urlaubstage vorsieht. Eine solche Urlaubsstaffelung knüpft unmittelbar an das „Alter“ an (BAG 15.11.2016 – 9 AZR 534/15; 18.10.2016 – 9 AZR 123/16). Eine unmittelbare Benachteiligung wegen des Alters ist auch gegeben, wenn der AN nicht eingestellt wird, weil er nicht mehr jung genug ist. Die Formulierung in einer Stellenausschreibung, wonach dem Bewerber eine Tätigkeit in einem professionellen Umfeld „mit einem jungen dynamischen Team“ geboten wird, bewirkt ebenfalls eine unmittel-

bare Diskriminierung wegen des Alters (BAG 11.8.2016 – 8 AZR 406/14). Von § 3 Abs. 1 AGG wird auch eine sog. **verdeckte** unmittelbare Ungleichbehandlung erfasst. Bei dieser erfolgt die Differenzierung zwar nicht ausdrücklich wegen eines in § 1 AGG genannten Grundes, jedoch knüpft sie an ein Kriterium an, das in einem untrennbaren Zusammenhang mit einem dieser Gründe steht.

(2) Eine **mittelbare Benachteiligung** liegt vor, wenn dem Anschein nach neutrale Vorschriften, Kriterien oder Verfahren Personen wegen eines in § 1 AGG genannten Grundes gegenüber anderen Personen in besonderer Weise benachteiligen können, es sei denn, die betreffenden Vorschriften, Kriterien oder Verfahren sind durch ein rechtmäßiges Ziel sachlich gerechtfertigt und die Mittel sind zur Erreichung dieses Ziels angemessen und erforderlich (§ 3 Abs. 2 AGG). Hierbei muss es sich um ein objektives Ziel handeln, das selbst nichts mit einer Diskriminierung aufgrund des verbotenen Anknüpfungsgrundes nach § 1 AGG zu tun hat. Rechtmäßige Ziele können alle nicht ihrerseits diskriminierenden und auch sonst legalen Ziele sein. Auf die speziellen Rechtfertigungsgründe, die das Gesetz in den §§ 5, 8–10 AGG vorsieht, kommt es regelmäßig nicht an; sind ihre Voraussetzungen allerdings erfüllt, liegt erst recht keine mittelbare Benachteiligung iSv § 3 Abs. 2 AGG vor.

Eine mittelbare Benachteiligung in einem → *Sozialplan* liegt zB vor, wenn dieser bestimmt, dass Zeiten einer → *Elternzeit* nicht als Betriebszugehörigkeitszeiten gelten; eine solche geschlechtsneutral gefasste Regelung benachteiligt Frauen, da Elternzeit überwiegend von Frauen in Anspruch genommen wird. Das in einer Stellenausschreibung enthaltene Anforderungskriterium eines Berufsabschlusses, der „nicht länger als 1 Jahr zurückliegt oder innerhalb der nächsten Monate erfolgt", bewirkt ebenfalls eine mittelbare Diskriminierung, sofern es an einer Rechtfertigung für das Kriterium fehlt (BAG 26.1.2017 – 8 AZR 848/13). Gleiches gilt, wenn Bewerber gesucht werden, die „gerade frisch gebacken aus einer kaufmännischen Ausbildung" kommen (BAG 15.12.2016 – 8 AZR 454/15). Die in einer Stellenausschreibung enthaltene Anforderung „Deutsch als Muttersprache" kann eine mittelbare Diskriminierung wegen der ethnischen Herkunft bewirken (BAG 29.6.2017 – 8 AZR 402/15). Die

Darlegungs- und Beweislast für die die Rechtfertigung iSv § 3 Abs. 2 AGG begründenden Tatsachen trägt der AG (BAG 15.12.2016 – 8 AZR 454/15).

(3) Eine **Belästigung** ist eine Benachteiligung, wenn unerwünschte Verhaltensweisen, die mit einem in § 1 AGG genannten Grund in Zusammenhang stehen, bezwecken oder bewirken, dass die Würde der betreffenden Person verletzt und ein von Einschüchterungen, Anfeindungen, Erniedrigungen, Entwürdigungen oder Beleidigungen gekennzeichnetes Umfeld geschaffen wird (§ 3 Abs. 3 AGG; → *Mobbing*). Die Verhaltensweise ist unerwünscht, wenn der Belästigende aus der Sicht eines objektiven Beobachters davon ausgehen kann, sein Verhalten sei unter den gegebenen Umständen von den Betroffenen nicht erwünscht oder werde auch nicht akzeptiert. Die Unerwünschtheit der Verhaltensweise muss nicht bereits vorher ausdrücklich gegenüber dem Belästigenden zum Ausdruck gebracht worden sein.

(4) Eine → *sexuelle Belästigung am Arbeitsplatz* ist eine Benachteiligung in Bezug auf § 2 Abs. 1 Nr. 1–4 AGG, wenn ein **unerwünschtes, sexuell bestimmtes Verhalten** bezweckt oder bewirkt, dass die Würde der betreffenden Person verletzt wird, insbesondere wenn ein von Einschüchterungen, Anfeindungen, Erniedrigungen, Entwürdigungen oder Beleidigungen gekennzeichnetes Umfeld geschaffen wird (§ 3 Abs. 4 AGG). Auch einmalige Verhaltensweisen können eine sexuelle Belästigung sein. Dies ist etwa beim zielgerichteten Griff in die Genitalien eines anderen bei objektiv erkennbarer Unerwünschtheit der Fall. Auf eine sexuelle Motivation des Handelnden kommt es ebenso wenig an (BAG 29.6.2017 – 2 AZR 302/16) wie darauf, dass der Betroffene seine ablehnende Einstellung zu den fraglichen Verhaltensweisen aktiv verdeutlicht hat (BAG 20.5.2021 – 2 AZR 596/20).

IV. Rechtfertigung der Benachteiligung

Nicht jede Benachteiligung iSd § 3 AGG ist unzulässig. Eine Benachteiligung ist nur dann eine (verbotene) Diskriminierung, wenn sie nicht gerechtfertigt ist. Hierzu enthalten die §§ 8–10 AGG besondere Bestimmungen. Darüber hinaus lässt § 5 AGG unterschiedliche

Behandlungen zu, wenn durch geeignete und angemessene Maßnahmen bestehende Nachteile wegen eines in § 1 AGG genannten Grundes verhindert oder ausgeglichen werden sollen (Beispiel: Bevorzugung von behinderten Menschen bei der Einstellung oder bei dem beruflichen Aufstieg).

(**1**) Nach § 8 Abs. 1 AGG ist eine unterschiedliche Behandlung wegen eines in § 1 AGG genannten Grundes zulässig, wenn dieser Grund wegen der Art der auszuübenden Tätigkeit oder der Bedingungen ihrer Ausübung eine wesentliche und entscheidende berufliche Anforderung darstellt, sofern der Zweck rechtmäßig und die Anforderung angemessen ist. Das pönalisierte Merkmal – oder sein Fehlen – kann nur dann eine wesentliche und entscheidende berufliche Anforderung iSd § 8 Abs. 1 AGG sein, wenn davon die ordnungsgemäße Durchführung der Tätigkeit abhängt (BAG 11.8.2016 – 8 AZR 809/14).

(**2**) Nach § 9 AGG sind Gründe für eine **unterschiedliche Behandlung wegen der Religion oder Weltanschauung zulässig,** wenn diese für die Kirchen und sonstigen Religionsgesellschaften entweder im Hinblick auf ihr Selbstbestimmungsrecht oder nach Art der ausgeübten Tätigkeit eine gerechtfertigte berufliche Anforderung darstellt. § 9 AGG soll den Kirchen und sonstigen Religionsgesellschaften bei AN mit besonderen Loyalitätspflichten ein Einstellungs- bzw. Entlassungsverhalten ermöglichen, welches zB von der Mitgliedschaft des AN in der Kirche bestimmt sein kann (→ *Kirche*). Die erste Alternative von § 9 Abs. 1 AGG kann allerdings zur Begründung einer religions- oder weltanschaulich bedingten Benachteiligung nicht herangezogen werden, da sie gegen Art. 4 Abs. 2 der Richtlinie 2000/78/EG verstößt; sie muss daher nach der Rspr. des BAG unangewendet bleiben (BAG 25.10.2018 – 8 AZR 501/14). Außerdem ist § 9 Abs. 2 AGG aufgrund unionsrechtlicher Vorgaben dahin auszulegen, dass die Einrichtung nicht das Recht hat, bei einem Verlangen an das loyale und aufrichtige Verhalten iS ihres jeweiligen Selbstverständnisses Beschäftigte in leitender Stellung je nach deren Konfession oder Konfessionslosigkeit unterschiedlich zu behandeln, wenn nicht die Religion oder die Weltanschauung im Hinblick auf die **Art der betreffenden beruflichen Tätigkeiten**

oder die Umstände ihrer Ausübung eine berufliche Anforderung ist, die angesichts des Ethos der in Rede stehenden Einrichtung wesentlich, rechtmäßig und gerechtfertigt ist (BAG 20.2.2019 – 2 AZR 746/14).

(3) Gemäß § 10 AGG ist eine **unterschiedliche Behandlung wegen des Alters** zulässig, wenn sie objektiv und angemessen und durch ein legitimes Ziel gerechtfertigt ist. Die Mittel zur Erreichung dieses Ziels müssen angemessen und erforderlich sein. Danach können nach § 10 Abs. 1 AGG gerechtfertigt sein zB Differenzierungen nach der Berufserfahrung oder dem Dienstalter, die Festlegung von Mindestanforderungen an das Alter, die Berufserfahrung oder das Dienstalter für den Zugang zur Beschäftigung, Höchstaltersgrenzen für die Einstellung in bestimmte Berufe, die Vereinbarung einer → *Altersgrenze* für die Beendigung des Arbeitsverhältnisses sowie die Berücksichtigung des Lebensalters bei der Bemessung einer Abfindung in einem → *Sozialplan.*

(4) Die Beurteilung einer Benachteiligung kann sich an folgendem **Prüfungsschema** orientieren: Ist ein in § 1 AGG genanntes Merkmal für die Art der auszuübenden Tätigkeit oder sind die Bedingungen, unter denen die Tätigkeit auszuüben ist, eine wesentliche bzw. maßgebliche berufliche Anforderung nach § 8 AGG? Wenn nein, besteht eine besondere gesetzliche Rechtfertigung (§§ 9, 10 AGG) und ist der Zweck rechtmäßig und sind die Anforderungen, gemessen an der damit verbundenen Benachteiligung, verhältnismäßig?

V. Rechtsfolgen von unzulässigen Maßnahmen, Arbeitnehmerrechte

(1) **Maßnahmen** und **Bestimmungen in Vereinbarungen,** etwa im Arbeitsvertrag, einer → *Betriebsvereinbarung* oder einem → *Tarifvertrag,* die zu einer unzulässigen Benachteiligung führen, sind nach § 7 Abs. 1, 2 AGG iVm § 134 BGB **unwirksam.** Die Unwirksamkeit bewirkt in der Regel, dass den benachteiligten AN ein Anspruch auf die vorenthaltene Leistung zuzuerkennen ist (sog. **Anpassung nach oben**). Die gilt insbesondere dann, wenn den bereits begünstigten AN die in der Vergangenheit gewährten Leistungen nicht mehr entzogen werden können. Solange keine Maßnahmen getroffen wurden, um die Gleichbehandlung wiederherzustellen, kann der Gleichbe-

handlungsgrundsatz in der Regel nur dadurch gewahrt werden, dass den Angehörigen der benachteiligten Gruppe dieselben Vorteile gewährt werden wie diejenigen, die den Angehörigen der begünstigten Gruppe zugutekommen. Die begünstigende Regelung bleibt in diesem Fall das einzig gültige Bezugssystem (BAG 27.4.2017 – 6 AZR 119/16).

(2) Die AN haben das Recht, sich bei den zuständigen Stellen im Betrieb zu **beschweren,** wenn sie sich im Zusammenhang mit ihrem Arbeitsverhältnis vom AG, von anderen AN oder Dritten wegen eines in § 1 AGG genannten Grundes benachteiligt fühlen. Der AG muss die Beschwerde prüfen und über sie inhaltlich entscheiden. Daneben kann sich der BR für die Beschwerde des AN beim AG einsetzen (§ 13 AGG).

(3) Ist der AN einer Belästigung oder einer sexuellen Belästigung am Arbeitsplatz ausgesetzt, kann er die Arbeit unter Fortzahlung der Vergütung einstellen (→ *Zurückbehaltungsrecht*), wenn der AG keine oder nur offensichtlich ungeeignete Abhilfemaßnahmen ergreift (§ 14 AGG).

(4) Im AGG sind **keine Beseitigungs- oder Unterlassungsansprüche** gegenüber dem AG geregelt. Der deutsche Gesetzgeber hat sich für Schadensersatz- und Entschädigungsansprüche als Sanktion gegenüber unzulässigen Benachteiligungen entschieden. Dennoch wird der AN – soweit keine Sonderregelungen bestehen (zB bei der Einstellung) – Anspruch gegen den AG auf Unterlassung weiterer Benachteiligungen und Beseitigung ihrer Folgen haben.

(5) Nach § 15 Abs. 1 AGG hat der AN einen **Schadensersatzanspruch,** wenn der AG gegen das Benachteiligungsverbot verstoßen hat und diesen Verstoß schuldhaft begangen hat. Das Verschulden des AG wird nach § 15 Abs. 1 S. 2 AGG vermutet, für ein etwa fehlendes Verschulden muss der AG seinerseits entlastende Tatsachen darlegen. Zu ersetzen ist der gesamte Vermögensschaden des AN, der die Schadenshöhe allerdings darlegen und ggf. beweisen muss.

Bei unterbliebener **Einstellung** oder **Beförderung** wird ein Einstellungs- bzw. Beförderungsanspruch durch § 15 Abs. 4 AGG ausgeschlossen. Wäre der AN als bester Bewerber bei einem nichtdiskriminierenden Verhalten des AG bei der Einstellung oder bei dem beruflichen Aufstieg zu berücksichtigen gewesen, hat er jedoch Anspruch auf entgangenen Verdienst. Das Gesetz enthält keine Höchstgrenze für den ersatzfähigen Schaden. Insoweit dürften wohl die für den Anspruch auf Verdienstausfall nach § 628 Abs. 2 BGB bei einer durch den AG veranlassten Eigenkündigung des AN geltenden Grundsätze heranzuziehen sein (BAG 21.5.2008 – 8 AZR 623/07). **Ersatzfähiger Schaden** iSd § 15 Abs. 1 AGG ist danach der Verdienst, den der AN bis zum ersten fiktiven Kündigungstermin erhalten hätte. Ein Schadensersatzanspruch nach § 15 Abs. 1 AGG kann auch in Betracht kommen, wenn der AN wegen einer Belästigung oder sexuellen Belästigung sein Arbeitsverhältnis beendet hat. Nach der Rspr. des BAG verdrängt der Anspruch nach § 15 Abs. 1 AGG alle anderen vertraglichen Schadensersatzansprüche (zB aus § 280 Abs. 1, § 241 Abs. 2, § 311 Abs. 2 BGB iVm § 7 Abs. 3 AGG), sofern diese allein auf den Verstoß gegen das Benachteiligungsverbot gestützt werden (BAG 21.6.2012 – 8 AZR 188/11).

(**6**) Darüber hinaus kann der AN nach § 15 Abs. 2 AGG wegen der Diskriminierung durch den AG einen **verschuldensunabhängigen Entschädigungsanspruch** gegen den AG geltend machen. Der Anspruch setzt nicht voraus, dass eine erhebliche Verletzung des allgemeinen Persönlichkeitsrechts des AN iSd § 823 Abs. 1 BGB eingetreten ist. Die Höhe der Entschädigung ist grds. einzelfallbezogen festzusetzen. Maßgeblich sind in erster Linie die Schwere des Verstoßes gegen § 7 Abs. 1 AGG. Wird der AN aus mehreren Gründen unzulässig benachteiligt, ist eine höhere Entschädigung geboten. Zu berücksichtigen sind die wirtschaftliche Leistungsfähigkeit des AG sowie ggf. ein Ausgleich der erlittenen materiellen Schäden. Wiederholungsfälle können eine höhere Entschädigung rechtfertigen. Erfolgt die Benachteiligung aufgrund einer Regelung in einer Kollektivvereinbarung (→ *Tarifvertrag*, → *Betriebsvereinbarung*), trifft den AG gem. § 15 Abs. 3 AGG nur dann eine Entschädigungspflicht, wenn er vorsätzlich oder grob fahrlässig handelt. Das Haftungsprivileg gilt nach dem Wortlaut des § 15 Abs. 3 AGG nur für „Entschädigungen" und bezieht sich daher nicht auf den Schadensersatz wegen Vermögensschäden nach § 15 Abs. 1 AGG.

(7) Der AN muss die **Schadensersatz- und Entschädigungsansprüche fristgerecht** innerhalb einer zweistufigen Frist (→ *Verfallfristen*) **geltend machen und einklagen.** Nach § 15 Abs. 4 AGG besteht eine Frist von zwei Monaten zur schriftlichen Geltendmachung der Ansprüche nach § 15 Abs. 1 und 2 AGG gegenüber dem AG, sofern nicht tarifvertraglich abweichende Regelungen vereinbart worden sind. Die zweimonatige Ausschlussfrist beginnt bei einer erfolglosen Bewerbung grds. mit dem Zugang der Ablehnung, nicht jedoch vor dem Zeitpunkt, ab dem der Bewerber Kenntnis von seiner Benachteiligung erlangt (BAG 15.3.2012 – 8 AZR 37/11). Darüber hinaus ist auch § 61b ArbGG zu beachten. Danach muss eine Klage auf Entschädigung nach § 15 AGG innerhalb von drei Monaten, nachdem der Anspruch schriftlich geltend gemacht worden ist, erhoben werden. Werden die Fristen nicht gewahrt, verfallen etwaige Schadensersatz- und Entschädigungsansprüche. Die Frist des § 15 Abs. 4 AGG gilt nach der Rspr. des BAG auch für **deliktische Schadensersatzansprüche,** die auf denselben Lebenssachverhalt einer Benachteiligung wie der Schadensersatzanspruch des § 15 Abs. 1 AGG gestützt werden (BAG 21.6.2012 – 8 AZR 188/11).

(8) Der AG haftet auch für Benachteiligungen durch seine AN, wenn diese als seine **Erfüllungsgehilfen** (§ 278 BGB) anzusehen sind. Dies sind regelmäßig alle AN mit Vorgesetztenfunktion gegenüber den ihnen nachgeordneten AN, wenn die Benachteiligung in einem inneren sachlichen Zusammenhang mit ihren betrieblichen Aufgaben steht (BAG 25.10.2007 – 8 AZR 593/06). Eine durch einen Vorgesetzten im Rahmen seiner Tätigkeit vorgenommene Benachteiligung stellt eine Verletzung des Arbeitsvertrags dar (§ 7 Abs. 3 AGG); anders kann dies bei einer anlässlich eines privaten Kontakts unter Arbeitskollegen begangenen Belästigung zu beurteilen sein. Nach § 12 AGG ist der AG verpflichtet, zum Schutz seiner AN geeignete Maßnahmen (zB Schulungen, Mitarbeiterbefragungen) zu ergreifen, um unzulässige Benachteiligungen zu verhindern. Darüber hinaus ist er zur Sachverhaltsaufklärung und ggf. zum Einschreiten verpflichtet, wenn er Hinweise (auch durch Dritte) auf konkrete Benachteiligungen erhält.

(9) Für den Rechtsschutz bei Diskriminierungen sieht § 22 AGG im Hinblick auf den Kausalzusammenhang eine **Erleichterung der Darlegungslast,** eine Absenkung des Beweismaßes und eine **Umkehr der Beweislast** vor. Legt der AN Indizien dar, die eine Benachteiligung wegen eines in § 1 AGG genannten Grundes vermuten lassen, und beweist er diese im Bestreitensfall, trägt der AG die Beweislast dafür, dass kein Verstoß gegen die Bestimmungen zum Schutz vor Benachteiligung vorgelegen hat. An die Vermutungsvoraussetzungen des § 22 AGG ist kein zu strenger Maßstab anzulegen. Es ist nicht erforderlich, dass die Tatsachen einen zwingenden Indizienschluss auf eine Benachteiligung wegen eines der in § 1 AGG genannten Merkmale zulassen. Vielmehr reicht es aus, wenn nach allgemeiner Lebenserfahrung eine überwiegende Wahrscheinlichkeit dafür besteht, dass ein in § 1 AGG genannter Grund „Bestandteil eines Motivbündels" ist, das die benachteiligende Maßnahme oder Entscheidung beeinflusst hat. Es ist nicht erforderlich, dass das Merkmal iSd § 1 AGG ausschließliches oder auch nur ein wesentliches Motiv für das Handeln des Benachteiligenden ist. Eine bloße Mitursächlichkeit genügt (BAG 18.9.2014 – 8 AZR 753/13). Schreibt der AG zB eine Stelle unter Verstoß gegen § 11 AGG aus, begründet dies die Vermutung, dass der erfolglose Bewerber im Auswahlverfahren wegen eines Grundes iSv § 1 AGG benachteiligt wurde, wenn die benachteiligende Anforderung in der Ausschreibung nicht nach §§ 5, 8, 9 oder § 10 AGG gerechtfertigt ist (BAG 11.8.2016 – 8 AZR 809/14). Ein vom AG nach §§ 10 ff. EntgTranspG (→ *Entgelttransparenzgesetz*) mitgeteiltes geringeres Vergleichsentgelt männlicher Vergleichspersonen lässt idR vermuten, dass eine Entgeltbenachteiligung wegen des Geschlechts erfolgt ist (BAG 21.1.2021 – 8 AZR 488/19). Der Hinweis auf eine „Pensionsberechtigung" in einer Kündigung kann zur Vermutung führen, dass deren Motiv u.a. das Alter des AN war (BAG 23.7.2015 – 6 AZR 457/14). Auch Verstöße des AG gegen die für → *schwerbehinderte Menschen* vorgesehenen Förderpflichten nach dem SGB IX (zB § 165 S. 1 und 3 SGB IX) begründen idR die Vermutung einer behinderungsbedingten Benachteiligung (BAG 25.11.2021 – 8 AZR 313/20).

Besteht eine Vermutung nach § 22 AGG, dass eine benachteiligende Maßnahme wegen eines Merkmals iSd § 1 AGG erfolgte, muss der AG **darlegen und beweisen,** dass ausschließlich andere Gründe zu der ungünstigeren Behandlung geführt haben. Bei einer Bewerbung kann dies der Fall sein, wenn er im Einzelnen vorträgt und ggf. beweist, dass das Auswahlverfahren aus sachlichen und nachvollziehbaren Gründen – zB weil zwischenzeitlich das Erfordernis, die Stelle überhaupt (neu) zu besetzen, entfallen ist – abgebrochen wurde, bevor die Bewerbung bei ihm eingegangen ist. Entsprechendes kann gelten, sofern der AG substantiiert vorträgt und ggf. beweist, dass das Auswahlverfahren – ohne Abkürzung der Bewerbungsfristen – bereits abgeschlossen war, bevor die Bewerbung bei ihm eingegangen ist. An einem Kausalzusammenhang zwischen der benachteiligenden Maßnahme und einem Merkmal iSd § 1 AGG fehlt es zudem, wenn der AG beweist, dass der Bewerber eine formale Qualifikation nicht aufweist oder eine formale Anforderung nicht erfüllt, die unverzichtbare Voraussetzung für die Ausübung der Tätigkeit oder den Beruf an sich ist. Darüber hinaus kann der AG die Vermutung widerlegen, wenn er substantiiert vorträgt und ggf. beweist, dass er bei der Behandlung aller Bewerbungen nach einem bestimmten Verfahren vorgegangen ist, welches eine Benachteiligung wegen eines in § 1 AGG genannten Grundes ausschließt. Dies ist zB anzunehmen, wenn der AG ausnahmslos alle Bewerbungen in einem ersten Schritt darauf hin gesichtet und sortiert hat, ob die Personen eine zulässigerweise gestellte Anforderung erfüllen (BAG 19.5.2016 – 8 AZR 477/14).

VI. Einzelfälle

(1) Abfindungen: In Sozialplänen vorgesehene, nach Alter oder Betriebszugehörigkeit gestaffelte Abfindungsregelungen sind nach § 10 S. 3 Nr. 6 AGG zulässig, wenn sie erkennbar die wesentlich vom Alter abhängenden Chancen auf dem Arbeitsmarkt durch dessen verhältnismäßig starke Betonung berücksichtigen. Gleiches gilt, wenn von den Sozialplanleistungen solche AN ausgeschlossen werden, die wirtschaftlich abgesichert sind, weil sie – ggf. nach Bezug von → *Arbeitslosengeld* – rentenberechtigt sind (vgl. BAG 7.5.2019 – 1 ABR 54/17; 9.12.2014 – 1 AZR 102/13). Stellt die Höhe der Abfindung auf den Zeitraum bis zum frühestmöglichen Wechsel der AN in die Rente ab, bewirkt dies eine mittelbare Benachteiligung wegen Behinderung (BAG 16.7.2019 – 1 AZR 842/16).

(2) **Altersabstandsklausel:** Die Regelung in einer Versorgungsordnung, nach der Ehegatten, die mehr als 15 Jahre jünger als der versorgungsberechtigte AN sind, keine betriebliche Hinterbliebenenrente erhalten, bewirkt keine unzulässige Benachteiligung wegen des Alters (BAG 20.2.2018 – 3 AZR 43/17). Auch die Kürzung einer Hinterbliebenenrente für jedes Jahr, das der Ehegatte mehr als zehn Jahre jünger als der versorgungsberechtigte AN ist, ist zulässig (BAG 11.12.2018 – 3 AZR 400/17).

(3) **Beendigung durch Altersgrenze:** Eine Befristung des Arbeitsverhältnisses (→ *Befristeter Arbeitsvertrag*), die an das Erreichen des Regelrentenalters anknüpft, bewirkt zwar eine unmittelbar auf dem Merkmal des Alters beruhende Ungleichbehandlung. Eine solche Befristung ist jedoch nach § 10 S. 3 Nr. 5 AGG gerechtfertigt, da sie arbeitsmarkt- und sozialpolitischen Zielen – der Neueinstellung jüngerer AN, der Vornahme einer Nachwuchsplanung und der Erhaltung einer ausgewogenen Altersstruktur – dient (BAG 25.10.2017 – 7 AZR 632/15). Die Höhe der vom einzelnen AN zu erwartenden Regelaltersrente ist unerheblich.

(4) **Einstellungshöchstalter:** Ein Einstellungshöchstalter von 34 Jahren für den Polizeidienst ist gerechtfertigt, wenn sämtliche Einsatz- und Vollzugsaufgaben ausgeübt werden sollen und die zu übertragenden Aufgaben u.a. die bei der Festnahme und der Ingewahrsamnahme von Straftätern sowie beim präventiven Streifendienst die Anwendung körperlicher Gewalt erfordern (EuGH 15.11.2016 – C-258/15). Auch ein Höchstalter für die Einstellung in die Laufbahn des mittleren feuerwehrtechnischen Dienstes von 30 Jahren hat der EuGH nicht beanstandet (EuGH 12.1.2010 – C-229/08). Eine tarifliche Regelung, die für ein Luftfahrtunternehmen das Höchstalter für die Einstellung von in anderen Luftfahrtunternehmen ausgebildeten Piloten auf knapp 33 Jahre festlegt, ist hingegen unzulässig, da den Piloten bereits nach etwa einem Viertel ihrer insgesamt möglichen Berufstätigkeit ein Wechsel zum AG unmöglich gemacht wird (BAG 8.12.2010 – 7 ABR 98/09).

(5) **Gleichstellungsbeauftragte:** Die Wahrnehmung der Stelle einer Gleichstellungsbeauftragten rechtfertigt nicht deren Besetzung ausschließlich mit einer Frau (BAG 12.11.1998 – 8 AZR 365/97). Besteht jedoch ein wesentlicher Teil der Aufgaben der Gleichstellungsbeauftragten darin, Projekte und Beratungsangebote zur Integration zugewanderter Frauen zu betreuen, stellt die Zugehörigkeit zum weiblichen Geschlecht eine zulässige Anforderung iSd § 8 AGG dar (BAG 18.3.2010 – 8 AZR 77/09).

(6) **Gute körperliche Konstitution:** Für die Ausführung der Badeaufsicht – einschließlich des Rettungsdienstes – in einem öffentlichen Schwimmbad stellt eine gute körperliche Konstitution eine zulässige Anforderung dar, da die Sicherheit der Badegäste betroffen ist und körperliche Schwächen beträchtliche Konsequenzen haben können (BAG 22.5.2014 – 8 AZR 662/13).

(7) **Körperlich schwere Arbeiten:** Müssen an einem Arbeitsplatz körperlich schwere Arbeiten geleistet werden, u.a. gelegentliches Tragen von 50 kg-Säcken, liegt zwar in der körperlichen Leistungsfähigkeit des Bewerbers ein Einstellungskriterium. Dies rechtfertigt es aber nicht, auf diese Stellen nur Männer einzusetzen (vgl. LAG Köln 8.11.2000 – 3 Sa 974/00). Auch ein allgemeines Beschäftigungsverbot für Frauen im untertägigen Bergbau ist unzulässig (EuGH 1.2.2005 – C-203/03).

(8) **Körpergröße:** Frauen dürfen von einer Beschäftigung nicht allein deshalb ausgeschlossen werden, weil sie im Durchschnitt kleiner und weniger stark sind als der Durchschnitt der Männer, solange Männer mit ähnlichen körperlichen Merkmalen zu dieser Beschäftigung zugelassen werden (EuGH 1.2.2005 – C-203/03).

(9) **Spätehenklausel:** Eine Klausel, die eine Hinterbliebenenversorgung ausschließt, wenn die Ehe nach Vollendung des 62. Lebensjahres des AN geschlossen wurde, benachteiligt den AN unzulässig wegen des Alters, wenn die festgelegte Altersgrenze nicht an ein „betriebsrentenrechtliches Strukturprinzip“ anknüpft (BAG 19.2.2019 – 3 AZR 215/18). Ein solches ist typischerweise mit einer Zäsur im Arbeitsverhältnis verbunden (zB Beendigung des Arbeitsverhältnisses, Bezug der Altersrente oder Erreichen der „festen Altersgrenze“ für den Bezug der Betriebsrente).

(10) Stellenausschreibungen: Eine → *Stellenausschreibung* bewirkt durch die Anforderung sehr guter Deutsch- und guter Englischkenntnisse in Wort und Schrift weder eine unmittelbare Diskriminierung wegen der ethnischen Herkunft noch insoweit eine mittelbare Benachteiligung (BAG 23.11.2017 – 8 AZR 372/16). Eine geschlechtsspezifisch formulierte Stellenausschreibung lässt hingegen darauf schließen, dass ein abgelehnter Bewerber des in der Ausschreibung nicht bezeichneten Geschlechts aus diesem Grund nicht eingestellt wurde (BAG 5.2.2004 – 8 AZR 112/03). Wird in einer Stellenanzeige ein „junger" Bewerber oder eine „junge" Bewerberin gesucht, lässt dies ebenfalls den Schluss zu, dass ein abgelehnter Bewerber wegen seines Alters benachteiligt worden ist, wenn eine deutlich jüngere Person eingestellt wird (BAG 19.8.2010 – 8 AZR 530/09). Gleiches gilt für eine Ausschreibung, mit der ein AN mit „0–2 Jahren Berufserfahrung" für ein „junges und dynamisches Team" gesucht wird (BAG 11.8.2016 – 8 AZR 4/15).

(11) Schwerbehinderung: Ein Verstoß des AG gegen Vorschriften des SGB IX, die Verfahrens- und/oder Förderpflichten zugunsten → *schwerbehinderter Menschen* enthalten, begründet idR die Vermutung, dass die Benachteiligung eines erfolglosen schwerbehinderten Bewerbers wegen der Behinderung erfolgte, wenn der AG rechtzeitig über die Schwerbehinderung in Kenntnis gesetzt wurde (BAG 17.12.2020 – 8 AZR 171/20). Dies ist zB der Fall, wenn ein öffentlicher AG einen Bewerber, dessen Schwerbehinderung ihm bekannt ist und dem die fachliche Eignung für die ausgeschriebene Stelle nicht offensichtlich fehlt, entgegen § 165 S. 2 SGB IX nicht zu einem Vorstellungsgespräch einlädt (BAG 11.8.2016 – 8 AZR 375/15). Eine Tarifnorm, die eine Ausgleichzahlung für die vorzeitige Inanspruchnahme von Altersrente von der Vollendung des 63. Lebensjahres abhängig macht, benachteiligt schwerbehinderte AN (BAG 25.8.2020 – 9 AZR 266/19).

(12) Urlaub: Regelungen, nach denen älteren AN mehr Urlaubstage zustehen, können gerechtfertigt sein. Dies setzt jedoch voraus, dass mit der Regelung tatsächlich einem gesteigerten Erholungsbedürfnis älterer Menschen Rechnung getragen werden soll und wird (vgl. BAG 15.11.2016 – 9 AZR 534/15). So hat es das BAG für zulässig gehalten, dass in der Schuhproduktion beschäftigte AN nach Vollendung des 58. Lebensjahres zwei zusätzliche Urlaubstage erhalten (BAG 21.10.2014 – 9 AZR 956/12). Nicht gerechtfertigt war es hingen, dass AN bereits ab dem vollendeten 50. Lebensjahr drei zusätzliche Urlaubstage erhielten (BAG 12.4.2016 – 9 AZR 659/14). Gleiches galt für eine Regelung, nach der AN nach Vollendung des 30. Lebensjahrs drei weitere Urlaubstage und nach Vollendung des 40. Lebensjahres noch einen weiteren Urlaubstag beanspruchen konnten (BAG 20.3.2012 – 9 AZR 529/10).

(13) Vergütungshöhe: Eine allein vom **Lebensalter** abhängige unterschiedliche Vergütungshöhe ist nicht zulässig. Die früher im öffentlichen Dienst geltende Bemessung der Grundvergütungen nach Lebensaltersstufen war daher altersdiskriminierend (EuGH 8.9.2011 – C-297/10 u.a.). Die Ersetzung dieses Vergütungssystems durch das des TVöD bzw. des TV-L und die damit für einen befristeten Übergangszeitraum verbundene Fortwirkung einiger benachteiligender Regelungen des alten Systems, die erfolgte, um für die bereits in einem Beschäftigungsverhältnis stehenden AN den Übergang zum neuen System ohne Einkommensverluste zu gewährleisten, war dagegen zulässig (EuGH 8.9.2011 – C-297/10 u.a.).

(14) Vorruhestandsverhältnis: Hängt die Dauer der Laufzeit eines Vorruhestandsverhältnisses davon ab, ab wann der AN frühestmöglich eine Altersrente beantragen kann, so benachteiligt dies einen schwerbehinderten AN, der eine vorzeitige Altersrente in Anspruch nehmen kann, gegenüber einem nicht schwerbehinderten Menschen in unzulässiger Weise. Damit besteht das Vorruhestandsverhältnis bis zum Zeitpunkt des frühesten Rentenbeginns eines vergleichbaren, aber nicht schwerbehinderten Menschen fort (BAG 21.11.2017 – 9 AZR 141/17). *(MA)*

► Allgemeinverbindlicherklärung

I. Anwendbarkeit von Tarifverträgen

Die Regelungen eines → *Tarifvertrags* sind nicht ohne Weiteres im Rahmen eines Arbeitsverhältnisses zwischen AG und AN anwendbar. Sie gelten nur, wenn entweder

- sowohl AG als auch AN **Mitglied der Tarifvertragsparteien** sind oder – bei einem Firmen- bzw. HausTV – der AG selbst TVpartei ist, also → *Tarifbindung* besteht (§ 3 Abs. 1, § 4 Abs. 1 TVG). Enthält der TV betriebliche oder betriebsverfassungsrechtliche Normen, ist die Mitgliedschaft des AN in der tarifschließenden Gewerkschaft insoweit entbehrlich (§ 3 Abs. 2 TVG), solche Tarifnormen gelten bereits bei alleiniger Tarifbindung des AG;
- die Anwendung des TV zwischen AG und AN einzelvertraglich **vereinbart** worden ist (→ *Bezugnahme auf Tarifvertrag*);
- bei einer **Geltungserstreckung durch Rechtsverordnung** nach dem → *Arbeitnehmer-Entsendegesetz* (§ 7 AEntG);
- bei einer **Allgemeinverbindlicherklärung** (AVE) des TV (§ 5 TVG).

II. Begriff und Voraussetzungen der Allgemeinverbindlicherklärung

1. Zustandekommen und Wirkung

Die AVE von TV ist ein staatlicher Rechtssetzungsakt eigener Art, mit dem die Tarifnormen auf die Arbeitsverhältnisse der nichtorganisierten AG und AN erstreckt werden. Mit dem Zeitpunkt des Inkrafttretens der AVE **wirken** die Tarifnormen wie zwischen den Tarifgebundenen **unmittelbar und zwingend** auf alle Arbeitsverhältnisse im Geltungsbereich des TV ein. Die Vereinbarung von untertariflichen Arbeitsbedingungen ist dort nicht mehr möglich. Die AVE erfolgt durch das BMAS im Einvernehmen mit einem aus je drei Vertretern der Spitzenorganisationen der AG und AN bestehenden Ausschuss auf gemeinsamen Antrag der TVparteien. Vor der Entscheidung über den Antrag haben die Beteiligten Gelegenheit zur Stellungnahme (§ 5 Abs. 2 TVG). Die AVE wird wirksam mit dem hierfür in der Erklärung vorgesehenen Zeitpunkt. In begrenztem Umfang ist auch eine **Rückwirkung** zulässig, soweit hierdurch rechtsstaatliche Grundsätze nicht verletzt werden (BAG 20.3.2013 – 10 AZR 744/11). Sie endet mit ihrer Aufhebung (§ 5 Abs. 5 TVG) oder mit dem Außerkrafttreten des TV. Ist ein TV teilweise geändert worden, eine sonstige, mit der Änderung nicht im Zusammenhang stehende Regelung aber unverändert geblieben, besteht insoweit die AVE fort. Die AVE, die von ihr umfassten tariflichen Rechtsnormen und das Ende der AVE sind **öffentlich bekanntzumachen** (§ 5 Abs. 7 TVG); außerdem erfolgt die Eintragung in das Tarifregister (DVO zum TVG idF v. 16.1.1989 [BGBl. I 76]). Nach dem Ende der AVE entfaltet der TV auch gegenüber nicht Tarifgebundenen zunächst noch Nachwirkung (→ *Nachwirkung von Tarifverträgen*).

2. Voraussetzungen

Die AVE eines TV ist nur zulässig, wenn die in § 5 Abs. 1 und 1a TVG genannten Voraussetzungen erfüllt sind. Allgemein gilt, dass die AVE im öffentlichen Interesse geboten erscheint (BAG 21.3.2018 – 10 ABR 62/16). Das ist in der Regel der Fall, wenn der TV in seinem Geltungsbereich **überwiegende Bedeutung** erlangt hat, was nur seine überwiegende Anwendung, nicht eine überwiegende Tarifgebundenheit voraussetzt, oder wenn die Absicherung der tarifvertraglichen Normsetzung gegen die Folgen **wirtschaftlicher Fehlentwicklung** eine AVE verlangt. Für TV über → *Gemeinsame Einrichtungen* der TVparteien (zB Sozialkassen) gelten Sonderregelungen (Abs. 1a), soweit sie im Gesetz abschließend aufgezählte Regelungsgegenstände betreffen, nämlich bestimmte Fragen des → *Urlaubs*, der betrieblichen Altersversorgung, der Ausbildungsvergütung und der überbetrieblichen Ausbildung, der Vermögensbildung und des Lohnausgleichs. In diesen Fällen genügt es, dass die AVE zur Sicherung der Funktionsfähigkeit der Einrichtung erforderlich erscheint; solche TV muss der AG nach Abs. 4 S. 2 im Übrigen selbst dann einhalten, wenn er an einen anderen TV mit vergleichbarem Regelungsgegenstand gebunden ist (BAG 20.11.2018 – 10 ABR 12/18). Für die AVE anderer TV über Gemeinsame Einrichtungen, die nicht die aufgezählten Regelungsgegenstände betreffen, gelten die allgemeinen Regeln. Die Gültigkeit von AVE kann nur in einem Verfahren nach § 98 ArbGG nachgeprüft werden.

► Alliierte Streitkräfte

Auf das Arbeitsverhältnis der AN bei den alliierten Streitkräften findet deutsches Arbeitsrecht Anwendung (Art. 56 Abs. 1a Zusatzabkommen zum NATO-Truppenstatut vom 3.8.1959 [BGBl. 1961 II 1218]). AG sind die alliierten Streitkräfte; die Lohnzahlung erfolgt zu Lasten des Bundes. Grds. gilt bei Kündigungen das KSchG. Erweist sich die → *Kündigung* als ungerechtfertigt, ist das Arbeitsverhältnis aufzulösen und eine Abfindung festzusetzen, wenn der AG im Prozess oder binnen 21 Tagen nach Zustellung des Urteils erklärt, dass besonders schutzwürdige Belange der Beschäftigung entgegenstehen (→ *Kündigungsschutzklage*). Ein Anspruch auf Fortsetzung des Arbeitsverhältnisses besteht nicht. Eine Klage, auch die Kündigungsschutzklage, ist gegen die BRD als Prozessstandschafter zu richten (Art. 56 Abs. 8 ZAbk NATO-Truppenstatut).

▶ Altersgrenze

Als Altersgrenze wird der Zeitpunkt bezeichnet, zu dem das Arbeitsverhältnis **befristet** ist und endet. Die Zulässigkeit von Altersgrenzen in → *Tarifverträgen*, → *Betriebsvereinbarungen* und → *Arbeitsverträgen* ist unterschiedlich zu beurteilen. Unterschieden wird zwischen der (schriftlich abzuschließenden) Befristung (→ *Befristeter Arbeitsvertrag*) auf die Regelaltersgrenze und eine vorgezogene Altersgrenze.

Nach der Rspr. des BAG ist eine Altersgrenze, nach der das Arbeitsverhältnis mit **Erreichen des gesetzlichen Rentenalters** endet, wirksam, wenn der AN nach dem Vertragsinhalt und der Vertragsdauer eine gesetzliche Altersrente erwerben kann oder bereits erworben hat. Die Wirksamkeit der Befristung ist verfassungsrechtlich unbedenklich und nicht von der konkreten wirtschaftlichen Absicherung des AN (zB der Altersrente) bei Erreichen der Altersgrenze abhängig (BAG 25.10.2017 – 7 AZR 632/15). Die Beendigung des Arbeitsverhältnisses bei Erreichen der Regelaltersgrenze stellt zwar eine unmittelbar auf dem Merkmal des Alters (§ 1 AGG) beruhende Ungleichbehandlung der davon betroffenen AN dar, solche Vereinbarungen sind jedoch wegen ihrer arbeitsmarkt- und sozialpolitischen Zwecksetzung auch mit dem Unionsrecht vereinbar. Ist der Arbeitsvertrag auf das Erreichen der Regelaltersgrenze befristet, können AG und AN den Beendigungszeitpunkt durch Vereinbarung während des Arbeitsverhältnisses, ggf. auch mehrfach, **hinausschieben** (§ 41 S. 3 SGB VI; BAG 19.12.2018 – 7 AZR 70/17. Bei der Weiterbeschäftigung eines AN über eine Altersgrenze hinaus steht dem BR ein Mitbestimmungsrecht nach § 99 Abs. 1 BetrVG zu (BAG 22.9.2021 – 7 ABR 22/20).

Haben die Parteien im Arbeitsvertrag ein Lebensalter genannt, das zum Zeitpunkt des Vertragsschlusses mit der gesetzlichen Regelaltersgrenze übereinstimmte, ist die Vereinbarung regelmäßig dahingehend auszulegen, dass sie auf den Zeitpunkt der jeweiligen Regelaltersgrenze bezogen ist (BAG 9.12.2015 – 7 AZR 68/14). Daneben bestimmt § 41 S. 2 SGB VI, dass eine Altersgrenze, die die Beendigung des Arbeitsverhältnisses zu einem Zeitpunkt vorsieht, zu dem der AN **vor Erreichen der Regelaltersgrenze** eine Rente wegen Alters beantragen kann, dem AN gegenüber als auf das Erreichen der Regelaltersgrenze abgeschlossen gilt, es sei denn, dass die Vereinbarung innerhalb der letzten drei Jahre vor diesem Zeitpunkt abgeschlossen oder von dem AN innerhalb der letzten drei Jahre vor diesem Zeitpunkt bestätigt worden ist. Hieraus folgt, dass der von einer vorzeitigen Altersgrenze betroffene AN ggf. frei entscheiden kann, ob er die Befristung auf einen früheren Zeitpunkt als das für ihn geltende Regelrentenalter akzeptiert. Eine Altersgrenze enthält **kein Beschäftigungsverbot** über das gesetzliche Rentenalter hinaus, die einvernehmliche Neubegründung eines durch eine Altersgrenze beendeten Arbeitsverhältnisses ist zulässig (BAG 12.6.2013 – 7 AZR 917/11).

Vorzeitige Altersgrenzen sind nur zulässig, wenn gerade für die vorzeitige Beendigung des Arbeitsverhältnisses ein sachlicher Grund besteht und der AN durch eine durch den AG vermittelte Versorgung und/oder Leistungen aus der Sozialversicherung wirtschaftlich abgesichert ist. Die Rspr. hat eine vorzeitige Altersgrenze von 55 Lebensjahren für die Kabinenbesatzung von Flugzeugen ebenso für unwirksam gehalten wie Altersgrenzen von 60 Jahren für Piloten (BAG 18.2.2012 – 7 AZR 112/08).

▶ Altersteilzeitarbeit

I. Überblick

Durch Altersteilzeitarbeit soll älteren AN ein gleitender Übergang vom Erwerbsleben in die Altersrente ermöglicht werden. Der AN hat **keinen gesetzlichen Anspruch auf Abschluss eines Altersteil-**

zeitarbeitsvertrags. Allerdings kann ein solcher durch TV oder BV begründet werden. Die Arbeitsverwaltung hat auf der Grundlage des Altersteilzeitgesetzes vom 23.7.1996 (BGBl. I 1078) den Abschluss von Altersteilzeitverträgen durch Leistungen an AN gefördert, die ihre Arbeitszeit spätestens ab dem 31.12.2009 vermindert und damit die Einstellung eines sonst arbeitslosen AN ermöglicht haben (§ 1 Abs. 2 ATG). **Begünstigt waren AN,** die **(1)** das 55. Lebensjahr vollendet, **(2)** nach dem 14.2.1996 aufgrund einer Vereinbarung mit dem AG ihre Arbeitszeit auf die Hälfte der bisherigen wöchentlichen Arbeitszeit reduziert hatten und **(3)** bestimmte versicherungsrechtliche Vorbeschäftigungszeiten erfüllten (§ 2 Abs. 1 ATG). Der AG erhielt zu seinen Leistungen an den altersteilzeitarbeitenden AN für die Dauer von bis zu sechs Jahren einen **Zuschuss der Arbeitsverwaltung,** wenn der freigewordene Arbeitsplatz wieder besetzt wurde und der AG aufgrund eines → *Tarifvertrags*, einer → *Betriebsvereinbarung* oder eines Einzelarbeitsvertrags das Arbeitsentgelt um mindestens 20% des für die Altersteilzeit gezahlten Bruttoentgelts aufgestockt und zusätzliche sozialversicherungsrechtliche Leistungen erbracht hat (§§ 3, 4 ATG sowie die VO vom 23.8.2001 [BGBl. I 2239]). **Altersteilzeitarbeit** kann auch nach Auslaufen der Förderung **heute** noch vereinbart werden (§ 1 Abs. 3 ATG). Für die Anwendung des § 3 Nr. 28 EStG (steuerfreie Einnahmen) kommt es nicht darauf an, ob die Altersteilzeit vor dem 1.1.2010 begonnen wurde und durch die BA nach § 4 ATG gefördert wird. Die Vereinbarung eines Altersteilzeitarbeitsverhältnisses kann zu einer Verringerung der Betriebsrente führen; das Altersteilzeitgesetz fordert weder in unmittelbarer noch in entsprechender Anwendung eine Berücksichtigung der Altersteilzeit als Vollzeit (BAG 21.1.2020 – 3 AZR 565/18). Es kann aber vereinbart werden, dass sich die verringerte Vergütung während der Altersteilzeit nicht mindernd auswirkt.

II. Blockmodell

Die Arbeitszeit kann nach dem Belieben der Arbeitsvertragsparteien verteilt werden; der AN kann insbesondere im **Blockmodell** zunächst voll weiterarbeiten und dann ganz mit der Arbeit aussetzen. Der AN tritt in diesem Fall während der Arbeitsphase mit seiner vollen Arbeitsleistung im Hinblick auf die anschließende Freistellungsphase in **Vorleistung**. Er erarbeitet sich im Umfang seiner Vorleistungen zum einen Ansprüche auf die spätere Zahlung der Bezüge und zum anderen einen entsprechenden Anspruch auf Freistellung von der Arbeitspflicht und damit ein Zeitguthaben (BAG 18.9.2018 – 9 AZR 199/18). Vor diesem Hintergrund ist es zweifelhaft, ob Anspruch auf eine tarifliche **Corona-Prämie** in der Freistellungsphase entstehen kann; letztlich hängt dies von den im Einzelfall geltenden Regelungen ab (Revision anhängig 9 AZR 217/22). Ein Störfall tritt ein, wenn während der Arbeitsphase aufgrund von Kurzarbeit keine Arbeitsleistung erbracht wird; dann kommt es auf die der Altersteilzeit zugrunde liegenden Vereinbarungen an, ob das fehlende Guthaben zB durch Nacharbeit vermehrt werden muss. In der Arbeitsphase des Blockmodells besteht der volle Urlaubsanspruch, während mangels Arbeitspflicht in der Freistellungsphase kein Urlaubsanspruch besteht (BAG 23.9.2019 – 9 AZR 481/18). Konnte der Urlaub während der Arbeitsphase krankheitsbedingt nicht vollständig genommen werden, kann er nach der bisherigen Rspr. während der Freistellungsphase nach den einschlägigen Fristenregelungen verfallen, obwohl es in dieser Zeit unmöglich ist, ihn in Anspruch zu nehmen. Das BAG hat den EuGH um eine entsprechende Vorabentscheidung (→ *Europäischer Gerichtshof*) gebeten (BAG 12.10.2021 – 9 AZR 577/20 (A), anhängig EuGH C-192/22). Endet bei einem Blockmodell die Altersteilzeit vorzeitig (BAG 5.12.2002 – 2 AZR 571/01; → *Kündigung*), ist die vom AN erbrachte Vorleistung auszugleichen (BAG 14.10.2003 – 9 AZR 146/03). Das erarbeitete Wertguthaben des AN für die Leistungen des AG in der Freistellungsphase der Altersteilzeit ist einschließlich des darauf entfallenden AGanteils am Gesamtsozialversicherungsbeitrag **gegen Insolvenz zu sichern** (§ 8a ATG). Der AG hat dem AN die zur Sicherung des Wertguthabens ergriffenen Maßnahmen mit der ersten Gutschrift und danach alle sechs Monate in Textform nachzuweisen. Die Betriebsparteien können eine andere gleichwertige Art und Form des Nachweises vereinbaren. An der ausreichenden Insolvenzsicherung muss der AN schon deshalb besonders interessiert sein, weil bei einer → *Insolvenz des Arbeitgebers* die durch Vorleistung in der Arbeitsphase erarbeitete Vergütung wirtschaftlich wertlos wird (BAG 19.10.2004 – 9 AZR 647/03). *(OKK)*

▶ Änderungskündigung

I. Begriff

Die Änderungskündigung ist ein zusammengesetztes Rechtsgeschäft aus Kündigung und Änderungsangebot. Sie enthält eine echte Kündigung. Will der AG eine Änderung der Arbeitsbedingungen durchsetzen und weigert sich der AN sie anzunehmen, kann der AG sie durch Änderungskündigung durchzusetzen versuchen. Spricht der AG statt einer Änderungskündigung sofort eine Beendigungskündigung aus, ist diese wegen Unverhältnismäßigkeit unwirksam. Da die Änderungskündigung eine Beendigungskündigung enthält, unterliegt sie der → *Schriftform* (§ 623 BGB). Das Schriftformerfordernis erstreckt sich auch auf das Änderungsangebot (BAG 16.9.2004 – 2 AZR 628/03). Die Änderungskündigung wird in aller Regel nur im persönlichen und sachlichen Anwendungsbereich des KSchG eine Rolle spielen (→ *Kündigungsschutz*). Ob sie überhaupt außerhalb des Anwendungsbereichs des KSchG ausgesprochen werden kann, ist offen. Die Kündigung kann bedingt erklärt werden für den Fall, dass der AN sich nicht auf das neue Angebot einlässt. Sie kann aber auch unbedingt mit dem Änderungsangebot erklärt werden. Die Änderungskündigung ist von der Ausübung des → *Direktionsrechts* zu unterscheiden. Dessen Ausübung durch den AG ist nur zulässig innerhalb der durch den Arbeitsvertrag bestimmten Grenzen, die Änderungskündigung ist dagegen auf eine Veränderung der arbeitsvertraglichen Bedingungen gerichtet. Ist nicht sicher, ob nach den Vereinbarungen die Versetzung an einen anderen Arbeitsort möglich ist, kann der AG vorsorglich von beiden Gestaltungsmitteln Gebrauch machen, ggf. von der Änderungskündigung nur für den Fall, dass die einseitige Versetzung im Wege des → *Direktionsrechts* nicht möglich ist. In diesem Fall ist die „vorsorglich" erklärte Änderungskündigung dadurch auflösend bedingt, dass es für die Versetzung einer Änderung der Vertragsbedingungen nicht bedarf. Diese Änderungskündigung kann und muss wegen der Klagefrist neben der Weisung (idR bedingt) mit einer → *Kündigungsschutzklage* angegriffen werden.

II. Annahme unter Vorbehalt

Der AN kann das Vertragsangebot unter dem Vorbehalt annehmen, dass die Änderungskündigung nicht sozial ungerechtfertigt ist. Die Annahme einer Änderungskündigung unter Vorbehalt ist gegenüber dem AG innerhalb der → *Kündigungsfrist*, spätestens jedoch innerhalb von drei Wochen nach Zugang der Kündigung zu erklären. Während gem. § 167 ZPO die Drei-Wochen-Frist für die Klageerhebung nach § 4 KSchG auch dann gewahrt wird, wenn die Klage zwar vor Fristablauf bei dem Gericht eingereicht worden ist, aber die Zustellung an den Prozessgegner erst demnächst erfolgt, gilt dies nicht für die Vorbehaltsfrist des § 2 S. 2 KSchG. Die Annahmeerklärung muss innerhalb der gesetzlichen Frist dem AG zugehen. Der AN kann im Wege der Änderungsschutzklage (→ *Kündigungsschutzklage*) die Feststellung begehren, dass die Änderung der Arbeitsbedingungen sozial ungerechtfertigt oder aus sonstigen Gründen unwirksam ist; im Falle seines Obsiegens gilt das Arbeitsverhältnis rückwirkend mit dem bisherigen Inhalt, im Falle seines Unterliegens rückwirkend mit dem neuen (§ 7 KSchG). Der AN kann sich jedoch auch ohne Annahme gegen die Änderungskündigung wenden. Die Parteien streiten dann nur noch über die Beendigung des Arbeitsverhältnisses. Das Arbeitsverhältnis ist im Unterliegensfall dann beendet. Hat der AN das mit einer Änderungskündigung verbundene Angebot unter dem Vorbehalt der sozialen Rechtfertigung angenommen, kann er diesen Vorbehalt nicht mehr einseitig zurücknehmen. Arbeitet der AN nach Zugang einer Änderungskündigung zu den veränderten Arbeitsbedingungen weiter, ergibt im Allgemeinen die Auslegung seines Verhaltens, dass er die Änderungskündigung vorbehaltlos hinnimmt.

III. Wirksamkeit der Kündigung

Es sind stets sämtliche Wirksamkeitsanforderungen einer Beendigungskündigung, also auch die Kündigungsfristen und die sonstigen Anforderungen des KSchG einzuhalten; der BR ist nach § 102 BetrVG anzuhören (→ *Anhörung des Betriebsrats vor dem Kündigungsausspruch*). Eine Beteiligung des BR nach § 99 BetrVG (→ *Betriebsrat (Beteiligungsrechte)*) kann zwar geboten sein, ist im Falle einer Versetzung aber keine Wirksamkeitsvoraussetzung. Die Änderungskündigung ist unwirksam, wenn im Zeitpunkt des Zugangs ein Kündigungsverbot besteht. Sie muss zu ihrer **sozialen Rechtfertigung** die Anforderungen einer Beendigungskündigung erfüllen (§§ 2, 1 KSchG). Wenn bei einer betriebsbedingten Änderungskündigung das Beschäftigungsbedürfnis für den betreffenden AN zu den bisherigen Vertragsbedingungen entfallen ist, müssen auch bei einer Entgeltabsenkung betriebsbedingte Gründe iSv § 1 Abs. 2 KSchG vorliegen. Offen ist, ob sonstige Nebenabreden – wie etwa eine kostenlose Beförderungsmöglichkeit – nach weniger strengen Maßstäben geändert werden können. Die Berufung des AG auf den Gleichbehandlungsgrundsatz (→ *Gleichbehandlung der Arbeitnehmer*) stellt für sich allein kein dringendes betriebliches Erfordernis zur Vereinheitlichung der Arbeitsbedingungen dar. Eine Änderungskündigung ist wegen der mit ihr verbundenen Bestandsgefährdung unverhältnismäßig, wenn die erstrebte Änderung der Beschäftigungsbedingungen durch Ausübung des Weisungsrechts gem. § 106 GewO möglich ist. Eine ordentliche verhaltensbedingte Änderungskündigung ist nur dann gerechtfertigt, wenn eine konkrete Störung des Arbeitsverhältnisses vorliegt. Eine außerordentliche Änderungskündigung ist nur **begründet,** wenn die alsbaldige Änderung der Arbeitsvertragsbedingungen unabweisbar notwendig und die neuen geänderten Bedingungen für den AN zumutbar sind. Auf die außerordentliche Änderungskündigung ist § 2 KSchG entsprechend anwendbar.

IV. Wirksamkeit des Änderungsangebots

Zur Kündigungserklärung muss als zweites Element ein bestimmtes, zumindest bestimmbares und somit den Voraussetzungen des § 145 BGB entsprechendes Angebot zur Fortsetzung des Arbeitsverhältnisses zu geänderten Bedingungen hinzukommen. Fehlt es hieran, ist die Änderungskündigung sozial ungerechtfertigt. Das Änderungsangebot muss so konkret gefasst sein, dass es der AN ohne weiteres annehmen kann. Ihm muss klar sein, welche Vertragsbedingungen künftig gelten sollen. Nur so kann er eine Entscheidung über die Annahme oder Ablehnung des Angebots treffen. Die angebotenen Änderungen dürfen sich nicht weiter vom bisherigen Inhalt des Arbeitsverhältnisses entfernen, als es zur Erreichung des angestrebten Ziels erforderlich ist. Will der AG neben der Tätigkeit auch die Vergütung ändern, bedarf es hierfür eines eigenständigen Kündigungsgrundes, es sei denn, die Vergütung ergibt sich aus einem feststehenden Vergütungsgefüge (→ *Eingruppierung*). Ein Änderungsangebot, das den arbeitsrechtlichen Gleichbehandlungsgrundsatz verletzt, widerspricht dem Grundsatz der Verhältnismäßigkeit und ist unwirksam (BAG 3.7.2003 – 2 AZR 617/02). Umstritten ist, ob ein unbefristetes Arbeitsverhältnis durch eine Änderungskündigung in ein befristetes (→ *Befristeter Arbeitsvertrag*) umgewandelt werden kann.

V. Änderungsschutzklage

Wenn der AN die Unwirksamkeit der Änderungskündigung geltend machen will, muss er sich – wie auch bei der Beendigungskündigung – binnen drei Wochen gerichtlich gegen die Änderungskündigung wehren (→ *Kündigungsschutzklage*). Abhängig von der Annahme oder Nichtannahme des Änderungsangebots unter dem Vorbehalt der sozialen Rechtfertigung wird er die Beendigung oder die Änderung seines Arbeitsvertrags angreifen. Wehrt er sich zunächst fristgerecht gegen die Beendigung, kann er sich im weiteren Verlauf des Verfahrens auch noch beschränkt gegen die Änderung des Vertrags wenden (BAG 21.5.2019 – 2 AZR 26/19). *(SR)*

► Änderungsvertrag

Dies ist ein Vertrag, durch den der ursprüngliche Arbeitsvertrag hinsichtlich Art, Inhalt oder Ort der Arbeitsleistung geändert wird. Er kann ausdrücklich oder konkludent geschlossen werden; ggf. sind tarifliche oder vertragliche Formvorschriften zu beachten (→ *Schriftform*). Bietet der AG dem AN die Änderung des Arbeitsvertrags an, ist der AN ist nicht zur Annahme des Änderungsangebots verpflichtet. Schweigt der AN zu einer ihm angebotenen Änderung, bedeutet dies grds. deren Ablehnung, es sei denn, dass er sich bereits durch eine vorbehaltlose Weiterarbeit mit dem Änderungsangebot einverstanden erklärt hat. Ein Änderungsvertrag ist immer dann notwendig, wenn der AG die Vertragsänderung nicht im Wege seines → *Direktionsrechts* durchsetzen kann. Lehnt der AN den Abschluss des Änderungsvertrags ab, muss der AG die beabsichtigte Vertragsänderung durch eine → *Änderungskündigung* durchsetzen. AG und AN ist es wegen der geltenden Vertragsfreiheit grds. unbenommen, eine **verschlechternde Änderung** der Vergütung zeitlich zu befristen oder unbefristet zu vereinbaren. Lässt sich der AN hierauf ein, muss er sich daran festhalten lassen, sofern er nicht durch widerrechtliche Drohung oder arglistige Täuschung dazu bestimmt wurde (BAG 17.10.2012 – 5 AZR 792/11; → *Anfechtung*). Die im Änderungsvertrag vereinbarten Arbeitsbedingungen dürfen nicht gegen höherrangiges Recht (Gesetz, TV oder BV) verstoßen. Die Vertragsänderung kann auch unwirksam sein, wenn sie den AN nach den §§ 305 ff. BGB unangemessen benachteiligt (→ *Allgemeine Geschäftsbedingungen*).

► Anfechtung

I. Begriff

Die Anfechtung ist eine einseitige, empfangsbedürftige, rechtsgestaltende Willenserklärung (WE), durch die bei Vorliegen eines Anfechtungsgrunds eine anfechtbare WE rückwirkend beseitigt wird (§ 142 BGB). Anfechtbar ist eine WE, wenn der Wille des Erklärenden durch Irrtum (§§ 119, 120 BGB), Drohung oder arglistige Täuschung (§ 123 BGB) beeinflusst ist.

II. Anfechtungsgründe

1. Irrtum

Ein zur Anfechtung berechtigender Irrtum liegt vor, wenn **(a)** der Anfechtende in der Erklärungshandlung (Versprechen, Verschreiben) oder der Äußerung des Geschäftswillens einem Irrtum unterliegt (§ 119 Abs. 1 BGB); dies ist nicht der Fall, wenn jemand ein Schriftstück ungelesen unterschreibt, es sei denn, der Erklärende hatte beim Unterzeichnen eine vom tatsächlichen Inhalt abweichende Vorstellung; **(b)** ein **Irrtum über eine verkehrswesentliche Eigenschaft** des anderen Vertragsschließenden vorliegt (zB den Gesundheitszustand des AN, BAG 26.7.1989 – 5 AZR 491/88).

2. Drohung oder arglistige Täuschung

Die WE kann auch angefochten werden, wenn der Anfechtende durch widerrechtliche Drohung oder arglistige Täuschung zur Abgabe der WE veranlasst worden ist (§ 123 BGB). Drohung ist das In-Aussicht-Stellen eines empfindlichen Übels, das vom Willen des Drohenden abhängt. Die arglistige Täuschung liegt beim Hervorrufen oder Aufrechterhalten eines Irrtums vor. Eine hierauf gestützte Anfechtung kommt in Betracht, wenn der AN eine zulässig gestellte Frage (→ *Fragerecht des Arbeitgebers*) wahrheitswidrig beantwortet. Das setzt voraus, dass die Täuschung für den Abschluss des Arbeitsvertrags ursächlich war (BAG 7.7.2011 – 2 AZR 396/10). Eine Drohung kann auch in der widerrechtlichen Ankündigung einer → *außerordentlichen Kündigung* liegen (zur Widerrechtlichkeit der Drohung BAG 9.6.2011 – 2 AZR 418/10). Die Ankündigung ist nicht widerrechtlich, wenn ein vernünftiger AG eine solche Kündigung in Betracht ziehen durfte.

III. Anfechtungsberechtigung

Dies ist idR derjenige, dessen WE fehlerhaft ist. Die Anfechtung muss in den Fällen der Irrtumsanfechtung (§§ 119, 120 BGB) unverzüglich, dh ohne schuldhaftes Zögern (§ 121 BGB), erfolgen, im Falle der arglistigen Täuschung oder Drohung binnen Jahresfrist seit Wegfall des Anfechtungsgrunds (§ 124 Abs. 1 BGB). Bis zu zehn Jahre nach ihrer Abgabe kann die WE angefochten werden. Die Anfechtung einer einzelnen Arbeitsbedingung wegen arglistiger Täuschung ist zulässig, wenn nur der angefochtene Teil des Vertrags auf der Täuschung beruht (BAG 25.5.1970 – 3 AZR 384/69). Mit der Möglichkeit des Anfechtungsberechtigten korrespondiert keine Pflicht, den Vertrag im Übrigen aufrechtzuerhalten (BGH 28.10.2009 – IV ZR 140/08). Anfechtungsgründe können im Prozess nachgeschoben werden. Die Anfechtung kann gegen → *Treu und Glauben* verstoßen und daher **unwirksam** sein, wenn das Arbeitsverhältnis längere Zeit bestanden hat und der Anfechtungsgrund für seine Durchführung ersichtlich keine Bedeutung mehr hat.

IV. Zeitliche Wirkung

Grds. wirkt die Anfechtung auf den Zeitpunkt der abgegebenen Willenserklärung **zurück** (§ 142 BGB). Ein wirksam angefochtener, aber bereits in Vollzug gesetzter Arbeitsvertrag ist für die Vergangenheit wie ein fehlerfreier zu behandeln (→ *faktisches Arbeitsverhältnis*). Die Anfechtung wirkt daher tatsächlich erst mit ihrem Zugang; eine Ausnahme gilt dann, wenn das Arbeitsverhältnis – etwa durch Krankheit – außer Vollzug gesetzt worden ist. In diesem Fall gibt es eine beschränkte Rückwirkung der Anfechtung auf den Zeitpunkt der letzten Beschäftigung (BAG 12.5.2011 – 2 AZR 479/09).

V. Verhältnis zur Kündigung

Die Anfechtung kann mit dem Recht zur außerordentlichen Kündigung zusammenfallen, wenn im Kündigungszeitpunkt der Anfechtungsgrund noch besteht und die Fortsetzung des Arbeitsverhältnisses unzumutbar ist (BAG 12.5.2011 – 2 AZR 479/09). Auf die Anfechtung sind die Kündigungsschutzvorschriften (→ *Kündigungsschutz*) nicht anzuwenden. Ob eine → *außerordentliche Kündigung* in eine Anfechtungserklärung umgedeutet werden kann (§ 140 BGB), ist Tatfrage und von den Umständen des Einzelfalls abhängig; dagegen ist die Umdeutung einer ordentlichen Kündigung in eine Anfechtung wegen der weitergehenden Folgen der Anfechtung ausgeschlossen (BAG 14.10.1975 – 2 AZR 365/74). *(SR)*

▶ Angestellte

Als **Angestellte** iSd Arbeitsrechts wurden AN bezeichnet, deren Tätigkeit überwiegend in nicht körperlicher, sondern in geistiger Arbeit besteht, denen ein größeres Maß von Selbstständigkeit und Verantwortung gegenüber dem Gesamtbetrieb eingeräumt ist und die von den beteiligten Berufskreisen als Angestellte angesehen werden. Die Unterscheidung zwischen Arbeitern und Angestellten ist für das Arbeitsrecht nicht mehr von Bedeutung, da das BVerfG und BAG unterschiedliche Regelungen für Arbeiter und Angestellte regelmäßig als gleichheitswidrig ansehen.

AT-Angestellte sind Angestellte, die aufgrund ihrer hohen Vergütung oder der mit ihnen vereinbarten besonderen Arbeitsaufgabe nicht dem tariflichen Geltungsbereich tariflicher Geltungsbereich) unterliegen. Sie gehören zumeist noch nicht zu den leitenden Angestellten; ihnen sind aber andererseits bereits Leitungsaufgaben oder solche mit besonderer Verantwortung übertragen. Wegen ihrer Herausnahme aus den TV haben sie auch keinen Anspruch auf die dort vereinbarten Tariflohnerhöhungen; etwas Anderes gilt nur, wenn dies arbeitsvertraglich vereinbart worden ist. AT-Angestellte sind AN iSd § 5 Abs. 1 BetrVG.

Leitende Angestellte sind nach der Verkehrsanschauung vor allem Angestellte mit AGfunktionen oder besonders qualifizierte, die eine mit persönlicher Verantwortung verbundene Arbeitsleistung erbringen oder nach freier Entschließung arbeiten. Der Begriff des leitenden Angestellten wird in den verschiedenen gesetzlichen Vorschriften nicht einheitlich gebraucht; er ist daher je nach Gesetz (zB § 5 Abs. 3 BetrVG, § 14 Abs. 2 KSchG) näher zu entwickeln. Für die leitenden Angestellten gelten vor allem sieben **gesetzliche Sonderregelungen.** Sie sind von den Vorschriften über die → *Arbeitszeit* (§ 18 ArbZG) ausgenommen, gelten nicht als AN iSd § 5 Abs. 1 BetrVG, dürfen nur auf AGseite als → *ehrenamtliche Richter* bei den Arbeits- und Sozialgerichten fungieren (§§ 22 Abs. 2 Nr. 2, 37 Abs. 2, 43 Abs. 3 ArbGG, § 16 Abs. 4 Nr. 4 SGG), unterliegen besonderen Vorschriften nach dem MitbestG, ihr Arbeitsverhältnis kann nach einer Kündigung auf nicht zu begründenden Antrag des AG aufgelöst werden (§ 14 Abs. 2 KSchG; → *Kündigungsschutzklage*) und sie können einen → *Sprecherausschuss* wählen.

Leitende Angestellte iSd **Betriebsverfassungsrechts** sind die sog. Tat-Angestellten (§ 5 Abs. 3 Nr. 1 BetrVG), die im Innen- und Außenverhältnis zur selbstständigen Einstellung und Entlassung von AN befugt sind, Generalbevollmächtigte und Prokuristen, sofern sie nicht nur Titularprokura haben (§ 5 Abs. 3 Nr. 2 BetrVG), sowie die sog. Rat-Angestellten (§ 5 Abs. 3 Nr. 3 BetrVG). Deren Abgrenzung ist wegen der unscharfen Gesetzesfassung kaum möglich; in § 5 Abs. 4 BetrVG hat der Gesetzgeber Kriterien (insbesondere die Höhe der Vergütung) vorgegeben, anhand derer eine Zuordnung möglich sein soll. Danach führt im Jahr 2023 der Bezug eines Jahreseinkommens von mehr als 122.220 EUR/118.440 EUR (alte/neue Bundesländer) zur Qualifikation als leitender Angestellter. Nicht zu den leitenden Angestellten zählen die **gesetzlichen Vertreter einer Kapitalgesellschaft** (GmbH-Geschäftsführer, Vorstand einer Aktiengesellschaft), da sie regelmäßig nicht aufgrund eines Arbeitsvertrags, sondern eines Dienstvertrags beschäftigt werden.

▶ Anhörung des Betriebsrats vor dem Kündigungsausspruch

I. Voraussetzungen der Anhörung

1. Allgemeines

Nach § 102 BetrVG hat der AG den BR vor jeder → *Kündigung*, also einer ordentlichen, außerordentlichen oder Änderungskündigung, anzuhören. Dies gilt unabhängig davon, ob das KSchG Anwendung findet oder nicht oder mit dem AN die Anwendung von ausländischem Recht (→ *Internationales Arbeitsrecht*) vereinbart ist. Keine Anhörung ist vor einem Auflösungsantrag nach §§ 9, 10 KSchG notwendig. Kündigt der AG, ohne den BR zu hören, ist die Kündigung **nichtig** (§ 102 Abs. 1 S. 2 BetrVG). Eine Heilung tritt auch nicht dann ein, wenn der BR nachträglich zustimmt. Der AG muss für eine auf einen unveränderten Kündigungssachverhalt gestützte Kündigung (Wiederholungskündigung) den BR erneut anhören. Die Unwirksamkeit der Kündigung nach § 102 BetrVG muss der AN innerhalb der Klagefrist des § 4 KSchG geltend machen. Für die Anhörung und deren Ablauf ist der AG darlegungs- und beweispflichtig.

2. Zeitpunkt

Die Betriebsratsanhörung muss vor Ausspruch der Kündigung erfolgen. Eine schriftliche Kündigung ist ausgesprochen, wenn das Kündigungsschreiben den Machtbereich des AG verlassen hat, er sie also zur Post gegeben hat. Das ist nicht der Fall, wenn der AG die Kündigung noch zurückrufen kann. Im Zeitpunkt der Kündigung muss das Anhörungsverfahren beendet sein; der AG kann daher nur dann vor Ablauf der dem BR zustehenden Äußerungsfristen kündigen, wenn der BR eindeutig zu verstehen gegeben hat, dass er eine weitere Erörterung nicht mehr wünscht (BAG 25.5.2016 – 2 AZR 345/15). Unerheblich für die Wirksamkeit der Anhörung ist, ob der AG seinen Willen zur Kündigung bereits vor der Anhörung abschließend gefasst hat. Ist das Verfahren abgeschlossen, braucht der AG nicht unverzüglich zu kündigen; lässt er jedoch geraume Zeit verstreichen, dann kann eine erneute Anhörung notwendig sein, wenn sich in der Zwischenzeit der Kündigungssachverhalt wesentlich verändert hat (BAG 22.9.2016 – 2 AZR 700/15).

3. Arbeitgeber

AG iSv § 102 BetrVG ist grds. die natürliche oder juristische Person, die mit dem AN den Arbeitsvertrag abgeschlossen hat oder der die Rechte aus dem Arbeitsvertrag ausübt, also auch der Insolvenzverwalter oder eine Arbeitsgemeinschaft. Der AG kann sich im Anhörungsverfahren von einem Bevollmächtigten vertreten lassen. Nimmt ein Bote oder Vertreter des AG die Anhörung vor, kann der BR sie nicht entsprechend § 174 S. 1 BGB zurückweisen, wenn der Anhörung keine Vollmachtsurkunde beigefügt ist (BAG 13.12.2012 – 6 AZR 348/11).

4. Entbehrlichkeit

Eine Anhörung ist **nicht notwendig:** (**a**) In Betrieben ohne BR oder vor dessen Konstituierung; (**b**) bei leitenden → *Angestellten* (§ 5 Abs. 3 BetrVG). Ist zweifelhaft, ob ein AN leitender Angestellter ist, wird der AG zumindest vorsorglich den BR nach den §§ 102, 105 BetrVG anhören und hilfsweise den → *Sprecherausschuss* beteiligen. Aus der Mitteilung des AG an den BR muss sich eindeutig ergeben, ob er ihn nur unterrichten oder nach § 102 BetrVG zu der beabsichtigten Kündigung auch anhören will; (**c**) bei → *Arbeitskämpfen,* da ansonsten die Kampfparität gestört sein kann. Eine Anhörung ist aber erforderlich, wenn die Kündigung aus Gründen erfolgt, die nicht mit dem Arbeitskampf im Zusammenhang stehen; (**d**) wenn der BR selbst die Entlassung eines bestimmten AN verlangt hat (§ 104 BetrVG, BAG 28.3.2017 – 2 AZR 551/16); (**e**) wenn der AN für eine nicht vom Inlandsbetrieb gesteuerte Auslandstätigkeit (BAG 24.5.2018 – 2 AZR 54/18) eingestellt war. Die Pflicht zur Anhörung **bleibt bestehen** bei einem Interessenausgleich mit Namensliste nach § 1 Abs. 5 KSchG; der AG kann sie aber gleichzeitig erfüllen (BAG 20.9.2012 – 6 AZR 155/11). In → *Tendenzbetrieben* gelten für die Anhörung keine verfahrensrechtlichen Erleichterungen. Allerdings kann der BR bei Tendenzträgern durch seinen Widerspruch keinen Weiterbeschäftigungsanspruch nach § 102 Abs. 5 BetrVG auslösen.

II. Anhörungsverfahren

1. Ablauf

Das Anhörungsverfahren vollzieht sich in **zwei aufeinanderfolgenden Verfahrensabschnitten,** die nach ihrem Zuständigkeits- und Verantwortungsbereich voneinander abzugrenzen sind. Zunächst hat der AG dem BR die **notwendigen Angaben** über die Kündigung zu übermitteln. Danach ist es Aufgabe des BR, sich mit der beabsichtigten Kündigung zu befassen und darüber zu entscheiden, ob und ggf. wie er Stellung nehmen will (siehe dazu 3). Die Trennung dieser beiden Verantwortungsbereiche ist von Bedeutung für die Frage, wann eine Kündigung nach § 102 Abs. 1 S. 3 BetrVG unwirksam ist. Nur wenn dem AG bei der ihm obliegenden Einleitung des Anhörungsverfahrens ein Fehler unterläuft, führt dies zur Nichtigkeit der Kündigung. Mängel, die im Verantwortungsbereich des BR entstehen, berühren die Wirksamkeit des Anhörungsverfahrens selbst dann nicht, wenn der AG weiß oder erkennen kann, dass der BR die Angelegenheit nicht fehlerfrei behandelt hat (BAG 6.10.2005 – 2 AZR 316/04). Zu Fehlern, die zur Unwirksamkeit nach § 102 Abs. 1 BetrVG führen, zählen zB die Anhörung nur des BRvorsitzenden statt des BR sowie die mangelhafte Mitteilung der Kündigungsgründe. Hingegen bleiben bei Fehlern im Bereich des BR wie zB die Beratung im Umlaufverfahren bzw. in Gegenwart des AG oder die fehlerhafte Einberufung des BR ohne Auswirkung auf die Wirksamkeit des Anhörungsverfahrens. Zur Entgegennahme dieser Erklärungen ist nur der BRvorsitzende und im Falle seiner Verhinderung sein Stellvertreter berechtigt (§ 26 Abs. 1 S. 2 BetrVG). Ausnahmsweise kann die Erklärung auch an den Vorsitzenden (bzw. im Falle seiner Verhinderung an seinen Vertreter) eines vom BR errichteten Ausschusses für Personalsachen gerichtet werden.

2. Inhalt der Unterrichtung

Die Anhörung setzt voraus, dass der AG mündlich oder schriftlich dem BR die Person des AN bezeichnet, die Art der Kündigung (ordentlich oder außerordentlich), den Kündigungstermin und die Kündigungsfrist (eine fehlerhafte Fristberechnung ist aber unschädlich) angibt sowie die **Kündigungsgründe** mitteilt. In den ersten sechs Monaten des Arbeitsverhältnisses reicht es aus, wenn der AG die Kündigungsgründe mitzuteilt, aus denen er subjektiv seinen Kündigungsentschluss herleitet (BAG 12.9.2013 – 6 AZR 121/12). Bei einer **Änderungskündigung** müssen die Gründe der Kündigung und der Inhalt des Änderungsangebots mitgeteilt werden sowie die Kündigungsfrist. Der AG hat dem BR ansonsten sämtliche für oder gegen den AN sprechenden Gründe mitzuteilen, auf die die Kündigung gestützt werden soll. Entbehrlich ist die Angabe von Gründen, auf die die Kündigung nicht gestützt wird oder die dem BR bereits als kündigungsrelevant bekannt sind; insoweit trägt der AG das Risiko hinsichtlich des Wissenstands des BR. Der für die Kündigung maßgebende Sachverhalt ist näher zu umschreiben. Eine nur pauschale, schlagwort- oder stichwortartige Bezeichnung des Kündigungsgrunds genügt idR ebenso wenig wie die Mitteilung eines Werturteils ohne Angabe der für die Bewertung maßgebenden Tatsachen.

Bei einer Kündigung wegen häufiger **Kurzerkrankungen** sind nicht nur die bisherigen Fehlzeiten und die Zeit der Erkrankungen mitzuteilen, sondern auch die wirtschaftlichen Belastungen und Betriebsbeeinträchtigungen, die infolge der Fehlzeiten entstanden sind oder mit denen zu rechnen ist. Jedoch brauchen die wirtschaftlichen Belastungen nicht in demselben Umfang wie in einem Kündigungsschutzprozess dargelegt zu werden. Bei Anhörung zur Kündigung wegen einer **Straftat** kann die Kündigung nicht später nur auf den Verdacht der Straftat gestützt werden. Eine wirksame Anhörung des BR zu einem vom AN angekündigten, aber noch nicht eingetretenen Verhalten ist dann nicht möglich, wenn nicht die Ankündigung selbst, sondern nur das zu erwartende Verhalten des AN vom AG als Kündigungsgrund genannt wird. Hat der AG dem BR mitgeteilt, er kündige aus **betriebsbedingten Gründen** und habe den AN wegen seiner Leistungsschwäche ausgewählt, kann er die Kündigung im Prozess nicht auf verhaltensbedingte Gründe stützen. Im Anhörungsverfahren wegen einer verhaltensbedingten Kündigung muss insbesondere mitgeteilt werden, wenn nur ein Belastungszeuge vom Hörensagen vorhanden ist. Bei einer → *außerordentlichen Kündigung* muss der AG die aus seiner Sicht tragenden Gründe der Kündigung mitteilen. Um eine Frage der subjektiven Determinierung der Kündigungsgründe handelt es sich nicht, wenn der AG dem BR den Sachverhalt bewusst irreführend schildert. Besteht aus der Sicht des AG keine Möglichkeit, den zu kündigenden AN auf einem anderen Arbeitsplatz weiterzubeschäftigen (§ 1 Abs. 2 S. 2 KSchG), genügt der AG seiner Anhörungspflicht nach § 102 BetrVG in der Regel schon durch den ausdrücklichen oder konkludenten Hinweis auf fehlende Weiterbeschäftigungsmöglichkeiten. Hat jedoch der BR vor Einleitung des Anhörungsverfahrens Auskunft über Weiterbeschäftigungsmöglichkeiten für den zu kündigenden AN auf einem konkreten, kürzlich frei gewordenen Arbeitsplatz verlangt, muss der AG dem BR nach § 102 Abs. 1 S. 2 BetrVG mitteilen, warum aus seiner Sicht eine Weiterbeschäftigung des AN auf diesem Arbeitsplatz nicht möglich ist. Der lediglich pauschale Hinweis auf fehlende Weiterbeschäftigungsmöglichkeiten im Betrieb reicht dann nicht aus. Der Wirksamkeit der Anhörung und der Kündigung steht nicht entgegen, wenn es wegen der Schwere der Kündigungsvorwürfe ersichtlich nicht auf die Sozialdaten ankommt. Zu den anzugebenden Kündigungsgründen gehören nicht die Beweismittel. Deren Nachweis gegenüber dem BR ist nicht notwendig.

3. Nachschieben von Kündigungsgründen

Der AG kann Kündigungsgründe, die vor Ausspruch der Kündigung entstanden und ihm bekannt geworden sind, nicht im Kündigungsschutzprozess verwerten, wenn er nicht den BR zuvor angehört hat. In das Verfahren können ohne vorherige Beteiligung des BR nur solche Gründe nachgeschoben werden, die ohne wesentliche Veränderung des Kündigungssachverhalts der Erläuterung und Konkretisierung der dem BR mitgeteilten Kündigungsgründe dienen. Die Kündigungsgründe, die bei Ausspruch der Kündigung bereits entstanden waren, dem AG aber erst später bekannt geworden sind, können nachgeschoben werden, wenn der AG zuvor den BR angehört hat. Verwertbar sind im Kündigungsschutzprozess auch solche Tatsachen, die der AG dem BR im Anhörungsverfahren erst auf Nachfrage mitteilt. Dies gilt jedenfalls dann, wenn der AG vor der Kündigung nochmals die Frist des § 102 Abs. 2 BetrVG bzw. die abschließende Stellungnahme des BR abwartet. Will der AG seine Kündigung in erster Linie auf den **dringenden Verdacht** einer erheblichen arbeitsvertraglichen Pflichtverletzung stützen (→ *Verdachtskündigung*), muss er dies dem BR mitteilen und die Umstände angeben, aus denen sich der konkrete Verdacht ergeben soll. Informiert er den BR nur über eine aus seiner Sicht erfolgte Vertragspflichtverletzung des AN, kann er sich im späteren Kündigungsschutzprozess zur Begründung der Kündigung nicht mehr auf den Verdacht stützen, wenn die Verdachtsmomente bei Ausspruch der Kündigung bekannt waren. Insoweit liegt ein unzulässiges Nachschieben von Kündigungsgründen vor (BAG 23.4.2008 – 2 ABR 71/07). Umgekehrt lässt die Anhörung zum dringenden Verdacht das Nachschieben der Tat zu. Hat der AG den BR lediglich zu einer beabsichtigten Verdachtskündigung angehört, schließt dies die Anerkennung einer nachgewiesenen Pflichtwidrigkeit als Kündigungsgrund dann nicht aus, wenn dem BR alle Tatsachen mitgeteilt worden sind, die – ggf. auch im Rahmen eines zulässigen Nachschiebens von Kündigungsgründen – nicht nur den Verdacht, sondern den Tatvorwurf selbst begründen (BAG 23.6.2009 – 2 AZR 474/07).

III. Verfahren und Stellungnahme des Betriebsrats

Der BR oder, sofern ein solcher gebildet ist, der Ausschuss für Personalangelegenheiten (§§ 27 Abs. 3, 28 BetrVG), hat über die Kündigungsabsicht des AG einen **Beschluss** (§ 33 BetrVG) zu fassen. Ist er während der Dauer der Äußerungsfrist auch bei Nachrücken der Ersatzmitglieder beschlussunfähig, entscheiden die verbleibenden BRmitglieder.

Hat der BR gegen eine Kündigung **Bedenken,** hat er diese dem AG bei einer ordentlichen Kündigung binnen einer **Frist** von einer Woche, bei einer außerordentlichen Kündigung binnen einer Frist von längstens drei Tagen **schriftlich** unter **Angabe der Gründe** mitzuteilen (§ 102 Abs. 2 BetrVG). Hieraus folgt, dass der AG vor Ausspruch einer ordentlichen Kündigung eine Woche, einer außerordentlichen Kündigung drei Tage zur Meidung ihrer Unwirksamkeit abwarten muss. Eine Ausnahme besteht nur, wenn der BR eindeutig zu erkennen gibt, dass er sich nicht mehr äußern wird. Auch in Eilfällen vermag der AG grds. die Äußerungsfrist nicht abzukürzen. Andererseits verlängert sich die Frist auch nicht bei Massenentlassungen, wenngleich die Berufung des AG auf den Fristablauf in diesem Fall arglistig sein kann. Für die **Fristberechnung** gelten die §§ 187 ff. BGB. Im Falle der außerordentlichen Kündigung wird infolge der Anhörung die Frist aus § 626 Abs. 2 BGB nicht verlängert. Hingegen kann die Äußerungsfrist für den BR durch Vereinbarung verlängert werden. Äußert sich der BR innerhalb der Frist nicht, gilt seine Zustimmung als erteilt.

Der BR soll, soweit dies erforderlich scheint, vor seiner **Stellungnahme den betroffenen AN** hören (§ 102 Abs. 2 S. 4 BetrVG). Unterlässt er dies, liegt darin eine Pflichtverletzung gegenüber dem AN; die Wirksamkeit der Kündigung bleibt hiervon unberührt. Die Mitglieder des BR sind verpflichtet, über die ihnen im Rahmen des Anhörungsverfahrens bekannt gewordenen persönlichen Verhältnisse und Angelegenheiten des AN, die ihrer Bedeutung oder ihrem Inhalt nach einer vertraulichen Behandlung bedürfen, Stillschweigen zu bewahren (§§ 102 Abs. 2, 99 Abs. 1 BetrVG).

Der BR kann **jegliche Bedenken** gegen die Kündigung, ohne an den Katalog des § 102 Abs. 3 BetrVG gebunden zu sein, dem AG vortragen. Er kann zB einwenden, dass etwa verhaltensbedingte Kündigungsgründe (§ 1 Abs. 2 KSchG) unter Berücksichtigung bestimmter Entschuldigungsmomente nicht gewichtig seien usw. Aus dem Gebot der vertrauensvollen Zusammenarbeit (§ 2 Abs. 1 BetrVG) folgt, dass der AG sich mit den Einwendungen des BR auseinandersetzen muss. Ein **Widerspruchsrecht** steht dem BR jedoch nur aus den in § 102 Abs. 3 BetrVG aufgezählten Gründen zu.

IV. Widerspruch des Betriebsrats

Durch einen form- und fristgerecht erklärten Widerspruch kann der BR bei einer ordentlichen Kündigung einen → *Weiterbeschäftigungsanspruch* des AN auslösen. Dazu muss er der Kündigung innerhalb der Frist für die Anhörung von einer Woche unter Bezugnahme auf die in § 102 Abs. 3 BetrVG aufgeführten Gründe widersprechen. Auf andere Gründe kann er sich nicht beziehen. Bei der schriftlichen Darlegung der Widerspruchsgründe gegen die Kündigung darf sich der BR nicht auf die Wiederholung des Gesetzeswortlauts beschränken, sondern hat die tatsächlichen Grundlagen seiner Bedenken dem AG darzustellen. Die schriftliche Stellungnahme des BR soll dem AG ermöglichen, sich gedanklich mit den vorgetragenen Einwendungen des BR auseinanderzusetzen.

Der BR kann nach § 102 Abs. 3 BetrVG einer beabsichtigten **ordentlichen Kündigung** des AG widersprechen, wenn (**a**) der AG bei der Auswahl des zu kündigenden AN soziale Gesichtspunkte nicht oder nicht ausreichend berücksichtigt (Nr. 1). Macht der BR von seinem Widerspruchsrecht Gebrauch, muss er regelmäßig die AN bezeichnen, die zu Unrecht nicht in die soziale Auswahl einbezogen wurden; (**b**) die Kündigung gegen eine → *Auswahlrichtlinie* verstößt (→ *Personalplanung*) (Nr. 2); (**c**) der zu kündigende AN an einem anderen Arbeitsplatz in einem anderen Betrieb des Unternehmens weiterbeschäftigt werden kann (Nr. 3); die Weiterbeschäftigung an demselben Arbeitsplatz ist nicht ausreichend. Für einen ordnungsgemäßen Widerspruch ist dem BR ein Mindestmaß an konkreter Argumentation abzuverlangen; unzureichend ist ein allgemeiner Hinweis auf eine Weiterbeschäftigungsmöglichkeit im Betrieb. Der BR hat daher den Arbeitsplatz, auf dem eine Beschäftigung möglich ist, regelmäßig nachvollziehbar zu beschreiben zu bezeichnen. Umstritten ist, ob auch der Verweis auf den Abbau von Mehrarbeit oder von Leiharbeit eine Weiterbeschäftigungsmöglichkeit eröffnet; (**d**) die Weiterbeschäftigung des AN nach zumutbarer Umschulung oder Fortbildung möglich ist (Nr. 4); (**e**) eine Weiterbeschäftigung des AN unter geänderten Vertragsbedingungen möglich ist und dieser zu der Vertragsänderung sein Einverständnis erteilt (Nr. 5). Der AG hat daher zu prüfen, ob im Falle einer personen- oder betriebsbedingten Kündigung eine Änderungskündigung in Betracht kommt. Das Einverständnis des AN muss spätestens bei Ablauf der Äußerungsfrist beim AG vorliegen. Hat der BR eine → *Versetzung* vorgeschlagen, liegt darin regelmäßig die Zustimmung nach § 99 BetrVG zu der entsprechenden Maßnahme.

Hat der BR der Kündigung aus den in § 102 Abs. 3 BetrVG genannten Gründen **schriftlich und fristgemäß widersprochen,** hat der AG eine Abschrift des Widerspruchs dem AN zugleich mit der Kündigung zuzuleiten. Hierdurch kann der AN die Aussichten eines Kündigungsschutzprozesses besser abschätzen. Unterlässt der AG die Mitteilung des Widerspruchs, ist die Kündigung deshalb allein nicht unwirksam. Das **Widerspruchsrecht** des BR kann noch über die dargestellte Rechtslage im Wege der BV hinaus **erweitert werden.** AG und BR können vereinbaren, dass Kündigungen der Zustimmung des BR bedürfen und dass bei Meinungsverschiedenheiten über die Berechtigung der Nichterteilung der Zustimmung die → *Einigungsstelle* entscheidet.

▶ Anhörung des Personalrats vor dem Kündigungsausspruch

→ *Anhörung des Betriebsrats vor dem Kündigungsausspruch*; → *Personalvertretung*

▶ Annahmeverzug des Arbeitgebers

I. Angebot der Arbeitsleistung

Der AG gerät bei einem nicht ruhenden Arbeitsverhältnis in Verzug, wenn (**1**) ein erfüllbares Arbeitsverhältnis besteht, (**2**) der AN seine Arbeit angeboten hat, (**3**) die Leistung der Dienste im Zeitpunkt des Angebots möglich ist und (**4**) der AG die Dienste – auch ohne sein Verschulden – nicht annimmt. Er ist dann verpflichtet, die nicht angenommene Arbeitsleistung zu vergüten (unter III.). Hingegen muss der AN die ausgefallene Arbeit nicht nachleisten.

(**1**) In Annahmeverzug kann ein AG nur geraten, wenn ein **erfüllbares Arbeitsverhältnis** besteht, aufgrund dessen der AN zur Arbeitsleistung verpflichtet ist. Dies ist ein nur tatsächlich durchführbares Arbeitsverhältnis, ein erst rückwirkend begründetes Arbeitsverhältnis reicht nicht aus (BAG 19.8.2015 – 5 AZR 975/13).

(**2**) Der AG kommt in Annahmeverzug, wenn er die ihm angebotene Arbeitsleistung nicht annimmt (§ 293 BGB). Grds. hat der AN seine Leistung **tatsächlich anzubieten** (§ 294 BGB), dh, er hat seine Arbeitsleistung am rechten Ort, zur rechten Zeit und in der rechten

Weise anzubieten. Ein **wörtliches Angebot** (§ 295 BGB) kann ausreichen, wenn der AG zuvor zu verstehen gegeben hat, dass er nicht bereit ist, weitere Arbeitsleistungen entgegenzunehmen oder wenn zur Erbringung der Arbeitsleistung eine Mitwirkungshandlung des AG erforderlich ist (zB muss der AN zu weit entferntem Arbeitsplatz abgeholt werden) und diese Mitwirkungshandlung nicht erfolgt (§ 295 BGB). Ein tatsächliches oder wörtliches **Angebot** der Arbeitsleistung ist **entbehrlich,** wenn für die vom AG vorzunehmende Handlung eine Zeit nach dem Kalender bestimmt ist oder wenn die Zeit für die Handlung in der Weise bestimmt ist, dass sie sich von einer Kündigung ab nach dem Kalender berechnen lässt (§ 296 BGB).

Das BAG nimmt an, dass der AG einen funktionsfähigen Arbeitsplatz zur Verfügung stellen muss. Das führt dazu, dass der AN nach einer ordentlichen oder außerordentlichen Kündigung seine Arbeitsleistung nach § 296 BGB nicht besonders anzubieten braucht. Hingegen muss der AN seine Arbeitsleistung im bestehenden Arbeitsverhältnis regelmäßig tatsächlich oder zumindest wörtlich anbieten. Dies gilt auch, wenn der AN nicht die Rechtmäßigkeit der Kündigung, sondern nur die Dauer der **Kündigungsfrist** beanstanden will (BAG 15.5.2013 – 5 AZR 130/12).

(3) Der AN muss während des Annahmeverzugs **leistungsfähig und leistungsbereit** sein (BAG 19.1.2022 – 5 AZR 346/21). Unzureichend sind die subjektiven Vorstellungen des AN. Ein tatsächliches Angebot des AN indiziert seinen ernstlichen Leistungswillen (BAG 22.2.2012 – 5 AZR 249/11). War der AN bei Ablauf der Kündigungsfrist arbeitsunfähig erkrankt oder nicht leistungsbereit, muss der AN – um Zweifel an seiner Leistungsfähigkeit oder -bereitschaft zu beseitigen – ein neues tatsächliches Arbeitsangebot abgeben, ein wörtliches ist nicht ausreichend. Eine Arbeitsunfähigkeitsbescheinigung (→ *Krankmeldung*) während des Annahmeverzugszeitraums kann der AG nur verlangen, wenn dies ausdrücklich vereinbart ist. Geht der Betrieb im Wege der → *Betriebsübergang* auf einen anderen AG über, bleibt hiervon der Annahmeverzug unberührt. Der Annahmeverzug bleibt bestehen, wenn der AN im Kündigungsschutzprozess einen → *Weiterbeschäftigungsanspruch* erstreitet und vollstrecken könnte, dieses aber unterlässt.

II. Beendigung des Annahmeverzugs

Der AG kann den Annahmeverzug beseitigen, indem er den AN vorbehaltlos wieder zur Arbeit auffordert. Der Annahmeverzug endet aber dann nicht, wenn der AG nach einer unwirksamen → *Kündigung* vorsorglich für die Dauer eines Kündigungsrechtsstreits befristet einen neuen Arbeitsvertrag zu den bisherigen Bedingungen oder eine durch die rechtskräftige Feststellung der Wirksamkeit der Kündigung auflösend bedingte Fortsetzung des Arbeitsvertrags anbietet und der AN dieses Angebot ablehnt (BAG 19.1.2022 – 5 AZR 346/21). Die Ablehnung eines solchen Angebots kann jedoch ein böswilliges Unterlassen eines anderweitigen Erwerbs darstellen (§ 11 KSchG, unter IV.). Eine solche **Zwischenbeschäftigung** ist dem AN unzumutbar, wenn der AG eine außerordentliche oder ordentliche Kündigung aus verhaltensbedingten Gründen ausgesprochen hat. Hingegen ist sie zumutbar, wenn die Kündigung aus personen- oder betriebsbedingten Gründen erfolgt ist. Setzt der AN einen → *Weiterbeschäftigungsanspruch* durch, ist ihm idR nicht unzumutbar, der Aufforderung des AG nachzukommen und die Arbeit aufzunehmen. Nach obsiegendem Urteil im Kündigungsschutzprozess braucht nicht der AN seine Arbeitskraft anzubieten; vielmehr muss umgekehrt der AG den AN zur Leistung auffordern.

III. Vergütungsfortzahlung

Während des Verzugs ist der AG zur Fortzahlung der vereinbarten Bruttovergütung verpflichtet (§ 615 Abs. 1 BGB). Der Anspruch aus Annahmeverzug wird wie ein normaler Anspruch auf Arbeitsvergütung fällig. Die Ansprüche sind im Rahmen etwa anzuwendender tariflicher → *Verfallfristen* geltend zu machen. Erfordert die Verfallfrist nach Ablauf weiterer Fristen die „gerichtliche Geltendmachung" eines Anspruchs, liegt bereits in der Erhebung einer Kündigungsschutzklage die erforderliche gerichtliche Geltendmachung. Durch die Erhebung der → *Kündigungsschutzklage* wird die → *Verjährung* der Ansprüche aus Annahmeverzug nicht gehemmt (BAG 24.6.2015 – 5 AZR 509/13).

IV. Anrechnung anderweitigen Verdienstes

Der AN muss sich anrechnen lassen, was er infolge des Unterbleibens der Dienstleistung aufgrund anderweitiger Dienste erwirbt oder zu erwerben böswillig unterlässt (§ 615 S. 2 BGB, § 11 Nr. 2 KSchG). Es ist ein Vergleich für die Gesamtdauer des Annahmeverzugs anzustellen. Nicht anzurechnen sind Nebenverdienste, die auch sonst bezogen werden könnten oder auch eine sonst beziehbare Teilzeitvergütung. **Böswillig** handelt, wer untätig geblieben ist oder die Aufnahme einer Arbeit verhindert hat, obwohl die Möglichkeit zum Tätigwerden bestand und die Tätigkeit zumutbar war. Ein AN, der sich bei der Agentur für Arbeit arbeitslos (→ *Arbeitslosengeld I*) gemeldet hat und um zumutbare Beschäftigungen bemüht, hat im Allgemeinen alles Erforderliche getan. Wird der AN während der Kündigungsfrist von der Arbeit freigestellt, muss er sich anderweitigen Verdienst anrechnen lassen, es sei denn, dass etwas anderes vereinbart ist. Lehnt der AN nach Ausspruch einer → *Änderungskündigung* die Fortsetzung des Arbeitsverhältnisses zu geänderten Arbeitsbedingungen ab, kann hierin ein böswilliges Unterlassen liegen, zumutbare Arbeit anzunehmen. Die Anrechnung eines hypothetischen Verdienstes nach § 11 Nr. 2 KSchG, § 615 S. 2 BGB kommt auch in Betracht, wenn während des Annahmeverzugs eine zumutbare Beschäftigungsmöglichkeit bei dem AG besteht, der sich mit der Annahme der Dienste des AN in Verzug befindet. Voraussetzung ist allerdings die Aufforderung an den AN, die Arbeit jedenfalls vorläufig für die Dauer des Kündigungsschutzrechtsstreits aufzunehmen (BAG 19.1.2022 – 5 AZR 346/21). Der AG ist darlegungs- und beweispflichtig, dass der AN anderweitige Arbeit aufgenommen oder diese böswillig unterlassen hat; anschließend muss sich der AN wahrheitsgemäß über die Höhe seines anderweitigen Verdienstes erklären (BAG 27.5.2020 – 5 AZR 387/19). Erfährt der AG später von anrechenbarem Zwischenverdienst, kann er Rückforderungsansprüche haben. Auch während des Annahmeverzugs erwirbt der AN Anspruch auf → *Urlaub.*

▶ Anrechnung

Bei der Lohnanrechnung rechnet der AG eigene Leistungen oder die eines Dritten auf den Vergütungsanspruch des AN an. Sie tritt nicht automatisch ein, sondern gibt dem AG nur ein auf Einrede zu berücksichtigendes Leistungsverweigerungsrecht. Durch sie sollen Doppelleistungen vermieden werden, zB wenn der AN während des → *Annahmeverzugs des Arbeitgebers* Zwischenverdienst erzielt. Die Anrechnung ist nur in den gesetzlich oder vertraglich vorgesehenen Fällen zulässig und von der → *Aufrechnung* zu unterscheiden. Die Anrechnung ist zulässig, wenn sich der AG die Anrechnung vorbehalten hat, was auch in einem Formulararbeitsvertrag möglich ist. Ist dem AN nicht vertraglich ein selbstständiger Entgeltbestandteil neben dem jeweiligen Tarifentgelt zugesagt worden, kommt die Anrechnung auch ohne Vorbehalt in Betracht.

▶ Anscheinsbeweis

Dies ist der Nachweis einer Anspruchs- oder Einwendungsvoraussetzung unter Berufung auf eine auf Erfahrungssätzen beruhende tatsächliche Vermutung (auch Prima-facie-Beweis). Im Prozess hat grds. jede Partei die Voraussetzungen der ihr günstigen Rechtsnorm darzulegen und zu beweisen. Für das Vorliegen einer bestimmten Voraussetzung kann jedoch aufgrund von Erfahrungssätzen über den regelmäßigen Geschehensablauf eine tatsächliche Vermutung sprechen. Die Erleichterung der Beweisführung durch den Anscheinsbeweis setzt voraus, dass ein bestimmter Sachverhalt feststeht, der nach allgemeiner Lebenserfahrung auf eine bestimmte Ursache oder einen bestimmten Ablauf als maßgeblich für den Eintritt eines bestimmten Erfolges hinweist. Bei derart typischen Geschehensabläufen kann dann von der feststehenden Ursache auf einen bestimmten Erfolg oder umgekehrt von einem feststehenden Erfolg auf eine bestimmte Ursache geschlossen werden. Der AN kann sich zB bei einer Überzahlung für den Wegfall der Bereicherung auf die Grundsätze des Anscheinsbeweises berufen (BAG 18.1.1995 – 5 AZR 817/93).

► Anzeige gegen den Arbeitgeber (Whistleblowing)

I. Allgemeines

Die Erstattung einer Strafanzeige oder sonstiger Anzeigen gegen den AG (sog. **Whistleblowing**) erfreut sich einer erheblichen Bedeutung in der öffentlichen Wahrnehmung. Hingegen ist ihre Bedeutung im Arbeitsrecht begrenzt. Sie hat dort vor allem Bedeutung für die Frage, unter welchen Umständen die Anzeige als Pflichtverletzung ggü. dem AG zu werten ist und damit eine → *verhaltensbedingte Kündigung* rechtfertigen kann. Mit der Erstattung einer Strafanzeige nimmt der AN allerdings eine von der Verfassung geforderte und der Rechtsordnung erlaubte und gebilligte **Möglichkeit der Rechtsverfolgung** wahr. Es ist mit rechtsstaatlichen Grundgeboten unvereinbar, wenn derjenige, der in gutem Glauben eine Strafanzeige erstattet hat, Nachteile dadurch erleidet, dass sich seine Behauptung nach behördlicher Prüfung als unrichtig oder nicht aufklärbar erweist. Die (nicht wissentlich unwahre oder leichtfertige) Strafanzeige eines Bürgers liegt im allgemeinen Interesse an der Erhaltung des Rechtsfriedens und an der Aufklärung von Straftaten. Als Ausfluss der verfassungsrechtlich geschützten **Unternehmerfreiheit** hat allerdings der AG ein rechtlich geschütztes Interesse, nur mit solchen AN zusammenzuarbeiten, die die Ziele des Unternehmens fördern und das Unternehmen vor Schäden bewahren. Regelmäßig wird ein Unternehmen im Wettbewerb nur bestehen, wenn insbesondere betriebliche Abläufe und Strategien nicht in die Öffentlichkeit gelangen und der Konkurrenz bekannt werden (BAG 3.7.2003 – 2 AZR 235/02). Nach § 17 Abs. 2 ArbSchG können Beschäftigte, die aufgrund konkreter Anhaltspunkte der Auffassung sind, dass die vom AG getroffenen Maßnahmen und bereitgestellten Mittel nicht ausreichen, um die Sicherheit und den Gesundheitsschutz bei der Arbeit zu gewährleisten, und hilft der AG darauf gerichteten Beschwerden von Beschäftigten nicht ab, können sich diese an die zuständige Behörde wenden. Hierdurch dürfen den Beschäftigten keine Nachteile entstehen. Nach § 5 Abs. 1 Nr. 2 GeschGehG fällt die Offenlegung eines Geschäftsgeheimnisses nicht unter die Verbote des § 4 GeschGehG, wenn dies zum Schutz eines berechtigten Interesses erfolgt, insbesondere zur Aufdeckung einer rechtswidrigen

Handlung oder eines beruflichen oder sonstigen Fehlverhaltens, wenn die Erlangung, Nutzung oder Offenlegung geeignet ist, das allgemeine öffentliche Interesse zu schützen.

II. Vorherige Klärung

Unter Berücksichtigung dieses Rahmens sind die vertraglichen Rücksichtnahmepflichten dahin zu konkretisieren, dass sich die Anzeige des AN nicht als eine unverhältnismäßige Reaktion auf ein Verhalten des AG oder seiner Repräsentanten darstellen darf. Dies ist bei einer nicht billigenswerten Motivation der Fall, wenn also die Anzeige ausschließlich erfolgt, um den AG zu schädigen bzw. „fertig zu machen" oder auf diese Weise die Zahlung von ausstehender Vergütung erreicht werden soll. Ebenso darf der AN in der Strafanzeige gegen den AG oder einen seiner Repräsentanten keine wissentlich oder leichtfertig falschen Angaben machen (BAG 15.12.2016 – 2 AZR 42/16). Zugunsten des AN kann aber zu berücksichtigen sein, dass er vom Wahrheitsgehalt seiner Behauptungen überzeugt gewesen ist (BAG 11.7.2013 – 2 AZR 994/12). Der AN hat vor der Erstattung einer Strafanzeige sorgfältig zu prüfen, ob die Informationen zuverlässig und zutreffend sind. Hat er aufgrund von Informationen in elektronischen Akten den Verdacht einer Straftat, so gehört zu der von ihm zu verlangenden sorgfältigen Prüfung, dass er in vorhandene ausführlichere physische Akten Einsicht nimmt, wenn diese ihm jederzeit zugänglich sind (EGMR 16.2.2021 – 23922/19). Der AN muss grds. eine **innerbetriebliche Klärung** versuchen, es sei denn, diese ist ihm unzumutbar (BAG 7.12.2006 – 2 AZR 400/05). Dies kann der Fall sein, wenn sich der AN mit der Nichtanzeige selbst einer Strafverfolgung aussetzen würde oder es sich um schwerwiegende Vorwürfe handelt und die betreffenden Straftaten vom AG selbst begangen wurden. Wird der AN bei einer staatsanwaltschaftlichen oder polizeilichen Vernehmung nach Vorgängen im Betrieb befragt, darf er wahrheitsgemäß antworten. Kein Grund zur Kündigung liegt auch vor, wenn ein AN des öffentlichen Dienstes in angemessener Form von seinem Petitionsrecht Gebrauch macht oder ein AN nach erfolgloser Rüge im Betrieb die Verletzung von Sicherheits- bzw. Unfallverhütungsvorschriften bei der zuständigen Behörde anzeigt.

III. Unionsrecht und neues HinSchG-E

Die EU hat am 23.10.2019 die Richtlinie (EU) 2019/1937 „zum Schutz von Personen, die Verstöße gegen das Unionsrecht melden" (sog. **Whistleblowing-Richtlinie**) verabschiedet, die bis 17.12.2021 von den Mitgliedstaaten umzusetzen ist. Eine Umsetzung innerhalb dieser Frist ist in Deutschland nicht erfolgt. Das BMJ hat einen neuen Entwurf eines Gesetzes vorgelegt für einen besseren Schutz hinweisgebender Personen (HinSchG-E). Voraussetzung für die Meldepflicht ist eine Verletzung von Unionsrecht, Straf- oder bestimmten Ordnungswidrigkeitenrecht und in begrenztem Umfang mit Unionsrecht korrespondierendes nationales Recht (§ 2 HinSchG-E). Zudem ist ein Verbot von Repressalien und eine Beweislastumkehr in § 36 HinSchG-E vorgesehen. Personen, die beabsichtigen, Informationen uber einen Verstoß zu melden, haben nach § 7 HinSchG-E ein Wahlrecht, ob sie sich an eine interne Meldestelle oder direkt an eine externe Meldestelle wenden. Wenn einem intern gemeldeten Verstoß nicht abgeholfen wurde, bleibt es der hinweisgebenden Person unbenommen, sich weiterhin an eine externe Meldestelle zu wenden. AG mit mindestens 50 Beschäftigten haben dafur zu sorgen, dass bei ihnen mindestens eine Stelle fur interne Meldungen eingerichtet und betrieben wird, an die sich Beschaftigte wenden konnen (§ 12 HinSchG-E). *(SR)*

▶ Arbeit 4.0

Unter dem Stichwort „Arbeit 4.0" wird eine Diskussion über die zukünftigen Arbeitsformen und die Ausgestaltung von Arbeitsverhältnissen in der Arbeitswelt geführt. Diese knüpft an die Diskussion über die vierte industrielle Revolution an. Das Schlagwort „Industrie 4.0" beschreibt eine vornehmlich auf der zunehmenden Digitalisierung beruhende Umgestaltung im produzierenden Sektor. Leitbild der Industrie 4.0 ist eine hoch automatisierte und vernetzte industrielle Produktions- und Logistikkette, bei der virtuelle und reale Prozesse miteinander verschmelzen. Der zunehmende Einsatz neuer Informations- und Kommunikationstechnologien wird voraussichtlich zu einem Wandel der Arbeitswelt führen, bei der ein räumlicher, zeitlicher und organisatorischer Bezug zu einem bestimmten Betrieb aufgehoben oder zumindest gelockert wird (→ *Crowdworking*). Dies kann nicht nur zu geänderten Anforderungen an die Struktur und Organisation der Arbeit führen, sondern auch an die fachliche Qualifikation der von solchen Prozessen erfassten AN. Diese können zudem erhöhten Präsenz- und Erreichbarkeitspflichten unterliegen, die eine strikte Trennung von Privat- und Berufsleben in Frage stellen; → *Telearbeit (mobile Arbeit).*

▶ Arbeiter

So werden AN bezeichnet, deren Tätigkeit **überwiegend körperlicher Natur** ist. Gewerbliche Arbeiter sind solche, die in einem Gewerbebetrieb zur Leistung von Handarbeit eingestellt sind. Im Arbeitsrecht ist die Unterscheidung von Arbeitern und Angestellten inzwischen bedeutungslos, da eine unterschiedliche Behandlung der beiden Beschäftigtengruppen regelmäßig gegen den Gleichheitssatz verstößt und unzulässig ist. Bei vergangenheitsbezogenen Leistungen der betrieblichen Altersversorgung kann die Unterscheidung allerdings noch zulässig sein (BAG 22.12.2009 – 3 AZR 895/07).

▶ Arbeitgeber

Der Begriff ist nicht gesetzlich definiert. Er erschließt sich jedoch aus §§ 611, 611a BGB. Danach ist AG derjenige, der (mindestens) einen → *Arbeitnehmer* beschäftigt und von diesem die Erbringung von Dienstleistungen auf der Grundlage eines Arbeitsvertrags fordern kann. Da der AG als Vertragspartner des AN definiert wird, kommt es für die Begriffsbestimmung nicht auf wirtschaftsrechtliche Zusammenhänge an. AG im vertragsrechtlichen Sinn sind auch die Personengesellschaften (BGB-Gesellschaft, OHG, KG, Partnerschaftsgesellschaft) und Kapitalgesellschaften (GmbH, Aktiengesellschaft). Insolvenzverwalter und Testamentsvollstrecker üben nur die Verwaltungs- und Verfügungsbefugnis für den AG aus. In der **Betriebsverfassung** wird der Leiter der Organisationseinheit des → *Betriebs* als AG bezeichnet.

▶ Arbeitgeberverbände

Dies sind regelmäßig rechtsfähige Vereine mit nicht wirtschaftlichen Zwecken (§ 21 BGB). Ihre Organe sind die Verbandsversammlung und der Vorstand, daneben werden ein oder mehrere Geschäftsführer sowie Hauptgeschäftsführer ernannt, die den an sich zur Vertretung und Geschäftsführung des Verbands berechtigten Vorstand vertreten. Die Mitgliedschaft wird durch Beitritt erworben und endet mit dem Austritt. Die Rechte der Mitglieder bestehen in grundlegenden Beschlussfassungen des Verbands, zB über Urabstimmungen bei → *Arbeitskämpfen*, Abschluss von → *Tarifverträgen*, Teilnahme an arbeitsrechtlicher Rechtsberatung und Rechtsschutzeinrichtungen sowie in Unterstützungen, vor allem bei Arbeitskämpfen.

Die AGverbände sind aktiv und passiv parteifähig in Arbeitsgerichtsprozessen (§ 10 ArbGG), ihre Vertreter sind vor den Gerichten für Arbeitssachen postulationsfähig (§ 11 ArbGG). Der Aufbau der AGverbände vollzieht sich im Allgemeinen von der örtlichen/bezirklichen hin zur Bundesebene. Die Verbände sind entweder fachlich organisiert, dass die AG des gleichen Wirtschaftszweigs für einen bestimmten Bezirk, Ort oder Wirtschaftsbereich einen Verband bilden. Diese Fachverbände sind auf Landesebene zusammengeschlossen und die Landesverbände wiederum auf Bundesebene (zB Gesamtmetall). Neben den Fachverbänden bestehen gemischtgewerblich zusammengesetzte Verbände, die für einen bestimmten Bezirk, Ort oder Wirtschaftsbereich gebildet sind. Auch diese sind in Landesverbänden zusammengeschlossen. Alle Verbände gehören der Bundesvereinigung der Deutschen Arbeitgeberverbände e.V. (BDA) an. Sie ist die Spitzenorganisation sowohl der fachlichen Zentralverbände als auch der überfachlichen Landesverbände. Daneben bestehen AGverbände, die nicht in der BDA organisiert sind.

▶ Arbeitnehmer

I. Persönliche Abhängigkeit

Der Begriff des Arbeitsvertrags und damit mittelbar auch der des AN ist erst seit April 2017 gesetzlich geregelt. Nach § 611a Abs. 1 BGB wird der AN durch den Arbeitsvertrag im Dienst eines anderen (des AG) zur Leistung weisungsgebundener, fremdbestimmter Arbeit in persönlicher Abhängigkeit verpflichtet. Das Weisungsrecht kann Inhalt, Durchführung, Zeit und Ort der Tätigkeit betreffen. Weisungsgebunden ist, wer nicht im Wesentlichen frei seine Tätigkeit gestalten und seine Arbeitszeit bestimmen kann.

Danach ist AN derjenige, der seine vertraglich geschuldete Leistung im Rahmen einer von Dritten bestimmten Arbeitsorganisation und damit in persönlicher Abhängigkeit erbringt. Durch die persönliche Abhängigkeit unterscheidet sich der AN vom sonstigen Dienstverpflichteten (zB Rechtsanwalt, Architekt). Für die persönliche Abhängigkeit ist kennzeichnend, dass der Beschäftigte einem → *Direktionsrecht* (§ 106 GewO) seines Vertragspartners (dem AG) unterliegt. Sie dokumentiert sich durch die Übernahme fremdgeplanter, fremdnütziger und von fremder Risikobereitschaft getragener Arbeit (sachliches Abhängigkeitsmerkmal) und durch die Eingliederung in einen fremden Produktionsbereich (arbeitsorganisatorisches Moment). Indizien für die arbeitsorganisatorische Abhängigkeit sind nach dem Gesetz persönliche und fachliche Weisungsgebundenheit, zeitliche und örtliche Bindung, ausgeübte Arbeitskontrolle, eingeplante Dienstbereitschaft, erforderliche Zusammenarbeit mit anderen AN, Verzicht, Inhalt und Ziel der eigenen Tätigkeit zu bestimmen, die Fähigkeit, einzelne Aufträge nicht ablehnen zu können. Der Grad der persönlichen Abhängigkeit hängt dabei auch von der Eigenart der jeweiligen Tätigkeit ab. Für die Feststellung, ob ein Arbeitsvertrag vorliegt, ist eine Gesamtbetrachtung aller Umstände vorzunehmen. Zeigt die tatsächliche Durchführung des Vertragsverhältnisses, dass es sich um ein Arbeitsverhältnis handelt, kommt es auf die Bezeichnung im Vertrag nicht an (§ 611a Abs. 1 S. 4–6 BGB). Unerheblich für die Bestimmung der ANeigenschaft sind auch die wirtschaftliche Abhängigkeit vom AG (→ *Scheinselbstständigkeit*) und der zeitliche Umfang der Dienstleistung (BAG 1.12.2020 – 9 AZR 102/20; → *Agiles Arbeiten*, → *Arbeit 4.0*, → *Crowdworking* und → *Matrixorganisation*).

II. Formale Abgrenzungsmerkmale

Ist ein Dienstverpflichteter nicht in der Lage, seine Dienste allein zu erbringen und darf er Dritte hinzuziehen, liegt im Allgemeinen kein Arbeitsverhältnis vor. Keine entscheidende Bedeutung kommt der Frage zu, ob es sich um ein auf Dauer angelegtes Rechtsverhältnis handelt und welche **Vergütungsvereinbarung** die Parteien getroffen haben. Auch Beschäftigte, die erfolgsabhängig vergütet werden, können AN sein. Umgekehrt kann auch bei einer selbstständigen Tätigkeit ein festes Entgelt vereinbart werden. Überhaupt gehört eine ausdrückliche Entgeltvereinbarung nicht zwingend zum Begriff des AN. Bei Vorliegen der Voraussetzungen des Dienstverhältnisses gilt vielmehr eine Vergütung gem. § 612 Abs. 1 BGB als stillschweigend vereinbart, wenn die Dienstleistung den Umständen nach nur gegen eine Vergütung zu erwarten ist. Ebenso sind die formalen Abgrenzungsmerkmale (Abführung von Lohnsteuern, Sozialversicherungsbeiträgen usw.) von untergeordneter Bedeutung. Werden die Abgaben abgeführt, spricht dies zwar für die ANeigenschaft. Werden sie nicht abgeführt, kann auch eine Umgehung des ANschutzes bezweckt sein. Ebenso wenig kommt der Bezeichnung als freier Mitarbeiter ausschlaggebende Bedeutung zu und sprechen nach der Vertragsausgestaltung gleichermaßen Gründe für einen Arbeitsvertrag wie für einen freien Mitarbeitervertrag, entscheidet der Parteiwille. Haben sich die Parteien bei der Bezeichnung ihres Rechtsverhältnisses in einem beiderseitigen Irrtum befunden, richtet sich die Vertragsanpassung nach den Rechtsgrundsätzen über den Wegfall der Geschäftsgrundlage (§ 313 BGB). Nicht zu den AN gehören die zu ihrer Berufsausbildung (→ *Berufsausbildungsverhältnis*) beschäftigten Personen, für diese gelten allerdings eine Vielzahl von arbeitsrechtlichen Regelungen.

III. Gerichtliche Klärung

Der rechtliche Status als AN kann im Wege der Feststellungsklage geklärt werden. Für diese muss ein Feststellungsinteresse gegeben sein. Es liegt stets vor, wenn die Beschäftigung andauert. Es fehlt regelmäßig bei einer ausschließlich vergangenheitsbezogenen Statusfeststellung. Für sozialversicherungsrechtliche Ansprüche ist die arbeitsgerichtliche Feststellung der ANeigenschaft ohne Bedeutung. Die Berufung auf die ANeigenschaft kann rechtsmissbräuchlich sein, wenn der Dienstnehmer sich nachträglich darauf beruft, AN gewesen zu sein, obwohl er als freier Mitarbeiter tätig sein wollte und sich jahrelang allen Versuchen des Dienstgebers widersetzt hat, zu ihm in ein Arbeitsverhältnis zu treten. Ist ein Arbeitsverhältnis von den Vertragsparteien irrtümlich als freies Mitarbeiterverhältnis angesehen und behandelt worden und kann der AG deshalb die Rückzahlung überzahlter Honorare verlangen, umfasst der Anspruch die Differenz zwischen sämtlichen Honorarzahlungen und dem Anspruch auf Arbeitsvergütung.

IV. Arbeitnehmerbegriff in anderen Rechtsmaterien

Im **Unionsrecht** existiert ein von nationalem Recht teilweise abweichender ANbegriff. Die Unterschiede bestehen darin, dass der → *Europäische Gerichtshof* zwar auch eine Weisungsbindung in Form einer persönlichen Abhängigkeit verlangt, aber hierfür ein irgendwie geartetes Unterordnungsverhältnis zwischen der Gesellschaft und dem Dienstverpflichteten ausreichen lässt. Dies führt dazu, dass auch Organvertreter vom unionsrechtlichen Arbeitnehmerbegriff erfasst werden können (EuGH 9.7.2015 – C-229/14; 11.11.2010 – C-232/09). Der unionsrechtliche ANbegriff erlangt für die Auslegung und Anwendung von deutschen Rechtsvorschriften dann Bedeutung, wenn diese Unionsrecht in nationales Recht umsetzen und das Unionsrecht dem deutschen Gesetzgeber nicht ausdrücklich eine abweichende Regelung des ANbegriffs gestattet. Das Unionsrecht ist bei einer Bestimmung der ANeigenschaft insbesondere in den Bereichen Schwangerschaft und → *Mutterschutz*, → *Arbeitszeit* sowie bei der Beurteilung von Benachteiligungen (→ *Allgemeines Gleichbehandlungsgesetz*) von Bedeutung, nicht hingegen im Bereich des allgemeinen Kündigungsschutzes.

Für das **Sozialversicherungsrecht** ist nicht das Vorliegen eines Arbeits-, sondern das Bestehen eines → *Beschäftigungsverhältnisses* maßgeblich. Nach § 7 Abs. 1 SGB IV ist Beschäftigung die nichtselbständige Arbeit, insbesondere in einem Arbeitsverhältnis. Beide Begriffe sind zwar nicht identisch, aber es bestehen in der Praxis kaum inhaltliche Unterschiede zwischen den Begrifflichkeiten im Arbeits-

und Sozialversicherungsrecht. Dies gilt gleichermaßen auch für das **Steuerrecht,** das bei den Einkunftsarten von Dienstverpflichteten auf solche aus selbständiger und nichtselbständiger Arbeit abstellt (§ 19 EStG).

▶ Arbeitnehmerähnliche Personen

Arbeitnehmerähnliche Personen sind Dienstleistende, die **mangels persönlicher Abhängigkeit** keine → *Arbeitnehmer*, aber wegen ihrer **wirtschaftlichen Abhängigkeit** keine Unternehmer sind. Sie werden regelmäßig persönlich ohne Mithilfe dritter Personen tätig, sind nicht in eine fremde Betriebsorganisation eingegliedert und erbringen ihre Leistung nicht am Markt, sondern nur gegenüber bestimmten Unternehmen. An die Stelle der persönlichen Abhängigkeit und Weisungsgebundenheit tritt das Merkmal der wirtschaftlichen Unselbständigkeit (BAG 21.1.2019 – 9 AZB 23/18). Die Dienst- oder Werkleistung erfolgt für Rechnung von Auftraggebern, die das Unternehmerrisiko tragen, aber andererseits die Dienstnehmer nach Höhe der Vergütung, Art und Dauer der Tätigkeit vom Dienstgeber abhängig sind. Ferner müssen arbeitnehmerähnliche Personen ihrer gesamten sozialen Stellung nach einem AN vergleichbar schutzbedürftig sein. Der Begriff der arbeitnehmerähnlichen Person findet sich u.a. in § 2 BUrlG und § 5 Abs. 1 S. 2 ArbGG, wird dort aber nicht definiert, sondern als bekannt vorausgesetzt. In § 12a TVG werden als arbeitnehmerähnliche Personen solche Personen bezeichnet, die wirtschaftlich abhängig und vergleichbar einem AN sozial schutzbedürftig sind. Die arbeitsrechtlichen Schutzvorschriften gelten für sie nur, wenn dies ausdrücklich im Gesetz festgelegt worden ist.

Als arbeitnehmerähnliche Personen sind zB angesehen worden nicht angestellte Künstler, Musiker, → *Freie Mitarbeiter* des Rundfunks u. Fernsehens, die bestimmte tarifliche Voraussetzungen erfüllen (BAG 21.6.2011 – 9 AZR 820/09), Dozenten für ein gewerbliches Weiterbildungsinstitut (BAG 11.4.1997 – 5 AZB 33/96) sowie pauschal bezahlte Bildberichterstatter (BAG 29.1.1992 – 7 ABR 25/91).

▶ Arbeitnehmer-Entsendegesetz

I. Hintergrund und Ziel des Gesetzes

Die **Dienstleistungsfreiheit** des Art. 56 AEUV gewährleistet es Unternehmen mit ihren AN aus einem Unionsstaat im Gebiet eines anderen Unionsstaats im Grundsatz unbeschränkt zB handwerkliche Dienstleistungen zu erbringen. Für die Arbeitsverhältnisse der vorübergehend entsandten AN gilt nach den Regeln des → *Internationalen Arbeitsrechts* vorrangig das Arbeitsrecht des Entsendestaats. Es gefährdete aber Unternehmen und deren Arbeitsplätze in **Hochlohnländern** der Union wie Deutschland, wenn diese unreguliert mit Unternehmen aus einem anderen Staat konkurrieren müssten, in dem die Arbeitsbedingungen und Arbeitskosten ein niedrigeres Niveau haben. Konsequenz dessen wäre ein erheblicher Druck auf deren Entgelt-/Tarifvertragssysteme gewesen. Auf diesen **Interessenkonflikt** reagiert das Unionsrecht mit der Richtlinie über die Entsendung von AN im Rahmen der Erbringung von Dienstleistungen (RL 96/71/EG). Sie sieht für die Mitgliedstaaten vor, dass sie die Erfüllung bestimmter Mindestarbeitsbedingungen für dorthin entsandte AN durch die entsendenden AG gewährleisten dürfen. Mit der Umsetzung dieser Richtlinie durch das Arbeitnehmer-Entsendegesetz (AEntG) musste zugleich sichergestellt werden, dass die Freizügigkeit der entsendenden AG nicht diskriminierend beschränkt wird. Deshalb sorgt das Gesetz auch dafür, dass inländische Unternehmen die für die entsendenden Unternehmen geltenden Arbeitsbedingungen nicht unterschreiten dürfen. Dadurch wurde über den Anlass hinaus eine zusätzliche **nationale Regelungstechnik** für zwingend wirkende **Mindestarbeitsbedingungen** (→ *Mindestlohn*) geschaffen.

II. Inhalt des Gesetzes

Das Gesetz will, dass für grenzüberschreitend entsandte und für regelmäßig im Inland beschäftigte AN angemessene Mindestarbeitsbedingungen geschaffen und durchgesetzt werden sowie faire und funktionierende Wettbewerbsbedingungen gewährleistet sind. Sozialversicherungsrechtliche Bedingungen sollen erhalten und die Ordnungs- und Befriedungsfunktion der Tarifautonomie gewahrt werden (§ 1 AEntG).

In § 2 AEntG werden sieben besonders wichtige **Teilrechtsgebiete** des **staatlichen Arbeitsrechts** (zB Mindestentgeltsätze, Mindesturlaub und Höchstarbeits- und Mindestruhezeit) benannt, deren zwingende Bestimmungen **branchenunabhängig** auch auf Arbeitsverhältnisse zwischen ausländischen AG und ihren im Inland beschäftigten AN **zwingend Anwendung** finden und zwar unabhängig davon, ob dies den Regeln des → *Internationalen Arbeitsrechts* entspricht.

Im Folgenden legt das Gesetz fest, wie **branchenbezogen** über eine **Erstreckung** der **zwingenden Wirkung** von **TV** angemessene Mindestarbeitsbedingungen für AN ausländischer AG und auch alle anderen Arbeitsverhältnisse herbeigeführt werden können, die im Geltungsbereich dieser TV angesiedelt und tarifrechtlich nicht an sie gebunden sind. Diese Möglichkeit wird in § 4 Abs. 1 AEntG für neun bestimmte Branchen eröffnet. Nach Abs. 2 ist die TVerstreckung auch in allen anderen Branchen möglich, wenn zusätzlich festgestellt ist, dass die Erstreckung im öffentlichen Interesse geboten ist, um die gesetzlichen Ziele (§ 1 AEntG) zu erreichen, insbesondere einem Wettbewerb über die Lohnkosten entgegen zu wirken. Die **Erstreckung** wird in einem in § 7 AEntG bestimmten Verfahren durchgeführt: Auf Antrag der TVparteien ergeht nach einem näher geregelten Verfahren eine dahin gehende **RechtsVO** durch das BMAS. Lediglich bei TV für das Bauhaupt- und Baunebengewerbe bedarf es stattdessen einer → *Allgemeinverbindlicherklärung* nach § 5 TVG. Das Gesetz beschränkt in § 5 AEntG die Regelungsbereiche, die Gegenstand eines TV sein dürfen, damit er erstreckt werden kann. Hierzu zählen Mindestentgeltsätze einschließlich der Überstundensätze, Regelungen zur Urlaubsdauer, dem Urlaubsentgelt und einem zusätzlichen Urlaubsgeld sowie ggf. auch Tarifbestimmungen zum Beitragseinzug und zu Leistungen seitens einer → *gemeinsamen Einrichtung* der TVparteien im Zusammenhang mit Urlaubsansprüchen. Schließlich können auch tarifliche Regelungen zu den in § 2 Nr. 3–7 AEntG aufgeführten Teilrechtsgebieten erstreckt werden. Mindestentgeltansprüche, die auf der Grundlage von nach dem AEntG erstreckten TV erworben wurden, werden zusätzlich verstärkt. Sie können nur unter ganz engen Voraussetzungen durch

→ *Verzicht,* → *Verwirkung* oder aufgrund des Verstreichens von → *Verfallfristen* verloren gehen (§ 9 AEntG).

Für die **Pflegebranche** gelten besondere Bedingungen. Ein großer Teil der Einrichtungen der Pflegebranche steht in kirchlicher Trägerschaft oder der von selbständigen Trägern, die dem kirchlichen Dienst in der Welt dienen (zB Diakonie, Caritas). In ihnen gelten grds. keine TV, sondern durch paritätisch besetzte Kommissionen beschlossene Arbeitsrechtsregelungen des Dritten Weges (→ *Kirche*). Deshalb kann hier nicht einheitlich auf TV als Objekte der Erstreckung zurückgegriffen werden. Stattdessen bilden Repräsentanten der im Pflegebereich engagierten AG, TVparteien und kirchenarbeitsrechtlichen Kommissionen eine gemeinsame **Pflegekommission.** Sie kann Mindestarbeitsbedingungen für die Pflegebranche vorschlagen. Ihr Vorschlag kann dann wie ein TV durch RechtsVO auf die gesamte Pflegebranche erstreckt werden. **Zusätzlich** besteht für diese unter großer Personalnot leidende Branche nach § 7a AEntG seit Ende 2019 auch die Möglichkeit, durch erstreckte TV angemessene Mindestarbeitsbedingungen herbeizuführen. Eine dahingehende RechtsVO ist allerdings, um den verfassungsrechtlichen Gewährleistungen für die Kirchen gerecht zu werden, unter einen Vorbehalt gestellt: Dem Antrag der TVparteien einen von ihnen abgeschlossenen TV in seiner zwingenden Wirkung zu erstrecken, muss eine qualifizierte Mehrheit der paritätisch besetzten kirchlichen Kommissionen zugestimmt haben. An dieser Voraussetzung ist der erste Versuch, von § 7a AEntG Gebrauch zu machen, im Jahre 2021 gescheitert.

Alle nach dem AEntG ergangenen Verordnungen oder Allgemeinverbindlichkeitserklärungen sowie die dadurch erstreckten kollektiven Regelungen gelten für inländische AG der betreffenden Branche in gleicher Weise wie für ausländische, die ihre AN in das Inland entsandt haben (§§ 8, 13 AEntG).

Die Pflicht, die nach dem AEntG festgelegten Mindestentgelte auch tatsächlich zu zahlen und die Beiträge an eine → *gemeinsame Einrichtung* abzuführen, wird durch § 14 AEntG effektiv verstärkt: Ein Unternehmer, der sich eines **Nachunternehmers** bedient, muss für dessen Pflichterfüllung und die eines eingeschalteten Verleihers wie ein selbstschuldnerischer **Bürge** (§ 771 BGB) einstehen. Die Einhaltung des AEntG soll durch die **Zollbehörden** sichergestellt werden. Die AG treffen in diesem Zusammenhang umfangreiche Melde- und Dokumentationspflichten. Gesetzesverletzungen können mit Bußgeldern geahndet werden. Ein AG, der mit einem Bußgeld von mindestens 2.500,00 EUR belegt worden ist, wird regelmäßig für einen vom Einzelfall abhängigen Zeitraum von der Vergabe öffentlicher Aufträge ausgeschlossen (§ 21 AEntG). *(KB)*

► Arbeitnehmererfindung

I. Erfindungen und technische Verbesserungsvorschläge

Das ArbNErfG bezieht sich auf alle Erfindungen und technischen Verbesserungsvorschläge von AN; hierzu zählen auch leitende → *Angestellte,* nicht aber Rentner, freie Mitarbeiter und Organvertreter juristischer Personen (§ 1 ArbNErfG). Erfindungen sind solche, die patent- oder gebrauchsmusterfähig sind (§ 2 ArbNErfG); technische Verbesserungsvorschläge sind Vorschläge für nicht patent- oder gebrauchsmusterfähige technische Neuerungen (§ 3 ArbNErfG). Sondervorschriften bestehen für die AN des öffentlichen Dienstes (§§ 40–42 ArbNErfG). Eine beim Deutschen Patent- und Markenamt in München (DPMA) errichtete **Schiedsstelle** (§§ 29 ff. ArbNErfG) soll bei Meinungsverschiedenheiten über Erfindungen eine gütliche Einigung herbeiführen; zu Einzelheiten http://www.dpma.de.

II. Inanspruchnahme einer Diensterfindung durch den Arbeitgeber

Nach § 4 ArbNErfG sind **Diensterfindungen** solche, die während des rechtlichen Bestands des Arbeitsverhältnisses gemacht worden sind und entweder aus der dem AN im Betrieb oder in der öffentlichen Verwaltung obliegenden Tätigkeit entstanden (sog. Auftragserfindungen) sind (§ 4 Abs. 2 Nr. 1 ArbNErfG) oder maßgeblich auf Erfahrungen oder Arbeiten des Betriebs oder der öffentlichen Verwaltung (sog. Aufgabenerfindungen) beruhen (§ 4 Abs. 2 Nr. 2 ArbNErfG). Freie Erfindungen sind solche, die mit der betrieblichen Tätigkeit des AN nicht im Zusammenhang stehen (§ 4 Abs. 3 ArbNErfG).

Der AN hat eine Diensterfindung unverzüglich (§ 121 BGB) nach Fertigstellung und unter Hinweis auf eine Erfindung dem AG schriftlich zu melden. Sind mehrere an der Diensterfindung beteiligt, können sie eine gemeinsame Meldung abgeben. In ihr ist die Diensterfindung zu beschreiben (§ 5 Abs. 1, 2 ArbNErfG). Der AG hat den Eingang der Meldung unverzüglich schriftlich zu bestätigen; er kann innerhalb von 2 Monaten deren Ergänzung verlangen (§ 5 Abs. 3 ArbNErfG). Der AG hat zwei Möglichkeiten. Er kann sie (unbeschränkt) **in Anspruch nehmen** oder sie **freigeben** (§ 6 Abs. 1 ArbNErfG). Nach § 6 Abs. 2 ArbNErfG gilt die Inanspruchnahme als erklärt, wenn der AG die Diensterfindung nicht bis zum Ablauf von vier Monaten nach Eingang der ordnungsgemäßen Meldung gegenüber dem AN durch Erklärung in Textform freigibt. Eine ausdrückliche Erklärung über die Inanspruchnahme ist nicht erforderlich. Mit der Inanspruchnahme der Erfindung gehen alle vermögensrechtlichen Werte der Erfindung auf den AG über (§ 7 Abs. 1 ArbNErfG). Dem AN verbleiben lediglich die nichtvermögensrechtlichen Persönlichkeitsrechte im Zusammenhang mit der Erfindung. Verfügungen des AN über die Diensterfindung vor Inanspruchnahme durch den AG oder Fristablauf sind diesem gegenüber unwirksam (§ 7 Abs. 2 ArbNErfG). Der AG ist bei einer in Anspruch genommenen Diensterfindung verpflichtet, sie zur Erteilung eines Schutzrechts (Patent: Namensrecht bei AN, § 37 PatG; Gebrauchsmuster § 4 GebrMG) im Inland anzumelden (§ 13 ArbNErfG); er kann sie auch im Ausland anmelden (§ 14 ArbNErfG). Beabsichtigt er nur eine Anmeldung im Inland, hat der AG die Diensterfindung so rechtzeitig freizugeben, dass der AN die Prioritätsfristen der zwischenstaatlichen Verträge auf dem Gebiet des gewerblichen Rechtsschutzes ausnutzen kann.

Mit der Inanspruchnahme entsteht für den AN dem Grunde nach ein **Vergütungsanspruch** (§ 9 ArbNErfG). Seine Fälligkeit ist wegen der Schwierigkeit sachgemäßer Ermittlung bis spätestens 3 Monate nach Schutzrechtserteilung hinausgeschoben (§ 12 ArbNErfG). Die Erfinderrechte genießen verfassungsrechtlichen Eigentumsschutz. Kommt eine Einigung über die Vergütungshöhe nicht zustande, hat der AG sie einseitig durch begründeten Bescheid festzusetzen (§ 12

Abs. 3 ArbNErfG). Widerspricht der AN nicht innerhalb von 2 Monaten schriftlich, wird die Festsetzung bindend (§ 12 Abs. 4 ArbNErfG). Der AN kann Auskünfte zur Berechnung der Vergütung verlangen. Widerspricht er, können AN und AG die **Schiedsstelle** anrufen (§§ 28 ff. ArbNErfG). Mit der einseitigen Festsetzung beginnt die Verjährung für den darüberhinausgehenden Anspruch. Gegenüber einer Klage auf Zahlung der festgesetzten Vergütung kann sich der AG mit dem Einwand wesentlich veränderter Umstände verteidigen. Im Allgemeinen werden tarifliche → *Verfallfristen* nicht für die Vergütung schöpferischer Tätigkeit gelten. Die Vergütung verjährt bei einseitiger Festsetzung nach § 196 BGB. Im Insolvenzverfahren sind die Erfindungsvergütungen besonders geschützt, wenn nach der Inanspruchnahme der Diensterfindung das Insolvenzverfahren über das Vermögen des AG eröffnet wird (§ 27 ArbNErfG).

III. Freie Erfindungen und technische Verbesserungsvorschläge

Freie Erfindungen hat der AN seinem AG unverzüglich schriftlich mitzuteilen. Dabei hat er so viel an Aufklärung zu geben, dass der AG beurteilen kann, ob eine gebundene oder freie Erfindung vorliegt (§ 18 ArbNErfG). Bevor der AN eine freie Erfindung verwertet, hat er dem AG zumindest ein nicht-ausschließliches Benutzungsrecht zu angemessenen Bedingungen anzubieten (§ 19 ArbNErfG). Eine Erfindung wird im Übrigen frei, wenn der AG sie freigibt oder nur beschränkt in Anspruch nimmt oder auf die Erfindungsmeldung nicht tätig wird oder sie auf Verlangen des AN nicht voll beansprucht (§ 8 ArbNErfG). Die Vergütung für eine freie Erfindung ist kein Arbeitseinkommen.

Für **technische Verbesserungsvorschläge,** die dem AG eine ähnliche Vorzugsstellung gewähren wie ein gewerbliches Schutzrecht, hat der AN einen Anspruch auf angemessene Vergütung, sobald der AG sie verwertet (§ 20 ArbNErfG). Die Ausführungen zu §§ 9, 12 ArbNErfG gelten entsprechend (oben II.). Im Übrigen bleibt die Regelung TV und BV überlassen. Nach § 87 Abs. 1 Nr. 12 BetrVG hat der BR zur Regelung des betrieblichen Vorschlagsrechts ein erzwingbares Mitbestimmungsrecht; dies schließt ein Initiativrecht mit ein, dazu → *Betriebsrat (Beteiligungsrechte).* AG und BR können durch Übereinkunft einen oder mehrere **Erfinderberater** bestellen (§ 21 ArbNErfG).

▶ Arbeitnehmerüberlassung

I. Begriff

AN werden zur Arbeitsleistung überlassen, wenn sie in die Arbeitsorganisation eines Dritten (des Entleihers) eingegliedert sind und seinen Weisungen unterliegen. Die Überlassung und das Tätigwerdenlassen von AN als LeihAN sind nur zulässig, soweit zwischen dem Verleiher und dem LeihAN ein Arbeitsverhältnis besteht und der Verleiher über eine Verleiherlaubnis verfügt (§ 1 Abs. 1 AÜG). Der LeihAN wird bei der ANüberlassung vollständig in dem Betrieb des Dritten eingegliedert, der ihn nach seinen Vorstellungen und Zielen in seinem Betrieb wie einen eigenen AN einsetzt. Das Dreiecksverhältnis zwischen Verleiher, Entleiher und LeihAN ist bei der ANüberlassung wie folgt ausgestaltet: Vertragsbeziehungen bestehen nur zwischen Verleiher und Entleiher (ANüberlassungsvertrag) und zwischen Verleiher und LeihAN (Leiharbeitsvertrag). Zwischen dem LeihAN und dem Entleiher bestehen hingegen keine arbeitsvertraglichen Beziehungen. Nach § 7a Abs. 2 S. 2 SGB IV in der ab 1.4.2022 geltenden Fassung kann die DRV Bund bei Bestehen von geeigneten Anhaltspunkten feststellen, ob das Beschäftigungsverhältnis zu dem Dritten besteht.

II. Erlaubnispflicht der Arbeitnehmerüberlassung

AG, die als Verleiher Entleihern LeihAN im Rahmen ihrer wirtschaftlichen Tätigkeit zur Arbeitsleistung überlassen wollen, bedürfen nach § 1 Abs. 1 S. 1 AÜG der Erlaubnis.

(1) Eine **wirtschaftliche Tätigkeit** ist gegeben, wenn der AG die Überlassung von AN Dritten anbietet, um hierdurch unmittelbare oder mittelbare wirtschaftliche Vorteile entweder für sich oder für verbundene Unternehmen zu erzielen, soweit dies nicht in Ausübung hoheitlicher Befugnisse geschieht. Keine wirtschaftliche Tätigkeit liegt vor, wenn die Überlassung durch AG erfolgt, die ausschließlich und unmittelbar gemeinnützige, karitative, wissenschaftliche, künstlerische oder sonstige ideelle Zwecke verfolgen und aus der Überlassung weder für sich noch für verbundene Unternehmen Vorteile erzielen wollen.

(2) Überlassungsdauer: Der Verleiher darf ab dem 1.4.2017 denselben LeihAN nicht länger als 18 aufeinander folgende Monate demselben Entleiher überlassen; der Entleiher darf denselben LeihAN nicht länger als 18 aufeinander folgende Monate tätig werden lassen. Ab diesem Zeitpunkt ist der Zeitraum vorheriger Überlassungen durch denselben oder einen anderen Verleiher an denselben Entleiher vollständig anzurechnen, wenn zwischen den Einsätzen jeweils nicht mehr als drei Monate liegen (§ 1 Abs. 1b S. 1 und 2 AÜG). Die Überlassung kann zur Beschäftigung auf einem Arbeitsplatz erfolgen, der dauerhaft vorhanden ist und der nicht vertretungsweise besetzt wird (EuGH 17.3.2022 – C-232/20).

Bei einer vorübergehenden Arbeitnehmerüberlassung kann in einem TV von TVparteien der Einsatzbranche abweichend von der gesetzlich zulässigen Dauer von 18 Monaten eine andere **Überlassungshöchstdauer** vereinbart werden (BAG 14.9.2022 – 4 AZR 83/21). Diese ist auch für den überlassenen AN und dessen AG (Verleiher) unabhängig von deren Tarifgebundenheit (→ *Tarifbindung*) maßgebend. Nicht tarifgebundene Entleiherunternehmen können die Verlängerung in Betriebs- oder Dienstvereinbarungen (BV/DV) inhaltsgleich übernehmen. Im TV kann den tarifgebundenen Unternehmen erlaubt werden, den Zeitraum der gesetzlichen oder tariflichen Überlassungshöchstdauer zu verlängern. Sofern der TV eine solche Öffnungsklausel für BV/DV enthält, können auch nicht tarifgebundene Entleiher davon Gebrauch machen; allerdings nur bis zu einer Überlassungshöchstdauer von längstens 24 Monaten, wenn der TV keine abweichende Überlassungshöchstdauer für BV/DV vorsieht. Gelten für nicht tarifgebundene Entleiherunternehmen mehrere TV, ist auf den für ihre Branche geltenden repräsentativen TV abzustellen. Die Kirchen (→ *Kirche*) und die öffentlich-rechtlichen Religionsgesellschaften können in ihren Regelungen wie in TV abweichende Überlassungshöchstdauern vorsehen (§ 1 Abs. 1b S. 3–8 AÜG).

(3) Keine erlaubnispflichtige Arbeitnehmerüberlassung liegt vor bei der Abordnung eines AN zu Arbeitsgemeinschaften (ARGE) des

AG (§ 1 Abs. 1a S. 1 AÜG; → *Baugewerbe*). Für einen AG mit Geschäftssitz in einem anderen Mitgliedstaat des EWR ist die Abordnung von AN zu einer zur Herstellung eines Werkes gebildeten ARGE auch dann keine ANüberlassung, wenn für ihn deutsche TV desselben Wirtschaftszweigs wie für die anderen Mitglieder der ARGE nicht gelten, er aber die übrigen Voraussetzungen der Abordnung zu einer ARGE erfüllt (§ 1 Abs. 1a S. 2 AÜG).

(4) **Keiner Erlaubnispflicht** unterliegt auch die Überlassung von AN zwischen AG desselben Wirtschaftszweigs zur Vermeidung von Kurzarbeit oder Entlassungen, wenn (**a**) ein für Entleiher und Verleiher geltender TV dies vorsieht, (**b**) bei einer Überlassung zwischen Konzernunternehmen sowie (**c**) in das Ausland, wenn der LeihAN in ein auf der Grundlage zwischenstaatlicher Vereinbarungen begründetes deutsch-ausländisches Gemeinschaftsunternehmen verliehen wird, an dem der Verleiher beteiligt ist (§ 1 Abs. 3 Nr. 1, 2 und 3 AÜG). Daneben ist eine ANüberlassung nicht erlaubnispflichtig, wenn sie (**d**) nur **gelegentlich** erfolgt und der AN nicht zum Zweck der Überlassung eingestellt und beschäftigt wird (§ 1 Abs. 3 Nr. 2a AÜG).

(5) **Öffentlicher Dienst:** In § 1 Abs. 3 AÜG werden auch Überlassungen von AN im → *öffentlichen Dienst* erlaubnisfrei gestellt. Diese sind dadurch gekennzeichnet, dass bei einer Verlagerung von Aufgaben auf einen Dritten das Arbeitsverhältnis mit dem bisherigen öffentlichen AG weiterbesteht, die arbeitsvertraglich geschuldete Leistung jedoch zukünftig bei dem anderen öffentlichen AG (Dritten) nach dessen Weisungen erbracht wird. Die Überlassung des AN darf entweder aufgrund der Regelung in § 4 Abs. 3 TVöD (sog. **Personalgestellung**) erfolgen (§ 1 Abs. 3 Nr. 2b AÜG; BAG 16.6.2021 – 6 AZR 390/20 [A]) oder aufgrund einer dreiseitigen Vereinbarung, wenn die Überlassung zwischen juristischen Personen des öffentlichen Rechts erfolgt und sie TV des öffentlichen Dienstes oder Regelungen der öffentlich-rechtlichen Religionsgesellschaften anwenden (§ 1 Abs. 3 Nr. 2c AÜG).

(6) Keine ANüberlassung liegt vor, wenn **Montagearbeiter,** die für ihren AG aufgrund eines Dienst- oder Werkvertrags ihres AG mit

dem Dritten in dessen Betrieb arbeiten oder bei einer Überlassung von Personal bei Maschinen-Gestellungsverträgen.

(7) Die **Erlaubnis** für die ANüberlassung erteilt die → *Bundesagentur für Arbeit.* Das Verwaltungsverfahren ist in §§ 2, 3, 4–7 AÜG geregelt.

III. Rechtsbeziehungen bei Arbeitnehmerüberlassung

1. Verleiher und Entleiher

Im Überlassungsvertrag zwischen Verleiher und Entleiher muss die Überlassung von LeihAN ausdrücklich als ANüberlassung bezeichnet werden, bevor der LeihAN überlassen oder tätig wird. Daneben müssen sie ihn unter Bezugnahme auf diesen Vertrag konkretisieren (§ 1 Abs. 1 S. 5 und 6 AÜG); maßgeblich für die rechtliche Einordnung einer Überlassung ist im Zweifel die tatsächliche Durchführung des Überlassungsvertrags. Dieser bedarf der → *Schriftform.* In der Urkunde hat der Verleiher zu erklären, ob er die erforderliche Erlaubnis besitzt (§ 12 Abs. 1 AÜG). Ein ohne Beachtung der Schriftform oder ohne die erforderliche Erlaubnis abgeschlossener Vertrag ist nichtig (§ 125 BGB bzw. § 9 Abs. 1 Nr. 1a AÜG). Wird die Erlaubnis zur ANüberlassung nicht verlängert, zurückgenommen oder widerrufen, hat der Verleiher den Entleiher unverzüglich (§ 121 BGB) zu unterrichten (§ 12 Abs. 2 AÜG). Abreden zwischen Verleiher und Entleiher, wonach dieser sich verpflichtet, nach Beendigung des Leiharbeitsverhältnisses den LeihAN nicht einzustellen, sind unwirksam (§ 9 Abs. 1 Nr. 4 AÜG). Die Vereinbarung einer Vermittlungsprovision für den Fall eines Wechsels des LeihAN vom Verleiher zum Entleiher ist nach § 9 Abs. 1 Nr. 3 AÜG zulässig.

2. Verleiher und Leiharbeitnehmer

(a) **Arbeitsvertrag:** Der Verleiher ist verpflichtet, den wesentlichen Inhalt des Arbeitsverhältnisses mit dem LeihAN in eine von ihm zu unterzeichnende **Urkunde** oder einen schriftlichen Arbeitsvertrag aufzunehmen und die Urkunde dem LeihAN auszuhändigen (§ 11 Abs. 1 AÜG; § 2 NachwG). Der Vertrag ist indes auch ohne Einhaltung der Schriftform wirksam. In die Urkunde sind neben den in § 2 NachwG geregelten Angaben aufzunehmen: **(aa)** Firma und Anschrift des Verleihers, die Erlaubnisbehörde sowie Ort und Datum der Erteilung der Erlaubnis nach § 1; (**bb**) Art und Höhe der Leistungen für Zeiten, in denen der LeihAN nicht verliehen ist. Der Verleiher ist ferner verpflichtet, den LeihAN vor jeder Überlassung über den Einsatz als LeihAN zu informieren und ihm die Firma und Anschrift des Entleihers, dem er überlassen wird, in Textform mitzuteilen (§ 11 Abs. 2 S. 4 AÜG). Daneben bestehen nach § 11 Abs. 2, 3 AÜG weitere Mitteilungspflichten des Verleihers. Ein Tätigwerden während eines → *Arbeitskampfes* beim Entleiher ist nur unter den Voraussetzungen des § 11 Abs. 5 AÜG zulässig.

(**b**) **Unwirksamkeit des Arbeitsvertrags und Festhaltenserklärung:** Nach § 9 Abs. 1 AÜG sind Arbeitsverträge zwischen LeihAN und Verleihern unwirksam, wenn der Verleiher nicht über die nach § 1 Abs. 1 S. 1 AÜG erforderliche Erlaubnis verfügt (Nr. 1) oder die zulässige Höchstüberlassungsdauer (§ 1 Abs. 1b AÜG) überschritten ist. Ist der Vertrag zwischen dem Verleiher und dem LeihAN unwirksam, gilt zunächst ein Arbeitsverhältnis zwischen dem jeweiligen Entleiher und LeihAN zu dem zwischen dem Entleiher und dem Verleiher für den Beginn der Tätigkeit vorgesehenen Zeitpunkt als zustande gekommen (§ 10 Abs. 1 S. 1, § 9 Abs. 1 AÜG). Der LeihAN kann den Übergang seines Arbeitsverhältnisses auf den Entleiher mit einer Erklärung verhindern, nach der er an seinem Arbeitsverhältnis mit dem Verleiher festhält (sog. **Festhaltenserklärung**). Für diese gelten die in § 9 Abs. 2 und 3 AÜG bestimmten formellen Anforderungen. Zahlt der Verleiher trotz bestehender Unwirksamkeit des Vertrags die Vergütung, muss er auch die hierauf entfallenden Beiträge zur Sozialversicherung zahlen (§ 10 Abs. 3 AÜG).

(c) **Verdeckte Arbeitnehmerüberlassung:** Bei dieser wird der AN einem anderen AG im Rahmen von vermeintlichen Werkverträgen überlassen. Der VertragsAG, der AN an einen Dritten überlassen hat, konnte für den Fall, dass diese Konstellation als ANüberlassung qualifiziert wird, eine Verleiherlaubnis vorhalten und so die im AÜG vorgesehenen Rechtsfolgen einer illegalen ANüberlassung vermeiden. Diese Praxis will die Regelung in § 1 Abs. 1 S. 5 und 6 AÜG verhindern. Im Vertrag zwischen Verleiher und Entleiher muss die Überlassung von LeihAN ausdrücklich als ANüberlassung bezeichnet werden, bevor der LeihAN überlassen oder tätig wird. Daneben müssen sie ihn unter Bezugnahme auf diesen Vertrag konkretisieren, dh namentlich benennen. Verstöße gegen diese Vorgaben führen nach § 9 Abs. 1 Nr. 1a AÜG zum gesetzlichen Übergang des Arbeitsverhältnisses des LeihAN auf den Verleiher. Allerdings kann der LeihAN den AGwechsel durch eine Festhaltenserklärung (vorstehend unter [b]) abwenden.

(d) Unwirksame Vertragsbedingungen: Zum Schutz des LeihAN sind eine Reihe von Vertragsbedingungen zwischen LeihAN und Verleiher rechtsunwirksam. **(aa)** Es können keine → *Aushilfsarbeitsverhältnisse* mit verkürzten → *Kündigungsfristen* (§ 622 Abs. 5 BGB) vereinbart werden (§ 11 Abs. 4 AÜG). **(bb)** Das Recht des LeihAN auf Vergütung bei → *Annahmeverzug des Arbeitgebers* (§ 615 BGB) kann nicht ausgeschlossen werden. Der Verleiher soll auch dann zur Zahlung der Arbeitsvergütung verpflichtet sein, wenn er den LeihAN vorübergehend nicht beschäftigen kann. **(cc)** Verbote, nach Beendigung des Leiharbeitsverhältnisses ein Arbeitsverhältnis mit dem Entleiher zu begründen, sind unwirksam (§ 9 Nr. 4 AÜG).

(e) Gleichstellungsgrundsatz (Equal-Pay): Nach § 8 Abs. 1 S. 1 AÜG müssen dem LeihAN für die Zeit der Überlassung an den Entleiher die in dessen Betrieb für einen vergleichbaren AN des Entleihers geltenden Arbeitsbedingungen einschließlich des Arbeitsentgelts gewährt werden (sog. Gleichstellungsgrundsatz). Das Arbeitsentgelt umfasst das, was der LeihAN erhalten hätte, wenn er für die gleiche Tätigkeit beim Entleiher eingestellt worden wäre. Zum Arbeitsentgelt zählt jede Vergütung, die aus Anlass des Arbeitsverhältnisses gewährt wird (zB → *Urlaubsentgelt*, → *Entgeltfortzahlung im Krankheitsfall*, → *Sonderzuwendungen*, → *Zuschläge* (→ *Mehrarbeitsvergütung*) sowie → *vermögenswirksame Leistungen*). Bei Sachbezügen hat ein Wertausgleich in Euro erfolgen. Entgegenstehende Abreden sind nach § 9 Abs. 1 Nr. 2 AÜG unwirksam. Der LeihAN muss die für die StammAN des Entleihers geltenden Verfallfristen nicht einhalten, wenn er Ansprüche auf gleichen Lohn für gleiche Arbeit („Equal Pay") geltend machen will (BAG 23.3.2011 – 5 AZR 7/10). Der LeihAN kann sich zur Begründung seiner Forderung auf eine Auskunft des Verleihers nach § 13 AÜG stützen. Ohne eine solche Auskunft muss er zur Darlegung des Anspruchs auf gleiches Arbeitsentgelt alle für dessen Berechnung erforderlichen Tatsachen vortragen (BAG 16.12.2020– 5 AZR 22/19; 16.12.2020 – 5 AZR 131/19).

Ein **Tarifvertrag** kann für die ersten neun Monate einer Überlassung an einen Entleiher vom Gleichstellungsgrundsatz **abweichen** (§ 8 Abs. 4 AÜG); in welchem Umfang der TV nach „unten" abweichen darf, ist noch ungeklärt (BAG 16.12.2020 – 5 AZR 143/19 [A]). Eine längere Abweichung durch TV ist nur zulässig, wenn **(aa)** nach spätestens 15 Monaten einer Überlassung an einen Entleiher mindestens ein Arbeitsentgelt erreicht wird, das in dem TV als gleichwertig mit dem tarifvertraglichen Arbeitsentgelt vergleichbarer AN in der Einsatzbranche festgelegt ist, und **(bb)** nach einer Einarbeitungszeit von längstens sechs Wochen eine stufenweise Heranführung an dieses Arbeitsentgelt erfolgt. Im Geltungsbereich eines solchen TV können auch nicht tarifgebundene AG und AN (→ *Tarifbindung*) die Anwendung der tariflichen Regelungen vereinbaren (BAG 16.10.2019 – 4 AZR 66/18).

(f) Verbot des Drehtüreffekts: Die Möglichkeit, durch TV vom Gleichstellungsgrundsatz abzuweichen, besteht nach § 8 Abs. 3, § 9 Nr. 2 AÜG nicht für LeihAN, die in den letzten sechs Monaten vor der Überlassung an den Entleiher aus einem Arbeitsverhältnis bei diesem oder einem AG, der mit dem Entleiher einen → *Konzern* (§ 18 AktG) bildet, ausgeschieden sind. Damit will der Gesetzgeber verhindern, dass AN entlassen und anschließend unmittelbar oder nach kurzer Zeit auf Basis eines beim (konzerninternen) Zeitarbeitsunternehmen geltenden TV als LeihAN zu schlechteren Arbeitsbedingungen als die AN des Entleihers in ihrem ehemaligen Unternehmen oder einem anderen Unternehmen desselben Konzerns eingesetzt werden (sog. Drehtüreffekt).

(g) Lohnuntergrenze: Nach § 3a Abs. 1 AÜG können tarifzuständige Gewerkschaften und Vereinigungen von AG, die bundesweit tarifliche Mindeststundenentgelte im Bereich der ANüberlassung miteinander vereinbart haben, dem BMAS vorschlagen, diese Entgelte als Lohnuntergrenze in einer RechtsVO nach § 3a Abs. 2 AÜG festzusetzen. Der Verleiher ist verpflichtet, dem LeihAN mindestens das in einer solchen RechtsVO für die Zeit der Überlassung und für

Zeiten ohne Überlassung festgesetzte Mindeststundenentgelt zu zahlen (§ 8 Abs. 5 AÜG).

3. Entleiher und Leiharbeitnehmer

Zwischen Entleiher und LeihAN kommt grds. ein Arbeitsvertrag nicht zustande (Ausnahme bei Fehlen der ANüberlassungserlaubnis). Nach § 28e SGB IV haftet der Entleiher auf die **Abführung der Sozialversicherungsbeiträge** durch den Verleiher als selbstschuldnerischer Bürge. Der LeihAN unterliegt dem → *Direktionsrecht* des Entleihers. Er muss innerhalb der Betriebsorganisation für den Dritten und nicht weiterhin allein für seinen AG tätig sein. LeihAN sind bei der Wahl des → *Betriebsrats* im Entleiherbetrieb wahlberechtigt (§ 7 S. 2 BetrVG), jedoch nicht wählbar (§ 8 BetrVG). Bei der Bestimmung der wahlberechtigten AN zählen sie mit und werden vom BR des Entleihers teilweise mitvertreten (§ 14 Abs. 2 S. 4 AÜG). Will der Entleiher den LeihAN in seinen Betrieb eingliedern, hat der BR ein Mitbestimmungsrecht nach § 99 BetrVG (→ *Betriebsrat (Beteiligungsrechte)*; § 14 Abs. 2 AÜG). Dabei kann der BR des Entleihers Einsicht in den Vertrag verlangen, aufgrund dessen die LeihAN beschäftigt werden (§ 80 Abs. 2 S. 3 BetrVG).

Der Entleiher hat den LeihAN über **Arbeitsplätze** des Entleihers, die besetzt werden sollen, zu informieren (§ 13a Abs. 1 S. 1 AÜG). Nach Abs. 2 hat er einem LeihAN, der ihm seit mindestens sechs Monaten überlassen ist und der ihm in Textform den Wunsch nach dem Abschluss eines Arbeitsvertrages angezeigt hat, innerhalb eines Monats nach Zugang der Anzeige eine begründete Antwort in Textform mitzuteilen. Der Entleiher hat dem LeihAN Zugang zu den **Gemeinschaftseinrichtungen** oder -diensten im Unternehmen (zB Betreuungseinrichtungen, Gemeinschaftsverpflegung und Beförderungsmittel) unter den gleichen Bedingungen zu gewähren wie vergleichbaren AN in dem Betrieb, in dem der LeihAN seine Arbeitsleistung erbringt, es sei denn, eine unterschiedliche Behandlung ist aus sachlichen Gründen gerechtfertigt (§ 13b AÜG).

▶ Arbeitsbehörde

Die zuständige Arbeitsbehörde des Bundes ist das Bundesministerium für Arbeit und Soziales (BMAS), das die in seinen Zuständigkeitsbereich fallenden Gesetze (Art. 74 Abs. 1 Nr. 12 GG) und RechtsVO vorzubereiten hat. Zu seinem Geschäftsbereich gehören das Bundesarbeitsgericht (BAG) und das Bundessozialgericht (BSG). Unter der Aufsicht des BMAS steht die → *Bundesagentur für Arbeit* (BA) in Nürnberg, die Bundesanstalt für Arbeitsschutz und Arbeitsmedizin in Dortmund (BAuA) und das Bundesinstitut für Berufsbildung in Berlin (BIBB).

▶ Arbeitsbescheinigung

Der AN benötigt zur Geltendmachung von → *Arbeitslosengeld I* eine Arbeitsbescheinigung (§ 312 SGB III). Der AG ist sowohl gegenüber der → *Agentur für Arbeit* als auch gegenüber dem AN auf Antrag verpflichtet, die Arbeitsbescheinigung nach Formblatt auszustellen, möglich ist auch eine Übermittlung in elektronischer Form, ab dem 1.1.2023 ist diese Übermittlungsform obligatorisch (§ 313a SGB III). Sie enthält Angaben über die Art der Tätigkeit, Beginn, Ende und Lösungsgrund des Arbeitsverhältnisses sowie die gezahlte → *Arbeitsvergütung* und die sonstigen Bezüge. Enthält die Arbeitsbescheinigung wahrheitswidrige Angaben, kann der AG mit Bußgeldern belegt (§ 404 SGB III) und gegenüber der Agentur für Arbeit (§ 321 SGB III) bzw. dem AN schadensersatzpflichtig werden. Nach § 2 Abs. 1 Nr. 3e ArbGG sind für bürgerliche Rechtsstreitigkeiten zwischen AN und AG über → *Arbeitspapiere* die Arbeitsgerichte zuständig. Für Klagen auf Erteilung einer Arbeitsbescheinigung ist der Rechtsweg zu den Arbeitsgerichten gegeben. Dagegen sind Klagen auf Berichtigung der Arbeitsbescheinigung vor den Sozialgerichten zu erheben.

▶ Arbeitsergebnis

Stellt der AN infolge Verarbeitung oder Umbildung von Halb- und Fertigprodukten eine neue bewegliche Sache her (§ 950 BGB), gilt der AG als Hersteller. Nicht der AN, sondern der AG wird damit Eigentümer der neu hergestellten Sache (→ *Arbeitnehmererfindung*).

▶ Arbeitserlaubnis

→ *Arbeitsgenehmigung (Aufenthaltstitel)*

▶ Arbeitsgenehmigung (Aufenthaltstitel)

I. Öffentlich-rechtliche Voraussetzungen

Die Beschäftigung von ausländischen Staatsangehörigen kann Beschränkungen unterliegen. Über einen unbeschränkten Arbeitsmarktzugang verfügen **Unionsbürger.** Diesen gleichgestellt sind Staatsgehörige aus Ländern des EWR (Island, Norwegen und Liechtenstein) und ihre Familienangehörigen. Schweizer Staatsbürger sind nach dem „Freizügigkeitsabkommen EU – Schweiz" wiederum EWR-Staatsangehörigen gleichgestellt. Die Beschäftigungsaufnahme von Staatsangehörigen aus anderen Staaten bedarf einer entsprechenden Gestattung in ihrem Aufenthaltstitel. Türkischen AN ist in zwischenstaatlichen Vereinbarungen die stufenweise Herstellung der Freizügigkeit garantiert. Ihre Beschäftigung richtet sich nach dem Beschluss Nr. 1/80 des Assoziationsrats EWG/Türkei über die Entwicklung der Assoziation vom 19.9.1980 (ANBA 1981, 4). Eine Übergangsregelung besteht für britische Staatsangehörige. Für Angehörige aus **Drittstaaten** gelten ab dem 1.3.2020 besondere Bestimmungen: Besitzen sie einen Aufenthaltstitel, dürfen sie eine Erwerbstätigkeit ausüben, es sei denn, **ein Gesetz bestimmt ein Verbot** (§ 4a Abs. 1 AufenthG). Ist die Ausübung einer Beschäftigung gesetzlich verboten oder beschränkt, bedarf ihre Ausübung der Erlaubnis, ggf. durch die BA (§ 4a Abs. 2 AufenthG). Der Aufenthaltstitel muss erkennen lassen, ob die Ausübung einer Erwerbstätigkeit erlaubt ist und ob sie Beschränkungen unterliegt (§ 4a Abs. 3 AufenthG). Ein ausländischer AN, der keinen Aufenthaltstitel besitzt, darf eine Saisonbeschäftigung nur ausüben, wenn er eine Arbeitserlaubnis zum Zweck der **Saisonbeschäftigung** besitzt, sowie eine andere Erwerbstätigkeit nur ausüben, wenn er aufgrund einer zwischenstaatlichen Vereinbarung, eines Gesetzes oder einer RechtsVO ohne Aufenthaltstitel hierzu berechtigt ist oder deren Ausübung ihm durch die zuständige Behörde erlaubt wurde (§ 4a AufenthG). Ein ausländischer AN darf **nur beschäftigt oder mit anderen entgeltlichen Dienst- oder Werkleistungen beauftragt werden,** wenn er einen Aufenthaltstitel besitzt und kein diesbezügliches Verbot oder keine diesbezügliche Beschränkung besteht (§ 4a Abs. 5 AufenthG). **Erleichterungen** bei der Beschäftigungsaufnahme von Angehörigen aus Drittstaaten bestehen für die in §§ 18a–20b AufenthG genannten Beschäftigtengruppen.

II. Arbeitsrechtliche Regelungen

Schließt der AN ohne entsprechenden Aufenthaltstitel einen → *Arbeitsvertrag*, ist dieser nicht nichtig, da nur die Ausübung der Tätigkeit selbst erlaubnispflichtig ist. Der AN darf aber nicht beschäftigt werden. Läuft der Aufenthaltstitel während der Beschäftigung ab, darf der ausländische AN nicht mehr beschäftigt werden; ein Vergütungsanspruch besteht in beiden Fällen nicht. Das Arbeitsverhältnis endet nicht automatisch, sondern muss gekündigt oder durch Aufhebungsvertrag beendet werden. Ein ausländischer AN ist regelmäßig verpflichtet, sich selbst um die Erteilung und rechtzeitige Verlängerung des erforderlichen Aufenthaltstitels zu bemühen. Eine generelle Hinweispflicht des AG besteht insoweit nicht. Ob beim Ablauf des Aufenthaltstitels eine ordentliche oder außerordentliche → *Kündigung* gerechtfertigt ist, richtet sich nach den Umständen des Einzelfalls. Maßgeblich ist die Prognose, ob in absehbarer Zeit mit der (Wieder-)Erteilung des notwendigen Aufenthaltstitels gerechnet werden kann und ob die Besetzung des Arbeitsplatzes erforderlich ist. Eine ordentliche personenbedingte Kündigung wird nur dann als gerechtfertigt anzusehen sein, wenn eine Beschäftigungsmöglichkeit in absehbarer Zeit nicht besteht. Für die Kündigung gilt der allgemeine und besondere → *Kündigungsschutz.* Bei Beschäftigung ohne Aufenthaltstitel kann der AG bußgeldpflichtig werden (§§ 404, 405 SGB III); daneben ist die Beschäftigung von ausländischen AN unter den Voraussetzungen des § 11 Abs. 1 SchwarzArbG eine Straftat.

▶ Arbeitsgerichte

I. Aufbau und Organisation

Die Zuständigkeit für die Errichtung von Arbeitsgerichten (ArbG) liegt bei den **Bundesländern.** Das ArbG besteht aus der erforderlichen Zahl von Vorsitzenden und → *ehrenamtlichen Richtern.* Die ehrenamtlichen Richter werden je zur Hälfte aus den Kreisen der AN und der AG entnommen. Jede Kammer des ArbG wird in der Besetzung mit einem Vorsitzenden und je einem ehrenamtlichen Richter aus Kreisen der AN und der AG tätig (§ 16 ArbGG). Die (berufsrichterlichen) Vorsitzenden werden auf Vorschlag der zuständigen obersten Landesbehörde nach Beratung mit einem Ausschuss entsprechend den landesrechtlichen Vorschriften bestellt (§ 18 ArbGG). Die ehrenamtlichen Richter werden von der zuständigen obersten Landesbehörde oder von der von der Landesregierung durch RechtsVO beauftragten Stelle auf die Dauer von fünf Jahren berufen (§ 20 Abs. 1 S. 1 ArbGG). Die Voraussetzungen für die Berufung als ehrenamtlicher Richter ergeben sich aus §§ 21–23 ArbGG. Die Geschäfte der Verwaltung und Dienstaufsicht der ArbG führt die zuständige oberste Landesbehörde.

Im ersten Rechtszug sind die ArbG ohne Rücksicht auf den Streitwert des Verfahrens oder seinen Gegenstand als **Eingangsinstanz** zuständig, soweit durch Gesetz nichts anderes bestimmt ist (§ 8 ArbGG). Die ArbG entscheiden nach §§ 2, 2a ArbGG im Urteils- und → *Beschlussverfahren.*

II. Zuständigkeit im Urteilsverfahren

1. Rechtsweg, sog. sachliche Zuständigkeit

(a) Ausschließliche Zuständigkeit der Arbeitsgerichte: Es sind zu unterscheiden die ausschließliche und die fakultative Zuständigkeit der ArbG.

Im Urteilsverfahren (§ 2 Abs. 5 ArbGG) sind die ArbG ohne Rücksicht auf die Höhe des Streitwerts ausschließlich zuständig für die **in § 2 Abs. 1 Nr. 1–10, Abs. 2 ArbGG aufgezählten Rechtsstreitigkeiten.** Dies sind vor allem Verfahren zwischen AN und AG aus Arbeitsvertrag, deren Bestehen oder ihrer Eingehung und unerlaubten Handlungen, die mit dem Arbeitsverhältnis in Zusammenhang stehen (§ 2 Abs. 1 Nr. 3 ArbGG). Daneben sind die ArbG zuständig für Streitigkeiten zwischen Tarifvertragsparteien oder zwischen diesen und Dritten aus Tarifverträgen oder über den Bestand von → *Tarifverträgen* (Nr. 1) und zwischen tariffähigen Parteien oder zwischen diesen und Dritten aus unerlaubten Handlungen, soweit es sich um

Maßnahmen zum Zwecke des → *Arbeitskampfs* oder um Fragen der Vereinigungsfreiheit einschl. des hiermit in Zusammenhang stehenden Betätigungsrechts der Vereinigungen handelt (Nr. 2).

Daneben ist der Rechtsweg zu den ArbG nach § 2 Abs. 1 ArbGG gegeben bei folgenden **bürgerlichen Rechtsstreitigkeiten:** (**1**) zwischen AN oder ihren Hinterbliebenen und AG über Ansprüche, die mit dem Arbeitsverhältnis in rechtlichem oder unmittelbar wirtschaftlichem Zusammenhang stehen, sowie (**2**) gemeinsamen Einrichtungen der TVparteien oder Sozialeinrichtungen des privaten Rechts über Ansprüche aus dem Arbeitsverhältnis oder Ansprüche, die damit in unmittelbarem rechtlichem oder wirtschaftlichem Zusammenhang stehen (Nr. 4); Ansprüche von AN oder ihren Hinterbliebenen auf Leistungen der Insolvenzsicherung (→ *betriebliche Altersversorgung*); zwischen AG und gemeinsamen Einrichtungen der Tarifvertragsparteien (Nr. 6); zwischen AN aus gemeinsamer Arbeit und im Zusammenhang mit dem Arbeitsverhältnis stehenden unerlaubten Handlungen. Ferner besteht eine Zuständigkeit der ArbG für → *Entwicklungshelfer* und Helfer nach dem G. zur Förderung des freiwilligen sozialen Jahres sowie des ökologischen Jahres (Nr. 8, 9), sowie Rechtsstreitigkeiten im Arbeitsbereich von Werkstätten für Behinderte (Nr. 10). Die ArbG sind zuständig, wenn der Rechtsstreit ausschließl. die Vergütung von → *Arbeitnehmererfindungen* und Urheberrechtsstreitigkeiten betrifft (§ 2 Abs. 2 ArbGG). Dagegen sind sie **nicht zuständig,** wenn es um die Vermarktung und Anmeldung zum Patent geht. Macht ein früherer AN geltend, Erfinder einer technischen Neuerung zu sein, und verlangt er von dem früheren AG die Vermarktung sowie die Anmeldung zum Patent zu unterlassen, so ist für diesen Rechtsstreit ausschl. das für Patentstreitsachen zuständige Landgericht zuständig.

(b) Wahlzuständigkeit, Zusammenhangsklage: Bei den ArbG können auch nicht unter § 2 Abs. 1 und 2 ArbGG fallende Klagen gegen AN oder AG oder Tarifvertragsparteien oder tariffähige Parteien sowie von solchen gegen Dritte erhoben werden, wenn der Anspruch mit einem bei einem ArbG anhängigen oder gleichzeitig anhängig werdenden bürgerl. Rechtsstreit der in § 2 Abs. 1 und 2 ArbGG bezeichneten Art in rechtlichen oder unmittelbaren wirtschaftlichen Zusammenhang steht und für seine Geltendmachung nicht eine ausschließliche Zuständigkeit eines anderen Gerichtes gegeben ist (§ 2 Abs. 3 ArbGG). Die Partei der Zusammenhangsklage braucht nicht identisch zu sein mit den Parteien der Hauptklage. ArbG können nicht unter dem Gesichtspunkt des Sachzusammenhangs für Streitigkeiten über → *Arbeitnehmererfindungen* zuständig werden, für Streitigkeiten von Organvertretern aus dem Anstellungsverhältnis nur bei Bestehen einer Gerichtsstandsvereinbarung (§ 2 Abs. 4 ArbGG).

(c) Verfahren bei fehlender Rechtswegzuständigkeit der Arbeitsgerichte: Werden die ArbG **fälschlicherweise angerufen,** wird der Rechtsstreit nach vorheriger Anhörung der Parteien an das Gericht des zutreffenden Rechtswegs (Amts- bzw. Landgericht, Verwaltungsgericht) verwiesen (§ 17 a GVG). Die Klage darf wegen der falschen Wahl des Rechtswegs nicht als unzulässig abgewiesen werden. Das ArbG ist bei Zweifeln an seiner Zuständigkeit oder bei Rüge der beklagten Partei verpflichtet, über die Zulässigkeit des Rechtswegs zu den Gerichten für Arbeitssachen durch Beschluss zu entscheiden. Hält es trotz der Rüge die Zulässigkeit des Rechtswegs zu den ArbG für gegeben, hat es dies gleichfalls auszusprechen. Wird in einen anderen Gerichtszweig verwiesen, so ist die Entscheidung für das andere Gericht **grundsätzlich bindend.** Hat ein ArbG stillschweigend seine (sachliche) Zuständigkeit durch Erlass eines Urteils bejaht, sind das LAG und das BAG an der Prüfung des Rechtswegs gehindert. Da das Verfahren nach § 17 a GVG auch in den anderen Rechtswegen (Gerichtsbarkeiten) gilt, kann die Rüge des falschen Rechtswegs nur in der 1. Instanz erhoben werden.

2. Persönliche Zuständigkeit

Die ArbG sind für arbeitsrechtlichen Streitigkeiten der → *Arbeitnehmer,* der → *arbeitnehmerähnlichen Personen* sowie der zu ihrer Berufsausbildung Beschäftigten zuständig, sofern sich die Beschäftigung aufgrund eines privatrechtlichen Vertrags vollzieht. Die ArbG sind immer zuständig, wenn der AN behauptet, in einem Arbeitsverhältnis zu stehen, und die Klage nur erfolgreich sein kann, wenn der Kläger AN ist (sog. sic-non-Fall, BAG 24.4.1996 – 5 AZB 25/95).

Keine AN iSd ArbGG sind die Mitglieder der Organe von juristischen Personen (§ 5 Abs. 1 S. 3 ArbGG, zB Geschäftsführer, Vorstand), selbst wenn sie aufgrund eines Arbeitsvertrags beschäftigt werden oder dies behaupten (BAG 21.1.2019 – 9 AZB 23/18). Die ArbG sind für Organvertreter nur zuständig, wenn eine nach § 2 Abs. 4 ArbGG zulässige Gerichtsstandsvereinbarung getroffen worden ist. Unabhängig von der Rechtswahl sind die ArbG für Rechtsstreitigkeiten von Organmitgliedern zuständig, wenn neben dem Dienstvertrag noch ein Arbeitsvertrag besteht. Keine AN iSd ArbGG sind gesetzliche Vertreter ausländischer Kreditinstitute, besondere Vertreter eines Vereins nach § 30 BGB, der Geschäftsführer einer Kreishandwerkerschaft und wohl auch der Geschäftsführer einer englischen Limited.

3. Örtliche Zuständigkeit

Sie richtet sich nach den Vorschriften der ZPO. Es werden der allgemeine Gerichtsstand des Wohn- oder Unternehmenssitzes (§§ 12, 17 ZPO) und die besonderen Gerichtsstände unterschieden. Insoweit kommt vor allem der Gerichtsstand des gewöhnlichen Arbeitsorts (§ 48 Abs. 1 a ArbGG) in Betracht.

III. Zuständigkeit im Beschlussverfahren

Im → *Beschlussverfahren* sind die ArbG ausschließlich zuständig für Streitigkeiten auf dem Gebiet des Betriebsverfassungs- und Mitbestimmungsrechts (§ 2a Abs. 1 ArbGG).

▶ Arbeitsgerichtsbarkeit

Sie ist eine der fünf in der BRD vorgesehenen gleichrangigen Gerichtszweige (Art. 96 GG), die **dreistufig** in → *Arbeitsgerichte,* → *Landesarbeitsgerichte* (beides Gerichte der Bundesländer) sowie das → *Bundesarbeitsgericht* gegliedert sind.

ArbG und **LAG** entscheiden in der mündlichen Verhandlung in der Besetzung mit einem Berufsrichter als Vorsitzenden (§ 18 ArbGG, § 5 DRiG) und zwei → *ehrenamtlichen Richtern,* je einem aus AN- und AG-Kreisen (§§ 16, 35 ArbGG); die Senate des **BAG** in der Besetzung von drei Berufsrichtern und je einem AN- und AG-Beisitzer

(§ 41 ArbGG). Bei dem LAG können Hilfskammern gebildet werden. Die ehrenamtlichen Richter werden nach den Vorgaben des Geschäftsverteilungsplans herangezogen. Außerhalb der mündlichen Verhandlung entscheiden ArbG, LAG und BAG allein durch ihre berufsrichterlichen Mitglieder (§§ 53, 64, 72 ArbGG). Zur Wahrung der Rechtseinheit ist beim BAG ein **Großer Senat** gebildet (§ 45 ArbGG), der bei Divergenz zwischen zwei Senaten oder über eine Streitfrage von grundsätzlicher, dh senatsübergreifender Bedeutung entscheidet.

Vor dem ArbG kann sich eine Partei selbst vertreten, es besteht kein Anwaltszwang. Vor den LAG und dem BAG müssen sich die Parteien durch Rechtsanwälte als Prozessbevollmächtigte vertreten lassen. An ihre Stelle können auch Vertreter von → *Gewerkschaften* oder AG-Verbänden oder von Zusammenschlüssen solcher Verbände treten, wenn sie kraft Satzung oder Vollmacht zur Vertretung befugt sind und der Zusammenschluss, die Verbände oder deren Mitglieder Partei sind (§ 11 Abs. 4 ArbGG). Allerdings müssen die Verbände eine gewisse Mitgliederzahl aufweisen, damit eine sachgerechte Prozessführung gewährleistet ist. Vertretungsberechtigt vor den ArbG und LAG sind auch die Angehörigen der DGB-Rechtsschutz GmbH (§ 11 Abs. 2 S. 2 Nr. 5 ArbGG).

► Arbeitsgesetzbuch

Ein einheitliches Arbeitsgesetzbuch (AGB) existiert bisher nicht. Einen Verfassungsauftrag zur Schaffung eines solchen Regelwerks hat es bereits in der Weimarer Reichsverfassung gegeben. In den alten Bundesländern ist 1977 ein Entwurf der Arbeitsgesetzbuchkommission und ein Gegenentwurf der Gewerkschaften nicht umgesetzt worden. In der ehemaligen DDR hat es zunächst ein Gesetzbuch der Arbeit und später ein AGB gegeben, das nach Abschluss des Staatsvertrags wesentlich geändert und nach der Wiedervereinigung bis auf wenige Vorschriften außer Kraft getreten ist. Nach Art. 30 EV ist es Aufgabe des gesamtdeutschen Gesetzgebers, das Arbeitsvertragsrecht und das öffentliche Arbeitszeitrecht sowie den Arbeitsschutz zu kodifizieren. Der Freistaat Sachsen hat einen Entwurf für ein AGB in das Gesetzgebungsverfahren eingebracht, der aber nicht weiterverfolgt worden ist. Zuletzt ist im Jahr 2010 von den Universitätsprofessoren *Preis* und *Henssler* ein Entwurf für ein Arbeitsvertragsgesetz vorgelegt worden.

▶ Arbeitskampf

I. Begriff

Der Arbeitskampf ist eine kollektive Maßnahme von AG oder AN zur Durchsetzung ihrer Forderungen. Der Arbeitskampf ist Gegenstand von völkerrechtlichen Verträgen (Europäische Sozialcharta, Konvention zum Schutz der Menschenrechte und Grundfreiheiten, Übereinkommen Nr. 87 der IAO) und wird vom Grundgesetz in Art. 9 Abs. 3 GG als zulässig vorausgesetzt. Ferner wird der Arbeitskampf in § 2 Abs. 1 Nr. 2 ArbGG, § 25 KSchG, § 74 Abs. 2 BetrVG, § 2 Abs. 2 BPersVG, § 160 SGB III, § 11 Abs. 5 AÜG, § 174 Abs. 6 SGB IX erwähnt. Nach § 2 Abs. 1 Nr. 2 ArbGG sind die Arbeitsgerichte zuständig für unerlaubte Handlungen, soweit es sich um Maßnahmen des Arbeitskampfs oder Zusammenhangsfragen handelt. Kampfmaßnahmen iwS zwischen dem AG und Betriebs- oder Personalrat sind nach § 74 BetrVG, § 2 Abs. 2 BPersVG untersagt. Während des Arbeitskampfs ruht der Anspruch auf → *Arbeitslosengeld*, wenn die betroffenen AN von dem umkämpften Tarifabschluss begünstigt würden (vgl. § 160 SGB III). Das KSchG gilt nicht für → *Kündigungen* aus Anlass von Arbeitskämpfen (§ 25 KSchG). → *Schwerbehinderte Menschen* haben nach Abschluss des Arbeitskampfs einen Wiedereinstellungsanspruch (§ 174 Abs. 6 SGB IX).

Aus den vorgenannten Vorschriften ergeben sich keine rechtlichen Vorgaben für die Zulässigkeit von Arbeitskämpfen. Arbeitskampfmittel sind → *Aussperrung,* → *Boykott* und → *Streik.* Arbeitskämpfe können im Wege des einstweiligen Rechtsschutzes durch die Arbeitsgerichte untersagt werden, wenn deren Rechtswidrigkeit glaubhaft gemacht wird. Vielfach werden vorbeugende Schutzschriften bei Gericht eingereicht; hierdurch soll die Durchführung einer mündlichen Verhandlung erreicht werden.

II. Ablauf

1. Arbeitskampfformen

Arbeitskämpfe bedürfen sowohl bei **Streiks** als auch bei **Aussperrungen** eines Verbandsbeschlusses. Über den Inhalt des Streik- oder Aussperrungsbeschlusses muss die Gegenseite unterrichtet werden. Sie muss erkennen können, ob sie es mit einer zulässigen oder unzulässigen Arbeitskampfmaßnahme zu tun hat. Arbeitskämpfe sind rechtmäßig, wenn sie sozialadäquat sind. Grenzen für Arbeitskämpfe ergeben sich aus der Verfassung (unzulässig sind zB politische Arbeitskämpfe zur Beeinflussung des Parlaments oder der Gerichte), den Gesetzen (zB für den Streik von Beamten), dem Tarifvertragssystem (zB bei einem Verstoß gegen die tarifliche Friedenspflicht), dem BetrVG bzw. PersVG sowie den Strafgesetzen (§§ 123, 185, 223 ff. StGB). Für Arbeitskämpfe gelten folgende von der Rspr. entwickelte Rechtmäßigkeitsvoraussetzungen: (**a**) Sie müssen von Tarifparteien getragen werden (ein ohne Gewerkschaftsbeteiligung geführter „wilder Streik" ist daher unzulässig), (**b**) um ein durch TV regelbares Ziel geführt werden, (**c**) es müssen alle Möglichkeiten einer friedlichen Einigung ausgeschöpft sein, (**d**) die Kampfführung muss fair sein (Verbot wahrheitswidriger Kampfpropaganda) und (**e**) nicht in einem unerträglichen Missverhältnis zu dem kampfweise erstrebten Zweck stehen (Mittel-Zweck-Relation). Das BAG hat den Demonstrations-, den Sympathie- und Warnarbeitskampf in bestimmten Grenzen als zulässig angesehen. Sonderregeln bestehen für Arbeitskämpfe im Luftverkehr und in den Medien, insbesondere im Pressebereich. Auch während des Arbeitskampfs müssen Not- und Erhaltungsarbeiten ausgeführt werden.

2. Arbeitsvergütung und Sozialversicherung

Während des Arbeitskampfs haben die unmittelbar betroffenen AN keinen Anspruch auf Arbeitsvergütung. Organisierte AN erhalten von ihrer Gewerkschaft Streikunterstützung. Sozialversicherungsrechtlich gelten folgende Grundsätze: Die Beitragspflicht des AG zur Sozialversicherung (Kranken-, Renten- und Arbeitslosenversicherung) ruht. Die unmittelbar von Arbeitskämpfen betroffenen AN und solche, für deren Arbeitsverhältnis das Arbeitskampfergebnis voraussichtlich von Bedeutung ist (zB bei einem Arbeitskampf in einem Pilotgebiet) erhalten weder → *Arbeitslosengeld* noch → *Kurzarbeitergeld* (§ 160 SGB III). In der Krankenversicherung bleibt auch ohne Entgeltzahlung die Mitgliedschaft erhalten (§ 192 SGB V), solange sich die AN in einem rechtmäßigen Arbeitskampf befinden. Während des Arbeitskampfs hat ein AN Anspruch auf Krankengeld. In der Rentenversicherung wird das Beschäftigungsverhältnis suspendiert, laufende oder beantragte Rentenleistungen werden hiervon nicht berührt. Unfallversicherungsschutz besteht nur für Unfälle, die der AN bei der versicherten Tätigkeit erleidet. Hierzu gehört nicht die Tätigkeit als Streikposten. Der Anspruch auf Sozialhilfe besteht grds. weiter.

3. Betriebsrat

Der BR bleibt während eines Arbeitskampfs im Amt und hat dieses (arbeitskampf-)neutral wahrzunehmen. Die Beteiligungsrechte ruhen jedoch insoweit, wie durch deren Ausübung die Kampfparität verletzt sein kann (§ 74 Abs. 2 S. 1 BetrVG). Diese Einschränkungen betreffen hauptsächlich die personellen Einzelmaßnahmen wie Einstellungen, Versetzungen und Entlassungen, bei denen der BR während eines Arbeitskampfs nicht mitzubestimmen hat. Will der AG rechtswidrigen Arbeitsniederlegungen durch Kampfkündigungen begegnen, entfällt das → *Anhörungsrecht des Betriebsrats vor dem Kündigungsausspruch* (§ 102 BetrVG), kündigt der AG aus anderen als arbeitskampfbedingten Gründen, bleibt es bestehen. Die Mitbestimmung des BR ist auch im Bereich der sozialen Angelegenheiten nach § 87 Abs. 1 Nr. 2, 3 BetrVG eingeschränkt. Will der AG während eines Streiks in seinem Betrieb für arbeitswillige AN aus streikbedingten Gründen vorübergehend die betriebsübliche Arbeitszeit verlängern, bedarf er dazu nicht der Zustimmung des BR. Die Unterrichtungsrechte des BR (§ 80 Abs. 1 BetrVG) bleiben auch während eines Arbeitskampfs bestehen, sofern durch die Unterrichtungsverpflichtung des AG die Kampfparität nicht beeinträchtigt wird.

▶ Arbeitskleidung

Zu unterscheiden sind (**1**) Schutzkleidung, die bei bestimmten Tätigkeiten an bestimmten Arbeitsplätzen anstelle oder über der sonstigen Kleidung zum Schutz gegen Witterung und andere gesundheitliche Gefahren oder außergewöhnliche Verschmutzung getragen werden muss; (**2**) Dienstkleidung, die zur besonderen Kenntlichmachung im dienstlichen Interesse an Stelle anderer Kleidung während der Arbeit getragen wird; (**3**) Berufskleidung, die sich für bestimmte Berufe als zweckmäßig erwiesen hat oder für sie üblich geworden ist (zB Zimmerleute, Kellner, Friseure) und (**4**) Arbeitskleidung im engeren Sinne, die von AN zur Schonung der Privatkleidung getragen wird. Persönliche Schutzkleidung, die aufgrund von Unfallverhütungsvorschriften für den AN bereitzustellen ist, hat der AG auf seine Kosten anzuschaffen und zu unterhalten. Dies gilt für die Erst- bzw. Ersatzbeschaffung und die Unterhaltung von Dienstkleidung. Für die Beschaffung von anderer als Schutz- oder Dienstkleidung muss der AG die Kosten nur übernehmen, wenn dies besonders vereinbart worden ist (zB in TV, BV). Der AG bleibt Eigentümer der Schutzkleidung und der AN hat sie bei Beendigung des Arbeitsverhältnisses oder, wenn er sie nicht mehr benötigt, zurückzugeben; der AN haftet für schuldhaft verursachte Beschädigungen. Soweit der AG verpflichtet ist, Schutzkleidung zu beschaffen, muss er sie auf seine Kosten auch reinigen lassen. Bei der Einführung von Arbeitskleidung hat der BR regelmäßig nach § 87 Abs. 1 Nr. 1 bzw. Nr. 7 BetrVG ein Mitbestimmungsrecht (→ *Betriebsrat (Beteiligungsrechte)*). Das An- und Ablegen von Schutzkleidung und auffälliger Dienstkleidung zählt arbeitszeit- und vergütungsrechtlich (BAG 31.3.2021 – 5 AZR 148/20) zur → *Arbeitszeit.*

▶ Arbeitslosengeld I

I. Anspruchsvoraussetzungen

Nach §§ 136 f. SGB III haben AN Anspruch auf Alg. bei Arbeitslosigkeit oder bei Weiterbildung. Anspruch auf Alg. bei Arbeitslosigkeit haben AN, die (**1**) arbeitslos sind, (**2**) sich bei der Agentur für Arbeit arbeitslos gemeldet und (**3**) die Anwartschaftszeit erfüllt haben (§ 137 SGB III).

1. Arbeitslosigkeit

(a) **Arbeitslos** ist ein AN, der (**aa**) nicht in einem Beschäftigungsverhältnis steht (Beschäftigungslosigkeit), (**bb**) sich bemüht seine Beschäftigungslosigkeit zu beenden (Eigenbemühungen) und (**cc**) den Vermittlungsbemühungen der → *Agentur für Arbeit* (AA) zur Verfügung steht (Verfügbarkeit).

(b) **Beschäftigungslosigkeit:** Sie liegt vor, wenn der Arbeitslose vorübergehend in keinem Beschäftigungsverhältnis (§ 7 Abs. 1 SGB IV) mehr steht oder dieses unterbrochen ist. Entscheidend für die Bewilligung von Alg. ist die tatsächliche Nichtbeschäftigung des AN und die fehlende Zahlung von Arbeitsentgelt. Nicht erheblich ist, ob das frühere Beschäftigungsverhältnis rechtlich noch fortbesteht. Beschäftigungslosigkeit besteht daher auch, wenn der AN einvernehmlich freigestellt wird oder einen Kündigungsschutzprozess führt. Beschäftigungslosigkeit liegt auch vor, wenn er nur eine weniger als 15 Stunden wöchentlich (gerechnet auf eine 7-Tage-Woche) umfassende Tätigkeit als AN, Selbstständiger oder mithelfender Familienangehöriger ausübt; mehrere Beschäftigungen werden zusammengerechnet (§ 138 Abs. 3 SGB III).

(c) **Eigenbemühungen:** Der AN ist verpflichtet, zur Beendigung der Arbeitslosigkeit sich selbst um eine Beschäftigung zu bemühen. Die Pflicht zur Beschäftigungssuche beginnt nach § 2 Abs. 5 Nr. 3 SGB III bereits während eines laufenden, aber in absehbarer Zeit endenden Beschäftigungsverhältnisses. Der Umfang der Eigenbemühungen wird durch § 138 Abs. 4 SGB III näher umschrieben. Danach ist der Arbeitslose verpflichtet, (**aa**) die Verpflichtungen aus der → *Eingliederungsvereinbarung* (§ 37 Abs. 2 SGB III) einzuhalten, (**bb**) bei der Vermittlung durch Dritte mitzuwirken und (**cc**) die Selbstinformationseinrichtungen der AA zu nutzen. Ist eine Eingliederungsvereinbarung nicht geschlossen worden, bestimmt der Vermittler den Umfang der Eigenbemühungen des Arbeitslosen.

(d) **Verfügbarkeit:** Nach § 138 Abs. 1 Nr. 3 SGB III gilt der Arbeitslose nur als beschäftigungsuchend, wenn er neben seinen Eigenbemühungen um die Beendigung der Beschäftigungslosigkeit den Vermittlungsbemühungen der AA zur Verfügung steht. Die Verfügbarkeit setzt die Arbeitsfähigkeit (objektive Verfügbarkeit, § 138 Abs. 5

Nr. 1, 2 SGB III) und Arbeitsbereitschaft iwS (subjektive Verfügbarkeit, § 138 Abs. 5 Nr. 3, 4 SGB III) des Arbeitslosen voraus. Der Arbeitslose steht den Vermittlungsbemühungen nur dann zur Verfügung, wenn er bereit ist, jegliche Arbeit anzunehmen, die er ausüben kann und darf (§ 138 Abs. 5 Nr. 3 SGB III). Einschränkungen der Arbeitsfähigkeit und -bereitschaft sind nur zulässig, soweit sich dies aus den §§ 139, 140 SGB III ergibt. Objektiv verfügbar ist der Arbeitslose, der eine versicherungspflichtige Beschäftigung unter den üblichen Bedingungen des für ihn in Betracht kommenden Arbeitsmarkts aufnehmen und ausüben kann und für die Arbeitsverwaltung erreichbar ist. Die Einzelheiten zu den Anforderungen für die Erreichbarkeit sind in der Erreichbarkeits-Anordnung der BA vom 23.10.1997 (EAO – ANBA 1997, 1685) geregelt. Danach muss der Arbeitslose in der Lage sein, unverzüglich (**aa**) Vorschläge der Arbeitsverwaltung persönlich zur Kenntnis zu nehmen, (**bb**) die AA aufzusuchen, (**cc**) mit einem möglichen AG oder Träger einer beruflichen Eingliederungsmaßnahme in Verbindung zu treten und bei Bedarf persönlich mit diesem zusammenzutreffen und (**dd**) eine vorgeschlagene Arbeit anzunehmen oder an einer beruflichen Eingliederungsmaßnahme teilzunehmen (§ 1 Abs. 1 S. 1 EAO). § 1 Abs. 1 S. 2 EAO verlangt weiterhin, dass die AA den Arbeitslosen persönlich an jedem Werktag an seinem Wohnsitz oder gewöhnlichen Aufenthalt unter der von ihm benannten Anschrift (Wohnung) durch Briefpost erreichen kann. Der Anspruch auf Alg. entfällt daher, wenn sich der Arbeitsuchende nicht in der bei der Arbeitsverwaltung angegebenen Wohnung aufhält und nicht täglich mindestens zur Zeit des Eingangs der Briefpost erreichbar ist. Ein **Umzug** ist der zuständigen AA zu melden, da der Arbeitslose ansonsten mit dem Zeitpunkt seines Umzugs nicht mehr für die AA erreichbar ist und ihm damit die Verfügbarkeit fehlt; ein Nachsendeantrag ist nicht ausreichend. Eine Abwesenheitszeit von bis zu 3 Wochen außerhalb des Nahbereichs der AA ist dem Arbeitslosen nach Rücksprache mit der Arbeitsverwaltung gestattet (§ 3 EAO). Die subjektive Verfügbarkeit setzt die Bereitschaft des Arbeitslosen voraus, alle zumutbaren Beschäftigungen (dazu sogleich) anzunehmen, die er ausüben kann und darf bzw. an (erforderlichen) Maßnahmen der beruflichen Eingliederung in das Erwerbsleben teilnehmen.

(e) **Zumutbare Beschäftigung:** Der Kreis der zumutbaren Beschäftigungen ist in § 140 SGB III geregelt. Grds. ist dem Arbeitslosen jede seiner Arbeitsfähigkeit entsprechende Beschäftigung zumutbar, soweit nicht allgemeine oder personenbezogene Gründe entgegenstehen (§ 140 Abs. 1 SGB III). Allgemeine Gründe liegen vor, wenn die Beschäftigung selbst und nicht die sich daraus ergebende Gegenleistung gegen gesetzliche, tarifliche oder in BV festgelegte Bestimmungen über Arbeitsbedingungen oder Arbeitsschutz verstößt (§ 140 Abs. 2 SGB III). Persönliche Gründe sind in § 140 Abs. 3, 4 SGB III geregelt. Darüberhinausgehende Beschränkungen bei der Zumutbarkeit aufgrund einer Berufsausbildung oder Vortätigkeit sind nicht möglich. In § 140 Abs. 3 SGB III ist der **Entgeltschutz** geregelt. Der Arbeitslose muss in den ersten drei Monaten seiner Arbeitslosigkeit nur eine Beschäftigung annehmen, bei der er zumindest 80% von dem Entgelt erzielt, dass er in der Beschäftigung erzielt hat, nach der sich sein Alg. berechnet. In dem dritten bis sechsten Monat reduziert sich der Satz auf 70%, ab dem siebten Monat kommt eine Unzumutbarkeit wegen des zu erzielenden Arbeitsentgelts nur dann in Betracht, wenn das Nettoeinkommen abzüglich der berufsbedingten Aufwendungen niedriger ist als das Alg. **Fahrzeiten** zur Arbeit können überhaupt nur zur Unzumutbarkeit führen, wenn sie bei einer Vollzeitbeschäftigung insgesamt zweieinhalb Stunden übersteigen. Längere Fahrzeiten sind dann zumutbar, wenn diese in der Region ortsüblich sind (§ 140 Abs. 4 S. 1–3 SGB III). Der Arbeitslose ist zur Aufnahme einer Beschäftigung außerhalb des zumutbaren Pendelbereichs verpflichtet, wenn nicht zu erwarten ist, dass er innerhalb der ersten drei Monate der Arbeitslosigkeit eine Beschäftigung innerhalb des für ihn zumutbaren Pendelbereichs aufnehmen wird. Nach Ablauf des dritten Monats ist ein **Umzug** unabhängig von den Erwartungen einer Beschäftigungsaufnahme im Pendelbereich zumutbar (§ 140 Abs. 4 S. 4, 5 SGB III). Die Kosten eines Umzugs können nach den § 45 Abs. 1 SGB III förderfähig sein. Ein Umzug und damit eine Beschäftigung außerhalb des zumutbaren Pendelbereichs kann nicht verlangt werden, wenn dem Umzug ein **wichtiger Grund** entgegensteht, der sich insbesondere aus familiären Bindungen ergeben kann (§ 140 Abs. 4 S. 6, 7 SGB III). Nach § 140 Abs. 5 SGB III ist eine Beschäftigung nicht nur deswegen unzumutbar, weil sie befristet ist oder vorübergehend eine getrennte Haushaltsführung erfordert. Lehnt der Arbeitslose eine zumutbare Beschäftigung ab, kann eine → *Sperrzeit* eintreten.

2. Arbeitslosmeldung

Der Arbeitslose hat sich persönlich bei der zuständigen Agentur für Arbeit arbeitslos zu melden (§ 141 Abs. 1 SGB III; ab dem 1.1.2022 besteht eine Möglichkeit zur elektronischen Arbeitslosmeldung). Nach § 141 Abs. 2 SGB III erlischt die Meldung bei einer mehr als sechswöchigen Unterbrechung der Arbeitslosigkeit oder mit der Aufnahme einer (auch unentgeltlichen) Beschäftigung, einer selbstständigen Tätigkeit oder Tätigkeit als mithelfender Familienangehöriger, wenn der Arbeitslose diese der Agentur für Arbeit nicht unverzüglich mitgeteilt hat. Die Anzeigepflicht gilt für alle (auch kurzzeitigen und geringfügigen) Beschäftigungsverhältnisse, weil durch die Mitteilungspflicht ein möglicher Leistungsmissbrauch verhindert werden soll. Teilt der Arbeitslose die Beschäftigungsaufnahme der Arbeitsverwaltung nicht unverzüglich mit, führt dies zum Verlust seines Leistungsanspruchs und ggf. zu einer Rückforderung der überzahlten Beträge. Nach dem Erlöschen der Arbeitslosmeldung führt erst wieder die erneute persönliche Arbeitslosmeldung zu einem Anspruch auf Alg. Von der Pflicht zur Arbeitslosmeldung ist die Meldung als arbeitsuchend zu unterscheiden (→ *Arbeitsuchendmeldung*).

3. Anwartschaft

Der Arbeitslose hat die Anwartschaftszeit erfüllt, wenn er vor der Arbeitslosigkeit innerhalb von 30 Monaten (sog. Rahmenfrist, § 143 SGB III) mindestens 12 Monate in einem Versicherungspflichtverhältnis (§§ 24–28 SGB III) gestanden hat (§ 142 Abs. 1 S. 1 SGB III). Die Rahmenfrist beginnt mit dem Tag vor der Erfüllung aller sonstigen Voraussetzungen für den Anspruch auf Alg. Die anwartschaftsbegründenden Zeiten müssen nicht zusammenhängend zurückgelegt werden, Unterbrechungen sind daher unschädlich. Jedoch werden Zeiten vor einer zweiten Sperrfrist nicht berücksichtigt (§ 142 Abs. 2 S. 2 SGB III). Maßgeblich für die Erfüllung der Anwartschaft ist die objektiv bestehende Beitragspflicht, ob tatsächlich Beiträge entrichtet worden sind, ist unerheblich.

4. Teilarbeitslosengeld

Eine Sonderform des Alg. ist das Teilarbeitslosengeld (§ 162 SGB III). Einen entsprechenden Anspruch hat ein AN, der arbeitslos ist, sich teilarbeitslos gemeldet hat und die Anwartschaftszeit auf Teilarbeitslosengeld erfüllt hat. Er muss innerhalb der letzten zwei Jahre neben der weiterhin ausgeübten Beschäftigung mindestens zwölf Monate die verlorene Beschäftigung ausgeübt haben. Teilarbeitslosengeld kann ein AN beanspruchen, der bei demselben AG mehrere versicherungspflichtige Beschäftigungen ausgeübt hat und eine davon verliert. Teilarbeitslosigkeit liegt aber nur vor, wenn sich die Tätigkeiten in zeitlicher und sachlicher Hinsicht und nach dem erzielten Entgelt trennen lassen. Für das Teilarbeitslosengeld gelten die Vorschriften über das Alg. entsprechend. Der Anspruch auf Teilarbeitslosengeld beträgt längstens sechs Monate.

II. Anspruchsdauer

Die Dauer des Anspruchs auf Alg. ist abhängig von der Dauer der zurückgelegten Versicherungspflichtverhältnisse innerhalb der um ein Jahr erweiterten Grundrahmenfrist und dem Lebensalter des Arbeitslosen. Die Grundanspruchsdauer beträgt nach einer zumindest zwölfmonatigen versicherungspflichtigen Beschäftigung sechs Monate und steigert sich nach näherer Maßgabe der Tabelle in § 147 Abs. 2 SGB III auf bis zu zwölf Monate bei einer Beschäftigungsdauer von 24 Monaten. Der Grundanspruch auf Alg. von bis zu zwölf Monaten erhöht sich bei älteren AN, wenn diese bei Entstehung des Anspruchs, dh dem Eintritt der Arbeitslosigkeit und Zeitpunkt der Arbeitslosmeldung, das 50., 55. bzw. 58. Lebensjahr vollendet haben, auf 15 bis zu 24 Monate. Die Anspruchsdauer kann unter den Voraussetzungen von § 148 SGB III gemindert sein (zB bei einer → *Sperrzeit*).

III. Höhe des Arbeitslosengelds

1. Grundsatz

Die Höhe des Alg. beträgt für Arbeitslose, die mindestens ein Kind iSd § 32 EStG haben, sowie für Arbeitslose, deren Ehegatte mindestens ein Kind iSd § 32 EStG hat, wenn beide Ehegatten unbeschränkt steuerpflichtig sind, 67%, für alle anderen 60% des pauschalierten Nettoentgelts. Das Alg. richtet sich grds. nach dem wöchentlichen Bruttoarbeitsentgelt, das der Berechtigte regelmäßig im Durchschnitt des letzten Jahres verdient hat (Bemessungsentgelt). Das Bemessungsentgelt ist der durchschnittlich auf den Tag entfallende (Brutto-)Verdienst, den der Arbeitslose in dem Jahr vor der Beendigung seines Beschäftigungsverhältnisses erzielt hat (§§ 149 Abs. 1, 150 Abs. 1 SGB III). Sind in dem letzten Jahr vor Beginn der Arbeitslosigkeit keine 150 Tage mit Anspruch auf beitragspflichtiges Entgelt enthalten, verlängert sich der Zeitraum (Bemessungsrahmen) auf zwei Jahre. Kann ein Bemessungszeitraum von mindestens 150 Tagen mit Anspruch auf Arbeitsentgelt innerhalb des auf zwei Jahre erweiterten Bemessungsrahmens nicht festgestellt werden, ist als Bemessungsentgelt ein fiktives Arbeitsentgelt zugrunde zu legen (§ 152 Abs. 1 SGB III). Das Bemessungsentgelt dient als Grundlage für die Berechnung des sog. Leistungsentgelts (§ 153 SGB III). Das Leistungsentgelt stellt ein pauschaliertes Nettoentgelt dar. Es wird ermittelt, indem vom Bemessungsentgelt die gesetzlichen Abzüge, die bei AN gewöhnlich anfallen, in Abzug gebracht werden. Dies ist erforderlich, weil es sich beim Alg. um eine Nettoleistung handelt. Bei den danach zu berücksichtigenden gesetzlichen Abzügen handelt es sich um eine Sozialversicherungspauschale (20% des Bemessungsentgelts), die Lohnsteuer unter Berücksichtigung der Vorsorgepauschale und den Solidaritätszuschlag ohne Berücksichtigung von Kinderfreibeträgen. Maßgebend ist für die Berechnung des Abzugs grds. die Lohnsteuerklasse, die zu Beginn des Jahres, in dem der Leistungsanspruch entstanden ist, auf der Lohnsteuerkarte des Arbeitslosen eingetragen war (zum Lohnsteuerklassenwechsel § 153 Abs. 2, 3 SGB III).

2. Nebeneinkommen

Übt der Arbeitslose während einer Zeit, für die ihm Alg. zusteht, eine weniger als 15 Stunden umfassende Beschäftigung aus, ist das Arbeitsentgelt aus der Beschäftigung nach Abzug der Steuern, der Sozialversicherungsbeiträge und der Werbungskosten sowie eines Freibetrages iHv 165 EUR auf das Alg. für den Kalendermonat, in dem die Beschäftigung ausgeübt wird, anzurechnen (§ 155 Abs. 1 S. 1 SGB III). Bei einer selbstständigen Tätigkeit gilt S. 1 mit der

Maßgabe, dass pauschal 30% der Betriebseinnahmen als Betriebsausgaben angesetzt werden, es sei denn, der Arbeitslose weist höhere Betriebsausgaben nach. Höhere Beträge können sich bei einer vor Beginn der Arbeitslosigkeit ausgeübten geringfügigen oder selbstständigen Beschäftigung ergeben (§ 155 Abs. 2, 3 SGB III).

▶ Arbeitsmängel

Erbringt der AN nur eine mit Mängeln behaftete Arbeitsleistung, mindert sich die Höhe der Arbeitsvergütung regelmäßig nicht. Der AG kann lediglich mit Schadensersatzansprüchen (→ *Haftung des Arbeitnehmers*) unter Beachtung der Pfändungsschutzvorschriften aufrechnen. Eine unzureichende Arbeitsleistung kann aber zur → *Kündigung* führen.

▶ Arbeitsmittel

Die zur Durchführung der Arbeit benötigten Arbeitsmittel hat der AG idR dem AN zur Verfügung zu stellen; der Anspruch ist auf die Bereitstellung von Arbeitsmitteln gerichtet, ohne die die vertraglich vereinbarte Tätigkeit nicht erbracht werden kann. Von diesem Grundsatz kann durch Vereinbarung nur abgewichen werden, wenn der AN für die von ihm eingebrachten Sachen eine angemessene Entschädigung erhält (BAG 10.11.2021 – 5 AZR 334/21). Danach kann der AN (wohl) nur bei geringwertigen Arbeitsmitteln verpflichtet werden, diese selbst zu stellen. Nach Beendigung des Arbeitsverhältnisses hat der AN die ihm überlassenen Arbeitsmittel wieder herauszugeben. War er nur Besitzdiener (§ 855 BGB), ist die Umwandlung des Gewahrsams in Eigenbesitz verbotene Eigenmacht, dass dem AN auch wegen etwaiger Gegenansprüche kein → *Zurückbehaltungsrecht* zusteht. War dem AN dagegen ein → *Dienstwagen* auch zur privaten Nutzung überlassen, darf der AG dem AN nicht einfach den Besitz entziehen. Bei Streit um die Berechtigung einer → *außerordentlichen Kündigung* muss der AG im Prozess die Berechtigung der ausgesprochenen Kündigung nachweisen, wenn er die Herausgabe vor Ablauf der ordentlichen → *Kündigungsfrist* verlangt. Die Zeiten für das Empfangen, Abgeben und Bereitmachen von notwendigen Arbeitsmitteln gehören arbeitszeit- und vergütungsrechtlich zur → *Arbeitszeit.*

▶ Arbeitsort

Nach § 269 Abs. 1 BGB hat die Leistung an dem Ort zu erfolgen, an welchem der Schuldner zur Zeit der Entstehung des Schuldverhältnisses seinen Wohnsitz hatte, wenn ein Ort für die Leistung weder bestimmt noch aus den Umständen, insbesondere aus der Natur des Schuldverhältnisses, zu entnehmen ist. Der Erfüllungsort für die Rechte und Pflichten aus dem Arbeitsverhältnis ist daher aus den Umständen und der Natur des Arbeitsverhältnisses zu bestimmen. Im Arbeitsrecht ist in der Regel von einem **einheitlichen (gemeinsamen) Erfüllungsort** auszugehen. Dies ist der Ort, an dem der AN seine Arbeitsleistung zu erbringen hat, also der tatsächliche Mittelpunkt seiner Berufstätigkeit liegt (BAG 9.10.2002 – 5 AZR 307/01). Ist im Arbeitsvertrag kein Arbeitsort ausdrücklich bezeichnet, kann der AG im Rahmen seines → *Direktionsrechts* den Ort der Arbeitsleistung bestimmen. Ist hingegen ein Arbeitsort angegeben, spricht dies – soweit es keine anderen Anhaltspunkte gibt – dafür, dass der AG den Ort der Arbeitsleistung nicht einseitig ohne Zustimmung des AN ändern kann. Erfüllungsort für die Arbeitsleistung eines für die Bearbeitung eines größeren Bezirks angestellten Reisenden ist dessen Wohnsitz, wenn er von dort aus seine Reisetätigkeit ausübt. Dies gilt unabhängig davon, ob er täglich nach Hause zurückkehrt und in welchem Umfang er vom Betrieb Anweisungen für die Gestaltung seiner Reisetätigkeit erhält. Wird im Arbeitsvertrag ein bestimmter Ort der Arbeitsleistung in Kombination mit einer durch Versetzungsvorbehalt geregelten Einsatzmöglichkeit im gesamten Unternehmen vereinbart, verhindert dies regelmäßig die vertragliche Beschränkung auf den im Vertrag genannten Arbeitsort. Der AN kann bei dem → *Arbeitsgericht* Klage erheben, in dessen Bezirk der Erfüllungsort seines Arbeitsverhältnisses liegt (§ 48 Abs. 1a ArbGG). Der Arbeitsort ist Gegenstand der Nachweispflicht des AG (→ *Nachweisgesetz*).

▶ Arbeitspapiere

Der AN hat bei **Beginn des Arbeitsverhältnisses** dem AG die Arbeitspapiere auszuhändigen. Dieser hat sie mit der erforderlichen Sorgfalt zu verwahren; anderenfalls haftet er auf Schadensersatz. Zu den Arbeitspapieren gehören das → *Zeugnis,* die → *Urlaubsbescheinigung,* die → *Arbeitsbescheinigung* sowie ggf. der → *Sozialversicherungsausweis.* Im Lebensmittelgewerbe (vgl. §§ 42 ff. IfSG) haben AN vor Aufnahme der Arbeit ein Gesundheitsattest vorzulegen. Der ohne Vorlage des Attestes abgeschlossene → *Arbeitsvertrag* ist wirksam. Bei der **Beendigung des Arbeitsverhältnisses** hat der AN die Arbeitspapiere abzuholen (Holschuld, § 269 Abs. 2 BGB). Sind sie noch nicht fertig gestellt, hat der AG sie auf seine Gefahr und Kosten dem AN zu übersenden. Ist der AN aufgrund einer → *außerordentlichen Kündigung* ausgeschieden, steht dem AG eine angemessene Frist zur Ausfüllung der Papiere zu. An den Arbeitspapieren hat der AG kein → *Zurückbehaltungsrecht,* selbst wenn er noch nicht befriedigte Forderungen gegen den AN hat. Gerät der AG wegen der Rückgabe der Arbeitspapiere in Verzug, haftet er dem AN auf Ersatz des hieraus entstehenden Schadens. Nach § 2 Abs. 1 Nr. 3e ArbGG sind für bürgerliche Rechtsstreitigkeiten über Arbeitspapiere die Arbeitsgerichte zuständig. Dies gilt aber nur für Ansprüche auf Ausfüllung und Aushändigung. Für Berichtigungsansprüche von sozialversicherungsrechtlichen Bescheinigungen sind die Sozialgerichte und für den Nachweis über die abgeführte Lohnsteuer die Finanzgerichte zuständig.

► Arbeitsschutz

I. Begriff

Unter Arbeitsschutzrecht wird die Gesamtheit der Rechtsnormen verstanden, die öffentlich-rechtliche Pflichten des AG begründen, um die dem AN von der Arbeit drohenden Gefahren zu beseitigen oder zu vermindern. Öffentlich-rechtliche Arbeitsschutznormen finden sich vor allem im ArbSchG und ArbZG (→ *Arbeitszeit*), JArbSchG (→ *Jugendarbeitsschutz*), MuSchG (→ *Mutterschutz*), HAG (→ *Heimarbeiter*). Die Verpflichtung zur Einhaltung der öffentlich-rechtlichen Arbeitsschutzvorschriften besteht grds. gegenüber dem Staat; sie besteht aber auch privatrechtlich gegenüber dem AN. Dieser hat bei Nichteinhaltung der Arbeitsschutzvorschriften ein Leistungsverweigerungsrecht und Anspruch auf Schadensersatz (§ 280 Abs. 1 BGB), wenn er oder ihm gehörende Sachen (→ *einge-*

brachte Sachen) durch schuldhafte Verletzung einer Schutzvorschrift beschädigt werden. Ein → *Zurückbehaltungsrecht* besteht insbesondere, wenn der AN auf einem asbestbelastenden Arbeitsplatz beschäftigt wird. Besteht im Prozess Streit, ob der AG seinen Schutzpflichten genügt hat, zB ob er einen verkehrstüchtigen Kraftwagen zur Verfügung gestellt hat, trifft den AN im Falle der Zurückbehaltung der Arbeitskraft die Darlegungs- und Beweislast. Sondervorschriften bestehen für den → *Arbeitsunfall.* Alle Schutzvorschriften mit Ausnahme der Unfallverhütungsvorschriften der Berufsgenossenschaften sind Schutzgesetze iSv § 823 Abs. 2 BGB. Der AN kann auf die Einhaltung der Arbeitsschutzvorschriften nicht verzichten. Ihre Durchführung wird im Verwaltungswege, vor allem durch die **Gewerbeaufsichtsämter,** überwacht; ihre Verletzung stellt häufig eine Ordnungswidrigkeit oder gar Straftat dar. Auch das Arbeitsvertragsrecht enthält für den AN unverzichtbare Schutzvorschriften, aufgrund derer der AN unmittelbar Erfüllungsansprüche gegen den AG hat.

Nach § 18 Abs. 3 ArbSchG kann das BMAS in epidemischen Lagen von nationaler Tragweite (§ 5 Abs. 1 IfSG) spezielle RechtsVO für einen befristeten Zeitraum erlassen. Eine Neufassung der SARS-CoV-2 Arbeitsschutzverordnung ist zum 1. Oktober 2022 in Kraft getreten. Sie konkretisiert – bis vorerst zum 7. April 2023 – die während der **Corona-Pandemie** (→ *Corona*) zusätzlich erforderlichen Arbeitsschutzmaßnahmen für den betrieblichen Infektionsschutz und die im SARS-CoV-2-Arbeitsschutzstandard bereits beschriebenen allgemeinen Maßnahmen. Andere spezifische Vorgaben, zB aus der Biostoffverordnung oder aus dem Bereich des Infektionsschutzes, bleiben unberührt.

II. Arbeitsschutzgesetz

1. Unionsrecht

Die EG hat die Richtlinie 89/391/EWG vom 12.6.1989 über die Durchführung von Maßnahmen zur Verbesserung der Sicherheit und des Gesundheitsschutzes der Arbeitnehmer bei der Arbeit (ABl. EG L 183, 1), die sog. **Arbeitsschutz-Rahmenrichtlinie** (89/391/EWG) erlassen. Diese Rahmenrichtlinie ist durch das Gesetz zur

Umsetzung der EG-Rahmenrichtlinie Arbeitsschutz und weiterer Arbeitsschutz-Richtlinien vom 7.8.1996 (BGBl. I 1296) in das nationale Recht umgesetzt worden (Nachweise bei Nipperdey Nr. 370).

2. Inhalt des Arbeitsschutzgesetzes

(a) **Anwendungsbereich:** Das ArbSchG gilt für alle Beschäftigten (§ 1 ArbSchG). Beschäftigte iSd Gesetzes sind (**aa**) AN, (**bb**) die zu ihrer Berufsausbildung Beschäftigten, (**cc**) → *arbeitnehmerähnliche Personen,* ausgenommen die in Heimarbeit Beschäftigten und ihnen Gleichgestellten, (**dd**) Beamtinnen und Beamte, (**ee**) Richterinnen und Richter, (**ff**) Soldatinnen und Soldaten und (**gg**) die in → *Werkstätten für behinderte Menschen* Beschäftigten (§ 2 Abs. 2 ArbSchG). Ausgenommen vom ArbSchG sind Hausangestellte in privaten Haushalten. Es gilt ferner nicht in der Seeschifffahrt und im Bergbau, soweit dort Sonderregeln bestehen.

(**b**) **Arbeitgeberpflichten:** Grds. ist der AG für den Arbeitsschutz verantwortlich (§§ 3–14 ArbSchG). Er ist verpflichtet, die erforderlichen Maßnahmen des Arbeitsschutzes unter Berücksichtigung der Umstände zu treffen, die die Sicherheit und Gesundheit bei der Arbeit beeinflussen. Der AG hat die getroffenen Maßnahmen auf ihre Wirksamkeit zu überprüfen (§ 3 Abs. 1 ArbSchG). In § 4 ArbSchG ist eine Reihe von Einzelgrundsätzen aufgezählt, die der AG zu beachten hat. Hiernach hat er insbesondere die Arbeit so zu gestalten, dass eine **Gefährdung für Leben und Gesundheit möglichst vermieden** wird; bei den getroffenen Maßnahmen sind der Stand der Technik, Arbeitsmedizin und Hygiene sowie sonstige gesicherte arbeitswissenschaftliche Erkenntnisse zu berücksichtigen; spezielle Gefahren für besonders schutzbedürftige Beschäftigungsgruppen sind zu berücksichtigen. Unmittelbar oder mittelbar geschlechtsspezifisch wirkende Maßnahmen sind nur zulässig, wenn dies aus biologischen Gründen zwingend geboten ist. Der AG hat durch eine Beurteilung der für die Beschäftigten mit ihrer Arbeit verbundenen Gefährdungen zu ermitteln, welche Maßnahmen des Arbeitsschutzes erforderlich sind (§ 5 Abs. 1 ArbSchG). Durch die dem AG auferlegten **Beurteilungspflichten** sollen mögliche Gefährdungen aus der Arbeit erkannt werden. Nach § 5 Abs. 2 ArbSchG genügt es bei gleichen Arbeitsbedingungen, wenn ein Arbeitsplatz oder eine Tätigkeit beurteilt wird. Die **Dokumentationspflicht** ist in § 6 ArbSchG geregelt. Der AG muss über die je nach Art der Tätigkeit und der Zahl der Beschäftigten erforderlichen Unterlagen verfügen, aus denen das Ergebnis der Gefährdungsbeurteilung, die von ihm festgelegten Maßnahmen des Arbeitsschutzes und das Ergebnis ihrer Überprüfung ersichtlich sind. Es ist nicht notwendig, für jeden Arbeitsplatz Unterlagen verfügbar zu halten, wenn die Gefährdungssituation gleich ist. Bei der Übertragung von Arbeit muss der AG darauf achten, ob die Beschäftigten befähigt sind, die für die Sicherheit und den Gesundheitsschutz bei der Aufgabenerfüllung zu beachtenden Bestimmungen und Maßnahmen einzuhalten (§ 7 ArbSchG). Die Zusammenarbeit mehrerer AG regelt § 8 ArbSchG. Die Vorschrift hat Schutzcharakter und kann bei Verletzung zu **Schadensersatzansprüchen** führen. Der AG hat Maßnahmen zu treffen, damit nur Beschäftigte Zugang zu besonders gefährlichen Arbeitsbereichen haben, die zuvor geeignete Arbeitsanweisungen erhalten haben (§ 9 ArbSchG). Erste Hilfe und Notfallmaßnahmen sind in § 10 ArbSchG sowie die arbeitsmedizinische Vorsorge in § 11 ArbSchG geregelt. Der AG hat den Beschäftigten je nach den Gefahren für ihre Sicherheit und Gesundheit bei der Arbeit zu ermöglichen, sich regelmäßig **arbeitsmedizinisch untersuchen** zu lassen. Eine spezielle Unterweisungspflicht ergibt sich aus § 12 ArbSchG. Der AG hat die Beschäftigten über Sicherheit und Gesundheitsschutz bei der Arbeit während ihrer Arbeitszeit ausreichend und angemessen zu unterweisen. Die Unterweisung muss individuell zugeschnitten, der Gefährdungsentwicklung angepasst sein und ggf. wiederholt werden. In § 13 ArbSchG sind die verantwortlichen Personen aufgezählt, die mit AGpflichten betraut werden können. Der AG kann zuverlässige und fachkundige Personen schriftlich damit beauftragen, ihm obliegende Aufgaben nach dem ArbSchG in eigener Verantwortung wahrzunehmen.

(c) **Arbeitnehmerpflichten:** Durch das ArbSchG werden auch Verpflichtungen der AN begründet. Die Beschäftigten sind verpflichtet, nach ihren Möglichkeiten sowie gemäß der Unterweisung und Weisung des AG für ihre Sicherheit und Gesundheit bei der Arbeit Sorge zu tragen. Sie haben auch für die Sicherheit und Gesundheit der

Personen zu sorgen, die von ihren Handlungen und Unterlassungen betroffen sind. Die AN haben technische Arbeitsmittel bestimmungsgemäß zu verwenden (§ 15 ArbSchG). Nach § 16 ArbSchG haben die Beschäftigten dem AG oder dem zuständigen Vorgesetzten jede von ihnen festgestellte unmittelbare erhebliche Gefahr für die Sicherheit und Gesundheit sowie jeden an den Schutzsystemen festgestellten Defekt unverzüglich zu melden. Nach § 17 ArbSchG sind die Beschäftigten berechtigt, dem AG Vorschläge zu allen Fragen der Sicherheit und des Gesundheitsschutzes bei der Arbeit zu machen. Sind Beschäftigte aufgrund konkreter Anhaltspunkte der Auffassung, dass die vom AG getroffenen Maßnahmen und bereitgestellten Mittel nicht ausreichen, um die Sicherheit und Gesundheit bei der Arbeit zu gewährleisten und hilft der AG darauf gerichteten Beschwerden der Beschäftigten nicht ab, können sich diese an die zuständige Behörde wenden.

3. Zivilrechtliche Folgen

Das ArbSchG enthält drei besondere zivilrechtliche Ansprüche. (**a**) Nach § 9 Abs. 3 ArbSchG hat der AG Maßnahmen zu treffen, die es dem Beschäftigten bei unmittelbarer erheblicher Gefahr ermöglichen, sich durch sofortiges Verlassen des Arbeitsplatzes in Sicherheit zu bringen. Dem Beschäftigten dürfen hierdurch keine Nachteile erwachsen. Hält die unmittelbare Gefahr an, darf der AG die Beschäftigten nur in besonders begründeten Ausnahmefällen auffordern, ihre Tätigkeit wiederaufzunehmen. Das Recht steht dem Beschäftigten aber nur bei unmittelbarer und erheblicher Gefahr zu. (**b**) Nach § 17 Abs. 1 ArbSchG sind die Beschäftigten berechtigt, dem AG Vorschläge zu allen Fragen der Arbeitssicherheit zu machen. Diesem Recht korrespondiert eine Verpflichtung des AG zur Kenntnisnahme der Vorschläge, zu ihrer Umsetzung ist er nicht verpflichtet. (**c**) Nach § 17 Abs. 2 ArbSchG wird der AN unter dort genannten Voraussetzungen gegenüber Dritten von der arbeitsvertraglichen Schweigepflicht entbunden. Sind die Beschäftigten der Auffassung, dass der AG keine hinreichenden Maßnahmen getroffen hat, haben sie ein abgestuftes Beschwerderecht. Sie haben zunächst die Beschwerde an den AG. Wird keine Abhilfe geschaffen, ist eine Beschwerde an die zuständige Behörde möglich.

▶ Arbeitssicherheit

→ *Arbeitsschutz*; → *Betriebsärzte*

▶ Arbeitsstättenverordnung

Diese gehört zu den Bestimmungen des → *Arbeitsschutzes* und enthält bundeseinheitliche Grundsätze für die Einrichtung von Arbeitsstätten (VO über Arbeitsstätten – ArbStättV vom 12.8.2004, BGBl. I 2179, zul. geänd. 22.12.2020, BGBl. I 3334). Die ArbStättV soll der Humanisierung des Arbeitslebens dienen und den nach dem ASiG zu bestellenden → *Betriebsärzte* Anhaltspunkte für die Beratung des AG geben. Ferner dient sie zur Ergänzung von §§ 89–91 BetrVG (→ *Betriebsrat (Beteiligungsrechte)*). Die ArbStättV wird ergänzt durch Arbeitsstätten-Richtlinien, die dazu beitragen sollen, die Verhältnisse an den bestehenden Arbeitsplätzen zu verbessern und bestehende gute Arbeitsbedingungen zu sichern. In § 5 ArbStättV ist der **Nichtraucherschutz** geregelt. Die Anforderungen und Maßnahmen für Arbeitsstätten ergeben sich aus dem Anhang zu § 3 Abs. 1 ArbStättV.

▶ Arbeitsuchendmeldung

Diese Verpflichtung besteht für einen AN bereits bei einer absehbaren Beendigung des bisherigen Arbeitsverhältnisses und ist von der Arbeitslosmeldung zu unterscheiden (→ *Arbeitslosengeld I*). Nach § 38 Abs. 1 SGB III sind Personen, die in einem Arbeits- oder Ausbildungsverhältnis stehen, zur frühzeitigen Meldung bei der Arbeitsverwaltung als Arbeitsuchender verpflichtet. Sie haben sich **spätestens drei Monate vor der Beendigung des Vertragsverhältnisses** persönlich arbeitsuchend zu melden. Liegen zwischen der Beendigung des Arbeits- oder Ausbildungsverhältnisses weniger als drei Monate, hat die Meldung innerhalb von drei Tagen nach Kenntnis des Beendigungszeitpunkts zu erfolgen. Eine Anzeige unter Angabe der persönlichen Daten und des Beendigungszeitpunkts reicht zur Fristwahrung aus, wenn die Meldung nach Terminabsprache nachgeholt wird. Die Pflicht zur Meldung gilt nicht bei betrieblichen Ausbildungsverhältnissen. Die Vorschrift soll es der Arbeitsverwaltung ermöglichen, die Zeit bis zum Ablauf des Arbeitsverhältnisses für Vermittlungs- und Qualifikationsbemühungen zu nutzen. Die Pflicht zur Meldung besteht auch, wenn der AN beabsichtigt, gegen die Beendigung seines Arbeitsverhältnisses gerichtlich vorzugehen bzw. bereits → *Kündigungsschutzklage* erhoben hat.

Die Arbeitsuchendmeldung ist eine versicherungsrechtliche Obliegenheit, die den Eintritt von Arbeitslosigkeit verhindern soll. Ist der AN seiner Meldepflicht nach § 38 Abs. 1 SGB III nicht oder nicht rechtzeitig nachgekommen, stellt dies ein **versicherungswidriges Verhalten** dar, das zu einer → *Sperrzeit* von einer Woche führt (§ 159 Abs. 1 Nr. 9, Abs. 6 SGB III; BSG 13.3.2018 – B 11 AL 12/17 R). Der Zeitpunkt für das Ruhen beginnt mit der Beschäftigungslosigkeit des Arbeitslosen; für die Dauer einer Woche mindert sich auch die Anspruchsdauer auf Arbeitslosengeld (§ 148 Abs. 1 Nr. 3 SGB III).

▶ Arbeitsunfähigkeit

→ *Krankheit*

▶ Arbeitsunfähigkeitsbescheinigung

→ *Krankmeldung*

▶ Arbeitsunfall

I. Versicherte Tätigkeiten

Die Unfallversicherung ist im SGB VII vom 7.8.1996 (BGBl. I 1254) geregelt. Versicherungsfälle sind Arbeitsunfälle und Berufskrankheiten. **Arbeitsunfälle** sind Unfälle von Versicherten infolge einer den Versicherungsschutz nach §§ 2, 3 oder 6 SGB VII begründenden Tätigkeit (versicherte Tätigkeit). Wird die versicherte Tätigkeit im Haushalt der Versicherten oder an einem anderen Ort ausgeübt, besteht Versicherungsschutz in gleichem Umfang wie bei Ausübung der Tätigkeit auf der Unternehmensstätte. Unfälle sind zeitlich begrenzte, von außen auf den Körper einwirkende Ereignisse, die zu einem Gesundheitsschaden oder zum Tod führen (§ 8 Abs. 1 SGB VII). Versicherte Tätigkeiten sind in § 2 SGB VII aufgeführt. Hierzu gehört insbesondere die Tätigkeit in einem Arbeits- und Ausbildungsverhältnis, die Tätigkeit als → *Heimarbeiter*, Hausgewerbetreibender und Zwischenmeister. Versicherte Tätigkeiten können aber auch die Unternehmertätigkeit (§ 3 SGB VII) oder Tätigkeiten bei freiwilliger Versicherung (§ 6 SGB VII) sein. Nach § 8 Abs. 2 SGB VII sind **versicherte Tätigkeiten** u.a. auch (**1**) das Zurücklegen des mit der versicherten Tätigkeit zusammenhängenden unmittelbaren Wegs nach und von dem Ort der Tätigkeit. Versicherungsschutz besteht auch, wenn der Versicherte aufgrund seiner Fahrweise wegen vorsätzlicher Straßenverkehrsgefährdung bestraft wird. (**2**) Das Zurücklegen des von einem unmittelbaren Weg nach und von dem Ort der Tätigkeit abweichenden Wegs um im gemeinsamen Haushalt lebende Kinder fremder Obhut anzuvertrauen oder mit anderen Berufstätigen Fahrgemeinschaften zu gründen, (**3**) das Zurücklegen des unmittelbaren Weges nach und von dem Ort, an dem Kinder fremder Obhut anvertraut werden, wenn die versicherte Tätigkeit im Homeoffice (→ *Telearbeit (mobile Arbeit)*) ausgeübt wird, (**4**) das Abweichen von dem direkten Weg, um die Kinder zurückzuholen, (**5**) das Zurücklegen des mit der versicherten Tätigkeit zusammenhängenden Wegs von und nach der ständigen Familienwohnung, wenn die Versicherten wegen der Entfernung ihrer Familienwohnung von dem Ort der Tätigkeit an diesem oder in der Nähe eine Unterkunft haben, (**6**) das mit der versicherten Tätigkeit zusammenhängende Verwahren, Befördern, Instandhalten und Erneuern eines Arbeitsgeräts. Versicherungsfälle sind auch **Berufskrankheiten.** Dies sind Krankheiten, die die BReg. durch RechtsVO mit Zustimmung des BRats als Berufskrankheiten bezeichnet und die die Versicherten infolge einer versicherten Tätigkeit erleiden (§ 9 SGB VII). Ein verbotswidriges Handeln schließt einen Versicherungsfall nicht aus (§ 7 SGB VII).

II. Haftung des Unternehmers und der Betriebsangehörigen

(**1**) Die Haftung des AG und der AN bei **Arbeitsunfällen** ist nach dem SGB VII eingeschränkt. **Unternehmer** (AG) sind den Versicherten, die für ihre Unternehmen tätig sind oder zu ihren Unternehmen in einer sonstigen die Versicherung begründenden Beziehung stehen, sowie deren Angehörigen und Hinterbliebenen nach anderen gesetzlichen Vorschriften zum Ersatz des Personenschadens nur verpflichtet, wenn sie den Unfall vorsätzlich herbeigeführt haben oder auf einem nach § 8 Abs. 2 Nr. 1–4 SGB VII versicherten Weg herbeigeführt haben (§ 104 Abs. 1 SGB VII). Derselbe Haftungsausschluss gilt für Ersatzansprüche eines Versicherten und seines Angehörigen gegen einen in demselben Betrieb tätigen **Betriebsangehörigen,** wenn dieser den Arbeitsunfall durch eine betriebliche Tätigkeit verursacht (§ 105 SGB VII). Der Sinn der Haftungsbeschränkung besteht darin, die gerichtliche Auseinandersetzung aus dem Unternehmen zu halten; andererseits soll durch die Unfallversicherung den Beschäftigten in jedem Fall ein zahlungsfähiger Schuldner geschaffen werden, der vom Unternehmer zu finanzieren ist. Unternehmer ist, für dessen Rechnung das Unternehmen (Einrichtung, Betrieb) geht. Ein Haftungsausschluss gilt auch dann, wenn Geschädigter und Schädiger als AN **verschiedenen Betrieben** angehören, beide aber in demselben Betrieb tätig sind und der betriebsfremde AN in den Betrieb, in dem er vorübergehend arbeitet, eingegliedert ist (§ 106 SGB VII).

(2) Zum **Personenschaden** gehört nach hM auch der Anspruch auf Ausgleich von immateriellen Schäden (→ *Schmerzensgeld*) oder Ersatz von Beerdigungskosten. Im Wege der Vorteilsausgleichung muss sich der Verunfallte oder sein Angehöriger anrechnen lassen, was er aus der Unfallversicherung erhält (§ 104 Abs. 3 SGB VII). Die gemeinsame Fahrt von Arbeitskollegen zur Arbeitsstelle und ein bei dieser Gelegenheit eintretender Verkehrsunfall ist zwar ein Wegeunfall, aber keine betriebliche Tätigkeit, die zum Haftungsausschluss untereinander führt. Dagegen ist ein Sammeltransport des AG zur Arbeit eine betriebliche Tätigkeit und ein dabei erlittener Unfall ein Arbeitsunfall.

(3) Der Haftungsausschluss nach dem SGB VII erfasst nur Personenschäden. **Sachschäden** kann der AN gegen den AG (→ *Aufwendungen*) oder seinen Arbeitskollegen ohne Rücksicht auf die Vorschriften des SGB VII verfolgen. Der Arbeitskollege haftet jedoch nicht oder nur beschränkt, wenn zu seinen Gunsten die Grundsätze über die → *Haftung des Arbeitnehmers* eingreifen.

(**4**) Hat das **Arbeitsgericht** über Ersatzansprüche gegen den Unternehmer oder einen Arbeitskollegen zu befinden, hat es sein Verfahren bis zum Abschluss eines Verfahrens nach dem SGB VII oder eines sich anschließenden Sozialgerichtsverfahrens auszusetzen; es ist an eine in diesen Verfahren ergehende Entscheidung gebunden, ob ein Arbeitsunfall vorliegt bzw. in welchem Umfang und von welchem Träger der Unfallversicherung Leistungen zu gewähren sind (§ 108 SGB VII). Nach § 110 SGB VII kann die Berufsgenossenschaft gegen den Schädiger Rückgriff nehmen.

▶ Arbeitsvergütung

Die Hauptpflicht des AN besteht in seiner Pflicht zur Arbeitsleistung. Dieser steht die des AG zur Zahlung einer Arbeitsvergütung gegenüber (§ 611a Abs. 2 BGB). Für die **Höhe** der Arbeitsvergütung ist die getroffene Abrede maßgeblich. Bei Fehlen einer ausdrücklichen oder konkludent abgeschlossenen oder unwirksamen Vergütungsvereinbarung wird sie fingiert, wenn die Dienstleistung den Umständen nach nur gegen Vergütung zu erwarten ist (§ 612 Abs. 1 BGB), dies ist bei einer Arbeitsleistung regelmäßig der Fall. Das Gleiche gilt, wenn der AN auf Dauer höherwertige Leistungen als im Vertrag vorausgesetzt oder sonstige Mehrarbeit erbringt. Die übliche Arbeitsvergütung entspricht regelmäßig dem Tariflohn. Ein Widerrufsvorbehalt über die Arbeitsvergütung ist unwirksam, soweit der widerrufbare Teil über 25% über der Gesamtvergütung liegt (BAG 12.1.2005 – 5 AZR 364/04).

Bei → *fehlgegangener Vergütungserwartung* kann auch dann eine Arbeitsvergütung verlangt werden, wenn die Dienste in berechtigter Erwartung späterer Vergütung erbracht werden, diese aber ausbleibt. Zur Arbeitsvergütung zählen auch → *Gewinnbeteiligungen (Tantiemen)*, → *Provisionen*, → *Prämien*, → *Sachbezüge* sowie die Überlassung eines → *Dienstwagens*. Keine Arbeitsvergütung sind von den Gästen freiwillig gezahlte Trinkgelder (§ 107 Abs. 2 GewO); jedenfalls sind sie kein bei → *Arbeitsverhinderung* fortzuzahlendes Arbeitsentgelt. Hat der AG seinem AN einen **Personalrabatt** eingeräumt, ohne sich den Widerruf vorzubehalten, kann er diesen nicht ohne Weiteres einstellen.

Die Arbeitsvergütung ist in Euro zu berechnen und auszuzahlen (§ 107 Abs. 1 GewO, → *Bruttolohn,* → *Nettovergütung*). Sie erfolgt regelmäßig bargeldlos. Zur Zahlung der Kontoführungsgebühren ist der AG nur bei einer besonderen Vereinbarung verpflichtet. Zahlt der AG zu Unrecht keine Arbeitsvergütung und bezieht der AN **Lohnersatzleistungen** (zB → *Krankengeld*), geht sein Anspruch in Höhe der gewährten Sozialleistungen auf den Sozialversicherungsträger über.

Der AG kann auch zur Zahlung der Arbeitsvergütung verpflichtet sein, **ohne** dass der AN eine **Arbeitsleistung** erbringen muss. Dies ist vor allem der Fall bei → *Annahmeverzug des Arbeitgebers* und bei einem von ihm zu tragendem → *Betriebsrisiko,* bei einer vom AG zu vertretenden Unmöglichkeit der Arbeitsleistung sowie bei Erkrankung des AN (→ *Entgeltfortzahlung im Krankheitsfall*) oder sonstiger → *Arbeitsverhinderung,* bei der → *Stellensuche,* während des → *Urlaubs* und an → *Feiertagen.*

▶ Arbeitsverhältnis

Das ist das aufgrund eines rechtswirksamen → *Arbeitsvertrags* nach § 611a Abs. 1 BGB entstehende Rechtsverhältnis zwischen AG und AN. Ist der Arbeitsvertrag rechtsunwirksam, hat aber der AN die Arbeit aufgenommen, spricht man von einem → *faktischen Arbeitsverhältnis.* Der bloße Tatbestand, dass der AG den AN tatsächlich beschäftigt, wird als **Beschäftigungsverhältnis** (§ 7 Abs. 1 SGB IV) bezeichnet. Für die Geltung der sozialversicherungsrechtlichen Bestimmungen und der Vorschriften über den → *Arbeitsschutz* ist nicht der Arbeitsvertragsschluss, sondern das Bestehen eines Beschäftigungsverhältnisses ausreichend.

▶ Arbeitsverhinderung

I. Voraussetzungen

Im allgemeinen Schuldrecht gilt der Grundsatz, dass der Schuldner von seiner Verpflichtung frei wird, wenn ihm die Leistung aus Gründen unmöglich wird, die weder er noch der Gläubiger zu vertreten hat (§ 275 BGB). Er verliert aber auch seinen Anspruch auf Gegenleistung (§ 326 BGB). Von dem Grundsatz „Arbeit gegen Entgelt" macht § 616 BGB eine Ausnahme. Hiernach hat der AN einen Anspruch auf Fortzahlung der Arbeitsvergütung, wenn er aus in seiner Person liegenden Gründen ohne sein Verschulden für eine nicht erhebliche Zeit an seiner Dienstleistung verhindert ist. § 616 BGB kann trotz seines sozialen Schutzcharakters durch Einzelarbeitsvertrag oder kollektivrechtliche Vereinbarung eingeschränkt oder ausgeschlossen werden. Eine solche Einschränkung liegt insbesondere vor, wenn ein TV bestimmt, dass nur die wirklich geleistete Arbeitszeit bezahlt wird oder in ihm abschließend die Tatbestände aufgezählt werden, in denen ein Anspruch auf Fortzahlung der Arbeitsvergütung bei Arbeitsverhinderung besteht. Zu den wichtigsten Fällen der persönlichen Arbeitsverhinderung gehört die → *Krankheit* des AN. Die bei Krankheit bestehenden Ansprüche richten sich aber nicht nach § 616 BGB, sondern nach dem EFZG (→ *Entgeltfortzahlung im Krankheitsfall*); zu Ausfallzeiten bei Erkrankungen des Kindes → *Kinder des Arbeitnehmers*; siehe auch → *Corona*.

II. Persönliche Gründe

Der Grund der Arbeitsverhinderung muss in der Person oder in den **persönlichen Verhältnissen** des AN liegen. Eine Arbeitsverhinderung liegt vor, wenn dem AN die Arbeitsleistung tatsächlich unmöglich wird oder sie ihm wegen anderweitiger, sittlicher oder rechtlicher Pflichten unter Berücksichtigung seiner → *Treuepflicht* und der Interessen des AG nicht zugemutet werden kann, wie zB bei Ausübung öffentlich-rechtlicher Aufgaben; Tätigkeit in einem Prüfungsausschuss; religiöse Pflichten; Familienereignisse wie eigene Eheschließung; schwere Krankheit der Ehefrau oder Kinder; Tod oder Begräbnis naher Familienangehöriger; Goldene Hochzeit der Eltern; Wohnungsumzug oder Arztbesuche. Eine Arbeitsverhinderung liegt vor, wenn für den einzelnen AN ein objektives Leistungshindernis besteht, nicht hingegen, wenn von dem objektiven Leistungshindernis alle oder eine Vielzahl von AN betroffen werden. Dies ist zB dann der Fall, wenn der AN infolge Glatteises, Smog-Alarms oder Hochwassers die Arbeit nicht erreichen kann.

III. Verschulden und Dauer

Die Arbeitsverhinderung muss **unverschuldet** sein. Die Arbeitsverhinderung ist verschuldet, wenn ein verständiger Mensch sie im eigenen Interesse vermieden hätte, wenn sie auf einem groben Fehlverhalten des AN beruht, zB der Versäumung eines öffentlichen Verkehrsmittels, die Verbüßung einer Freiheitsstrafe, nicht dagegen die Zeiten einer unverschuldeten Untersuchungshaft. Beruht die Arbeitsverhinderung auf einem Verschulden des AG oder seiner Erfüllungsgehilfen (mangelhafte Arbeitsgeräte, unzureichende Raumausstattung), steht dem AN während der gesamten Dauer der Arbeitsverhinderung die Zahlung der Arbeitsvergütung zu (§ 326 Abs. 2 BGB); bei einem → *Arbeitsunfall* ist die Haftung des AG allerdings eingeschränkt.

Die Arbeitsverhinderung darf nicht von erheblicher **Dauer** sein; anderenfalls entfällt auch der Anspruch für die eigentlich unerhebliche Zeit. Welche Zeit als verhältnismäßig nicht erheblich anzusehen ist, muss unter Berücksichtigung der Umstände des Einzelfalls entschieden werden. Dabei kommt es auf die Dauer der Arbeitsverhinderung im Verhältnis zur Gesamtdauer der Beschäftigung an. Faustregel: Unerhebliche Arbeitsversäumnis bei Beschäftigung bis zu sechs Monaten: drei Tage, bis zu zwölf Monaten: eine Woche, länger als ein Jahr: zwei Wochen jeweils bezogen auf einen Jahreszeitraum. Der AN hat die Arbeitsverhinderung dem AG unverzüglich anzuzeigen, andernfalls kann eine → *Kündigung* gerechtfertigt sein.

▶ Arbeitsvertrag

I. Betriff und Inhalt

Der Arbeitsvertrag ist ein privatrechtlicher, schuldrechtlicher, gegenseitiger Austauschvertrag, durch den sich der AN zur Leistung abhängiger Arbeit und der AG zur Zahlung einer Arbeitsvergütung verpflichtet (§ 611a Abs. 1 BGB). Er enthält zahlreiche **Nebenpflichten,** die über die gegenseitigen Hauptpflichten (Arbeit gegen Entgelt) hinausgehen. Hierzu gehören insbesondere → *Treuepflichten* und → *Fürsorgepflichten.* Diese entsprechen den im allgemeinen Schuldrecht für gegenseitige Austauschverträge geltenden Obhuts-,

Sorgfalts- und Schutzpflichten. Das Arbeitsverhältnis ist das auf dem Arbeitsvertrag beruhende Rechtsverhältnis; es ist inhaltlich weiter und setzt einen gültigen Arbeitsvertrag voraus, anderenfalls wird von einem → *faktischen Arbeitsverhältnis* gesprochen. Bereits durch die Aufnahme von Vertragsverhandlungen entsteht ein vertragsähnliches Vertrauensverhältnis, bei dessen Verletzung Schadensersatzpflichten erwachsen (→ *Vorvertragliche Pflichten*). Der Arbeitsvertrag wird nach den Regeln des BGB abgeschlossen. Auf seinen Abschluss besteht außerhalb des öffentlichen Dienstes grds. kein Rechtsanspruch.

Der **Inhalt** des Arbeitsvertrags kann vorbehaltlich bestehender und anzuwendender kollektivrechtlicher Vereinbarungen **frei vereinbart werden.** Jedoch unterliegen Formulararbeitsverträge ebenso wie allgemeine Geschäftsbedingungen der gerichtlichen Inhaltskontrolle (→ *Allgemeine Geschäftsbedingungen*).

II. Formfreiheit

Der Arbeitsvertrag unterliegt idR **keinen Formvorschriften,** kann also mündlich oder schriftlich oder durch stillschweigende Vereinbarung abgeschlossen werden. Nach dem → *Nachweisgesetz* hat der AN nur einen Anspruch auf schriftliche Niederlegung der für sein Arbeitsverhältnis geltenden wesentlichen Vertragsbedingungen. Der Schriftform bedarf es nur für den Abschluss einer **Befristungsabrede** (§ 14 Abs. 4 TzBfG; → *befristeter Arbeitsvertrag*) oder der Vereinbarung eines → *Wettbewerbsverbots* mit Handlungsgehilfen (§ 74 Abs. 1 HGB). Die in den Gemeinde- und Kreisordnungen vorgesehene Schriftform regelt nur die Vertretung des öffentlichen AG; sie ist daher keine konstitutive Formvorschrift. Ein Vertrag über die **Berufsausbildung** (→ *Berufsausbildungsverhältnis*) ist zwar formlos wirksam; der Ausbildende hat jedoch unverzüglich den wesentlichen Inhalt des Vertrags schriftlich niederzulegen (§ 11 BBiG). Formvorschriften für den Abschluss eines Arbeitsvertrags können sich aus → *Tarifverträgen* oder → *Betriebsvereinbarungen* ergeben. Deren Missachtung führt aber regelmäßig nicht zur Nichtigkeit des Arbeitsvertrags. Haben AG und AN für künftige Vertragsänderungen die Schriftform vereinbart, können sie von dieser Abrede im Wege gegenseitiger, und zwar auch formloser Vereinbarung wieder abgehen. Bei schriftlich abgeschlossenem Arbeitsvertrag wird vermutet, dass der Vertragsinhalt vollständig niedergelegt ist; wer darüberhinausgehende Abreden behauptet, hat sie daher zu beweisen.

Der **Inhalt** des Arbeitsvertrags kann vorbehaltlich bestehender und anzuwendender kollektivrechtlicher Vereinbarungen frei vereinbart werden. Jedoch unterliegen Formulararbeitsverträge ebenso wie allgemeine Geschäftsbedingungen der gerichtlichen Inhaltskontrolle (→ *Allgemeine Geschäftsbedingungen*).

III. Abgrenzung von anderen Vertragstypen

Der Arbeitsvertrag unterscheidet sich vom **Dienstvertrag** (§ 611 BGB) durch die persönliche Abhängigkeit (→ *Direktionsrecht*) des → *Arbeitnehmers*. Der Arbeitsvertrag unterscheidet sich vom **Werkvertrag** (§ 631 BGB) dadurch, dass bei Letzterem ein bestimmtes Werk (dh ein bestimmter Erfolg), nicht dagegen eine bestimmte Tätigkeit (Arbeitsleistung) geschuldet wird. Bei einem **Gesellschaftsvertrag** (§ 705 BGB) werden gemeinschaftliche, gleichrangige und gleichgerichtete Leistungspflichten begründet, ein Direktionsrecht besteht nicht; zu familienrechtlichen Verhältnissen (→ *Familienmitarbeit*). Weist das Rechtsverhältnis Elemente verschiedener Vertragstypen auf, zB Arbeit, Miete, Darlehen, ist bei der Beurteilung des konkreten Streits auf die Normen des einschlägigen Vertragselements zurückzugreifen (Kombinationsgrundsatz); eine Ausnahme gilt dann, wenn das gesamte Verhältnis beendet werden soll.

▶ Arbeitsverweigerung

So wird die rechtswidrige Ablehnung der geschuldeten Arbeit durch den AN bezeichnet; sie kann nach vorheriger → *Abmahnung* eine → *verhaltensbedingte Kündigung* oder in schweren oder beharrlichen Fällen eine → *außerordentliche Kündigung* des AN rechtfertigen. Die bloße Ankündigung einer Arbeitsverweigerung rechtfertigt im Allgemeinen keine Kündigung, es sei denn, dass der AN sich auch nach einer Abmahnung bzw. dem In-Aussicht-Stellen einer Kündigung nicht einsichtig zeigt und die Arbeit wiederaufnimmt. Die Kündigung kann jedoch unbegründet sein, wenn der AN mit guten Gründen von einem → *Zurückbehaltungsrecht* an seiner Arbeitsleistung ausgehen konnte und dies dem AG auch mitgeteilt hat. Nach § 275 Abs. 3 BGB kann der AN die Leistung verweigern, wenn sie ihm unter Abwägung des ihr entgegenstehenden Hindernisses mit dem Leistungsinteresse des AG nicht zugemutet werden kann (BAG 22.10.2015 – 2 AZR 569/14). Ein Rechtsirrtum entschuldigt die Arbeitsverweigerung nur bei der Beachtung strenger Sorgfaltspflichten. Ein entschuldbarer Rechtsirrtum liegt nur dann vor, wenn der AN nach sorgfältiger Prüfung der Sach- und Rechtslage – und nicht nur nach seiner eigenen Rechtsauffassung – nicht mit dem Rechtsverlust rechnen musste; ein normales Prozessrisiko entlastet ihn nicht. Nicht ausreichend ist daher auch die Einleitung eines gerichtlichen Verfahrens zur Überprüfung der vertraglichen Pflichten (BAG 29.8.2013 – 2 AZR 273/12). *(SR)*

▶ Arbeitszeit

I. Grundbegriffe

Arbeitszeit ist der Zeitraum, in dem der AN dem AG seine Arbeitskraft zur Verfügung stellen muss; es ist die Zeit vom Beginn bis zum Ende der Arbeit ohne Ruhepausen. Im Bergbau unter Tage zählen die Ruhepausen zur Arbeitszeit (§ 2 Abs. 1 ArbZG). Zu unterscheiden sind die Arbeitszeit nach dem ArbZG, das die höchst zulässige Arbeitszeit festlegt, und die Arbeitszeit, die vom AG zu vergüten ist. Grds. beginnt und endet die Arbeitszeit mit Betreten und Verlassen des Betriebs unabhängig von dem Standort eines Zeiterfassungssystems). Das **Umkleiden** vor oder nach der Arbeit (→ *Arbeitskleidung*) und der Weg auf dem Betriebsgelände zur Arbeitsstelle bzw. zu einem Zeiterfassungssystem können – abhängig von den Vereinbarungen in einem → *Tarifvertrag,* einer → *Betriebsvereinbarung* – zur Arbeitszeit gehören. Zur Arbeitszeit zählt:

(1) **Arbeitsbereitschaft:** Sie ist wache Achtsamkeit im Zustand der Entspannung. Es handelt sich um ein körperliches und zugleich geistiges Bereitsein des AN zum unverzüglichen Eingreifen in den Arbeitsprozess, bei dem der Wechsel zwischen vollem Arbeitseinsatz und bloßer Bereitschaft nicht festgelegt ist. Die Arbeitsbereitschaft zählt nach dem ArbZG zur Arbeitszeit und ist zu vergüten; in wel-

cher Höhe ein Vergütungsanspruch besteht, ist tariflich unterschiedlich geregelt.

(2) **Bereitschaftsdienst:** Er liegt vor, wenn der AN sich an einer vom AG bestimmten Stelle innerhalb oder außerhalb des Betriebs aufzuhalten hat, um, sobald es notwendig ist, seine Arbeit aufzunehmen, ohne sich im Zustand wacher Achtsamkeit zu befinden. Der Bereitschaftsdienst ist zwar arbeitszeitrechtlich, nicht aber vergütungsmäßig der Arbeitszeit gleichgestellt worden (vgl. § 7 Abs. 1 Nr. 1 ArbZG). Bereitschaftsdienstzeiten sind mit dem → *Mindestlohn* zu vergüten (BAG 29.6.2016 – 5 AZR 716/15).

(3) **Rufbereitschaft:** Dies ist die Verpflichtung des AN, sich an einem selbst bestimmten, dem AG anzugebenden Ort auf Abruf zur Arbeit bereitzuhalten; Rufbereitschaft kann zB vorliegen, wenn ein eingeschaltetes Funktelefon mitzuführen ist. Rufbereitschaft zählt nicht zur Arbeitszeit iSd ArbZG und ist nicht wie Arbeitszeit zu vergüten.

(4) **Wegezeit** ist die Zeit, die der AN benötigt, um zur Arbeit zu gelangen. Zeit, die der AN für An- und Abfahrt zum Betrieb benötigt, ist idR keine Arbeitszeit. Davon ist die Zeit zu unterscheiden, die der AN nach Erreichen des Betriebs benötigt, um seine vertraglichen Verpflichtungen zu erfüllen. Wege zwischen einzelnen Betriebsstätten (zB vom Hauptbetrieb zu einer entfernt gelegenen Filiale) sind Betriebswege und arbeitszeitrechtlich und vergütungsrechtlich Arbeitszeit, soweit tarifvertraglich nicht etwas anderes bestimmt ist.

(5) **Dienstreisezeit** ist die Zeit, die der AN benötigt, um den Leistungsort außerhalb der Gemeindegrenzen des Betriebssitzes zu erreichen. In Ermangelung vertraglicher oder kollektivvertraglicher Regelungen sind während der betriebsüblichen Arbeitszeit zurückgelegte Wege voll vergütungspflichtig; außerhalb der üblichen Arbeitszeit zurückgelegte Dienstreisezeiten sind idR nur zu vergüten, wenn eine besondere Vereinbarung besteht.

(6) **Nachtarbeitszeit** iSd ArbZG ist die Zeit von 23 bis sechs Uhr, in Bäckereien und Konditoreien die Zeit von 22 bis fünf Uhr (§ 2 Abs. 3 ArbZG).

(7) Nachtarbeit iSd ArbZG ist jede Arbeit, die mehr als zwei Stunden der Nachtzeit (23 bis sechs Uhr, in Bäckereien und Konditoreien 22 bis fünf Uhr) umfasst (§ 2 Abs. 4 ArbZG).

(8) Nachtarbeitnehmer iSd ArbZG sind AN, die aufgrund ihrer Arbeitszeitgestaltung normalerweise Nachtarbeit in Wechselschicht zu leisten haben oder Nachtarbeit an mindestens 48 Tage im Kalenderjahr leisten (§ 2 Abs. 5 ArbZG).

(9) Mehrarbeitszeit ist die Zeit über die gesetzlich zulässige regelmäßige Arbeitszeit hinaus. Davon zu unterscheiden sind Überstunden **(Über-Arbeitszeit),** dies ist die Arbeit, die über die vertraglich vereinbarte Arbeitszeit hinaus geleistet wird (→ *Mehrarbeitsvergütung*).

(10) Schichtzeit ist idR gegeben, wenn eine bestimmte Arbeitsaufgabe über einen erheblichen, längeren Zeitraum als die wirkliche Arbeitszeit eines AN erfüllt wird und von mehreren AN oder AN-gruppen in einer geregelten zeitlichen Reihenfolge erbracht wird.

(11) Eine **gleitende Arbeitszeit** ist gegeben, wenn der AN innerhalb bestimmter täglicher Gleitspannen die Arbeit beginnen und beenden darf, sofern es nur im Rahmen eines bestimmten Ausgleichszeitraums auf die betriebliche Arbeitszeit kommt (→ *Gleitende Arbeitszeit*).

(12) Ruhepausen sind die im Voraus festgelegten Zeiten der Arbeitszeit-Unterbrechung. Diese muss der AG im Allgemeinen festlegen. Keine Ruhepausen sind gegeben, wenn der AN jederzeit einer Aufforderung zur Arbeitsaufnahme Folge leisten muss. Nicht zu den Ruhepausen gehören die sog. **Kurzpausen,** die der AN namentlich in teil- oder vollmechanisierten Betrieben nach freiem Ermessen nehmen kann. Sie zählen zur vergütungspflichtigen Arbeitszeit, wie auch die Betriebs-Pausen, das sind Unterbrechungen der Arbeit aus technischen Gründen.

Hinweis: Nach der Rspr. des EuGH ist der AG verpflichtet, ein System zur Erfassung der täglichen effektiven Arbeitszeit vorzuhalten (EuGH 14.5.2019 – C-55/18). Das BAG hat § 3 Abs. 2 Nr. 1 ArbSchG so ausgelegt, dass sich diese Pflicht bereits jetzt aus dem nationalem Recht ergibt (BAG 13.9.2022 – 1 ABR 22/21). Denn das

ArbZG soll die sich aus der Richtlinie 2003/88/EG des Europäischen Parlaments und des Rates vom 4. November 2003 über bestimmte Aspekte der Arbeitszeitgestaltung (ABl. L 299 vom 18.11.2003 S. 9) ergebenden Vorgaben in der BRD umsetzen.

II. Gliederung des Arbeitszeitrechts

1. Öffentlich-rechtliche Arbeitszeitnormen

Das öffentliche Arbeitszeitrecht ist im Arbeitszeitgesetz (ArbZG) vom 6.6.1995 (BGBl. I 1170) enthalten. Die dort enthaltenen Normen legen nur die Höchstgrenzen der zulässigen Arbeitszeit fest. Bei schuldhafter Überschreitung der öffentlich-rechtlichen Arbeitszeit-Schutzvorschriften macht sich der AG strafbar und gegenüber dem AN schadensersatzpflichtig (§§ 280 Abs. 1, 823 Abs. 2 BGB iVm der jeweiligen Norm des ArbZG). Eine Vereinbarung, die zulässige Arbeitszeit zu überschreiten, ist nichtig (§ 134 BGB). Ist der AN bei mehreren AG beschäftigt, darf die Gesamtdauer seiner Beschäftigung die zulässige gesetzliche Arbeitszeit nicht überschreiten, andernfalls kann Nichtigkeit bzw. Teilnichtigkeit des zuletzt geschlossenen Arbeitsvertrags eintreten. Verpflichtet sich der AN, gesetzlich unzulässige Mehrarbeitsstunden zu leisten, kann er jederzeit seine Zustimmung ohne Gefahr einer → *außerordentlichen Kündigung* widerrufen, es sei denn, dass die Voraussetzungen der §§ 14 ff. ArbZG vorliegen.

2. Tarifvertragliche Bestimmungen und einzelvertragliche Abreden

Tarifvertragliche Bestimmungen über die Arbeitszeit können die zulässige gesetzliche Arbeitszeit abändern (§ 7 ArbZG). → *Betriebsvereinbarungen* enthalten Regelungen über die zeitliche Lage sowie Beginn und Ende der Arbeitszeit (§ 87 Abs. 1 Nr. 2, 3 BetrVG). Insoweit hat der BR ein erzwingbares Mitbestimmungsrecht (→ *Betriebsrat (Beteiligungsrechte)*). Dagegen kann durch BV die Dauer der Arbeitszeit gegenüber der tariflichen Arbeitszeit nur verändert werden, wenn der TV eine entsprechende Öffnungsklausel (§ 77 Abs. 3 S. 2 BetrVG) enthält.

Einzelvertragliche Abreden über den zeitlichen Umfang der Arbeitspflicht sind selten. Fehlen kollektivrechtliche Vereinbarungen und ist mit den einzelnen AN ausdrücklich nichts vereinbart, muss der

Umfang der Arbeitspflicht durch Auslegung des Arbeitsvertrags unter Hinzuziehung der allgemeinen Auslegungsregeln (§§ 133, 157 BGB) und einer ggf. bestehenden Betriebsübung (→ *Betriebliche Übung*) bestimmt werden. Im Zweifel gilt die regelmäßige betriebliche Arbeitszeit eines vollzeitbeschäftigten AN als stillschweigend vereinbart. Soweit im öffentlichen Dienst für die Arbeitszeit der AN auf diejenige der Beamten verwiesen wird, verändert sich die Arbeitszeit der AN bei einer Änderung der Arbeitszeit der Beamten.

Hinweis: Nach dem Koalitionsvertrag 2018 beabsichtigen die Regierungsparteien die Einführung einer Tariföffnungsklausel im ArbZG zur Schaffung von Experimentierräumen für tarifgebundene Unternehmen, um eine Öffnung für mehr selbstbestimmte Arbeitszeit der AN und mehr betriebliche Flexibilität in der zunehmend digitalen Arbeitswelt zu erproben. Auf Grundlage von diesen TV kann dann mittels BV insbesondere die Höchstarbeitszeit wöchentlich flexibler geregelt werden.

III. Inhalt des ArbZG

1. Geltungsbereich

Das ArbZG gilt mit wenigen Ausnahmen für alle AN in allen Beschäftigungsbereichen. AN iSd Gesetzes sind Arbeiter und Angestellte sowie die zu ihrer Berufsausbildung Beschäftigten. Das ArbZG gilt auch für im Haushalt beschäftigte AN. In Bezug auf die Sonn- und Feiertagsruhe ist das Ladenschlussgesetz für im Einzelhandel beschäftigte AN eine Sonderregelung. Das ArbZG ist **nicht anzuwenden** (§ 18 ArbZG) auf **(a)** → *leitende Angestellte* iSd § 5 Abs. 3 BetrVG sowie Chefärzte, **(b)** Leiter von öffentlichen Dienststellen und deren Vertreter sowie AN im öffentlichen Dienst, die zu selbstständigen Entscheidungen in Personalangelegenheiten befugt sind; **(c)** AN, die in häuslicher Gemeinschaft mit den ihnen anvertrauten Personen zusammenleben und sie eigenverantwortlich erziehen, pflegen oder betreuen; **(d)** den liturgischen Bereich der Kirchen und der Religionsgemeinschaften. Für die Beschäftigung von Jugendlichen unter 18 Jahren gilt anstelle des ArbZG das JArbSchG (§ 18 Abs. 2 ArbZG). Für die Beschäftigung von AN auf Kauffahrteischiffen als Besatzungsmitglieder iSv § 3 SeeArbG gilt anstelle des

ArbZG das Seearbeitsgesetz (§ 18 Abs. 3 ArbZG). Bei der Wahrnehmung hoheitlicher Aufgaben im öffentlichen Dienst können, soweit keine tarifliche Regelung besteht, durch die zuständige Dienstbehörde die für Beamte geltenden Bestimmungen über die Arbeitszeit auf die AN übertragen werden. Insoweit finden die §§ 3–13 ArbZG keine Anwendung (§ 19 ArbZG). Sonderregeln sind ferner vorgesehen für die Beschäftigung in der Luftfahrt (§ 20 ArbZG) und in der Binnenschifffahrt (§ 21 ArbZG).

2. Höchstarbeitszeit

Die werktägliche Arbeitszeit der AN darf acht Stunden nicht überschreiten (§ 3 S. 1 ArbZG). Sie kann ohne bestimmte Anlässe auf bis zu zehn Stunden verlängert werden, wenn innerhalb von sechs Kalendermonaten oder innerhalb von 24 Wochen im Durchschnitt acht Stunden werktäglich nicht überschritten werden (§ 3 S. 2 ArbZG). Ob der AG als Ausgleichszeitraum sechs Kalendermonate oder 24 Wochen wählt, steht in seinem Ermessen, er hat jedoch die Mitbestimmung des BR zu beachten (§ 87 Abs. 1 Nr. 3 BetrVG). Der gesetzliche Höchstrahmen für die Arbeitszeit beträgt daher sechs × acht Stunden = 48 Stunden × 48 Wochen (52 Jahreswochen minus 4 Wochen gesetzlicher Urlaub) = 2 304 Arbeitsstunden. Die Arbeitszeit kann auf bis zu 60 Stunden wöchentlich erhöht werden, wenn innerhalb des gesetzlich festgelegten Ausgleichszeitraumes von 6 Monaten bzw. 24 Wochen die Arbeitszeit von acht Stunden werktäglich nicht überschritten wird. Der Ausgleich der Mehrarbeit innerhalb des Ausgleichszeitraums ist die einzige Voraussetzung für die Verlängerung der regelmäßigen Arbeitszeit. Urlaubs- und Krankheitstage sowie Tage sonstiger Arbeitsbefreiung kommen als Ausgleichstage nicht in Betracht. Sie sind grds. mit einer Regelarbeitszeit von acht Stunden in Ansatz zu bringen. Da die Verlängerung der gesetzlichen Arbeitszeit nur von der Gewährung von Ausgleichszeit abhängig ist, sind praktisch alle Formen der Arbeitszeit-Flexibilisierung möglich. Arbeitszeiten bei mehreren AG sind zusammenzurechnen (§ 2 Abs. 1 ArbZG).

3. Arbeitsverpflichtung

Das ArbZG enthält nur einen gesetzlich zulässigen Höchstrahmen für die Tagesarbeitszeit. Dagegen enthält es keine Aussage zur zeitlichen Verpflichtung des AN, Arbeit zu leisten. Dies gilt sowohl für die Zahl der Arbeitsstunden als auch die Zahl der Werktage in der Woche. In welchem Umfang der AN zur Arbeitsleistung verpflichtet ist, muss im TV, einer BV oder im Einzelarbeitsvertrag festgelegt sein. Vereinbarungen zwischen AG und AN, nach denen der AN verpflichtet wird, über die gesetzlich zulässige Arbeitszeit hinaus zu arbeiten, sind nach § 134 BGB unwirksam. Der AN hat an seiner Arbeitsleistung ein Zurückbehaltungsrecht, ohne dass der AG ihn abmahnen oder kündigen könnte. Arbeitet der AN über die gesetzlich zulässige Arbeitszeit hinaus, erbringt er eine Arbeitsleistung, zu der er nicht verpflichtet ist. Er erwirbt insoweit einen „Vergütungsanspruch" nach § 812 BGB. Erbringt der AN eine Leistung über seine individualvertraglich geschuldete Arbeitsleistung bis zur Dauer der gesetzlich zulässigen Arbeitszeit, muss sich im Wege der Auslegung kollektivrechtlicher oder individualrechtlicher Vereinbarungen ergeben, inwieweit dem AN Anspruch auf Überstundenvergütung zusteht. Das ArbZG enthält keine Anspruchsgrundlage für die Bezahlung von Mehrarbeitsstunden. Es ist als reines Arbeitsschutzgesetz konzipiert. Der AG, der einen AN länger als zehn Stunden beschäftigt oder Überschreitungen der Zehn-Stunden-Grenze duldet, handelt nach § 22 Abs. 1 Nr. 1 ArbZG ordnungswidrig. Die Ordnungswidrigkeit kann mit einer Geldbuße bis zu 15.000 EUR geahndet werden.

4. Tarifverträge und behördliche Ausnahmen

In einem TV oder aufgrund eines TV in einer BV kann zugelassen werden, abweichend von § 3 ArbZG (**a**) die Arbeitszeit über zehn Stunden werktäglich auch ohne Ausgleich zu verlängern, wenn in die Arbeitszeit regelmäßig und in erheblichem Umfang Arbeitsbereitschaft fällt, (**b**) einen anderen Ausgleichszeitraum festzulegen, (**c**) ohne Ausgleich die Arbeitszeit auf bis zu zehn Stunden werktäglich an höchstens 60 Tagen im Jahr zu verlängern (§ 7 Abs. 1 Nr. 1 ArbZG). Regelmäßig bedeutet das, dass es zur Eigenart der Tätigkeit gehören muss, dass Zeiten der Vollarbeit mit Zeiten geringerer Inanspruchnahme wechseln. Das Merkmal der Erheblichkeit wird als erfüllt anzusehen sein, wenn die während der Vollarbeit anfallende Zeit der Arbeitsbereitschaft einen Richtwert von 25–30% erreicht. Die **Kirchen** und die öffentlich-rechtlichen Religionsgemeinschaften können die Arbeitszeit und den Ausgleichszeitraum in ihren Regelungen (→ *Kirche*) vorsehen (§ 7 Abs. 4 ArbZG). Diese regeln üblicherweise die Arbeitszeit durch arbeitsvertragliche Einheitsregelungen.

In einem Bereich, in dem Regelungen durch TV üblicherweise nicht getroffen werden, können Ausnahmen durch die **Aufsichtsbehörde** bewilligt werden, wenn dies aus betrieblichen Gründen erforderlich ist und die Gesundheit der AN nicht gefährdet wird (§ 7 Abs. 5 ArbZG). Schließlich kann die BReg. durch RechtsVO mit Zustimmung des Bundesrats Ausnahmen zulassen, sofern dies aus betrieblichen Gründen erforderlich ist und die Gesundheit der AN nicht gefährdet wird (§ 7 Abs. 4 ArbZG).

IV. Pausen, Ruhezeiten und Nachtarbeit

1. Pausen

Die Arbeit ist durch im Voraus feststehende Ruhepausen von mindestens 30 Minuten bei einer Arbeitszeit von mehr als sechs bis zu neun Stunden und 45 Minuten bei einer Arbeitszeit von mehr als neun Stunden insgesamt zu unterbrechen. Die Ruhezeiten können in Zeitabschnitten von jeweils mindestens 15 Minuten aufgeteilt werden. Länger als sechs Stunden hintereinander dürfen AN nicht ohne Ruhepause beschäftigt werden (§ 4 ArbZG). Der Begriff der Ruhepause ist gesetzlich nicht definiert. Ruhepausen sind im Voraus festgelegte, zumindest jedoch vorhersehbare Zeiten einer Arbeitsunterbrechung von bestimmter Dauer, in denen der AN von jeglicher Arbeitspflicht befreit ist und sich zu keiner Arbeitsleistung bereithalten muss, sondern frei darüber entscheiden kann, wie er diese Freizeit verbringen will. Das Merkmal „im Voraus feststehend“ liegt auch vor, wenn bei Beginn der täglichen Arbeitszeit ein zeitlicher Rahmen feststeht, innerhalb dessen Ruhepausen angetreten werden können (BAG 25.2.2015 – 5 AZR 886/12). Dies ist bei nahezu allen Gleitzeitregelungen gegeben. Tarifvertraglich kann vorgesehen werden, dass Pausen vergütet werden müssen.

Die **Tarifvertragsparteien** und aufgrund eines TV die Betriebspartner können abweichend von § 4 S. 2 ArbZG die Gesamtdauer der Ruhezeiten in Schichtbetrieben und Verkehrsbetrieben auf Kurzpausen von angemessener Dauer aufteilen. Verkehrsbetriebe sind alle öffentlichen und privaten Betriebe, deren Zweck auf die Beförderung von Personen, Gütern, Nachrichten gerichtet ist, sowie die dazugehörigen selbstständigen oder unselbstständigen Hilfs- und Nebenbetriebe.

2. Ruhezeit

Unter Ruhezeit versteht man den Zeitraum zwischen zwei Arbeitsschichten. Nach § 5 Abs. 1 ArbZG müssen AN nach Beendigung der täglichen Arbeitszeit eine ununterbrochene Ruhezeit von mindestens elf Stunden haben. Von dieser Regelung gibt es eine Reihe von Ausnahmen. Die **Dauer** der Ruhezeit kann (**a**) in Krankenhäusern und anderen Einrichtungen zur Behandlung, Pflege und Betreuung von Personen (also etwa Altersheimen), (**b**) in Gaststätten und anderen Einrichtungen zur Bewirtung und Beherbergung; (**c**) in Verkehrsbetrieben; (**d**) beim Rundfunk sowie (**e**) in der Landwirtschaft und in der Tierhaltung um bis zu einer Stunde verkürzt werden, wenn jede Verkürzung der Ruhezeit innerhalb eines Kalendermonats oder innerhalb von vier Wochen durch Verlängerung einer anderen Ruhezeit auf mindestens zwölf Stunden ausgeglichen wird. Weitere **Sonderregelungen** sind für Kraftfahrer vorgesehen im EG-Bereich (§ 5 Abs. 4 ArbZG).

3. Nacht- und Schichtarbeit

(**a**) **Grundsatz:** Für die NachtAN wird der Gesundheitsschutz in § 6 ArbZG geregelt. Die Arbeitszeit der Nacht- und SchichtAN ist nach den gesicherten arbeitswissenschaftlichen Erkenntnissen über die menschengerechte Gestaltung der Arbeit festzulegen (§ 6 Abs. 1 ArbZG). Nacht- und Schichtarbeit wird nicht verboten, sondern nur im Interesse des Gesundheitsschutzes der AN zeitlich begrenzt. Die werktägliche Arbeitszeit der NachtAN darf acht Stunden nicht überschreiten. Sie kann auf bis zu zehn Stunden nur verlängert werden, wenn abweichend vom Ausgleichszeitraum innerhalb von einem Kalendermonat oder innerhalb von vier Wochen im Durchschnitt werktäglich acht Stunden nicht überschritten werden. Für Zeiträume, in denen NachtAN nach § 2 Abs. 5 Nr. 2 ArbZG nicht zur Nachtarbeit herangezogen werden, bleibt es bei dem Ausgleichszeitraum des § 3 ArbZG.

(**b**) **Arbeitswissenschaft:** Über § 6 Abs. 1 ArbZG sollen die Erkenntnisse der Schichtarbeitsforschung in die Schichtplanungsgestaltung einfließen. Die Europäische Stiftung zur Verbesserung der Lebens- und Arbeitsbedingungen in Dublin, hat ihre Erkenntnisse wie folgt zusammengefasst: (**aa**) Möglichst kurze Nachtschichtfolgen, in der Regel nicht mehr als zwei bis vier Nachtschichten; (**bb**) ausreichende Ruhezeiten zwischen den Schichten; (**cc**) regelmäßige freie Wochenenden; (**dd**) keine Arbeitsperioden von acht oder mehr Tagen; (**ee**) Vorwärtswechsel der Schichten, also Früh-, Spät- und Nachtschicht; (**ff**) Flexibilität bei den Übergabezeiten; (**gg**) Spielraum für individuelle Wünsche der AN; (**hh**) rechtzeitige Information der AN über den Schichtplan.

(c) **Ansprüche der Arbeitnehmer:** NachtAN sind berechtigt, sich vor Beginn der Beschäftigung und danach in regelmäßigen Zeitabständen von nicht länger als drei Jahren **arbeitsmedizinisch untersuchen** zu lassen. Nach Vollendung des 50. Lebensjahrs steht NachtAN dieses Recht in Zeitabständen von einem Jahr zu. Die Kosten der Untersuchung trägt der AG. Er kann sie durch einen Betriebsarzt oder überbetrieblichen Dienst von Betriebsärzten durchführen lassen (§ 6 ArbZG). Der AG hat den AN auf dessen Verlangen auf einen für ihn **geeigneten Arbeitsplatz** umzusetzen, wenn (**aa**) nach arbeitsmedizinischer Feststellung die weitere Nachtarbeit den AN in seiner Gesundheit gefährdet, (**bb**) im Haushalt ein Kind unter zwölf Jahren lebt oder (**cc**) der AN einen schwerpflegebedürftigen Angehörigen zu versorgen hat, sofern dem nicht dringende betriebliche Erfordernisse entgegenstehen (§ 6 Abs. 4 ArbZG). Soweit keine tarifvertraglichen Ausgleichsregelungen bestehen, haben NachtAN Anspruch auf eine **angemessene Zahl bezahlter freier Tage bzw. angemessener Zuschläge.** Diese betragen zumindest 25%, bei Dauernachtarbeit 30% und bei Nachtarbeit, die aus zwingenden technischen Gründen oder aus zwingend mit der Art der Tätigkeit verbundenen Gründen unvermeidbar ist, 10% (BAG 9.12.2015 –

10 AZR 423/14). Der BR hat wegen der Ausgleichsregelungen ein erzwingbares Mitbestimmungsrecht nach § 87 Abs. 1 Nr. 7, 10 BetrVG. NachtAN ist der gleiche Zugang zur betrieblichen Weiterbildung und zu aufstiegsfördernden Maßnahmen wie den übrigen AN zu gewähren (§ 6 Abs. 4 ArbZG).

(d) Tarifliche Regelungen: Durch TV und aufgrund eines TV kann abweichend von § 6 Abs. 2 ArbZG bei Arbeitsbereitschaft die Arbeitszeit über zehn Stunden werktäglich hinaus und auch ohne Ausgleich festgesetzt werden (§ 7 Abs. 1 Nr. 4a ArbZG). Solche Vereinbarungen können ferner einen längeren Ausgleichszeitraum bestimmen und den Beginn des siebenstündigen Nachtzeitraums auf die Zeit zwischen 22 und 24 Uhr festlegen, also jeweils um eine Stunde vor- oder zurücklegen (vgl. § 7 Abs. 1 Nr. 4, 5 ArbZG).

▶ Arrest und einstweilige Verfügung

Dies sind Eilverfahren zur Sicherung, in Ausnahmefällen auch zur vorläufigen Befriedigung von Ansprüchen. Der Arrest findet zur Sicherung der Zwangsvollstreckung in das bewegliche oder unbewegliche Vermögen wegen einer Geldforderung oder wegen eines Anspruchs statt, der in eine Geldforderung übergehen kann (§ 916 ZPO). Die einstweilige Verfügung kommt in zwei Formen vor: als Sicherungsmittel sonstiger, nicht auf Geld gerichteter Ansprüche (§ 935 ZPO) oder als Sicherungsmittel eines bestehenden Zustands. Insoweit kann die einstweilige Verfügung auch auf die Befriedigung einer Geldforderung gehen. ArbG und einstweilige Verfügung setzen voraus einen Arrest- (oder Verfügungs-)**Anspruch,** einen Arrest- (oder Verfügungs-)**Grund** und seine **Glaubhaftmachung.** Arrest- oder Verfügungsgrund sind die besonderen Umstände, die die Einleitung eines Eilverfahrens rechtfertigt. Vor allem vor → *Arbeitskämpfen* beantragen Arbeitskampfparteien vielfach einstweilige Verfügungen. Zur Wahrung der Rechte des Verfügungsgegners können Schutzschriften bei den ArbG eingereicht werden, in denen dieser vorsorglich schon zu möglichen Verfügungsanträgen Stellung nimmt.

▶ Aufhebungsvertrag

I. Begriff

Der Aufhebungsvertrag ist die Einigung von AG und AN, das **Arbeitsverhältnis** zu einem bestimmten Zeitpunkt zu **beenden.** Vom Aufhebungsvertrag wird der → *Abwicklungsvertrag* unterschieden, bei dem allein die Rechtsfolgen der Beendigung des Arbeitsverhältnisses geregelt werden. Die Beendigung von Arbeitsverhältnissen durch Aufhebungsvertrag bedarf der Schriftform (§ 623 BGB). Ein ohne Einhaltung der Schriftform abgeschlossener Aufhebungsvertrag ist unwirksam (§ 125 BGB). Keine Schriftform ist beim Aufhebungsvertrag von Organmitgliedern zu wahren, die aufgrund Dienstvertrags beschäftigt werden. Der Aufhebungsvertrag kann das Arbeitsverhältnis auch rückwirkend zu einem Zeitpunkt auflösen, ab dem keine Arbeitsleistung mehr erbracht worden ist. Der Aufhebungsvertrag ist durch Auslegung von einem nachträglich → *befristeten Arbeitsvertrag* abzugrenzen. Ein Aufhebungsvertrag und keine Befristung liegt vor bei einer zeitnahen Beendigung des Arbeitsverhältnisses, die sich regelmäßig an der jeweiligen → *Kündigungsfrist* orientiert und weitere Vereinbarungen über Rechte und Pflichten aus Anlass der vorzeitigen Vertragsbeendigung enthält. Ein **befristeter Arbeitsvertrag** liegt vor, wenn der Beendigungszeitpunkt die jeweilige Kündigungsfrist um ein Vielfaches überschreitet und es an weiteren Vereinbarungen im Zusammenhang mit der Beendigung des Arbeitsverhältnisses fehlt, wie sie im Aufhebungsvertrag regelmäßig getroffen werden (zB Freistellungen, Urlaubsregelungen und ggf. Abfindungen); zur Zulässigkeit des Verzichts auf Ansprüche in einem Aufhebungsvertrag → *Ausgleichsquittung.*

II. Kündigungsschutz, Rücktrittsrecht und Anfechtung

AG und AN sind beim Abschluss eines Aufhebungsvertrags nicht an die Einhaltung von Kündigungsfristen gebunden und frei von behördlichen Zustimmungserfordernissen (§ 168 SGB IX, § 17 Abs. 2 MuSchG). Der Aufhebungsvertrag kann wegen Umgehung des Kündigungsschutzes **unwirksam** sein, wenn das Arbeitsverhältnis enden soll, falls der AN die Arbeit nicht zu einem bestimmten Zeitpunkt aufnimmt. Der vorformulierte Aufhebungsvertrag unterliegt – mit

Ausnahme der Aufhebung als solcher – der Kontrolle nach dem Recht der → *Allgemeinen Geschäftsbedingungen*; das Haustürwiderrufsrecht des § 312g BGB findet jedoch keine Anwendung. Allerdings kann der AN sich vom Aufhebungsvertrag lösen, wenn der AG ihm **keine faire Chance** bei den Vertragsverhandlungen gelassen hat (BAG 7.2.2019 – 6 AZR 75/18). Das Gebot fairen Verhandelns ist aber nicht allein deswegen verletzt, weil der AG dem An für den angebotenen Aufhebungsvertrag keine Bedenkzeit anbietet (BAG 24.2.2022 – 6 AZR 333/21). Nach der Rspr. muss dem AN vor Abschluss des Aufhebungsvertrags auch kein **Rücktrittsrecht** eingeräumt werden; die Vereinbarung eines Rücktrittsrechts in einem TV ist zulässig. Der Aufhebungsvertrag kann vom AN angefochten werden, wenn er unter widerrechtlicher Drohung (§ 123 BGB; → *Anfechtung*) einer sonst erfolgenden → *außerordentlichen Kündigung* abgeschlossen wurde; die Drohung ist widerrechtlich, wenn ein verständiger AG eine solche Kündigung nicht ernsthaft in Erwägung ziehen durfte. Der Prüfungsmaßstab des verständigen AG gilt auch, wenn auf Seiten des AG bei Ausspruch der Drohung ein Rechtsanwalt zugegen ist oder dieser die Drohung selbst ausspricht. Die vorstehenden Grundsätze gelten auch, wenn dem AN eine Bedenkzeit eingeräumt worden ist (BAG 28.11.2007 – 6 AZR 1108/06).

III. Abfindung und Arbeitslosengeld

Der Aufhebungsvertrag und seine Regelungsinhalte stehen idR unter der aufschiebenden Bedingung, dass das Arbeitsverhältnis bis zum vereinbarten Auflösungszeitpunkt fortgesetzt wird. Endet das Arbeitsverhältnis aufgrund einer außerordentlichen Kündigung vor dem Auflösungszeitpunkt, wird der Aufhebungsvertrag einschließlich einer darin vereinbarten **Abfindung** gegenstandslos. Ebenfalls entsteht kein Abfindungsanspruch, wenn der AN vor dem Endzeitpunkt verstirbt. Etwas anderes gilt nur, wenn die Zahlung der → *Abfindung* ausdrücklich auch für den Todesfall vereinbart ist.

Aufhebungsverträge können zu **sozialversicherungsrechtlichen Nachteilen** für den AN führen (→ *Sperrzeit*). Nach der Weisungslage der AA für Arbeit sind Abwicklungs- und Aufhebungsverträge bei der Prüfung des wichtigen Grundes iSd § 159 SGB III gleichgestellt, soweit der Abwicklungsvertrag die in eine Gesamtabsprache eingebunden ist, sog. verdeckte Aufhebungsverträge (FW 159.1.2.1.2.). *(SR)*

► Auflösung des Arbeitsverhältnisses durch Urteil

I. Voraussetzungen

Ist das Arbeitsverhältnis durch die Kündigung des AG im Kündigungsschutzprozess nach Auffassung des ArbG nicht aufgelöst worden, kann auf Antrag des AN (Ausnahmen bei → *Auszubildenden*), wenn ihm die Fortsetzung des Arbeitsverhältnisses nicht zuzumuten ist (§ 9 KSchG), oder im Falle einer ordentlichen Kündigung auf Antrag des AG, wenn eine den Betriebszwecken dienliche weitere Zusammenarbeit nicht zu erwarten ist, das Gericht das Arbeitsverhältnis durch Urteil auflösen und den AG zur Zahlung einer angemessenen **Abfindung** verurteilen (§§ 9, 13 KSchG). Der Auflösungsantrag durchbricht den kündigungsrechtlichen Bestandsschutz. Obwohl die Kündigung unwirksam ist, wird das Arbeitsverhältnis – gegen Zahlung einer Abfindung – aufgelöst. Der AN kann einen Auflösungsantrag bei einer → *ordentlichen Kündigung* und → *außerordentlichen Kündigung* des AG stellen, während der Auflösungsantrag des AG voraussetzt, dass dieser zumindest eine ordentliche Kündigung ausgesprochen hat, die sich „nur" als sozialwidrig iSd § 1 Abs. 2 KSchG erweist und nicht zugleich Rechtsnormen verletzt, die den AN schützen sollen (zB § 102 BetrVG, §§ 168 ff. SGB IX, § 17 MuSchG). Ein Auflösungsantrag kann nach einer → *Änderungskündigung* nur gestellt werden, wenn die Änderungskündigung vom AN nicht unter Vorbehalt angenommen wurde (BAG 24.10.2013 – 2 AZR 320/13). Die Auflösung greift bei der ordentlichen Kündigung zur → *Kündigungsfrist* bei der außerordentlichen Kündigung mit dem Zeitpunkt des Zugangs der Kündigungserklärung. Das Gericht hat den Zeitpunkt der Auflösung im Tenor festzulegen.

II. Gründe für die Auflösung

Der AN kann die Auflösung verlangen, wenn ihm die Fortsetzung des Arbeitsverhältnisses nicht zuzumuten ist. Es ist anerkannt, dass kein wichtiger Grund iSd § 626 Abs. 1 BGB vorliegen muss, der dem AN die Fortsetzung des Arbeitsverhältnisses unzumutbar macht. Die Unzumutbarkeit iSd § 9 Abs. 1 S. 1 KSchG ist nicht mit der Sozialwidrigkeit oder Unbegründetheit der Kündigung gleichzusetzen. Ist eine Kündigung unwirksam, ist die Fortsetzung des Arbeitsverhältnisses nicht allein deshalb unzumutbar. Der AN hat nicht die freie Wahl, ob er das Arbeitsverhältnis fortsetzen oder gegen eine Abfindung ausscheiden will. Die Unzumutbarkeit muss sich aus weiteren Gründen ergeben. Für die Auflösungsgründe des AN nach einer → *außerordentlichen Kündigung* des AG gelten die gleichen Maßstäbe wie nach einer ordentlichen Kündigung, selbst wenn § 13 Abs. 1 S. 3 KSchG nicht ausdrücklich auf § 9 Abs. 1 S. 1 KSchG verweist. Der in einer fristlosen verhaltensbedingten Kündigung enthaltene Vorwurf eines Fehlverhaltens kann aber das Vertrauensverhältnis so stören, dass der AN nicht am Vertragsverhältnis festhalten muss. Eine Unzumutbarkeit für den AN kommt in Betracht, wenn sich der AG auf jeden Fall und um jeden Preis von ihm trennen will. Dies kann die berechtigte Besorgnis begründen, der AG werde den AN – um ihn loszuwerden – bei der Rückkehr in den Betrieb unsachgemäß behandeln, ggf. sogar zu schikanösen Maßnahmen greifen. Weiter kann sich die Unzumutbarkeit der Fortsetzung des Arbeitsverhältnisses aus den Modalitäten der Kündigung selbst ergeben, etwa aus **Beleidigungen** im Zusammenhang mit dem unmittelbaren Ausspruch der Kündigung oder aus unzulässigen Maßregelungen, die mit der Kündigung verbunden sind. Erforderlich ist es wohl nicht, dass die Gründe, auf die der AN sein Begehren stützt, in einem **(inneren) Zusammenhang** mit der Kündigung oder dem Kündigungsschutzprozess stehen. Gründe, die die Auflösung begründen, müssen nicht im schuldhaften Verhalten des Vertragspartners liegen. Entscheidend ist die objektive Lage. Auflösungsgründe können aufgrund zeitlicher Entwicklung an Gewicht verlieren. Der AG kann die Auflösung verlangen, wenn eine den **Betriebszwecken dienliche weitere Zusammenarbeit** nicht mehr zu erwarten ist. Er kann sich zur Begründung seines Auflösungsantrags auf Gründe stützen, auf die er zuvor – erfolglos – seine Kündigung gestützt hat. Die unzureichenden Kündigungsgründe müssen allerdings erkennbar einer weiteren Zusammenarbeit entgegenstehen. Ein betriebsverfassungs- oder personalvertretungsrechtliches Verwertungsverbot für nicht mitgeteilte Kündigungsgründe hindert nicht die Verwertung im Rahmen eines Auflösungsantrags. Das Verhalten dritter Personen ist als Auflösungsgrund des AG nur dann geeignet, wenn der AN dies veranlasst hat. Die Gründe für die Unzumutbarkeit brauchen nicht schon zur Zeit der Kündigung vorzuliegen, sie können sich auch erst während des Prozessverlaufs ergeben. Maßgeblich ist der Zeitpunkt der letzten mündlichen Verhandlung in der Berufungsinstanz. Ansprüche auf Annahmeverzug über den Beendigungszeitpunkt hinaus bestehen für den AN neben der vom ArbG festgesetzten Abfindung nicht.

III. Abfindung

Bei der Bemessung der angemessenen Abfindung hat das Gericht alle Umstände zu berücksichtigen. Die Abfindung kann bis zu zwölf, bei AN, die das 50. Lebensjahr vollendet und mehr als 15 Jahre beschäftigt waren, bis zu 15, bei AN, die das 55. Lebensjahr vollendet und mindestens 20 Jahre beschäftigt waren, bis zu 18 Monatsverdiensten betragen. Hat das Gericht eine Abfindung zuerkannt, kann daneben nicht ein Schadensersatzanspruch wegen Verlustes einer (verfallbaren) Versorgungsanwartschaft geltend gemacht werden. Die Abfindung wird fällig mit der Auflösung des Arbeitsverhältnisses. Eine Verzinsung erfolgt ab Rechtskraft des Urteils. Abfindungsurteile sind vorläufig vollstreckbar. Der AN hat bei teilweiser Abweisung eines von ihm bezifferten Abfindungsbetrags anteilig die Verfahrenskosten zu tragen. *(SR)*

▶ Aufrechnung

Sie führt zu einer wechselseitigen Tilgung zweier sich gegenüberstehender Forderungen durch Verrechnung. Sie kann erfolgen durch einseitige, empfangsbedürftige, rechtsgestaltende und damit bedingungsfeindliche Willenserklärung eines Schuldners, der zugleich Gläubiger der Gegenforderung ist (§§ 387, 388 BGB), oder durch Aufrechnungsvertrag. Grds. ist die Aufrechnung formlos wirksam. Bestimmt ein → *Tarifvertrag,* dass eine Forderung zur Abwendung ihres Verfalls innerhalb einer geltenden Verfallfrist schriftlich geltend zu machen ist, ist die Schriftform für die Erklärung der Aufrechnung einzuhalten.

Die Aufrechnung bewirkt, dass die Forderungen, soweit sie sich decken, als in dem Zeitpunkt erloschen gelten, in dem sie zur Aufrechnung geeignet einander gegenübergetreten sind (§ 389 BGB). Sie setzt voraus, dass zwei Personen einander Leistungen (Gegenseitigkeit) schulden, die ihrem Gegenstande nach **gleichartig** sind (regelmäßig Geldforderungen), wobei die Forderung, mit der aufgerechnet wird, **fällig** und die Forderung, gegen die aufgerechnet wird, **erfüllbar** sein muss (§ 387 BGB). Mit verjährten Forderungen kann noch aufgerechnet werden, sofern sich die Forderung in nicht rechtsverjährter Zeit einander gegenüberstanden (§ 215 BGB). Dagegen kann mit einer verfallenen Forderung (→ *Verfallfristen*) nicht aufgerechnet werden.

Gegenüber dem Anspruch auf Befreiung einer Verbindlichkeit kann der Schuldner nicht mit einem Zahlungsanspruch aufrechnen, der ihm gegen den Gläubiger zusteht. Er kann aber durch Geltendmachung eines **Zurückbehaltungsrechts** ein wirtschaftlich ähnliches Ergebnis erreichen, wenn die Gegenforderung auf demselben rechtlichen Verhältnis beruht wie der Freistellungsanspruch. Ist zur Sicherung der Aufrechnung wegen einer Schadensersatzforderung eine Sicherheitssumme einbehalten worden, ist diese auszuzahlen, wenn die Verfallfrist für die Schadensersatzforderung abgelaufen ist. Gegen eine Lohnforderung kann nur insoweit aufgerechnet werden, wie ihre Pfändung zulässig ist (§ 394 BGB, §§ 850 ff. ZPO). Gegen **unpfändbare** Forderungen kann der AG nur mit Ansprüchen aus vorsätzlich begangener unerlaubter Handlung (Diebstahl, Unterschlagung, Betrug, Sachbeschädigung) aufrechnen. Das Gleiche gilt für Ansprüche aus vorsätzlichen Vertragsverletzungen, soweit dies nach den Umständen des Einzelfalles der Billigkeit entspricht.

► Aufsichtsrat

Dies ist das Aufsichtsorgan einer Aktiengesellschaft (§§ 95 ff. AktG). Er hat zwei Hauptaufgaben: die Bestellung und Abberufung des Vorstands (§ 112 AktG) und die laufende Überwachung der Geschäftsführung des Vorstands (§ 111 AktG). Er besteht aus drei bis

21 Mitgliedern (§ 95 AktG). Der Aufsichtsrat besteht nur aus Vertretern der Aktionäre, wenn die AktG nicht der Mitbestimmung unterliegt; dagegen aus Vertretern der Aktionäre und der AN, wenn die AktG der Mitbestimmung unterliegt. Bei der Wahl der Aufsichtsratsmitglieder ist eine **Geschlechterquote** zu beachten. Danach gilt eine fixe Mindestquote von 30% für Aufsichtsräte von Unternehmen, die börsennotiert sind und der paritätischen Mitbestimmung nach dem Gesetz über die Mitbestimmung der Arbeitnehmer (MitbestG), dem Montan-Mitbestimmungsgesetz (Montan MitbestG) oder dem Montan-Mitbestimmungsergänzungsgesetz (MontanMitbestErgG) unterliegen (→ *Mitbestimmung (Unternehmensmitbestimmung)*). Die Voraussetzungen „börsennotiert“ und „paritätisch-mitbestimmt“ müssen gleichzeitig vorliegen. Betroffen von der Quotenregelung sind Gesellschaften in der Rechtsform der Aktiengesellschaft und der Kommanditgesellschaft auf Aktien. Es handelt sich derzeit um rund 100 Unternehmen. Der Aufsichtsrat kann für einzelne Angelegenheiten **Aufsichtsratsausschüsse** einsetzen. Diese haben die Verhandlungen und Beschlüsse des Aufsichtsrats vorzubereiten oder die Ausführung derselben zu überwachen.

► Aufwendungen

Aufwendungen sind Vermögensopfer, die ein AN zum Zwecke der Erfüllung seines Arbeitsverhältnisses oder auf Weisung des AG erbringt und für deren Abgeltung die vereinbarte → *Arbeitsvergütung* nicht bestimmt ist und die der AN nach dem sonstigen Inhalt seines Arbeitsvertrags in ihren belastenden Auswirkungen nicht endgültig zu tragen verpflichtet ist. Aufwendungen gleichgestellt sind solche Vermögensopfer des AN, die sich als notwendige Folge der Arbeitsleistung ergeben. Der AN kann Ersatz seiner Aufwendungen fordern (§ 670 BGB), sofern diese erforderlich waren oder der AN sie den Umständen nach für erforderlich halten durfte. Erleidet der AN auf einer Dienstfahrt mit seinem eigenen Kraftfahrzeug ohne Verschulden des AG einen **Unfall,** haftet der AG dem AN für den entstandenen Sachschaden, wenn **(1)** er die Benutzung des privaten Fahrzeugs verlangt hat, **(2)** der Unfall bei einer betrieblichen Tätigkeit eingetreten und der Unfallschaden außergewöhnlich hoch ist, **(3)** die Benutzung im Risikobereich des AG, in seinem überwiegenden Interesse und seinem wirklichen und mutmaßlichen Willen erfolgt ist. Beschädigt der AN auf einer Dienstfahrt sein mit Billigung des AG eingesetztes Fahrzeug, gelten die Grundsätze der → *Haftung des Arbeitnehmers.* Der Kraftfahrer kann aber keinen Ersatz für gegen ihn verhängte **Geldbußen** bei Überschreiten von Lenkzeiten verlangen. Der Aufwendungsersatz von Mitgliedern des Wahlvorstands (→ *Betriebsratswahl*) oder des → *Betriebsrats* richtet sich nach den Grundsätzen der Erforderlichkeit (§ 20 Abs. 3, § 40 Abs. 1 BetrVG). Betriebliche Regelungen über den Aufwendungsersatz unterliegen nicht der Mitbestimmung des BR nach § 87 Abs. 1 Nr. 10 BetrVG.

► Ausbildung

→ *Auszubildende*

► Ausbildungskosten

I. Begriff

AN sind an der Erweiterung ihrer beruflichen Bildung interessiert, um mit der erworbenen Qualifikation ihre berufliche Stellung zu verbessern. Der AG, der einem AN ganz oder teilweise die Ausbildungskosten zahlt, erwartet andererseits, dass der AN ihm noch eine gewisse Zeit zur Verfügung steht. Aus diesem Grund hat die Rspr. **Rückzahlungsvereinbarungen** als rechtswirksam anerkannt, mit denen sich der AN zur Erstattung von Aufwendungen des AG verpflichtet, auf die kein Rechtsanspruch bestanden hat. Rückzahlungsklauseln sind im Rahmen der Vertragsfreiheit grds. zulässig, dürfen aber nicht zu einer unzulässigen Kündigungserschwerung des AN und damit zu einer unverhältnismäßigen Einschränkung seiner Berufswahlfreiheit (Art. 12 Abs. 1 GG) führen. Nach § 111 Abs. 1 GewO unzulässig ist eine Kostenbeteiligung des AN an **Fortbildungen, die für die Erbringung seiner Arbeitsleistung** erforderlich sind. Eröffnet die Aus- oder Fortbildung dem AN hingegen erst die Möglichkeit, eine andere als die gegenwärtig ausgeübte Tätigkeit zu übernehmen, wird eine Vereinbarung über eine Kostenbeteiligung nicht vom Verbot des § 111 Abs. 1 BGB erfasst.

Eine Rückzahlungsklausel kann in der Weise vereinbart werden, dass der AN einen bestimmten Betrag an den AG **zurückzahlt,** wenn er bis zu einem bestimmten Zeitpunkt aus dem Betrieb ausscheidet. In diesem Fall werden die Ausbildungskosten zuvor vom AG verauslagt. Möglich ist aber auch eine Einigung dahingehend, dass der AG dem AN einen bestimmten Betrag zweckgebunden (Ausbildung, Umzug) als **Darlehen** zur Verfügung stellt und die Rückzahlungsverpflichtung erlischt, wenn der AN bis zu einem bestimmten Stichtag im Unternehmen verbleibt. Weiterhin ist denkbar, dass der AG dem AN bestimmte Leistungen als **Vorschuss** überlässt, der dann mit demnächst fälligen Leistungen verrechnet wird. Zulässig ist schließlich auch eine Vertragsgestaltung, wonach zunächst der AN die Kosten der Bildungsmaßnahme trägt und sich die Kostentragungspflicht während des festgelegten Bindungszeitraums zeitanteilig auf den AG verlagert.

Werden die Rückzahlungsklauseln in Formulararbeitsverträgen vereinbart, ist das Recht der → *Allgemeinen Geschäftsbedingungen* maßgebend (§§ 310, 305 BGB). Solche Klauseln müssen dem **Transparenzgebot** genügen und hinreichend klar gefasst sein. Daneben dürfen sie den AN nicht unangemessen benachteiligen (§ 307 BGB). Eine solche unangemessene Benachteiligung hat die Rspr. angenommen, wenn die Rückzahlungsverpflichtung erst nach Beginn der Ausbildung erfolgt ist, ein geldwerter Vorteil durch die Ausbildung nicht ersichtlich ist, die Rückzahlungsvereinbarung auch bestehen soll, wenn den AN an der Vertragsbeendigung nach Abschluss der Ausbildung kein Verschulden trifft (zB bei einer betriebsbedingten Kündigung des AG) oder keine zeitanteilige Kürzung der Rückzahlungsschuld vereinbart worden ist.

II. Ausbildung

Voraussetzung für die Vereinbarung einer Rückzahlungsklausel über die für die Ausbildung des AN erbrachten Leistungen ist, dass der AN durch die Ausbildungsmaßnahme eine angemessene Gegenleistung für die Rückzahlungsverpflichtung erhält. Die Bildungsmaßnahme muss ihm besondere Kenntnisse oder Fähigkeiten und Fertigkeiten (erstmalig) vermitteln, die er vereinbarungsgemäß weiterhin im Betrieb einsetzen soll. Die Vereinbarung von Rückzahlungsklauseln ist nur zulässig, wenn der AN durch die Aus- oder Fortbildung einen **geldwerten Vorteil** erlangt, dh wenn er die erworbenen Kenntnisse und Fähigkeiten auch außerhalb des Betriebs des ausbildenden AG verwerten kann und sich die beruflichen Chancen des AN durch die Ausbildung erhöhen. Eine Rückzahlungsvereinbarung ist unwirksam, wenn die durchgeführte Fortbildung zum Inhalt des zwischen den Parteien geschlossenen Arbeitsvertrags gehört.

III. Bindungsdauer

Nach dem Grundsatz der Verhältnismäßigkeit muss ein **angemessenes Verhältnis** zwischen der Dauer der Ausbildung und der Bleibeverpflichtung des AN bestehen. Als Faustformel können vorbehaltlich der Umstände des Einzelfalls folgende Zeiträume gelten: Bei einer Ausbildungsdauer von bis zu einem Monat ohne Verpflichtung zur Arbeitsleistung unter Fortzahlung der Vergütung ist regelmäßig eine Bindungsdauer bis zu sechs Monaten zulässig, bei einer Ausbildungsdauer von bis zu zwei Monaten eine einjährige Bindung, bei einer Ausbildungsdauer von drei bis vier Monaten eine zweijährige Bindung, bei einer Ausbildungsdauer von sechs Monaten bis zu einem Jahr keine längere Bindung als drei Jahre und bei einer mehr als zweijährigen Dauer eine Bindung von fünf Jahren (BAG 19.1.2011 – 3 AZR 621/08). Beurteilungsstichtag ist der Vertragsabschluss.

Die Höhe der Rückzahlungsverpflichtung ist schließlich in **doppelter Hinsicht** begrenzt: Der AG kann höchstens den tatsächlich aufgewandten Betrag zurückverlangen und der AN hat höchstens den vereinbarten Betrag zurückzuzahlen, selbst wenn die Kosten der Ausbildung höher liegen. Das BAG verlangt bei der inhaltlichen Ausgestaltung von Rückzahlungsklauseln, dass sich die Erstattungspflicht des AN **monatlich vermindert.** Die nur jährliche Ermäßigung hat es im Rahmen einer einzelvertraglich vereinbarten Rückzahlungsklausel als unverhältnismäßige Kündigungsbeschränkung angesehen und für unwirksam erklärt, hingegen hält das Gericht in TV entsprechende jährliche Ermäßigungen für zulässig.

► Ausgleichsabgabe

→ *Schwerbehinderte Menschen*

► Ausgleichsquittung

I. Begriff

Eine Ausgleichsquittung ist das schriftliche Bekenntnis einer Partei gegenüber der anderen, bestimmte oder gar keine Ansprüche mehr aus dem Arbeitsverhältnis zu besitzen. Sie wird zumeist bei Beendigung des Arbeitsverhältnisses durch den AN erteilt; der AG hat auf sie jedoch keinen Rechtsanspruch. Welche Rechtsqualität und welchen Umfang die in einer Ausgleichsquittung abgegebenen Erklärungen haben, ist nach den Regeln der §§ 133, 157 BGB durch Auslegung zu ermitteln. In Betracht kommen insbesondere der Erlassvertrag, das konstitutive und das deklaratorische → *Schuldanerkenntnis.* Ein Erlassvertrag (§ 397 Abs. 1 BGB) ist dann anzunehmen, wenn die Parteien vom Bestehen einer bestimmten Schuld ausgehen, diese aber übereinstimmend als nicht mehr zu erfüllen betrachten. Ein konstitutives negatives Schuldanerkenntnis (§ 397 Abs. 2 BGB) liegt vor, wenn der Wille der Parteien darauf gerichtet ist, alle oder eine bestimmte Gruppe von bekannten oder unbekannten Ansprüchen zum Erlöschen zu bringen. Ein deklaratorisches negatives Schuldanerkenntnis ist anzunehmen, wenn die Parteien nur die von ihnen angenommene Rechtslage eindeutig dokumentieren und damit fixieren wollen (BAG 28.5.2008 – 10 AZR 351/07). Die Ausgleichsquittung stellt einen Vergleich (§ 779 BGB) dar, wenn über das Bestehen weiterer Ansprüche gestritten wird und auch der AG zumindest auf einen Teil seiner Forderungen verzichtet. Ausgleichsquittungen sind auch nach Inkrafttreten der Schuldrechtsmodernisierung zulässig. Ein Minderjähriger kann eine Ausgleichsquittung abgeben, wenn er ermächtigt war, den Arbeitsvertrag einzugehen. Ein ausländischer AN muss die Ausgleichsquittung gegen sich gelten lassen, wenn er den Inhalt der von ihm unterschriebenen Erklärung verstanden hat oder sie verstehen konnte, wenn er sie ungelesen unterschreibt. Hat der AG den AN nicht auf die Ausgleichsquittung aufmerksam gemacht, kann eine überraschende Klausel vorliegen, die nicht zum Vertragsinhalt wird oder nach § 305c BGB unwirksam ist (→ *Allgemeine Geschäftsbedingungen*).

II. Einzelfälle

Eine Ausgleichsquittung, in der der AN bei Beendigung des Arbeitsverhältnisses erklärt, keine Forderungen mehr zu haben, ist regelmäßig dahin auszulegen, dass er nur die Richtigkeit der Vergütungsabrechnungen anerkennt. Eine Ausgleichsquittung umfasst den → *Verzicht*, eine → *Kündigung* mittels → *Kündigungsschutzklage* anzugreifen nur dann, wenn dies in der Urkunde eindeutig zum Ausdruck kommt und der AG hierfür eine Leistung an den AN erbringt (zB Zahlung einer → *Abfindung*). Hat dieser bereits Kündigungsschutzklage erhoben, wird regelmäßig nur dann auf die weitere Durchführung des gerichtlichen Verfahrens verzichtet, wenn in der Ausgleichsquittung auf die Klage in irgendeiner Weise Bezug genommen ist oder sich in sonstiger Weise ein eindeutiger Verzicht ergibt.

Eine vergleichsweise erteilte Ausgleichsquittung umfasst grds. nur solche Ansprüche, auf die sich die Vereinbarung nach der übereinstimmenden Vorstellung der Parteien erstreckt. Nicht erfasst werden Rechtsfolgen, die objektiv außerhalb des von den Parteien Vorgestellten liegen und subjektiv unvorstellbar waren. Dies betrifft regelmäßig Ansprüche auf eine betriebliche Altersversorgung und auf ein → *Zeugnis*. Hat der AN bei Beendigung des Arbeitsverhältnisses bescheinigt, dass ihm weitere Ansprüche aus dem Arbeitsverhältnis nicht zustehen, erfasst diese Erklärung regelmäßig nicht Rechte aus einem → *Wettbewerbsverbot*. Streiten die Parteien über die Wirksamkeit einer → *außerordentlichen Kündigung* und wird der Endzeitpunkt des Arbeitsverhältnisses auf einen späteren Zeitpunkt, als in der Kündigung angegeben, festgelegt, werden auch etwaige Ansprüche aus → *Annahmeverzug des Arbeitgebers* erfasst. Ein Verzicht auf **tarifliche Ansprüche** oder solche aus einer BV ist unwirksam (§ 4 Abs. 4 S. 1 TVG, § 77 Abs. 4 S. 2 BetrVG). **Entgeltfortzahlungsansprüche** können durch Ausgleichsquittung nicht erlassen werden, **(1)** wenn sie im Zeitpunkt der Unterzeichnung noch nicht entstanden sind; sie entstehen zu den regelmäßigen Fälligkeitsterminen der Arbeitsvergütung; **(2)** wenn das Arbeitsverhältnis und die Erkrankung noch andauert. Dagegen ist ein Erlass dann möglich, wenn die tatsächlichen Voraussetzungen der → *Entgeltfortzahlung im Krankheitsfall* streitig waren. Wirksam ist die Ausgleichsquittung als Tatsachenvergleich, wenn die Entgeltfortzahlungsansprüche bereits entstanden waren.

III. Rechtsfolgen

Die Rechtsfolgen einer Ausgleichsquittung können beseitigt werden, wenn der AN die → *Anfechtung* erklärt (§ 143 BGB). Die Anfechtung ist aber nicht schon begründet, weil er die Ausgleichsquittung ungelesen unterschrieben hat. Wurde die Ausgleichsquittung vergleichsweise erteilt, ist sie nach § 779 BGB unwirksam, wenn der von beiden Parteien als feststehend zugrunde gelegte Sachverhalt der Wirklichkeit nicht entspricht und bei Kenntnis der Sachlage ein Streit oder eine Ungewissheit nicht entstanden wäre. Der AN kann die Ausgleichsquittung nach § 812 BGB zurückfordern, wenn er nachweist, dass er sie lediglich in der irrigen Annahme, keine Forderung mehr zu haben, unterschrieben hat, während in Wirklichkeit doch noch eine Forderung bestand. Der Ausgleichsquittung kann mit der Einrede der unzulässigen Rechtsausübung begegnet werden, wenn zB der AN den AG durch eine vorsätzliche unerlaubte Handlung geschädigt hat und der AG davon bei Abgabe der Ausgleichsquittung noch keine Kenntnis hatte.

▶ Aushilfsarbeitsverhältnis

Ein Aushilfsarbeitsverhältnis liegt dann vor, wenn der AG das Vertragsverhältnis von vornherein nicht auf Dauer eingehen will, sondern nur, um einen **vorübergehenden Bedarf an Arbeitskräften** zu decken, der nicht durch den normalen Betriebsablauf, sondern durch den Ausfall von Stammkräften oder durch einen zeitlich begrenzten zusätzlichen Arbeitsanfall begründet wird. Aushilfskräfte sind regelmäßig AN. Die Höhe der Vergütung von Aushilfen darf grds. nicht hinter der anderer AN zurückbleiben, selbst wenn in der Praxis überwiegend anders verfahren wird. Dies folgt aus § 4 Abs. 2 TzBfG, wonach ein befristet beschäftigter AN wegen der Befristung seines Arbeitsvertrags **nicht schlechter behandelt werden darf als**

ein vergleichbarer unbefristet beschäftigter AN. Nach § 4 Abs. 2 S. 2, 3 TzBfG sind einem befristet beschäftigten AN das Arbeitsentgelt und andere teilbare geldwerte Leistungen zumindest anteilig zu gewähren, wenn die Leistungen für einen bestimmten Bemessungszeitraum gezahlt werden, es sei denn, für die Ungleichbehandlung besteht ein sachlicher Grund. Auch bei den sonstigen Leistungen des AG wie Urlaubsgewährung (→ *Urlaub*) und → *Entgeltfortzahlung im Krankheitsfall* greifen zum Schutz der AushilfsAN die gesetzlichen Bestimmungen des BUrlG und EFZG ein. Allerdings besteht nach § 3 Abs. 3 EFZG der Anspruch auf Entgeltfortzahlung erst nach vierwöchiger ununterbrochener Dauer des Arbeitsverhältnisses (→ *Wartezeit*). Dauert die Arbeitsunfähigkeit über diesen Zeitraum an, kann der AN nach Ablauf der Wartezeit für sechs Wochen Entgeltfortzahlung verlangen.

Rechtliche Besonderheiten bestehen insbesondere bei dem Abschluss eines → *befristeten Arbeitsvertrags* und Beendigung eines Aushilfsarbeitsverhältnisses. Nach § 14 Abs. 1 S. 1 TzBfG bedarf jede **Befristung** eines sachlichen Grundes. Die möglichen Befristungsgründe sind in § 14 Abs. 1 S. 2 TzBfG genannt, in Betracht kommt insbesondere der Sachgrund des vorübergehenden Bedarfs (Nr. 1). Eine Befristung ist bis zu einer Dauer von zwei Jahren auch ohne Sachgrund zulässig (§ 14 Abs. 2 S. 1 TzBfG). Dies gilt nur dann nicht, wenn mit demselben AG bereits zuvor ein unbefristetes oder befristetes Arbeitsverhältnis bestanden hat. Auf den vorherigen Arbeitsvertragsinhalt oder die Dauer der Befristung kommt es nicht an. Ein befristeter Arbeitsvertrag nach § 14 Abs. 2 S. 1 TzBfG kann bis zu einem Zeitraum von zwei Jahren verlängert werden. Die Anzahl der Verlängerungen ist aber auf drei Verlängerungsverträge beschränkt. Für die Verlängerung ist es nach dem BAG aber erforderlich, dass die schriftliche (!) Vereinbarung über die Verlängerung noch während der Laufzeit des alten Vertrags erfolgt und aus Anlass der Verlängerung der Vertrag inhaltlich nicht geändert wird. Die gesetzliche → *Kündigungsfrist* kann in den ersten drei Monaten weitgehend verkürzt werden (§ 622 Abs. 5 Nr. 1 BGB), wenn der AG bestimmte Formerfordernisse beim Vertragsschluss beachtet. Ein AushilfsAN erwirbt nach einer Beschäftigungszeit von sechs Monaten

→ *Kündigungsschutz*. Die Einstellung und Eingruppierung von Aushilfskräften unterliegt der Mitbestimmung des → *Betriebsrats* nach § 99 BetrVG.

▶ Ausländische Arbeitnehmer

→ *Arbeitsgenehmigung (Aufenthaltstitel)*

▶ Auslösungen

Dies sind zumeist pauschalierte Beträge zur Abgeltung der dem AN **durch eine auswärtige Beschäftigung entstehenden besonderen Aufwendungen.** Zu unterscheiden sind Reisekosten zur auswärtigen Baustelle, Wegegelder und Trennungsentschädigungen. Die Anspruchsvoraussetzungen von Auslösungen und Trennungsentschädigungen sind je nach TV unterschiedlich geregelt. Trennungsentschädigungen werden gezahlt, um den Mehraufwand des AN durch doppelte Haushaltsführung auszugleichen. Der Anspruch auf Trennungsentschädigung richtet sich nach §§ 675, 670 BGB. Er entsteht üblicherweise, wenn der AN vom Hauptwohnsitz auf die auswärtige Arbeitsstelle entsandt wird, nicht dagegen, wenn er für eine auswärtige Beschäftigung von vornherein eingestellt wird.

Auslösungen und Trennungsentschädigung sind zumeist durch → *Tarifvertrag* besonders geregelt. In der Privatwirtschaft sind vor allem der allgemeinverbindliche BRTV-Bau und der sich gegenwärtig im Nachwirkungsstadium befindliche BMTV für die besonderen Arbeitsbedingungen der Montagearbeiter in der Eisen-, Metall- und Elektroindustrie einschließlich des Fahrleitungs-, Freileitungs- und Ortsnetzbaues und des Kabelbaus von Bedeutung. Der BMTV wird regelmäßig kraft Bezugnahme auf die Arbeitsverhältnisse der Montagearbeiter angewandt. Dabei werden als Reisekosten regelmäßig nur die Kosten für den günstigsten Weg zur Arbeitsstelle erstattet.

Nach dem **BRTV-Bau** hat der AG bei einer auswärtigen Beschäftigung auf seine Kosten die ordnungsgemäße Unterkunft zu stellen, die Fahrtkosten abzugelten und einen Verpflegungszuschuss iHv 24 EUR pro Arbeitstag zu zahlen (§ 7 Nr. 4 BRTV-Bau). Das gilt auch für den An- und Abreisetag, sofern eine Arbeitsleistung erbracht wird. Der **BMTV** unterscheidet zwischen Fern- und Nah-Auslösung; maßgebend hierfür sind die Fahrtzeiten der öffentlichen Verkehrsmittel. Nach dem BMTV hat der MontagestammAN Anspruch auf Fern-Auslösung, wenn er nicht täglich nach Hause zurückkehren kann und am Montageort eine Wohnung hat beschaffen müssen. Unerheblich ist dagegen, ob er besondere Aufwendungen für die Beibehaltung seiner bisherigen Wohnung hat.

Die Auslösung gehört grds. nicht zur fortzuzahlenden → *Arbeitsvergütung*. Dies gilt vor allem für die nach den Vorschriften des BMTV gezahlten Nah- und Fern-Auslösungen. Etwas anderes gilt dann, wenn der Pauschalbetrag so angesetzt wird, dass er nicht zum Ersatz der Mehraufwendungen, sondern zur Verbesserung des Lebensstandards dient. In diesen Fällen ist sie auch bei der Bemessung des Urlaubsentgelts und bei der Entgeltfortzahlung zu berücksichtigen. Im TV kann bestimmt werden, dass die Auslösung dann zum Arbeitsentgelt zählt, wenn sie zu versteuern ist. Als zweckgebundene Leistung sind die Auslösung und die Trennungsentschädigung pfändungsfrei. Auslösung als Reisekosten, Mehraufwendungen für doppelte Haushaltsführung sowie als Verpflegungszuschüsse sind bis zur Höhe der steuerrechtlichen Pausch- oder Höchstbeträge in der Sozialversicherung beitragsfrei; im **Einkommensteuerrecht** gelten die im BMF-Schreiben vom 8.11.2017 (BStBl. I 1457) – IV C 5 – S 2353/08/1006 zusammengefassten Grundsätze.

▶ Ausschlussfristen

→ *Verfallfristen*

▶ Außerordentliche Kündigung

I. Begriff und Umdeutung

Die außerordentliche Kündigung ist sowohl bei Arbeitsverhältnissen auf bestimmte Zeit als auch auf unbestimmte Zeit als **ultima ratio** möglich. Das Arbeitsverhältnis kann von jedem Vertragsteil aus wichtigem Grund ohne Einhaltung einer Kündigungsfrist gekündigt werden, wenn Tatsachen vorliegen, aufgrund derer dem Kündigenden unter Berücksichtigung aller Umstände des Einzelfalls und unter Abwägung der Interessen beider Vertragsteile die Fortsetzung des Dienstverhältnisses bis zum Ablauf der Kündigungsfrist oder bis zu der vereinbarten Beendigung des Dienstverhältnisses nicht zugemutet werden kann. Der vertragliche Ausschluss oder die unzumutbare Beschränkung der außerordentlichen Kündigung sind unwirksam. Die einzel- oder kollektivvertragliche Vereinbarung erweiterter Tatbestände, bei denen eine außerordentliche Kündigung gerechtfertigt sein soll, ist auch unwirksam. Die Erklärung einer außerordentlichen Kündigung aus wichtigem Grund muss für den Erklärungsempfänger zweifelsfrei den Willen des Erklärenden erkennen lassen, von der sich aus § 626 Abs. 1 BGB ergebenden besonderen Kündigungsbefugnis Gebrauch zu machen. Sie wird idR als fristlose ausgesprochen; sie kann aber auch entfristet, dh mit **Auslauffrist** erklärt werden. In diesen Fällen muss eindeutig klargestellt werden, dass eine außerordentliche Kündigung mit Auslaufzeit gewollt ist. Ob eine ordentliche oder außerordentliche Kündigung ausgesprochen ist, ist Auslegungsfrage. Eine **Umdeutung** einer → *ordentlichen Kündigung* in eine außerordentliche oder in eine → *Anfechtung* ist ausgeschlossen. Allerdings kann eine außerordentliche Kündigung in eine ordentliche Kündigung umgedeutet werden. Voraussetzung ist aber, dass die ordentliche Kündigung nicht mit Rechtsmängeln behaftet ist. So kann die außerordentliche Kündigung eines → *schwerbehinderten Menschen* nicht in eine ordentliche Kündigung umgedeutet werden, wenn nur die Zustimmung zur außerordentlichen Kündigung beim Integrationsamt beantragt wurde (BAG 23.1.2014 – 2 AZR 372/13). Insbesondere muss die → *Anhörung des Betriebsrats vor dem Kündigungsausspruch* zu einer ordentlichen Kündigung erfolgt sein. Hat der BR einer außerordentlichen Kündigung zugestimmt, so kann eine Umdeutung insoweit in eine ordentliche Kündigung erfolgen. Hat er dagegen widersprochen, so ist eine Umdeutung nur möglich, wenn er vorsorglich auch zur ordentlichen Kündigung angehört worden ist. Erhebt der AN gegen die außerordentliche Kündigung → *Kündigungsschutzklage,* beantragt er automatisch und regelmäßig auch festzustellen, dass das Arbeitsverhältnis auch nicht aufgrund einer umgedeuteten ordentlichen Kündigung endet (BAG 27.6.2019 – 2 AZR 28/19). Für die Annahme, dass sich ein AN, der gegen eine außerordentliche Kündigung Kündigungsschutzklage erhebt, nicht auch gegen eine Auflösung des Arbeitsverhältnisses infolge einer Umdeutung wenden möchte, bedarf es besonderer Anhaltspunkte. Scheitert die Umdeutung einer außerordentlichen Kündigung in eine ordentliche an formellen Mängeln und hat sich das Gericht deswegen nicht mit den Kündigungsgründen befasst, so können diese vom AG noch bei einer später ausgesprochenen Kündigung herangezogen werden (**Wiederholungskündigung**). IdR streiten die Arbeitsvertragsparteien über die Wirksamkeit einer außerordentlichen Kündigung des AG. Allerdings kann auch der AN außerordentlich kündigen. Auch die vom AN ausgesprochene außerordentliche Kündigung bedarf zu ihrer Wirksamkeit eines wichtigen Grunds iSd § 626 Abs. 1 BGB. Es gelten dieselben Maßstäbe wie für die Kündigung des AG (BAG 22.3.2018 – 8 AZR 190/17). Die außerordentliche Kündigung des AN ohne wichtigen Grund führt regelmäßig zur Verhängung einer → *Sperrzeit* beim Bezug des Alg.

II. Wichtiger Grund

1. Begriff

Nach § 626 Abs. 1 BGB können Arbeitsverhältnisse aus wichtigem Grund ohne Einhaltung einer Kündigungsfrist gekündigt werden. Ein wichtiger Grund ist gegeben, wenn Tatsachen vorliegen, aufgrund derer dem Kündigenden die Fortsetzung des Dienstverhältnisses bis zum Ablauf der → *Kündigungsfrist* oder bis zu der vereinbarten Beendigung des Dienstverhältnisses nicht zugemutet werden kann. Hierfür ist der Kündigende **darlegungs- und beweispflichtig**; dies gilt insbesondere auch für die Widerlegung vom Kündigungsadressaten behaupteter Rechtfertigungsgründe, die einen wichtigen Grund ausschließen. Wichtige Gründe können verhaltens-, betriebs- und personenbedingt sein. Bei den beiden zuletzt genannten Gründen wird in aller Regel eine **Auslauffrist** vom AG zu gewähren sein, da ihm der längere Bestand des Arbeitsverhältnisses nicht unzumutbar ist. Es gibt keine absoluten Kündigungsgründe. Es ist stets eine Interessenabwägung im Einzelfall erforderlich.

2. Beispiele für einen wichtigen Grund

(a) → ***Abwerbung.*** Der AN darf während des Arbeitsverhältnisses Vorbereitungen für den künftigen eigenen Geschäftsbetrieb treffen und dies auch im Betrieb erzählen. Er darf jedoch nicht auf seine Kollegen nachhaltig einwirken, mit ihm Arbeitsverhältnisse zu begründen.

(b) Der **Abkehrwille** eines AN, dh der beabsichtigte Wechsel zu einem anderen AG, bildet wegen der Berufsfreiheit des AN grds. keinen wichtigen Grund zur außerordentlichen Kündigung. Unzulässig sind jedoch Vorbereitungshandlungen, die unmittelbar in die Interessen des AG eingreifen.

(c) → ***Arbeitsverweigerung.*** Die beharrliche Weigerung des AN, seine vertraglich geschuldete Arbeitsleistung zu erbringen, ist ein geeigneter Kündigungsgrund. Das gilt auch für die beharrliche Verletzung von Nebenpflichten. Ein unverschuldeter Rechtsirrtum liegt nur vor, wenn der AN seinen Irrtum auch unter Anwendung der zu beachtenden Sorgfalt nicht erkennen konnte.

(d) Alkoholmissbrauch *(→ Alkohol)*. Eine außerordentliche Kündigung kommt ausnahmsweise in Betracht, etwa bei einem Busfahrer, der alkoholisiert Personen im öffentlichen Nahverkehr transportiert. Verstößt ein AN infolge einer **Alkoholabhängigkeit** gegen arbeitsvertragliche Pflichten, ist ihm zum Zeitpunkt der Pflichtverletzung regelmäßig kein Schuldvorwurf zu machen.

(e) Anzeige. Leichtfertige ungerechtfertigte Strafanzeigen gegen den AG (→ *Anzeige gegen den Arbeitgeber (Whistleblowing)*) können einen wichtigen Grund darstellen.

(f) Arbeitskampf. Die Teilnahme an einem rechtmäßigen → *Streik* rechtfertigt keine außerordentliche Kündigung, weil die Arbeitsniederlegung keinen Arbeitsvertragsbruch darstellt.

(g) Ausländerfeindliche Äußerungen können eine schwere Verletzung arbeitsvertraglicher Pflichten sein (BVerfG 2.11.2020 – 1 BvR 2727/19).

(**h**) Grobe **Beleidigungen** des AG oder anderer AN können eine fristlose Kündigung rechtfertigen. Entsprechendes gilt für bewusst wahrheitswidrig aufgestellte Tatsachenbehauptungen als üble Nachrede.

(**i**) Ein **Betrug** zu Lasten des AG – etwa Spesen- oder Arbeitszeitbetrug – ist grds. auch bei verhältnismäßig geringen Beträgen ein wichtiger Kündigungsgrund.

(**j**) Ein **Diebstahl** des AN zum Nachteil des AG – auch geringwertiger Sachen – kann eine außerordentliche Kündigung rechtfertigen.

(k) Internetnutzung. Ein AN verstößt ganz erheblich gegen seine arbeitsvertraglichen Pflichten, wenn er ein ausdrückliches und fortlaufend wiederholtes Verbot des AG missachtet, das Internet privat zu nutzen. Das gilt auch für wiederholte private, unerlaubte Telefongespräche oder sonstige Mediennutzung.

(l) Kirche. Ein wichtiger Grund zur Kündigung eines AN in einer kirchlichen Einrichtung (→ *Kirche*) kann gegeben sein, wenn dieser gegen tragende Grundsätze des Kirchenrechts verstößt. Sie darf den AN allerdings nicht wegen der Religion benachteiligen (BAG 20.2.2019 – 2 AZR 746/14).

(m) Krankheitsbedingte Fehlzeiten können allenfalls dann einen wichtigen Grund bilden, wenn eine ordentliche Kündigung tariflich oder vertraglich ausgeschlossen ist, wobei grds. eine der ordentlichen Kündigungsfrist entsprechende Auslauffrist einzuhalten ist (→ *Unkündbarkeit*).

(n) Schlechtleistungen des AN rechtfertigen in der Regel keine außerordentliche Kündigung.

(o) Schmiergelder. Wer sich als AN bei vertraglichen Aufgaben Vorteile versprechen lässt oder entgegennimmt, die ihn in seinem geschäftlichen Verhalten zugunsten Dritter und zum Nachteil seines AG beeinflussen können, gibt dem AG regelmäßig einen Grund zur fristlosen Kündigung.

(p) Selbstbeurlaubung sowie unbefugte Urlaubsüberschreitungen können einen wichtigen Grund für die Kündigung darstellen. Das gilt auch während einer Prozessbeschäftigung durch auflösend bedingte Fortsetzung des Arbeitsvertrags (BAG 20.5.2021 – 2 AZR 457/20).

(q) **Sexuelle Belästigungen** von Kolleginnen und Kollegen nach § 3 Abs. 4 AGG am Arbeitsplatz auch gegenüber LeihAN können eine außerordentliche Kündigung rechtfertigen (→ *sexuelle Belästigung am Arbeitsplatz*).

(r) Durch die Verbüßung einer längeren **Strafhaft** wird dem AN die Arbeitsleistung unmöglich, so dass im Einzelfall eine außerordentliche Kündigung berechtigt sein kann.

(s) Häufige **Unpünktlichkeit** kann trotz mehrfacher Abmahnungen nur ausnahmsweise ein Grund zur außerordentlichen Kündigung sein.

(t) **Untersuchung.** Die Verletzung einer Nebenpflicht des AN, bei gegebener Veranlassung auf Wunsch des AG an einer ärztlichen Untersuchung zur Feststellung der Arbeitsfähigkeit mitzuwirken, ist „an sich" geeignet, einen wichtigen Grund darzustellen.

(u) **Verdachtskündigung.** Der dringende Verdacht einer strafbaren Handlung oder einer sonstigen schweren arbeitsvertraglichen Pflichtverletzung kann ein wichtiger Grund zur außerordentlichen Kündigung (→ *Verdachtskündigung*) sein.

3. Verhältnismäßigkeit der Kündigung

Stets ist zu prüfen, ob nicht als **milderes, aber gleich geeignetes Mittel** eine → *Abmahnung* oder → *ordentliche Kündigung* ausreichen kann. Zu den Umständen, anhand derer zu beurteilen ist, ob dem AG die Weiterbeschäftigung des AN zumindest bis zum Ablauf der Kündigungsfrist zumutbar ist oder nicht, gehören jedenfalls die Dauer des Arbeitsverhältnisses und dessen störungsfreier Verlauf. Hat das Arbeitsverhältnis viele Jahre ungestört bestanden, bedarf es genauer Prüfung, ob die dadurch verfestigte Vertrauensbeziehung der Vertragspartner durch eine erstmalige Enttäuschung des Vertrauens vollständig und unwiederbringlich zerstört werden konnte. Dabei ist ein objektiver Maßstab entscheidend.

III. Erklärungsfrist, Verwirkung, Verzicht

Nach § 626 Abs. 2 BGB muss eine außerordentliche Kündigung (auch im Falle tariflicher Regelung) **innerhalb von zwei Wochen** erklärt werden. Die Frist beginnt mit dem Zeitpunkt, in dem der Kündigungsberechtigte von den für die Kündigung maßgebenden Tatsachen Kenntnis erlangt. Dies ist der Fall, sobald er eine zuverlässige und hinreichend vollständige Kenntnis der einschlägigen Tatsachen hat, die ihm die Entscheidung darüber ermöglicht, ob er das Arbeitsverhältnis fortsetzen soll. Das umfasst diejenigen Umstände, die das Gewicht einer Pflichtverletzung im Geflecht von weiteren an einem Fehlverhalten beteiligten AN betreffen. Auch grob fahrlässige Unkenntnis setzt die Frist nicht in Gang. Es besteht keine Obliegenheit des AG, belastende Tatsachen zu ermitteln, die einen wichtigen Grund zur außerordentlichen Kündigung begründen (BAG 27.2.2020 – 2 AZR 570/19). Allerdings kann sich der AG sich wegen **Treu und Glauben** nicht auf die Wahrung der Kündigungserklärungsfrist berufen, wenn er es zielgerichtet verhindert hat, dass eine für ihn kündigungsberechtigte Person bereits zu einem früheren Zeitpunkt Kenntnis von den für die Kündigung maßgebenden Tatsachen erlangte, oder wenn sonst eine Abwägung aller Umstände des Einzelfalls ergibt, dass sich die späte Kenntniserlangung einer kündigungsberechtigten Person als unredlich darstellt. Die Beauftragung einer Abteilung für → *Compliance* mit der Ermittlung möglicher Pflichtverstöße von AN ist für sich genommen nicht unredlich, sondern sachgerecht (BAG 5.5.2022 – 2 AZR 483/21). Vorbehaltlich eines völligen Auswechselns ist das Nachschieben von Kündigungsgründen, die bei Ausspruch einer außerordentlichen Kündigung bereits objektiv vorlagen, dem AG aber noch nicht bekannt waren, nicht ausgeschlossen (BAG 12.1.2021 – 2 AZN 724/20). Die Frist kann weder durch → *Tarifvertrag* noch durch → *Betriebsvereinbarung* verlängert werden. Für die **Einhaltung der Frist** ist der Kündigende darlegungs- und beweispflichtig. Im Fall der Zustimmung des Integrationsamts zur außerordentlichen Kündigung eines → *schwerbehinderten Menschen* ist die Einhaltung der Frist nicht mehr zu prüfen (BAG 22.7.2021 – 2 AZR 193/21). Die Kündigung muss jedoch idR unverzüglich nach der Zustimmung oder ihrer Fiktion erklärt werden (§ 174 Abs. 5 SGB IX).

Besonderheiten gelten bei **Dauertatbeständen:** Bei eigenmächtigem **Urlaubsantritt** beginnt die Ausschlussfrist erst mit der Rückkehr des AN aus dem Urlaub. Fehlt der AN unentschuldigt, beginnt die Erklärungsfrist des § 626 Abs. 2 BGB für eine hierauf gestützte außerordentliche Kündigung mit dem Ende der unentschuldigten Fehlzeit. Wird die Kündigung auf einen fortdauernden Zustand gestützt, beginnt die Frist mit der Beendigung des Zustands. Bei der dauernden krankheitsbedingten Unfähigkeit, die geschuldete Arbeitsleistung zu erbringen, reicht es aus, dass diese in den letzten zwei Wochen vor Ausspruch der Kündigung angehalten hat. Wird die außerordentliche Kündigung auf mehrere Dienstverfehlungen gestützt, so sind frühere verfristet, es sei denn, dass sie in einem inneren Zusammenhang mit der späteren stehen. Der betriebsbedingte Wegfall der Beschäftigungsmöglichkeit stellt ebenfalls einen Dauertatbestand dar.

Der AG darf auch die zur Entlastung des AN sprechenden Argumente ermitteln, indes ist der Fristablauf nicht mehr gehemmt, wenn alle Umstände aufgeklärt sind. Das Gesetz will damit lange Unsicherheitszeiten vermeiden. Bei strafbaren Handlungen wird der Abschluss des Straf- oder Disziplinarverfahrens zumeist abgewartet werden können. Der Berufung des AN auf den Fristablauf kann mit der Einrede der **Arglist** begegnet werden. Versäumt der AG die Frist des § 626 Abs. 2 BGB, kann die Kündigung dennoch wirksam werden, wenn der AN **nicht** rechtzeitig → *Kündigungsschutzklage* erhebt (§ 7 KSchG). Der AG muss den BR nicht darüber unterrichten, warum er davon ausgeht, die Kündigungserklärungsfrist sei in Bezug auf eine beabsichtigte außerordentliche Kündigung gewahrt (BAG 7.5.2020 – 2 AZR 678/19).

Innerhalb der Zwei-Wochen-Frist kommt eine → *Verwirkung* der außerordentlichen Kündigung nicht in Betracht. Auf das **Recht zur außerordentlichen Kündigung** kann nach Eintritt des Kündigungsgrunds **verzichtet** werden. Ein → *Verzicht* ist idR anzunehmen, wenn der Kündigungsberechtigte in Kenntnis des wichtigen Grundes eine ordentliche Kündigung ausspricht oder sonst den außerordentlichen Kündigungsgrund verzeiht oder eine vorbehaltlose → *Abmahnung* erteilt. Durch Zeitablauf, Verwirkung, Verzicht oder

Verzeihung ausgeschlossene Kündigungsgründe können ergänzend zur Würdigung neuer Gründe für eine Kündigung herangezogen werden.

IV. Schadensersatz

Eine unwirksame außerordentliche Kündigung kann eine zum Schadensersatz verpflichtende Vertragsverletzung sein. Ferner kann eine Fürsorgepflichtverletzung vorliegen, wenn ein AN fristlos gekündigt wird, nachdem er die Beendigung des Arbeitsverhältnisses angestrebt hat. Der außerordentlich Kündigende kann zudem nach § 628 Abs. 2 BGB Schadensersatz verlangen, wenn die Kündigung durch vertragswidriges Verhalten des anderen Teils veranlasst ist. Ein Schadensersatzanspruch nach § 628 Abs. 2 BGB setzt voraus, dass ein Auflösungsverschulden mit dem Gewicht eines wichtigen Grundes vorliegt und die Zwei-Wochen-Frist des § 626 Abs. 2 S. 1 BGB eingehalten ist. Haben beide Vertragsteile eines Dauerschuldverhältnisses schuldhaft die Vertragsgrundlage zerrüttet, so kann die Würdigung aller Umstände ergeben, dass der Vertragsteil, der die Zerrüttung überwiegend verschuldet hat, nicht wegen Unzumutbarkeit der Fortsetzung des Vertrags kündigen kann. Ist bei beiderseitiger Zerrüttung die fristlose Kündigung eines Dauerschuldverhältnisses wirksam, hat der andere Teil, der am Vertrag festhält, wegen des ihm durch die Kündigung entstandenen Schadens keinen Ersatzanspruch. Der Schadensersatzanspruch ist zeitlich begrenzt. Nach dem Zweck der Norm beschränkt sich der Anspruch grds. auf den dem kündigenden AN bis zum Ablauf der Kündigungsfrist einer fiktiven Kündigung entstehenden Verdienstausfall, zu dem aber eine angemessene Abfindung entsprechend §§ 9, 10 KSchG hinzuzurechnen ist. Wird ein Arbeitsverhältnis außerordentlich gekündigt, hat der AN grds. Anspruch auf anteilmäßige Vergütung (§ 628 Abs. 1 S. 1 BGB). Diese fällt nur dann nach § 628 Abs. 1 S. 2 BGB weg, wenn die bisherigen Leistungen gerade wegen der Beendigung der Tätigkeit für den AG nicht mehr von Interesse sind. *(SR)*

▶ Außertarifliche Angestellte

→ *Angestellte*

▶ Aussperrung

Aussperrung ist die von einem oder mehreren AG planmäßig erfolgende Arbeitsausschließung zur Erreichung eines Arbeitskampfziels. Die Aussperrung kann regelmäßig nur mit einer das Arbeitsverhältnis suspendierenden Wirkung erklärt werden, wobei auch schwangere Frauen, arbeitsunfähig erkrankte AN und → *schwerbehinderte Menschen* ausgesperrt werden können. Eine lösende Aussperrung, dh die Arbeitsverhältnisse werden durch die Aussperrung beendet, ist unverhältnismäßig und daher unzulässig. Wie beim → *Streik* wird zwischen Angriffs- und Abwehraussperrung unterschieden. **Angriffsaussperrungen** sind Aussperrungen, bei denen die AG in einem Tarifgebiet den → *Arbeitskampf* eröffnen und dabei ein eigenes kollektivvertragliches Regelungsziel verfolgen. Sie sind in der BRD bisher kaum vorgekommen. Die Zulässigkeit der **Abwehraussperrung** leitet das BAG aus der Tarifautonomie ab. Sie ist als Druckmittel zur Durchsetzung von Tarifforderungen zulässig; das Verbot der Aussperrung in der Hessischen Landesverfassung verstößt gegen Bundesrecht. Die Aussperrung muss eindeutig vom aussperrenden Verband oder AG erklärt werden. Hieran fehlt es, wenn bei einer Betriebsschließung unklar bleibt, ob der AG nur auf streikbedingte Betriebsstörungen reagieren oder selbst eine Kampfmaßnahme ergreifen will. Aus dem Grundsatz der Verhältnismäßigkeit und dem Übermaßverbot folgt jedoch nach der Rspr. eine örtliche und zeitliche Beschränkung der Abwehraussperrung. Kurzstreiks von einer halben Stunde können zB nicht mit einer zweistündigen Aussperrung beantwortet werden. Genaue Festlegungen für das Verhältnis von Streik und Aussperrung fehlen jedoch.

▶ Auswahlrichtlinien

I. Begriff

Auswahlrichtlinien gehören zur → *Personalplanung.* In Auswahlrichtlinien werden **fachliche** und **persönliche Voraussetzungen** für AN aufgestellt, die bei personellen Einzelmaßnahmen zu beachten sind. Sie sind nicht zu verwechseln mit mitbestimmungsfreien Anforderungsprofilen, in denen für einen bestimmten Arbeitsplatz die fachlichen, persönlichen und sonstigen Anforderungen abstrakt festgelegt werden, die ein Stelleninhaber erfüllen soll, mitbestimmungsfreien → *Stellenbeschreibungen* für die Arbeitsplatzbewertung (→ *Eingruppierung*) und Führungsrichtlinien, in denen der Einsatz der einzelnen Führungsmittel, die Verantwortlichkeit der Vorgesetzten und Mitarbeiter sowie deren Informations- und Kommunikationspflicht geregelt sind.

II. Beteiligungsrechte

Nach § 95 Abs. 1 BetrVG hat der BR ein Mitbestimmungsrecht iS eines Zustimmungserfordernisses, wenn der AG für die personelle Auswahl bei Einstellungen, → *Versetzungen*, Umgruppierungen oder → *betriebsbedingten Kündigungen* Richtlinien aufstellt; die einmalige Verwendung der Auswahlrichtlinie ist ausreichend. In → *Betrieben* mit mehr als 500 AN kann der BR die Aufstellung von Richtlinien über die bei Personalentscheidungen zu beachtenden Voraussetzungen und sozialen Gesichtspunkte verlangen und gegen den Willen des AG durchsetzen (§ 95 Abs. 2 BetrVG); dies gilt auch beim Einsatz von Künstlicher Intelligenz (§ 95 Abs. 2a BetrVG). Auswahlrichtlinien können auch in TV enthalten sein und das Mitbestimmungsrecht aus § 95 BetrVG einschränken. Kommt es zwischen AG und BR nicht zu einer Einigung über die Auswahlrichtlinien, entscheidet die → *Einigungsstelle* verbindlich. Verstößt der AG bei personellen Maßnahmen gegen die Auswahlrichtlinien, hat der BR ein **Zustimmungsverweigerungs**- bzw. **Widerspruchsrecht** (§§ 99, 102 BetrVG; → *Anhörung des Betriebsrats vor dem Kündigungsausspruch*). Die Auswahlrichtlinien haben höherrangiges Recht und die Grundsätze des § 75 BetrVG (→ *Gleichbehandlung der Arbeitnehmer*) zu beachten. Sie sind unwirksam, wenn etwa bei einer betriebsbedingten Kündigung für die **Sozialauswahl** die gesetzlich vorgesehenen Auswahlgesichtspunkte unzureichend berücksichtigt werden. Die Auswahlrichtlinien müssen daher Lebensalter, Betriebszugehörigkeit, Unterhaltsverpflichtungen und eine Schwerbehinderung angemessen bewerten. Eine individuelle Abschlussprüfung müssen Auswahlrichtlinien bei Kündigungen aber nicht vorsehen.

▶ Auszubildende

I. Berufsausbildung

Auszubildende werden im Rahmen ihrer Berufsausbildung beschäftigt. Die Berufsausbildung ist nach § 1 BBiG neben der Berufsausbildungsvorbereitung, der beruflichen Fortbildung und der beruflichen Umschulung ein Teil der Berufsbildung. Bei dem Begriff der Berufsbildung handelt es sich um den Oberbegriff dieser im BBiG geregelten Ausbildungsarten. Der Begriff der Berufsausbildung wird in § 1 Abs. 3 BBiG näher beschrieben. Die Berufsausbildung hat die für die Ausübung einer qualifizierten beruflichen Tätigkeit notwendigen beruflichen Fertigkeiten, Kenntnisse und Fähigkeiten in einem geordneten Ausbildungsgang zu vermitteln. Daneben hat sie den Erwerb der erforderlichen Berufserfahrungen zu ermöglichen.

Die Berufsausbildung findet aufgrund einer **Ausbildungsordnung** in einem geordneten Ausbildungsgang (§ 4 Abs. 1 BBiG) statt. Dies ist für die Berufsausbildung von Jugendlichen unter 18 Jahren von Bedeutung, die nur in einem anerkannten Ausbildungsberuf ausgebildet werden dürfen (§ 4 Abs. 3 BBiG). Entspricht die Berufsausbildung ansonsten den Anforderungen des § 1 Abs. 3 BBiG, können volljährige Personen auch in anderen Berufen ausgebildet werden.

Im Gegensatz zu schulischen Ausbildungsverhältnissen geht das Recht der **Berufsausbildung** vom sog. **dualen System** aus, das sich durch das **Zusammenwirken von betrieblicher und schulischer Bildung** (Berufsschule) auszeichnet. Für Berufsbildungsverhältnisse in berufsbildenden Schulen, die den Schulgesetzen der Länder unterstehen, gilt das Berufsbildungsgesetz nach § 3 Abs. 1 BBiG nicht. Wird aber bei einem Berufsbildungsverhältnis sowohl eine theoretische wie auch eine praktische Ausbildung durchgeführt, ist für die Frage, ob ein rein schulisches oder ein Ausbildungsverhältnis nach dem BBiG vorliegt, maßgeblich, welche Ausbildungsart überwiegt. Liegt das Schwergewicht auf der praktischen Ausbildung mit einer arbeitsrechtlich-betrieblichen Ausgestaltung, findet das BBiG Anwendung.

Nach § 63 PflBG gelten die Vorschriften des BBiG nicht für die Ausbildung in **Krankenpflegeschulen,** ebenso sind Hebammen und

Entbindungspfleger nach dem HebG von seinem Geltungsbereich ausgenommen.

II. Abgrenzung zu anderen Arbeitnehmergruppen

Von den Auszubildenden, die zu dem Ausbildenden in einem Berufsausbildungsverhältnis stehen, sind andere Vertragsverhältnisse von ANgruppen zu unterscheiden, in denen gleichfalls die Vermittlung von Kenntnissen und Fähigkeiten erfolgt. Als Auszubildende iSd §§ 10 ff. BBiG gelten nicht: Anlernlinge, Volontäre, Praktikanten, Personen in einem Berufsausbildungsvorbereitungs-, Fortbildungs- und Umschulungsverhältnis oder Beschäftigte in einem Arbeitsverhältnis mit Fortbildungs- und Ausbildungscharakter.

Anlernlinge sind solche Personen, denen nur auf einem begrenzten beruflichen Gebiet und nicht im Rahmen einer Ausbildungsordnung Kenntnisse, Fertigkeiten oder Erfahrungen vermittelt werden. Die Dauer der Anlernzeit liegt regelmäßig deutlich unter der Ausbildungszeit eines anerkannten Ausbildungsberufs. Auf das Anlernverhältnis finden über § 26 BBiG weitgehend die Vorschriften §§ 10–24 BBiG Anwendung. Nach Inkrafttreten des BBiG ist die Unterscheidung zwischen Auszubildendem und Anlernling weitgehend überholt.

Als **Volontäre** werden solche Personen angesehen, die ihre Berufskenntnisse erweitern oder zusätzliche Kenntnisse in einem fremden Beruf erwerben, aber keinen geordneten Ausbildungsgang absolvieren. Hauptpflicht des AG ist die Ausbildung des Volontärs, während dieser sich zur Leistung der zur Erreichung dieses Ziels erforderlichen Dienste verpflichtet. Nach § 26 BBiG findet das Berufsbildungsgesetz auch auf Volontäre weitgehende Anwendung. Zwar hat nach § 82a HGB ein (kaufmännischer) Volontär seine Dienste unentgeltlich zu erbringen, wegen der Regelung in § 17 BBiG besteht dennoch Anspruch auf eine angemessene Vergütung.

Zu den **Praktikanten** (→ *Praktikant*) zählen Personen, die sich einer bestimmten betrieblichen Tätigkeit und Ausbildung im Rahmen einer schulischen bzw. wissenschaftlichen Gesamtausbildung unterziehen, dabei aber keine systematische Berufsausbildung absolvieren. Auch für Praktikanten finden grds. über § 26 BBiG weitgehend die Vorschriften §§ 10–24 BBiG Anwendung. Ob dies auch für Studenten gilt, die im Rahmen ihres Studiums ein Praktikum absolvieren müssen, ist zweifelhaft. Differenzierte Regelungen gelten nach § 22 Abs. 1 MiLoG für Praktikanten beim → *Mindestlohn* (BAG 19.1.2022 – 5 AZR 217/21).

Nicht in einem Berufsausbildungsverhältnis stehen Personen, die sich in einem **Berufsausbildungsvorbereitungsverhältnis** befinden. Die Berufsausbildungsvorbereitung richtet sich an lernbeeinträchtigte oder sozial benachteiligte Personen, deren Entwicklungsstand eine erfolgreiche Ausbildung in einem anerkannten Ausbildungsberuf noch nicht erwarten lässt. Sie muss nach Inhalt, Art, Ziel und Dauer den besonderen Erfordernissen dieses Personenkreises entsprechen und durch umfassende sozialpädagogische Betreuung und Unterstützung begleitet werden (§ 68 Abs. 1 BBiG). Berufsausbildungsvorbereitungsverhältnisse werden regelmäßig nach § 56 SGB III von der Arbeitsverwaltung gefördert.

Personen in einem beruflichen **Fortbildungsverhältnis** zählen gleichfalls nicht zu den Auszubildenden iSd §§ 10–24 BBiG. Nach § 1 Abs. 4 BBiG soll es die berufliche Fortbildung ermöglichen, die berufliche Handlungsfähigkeit zu erhalten und anzupassen oder durch eine → *Fortbildung* der höherqualifizierenden Berufsbildung zu erweitern und beruflich aufzusteigen. Sie setzt grds. eine Berufsausbildung voraus.

Ein **Umschulverhältnis** (§ 1 Abs. 5 BBiG) soll dem Umschüler die für eine andere als die zuvor erlernte Tätigkeit notwendigen Kenntnisse, Fertigkeiten und Erfahrungen vermitteln. Auf den Umschulungsvertrag sind die Vorschriften des BBiG nicht anwendbar. Der Umschüler ist regelmäßig AN des Betriebs, in den er tatsächlich eingegliedert ist und in dem die Ausbildung stattfindet.

Gleichfalls kein Berufsausbildungsverhältnis liegt vor, wenn die Durchführung der beruflichen Aus- und Fortbildung im Rahmen eines **bestehenden Arbeitsverhältnisses** erfolgt.

III. Berufsausbildungsvertrag

1. Form des Vertragsschlusses und Vertragsniederschrift

Die Möglichkeiten zur freien Vertragsgestaltung sind im Berufsausbildungsverhältnis weitgehend durch gesetzliche Vorschriften eingeschränkt. Zwar sind nach § 10 Abs. 2 BBiG grds. die für den Arbeitsvertrag geltenden Rechtsvorschriften und Rechtsgrundsätze anzuwenden. Nach der genannten Vorschrift gilt dies jedoch nur, soweit sich aus seinem Wesen und Zweck und aus dem BBiG nicht etwas anderes ergibt. Hierzu ergänzend bestimmt § 25 BBiG, dass von den §§ 10–24 BBiG abweichende Vereinbarungen zu Ungunsten des Auszubildenden nichtig sind.

Nach § 10 Abs. 1 BBiG wird im Rahmen eines Berufsausbildungsverhältnisses ein **Berufsausbildungsvertrag** zwischen Ausbildenden und Auszubildenden geschlossen. Der Vertrag kann zwar nicht nur schriftlich, sondern auch mündlich wirksam abgeschlossen werden. Der Ausbildende hat aber nach § 11 Abs. 1 BBiG unverzüglich nach Abschluss des Berufsausbildungsvertrag, spätestens vor Beginn der Berufsausbildung, den wesentlichen Inhalt des Vertrages schriftlich niederzulegen; die elektronische Form ist ausgeschlossen. Der **Inhalt der Vertragsniederschrift** ist für Berufsausbildungsverhältnisse durch § 11 Abs. 1 BBiG zwingend vorgeschrieben. Danach muss die Niederschrift mindestens enthalten: Art, sachliche und zeitliche Gliederung und Ziel der Berufsausbildung, Beginn und Dauer der Berufsausbildung, die sich aus der Ausbildungsordnung ergebenden Ausbildungsmaßnahmen außerhalb der Ausbildungsstätte, die Dauer der regelmäßigen täglichen Ausbildungs- und der Probezeit, die Zahlung und Höhe der Vergütung, die Vergütung oder den Ausgleich von Überstunden, die Urlaubsdauer, die Kündigungsvoraussetzungen, einen Hinweis auf die für das Berufsausbildungsverhältnis geltenden Kollektivvereinbarungen (TV und BV) und die Form des Ausbildungsnachweises iSv. § 13 Abs. 2 Nr. 7 BBiG. Wird die Berufsausbildung in Teilzeit durchgeführt, ist im Berufsausbildungsvertrag für die gesamte Ausbildungszeit oder für einen bestimmten Zeitraum der Berufsausbildung die Verkürzung der täglichen oder der wöchentlichen Ausbildungszeit zu vereinbaren (§ 7a Abs. 2

BBiG).Die Vertragsniederschrift ist von dem Ausbildenden, dem Auszubildenden und ggf. dessen gesetzlichen Vertretern zu unterzeichnen (§ 11 Abs. 2 BBiG). Der Ausbildende hat dem Auszubildenden und ggf. dessen gesetzlichen Vertretern eine Ausfertigung der unterzeichneten Niederschrift unverzüglich auszuhändigen (§ 11 Abs. 3 BBiG). Nach § 11 Abs. 4 BBiG müssen auch später nachfolgende Änderungen des wesentlichen Inhalts des Berufsausbildungsvertrags schriftlich niedergelegt und die Niederschrift dem Auszubildenden und ggf. seinen gesetzlichen Vertretern unverzüglich ausgehändigt werden. Auch hier kann nur empfohlen werden, nicht nur die wesentlichen Änderungen, sondern jegliche Änderung schriftlich mit dem Auszubildenden zu vereinbaren.

Verstöße gegen die Verpflichtungen aus § 11 Abs. 1 S. 1 und Abs. 3, jeweils auch iVm. Abs. 4 BBiG stellen Ordnungswidrigkeiten (§ 101 Abs. 1 Nr. 1 und Nr. 2 BBiG) dar; darüber hinaus kann der Ausbildende dem Auszubildenden für einen sich aus der unvollständigen Niederschrift oder dessen unterbliebener Übergabe entstehenden Schaden haften. Wird trotz Mahnung des Auszubildenden keine schriftliche Vertragsniederschrift erstellt, kann er das Berufsausbildungsverhältnis nach § 22 Abs. 2 Nr. 1 BBiG aus wichtigem Grund kündigen.

Darüber hinaus müssen der Berufsausbildungsvertrag und nachfolgende Änderungen seines wesentlichen Inhalts in das Verzeichnis der Berufsausbildungsverhältnisse eingetragen werden (§ 35 Abs. 1 BBiG). Die Eintragung hat der Ausbildende unverzüglich nach Abschluss des Berufsausbildungsvertrags zu beantragen (§ 36 Abs. 1 S. 1 BBiG). Die Eintragung ist jedoch gleichfalls keine Wirksamkeitsvoraussetzung des Berufsausbildungsverhältnisses, ihr Fehlen führt nicht zur Unwirksamkeit. Allerdings stellt nach § 101 Abs. 1 Nr. 8 BBiG auch ein Verstoß gegen die Antragspflicht nach § 36 BBiG eine Ordnungswidrigkeit dar.

2. Vertragsabschluss mit Minderjährigen und ausländischen Auszubildenden

Wird der Berufsausbildungsvertrag mit einem Minderjährigen abgeschlossen, bedarf es hierzu grds. der Einwilligung seines gesetzlichen Vertreters vor Abschluss des Vertrags (§ 107 BGB). Ausreichend ist es aber auch, wenn dieser den Vertragsschluss nachträglich genehmigt, bis zu diesem Zeitpunkt ist er schwebend unwirksam (§ 108 BGB). Obwohl das BBiG keine eindeutige Verpflichtung des Ausbildenden vorsieht, erscheint es ratsam, beide Elternteile den Vertrag unterzeichnen zu lassen und eine Niederschrift sowohl dem minderjährigen Auszubildenden wie auch seinen Eltern auszuhändigen.

Mit **ausländischen Auszubildenden** kann ein Berufsausbildungsverhältnis nur dann begründet werden, wenn sie entweder über den erforderlichen Aufenthaltstitel (→ *Arbeitsgenehmigung (Aufenthaltstitel)*) verfügen oder ein solcher für eine Berufstätigkeit nicht erforderlich ist. Letzteres kommt wegen der Freizügigkeit im Bereich der EU für Bürger eines Mitgliedstaats in Betracht. Fehlt die erforderliche Erlaubnis, ist die tatsächliche Beschäftigung wegen der fehlenden Erlaubnis verboten, der Berufsausbildungsvertrag darf nicht durchgeführt werden. Das Beschäftigungsverbot führt jedoch nicht zur Nichtigkeit des Ausbildungsvertrags, das Berufsausbildungsverhältnis kann nur durch Kündigung in der Probezeit oder durch außerordentliche Kündigung beendet werden.

3. Unzulässiger Inhalt des Berufsausbildungsvertrags

Inhaltliche Einschränkungen bei der Vertragsgestaltung ergeben sich im Wesentlichen aus § 25 BBiG, der ein Abweichen von den Vorschriften der §§ 10–24 BBiG zu Ungunsten des Auszubildenden verbietet. Nach § 12 Abs. 1 BBiG sind Vereinbarungen über den Verbleib des Auszubildenden im Betrieb für die Zeit nach Abschluss seiner Ausbildung unzulässig. Hierzu zählen die sog. **Weiterarbeits- bzw. Kündigungsausschlussklauseln,** die eine Berufstätigkeit des Auszubildenden für die Zeit nach Beendigung des Berufsausbildungsverhältnisses einschränken. Als Weiterarbeitsklausel wird eine Vereinbarung bezeichnet, nach der der Ausbildende vor Beendigung des Berufsausbildungsverhältnisses ausdrücklich anzeigen muss, dass er mit dem Auszubildenden nach dem Ende der Ausbildung kein Arbeitsverhältnis eingehen will. Kündigungsausschlussklauseln beschränken die Möglichkeit des Auszubildenden, nach Übernahme in ein Arbeitsverhältnis dieses vor Ablauf einer bestimmten Zeit zu kündigen. Unwirksam sind auch eine **Wettbewerbsabrede,** die dem Auszubildenden nach Ausbildungsabschluss eine Berufsausübung am Ausbildungsort untersagt; eine **Kostenübernahmevereinbarung** durch den Auszubildenden für den Erwerb einer Fahrerlaubnis, wenn er nach Abschluss der Ausbildung nicht für eine bestimmte Zeit als AN im ehemaligen Ausbildungsbetrieb tätig wird; eine Rückzahlungsverpflichtung des Auszubildenden für ein Weihnachtsgeld, falls dieser vor einem bestimmten, nach dem Ende des Ausbildungsverhältnisses liegenden Termin, das nachfolgend begründete Arbeitsverhältnis kündigt. Nach § 12 Abs. 1 S. 2 BBiG sind erst innerhalb der letzten sechs Monate des Berufsausbildungsverhältnisses Vereinbarungen über die Begründung eines Arbeitsverhältnisses nach Bestehen der Abschlussprüfung zulässig. Bei der Berechnung des Zeitraums ist von dem im Berufsausbildungsvertrag angegebenen Beendigungszeitpunkt auszugehen.

Nach § 12 Abs. 2 BBiG sind bestimmte Vereinbarungen über **Zahlungsverpflichtungen des Auszubildenden** unzulässig und damit unwirksam. Hauptanwendungsfall ist die Verpflichtung des Auszubildenden, für die Berufsausbildung eine Entschädigung zu zahlen. Hierunter zählt nicht nur die direkte Zahlung für die Durchführung der Ausbildung selbst, sondern auch sämtliche damit verbundene Aufwendungen. Unzulässig sind insbesondere Entschädigungszahlungen auch für Ausbildungsmaßnahmen außerhalb der Ausbildungsstätte, die Übernahme von Unterkunfts- und Verpflegungskosten für eine Ausbildung an einem anderen als dem Ort des Ausbildungsbetriebs, der Kauf des Ausbildungsplatzes durch die Eltern des Auszubildenden sowie die Kostenübernahme für eine Fahrerlaubnis bei einer Ausbildung zum Berufskraftfahrer.

Daneben ist nach § 12 Abs. 2 Nr. 2 BBiG die Vereinbarung einer **Vertragsstrafe** (§ 339 BGB) untersagt. Allerdings bezieht sich dieses Verbot nur auf das Berufsausbildungsverhältnis, es steht einer Vereinbarung in den letzten sechs Monaten des Berufsausbildungsverhältnisses nicht entgegen, wenn die Vertragsstrafe für den Fall vereinbart wird, dass der Auszubildende ein nachfolgendes Arbeitsverhältnis nicht antritt. Daneben sind Vereinbarungen über den Ausschluss oder die Beschränkung von Schadensersatzansprüchen (§ 12 Abs. 2 Nr. 3 BBiG) bzw. über eine Schadenspauschalierung (§ 12 Abs. 2 Nr. 4 BBiG) untersagt.

4. Durchführung der Ausbildung

Hauptpflicht des Ausbildenden ist die Durchführung der sachlichen und persönlichen Ausbildung des Auszubildenden sowie die Zahlung der Ausbildungsvergütung. Nach § 14 BBiG hat der Ausbildende dem Auszubildenden die für das **vereinbarte Berufsziel notwendigen Kenntnisse und Fertigkeiten** zu vermitteln (Abs. 1 Nr. 1). Deren Vermittlung muss sich in einer planmäßigen, zeitlich und sachlich gegliederten Form und innerhalb der Ausbildungszeit vollziehen. In diesem Umfang dürfen dem Auszubildenden im Wege des Direktionsrechts nur solche Tätigkeiten übertragen werden, die den **Ausbildungszwecken** dienen und denen er **körperlich** gewachsen ist (§ 14 Abs. 3 BBiG). Überschreitet der Ausbildende bei der Ausübung seines Direktionsrechts die durch § 14 BBiG durchzogenen Grenzen, kann sich der Auszubildende bei der zuständigen Berufsorganisation und dem BR (§ 84 BetrVG) beschweren, ihm steht darüber hinaus auch noch ein Zurückbehaltungsrecht zu. Nach vorheriger Abmahnung kommt auch bei fortgesetzter Übertragung ausbildungsfremder Tätigkeiten der Ausspruch einer außerordentlichen Kündigung durch den Auszubildenden in Betracht.

Der Ausbildende muss die für die Ausbildung erforderliche **persönliche und fachliche Eignung** (§§ 28–30 BBiG) aufweisen. Verfügt er über die fachliche Eignung nicht selbst, kann er einen hierzu qualifizierten Ausbilder beauftragen. Nimmt der Ausbildende die Ausbildung nicht in Person wahr, muss die Bestellung unverzüglich angezeigt werden (§ 28 Abs. 2, § 34 Abs. 2 Nr. 11, § 36 Abs. 1 BBiG). Erfüllt der Ausbildende seine sich aus § 14 BBiG gegebene Ausbildungspflicht nicht oder nicht ordnungsgemäß, sind die nachfolgenden Sanktionen denkbar: die Verhängung einer Geldbuße (§ 101 Abs. 1 Nr. 3 BBiG); die Untersagung der Ausbildung wegen des Fehlens der persönlichen oder fachlichen Eignung bzw. der Ungeeignetheit der Ausbildungsstätte (§ 33 BBiG); eine Schadensersatzpflicht wegen Schlechterfüllung des Berufsausbildungsvertrags; die außerordentliche Kündigung des Auszubildenden nach erfolgloser Abmahnung (§ 22 Abs. 2 Nr. 1 BBiG); eine Klage auf Erfüllung der Verpflichtungen aus dem Berufsausbildungsvertrag.

5. Ausbildungsvergütung

Für die Zahlung der Ausbildungsvergütung gelten im Rahmen des Berufsausbildungsverhältnisses bestimmte Besonderheiten. Nach § 17 Abs. 1 BBiG ist dem Auszubildenden eine **angemessene Vergütung** zu gewähren. In § 17 Abs. 2 BBiG ist eine Mindestvergütung festgelegt, die jährlich fortgeschrieben wird. Angemessen ist auch eine für den Ausbildenden nach § 3 Abs. 1 TVG (→ *Tarifvertrag*) geltende tarifvertragliche Vergütungsregelung, durch die die in § 17 Abs. 2 BBiG genannte Mindestvergütung unterschritten wird. Eine einzelvertraglich vereinbarte Vergütung, die die Höhe der in einem TV geregelten Vergütung, in dessen Geltungsbereich das Ausbildungsverhältnis fällt, an den der Ausbildende aber nicht gebunden ist, um mehr als 20 Prozent unterschreitet, ist sie in der Regel auch dann nicht angemessen, wenn sie die Mindestvergütung nach § 17 Abs. 2 nicht unterschreitet (§ 17 Abs. 4 BBiG). Bei einer Teilzeitausbildung kann die nach § 17 Abs. 2 bis 4 zu gewährende Vergütung unterschritten werden; die prozentuale Kürzung der Vergütung darf nicht höher sein als die prozentuale Kürzung der täglichen oder der wöchentlichen Arbeitszeit (§ 17 Abs. 5 BBiG), sie kann dieser jedoch entsprechen (BAG 1.12.2020 – 9 AZR 104/20). Nach § 18 Abs. 1 BBiG ist die Vergütung monatlich zu zahlen und am letzten Arbeitstag des Kalendermonats fällig. Vorherige Vorschüsse und Abschlagszahlungen des Ausbildenden über die Ausbildungsvergütung sind ebenso zulässig, wie günstigere Vereinbarungen über die Fälligkeit.

Ein Anspruch auf **Fortzahlung der Ausbildungsvergütung** besteht bei: (**a**) für die Zeit einer Freistellung, unabhängig von der Dauer, hierzu zählen die Teilnahme am Berufsschulunterricht, Zwischen- und Abschlussprüfungen, sowie Ausbildungsmaßnahmen außerhalb der Ausbildungsstätte (§ 19 Abs. 1 Nr. 1 BBiG), (**b**) für die Dauer von sechs Wochen, wenn der Auszubildende sich für die Berufsausbildung bereithält, diese aber ausfällt (§ 19 Abs. 1 Nr. 2a BBiG) und (**c**) einem sonstigen, in der Person des Auszubildenden liegenden Grund, wenn er hierdurch gehindert ist, seine Pflichten aus dem Berufsausbildungsverhältnis zu erfüllen. Diese Vorschrift entspricht § 616 BGB (§ 19 Abs. 1 Nr. 2b BBiG). Bei **Krankheit** des Auszubildenden hat dieser Anspruch auf Fortzahlung der Ausbildungsvergütung nach dem EFZG. Die Ausbildungsvergütung ist auch dann fortzuzahlen, wenn die Ausbildung wegen eines gesetzlichen **Feiertags** nicht durchgeführt werden kann.

6. Freistellung, Urlaub und Fahrtkostenersatz

Der Ausbildende muss den Auszubildenden für die Teilnahme am Berufsschulunterricht und an Prüfungen unter Fortzahlung der Ausbildungsvergütung **freistellen** (§ 15 BBiG; § 9 JArbSchG). Er darf den Auszubilden nicht beschäftigen vor einem vor neun Uhr beginnenden Unterricht, an einem Berufsschultag mit mehr als fünf Unterrichtsstunden von je 45 Minuten einmal in der Woche; in Berufsschulwochen mit planmäßigem Blockunterricht von mindestens 25 Stunden an zumindest fünf Tagen (zulässig sind hier nur noch betriebliche Ausbildungsveranstaltungen bis zu zwei Stunden wöchentlich).

Der Auszubildende hat Anspruch auf Gewährung von **Urlaub,** die Dauer richtet sich nach den gesetzlichen Bestimmungen und beträgt zumindest 24 Werktage. Für jugendliche Auszubildende ergibt sich der Urlaubsanspruch aus § 19 JArbSchG, schwerbehinderte Auszubildende erhalten Zusatzurlaub nach § 208 SGB IX. Hat der Auszubildende seinen vollen Urlaubsanspruch bei Beendigung des Berufsausbildungsverhältnisses noch nicht erhalten und schließt sich ein Arbeitsverhältnis direkt an, ist der noch nicht erfüllte Urlaub nicht abzugelten, sondern in dem bestehenden Arbeitsverhältnis zu erfüllen.

Ein Anspruch auf Ersatz von Fahrtkosten zur Berufsschule gegen den Ausbildenden besteht für den Auszubildenden regelmäßig nicht, kann aber einzelvertraglich oder durch TV vereinbart werden.

7. Pflichten des Auszubildenden

Der Auszubildende hat sich zu bemühen, die Fertigkeiten und Kenntnisse zu erwerben, die erforderlich sind, um das Ausbildungsziel zu erreichen (§ 13 Abs. 1 S. 1 BBiG). Er ist insbesondere zur Erfüllung der ihm übertragenen Tätigkeiten verpflichtet, sofern sie sich in dem durch § 14 BBiG gezogenen Rahmen halten (§ 13 Abs. 1 S. 2 Nr. 3 BBiG). Daneben hat der Auszubildende an den außerbetrieblichen Ausbildungsmaßnahmen teilzunehmen, für die er vom Ausbildenden von der Arbeitsleistung freigestellt ist (§ 13 Abs. 1 S. 2 Nr. 2 BBiG). Stellt der Ausbildende den Auszubildenden für den Berufsschulunterricht frei und versäumt dieser schuldhaft die Teilnahme, kann dies nach vorheriger Abmahnung eine außerordentliche Kündigung des Berufsausbildungsverhältnisses rechtfertigen. Daneben hat der Auszubildende nach § 13 S. 2 BBiG die für die Ausbildungsstätte geltende Ordnung zu beachten (Nr. 4), Werkzeuge, Maschinen und sonstige Einrichtungen pfleglich zu behandeln (Nr. 5) sowie über Betriebs- und Geschäftsgeheimnisse Stillschweigen zu wahren (Nr. 6) und einen schriftlichen oder elektronischen Ausbildungsnachweis zu führen (Nr. 7).

IV. Beendigung des Berufsausbildungsverhältnisses

Das Berufsausbildungsverhältnis endet entweder durch Zeitablauf (§ 21 Abs. 1, 3 BBiG), vorzeitiges Bestehen der Abschlussprüfung (§ 21 Abs. 2 BBiG), Aufhebungsvertrag sowie Kündigung (§ 22 BBiG).

1. Automatische Beendigung

Das Berufsausbildungsverhältnis endet nach § 21 Abs. 1 BBiG mit dem **Ablauf der Ausbildungszeit,** die entweder durch die entsprechende Ausbildungsordnung oder im Berufsausbildungsvertrag festgelegt ist. Eine Kündigung des Ausbildenden ist nicht erforderlich. Nach § 21 Abs. 2 BBiG endet das Berufsausbildungsverhältnis vor schon Ablauf der vereinbarten Ausbildungszeit und ohne Ausspruch einer Kündigung, wenn der Auszubildende die Abschlussprüfung vorzeitig besteht. Als Beendigungszeitpunkt gilt der Tag der Bekanntgabe des Prüfungsergebnisses durch den Prüfungsausschuss.

Besteht der Auszubildende die Abschlussprüfung nicht, verlängert sich auf sein Verlangen hin das Berufsausbildungsverhältnis zunächst über die festgelegte Ausbildungszeit hinaus bis zur nächstmöglichen Wiederholungsprüfung, höchstens jedoch um ein Jahr (§ 21 Abs. 3 BBiG). Besteht der Auszubildende die Wiederholungsprüfung, endet das Berufsausbildungsverhältnis, wenn das Verfahren beendet ist und das Ergebnis mitgeteilt wird.

Wird der Auszubildende im Anschluss an das Berufsausbildungsverhältnis vom Ausbildenden **weiterbeschäftigt,** gilt nach § 24 BBiG ein Arbeitsverhältnis auf unbestimmte Zeit als geschlossen. Diese gesetzliche Fiktion über das Zustandekommen eines unbefristeten Arbeitsverhältnisses entspricht der Regelung in § 15 Abs. 5 TzBfG.

2. Beendigung durch Kündigung

Während der Probezeit (§ 20 BBiG) kann das Berufsausbildungsverhältnis nach § 22 Abs. 1 BBiG jederzeit ohne Einhaltung einer Kündigungsfrist gekündigt werden.

Nach der Probezeit sind kann das Berufsausbildungsverhältnis von beiden Seiten aus wichtigem Grund ohne Einhaltung einer Kündigungsfrist (§ 22 Abs. 2 Nr. 1 BBiG) oder durch den Auszubildenden unter Einhaltung einer Kündigungsfrist von vier Wochen gekündigt werden, wenn er die Berufsausbildung aufgeben oder sich einer anderen Berufsausbildung unterziehen will (§ 22 Abs. 2 Nr. 2 BBiG). Bei der Beurteilung, ob ein wichtiger Grund vorliegt, sind insbesondere der Ausbildungscharakter und die Dauer des zurückgelegten Rechtsverhältnisses zu berücksichtigen. Die Kündigung ist ausgeschlossen, wenn dem Kündigungsberechtigten die Gründe länger als zwei Wochen bekannt sind. Während des Laufs eines Güteverfahrens vor einer außergerichtlichen Stelle (Industrie- und Handelskammer usw.) ist der Ablauf der Frist gehemmt. Einer vorherigen → *Abmahnung* bedarf es dann nicht, wenn die Pflichtverletzung so schwer ist, dass sie schlechthin von keinem Ausbildenden hingenommen werden kann..

Eine Kündigung des Berufsausbildungsverhältnisses muss in jedem Fall **schriftlich** und in den Fällen des Absatzes 2 **unter Angabe der Kündigungsgründe** erfolgen, ansonsten ist sie unwirksam (§ 22 Abs. 3 BBiG). Dies erfordert eine kurze Schilderung des Kündigungssachverhalts im Kündigungsschreiben. Die Mitteilung der Kündigungsgründe kann nicht nachgeholt werden. Ist der Auszubildende minderjährig, ist die Kündigung gegenüber den gesetzlichen Vertretern zu erklären.

Bei einer vorzeitigen Beendigung des Berufsausbildungsverhältnisses nach Ablauf der Probezeit kann der Vertragstreue von dem anderen Teil Schadensersatz fordern, wenn dieser die vorzeitige Auflösung zu vertreten hat. Der Anspruch erlischt jedoch innerhalb von drei Monaten seit Beendigung des Berufsausbildungsverhältnisses (§ 23 BBiG).

Das Berufsausbildungsverhältnis kann grds. auch durch einen **Aufhebungsvertrag** beendet werden; dieser bedarf der Schriftform (§ 10 Abs. 2 BBiG, § 623 BGB).

V. Streitigkeiten

Zur Beilegung von Streitigkeiten zwischen Ausbildenden und Auszubildenden aus einem bestehenden Berufsausbildungsverhältnis – wozu auch der Streit über die Wirksamkeit einer Kündigung zählt – können im Bereich des Handwerks die Handwerksinnungen, im Übrigen die zuständigen Stellen iSd BBiG Ausschüsse bilden, denen AG und AN in gleicher Zahl angehören müssen (§ 111 ArbGG). Der Ausschuss hat die Parteien mündlich zu hören. Wird der von ihm gefällte Spruch nicht innerhalb einer Woche von beiden Parteien anerkannt, kann binnen zwei Wochen nach ergangenem Spruch Klage beim zuständigen Arbeitsgericht erhoben werden. Der Klage muss in allen Fällen die Verhandlung vor dem Ausschuss vorangegangen sein, solange ist sie unzulässig. Aus Vergleichen, die vor dem Ausschuss geschlossen sind, und aus Sprüchen des Ausschusses, die von beiden Seiten anerkannt sind, findet die Zwangsvollstreckung statt. Der Auszubildende hat bei einer Klage gegen eine außerordentliche Kündigung nur dann die Klagefrist für eine → *Kündigungsschutzklage* (§ 4 KSchG) eingehalten, wenn kein Schiedsverfahren nach § 111 Abs. 2 ArbGG durchgeführt werden muss, weil ein Schlichtungsausschuss nicht gebildet ist. Ansonsten ist das Schiedsverfahren vor einer Klageerhebung obligatorisch durchzuführen. Die Vorschriften über die Auflösung des Arbeitsverhältnisses durch das Gericht (§ 13 Abs. 1 S. 3 KSchG) finden auf das Berufsausbildungsverhältnis keine Anwendung. *(MR)*

► AVR

→ *Kirche*

B

▶ Baugewerbe

I. Tarifverträge

Für die Arbeiter des Baugewerbes gilt der allgemeinverbindliche Bundesrahmentarifvertrag (BRTV-Bau) idF vom 28.9.2018. Dieser regelt die Arbeitsbedingungen wie Arbeitszeit, → *Eingruppierung*, → *Urlaub*, → *Auslösung* usw. der in Betrieben des Baugewerbes iSv § 1 BRTV-Bau beschäftigten AN. Besondere Bedeutung kommt im Baugewerbe dem ebenfalls für allgemeinverbindlich erklärten TV Mindestlohn vom 23.4.2021 und dem TV über das Sozialkassenverfahren im Baugewerbe (VTV) vom 28.9.2018 zu. Damit soll den Besonderheiten des Baugewerbes mit häufig wechselnden Arbeitsplätzen und kurzzeitigen Beschäftigungsverhältnissen Rechnung getragen werden. Sozialkassen sind nach § 3 VTV die Urlaubs- und Lohnausgleichskasse der Bauwirtschaft (ULAK), die Leistungen im Urlaubs- und Berufsbildungsverfahren erbringt sowie für zusätzliche Alterssicherungsleistungen, die Zusatzversorgungskasse des Baugewerbes (ZVK-Bau; → *Gemeinsame Einrichtungen*). Auszüge aus den TV des Baugewerbes sind unter http://www.soka-bau.de eingestellt. Besondere Vorschriften des → *Arbeitsschutzes* ergeben sich für das Baugewerbe aus der Baustellenverordnung vom 10.6.1998 (BGBl. I 1283). Daneben bestehen besondere Regelungen zur ganzjährigen Beschäftigung → *Winterbauförderung*.

Vom BRTV-Bau werden **Betriebe erfasst,** die nach ihrer durch die Art der betrieblichen Tätigkeit geprägten Zweckbestimmung und nach ihrer betrieblichen Einrichtung gewerblich bauliche Leistungen erbringen, die – mit oder ohne Lieferung von Stoffen oder Bauteilen – u.a. der Instandsetzung und Instandhaltung von Bauwerken dienen. Dazu gehören alle Arbeiten, die irgendwie – wenn auch nur auf einem kleinen und speziellen Gebiet – der Vollendung eines Bauwerks zu dienen bestimmt sind, dh der Herstellung oder Wiederherstellung der bestimmungsgemäßen Nutzbarkeit. In gemischtgewerblichen Betrieben gelten die Bautarife dann, wenn die überwiegende Arbeitszeit der AN für die baugewerbliche Tätigkeit aufgewandt wird.

II. Arbeitsverhältnis

1. Einstellung

Der gewerbliche AN hat bei seiner Einstellung die üblichen → *Arbeitspapiere,* zu denen auch die Lohnnachweiskarte für Urlaub sowie die Unterlagen über Vermögensbildung gehören, dem AG zu übergeben. Die Einstellungsbedingungen sind aus Gründen der Beweissicherung auf einem von den Tarifparteien vereinbarten Einstellungsbogen schriftlich festzuhalten (§ 2 BRTV-Bau).

Der AN kann mit seinem Einverständnis für eine **Arbeitsgemeinschaft** (ARGE) freigestellt werden, an der der AG beteiligt ist (§ 9 BRTV-Bau). Die ARGE ist eine Gesellschaft bürgerlichen Rechts oder eine OHG. Während der Dauer der Freistellung ruht das Arbeitsverhältnis des AN zum Stammbetrieb. Mit der Arbeitsaufnahme tritt der AN in ein Arbeitsverhältnis zur ARGE. Bei Beendigung dieses Arbeitsverhältnisses lebt das alte Arbeitsverhältnis mit dem vormaligen AG wieder auf (Ausnahme: berechtigte fristlose Entlassung durch die ARGE). Die Zeit der Freistellung zur ARGE ist dem AN gem. § 9 Nr. 2.2 S. 2 BRTV-Bau auf die Betriebszugehörigkeit anzurechnen.

2. Urlaub

Die TVparteien des Baugewerbes haben im Interesse einer zusammenhängenden Urlaubsgewährung besondere Urlaubsregelungen getroffen. Die Rechtsgrundlagen hierfür finden sich in § 8 BRTV-

Bau iVm VTV. Unterfällt ein Betrieb dem betrieblichen Geltungsbereich des für allgemeinverbindlich erklärten VTV, ist der AG nach § 3 iVm § 5 Nr. 3 AEntG und somit gesetzlich zur Abführung von Beiträgen zur Urlaubskasse verpflichtet. Die durch das AEntG bewirkte Erstreckung der tariflichen Bestimmungen des Urlaubskassenverfahrens in der Bauwirtschaft auf AG mit Sitz im Ausland, die in Deutschland eine selbständige Baubetriebsabteilung unterhalten, ist mit dem in Art. 56, 57 AEUV festgelegten Grundsatz des freien Dienstleistungsverkehrs vereinbar. Der AG hat einen bestimmten Prozentsatz des lohnsteuerpflichtigen → *Bruttolohns* an die Urlaubs- und Lohnausgleichskasse für die Bauwirtschaft (ULAK) in Wiesbaden zu zahlen und entsprechende Eintragungen in die Lohnnachweiskarte vorzunehmen. Tritt der AN den Urlaub an, zahlt der AG das Urlaubsentgelt aus. Es wird ihm durch die Urlaubskasse erstattet (§ 8 BRTV-Bau iVm dem TV über das Sozialkassenverfahren im Baugewerbe (VTV) vom 28.9.2018). Die Verfallfrist in § 8 Nr. 8 BRTV-Bau betrifft nur Ansprüche, die mit dem Erholungsurlaub in Zusammenhang stehen.

3. Vergütung

Die Vergütung der AN des Baugewerbes ist in besonderen EntgeltTV geregelt; die Leistungsentlohnung für gewerbliche AN richtet sich nach dem RTV für Leistungslohn vom 29.7.2005. Für das Baugewerbe ist nach dem → *Arbeitnehmer-Entsendegesetz* ein → *Mindestlohn* festgelegt worden (TV Mindestlohn). Der BRTV-Bau enthält Sondervorschriften für den Arbeitsausfall (§ 4 BRTV-Bau) und → *Auslösungen* (§ 7 BRTV-Bau).

Nach dem TV über eine zusätzliche **Altersversorgung** im Baugewerbe (TZA Bau) vom 28.9.2018 werden von der Zusatzversorgungskasse des Baugewerbes VVaG (ZVK) Altersversorgungsleistungen gezahlt. Die Vermögensbildung ist im TV über die Gewährung vermögenswirksamer Leistungen zugunsten der gewerblichen AN im Baugewerbe vom 1.4.1971 idF vom 15.5.2001 enthalten. Danach hat der AG dem AN monatlich eine **vermögenswirksame Leistung** iSd § 5 5. VermBG in Höhe von 0,13 EUR je geleisteter Arbeitsstunde zu gewähren, wenn der AN gleichzeitig 0,02 EUR je geleisteter Arbeitsstunde aus seinem Arbeitslohn (Eigenleistung) im Wege der Umwandlung vom AG vermögenswirksam anlegen lässt.

4. Beendigung

Für Kündigungen enthält der BRTV-Bau eine Reihe von Sonderregelungen. Das Arbeitsverhältnis kann befristet unter Einhaltung einer Frist von sechs Werktagen, nach sechsmonatiger Dauer von zwölf Werktagen gekündigt werden (§ 11 Abs. 1 BRTV-Bau). Für längere Zeit beschäftigte AN ist eine besondere Staffel für die Verlängerung der Kündigungsfrist geschaffen (§ 11 Nr. 1.2 BRTV-Bau). → *Schwarzarbeit* kann ein Grund zur → *außerordentlichen Kündigung* sein (§ 11 Nr. 3 BRTV-Bau). In der Schlechtwetterzeit vom 1.12. bis zum 31.3. kann das Arbeitsverhältnis nach § 11 Nr. 2 BRTV-Bau nicht aus Witterungsgründen gekündigt werden. Bei Beendigung des Arbeitsverhältnisses hat der AG spätestens am 15. des Folgemonats die Arbeitspapiere auszuhändigen und den Restlohn auszuzahlen (§ 11 Nr. 4 iVm § 5 Nr. 7.2 BRTV-Bau).

▶ Beamte

Dies sind Personen, welche zu einem Rechtsträger des öffentlichen Rechts in einem besonderen Dienstverhältnis stehen. Das Beamtenverhältnis wird durch Aushändigung einer Ernennungsurkunde auf Lebenszeit, Zeit, Probe oder Widerruf begründet. Auf das Beamtenverhältnis findet das Arbeitsrecht keine Anwendung. Ein nichtiges Beamtenverhältnis kann regelmäßig nicht in ein Arbeitsverhältnis umgedeutet werden. Nach § 5 Abs. 1 S. 3 BetrVG gelten Beamte, die in einem Betrieb des Privatrechts eingesetzt werden, als dessen AN. Sie werden daher vom BR repräsentiert. Gesetzliche Sonderregeln für den Einsatz und die Vertretung der Beamten bestehen für ihren Einsatz bei der Deutschen Bahn AG (DBGrG) und den Postnachfolgeunternehmen (PostPersRG).

▶ Bedingter Arbeitsvertrag

→ *Befristeter Arbeitsvertrag*

▶ Beendigung des Arbeitsverhältnisses

Die Beendigung des Arbeitsverhältnisses hat als das Ende eines Dauerschuldverhältnisses erhebliche Bedeutung für existenzielle, steuer- und sozialversicherungsrechtliche Fragen. Das Recht knüpft eine Vielzahl von Voraussetzungen und Folgen an das Ende der arbeitsvertraglichen Beziehungen. Die Beendigung des Arbeitsverhältnisses muss stets schriftlich erfolgen (§ 623 BGB). Sie kann eintreten: (**1**) durch Ablauf der Zeit, für die es eingegangen ist, oder Zweckerreichung (§ 3 Abs. 1 TzBfG; → *Befristeter Arbeitsvertrag*); (**2**) → *Aufhebungsvertrag*; (**3**) Tod des AN; ob durch Tod des AG, ist Frage der Vertragsauslegung, zB bei einer Pflegekraft des AG (§ 613 BGB); der Wechsel einer Körperschaft öffentlichen Rechts nach ihrer Schließung zu einer Abwicklungskörperschaft führt nicht zur Beendigung des Arbeitsverhältnisses (BAG 21.11.2013 – 2 AZR 474/12); (**4**) → *Kündigung,* bei Insolvenz § 113 InsO (→ *Insolvenz*); (**5**) lösende → *Aussperrung*; dagegen nicht durch Teilnahme an einem erlaubten → *Streik*; (**6**) durch auflösende Bedingung (§ 21 TzBfG). Kein Beendigungsgrund ist die bloße Möglichkeit, Altersruhegeld in Anspruch zu nehmen (§ 41 SGB VI). *(SR)*

▶ Befristeter Arbeitsvertrag

I. Rechtsgrundlagen

Nach dem in Art. 2 Abs. 1 GG enthaltenen Grundsatz der Vertragsfreiheit können Arbeitsverhältnisse nicht nur unbefristet, sondern auch befristet abgeschlossen werden (zu den verschiedenen Formen der Befristung unter II.). Da das befristete Arbeitsverhältnis ohne Ausspruch einer Kündigung endet, finden auch die Kündigungsschutzbestimmungen keine Anwendung. Das Gesetz über Teilzeitarbeit und befristete Arbeitsverträge (Teilzeit- und Befristungsgesetz – TzBfG) vom 21.12.2000 (BGBl. I 1966) enthält die wichtigsten Bestimmungen über die Zulässigkeit von befristeten Arbeitsverträgen. Daneben finden sich befristungsrechtliche Vorschriften im ÄArbVtrG (Ärzte in der Weiterbildung), ATG (Zulässigkeit von → *Altersteilzeitarbeit*), BBiG (Verträge von Auszubildenden), BEEG (Elternzeitvertretungen), SGB IV (→ *Altersgrenze*) und dem WissZeitVG (Hochschul- und Drittmittelbefristungen). Schließlich ist für das Befristungsrecht die EU-Richtlinie über befristete Arbeitsverträge (1999/70/EG) vom 28.6.1999 (ABl. EG Nr. L 175 vom 10.7.1999, S. 43) von Bedeutung, nach der grds. das unbefristete Arbeitsverhältnis die übliche Form des Beschäftigungsverhältnisses darstellt. Auch TV können befristungsrechtliche Regelungen enthalten.

Hinweis: Der AG hat befristet beschäftigte AN über für sie geeignete **unbefristete und zu besetzende Arbeitsplätze** zu **informieren.** Ist der AN länger als sechs Monate beschäftigt, muss der AG den entsprechenden Veränderungswunsch des AN in Textform beantworten (§ 18 Abs. 1, 2 TzBfG). Wird für ein befristetes Arbeitsverhältnis eine **Probezeit** vereinbart, muss diese im Verhältnis zu der erwarteten Dauer der Befristung und der Art der Tätigkeit stehen (§ 15 Abs. 3 TzBfG), wobei die Vereinbarung einer Probezeit allein für die Dauer der maßgeblichen → *Kündigungsfrist* von Bedeutung ist.

II. Formen des befristeten Arbeitsvertrags

Das TzBfG enthält Regelungen für befristete und auflösend bedingte Arbeitsverhältnisse. § 3 Abs. 1 TzBfG enthält eine Legaldefinition des befristet beschäftigten AN. Danach ist ein AN mit einem auf bestimmte Zeit geschlossenen Arbeitsvertrag befristet beschäftigt. Daneben unterscheidet das Gesetz die Zeit- und die Zweckbefristung. Ein auf bestimmte Zeit geschlossener Arbeitsvertrag liegt vor, wenn seine Dauer entweder kalendermäßig bestimmt ist (kalendermäßig befristeter Arbeitsvertrag) oder sich aus Art, Zweck oder Beschaffenheit der Arbeitsleistung ergibt (zweckbefristeter Arbeitsvertrag).

Das **kalendermäßig befristete Arbeitsverhältnis** kann entweder für eine bestimmte Dauer (Tag, Woche, Monat, Jahr), aber auch nach dem Kalender (bis zum 20. des Monats) eingegangen sein. Allerdings muss die kalendermäßige Befristung hinreichend bestimmt oder zumindest bestimmbar (§§ 133, 157 BGB) sein. Ist dies nicht der Fall (zB Einstellung für drei bis vier Wochen), gilt das Arbeitsverhältnis als auf unbestimmte Zeit geschlossen. Der Vereinbarung einer bestimmten Zeit steht gleich, wenn sich die Dauer des Arbeitsverhältnisses objektiv eindeutig aus Art, Zweck oder Beschaffenheit der Arbeitsleistung ergibt (§ 3 Abs. 1 S. 2 TzBfG). Voraussetzung eines durch seinen Zweck befristeten Arbeitsvertrags ist, dass sich beide Vertragsparteien darüber einig sind, dass die Dauer des Arbeitsverhältnisses von seinem Zweck abhängig sein soll und außerdem die Zweckerreichung objektiv bestimmbar ist; die Abrede über die Zweckbefristung bedarf der Schriftform (§ 14 Abs. 4 TzBfG). Eine Zweckbefristung kann auch mit einer Zeitbefristung verbunden werden.

Daneben gilt das TzBfG nach § 21 TzBfG auch für die **auflösende Bedingung.** Nach § 158 Abs. 2 BGB kann ein Rechtsgeschäft unter einer auflösenden Bedingung vorgenommen werden; mit dem Eintritt der Bedingung endet die Wirkung des Rechtsgeschäfts. Eine auflösende Bedingung ist danach gegeben, wenn das Arbeitsverhältnis bei Eintritt eines zukünftigen ungewissen Ereignisses enden soll. Als zulässige auflösende Bedingungen sind zB angesehen worden: die Einstellung unter dem Vorbehalt der Zustimmungsverweigerung durch den BR (§ 99 Abs. 1 BetrVG), der gesundheitlichen Eignung oder die Entziehung der Erlaubnis zur Betätigung als Wachmann.

III. Beendigung eines befristeten Arbeitsverhältnisses

1. Zeitablauf

Ein kalendermäßig befristeter Arbeitsvertrag endet mit Ablauf der vereinbarten Zeit (§ 15 Abs. 1 TzBfG). Die Beendigung erfolgt automatisch, und zwar ohne Rücksicht auf etwaige bei Vertragsschluss bestehende oder zwischenzeitlich eingetretene Kündigungsbeschränkungen.

2. Zweckbefristung/auflösende Bedingung

Ein zweckbefristeter Arbeitsvertrag endet nach § 15 Abs. 2 TzBfG mit Erreichen des Zwecks (zB Rückkehr des Vertretenen), frühestens jedoch zwei Wochen nach Zugang der schriftlichen Unterrichtung des AN durch den AG über den Zeitpunkt der Zweckerreichung. Die Vorschrift ist auch anzuwenden, wenn der vereinbarte Zweck wegfällt (zB Einstellung eines Projekts, Versterben der gepflegten Person). Die Unterrichtung hat in schriftlicher Form durch den AG zu erfolgen. Inhaltlich muss sich aus der Mitteilung die Beendigung des Arbeitsverhältnisses zu einem bestimmten Zeitpunkt erkennen lassen. Eine ungenügende Unterrichtung führt nur unter den Voraussetzungen des § 15 Abs. 6 TzBfG zu einem unbefristeten Arbeitsverhältnis, ansonsten kann die Mitteilung nach § 15 Abs. 2 TzBfG nachgeholt werden. Bis zu einer ordnungsgemäßen Unterrichtung und der sich daran anschließenden 14-tägigen Auslauffrist besteht das Arbeitsverhältnis fort. Die vorstehenden Grundsätze gelten für die Mitteilungspflicht bei einer auflösenden Bedingung sinngemäß.

3. Kündigung

Ein befristetes oder bedingtes Arbeitsverhältnis unterliegt nur dann der ordentlichen Kündigung, wenn dies einzelvertraglich oder im anwendbaren TV vereinbart ist (§ 15 Abs. 4 TzBfG). Die Vereinbarung der Kündigungsmöglichkeit unterliegt nicht dem Schriftformerfordernis des § 14 Abs. 4 TzBfG; sie muss jedoch hinreichend bestimmt oder bestimmbar sein. Eine ordentliche Kündigungsmöglichkeit gilt in einem befristeten Arbeitsverhältnis als vereinbart, wenn im Vertrag die Dauer von Kündigungsfristen geregelt ist, auf einen TV verwiesen wird, der eine ordentliche Kündigungsmöglichkeit für befristete Arbeitsverhältnisse vorsieht oder die Parteien beiderseits ein Kündigungsrecht aus bestimmten als wichtig bezeichneten Gründen mit einer Kündigungsfrist vorsehen. Vereinbaren die Parteien ein befristetes Arbeitsverhältnis mit einer Mindestdauer, ist die ordentliche Kündigung bis zum Ablauf der Mindestdauer regelmäßig ausgeschlossen, selbst wenn im Übrigen eine Kündigungsfrist vereinbart wird. Ist ein Recht zur ordentlichen Kündigung vereinbart, gilt es grds. für beide Seiten. Das Recht zur → *außerordentlichen Kündigung* besteht stets in einem befristeten Arbeitsverhältnis und kann nicht ausgeschlossen werden.

IV. Schriftform

Die Befristung des Arbeitsvertrags bedarf nach § 14 Abs. 4 TzBfG der Schriftform. Das Schriftformerfordernis dient der Rechtssicherheit und der Beweiserleichterung. Unnötiger Streit der Parteien über das Vorliegen und den Inhalt einer Befristung soll vermieden werden. § 14 Abs. 4 TzBfG verlangt nicht den Abschluss eines schriftlichen Arbeitsvertrags, sondern unterwirft nur die Vereinbarung über die Befristung des Arbeitsvertrags dem gesetzlichen Schriftformerfordernis des § 126 BGB. Die Unterzeichnung der Parteien muss auf derselben Urkunde erfolgen. Werden mehrere gleich lautende Urkunden aufgenommen, genügt es, wenn jede Partei die für die andere Partei bestimmte Urkunde unterzeichnet (§ 126 Abs. 2 BGB). Regelmäßig müssen AG und AN vor Vertragsbeginn jeweils über ein von dem anderen Teil unterschriebenes Schriftstück verfügen (BAG 25.10.2017 – 7 AZR 632/15). Wird die Schriftform nicht eingehalten, ist die Befristung unwirksam. Es entsteht ein unbefristeter Arbeitsvertrag. In der Praxis zwingt das Schriftformerfordernis bei befristeten Arbeitsverhältnissen regelmäßig zum Abschluss eines schriftlichen Arbeitsvertrags. § 14 Abs. 4 TzBfG gilt für alle Befristungen, unabhängig davon, ob die Befristung auf das TzBfG gestützt wird oder auf eine andere Befristungsnorm (zB nach dem BEEG oder dem WissZeitVG). § 14 Abs. 4 TzBfG gilt auch für die Verlängerung eines sachgrundlos befristeten Arbeitsvertrags nach § 14 Abs. 2 S. 1 TzBfG sowie für Vereinbarung über die befristete Beschäftigung während eines Kündigungsschutzprozesses. Das Schriftformerfordernis des § 14 Abs. 4 TzBfG erfordert nicht die schriftliche Vereinbarung des Sachgrunds für den befristeten Arbeitsvertrag oder die schriftliche Niederlegung von befristeten Änderungen des Arbeitsvertrags. Die Voraussetzungen des § 14 Abs. 4 TzBfG müssen bis zum Vertragsbeginn, dh der erstmaligen Arbeitsaufnahme vorliegen. Zuvor nur in mündlicher Form getroffene Abreden über den Abschluss eines befristeten Arbeitsvertrags können bis zu diesem Zeitpunkt geheilt werden. Kommen die Parteien überein, dass noch ein schriftlicher Arbeitsvertrag abgeschlossen werden soll, liegt hierin regelmäßig nur ein Vorvertrag; maßgebend ist dann, ob der schriftliche Arbeitsvertrag bis zur Arbeitsaufnahme entsprechend den Anforderungen des § 126 Abs. 2 BGB unterzeichnet wird.

V. Beteiligung der Arbeitnehmervertretung

Nach § 99 Abs. 1 BetrVG muss der BR u.a. der beabsichtigten Einstellung eines befristet beschäftigten AN im Betrieb zustimmen. Die Zustimmung wegen der vermeintlich unwirksamen Befristung kann nach § 99 Abs. 2 Nr. 1 BetrVG nur verweigert werden, wenn die maßgebliche Norm die Einstellung, dh die Beschäftigung des AN als solche verbietet. Der BR kann daher die Zustimmung nicht mit der

Begründung verweigern, für die beabsichtigte Befristung fehle es an einem sachlichen Grund. Wird ein befristetes Arbeitsverhältnis aufgrund einer Vereinbarung verlängert oder in ein Arbeitsverhältnis auf unbestimmte Zeit umgewandelt, ist der BR nach § 99 BetrVG erneut zu beteiligen. Nach den PersVG der Länder Brandenburg (§ 61 Abs. 1, § 63 Abs. 2 Nr. 4 LPVG BB), Baden-Württemberg (§ 69 Abs. 1, § 79 Abs. 3 Nr. 15 Buchst. b LPVG BW) und Nordrhein-Westfalen (§ 72 Abs. 1 Nr. 1 LPVG NW) hat der PR bei dem Abschluss befristeter Arbeitsverträge ein Mitbestimmungsrecht. Liegt die erforderliche Zustimmung des PR zur Befristung eines Arbeitsvertrags nicht vor, ist die gleichwohl vereinbarte Befristung unwirksam; dies gilt auch, wenn bei der Vereinbarung der Zeitdauer der Befristung von der eingeholten Zustimmung des PR abgewichen wird.

VI. Gerichtliches Verfahren

1. Gegenstand der gerichtlichen Befristungskontrolle

Nach ständigen Rspr. des BAG ist bei mehreren aufeinanderfolgenden befristeten Arbeitsverträgen im Rahmen der arbeitsgerichtlichen Befristungskontrolle grds. nur die Befristung des letzten Vertrags auf ihre sachliche Rechtfertigung hin zu prüfen. Von diesem Grundsatz bestehen zwei Ausnahmen. (**a**) Die Befristungskontrolle erstreckt sich auf einen vorherigen befristeten Arbeitsvertrag, wenn die Parteien bei Abschluss des letzten Vertrags einen entsprechenden Vorbehalt vereinbart haben oder (**b**) wenn es sich bei dem letzten Vertrag um einen unselbstständigen Annex zum vorherigen Vertrag handelt. Ein solcher liegt vor, wenn das bisherige befristete Arbeitsverhältnis nur hinsichtlich seines Endzeitpunkts modifiziert werden sollte. Liegt ein Annexvertrag vor, erstreckt sich die Befristungskontrolle auf den vorherigen befristeten Vertrag. Vereinbaren die Vertragsparteien während der Dauer eines befristeten Arbeitsvertrags eine Änderung der geschuldeten Tätigkeit und der Vergütung, unterliegt der Änderungsvertrag als letzter Vertrag der Befristungskontrolle, auch wenn die Befristungsdauer unverändert bleibt. Die Parteien können ein unbefristetes Arbeitsverhältnis auch nachträglich befristen, wenn hierfür ein sachlicher Grund besteht. Schließen sie hingegen einen → *Aufhebungsvertrag*, unterliegt dieser nicht der Befristungs-, sondern ggf. der Inhaltskontrolle (→ *Allgemeine Geschäftsbedingungen*).

2. Befristungskontrollklage

Will der AN geltend machen, dass die Befristung seines Arbeitsvertrags rechtsunwirksam ist, muss er innerhalb von drei Wochen nach dem vereinbarten Ende des befristeten Arbeitsverhältnisses Klage beim Arbeitsgericht auf Feststellung erheben, dass das Arbeitsverhältnis aufgrund der Befristung nicht beendet ist (§ 17 S. 1 TzBfG). Mit der Versäumung der Klagefrist werden alle Voraussetzungen einer rechtswirksamen Befristung fingiert. Die dreiwöchige Klagefrist gilt für alle befristeten und auflösend bedingten Arbeitsverträge, selbst wenn die Befristung nicht auf das TzBfG gestützt wird. Sie erfasst alle Unwirksamkeitsgründe; hierzu zählt auch die Beachtung des Schriftformerfordernisses (§ 14 Abs. 4 TzBfG) sowie eine fehlende oder fehlerhafte Beteiligung des Personalrats. Streiten die Parteien jedoch darüber, ob überhaupt eine Befristungsabrede getroffen wurde oder ob eine vertraglich vereinbarte Voraussetzung für die Beendigung des Arbeitsverhältnisses vorliegt, findet die Klagefrist des § 17 TzBfG keine Anwendung. Für die auflösende Bedingung folgt hieraus: Der AN, der die Wirksamkeit einer einzelvertraglich vereinbarten oder in einem TV vereinbarten auflösenden Bedingung überprüfen lassen will, muss die Klagefrist des § 17 S. 1 TzBfG einhalten. Ansonsten ist nicht mehr zu prüfen, ob für die auflösende Bedingung ein sachlicher Grund bestanden hat. Die Klagefrist findet ebenfalls Anwendung, wenn die Parteien darüber streiten, ob die auflösende Bedingung für die Beendigung des Arbeitsverhältnisses tatsächlich eingetreten ist. Eine Klage ist nach § 17 S. 1 TzBfG nur dann rechtzeitig erhoben, wenn aus dem Klageantrag, der Klagebegründung oder dem sonstigen Vortrag zu erkennen ist, dass der Kläger geltend machen will, sein Arbeitsverhältnis habe nicht durch die zu einem bestimmten Zeitpunkt vereinbarte Befristung zu dem in dieser Vereinbarung vorgesehenen Termin geendet. Obsiegt der AN mit der Befristungskontrollklage vor dem Arbeitsgericht, hat er entsprechend den vom Großen Senat entwickelten Grundsätzen einen → *Weiterbeschäftigungsanspruch* bis zum rechtskräftigen Abschluss des Rechtsstreits.

VII. Sachgrundlose Befristung

1. Grundsatz

Nach § 14 Abs. 1 S. 1 TzBfG bedarf die Befristung eines Arbeitsvertrags grds. eines sie rechtfertigenden Sachgrunds. Hiervon enthalten die § 14 Abs. 2, 2a, 3 TzBfG sowie die Vorschriften der §§ 1 ff. WissZeitVG Ausnahmen. Unter den dort genannten Voraussetzungen ist der Abschluss eines befristeten Arbeitsvertrags ohne sachlichen Grund zulässig.

2. Die sachgrundlose Befristung nach dem TzBfG

(a) **Überblick:** Das TzBfG sieht drei Fälle vor, in denen ein sachlicher Grund für die Befristung eines Arbeitsvertrags nicht vorzuliegen braucht. Nach § 14 Abs. 2 TzBfG ist die kalendermäßige Befristung eines Arbeitsvertrags ohne Vorliegen eines sachlichen Grunds bis zur Dauer von zwei Jahren zulässig; bis zu dieser Gesamtdauer von zwei Jahren ist auch die höchstens dreimalige Verlängerung eines kalendermäßig befristeten Arbeitsvertrags zulässig. Nach § 14 Abs. 2a TzBfG ist in den ersten vier Jahren nach der Gründung eines Unternehmens die kalendermäßige Befristung eines Arbeitsvertrags ohne Vorliegen eines sachlichen Grunds bis zur Dauer von vier Jahren zulässig. Nach § 14 Abs. 3 TzBfG bedarf die Befristung des Arbeitsvertrags bis zu einer Dauer von fünf Jahren keines sachlichen Grunds, wenn der AN bei Beginn des befristeten Arbeitsverhältnisses das 52. Lebensjahr vollendet hat und unmittelbar vor Beginn des befristeten Arbeitsverhältnisses mindestens vier Monate beschäftigungslos iSd § 138 Abs. 1 Nr. 1 SGB III gewesen ist, Transferkurzarbeitergeld bezogen oder an einer öffentlich geförderten Beschäftigungsmaßnahme nach dem SGB II oder III teilgenommen hat. Die sachgrundlose Befristung nach dem TzBfG ist in ihrer Wirksamkeit nicht von einer entsprechenden Vereinbarung oder einer Angabe im Arbeitsvertrag abhängig. Ein Zitiergebot enthält das TzBfG nicht.

(b) **Sachgrundlose Befristung nach § 14 Abs. 2 TzBfG:** Nach § 14 Abs. 2 S. 1 TzBfG ist unabhängig von der Betriebsgröße die Befristung des Arbeitsvertrags bis zur Dauer von zwei Jahren zulässig. Bis zur Gesamtdauer von zwei Jahren ist auch die höchstens dreimalige Verlängerung eines befristeten Arbeitsvertrags zulässig. Der Befristungsrahmen von zwei Jahren braucht dabei nicht ausgeschöpft werden; jedoch ist eine Verlängerung des ohne Sachgrund befristeten Arbeitsverhältnisses nur unter den Voraussetzungen des § 14 Abs. 2 S. 2 TzBfG möglich. Unberührt hiervon bleibt die Befristung des Arbeitsvertrags aus einem sachlichen Grund; hierfür ist die Frist von zwei Jahren ohne Belang.

(aa) Anschlussverbot: Eine Befristung ohne Sachgrund nach § 14 Abs. 2 S. 1 TzBfG ist ausgeschlossen, wenn mit demselben AG bereits zuvor ein befristetes oder unbefristetes Arbeitsverhältnis bestanden hat (§ 14 Abs. 2 S. 2 TzBfG). Nach dem Gesetzeswortlaut scheidet eine sachgrundlose Befristung daher aus, wenn ein Ingenieur eingestellt werden soll, der bereits bei dem AG während seines viele Jahre zurückliegenden Studiums als Aushilfe in der Produktion gearbeitet hat. Nach den verfassungsrechtlichen Vorgaben (BVerfG 6.6.2018 – 1 BvL 7/14) kann das Anschlussverbot insbesondere unzumutbar sein, wenn eine Vorbeschäftigung sehr lang zurückliegt (BAG 21.8.2019 – 7 AZR 452/17 – 22 Jahre), ganz anders geartet war (BAG 16.9.2020 – 7 AZR 552/19) oder von sehr kurzer Dauer (BAG 15.12.2021 – 7 AZR 530/20) gewesen ist. Ein Anschlussverbot besteht auch nicht, wenn ein **Auszubildender** nach Beendigung der Ausbildung in ein Arbeitsverhältnis übernommen wird. Ein Ausbildungsverhältnis ist kein Arbeitsverhältnis iSd § 14 Abs. 2 S. 2 TzBfG. Als AG iSd Vorschrift gilt nur der VertragsAG. Dies ist die natürliche oder juristische Person, die mit dem AN den Arbeitsvertrag geschlossen hat. Ein vorhergehender Arbeitsvertrag hat deshalb nur mit demselben AG bestanden, wenn Vertragspartner des AN bei beiden Verträgen dieselbe juristische oder natürliche Person ist.

(bb) Verlängerung: Unter Verlängerung iSd § 14 Abs. 2 S. 2 TzBfG ist die einvernehmliche Abänderung des Endtermins für den befristeten Arbeitsvertrag zu verstehen, dieser muss zeitlich später liegen als zuvor vereinbart (BAG 14.12.2016 – 7 AZR 49/15). Es kann daher der Beendigungszeitpunkt eines befristeten Arbeitsvertrags nach § 14 Abs. 2 TzBfG bis zu drei Mal hinausgeschoben werden. Eine Verlängerung liegt nur vor, wenn sie noch während der Laufzeit des zu verlängernden Vertrags schriftlich (§ 14 Abs. 4 TzBfG) vereinbart und nur die Vertragsdauer geändert wird, nicht aber die übrigen Arbeitsbedingungen (BAG 28.4.2021 – 7 AZR 212/20). Auch die nach § 14 Abs. 2a, 3 TzBfG geschlossenen sachgrundlos befristeten Arbeitsverträge können bis zu der gesetzlichen Höchstdauer (vier bzw. fünf Jahre) verlängert werden.

VIII. Die Befristung mit Sachgrund

1. Grundsatz

Nach dem Willen des Gesetzgebers ist nicht der befristete, sondern der unbefristete Arbeitsvertrag der sozialpolitisch erwünschte Normalfall. Der Abschluss eines befristeten Arbeitsvertrags ist zwar zulässig, aber nach § 14 Abs. S. 1 TzBfG grds. nur mit Sachgrund möglich (zu Ausnahmen VII.). Unter welchen Voraussetzungen ein sachlicher Grund für die Befristung eines Arbeitsvertrags gegeben ist, hat der Gesetzgeber nicht näher umschrieben, sondern sich in § 14 Abs. 1 S. 2 TzBfG auf eine nicht abschließende Aufzählung von zuvor durch die Rspr. anerkannten Sachgründen beschränkt (unter 2.); daneben bestehen weitere Sachgründe außerhalb des TzBfG bzw. Sachgründe, die durch die Rspr. anerkannt werden (unter 3.). Nach Ansicht des BAG ist die Befristungskontrolle eine Vertragskontrolle. Daher ist für die Beurteilung, ob die den Sachgrund begründenden Tatsachen vorliegen, ausschließlich auf den Zeitpunkt des Abschlusses des befristeten Arbeitsvertrags abzustellen. Danach eintretende Ereignisse können die Wirksamkeit eines bei Vertragsschluss vorliegenden sachlichen Grunds nicht (mehr) in Frage stellen. So führt zB bei dem Sachgrund der Vertretung das endgültige Ausscheiden des Vertretenen nach dem Vertragsschluss weder zum Wegfall des Sachgrunds noch zur Verpflichtung des AG, den Vertreter in ein unbefristetes Arbeitsverhältnis zu übernehmen. Auch der Erwerb eines besonderen Kündigungsschutzes (BAG 5.12.2012 – 7 AZR 698/11) oder eine Schwangerschaft ist für die zuvor vereinbarte Befristung ohne Bedeutung. Der Befristungsdauer kommt nur im Ausnahmefall eine eigenständige Bedeutung bei der Befristungskontrolle zu. Sie dient nur zur Kontrolle, ob der geltend gemachte Sachgrund nur vorgeschoben ist. Die gewählte Befristungsdauer wird daher nicht auf ihre sachliche Rechtfertigung geprüft. Starre zeitliche Höchstgrenzen für den Abschluss von befristeten Arbeitsverträgen mit Sachgrund bestehen nicht.

Allerdings dürfen sich die Arbeitsgerichte bei der Befristungskontrolle nicht auf die Prüfung des geltend gemachten Sachgrunds beschränken. Sie sind aus unionsrechtlichen Gründen verpflichtet, durch Berücksichtigung aller Umstände des Einzelfalls auszuschließen, dass AG missbräuchlich auf befristete Arbeitsverträge zurückgreifen. Nach Auffassung des BAG gelten dabei folgende Vorgaben:

Eine **Rechtsmissbrauchskontrolle** ist idR geboten, wenn die Gesamtdauer des befristeten Arbeitsverhältnisses acht Jahre überschreitet oder mehr als zwölf Verlängerungen des befristeten Arbeitsvertrags vereinbart wurden oder wenn die Gesamtdauer des befristeten Arbeitsverhältnisses sechs Jahre überschreitet und mehr als neun Vertragsverlängerungen vereinbart wurden. Unter diesen Voraussetzungen hängt es von weiteren, zunächst vom AN vorzutragenden Umständen ab, ob ein Missbrauch der Befristungsmöglichkeit anzunehmen ist. Von einem indizierten Rechtsmissbrauch ist idR auszugehen, wenn die Gesamtdauer des Arbeitsverhältnisses zehn Jahre überschreitet oder mehr als 15 Vertragsverlängerungen vereinbart wurden oder wenn mehr als zwölf Vertragsverlängerungen bei einer Gesamtdauer von mehr als acht Jahren vorliegen. In einem solchen Fall hat der AG die Möglichkeit, die Annahme des indizierten Gestaltungsmissbrauchs durch den Vortrag besonderer Umstände zu entkräften (BAG 26.10.2016 – 7 AZR 135/15).

2. Sachgründe nach dem TzBfG

(a) Befristung wegen nur vorübergehenden betrieblichen Bedarfs (§ 14 Abs. 1 S. 2 Nr. 1 TzBfG): Ein sachlicher Grund liegt nach § 14 Abs. 1 S. 2 Nr. 1 TzBfG vor, wenn der betriebliche Bedarf an der Arbeitsleistung nur vorübergehend besteht. Der Sachgrund ist von der regelmäßig gegebenen Unsicherheit über die künftige Entwicklung des Arbeitskräftebedarfs eines Unternehmens oder einer Behörde zu unterscheiden. Die allgemeine Unsicherheit über die Entwicklung der Arbeitsmenge und des Arbeitskräftebedarfs rechtfertigen die Befristung nicht. Der AG kann das unternehmerische Risiko nicht durch den Abschluss eines befristeten Arbeitsvertrags auf den AN abwälzen. Der Tatbestand der Nr. 1 umfasst vier Fallgruppen. Zu unterscheiden sind Daueraufgaben des AG und Zusatzaufgaben (BAG 21.8.2019 – 7 AZR 572/17). Die Daueraufgaben des AG können für einen vorübergehenden Zeitraum entweder einmalig oder regelmäßig wiederkehrend zunehmen. Unter § 14 Abs. 1 S. 2 Nr. 1 TzBfG fällt auch die Erledigung einer vorübergehenden Zusatzaufgabe sowie die vorhersehbare Abnahme der bisherigen Arbeitsmenge (zB bei einer Betriebsstilllegung) darunter. Die Befristung nach der Nr. 1 ist gerechtfertigt, wenn im Zeitpunkt des Vertragsschlusses mit hinreichender Sicherheit zu erwarten ist, dass für die Beschäftigung des befristet eingestellten AN über das vorgesehene Vertragsende hinaus kein Bedarf besteht. Hierzu muss der AG eine Prognose erstellen, der konkrete Anhaltspunkte zugrunde liegen. Daneben muss der AN gerade zur Deckung des vorübergehenden Bedarfs und nicht zur Erledigung anderer Daueraufgaben eingestellt worden sein. Ein regelmäßig wiederkehrender Mehrbedarf kann zB die Befristung bei Saison- bzw. Kampagnebetrieben rechtfertigen, wenn nach Ablauf der Saison kein Bedürfnis mehr für die Beschäftigung des Saisonarbeiters vor Beginn der neuen Saison besteht. Ein weiteres Beispiel für eine Befristung nach der Nr. 1 ist die Mitarbeit des AN in einem zeitlich begrenzten (Forschungs-)Projekt.

(b) Befristung im Anschluss an eine Ausbildung oder Studium (§ 14 Abs. 1 S. 2 Nr. 2 TzBfG): Nach Nr. 2 ist es ein sachlicher Grund für die Befristung eines Arbeitsvertrags, wenn ein AN unmittelbar im Anschluss an eine Ausbildung befristet beschäftigt wird, um ihm den Übergang in eine Anschlussbeschäftigung zu erleichtern. Der Befristungsgrund soll der Erfahrung Rechnung tragen, dass Berufserfahrung den Berufsstart erleichtern kann.

(c) Vertretung (§ 14 Abs. 1 S. 2 Nr. 3 TzBfG): Die Einstellung eines AN zur Vertretung eines zeitweilig ausfallenden Mitarbeiters war bereits vor Inkrafttreten des TzBfG von der Rspr. als Befristungsgrund anerkannt. Der Grund für die Befristung liegt in Vertretungsfällen darin, dass der AG bereits zu einem vorübergehend wegen Krankheit oder aus sonstigen Gründen ausfallenden Mitarbeiter in einem Rechtsverhältnis steht und mit der Rückkehr dieses Mitarbeiters rechnet. Für die Wahrnehmung der an sich dem ausfallenden Mitarbeiter obliegenden Arbeitsaufgaben besteht daher von vornherein nur ein zeitlich begrenztes Bedürfnis für den Einsatz der Vertretungskraft. Der Sachgrund der Vertretung setzt aber nicht voraus, dass der zur Vertretung eingestellte Mitarbeiter die Aufgaben der vorübergehend ausfallenden Stammkraft erledigt. Der Vertreter kann auch mit anderen Aufgaben betraut werden, wenn nur ein Kausalzusammenhang zwischen dem Ausfall des vertretenen AN und der Einstellung des Vertreters besteht (zu Einzelheiten BAG 21.2.2018 – 7 AZR 696/16). Ein Sachgrund nach § 14 Abs. 1 S. 2 Nr. 3 TzBfG kann zB vorliegen bei vorübergehender Vertretung wegen Krankheit, Urlaub, Elternzeit (§ 21 BEEG), Einberufung zum Wehrdienst, Abordnung ins Ausland, Vertretung eines freigestellten BRmitglieds sowie Einstellung eines Vertreters bei einer beruflichen Weiterbildung.

(d) Eigenart der Arbeitsleistung (§ 14 Abs. 1 S. 2 Nr. 4 TzBfG): Durch diesen Befristungsgrund hat der Gesetzgeber der Rspr. des BAG zur Befristung von Arbeitsverträgen im Rahmen der Medien, der Freiheit der Kunst und dem Recht der Bühnen Rechnung getragen. Danach kann der Abschluss eines befristeten Arbeitsvertrags aufgrund eines durch Art. 5 Abs. 1 S. 2 GG geschützten Innovationsbedürfnisses oder des wechselnden Publikumsinteresses gerechtfertigt sein. Zu den Bereichen, in denen wegen der Eigenart der Tätigkeit üblicherweise befristete Arbeitsverträge abgeschlossen werden, gehören vor allem Arbeitsverträge mit programmgestaltenden Mitarbeitern in Rundfunk und Presse, mit Bühnenkünstlern sowie mit **Profifußballsportlern** (BAG 16.1.2018 – 7 AZR 312/16). Für die Befristung von Arbeitsverhältnissen mit Studierenden gelten keine Besonderheiten. Ein wegen ihrer zeitlichen Beanspruchung durch das Studium bestehender Sachgrund kommt wohl nur in Betracht, wenn die Befristung erforderlich ist, um die Erwerbstätigkeit den immer wieder wechselnden Erfordernissen des Studiums anzupassen.

(e) Erprobung (§ 14 Abs. 1 S. 2 Nr. 5 TzBfG): Dieser Befristungsgrund hat an Bedeutung verloren, da § 14 Abs. 2 TzBfG die sachgrundlose Befristung bis zu einem Zeitraum von 2 Jahren zulässt. Der Erprobungszweck muss nicht Vertragsinhalt geworden sein und braucht nicht ausdrücklich im Arbeitsvertrag genannt werden. An einem sachlichen Grund für die Erprobung fehlt es, wenn der AN bereits ausreichende Zeit bei dem AG mit den von ihm zu erfüllenden Aufgaben beschäftigt war und der AG die Fähigkeiten des AN ausreichend beurteilen kann. Erprobungszweck und Erprobungsdauer müssen in einem angemessenen Verhältnis stehen. Die Dauer der Erprobung darf in der Regel sechs Monate (bei akademischen Berufen zwölf Monate) nicht überschreiten. Ausnahmen gelten für Berufe mit gesteigerten Leistungsanforderungen, insbesondere für künstlerische und wissenschaftliche Tätigkeiten, wenn der AN zuvor für eine längere Zeit nicht mehr in seinem Beruf tätig gewesen ist oder aufgrund besonderer Umstände seine Eignung festgestellt werden muss.

(f) In der Person des Arbeitnehmers liegende Gründe (§ 14 Abs. 1 S. 2 Nr. 6 TzBfG): Diese sind gegeben, wenn ein AN aus sozialen Gründen vorübergehend beschäftigt wird, um die Zeit bis zum Beginn einer anderen Beschäftigung, des Wehrdienstes oder eines Studiums zu überbrücken. Der AG kann sich auf diesen Sachgrund nur berufen, wenn die sozialen Belange des AN und nicht die Interessen des AG für den Abschluss des Zeitvertrags maßgebend gewesen sind.

(g) Haushaltsmittel (§ 14 Abs. 1 S. 2 Nr. 7 TzBfG): Voraussetzung der Befristung ist, dass die Mittel haushaltsrechtlich für eine befristete Beschäftigung bestimmt sind und der AN entsprechend dieser Zweckbestimmung beschäftigt werden soll und seine Vergütung aus den Haushaltsmitteln bestritten werden kann. Handelt es sich bei der Tätigkeit, für die Haushaltsmittel zur Verfügung stehen, um eine Tätigkeit, die ihrer Art nach vorübergehender Natur ist (zB Aushilfe, Vertretung, vorübergehender Mehrbedarf), ist die Befristung gerechtfertigt, wenn der AN mit zumindest der Hälfte seiner Arbeitszeit mit dieser Tätigkeit betraut werden soll. Das BAG hat allerdings Zweifel geäußert, ob dieser Sachgrund mit Unionsrecht vereinbar ist (BAG 15.11.2011 – 7 AZR 394/10).

(h) Gerichtlicher Vergleich (§ 14 Abs. 1 S. 2 Nr. 8 TzBfG): Die Befristung eines Arbeitsverhältnisses in einem gerichtlichen Vergleich ist wirksam, soweit die Parteien darin zur Beendigung eines Kündigungsverfahrens oder eines Feststellungsstreits über den Fortbestand des Arbeitsverhältnisses infolge einer Befristung eine Einigung erzielen. Der gerichtliche Vergleich unterliegt keiner weiteren Befristungskontrolle, hingegen ist der Sachgrund nach der Nr. 8 nicht gegeben, wenn die Parteien einen außergerichtlichen Vergleich geschlossen haben. Der ohne inhaltliche Mitwirkung des Gerichts protokollierte oder festgestellte Vergleich ist auch kein Sachgrund iSd Nr. 8 (BAG 21.3.2017 – 7 AZR 369/15).

3. In TzBfG nicht geregelte Sachgründe

(a) **Altersteilzeit:** Nach § 8 Abs. 3 ATG sind Vereinbarungen zulässig, nach denen der Altersteilzeitarbeitsvertrag (→ *Altersteilzeitarbeit*) auf den Tag befristet wird, an dem der AN die Voraussetzungen für den Bezug einer Altersrente erfüllt. Wie bei der → *Altersgrenze* ist die durch den Rentenbezug bzw. die gleichwertige Leistung vermittelte wirtschaftliche Absicherung des AN Teil des Sachgrunds.

(b) **Arbeitserlaubnis:** Die Befristung eines Aufenthaltstitels (→ *Arbeitsgenehmigung (Aufenthaltstitel)*) und die Besorgnis, der AN werde danach die arbeitsvertraglich geschuldeten Dienste nicht mehr erbringen können, kann einen sachlichen Grund für die Befristung des Arbeitsverhältnisses darstellen, wenn im Zeitpunkt des Vertragsschlusses eine hinreichend zuverlässige Prognose erstellt werden kann, eine Verlängerung des Aufenthaltstitels mit einer Beschäftigungsmöglichkeit werde nicht erfolgen.

(c) **Drittmittel:** Erfolgt die Einstellung des AN zur Mitwirkung an einem drittmittelfinanzierten Forschungsvorhaben an einer Hochschule oder an einer Forschungseinrichtung, kann die Befristung auch auf den Sachgrund der Drittmittelfinanzierung gestützt werden (§ 2 Abs. 2 WissZeitVG).

(d) **Erwerbsminderung:** Eine arbeitsvertraglich oder tarifvertraglich vereinbarte auflösende Bedingung, wonach das Arbeitsverhältnis bei Eintritt einer vollen oder teilweisen Erwerbsminderung endet, ist grds. sachlich gerechtfertigt. Sie beruht auf der Annahme, der AN werde die arbeitsvertraglich geschuldeten Leistungen künftig nicht mehr erbringen. Jedoch ist erforderlich, dass der AN als Ausgleich für den mit der Beendigung des Arbeitsverhältnisses verbundenen Verlust des Arbeitsentgelts einen voraussichtlich dauerhaften Rentenbezug beanspruchen kann (BAG 20.6.2018 – 7 AZR 737/16).

(e) **Wunsch des Arbeitnehmers:** Dieser kann die Befristung eines Arbeitsvertrags sachlich rechtfertigen. Dazu reicht nicht aus, dass der AN überhaupt an einer Beschäftigung interessiert ist. Es müssen vielmehr Tatsachen vorliegen, aus denen ein Interesse des AN gerade an einer befristeten Beschäftigung folgt. Entscheidend ist, ob der AN auch bei einem Angebot auf Abschluss eines unbefristeten Vertrags nur ein befristetes Arbeitsverhältnis vereinbart hätte.

IX. Befristung einzelner Arbeitsbedingungen

Bei der Befristung von einzelnen Arbeitsbedingungen wird der Arbeitsvertrag für eine vorübergehende Zeit teilweise geändert. Die Arbeitsvertragsparteien kommen überein, dass bestimmte Vertragsbedingungen nur befristet oder auflösend bedingt gelten sollen und anschließend wieder der ursprüngliche Vertragsinhalt in Kraft tritt. Gegen den Willen des AN kann der AG eine vorübergehende Vertragsänderung nur im Wege der Änderungskündigung durchsetzen. Das BAG geht davon aus, dass auch einzelne Arbeitsbedingungen befristet werden können. Nach dem Inkrafttreten des Schuldrechtsmodernisierungsgesetzes ist maßgeblich, ob es sich um Allgemeine Geschäftsbedingungen iSd §§ 305 ff. BGB handelt. Ist dies nicht der Fall, ist die nur vorübergehende Änderung des Arbeitsvertrags nach den Grundsätzen der Vertragsfreiheit innerhalb der durch die Rechtsordnung gezogenen Grenzen (zB §§ 134, 138, 242 BGB) zulässig. Eine Inhalts- oder Angemessenheitskontrolle findet daneben nicht mehr statt. Nach der Rspr. unterliegt die in AGB vereinbarte vorübergehende Änderung von Arbeitsbedingungen der Inhaltskontrolle (→ *Allgemeine Geschäftsbedingungen*). Die Angemessenheit einer befristeten Änderung von Vertragsbedingungen wird insbesondere dann in Betracht kommen, wenn entweder ein Sachgrund für die befristete Änderung des Arbeitsvertrags gegeben ist (zB Vertretung, Wunsch des AN) oder der AG zur Vereinbarung eines entsprechenden Vorbehalts berechtigt gewesen wäre (BAG 23.3.2016 – 7 AZR 828/13). Die Befristung einzelner Arbeitsbedingungen unterliegt nicht dem Schriftformerfordernis des § 14 Abs. 4 TzBfG; allerdings kann ein einzelvertraglich oder ein in einem TV enthaltenes Schriftformerfordernis der Wirksamkeit einer nur mündlich vereinbarten Vertragsänderung entgegenstehen. Die Unwirksamkeit der

Befristung einzelner Arbeitsbedingungen kann Gegenstand einer allgemeinen Feststellungsklage (§ 256 Abs. 1 ZPO) sein; die Klagefrist des § 17 TzBfG findet keine Anwendung.

X. Weiterarbeit und Wiedereinstellung

Wird das befristete Arbeitsverhältnis nach seinem Ablauf mit Wissen des AG fortgesetzt, gilt es als auf unbestimmte Zeit verlängert, wenn der AG nicht unverzüglich widerspricht oder dem AN die Zweckerreichung nicht unverzüglich mitteilt (§ 15 Abs. 6 TzBfG). Die Regelung beruht auf der Erwägung, die Fortsetzung der Arbeitsleistung durch den AN mit Wissen des AG sei regelmäßig der Ausdruck eines stillschweigenden Willens der Parteien zur Verlängerung des Arbeitsverhältnisses. § 15 Abs. 6 TzBfG setzt voraus, dass das Arbeitsverhältnis sein Ende gefunden hat und der AN mit Wissen des AG oder eines zum Abschluss von Arbeitsverträgen berechtigten Vertreters weiterarbeitet. Die Rechtsfolgen des § 15 Abs. 6 TzBfG treten nicht ein, wenn der AG der Fortsetzung der Tätigkeit des AN ausdrücklich oder konkludent widerspricht. Der Widerspruch ist an keine bestimmte Form gebunden; er muss jedoch unverzüglich (grds. innerhalb von drei Tagen) erfolgen. Ist der Tatbestand des § 15 Abs. 6 TzBfG erfüllt, gilt das Arbeitsverhältnis als unbefristetes zu ansonsten unveränderten Bedingungen fort.

Der Wegfall des sachlichen Grunds während der Befristungsdauer oder eine nachträglich entstandene Möglichkeit, den AN entgegen der zum Zeitpunkt der Befristungsabrede bestehenden Prognose dauerhaft zu beschäftigen, verpflichtet den AG nicht, den befristeten Arbeitsvertrag mit dem AN nach Ablauf der Befristungsdauer fortzusetzen bzw. diesen wiedereinzustellen.

▶ Befristungskontrollklage

→ *Befristeter Arbeitsvertrag*

▶ Behinderung

→ *Allgemeines Gleichbehandlungsgesetz*; → *Schwerbehinderte Menschen*

▶ Belästigung

→ *Allgemeines Gleichbehandlungsgesetz*

▶ Benachteiligung

→ *Allgemeines Gleichbehandlungsgesetz*

▶ Beratungshilfe

Einem Rechtsuchenden wird nach § 2 BeratungshilfeG auch in Arbeitssachen auf seinen Antrag hin Beratungshilfe gewährt, wenn er die für eine anwaltliche Beratung erforderlichen Mittel nicht selbst aufbringen kann und die beabsichtigte Wahrnehmung seiner Rechte nicht mutwillig erscheint. Die Beratungshilfe kann nicht abgelehnt werden, weil die Behörde, um deren Bescheid es geht, eine kostenfreie Rechtsberatung anbietet. Wegen der Einkommensverhältnisse gelten die Vorschriften zur → *Prozesskostenhilfe* entsprechend. Der Antrag kann mündlich oder schriftlich bei dem Amtsgericht gestellt werden, in dessen Bereich der Antragsteller seinen allgemeinen Gerichtsstand hat. Ist der Antrag begründet, stellt das Gericht einen Beratungsschein für einen RA aus.

▶ Bereitschaftsdienst

→ *Arbeitszeit*

▶ Berufsausbildung

→ *Auszubildende*; → *Berufsausbildungsverhältnis*

▶ Berufsausbildungsverhältnis

So heißt das aufgrund des Berufsausbildungsvertrags entstehende Rechtsverhältnis, in dem ein → *Auszubildender* vom Ausbildenden eine breit angelegte berufliche Grundbildung und die für die Ausübung einer qualifizierten beruflichen Tätigkeit notwendigen fachlichen Fertigkeiten und Kenntnisse in einem geordneten Ausbildungsgang erhält (§ 1 Abs. 3 BBiG). Für einen anerkannten Ausbildungsberuf darf nur nach der Ausbildungsordnung (§ 5 BBiG) ausgebildet werden (§ 4 Abs. 2 BBiG, sog. Ausschließlichkeitsgrundsatz). Jugendliche dürfen in anderen als anerkannten Ausbildungsberufen nicht ausgebildet werden (§ 4 Abs. 3 BBiG). Ein Verstoß gegen den Ausschließlichkeitsgrundsatz führt zur Nichtigkeit des Vertrags. Eine Übersicht über die Ausbildungsberufe ist auf den Internetseiten des BMWK (http://www.bmwk.de) enthalten. Auf sämtliche Berufsausbildungsverhältnisse ist das Arbeitsrecht anwendbar, soweit sich nicht aus Wesen und Zweck der Ausbildungsverträge Anderes ergibt (§ 10 Abs. 2 BBiG). Das Berufsausbildungsverhältnis unterscheidet sich vom → *Arbeitsverhältnis* durch den Ausbildungszweck. Für → *Volontäre* und → *Praktikanten* gilt das BBiG, wenn ein Ausbildungs- und nicht ein → *Arbeitsverhältnis* vereinbart wurde (§ 26 BBiG); jedoch sind die Vorschriften über die Schriftform (§ 11 BBiG), die → *Probezeit* (§ 20 BBiG) und den Schadensersatz bei → *außerordentlicher Kündigung* (§ 23 BBiG) modifiziert. *(SR)*

▶ Berufsfreiheit

Das ist ein Grundrecht, das allen Deutschen zusteht (Art. 12 Abs. 1 GG). Hiernach haben sie das Recht, Beruf, Arbeitsplatz und Ausbildungsstätte frei zu wählen. Die Berufsausübung kann durch Gesetz geregelt werden. Beruf ist eine auf Dauer angelegte, Arbeitskraft und Arbeitszeit überwiegend in Anspruch nehmende Tätigkeit, die im Allgemeinen zur Gewinnung des Lebensunterhalts dient. Das Grundrecht garantiert die freie Wahl des Arbeitsplatzes, nicht dagegen einen Anspruch auf Bereitstellung eines Arbeitsplatzes eigener Wahl oder eine Bestandsgarantie für den einmal gewählten Arbeitsplatz. Dem durch Art. 12 Abs. 1 GG geschützten Interesse des AN an einer Erhaltung seines Arbeitsplatzes steht das Interesse des AG gegenüber, in seinem Unternehmen nur Mitarbeiter zu beschäftigen, die seinen Vorstellungen entsprechen, und ihre Zahl auf das von ihm bestimmte Maß zu beschränken. Das Grundrecht kann den AN vor der Beendigung seines Arbeitsverhältnisses schützen, wenn dieses (noch) nicht vom Geltungsbereich des KSchG erfasst wird, weil zB die Mindestarbeitnehmerzahl (§ 23 Abs. 1 KSchG) oder die Wartezeit (§ 1 Abs. 1 KSchG) noch nicht erfüllt sind (→ *Kündigungs-*

schutz). Nach Auffassung des BVerfG darf einem AN auch außerhalb des KSchG nicht willkürlich oder aus sachfremden, sondern nur aus arbeitsplatzbezogenen Motiven gekündigt werden. Daneben ist der AG bei einer zu treffenden Auswahl unter den AN zu einem gewissen Maß sozialer Rücksichtnahme verpflichtet (BVerfG 27.1.1998 – 1 BvL 15/87). Die Beweislast für die Unwirksamkeit einer Kündigung außerhalb des KSchG liegt beim AN. Die Darlegungslast ist hingegen abgestuft (BAG 23.10.2008 – 2 AZR 131/07).

▶ Berufskleidung

→ *Arbeitskleidung*

▶ Berufung

I. Voraussetzungen

Dies ist das Rechtsmittel gegen → *Urteile* des → *Arbeitsgerichts*. Die Berufung ist nur **statthaft,** (**1**) wenn sie entweder im Tenor des arbeitsgerichtlichen Urteils zugelassen worden ist (§ 64 Abs. 2 Buchst. a, Abs. 3 ArbGG); (**2**) der Wert des Beschwerdegegenstands 600 EUR übersteigt (§ 64 Abs. 2 Buchst. b ArbGG); (**3**) in Rechtsstreitigkeiten über das Bestehen oder über das Nichtbestehen oder die Kündigung eines Arbeitsverhältnisses (§ 64 Abs. 2 Buchst. c ArbGG). Die Berufung ist unzulässig gegen Zweite Versäumnisurteile (→ *Versäumnisurteile*), wenn die vorgenannten Voraussetzungen nicht vorliegen. Die Entscheidung des ArbG über die Nichtzulassung der Berufung ist unanfechtbar. Der **Beschwerdewert** (§ 64 Abs. 2 Buchst. b ArbGG) wird durch zwei Faktoren bestimmt, nämlich einmal der Beschwer, dh aus dem Zurückbleiben der arbeitsgerichtlichen Entscheidung hinter dem gestellten Antrag, und zum anderen aus dem Berufungsantrag, aus dem sich ergibt, inwieweit die angefochtene Entscheidung abgeändert werden soll. Bei der Beurteilung des Beschwerdewerts kommt es auf den Zeitpunkt der Einlegung der Berufung an. Dabei ist das Berufungsgericht grds. an die **Streitwertfestsetzung** des ArbG gebunden.

II. Fristen

Die Entscheidung des ArbG über die Zulassung der Berufung ist in den Urteilstenor aufzunehmen. Ist dies unterblieben, kann binnen zwei Wochen ab Verkündung des Urteils eine entsprechende Ergänzung beantragt werden (§ 64 Abs. 3a ArbGG). Die **Berufungs- bzw. Berufungsbegründungsfrist** betragen einen bzw. zwei Monate. Beide Fristen beginnen mit der Zustellung des in vollständiger Form abgefassten Urteils, spätestens jedoch fünf Monate nach der Verkündung des Urteils (§ 66 Abs. 1 S. 1 ArbGG). Diese Frist gilt auch, wenn das Urteil bis zum Ablauf der 5-Monats-Frist nicht und oder mit einer fehlerhaften Rechtsmittelbelehrung zugestellt worden ist. Die Berufung kann **mehrmals eingelegt** werden und vor Ablauf der Berufungsfrist begründet werden. Der Berufungsbeklagte muss innerhalb eines Monats nach Zustellung der Berufungsbegründung diese beantworten; hierauf ist er vom Gericht hinzuweisen (§ 66 Abs. 1 S. 3 ArbGG). Die Frist zur Begründung und Beantwortung der Berufung kann vom Vorsitzenden einmal verlängert werden.

III. Berufungsschrift

Die Berufungsschrift muss enthalten **(1)** die genaue Bezeichnung der Parteien und **(2)** des anzufechtenden Urteils; **(3)** die Erklärung, dass gegen das Urteil Berufung eingelegt wird; **(4)** die Unterschrift eines postulationsfähigen Vertreters; dh nur ein Rechtsanwalt oder der Vertreter einer Koalition (Verbandsvertreter) können für eine Partei Berufung einlegen. Rechtsanwälte müssen die Berufung und deren Begründung seit dem 1.1.2022 als elektronisches Dokument einreichen, während Verbandsvertreter hierzu erst ab dem 1.1.2026 verpflichtet sind.

IV. Berufungsbegründung

Die Berufungsbegründung muss enthalten **(1)** die Erklärung, inwieweit das Urteil angefochten wird und welche Abänderung des Urteils beantragt wird (Berufungsanträge), **(2)** die bestimmte Bezeichnung der Umstände, aus denen sich die Rechtsverletzung und deren Erheblichkeit für die angefochtene Entscheidung ergibt, **(3)** die Bezeichnung konkreter Anhaltspunkte, die Zweifel an der Richtigkeit oder Vollständigkeit der Tatsachenfeststellungen im angefochtenen Urteil begründen und deshalb eine neue Feststellung gebieten, und **(4)** die Bezeichnung der neuen Angriffs- und Verteidigungsmittel sowie der Tatsachen, aufgrund derer die neuen Angriffs- und Verteidigungsmittel nach § 531 Abs. 2 ZPO zuzulassen sind (§ 520 ZPO). Der Berufungskläger muss sich mit dem angefochtenen Urteil auseinandersetzen, dh er muss angeben, welchen Rechtsfehler das erstinstanzliche Gericht gemacht hat. Hat das Arbeitsgericht im selben Urteil mehrere aufeinander folgende Kündigungen für unwirksam erklärt, so ist es für eine ordnungsgemäße Begründung auch hinsichtlich der weiteren Kündigungen ausreichend, wenn der Rechtsmittelführer das Urteil bezüglich der ersten Kündigung mit bestimmt bezeichneten Gründen angreift. Ist das Urteil des ArbG auf mehrere Gründe gestützt, muss sich der Berufungskläger mit allen tragenden Begründungen auseinandersetzen. Ist das Urteil bis zum Ablauf von 5 Monaten nicht ordnungsgemäß zugestellt worden, reicht als Begründung die entsprechende Rüge aus. Das LAG kann im Falle verspäteter Absetzung den Rechtsstreit nicht an das ArbG zurückverweisen, sondern muss ihn selbst entscheiden.

▶ Beschäftigungsanspruch

Die Begriffe Beschäftigungsanspruch und → *Weiterbeschäftigungsanspruch* werden in der Praxis vielfach gleich verwandt, sind aber inhaltlich und begrifflich voneinander zu trennen. Während des bestehenden Arbeitsverhältnisses hat der AN einen Beschäftigungsanspruch zu den vertraglich vereinbarten Bedingungen. Mit der Beendigung des Arbeitsverhältnisses, etwa mit dem Zugang einer → *außerordentlichen Kündigung* oder dem Ablauf der → *Kündigungsfrist*, kann für den AN ein sog. → *Weiterbeschäftigungsanspruch* bestehen. Außerdem gibt es gesetzlich besonders geregelt den Weiterbeschäftigungsanspruch in § 102 Abs. 5 BetrVG.

Eine ausdrückliche gesetzliche Ausgestaltung des Beschäftigungsanspruchs fehlt, lediglich derjenige von → *schwerbehinderten Menschen* ist in § 164 Abs. 4 S. 1 Nr. 1 SGB IX geregelt. Dennoch ist der Beschäftigungsanspruch allgemein anerkannt. Das BAG hat bereits frühzeitig aus dem allgemeinen Persönlichkeitsrecht des AN eine

Beschäftigungspflicht in einem bestehenden Arbeitsverhältnis hergeleitet. Dieses Ergebnis hat der Große Senat des BAG im Jahr 1985 bestätigt (BAG 27.2.1985 – GS 1/84). Die Beschäftigungspflicht stellt eine sog. Nebenpflicht des AG dar. Sie besteht nur im Rahmen des nicht bestrittenen Bestands des Arbeitsverhältnisses. Kein Beschäftigungsanspruch besteht daher, wenn das Arbeitsverhältnis noch nicht wirksam begründet ist oder sein Bestand zwischen den Vertragsparteien umstritten und das Bestreiten des AG nicht offensichtlich unbegründet ist. Daneben kann eine Beschäftigungspflicht ausdrücklich zwischen AG und AN vereinbart werden. Grds. hat der AN auch einen Beschäftigungsanspruch nach Ausspruch einer → *ordentlichen Kündigung* bis zum Ablauf der Kündigungsfrist. Eine → *Freistellung des Arbeitnehmers* ist nur wirksam, wenn überwiegende und schutzwürdige Interessen des AG vorhanden sind. Die schuldhafte Verletzung der Beschäftigungspflicht begründet keinen Schadensersatzanspruch, da der entgangene Verdienst als Schaden nicht vom Schutzzweck der Norm erfasst ist. Für die finanzielle Absicherung bei Nichtbeschäftigung sorgt der Anspruch auf Annahmeverzugslohn nach § 615 S. 1 BGB. Mit der Beschäftigungsklage werden regelmäßig tarifvertragliche → *Verfallfristen* für Lohn- und Zinsansprüche gewahrt (BAG 18.9.2019 – 5 AZR 240/18). Im gerichtlichen Vollstreckungsverfahren kann der AG einwenden, die Beschäftigung des AN sei unmöglich geworden. *(SR)*

▶ Beschäftigungsgesellschaft

Durch die Übernahme in eine Beschäftigungsgesellschaft sollen von Entlassung bedrohte AN vor Arbeitslosigkeit bewahrt werden. Dazu wird durch einen → *Aufhebungsvertrag* das bisherige Arbeitsverhältnis aufgehoben und gleichzeitig ein neues Arbeitsverhältnis mit einer Beschäftigungsgesellschaft begründet, deren Zweck die Qualifizierung und Vermittlung der Betroffenen ist (BAG 23.11.2006 – 8 AZR 349/06). Dabei werden regelmäßig Praktika, Bewerbertraining und Beratung durchgeführt. Durch den Wechsel in die Beschäftigungsgesellschaft vermeiden die AN zumindest zeitweise den Eintritt von Arbeitslosigkeit, während der AG keinen Kündigungsschutzprozess um die Rechtmäßigkeit einer ansonsten notwendigen

→ *Kündigung* führen muss. Die Gründung von Beschäftigungsgesellschaften kann bei einer → *Betriebsänderung* im Rahmen von → *Sozialplänen* nach § 112 BetrVG, §§ 110 f. SGB III vorgesehen werden. Die Beschäftigten einer Beschäftigungsgesellschaft erhalten von der Arbeitsverwaltung Transfer-Kurzarbeitergeld iHv 60 bzw. 67% des letzten Nettolohns. Diese Vergütung wird regelmäßig durch den AG, der auch die anfallenden Sozialabgaben, Zuschüsse zur Qualifizierung und die Verwaltungskosten der Beschäftigungsgesellschaft trägt, aufgestockt.

▶ Beschäftigungsverhältnis

Der Begriff stammt aus dem Sozialversicherungsrecht und wird in § 7 Abs. 1 S. 1 SGB IV definiert. Danach ist Beschäftigung die nichtselbstständige Arbeit, insbesondere in einem Arbeitsverhältnis. Das Beschäftigungsverhältnis wird nicht durch den privatrechtlichen → *Arbeitsvertrag,* sondern durch den faktischen Leistungsaustausch begründet, der für das Sozialversicherungsrecht die Grundlage der zu beurteilenden Arbeitsleistung darstellt. Anhaltspunkte für eine Beschäftigung sind eine Tätigkeit nach Weisungen und eine Eingliederung in die Arbeitsorganisation des Weisungsgebers (§ 7 Abs. 1 S. 2 SGB IV). Nach der Rspr. des BSG setzt eine Beschäftigung voraus, dass der AN vom AG persönlich abhängig ist (→ *Arbeitnehmer*). Bei einer Beschäftigung in einem fremden Betrieb ist dies der Fall, wenn der Beschäftigte in den Betrieb eingegliedert ist und dabei einem Weisungsrecht unterliegt, das Zeit, Dauer, Ort und Art der Tätigkeit umfasst. Das Weisungsrecht kann, insbesondere bei Diensten höherer Art, eingeschränkt und „zur funktionsgerecht dienenden Teilhabe am Arbeitsprozess" verfeinert sein (BSG 17.12.2014 – B 12 R 13/13 R). Eine etwaige Sittenwidrigkeit der ausgeübten Tätigkeit steht der Begründung eines beitragspflichtigen Beschäftigungsverhältnisses nicht entgegen (→ *faktisches Arbeitsverhältnis*). Dessen Bestand ist zB sozialversicherungsrechtlich Voraussetzung für die Beitragspflicht und den Anspruch des AN auf Leistungen der Arbeitsverwaltung (zB → *Arbeitslosengeld I,* → *Insolvenzgeld*) und der Krankenkasse (zB → *Krankengeld*). Nach § 7 Abs. 3 1 SGB IV gilt eine Beschäftigung gegen Arbeitsentgelt als fortbestehend, solange das Beschäftigungsverhältnis ohne Anspruch auf Arbeitsentgelt fortdauert, jedoch nicht länger als einen Monat (zu Ausnahmen § 7 Abs. 3 S. 2 SGB IV). Zur Klärung der Frage, ob eine Beschäftigung iSv § 7 Abs. 1 SGB IV vorliegt, besteht ein besonderes Anfrageverfahren (§ 7a SGB IV).

► Beschlussverfahren

I. Begriff und Gegenstand

Die ArbG entscheiden im Urteils- und im Beschlussverfahren. Während das Urteilsverfahren im Wesentlichen für Streitigkeiten zwischen AG und AN gegeben ist (→ *Arbeitsgerichte*), sind Gegenstand des Beschlussverfahrens im Wesentlichen Streitigkeiten aus dem BetrVG, dem SprAuG und den Unternehmensmitbestimmungsgesetzen (zB dem MitbestG, DrittelbG, → *Mitbestimmung (Unternehmensmitbestimmung)*), soweit über die Wahl und Abwahl von Vertretern der AN in den → *Aufsichtsrat* zu entscheiden ist, sowie Angelegenheiten aus §§ 94, 95, 139 SGB IX (→ *Schwerbehindertenvertretung*), dem EBRG (→ *Europäischer Betriebsrat*) sowie Streitigkeiten über die Tariffähigkeit und Tarifzuständigkeit (→ *Tarifvertrag*) einer Vereinigung (§ 2a Abs. 1 ArbGG). Eine Ausnahme von der Zuständigkeit in Betriebsverfassungsstreitigkeiten besteht nur für die Ordnungswidrigkeiten und Strafverfahren aus dem BetrVG, für die die ordentlichen Gerichte zuständig sind. Urteils- und Beschlussverfahren schließen sich wechselseitig aus. Die Verweisung von dem einen in das andere Verfahren erfolgt nach § 48 ArbGG iVm §§ 17 ff. GVG. Örtlich zuständig ist jeweils das → *Arbeitsgericht* am Sitz des Betriebs oder Unternehmens (§ 82 ArbGG). Weitere Unterschiede zum Urteilsverfahren sind: das Gericht erforscht den Sachverhalt im Rahmen der gestellten Anträge von Amts wegen (sog. Amtsermittlungsgrundsatz, § 83 Abs. 1 ArbGG) und die mündliche Verhandlung wird als Anhörung vor der Kammer (§ 83 Abs. 4 ArbGG) bezeichnet. Die verfahrensbeendende Entscheidung ergeht nicht durch Urteil, sondern durch Beschluss (§ 84 ArbGG).

II. Einleitung des Verfahrens

Das Beschlussverfahren wird nicht durch eine Klage, sondern durch einen Antrag eingeleitet (§ 81 Abs. 1 ArbGG). Der Antragsteller ist antragsbefugt, wenn er den geltend gemachten Anspruch entweder als eigenes Recht beanspruchen kann oder den Antrag zum Schutz seiner eigenen betriebsverfassungsrechtlichen Rechtsposition stellt. Das Fehlen der Antragsbefugnis ist von Amts wegen zu berücksichtigen und führt zur Antragsabweisung als unzulässig. Die Antragsbefugnis kann sich aus dem Gesetz ergeben (zB §§ 16 Abs. 2, 17 Abs. 4, 17 a Nr. 4, 18 Abs. 1, 63 Abs. 3 BetrVG – Wahlvorstand; § 19 Abs. 2 BetrVG – Wahlanfechtung, § 23 Abs. 1 BetrVG – Ausschluss aus dem BR) oder aus dem materiellen Recht. So können AG und BR die Wirksamkeit einer Betriebsvereinbarung im Beschlussverfahren nachprüfen lassen. Der Sachantrag kann einen Leistungs-, Feststellungs- oder Gestaltungsantrag enthalten. Für den Leistungsantrag und seine möglichen Gegenstände gelten im Beschlussverfahren gegenüber dem Urteilsverfahren keine Besonderheiten. Der Antrag muss ausreichend bestimmt sein und eine konkrete Handlung zum Inhalt haben (Zahlung von Geldbeträgen, Herausgabe von Gegenständen, Vornahme oder Unterlassung von Handlungen). Bei Feststellungsanträgen ist ein besonderes Feststellungsinteresse Zulässigkeitsvoraussetzung. Gegenstand eines Feststellungsantrags kann zB das Bestehen oder Nichtbestehen eines Rechtsverhältnisses oder bestimmter Rechte aus einem Rechtsverhältnis sein, wenn der Antragsteller hieran ein berechtigtes Interesse hat. Hauptanwendungsfälle für Feststellungsanträge im Beschlussverfahren sind regelmäßig das Bestehen und der Umfang von Beteiligungsrechten in der Betriebsverfassung und die Klärung von Statusfragen (aktives und passives Wahlrecht, Zuordnung eines AN zu einem bestimmten Betrieb oder den leitenden Angestellten, Feststellung der Betriebseigenschaft iSd § 1 BetrVG). Werden in einem Beschlussverfahren im Wege objektiver **Antragshäufung** mehrere Anträge gestellt, so ist wegen eines jeden Antrags zu prüfen, welche Personen und Stellen Beteiligte sind; soweit sie nur wegen eines Antrags Beteiligte sind, können sie über andere Anträge kein Rechtsmittel einlegen. Im Beschlussverfahren ist eine **Antragsänderung** möglich; wechselt während eines Beschlussverfahrens die Zuständigkeit eines Organs für betriebsverfassungsrechtliche Angelegenheiten (BR/GBR), wird das neu zuständige Organ Beteiligter.

III. Verfahrensgrundsätze

Neben dem Antragsteller sind in das Verfahren die Beteiligten einbezogen (§ 83 Abs. 3 ArbGG). **Beteiligter** ist, wer ausdrücklich vom Gesetz als solcher bestimmt wird (zB § 103 Abs. 2 BetrVG) oder durch den Verfahrensgegenstand in seiner betriebsverfassungs- bzw. mitbestimmungsrechtlichen Stellung unmittelbar vom Ausgang des Verfahrens betroffen werden kann. Das bloße rechtliche Interesse am Verfahrensausgang begründet für sich allein keine Beteiligtenstellung. Beteiligte sind: AG und die nach materiellem Betriebsverfassungsrecht zuständigen Stellen. Nicht beteiligt ist der AN (es sei denn, dass es um seine Stellung als Mitglied der Belegschaft geht), die Einigungsstelle, vorgeschlagene Wahlvorstandsmitglieder sowie → *Betriebsratsmitglieder*, die zu einem Personalgespräch hinzugezogen sind.

Im Beschlussverfahren kann der Vorsitzende ein **Güteverfahren** ansetzen; die für das Urteilsverfahren des ersten Rechtszugs maßgebenden Vorschriften über das Güteverfahren gelten entsprechend (§ 80 Abs. 2 ArbGG). Im Übrigen sind die Beteiligten vor der Kammer zu hören. Diese kann einem Beteiligten die schriftl. Äußerung gestatten (§ 83 Abs. 1 ArbGG). Bleibt ein Beteiligter unentschuldigt aus, so ist der Pflicht zur Anhörung genügt (§ 83 Abs. 4 ArbGG). Der Vorsitzende kann den Beteiligten eine Frist zum Vorbringen von **Angriffs- und Verteidigungsmitteln** setzen. Angriffs- und Verteidigungsmittel, die erst nach Fristablauf vorgebracht werden, können zurückgewiesen werden (§ 83 Abs. 1a ArbGG).

Im Gegensatz zum Urteilsverfahren ist das Gericht im Beschlussverfahren verpflichtet, den Sachverhalt von Amts wegen zu erforschen (§ 83 Abs. 1 ArbGG; **Amtsermittlungs- bzw. Untersuchungsgrundsatz**). Der Antragsteller muss nur mit der Antragsschrift die Tatsachen vortragen, aus denen das Gericht den Verfahrensgegenstand und die weiteren Verfahrensbeteiligten bestimmen kann. Im Rahmen des so konkretisierten Verfahrensgegenstands ist dann Aufgabe des Gerichts, die entscheidungserheblichen Tatsachen zu ermitteln. Die hierzu dem Gericht zur Verfügung stehenden Mittel nennt § 83 Abs. 2 ArbGG. Danach kann das Gericht Urkunden einsehen, Auskünfte bei nicht am Verfahren Beteiligten einholen sowie alle auch im Urteilsverfahren zur Verfügung stehenden Beweismittel verwerten (Zeugen, Sachverständige, Augenschein); auch die Beteiligtenvernehmung ist zulässig. Ein konkreter Beweisantrag ist nicht notwendig; für die Beteiligtenvernehmung müssen die Voraussetzungen der §§ 445–457 ZPO nicht gegeben sein.

Der Antrag kann zurückgenommen werden, das Beschlussverfahren ist dann vom Vorsitzenden einzustellen (§ 81 Abs. 2 ArbGG). Im Übrigen gelten dieselben Grundsätze wie für das Urteilsverfahren, soweit sich nicht aus §§ 81, 83 ArbGG etwas anderes ergibt. Insbesondere muss für die Entscheidung ein **Rechtsschutzinteresse** bestehen; anderenfalls ist es für erledigt zu erklären. Ein Rechtsschutzinteresse fehlt für einen Antrag, mit dem ausschließlich die Feststellung begehrt wird, dass eine bereits abgeschlossene Maßnahme unwirksam ist, wenn sie für die Verfahrensbeteiligten im Zeitpunkt der Entscheidung keine Rechtswirkungen mehr hat. Jedoch liegt ein Rechtsschutzinteresse vor, wenn eine Wiederholungsgefahr besteht.

§ 83a ArbGG regelt unstreitige Verfahrensbeendigungen im Beschlussverfahren. Die Beteiligten können zur **Verfahrensbeendigung** einen → *Vergleich* zur Niederschrift des Gerichts oder des Vorsitzenden schließen, wenn sie über den Gegenstand des Vergleichs verfügen können (hieran fehlt es zB bei einer Anfechtung der BR-Wahl), oder die Sache für erledigt erklären. Im Fall der **Erledigungserklärung** ist es vom Vorsitzenden einzustellen (§ 83a Abs. 2 ArbGG). Hat nur der Antragsteller das Verfahren für erledigt erklärt, können die übrigen Beteiligten zur fristgebundenen Erklärung aufgefordert werden. Erklärt der Antragsteller eines Beschlussverfahrens das Verfahren für erledigt und widersprechen Beteiligte der Erledigungserklärung, so hat das Gericht zu prüfen, ob ein erledigendes Ereignis eingetreten ist. Dieses liegt vor, wenn nachträglich tatsächlich Umstände eingetreten sind, aufgrund derer der Antrag jedenfalls jetzt als unzulässig oder unbegründet abgewiesen werden müsste. Anträge des AG auf **Ersetzung der Zustimmung** des BR zu einer personellen Einzelmaßnahme oder auf Feststellung, dass eine vorläufige personelle Maßnahme aus sachlichen Gründen dringend erforderlich ist (§ 99 Abs. 4, § 100 Abs. 2 S. 1 BetrVG), sowie der Antrag des BR auf Aufhebung einer personellen Maßnahme (§ 101 BetrVG) erledigen sich mit der Beendigung der betreffenden personellen Einzelmaßnahme (zB dem Ausscheiden des AN aus dem Betrieb).

Wird das Verfahren nicht anderweitig beendet, entscheidet die Kammer des ArbG durch **Beschluss** (§ 84 ArbGG). Grundlage ist die aufgrund des Gesamtergebnisses des Verfahrens gewonnene Überzeugung der Richter. Der Beschlusstenor ist schriftl. abzufassen und zu verkünden. Eine Kostenentscheidung ergeht im BV nicht; die Festsetzung eines Verfahrensstreitwerts ist auf Antrag zulässig. Der Beschluss kann in **Rechtskraft** erwachsen. Dies schließt eine neue Sachentscheidung in derselben Sache aus, es sei denn, wesentliche tatsächliche oder gesetzliche Veränderungen haben stattgefunden. Von der Rechtskraft zu unterscheiden ist die **Bindungswirkung;** dh das Ergebnis des BV kann im Rahmen eines anderen Verfahrens zu berücksichtigen sein. Aus rechtskräftigen Beschlüssen oder gerichtlichen Vergleichen, durch die einem Beteiligten eine Verpflichtung auferlegt wird, findet die → ***Zwangsvollstreckung*** statt (§ 85 ArbGG).

IV. Beschwerde an das Landesarbeitsgericht

Gegen die das Beschlussverfahren beendenden Beschlüsse der → *Arbeitsgerichte* findet die Beschwerde an das LAG statt. Von dieser Beschwerde zu unterscheiden ist die → *Beschwerde* gegen Entscheidungen, die während der Verhandlungen ergehen. Auf die Beschwerde finden die Vorschriften über die → *Berufung* entspr. Anwendung (§ 87 Abs. 2 ArbGG). Beschwerdefrist und Begründungsfrist betragen je einen bzw. zwei Monate (§§ 87 Abs. 2, 66 ArbGG; Ausnahme § 98 Abs. 2 ArbGG). Die Fristen beginnen mit der Zustellung des Beschlusses, spätestens jedoch 5 Monate nach der Verkündung der Entscheidung des ArbG. Eine Anschlussbeschwerde ist zulässig. Die **Beschwerdeschrift,** die denselben Voraussetzungen wie eine Berufung genügen muss, und die **Beschwerdebegründung** müssen von einem → *Rechtsanwalt* oder einem Verbandsvertreter unterzeichnet und wie eine Berufung begründet werden (§ 89 Abs. 1 ArbGG). Sie wird den Beteiligten zur Äußerung zugestellt (§ 90 ArbGG). Die Äußerung erfolgt durch Einreichung eines Schriftsatzes oder zur Niederschrift der Geschäftsstelle des ArbG (§ 90 ArbGG). Das LAG entscheidet durch Beschluss (§ 90 ArbGG). Die Beschwerde kann jederzeit in der für ihre Einlegung vorgeschriebenen Form zurückgenommen werden. Ein Beschlussverfahren kann auch in den Rechtsmittelinstanzen (LAG, BAG) aufgrund einer Erledigungserklärung oder eines Vergleichs eingestellt werden.

V. Rechtsbeschwerde an das Bundesarbeitsgericht

Gegen die das Verfahren beendenden Beschlüsse der LAG gibt es die Rechtsbeschwerde an das → *Bundesarbeitsgericht,* die nur auf die Verletzung von Rechtsnormen gestützt werden kann. Zulässig ist diese nur dann, wenn das LAG sie ausdrücklich zugelassen hat oder sie durch das BAG aufgrund einer → *Nichtzulassungsbeschwerde* zugelassen worden ist (§ 92a ArbGG). Für die Rechtsbeschwerde an das BAG gelten die Vorschriften des Revisionsverfahrens (→ *Revision*); sie muss binnen einer Notfrist von einem Monat nach Zustellung des Beschlusses eingelegt (§§ 92, 74 ArbGG) und von einem Rechtsanwalt oder einem Verbandsvertreter iSd § 11 Abs. 4 S. 2 ArbGG unterzeichnet sein (§ 94 ArbGG). Sie ist spätestens binnen zwei Monaten zu begründen (§§ 92 Abs. 2, 73 ArbGG). Die Begründung muss sich mit den Erwägungen des LAG befassen und erkennen lassen, was davon unrichtig sein soll. Die Rechtsbeschwerde kann jederzeit zurückgenommen werden (§ 94 Abs. 3 ArbGG). Vor dem BAG ist eine mündliche Anhörung nicht zwingend vorgeschrieben.

VI. Einstweilige Verfügungen

Nach § 85 Abs. 3 ArbGG sind auch im Beschlussverfahren einstweilige Verfügungen (→ *Arrest und einstweilige Verfügung*) zulässig. Die Entscheidung ergeht auch dann, wenn eine mündliche Verhandlung nicht anberaumt wird, grds. durch die Kammer des ArbG. Die erforderlichen Zustellungen erfolgen von Amts wegen; ein Schadensersatzanspruch nach § 945 ZPO ist ausgeschlossen.

▶ Beschwerde

Die Beschwerde ist ein Rechtsmittel gegen – vor allem außerhalb der mündlichen Verhandlung ergehende – Entscheidungen der → *Arbeitsgerichte* und ihrer Vorsitzenden an das → *Landesarbeitsgericht.* Sie ist entweder eine einfache (unbefristete) Beschwerde oder sofortige Beschwerde, wenn das Gesetz zur Einlegung eine bestimmte Frist vorsieht. Auf die Beschwerde finden die Vorschriften der §§ 567 ff. ZPO über das Beschwerdeverfahren entsprechende Anwendung (§ 78 ArbGG); eine weitere Beschwerde ist nur in wenigen Ausnahmen zulässig. Besonderheiten bestehen bei Verweisung des Rechtsstreits (§§ 17 ff. GVG). Eine außerordentliche sofortige Beschwerde wegen greifbarer Gesetzwidrigkeit ist nicht zulässig; in Betracht kommt bei unanfechtbaren Entscheidungen die Erhebung einer Anhörungsrüge oder Verfassungsbeschwerde. Die Beschwerde wird eingelegt beim ArbG, die sofortige Beschwerde regelmäßig binnen 2 Wochen seit Zustellung oder Verkündung des Beschlusses beim ArbG oder LAG (§ 569 ZPO). Bei der Beschwerde kann das Gericht nach Überprüfung seine Entscheidung abändern (§ 572 ZPO); anderenfalls legt es die Sache dem LAG vor. Das LAG kann die weitere sofortige bzw. die Rechtsbeschwerde an das BAG zulassen (§§ 574 ff. ZPO); gegen die Nichtzulassung durch das LAG ist eine Nichtzulassungsbeschwerde nicht statthaft. Von der Beschwerde ist diejenige im → ***Beschlussverfahren*** zu unterscheiden; diese richtet sich als besonders ausgestaltetes Rechtsmittel gegen die aufgrund mündlicher Verhandlung ergehenden Beschlüsse des ArbG.

Die **Erinnerung** ist im Unterschied zur Beschwerde ein Rechtsbehelf, der zur Nachprüfung einer Entscheidung im gleichen Rechtszug führt; sie ist zumeist zugelassen gegen Entscheidungen des beauftragten oder ersuchten Richters, des Urkundsbeamten und des Rechtspflegers (§§ 11, 21 RPflG). Die **Gegenvorstellung** ist ein gesetzl. nicht geregelter formloser Rechtsbehelf, durch den das Gericht veranlasst werden soll, seine Entscheidung erneut zu überprüfen; ebenso die **Dienstaufsichtsbeschwerde,** durch die der Dienstvorgesetzte des Richters oder Beamten angehalten werden soll, dessen dienstliches Verhalten zu überprüfen. Gegenvorstellung und Dienstaufsichtsbeschwerden gegen richterliche Entscheidungen sind zumeist erfolglos.

▶ Betrieb

Dies ist die organisatorische Einheit, innerhalb derer ein AG einzeln oder in Gemeinschaft mit seinen Mitarbeitern mit Hilfe von sächlichen und immateriellen Mitteln bestimmte arbeitstechnische Zwecke fortgesetzt verfolgt. Vom Begriff des Betriebs ist der des **Unternehmens** zu unterscheiden. Mit diesem wird die Rechtspersönlichkeit des AG, dh das Einzelunternehmen, die Personengesellschaft (OHG, KG, PartG) oder die juristische Person (GmbH, AG) bezeichnet. Der Betriebsbegriff ist gegenüber dem des → *Unternehmens* der engere. **(1)** Ein AG, dh ein Unternehmen, kann **mehrere Betriebe** haben. **(2)** Ein **einheitlicher Betrieb** kann nach der Rspr. vorliegen, wenn der AG den gleichen arbeitstechnischen Erfolg in mehreren selbstständigen Betrieben verfolgt, von denen nur einer die Voraussetzungen von § 1 Abs. 1 BetrVG erfüllt. Unter diesen Voraussetzungen bilden die nicht betriebsratsfähigen Betriebe mit den betriebsratsfähigen einen einheitlichen Betrieb. **(3)** Nach § 1 Abs. 2 BetrVG können mehrere rechtlich selbstständige Unternehmen einen **gemeinsamen Betrieb** bilden, wenn entweder eine einheitliche Leitung und Organisation des Betriebs vorhanden ist oder eine → *Betriebsaufspaltung* stattgefunden hat.

An den Begriff des Betriebs knüpfen zahlreiche Rechtsfolgen an, zB ist der Sitz des Betriebs Ort der Arbeitsleistung; von der Dauer der Betriebszugehörigkeit hängt die Kündigungsfrist ab; die Art des Betriebs ist für die berufliche Gliederung der AN und der Berufsverbände (Industrieverbandsprinzip) ausschlaggebend. Im **Kündigungsschutzrecht** wird der Betriebsbegriff mit unterschiedlicher Bedeutung verwandt; bei der Sozialauswahl (§ 1 Abs. 3 KSchG; → *Betriebsbedingte Kündigung*) ist die organisatorische Einheit gemeint, während in § 23 Abs. 1 KSchG für die betriebliche Geltung des KSchG (→ *Kündigungsschutz*) – je nach Organisation – auf das Unternehmen abzustellen sein kann. **Betriebsteile** gelten im Betriebsverfassungsrecht als selbstständige Betriebe, bei denen ein BR gebildet werden kann, wenn sie die Voraussetzungen von § 1 Abs. 1

BetrVG erfüllen und räumlich weit vom Hauptbetrieb entfernt oder durch Aufgabenbereich und Organisation eigenständig sind (§ 4 Abs. 1 BetrVG). Erforderlich ist zumindest das Bestehen einer eigenen Leitungsmacht, die Weisungsrechte des AG ausübt.

► Betriebliche Altersversorgung

I. Begriff

Betriebliche Altersversorgung meint die Leistungen der **Alters-, Invaliditäts- und Hinterbliebenenversorgung,** die einem AN von seinem AG aus Anlass eines Arbeitsverhältnisses zusagt werden (§ 1 Abs. 1 S. 1 BetrAVG).

Betriebliche Altersversorgung setzt voraus, dass die Leistungen einem **Versorgungszweck** dienen, und knüpft an den Eintritt eines **biologischen Ereignisses** bzw. sog. biometrisches Risiko (Alter, Invalidität oder Tod) an, bei dessen Eintritt die zugesagten Leistungen erbracht werden. Weder ist es erforderlich, dass ein biometrisches Risiko vollständig übernommen wird, noch müssen alle drei biometrischen Risiken abgedeckt werden. Ausreichend ist vielmehr, dass eines der drei biometrischen Risiken zumindest teilweise abgesichert wird. Mögliche Leistung der betrieblichen Altersversorgung sind neben **laufenden** (etwa monatlichen) **Rentenleistungen** auch **einmalige Kapitalzahlungen** ebenso wie **Sach- und Nutzungsleistungen** (etwa Energierabatte, Bier- und Kohledeputate). Den Begriff der betrieblichen Altersversorgung erfüllen auch **befristete Zahlungen** etwa für die ersten Monate des Ruhestands (BAG 20.3.2018 – 3 AZR 519/16). Hingegen sind Leistungen, die bis zum Erreichen eines in der Versorgungszusage festgelegten Versorgungsfalls „Alter" gewährt werden (sog. Überbrückungshilfen, Leistungen während des Vorruhestands) keine Leistungen der betrieblichen Altersversorgung iSd BetrAVG, selbst wenn sie in der Zusage als Ruhegehälter bezeichnet worden sind. Sie sind deshalb auch nicht insolvenzgeschützt (→ *Insolvenz des Arbeitgebers*). Weiter setzt der Begriff der betrieblichen Altersversorgung voraus, dass die Zusage **aus Anlass eines Arbeitsverhältnisses** oder eines Dienst- oder anderen Vertragsverhältnisses (vgl. § 17 Abs. 1 S. 2 BetrAVG) erfolgt. Es bedarf damit eines **kausalen Zusammenhangs** zwischen der Zusage und dem Arbeitsverhältnis. Nicht erfasst werden Zusagen aus anderen Gründen, wie etwa aus ehelichen, verwandtschaftlichen oder freundschaftlichen Gründen. Die **Zusage** muss der **AG** erteilen. Dabei gilt der allgemeine AG-Begriff (→ *Arbeitgeber*). Auf die Rechtsform (natürliche Person, GmbH, AG, OHG KG etc.) kommt es nicht an. **Zusagen Dritter,** soweit es sich nicht um mittelbare Versorgungseinrichtungen (etwa Pensionskasse, Direktversicherung, Pensionsfonds) handelt, erfüllen nicht den Begriff der betrieblichen Altersversorgung und unterfallen nicht dem BetrAVG und sind folglich auch nicht insolvenzgeschützt. Dies betrifft insbesondere Zusagen anderer Unternehmen, die nicht AG des AN sind, jedoch demselben **Konzern** (→ *Konzern*) angehören.

II. Durchführungswege

Die betriebliche Altersversorgung kannte lange fünf unterschiedliche sog. **Durchführungswege.** Mit diesem Ausdruck sind die im BetrAVG vorgesehenen Gestaltungsformen der betrieblichen Altersversorgung oder Organisationsmöglichkeiten gemeint. Durch das Betriebsrentenstärkungsgesetz vom 17.8.2017 (BGBl. I S. 3214) wurde § 1 Abs. 2 Nr. 2a BetrAVG neu aufgenommen. Diese Vorschrift sieht die sog. reine Beitragszusage vor, die nunmehr als sechster Durchführungsweg bezeichnet werden kann.

1. Direktzusage

Die **unmittelbare Versorgungszusage** (Direktzusage) ist im BetrAVG – anders als die weiteren Durchführungswege – nicht ausdrücklich geregelt. Gemeint sind Versorgungszusagen, bei denen der AG verspricht, nach Eintritt des Versorgungsfalls (Alter, Invalidität oder Tod) eine **Versorgungsleistung selbst** zu erbringen, dh er erbringt die Versorgungsleistung aus dem eigenen Vermögen und haftet mit dem Betriebsvermögen oder im Falle eines Einzelkaufmanns oder persönlich haftenden Gesellschafters auch mit seinem Privatvermögen.

2. Direktversicherung

Mit Direktversicherung (Direktzusage) wird eine Lebensversicherung bezeichnet, die der AG auf das Leben des AN abschließt und aus der dieser und/oder seine Hinterbliebenen bezugsberechtigt sind. Damit ist diese Versorgungsart der betrieblichen Altersversorgung zuzurechnen und nicht der privaten Eigenvorsorge. Das Versicherungsverhältnis muss so ausgestaltet sein, dass der AG **Versicherungsnehmer** ist und der AN lediglich (widerruflich, unwiderruflich oder eingeschränkt unwiderruflich) **Bezugsberechtigter.** Ist der AN hingegen selbst Versicherungsnehmer, liegt auch dann eine Form der privaten Daseinsvorsorge vor und damit keine betriebliche Altersversorgung, wenn der AG für den AN die Zahlung der Beiträge übernimmt. Eine solche Gestaltung stellte eine reine sog. Beitragszusage dar, die keinem der fünf klassischen Durchführungswege entspricht und – vom Sonderfall nach § 1 Abs. 2 Nr. 2a, §§ 21 ff. BetrAVG abgesehen – nicht dem BetrAVG unterfällt.

Von der Direktversicherung zu unterscheiden sind **Rückversicherungsmodelle,** die u.a. zur Absicherung von Direktzusagen entwickelt wurden. Hier verpflichtet sich eine Versicherung gegenüber dem AG, diesen von dem Risiko der Inanspruchnahme für Betriebsrentenansprüche durch seine früheren AN freizustellen (Erlebensrisiko als versichertes Risiko). Solche Rückdeckungsversicherungen stellen letztlich die Leistungsfähigkeit des Versorgungsschuldners/AG im Versorgungsfall sicher.

3. Pensionsfonds

Nach § 236 Abs. 1 S. 1 Versicherungsaufsichtsgesetz (VAG) ist der **Pensionsfonds** eine rechtsfähige Versorgungseinrichtung, die gegen Zahlung von Beiträgen kapitalgedeckte betriebliche Altersversorgung zu erbringen hat. Voraussetzung hierfür ist, dass die Altersversorgung auf der Grundlage eines Auszahlungsplans als lebenslange Altersrente oder – seit der Neufassung des VAG im Jahr 2013 – als einmalige Kapitalleistung oder als Rentenleistung mit Kapitalwahlrecht erbracht werden muss (§ 236 Abs. 1 Nr. 4 VAG). Das Versprechen einer einmaligen Kapitalleistung zum Zwecke der Altersversorgung reichte früher für eine Anerkennung als Pensionsfonds nicht aus, gegenwärtig jedoch schon. Der Pensionsfonds als Durchführungsweg der betrieblichen Altersversorgung wurde erst im Jahr 2002 geschaffen. Bis Ende des Jahres 2019 hatte die Bundesanstalt für Finanzdienstleistungsaufsicht (BaFin) 29 Pensionsfonds die Zulassung erteilt.

4. Pensionskasse

Pensionskassen sind nach § 232 Abs. 1 VAG rechtlich selbständige **Lebensversicherungsunternehmen,** deren Zweck die Absicherung wegfallenden Erwerbseinkommens wegen Alters, Invalidität oder Todes ist und die dem AN oder seinen Hinterbliebenen einen Rechtsanspruch auf ihre Leistungen gewähren. Sie können auf öffentlich-rechtlicher oder privatrechtlicher Grundlage bestehen. Öffentlich-rechtliche Pensionskassen sind die Zusatzversorgungskassen für die AN des →*öffentlichen Dienstes* (Versorgungsanstalt des Bundes und der Länder [VBL]; Kommunale Zusatzversorgungskassen). Eine Pensionskasse auf privatrechtlicher Grundlage ist ein Unternehmen der Lebensversicherung. Pensionskassen können von Großunternehmen oder einer Gruppe von Unternehmen („Gruppenpensionskasse") oder innerhalb einer Branche gebildet werden.

5. Unterstützungskasse

Unterstützungskassen sind in ihrer heutigen Gestalt nur historisch zu erklären. Sie sind aus innerbetrieblichen Unterstützungsfonds entstanden und unterstehen nicht der Versicherungsaufsicht. Für sie ist typisch und das nach § 1 Abs. 4 S. 1 BetrAVG entscheidende Merkmal, dass es sich um eine rechtsfähige Versorgungseinrichtung handelt, die nach ihrer Satzung auf ihre Leistungen **keinen Rechtsanspruch** gewährt. Üblicherweise werden Unterstützungskassen in Form von e.V. oder GmbH geführt. Einer Unterstützungskasse ist stets mindestens ein sog. **Trägerunternehmen** zugeordnet oder bei sog. Gruppenunterstützungskassen eine Mehrzahl von Unternehmen.

6. Beitragszusage

Die sog. reine Beitragszusage ist streng genommen kein Durchführungsweg der betrieblichen Altersversorgung. Sie unterfällt dem Betriebsrentengesetz eigentlich nicht. Dennoch führt § 1 Abs. 2 Nr. 2a BetrAVG diesen Durchführungsweg mittlerweile auf. Danach liegt betriebliche Altersversorgung auch vor, wenn der AG durch TV oder aufgrund eines TV in einer BV oder DV verpflichtet wird, Beiträge zur Finanzierung von Leistungen der betrieblichen Altersversorgung an einen Pensionsfonds, eine Pensionskasse oder eine Direktversicherung nach § 22 BetrAVG zu zahlen; die Pflichten des AG sind im Vergleich zu den anderen Durchführungswegen eingeschränkt und die Insolvenzsicherung und damit die Eintrittspflicht des Pensions-Sicherungs-Vereins nach §§ 7 ff. BetrAVG fehlt.

III. Anspruchsgrundlagen

Der AG ist ohne einen besonderen Rechtsgrund nicht verpflichtet, Leistungen der betrieblichen Altersversorgung zuzusagen und zu erbringen. Es handelt sich vielmehr um eine freiwillige Arbeitgeberleistung. Eine Verpflichtung des AG kann sich aus einer arbeitsvertraglichen Regelung (→ *Arbeitsvertrag*), in der der AG Versorgungsleistungen verspricht, einer → *Gesamtzusage*, einer arbeitsvertraglichen Einheitsregelung, einer → *betrieblichen Übung*, → *Gleichbehandlung der Arbeitnehmer* oder aus kollektivrechtlichen Regelungen (→ *Tarifvertrag*, → *Betriebsvereinbarung*) ergeben.

IV. Versorgungsanwartschaft

In der Phase zwischen der Erteilung der Versorgungszusage durch den AG und dem Eintritt des Versorgungsfalls (Alter, Invalidität oder Tod) besteht für den AN nur eine Versorgungsanwartschaft. Sie ist aufschiebend bedingt auf den Eintritt eines abgesicherten Versorgungsfalls. Die Versorgungsanwartschaft ist ein **aufschiebend bedingter Versorgungsanspruch,** der mit Eintritt der Bedingungen automatisch zum Vollrecht erstarkt.

Solange die Voraussetzungen für die **Unverfallbarkeit** nach § 1b BetrAVG noch nicht erfüllt sind, handelt es sich bei der Versorgungsanwartschaft um eine sog. **verfallbare Anwartschaft.** Dies hat zur Folge, dass im Falle der Beendigung des Arbeitsverhältnisses die Anwartschaft auf Versorgungsleistungen bei Eintritt eines Versorgungsfalls ersatzlos erlischt und der AN keine Ansprüche aus der Versorgungszusage hat. Nach § 1b Abs. 1 S. 1 BetrAVG bleibt die Anwartschaft auf Versorgungsleistungen erhalten, wenn das Arbeitsverhältnis vor dem Eintritt des Versorgungsfalls, jedoch nach der **Vollendung des 21. Lebensjahres** endet und die Versorgungszusage zu diesem Zeitpunkt **mindestens drei Jahre** bestanden hat. Diese Regelung der gesetzlichen Unverfallbarkeit wird durch die **Übergangsregelung des § 30f BetrAVG** modifiziert. Diese sieht gestaffelt nach den jeweiligen Zeitpunkten der Erteilung der Versorgungszusage unterschiedlich lange Verfallfristen und Mindestalter vor.

Wurden die Leistungen der betrieblichen Altersversorgung **vor dem 1.1.2001** zugesagt, bleibt die Anwartschaft nur dann erhalten, wenn das Arbeitsverhältnis vor Eintritt des Versorgungsfalls, jedoch nach der **Vollendung des 35. Lebensjahres** endet und die Versorgungszusage zu diesem Zeitpunkt entweder **mindestens zehn Jahre** oder bei einer Betriebszugehörigkeit von **mindestens zwölf Jahren mindestens drei Jahre** bestanden hat. Die Anwartschaft aus diesen Zusagen bleibt auch erhalten, wenn die Zusage **nach dem 1.1.2001** fünf Jahre bestanden hat und bei der Beendigung des Arbeitsverhältnisses das 30. Lebensjahr vollendet war (§ 30f Abs. 1 BetrAVG).

Wurden die Leistungen der betrieblichen Altersversorgung **vor dem 1.1.2009 und nach dem 31.12.2000** zugesagt, bleibt die Anwartschaft nur dann erhalten, wenn das Arbeitsverhältnis vor Eintritt des Versorgungsfalls, jedoch nach der **Vollendung des 30. Lebensjahres** endet und die Versorgungszusage zu diesem Zeitpunkt **mindestens fünf Jahre** bestanden hat. Die Anwartschaft aus diesen Zusagen bleibt auch erhalten, wenn die Zusage nach dem **1.1.2009** fünf Jahre bestanden hat und bei der Beendigung des Arbeitsverhältnisses das 25. Lebensjahr vollendet war (§ 30f Abs. 2 BetrAVG).

Wenn die Leistungen der betrieblichen Altersversorgung **vor dem 1.1.2018 und nach dem 31.12.2008** zugesagt wurden, bleibt die Anwartschaft nur dann erhalten, wenn das Arbeitsverhältnis vor Eintritt des Versorgungsfalls, jedoch nach der **Vollendung des 25. Lebensjahres** endet und die Versorgungszusage zu diesem Zeitpunkt **mindestens fünf Jahre** bestanden hat. Die Anwartschaft aus diesen Zusagen bleibt auch erhalten, wenn die Zusage nach dem **1.1.2018** drei Jahre bestanden hat und bei der Beendigung des Arbeitsverhältnisses das 21. Lebensjahr vollendet war, § 30f Abs. 3 BetrAVG.

Nach § 1b Abs. 5 S. 1 BetrAVG tritt bei der → *Entgeltumwandlung* die Unverfallbarkeit sofort ein, dh es gibt grds. nur **unverfallbare Versorgungsanwartschaften** bei der Entgeltumwandlung, egal wie lange die Zusage besteht oder wie alt der AN bei der Beendigung des Arbeitsverhältnisses ist. Allerdings ist zu beachten, dass § 1b Abs. 5

BetrAVG nach § 30f Abs. 1 S. 2 BetrAVG nicht für Zusagen gilt, die **vor dem 1.1.2001** erteilt wurden. Bei diesen Altzusagen bleibt es bei den normalen Unverfallbarkeitsfristen.

Neben der gesetzlichen Unverfallbarkeit kann die Unverfallbarkeit zu Gunsten des AN auch **vertraglich** vereinbart werden, dh AG und AN können dies in der Versorgungszusage entsprechend regeln, etwa das Mindestalter absenken oder hierauf ganz verzichten und/oder die Zusagedauer verkürzen. Eine Verschlechterung des gesetzlichen Schutzes ist nicht möglich, und zwar auch nicht für die Tarifvertragsparteien (§ 19 Abs. 1 und Abs. 3 BetrAVG). Eine für den AN günstigere vertragliche Vereinbarung über die Unverfallbarkeit bindet allerdings den Pensions-Sicherungs-Verein im Falle einer Insolvenz des AG nicht.

V. Versorgungsanspruch

Der Versorgungsanspruch entsteht als Vollrecht, wenn alle in der Versorgungszusage (unter IV.) geregelten Leistungsvoraussetzungen erfüllt sind. Das bedeutet typischerweise, dass der in der Versorgungszusage bestimmte Versorgungsfall (Alter, Invalidität oder Tod) eingetreten ist. Mit dem Eintritt des Versorgungsfalls wandelt sich die Versorgungsanwartschaft zum Vollrecht und es entsteht der Anspruch auf die zugesagten Versorgungsleistungen.

1. Lebensalter

Der Versorgungsfall „Alter" tritt mit dem Zeitpunkt ein, zu dem die in der Versorgungszusage festgelegt feste → *Altersgrenze* erreicht ist. Auf welchen Zeitpunkt diese wirkt, ist ggf. durch Auslegung der Zusage zu ermitteln. So sehen zahlreiche Versorgungsregelungen etwa die **Vollendung des 65. Lebensjahres** als feste Altersgrenze vor. Dieser Zeitpunkt entsprach bis zum 31.12.2007 dem Zeitpunkt, zu dem der Eintritt in die Altersrente in der gesetzlichen Rentenversicherung nach § 35 SGB VI aF vorgesehen war. Seit dem 1.1.2008 ist dieser Zeitpunkt die **Vollendung des 67. Lebensjahres** (§ 35 SGB VI), wobei für die Geburtsjahrgänge 1947 bis 1963 nach § 235 Abs. 2 S. 2 SGB VI Übergangsregelungen gelten. Nach der Rspr. des BAG meint die Vollendung des 65. Lebensjahres in Versorgungszusagen, die aus der Zeit vor dem 1.1.2008 stammen, das **Erreichen der Regelalters-**

grenze in der gesetzlichen Rentenversicherung, mit der Folge, dass die feste Altersgrenze für den Versorgungsanspruch nicht bereits mit der Vollendung des 65. Lebensjahres erreicht wird, sondern erst mit der Vollendung des 67. Lebensjahres bzw. dem nach der Übergangsregelung in § 235 Abs. 2 S. 2 SGB VI vorgesehenen Zeitpunkt (BAG 15.5.2012 – 3 AZR 11/10, Rn. 47 ff.). Die Versorgungszusage kann auch einen früheren Zeitpunkt bestimmen, etwa die Vollendung des 60. oder des 63. Lebensjahres. Dann ist dieser Zeitpunkt die maßgebliche Altersgrenze, nach der sich der Eintritt des Versorgungsfalls „Alter" richtet.

Daneben gibt es nach § 6 BetrAVG auch die Möglichkeit, die betriebliche Altersrente bereits **vorgezogen** in Anspruch zu nehmen. Nach § 6 S. 1 BetrAVG kann ein AN, der die Altersrente aus der gesetzlichen Rentenversicherung als Vollrente in Anspruch nimmt, nach Erfüllung der Wartezeit und sonstiger Leistungsvoraussetzungen die Altersleistungen der betrieblichen Altersversorgung bereits zu diesem Zeitpunkt verlangen. Das betrifft insbesondere AN, die aufgrund der Regelungen in der gesetzlichen Rentenversicherung bereits vor dem Erreichen der Regelaltersgrenze **eine Vollrente wegen Alters** beanspruchen können, wie etwa langjährig Versicherte (§ 236 SGB VI), → *schwerbehinderte Menschen* (§ 236a SGB VI), besonders langjährig Versicherte (§ 236b SGB VI) oder Versicherte nach Altersteilzeit und Arbeitslosigkeit (§ 237 SGB VI). Treten diese AN nach dem in der gesetzlichen Rentenversicherung vorgesehenen früheren Zeitpunkt in den Ruhestand, können sie nach § 6 S. 1 BetrAVG auch ihre Betriebsrente ab diesem Zeitpunkt verlangen. Allerdings sehen die Versorgungsregelungen für diesen Fall typischerweise **Kürzungen der Rentenleistung** von bis zu 0,5% für jeden Monat der vorgezogenen Inanspruchnahme vor.

2. Invalidität

Beim Versorgungsfall „Invalidität" werden Leistungen der betrieblichen Altersversorgung erbracht, wenn der AN iSd Versorgungszusage invalide ist. Der Begriff der Invalidität hat keinen feststehenden Inhalt, sondern ist durch Auslegung der Versorgungszusage im jeweiligen Fall zu ermitteln. Teilweise nehmen Versorgungszusagen auf das gesetzliche Sozialversicherungsrecht Bezug, indem sie etwa auf die Berufs- und/oder Erwerbsunfähigkeit nach früherem Sozialversicherungsrecht verweisen oder von teilweiser oder vollständiger Erwerbsminderung entsprechend dem heutigen Sozialversicherungsrecht sprechen. Dann tritt der Versorgungsfall „Invalidität" grds. ein, wenn die Voraussetzungen der entsprechenden Invaliditätsrente in der gesetzlichen Rentenversicherung erfüllt sind. Allerdings steht es den Parteien der Versorgungszusage frei, die verwendeten Begriffe eigenständig und damit abweichend vom Sozialversicherungsrecht zu definieren. Dann kommt es auf die Erfüllung der eigenständig bestimmten Voraussetzungen an.

3. Ableben des Arbeitnehmers

Der Versorgungsfall „Tod" tritt mit dem Zeitpunkt des Versterbens des AN ein und löst damit den sog. Nachversorgungsfall aus. Im Falle des Todes des versorgungsberechtigten AN erhalten – sofern dies in der Versorgungszusage bestimmt ist – dessen Hinterbliebene Leistungen der betrieblichen Altersversorgung (Witwen-/Witwer- und/oder ggf. Waisenrenten). Bei der Hinterbliebenenversorgung können in den Versorgungszusagen Einschränkungen enthalten sein, die den Anspruch auf Hinterbliebenenversorgung ausschließen, so etwa im Falle einer Wiederverheiratung, bei einer Ehedauer von weniger als einem Jahr, bei einem zu großen Altersabstand zwischen den Eheleuten oder einem bestimmten Lebensalter der Waisen.

VI. Anpassung

Nach § 16 Abs. 1 BetrAVG hat der AG alle drei Jahre eine Anpassung der laufenden Leistungen der betrieblichen Altersversorgung zu prüfen und hierüber nach billigem Ermessen zu entscheiden; dabei sind insbesondere die **Belange des Versorgungsempfängers** und die **wirtschaftliche Lage des AG** zu berücksichtigen.

Die **Belange des Versorgungsempfängers** bestehen regelmäßig in einem Ausgleich des im Prüfungszeitraum vom Rentenbeginn bis zum Anpassungsstichtag eingetretenen Kaufkraftverlustes berechnet auf der Grundlage des zum Anpassungsprüfungsstichtag veröffentlichten Verbraucherpreisindex. Die Verpflichtung zur Anpassung nach § 16 Abs. 1 BetrAVG gilt nach § 16 Abs. 2 BetrAVG als erfüllt, wenn die Anpassung nicht geringer ist als (**1**) der Anstieg des Verbraucherpreisindex für Deutschland oder (**2**) der Nettolöhne vergleichbarer AN-Gruppen des Unternehmens im Prüfungszeitraum. Der AG hat unwiderlegbar seine Anpassungsverpflichtung erfüllt, wenn eine der beiden Voraussetzungen vorliegt.

Der AG kann eine Anpassung der laufenden Leistungen jedoch ablehnen, wenn seine **wirtschaftliche Lage** eine solche nicht zulässt. Durch die Berücksichtigung der wirtschaftlichen Lage des AG soll verhindert werden, dass das Unternehmen übermäßig belastet und seine Wettbewerbsfähigkeit gefährdet wird. Die Wettbewerbsfähigkeit wird beeinträchtigt, wenn (**1**) keine angemessene **Eigenkapitalverzinsung** erwirtschaftet wird oder (**2**) das Unternehmen nicht mehr über genügend **Eigenkapital** verfügt. Bei einer ungenügenden Eigenkapitalverzinsung reicht die Ertragskraft des Unternehmens nicht aus, um die Anpassungen finanzieren zu können, weshalb es nicht von Bedeutung ist, in welchem Umfang sich mögliche Anpassungslasten bis zum nächsten Anpassungsstichtag auf die Eigenkapitalverzinsung auswirken. Bei einer ungenügenden Eigenkapitalausstattung muss verlorene Vermögenssubstanz im Unternehmen erst wieder aufgebaut werden, bevor ihm die Anpassung von Betriebsrenten zugemutet werden kann. Allerdings rechtfertigt die wirtschaftliche Lage des AG die **Ablehnung einer Betriebsrentenanpassung** nur insoweit, als dieser annehmen darf, dass es ihm mit hinreichender Wahrscheinlichkeit nicht möglich sein wird, den Teuerungsausgleich aus den Unternehmenserträgen und den verfügbaren Wertzuwächsen des Unternehmensvermögens im Zeitraum bis zum nächsten Anpassungsstichtag aufzubringen. Demzufolge kommt es auf die zukünftige Entwicklung der Eigenkapitalverzinsung und der Eigenkapitalausstattung des Unternehmens an (BAG 11.11.2014 – 3 AZR 116/13), die anhand der Handelsbilanz zu ermitteln sind. Bei der Ermittlung der angemessenen Eigenkapitalverzinsung ist ein Basiszins zugrundezulegen, und zwar die Umlaufrendite öffentlicher Anleihen und ein Risikozuschlag iHv 2% vorzunehmen.

Nach § 16 Abs. 3 BetrAVG **entfällt die Anpassungsverpflichtung** nach § 16 Abs. 1 BetrAVG, wenn (**1**) der AG sich verpflichtet, die laufenden Leistungen jährlich um wenigstens eins vom Hundert anzupassen, oder (2) die betriebliche Altersversorgung über eine Direktversicherung oder über eine Pensionskasse durchgeführt wird, ab Rentenbeginn sämtliche auf den Rentenbestand entfallende Überschussanteile zur Erhöhung der laufenden Leistungen verwendet werden (**Escapeklausel**) oder (3) eine Beitragszusage mit Mindestleistung erteilt wurde (§ 16 Abs. 3 Nr. 3 BetrAVG). Die Mindestanpassung iHv 1% jährlich gilt nur für Versorgungszusagen, die nach dem 31.12.1998 erteilt worden sind (§ 30c Abs. 1 BetrAVG).

Durch § 16 Abs. 4 BetrAVG wird die sog. **nachholende Anpassung** verhindert. Hat der AG eine Anpassung wegen wirtschaftlicher Schwierigkeiten zu Recht nicht durchführen können, ist er wegen § 16 Abs. 4 S. 1 BetrAVG nicht verpflichtet, die Anpassung zu einem späteren Zeitpunkt nachzuholen. Die Anpassung gilt nur dann als zu Recht unterblieben, wenn der AG dem Versorgungsempfänger die wirtschaftliche Lage des Unternehmens schriftlich darlegt, der Versorgungsempfänger nicht binnen drei Kalendermonaten nach Zugang der Mitteilung schriftlich widersprochen hat und er auf die Rechtsfolgen eines nicht fristgemäßen Widerspruchs hingewiesen wurde. § 16 Abs. 4 BetrAVG gilt nicht für vor dem 1.1.1999 zu Recht unterbliebene Anpassung (§ 30c Abs. 2 BetrAVG).

VII. Insolvenzschutz

Wegen der großen Bedeutung der Betriebsrenten für die Sicherung des Lebensstandards der AN im Ruhestand bedürfen sie einer Absicherung für den Fall der → *Insolvenz des Arbeitgebers.* Diesen Schutz hat der Gesetzgeber in den §§ 7 ff. BetrAVG gesetzlich geregelt. Träger der gesetzlichen Insolvenzsicherung ist nach § 14 Abs. 1 BetrAVG der **Pensions-Sicherungs-Verein Versicherungsverein auf Gegenseitigkeit.** Dieser unterliegt der Aufsicht durch die Bundesanstalt für Finanzdienstleistungen (BaFin). Der Pensions-Sicherungs-Verein finanziert sich aufgrund öffentlich-rechtlicher Verpflichtung durch Beiträge von AG, die Leistung der betrieblichen Altersversorgung u.a. über Direktzusagen oder Unterstützungskassen durchführen. Einzelheiten hierzu sind in § 10 BetrAVG geregelt.

Nach § 7 Abs. 1 S. 1 BetrAVG haben **Versorgungsempfänger,** deren Ansprüche aus einer unmittelbaren Versorgungszusage des AG (unter II.) nicht erfüllt werden, weil über das Vermögen des AG oder über seinen Nachlass das Insolvenzverfahren eröffnet worden ist, und ihre Hinterbliebenen gegen den Pensions-Sicherungs-Verein einen Anspruch in Höhe der Leistungen, die der AN aufgrund der Versorgungszusage zu erbringen hätte, wenn das Insolvenzverfahren nicht eröffnet worden wäre. Nach § 7 Abs. 1 S. 4 BetrAVG sind der **Eröffnung des Insolvenzverfahrens** als weitere Sicherungsfälle gleichgestellt, die Abweisung des Antrags auf Eröffnung des Insolvenzverfahrens mangels Masse, der außergerichtliche Vergleich des AG mit seinen Gläubigern zur Abwendung eines Insolvenzverfahrens, wenn der Träger der Insolvenzsicherung zustimmt, und die vollständige Beendigung der Betriebstätigkeit im Geltungsbereich des BetrAVG, wenn ein Antrag auf Eröffnung des Insolvenzverfahrens nicht gestellt worden ist und ein Insolvenzverfahren offensichtlich mangels Masse nicht in Betracht kommt.

Nach § 7 Abs. 2 BetrAVG haben Personen, die bei Eintritt eines Sicherungsfalls nach § 7 Abs. 1 S. 1 oder S. 4 BetrAVG eine nach § 1b BetrAVG **unverfallbare Versorgungsanwartschaft** (unter IV.) haben, und ihre Hinterbliebenen bei Eintritt des Versorgungsfalls einen Anspruch gegen den Träger der Insolvenzsicherung, wenn die Anwartschaft u.a. auf einer unmittelbaren Versorgungszusage (Direktzusage, unter II.) beruht.

Der Anspruch auf laufende Versorgungsleistungen gegen den Träger der Insolvenzsicherung ist nach § 7 Abs. 3 S. 1 BetrAVG auf **höchstens** das Dreifache der im Zeitpunkt der ersten Fälligkeit maßgeblichen Bezugsgröße gem. § 18 SGB IV begrenzt. Im Jahr 2023 sind dies 10.185 EUR (3 x 3.395 EUR) im Bundesgebiet West und 9.870 EUR (3 x 3.290 EUR) im Bundesgebiet Ost.

Der Pensions-Sicherungs-Verein hat nach § 9 Abs. 1 S. 1 BetrAVG die dem Berechtigten zustehenden Versorgungsansprüche oder -anwartschaften **schriftlich** mitzuteilen. Unterbleibt die Mitteilung, sind nicht nur Ansprüche, sondern auch Anwartschaften **spätestens ein Jahr nach dem Sicherungsfall anzumelden** (§ 9 Abs. 1 S. 2 BetrAVG). Mit dem Eintritt des Sicherungsfalles gehen die Ansprüche der AN gegenüber dem AG grds. auf den Träger der Insolvenzsicherung über (§ 9 Abs. 2 BetrAVG), damit dieser seine Rechte im Insolvenzverfahren über das Vermögen des AG wahren kann. Der **Anspruchsübergang** gilt gleichermaßen für die Sicherungsrechte, die für die Betriebsrentenansprüche bestehen (§ 9 Abs. 3 BetrAVG). *(GS)*

▶ Betriebliches Eingliederungsmanagement (bEM)

I. Begriff

Der Gesetzgeber hat in § 167 Abs. 2 SGB IX besondere Anforderungen an den Umgang mit erkrankten Beschäftigten aufgestellt: Sind Beschäftigte innerhalb eines Jahres länger als sechs Wochen ununterbrochen oder wiederholt arbeitsunfähig erkrankt, klärt der AG mit der zuständigen Interessenvertretung, bei schwerbehinderten Menschen außerdem mit der Schwerbehindertenvertretung, mit Zustimmung und Beteiligung der betroffenen Person die Möglichkeiten, wie die Arbeitsunfähigkeit möglichst überwunden werden und mit welchen Leistungen oder Hilfen erneuter Arbeitsunfähigkeit vorgebeugt und der Arbeitsplatz erhalten werden kann. Soweit erforderlich, wird der Werks- oder Betriebsarzt hinzugezogen. Die betroffene Person oder ihr gesetzlicher Vertreter sind zuvor auf die Ziele des betrieblichen Eingliederungsmanagements sowie auf Art und Umfang der hierfür erhobenen und verwendeten Daten hinzuweisen. Kommen Leistungen zur Teilhabe oder begleitende Hilfen im Arbeitsleben in Betracht, werden vom AG die örtlichen gemeinsamen Servicestellen oder bei schwerbehinderten Beschäftigten das Integrationsamt hinzugezogen. Diese wirken darauf hin, dass die erforderlichen Leistungen oder Hilfen unverzüglich beantragt und erbracht werden. Die zuständige Interessenvertretung, bei schwerbehinderten Menschen außerdem die Schwerbehindertenvertretung, können die Klärung verlangen. Sie wachen darüber, dass der AG die ihm nach dieser Vorschrift obliegenden Verpflichtungen erfüllt. Erkrankt der AN nach Abschluss eines bEM erneut innerhalb eines Jahres für mehr als sechs Wochen, ist grds. erneut ein bEM durchzuführen, selbst wenn nach dem zuvor durchgeführten bEM noch nicht wieder ein Jahr vergangen ist (BAG 18.11.2021 – 2 AZR 138/21).

II. Verfahren

Den AG trifft hinsichtlich der Durchführung eines bEM die Initiativlast. Um ihr nachzukommen, muss er den AN auf die Ziele des bEM sowie die Art und den Umfang der dabei zu erhebenden Daten hinweisen. Zu diesen Zielen zählt die Klärung, wie die Arbeitsunfähigkeit möglichst überwunden, erneuter Arbeitsunfähigkeit vorgebeugt und wie das Arbeitsverhältnis erhalten werden kann. Dem AN muss verdeutlicht werden, dass es um die Grundlagen seiner Weiterbeschäftigung geht und dazu ein ergebnisoffenes Verfahren durchgeführt werden soll, in das auch er Vorschläge einbringen kann. Der AG muss bei der Durchführung des bEM eine bestehende betriebliche Interessenvertretung hinzuziehen, wenn der AN hiermit einverstanden ist. Auch hierauf ist der AN hinzuweisen. Ein ohne Hinzuziehung der betrieblichen Interessenvertretung durchgeführtes bEM ist nur dann ordnungsgemäß, wenn der AG den betroffenen AN regelkonform um Zustimmung zur Durchführung eines bEM ersucht und der AN seine Zustimmung unter der Maßgabe erteilt hat, der Beteiligung der betrieblichen Interessenvertretung nicht zuzustimmen (BAG 17.4.2019 – 7 AZR 292/17). Daneben ist ein Hinweis zur Datenerhebung und Datenverwendung erforderlich, der klarstellt, dass nur solche Daten erhoben werden, deren Kenntnis erforderlich ist, um ein zielführendes, der Gesundung und Gesunderhaltung des Betroffenen dienendes bEM durchführen zu können. Die Inanspruchnahme des Sachverstands eines → *Betriebsarztes* kann der Klärung dienen, ob vom Arbeitsplatz Gefahren für die Gesundheit des AN ausgehen und künftig durch geeignete Maßnahmen vermieden werden können. Die betriebsärztliche Begutachtung steht aber für sich genommen der Durchführung eines bEM nicht gleich. Die Durchführung des bEM hat erhebliche Auswirkungen auf die Wirksamkeit einer → *krankheitsbedingten Kündigung*) und einer tariflich geregelten auflösenden Bedingung wegen Erwerbsminderung (BAG 17.4.2019 – 7 AZR 292/17. Bei fehlerhafter Unterrichtung ist eine Zustimmung der Beschäftigung in die Nichtdurchführung des bEM unbeachtlich.

III. Mitbestimmung

Bei der Ausgestaltung des bEM ist für jede einzelne mitzubestimmende Regelung zu prüfen, ob ein Mitbestimmungsrecht besteht. Ein solches kann sich bei allgemeinen Verfahrensfragen aus § 87 Abs. 1 Nr. 1 BetrVG, in Bezug auf die Nutzung und Verarbeitung von Gesundheitsdaten aus § 87 Abs. 1 Nr. 6 BetrVG und hinsichtlich der Ausgestaltung des Gesundheitsschutzes aus § 87 Abs. 1 Nr. 7 BetrVG ergeben. Dem BR steht nach § 87 Abs. 1 Nr. 7 BetrVG insoweit kein Mitbestimmungsrecht zu, bei einem Erstgespräch mit dem betroffenen AN und bei der Erörterung seiner gesundheitlichen Einschränkungen sowie deren Auswirkungen durch einen von ihm benannten Vertreter anwesend zu sein (BAG 22.3.2016 – 1 ABR 14/14). Die Initiativlast für die Einbindung der in § 167 Abs. 2 S. 1 SGB IX genannten Stellen hat der AG. Dem darf ein Einigungsstellenspruch zur verfahrensmäßigen Ausgestaltung des bEM – etwa durch ein Initiativrecht des AN – nicht zuwiderlaufen (BAG 19.11.2019 – 1 ABR 36/19). Einer Einigungsstelle mit dem Regelungsauftrag „bEM“ ist das Aufstellen derjenigen Maßgaben übertragen, die die Verpflichtungen des Gesetzes verfahrensmäßig ausformen und in ihren betrieblichen Rahmenbedingungen gestalten.

IV. Rechtsfolgen eines unterlassenen oder fehlerhaften bEM

Das unterlassene oder fehlerhafte bEM hat keine unmittelbaren Rechtsfolgen. Kündigungen sind nicht per se unwirksam. Allerdings hat es Auswirkungen auf die Darlegungslast des AG im Kündigungsschutzprozess, wenn er eine → *krankheitsbedingte Kündigung* ausgesprochen hat: Um darzutun, dass die Kündigung dem Verhältnismäßigkeitsprinzip genügt und ihm keine milderen Mittel zur Überwindung der krankheitsbedingten Störung des Arbeitsverhältnisses als die Beendigungskündigung offenstanden, muss der AG die objektive Nutzlosigkeit eines bEM darlegen. Hierzu hat er umfassend und detailliert vorzutragen, warum – auch nach ggf. zumutbaren Umorganisationsmaßnahmen – weder ein weiterer Einsatz auf dem bisherigen Arbeitsplatz noch dessen leidensgerechte Anpassung oder Veränderung möglich gewesen wären und der AN auch nicht auf einem anderen Arbeitsplatz bei geänderter Tätigkeit hätte eingesetzt werden können, warum also ein bEM in keinem Fall dazu hätte beitragen können, neuerlichen Krankheitszeiten bzw. der Fortdauer der Arbeitsunfähigkeit entgegenzuwirken und das Arbeitsverhältnis zu erhalten. Der Fehler muss Einfluss darauf haben, Maßnahmen zu identifizieren, die zu einer relevanten Verringerung der Arbeitsunfähigkeitszeiten des AN hätten führen können (BAG 18.11.2021 – 2 AZR 138/21). Die **unterlassene** Durchführung eines bEM hat ebenso wenig unmittelbare Auswirkungen auf die Wirksamkeit einer **Weisung** bzw. **Versetzung.** Der AG trägt allerdings das Risiko der Unwirksamkeit seiner Maßnahme, wenn er wesentliche Aspekte unberücksichtigt lässt, die ihm im Rahmen eines an sich gebotenen bEM hätten bekannt werden können. Unterlässt der AG ein neuerlich erforderliches bEM, kann er darlegen und beweisen, dass auch ein neuerliches bEM schon deshalb kein positives Ergebnis erbracht hätte, weil bereits das vorherige keines ergeben hat und keine relevante Veränderung gegenüber dem für den Suchprozess des vorherigen bEM maßgeblichen Stand eingetreten ist. Der Verstoß gegen die Pflicht zum bEM begründet kein Indiz iSd § 22 AGG für eine entschädigungspflichtige Benachteiligung wegen der Behinderung. Die Pflicht gilt unterschiedslos gegenüber allen AN (BAG 28.4.2011 – 8 AZR 515/10). *(SR)*

▶ Betriebliche Übung

I. Voraussetzungen

Nach der Rspr. des BAG kann ein Anspruch aus betrieblicher Übung durch rechtsgeschäftliche Übereinkunft begründet werden. Aus einer **regelmäßigen Wiederholung bestimmter Verhaltensweisen** des AG können die AN schließen, ihnen solle eine Leistung oder eine Vergünstigung auf Dauer eingeräumt werden. Aus diesem als Vertragsangebot zu beurteilenden Verhalten des AG, das von den AN in der Regel stillschweigend angenommen wird (§ 151 BGB), entstehen vertragliche Ansprüche auf die bisher gewährten Leistungen. Die Abgabe des Angebots kann ausdrücklich oder konkludent erfolgen, dh auch in der ständigen Gewährung von Leistungen oder einer regelmäßig wiederkehrenden Handhabung liegen, wenn die AN annehmen durften, dass der AG sich binden wollte. Ohne ein solches Verhalten entsteht auch bei langjähriger Gewährung kein Anspruch. Ein Anspruch aus betrieblicher Übung scheidet aus, wenn sich die Leistung des AG aus der Sicht des AN ausschließlich als Erfüllung eines vermeintlichen Anspruchs darstellt (BAG 17.3.2010 – 5 AZR 317/09). Wann ein Anspruch aus betrieblicher Übung folgt, lässt sich grds. nicht verallgemeinernd, sondern nur im **Einzelfall** beurteilen. Eine allgemeingültige Regel, ab welcher Anzahl von Leistungen der AN erwarten darf, dass auch er die Leistung erhält, sobald er die Voraussetzungen erfüllt, gibt es nicht. Lediglich für jährlich gewährte → *Sonderzuwendungen* besteht der Grundsatz, dass ein individualrechtlicher Anspruch erworben wird, wenn die Leistungen in drei aufeinander folgenden Jahren vorbehaltlos und in gleichbleibender Höhe gewährt werden (BAG 24.3.2010 – 10 AZR 43/09).

Werden die für die AN günstigen Leistungen vom AG nicht aufgrund einer erkennbaren Regel erbracht oder **hat der AG von einer betrieblichen Handhabung keine oder keine ausreichende Kenntnis,** wird regelmäßig kein Anspruch auf Beibehaltung der bisherigen Praxis aus betrieblicher Übung bestehen. Dies gilt insbesondere, wenn eine bestimmte Handhabung nur vom AG geduldet wird, wie zB die private Nutzung der betrieblichen Telefonanlage, des E-Mail-Servers sowie des Internets. Hier fehlt es häufig schon an einem hinreichend bestimmten Angebot des AG über den zeitlichen Umfang der Privatnutzung von betrieblichen Einrichtungen, weil dem AG deren Umfang und die Nutzungsart (zB bei Internetsurfen) nicht bekannt sind und regelmäßig auch nicht bekannt sein sollen. Daher können die AN in solchen Fällen gerade nicht davon ausgehen, der AG werde ihnen ihre bisherige Privatnutzung „wie bisher" weiterhin gestatten.

II. Irrtümlich erbrachte Leistungen

Ein Anspruch aus betrieblicher Übung kann nur entstehen, **wenn es an einer anderen kollektiv- oder individualrechtlichen Grundlage für die Leistungsgewährung fehlt** (zB TV, BV oder Gesamtzusage). Insoweit muss der AN davon ausgehen, dass der AG lediglich den anderweit begründeten Anspruch erfüllen oder einer Verpflichtung nachkommen will; maßgeblich ist auch hier der Empfängerhorizont der begünstigten AN. Ist der AG aus ihrer Sicht zB aufgrund eines vermeintlich für den Betrieb geltenden TV oder einer BV zur jährlichen Gehaltsanpassung verpflichtet, entsteht darüber hinaus kein Anspruch aufgrund betrieblicher Übung, wenn der AG nur einer vermeintlichen Verpflichtung nachkommt. Problematisch ist es, wenn der AG sich irrtümlich zur Leistung verpflichtet glaubt und in diesem Bewusstsein rechtsgrundlos Leistungen erbringt. Grds. kann der AG dann seine Leistung für die Zukunft einstellen, da es an einem für die AN erkennbaren eigenständigen Verpflichtungstatbestand fehlt.

Besonderheiten gelten für den **öffentlichen Dienst.** Aufgrund der haushaltsrechtlichen Vorgaben unterstellt die Rspr. bei einem öffentlichen AG, dass sich dieser im Zweifel nur normgemäß verhalten und keine über- oder außertariflichen Leistungen erbringen will. Ohne besondere Anhaltspunkte darf ein im öffentlichen Dienst beschäftigter AN daher auch bei langjähriger Gewährung von Vergünstigungen nicht annehmen, die Übung sei Vertragsinhalt geworden und werde unabhängig von einer zugrundeliegenden normativen Regelung unbefristet beibehalten (BAG 1.11.2005 – 1 AZR 355/04).

III. Bezugnahmen auf Tarifvertrag

Regelmäßig wenden AG unabhängig von der → *Tarifbindung* der AN TV an. Von einer stillschweigenden Verweisung auf Tarifvertragsrecht (→ *Bezugnahme auf Tarifvertrag*) ist dann auszugehen, wenn der AG gleichbleibend für einen längeren Zeitraum die einschlägigen TV auf sämtliche AN anwendet. Diese nehmen das auf die Anwendung der TV gerichtete Angebot konkludent an, wenn sie die tariflichen Leistungen widerspruchslos entgegennehmen. Aufgrund dieser Bezugnahme gelten dann auch die von den gesetzlichen Vorschriften zum Nachteil des AN abweichenden Regelungen wie zB Kündigungsfristen und tarifliche → *Verfallfristen*. Nach der ständigen Rspr. des BAG ist die Inbezugnahme von TV auch im Wege der betrieblichen Übung möglich. Das Gericht unterscheidet dabei zwischen der Verpflichtung, aufgrund betrieblicher Übung einen bestimmten TV weiterhin anzuwenden, und der Verpflichtung, auch zukünftige TV umzusetzen. Nach seiner Auffassung ist einzelfallbezogen anhand der für und gegen eine Verpflichtung des AG sprechenden tatsächlichen Umstände zu prüfen, ob durch die konkrete Verhaltensweise des AG eine betriebliche Übung im Sinne einer dynamischen Bezugnahme auf die einschlägigen TV (dann: automatische Weitergabe der Tarifbedingungen auch in der Zukunft) oder nur im Sinne der weiteren Anwendung eines bestimmten TV vereinbart worden ist (BAG 9.5.2007 – 4 AZR 319/06). Bei nicht tarifgebundenen AG kann eine betriebliche Übung zur Anpassung der Löhne und Gehälter entsprechend der Tarifentwicklung in einem bestimmten Tarifgebiet nur angenommen werden, wenn es deutliche Anhaltspunkte im Verhalten des AG gibt, dass er sich entsprechend binden und auf Dauer die von den TVparteien ausgehandelten Tariflohnerhöhungen übernehmen will (BAG 19.10.2011 – 5 AZR 359/10). Die fehlende Tarifbindung verdeutlicht eigentlich den Willen des AG, die Erhöhung der Löhne und Gehälter zukünftig nicht ohne weitere Prüfung entsprechend der Tarifentwicklung vorzunehmen.

IV. Vorbehalt

Da die Betriebsübung auf der Willenserklärung oder einem Vertrauenstatbestand des AG beruht, kann dieser durch sein Verhalten oder seine Erklärungen grds. jedwede Bindung für die Zukunft ausschließen. Dazu kann er insbesondere einen entsprechenden Vorbehalt erklären. Dieser muss **klar und unmissverständlich** kundgetan werden. Der (formfreie) Hinweis kann bereits im Arbeitsvertrag enthalten sein oder vor der jeweiligen Leistungsgewährung erfolgen. Der AG kann den Vorbehalt auch durch Aushang, Rundschreiben oder durch Erklärung gegenüber den einzelnen AN bekannt geben (BAG 15.5.2012 – 3 AZR 610/11). Ansprüche von Leistungsempfängern für die zukünftigen Jahre können bereits dann ausgeschlossen sein, wenn sich das Leistungsversprechen erkennbar auf das jeweilige Jahr beschränkt oder der AG nach außen hin zum Ausdruck bringt, dass er die Vergünstigung von einer Entscheidung im jeweiligen Einzelfall abhängig machen oder in jedem Jahr wieder neu darüber entscheiden möchte, ob und unter welchen Voraussetzungen eine Leistung erfolgen wird.

V. Beseitigung von Betriebsübungen

Bei der Frage der Beseitigung einer betrieblichen Übung ist zwischen der Beendigung der betrieblichen Handhabung und den zwischenzeitlich erworbenen Ansprüchen der AN zu unterscheiden. Eine betriebliche Übung kann grds. durch einen einseitigen in Erscheinung tretenden Entschluss des AG beendet werden. Dazu muss dieser gegenüber den AN in geeigneter Form erklären, dass er künftig nicht mehr bereit ist, die bisherige Handhabung (zB Zahlung einer → *Sonderzuwendung*) fortzusetzen. Durch eine entsprechende Verlautbarung wird der Erklärungswert der Betriebsübung zerstört, soweit aus der bisherigen Handhabung noch keine Ansprüche der AN entstanden sind. In diesem Fall kann der AG durch die Änderung der Leistungserbringung die Betriebsübung auch inhaltlich verändern. Sind die durch Betriebsübung begründeten Ansprüche allerdings Vertragsinhalt geworden, können sie nur mit den Mitteln des Vertragsrechts unter Vorbehalt gestellt, verschlechtert oder beseitigt werden. Ein aus betrieblicher Übung entstandener Anspruch geht nicht dadurch unter, dass der AG gegenüber anderen AN die Übung einstellt und diese dazu schweigen. Der AG muss dementsprechend einen Änderungsvertrag oder eine → *Änderungskündigung* aussprechen. Eine kollektive Kündigung gegenüber dem BR oder eine Teilkündigung des Arbeitsverhältnisses ist nicht statthaft.

▶ Betriebsänderung

I. Begriff

Eine Betriebsänderung ist jede Änderung der betrieblichen Organisation, der Struktur, des Tätigkeitsbereichs, der Arbeitsweise der Fertigung sowie des Standorts des → *Betriebs*. Der Begriff der Betriebsänderung ist im BetrVG von Bedeutung. Der Unternehmer hat in Unternehmen mit idR mehr als 20 wahlberechtigten AN den → *Betriebsrat* über geplante Betriebsänderungen, die wesentliche Nachteile für die Belegschaft oder erhebliche Teile der Belegschaft zur Folge haben können, rechtzeitig und umfassend zu unterrichten und mit dem BR zu beraten (§ 111 S. 1 BetrVG).

II. Mitwirkungsrecht

Dieses wird nur bei **wesentlichen Nachteilen** ausgelöst. Als solche kommen in Betracht: Erschwerung der Arbeit, Minderung des Arbeitsverdiensts, längere Wegezeiten, höhere Fahrtkosten. Die in § 111 S. 3 BetrVG enthaltene Aufstellung bezeichnet solche Betriebsänderungen, bei denen ein wesentlicher Nachteil für die Belegschaft vermutet wird. Hierzu gehören (**1**) die Einschränkung und Stilllegung des Betriebs oder wesentlicher Betriebsteile (→ *Betriebsstilllegung*), (**2**) die Verlegung des Betriebs oder wesentlicher Betriebsteile, (**3**) Zusammenschluss mit anderen Betrieben oder die Spaltung von Betrieben, (**4**) grundlegende Änderungen der Betriebsorganisation, des Betriebszwecks oder der Betriebsanlagen, (**5**) die Einführung neuer Arbeitsmethoden und Fertigungsverfahren. Eine Betriebsstilllegung setzt die Auflösung der zwischen AG und AN bestehenden Betriebs- und Produktionsgemeinschaft voraus. Betriebseinschränkung ist eine erhebliche, ungewöhnliche und nicht nur vorübergehende Herabsetzung der Leistungsfähigkeit des Betriebs. Dies kann sowohl auf der Herabsetzung der technischen Produktionskapazität als auch auf einem erheblichen Personalabbau beruhen (§ 112a BetrVG). Der BR kann bei Betriebsänderungen in einem Unternehmen mit mehr als 300 AN einen Berater hinzuziehen. Keine Betriebsänderung liegt vor bei einem rechtsgeschäftlichen Übergang eines Betriebs oder Betriebsteils (→ *Betriebsübergang*) oder der → *Betriebsaufspaltung* in mehrere rechtlich selbstständige Unternehmen, wenn die Betriebsorganisation nicht wesentlich geändert wird.

III. Zeitpunkt

Die Beratung der geplanten Betriebsänderung hat so frühzeitig wie möglich zu erfolgen, also bereits vor der Entscheidung über die Durchführung der Maßnahme. Umstritten ist, ob der BR einen **Unterlassungsanspruch** gegen den AG hat, wenn dieser mit der Betriebsänderung vor Abschluss des Beteiligungsverfahrens bereits beginnt. Führt der AG eine Betriebsänderung durch, ohne einen → *Interessenausgleich* mit dem → *Betriebsrat* versucht zu haben, haben die betroffenen AN Anspruch auf → *Nachteilsausgleich* nach § 113 BetrVG. Der Unternehmer hat den Interessenausgleich versucht, wenn er das zuständige BRgremium (GBR/BR) gem. § 111 S. 1 BetrVG beteiligt hat. Auch wenn Nachteilsausgleichsansprüche entstanden sind, kann der BR noch einen → *Sozialplan* erzwingen. Die Abfindung nach § 113 BetrVG wird dann jedoch zumindest teilweise auf die Sozialplanansprüche anzurechnen sein. Die Vorschriften über Betriebsänderung, Sozialplan und Nachteilsausgleich gelten auch in der Insolvenz (→ *Insolvenz des Arbeitgebers*).

▶ Betriebsärzte

Diese sollen – wie die Fachkräfte für Arbeitssicherheit – den AG beim → *Arbeitsschutz* und bei der **Unfallverhütung** unterstützen (ASiG vom 12.12.1973 [BGBl. I 1885]). Durch ihre Tätigkeit soll erreicht werden, dass (**1**) die dem Arbeitsschutz und der Unfallverhütung dienenden Vorschriften den besonderen Betriebsverhältnissen entsprechend angewandt werden, (**2**) gesicherte arbeitsmedizinische und sicherheitstechnische Erkenntnisse zur Verbesserung des Arbeitsschutzes und der Unfallverhütung verwirklicht werden können, und (**3**) die dem Arbeitsschutz und der Unfallverhütung dienenden Maßnahmen einen möglichst hohen Wirkungsgrad erreichen. Die Betriebsärzte können vom AG als AN eingestellt werden; es kann aber auch ein frei praktizierender Arzt bestellt werden. Der → *Betriebsrat* hat ein **erzwingbares** Mitbestimmungsrecht, in welcher Form der AG seine Verpflichtungen aus dem ASiG nachkommt (→ *Betriebsrat (Beteiligungsrechte)*). Verletzt ein AG bei der Abberufung des Betriebsarztes die Mitbestimmungsrechte des BR, ist dessen Kündigung zumindest dann unwirksam, wenn sie aus Gründen der betriebsärztlichen Tätigkeit erfolgt.

Betriebsärzte sind zu **bestellen,** wenn dies im Hinblick auf (**1**) die Betriebsart und die damit für die AN verbundenen Unfall- und Gesundheitsgefahren, (**2**) die Zahl der beschäftigten AN und die Zusammensetzung der Arbeitnehmerschaft und (**3**) die Betriebsorganisation, insbesondere im Hinblick auf die Zahl und die Art der für den Arbeitsschutz und die Unfallverhütung verantwortlichen Personen, erforderlich ist. Lässt sich ein AN zur Einstellung von einem Betriebsarzt untersuchen, wird dieser insoweit von der ärztlichen Schweigepflicht entbunden sein, wie das Ergebnis für die Einstellung von Bedeutung ist. Im Übrigen obliegt dem Betriebsarzt die **prophylaktische Gesundheitsvorsorge.** Eine Vorstellung beim Betriebsarzt zur Überprüfung der Arbeitsfähigkeit kann nicht verlangt werden. Bei einer fehlerhaften Diagnose haftet der Betriebsarzt gegenüber dem AN mangels vertraglicher Beziehungen nicht.

▶ Betriebsaufspaltung

Es ist zwischen Betriebs- und Unternehmensaufspaltungen zu unterscheiden. Letztere werden zumeist aus steuerrechtlichen und haftungsrechtlichen Gründen vorgenommen. Dabei wird vielfach eine bisher einheitliche Gesellschaft in eine werthaltige Vermögensgesellschaft und eine vermögenslose Produktionsgesellschaft aufgeteilt, die im Wege des → *Betriebsübergangs* das Personal übernimmt und das Anlagevermögen von der Vermögensgesellschaft pachtet. Die Unternehmensaufspaltung ist im Rahmen der → *Umwandlung* geregelt. Bei der Unternehmensaufspaltung braucht nicht notwendig eine Betriebsaufspaltung vorliegen. Vielmehr kann ein bisher einheitlicher → *Betrieb* erhalten bleiben. Die Aufspaltung eines Betriebs stellt regelmäßig eine → *Betriebsänderung* dar, die zu Verhandlungen über einen → *Interessenausgleich* und eines → *Sozialplans* führt.

▶ Betriebsbedingte Kündigung

I. Überblick

Eine betriebsbedingte Kündigung ist im Arbeitsverhältnis, das dem → *Kündigungsschutz* unterliegt, nach Maßgabe des § 1 Abs. 2–5 KSchG als ordentliche Kündigung zulässig, im Falle der → *Unkündbarkeit* auch ausnahmsweise als → *außerordentliche Kündigung* mit Auslauffrist. Hierfür darf keine Möglichkeit mehr bestehen, das Arbeitsverhältnis, und sei es zu geänderten Bedingungen und nach entsprechender Umschulung des AN, sinnvoll fortzusetzen (BAG 27.4.2021 – 2 AZR 357/20). Die ordentliche betriebsbedingte Kündigung eröffnet dem AG die Möglichkeit, den Personalbestand einem verringerten Personalbedarf anzupassen. Nach dem Gesetz sind drei Prüfungsabschnitte vorgegeben: Nach § 1 Abs. 2 S. 1 KSchG ist eine → *Kündigung* sozial ungerechtfertigt, wenn sie nicht durch dringende betriebliche Erfordernisse, die einer Weiterbeschäftigung des AN im Betrieb entgegenstehen, bedingt ist. Der AG hat (**1**) darzulegen, aufgrund welcher inner- oder außerbetrieblichen Umstände er sich zu einem bestimmten unternehmerischen Handeln veranlasst sieht, das zu einer Verringerung des Beschäftigungsbedarfs führt. (**2**) Dann ist zu prüfen, ob die betrieblichen Erfordernisse „dringende" sind und die Kündigung „bedingen". Dies ist nicht der Fall, wenn der Rückgang des Beschäftigungsbedarfs anderweitig aufgefangen werden kann, entweder durch betriebsorganisatorische Maßnahmen oder durch eine anderweitige Beschäftigung des anderenfalls zu kündigenden AN. Das Vorliegen dieser Tatsachen muss der AG nach § 1 Abs. 2 S. 4 KSchG nachweisen, wobei die von der Rspr. entwickelten Grundsätze einer abgestuften Darlegungs- und Beweislast gelten. Steht danach fest, dass für einen oder mehrere AN zukünftig von einem verringerten Beschäftigungsbedarf auszugehen ist, muss auf die entsprechende Rüge des AN (**3**) nach § 1 Abs. 3 KSchG geprüft werden, ob der AG die Kündigung bei vergleichbaren AN dem sozial am wenigsten schutzwürdigen AN gegenüber ausgesprochen hat. Verstößt die Auswahlentscheidung gegen die Grundsätze der Sozialauswahl, ist die Kündigung trotz Vorliegens dringender betrieblicher Erfordernisse sozial ungerechtfertigt (§ 1 Abs. 3 S. 1 KSchG), wenn nicht betriebstechnische, wirtschaftliche oder sonstige berechtigte betriebliche Bedürfnisse die Weiterbeschäftigung des oder der betroffenen AN bedingen (§ 1 Abs. 3 S. 2 KSchG).

II. Wegfall des Beschäftigungsbedarfs

1. Innerbetriebliche Gründe

Bei innerbetrieblichen Gründen ist die Ursache für den Beschäftigungswegfall eine Entscheidung des AG, künftig weniger Personal zu beschäftigen. Ausgangspunkt hierfür ist die Unternehmerentscheidung. Bei dieser handelt es sich um das Konzept zur Anpassung des Personals an den Arbeitsbedarf. Ihre Zweckmäßigkeit ist grds. nicht überprüfbar, es sei denn, dass sie offenbar unsachlich, ungeeignet oder willkürlich ist; bei einer innerbetrieblichen Umstrukturierungsmaßnahme muss es im Hinblick auf betriebsbedingte Kündigungen dem AG überlassen bleiben, wie er sein Unternehmenziel möglichst zweckmäßig und kostengünstig am Markt verfolgt. Die Entscheidung des AG, den **Personalbestand auf Dauer zu reduzieren,** gehört zu den sog. unternehmerischen Maßnahmen, die zum Wegfall von Arbeitsplätzen führen und damit den entsprechenden Beschäftigungsbedarf entfallen lassen können. Die Unternehmerentscheidung ist hinsichtlich ihrer organisatorischen Durchführbarkeit und hinsichtlich des Begriffs „Dauer" zu verdeutlichen, damit das Gericht prüfen kann, ob sie – iSd Rspr. zur betriebsbedingten Kündigung nach § 1 Abs. 2 KSchG – nicht offensichtlich unsachlich, unvernünftig oder willkürlich ist. Insofern gelten die Grundsätze der abgestuften Darlegungslast: Zunächst hat der AG darzulegen, dass und wie die von ihm getroffene Maßnahme durchgeführt werden soll. Dann ist es Sache des AN vorzutragen, warum die getroffene Maßnahme offensichtlich unsachlich, unvernünftig oder willkürlich sein soll. Alsdann hat sich der AG hierauf weiter einzulassen.

2. Außerbetriebliche Gründe

Bei außerbetrieblichen Gründen passt der AG die Beschäftigungszahl an den gesunkenen Beschäftigungsbedarf an, wobei dessen Ursache auf außerbetrieblichen Gründen beruht. Zu diesen gehören grds. Auftragsmangel, Umsatzrückgang, Gewinnverfall, Unrentabilität. Den AG trifft im Kündigungsschutzprozess die Darlegungs- und Beweislast für die außerbetrieblichen Ursachen. Passt der AG im Fall eines Auftragsverlustes oder eines reduzierten Auftragsbestands die Anzahl der benötigten AN unmittelbar an die verbliebene Arbeitsmenge an, kann sich daraus ein dringendes betriebliches Erfordernis zur Kündigung ergeben, wenn der Arbeitsanfall – dauerhaft – so zurückgegangen ist, dass zukünftig für einen oder mehrere AN kein Bedürfnis für eine Weiterbeschäftigung mehr besteht.

3. Auswirkungen auf den Beschäftigungsbedarf

Für die Wirksamkeit der Kündigung ist es nicht notwendig, dass der konkrete Arbeitsplatz des gekündigten AN weggefallen ist; ausreichend ist, dass ein Arbeitsplatz im Betrieb entbehrlich ist. Gestaltet der AG den Arbeitsablauf um und verlagert bestimmte Arbeiten in eine andere Betriebsabteilung, rechtfertigt dies allein noch keine betriebsbedingte Kündigung der bisher mit diesen Arbeiten betrauten AN. Sind nach wie vor die gleichen Arbeiten zu verrichten und sind die bisherigen Arbeitsplatzinhaber persönlich und fachlich geeignet, ist eine betriebsbedingte Kündigung selbst dann nicht sozial gerechtfertigt, wenn es sich bei den neu eingerichteten Stellen um Beförderungsstellen handelt. Der AG braucht nicht zu warten, bis der Arbeitsplatz weggefallen ist. Ausreichend ist die Prognose, dass der Arbeitsplatz wegfällt. Diese soll dann nicht gerechtfertigt sein, wenn der Reinigungsauftrag eines Reinigungsunternehmens nicht verlängert worden ist, aber es sich am Ausschreibungsverfahren beteiligt hat.

4. Verhältnismäßigkeit

Die betrieblichen Erfordernisse müssen dringend sein. Hierdurch wird das Ultima-ratio-Prinzip zum Tatbestandsmerkmal erhoben. Ein dringendes Erfordernis ist nur dann gegeben, wenn es unvermeidbar ist. Vermeidbar ist es, wenn (**a**) der AN auf einen freien Arbeitsplatz versetzt werden kann; zT wird auch die Möglichkeit der Versetzung auf einen geringwertigen Arbeitsplatz als erforderlich angesehen; (**b**) der AN weitergebildet werden kann; (**c**) einem Interesse des AG durch eine → *Änderungskündigung* genügt wird; (**d**) dagegen sind Maßnahmen der Arbeitsstreckung als unternehmerische Entscheidung der gerichtlichen Kontrolle entzogen. Die Frage der Versetzungsmöglichkeit ist unternehmensbezogen, im öffentlichen Dienst dienststellenbezogen. Die Einführung von → *Kurzarbeit* ist kein milderes Mittel, da sie den nur vorübergehenden Wegfall des Beschäftigungsbedarfs voraussetzt.

5. Beispiele

(**a**) **Auftragsmangel:** Der bloße Hinweis auf einen auslaufenden Auftrag und einen fehlenden Anschlussauftrag reicht als dringender betrieblicher Grund regelmäßig nicht aus. Der AG muss darstellen, warum es sich um einen dauerhaften Auftragsrückgang und nicht nur um eine kurzfristige Auftragsschwankung handelt. Kurzfristige Auftragslücken gehören zum typischen Wirtschaftsrisiko in bestimmten Branchen und sind nicht geeignet, eine betriebsbedingte Kündigung sozial zu rechtfertigen. Behauptet der AG, das Bedürfnis für eine Weiterbeschäftigung sei wegen eines solchen Auftragsrückgangs entfallen, kann das Gericht in vollem Umfang nachprüfen, ob die außerbetrieblichen Umstände für die Kündigung zum Zeitpunkt der Kündigung tatsächlich vorlagen und zu einem dauerhaften Rückgang des Beschäftigungsvolumens führen. Häufig wird sich in diesem Vorbringen auch ein innerbetrieblicher Kündigungsgrund etwa einer Rationalisierungsmaßnahme verbergen. Wenn Aufträge für abgrenzbare Teile des Betriebs dauerhaft wegfallen, kann sich auch hieraus ein dringender Grund ergeben. Da → *Kurzarbeit* den vorübergehenden Wegfall des Beschäftigungsbedarfs voraussetzt, steht sie idR einer betriebsbedingten Kündigung entgegen. Maßgeblich für die Unterscheidung ist die auf Tatsachen beruhende konsistente Prognose des AG, die sich auf den Wegfall des Beschäftigungsbedarfs weit über die Regelbezugsdauer von → *Kurzarbeitergeld* hinaus – in unverschuldeten Krisenzeiten entsprechend länger – bezieht.

(b) **Betriebsstilllegung:** Die Stilllegung eines Betriebs zählt zu den dringenden betrieblichen Erfordernissen. Sie ist auf die Auflösung der zwischen AG und AN bestehenden Betriebs- und Produktionsgemeinschaft gerichtet, die ihren unmittelbaren Ausdruck darin findet, dass der Unternehmer die bisherige wirtschaftliche Betätigung in der ernstlichen Absicht einstellt, die Verfolgung des bisherigen Betriebszwecks dauernd oder für eine ihrer Dauer nach unbestimmte, wirtschaftlich nicht unerhebliche Zeitspanne nicht mehr weiterzuverfolgen. Soweit es nur um eine Betriebseinschränkung oder Teilstilllegung geht, muss der AG insoweit die Produktionsgemeinschaft auflösen. Hier kommt es häufig zu Fragen der zutreffenden Sozialauswahl.

(c) **Betriebsübergang:** Der → *Betriebsübergang* an sich begründet keinen betrieblichen Kündigungsgrund, da der Beschäftigungsbedarf beim neuen AG idR fortbesteht. Eine im Zusammenhang mit dem Übergang des Betriebs erfolgte Kündigung ist daher nach § 613a Abs. 4 BGB unwirksam, es sei denn, ein anderer Grund als der Betriebsübergang ist der eigentliche oder tragende Beweggrund für die Kündigung, etwa ein neues Erwerberkonzept oder eine → *verhaltensbedingte Kündigung.*

(d) **Betriebsverlagerung:** Die Betriebsverlagerung an einen anderen Ort ist grds. kein dringender betrieblicher Grund. Der AG ist allenfalls in der Pflicht, betriebsbedingte Änderungskündigungen auszusprechen, wenn die Zuweisung der Arbeit am neuen Betriebssitz nicht vom Weisungsrecht umfasst ist.

(e) **Druckkündigung:** Kann der AG einem AN nicht personen- oder verhaltensbedingt wegen bestehenden Drucks von Kollegen oder Kunden kündigen, kann er die unternehmerische Entscheidung treffen, auf die inner- oder außerbetriebliche Drucksituation zu reagieren, etwa wenn es um den Fortbestand des Unternehmens und seiner Betriebe geht (echte → *Druckkündigung*). An die Zulässigkeit einer solchen „echten Druckkündigung" sind strenge Anforderungen zu stellen (→ *Druckkündigung*).

(f) **Fremdvergabe von Arbeiten an Dritte:** Die Entscheidung des AG, die Aufgaben eines AN an ein Drittunternehmen zu vergeben, kann zu einer Verringerung des Arbeitskräftebedarfs und damit zu einem dringenden betrieblichen Erfordernis für eine Kündigung führen. Die unternehmerisch-organisatorische Maßnahme muss bei Kündigungszugang noch nicht tatsächlich umgesetzt zu sein. Es reicht aus, wenn sich die künftige Entwicklung konkret und greifbar abzeichnet. Die Entscheidung ist allerdings rechtsmissbräuchlich, wenn die neue Organisationsform in erster Linie dem Zweck dient, AN der betroffenen Bereiche den Kündigungsschutz zu nehmen und sich von ihnen zu trennen, damit die Arbeit in Zukunft von anderen, schlechter bezahlten AN verrichtet wird. Hiervon umfasst ist die Umgestaltung der zugrundeliegenden Vertragsform für die Betriebsmitarbeiter (freies Mitarbeiterverhältnis statt Arbeitsverhältnis). Es ist Sache des AN, der die Unwirksamkeit der auf einer solchen Maßnahme beruhenden Kündigung geltend macht, also Umstände darzulegen, die die getroffene innerbetriebliche Strukturmaßnahme als offenbar unsachlich, unvernünftig oder willkürlich erscheinen lassen.

(g) **Haushalts- und Stellenplan im öffentlichen Dienst:** Zeitlich fixierte Vermerke in einem Haushaltsgesetz, dass bestimmte Stellen wegfallen (sog. „kw-Vermerke"), können dringende betriebliche Erfordernisse für die Kündigung eines Arbeitsverhältnisses begründen, wenn die innerbetriebliche Entscheidung für den Wegfall der konkreten Stelle damit abschließend getroffen wurde. Die Organisationsentscheidung des öffentlichen AG, eine Angestelltenstelle, auf der hoheitliche Aufgaben erledigt werden, in eine Beamtenstelle umzuwandeln und mit einem Beamten zu besetzen, kann ein dringendes betriebliches Erfordernis zur Kündigung des bisherigen Stelleninhabers darstellen, wenn dieser die Voraussetzungen für eine Übernahme in ein Beamtenverhältnis nicht erfüllt.

(h) **Rationalisierungsmaßnahme oder Leistungsverdichtung:** Betriebliche Kündigungsgründe liegen vor, wenn sich der AG zu einer organisatorischen Maßnahme entschließt, bei deren betrieblicher Umsetzung das Bedürfnis für die Weiterbeschäftigung eines oder mehrerer AN entfällt. Allerdings muss der AG genau erläutern, in welchem Umfang und aufgrund welcher Maßnahmen die Tätigkeiten für einzelne AN zukünftig entfallen.

(i) **Witterungsbedingte Kündigung:** Die Möglichkeit saison- bzw. witterungsbedingter Kündigungen wird vom Gesetzgeber (vgl. § 22 KSchG) grds. anerkannt. Sie sind in bestimmten Branchen (zB Baugewerbe, Gartenbau usw.) üblich und auch Gegenstand tariflicher Regelungen. Es ist stets zu prüfen, ob wirklich ein dringendes betriebliches Erfordernis zur witterungsbedingten Einstellung der Arbeiten bestand. Während der Wintermonate sind Frostperioden regelmäßig kurz und nach Lage und Dauer kaum vorhersehbar, so dass es schwierig ist, den dauerhaften Wegfall des Beschäftigungsbedarfs darzulegen.

III. Sozialauswahl

1. Begriff

Ist einem AN aus dringenden betrieblichen Erfordernissen – auch außerordentlich – gekündigt worden, ist die Kündigung trotzdem sozial ungerechtfertigt bzw. unwirksam, wenn der AG bei der Auswahl des AN soziale Gesichtspunkte nicht oder nicht ausreichend berücksichtigt hat. Bei diesen handelt es sich nach § 1 Abs. 3 S. 1 KSchG um die Dauer der Betriebszugehörigkeit, das Lebensalter, die Unterhaltspflichten und eine Schwerbehinderung. Die soziale Auswahl vollzieht sich in drei Prüfungsschritten: **(a)** Welche AN sind vergleichbar und in die soziale Auswahl einzubeziehen; (**b**) welche Sozialdaten sind bei der sozialen Auswahl zu berücksichtigen und (**c**) welche AN sind aus betriebsbedingten Gründen für den Betrieb notwendig?

2. Vergleichbarkeit

Die Vergleichbarkeit der in die soziale Auswahl einzubeziehenden AN richtet sich in erster Linie nach **arbeitsplatzbezogenen Merkmalen.** Vergleichbar sind AN, die – bezogen auf die Merkmale des Arbeitsplatzes – sowohl aufgrund ihrer Fähigkeiten und Kenntnisse als auch nach dem Inhalt der von ihnen vertraglich geschuldeten Aufgaben austauschbar sind. Dies ist nicht nur bei identischen Arbeitsplätzen der Fall, sondern auch dann, wenn der AN aufgrund seiner Tätigkeit und Ausbildung die zwar andere, aber gleichwertige Tätigkeit ausüben kann. An einer Vergleichbarkeit fehlt es, wenn der AG den AN aus Rechtsgründen nicht einseitig auf den fraglichen anderen Arbeitsplatz um- oder versetzen kann. Die Sozialauswahl ist auf AN desselben Betriebs beschränkt. Sind Arbeitsplätze durch eine betriebsbedingte Kündigung weggefallen, so ist zunächst auf der horizontalen Ebene zu untersuchen, ob es im Betrieb Arbeitsplätze mit identischen oder vergleichbaren Aufgaben gibt. Die soziale Auswahl hat unter den Vergleichbaren zu erfolgen. Sind die Arbeitsplätze nur partiell vergleichbar, kommt es darauf an, ob der für die Kündigung in Aussicht genommene AN auf einem partiell vergleichbaren Arbeitsplatz eingesetzt werden könnte. Dagegen kann die soziale Auswahl nicht vertikal erweitert werden. Ein höher qualifizierter AN hat also nicht die Möglichkeit, die Zahl der Vergleichspersonen zu erweitern, indem er sich bereit erklärt, auch auf einem niedriger bezahlten Arbeitsplatz zu arbeiten. Wurde einem AN unter Abänderung seines Arbeitsvertrags die Leitung eines konkreten Arbeitsbereichs übertragen und kündigt der AG später betriebsbedingt, weil dieser Arbeitsbereich wegfällt, so sind die ehemals vergleichbaren, ohne Leitungsfunktion in anderen Arbeitsbereichen beschäftigten AN idR nicht in die soziale Auswahl einzubeziehen.

Ob bei der Kündigung **teilzeitbeschäftigter AN** Vollzeitbeschäftigte und bei der Kündigung vollzeitbeschäftigter AN Teilzeitbeschäftigte in die Sozialauswahl nach § 1 Abs. 3 KSchG einzubeziehen sind, hängt von der betrieblichen Organisation ab: Hat der AG eine Organisationsentscheidung getroffen, aufgrund derer für bestimmte Arbeiten Vollzeitkräfte vorgesehen sind, so kann diese Entscheidung als sog. freie Unternehmerentscheidung nur darauf überprüft werden, ob sie offenbar unsachlich, unvernünftig oder willkürlich ist. Liegt danach eine bindende Unternehmerentscheidung vor, sind bei der Kündigung einer Teilzeitkraft die Vollzeitkräfte nicht in die Sozialauswahl einzubeziehen. Will der AG in einem bestimmten Bereich lediglich die Zahl der insgesamt geleisteten Arbeitsstunden abbauen, ohne dass eine Organisationsentscheidung vorliegt, sind sämtliche in diesem Bereich beschäftigten AN ohne Rücksicht auf ihr Arbeitszeitvolumen in die Sozialauswahl einzubeziehen. Dies gilt gleichermaßen, wenn der Arbeitsplatzwegfall darauf beruht, dass der AN dem Übergang des Arbeitsverhältnisses auf einen Teilbetriebserwerber (→ *Betriebsübergang*) widersprochen hat.

3. Sozialdaten

Auf der zweiten Stufe sind die Sozialdaten der vergleichbaren AN zu berücksichtigen. Durch die Begrenzung auf die im Gesetz genannten vier Auswahlmerkmale (Betriebszugehörigkeit, Lebensalter, Unterhaltspflichten, Schwerbehinderung) soll die Rechtssicherheit erhöht werden. Dem AG steht bei der Gewichtung der in § 1 Abs. 3 KSchG angeführten sozialen Grunddaten ein Wertungsspielraum zu. Über das Auswahlkriterium „Lebensalter" soll die Rechtsstellung von AN gestärkt werden, deren Chancen typischerweise schlechter stehen, nach dem Verlust des Arbeitsverhältnisses überhaupt oder doch zeitnah ein dauerhaftes Ersatzeinkommen zu erzielen. Deshalb ist ein AN, der bereits **Regelaltersrente** beziehen kann, deutlich weniger schutzbedürftig als ein AN, der noch keine Altersrente zu beanspruchen hat (BAG 27.4.2017 – 2 AZR 67/16). Auch wenn eine Sozialauswahl gar nicht oder methodisch fehlerhaft durchgeführt wurde, ist die Kündigung nicht aus diesem Grund unwirksam, wenn mit der Person des Gekündigten gleichwohl – und sei es zufällig – eine objektiv vertretbare Auswahl getroffen wurde. Der AG braucht nicht die „bestmögliche" Sozialauswahl zu treffen. Der ihm einzuräumende Wertungsspielraum führt dazu, dass sich nur deutlich schutzwürdigere AN mit Erfolg auf einen Auswahlfehler berufen können (BAG 20.6.2013 – 2 AZR 271/12). Nimmt der AG die Sozialauswahl allein durch Vollzug eines zulässigen Punktesystems vor, kann er auf die Rüge nicht ordnungsgemäßer Sozialauswahl mit Erfolg einwenden, der gerügte Auswahlfehler habe sich auf die Kündigungsentscheidung nicht ausgewirkt, weil der AN nach der Punktetabelle auch bei Vorliegen des Auswahlfehlers zur Kündigung angestanden hätte. Auf Verlangen des AN hat der AG die Gründe der getroffenen sozialen Auswahl, deren Gewichtung und die Namen der in die soziale Auswahl einbezogenen AN anzugeben. Der AN kann dann seinerseits **darlegen und beweisen,** dass die mitgeteilten Gründe rechtsfehlerhaft sind oder nicht zutreffen. Er muss sozial Stärkere namentlich benennen. Erkrankungen des AN können nur dann berücksichtigt werden, wenn sie schon für sich die Kündigung rechtfertigen.

4. Herausnahme aus der Sozialauswahl

In die soziale Auswahl sind AN nicht einzubeziehen, deren Weiterbeschäftigung, insbesondere wegen ihrer Kenntnisse, Fähigkeiten und Leistungen oder zur Sicherung einer ausgewogenen Personalstruktur des Betriebs, im berechtigten betrieblichen Interesse liegt (§ 1 Abs. 3 S. 2 KSchG). Zweck dieser Regelung ist, dass der Betrieb nicht gezwungen wird, die Leistungsträger zu kündigen. Bei der Herausnahme von Leistungsträgern aus der Sozialauswahl muss der AG das Interesse des sozial schwächeren AN gegen das betriebliche Interesse an der Herausnahme des Leistungsträgers abwägen.

5. Richtlinien und Interessenausgleich

Die Sozialauswahl kann weder einzel- noch kollektivvertraglich abbedungen werden. In einem TV, einer BV oder in einer Dienstvereinbarung nach den PersVG können jedoch → *Auswahlrichtlinien* festgelegt werden, wie bei der sozialen Auswahl die Auswahlmerkmale zu gewichten sind. Liegen derartige Richtlinien vor, wird die Auswahl nur auf grobe Fehlerhaftigkeit überprüft (§ 1 Abs. 4 KSchG). Grobe Fehler sind dann gegeben, wenn die Grundlagen des Kündigungsschutzes verkannt worden sind. Im Allgemeinen wird die soziale Auswahl nach bestimmten Punktschemata als rechtmäßig anerkannt (BAG 9.11.2006 – 2 AZR 812/05). Sind die AN, denen gekündigt werden soll, in einem → *Interessenausgleich* namentlich bezeichnet, wird vermutet, dass die Kündigung durch dringende betriebliche Erfordernisse iSd KSchG bedingt ist. Die soziale Auswahl kann dann nur auf grobe Fehlerhaftigkeit überprüft werden (§ 1 Abs. 5 KSchG). Ausnahmen bestehen bei nachträglicher Änderung der Umstände. *(SR)*

▶ Betriebsnachfolge

→ *Betriebsübergang*

▶ Betriebsrat

I. Rechtsstellung

Der aus der → *Betriebsratswahl* hervorgegangene BR ist kraft Gesetzes Vertreter der Belegschaft eines → *Betriebs* ohne eigene Vermögensrechte; er nimmt die Beteiligungsrechte → *Betriebsrat (Beteiligungsrechte)* in eigenem Namen wahr, ohne an Weisungen der → *Betriebsversammlung* oder eines AN gebunden zu sein. Der BR hat unter Beachtung der geltenden → *Tarifverträge* vertrauensvoll und im Zusammenwirken mit den im Betrieb vertretenen → *Gewerkschaften* und → *Arbeitgeberverbänden* zum Wohl der AN und des BR zusammenzuarbeiten (§ 2 Abs. 1 BetrVG). Der **Grundsatz der vertrauensvollen Zusammenarbeit** umfasst auch die Friedenspflicht zwischen AG und BR, aufgrund derer im Interesse der Sicherung eines geordneten Arbeitsablaufs → *Arbeitskämpfe*, die ausschließlich den Tarifpartnern vorbehalten sind, verboten sind (§ 74 Abs. 2 BetrVG); allerdings dürfen sich BRmitglieder an einem Arbeitskampf beteiligen. Untersagt ist den BRmitgliedern jede parteipolitische Betätigung. Der AG kann bei Verstößen des BR gegen die Friedenspflicht deren Unterlassung allerdings nicht gerichtlich durchsetzen (BAG 17.3.2010 – 7 ABR 95/08). Zur Wahrnehmung der den Gewerkschaften im BetrVG übertragenen Aufgaben und Befugnisse ist deren Beauftragten nach Unterrichtung des AG oder seines Vertreters Zugang zum Betrieb zu gewähren. Das **Zutrittsrecht** ist nur ausgeschlossen, soweit ihm unumgänglich Notwendigkeiten des Betriebsablaufs, zwingende Sicherheitsvorschriften oder der Schutz von Betriebsgeheimnissen entgegenstehen (§ 2 Abs. 2 BetrVG).

In § 79a S. 2 BetrVG ist bestimmt, dass auch im Fall einer **Datenverarbeitung** durch den BR der AG „Verantwortlicher" iSd DSG-VO ist (→ *Datenschutz*). Die Zulässigkeit einer Datenverarbeitung durch den BR ist durch dessen gesetzliche Aufgaben begrenzt; die von ihm eingesetzten Mittel ergeben sich aus den Vorgaben des § 40 Abs. 2 BetrVG und sind vom AG bereitzustellen (→ *Betriebsratskosten*). Die Verantwortlichkeit des AG besteht nur, soweit der BR zur Erfüllung der in seiner Zuständigkeit liegenden Aufgaben Daten verarbeitet; eine außerhalb dieser Maßgaben liegende (zweckwidrige oder eigenmächtige) Datenverarbeitung durch BRmitglieder befreit diese nicht von ihrer eigenen datenschutzrechtlichen Verantwortlichkeit. Deshalb hat der BR innerhalb seines Zuständigkeitsbereichs die Datensicherheit (Art. 24, 32 DS-GVO) eigenverantwortlich durch technische und organisatorische Maßnahmen sicherzustellen. Damit der AG seiner Rolle als Verantwortlicher nachkommen kann und gleichzeitig die innerorganisatorische Selbständigkeit und Weisungsfreiheit des BR nicht eingeschränkt wird, hat der BR bei der Verarbeitung personenbezogener Daten die datenschutzrechtlichen Vorschriften einzuhalten, wobei ein gegenseitiges Unterstützungsgebot beider Betriebsparteien besteht (§ 79a S. 1 und 3 BetrVG).

II. Betriebsratsvorsitzender und Betriebsausschuss

1. Vorsitzender

Der BR hat, um arbeitsfähig zu werden und nach außen ein Vertretungsorgan zu haben, aus seiner Mitte den Vorsitzenden und seinen Stellvertreter zu wählen (§ 26 Abs. 1 BetrVG). Der Vorsitzende des BR oder, im Falle seiner Verhinderung, sein Stellvertreter vertreten den BR im Rahmen der von ihm gefassten Beschlüsse und sind zur Entgegennahme und Abgabe von Erklärungen für den BR befugt (§ 26 Abs. 2 BetrVG).

2. Betriebsausschüsse

Hat ein BR neun oder mehr Mitglieder, muss er einen Betriebsausschuss bilden. Dieser besteht aus dem Vorsitzenden des BR, seinem Stellvertreter und bei Betriebsräten mit 9–15 aus drei, 17–23 aus fünf, 25–35 aus sieben und 37 oder mehr Mitgliedern aus neun Ausschussmitgliedern. Aus praktischen Gründen ist vorgesehen, dass der Betriebsausschuss die laufenden Geschäfte führt; besteht kein Betriebsausschuss, ist die laufende Geschäftsführung dem BRvorsitzenden übertragen (§ 27 Abs. 2, 3 BetrVG). Davon betroffen sind Verwaltungshandlungen wie Vorbereitung der → *Betriebsversammlungen,* der BRsitzungen, Durchführung der Sprechstunden. Dem Betriebsausschuss (dagegen nicht dem BRvorsitzenden) kann die Erledigung weiterer Aufgaben zur eigenständigen Erledigung übertragen werden, also zB die → *Anhörung des Betriebsrats vor dem Kündigungsausspruch* (§ 28 BetrVG). Ausgenommen ist jedoch der Abschluss von → *Betriebsvereinbarungen.* Die Übertragung bedarf der Schriftform. Der BR kann in Betrieben mit mehr als 100 AN weitere Ausschüsse bilden und ihm bestimmte Aufgaben zur eigenen Erledigung übertragen, zB die Verwaltung von Sozialeinrichtungen oder die Wahrnehmung der Mitwirkungsbefugnisse bei personellen Einzelmaßnahmen. Jedoch darf sich der BR nicht sämtlicher Befugnisse entledigen. Die Vorschriften über die Bildung des Betriebsausschusses und dessen Beauftragten gelten für die weiteren Ausschüsse entsprechend. Daneben kann der BR gemeinsame Ausschüsse mit dem AG bilden (§ 28 Abs. 2 BetrVG). In Betrieben mit mehr als 100 AN können Aufgaben auf Arbeitsgruppen übertragen werden (§ 28a BetrVG). Vom Gesetz abweichende BRstrukturen können im Übrigen nur durch TV bestimmt werden (zu Einzelheiten § 3 BetrVG).

III. Geschäftsführung

1. Sitzungen

Die Sitzungen des BR werden vom Vorsitzenden unter Festsetzung der Tagesordnung einberufen und geleitet (§ 29 Abs. 2 BetrVG). Zur Sitzung sind auch die Vertretung der → *schwerbehinderten Menschen* (§ 32 BetrVG) sowie die Mitglieder der Jugend- und Auszubildendenvertretung (JAV) zu laden, soweit sie ein Recht an der Teilnahme der BRsitzung haben. Ist ein Mitglied des BR an der Sitzungsteilnahme verhindert, hat es den Vorsitzenden unverzüglich zu benachrichtigen. Dieser hat dann ein Ersatzmitglied zu laden (§ 29 Abs. 2 BetrVG). Der Vorsitzende hat eine Sitzung einzuberufen und einen Gegenstand, dessen Beratung beantragt ist, auf die Tagesordnung zu setzen, wenn dies 1/4 der BRmitglieder oder der AG beantragen.

Der AG nimmt an den auf sein Verlangen einberufenen Sitzungen oder an den Sitzungen, zu denen er eingeladen wurde, teil. Er kann einen Vertreter seines AGverbands zuziehen (§ 29 Abs. 4 BetrVG). Umgekehrt kann auf Antrag von 1/4 der BRmitglieder ein Vertreter der im Betrieb vertretenen Gewerkschaften zu den Sitzungen eingeladen werden (§ 31 BetrVG). In diesem Fall sind der Zeitpunkt der Sitzung und die Tagesordnung der Gewerkschaft rechtzeitig mitzuteilen, damit der Beauftragte sich auf seine beratende Aufgabe einstellen kann. In der Geschäftsordnung kann geregelt werden, dass Gewerkschaftsvertreter an allen Sitzungen ein Teilnahmerecht haben. Ferner kann an allen BRsitzungen die Vertretung der schwerbehinderten Menschen beratend teilnehmen (§ 32 BetrVG). Die Sitzungen finden idR während der Arbeitszeit statt, dabei hat der BR auf die betrieblichen Notwendigkeiten Rücksicht zu nehmen. Der AG ist rechtzeitig vorher zu verständigen. Die Sitzungen sind nicht öffentlich (§ 30 BetrVG). Der BR kann sich eine Geschäftsordnung geben (§ 36 BetrVG), in der aber nicht von zwingenden Vorschriften des BetrVG (Einladung zu Sitzungen, Stimmenmehrheit) abgewichen werden darf. BRsitzungen können unter den in § 30 Abs. 2 BetrVG genannten Voraussetzungen mittels **Video- und Telefonkonferenz** erfolgen, wenn zudem sichergestellt ist, dass Dritte vom Inhalt der Sitzung keine Kenntnis nehmen können; ihre Aufzeichnung ist schließlich unzulässig.

2. Beschlüsse

Die Beschlüsse des BR werden, soweit im BetrVG für einzelne Beschlussfassungen keine qualifizierte Mehrheit vorgeschrieben ist, mit der **einfachen Stimmenmehrheit** der anwesenden BRmitglieder gefasst. Bei Stimmengleichheit ist der Antrag abgelehnt (§ 33 BetrVG). Beschlüsse im Umlaufverfahren sind unzulässig, eine Beschlussfassung im Rahmen einer Video-/Telefonkonferenz ist hingegen zulässig. Der BR ist nur im Rahmen der ihm zugewiesenen Aufgaben beschlussfähig, wenn mindestens die Hälfte seiner Mitglieder nicht nur anwesend ist, sondern auch an der Beschlussfassung teilnimmt. Ist der BR beschlussunfähig, weil keine hinreichende Anzahl von Ersatzmitgliedern hinzugezogen werden konnte, kann der Rest-BR anstehende Aufgaben wahrnehmen. Die Stimmen der JAV-Mitglieder werden mitgezählt, wenn diese an der Beschlussfassung berechtigt teilnehmen. Bei schwerwiegenden formellen Mängeln können BRbeschlüsse nichtig sein (BAG 15.4.2014 – 1 ABR 2/13 (B)). Solche Beschlüsse haben grds. keine Rechtswirkung; das bedeutet für Maßnahmen des AG, die nur der Mitwirkung des BR unterliegen, dass sie wirksam bleiben; für Maßnahmen, die der erzwingbaren Mitbestimmung unterliegen, dass sie unwirksam sind, als ob der BR überhaupt nicht beteiligt worden ist. Jedoch kann hier ein Vertrauensschutz des AG eingreifen; daneben kann der BR eine unwirksame Beschlussfassung nachholen (BAG 10.10.2007 – 7 ABR 51/06).

Erachtet die Mehrheit der Vertretung einer Gruppe oder der JAV oder die Vertretung der → *schwerbehinderten Menschen* einen Beschluss des BR als eine erhebliche Beeinträchtigung wichtiger Interessen der durch sie vertretenen AN, ist auf ihren Antrag der Beschluss auf die Dauer von einer Woche auszusetzen, damit in dieser Zeit eine Verständigung, ggf. mit Hilfe der im Betrieb vertretenen → *Gewerkschaft*, versucht werden kann. Nach Ablauf dieser Frist ist über die Angelegenheit erneut zu beschließen (§ 35 BetrVG). Die Wochenfrist ist nur für das Innenverhältnis des BR von Bedeutung. Beschließt der BR, einer personellen Einzelmaßnahme (§§ 99 ff. BetrVG) nicht zu widersprechen und beantragt deswegen eine Minderheit im BR den Beschluss auszusetzen, läuft die Wochenfrist (§ 99 Abs. 3, § 102 Abs. 2 BetrVG) gleichwohl ab.

3. Niederschrift

Über jede Verhandlung des BR ist eine Niederschrift (Protokoll) aufzunehmen. Das Protokoll muss enthalten (**a**) den Wortlaut des Beschlusses, (**b**) die Stimmenmehrheit, mit der er gefasst worden ist, (**c**) die Unterschrift des Vorsitzenden und eines weiteren BRmitglieds, (**d**) als Anlage die Anwesenheitsliste, in die sich jeder Teilnehmer an der BRsitzung eigenhändig einzutragen hat. Hat ein AG oder ein Beauftragter einer Gewerkschaft an der Sitzung teilgenommen, ist ihm der entsprechende Teil der Niederschrift in Abschrift auszuhändigen. AG und Gewerkschaftsvertreter können Einwendungen gegen die Niederschrift erheben. Unverzüglich erhobene Einwendungen sind der Niederschrift beizufügen (§ 34 BetrVG).

Jedes BRmitglied kann in die Niederschrift Einsicht nehmen; das Einsichtsrecht umfasst nach dem Gesetzeswortlaut nicht die Befugnis, Fotokopien zu fertigen. Einer Sitzungsniederschrift kommt ein hoher Beweiswert in Bezug auf die darin protokollierte Beschlussfassung des BR zu (BAG 30.9.2014 – 1 ABR 32/13).

4. Sprechstunden

Unabhängig von der Betriebsgröße kann der BR Sprechstunden während der Arbeitszeit einrichten. Zeit und Ort sind mit dem AG zu vereinbaren (§ 39 BetrVG). Kommt eine Einigung nicht zustande, entscheidet im Interesse einer schnellen und betriebsnahen Regelung die → *Einigungsstelle.* An den Sprechstunden kann ein Mitglied der JAV teilnehmen, sofern diese keine eigenen Sprechstunden abhält. Auf Wunsch des BR kann ein Gewerkschaftsvertreter hinzugezogen werden. Dem einzelnen AN darf durch die Inanspruchnahme des BR oder seiner Sprechstunden kein Verdienstausfall entstehen.

5. Information

Der BR informiert über seine Arbeit auf der → *Betriebsversammlung.* Der AG hat ihm auch Anschlagbretter zur Verfügung zu stellen. Ferner kann der BR Fragebogen und Informationsblätter herausgeben, wenn nach den konkreten Verhältnissen des einzelnen Betriebs die Unterrichtung vor der nächsten Betriebsversammlung erforderlich ist und andere Informationsmittel unzulänglich sind. Ansonsten kann der BR auf die im Betrieb üblichen Kommunikationsmittel mit den AN zurückgreifen (zB per E-Mail oder Intranet).

IV. Amtszeit

Die Amtszeit des BR beträgt **vier Jahre seit Bekanntgabe des Wahlergebnisses** oder, sofern zu diesem Zeitpunkt noch ein BR besteht, mit Ablauf von dessen Amtszeit. Sie endet grds. spätestens am 31.5. des Jahres, in dem die regelmäßigen BRwahlen stattfinden (vgl. § 21 BetrVG). Der BR ist neu zu wählen, wenn er zurückgetreten, aufgelöst (→ *Betriebsratsausschluss und Auflösung des Betriebsrats*) oder nach Hinzuziehung der Ersatzmitglieder (§§ 23, 24 BetrVG) unter die vorgeschriebene Mindestzahl gesunken oder die Nichtwählbarkeit festgestellt worden ist. Die Amtszeit eines außerhalb des regelmäßigen Wahlzeitraums gewählten BR endet mit der Bekanntgabe des Wahlergebnisses des neu gewählten BR. Wird ein Betriebsteil vom bisherigen Betrieb abgespalten, hat der bisherige BR für diesen Betriebsteil ein sechsmonatiges Übergangsmandat (§ 21a BetrVG), kraft dessen er gegenüber dem neuen AG als Ansprechpartner für die beteiligungspflichtigen Angelegenheiten zuständig ist; daneben hat er eine Neuwahl des BR in dem Betriebsteil einzuleiten. Wird der Betrieb stillgelegt (→ *Betriebsstilllegung*), hat der BR auch nach der Produktionseinstellung zur Wahrnehmung der beteiligungspflichtigen Angelegenheiten (Abschluss oder Änderung eines → *Sozialplans*) ein Restmandat (§ 21b BetrVG).

► Betriebsrat (Beteiligungsrechte)

I. Gliederung und Rechtsfolgen der Beteiligungsrechte

1. Formen der Beteiligungsrechte

Die Beteiligungsrechte (Befugnisse) des BR gliedern sich je nach ihrer Intensität in vier Gruppen nämlich **(a)** Informationsrechte, **(b)** Anhörungs- und Beratungs- sowie Initiativrechte, **(c)** Widerspruchs- und Zustimmungsverweigerungsrechte (ZVR) und **(d)** Mitbestimmungsrechte. Die unter (a) und (b) genannten Beteiligungsrechte werden auch als **Mitwirkungsrechte** iwS, die unter (c) und (d) genannten als **Mitbestimmungsrechte** iwS bezeichnet. Von Mitbestimmungsrecht ieS wird gesprochen, wenn ein Übereinkommen zwischen AG und BR erzielt werden muss.

(a) Informationsrechte: Steht dem BR ein Informationsrecht zu, hat der AG den BR rechtzeitig und umfassend zu unterrichten sowie ggf. die erforderlichen Unterlagen vorzulegen. Dagegen ist er nicht zur Beratung der Angelegenheit verpflichtet. Jedoch folgt aus dem Grundsatz der vertrauensvollen Zusammenarbeit (§ 2 Abs. 1 BetrVG) die Möglichkeit zu einer inhaltlichen Stellungnahme für den BR. Informationsrechte sind zB in den §§ 80, 81, 85 Abs. 3, 89 Abs. 4, 5, 90, 92, 99, 100 Abs. 2, 102 Abs. 1, 105, 106, 108 Abs. 5, 111 BetrVG geregelt.

(b) Anhörungs-, Beratungs- und Initiativrechte: Bei Anhörungs- und Beratungs- sowie Initiativrechten ist der AG gehalten, den BR zunächst zu informieren und ihm die Möglichkeit zu geben, Einwendungen zu erheben. Bei den reinen Anhörungsrechten hat der AG den BR anzuhören und sich anschließend mit ihren Anregungen und Einwendungen auseinanderzusetzen. Bei den Beratungsrechten muss der AG den BR um seine Meinung fragen, den Verhandlungsgegenstand gemeinsam erörtern und die angesprochenen Umstände gegeneinander abwägen. Bei den Initiativrechten kann der BR mit Vorschlägen an den AG herantreten, die dann gemeinsam zu beraten sind. Der AG bleibt nach dem Verfahrensabschluss in seiner Entscheidung frei. Anhörungsrechte sind zB in §§ 82 Abs. 1, 85, 102 BetrVG, Beratungsrechte in §§ 89, 90 Abs. 1, 92 Abs. 1 S. 2, 96, 97, 106 Abs. 1, 112 BetrVG und Initiativrechte in §§ 82 Abs. 1, 92 Abs. 2, 93, 95 Abs. 2, 96 BetrVG geregelt.

(c) Widerspruchs- bzw. Zustimmungsverweigerungsrecht: Bei einem Widerspruchs- bzw. Zustimmungsverweigerungsrecht ist der BR berechtigt, durch seinen Widerspruch oder seine verweigerte Zustimmung die tatsächliche Umsetzung der Maßnahme zu verhindern (sog. negatives Konsensprinzip). Ein ZVR steht dem BR zB in personellen Einzelmaßnahmen bei Einstellungen, → *Eingruppierungen* bzw. Umgruppierungen und → *Versetzungen* zu, während er bei der ordentlichen Kündigung durch seinen Widerspruch einen → *Weiterbeschäftigungsanspruch* des AN (§ 102 Abs. 5 BetrVG) begründen kann. Die individualrechtlichen Rechtsfolgen entstehen nur, wenn die gesetzlichen Widerspruchs- und Zustimmungsverweigerungsgründe (§§ 102 Abs. 3, 99 Abs. 2 BetrVG) vorliegen und vom BR ordnungsgemäß geltend gemacht worden sind.

(d) Mitbestimmungsrecht: Die stärkste Form der Beteiligungsrechte ist das Mitbestimmungsrecht des BR ieS. Bei diesem hängt die Wirksamkeit der Maßnahme des AG von der vorherigen Zustimmung des BR ab. So ist zB zur → *außerordentlichen Kündigung* eines BRmitglieds die vorherige Zustimmung des BR erforderlich (§ 103 Abs. 1 BetrVG; → *Betriebsratsmitglieder*). Mitbestimmungsrechte bestehen nach §§ 87, 94, 95, 98 BetrVG. Bei den Mitbestimmungsrechten ieS spricht man vom positiven Konsensprinzip. Bei Meinungsverschiedenheiten entscheidet entweder das Arbeitsgericht im Beschlussverfahren oder die → *Einigungsstelle* verbindlich. Besteht ein Mitbestimmungsrecht des BR, hat dieser grds. ein **Initiativrecht,** mit dem er eine Regelung des Mitbestimmungsgegenstands ggf. auch gegen den Willen des AG durchsetzen kann. Unterliegt eine Maßnahme des AG nur dem **Mitwirkungsrecht,** ist dem BR vor Durchführung der Maßnahme Gelegenheit zur Stellungnahme zu geben. Ggf. hat er ein Widerspruchsrecht. Bei dem **Informations- und Anhörungsrecht** hat der AG den BR zu unterrichten und ihm in den im Gesetz vorgesehenen Fällen die Unterlagen vorzulegen und ihn ggf. anzuhören.

2. Individualrechtliche Rechtsfolgen bei unterbliebener Mitbestimmung

Unterliegt die Maßnahme des AG der erzwingbaren Mitbestimmung des BR, muss dieser den individualrechtlichen Maßnahmen des AG vorher zugestimmt haben, ansonsten sind sie dem AN gegenüber unwirksam (sog. **Theorie der Wirksamkeitsvoraussetzungen**). Dies gilt grds. auch in Eilfällen; nur in Notfällen kann der AG mitbestimmungsfrei einseitige Anordnungen erlassen. Äußert sich der BR nicht zu einer beantragten Maßnahme, liegt darin noch keine Zustimmung. Kommt es zu keiner Einigung zwischen AG und BR, entscheidet die → *Einigungsstelle.* Hat der AG einseitig eine mitbestimmungspflichtige Maßnahme durchgeführt, bleibt er gegenüber dem AN an seine Zusage gebunden. Er muss zB mitbestimmungswidrig angeordnete Überstunden vergüten. Hat der AG eine Maßnahme ohne Anhörung des BR durchgeführt, ist sie nur unwirksam, wenn dies im Gesetz angeordnet ist (zB in § 102 BetrVG; → *Anhörung des Betriebsrats vor dem Kündigungsausspruch*). Die Beteiligungsrechte können durch → *Tarifvertrag* erweitert und verstärkt werden; hingegen ist eine Einschränkung der gesetzlichen Beteiligungsrechte unzulässig.

II. Übersicht über die Beteiligungsrechte

Der BR hat (**1**) allgemeine Aufgaben, (**2**) Mitbestimmungsrechte in sozialen Angelegenheiten, (**3**) Beteiligungsrechte bei der Gestaltung von Arbeitsplatz, Arbeitsablauf und Arbeitsumgebung, (**4**) Mitwirkungs- und Mitbestimmungsrechte in personellen Maßnahmen, (**5**) Beteiligungsrechte in wirtschaftlichen Angelegenheiten.

1. Allgemeine Aufgaben

Der BR hat bei seiner gesamten Tätigkeit den Grundsatz der → *Gleichbehandlung der Arbeitnehmer* zu beachten und im Interesse einer verstärkten Berücksichtigung der Persönlichkeitsrechte im Arbeitsleben, die freie Entfaltung der Persönlichkeit der im Betrieb beschäftigten AN zu schützen und zu fördern (§ 75 Abs. 1 BetrVG). Der Gleichbehandlungsgrundsatz gebietet, darüber zu wachen, dass alle im Betrieb tätigen Personen nach Recht und Billigkeit behandelt werden und jede unterschiedliche Behandlung von Personen wegen ihrer Rasse, ethnischen bzw. sonstigen Herkunft, Abstammung, Religion oder Weltanschauung, Behinderung, Nationalität, politischer oder gewerkschaftlicher Betätigung oder Einstellung, ihres Geschlechts, Alters oder ihrer sexuellen Identität unterbleibt. Im Übrigen hat der BR in allen betriebsratspflichtigen Betrieben folgende allgemeine Aufgaben:

(**a**) **Durchführung rechtlicher Bestimmungen:** Der BR hat darüber zu wachen, dass die zugunsten der AN geltenden Gesetze, VO, Unfallverhütungsvorschriften, TV und BV durchgeführt werden (§ 80 Abs. 1 Nr. 1 BetrVG). Der AG kann dem Überwachungsrecht nicht dadurch entgehen, dass er die notwendigen Daten nur unvollständig erfasst. Zu den einzuhaltenden Gesetzen gehören sämtliche, die zugunsten der AN wirken; hierzu zählen auch das ArbSchG und das BDSG, soweit seine Bestimmungen auf den Betrieb Anwendung finden. Der BR hat zur Bekämpfung von Unfall- und Gesundheitsgefahren mit den Gewerbeaufsichtsbehörden und Berufsgenossenschaften und sonstigen Behörden – insbesondere mit → *Betriebsärzten* zusammenzuarbeiten (vgl. § 89 BetrVG, §§ 20, 191 ff. SGB VII). Zur Durchführung der Überwachung kann der BR auch außerhalb des Betriebs gelegene Arbeitsplätze besichtigen. Das Überwachungsrecht bleibt auch dann beim BR, wenn der → *Gesamtbetriebsrat* eine BV über die mitbestimmungspflichtige Angelegenheit schließt;

(**b**) Maßnahmen beim AG zu **beantragen,** die dem Betrieb und der Belegschaft dienen (§ 80 Abs. 1 Nr. 2 BetrVG). Das Beteiligungsrecht bezieht sich auf Vorschläge zu allen Arbeitsbedingungen oder Arbeitsabläufen, die der BR als verbesserungswürdig ansieht;

(c) die Durchsetzung der **tatsächlichen Gleichberechtigung** von Frauen und Männern, insbesondere bei Einstellung, Beschäftigung, Aus-, Fort- und Weiterbildung und dem beruflichen Aufstieg, zu fördern (§ 80 Abs. 1 Nr. 2a BetrVG);

(d) Anregungen, Beschwerden und **Eingaben** von AN und der Jugend- und Auszubildendenvertretung (JAV) entgegenzunehmen und, falls sie berechtigt erscheinen, durch Verhandlung mit dem AG auf eine Erledigung hinzuwirken. Der AN bzw. die JAV sind über den Stand und das Ergebnis der Verhandlung mündlich oder schriftlich zu unterrichten (§ 80 Abs. 1 Nr. 3 BetrVG; auch §§ 84, 85 BetrVG);

(e) die Eingliederung von → *schwerbehinderten Menschen* oder sonstigen schutzbedürftigen Personen, zB schwangerer Frauen, Rehabilitanden usw. zu fördern (§ 80 Abs. 1 Nr. 4 BetrVG); dieses Beteiligungsrecht umfasst alle Maßnahmen zum Ausgleich der bestehenden Benachteiligungen;

(f) die **Wahl** der JAV durch Bestellung eines Wahlvorstands vorzubereiten und durchzuführen und mit der JAV zur Förderung der Belange der jugendlichen AN zusammenzuarbeiten. Hierzu kann der BR Vorschläge und Stellungnahmen der JAV anregen (§ 80 Abs. 1 Nr. 5 BetrVG);

(g) die Beschäftigung und die Beschäftigungsbedingungen **älterer AN** im Betrieb zu fördern (§ 80 Abs. 1 Nr. 6 BetrVG);

(h) die Eingliederung von **ausländischen AN** in den Betrieb und das Verständnis zwischen Deutschen und ausländischen AN zu fördern (§ 80 Abs. 1 Nr. 7 BetrVG). So kann der BR etwa auf die Förderung der sprachlichen Ausbildung hinwirken und zum Abbau von Vorurteilen beitragen;

(i) die **Beschäftigung im Betrieb zu fördern und zu sichern** (§§ 80 Abs. 1 Nr. 8, 92a Abs. 1 BetrVG); der BR hat kein allgemeines beschäftigungspolitisches Mandat. Er kann aber zur Beschäftigungssicherung mit der Arbeitsverwaltung zusammenarbeiten und dem AG hierzu Vorschläge unterbreiten;

(j) Maßnahmen des → *Arbeitsschutzes* und des betrieblichen **Umweltschutzes** zu fördern (§§ 80 Abs. 1 Nr. 9, 89 BetrVG).

2. Verfahren

(a) **Unterrichtungspflicht des Arbeitgebers:** Zur Durchführung seiner Aufgaben hat der AG den BR rechtzeitig und umfassend zu unterrichten, auf Verlangen die notwendigen Unterlagen zur Verfügung zu stellen, und zwar ohne dass ein bestimmter Verdacht eines Verstoßes gegen eine Schutzvorschrift besteht. Ausreichend ist, dass der BR feststellen will, ob ihm überhaupt ein Mitbestimmungsrecht zusteht. Das Auskunftsrecht steht dem BR jedoch erst zu, wenn der AG beabsichtigt, entsprechend tätig zu werden. Der BR kann nicht die Herstellung von Unterlagen und Geräten verlangen, über die der AG selbst nicht verfügt bzw. verfügen muss. Der AG schuldet insoweit diejenigen Angaben, die der BR benötigt, um beurteilen zu können, ob und inwieweit Mitbestimmungsrechte in Betracht kommen. Der BR muss sein Auskunftsbegehren nach Art und Umfang konkretisieren. Werden im Betrieb Fremdfirmen beschäftigt, kann der BR verlangen, dass ihm die Verträge zur Einsicht vorgelegt werden, aufgrund deren AN im Betrieb beschäftigt werden. Er hat nach § 80 Abs. 2 BetrVG Anspruch auf Unterrichtung auch hinsichtlich der Beschäftigung freier Mitarbeiter.

(b) Einsichtsrecht: Die allgemeine Unterrichtungspflicht wird dahin konkretisiert, dass der Betriebsausschuss oder ein anderer Ausschuss des BR **Einblick in die Listen der AN** (auch die der AT-Angestellten (→ *Angestellte*) **über Bruttolohn einschließlich übertariflicher Zulagen,** individuell ausgehandelter Vergütungsbestandteile und Prämien nehmen kann, auch wenn im Betrieb kein TV besteht (§ 80 Abs. 2 S. 2 BetrVG). Bei der **Einsichtnahme** dürfen keine Personen vorhanden sein, die den BR überwachen. Er kann sich Notizen machen, aber nicht die Aushändigung von Fotokopien verlangen. Ist wegen der Größe des BR kein Betriebsausschuss zu bilden (→ *Betriebsrat*), steht das Einsichtsrecht dem BRvorsitzenden zu. Kein Einsichtsrecht hat der BR grds. in einzelne Arbeitsverträge und Personalakten. Lohn- und Gehaltslisten sind Teil der betriebswirtschaftlichen Kalkulation und daher Geschäftsgeheimnisse; sie unterliegen der Verschwiegenheitspflicht.

(c) **Hilfspersonen:** Soweit es zur ordnungsgemäßen Erfüllung der Aufgaben des BR erforderlich ist, hat ihm der AG sachkundige AN als Auskunftspersonen zur Verfügung zu stellen. Er hat hierbei die Vorschläge des BR zu berücksichtigen (§ 80 Abs. 2 S. 4 BetrVG). Um eine sachgemäße Wahrnehmung der allgemeinen Aufgaben zu ermöglichen, kann der BR bei schwierigen Sach- oder Rechtsfragen, zB bei der Beurteilung von Unfallverhütungsmaßnahmen oder einer EDV-Software nach vorheriger Vereinbarung mit dem AG **Sachverständige** hinzuziehen, deren Kosten der AG zu tragen hat. Für einen ohne Vereinbarung hinzugezogenen Sachverständigen braucht dieser die Kosten nicht zu bezahlen. Kommt es mit dem AG nicht zu einer Vereinbarung, entscheidet das Arbeitsgericht im Beschlussverfahren, ob die Hinzuziehung notwendig ist. Jedoch kann der BR das Angebot des AG, ihm sachkundige AN zur Verfügung zu stellen, nicht grundlos ablehnen (BAG 16.11.2005 – 7 ABR 12/05).

(d) **Information der Belegschaft:** Zur Kommunikation zwischen BR und Belegschaft ist der BR nicht auf die Sprechstunden oder die → *Betriebsversammlung* beschränkt. Er kann Fragebogenaktionen durchführen und auch Informationsblätter herausgeben, soweit dies notwendig ist, um dem Informationsbedürfnis der Belegschaft vor der nächsten Betriebsversammlung Rechnung zu tragen. Der BR kann vom AG nach § 80 Abs. 2 BetrVG Auskunft über die Auswertung einer im Betrieb durchgeführten Umfrage verlangen, wenn hinreichende Wahrscheinlichkeit besteht, dass die dabei gewonnenen Erkenntnisse Aufgaben des BR betreffen. Für den erforderlichen Grad der Wahrscheinlichkeit ist der jeweilige Kenntnisstand des BR maßgeblich. Die Anforderungen sind umso niedriger, je weniger der BR aufgrund der ihm bereits zugänglichen Informationen beurteilen kann, ob die begehrten Auskünfte tatsächlich zur Durchführung seiner Aufgaben erforderlich sind.

III. Gestaltung von Arbeitsplatz und Arbeitsablauf

Der BR hat bereits im Planungsstadium ein umfassendes Unterrichtungs- und Beratungsrecht bei (1) Neu-, Um- und Erweiterungsbauten von Fabrikations-, Verwaltungs- und sonstigen betrieblichen Räumen, (2) technischen Anlagen, (3) Arbeitsverfahren und Arbeitsabläufen und (4) Arbeitsplätzen. Hierdurch soll sichergestellt werden, dass bei den unternehmerischen Entscheidungen die Belange der AN hinsichtlich der Auswirkungen auf die Art der Arbeit und die Anforderungen hinreichend berücksichtigt werden. Tragender Gesichtspunkt soll bei allen Maßnahmen die gesicherte Erkenntnis der Arbeitswissenschaft (Arbeitsmedizin, -physiologie, -psychologie usw.) sein. Aus dem Arbeitsschutzzweck ist zu folgern, dass der BR kein Mitwirkungsrecht hat, wenn der AG Arbeitsaufgaben (Buchhaltung) auf ein externes Unternehmen übertragen will. Die Beratung muss so rechtzeitig erfolgen, dass noch Änderungsvorschläge berücksichtigt werden können.

Lässt der AG bei der Gestaltung der Arbeitsplätze und des Arbeitsablaufs usw. gesicherte arbeitswissenschaftliche Erkenntnisse außer Acht, hat der BR ein notfalls über die → *Einigungsstelle* erzwingbares Mitbestimmungsrecht. Er kann also angemessene Maßnahmen zur Abwendung, Milderung oder zum Ausgleich der Belastung der AN verlangen. Die zu verlangenden Maßnahmen reichen von der Änderung der durchgeführten Arbeitsplatzgestaltung bis zu Ausgleichsmaßnahmen (zB häufigere Pausen bei zu schnellem Arbeitstakt), sofern eine Änderung technisch oder wirtschaftlich nicht vertretbar ist.

IV. Soziale Mitbestimmung

1. Inhalt und Schutz des Mitbestimmungsrechts

(a) Inhalt des Mitbestimmungsrechts: Im Bereich der sozialen Mitbestimmung sind die sog. **erzwingbare** und die **freiwillige Mitbestimmung** zu unterscheiden. Das Mitbestimmungsrecht bezieht sich grds. auf generelle Regelungen durch → *Betriebsvereinbarung* und auch auf allgemeine Maßnahmen des Direktionsrechts in Form von Regelungsabreden, durch die die AN des Betriebs oder eine Gruppe von AN betroffen werden. In den in § 87 BetrVG genannten Fällen der erzwingbaren Mitbestimmung entscheidet die → *Einigungsstelle* verbindlich, wenn eine Einigung zwischen AG und BR nicht zustande kommt. Einseitige Maßnahmen des AG sind auch in Eilfällen – von Ausnahmen in Notfällen abgesehen – rechtswidrig. Wird die Einigungsstelle nicht angerufen, darf der AG die Maßnahme nicht durchführen. Dagegen kann in den der freiwilligen Mitbestimmung unterliegenden Fällen (§ 88 BetrVG) eine → *Betriebsvereinbarung* nur abgeschlossen werden, wenn der AG zu ihrem Abschluss bereit ist. Ist eine freiwillige BV abgeschlossen worden, zB über die Errichtung einer Sozialeinrichtung, hat der BR über deren Ordnungsgrundsätze wiederum ein erzwingbares Mitbestimmungsrecht. Im Bereich der erzwingbaren sozialen Mitbestimmung hat der BR wegen der Parität von BR und AG ein **Initiativrecht,** mit dem er eine Regelung des Mitbestimmungsgegenstands ggf. auch gegen den Willen des AG durchsetzen kann; Ausnahme bei der Einführung von Kontrolleinrichtungen (§ 87 Abs. 1 Nr. 6 BetrVG; BAG 13.9.2022 – 1 ABR 22/21).

Das erzwingbare Mitbestimmungsrecht steht unter dem Vorbehalt von **Gesetz** und → *Tarifvertrag* (§ 87 Abs. 1 Eingangshs. BetrVG: „... soweit eine gesetzliche oder tarifliche Regelung nicht besteht"). Der Gesetzes- und Tarifvorbehalt verhindert die Erzwingbarkeit der Mitbestimmung. Gesetz ist jede zwingende Rechtsnorm, also zB auch VO, das autonome Satzungsrecht öffentlich-rechtlicher Körperschaften, bindende Verwaltungsakte, nicht aber gesetzesvertretendes Richterrecht oder dispositives Recht. Das Mitbestimmungsrecht ist daneben ausgeschlossen, wenn nach dem → *tariflichen Geltungsbereich* ein → *Tarifvertrag* für den → *Betrieb* besteht und der AG der → *Tarifbindung* unterliegt, also an den TV gebunden ist. Gesetz oder TV müssen die mitbestimmungspflichtige Angelegenheit abschließend und zwingend regeln und das einseitige Bestimmungsrecht des AG beseitigen; besteht für den AG ein Entscheidungsspielraum, hat der BR insoweit ein Mitbestimmungsrecht. Neben dem Tarifvorbehalt aus § 87 Abs. 1 BetrVG ist § 77 Abs. 3 BetrVG nicht anwendbar. Das Mitbestimmungsrecht ist daher nicht ausgeschlossen, wenn der TV nicht bindend im Betrieb gilt, zB wenn der AG nicht tarifgebunden ist, der TV abgelaufen ist und nur noch kraft → *Nachwirkung von Tarifverträgen* gilt.

(b) Gerichtliche Durchsetzung: Das Gesetz sieht in § 23 Abs. 3 BetrVG vor, dass dem AG auf Antrag des BR oder einer im Betrieb vertretenen Gewerkschaft durch das ArbG bei **groben Verstößen** aufgegeben werden kann, eine Handlung zu **unterlassen,** die Vornahme einer Handlung zu dulden oder eine Handlung vorzunehmen. Diese mögliche Sanktion soll das gesetzmäßige Verhalten des AG im Rahmen der betriebsverfassungsrechtlichen Ordnung sicherstellen. Ein grober Verstoß liegt bei einem offensichtlichen Verstoß gegen betriebsverfassungsrechtliche Pflichten vor, nicht aber, wenn der AG in einer schwierigen, ungeklärten Rechtsfrage eine dem BR ungünstige Meinung vertritt. Der Anspruch ist bereits bei objektiver Pflichtwidrigkeit des AG gegeben; auf sein Verschulden kommt es nicht an. Handelt der AG einer gerichtlichen Festsetzung zuwider, ordnet er zB nach wie vor Mehrarbeit ohne Zustimmung des BR an, kann gegen ihn in einem dem Zwangsvollstreckungsrecht nachgebildeten Verfahren Zwangs- oder Ordnungsgeld bis zu 10.000 EUR verhängt werden.

Der BR kann sich nicht nur die Beseitigung eines mitbestimmungswidrigen Zustands verlangen, sondern sich gegen zu erwartende weitere Verstöße des AG gegen ein Mitbestimmungsrecht aus § 87 Abs. 1, § 95 Abs. 1 BetrVG unabhängig von den Voraussetzungen des § 23 Abs. 3 BetrVG im Wege eines **allgemeinen Unterlassungs- und Beseitigungsanspruchs** wehren. Der Anspruch erfordert als Tatbestandsvoraussetzungen sowohl eine Verletzungshandlung als auch eine Wiederholungsgefahr (BAG 28.7.2020 – 1 ABR 45/18). Während der Unterlassungsanspruch auf die Untersagung künftigen Verhaltens abzielt, richtet sich der Beseitigungsanspruch darauf, die unter Verletzung des Mitbestimmungsrechts eingetretene Lage zu beenden. Er setzt damit voraus, dass der mitbestimmungswidrige Zustand noch andauert (BAG 23.3.2021 – 1 ABR 31/19). Der Unterlassungsanspruch kann auch durch einstweilige Verfügung geltend gemacht werden. Ob diese Rspr. auch auf weitere Fälle der Mitbestimmung übertragen werden kann, ist umstritten. Insbesondere bei Betriebsänderungen besteht nur ein Anspruch des BR zur Sicherung seines Beratungsrechts nach den §§ 111, 112 BetrVG, dh dem AG kann nur aufgegeben werden, die Maßnahmen erst nach Abschluss der Konsultationen mit dem BR durchzuführen. Im Bereich der personellen Einzelmaßnahmen des § 99 Abs. 1 BetrVG (insbesondere bei Einstellungen und Versetzungen) hat das BAG einen allgemeinen, von den Voraussetzungen des § 23 Abs. 3 BetrVG unabhängigen Unterlassungsanspruch verneint. Es sieht in §§ 100, 101

BetrVG eine abschließende Regelung, die vorläufige Maßnahmen des AG erlaubt (BAG 23.6.2009 – 1 ABR 23/08).

2. Mitbestimmungstatbestände

Der BR hat nach § 87 Abs. 1 BetrVG ein Mitbestimmungsrecht in folgenden Fällen:

(a) **Fragen der Ordnung des Betriebs und des Verhaltens der AN im Betrieb (Nr. 1):** Gegenstand des Mitbestimmungsrechts ist das betriebliche Zusammenleben und Zusammenwirken der AN, das der AG kraft seines Direktionsrechts oder seiner Organisationsbefugnis beeinflussen und koordinieren kann. Sein Zweck ist die Gewährung einer gleichberechtigten Teilhabe der AN an der Gestaltung des betrieblichen Zusammenlebens. Das außerbetriebliche Verhalten der AN fällt dagegen nicht unter § 87 Abs. 1 Nr. 1 BetrVG; AG und BR dürfen danach nicht in die private Lebensführung der AN eingreifen. Das BAG unterscheidet zwischen **mitbestimmungsfreiem Arbeitsverhalten** und **mitbestimmungspflichtigem Ordnungsverhalten.** Zur Ordnung gehören allgemeingültige für die AN oder Gruppen von ihnen verbindliche Verhaltensregeln zur Sicherung des ungestörten Arbeitsablaufs und des reibungslosen Zusammenlebens im → *Betrieb.* Zu den Normen über das Verhalten gehören alle Vorschriften, die das Verhalten des AN bzw. die Verhaltensanforderungen an den AN selbst, zwischen dem AG oder seinen Arbeitskollegen regeln. Dies gilt auch in den Fällen der arbeitsnotwendigen Maßnahmen. Nicht mitbestimmungspflichtig sind Maßnahmen, die nur der Organisation des Arbeitsablaufs dienen oder an bestehende Individualpflichten anknüpfen, zB Tätigkeitsberichte von Außendienstmitarbeitern. **Einzelfälle: Mitbestimmungspflichtig** sind Regeln über die Einführung einer einheitlichen Schutz- bzw. Arbeitskleidung (→ *Arbeitskleidung*); Einführung von Namensschildern für das Fahrpersonal; Betriebsordnungen und Verhängung von Betriebsbußen im Einzelfall, außer → *Abmahnungen*; Formulare zur Kontrolle von Arztbesuchen; Einführung von Ethikregeln für Wirtschaftsredakteure; Führen von Krankengesprächen; Anordnungen zur Teilnahme an polizeilichen Untersuchungen im Betrieb; Abschluss von Arbeitsordnungen mit etwaigen Normen für die Benutzung von Kleider- und Waschanlagen; Regelungen über die Sicherung von → *eingebrachten Sachen*, zB Parkplatzordnungen; → *Rauchverbot*; → *Torkontrollen*, ausgenommen elektronische Zugangskontrolle bei der bloßen Türöffnung; Einführung von Stechuhren; Umstellung der Anwesenheitsliste auf EDV; Regeln über das Radiohören im Betrieb sowie – zumindest teilweise – sog. Ethikregeln für das Verhalten der AN (BAG 22.7.2008 – 1 ABR 40/07). **Nicht mitbestimmungspflichtig** ist die Eintragung von Arbeitsvorgängen in Arbeitsbögen zwecks Auswertung durch EDV; das Ausfüllen von Tageszetteln durch Redakteure; der Erlass von Dienstreiseordnungen; die Zuteilung von Parkplätzen an leitende Angestellte; das Erstellen von Stellenbeschreibungen; die Übersendung von Fahrtenschreibern an den Rechnungshof; Anweisungen in Geschäftsbriefen auch den Vornamen anzugeben.

(b) Beginn und Ende der täglichen Arbeitszeit einschließlich der Pausen sowie Verteilung der Arbeitszeit auf die einzelnen Wochentage (Nr. 2): Der Begriff der → *Arbeitszeit* iSv § 87 Abs. 1 Nr. 2, 3 BetrVG ist nicht deckungsgleich mit dem Begriff der vergütungspflichtigen Arbeitszeit und der Arbeitszeit iSd Arbeitszeitschutzes. Er bestimmt sich vielmehr nach dem Zweck des Mitbestimmungsrechts, das die Interessen der AN an der Lage ihrer Arbeitszeit und damit zugleich der Freizeit für die Gestaltung ihres Privatlebens zur Geltung bringen soll. Das Mitbestimmungsrecht nach Nr. 2 besteht bei (**aa**) der Verteilung der Arbeitszeit, (**bb**) der Festsetzung von Beginn und Ende der täglichen Arbeitszeit, (**cc**) der Pausen, (**dd**) von Bereitschaftsdiensten und Rufbereitschaft sowie (**ee**) von Schichtarbeit; nicht mitbestimmungspflichtig ist hingegen die Dauer der Arbeitszeit. **Mitbestimmungspflichtig** ist die Verteilung der Arbeitszeit auf die einzelnen Wochentage. Entsprechendes gilt für die Verteilung auf die Tage eines Monats oder Jahres, wenn eine Monats- bzw. Jahresarbeitszeitvereinbarung besteht. Ein Mitbestimmungsrecht besteht danach bei der Einführung der Fünf- oder Vier-Tage-Woche, der Aufstellung oder der Änderung von Dienstplänen, Einführung und Ausgestaltung von roulierenden Freizeitsystemen, die Einführung von Sonntagsarbeit, die Gewährung von Freizeitausgleich und eine Arbeitszeitverlegung im Zusammenhang mit Feiertagen oder sonstigen Ausnahmen von der regulären Arbeitszeitregelung. Das Mitbestimmungsrecht nach Nr. 2 betrifft die Einführung, Ausgestaltung und Abschaffung der gleitenden bzw. flexiblen Arbeitszeit; es entfällt nicht, weil der AG aus Wettbewerbsgründen oder wegen einer vertraglichen Verpflichtung zur Öffnung seines Ladengeschäfts verpflichtet ist. Mitbestimmungspflichtig sind ferner Beginn, Ende und Dauer der Pausen; allerdings bezieht sich das Mitbestimmungsrecht nur auf die unbezahlten Pausen. Ein Mitbestimmungsrecht besteht bei der Ausgestaltung (nicht: der Einführung) von Bereitschaftsdiensten und Rufbereitschaft, nicht hingegen bei der Festlegung, inwieweit diese zu vergüten sind bzw. ob sie als Arbeitszeit gelten. Mitbestimmungspflichtig sind schließlich die Einführung oder der Abbau von Schichtarbeit; das Aufstellen bzw. die Änderung von Schichtplänen sowie die Versetzung der Schicht-AN von der einen in eine andere Schicht. Weitere Einzelfälle: ein Mitbestimmungsrecht besteht bei dem Sonntagsverkauf mit Führungskräften; der Einführung und Festlegung des zeitlichen Rahmens für → *Abrufarbeit*; der zeitlichen Lage von Theaterproben; Arbeitsbefreiung am Fastnachtsdienstag. **Kein** Mitbestimmungsrecht besteht bei der Anordnung von Dienstreisen, wenn während dieser Zeit Arbeitsleistung nicht zu erbringen ist. Im Rahmen der Flexibilisierung der Arbeitszeit können die Betriebspartner je nach Reichweite der tariflichen Öffnungsklausel (§ 77 Abs. 3 S. 2 BetrVG) durch → *Betriebsvereinbarung* über die Dauer der Arbeitszeit mitbestimmen. Der BR hat zur Sicherung seines Mitbestimmungsrechts außerhalb von Notfällen einen Unterlassungsanspruch zur Verhinderung nicht genehmigter Über- und Mehrarbeitsstunden (→ *Betriebsrat (Beteiligungsrechte)*).

(c) **Vorübergehende Verkürzung oder Verlängerung der betriebsüblichen Arbeitszeit (Nr. 3):** Hauptanwendungsfälle der Nr. 3 sind die Anordnung von Überstunden und Kurzarbeit. Das Mitbestimmungsrecht bei Einführung der Kurzarbeit dient der Verdienstsicherung der AN und der Vermeidung eines möglichen Arbeitskräfteabbaus, während bei der Festsetzung von Überstunden der BR die gerechte Verteilung von Belastungen, Verdienstmöglichkeiten und Sicherung der Freizeit der AN gewährleisten soll; dies gilt auch bei

Teilzeitbeschäftigten. Das Mitbestimmungsrecht besteht nur, wenn von der Anordnung der Überstunden oder der Einführung von Kurzarbeit eine **Gruppe von AN** betroffen wird. Es bezieht sich darauf, ob, in welchem Umfang, von wem und in welcher Weise Überstunden oder Kurzarbeit geleistet werden und auf die Einführung einer Überstundenvergütung. Das Mitbestimmungsrecht besteht sowohl bei Anordnung wie Duldung von Überstunden sowie bei der Festlegung von Höchstgrenzen für Vertretungsstunden in Privatschulen. Das Mitbestimmungsrecht kann sowohl durch → *Betriebsvereinbarung* als auch durch eine Regelungsabrede ausgeübt werden. Wird jedoch nur eine Regelungsabrede geschlossen, bedarf es zur Umsetzung noch einzelvertraglich Vereinbarungen. Kein Mitbestimmungsrecht besteht beim Wegfall von regelmäßig geleisteten Überstunden, dem vorzeitigen Abbau von → *Kurzarbeit,* wenn in einem direkt vom → *Streik* betroffenen Betrieb Überstunden angeordnet werden. Umstritten ist, ob die Einführung von Kurzarbeit in mittelbar vom Streik betroffenen Betrieben mitbestimmungspflichtig ist. Dies ist zu verneinen für die Einführung, nicht dagegen für die Verteilung der Arbeitszeit.

(d) Auszahlung von Arbeitsentgelt: Bei Zeit, Ort und Art der Auszahlung von Arbeitsentgelten (Nr. 4) besteht ein Mitbestimmungsrecht insbesondere bei der Einführung der bargeldlosen Lohnzahlung und deren Kostentragung oder der zeitlichen Umstellung der Provisionszahlung. Das Mitbestimmungsrecht entfällt, wenn TV den von Nr. 4 erfassten Bereich abschließend regeln. Der Spruch einer → *Einigungsstelle* wegen der bargeldlosen Lohnzahlung alle AN eine Stunde von der Arbeit freizustellen, überschreitet die Grenzen billigen Ermessens. Zulässig ist jedoch die Verpflichtung des AG zum Ausgleich von Kontogebühren, wenn die Arbeitsvergütung bargeldlos erfolgen soll.

(e) Urlaubserteilung: Aufstellung allgemeiner Grundsätze für die Urlaubserteilung und Festlegung des Urlaubsplans sowie der Festsetzung für einzelne AN, wenn zwischen dem AG und dem einzelnen AN kein Einverständnis erzielt werden kann (Nr. 5). Mitbestimmungspflichtig ist die Einführung von Betriebsurlaub für mehrere Jahre und → *Bildungsurlaub,* Formularverträge über die Gewährung unbezahlten Sonderurlaubs. Bei der Festsetzung allgemeiner Grundsätze für die Urlaubserteilung kann zB die Rangfolge für Verheiratete, Ledige usw. während der Ferienmonate geregelt werden.

(f) Einführung und Anwendung von technischen Einrichtungen, die dazu bestimmt oder geeignet sind, das Verhalten oder die Leistung der AN zu überwachen (Nr. 6): Schutzzweck des Mitbestimmungsrechts ist es, den Eingriff in das Persönlichkeitsrecht des AN mittels technischer Kontrolleinrichtungen nur nach einer Beteiligung des BR zuzulassen (BAG 13.12.2016 – 1 ABR 7/15, Betrieb einer Facebook-Seite). Das Beteiligungsrecht unterfällt deshalb in ein Mitbeurteilungsrecht, ob der beabsichtigte Eingriff in das Persönlichkeitsrecht überhaupt rechtlich zulässig ist und ggf. in ein echtes Mitbestimmungsrecht bei der Einführung, Auswahl, Ausgestaltung und dem Einsatz der Kontrolleinrichtung. Die Überwachung muss sich auf **Verhalten** und **Leistung** beziehen; Verhalten ist jedes Tun oder Unterlassen im betrieblichen oder außerbetrieblichen Bereich, das für das Arbeitsverhältnis erheblich werden kann; Leistung ist die vom AN in Erfüllung seiner Verpflichtung erbrachte Arbeit. Das Mitbestimmungsrecht setzt eine technische Einrichtung voraus; ausreichend ist, wenn die Daten technisch gewonnen oder technisch ausgewertet werden. Nicht hierhin gehören mangels technischer Einrichtungen Tagesberichte von Provisionsvertretern, Beobachtung durch Werkschutz, Vorgesetzte, Detektive oder ein Kontrollzettel für den Arztbesuch. Gleichfalls keine technischen Einrichtungen sind Uhr, Lupe, Zeitmessung durch Stoppuhr. Zu technischen Einrichtungen iSd Nr. 6 gehören hingegen Stechuhren, Zeitstempler, sichtbare oder verdeckte Video- bzw. Filmkameras, Fahrtenschreiber, Telefonanlagen, automatische Sicherungssysteme, die den Zu- und Abgang vom Arbeitsplatz festhalten, Bildschirmgeräte, die mit einem Rechner verbunden sind und die Tätigkeit der sie Bedienenden festhalten, Personalinformationssysteme, die Leistungen und Verhalten der AN festhalten. Zur Überwachung gehört, dass bestimmte Daten über einen AN gesammelt und mit anderen Daten verglichen werden (Ankunftszeit mit Arbeitsbeginn im Betrieb, GPS-Systeme BAG 10.12.2013 – 1 ABR 43/12). Keine Überwachung liegt vor, wenn lediglich Lauf oder Ausnutzung einer Maschine kontrolliert wird, andere als Verhaltens- oder Leistungsdaten (Name, Anschrift, Geburtsdatum, Steuerklasse usw.) erfasst werden; ebenso liegt keine Überwachung vor, wenn ein AN mit seinem Code Bildschirmgeräte an- und abstellt, die von allen AN benutzt werden, ohne dass dadurch Rückschlüsse auf die Leistung oder das Verhalten des AN möglich sind (Ausnahme bei Leistungsdruck, BAG 25.4.2017 – 1 ABR 46/15). Bei der Einführung einer technischen Überwachungseinrichtung hat der BR ausnahmsweise **kein Initiativrecht** (BAG 13.9.2022 – 1 ABR 22/21).

(g) Regelungen über die Verhütung von Arbeitsunfällen und Berufskrankheiten sowie den Gesundheitsschutz (Nr. 7): Das Mitbestimmungsrecht fordert die Beteiligung des BR, soweit der AG im Rahmen der gesetzlichen Vorschriften oder der Unfallverhütungsvorschriften Maßnahmen zu ergreifen hat. Durch das Beteiligungsrecht in § 87 Abs. 1 Nr. 7 BetrVG soll im Interesse der betroffenen AN eine möglichst effiziente Umsetzung des gesetzlichen Arbeitsschutzes im Betrieb erreicht werden. Das Mitbestimmungsrecht setzt voraus, dass die Regelung oder die Maßnahme des AG im Rahmen einer gesetzlichen Vorschrift oder einer Unfallverhütungs-Vorschrift ergeht. Es muss daher eine Vorschrift bestehen, die Maßnahmen der Unfallverhütung bzw. des Gesundheitsschutzes fordert, dabei aber einen ausfüllungsfähigen und ausfüllungsbedürftigen Rahmen vorgibt, innerhalb dessen den Betriebspartnern ein Regelungsspielraum bleibt. Der BR hat gem. § 87 Abs.1 Nr. 7 BetrVG mitzubestimmen, wenn der AG verbindliche Arbeits- und Sicherheitsanweisungen erlässt, um Unfallverhütungsvorschriften zu konkretisieren. Ein Mitbestimmungsrecht ist bejaht worden bei der betriebsärztlichen Versorgung, Gefährdungsbeurteilung (§ 5 ArbSchG, § 3 ArbStättV), Dokumentationsausgestaltung (§ 6 ArbSchG), Unterweisung der AN (§ 12 ArbSchG), Gesundheitsschutzmaßnahmen (§§ 3 Abs. 1, 4 ArbSchG, § 3a ArbStättV), Organisation des Gesundheitsschutzes (§ 3 Abs. 2 Nr. 1, 2 ArbSchG), Beauftragung mit Gesundheitsschutzaufgaben (§ 13 Abs. 2 ArbSchG) und arbeitsmedizinischen Vorsorgeuntersuchungen (§ 11 ArbSchG, § 3 ArbMedVV). Gleiches gilt für die Ausstattung mit persönlichen Schutzausrüstungen (§ 19 ArbSchG iVm den dazu ergangenen VO), die Aufstellung des Flucht- und Rettungsplans (§ 4 Abs. 4 ArbStättV) und mit Einschränkungen auch für die Betriebsanweisung nach § 20 GefStoffVO. Daneben kann der BR mitbestimmen, ob ein Ausgleich für Nachtarbeit nach § 6 Abs. 5 ArbZG durch bezahlte freie Tage oder durch einen angemessenen Entgeltzuschlag zu gewähren ist und aufgrund der Nr. 7 iVm Art. 7 der EG-Richtlinie (90/270/EWG) betriebliche Regelungen über die Unterbrechung von Bildschirmarbeiten durch andere Tätigkeit oder Pausen verlangen.

(h) Form, Ausgestaltung und Verwaltung von Sozialeinrichtungen (Nr. 8): Sozialeinrichtungen sind alle uneigennützigen Einrichtungen des AG (zur Verbesserung der sozialen Lage der AN und ihrer Angehörigen). Die Sozialeinrichtung muss für einen Betrieb, Unternehmen oder Konzern errichtet sein. Wird eine Sozialeinrichtung durch mehrere nicht konzernverbundene Unternehmen gegründet, kann das Mitbestimmungsrecht nicht bei der Sozialeinrichtung, sondern nur bei den einzelnen Mitgliedern ausgeübt werden; der BR erlangt daher Einfluss auf die Abstimmung in den Organen der Sozialeinrichtung. Die Sozialeinrichtungen können auch Leistungen mit Entgeltcharakter erbringen. Mitbestimmungspflichtig ist die Form (also Gründung als e. V., GmbH), Ausgestaltung, Änderung und Verwaltung der Sozialeinrichtung. Die Verwaltung kann ein- oder zweistufig geführt werden. Eine einstufige Verwaltung ist gegeben, wenn die Organe der Sozialeinrichtung paritätisch besetzt werden und die Verwaltungsmaßnahmen durch die Organe durchgeführt werden; eine zweistufige Verwaltung ist gegeben, wenn AG und BR die einzelnen Maßnahmen beschließen und diese dann durch den AG durchgeführt werden. Nicht mitbestimmungspflichtig ist, ob der AG überhaupt eine Sozialeinrichtung errichtet. Wird eine Sozialeinrichtung teilweise geschlossen, kann der AG die Mittel mitbestimmungsfrei (Dotierungsrahmen) kürzen; er muss jedoch bei der Verteilung der verbleibenden Mittel das Mitbestimmungsrecht wahren, andernfalls sind die Maßnahmen unwirksam. Sozialeinrichtungen sind vor allem **Kantinen** und deren Nutzung, als Sozialeinrichtung geführter Bestand von Werksmietwohnungen, Kinderhorte, eigenständig geführte Einrichtungen der betrieblichen Altersversorgung, ein eigenständig organisierter Werksverkehr. Keine

Sozialeinrichtungen sind Betriebskrankenkassen oder Betriebsausflüge.

(i) Zuweisung von Werkswohnungen (Nr. 9) aus einheitlichem Bestand: Das Mitbestimmungsrecht erfasst die Festlegung von allgemeinen Nutzungsbedingungen (Mietzins!) und Kündigung von Wohnräumen, die dem AN vom AG oder von einem Dritten nur mit Rücksicht auf das Bestehen des Arbeitsverhältnisses vermietet werden (→ *Werkswohnung*). Hierunter fällt auch die Festsetzung der Nutzungsentschädigung für Übernachtungseinrichtungen. Nicht zu den Nutzungsbedingungen gehören die Nebenkosten, auf die der AG keinen Einfluss hat. Kein Mitbestimmungsrecht besteht, wenn ein bislang einheitlicher Bestand von Werkwohnungen umgewidmet wird, zB für leitende Angestellte.

(j) Fragen der betrieblichen Lohngestaltung (Nr. 10), insbesondere die Aufstellung von Entlohnungsgrundsätzen und die Einführung und Anwendung von neuen Entlohnungsmethoden sowie deren Änderung: Betriebliche Lohngestaltung sind alle im Rahmen der Gesetze oder Tarife für den Betrieb, die Betriebsgruppe, Abteilungen oder Schichten geltenden Vergütungsregelungen. Gegenstand der Mitbestimmung sind die abstrakt generellen Grundsätze zur Lohnfindung, also die Strukturformen des Entgelts einschließlich ihrer Vollzugsformen (zB Stundenlohn, → *Akkord* usw.). Entlohnungsgrundsätze sind das System in seiner konkreten Ausformung. Die Entlohnungsmethode regelt die nähere Durchführung des jeweils gewählten Entlohnungssystems. Das Mitbestimmungsrecht bezieht sich **nicht** auf die **Lohnhöhe.**

Nach § 87 Abs. 1 Nr. 10 BetrVG gelten als **Lohn** alle Geld- oder geldwerten Leistungen, die der AG dem AN aus Anlass des Arbeitsverhältnisses gewährt; auf ihre Bezeichnung kommt es nicht an. Lohncharakter haben alle vermögenswerten Leistungen des AG. Lohn iSv § 87 Abs. 1 Nr. 10 BetrVG ist zB die Arbeitsvergütung, die der AN als Stunden-, Tage-, Wochen- oder Monatslohn bzw. Gehalt erhält. Dabei kommt es nicht darauf an, ob es sich um Geld- oder Sachleistungen handelt und ob diese freiwillig, nur einmalig oder nachträglich für Leistungen des AN gewährt werden. Hierzu zählen auch alle Formen der Leistungsvergütung, ebenso Trinkgelder, übertarifliche Zulagen, Leistungs-, Erschwernis-, Auslands- oder Nachtzulagen, Urlaubsentgelt sowie Zuwendungen aus einem Liquidationspool. Unter die Nr. 10 fallen auch Weihnachtsgratifikationen, Jahresabschlussvergütungen, Boni, Treueprämien, Jubiläumsgelder und Aktienoptionen.

Das **Mitbestimmungsrecht des BR** bezieht sich zunächst darauf, welche Vergütungsform (Zeit- oder Leistungslohn) im Betrieb für welche AN gelten soll; es beinhaltet aber auch das Aufstellen bzw. die Änderung eines Entgeltsystems sowie die Bildung von Entgeltgruppen nach abstrakten Kriterien einschließlich der abstrakten Festsetzung der Wertunterschiede nach Prozentsätzen oder anderen Bezugsgrößen. Bei freiwilligen Leistungen ist der AG frei, (**aa**) ob er finanzielle Mittel zur Verfügung stellen will, (**bb**) in welchem Umfang er diese zur Verfügung stellen will, (**cc**) welche Form der freiwilligen Leistungen er wählen will und (**dd**) welchen ANkreis er in die freiwilligen Leistungen einbeziehen will. In diesem Rahmen entscheidet der AG allein ohne Beteiligung des BR. Mitbestimmungspflichtig ist jedoch die anschließende Ausgestaltung der Anspruchsvoraussetzungen und eine Anrechnung der freiwilligen Leistungen auf spätere Tariflohnerhöhungen (BAG GS 3.12.1991 – GS 2/90). Will der AG eine Tariferhöhung auf übertarifliche Zulagen nicht vollständig, sondern nur teilweise anrechnen, hat der BR mitzubestimmen. Beachtet der AG das Mitbestimmungsrecht nicht, führt dies individualrechtlich zur Unwirksamkeit der einseitig vorgenommenen Anrechnung.

Will der AG ein **neues Vergütungssystem** im Betrieb einführen, muss er von sich aus die Zustimmung des BR einholen. Dies gilt auch, wenn der BR der Einführung der ursprünglichen (tariflichen) Vergütungsordnung wegen der seinerzeit bestehenden Tarifbindung des AG nicht zustimmen musste. Tritt der AG zB aus dem AGverband aus und will er für neu eingestellte AN ein anderes als das bisherige Vergütungsschema anwenden, muss er hierzu den BR beteiligen. Die **Verletzung des Mitbestimmungsrechts** bei der Änderung bzw. Ablösung einer bisher im Betrieb geltenden Vergütungsordnung hat zur Folge, dass diese mit dem vor der Änderung bestehenden Inhalt weiter anzuwenden ist (BAG 17.5.2011 – 1 AZR 797/09).

Einzelfälle: Mitbestimmungspflichtig sind Richtlinien über die Gewährung zinsgünstiger Darlehen, Kindergartenbeiträge, Regeln über den Bezug verbilligter Flugscheine, Auslandszulagen, die Verteilung von Sonderzuwendungen, Essensmarkenzuschüssen, Einführung von Prämiensystemen, Einführung und Widerruf von Zulagen für eine Gruppe von AN, Einführung von Lohn- und Gehaltsgruppen für AT-Angestellte (→ *Angestellte*). **Mitbestimmungsfrei** ist dagegen die Festlegung der Höhe der einzelnen Lohngruppen oder die Differenz zwischen der höchsten Tarifgruppe und der AT-Gruppe.

(k) Festsetzung der Akkord- und Prämiensätze und vergleichbarer leistungsbezogener Entgelte (Nr. 11): Ein gegenüber § 87 Abs. 1 Nr. 10 BetrVG weitergehendes Mitbestimmungsrecht besteht bei leistungsbezogenen Entgelten. Die Einbeziehung des BR bei der Festsetzung der Leistungslohnsätze soll die AN gegen eine Benachteiligung durch zu hoch angesetzte Leistungssätze schützen, aber auch gleichzeitig gewährleisten, dass sie nicht zu einer zu hohen und gesundheitsschädigenden Arbeitsleistung angehalten werden. Das Mitbestimmungsrecht bezieht sich auf die Festlegung aller Bezugsgrößen, die für die Ermittlung und Berechnung von leistungsbezogenen Entgelten von Bedeutung sind, also beim → *Akkord* auf den Geld- und Zeitfaktor einschließlich der Ermittlung der Vorgabezeit, Art der Vergütung von Wartestunden, beim Prämienlohn (→ *Prämie*) auf Prämienart, Prämienkurve und Geldfaktor. Zu den vergleichbaren leistungsbezogenen Entgelten gehören alle, bei denen eine Leistung des AN gemessen und mit einer Bezugsleistung verglichen wird und bei der sich die Vergütung in irgendeiner Weise nach dem Verhältnis der Leistung des AN zur Bezugsleistung bemisst. Hierzu können Leistungslohnzulagen gehören; nicht aber Abschlussprovisionen. Soweit eine tarifliche Regelung besteht, ist nach dem allgemeinen Vorbehalt das Mitbestimmungsrecht ausgeschlossen. Es besteht auch nicht, wenn der AG lediglich Zeitmessungen vornimmt, um notwendige technische Änderungen der Arbeitsvorgänge zu ermitteln. Der BR hat über alle Bezugsgrößen des Lohns einschließlich des Geldfaktors und damit **auch über die Lohnhöhe** mitzubestimmen.

(l) **Grundsätze für das betriebliche Vorschlagswesen (Nr. 12):** Das Mitbestimmungsrecht ermöglicht den Abschluss von BV über AN-erfindungen.

(m) **Grundsätze über die Durchführung von Gruppenarbeit (Nr. 13):** Der BR hat bei der Einführung und Änderung der Grundsätze über die Durchführung der Gruppenarbeit (→ *Gruppenarbeitsverhältnis*) mitzubestimmen. Durch das Mitbestimmungsrecht soll einerseits die Selbstständigkeit und Eigeninitiative der AN bei der Ausgestaltung der Gruppenarbeit gefördert und andererseits verhindert werden, dass der Gruppendruck zu einer Selbstausbeutung der Gruppenmitglieder und Ausgrenzung leistungsschwächerer AN führt. Die Nr. 13 beschränkt das Mitbestimmungsrecht auf die Ausgestaltung der Gruppenarbeit; mitbestimmungsfrei ist die Entscheidung des AG, ob und ggf. in welchem Umfang Gruppenarbeit eingeführt wird. Auch ihre Beendigung und die mit der Durchführung der Gruppenarbeit verbundenen arbeitstechnischen bzw. -organisatorischen Fragen unterliegen nicht dem Mitbestimmungsrecht.

(n) **Ausgestaltung von mobiler Arbeit, die mittels Informations- und Kommunikationstechnik erbracht wird (Nr. 14):** Das Mitbestimmungsrecht betrifft die Ausgestaltung („wie") von mobiler Arbeit; die Entscheidung, „ob" im Betrieb mobil gearbeitet werden soll, kann der AG mitbestimmungsfrei treffen. Mobile Arbeit (→ *Telearbeit (mobile Arbeit)*) liegt vor, wenn AN die geschuldete Arbeitsleistung unter Verwendung von IuK-Technik außerhalb der Betriebsstätte erbringen. Gegenstand des Mitbestimmungsrechts sind Regelungen über den zeitlichen Umfang mobiler Arbeit, Beginn und Ende der täglichen Arbeitszeit in Bezug auf mobile Arbeit oder über den Ort, von welchem aus mobil gearbeitet werden kann und darf. Ebenso können auch Festlegungen zu konkreten Anwesenheitspflichten in der Betriebsstätte, zur Erreichbarkeit, zum Umgang mit Arbeitsmitteln der mobilen Arbeit und über einzuhaltende Sicherheitsaspekte getroffen werden.

(o) Festlegung des Termins, zu dem die einmalige Anlage von **vermögenswirksamen Leistungen** verlangt werden kann (§ 11 Abs. 2 5. VermBG).

V. Personelle Mitwirkung

Die Mitwirkung und Mitbestimmung in personellen Maßnahmen zerfällt in die Beteiligung bei **(1)** allgemeinen personellen Maßnahmen, **(2)** der Berufsbildung und **(3)** personellen Einzelmaßnahmen.

1. Allgemeine personelle Maßnahmen

Zur Personalwirtschaft gehört die Beteiligung des BR bei der → *Personalplanung* (§ 92 BetrVG), der Aufstellung von → *Auswahlrichtlinien* (§ 95 Abs. 1, 2 BetrVG) und Ausgestaltung von Einstellungsfragebogen (→ *Fragerecht des Arbeitgebers*) und Formularverträgen. Der BR kann dem AG Vorschläge zur Sicherung und Förderung der Beschäftigung machen (§ 92a BetrVG). Diese können insbesondere eine flexible Gestaltung der Arbeitszeit, die Förderung der → *Teilzeitbeschäftigung* und → *Altersteilzeitarbeit,* neue Formen der Arbeitsorganisation, Änderungen der Arbeitsverfahren und der Arbeitsabläufe, die Qualifizierung der AN, Alternativen zur Ausgliederung von Arbeit oder ihre Vergabe an andere Unternehmen sowie zum Produktions- und Investitionsprogramm zum Gegenstand haben. Der AG hat die Vorschläge mit dem BR zu beraten. Will er die Vorschläge ablehnen, muss er dies begründen. In Betrieben mit mehr als 100 AN muss die ablehnende Begründung schriftlich erfolgen.

2. Berufsbildung

Im Interesse der beruflichen Ausbildung, Fortbildung und Umschulung und zur laufenden Anpassung der AN an die sich ständig ändernden beruflichen Anforderungen haben AG und BR in Zusammenarbeit mit den für die Berufsbildung zuständigen Stellen die berufliche Bildung der AN zu fördern (§ 96 Abs. 1 S. 1 BetrVG). Insoweit hat der BR drei Aufgaben: **(a)** Er hat mit dem AG darauf zu achten, dass den AN im Rahmen der betrieblichen Möglichkeiten die Teilnahme an betrieblichen oder außerbetrieblichen Berufsbildungsmaßnahmen ermöglicht wird (§ 96 BetrVG). **(b)** Er hat ein Beratungsrecht über die Errichtung, Ausstattung und Einführung betrieblicher und für die Teilnahme an außerbetrieblichen Berufsbildungsmaßnahmen (§ 97 BetrVG). **(c)** Er hat ein Mitbestimmungsrecht bei der Durchführung betrieblicher Berufsbildungsmaßnahmen und Prüfungen, soweit nicht gesetzliche oder tarifliche Regelungen vorgehen. Das Beteiligungsrecht besteht auch dann, wenn der AG die Berufsbildungsmaßnahme in einem dritten Unternehmen durchführen lässt, aber auf Inhalt und Gestaltung beherrschenden Einfluss hat. Insoweit sind mitbestimmungspflichtig die Entsendung zu Lehrgängen, Versetzungs- und Durchlaufpläne, Regeln für Führung und Überwachung von Berichtsheften sowie betriebliche Beurteilungen; dagegen besteht kein Mitbestimmungsrecht bei Einzelmaßnahmen ohne kollektiven Bezug. Der BR hat insbesondere ein Widerspruchs- und Abberufungsrecht hinsichtlich der mit der Durchführung der betrieblichen Berufsbildung beauftragten Personen (§ 98 BetrVG) und er kann Vorschläge für die Teilnahme an betrieblichen Bildungsmaßnahmen machen. Vereinbaren mehrere AG die gemeinsame Durchführung von Maßnahmen der Berufsbildung, ohne dass einzelne AG insoweit einen beherrschenden Einfluss hätten, haben die BR der betroffenen Betriebe bei der Durchführung der Bildungsmaßnahmen kein Mitbestimmungsrecht nach § 98 Abs. 1 BetrVG.

3. Mitwirkung bei personellen Einzelmaßnahmen

Die Beteiligungsrechte des BR bei personellen Einzelmaßnahmen gliedern sich in die Rechte bei (**a**) Einstellungen, Eingruppierungen, Umgruppierungen und Versetzungen, (**b**) bei Kündigungen und (**c**) bei Entfernung betriebsstörender AN aus dem Betrieb.

(a) **Einstellung, Eingruppierung, Umgruppierung, Versetzung:** In → *Unternehmen* mit idR mehr als 20 wahlberechtigten AN hat der AG den BR vor jeder Einstellung, Eingruppierung, Umgruppierung und Versetzung – auch von LeihAN – zu unterrichten und ihm die erforderlichen Auskünfte und Unterlagen über die Person der Beteiligten zu geben (§ 99 BetrVG). Der AG muss über Art und Dauer der vorgesehenen Beschäftigung und die beabsichtigte Eingruppierung Auskunft geben. Dagegen braucht er über den sonstigen Inhalt des Arbeitsvertrags nicht zu unterrichten und diesen auch nicht vorzulegen, der AG muss den BR auch nicht über die vereinbarte Arbeitsvergütung unterrichten.

(aa) Einstellung: Eine Einstellung iSd § 99 Abs. 1 S. 1 BetrVG liegt vor, wenn Personen in den Betrieb des AG eingegliedert werden, um zusammen mit den dort beschäftigten AN den arbeitstechnischen Betriebszweck durch weisungsgebundene Tätigkeit zu verwirklichen. Es kommt nicht auf das Rechtsverhältnis an, in dem diese Personen zum AG stehen. Maßgebend ist, ob die von den AN zu verrichtenden Tätigkeiten ihrer Art nach weisungsgebundene Tätigkeiten sind, die der Verwirklichung des arbeitstechnischen Zwecks des Betriebs zu dienen bestimmt sind und deshalb vom AG organisiert werden müssen. Die Einstellung setzt voraus, dass der AG des Beschäftigungsbetriebs wenigstens teilweise über ein Weisungsrecht verfügt, aufgrund dessen er für ein Arbeitsverhältnis typische Entscheidungen über den Einsatz des AN zu treffen hat. Auf das Rechtsverhältnis, in dem die eingegliederten Personen stehen, kommt es nicht an. Nach den § 14 Abs. 3 AÜG, § 99 BetrVG ist auch die Beschäftigungsaufnahme von LeihAN im Entleiherbetrieb mitbestimmungspflichtig. Einstellung ist auch die Weiterbeschäftigung nach Ablauf eines befristeten Arbeitsvertrags (Ausnahme: der BR ist von vornherein um die Zustimmung zur Fortsetzung des Arbeitsvertrags gebeten worden) oder die Einstellung zur Ausbildung. Keine Einstellung iSd § 99 BetrVG liegt vor, wenn der AN nicht aufgrund weisungsgebundener Tätigkeit beschäftigt werden soll; dies ist zB der Fall bei freien Mitarbeitern, Beschäftigung von AN im Rahmen von Werkverträgen, Beschäftigung von AN eines Dienstnehmers sowie die Aufnahme von Schülerpraktikanten in den Betrieb. Die Übernahme eines Auszubildenden nach dem Ende des Ausbildungsverhältnisses stellt eine Einstellung dar. Keine Einstellung ist die Beschäftigung von AN nach einem → *Betriebsübergang*.

(bb) Ein- bzw. Umgruppierung: Dies ist jede Einreihung eines AN in ein im Betrieb geltendes tarifliches oder betriebliches Entgeltschema. Besteht ein solches, muss der AG bei allen AN (auch bei geringfügig Beschäftigten) eine Eingruppierung vornehmen, auch wenn er zu dem Ergebnis kommt, dass die zu bewertende Tätigkeit Anforderungen stellt, die von der Vergütungsordnung nicht erfasst werden, zB weil sie die Qualifikationsmerkmale der obersten Vergütungsgruppe übersteigt. Besteht keine Vergütungsordnung, kann auch keine Ein- oder Umgruppierung erfolgen. Eine **Eingruppierungsentscheidung** des AG ist erforderlich (**aaa**) anlässlich einer Einstellung bei der erstmaligen Zuweisung einer Tätigkeit oder (**bbb**) der erstmaligen Einführung einer Gehalts- oder Lohngruppenordnung. In diesen Fällen kann sie vom BR auch gerichtlich erzwungen werden. Ist die Eingruppierungsentscheidung jedoch einmal unter Beteiligung des BR getroffen worden, hat dieser kein Initiativrecht zu einer Korrektur, selbst wenn er der Auffassung ist, die ursprünglich für richtig erkannte Eingruppierung sei nun nicht mehr zutreffend. Einer **Umgruppierung** iSd § 99 BetrVG liegt die Feststellung des AG zugrunde, dass die aktuelle Tätigkeit des AN nicht oder nicht mehr den Tätigkeitsmerkmalen derjenigen Kategorie entspricht, in die er bisher eingruppiert worden ist. Anlass für diese Feststellung kann (**aaa**) eine tatsächliche Änderung der Tätigkeit sein, zB bei einer Versetzung (§ 95 Abs. 3 BetrVG), wobei die Entscheidung des AG auch darin bestehen kann, dass durch die Versetzung eine Änderung der bisherigen Gehalts- oder Lohngruppe nicht eintritt oder der AN nunmehr außertariflich eingruppiert ist, (**bbb**) eine Änderung des Entgeltschemas, wenn darüber neu zu entscheiden ist, welchen der neuen Tätigkeitsmerkmale die von den AN auszuübenden Tätigkeiten entsprechen oder (**ccc**) eine veränderte Einschätzung der Rechtslage durch den AG, zB bei einer korrigierenden Rückgruppierung.

Bei Eingruppierungen ist das Mitbestimmungsverfahren nach § 99 BetrVG erst abgeschlossen, wenn es zu einer Eingruppierung geführt hat, für die eine vom BR erteilte oder vom Gericht ersetzte Zustimmung vorliegt. Soweit im Zustimmungsersetzungsverfahren nach § 99 Abs. 4 BetrVG eine bestimmte Entgeltgruppe als zutreffend erwächst oder als unzutreffend ausgeschlossen wurde, kann der AN seinen Entgeltanspruch unmittelbar auf die gerichtliche Entscheidung stützen. Insoweit soll der Anspruch nicht mehr von einer weiteren Prüfung der tariflichen Anspruchsvoraussetzungen abhängen. Dagegen soll der AN nicht gehindert sein, gegenüber dem AG eine günstigere Vergütungsgruppe als die im Beschlussverfahren angenommene Eingruppierung geltend zu machen.

(cc) Versetzung: Es sind der arbeitsvertragliche und betriebsverfassungsrechtliche Versetzungsbegriff in § 95 Abs. 3 BetrVG zu unterscheiden. Arbeitsvertraglich ist → *Versetzung* die Zuweisung einer anderen als der vereinbarten Tätigkeit; unerheblich ist, ob die Art der Arbeit oder der Ort der Arbeit geändert wird. Betriebsverfassungsrechtlich ist die Versetzung die Zuweisung eines anderen Arbeitsbereichs, die **(aaa)** voraussichtlich die Dauer von einem Monat überschreitet oder **(bbb)** mit einer erheblichen Änderung der Umstände verbunden ist, unter denen die Arbeit zu leisten ist. Eine Versetzung liegt nicht vor, wenn AN nach der Eigenart ihres Arbeitsverhältnisses üblicherweise nicht ständig an einem bestimmten Arbeitsplatz beschäftigt werden (§ 95 Abs. 3 S. 2 BetrVG). Ein Beteiligungsrecht für den BR besteht nur, wenn die Voraussetzungen des § 95 Abs. 3 BetrVG erfüllt sind. Eine Versetzung kann auch die Ernennung eines AN zum Datenschutzbeauftragten sein (BAG 22.3.1994 – 1 ABR 51/93). Wechselt ein AN im Rahmen eines Unternehmens oder Konzerns die Stelle oder wird er in einen anderen Betrieb desselben Unternehmens oder Konzerns versetzt, können Beteiligungsrechte des BR nach §§ 102 ff. BetrVG und §§ 99 ff. BetrVG in Betracht kommen. Kann der AG die **Versetzung von dem einen in den anderen Betrieb** im Wege des Direktionsrechts durchführen, hat der BR des aufnehmenden Betriebs unter dem Gesichtspunkt der Einstellung stets ein Zustimmungsverweigerungsrecht. Die Beteiligungspflicht des BR des abgebenden Betriebs ist von dem Einverständnis des AN mit der beabsichtigten personellen Maßnahme abhängig. Seine Zustimmung ist unter dem Gesichtspunkt der Versetzung stets einzuholen, wenn der AN nicht spätestens bis zum Wirksamwerden der Maßnahme sein Einverständnis erklärt hat. Das BAG begründet diese Sichtweise damit, dass die Arbeitsvertragsparteien die Versetzung auch ohne Beteiligung des BR des abgebenden Betriebs durch den (mitbestimmungsfreien) Abschluss eines Auflösungsvertrags und die gleichzeitige Neubegründung eines Arbeitsverhältnisses für den aufnehmenden Betrieb erreichen können.

(dd) Verfahren: Der AG muss den BR vor der Durchführung der personellen Maßnahme unterrichten und seine Zustimmung beantragen. Vor der Zustimmung des BR oder deren rechtskräftiger Ersetzung darf der AG die Maßnahme (zB die Einstellung oder Versetzung) nicht durchführen. Der AG hat dem BR die erforderlichen Unterlagen vorzulegen. **Widerspricht der BR nicht,** gilt seine Zustimmung als erteilt. Das gilt auch, wenn er ohne Angabe von Gründen oder nur formelhaft, etwa unter Wiederholung des Gesetzestextes, widerspricht. Als **ausreichende Begründung** gilt, wenn die vom BR für die Verweigerung seiner Zustimmung vorgetragene Begründung es als nicht unmöglich erscheinen lässt, dass einer der Zustimmungsverweigerungsgründe vorliegt.

Will der BR der Maßnahme nicht zustimmen, muss er seine Zustimmung **innerhalb einer Frist von einer Woche seit Unterrichtung** durch den AG aus den im Gesetz abschließend aufgezählten Gründen schriftlich (auch durch Telefax: BAG 11.6.2002 – 1 ABR 43/01) verweigern. Bei unzureichender Unterrichtung durch den AG läuft die Frist nicht, allerdings muss der BR bei aus seiner Sicht unzureichender Unterrichtung innerhalb der Wochenfrist ergänzende Angaben verlangen (BAG 5.5.2010 – 7 ABR 70/08). Nach Ablauf der Wochenfrist können andere Gründe aus dem Katalog des § 99 Abs. 2 BetrVG grds. nicht nachgeschoben werden. Eine Ausnahme gilt jedoch dann, wenn der BR bereits auf eine unvollständige Unterrichtung die Zustimmung zur Einstellung verweigert hat (Ausnahme: AG ergänzt die Unterrichtung nachträglich). Die Frist kann durch TV und von AG und BR gemeinsam verlängert werden.

Widerspricht der BR einer personellen Maßnahme, darf sie der AG zunächst nicht durchführen. Der AG kann jedoch beim Arbeitsgericht die Ersetzung der Zustimmung beantragen. Er muss dann die vom BR erhobenen Einwendungen widerlegen. Ergibt sich im Laufe des Verfahrens, dass die Zustimmung des BR mangels rechtzeitiger oder berechtigter Zustimmungsverweigerungsgründe als erteilt gilt, hat das Gericht dies ohne besonderen Antrag zu erkennen. Hat der BR die **Zustimmung verweigert,** kann der AG die Maßnahme vorläufig durchführen, wenn dies aus sachlichen Gründen dringend erforderlich ist (§ 100 Abs. 1 BetrVG); maßgeblich ist der Zeitpunkt ihrer Durchführung. Der AG hat den BR von der vorläufigen Durchführung der Maßnahme unverzüglich zu unterrichten. Bestreitet der BR die Dringlichkeit, hat er dies dem AG unverzüglich mitzuteilen. Der AG darf dann die vorläufige Maßnahme nur aufrechterhalten, wenn er innerhalb von drei Tagen beim Arbeitsgericht die Ersetzung der Zustimmung beantragt (§ 100 Abs. 2 BetrVG). Das Arbeitsgericht hebt die vorläufige Maßnahme auf, wenn sie offensichtlich rechtswidrig ist. Der betroffene AN ist vom AG bei vorläufigen Maßnahmen zu unterrichten (§ 100 Abs. 1 S. 2 BetrVG). Wird die Zustimmung vom Arbeitsgericht nicht ersetzt, muss die personelle Maßnahme rückgängig gemacht (§ 101 BetrVG) werden. Die Einhaltung des Mitbestimmungsrechts des BR wird durch ein Zwangsverfahren (§ 101 BetrVG – Verhängung von Zwangsgeld) sichergestellt. Neben dem Verfahren nach § 101 BetrVG findet auch das Verfahren nach § 23 Abs. 3 BetrVG Anwendung, ob der BR darüber hinaus die Unterlassung der Maßnahme durch einstweilige Verfügung verlangen kann, ist umstritten. Erledigt sich die personelle Maßnahme im Laufe des Verfahrens (zB durch Ausscheiden des AN aus dem Betrieb), entfällt das Rechtsschutzinteresse und das Verfahren ist einzustellen.

(ee) Zustimmungsverweigerungsgründe: Der BR kann der Maßnahme nur aus den in § 99 Abs. 2 BetrVG genannten Gründen widersprechen, ansonsten gilt die Zustimmung als erteilt. Ein Widerspruch wegen Gesetzesverstoß (§ 99 Abs. 2 Nr. 1 BetrVG) liegt nur vor, wenn die **personelle Maßnahme als solche** gegen eine Rechtsvorschrift verstößt. Der BR hat **keine Möglichkeit zu einer Inhaltskontrolle** einzelner Arbeitsvertragsbestimmungen. Er kann deshalb zB einer geplanten Einstellung nicht deshalb nach Nr. 1 widersprechen, weil für die vorgesehene Befristung des Arbeitsvertrags ein sachlicher Grund fehlt (BAG 27.10.2010 – 7 ABR 86/09) oder weil vertragliche Arbeitszeitregelungen tarifwidrig sind (BAG 27.10.2010 – 7 ABR 36/09). Der BR kann nach Nr. 1 der nicht vorübergehenden ANüberlassung widersprechen (BAG 10.7.2013 – 7 ABR 91/11), der Beschäftigung von Teilzeitbeschäftigten mit weniger als 20 Stunden, wenn ein TV nur die Beschäftigung mit mehr als 20 Stunden vorsieht, wenn ein AN nicht die erforderliche → *Arbeitsgenehmigung* hat. Einer vorgesehenen **Ein-** oder **Umgruppierung** kann der BR mit der Begründung widersprechen, der AG wende eine unzutreffende Vergütungsordnung an. Hat der BR nur Einwendungen gegen die vorgesehene **Befristung des Arbeitsvertrags** oder der Eingruppierung, kann er nicht der Einstellung widersprechen. Ein Zustimmungsverweigerungsgrund besteht hingegen, wenn der AG die Einstellungsmöglichkeit eines → *schwerbehinderten Menschen* nicht geprüft hat (BAG 23.6.2010 – 7 ABR 3/09). § 99 Abs. 2 Nr. 3 BetrVG nennt zwei mögliche Widerspruchsgründe: Einmal die Besorgnis, dass infolge der personellen Maßnahme im Betrieb beschäftigte AN gekündigt werden, zum anderen die Besorgnis, dass im Betrieb beschäftigte AN sonstige Nachteile erleiden, ohne dass dies aus betrieblichen oder persönlichen Gründen gerechtfertigt ist. In beiden Fällen muss die Besorgnis „durch Tatsachen begründet" sein; bloße Vermutungen und Befürchtungen des BR genügen nicht. Nachteil iSv § 99 Abs. 1 Nr. 4 BetrVG ist nur der Verlust einer Rechtsposition oder einer rechtserheblichen Anwartschaft. Kein Nachteil ist der Verlust einer rechtlich nicht abgesicherten Beförderungschance. Die Nichtberücksichtigung bei einer Versetzung ist daher nur ein Nachteil iSd Nr. 4, wenn der nichtberücksichtigte AN einen Anspruch auf die Stelle hatte. Nach § 99 Abs. 2 Nr. 5 BetrVG kann der BR einer Einstellung oder Versetzung widersprechen, wenn eine nach § 93 erforderliche Ausschreibung im Betrieb unterblieben ist. Der unterbliebenen Ausschreibung gleichzusetzen ist der Fall, dass eine erfolgte Ausschreibung inhaltlich gegen vereinbarte Ausschreibungsgrundsätze oder gegen geltendes Recht verstößt.

(b) Wegen der Mitwirkung bei Kündigungen: → *Anhörung des Betriebsrats vor dem Kündigungsausspruch.*

(c) Störung des Betriebsfriedens: Hat ein AN durch gesetzwidriges Verhalten oder durch grobe Verstöße gegen den Gleichbehandlungsgrundsatz (→ *Gleichbehandlung der Arbeitnehmer*; § 75 Abs. 1 BetrVG) den Betriebsfrieden wiederholt ernstlich gestört, kann der BR dessen Entlassung oder Versetzung verlangen und gegenüber dem AG notfalls durch das Arbeitsgericht durchsetzen lassen (§ 104 BetrVG).

VI. Wirtschaftliche Mitbestimmung

Bei wirtschaftlichen Angelegenheiten hat der BR bei (**1**) Unternehmen mit idR mehr als 20 wahlberechtigten AN im Falle von → *Betriebsänderungen* ein Mitwirkungs- und Mitbestimmungsrecht beim Abschluss eines → *Interessenausgleichs* und → *Sozialplans*; (**2**) Unternehmen mit idR mehr als 100 wahlberechtigten AN über den → *Wirtschaftsausschuss* Beteiligungsrechte.

▶ Betriebsräteversammlung

Sie dient dem Zweck, allen BRmitgliedern aus erster Hand Informationen über die Tätigkeit des → *Gesamtbetriebsrats* (GBR) sowie die Lage und Entwicklung des Unternehmens zu geben (§ 53 BetrVG). Die Betriebsräteversammlung ist mindestens einmal im Jahr durch den GBR einzuberufen. Ihr gehören an: die Vorsitzenden und stellvertretenden Vorsitzenden der BR sowie die weiteren Mitglieder der Betriebsausschüsse. Der BR kann aus seiner Mitte andere Mitglieder entsenden, sofern die Zahl der Mitglieder der Betriebsräteversammlung nicht überschritten wird. In der Betriebsräteversammlung hat der GBR einen Tätigkeitsbericht und der Unternehmer einen Bericht über das Personal- und Sozialwesen und über die wirtschaftliche Lage und Entwicklung des Unternehmens, soweit dadurch nicht Betriebs- oder Geschäftsgeheimnisse gefährdet werden, zu erstatten. Die Betriebsräteversammlung wird von dem Vorsitzenden des GBR geleitet; sie ist nicht öffentlich. Der AG ist zur Betriebsräteversammlung einzuladen und berechtigt, dort zu sprechen. An ihr dürfen Vertreter der im Betrieb vertretenen → *Gewerkschaften* beratend teilnehmen; nimmt der AG teil, ist er berechtigt, einen Vertreter seines → *Arbeitgeberverbands* hinzuzuziehen. Der Themenkreis, der von der Betriebsräteversammlung behandelt werden darf, ist wie der einer → *Betriebsversammlung* beschränkt.

▶ Betriebsratsausschluss und Auflösung des Betriebsrats

Auf Antrag von einem Viertel der wahlberechtigten AN, des AG oder einer im Betrieb vertretenen Gewerkschaft kann das Arbeitsgericht den Ausschluss eines Mitglieds aus dem BR oder die Auflösung des BR wegen grober Verletzung seiner gesetzlichen Befugnisse und Pflichten beschließen (§ 23 Abs. 1, 2 BetrVG). Die Vorschrift soll ein Mindestmaß gesetzmäßigen Verhaltens des BR und seiner Mitglieder sicherstellen. Durch Mehrheitsentscheidungen der Belegschaft können weder BRmitglieder abgesetzt noch der BR aufgelöst werden. Gesetzliche Pflichten sind die im BetrVG selbst normierten Pflichten sowie alle übrigen in Gesetzen enthaltenen Pflichten sowie die durch TV oder BV geregelten betriebsverfassungsrechtlichen Pflichten. Verstöße gegen arbeitsvertragliche Pflichten können einen Ausschluss nicht rechtfertigen, sondern nur zu individualrechtlichen Sanktionen wie → *Abmahnung* und → *Kündigung* führen. Umgekehrt kann die alleinige Verletzung betriebsverfassungsrechtlicher Pflichten nicht Grundlage einer individualrechtlichen Abmahnung oder Kündigung sein. Erforderlich ist eine objektiv erhebliche und offensichtliche, schwerwiegende Pflichtverletzung. Beispiele: Entgegennahme von Belohnungen für BRtätigkeit, Verletzung der Schweigepflicht, Weitergabe von Gehaltslisten an Gewerkschaften zur Prüfung der Beitragsehrlichkeit, gehässige Diffamierung von BRmitgliedern, Behandlung parteipolitischen Fragen in → *Betriebsversammlungen*.

Bei offensichtlichem Vorliegen von Ausschließungsgründen kann im Wege der einstweiligen Verfügung ein vorläufiges Verbot der Amtsausübung in Betracht kommen. Das **Rechtsschutzinteresse** für den Ausschließungs- oder Auflösungsantrag entfällt mit der Amtsniederlegung des betroffenen BRmitglieds und bei Ablauf der Amtsperiode des BR, selbst wenn das Mitglied in der folgenden Amtsperiode wiedergewählt wird. Der AG kann als Betriebsinhaber nicht ausgeschlossen werden, zur Sicherung der Beteiligungsrechte des BR → *Betriebsrat (Beteiligungsrechte)*.

▶ Betriebsratskosten

I. Umfang und Verfahren

Der AG ist nach § 40 Abs. 1 BetrVG verpflichtet, die Kosten des BR zu tragen. Hierzu gehören nur die Kosten, die zur sachgerechten und ordnungsgemäßen Durchführung der BRaufgaben erforderlich sind. Entscheidend ist nicht ein rein objektiver Maßstab, sondern der Standpunkt eines objektiven, verständigen Betrachters. Der AG hat nur diejenigen Kosten der BRtätigkeit zu tragen, die auf einen **ordnungsgemäßen BRbeschluss** zurückgehen. Fehlt es hieran, besteht keine Kostentragungspflicht des AG. Der BR kann jedoch einen fehlenden oder fehlerhaften Beschluss bis zum Abschluss der Angelegenheit nachholen, die Schaffung einer rückwirkenden Rechtsgrundlage für einen Kostenerstattungsanspruch des BR ist hingegen ausgeschlossen (zur Genehmigung BAG 10.10.2007 – 7 ABR 51/06). Der Anspruch nach § 40 Abs. 1 BetrVG richtet sich auf Übernahme von Kosten der BRtätigkeit. Soweit es zur ordnungsgemäßen Durchführung der BRtätigkeit notwendig ist, hat der BR einen Anspruch auf Kostenvorschuss (§ 669 BGB entspr.). Über die Erstattung der Kosten ist im Beschlussverfahren zu entscheiden. Die Forderungen unterliegen nicht tariflichen → *Verfallfristen* oder der → *Verjährung*. Der BR kann seinen Anspruch auf Freistellung von den Kosten nach § 40 BetrVG durch einen Beschluss an den Gläubiger abtreten. Fehlt es an einem ordnungsgemäßen Beschluss, erwirbt der Gläubiger keine unmittelbar gegen den AG durchsetzbare Forderung. Der Freistellungsanspruch des BR wandelt sich mit der ordnungsgemäß beschlossenen Abtretung in einen Zahlungsanspruch um (BAG 13.5.1998 – 7 ABR 65/96).

Die **Bekanntgabe der Betriebsratskosten** kann eine Behinderung des BR darstellen. Gibt der AG die Kosten der BRtätigkeit in einer Weise bekannt, die nicht in Einklang mit dem BetrVG steht, hat der BR einen Anspruch auf Unterlassung.

II. Sachmittel, Geschäftsführung und Rechtsdurchsetzung

Für Sitzungen, Sprechstunden und laufende Geschäftsführung hat der AG die erforderlichen Räume, **sachlichen Mittel und Büropersonal** zur Verfügung zu stellen. Hierzu gehören regelmäßig Büromaterialien, ein Telefon- und Faxanschluss, Fachliteratur (aktuelle Gesetzestexte für jedes BRmitglied, einen Kommentar für den BR sowie eine Fachzeitschrift). Daneben kann der BR – je nach Einzelfall – Anspruch haben auf einen **Computer** mit **Internetanschluss** (BAG 20.4.2016 – 7 ABR 50/14), Zugang zum Intranet, Handy sowie die Überlassung einer Bürokraft für die BRarbeit oder einen Dolmetscher. Erstattungspflichtig sind weiter die Kosten von Informationsblättern des BR für die Belegschaft, wenn ein Informationsbedürfnis vor der nächsten Betriebsversammlung besteht. Erstattungspflichtig sind weiter notwendige **Reisekosten** (BAG 24.10.2018 – 7 ABR 23/17). Zu den BRkosten können auch solche der **Rechtsverfolgung** gehören. Erstattungsfähig sind die Kosten eines zur zweckentsprechenden Rechtsverfolgung notwendig hinzugezogenen Rechtsanwalts, nicht aber bei offensichtlich fehlender Erfolgsaussicht. Der BR darf die Beauftragung eines Rechtsanwalts, ihn in einem arbeitsgerichtlichen Beschlussverfahren zu vertreten, nur auf der Grundlage der gesetzlichen Vergütung vornehmen; eine anderweitige Honorarzusage bindet den AG nicht und kann zu einer Haftung der jeweiligen BRmitglieder führen. Der BR ist nicht verpflichtet, sich durch einen Vertreter der Gewerkschaft vertreten zu lassen. Die Beauftragung eines Rechtsanwalts außerhalb des Beschlussverfahrens ist nach § 80 Abs. 3 BetrVG von der vorherigen Zustimmung des AG abhängig; wird diese nicht erteilt, kann der BR auf die Übernahme der Kosten für den Sachverständigen vor dem Arbeitsgericht klagen. Ein einzelnes BRmitglied hat nur Anspruch auf Erstattung seiner Anwaltskosten, wenn um seine Stellung im Rahmen der Betriebsverfassung gestritten wird, zB bei einem Ausschluss aus dem BR, nicht dagegen im Verfahren auf Zustimmungsersetzung nach § 103 Abs. 1 BetrVG, oder bei der Durchsetzung von Lohnansprüchen. Erstattungspflichtig sind auch unfallbedingte **Sachschäden,** wenn sie bei der BRtätigkeit erlitten wurden und der AG die Benutzung von privaten Gegenständen veranlasst hat.

III. Betriebsänderung

Ein **Vertrag,** den der BR zu seiner Unterstützung gem. § 111 S. 2 BetrVG mit einem Beratungsunternehmen schließt, ist **wirksam,** soweit die vereinbarte Beratung zur Erfüllung der Aufgaben des BR erforderlich ist und der BR daher einen Kostenerstattungs- und Freistellungsanspruch gegen den AG gem. § 40 Abs. 1 BetrVG hat. Die Grenzen des dem BR bei der ex ante-Beurteilung der Erforderlichkeit der Beratung zustehenden Spielraums sind im Interesse der Funktions- und Handlungsfähigkeit des BR nicht zu eng zu ziehen. Der BR kann sich im Rahmen eines solchen Vertrags zur Zahlung eines Entgelts verpflichten. **BRmitglieder können** gegenüber dem Beratungsunternehmen entsprechend § 179 BGB **haften,** soweit ein Vertrag zwischen dem Beratungsunternehmen und dem BR nicht wirksam zu Stande gekommen ist. Ein gegen den AG gerichteter Anspruch des BR auf Befreiung von einer Verbindlichkeit setzt notwendig das Bestehen einer eigenen Verpflichtung des BR gegenüber Dritten voraus. Die Haftung des handelnden BRmitglieds ist analog § 179 Abs. 3 BGB ausgeschlossen, wenn dem Vertragspartner bekannt oder in Folge Fahrlässigkeit unbekannt war, dass der Vertragsschluss einen außerhalb des gesetzlichen Wirkungskreises des BR liegenden Gegenstand betraf oder das durch den Vertrag ausgelöste Honorar (teilweise) nicht nach § 40 Abs. 1 BetrVG erstattungsfähig ist, etwa weil die vereinbarte Honorarhöhe nicht den marktüblichen Sätzen entspricht oder seine – vom handelnden BRmitglied abgerufenen – Leistungen über das erforderliche Maß hinausgehen (BGH 25.10.2012 – III ZR 266/11; BAG 18.11.2020 – 7 ABR 37/19).

▶ Betriebsratsmitglieder

I. Ehrenamt

BRmitglieder genießen einen besonderen Schutz, um eine sachgemäße Arbeit des → *Betriebsrats* und die Gewinnung qualifizierter BRmitglieder zu gewährleisten.

BRmitglieder führen ihr Amt ehrenamtlich (§ 37 Abs. 1 BetrVG). Sie genießen persönlich und sachlich Unabhängigkeit, dh sie dürfen um ihrer Tätigkeit willen weder begünstigt noch benachteiligt werden (§ 78 BetrVG) und dürfen in ihrer Tätigkeit nicht gestört oder behindert werden. Denselben Schutz genießen Mitglieder des → *Gesamtbetriebsrats*, → *Konzernbetriebsrats*, der Jugend- und Auszubildendenvertretung, → *Gesamt-Jugend- und Auszubildendenvertretung,* des → *Wirtschaftsausschusses*, der Bordvertretung des Seebetriebsrats, der → *Einigungsstelle* oder einer tariflichen Schlichtungsstelle sowie einer betrieblichen Beschwerdestelle.

II. Arbeitsfreistellung

BRmitglieder sind AN und damit verpflichtet, die ihnen obliegende Arbeitsleistung zu erbringen. Zusätzlich haben sie betriebsverfassungsrechtliche Aufgaben zu erledigen. Zur ordnungsgemäßen Durchführung dieser Aufgaben haben BRmitglieder einen Anspruch auf Freistellung von der Arbeit unter **Fortzahlung des Bruttoarbeitsentgelts.** Es ist diejenige Vergütung fortzuzahlen, die das BRmitglied verdient hätte, wenn es keine BRaufgaben wahrgenommen hätte (sog. Lohnausfallprinzip). Hierzu können auch freiwillig gezahlte Zulagen an freigestellte BRmitglieder gehören. Der Fortzahlungsanspruch ist brutto zu berechnen; infolge der Freistellung nicht mehr zu beanspruchende Steuervergünstigungen brauchen nicht ausgeglichen zu werden. Der steuerpflichtige Teil der Nahauslösung gehört zur Bruttovergütung. Sind einem BRmitglied Überstunden, Nachtarbeitszuschläge usw. zu vergüten, sind diese steuerpflichtig. Hat ein BRmitglied Arbeitsbefreiung für eine nicht zu den Aufgaben des BR gehörende Tätigkeit in Anspruch genommen, verliert es grds. den Anspruch auf Arbeitsentgelt, wenn es nicht aufgrund eines entschuldbaren Irrtums davon ausgehen durfte, dass es erforderliche BRtätigkeit ausübt. Zu unterscheiden sind:

1. Arbeitsfreistellung aus konkretem Anlass (§ 37 Abs. 2 und 3 BetrVG)

Hiernach sind BRmitglieder von der Arbeit zu befreien, wenn und soweit es nach Umfang und Art des Betriebs zur ordnungsgemäßen Durchführung ihrer Aufgaben erforderlich ist. Dem Freistellungsanspruch muss auch bei der Zuteilung des Arbeitsvolumens Rechnung getragen werden. Der AG muss der betriebsratsbezogenen Arbeitsversäumnis nicht zustimmen. Er kann nur verlangen, dass sich das BRmitglied abmeldet und dabei die **Gründe** in groben Zügen angibt (BAG 29.6.2011 – 7 ABR 135/09). Die Arbeitsversäumnis ist gerechtfertigt, wenn die Voraussetzungen des Freistellungsanspruchs **objektiv** gegeben sind. Die Notwendigkeit der Arbeitsversäumnis ist danach zu beurteilen, ob ein vernünftiger Dritter bei Abwägung der Interessen des Betriebs, des BR und der Belegschaft sie für geboten halten würde. Der gute Glaube des BRmitglieds an die Rechtmäßigkeit der Arbeitsbefreiung reicht nicht aus. Nimmt das BRmitglied während der Freistellung Aufgaben wahr, die es nicht für erforderlich halten durfte, kann der AG eine → *Abmahnung* aussprechen, da die unberechtigte Freistellung zugleich eine Verletzung des Arbeitsvertrags darstellt. Zu den BRaufgaben gehören die dem BR zugewiesenen sowie alle, die damit in innerem Zusammenhang stehen. Hierzu kann eine Konsultation mit der Arbeitsverwaltung gehören, nicht aber die Teilnahme an einer Gerichtsverhandlung eines anderen AN. Hat das BRmitglied die BRaufgaben **aus betriebsbedingten** (unzureichend: betriebsratsbedingten) **Gründen** außerhalb der Arbeitszeit während seiner Freizeit durchführen müssen, hat es einen Anspruch auf entsprechende Arbeitsbefreiung ohne Freizeitzuschlag; der Anspruch ist vor Ablauf eines Monats zu gewähren, ist dies nicht möglich, ist er wie Mehrarbeit abzugelten (§ 37 Abs. 3 BetrVG). Entsprechendes gilt für die Teilnahme an einer BRsitzung während des Urlaubs oder außerhalb der Arbeitszeit. Die Durchführung von BRtätigkeit außerhalb der → *Arbeitszeit* beruht nur dann auf betriebsbedingten Gründen, wenn der AG darauf Einfluss genommen hat, dass sie nicht während der Arbeitszeit verrichtet wurde. Ein **teilzeitbeschäftigtes BRmitglied** (→ *Teilzeitbeschäftigung*) hat bis zur regulären → *Arbeitszeit* nur Anspruch auf Grundvergütung, dh ohne Mehrarbeitszuschläge. Ein BRmitglied kann nach § 37 Abs. 3 S. 1 BetrVG zum Ausgleich für Fahrtzeiten, die mit der BRtätigkeit im unmittelbaren Zusammenhang stehen, Arbeitsbefreiung unter Fortzahlung des Arbeitsentgelts nach den im Betrieb geltenden Regelungen über die Durchführung von Dienstreisen beanspruchen.

2. Vollständige Arbeitsfreistellung (§ 38 BetrVG)

In Betrieben mit mehr als 200 Beschäftigten sind ein oder mehrere BRmitglieder ständig von der Arbeit freizustellen. Bei der Berechnung der Zahlen sind auch LeihAN zu berücksichtigen (§ 14 Abs. 2 S. 4 AÜG). Über die Personen der Freizustellenden beschließt der BR nach Beratung mit dem AG. Der BR darf eine ihm nach § 38 Abs. 1 BetrVG zustehende Freistellung anteilig für mehrere seiner Mitglieder verwenden, wenn dies zur ordnungsgemäßen Erledigung seiner BRaufgaben erforderlich ist. Soweit er bei dieser Aufteilung insgesamt im zeitlichen Rahmen der vorgesehenen Vollzeitfreistellungen bleibt, braucht er nicht darzulegen, dass die volle Ausschöpfung dieses zeitlichen Rahmens für die gesamte Amtsperiode erforderlich ist. Hält der AG den Freistellungsbeschluss wegen der Auswahl des Freigestellten nicht für gerechtfertigt, kann er innerhalb einer Frist von zwei Wochen die → *Einigungsstelle* anrufen. Deren Spruch ersetzt die Einigung zwischen BR und AG. Ruft der AG die Einigungsstelle nicht an, wird der Beschluss des BR wirksam. Auch in Betrieben mit weniger als 200 AN kann eine vollständige oder teilweise Freistellung in Betracht kommen, wenn diese erforderlich ist. Unter Umständen kann während des **Urlaubs** oder der **Erkrankung** des freigestellten BRmitglieds ein anderes freigestellt werden müssen. Eine urlaubs-, krankheits- oder schulungsbedingte Verhinderung eines nach § 38 Abs. 1 BetrVG freigestellten BRmitglieds berechtigt den BR nur bei konkreter Darlegung der Erforderlichkeit nach § 37 Abs. 2 BetrVG zu einer entsprechenden Ersatzfreistellung. Sinkt die Zahl der Beschäftigten, ist der Freistellungsbeschluss zu ändern. Durch BV kann auch dann eine geringere Anzahl freizustellender BRmitglieder als nach der gesetzlichen Mindeststaffel vereinbart werden.

Das freigestellte BRmitglied hat Anspruch auf die ohne Freistellung erzielte **Bruttovergütung** einschließlich der Zuschläge für sonst geleistete Mehrarbeit. Ist der Arbeitsplatz eines vollständig von der Arbeit freigestellten BRmitglieds weggefallen, richtet sich der Anspruch auf die Vergütung, die ein vergleichbarer AN erzielt. Dagegen besteht kein Anspruch auf Fahrtkostenerstattung zum Betrieb, auch wenn das BRmitglied sonst auf Baustellen gearbeitet hätte und für diese die Fahrtkosten erstattet bekommen hätte. Von der beruflichen Tätigkeit freigestellte BRmitglieder haben sich während der betriebsüblichen Arbeitszeit der Erfüllung der BRaufgaben (→ *Betriebsrat (Beteiligungsrechte)*) zu widmen. Der BR hat einen Anspruch auf Erhöhung der freizustellenden BRmitglieder, wenn er die Notwendigkeit der Erhöhung im Beschlussverfahren darlegen kann.

3. Freistellung für Schulungsveranstaltungen (§ 37 Abs. 6 S. 1 BetrVG)

BRmitglieder sind nach § 37 Abs. 2, 6 BetrVG von ihrer beruflichen Tätigkeit ohne Minderung des Arbeitsentgelts für die Teilnahme an Schulungs- und Bildungsveranstaltungen zu befreien, soweit diese Kenntnisse vermitteln, die für die Arbeit des BR erforderlich sind; für Mitglieder der SBV gilt § 179 Abs. 4 S. 3 SGB IX. Erforderlich ist die Schulung, wenn sie Kenntnisse vermittelt, die unter Berücksichtigung der konkreten Situation im Betrieb und BR benötigt werden, damit die BRmitglieder ihre derzeitigen oder demnächst anfallenden Aufgaben erfüllen können. Dagegen besteht kein Freistellungsanspruch, wenn nur nützliche Kenntnisse oder nur solche vermittelt werden, für die kein aktueller Bedarf besteht. Diese Voraussetzungen müssen auch bei der Schulungsteilnahme eines nach § 38 BetrVG freigestellten BRmitglieds erfüllt sein. Das BAG unterscheidet Grundschulungen, die es ohne besondere Darlegung für erforderlich hält, und Spezialschulungen. Ein Schulungsbedarf ist bei den sog. **Grundschulungen** zum Arbeitsrecht und zum BetrVG, bei denen neu gewählten BRmitgliedern das für ihre Amtsausübung erforderliche Grundwissen vermittelt wird, regelmäßig anzuerkennen. Die Schulung kann aber nicht unbeschränkte Zeit nach Übernahme des Amts absolviert werden, ebenso sind Wiederholungsschulungen ohne besondere Darlegung nicht als erforderlich anzusehen. Im Allgemeinen ist davon auszugehen, dass sich das BRmitglied während der Amtszeit durch Eigenlektüre weiterbildet. Eine Schulungsbedürftigkeit für Grundschulungen besteht auch nicht bei einem langjährigen BRvorsitzenden, für Ersatzmitglieder (Ausnahme: Nachrücken ist absehbar) sowie für reine Wirtschaftsausschussmitglieder. Eine Schulung in **Spezialkenntnissen** ist nur erforderlich, wenn dem BRmitglied besondere Aufgaben übertragen sind. Daneben muss ein aktueller, betriebsbezogener Anlass bestehen. Spezialschulungen sind als erforderlich angesehen worden über Fragen der für den Betrieb maßgebenden TV, der Leistungsentlohnung, der Arbeitssicherheit, von Suchtkrankheiten in einem größeren Betrieb, zur menschengerechten Arbeitsgestaltung, zu Mobbing, über Arbeitnehmererfindungsrechte und Vermögensbildung, über Fragen der Datenverarbeitung, Computertechnik und des Datenschutzes sowie über Qualitätsmanagement. Die Erforderlichkeit einer Spezialschulung ist ohne besondere Darlegung zu verneinen bei Schulungsveranstaltungen über Fragen der Managementtechnik, zur wirtschaftlichen und sozialen Situation des Unternehmens, Diskussionsführung und Verhandlungstechnik sowie über Fragen des Sozialversicherungs- und Steuerrechts. Aus dem Grundsatz der Verhältnismäßigkeit folgt, dass an Spezialschulungen nicht alle BRmitglieder teilnehmen dürfen, sondern diese sich grds. wechselseitig zu unterrichten haben. Bei nur teilweiser Notwendigkeit der Schulung besteht Anspruch, wenn im Rahmen der Gesamtschulung der überwiegende Teil notwendig ist.

Über die zulässige **Dauer** der Schulung enthält das BetrVG keine Vorschrift. Das Gebot der Verhältnismäßigkeit verpflichtet den BR, den AG nur mit Kosten zu belasten, die er der Sache nach für verhältnismäßig und deshalb für den AG zumutbar halten darf. Es sind Größe und Leistungsfähigkeit des Betriebs, Schulungszweck, Dauer der Veranstaltung, Themen und örtliche Lage gegeneinander abzuwägen. Es werden daher Schulungsveranstaltungen für Grundschulungen von fünf Tagen bis zu drei Wochen anerkannt. Der BR hat dem AG **Teilnahme und zeitliche Lage** rechtzeitig bekannt zu geben. Der AG darf nicht vor vollendete Tatsachen gestellt werden (§ 37 Abs. 4 S. 3 BetrVG).

Bei Beurteilung der Schulungsnotwendigkeit hat der BR einen **Beurteilungsspielraum.** Der BR hat sich bei der Beschlussfassung hinsichtlich der Erforderlichkeit über folgende Fragen zu vergewissern: (**a**) Betrifft das Schulungsthema die gesetzlichen Aufgaben des BR? (**b**) Besteht bei Spezialschulungen ein aktueller betriebsbezogener Anlass für die Schulung? (**c**) Sind die Teilnehmer unter Berücksichtigung der bisherigen Schulungen und ihrer erworbenen Kenntnisse schulungsbedürftig? (**d**) Sind die beabsichtigte Dauer der Schulung und die entstehenden Kosten angemessen? (**e**) Liegt ein Themenplan für die Schulung vor? Träger der Schulung können Gewerkschaften, AGverbände sowie private Organisationen sein. Bei mehrfach angebotenen Veranstaltungen hat der BR ein Auswahlrecht hinsichtlich des Veranstalters. Dem BR obliegt die Festlegung der zeitlichen Lage der Teilnahme. Er hat hierbei die betriebliche Notwendigkeit zu berücksichtigen (§ 37 Abs. S. 2 BetrVG).

Hält der AG die **betriebliche Notwendigkeit** für nicht ausreichend berücksichtigt, kann er die → *Einigungsstelle* anrufen, dagegen das Arbeitsgericht, wenn er die Notwendigkeit der Schulung in Abrede stellt. Der Spruch der Einigungsstelle ersetzt die Einigung zwischen AG und BR, unterliegt aber der Kontrolle im Beschlussverfahren (§ 76 BetrVG). Vor dem Spruch der Einigungsstelle ist die Teilnahme grds. unzulässig. Bei eilbedürftigen Fällen kann eine einstweilige

Verfügung nach § 85 Abs. 2 ArbGG beantragt werden. Der BR ist auch bei freigestellten BRmitgliedern darlegungs- und beweispflichtig für die Notwendigkeit der Schulung.

Ist die Schulung erforderlich, hat das BRmitglied für den Schulungszeitraum einen im Urteilsverfahren durchzusetzenden **Anspruch auf Vergütungsfortzahlung.** Hat der BR über die Entsendung eines BRmitglieds einen Beschluss gefasst und der AG gegen die Entsendung keine Einwendungen erhoben, kann er später im Rechtsstreit über die Vergütungsfortzahlung nicht mehr den Einwand erheben, dass die Schulung nicht erforderlich gewesen sei. Dem BRmitglied ist die Vergütung zu zahlen, die er erzielt hätte, wenn die Schulung nicht stattgefunden hätte. Nimmt ein BRmitglied außerhalb seiner persönlichen Arbeitszeit an Schulungsveranstaltungen teil, hat es grds. keinen Anspruch auf Freizeitausgleich oder Mehrarbeitsvergütung. Wird ein BRmitglied regelmäßig über die vertraglich geschuldete Arbeitsleistung hinaus zu weiteren Arbeitseinsätzen herangezogen, ist während der Teilnahme an BRschulungen das Entgelt auch für die ausgefallenen zusätzlichen Arbeitseinsätze fortzuzahlen. Dauert bei Teilzeitbeschäftigten die Schulung über die Arbeitszeit an, ist auch diese Zeit bis zur Dauer der betriebsüblichen Arbeitszeit zu vergüten.

Der AG trägt nach § 40 Abs. 1 BetrVG die **sächlichen Kosten der Schulung,** soweit diese erforderlich sind (→ *Betriebsratskosten*). Übernachtungskosten brauchen daher nicht erstattet zu werden, wenn das BRmitglied heimfahren kann. Zu den sächlichen Kosten gehören Fahrt- und Verpflegungskosten, dagegen nicht Kosten der persönlichen Lebensführung (Getränke); eine Pauschalierung nach der allgemein gehandhabten betrieblichen Spesenregelung oder den Lohnsteuersätzen ist zulässig, soweit der AN die Spesen beeinflussen kann (BAG 28.3.2007 – 7 ABR 33/06). Der AN muss sich ersparte häusliche Aufwendungen anrechnen lassen. Der Erstattungsanspruch unterliegt keinen → *Verfallfristen.* Die Seminargebühren sind im Rahmen der Erforderlichkeit erstattungsfähig.

4. Bildungsveranstaltungen (§ 37 Abs. 7 BetrVG)

Neben dem Besuch von Schulungsveranstaltungen nach § 37 Abs. 6 BetrVG hat jedes BRmitglied (nicht: Ersatzmitglied) nach § 37 Abs. 7 BetrVG während seiner Amtszeit Anspruch auf bezahlte Freistellung für insgesamt drei Wochen zur Teilnahme an Schulungs- und Bildungsveranstaltungen, die von der zuständigen obersten Arbeitsbehörde des Landes nach Beratung mit den Spitzenorganisationen der Gewerkschaften und der AGverbände als geeignet anerkannt sind. Die Veranstaltungen nach § 37 Abs. 7 BetrVG brauchen nicht erforderliche Kenntnisse zu vermitteln; sie müssen lediglich **für den BR geeignet** sein. Indes kann auch eine als geeignet anerkannte Veranstaltung im Einzelfall nach § 37 Abs. 6 BetrVG erforderlich sein. Während der Teilnahme an einer Bildungsveranstaltung hat das BRmitglied Anspruch auf Vergütungsfortzahlung entsprechend dem → *Lohnausfallprinzip,* der im Urteilsverfahren geltend zu machen ist; die sächlichen Kosten des BRmitglieds für die Teilnahme an einer Bildungsveranstaltung nach § 37 Abs. 7 BetrVG muss der AG nicht übernehmen. Ein auf Vergütungsfortzahlung in Anspruch genommener AG kann gegenüber dem Anspruch nicht einwenden, die Veranstaltung sei nicht nach § 37 Abs. 7 BetrVG geeignet gewesen. Die Entscheidung der obersten Arbeitsbehörde über die Eignung kann vor dem Arbeitsgericht am Sitz des Veranstaltungsträgers angefochten werden; der einzelne AG ist jedoch nicht antragsbefugt.

III. Absicherung der Betriebsratsmitglieder

1. Entgeltsicherung (§ 37 Abs. 4 und 5 BetrVG)

Da die freigestellten bzw. teilfreigestellten BRmitglieder wegen ihrer BRaufgaben über einen längeren Zeitraum in einem nicht unerheblichen Umfang ihre berufliche Arbeit versäumen, versucht das Gesetz eine wirtschaftliche Absicherung zu schaffen. Nach § 37 Abs. 4, 5 BetrVG dürfen BRmitglieder bis ein Jahr nach ihrer Amtstätigkeit in wirtschaftlicher und beruflicher Hinsicht gegenüber vergleichbaren AN mit betriebsüblicher beruflicher Entwicklung keine Nachteile erleiden, dh das Entgelt der BRmitglieder darf nicht geringer bemessen werden als für AN mit betriebsüblicher beruflicher Entwicklung und ihnen dürfen keine geringerwertigen Beschäftigungen zugewiesen werden als vergleichbaren AN. Die Betriebsüblichkeit des beruflichen Aufstiegs der als vergleichbar angesehenen AN muss sich aus einem gleichförmigen Verhalten des AG und einer von ihm aufgestellten Regel ergeben (BAG 18.1.2017 – 7 AZR 205/15). Auch nicht freigestellte BRmitglieder, die bei einer Beförderung übergangen worden sind, können das Entgelt aus der Beförderungstätigkeit verlangen, wenn sie bei betriebsüblicher beruflicher Entwicklung befördert worden wären.

2. Allgemeiner Schutz (§ 78 BetrVG)

BRmitglieder dürfen in der Ausübung ihrer Tätigkeit nicht **gestört** oder **behindert** werden (§ 78 BetrVG). Sie dürfen wegen ihrer Tätigkeit nicht benachteiligt oder begünstigt werden; dies gilt auch für ihre berufliche Entwicklung. Die nach § 14 Abs. 2 TzBfG sachgrundlos befristeten Arbeitsverhältnisse von BRmitgliedern enden daher ebenso wie diejenigen anderer AN mit Ablauf der vereinbarten Befristung. Dem unionsrechtlich gebotenen Schutz eines BRmitglieds (Art. 27, 28, 30 GRC) vor einer im Zusammenhang mit einer Befristung stehenden Benachteiligung kann durch § 78 S. 2 BetrVG – ggf. iVm § 280 Abs. 1, § 823 Abs. 2 BGB – Rechnung getragen werden (BAG 5.12.2012 – 7 AZR 698/11).

IV. Kündigungsschutz

1. Ausschluss der ordentlichen Kündigung

Zur Wahrung ihrer Unparteilichkeit besteht für die Mitglieder sämtlicher Betriebsverfassungsorgane ein besonderer → *Kündigungsschutz* (§ 15 KSchG).

(**a**) Die **ordentliche Kündigung** eines BRmitglieds ist bis zum Ablauf eines Jahres nach der Amtszeit unzulässig, wenn nicht besondere Voraussetzungen vorliegen (§ 15 Abs. 4, 5 KSchG). Dabei kommt es nicht auf die Amtszeit des Organs, sondern des einzelnen Mitglieds an, so dass der nachwirkende Kündigungsschutz auch bei einer Amtsniederlegung eintritt. Unzulässig ist ferner die ordentliche Kündigung eines **Wahlvorstandsmitglieds, Wahlbewerbers** oder eines **Wahlinitiators** innerhalb der in § 15 Abs. 3a und 3b KSchG genannten Fristen. Der Kündigungsschutz der Wahlbewerber beginnt mit Aufstellung eines Wahlvorschlags nach § 14 BetrVG. Aufgestellt ist der Wahlvorschlag, wenn er die erforderliche Zahl von Unterschriften trägt. Der Kündigungsschutz für Wahlvorstandsmitglieder bleibt auch bei einer Amtsniederlegung erhalten. Der besondere Kündigungsschutz für die Mitglieder der Betriebsverfassungsorgane gilt auch für die Massenänderungskündigung; verweigert der Amtsträger die Zustimmung zu einer notwendigen Änderung des Arbeitsvertrags, kann der AG eine betriebsbedingte → *außerordentliche Kündigung* aussprechen, die nach § 103 BetrVG der Zustimmung des BR bedarf.

(b) **Ausnahmen** von dem besonderen Kündigungsschutz bestehen nur bei Stilllegung eines Betriebs (→ *Betriebsstilllegung*) oder einer Betriebsabteilung (§ 15 Abs. 4, 5 KSchG). Wird eine Betriebsabteilung stillgelegt und kann ein dort beschäftigtes BRmitglied nach entsprechender Änderungskündigung zu im Übrigen unveränderten Bedingungen auf einem freien Arbeitsplatz in einer anderen Betriebsabteilung weiterbeschäftigt werden, ist der AG grds. nicht verpflichtet, einen örtlich näher gelegenen und deshalb das BRmitglied weniger belastenden Arbeitsplatz frei zu kündigen. Er kann aber verpflichtet sein, bei einem → *Betriebsübergang* einen Ersatzarbeitsplatz anzubieten, sobald er erkennen kann, dass das BRmitglied der Betriebsnachfolge widerspricht. Im Falle sog. tariflicher → *Unkündbarkeit* eines BRmitglieds bedarf es für dessen (außerordentliche) betriebsbedingte Kündigung nach § 15 Abs. 4, 5 KSchG nicht der Zustimmung des BR.

(c) **Ersatzmitglieder** der Betriebsverfassungsvertreter genießen während der Gesamtdauer der Vertretung und einer angemessenen Vorbereitungszeit Kündigungsschutz nach § 15 KSchG. Der besondere Kündigungsschutz gilt insbesondere, soweit und solange sie ein verhindertes ordentliches BRmitglied vertreten (→ *Betriebsrat*). Hierbei ist auf den Zeitpunkt des Zugangs der Kündigung abzustellen. Nach Beendigung des Vertretungsfalls besteht nur der nachwirkende Kündigungsschutz nach § 15 Abs. 1 S. 2 KSchG. Ein ordentliches BRmitglied ist **zeitweilig verhindert,** wenn es aus rechtlichen oder tatsächlichen Gründen nicht in der Lage ist, sein Amt auszuüben. Diese Voraussetzung ist während seines Erholungsurlaubs jedenfalls dann erfüllt, wenn das BRmitglied zuvor seine Bereitschaft angezeigt hat, trotz des Urlaubs für BRtätigkeiten zur Verfügung zu stehen. Ein BRmitglied ist nicht allein deshalb zeitweilig verhindert, weil es arbeitsfrei hat. Anders als im Falle bewilligten Erholungsurlaubs ist ihm die Wahrnehmung von BRaufgaben außerhalb der persönlichen Arbeitszeit nicht grds. unzumutbar. Nach Beendigung der Vertretung steht ihnen der nachwirkende Kündigungsschutz zu, selbst wenn der Vertretungsfall objektiv nicht bestanden hat, weil sich zB das zu vertretende BRmitglied zu Unrecht krankgemeldet hat. Nach Beendigung des nachwirkenden Kündigungsschutzes kann der AG dem ehemaligen Amtsträger wieder wie jedem anderen AN kündigen.

(**d**) Die → ***außerordentliche Kündigung*** der Mitglieder der Betriebsverfassungsorgane ist bei Vorliegen eines wichtigen Grundes zulässig. Fristlos kann einem BRmitglied nach § 15 KSchG, § 626 BGB nur verhaltens- oder personenbedingt gekündigt werden, wenn dem AG bei einem vergleichbaren Nichtbetriebsratsmitglied dessen Weiterbeschäftigung bis zum Ablauf der einschlägigen ordentlichen Kündigungsfrist unzumutbar wäre. Ein wichtiger Grund kann zB die Bereitschaft zur Falschaussage sein oder wenn das BRmitglied rechtskräftig strafrechtlich verurteilt wurde. Die außerordentliche Kündigung bedarf aber nicht nur eines wichtigen Grundes, der AG muss vor dem Kündigungsausspruch die **Zustimmung des Gremiums,** dem der zu Kündigende angehört, einholen (§ 103 Abs. 1 BetrVG). Eine verhaltensbedingte außerordentliche Kündigung mit Auslauffrist gem. § 15 KSchG ist gegenüber dem geschützten Personenkreis ausgeschlossen (BAG 21.6.2012 – 2 AZR 343/11). Nach den Grundsätzen des Vertrauensschutzes darf der AG grds. auf die ordnungsgemäße Beschlussfassung vertrauen, wenn ihm der BRvorsitzende mitteilt, dass der BR der Kündigung zugestimmt hat. Das gilt jedoch dann nicht, wenn er die Tatsachen kennt oder kennen muss, aus denen die Unwirksamkeit folgt. Es besteht jedoch keine Erkundigungspflicht über die Umstände der Beschlussfassung. Der BR kann die Zuständigkeit nach § 103 BetrVG auf einen Betriebsausschuss (§ 27 Abs. 2 S. 2 BetrVG) oder einen besonderen Ausschuss nach § 28 BetrVG übertragen.

2. Zustimmungsersetzungsverfahren

Verweigert der BR die Zustimmung zur außerordentlichen Kündigung oder wenn im Betrieb kein BR besteht, muss der AG innerhalb der Zwei-Wochen-Frist des § 626 Abs. 2 BGB beim Arbeitsgericht die Ersetzung der Zustimmung beantragen. Der AG kann einem BRmitglied erst dann wirksam eine außerordentliche Kündigung aussprechen, wenn der Beschluss über die Ersetzung der vom BR verweigerten Zustimmung (§ 103 Abs. 2 und 2a BetrVG) rechtskräftig bzw. unanfechtbar ist. Eine vor diesem Zeitpunkt erklärte Kündigung ist nichtig. Spricht der AG während eines von ihm betriebenen Verfahrens nach § 103 BetrVG eine Kündigung gegenüber dem betreffenden AN aus, geschieht dies regelmäßig vorsorglich für den Fall, dass die Kündigung nicht (mehr) der Zustimmung des BR bedarf. Eine in diesem Sinne vorsorgliche Kündigung ist nicht als Rücknahme des Zustimmungsersuchens oder als Abbruch des Verfahrens nach § 103 BetrVG zu verstehen. Sie „verbraucht" auch nicht die bis dahin erfolgte Unterrichtung des BR (BAG 27.1.2011 – 2 ABR 114/09). Unzulässig ist eine vorsorgliche Einleitung eines Zustimmungsersetzungsverfahrens für den Fall, dass der BR die Zustimmung nicht erteilt; ein solcher Antrag wahrt die Ausschlussfrist des § 626 Abs. 2 BGB nicht.

An dem Beschlussverfahren ist das **BRmitglied beteiligt** und auch selbstständig beschwerdeberechtigt. Der AG kann sich auf nachträglich eingetretene bzw. bekannt gewordene Umstände nur berufen, wenn er hierzu den BR zuvor angehört hat. Dies soll auch gelten, wenn sämtliche BRmitglieder gekündigt werden sollen. Trotz des Bestehens des Amtsermittlungsgrundsatzes im Beschlussverfahren hat das Gericht nur solche Gründe zu berücksichtigen, auf die sich der AG berufen hat. Der BR kann der außerordentlichen Kündigung auch nach Einleitung des Zustimmungsersetzungsverfahrens zustimmen; in diesem Fall erledigt sich das Beschlussverfahren. Dasselbe gilt, wenn das BRmitglied aus dem BR ausgeschieden ist. Hat das Arbeitsgericht die Zustimmung rechtskräftig ersetzt oder wird sie während des Verfahrens vom BR erteilt, muss der AG unverzüglich nach Kenntnis von der Zustimmung kündigen. Verfahrenskosten des beteiligten BRmitglieds hat der AG nicht zu tragen. Das

BRmitglied hat auch nach Ersetzung ein Rechtsschutzinteresse an der Erhebung einer → *Kündigungsschutzklage,* indes entfaltet der Beschluss wegen des wichtigen Grundes Bindungswirkung (BAG 25.4.2018 – 2 AZR 401/17).

3. Vorläufige Rechte

Solange eine außerordentliche Kündigung nicht rechtswirksam ausgesprochen ist, hat das BRmitglied zur Wahrnehmung seiner Aufgaben ein Zutrittsrecht zum Betrieb, es sei denn, dass der BR der Kündigung zugestimmt hat. Beschäftigt der AG das BRmitglied während des Ersetzungsverfahrens nicht, gerät er in Annahmeverzug, es sei denn, dass die Beschäftigung unzumutbar ist. Das BRmitglied hat daher Anspruch auf Annahmeverzugslohn. Nach § 103 Abs. 3 BetrVG bedarf die **Versetzung** eines Mitglieds einer in § 103 Abs. 1 BetrVG genannten ANvertretung gleichfalls der Zustimmung des BR.

V. Verschwiegenheitspflicht

Die Mitglieder der Betriebsverfassungsorgane haben über die Dauer ihrer Amtstätigkeit hinaus eine besondere Geheimhaltungspflicht über Betriebs- oder Geschäftsgeheimnisse, die ihnen wegen ihrer Zugehörigkeit zum Betriebsverfassungsorgan bekannt geworden sind und vom AG ausdrücklich als geheimhaltungsbedürftig bezeichnet worden sind. Die Geheimhaltungspflicht gilt nicht gegenüber anderen Betriebsverfassungsorganen (§ 79 BetrVG). Betriebs- und Geschäftsgeheimnisse sind insbesondere Patente, Lizenzen, → *Arbeitnehmererfindungen,* Fertigungsmethoden, Materialzusammensetzungen, Kundenlisten sowie betriebliche Lohnlisten. Grobe Verletzungen der Schweigepflicht berechtigen den AG, den → *Betriebsratsausschluss und Auflösung des Betriebsrats* zu beantragen, ggf. außerordentlich zu kündigen, wenn darin zugleich eine Arbeitsvertragsverletzung liegt, sowie Schadensersatz nach § 823 Abs. 2 BGB iVm § 79 BetrVG zu verlangen.

▶ Betriebsratswahl

I. Wahlvorstand

1. Bestellung bis Beendigung

(a) **Bestellung, Amtszeit:** Ein BR ist durch Wahl der AN in allen Betrieben zu bilden, die idR mindestens fünf Wahlberechtigte beschäftigen, von denen drei wählbar sind (§ 1 Abs. 1 S. 1 BetrVG). Die Zahl der leitenden → *Angestellten* wird nicht mitgezählt, uU aber regelmäßig beschäftigte Aushilfsangestellte. Soweit in einem betriebsratspflichtigen Betrieb kein BR besteht, kann der GBR oder KBR einen Wahlvorstand bestellen; soweit diese nicht bestehen, wird in einer → *Betriebsversammlung* von der Mehrheit der anwesenden AN ein Wahlvorstand gewählt. Zu dieser Betriebsversammlung können drei wahlberechtigte AN, eine im Betrieb vertretene Gewerkschaft oder der AG einladen. In Kleinbetrieben findet ein vereinfachtes Wahlverfahren statt (§ 14a BetrVG). Die Wahl des Wahlvorstands ist nichtig, wenn die Betriebsversammlung im Betrieb nicht hinreichend bekannt gemacht worden ist. Findet keine Betriebsversammlung statt oder wählt sie keinen Wahlvorstand, bestellt ihn das Arbeitsgericht auf Antrag von drei wahlberechtigten AN oder einer im Betrieb vertretenen Gewerkschaft. Bis zur Rechtskraft des Beschlusses kann die Betriebsversammlung die Bestellung des Wahlvorstands nachholen. Besteht in einem Betrieb bereits ein BR, bestellt dieser zehn Wochen vor Ablauf seiner Amtszeit einen Wahlvorstand. Besteht acht Wochen vor Ablauf der Amtsperiode kein Wahlvorstand, bestellt ihn das Arbeitsgericht auf Antrag von mindestens drei Wahlberechtigten oder einer im Betrieb vertretenen Gewerkschaft. Der Wahlvorstand kann sich nicht selbst auflösen; wohl können einzelne Mitglieder vom Amt zurücktreten. Sein Amt endet mit der Einberufung der konstituierenden Sitzung des BR.

(b) **Zusammensetzung:** Der Wahlvorstand besteht grds. aus drei Mitgliedern. In Betrieben mit weiblichen und männlichen AN sollen dem Wahlvorstand Frauen und Männer angehören. Wenn es zur ordnungsgemäßen Durchführung der Wahl erforderlich ist (zB in Groß- oder Schichtbetrieben mit mehreren Wahllokalen), kann die Zahl der Wahlvorstandsmitglieder erhöht werden; er muss in jedem Fall aus einer ungeraden Zahl von Mitgliedern bestehen. Jede im Betrieb vertretene → *Gewerkschaft* kann zusätzlich einen dem Betrieb angehörenden Beauftragten als nicht stimmberechtigtes Mitglied in den Wahlvorstand entsenden, sofern ihm nicht ein stimmberechtigtes Wahlvorstandsmitglied angehört (§ 16 Abs. 1 BetrVG). Das Arbeitsgericht kann für Betriebe mit idR mehr als 20 wahlberechtigten AN auch Mitglieder einer im Betrieb vertretenen Gewerkschaft, die nicht dem Betrieb angehören, zu Mitgliedern des Wahlvorstands bestellen, wenn dies zur ordnungsgemäßen Durchführung der Wahl erforderlich ist. Das Wahlvorstandsmitglied kann zugleich Kandidat für die BRwahl sein.

(c) Ansprüche: Wahlvorstandsmitglieder haben Anspruch auf Freistellung von der Arbeit unter Vergütungsfortzahlung (auch Überstunden), wenn sie infolge ihrer Amtstätigkeit Arbeitszeit versäumen. Verrichten sie Tätigkeiten außerhalb ihrer Arbeitszeit, haben sie in entsprechender Anwendung von § 37 Abs. 3 BetrVG Ausgleichsansprüche. Der Anspruch ist im Urteilsverfahren geltend zu machen; das Wahlvorstandsmitglied ist für die Erforderlichkeit der Arbeitsversäumnis darlegungs- und beweispflichtig. Wahlvorstandsmitglieder können Anspruch auf Ersatz von Schulungskosten haben und genießen einen besonderen Kündigungsschutz (→ *Betriebsratsmitglieder*).

2. Wahlberechtigung und Wählbarkeit

(a) Wahlberechtigung: Wahlberechtigt sind alle AN, die spätestens am Wahltag das 16. Lebensjahr vollendet haben (§ 7 S. 1 BetrVG) und in den Betrieb eingegliedert sind, dh dort beschäftigt werden. Die rechtliche Bindung, dh das Bestehen eines Arbeitsvertrags allein genügt nicht, vielmehr muss der AN auch in den Betrieb eingegliedert sein. Wahlberechtigt sind daher auch Teilzeit-, Probe- und AushilfsAN, geringfügig Beschäftigte (zB Zeitungsausträger). Auszubildende sind nur wahlberechtigt, wenn sich ihre Berufsausbildung auf der Grundlage eines privatrechtlichen Ausbildungsvertrags vollzieht und sie in den Ausbildungsbetrieb eingegliedert sind. Dagegen sind sie nicht wahlberechtigt in einem Betrieb, dessen arbeitstechnischer Zweck in der Berufsausbildung besteht (zB Berufsbildungswerk). AN, die dem AG zur Arbeitsleistung überlassen worden sind, können den BR mitwählen, wenn sie länger als drei Monate im Betrieb eingesetzt werden (§ 7 S. 2 BetrVG). Dies betrifft nicht nur die unechte Leiharbeit nach dem AÜG, sondern auch die Konzernleihe und die nicht gewerbsmäßige → *Arbeitnehmerüberlassung*.

(b) Wählbarkeit: Wählbar sind alle (am Wahltage 18 Jahre alten) Wahlberechtigten, die sechs Monate dem Betrieb angehören oder als Heimarbeiter in der Hauptsache für den Betrieb gearbeitet haben (§ 8 BetrVG). Fehlt bereits die Wahlberechtigung, ist der AN auch nicht wählbar. Auch zur Arbeitsleistung überlassene AN (LeihAN) sind nicht wählbar, eine § 7 S. 2 BetrVG vergleichbare Regelung hat der Gesetzgeber für die Wählbarkeit nicht geschaffen. Auf die sechsmonatige Betriebszugehörigkeit werden Zeiten angerechnet, in denen der AN unmittelbar vorher einem anderen Betrieb desselben Unternehmens oder Konzerns angehört hat. Besteht der Betrieb noch keine sechs Monate, sind alle AN wählbar, die bei Einleitung der BRwahl beschäftigt sind und die übrigen Wahlvoraussetzungen erfüllen (§ 8 Abs. 2 BetrVG). AN während der → *Elternzeit*, Zivildienstleistende bzw. Wehrpflichtige sind aktiv wie passiv wahlberechtigt, da sie nur vorübergehend nicht in den Betrieb eingegliedert sind. Gekündigte AN sind nicht wahlberechtigt, wenn sie zum Zeitpunkt der Wahl nach Ablauf der ordentlichen → *Kündigungsfrist* bzw. Zugang der → *außerordentlichen Kündigung* bereits aus dem Betrieb tatsächlich ausgeschieden sind und nicht nach § 102 Abs. 5 BetrVG bzw. dem allgemeinen → *Weiterbeschäftigungsanspruch* (weiter-)beschäftigt werden. Sie sind nach der Rspr. des BAG auch nach ihrem tatsächlichen Ausscheiden während der Dauer des Kündigungsschutzverfahrens wählbar, aber während ihres Kündigungsschutzverfahrens an der Amtsausübung gehindert.

II. Zusammensetzung des Betriebsrats

Die Zahl der regelmäßig beschäftigten Betriebsangehörigen (leitende → *Angestellte* bleiben unberücksichtigt; zum Zuordnungsverfahren: § 18a BetrVG 1972) ist für die Zahl der BRmitglieder entscheidend (§ 9 BetrVG). In Grenzfällen hat der Wahlvorstand bei der Berechnung von AN, namentlich bei Teilzeit- und Aushilfskräften einen Beurteilungsspielraum. Für kleine Betriebe (fünf bis 100 wahlberechtigte AN) ist die Zahl der Wahlberechtigten ausschlaggebend; in großen Betrieben (von 101 AN aufwärts) die Zahl der AN schlechthin.

Für die Feststellung der Zahl der betriebsangehörigen Wahlberechtigten ist der Tag des Erlasses des Wahlausschreibens entscheidend (§ 3 WahlO). Regelmäßig beschäftigte LeihAN werden mitgezählt (BAG 13.3.2013 – 7 ABR 69/11; § 14 Abs. 2 S. 4 AÜG), nicht hingegen AN von im Betrieb tätigen Fremdfirmen. Der BR soll unter Berücksichtigung der Geschlechter sich möglichst aus AN aller Betriebsabteilungen, Nebenbetrieben und Beschäftigungsarten zusammensetzen (§ 15 BetrVG). Die Geschlechterquote des § 15 Abs. 2 BetrVG ist nicht verfassungswidrig.

III. Zeitpunkt der Betriebsratswahlen

Die regelmäßigen BRwahlen finden alle vier Jahre in der Zeit vom 1. 3. bis 31. 5. statt (§ 13 BetrVG). Die nächste BRwahl im Vier-Jahres-Rhythmus findet im Jahr 2022 statt. Dieser Rhythmus wurde eingeführt, um den Gewerkschaften die organisatorischen Vorbereitungen für die Wahl zu erleichtern. Die BRwahl ist zugleich mit den Wahlen zum Sprecherausschuss einzuleiten. Abweichend vom Vier-Jahres-Rhythmus ist ein BR zu wählen: **(1)** bei wesentlicher Änderung der Zahl der beschäftigten AN, **(2)** wenn die Gesamtzahl der BRmitglieder auch nach Hinzutreten der Ersatzmitglieder unter die vorgeschriebene Zahl gesunken ist, **(3)** der BR mit Mehrheit seinen Rücktritt beschlossen hat, **(4)** die BRwahl angefochten ist, **(5)** der BR aufgelöst ist oder **(6)** im Betrieb kein BR besteht. Hat eine außerordentliche BRwahl stattgefunden, ist der BR bei der nächsten ordentlichen BRwahl neu zu wählen, es sei denn, dass er noch nicht ein Jahr im Amt ist (§ 13 BetrVG). Die Amtszeit eines außerhalb des regelmäßigen Wahlzeitraums gewählten BR endet mit der Bekanntgabe des Wahlergebnisses des neu gewählten BR.

IV. Wahlverfahren

1. Vorbereitung

Das Wahlverfahren ist in der WahlO vom 11.12.2001 (BGBl. I 3494) idF v. 8.10.2021 (BGBl. I 4640), für Postunternehmen in der WahlO vom 22.2.2002 (BGBl. I 946) festgelegt. Es ist ein allgemeines und ein vereinfachtes Wahlverfahren vorgesehen. Die Leitung obliegt dem Wahlvorstand, der wahlberechtigte AN als Wahlhelfer zu seiner Unterstützung bei der Durchführung der Stimmabgabe und bei der

Stimmenzählung hinzuziehen kann (§ 1 WahlO). Der Wahlvorstand hat eine Liste der Wahlberechtigten (Wählerliste) getrennt nach den Geschlechtern aufzustellen. Die Wahlberechtigten sollen mit Familiennamen, Vornamen, Geburtsdatum in alphabetischer Reihenfolge aufgeführt werden. Der AG hat dem Wahlvorstand alle erforderlichen Auskünfte zu geben (§ 2 Abs. 2 WahlO). Das aktive und passive Wahlrecht steht nur den AN zu, die in die Wählerliste eingetragen sind (§ 2 Abs. 3 WahlO). Die Wählerliste und die WahlO sind vom Tage der Einleitung der Wahl im Betrieb auszulegen. Die Bekanntmachung in elektronischer Form ist nur zulässig, wenn alle AN davon Kenntnis nehmen können. Gegen die Richtigkeit der Wählerliste können binnen zwei Wochen seit Erlass des Wahlausschreibens Einsprüche eingelegt werden (§ 4 WahlO). Spätestens sechs Wochen vor dem ersten Tag der Stimmabgabe erlässt der Wahlvorstand ein Wahlausschreiben, das vom Vorsitzenden und mindestens einem weiteren Mitglied des Wahlvorstands zu unterschreiben ist. In Betrieben mit einem starken Anteil von ausländischen AN kann dies auch in einer Fremdsprache zu veröffentlichen sein. Es muss den in § 3 Abs. 2 WahlO näher bezeichneten Inhalt haben. Damit ist die BRwahl eingeleitet.

2. Wahlvorschläge, Vorschlagslisten und Stimmabgabe

(a) **Wahlvorbereitung:** Wahlvorschläge können von den wahlberechtigten AN und den im Betrieb vertretenen Gewerkschaften gemacht werden. In Betrieben mit in der Regel bis zu 20 wahlberechtigten AN bedarf es keiner Unterzeichnung von Wahlvorschlägen. Wahlvorschläge sind in Betrieben mit in der Regel 21 bis 100 wahlberechtigten AN von mindestens zwei Wahlberechtigten und in Betrieben mit in der Regel mehr als 100 wahlberechtigten AN von mindestens einem Zwanzigstel der Wahlberechtigten zu unterzeichnen. In jedem Fall genügt die Unterzeichnung durch 50 Wahlberechtigte; weitere Besonderheiten § 14 Abs. 6 BetrVG. In jedem Wahlvorschlag sind die einzelnen Bewerber in erkennbarer Reihenfolge unter fortlaufender Nummer und unter Angabe von Familienname, Vorname, Geburtsdatum, Art der Beschäftigung im Betrieb aufzuführen. Die schriftliche Zustimmung der Bewerber zur Aufnahme in die Liste ist beizufügen (§ 6 Abs. 4 WahlO). Ist niemand als Listenvertreter bezeichnet, wird derjenige, der an erster Stelle den Wahlvorschlag unterzeichnet hat, als Listenvertreter angesehen. Dieser ist Adressat für die Mitteilungen von Beanstandungen durch den Wahlvorstand (§ 6 Abs. 4 WahlO). Ein Bewerber kann nur auf einer Vorschlagsliste vorgeschlagen werden (§ 6 Abs. 7 WahlO). Eine Listenverbindung ist unzulässig (§ 6 Abs. 6 WahlO). Eine ohne Einverständnis der Unterzeichner vorgenommene Streichung einzelner Kandidaten ist eine unzulässige Änderung des Wahlvorschlags. Die Unterschrift eines Wahlberechtigten zählt nur auf einer Vorschlagsliste. Hat ein Wahlberechtigter mehrere Vorschlagslisten unterschrieben, hat er auf Aufforderung des Wahlvorstands binnen einer ihm gesetzten angemessenen Frist, spätestens jedoch vor Ablauf von drei Arbeitstagen zu erklären, welche Unterschrift er aufrechterhält. Unterbleibt die Erklärung, wird sie nur auf der zuerst eingereichten Liste gezählt, bei gleichzeitig eingereichten entscheidet das Los. Der Wahlvorstand hat möglichst binnen einer Frist von zwei Tagen die Vorschlagslisten zu prüfen und bei Ungültigkeit oder Beanstandung einer Liste den Listenvertreter unter Angabe der Gründe schriftlich zu unterrichten (§ 7 Abs. 2 WahlO). Ungültig sind Vorschlagslisten aus den in § 8 WahlO aufgezählten Gründen. Die als gültig anerkannten Listen sind gem. § 10 WahlO zu veröffentlichen. Sind mehrere Vorschlagslisten eingereicht worden, wird diesen durch Los eine Ordnungsnummer zugeteilt. Der Wähler kann seine Stimme nur für eine als gültig anerkannte Vorschlagsliste abgeben.

(b) Wahlverfahren: Der BR wird in geheimer und unmittelbarer Wahl gewählt (§ 14 BetrVG). Die Wahl erfolgt nach den Grundsätzen der Verhältniswahl; wird nur ein Wahlvorschlag eingereicht, gelten die Grundsätze der Mehrheitswahl. Letzteres gilt auch für Betriebe, deren BR nur aus einer Person besteht. Die Stimmabgabe erfolgt durch Abgabe von Stimmzetteln; Einzelheiten siehe § 11 WahlO. Unverzüglich nach Abschluss der Wahl hat der Wahlvorstand öffentlich die Auszählung der Stimmen vorzunehmen (§ 13 WahlO) und das Wahlergebnis und die Sitzverteilung festzustellen (§§ 13, 15 WahlO). Über die Wahl ist eine Niederschrift zu fertigen (§ 16 WahlO), die den im Betrieb vertretenen Gewerkschaften zu übersenden ist. Die Gewählten sind schriftlich zu benachrichtigen (§ 17 WahlO), durch

Aushang bekannt zu geben (§ 18 WahlO) und vor Ablauf einer Woche nach dem Wahltag zur konstituierenden Sitzung des BR zusammenzurufen (§ 29 BetrVG). Die Voraussetzungen für eine schriftliche Stimmabgabe bei Abwesenheit eines AN ist in §§ 24 ff. WahlO geregelt; die für die Wahl im vereinfachten Verfahren geltenden Anforderungen in § 14a BetrVG. Entscheidungen des Wahlvorstands können ebenso wie seine Wahl selbst Gegenstand eines Beschlussverfahrens sein. Einstweilige Verfügungen mit dem Ziel des Abbruchs der Wahl oder einer Korrektur einer Entscheidung des Wahlvorstands sind nur zulässig, wenn die Wahl ansonsten nichtig wäre (BAG 27.7.2011 – 7 ABR 61/10).

V. Wahlanfechtung

Die **Wahl des BR** darf von niemandem **behindert** werden. Insbesondere darf kein AN in der Ausübung des aktiven oder passiven Wahlrechts beschränkt werden (§ 20 Abs. 1 BetrVG). Die Kosten der BRwahl trägt in erforderlichem Umfang der AG. Die Wahl kann binnen einer Frist von zwei Wochen seit Bekanntgabe des Wahlergebnisses durch drei wahlberechtigte AN, eine im Betrieb vertretene Gewerkschaft oder den AG beim Arbeitsgericht angefochten werden, wenn gegen wesentliche Vorschriften über das Wahlrecht, die Wählbarkeit oder das Wahlverfahren verstoßen worden ist und eine Berichtigung nicht erfolgt ist, es sei denn, dass durch den Verstoß das Wahlergebnis nicht geändert oder beeinflusst worden sein kann (§ 19 BetrVG); für Anfechtung wegen einer unrichtigen Wählerliste gilt die Einschränkung in § 19 Abs. 3 BetrVG. Für die Anfechtung entfällt das Rechtsschutzinteresse, wenn die Amtszeit des Gremiums endet, dessen Wahl angefochten wird. Zu den vom AG zu tragenden Kosten einer BRwahl gehören auch die erforderlichen Kosten einer Gewerkschaft, die ihr durch die Beauftragung eines Rechtsanwalts in einem Beschlussverfahren zur gerichtlichen Bestellung eines Wahlvorstands entstanden sind.

Eine **Wahlanfechtung** ist zB als begründet anerkannt worden, wenn der Wahlvorstand von einer zu großen Anzahl der zu wählenden BRmitglieder ausgegangen ist, bei unrichtiger Bemessung der Betriebsgröße, Briefwahlunterlagen in Gegenwart des Wahlkandidaten ausgefüllt wurden. Die Nichtigkeit der BRwahl kann unabhängig von der Anfechtungsfrist festgestellt werden. Eine BRwahl ist nur dann **nichtig,** wenn gegen allgemeine Grundsätze jeder ordnungsgemäßen Wahl in so hohem Maße verstoßen worden ist, dass auch der Anschein einer dem Gesetz entsprechenden Wahl nicht mehr vorliegt. Die Verkennung des Betriebsbegriffs führt nicht zur Nichtigkeit der Wahl.

▶ Betriebsrisiko

I. Grundsatz

Der Arbeitsvertrag ist ein gegenseitiger Vertrag. Wird in einem solchen Vertrag dem Schuldner die Leistung unmöglich, ohne dass eine der Parteien hieran ein Verschulden trifft, wird der Schuldner (AN) von der (Arbeits-)Leistung frei (§ 275 BGB); er verliert gleichzeitig aber seinen Vergütungsanspruch (§ 326 BGB). Die Betriebsrisikolehre ist entwickelt worden, weil die genannten BGB-Vorschriften im Arbeitsrecht zu unangemessenen Ergebnissen führen. Ist die Arbeitsleistung unmöglich, wird der AG nur nach § 326 Abs. 1 BGB von der Vergütungspflicht frei, wenn die Unmöglichkeit auf einem Umstand beruht, der nicht zu seiner Risikosphäre (seinem Betriebsrisiko), sondern zu der der ANseite gehört. Zum 1.1.2002 ist § 615 S. 3 BGB in das BGB eingefügt worden, der die bisherige Rspr. des BAG zur Betriebsrisikolehre übernimmt. Diese unterscheidet dabei zwischen dem Betriebs- und Wirtschaftsrisiko und dem Arbeitskampfrisiko.

II. Betriebs- und Wirtschaftsrisiko, Corona-Pandemie

Zum **Betriebsrisiko** gehören alle Fälle, in denen der AG ohne sein Verschulden einen funktionsfähigen Betrieb infolge fehlender Energie, Rohstoffe, Maschinen, Mitarbeiter usw. nicht zur Verfügung stellen kann und die AN nicht arbeiten können. Zum **Wirtschaftsrisiko** gehören dagegen solche Fälle, in denen die Arbeitsleistung technisch möglich, wirtschaftlich aber sinnlos ist. Das Betriebsrisiko und das Wirtschaftsrisiko hat grds. der AG zu tragen. Er muss zB die Vergütung weiterzahlen, wenn im Betrieb wegen einer defekten Heizung nicht gearbeitet werden kann oder die produzierten Waren nicht abgesetzt werden können. Auch bei längeren Betriebsstörungen enden Arbeitsverhältnisse nicht automatisch; vielmehr ist selbst bei Wegfall der Geschäftsgrundlage gleichwohl noch eine → *Kündigung* notwendig. Auch die Voraussetzungen für eine außerordentliche Kündigung werden regelmäßig nicht vorliegen; dagegen ist eine ordentliche Kündigung idR betriebsbedingt möglich (§ 1 Abs. 2 KSchG).

Für vorübergehende und öffentlich-rechtlich verfügte Betriebsschließungen während der **Corona-Pandemie** unterscheidet das BAG nach dem Zweck der Maßnahme und somit danach, ob diese an die Arbeits- oder Produktionsbedingungen des betroffenen Betriebs und bzw. oder ein hieraus resultierendes konkretes Infektionsgeschehen in diesem Betrieb anknüpft (BAG 4.5.2022 – 5 AZR 366/21). Zielt die behördliche Maßnahme darauf, einem im Betrieb des AG angelegten besonderen Risiko zu begegnen (Vorliegen einer besonders hohen Ansteckungsgefahr innerhalb der Belegschaft), ist der AG zur Entgeltfortzahlung verpflichtet. Dies ist hingegen nicht der Fall, wenn die behördlich verfügte Betriebsschließung im Rahmen allgemeiner Maßnahmen staatlicher Stellen zur Pandemiebekämpfung erfolgt und betriebsübergreifend zum Schutz der Bevölkerung vor schweren und tödlichen Krankheitsverläufen dient (BAG 13.10.2021 – 5 AZR 211/21).

III. Arbeitskampf

Diese Grundsätze des § 326 Abs. 1 BGB sind bei Störungen des Betriebsablaufs nach der Rspr. des BAG eingeschränkt, wenn diese auf einem **Arbeitskampf** in einem anderen Betrieb beruhen und die Aufrechterhaltung der Produktion in dem nicht bestreikten Betrieb wegen des Streiks ganz oder teilweise unmöglich oder wirtschaftlich unzumutbar ist. Können die Fernwirkungen eines Streiks das Kräfteverhältnis der kampfführenden Parteien beeinflussen, tragen beide Seiten das Arbeitskampfrisiko. Das bedeutet für die betroffenen AN, dass sie für die Dauer der Störung keine Beschäftigungs- und Vergütungsansprüche haben. Ein solcher Fall ist zB dann anzunehmen, wenn die für den mittelbar betroffenen Betrieb zuständigen Verbände mit den unmittelbar kampfführenden Verbänden identisch oder doch organisatorisch eng verbunden sind. Dabei ist unerheblich, ob die Betriebsstörung auf einem rechtmäßigen Streik oder auf einer rechtmäßigen Abwehraussperrung beruht. Entscheidet sich der AG dafür, einen bestreikten Betrieb (Betriebsteil) nicht stillzulegen, sondern soweit wie möglich aufrecht zu erhalten, verlieren Arbeitswillige, die nicht beschäftigt werden, ihren Entgeltanspruch nur, wenn ihre Beschäftigung dem AG infolge des Streiks unmöglich oder unzumutbar wird.

▶ Betriebsstilllegung

Eine Betriebsstilllegung setzt den ernstlichen und endgültigen Entschluss des Unternehmers voraus, die Betriebs- und Produktionsgemeinschaft zwischen AG und AN für einen seiner Dauer nach unbestimmten, wirtschaftlich nicht unerheblichen Zeitraum aufzugeben. Keine Betriebsstilllegung ist die Betriebsveräußerung oder -verpachtung (→ *Betriebsübergang*). Eine Betriebsstilllegung bedarf auch bei einer juristischen Person keines Beschlusses des für die Auflösung zuständigen Organs. Die Sozialbindung des Eigentums steht der Betriebsstilllegung nicht entgegen, ebenso sind die Gründe für die Betriebsstilllegung ohne Bedeutung. Diese rechtfertigt regelmäßig nur eine ordentliche → *betriebsbedingte Kündigung*. Wird ein Betrieb oder eine Betriebsabteilung – auch im Insolvenzverfahren – stillgelegt, hat der AG nach § 106 BetrVG den → *Wirtschaftsausschuss*, nach § 111 BetrVG den → *Betriebsrat* und nach § 32 Abs. 2 SprAuG den → *Sprecherausschuss* zu unterrichten. Der AG muss die geplante Betriebsstilllegung mit dem BR rechtzeitig und umfassend beraten. Bei der wirtschaftlichen Entscheidung, ob stillgelegt wird, hat der BR nur ein Beratungsrecht. Insoweit hat ein → *Interessenausgleich*, notfalls unter Einschaltung der → *Bundesagentur für Arbeit* stattzufinden. Kommt es zu keiner Einigung oder wird ein Interessenausgleich nicht versucht, können die Beteiligten die → *Einigungsstelle* anrufen. Diese kann für den Interessenausgleich nur einen Vorschlag machen, aber keine verbindliche Entscheidung über die Durchführung der Betriebsstilllegung treffen. Kommt es zu einer Einigung, ist diese schriftlich niederzulegen. Zur Milderung der sozialen Folgen der Betriebsstilllegung hat der BR beim Abschluss eines → *Sozialplans* dagegen ein erzwingbares Mitbestimmungsrecht (§ 112 Abs. 4 BetrVG). Beteiligt der AG den BR bei dem Interessenausgleich nicht oder weicht er ohne wichtigen Grund von einem vereinbarten Interessenausgleich ab, können für die betroffenen AN Ansprüche auf → *Nachteilsausgleich* (§ 113 BetrVG) entstehen, selbst wenn später noch eine Einigung zwischen AG und BR zustande kommt. Eine Ausnahme besteht nur dann, wenn die Betriebsstilllegung unabweisbar war. Der BR hat für den Abschluss des Sozialplans ein Restmandat nach § 21b BetrVG. Wird in einem betriebsratslosen Betrieb ein BR erst nach Beginn des Stilllegungsverfahrens gewählt, kann dieser die Aufstellung eines Sozialplans nicht mehr verlangen.

▶ Betriebsübergang

I. Übersicht

Der Gesetzgeber hat den Betriebsübergang in § 613a BGB geregelt. Nach § 613a Abs. 1 S. 1 BGB hat ein Betriebsübergang zur Folge, dass die **Arbeitsverhältnisse** der dem Betrieb angehörenden AN **auf den neuen Inhaber übergehen;** der Betriebserwerber tritt in die bestehenden Rechtsverhältnisse der AN mit dem bisherigen Inhaber ein (dazu unter III. 1.). Sind die Rechte und Pflichten aus den Arbeitsverhältnissen durch einen → *Tarifvertrag* oder eine → *Betriebsvereinbarung* geregelt, so werden deren Rechtsnormen nach § 613a Abs. 1 S. 2 BGB Inhalt des Arbeitsverhältnisses zwischen dem Betriebserwerber und dem AN; sie dürfen nicht vor Ablauf eines Jahres nach dem Zeitpunkt des Übergangs zum Nachteil der AN geändert werden. Dies gilt nicht, wenn die Rechte und Pflichten bei dem Betriebserwerber durch einen TV oder eine andere BV geregelt werden (dazu III. 2.). Der bisherige AG **haftet** gemeinsam mit dem Betriebserwerber gem. § 613a Abs. 2 BGB für Verbindlichkeiten aus dem Arbeitsverhältnis, wenn diese vor dem Zeitpunkt des Betriebsübergangs entstanden und vor Ablauf von einem Jahr nach diesem Zeitpunkt fällig werden. Nach § 613a Abs. 4 BGB sind → *Kündigungen* wegen des Betriebsübergangs untersagt. Der bisherige AG und der Betriebserwerber haben die vom Betriebsübergang betroffenen AN nach § 613a Abs. 5 BGB über die für sie maßgeblichen Umstände des Betriebsübergangs zu **unterrichten** (dazu IV.). Die AN haben gem. § 613a Abs. 6 BGB die Möglichkeit, dem Übergang ihres Arbeitsverhältnisses auf den Betriebserwerber zu **widersprechen** (unter V.).

II. Voraussetzungen des Betriebsübergangs

(1) § 613a Abs. 1 S. 1 BGB setzt voraus, dass ein Betrieb oder Betriebsteil auf einen Erwerber übergeht. Bei der Auslegung der Norm orientiert sich die Rspr. des BAG strikt an den Vorgaben des EuGH. Maßgebend ist danach, ob eine **wirtschaftliche Einheit** vorliegt, die auf den Erwerber übergeht. Eine solche Einheit ist eine organisatorische Gesamtheit von Personen und Sachen, die auf Dauer zur Ausübung einer wirtschaftlichen Tätigkeit mit eigener Zielsetzung angelegt ist. Ob diese übergeht, wird durch **Gesamtschau** anhand der vom EuGH entwickelten Kriterien beurteilt. Dazu gehören die Art des betreffenden → *Unternehmens* oder Betriebs, der Übergang der materiellen Betriebsmittel, der Wert der immateriellen Aktiva im Zeitpunkt des Übergangs, die Übernahme der Hauptbelegschaft, der Übergang der Kundschaft, der Grad der Ähnlichkeit zwischen den vor und nach dem Übergang verrichteten Tätigkeiten sowie die Dauer einer Unterbrechung dieser Tätigkeit. Die Identität der Einheit kann sich auch aus anderen Merkmalen wie ihrem Personal, ihren Führungskräften, ihrer Arbeitsorganisation, ihren Betriebsmethoden und ggf. den ihr zur Verfügung stehenden Betriebsmitteln ergeben. Den **genannten Kriterien kommt je nach der ausgeübten Tätigkeit und je nach den Produktions- und Betriebsmethoden unterschiedliches Gewicht** zu (BAG 6.4.2006 – 8 AZR 222/04). Wird die wirtschaftliche Einheit vom Erwerber nicht im Wesentlichen unverändert fortgeführt und damit deren Identität gewahrt, liegt kein Betriebsübergang vor.

(2) Ein Betriebsübergang iSd § 613a BGB setzt zudem voraus, dass der Erwerber die Einheit nach der Übernahme der betrieblichen Organisations- und Leitungsmacht auch **tatsächlich fortführt.** Der bisherige Inhaber muss seine wirtschaftliche Betätigung in dem Betrieb einstellen und der Erwerber die Geschäftstätigkeit weiterführen oder wiederaufnehmen. Kein Betriebsübergang liegt bei einer Übernahme der Betriebsmittel und einer sich unmittelbar anschließenden → *Betriebsstilllegung* vor (BAG 18.3.1999 – 8 AZR 159/98). Hingegen kann auch eine nur vorübergehende Fortführung der

bisherigen Tätigkeit für einen Betriebsübergang sprechen; wie viel Zeit zwischen Übernahme und Stilllegung liegen darf, ist vom BAG noch nicht entschieden.

(3) § 613a Abs. S. 1 BGB verlangt außerdem einen Übergang des Betriebs durch **Rechtsgeschäft.** Der Begriff ist weit zu verstehen. Er erfasst alle Fälle, in denen die für den Betrieb verantwortliche natürliche oder juristische Person, die die AGverpflichtung gegenüber den AN eingeht, im Rahmen vertraglicher oder sonst rechtsgeschäftlicher Beziehungen wechselt. Nicht erforderlich ist das Bestehen von unmittelbaren Vertragsbeziehungen zwischen dem bisherigen AG und dem Erwerber (BAG 26.8.1999 – 8 AZR 827/98). Als Rechtsgeschäfte kommen in Betracht Kauf, Schenkung, Einbringung in eine Gesellschaft, Vermächtnis, Verpachtung, Leasing oder Bestellung eines Nießbrauchs sowie eine Kombination mehrerer Rechtsgeschäfte; ausreichend ist auch eine Übernahme durch Management Buy-out-Vertrag bzw. Betriebsführungsvertrag. Die rechtsgeschäftliche Übertragung des Betriebs muss nicht durch ein einheitliches Rechtsgeschäft erfolgen. Es genügt, wenn der Betriebserwerber eine Vielzahl von Rechtsgeschäften mit Dritten vornimmt, um den Betrieb als Ganzes fortzusetzen. Die Nichtigkeit des Rechtsgeschäfts schließt einen Betriebsübergang nicht aus.

(4) Der **Übergang eines Betriebsteils** steht dem Betriebsübergang gleich. In der aktuellen Rspr. des BAG kommt dem keine eigenständige Bedeutung mehr zu; entscheidend ist lediglich, dass der Übergang eine wirtschaftliche Einheit betrifft (BAG 25.1.2018 – 8 AZR 309/16). Diese muss bereits vor ihrem Übergang über eine funktionelle (nicht: vollständige) Selbständigkeit – im Sinne einer Leistungsstruktur – verfügt haben. Ausreichend ist es, wenn die Leitung befugt ist, die Arbeit der zur Einheit gehörenden AN relativ frei und unabhängig zu organisieren, insbesondere Weisungen zu erteilen und Aufgaben auf die AN zu verteilen, ohne dass andere Organisationsstrukturen zwischengeschaltet sind. Eine disziplinarische Personalkompetenz ist nicht nötig (BAG 27.2.2020 – 8 AZR 215/19). Der Betriebs(teil)erwerber muss die funktionelle Verknüpfung zwischen den übertragenen Produktionsfaktoren beibehalten, so dass es ihm ermöglicht wird, diese Faktoren zu nutzen, um derselben

oder einer gleichartigen wirtschaftlichen Tätigkeit nachzugehen (BAG 22.8.2013 – 8 AZR 521/12).

(5) Insbesondere im Dienstleistungsbereich ist zwischen einem Betriebsübergang iSd § 613a BGB und einer **Funktionsnachfolge** zu unterscheiden. Führt ein Auftragnehmer nur die in der Einheit ausgeübte Tätigkeit weiter und übernimmt er keine Betriebsmittel, liegt lediglich eine bloße Funktionsnachfolge und kein Betriebsübergang vor. Eine **Fremdvergabe** von bisher im Unternehmen selbst erledigten Arbeiten ist nur ein Betriebsübergang, wenn auch die maßgeblichen Betriebsmittel auf den externen Auftragnehmer übertragen werden. Die gleichen Grundsätze gelten bei einer **Auftragsneuvergabe** bzw. bei dem bloßen Verlust eines Auftrags an einen Mitbewerber oder der Rückführung von ausgegliederten Funktionen in den Betrieb (Insourcing). Das BAG stellt als maßgebliches Abgrenzungskriterium darauf ab, ob der Einsatz der übertragenen sächlichen Betriebsmittel bei wertender Betrachtungsweise den eigentlichen Kern des zur Wertschöpfung erforderlichen Funktionszusammenhangs der zuvor ausgeübten betrieblichen Tätigkeit ausmacht. Die Betriebsmittel müssen identitätsprägend und daher unverzichtbar zur auftragsgemäßen Verrichtung der in der Einheit ausgeübten Tätigkeiten sein (BAG 23.5.2013 – 8 AZR 207/12). Welche Betriebsmittel identitätsprägend sind, richtet sich regelmäßig nach der jeweiligen Eigenart des Betriebs. Nicht zu den identitätsprägenden Betriebsmitteln zählen solche, die leicht austauschbar und auf dem Markt unschwer zu erwerben sind.

(6) § 613a BGB ist auch im Bereich des **öffentlichen Dienstes** anwendbar, wenn ein öffentlicher Rechtsträger ein privatrechtliches Unternehmen übernimmt (EuGH 11.12.2004 – C-425/02). Das BAG wendet § 613a BGB auch auf den Übergang von Einrichtungen an, die hoheitliche Aufgaben wahrnehmen (BAG 25.9.2003 – 8 AZR 421/02). Auch öffentlich-rechtlich organisierte Einheiten zur Erfüllung öffentlicher Aufgaben und Einrichtungen der Kirchen können wirtschaftliche Einheiten sein, die nach § 613a BGB übergehen (zB Krankenhäuser, Schulen, Rundfunkanstalten). § 613a BGB erfasst jedoch nur den auf Rechtsgeschäft beruhenden Übergang von Organisationseinheiten, nicht eine gesetzliche Funktionsnachfolge. Auf

die Umstrukturierung von Hoheitsträgern kraft Gesetzes ist die Bestimmung nicht anzuwenden.

III. Rechtsfolgen eines Betriebsübergangs

1. Übergang der Arbeitsverhältnisse

Nach § 613a Abs. 1 S. 1 BGB tritt der Betriebserwerber in die Rechte und Pflichten aus den im Zeitpunkt des Übergangs bestehenden → *Arbeitsverhältnissen* ein. Die Arbeitsverhältnisse zum bisherigen Betriebsinhaber werden gleichzeitig beendet. Der Eintritt des neuen Inhabers in die Rechte und Pflichten bedarf keiner Einwilligung des AN. Erfasst werden die Arbeitsverhältnisse aller AN. Die Rechtsverhältnisse der → *arbeitnehmerähnlichen Personen*, → *Heimarbeiter* und → *freien Mitarbeiter* gehen hingegen nicht auf den Erwerber über. Das Anstellungsverhältnis eines Organvertreters fällt nur unter § 613a BGB, wenn es sich um ein Arbeitsverhältnis handelt.

Vom Übergang der Arbeitsverhältnisse nach § 613a Abs. 1 BGB sind nur die AN erfasst, die der übergehenden Einheit (Betrieb bzw. -steil) zum Zeitpunkt des Übergangs auf den Betriebserwerber **angehören.** Dies setzt grds. voraus, dass der AN der übergehenden Einheit zugeordnet war. Die Frage der Zuordnung kann insbesondere bedeutsam werden, wenn nur einer von mehreren → *Betrieben* oder lediglich ein Betriebsteil auf einen neuen Betriebsinhaber übergeht und der Restbetrieb stillgelegt wird. Die Zuordnung erfolgt grds. nach objektiven Kriterien. Hierfür ist zuerst die vertragliche Vereinbarung oder – falls diese nicht entsprechend konkret ausgestaltet ist – der überwiegende Zeitanteil der ausgeübten Tätigkeiten des AN bzw. seine tatsächliche Eingliederung oder – bei verbleibenden Zweifeln – die ausdrücklich oder konkludente Ausübung des → *Direktionsrechts* durch den AG maßgebend.

Der Betriebserwerber übernimmt nach § 613a Abs. 1 S. 1 BGB die Arbeitsverhältnisse in dem Zustand, in dem sie sich zum Zeitpunkt des Betriebsübergangs bei dem früheren Betriebsinhaber befunden haben. Da § 613a Abs. 1 S. 1 BGB nur einen gesetzlichen Austausch des Vertragspartners auf der AGseite bewirkt, bleibt der **Inhalt der bestehenden Arbeitsverhältnisse unverändert.** Der Betriebserwerber tritt nur in die im Zeitpunkt des Betriebsübergangs bestehenden

Verpflichtungen aus dem Arbeitsverhältnis ein. Für die übergehenden AN findet damit ein **gesetzlicher Schuldnerwechsel** statt. Der Betriebserwerber muss die bisherigen Leistungen weiter erbringen. Er hat insbesondere dieselbe Vergütung wie der Betriebsveräußerer zu zahlen. Die beim Veräußerer erdienten verfallbaren oder unverfallbaren **Anwartschaften** der übernommenen AN auf betriebliche Altersversorgung gehen auf den Betriebserwerber über. Eine bereits vor Betriebsübergang begründete → *betriebliche Übung* bindet auch den Betriebserwerber (BAG 3.11.2004 – 5 AZR 73/04). Ist noch keine Bindungswirkung eingetreten, muss der Erwerber den bisher vom Betriebsveräußerer gesetzten Vertrauenstatbestand gegen sich gelten lassen. Er kann den Eintritt der Bindungswirkung jedoch durch entsprechende gegenläufige Erklärungen verhindern. Die Dauer der bei dem Betriebsveräußerer bis zum Betriebsübergang zurückgelegten **Betriebszugehörigkeit** bleibt dem AN erhalten. Dies betrifft zunächst die Fälle, in denen das Gesetz auf die Zurücklegung einer bestimmten Betriebszugehörigkeitszeit abstellt, wie zB bei der Wartezeit für den → *Kündigungsschutz* (§ 1 Abs. 1 KSchG) und für den → *Urlaub* (§ 4 BUrlG), der Sozialauswahl (§ 1 Abs. 3 KSchG) sowie bei der Berechnung der Dauer der gesetzlichen Kündigungsfristen (§ 622 Abs. 2 BGB). Daneben zählt die bisherige Betriebszugehörigkeitszeit auch bei Ansprüchen, die auf übergegangenen Kollektivregelungen oder dem Arbeitsvertrag beruhen, wie zB ein zusätzliches Urlaubsgeld oder eine von der Dauer der Betriebszugehörigkeitszeit abhängige Vergütung. Bei Ansprüchen, die mit dem Arbeitsverhältnis im Zusammenhang stehen, ist stets im Wege der Auslegung zu ermitteln, ob die Verpflichtung des AG auch bei einer Übertragung des Betriebs auf einen Dritten gelten soll. Dies gilt insbesondere, wenn der neue AG die Ansprüche nicht ohne Weiteres erfüllen kann, weil sie auf Leistungen Dritter (zB konzernverbundener Unternehmen des Betriebsveräußerers) beruhen oder deren Mitwirkung erfordern. So geht zB ein Personalrabatt auf Waren, die nur der frühere AG hergestellt hat, nicht über (BAG 7.9.2004 – 9 AZR 631/03; zu Flugvergünstigungen: BAG 13.12.2006 – 10 AZR 792/05). Besteht das Arbeitsverhältnis im Zeitpunkt des Betriebsübergangs noch, tritt der Betriebserwerber auch in das vertragliche → *Wettbewerbsverbot* ein. Ist das Arbeitsverhältnis im Zeitpunkt des

Betriebsübergangs bereits beendet, ist § 613a BGB auf die wettbewerbsrechtlichen Rechtsbeziehungen des neuen AG zu dem ausgeschiedenen AN weder direkt noch analog anzuwenden (umstritten).

2. Weitergeltung von Tarifverträgen und Betriebsvereinbarungen

(**a**) Die Weitergeltung der bisherigen Kollektivvereinbarungen (→ *Tarifverträge* und → *Betriebsvereinbarungen*) ist davon abhängig, ob deren Regelungsgegenstände beim Betriebserwerber gleichfalls durch Kollektivvereinbarungen geregelt sind. Ist dies der Fall, gelten nach § 613a Abs. 1 S. 3 BGB für die Arbeitsverhältnisse der übernommenen AN die beim Erwerber geltenden Kollektivvereinbarungen. Dies gilt auch, wenn die durch TV oder BV geregelten Arbeitsbedingungen für den AN ungünstiger sind. Ein allgemeines Verschlechterungsverbot besteht insoweit nicht (BAG 23.1.2019 – 4 AZR 445/17).

(**b**) Bestehen beim Erwerber keine entsprechenden **Tarifverträge** oder gelten diese nicht unmittelbar und zwingend für das übergehende Arbeitsverhältnis (→ *Tarifbindung*), so sind die Bestimmungen des beim Veräußerer normativ geltenden Tarifvertrags nach § 613a Abs. 1 S. 2 BGB auch beim Erwerber anwendbar, soweit sie die Rechte und Pflichten der Vertragsparteien regeln. Sie werden dann in das Arbeitsverhältnis transformiert; auch bei einem weiteren Betriebsübergang kommen sie dann nur auf der Grundlage von § 613a Abs. 1 S. 2 BGB zur Anwendung (BAG 12.6.2019 – 1 AZR 154/17). Durch die Transformation werden die Regelungen aber nicht Inhalt des → *Arbeitsvertrags;* sie verlieren ihren „kollektivrechtlichen" Charakter nicht. Aus diesem Grund endet ihre Weitergeltung, wenn (irgendwann) nach dem Betriebsübergang ein dieselben Regelungsgegenstände regelnder TV für den AN und den Erwerber unmittelbar und zwingend zur Geltung kommt. Ungeachtet dessen unterliegen die weitergeltenden Tarifbestimmungen nach § 613a Abs. 1 S. 4 BGB einer auf ein Jahr beschränkten zeitlichen **Veränderungssperre,** von der zwei Ausnahmen bestehen: Verlieren die bisher beim Betriebsveräußerer geltenden Kollektivvereinbarungen vor Ablauf der Jahresfrist ihre zwingende Wirkung, kann auch das nach § 613a Abs. 1 S. 2 BGB weitergeltende Recht geändert werden. Die Veränderungssperre gilt gleichfalls nicht mehr, wenn AG und AN die vertragliche Anwendung eines anderen TV vereinbaren. Die Wirkungsweise von einzelvertraglich vereinbarten Verweisungsklauseln beim Betriebsübergang ist unter → *Bezugnahme auf Tarifvertrag* dargestellt.

(c) → *Betriebsvereinbarungen* können nach einem Betriebsübergang entweder ihre kollektivrechtliche Geltung im übergehenden Betrieb beibehalten, durch eine beim Betriebserwerber geltende **Betriebsvereinbarung** mit einem identischen Regelungsgegenstand verdrängt werden (§ 613a Abs. 1 S. 3 BGB) oder nach Maßgabe der § 613a Abs. 1 S. 2, 4 BGB als Bestandteil des Arbeitsverhältnisses weiter anwendbar sein. Bleibt auch nach dem Betriebsübergang die Identität der bisherigen betrieblichen Einheit erhalten, gilt die BV normativ weiter, dh sie findet nach § 77 Abs. 4 S. 1 BetrVG im Betrieb weiterhin unmittelbar und zwingend Anwendung. Dies ist zB der Fall, wenn bei einem Betriebsübergang der ganze Betrieb oder ein betriebsratsfähiger Betriebsteil, der vom Erwerber als selbstständiger Betrieb geführt wird, übergeht (BAG 18.11.2003 – 1 AZR 604/02). Ansonsten findet § 613a Abs. 1 S. 2 BGB Anwendung. Der Inhalt einer GesamtBV gilt in dem übertragenen Betrieb als EinzelBV weiter, wenn die in ihr geregelten Rechte und Pflichten beim aufnehmenden Unternehmen nicht durch TV oder BV ausgestaltet sind (BAG 5.5.2015 – 1 AZR 763/13). Keine Weitergeltung erfolgt, wenn der AG nach dem Übergang nicht mehr unter den **Geltungsbereich des BetrVG** fällt.

IV. Unterrichtung über den Betriebsübergang

Der Betriebsveräußerer oder der -erwerber haben nach § 613a Abs. 5 BGB die von einem Übergang betroffenen AN vor dem Übergang in Textform über folgende Umstände zu unterrichten: Zeitpunkt oder geplanter Zeitpunkt des Betriebsübergangs, Grund für den Übergang, rechtliche und wirtschaftliche sowie soziale Folgen für die AN sowie die hinsichtlich der AN in Aussicht genommenen Maßnahmen. Die Unterrichtung dient dazu, dem betroffenen AN eine ausreichende Wissensgrundlage für die Ausübung seines Widerspruchsrechts (siehe V.) zu geben (BT-Drs. 14/7760, 19).

Die Unterrichtung muss **rechtlich präzise** und nicht nur „im Kern" richtig sein. Sie braucht nicht individuell vorgenommen zu werden, sondern kann durch ein **Standardschreiben** erfolgen. Da sich die Unterrichtung an alle AN wendet, muss der AG keine individuelle Folgenbetrachtung vornehmen. Jedoch müssen eventuelle Besonderheiten des Arbeitsverhältnisses erfasst werden (BAG 13.7.2006 – 8 AZR 305/05). Die Informationen müssen **inhaltlich richtig** und für den DurchschnittsAN **verständlich** sein; bei ausländischen AN ist eine Übersetzung erforderlich, wenn sie nicht über ausreichende Deutschkenntnisse verfügen. Die Unterrichtung hat zumindest in **Textform** (§ 126b BGB) zu erfolgen; über den Zugang sollte in geeigneter Form ein Nachweis geführt werden. Die Unterrichtung hat vor dem Übergang zu erfolgen. Ist die Unterrichtung unterblieben, kann sie nachgeholt werden. Die Pflicht aus § 613a Abs. 5 BGB bleibt auch nach dem Betriebsübergang bestehen. Eine unvollständige Unterrichtung kann durch ergänzende Angaben geheilt werden, jedoch gilt auch für diese das Textformerfordernis.

Die Unterrichtung ist inhaltlich fehlerhaft, wenn sie entweder nicht ausreichende oder falsche Angaben enthält. Die Rechtsfolge einer fehlenden oder fehlerhaften Information nach § 613a Abs. 5 BGB ist nicht die Unwirksamkeit einer im Zusammenhang mit dem Betriebsübergang erklärten Kündigung. Vielmehr beginnt die Frist für den **Widerspruch** (§ 613a Abs. 6 S. 1 BGB) nicht zu laufen. Der AN kann bis zu einer ordnungsgemäßen Unterrichtung abwarten und muss sein vermeintliches Widerspruchsrecht nicht auf einer unzureichenden Tatsachenbasis ausüben.

Daneben kann eine Verletzung der Unterrichtungspflicht zu **Schadensersatzansprüchen** gegen den bisherigen AG aus § 280 Abs. 1 BGB (BAG 13.7.2006 – 8 AZR 382/05) und gegen den Betriebserwerber aus einer vorvertraglichen Pflichtverletzung (§ 280 Abs. 1, § 311 Abs. 2 BGB) führen.

V. Widerspruchsrecht der Arbeitnehmer

Der AN kann dem Übergang seines Arbeitsverhältnisses innerhalb eines Monats nach Zugang der Unterrichtung nach § 613a Abs. 5 BGB **schriftlich widersprechen.** Mit dieser Regelung hat der Gesetzgeber das bereits zuvor vom BAG anerkannte und vom EuGH aus unionsrechtlicher Sicht nicht beanstandete Widerspruchsrecht kodifiziert. Der **form- und fristgerecht ausgeübte Widerspruch** führt dazu, dass das Arbeitsverhältnis zum Betriebsveräußerer bestehen bleibt. Erfolgt der Widerspruch erst nach dem Betriebsübergang, nimmt das BAG an, dass er auf den Zeitpunkt des Übergangs zurückwirkt. Der Widerspruch kann **gegenüber dem bisherigen AG oder dem neuen Inhaber** erklärt werden (§ 613a Abs. 6 S. 1 und 2 BGB). Die Ausübung des Widerspruchsrechts unter einer Bedingung oder einem Vorbehalt ist nicht möglich und führt zur Unbeachtlichkeit des Widerspruchs. Ein erklärter Widerspruch kann nicht einseitig zurückgenommen oder widerrufen werden. Wird der AN bei der Abgabe des Widerspruchs getäuscht, kann er seine Erklärung unter den Voraussetzungen des § 123 BGB anfechten. Der AN muss in seiner Erklärung den Ausdruck „Widerspruch" nicht ausdrücklich verwenden. Ausreichend ist es, wenn sich bei Auslegung der schriftlichen Erklärung und der Umstände, unter denen sie abgegeben worden ist, für dessen Empfänger ergibt, dass der AN den Übergang seines Arbeitsverhältnisses verhindern will (BAG 13.7.2006 – 8 AZR 382/05).

Die **Frist** für die Ausübung des Widerspruchs beträgt nach § 613a Abs. 6 S. 1 BGB **einen Monat.** Sie beginnt mit **Zugang der ordnungsgemäßen Unterrichtung** nach § 613a Abs. 5 BGB beim AN; für die Fristberechnung gelten die § 187 Abs. 1, § 188 Abs. 2 BGB. Unerheblich für den Beginn oder den Ablauf der Frist ist, ob die Unterrichtung des AN vor oder nach dem Betriebsübergang erfolgt ist. Auch wenn der AN erst nachträglich unterrichtet wird oder zunächst vorhandene Unterrichtungsfehler durch eine ergänzende Unterrichtung geheilt werden, läuft die Frist erst mit Zugang dieser Mitteilung und unabhängig vom Zeitpunkt des Übergangs. Hat keine ordnungsgemäße Unterrichtung des AN stattgefunden, kann er sein Widerspruchsrecht durch Zeitablauf verlieren (**verwirken**). Nach der Rspr. des BAG ist bei einer widerspruchslosen Weiterarbeit des AN beim neuen Inhaber über einen Zeitraum von sieben Jahren regelmäßig von einer Verwirkung auszugehen, sofern der AN vom bisherigen AG oder dem neuen Inhaber zumindest über den mit dem Betriebsübergang verbundenen Übergang seines Arbeitsverhältnisses unter Mitteilung des (voraussichtlichen) Zeitpunkts sowie des Gegenstands des Betriebsübergangs und des Betriebsübernehmers in Textform in Kenntnis gesetzt und über sein Widerspruchsrecht belehrt wurde (BAG 24.8.2017 – 8 AZR 265/16). Der in diesem Fall für die Verwirkung maßgebliche Zeitraum der widerspruchslosen Weiterarbeit des AN beim neuen Inhaber beginnt mit Zugang der genannten Informationen beim AN, frühestens jedoch mit dem Betriebsübergang zu laufen.

Haben **mehrere Betriebsübergänge** stattgefunden, kann der Widerspruch gegen den letzten Übergang nur gegenüber dem AG, der bis zur letzten Betriebsübertragung den Betrieb innehatte, oder dem neuen Inhaber, der den Betrieb durch den letzten Betriebsübergang erworben hat, erklärt werden. Will der AN in einem solchen Fall dem zeitlich vorhergehenden Übergang seines Arbeitsverhältnisses widersprechen, muss er zunächst erfolgreich den Widerspruch gegen den mit dem letzten Betriebsübergang verbundenen Übergang seines Arbeitsverhältnisses erklären. Allerdings ist nach der Rspr. des BAG (19.11.2015 – 8 AZR 773/14) das Widerspruchsrecht des AN gegen einen früheren Übergang ausgeschlossen, wenn drei Voraussetzungen erfüllt sind: **(1)** Der AN hat dem infolge des vorherigen Betriebsübergangs eingetretenen Übergang seines Arbeitsverhältnisses nicht innerhalb eines Monats nach Zugang der Unterrichtung über den zeitlich nachfolgenden Betriebsübergang widersprochen. **(2)** Die Frist zum Widerspruch gegen den früheren Übergang ist noch vor dem letzten Betriebsübergang abgelaufen. **(3)** Der AN hat nach § 613a Abs. 5 BGB von den dort genannten Personen sowohl in Bezug auf den letzten als auch den vorangegangenen Betriebsübergang die „grundlegenden“ Informationen nach § 613a Abs. 5 BGB in Textform erhalten; hierzu gehören neben der Mitteilung über den jeweiligen Übergang seines Arbeitsverhältnisses die (geplanten) Zeitpunkte, der Gegenstand der Betriebsübergänge und der jeweilige Betriebsübernehmer. Der AN kann auf das Widerspruchsrecht auch **verzichten.** Ein solcher Verzicht muss aber in seiner Erklärung eindeutig und zweifelsfrei zum Ausdruck gebracht werden (BAG 28.2.2019 – 8 AZR 201/18).

VI. Betriebsübergang und Insolvenz

§ 613a BGB greift nicht bei einer Betriebsfortführung durch den Insolvenzverwalter nach Eröffnung des Insolvenzverfahrens über das Vermögen des Betriebsinhabers. Hingegen gilt die Norm, wenn der Insolvenzverwalter den Betrieb an einen Dritten veräußert. Dieser tritt in die bestehenden Arbeitsverhältnisse ein, jedoch ist seine Haftung eingeschränkt, um eine unberechtigte Bevorzugung der AN gegenüber anderen Gläubigern zu vermeiden: Sie erfasst nicht die Insolvenzforderungen der AN (BAG 20.6.2002 – 8 AZR 459/01). Bei diesen handelt es sich nach § 108 Abs. 3 InsO um Forderungen „für" die Zeit vor Eröffnung des Insolvenzverfahrens; maßgebend ist, ob der AN die für den Anspruch erforderliche Arbeitsleistung bereits vorher erbracht hat oder – bei Entgeltfortzahlungsansprüchen – ob die Ansprüche sich auf einen Zeitraum vor Insolvenzeröffnung beziehen. Zu den Insolvenzforderungen gehören zB bereits entstandene Abfindungsansprüche aus einem → *Sozialplan* oder Vergütungsansprüche für bereits geleistete Arbeit aufgrund eines Altersteilzeitvertrags (→ *Altersteilzeitarbeit*). Insoweit nehmen die AN am Insolvenzverfahren teil. Bei Anwartschaften auf betriebliche Altersversorgung haftet der Erwerber für den Teil der Betriebsrentenansprüche, der auf den nach Eröffnung des Insolvenzverfahrens fallenden Zeitraum des gesamten Arbeitsverhältnisses beruht. Waren die Anwartschaften der AN bei Eröffnung des Insolvenzverfahrens gesetzlich unverfallbar, haftet insoweit der Pensions-Sicherungs-Verein. Gleiches gilt bei unverfallbaren Anwartschaften, sofern ausnahmsweise der Mindestschutz nach Art. 8 RL 2008/94/EG nicht gewahrt ist; andernfalls nehmen die AN mit dieser Anwartschaft nur als Insolvenzforderung am Insolvenzverfahren teil (BAG 26.1.2021 – 3 AZR 878/16). *(MA)*

▶ Betriebsvereinbarung

I. Begriff und Abschluss

Die Betriebsvereinbarung (BV) gehört neben der Regelungsabrede zu den betrieblichen Einigungen. Die BV ist eine Vereinbarung auf betrieblicher Ebene zwischen AG und → *Betriebsrat* (→ *Gesamtbe-*

triebsrat, → *Konzernbetriebsrat*). In dieser werden die Arbeitsbedingungen der im Betrieb/Unternehmen/Konzern beschäftigten AN geregelt. Die BV enthält, wie der → *Tarifvertrag,* einen schuldrechtlichen Teil, durch den die Rechtsbeziehungen zwischen AG und BR ausgestaltet werden, und einen normativen Teil, dh Rechtsnormen, die den Inhalt der betrieblichen Arbeitsverhältnisse ordnen. Sie setzt voraus: **(1)** eine wirksame Vereinbarung zwischen AG und BR, **(2)** ihre schriftliche Niederlegung (§ 77 Abs. 2 BetrVG) sowie **(3)** einen zulässigen Inhalt. Die nach § 77 Abs. 2 S. 1 BetrVG für BV vorgeschriebene **Schriftform** ist gewahrt, wenn AG und der BRvorsitzende die Vereinbarung eigenhändig unterschreiben; werden sie elektronisch abgeschlossen, müssen sie signiert werden. Die Schriftform ist auch gewahrt, wenn in der BV auf eine nicht unterzeichnete Anlage Bezug genommen wird, sofern die Anlage mit der BV durch eine Heftklammer oder in ähnlicher Weise fest verbunden ist. Nach Ansicht des BAG sind Verweisungen in einer BV auf den jeweils geltenden TV grds. unzulässig. Die Unwirksamkeit einer solchen Verweisung führt aber nicht zur Unwirksamkeit der BV, sondern es gilt der Tarifinhalt als in Bezug genommen, der zum Zeitpunkt des Abschlusses der BV gegolten hat. **Regelungsabreden** unterscheiden sich von BV dadurch, dass sie keiner Form unterliegen und keine unmittelbare und zwingende Wirkung für das Arbeitsverhältnis entfalten, sondern zur Begründung individueller Ansprüche der AN einer rechtsgeschäftlichen Handlung des AG (Zusage, Änderung des Arbeitsvertrags) bedürfen. Der BR kann die Durchführung des Inhalts einer geltenden BV gegenüber dem AG gerichtlich durchsetzen (sog. **Durchführungsanspruch,** BAG 18.3.2014 – 1 ABR 75/12).

II. Inhalt der Betriebsvereinbarung

1. Regelungsbefugnis und Auslegung

Die Betriebsparteien besitzen eine umfassende Kompetenz, durch BV Regelungen über Arbeitsbedingungen zu treffen. Gegenstand einer BV können daher betriebliche und betriebsverfassungsrechtliche Regelungen sein. Hierzu gehören normative Regelungen über Inhalt, Abschluss und Beendigung von Arbeitsverhältnissen, unabhängig davon, ob es sich um materielle oder formelle Arbeitsbedingungen handelt (→ *Betriebsrat (Beteiligungsrechte)*), soweit nicht im

Einzelfall eine gesetzliche oder tarifliche Regelung vorgeht. Eine unter Überschreitung der Zuständigkeit des BR abgeschlossene BV ist unwirksam. AG und BR sind beim Abschluss von BV nach § 75 Abs. 1, 2 S. 1 BetrVG zur Wahrung der durch Art. 2 Abs. 1 GG geschützten allgemeinen Handlungsfreiheit der AN verpflichtet. Sie dürfen diese nur beschränken, wenn die getroffene Regelung zur Erreichung ihres Zwecks geeignet, erforderlich und verhältnismäßig ist (BAG 12.12.2006 – 1 AZR 96/06). BV sind **wie Gesetze auszulegen.** Es kommt auf den **objektiven Erklärungswert** der Vereinbarung an, der nach dem Wortlaut sowie der Systematik und dem Gesamtzusammenhang der einzelnen Bestimmungen zu ermitteln ist. Ohne Bedeutung ist, was AG und BR mit der BV gewollt haben, wenn dieser Wille nicht aus ihr erkennbar wird. BV unterliegen einer Rechtskontrolle, sie müssen mit höherrangigem Recht (Gesetz, Grundrechte sowie Unionsrecht) vereinbar sein. Ihr Inhalt muss vom AG im Betrieb bekannt gemacht werden (§ 77 Abs. 2 BetrVG).

2. Geltungsbereich

Von ihren Wirkungen werden **alle AN des Betriebs** und die später eingestellten erfasst; dazu gehören auch LeihAN (→ *Arbeitnehmerüberlassung*), soweit ihre Arbeitsbedingungen durch den entleihenden AG bestimmt werden. Nicht erfasst werden leitende → *Angestellte* (§ 5 Abs. 2, 3 BetrVG) und bereits aus dem Betrieb ausgeschiedene AN. Die BV gilt regelmäßig für alle Arbeitsverhältnisse des Betriebs und solcher Betriebsteile, die vom BR repräsentiert werden. Ihr **zeitlicher Geltungsbereich** hängt von der Vereinbarung zwischen AG und BR ab. Eine BV kann befristet abgeschlossen werden, aber auch durch Aufhebungsvertrag oder Kündigung beendet werden. Eine die AN belastende BV kann auch rückwirkend abgeschlossen werden, wenn die betroffenen AN mit einer rückwirkend belastenden Regelung rechnen mussten und sich darauf einstellen konnten. Dies gilt auch, wenn die BV auf einem Spruch der Einigungsstelle beruht. Die Rückwirkung muss in der BV deutlich zum Ausdruck kommen.

3. Erzwingbare und freiwillige Betriebsvereinbarungen

Man unterscheidet erzwingbare und freiwillige BV; von erzwingbaren spricht man, wenn der BR bei Weigerung des AG die → *Einigungsstelle* anrufen kann und deren Spruch die Einigung des anderen Teils ersetzt. Die wichtigsten Fälle finden sich im Katalog des § 87 BetrVG, in §§ 94, 95 BetrVG und in § 112 BetrVG in Bezug auf den → *Sozialplan* (→ *Betriebsrat (Beteiligungsrechte)*). Vereinbarungen über Angelegenheiten, deren Inhalt nur teilweise der erzwingbaren Mitbestimmung unterliegt, der andere Teil dagegen der Mitbestimmung entzogen ist, werden als sog. teilmitbestimmte BV bezeichnet. Freiwillige BV sind solche, deren Abschluss der BR nicht erzwingen kann.

Auf freiwilliger Basis kann der AG mit dem BR → *Betriebsvereinbarungen* abschließen über (**a**) zusätzliche Maßnahmen zur Verhütung von Betriebsunfällen und Gesundheitsbeschädigungen (§ 88 Nr. 1 BetrVG). Hierzu gehören zB die Errichtung einer Unfallstation, die gesundheitliche Überwachung bei der Ausübung besonders gefährlicher Arbeiten, die Schaffung von Feuerschutzeinrichtungen; (**b**) Maßnahmen des betrieblichen Umweltschutzes (§ 88 Nr. 1a BetrVG); (**c**) die Errichtung von Sozialeinrichtungen, deren Wirkungsbereich auf den Betrieb, das Unternehmen oder den Konzern beschränkt ist (§ 88 Nr. 2 BetrVG); (**d**) Maßnahmen zur Förderung der → *Vermögensbildung der Arbeitnehmer.* Hierdurch soll die staatspolitische Bedeutung der Vermögensbildung der AN unterstrichen und zum anderen klargestellt werden, dass auch andere Formen der Vermögensbildung, als sie das 5. VermBG vorsieht, im Betrieb vereinbart werden können (§ 88 Nr. 3 BetrVG), sowie (**e**) die Bestellung von Erfinderberatern (§ 21 ArbNErfG; → *Arbeitnehmererfindung*).

4. Regelungssperre, Tarifvorbehalt

Regelungen in einer BV können nur vom Gesetz abweichen, wenn dieses nachgiebiges (dispositives) Recht enthält. Nach § 77 Abs. 3 S. 1 BetrVG können Arbeitsentgelte und sonstige Arbeitsbedingungen, die durch TV geregelt sind oder üblicherweise geregelt werden, nicht Gegenstand einer BV sein. Insoweit entfaltet eine tarifliche oder tarifübliche Regelung eine Sperrwirkung für die betriebliche

Regelungsmacht. Arbeitsbedingungen sind tariflich geregelt, wenn sie in einem TV enthalten sind und der Betrieb in dessen räumlichen, betrieblichen, fachlichen und persönlichen Geltungsbereich fällt. Die tarifliche Sperrwirkung greift auch ein, wenn bestimmte Arbeitsbedingungen – soweit eine Regelung durch TV nicht existiert – üblicherweise tariflich geregelt werden. Ein solcher Fall ist gegeben, wenn gegenwärtig eine tarifliche Regelung nicht besteht, etwa, weil der TV gekündigt ist, aber nach der bisherigen Tarifpraxis eine Regelung wieder zu erwarten ist. Entgegenstehende frühere oder spätere BV sind – schwebend (bei nachträglicher Genehmigung durch eine rückwirkende Öffnungsklausel) oder endgültig – unwirksam, wenn auch nicht nichtig. Dies gilt auch, wenn ihr Inhalt für den AN günstiger als der TV ist oder der AG nicht tarifgebunden ist. Aus diesem Grunde können durch BV keine einen TV ersetzenden Regelungen getroffen werden. Für die erzwingbare soziale Mitbestimmung nach § 87 BetrVG gilt die Regelungsschranke des § 77 Abs. 3 BetrVG nicht.

5. Wirkung

Die BV erfasst die einzelnen Arbeitsverhältnisse wie ein Gesetz; ihre Vorschriften gelten **unmittelbar und zwingend** (→ *Tarifvertrag*). Sie gestalten es daher ohne Rücksicht auf den Willen der Vertragsparteien und sind zum Nachteil der AN nicht abdingbar. Dagegen kann einzelvertraglich eine günstigere Regelung getroffen werden. Eine spätere BV löst eine frühere ab, auch wenn sie für die AN ungünstiger ist (sog. Ablöseprinzip); dies gilt auch bei einem → *Betriebsübergang*. Nur soweit in bereits bestehende Besitzstände der AN eingegriffen wird, unterliegt die ablösende BV der Billigkeitskontrolle, dabei sind die Grundsätze der Verhältnismäßigkeit und des Vertrauensschutzes zu beachten (BAG 13.3.2007 – 1 AZR 232/06). Eine BV kann nicht durch eine (formlose) Regelungsabrede ersetzt werden. Eine spätere BV kann ihrerseits eine Gesamtzusage, arbeitsvertragliche Einheitsregelung oder → *Betriebliche Übung* ablösen. Jedoch ist zu unterscheiden: **(a) umstrukturierende Betriebsvereinbarungen,** die den Dotierungsrahmen des AG unverändert lassen, sondern lediglich die Mittel anders verteilen wollen, sind wirksam, wenn sie Recht und Billigkeit entsprechen (kollektiver Günstigkeitsvergleich). Das BAG nimmt an, dass die AN jederzeit mit kollektiven Änderungen rechnen müssen; **(b) ablösende, ungünstigere Betriebsvereinbarungen** unter Kürzung des Dotierungsrahmens sind nur wirksam, wenn der AG wegen eines Widerrufsvorbehalts oder wegen Wegfalls der Geschäftsgrundlage die Kürzung oder Streichung der Sozialleistungen verlangen kann. Einzelvertragliche Ansprüche können durch BV regelmäßig nicht geändert werden; eine Ausnahme gilt nur dann, wenn der Arbeitsvertrag **betriebsvereinbarungsoffen** ist (BAG 24.10.2017 – 1 AZR 846/15).

6. Verzicht, Verwirkung, Verfallfristen

Werden AN durch BV Rechte eingeräumt, ist ähnlich wie beim TV ein Verzicht nur mit Zustimmung des BR zulässig. Dieser kann seine nach § 77 Abs. 4 S. 2 BetrVG erforderliche Zustimmung zu dem Verzicht eines AN auf Rechte aus einer BV formlos erteilen. Er muss aber unmissverständlich zum Ausdruck bringen, dass er mit dem Verzicht einverstanden ist. Es genügt nicht, dass sich der BR aus der Angelegenheit heraushalten will und „eine neutrale Haltung" einnimmt. Die → *Verwirkung* der Rechte aus einer BV ist ausgeschlossen. Die Vereinbarung von → *Verfallfristen* oder die Abkürzung von Verjährungsfristen (→ *Verjährung*) für die Geltendmachung von Rechten ist nur in einer BV oder einem TV zulässig. Sind Ausschlussfristen für die Geltendmachung von Ansprüchen bereits tarifvertraglich geregelt, können durch BV keine Verfallfristen geregelt werden, weil § 77 Abs. 3 BetrVG einer betrieblichen Regelung entgegensteht.

III. Kündigung, Nachwirkung und Streitigkeiten

BV können, soweit nichts anderes vereinbart ist, mit einer Frist von drei Monaten gekündigt werden (§ 77 Abs. 5 BetrVG). Eine BV, die als Ergänzung zu einem TV abgeschlossen wird, ist grds. in ihrer Laufzeit auf die Dauer des TV sowie ggf. dessen Nachwirkungszeitraum begrenzt. Nach Ablauf einer BV gelten ihre Regelungen in Fällen, in denen sie durch einen Spruch der Einigungsstelle ersetzt werden können, bis sie durch eine andere Abmachung ersetzt werden (§ 77 Abs. 6 BetrVG; → *Nachwirkung von Tarifverträgen*). Keine Nachwirkung besteht bei sog. freiwilligen BV (zur Nachwirkung einer teilmitbestimmten BV BAG 5.10.2010 – 1 ABR 20/09). Die Betriebspartner können eine Nachwirkung der BV vereinbaren. Eine solche Vereinbarung ist im Regelfall dahin auszulegen, dass die Nachwirkung auch gegen den Willen einer Seite beendet werden kann. Im Zweifel ist eine Konfliktlösungsmöglichkeit gewollt, die derjenigen bei der erzwingbaren Mitbestimmung entspricht. Scheitern die Bemühungen um eine einvernehmliche Neuregelung, kann danach von jedem Betriebspartner die Einigungsstelle angerufen werden, die verbindlich entscheidet. Eröffnet ein TV den Betriebspartnern die Möglichkeit, durch freiwillige BV von seinem Inhalt abzuweichen, gilt die tarifliche Regelung, wenn die abweichende BV geendet hat.

Streitigkeiten über Bestehen oder Nichtbestehen sowie der Durchführung der BV entscheidet das Arbeitsgericht im Beschlussverfahren. Der BR kann allerdings nicht die Erfüllung der in ihr geregelten Ansprüche zugunsten einzelner AN verlangen. Gegen tarifwidrige BV steht den Gewerkschaften ein Klagerecht zu.

▶ Betriebsverfassung

Das BetrVG idF vom 25.9.2001 (BGBl. I 2518) und die zu seiner Durchführung ergangenen RechtsVO regeln die Betriebsverfassung. Das BetrVG gilt **räumlich** für Rechtsträger im ganzen Bundesgebiet, selbst wenn es sich um Konzerntöchter ausländischer Unternehmen oder Stationierungsstreitkräfte handelt. Es gilt nicht für selbstständige im Ausland gelegene Betriebe deutscher Unternehmen oder für AN, die ausschließlich für eine Auslandstätigkeit eingestellt sind. **Betrieblich** werden alle Betriebe der **Privatwirtschaft** erfasst. Besonderheiten gelten für die Seeschifffahrt (§§ 114–116 BetrVG) und die Luftfahrt (§ 117 BetrVG). **Von der Geltung des BetrVG ausgenommen** sind Religionsgemeinschaften und ihre karitativen und diakonischen Einrichtungen unbeschadet ihrer Rechtsform (§ 118 Abs. 2 BetrVG). Darüber hinaus sind die Beteiligungsrechte des BR in → *Tendenzbetrieben* (§ 118 Abs. 1 BetrVG) eingeschränkt.

Persönlich gilt das BetrVG für alle AN, das sind Arbeiter und Angestellte sowie die zu ihrer Berufsausbildung und für die in Heimarbeit Beschäftigten (→ *Heimarbeiter*). Aufgrund besonderer Regelung sind auch Beamte, Soldaten sowie AN des öffentlichen Dienstes einschließlich der zu ihrer Berufsausbildung Beschäftigten AN, wenn sie in Betrieben privatrechtlich organisierter Unternehmen tätig sind (§ 5 Abs. 1 S. 3 BetrVG). AN iSd BetrVG sind nach § 5 Abs. 2 BetrVG **nicht** die Organvertreter einer juristischen Person; die Gesellschafter einer Personengesellschaft, soweit sie durch Gesetz, Satzung oder Gesellschaftsvertrag zur Vertretung der Personengesamtheit oder zur Geschäftsführung berufen sind sowie der in Nr. 3 und 4 genannte Personenkreis, dessen Beschäftigung besonderen Zwecken dient und Verwandte und Verschwägerte ersten Grades, die in häuslicher Gemeinschaft mit dem AG leben. Daneben sind auch die leitenden → *Angestellten* (§ 5 Abs. 3, 4 BetrVG) von der Geltung des BetrVG ausgenommen. Sie werden durch den → *Sprecherausschuss* repräsentiert.

Betriebsverfassungsrechtliche **Organe** sind: die → *Betriebsversammlung,* der → *Betriebsrat* und dessen Ausschüsse, der → *Gesamtbetriebsrat,* der → *Konzernbetriebsrat,* die → *Betriebsräteversammlung,* die Jugend- und Auszubildendenvertretung, die → *Gesamt-Jugend- und Auszubildendenvertretung* sowie die Konzern-Jugend- und Auszubildendenvertretung.

Die Vorschriften des BetrVG über die **Organisation der Betriebsverfassung** sind grds. zwingend. Das Gesetz räumt in § 3 BetrVG den Tarifpartnern und den Betriebsparteien jedoch das Recht ein, unter bestimmten Voraussetzungen und in bestimmtem Umfang von der im Gesetz vorgesehenen Organisation abzuweichen. Die Beteiligungsrechte des BR können hingegen durch → *Tarifvertrag* erweitert, nicht aber eingeschränkt werden (→ *Betriebsrat (Beteiligungsrechte)*).

▶ Betriebsverfassungsverletzung durch den Arbeitgeber

→ *Betriebsrat (Beteiligungsrechte)*

▶ Betriebsversammlung

I. Arten der Betriebsversammlung

Die Betriebsversammlung besteht aus sämtlichen AN einschließlich der im Außendienst beschäftigten AN des Betriebs und den dort tätigen LeihAN. Sie wird vom Vorsitzenden des → *Betriebsrats* geleitet, dem auch das Hausrecht zusteht, und ist **nicht öffentlich** (§ 42 BetrVG). Kann wegen der Eigenart des Betriebs keine Vollversammlung stattfinden, sind Teil- oder Abteilungsversammlungen durchzuführen. AN von organisatorisch oder räumlich abgegrenzten Betriebsteilen sind vom BR zu Abteilungsversammlungen zusammenzufassen, wenn dies für die Erörterung der besonderen Belange dieser AN erforderlich ist. Betriebs-, Teil- und Abteilungsversammlungen können für vorübergehend ins Ausland entsandte AN nicht im Ausland abgehalten werden. Unabhängig von der Betriebsversammlung kann der AG auch Mitarbeiterversammlungen durchführen. Nach der anlässlich der COVID-19-Pandemie (→ *Corona*) getroffenen Sonderregelung in § 129 BetrVG konnten Betriebsversammlungen, Teil- und Abteilungsversammlungen bis zum Ablauf des 7. April 2023 auch mittels **audiovisueller Einrichtungen** durchgeführt werden, wenn sichergestellt war, dass nur teilnahmeberechtigte Personen Kenntnis von dem Inhalt der Versammlung nehmen konnten. Diese Regelung wurde nicht verlängert und nicht losgelöst von der COVID-19-Pandemie auf Dauer in das Gesetz übernommen, so dass Betriebsversammlungen, Teil- und Abteilungsversammlungen ab dem 8. April 2023 ausschließlich als Präsenzveranstaltungen durchzuführen sind.

Der BR hat **ordentliche** Betriebsversammlungen in jedem Kalendervierteljahr einzuberufen. Der AG ist hierzu unter Mitteilung der Tagesordnung zu laden. Er kann sich auf den Versammlungen vertreten lassen, dort das Wort ergreifen oder einen Vertreter seines → *Arbeitgeberverbands* hinzuziehen (§ 46 BetrVG), dem auf Verlangen des AG an seiner Stelle das Wort zu erteilen ist. Der BR kann in jedem Kalenderhalbjahr eine weitere Betriebsversammlung oder Abteilungsversammlung durchführen, wenn dies aus besonderen Gründen zweckmäßig erscheint (§ 43 Abs. 1 S. 4 BetrVG). Dies ist der Fall, wenn die Angelegenheit, die mit der Belegschaft erörtert werden soll, so bedeutend und dringend ist, dass ein sorgfältig amtierender BR unter Berücksichtigung der konkreten Situation eine weitere Betriebsversammlung für sinnvoll und angemessen halten darf. Mindestens einmal in jedem Kalenderjahr hat der AG über das Personal- und Sozialwesen des Betriebs einschließlich des Stands der Gleichstellung von Frauen und Männern im Betrieb sowie die Integration der im Betrieb beschäftigten ausländischen AN, über die wirtschaftliche Lage und Entwicklung des Betriebs sowie über den betrieblichen Umweltschutz zu berichten (§ 43 Abs. 2 BetrVG).

Der BR kann schließlich eine **außerordentliche Betriebsversammlung** einberufen. Eine solche ist ferner auf Wunsch des AG oder mindestens 1/4 der wahlberechtigten AN einzuberufen (§ 43 Abs. 3 BetrVG). Von der auf Wunsch des AG stattfindenden Betriebsversammlung ist dieser rechtzeitig zu benachrichtigen (§ 43 Abs. 3 BetrVG).

II. Vergütungsfortzahlung

Die ordentliche oder auf Wunsch des AG stattfindende außerordentliche Betriebsversammlung findet unter Fortzahlung der → *Arbeitsvergütung* während der → *Arbeitszeit* statt (§ 44 Abs. 1 S. 2 BetrVG). Dasselbe gilt für die zulässige weitere Betriebsversammlung. Außerhalb der Arbeitszeit ist sie nur dann anzusetzen, soweit die Eigenart des Betriebs eine solche Regelung zwingend erfordert. Wirtschaftliche Zumutbarkeitserwägungen sind regelmäßig ohne Bedeutung, allerdings hat der BR bei der Festsetzung auf die Interessen des AG Rücksicht zu nehmen. Die Vergütungsfortzahlung ist unabhängig davon, ob den AN ein Vergütungsausfall entsteht. § 44 Abs. 1 S. 1, 2 BetrVG enthält für die Teilnahme an der Betriebsversammlung eine eigene Anspruchsgrundlage. Die Höhe der fortzuzahlenden Vergütung richtet sich nach dem → *Lohnausfallprinzip*. Dauert die Betriebsversammlung über die ordentliche Arbeitszeit hinaus an, besteht grds. kein Vergütungsanspruch. Finden die Betriebsversammlungen außerhalb der Arbeitszeit statt, hat der AG den teilnehmenden AN die Zeit einschließlich der erforderlichen Wegezeit (allerdings ohne Überstunden- und Mehrarbeits- sowie Sonntagszuschläge) zu vergüten und die Fahrtkosten zu erstatten. Da § 44 Abs. 1 S. 1, 2 BetrVG eine eigenständige Regelung für die

Teilnahme an der Betriebsversammlung enthält, besteht ein Vergütungsanspruch auch dann, wenn der AN während seines Urlaubs, eines Arbeitskampfs oder einer → *Elternzeit* an einer Betriebsversammlung teilnimmt. Die übrigen außerordentlichen Betriebsversammlungen finden außerhalb der Arbeitszeit statt. Hiervon kann nur im Einvernehmen mit dem AG abgewichen werden. Eine Minderung des Arbeitsentgelts ist dann unzulässig (§ 44 Abs. 2 BetrVG).

III. Ablauf der Betriebsversammlung

Der BR hat in der Betriebsversammlung vierteljährlich einen Tätigkeitsbericht zu erstatten (§ 43 Abs. 1 BetrVG). AN können während der Betriebsversammlung dem BR Anträge unterbreiten und zu seinen Beschlüssen Stellung nehmen (§ 45 BetrVG); sie hat diesem gegenüber jedoch kein Weisungsrecht. Auf einer Betriebsversammlung können sämtliche Angelegenheiten einschließlich tarifpolitischer, sozialpolitischer und wirtschaftlicher Art behandelt werden, die den Betrieb oder seine AN unmittelbar betreffen **(Grundsatz der Betriebsbezogenheit).** Sozialpolitische Fragen dürfen auch dann auf einer Betriebsversammlung behandelt werden, wenn sie nicht ausschließlich den Betrieb, sondern eine ganze Branche oder einen größeren Wirtschaftszweig betreffen. In der Betriebsversammlung haben die AN das Recht, sich kritisch zu Missständen im Betrieb zu äußern. Das Themenrecht ist nur insoweit eingeschränkt, dass nicht zu → *Arbeitskämpfen* aufgefordert oder der Betriebsablauf oder -frieden beeinträchtigt wird (§ 74 Abs. 2 BetrVG). Die Behandlung allgemeiner politischer Fragen ist unzulässig. Es ist Pflicht der die Versammlung leitenden BRmitglieder, für die Beachtung dieser Grundsätze zu sorgen. Handeln sie dieser Verpflichtung zuwider und entsteht daraus eine Gefährdung des Betriebsfriedens, stellt dies eine betriebsverfassungswidrige Pflichtverletzung dar. Werden unzulässige Fragen behandelt, kann der AG den Lohn für den entsprechenden Zeitraum kürzen (umstritten). Die heimliche **Aufzeichnung von Äußerungen** auf Betriebsversammlungen mittels Tonaufnahmegeräten verstößt gegen den Grundsatz der vertrauensvollen Zusammenarbeit und die Persönlichkeitsrechte der Teilnehmer. Der Versammlungsleiter ist daher verpflichtet, die Teilnehmer hierauf ausdrücklich hinzuweisen. Ein Protokoll darf indes auch der AG führen.

An allen Betriebsversammlungen und Abteilungsversammlungen können Beauftragte der im Betrieb vertretenen → *Gewerkschaften* **teilnehmen** (§ 46 BetrVG). Ihnen sind die Tagesordnung und der Zeitpunkt rechtzeitig mitzuteilen (§ 46 Abs. 2 BetrVG). Der AG kann die Teilnahme nicht unter Berufung auf sein Hausrecht verbieten. Einem bestimmten Gewerkschaftsvertreter kann der AG die Teilnahme nur untersagen, wenn durch die Entsendung gerade dieses Vertreters Störungen im Betrieb ernstlich zu befürchten sind. *(EG)*

▶ Beurteilungsgrundsätze

Dies sind Regelungen, die die Bewertung des Verhaltens oder der Leistung der AN verobjektivieren und nach einheitlichen, für die Beurteilung erheblichen Kriterien ausrichten sollen. Mit ihnen soll ein einheitliches Vorgehen bei der Beurteilung und ein Bewerten nach einheitlichen Maßstäben ermöglicht und so erreicht werden, dass die Beurteilungsergebnisse miteinander vergleichbar sind. Sie sind zu unterscheiden von Funktionsbeschreibungen, mit denen für Gruppen von Stelleninhabern mit vergleichbaren Tätigkeiten deren Funktionen festgelegt und nur deren Tätigkeiten beschrieben werden. Beurteilungsgrundsätze bedürfen der Zustimmung des → *Betriebsrats* (§ 94 Abs. 1 BetrVG).

▶ Bezugnahme auf Tarifvertrag

I. Tarifvertrag als Teil des Arbeitsvertrags

Nach § 4 Abs. 1, § 3 TVG wirken Tarifverträge (TV) unmittelbar und zwingend als unabdingbare Mindestarbeitsbedingungen (→ *Tarifvertrag*). Dies gilt aber nur, wenn die Parteien des einzelnen Arbeitsverhältnisses durch Verbandsmitgliedschaft (§ 3, § 4 Abs. 1 TVG) oder aufgrund → *Allgemeinverbindlicherklärung* (AVE, § 5 Abs. 4 TVG) tarifgebunden sind (→ *Tarifbindung*). Ist zumindest eine dieser Voraussetzungen erfüllt, dürfen die TVparteien die unmittelbare und zwingende Wirkung nicht zusätzlich davon abhängig machen, dass AG und AN die Tarifgeltung auch arbeitsvertraglich vereinbaren (BAG 13.5.2020 – 4 AZR 489/19). Neben der normativen Tarifgeltung finden TV häufig (auch) kraft arbeitsvertraglicher Bezugnahme im Arbeitsverhältnis Anwendung. Dann „gelten" die TV **nicht** kraft Gesetzes und **wie Gesetze** zwingend als Mindestarbeitsbedingungen. Sie sind nur aufgrund des übereinstimmenden Willens der Arbeitsvertragsparteien im Arbeitsverhältnis anwendbar. Der Inhalt der TV gilt nur so, als hätten sich die Arbeitsvertragsparteien auf jede einzelne dort geregelte Arbeitsbedingung geeinigt und sie in ihrem Arbeitsvertrag schriftlich niedergelegt. Sie haben jederzeit die Möglichkeit, – auch zum Nachteil des AN – von den Tarifnormen abweichende einzelvertragliche Regelungen zu treffen.

II. Inhaltskontrolle des in Bezug genommenen Tarifrechts

Der aufgrund einer Bezugnahme anwendbare TV bietet zwar als jederzeit abänderbares materielles Arbeitsvertragsrecht weniger sozialen Schutz als ein kraft beiderseitiger Tarifgebundenheit zwingend geltender TV. Das ändert aber nichts daran, dass das durch Bezugnahme zum Inhalt des Arbeitsvertrags gemachte Regelwerk von typischerweise **gleich starken Parteien** als TV ausgehandelt worden ist. Eine → *Inhaltskontrolle* des in Bezug genommenen TV findet deshalb ebenso wenig statt, wie nach § 310 Abs. 4 BGB bei einem aufgrund beiderseitiger Tarifbindung zwingend geltenden TV (BAG 18.9.2007 – 9 AZR 822/06). Dies gilt allerdings nur dann, wenn der in Bezug genommene TV **„einschlägig"** ist, dh unmittelbar und zwingend gelten würde, wären beide Arbeitsvertragsparteien tarifgebunden. Wird im Arbeitsvertrag auf einen TV verwiesen, in dessen zeitlichem, räumlichem oder nach der Branche bestimmtem **Geltungsbereich** (→ *Tariflicher Geltungsbereich*) das Arbeitsverhältnis **nicht angesiedelt** ist, findet eine volle Kontrolle daraufhin statt, ob die in Bezug genommenen Regelungen den AN in seinem aus der Sicht des in Bezug genommenen Tarifrechts „fremden" Arbeitsverhältnis unangemessen benachteiligen. Eine **Inhaltskontrolle** (→ *Allgemeine Geschäftsbedingungen*) findet auch statt, wenn nur ein Teil eines einschlägigen TV in Bezug genommen worden ist. Dabei ist es ohne Belang, ob die Verweisung sich auf einen **Regelungskomplex** bezieht, wie etwa zum → *Urlaub*, oder nur auf eine **einzelne Bestimmung,** wie etwa die Festlegung von → *Verfallfristen*. Der Grund hierfür liegt darin, dass TV im Wege des gegenseitigen Gebens und Nehmens als Ganzes zustande kommen. Einzelne TV-Bestimmungen oder auch ein einzelner Regelungskomplex haben nur im tarifvertraglichen Kontext die Angemessenheitsvermutung für sich.

III. Die Auslegung typischer Bezugnahmeklauseln

1. Statische Verweisung

Klauseln, die einen bestimmten, an einem konkret bezeichneten Tag abgeschlossenen TV in Bezug nehmen („Im Übrigen gelten die Regelungen des TV für den öffentlichen Dienst vom 13. September 2005“) können als „statische Verweisung“ bezeichnet werden. Die Rspr. nimmt eine solche allerdings nur an, wenn besondere Anhaltspunkte dafür bestehen, dass die Arbeitsvertragsparteien ausschließlich auf den konkreten Tarifvertrag verweisen wollten (BAG 19.9.2007 – 4 AZR 710/06). In aller Regel wollen sie für ein auf Dauer angelegtes Arbeitsverhältnis nicht nur die zu einem bestimmten Stichtag in der Vergangenheit von sachkundigen TVparteien geschaffenen einschlägigen Regelungen in Bezug nehmen. Denn dann verfehlten sie den mit einer Bezugnahme regelmäßig verfolgten Zweck, sich Verhandlungen über im Zeitablauf immer wieder erforderlich werdende Vertragsanpassungen zu ersparen.

2. Zeitdynamische Verweisung

Aus diesem Grund ist eine arbeitsvertragliche Bezugnahme auf einen TV oder ein ganzes Tarifwerk **im Zweifel zeitdynamisch** zu verstehen (sog. **„kleine dynamische Bezugnahmeklausel“**). Sie wird in Vertragsformularen überwiegend verwendet („Es finden die Tarifverträge für den öffentlichen Dienst in der Fassung für die kommunalen AG [TVöD-VKA] und die diese ändernden, ergänzenden und ersetzenden TV Anwendung“ oder „Es finden die TV für die Metall- und Elektroindustrie in Nordwürttemberg/Nordbaden in ihrer jeweiligen Fassung Anwendung“). Eine solche privatautonom geschaffene Vereinbarung reicht aus, um auch nach Arbeitsvertragsschluss geschaffene tarifliche Neuregelungen zum Gegenstand des Arbeitsvertrags zu machen.

Die Bestimmung des in Bezug genommenen TV kann Probleme bereiten, wenn Tarifrecht von den TVparteien grundlegend umgestaltet wird. Als etwa die TVparteien für den öffentlichen Dienst den BAT außer Kraft setzten und an seiner Stelle den TV-L und den TVöD in verschiedenen Fassungen vereinbarten, wurde fraglich, welches Tarifwerk vertraglich Anwendung findet, wenn der Arbeitsvertrag auf den BAT in seiner jeweiligen Fassung verweist. Entsprechende Fragen können aber auch bei jeder anderen grundlegenden Neuregelung des Tarifrechts einer Branche auftreten. Eine zeitdynamische Bezugnahme ist in solchen Fällen regelmäßig dahin auszulegen, dass das Tarifwerk arbeitsvertraglich anwendbar sein soll, das nach dem Willen der Tarifvertragsparteien an die Stelle des in Bezug genommenen, aber außer Kraft gesetzten getreten ist (BAG 16.5.2012 – 4 AZR 290/10; 18.4.2012 – 4 AZR 392/10). Sind mehrere Tarifwerke an dessen Stelle getreten, bezieht sich die Bezugnahme im Zweifel auf dasjenige, das die Arbeitsvertragsparteien auf der Grundlage der bei Vertragsschluss bestehenden Interessen gewählt hätten, wenn ihnen die spätere Auffächerung des Tarifrechts bekannt gewesen wäre (BAG 19.5.2010 – 4 AZR 796/08). Lässt sich – auch im Wege der ergänzenden Vertragsauslegung – nicht ermitteln, welches von mehreren Tarifwerken die Arbeitsvertragsparteien gewählt hätten, entfällt die Dynamik der Bezugnahmeklausel. Es verbleibt dann (statisch) bei den bislang anwendbaren Tarifregelungen (BAG 28.4.2021 – 4 AZR 229/21).

3. Tarifwechselklausel

Sehr zurückhaltend ist die Rspr. bei der Anerkennung einer Verweisungsklausel, die sowohl zeit- als auch inhaltsdynamisch ausgestaltet ist. Eine solche wird häufig als **„Tarifwechselklausel“ oder „große dynamische Bezugnahmeklausel“** bezeichnet. Darunter sind Bezugnahmen zu verstehen, die die **jeweils** für den betreffenden Betrieb des AG einschlägigen TV zum Vertragsinhalt machen sollen. Wechselt etwa der AG in einen AGverband, der mit einer anderen Gewerkschaft andere TV abgeschlossen hat, ändert er den Schwerpunkt seiner unternehmerischen Betätigung und erreicht so eine andere Branche, oder veräußert er einen Betriebsteil an ein anderes Unternehmen, wodurch dieser in eine andere Branche gelangt, soll durch eine solche Klausel ohne Weiteres auch der arbeitsvertraglich maßgebende TV wechseln. Für die Annahme einer derart weitgehenden vertraglichen Regelung verlangt die Rspr. eindeutige Anhaltspunkte; eine allein zeitdynamische Verweisung reicht nicht aus (BAG 6.7.2011 – 4 AZR 706/09). Ob eine solche Klausel dem Transparenzgebot des § 307 Abs. 1 S. 2 BGB (→ *Allgemeine Geschäftsbedingungen*) genügt, ist von der Rspr. noch nicht abschließend geklärt.

4. Gleichstellungsabrede

Im Arbeitsvertrag kann auch eine Gleichstellungsabrede wirksam vereinbart werden. Hiervon spricht man, wenn der AG den AN nur so lange entsprechend den einschlägigen TV **in ihrer jeweiligen Fassung** behandeln will, wie er hierzu nach Tarifrecht gegenüber tarifgebundenen AN verpflichtet ist. Er will also die mit ihm arbeitsvertraglich verbundenen AN nur insgesamt so stellen, als wären sie tarifrechtlich an die betreffenden TV gebunden, also Gewerkschaftsmitglieder. Deshalb soll die Bezugnahme in ihrer **zeitlichen Dynamik** („TV in ihrer jeweiligen Fassung") **auflösend bedingt** sein: Der – tarifgebundene – AG will etwaige tarifliche Neuregelungen nur so lange in dem betreffenden Arbeitsverhältnis anwenden, wie er dies tarifrechtlich gegenüber tarifgebundenen AN tun muss. Die vereinbarte Dynamik entfällt deshalb, wenn er selbst wegen Austritts aus dem AGverband nicht mehr tarifgebunden ist oder mit seinem Betrieb den tariflichen Geltungsbereich des in Bezug genommenen TV verlassen hat.

Eine solche auflösende Bedingung muss im Arbeitsvertrag allerdings deutlich zum Ausdruck kommen. Sie könnte etwa lauten: „Es finden die TV für den Groß- und Außenhandel in ihrer jeweiligen Fassung Anwendung, solange der AG an diese TV gebunden ist. Muss der AG tarifliche Neuregelungen wegen fehlender Tarifgebundenheit oder Verlassens des tariflichen Geltungsbereichs nicht mehr anwenden, gelten die betreffenden TV in der Fassung, die sie im Zeitpunkt der Mitteilung an die Betriebsöffentlichkeit hatten." Das BAG lässt es auch ausreichen, wenn ein tarifgebundener AG in einer von ihm formulierten Bezugnahmeklausel die Anwendbarkeit tariflicher Bestimmungen ausdrücklich davon abhängig macht, dass diese für ihn „verbindlich" sind (BAG 5.7.2017 – 4 AZR 867/16).

In seiner älteren Rspr. hat das BAG eine Gleichstellungsabrede mit den dargestellten Folgen schon dann angenommen, wenn ein AG mit seinem AN eine bloße zeitdynamische Verweisung auf einen TV oder ein Tarifwerk („Es gelten die TV des Groß- und Außenhandels in ihrer jeweiligen Fassung") vereinbart hatte, bezüglich derer er selbst tarifgebunden war. Entfiel die Tarifgebundenheit des AG, endete die Dynamik der Bezugnahme auch ohne entsprechende arbeitsvertragliche Vereinbarung. Diese Rspr. hat das BAG für alle Vertragsklauseln aufgegeben, die ab dem 1.1.2002 vereinbart wurden. Diese Klauseln gelten entsprechend ihrem Wortlaut unabhängig davon zeitdynamisch, ob der AG bei Vertragsschluss tarifgebunden war sowie ob und wie lange er tarifgebunden geblieben ist. Nur bei älteren Klauseln wird die frühere großzügige Auslegungsregel aus Gründen des Vertrauensschutzes weiter angewendet. Bei solchen **Altverträgen** führt mithin der Wegfall der Tarifgebundenheit auf AGseite zum Wegfall der Pflicht, tarifvertragliche Neuregelungen aus der Zeit danach im Arbeitsverhältnis anzuwenden (BAG 18.4.2007 – 4 AZR 652/05). Ist ein Altvertrag allerdings nach dem Stichtag 31.12.2001 geändert und in irgendeiner Weise die ursprüngliche Verweisungsklausel auch zum Gegenstand der Willensbildung bei der Vertragsänderung gemacht worden, ist die Verweisung Teil eines **Neuvertrags** und nach der geänderten Rspr. auszulegen (BAG 7.12.2016 – 4 AZR 414/14).

IV. Bezugnahmen im Betriebsübergang

Arbeitsvertragliche Bezugnahmeklauseln begründen **vertragliche Rechte und Pflichten**, nicht hingegen die Geltung von „Rechtsnormen eines TV" im Arbeitsverhältnis. Die weitere Anwendung der arbeitsvertraglich aus TV übernommenen Regelungen nach einem Betriebsübergang richtet sich deshalb nicht nach § 613a Abs. 1 S. 2 BGB, sondern nach § 613a Abs. 1 S. 1 BGB. Dies bedeutet zum einen, dass die arbeitsvertragliche Bezugnahme und die aus TV übernommenen Regelungen sofort nach dem Betriebsübergang einvernehmlich abänderbar sind und **nicht** etwa einer einjährigen **Verschlechterungssperre** unterliegen. Zum anderen gilt die Bezugnahme ohne eine derartige Abänderung so weiter, wie sie beim Betriebsveräußerer vereinbart wurde. Eine **zeitdynamische Bezug-**

nahme führt zur vertraglichen Pflicht des Betriebserwerbers, tarifliche Neuregelungen des in Bezug genommenen Tarifrechts vertraglich anzuwenden, auch wenn sie aus der Zeit nach dem Betriebsübergang stammen (BAG 23.9.2009 – 4 AZR 331/08). Diese Rspr. entspricht den unionsrechtlichen Vorgaben (BAG 30.8.2017 – 4 AZR 95/17). Der EuGH hat Irritationen aus einem früheren Urteil (EuGH 18.7.2013 – C-426/11 – Alemo-Herron) beseitigt (EuGH 27.4.2017 – C-680/15, C-681/15 – Asklepios).

Etwas anderes gilt nur, wenn es sich um eine – als solche hinreichend deutliche und wirksame – **Gleichstellungsabrede** im erörterten Sinn handelt. Diese ändert mit dem Betriebsübergang nicht ihren Inhalt: Ist der Betriebserwerber nicht tarifgebunden, wird die in der Bezugnahme enthaltene auflösende Bedingung wirksam und die ursprünglich vereinbarte Dynamik erlischt. Die in Bezug genommenen TV sind nur noch in der bei Betriebsübergang geltenden Fassung anzuwenden.

Der Umstand, dass es sich bei aufgrund Bezugnahme anwendbaren tariflichen Regelungen um Vertragsrecht handelt, wirkt sich auch aus, wenn das in Bezug genommene und das normativ geltende Tarifrecht nach dem Betriebsübergang **auseinanderfallen.** Gelten etwa die vor dem Betriebsübergang zeitdynamisch in Bezug genommenen tariflichen Regelungen aufgrund beiderseitiger Tarifgebundenheit auch unmittelbar und zwingend, ist die arbeitsvertragliche Pflicht zur Tarifanwendung nach § 4 Abs. 3 TVG verdrängt. Sie lebt aber auf, sobald der nicht tarifgebundene Betriebserwerber die tariflichen Regelungen tarifrechtlich nach § 613a Abs. 1 S. 2 BGB nur noch in der Fassung bei Betriebsübergang anwenden muss, aber vertraglich aufgrund einer zeitdynamischen Bezugnahme verpflichtet ist, eine verbessernde tarifrechtliche Neuregelung weiterzugeben. In diesem Fall ist nach dem → ***Günstigkeitsprinzip*** (§ 4 Abs. 3 TVG) das Vertragsrecht maßgebend, soweit es für den AN günstiger ist. Dies ist in jedem Einzelfall nach dem sog. **Sachgruppenvergleich** zu ermitteln. Dabei sind die Teilkomplexe der unterschiedlichen Regelungen gegenüberzustellen, die in einem inneren Zusammenhang stehen (BAG 12.12.2018 – 4 AZR 123/18), zB Urlaub, Arbeitsentgelt nebst der entsprechenden Arbeitszeit (BAG 15.4.2015

– 4 AZR 587/13). Entsprechendes gilt, wenn nach einem Betriebsteilübergang tarifrechtlich nach § 613a Abs. 1 S. 3 BGB das ungünstigere allgemeinverbindliche Tarifrecht etwa des Gebäudereinigerhandwerks anstelle des TVöD gilt, letzterer aber arbeitsvertraglich dynamisch in Bezug genommen ist (BAG 17.11.2010 – 4 AZR 391/09). *(UR)*

▶ Bildungsurlaub

Nach dem Übereinkommen 140 der IAO vom 24.6.1974 sind die das Übereinkommen ratifizierenden Mitgliedstaaten zur Festlegung und zur Durchführung einer Politik verpflichtet, die mit geeigneten Methoden und nötigenfalls schrittweise den bezahlten Bildungsurlaub fördert. Ein bundeseinheitliches Bildungsurlaubsgesetz besteht dennoch nicht. Daher haben einige Länder Bildungsurlaubsgesetze erlassen. Dazu gehören:

Baden-Württemberg: Bildungszeitgesetz Baden-Württemberg (BzG BW) vom 17.3.2015 (GBl. 161); **Berlin:** Berliner Bildungszeitgesetz (BiZeitG) vom 5.7.2021 (GVBl. 849); **Brandenburg:** Brandenburgisches Weiterbildungsgesetz vom 15.12.1993 (GVBl. I 498) und VO über die Anerkennung von Weiterbildungsveranstaltungen zur Bildungsfreistellung (Bildungsfreistellungsverordnung – BFV) vom 21.1.2005 (GVBl. II 57); **Bremen:** Bremisches Bildungszeitgesetz vom 18.12.1974 (GBl. 348) und VO über die Anerkennung von Bildungsveranstaltungen vom 17.10.2017 (GBl. 452); **Hamburg:** Hamburgisches Bildungsurlaubsgesetz vom 21.1.1974 (GVBl. 6) und VO über die Anerkennung von Bildungsveranstaltungen vom 9.4.1974 (GVBl. 113); **Hessen:** Hessisches Gesetz über den Anspruch auf Bildungsurlaub vom 28.7.1998 (GVBl. 294; gültig bis 31.12.2029); **Mecklenburg-Vorpommern:** Bildungsfreistellungsgesetz vom 13.12.2013 (GVOBl. 691); **Niedersachsen:** Niedersächsisches Gesetz über den Bildungsurlaub für Arbeitnehmer und Arbeitnehmerinnen vom 25.1.1991 (GVBl. 29) und VO zur Durchführung des Niedersächsischen Bildungsurlaubsgesetzes vom 26.3.1991 (GVBl. 167); **Nordrhein-Westfalen:** Arbeitnehmerweiterbildungsgesetz vom 6.11.1984 (GV. NW. 678); **Rheinland-Pfalz:** Landesgesetz über die Freistellung von Arbeitnehmerinnen und

Arbeitnehmern für Zwecke der Weiterbildung vom 30.3.1993 (GVBl. 157); **Saarland:** Saarländisches Weiterbildungsförderungsgesetz vom 10.2.2010 (ABl. 28) und Saarländisches Bildungsfreistellungsgesetz vom 10.2.2010 (ABl. 28); **Sachsen-Anhalt:** Bildungsfreistellungsgesetz vom 4.3.1998 (GVBl. 92) und VO zur Durchführung des Bildungsfreistellungsgesetzes vom 24.6.1998 (GVBl. 290); **Schleswig-Holstein:** Weiterbildungsgesetz Schleswig-Holstein vom 6.3.2012 (GVOBl. 282) und BildungsfreistellungsVO vom 16.5.2017 (GVOBl. 319).

Bei der Festlegung des Bildungsurlaubs hat der BR (→ *Betriebsrat (Beteiligungsrechte)*) ein **Mitbestimmungsrecht** nach § 87 Abs. 1 Nr. 5 BetrVG.

▶ Boykott

Um einen Boykott handelt es sich, wenn ein bestimmter Personenkreis aufgefordert wird, die geschäftlichen Beziehungen zu einem Dritten ganz oder teilweise abzubrechen oder die Durchführung der bestehenden Vereinbarungen (zB durch Absatz- bzw. Liefersperre) behindert werden soll. Der Boykott zählt zu den rechtlich zulässigen **Arbeitskampfmitteln** (→ *Arbeitskampf*). Während → *Streik* und → *Aussperrung* bestehende Arbeitsverhältnisse der Kämpfenden zum Ruhen bringen, soll der Boykott als Arbeitskampfmittel den Abschluss von Arbeitsverträgen verhindern oder die Auflösung von Arbeitsverträgen mit Nichtkämpfenden erreichen. Der Boykott kann auch zum Ziel haben, den Abschluss oder die Durchführung von Arbeitsverträgen mit Nichtkämpfenden zu erreichen, im letzteren Fall werden sie auch als **Absperrung** bezeichnet. Boykottmaßnahmen sind zulässig, wenn auf die AN in gehöriger Form, dh regelmäßig nur verbal eingewirkt wird. Auch Maßnahmen gegenüber Dritten zählen zu den rechtlich zulässigen Arbeitskampfmitteln. Ein solcher Boykottaufruf (zB an Geschäftspartner des bekämpften AG) muss die Friedenspflicht und das Übermaßverbot beachten.

▶ Bring your own device

→ *Arbeitsmittel;* → *Eingebrachte Sachen*

▶ Brückenteilzeit

→ *Teilzeitbeschäftigung*

▶ Bruttolohn

I. Vereinbarung

Die vom AG geschuldete → *Arbeitsvergütung*, ist idR Bruttolohn, sofern nicht ausdrücklich eine Abrede über eine → *Nettovergütung* getroffen worden ist. Einigen sich die Parteien lediglich auf einen bestimmten Betrag, ohne ihn ausdrücklich als Bruttobetrag zu bezeichnen, ist dieser als Bruttobetrag anzusehen, der Grundlage für die Berechnung von Sozialversicherungsbeiträgen und der Lohnsteuer ist. Der AN kann im Prozess auf den Bruttolohn klagen. Bruttolohnurteile sind vollstreckbar, dabei wird der Bruttobetrag beigetrieben. Von diesem hat der AN dann selbst die anfallenden Steuern und Sozialversicherungsbeiträge zu berechnen und abzuführen. Legt der AG Nachweise über die Abführung der öffentlichen Abgaben vor, ist die Klage entsprechend auf den Nettobetrag zu reduzieren.

II. Sozialversicherung

Das **Beitragszahlungsverfahren** für die Sozialversicherungsbeiträge ist im SGB IV geregelt. Für seine Durchführung gilt seit dem 1.7.2006 die Verordnung über die Berechnung, Zahlung, Weiterleitung, Abrechnung und Prüfung des Gesamtsozialversicherungsbeitrags (Beitragsverfahrensverordnung – BVV v. 3.5.2006, BGBl. I 1138). Die Beiträge in der Kranken- oder Rentenversicherung und der Pflegeversicherung sowie zur Bundesagentur für Arbeit werden für die kraft Gesetzes versicherten Beschäftigten oder Hausgewerbetreibenden als Gesamtsozialversicherungsbeitrag (§ 28d SGB IV) an die Krankenkasse als Einzugsstelle (§ 28h SGB IV) gezahlt. Die Vorschriften der §§ 28d ff. SGB IV gelten für alle Personen, die nach § 28a SGB IV iVm den auf diese Vorschrift verweisenden Regelungen der einzelnen Versicherungszweige zu melden sind.

Den Gesamtsozialversicherungsbeitrag hat der **AG** zu **zahlen** (§ 28e Abs. 1 SGB IV). In § 253 SGB V wird für die Krankenversicherung, in § 174 SGB VI für die Rentenversicherung, in § 54 SGB XI für die

Pflegeversicherung und in § 348 SGB III für die Arbeitslosenversicherung auf § 28e SGB IV verwiesen. In § 28e Abs. 2 SGB IV ist die Schuldnerschaft und Zahlungspflicht für die Sozialversicherungsbeiträge bei wirksamer (S. 1, 2) und unzulässiger **ANüberlassung** (S. 3, 4) geregelt. Hat der AG die Beiträge von einem zu geringen Entgelt berechnet, bleibt er verpflichtet, im Rahmen der Verjährungsfristen die Beiträge nachzuzahlen. § 28e Abs. 4 SGB IV begrenzt die **Haftung** auf die Beiträge und Säumniszuschläge, die infolge der Pflichtverletzung zu zahlen sind, sowie die Zinsen für die gestundeten Beiträge. Nach § 28e Abs. 5 SGB IV sind die Einzugsstellen ermächtigt, in ihren Satzungen zu regeln, unter welchen Voraussetzungen vom AG Vorschüsse auf den Gesamtsozialversicherungsbeitrag zu zahlen sind.

Die Beitragsansprüche der Versicherungsträger entstehen, sobald ihre im Gesetz oder aufgrund eines Gesetzes bestimmten Voraussetzungen vorliegen (§ 22 Abs. 1 SGB IV). Einer Konkretisierung der Beitragsforderung durch einen Verwaltungsakt bedarf es nicht. Der AG schuldet den Gesamtsozialversicherungsbeitrag demnach unabhängig davon, ob er dem AN das laufende Arbeitsentgelt tatsächlich noch auszahlen muss oder ausgezahlt hat. Voraussetzung für das Entstehen der Beitragspflicht ist nur, dass dieser **versicherungspflichtig beschäftigt** war. Die **Beitragsforderungen verjähren** in vier Jahren nach Ablauf des Kalenderjahres, in dem sie fällig geworden sind (§ 25 Abs. 1 S. 1 SGB IV). Vorsätzlich vorenthaltene Beiträge verjähren gem. § 25 Abs. 1 S. 2 SGB IV in 30 Jahren. In § 26 SGB IV sind die Beanstandung **unrichtigen Beitragsabzugs und der Erstattungsanspruch** bei Beitragsüberzahlung geregelt.

III. Besteuerung

Die Einkommensteuer wird durch **Abzug vom Arbeitslohn** (Lohnsteuer) erhoben, wenn **(1)** der AN in Deutschland einkommensteuerpflichtig ist, **(2)** die Einkünfte solche aus nicht selbständiger Arbeit sind, der Steuerpflichtige also steuerrechtlich AN ist, **(3)** die Einnahmen aus nicht selbständiger Arbeit nicht ausnahmsweise von der Lohnsteuer befreit sind und **(4)** der AG verpflichtet ist, den Abzug der Lohnsteuer vorzunehmen (§ 38 Abs. 1 EStG; → *Lohnsteuerkarte/-merkmale*). Der Abzug von Lohnsteuer muss vom laufenden

Arbeitslohn erfolgen. In Ausnahmefällen kann er auch im Folgemonat nachgeholt werden (§§ 38, 41c EStG). Da der AG beim Lohnsteuerabzug öffentlich-rechtliche Aufgaben erfüllt, sind die Arbeitsgerichte nicht befugt, die Berechtigung der Abzüge zu überprüfen.

Der **AN** ist gem. § 38 Abs. 2 S. 1 EStG Schuldner der Lohnsteuer. Die Lohnsteuer entsteht in dem Zeitpunkt, in dem ihm der Arbeitslohn zufließt (§ 38 Abs. 2 S. 2 EStG). Der AG hat die Lohnsteuer einzubehalten und abzuführen (§ 38 Abs. 3 EStG). Er haftet nach § 42d Abs. 1 Nr. 1 EStG für die Lohnsteuer, die er einzubehalten und abzuführen hat. Im Rahmen der → *Arbeitnehmerüberlassung* haftet der Entleiher nach § 42d Abs. 6 EStG neben dem Verleiher für die Abführung der Lohnsteuer. AN und AG haften für die Lohnsteuer als **Gesamtschuldner** (§ 42d Abs. 3 S. 1 EStG). Damit steht es im Ermessen der Finanzverwaltung, gegen wen sie Lohnsteuernachforderungen geltend machen will. Hat der AG von den Einkünften des AN **zu wenig Lohnsteuer** einbehalten und an das Finanzamt abgeführt, kann er nach Inanspruchnahme und Zahlung der Lohnsteuer gem. § 426 Abs. 1 S. 1 BGB iVm § 42d Abs. 1 Nr. 1 EStG vom AN deren Erstattung verlangen. Dies gilt unabhängig davon, ob der AG freiwillig oder aufgrund eines Haftungsbescheids die Steuerforderung für den AN erfüllt.

▶ Bundesagentur für Arbeit

Die Bundesagentur für Arbeit (BA) ist eine rechtsfähige bundesunmittelbare Körperschaft des öffentlichen Rechts mit Selbstverwaltung. Sie gliedert sich in eine Zentrale auf der oberen Verwaltungsebene, Regionaldirektionen auf der mittleren Verwaltungsebene und Agenturen für Arbeit auf der örtlichen Verwaltungsebene (§ 367 SGB III). Die BA hat ihren Verwaltungssitz in Nürnberg und ist der für die Durchführung nach dem SGB III zuständige Verwaltungsträger. Die BReg. kann der BA durch RechtsVO mit Zustimmung des Bundesrats weitere Aufgaben übertragen, die im Zusammenhang mit den Aufgaben nach dem SGB III stehen (§ 368 Abs. 3 SGB III). Die Bundesagentur für Arbeit ist zuständig für die Leistungen der Arbeitsförderung (zB Berufsberatung, Arbeitsvermittlung sowie die Zahlung der Entgeltersatzleistungen (→ *Arbeitslosen-*

geld I, → *Kurzarbeitergeld*, → *Insolvenzgeld*). Die BA unterhält ein Institut für Arbeitsrecht und Berufsforschung in Nürnberg.

▶ Bundesarbeitsgericht

Das BAG ist drittinstanzliches Gericht der → *Arbeitsgerichtsbarkeit*. Es hat seinen Sitz seit dem 22.11.1999 in Erfurt. Die Spruchkörper des BAG werden als **Senate** bezeichnet und sind regelmäßig besetzt mit drei Berufsrichtern und je einem → *ehrenamtlichen Richter* von AG- und AN-Seite. Sind die Senate mit mehr als drei Berufsrichtern besetzt, muss zur Wahrung des gesetzlichen Richters eine senatsinterne Geschäftsverteilung bestehen.

Das BAG entscheidet über die mit der → *Revision* angefochtenen → *Urteile* oder mit der im → *Beschlussverfahren* gegebenen **Rechtsbeschwerde gegen Beschlüsse der LAG.** In Ausnahmefällen entscheidet das BAG über sog. **Sprungrevisionen oder Sprungrechtsbeschwerden** gegen Urteile und Beschlüsse der ArbG (§§ 76, 96a ArbGG). Hat das LAG die Revision oder Rechtsbeschwerde nicht zugelassen, kann dagegen eine → *Nichtzulassungsbeschwerde* eingelegt werden (§§ 72 a, 92a ArbGG). Ferner ist das BAG zuständig, wenn das LAG die Berufung gegen ein Urteil des ArbG verworfen und die Rechtsbeschwerde zugelassen hat (**Revisionsbeschwerde,** § 77 ArbGG). Eine **Rechtsbeschwerde** an das BAG ist statthaft, wenn dies im Gesetz vorgesehen ist oder das LAG sie zugelassen hat (§ 78 ArbGG, § 574 ZPO). Ferner kann die weitere sofortige Beschwerde an das BAG gegeben sein, wenn die Zulässigkeit des Rechtswegs durch Beschluss festgestellt bzw. der Rechtsstreit verwiesen wird (§ 48 ArbGG, §§ 17 ff. GVG).

Beim BAG besteht ein **Großer Senat** (§ 45 ArbGG). Dieser besteht aus der Präsidentin, je einem Berufsrichter der Senate, in denen die Präsidentin nicht den Vorsitz führt, und je drei ehrenamtlichen Richtern aus den Kreisen der AN und AG. Der Große Senat entscheidet, wenn in einer Rechtsfrage ein Senat von der Entscheidung eines anderen Senats oder des Großen Senats abweichen will oder wenn ein Senat in einer Frage grundsätzlicher Bedeutung die Entscheidung des Großen Senats zur Fortbildung des Rechts oder der Sicherung einer einheitlichen Rspr. herbeiführt.

▶ Bundesfreiwilligendienst

Der Bundesfreiwilligendienst wurde 2011 mit dem Ruhen der Wehrpflicht (→ *Wehrdienst*) eingeführt. Er wird in der Regel ganztägig als überwiegend praktische Hilfstätigkeit in gemeinwohlorientierten Einrichtungen geleistet. Die Freiwilligen werden bei einer anerkannten Einsatzstelle (§ 6 BFDG) im sozialen, ökologischen und kulturellen Bereich sowie im Sport, der Integration und des Zivil- und Katastrophenschutzes eingesetzt. Eine Teilzeittätigkeit ist für über 27jährige und – bei einem berechtigten Interesse hieran – auch für Jüngere möglich (§ 2 BFDG). Das Engagement dauert mindestens sechs bis maximal 24 Monate. Die gem. § 8 BFDG mit dem Bund zu schließende Vereinbarung ist kein Arbeitsvertrag; der Beschäftigte hat keinen Anspruch auf → *Mindestlohn*. Es finden aber gem. § 13 Abs. 1 BFDG die Arbeitsschutzbestimmungen, das JArbSchG (→ *Jugendarbeitsschutz*) sowie das BUrlG (→ *Urlaub*) entsprechende Anwendung. Zu den Arbeitsschutzbestimmungen gehört auch das EFZG (→ *Entgeltfortzahlung im Krankheitsfall*), ein nach § 17 Abs. 2 S. 1 BFDG vereinbartes Taschengeld ist daher im Krankheitsfall fortzuzahlen. Wegen der Haftung verweist § 9 Abs. 2 BFDG auf die für AN geltenden Beschränkungen. Die Bestimmungen des ArbPlSchG finden keine Anwendung. Für Streitigkeiten aus dem BFDG sind die ArbG zuständig. *(MA)*

C

▶ Compliance

Der Begriff Compliance – zu Deutsch: Gesetzestreue, Rechtstreue – stammt aus dem amerikanischen Recht. Unter „Compliance“ werden im Allgemeinen alle Maßnahmen eines Unternehmens zur Einhaltung aller für das Unternehmen relevanten Gesetze durch seine Mitarbeiter verstanden. Der **Deutsche Corporate Governance Kodex (DCGK),** den eine vom Bundesjustizministerium einberufene Regierungskommission erarbeitet hat und jährlich aktualisiert, definiert Compliance dahin, dass der Vorstand eines Unternehmens für die Einhaltung der gesetzlichen Bestimmungen und der internen Richtlinien zu sorgen und auf deren Beachtung im Unternehmen hinzuwirken hat. In Deutschland ist die Bedeutung von unternehmensinternen Compliance-Strukturen in den letzten Jahren erheblich gestiegen. Internationale Unternehmen verlangen vor etwaigen Vertragsabschlüssen vielfach einen Nachweis von ihrem Vertragspartner über die Einhaltung von „Compliancestandards“. Gesetzliche Regelungen über die Einführung von Complianceregelungen finden sich in Deutschland – anders als in den USA – bislang nur vereinzelt, etwa in § 25a KWG. Für Aktiengesellschaften sieht § 91 Abs. 2 AktG vor, dass der Vorstand geeignete Maßnahmen zu treffen, insbesondere ein Überwachungssystem einzurichten hat, damit den Fortbestand der Gesellschaft gefährdende Entwicklungen früh erkannt werden. Der Vorstand einer börsennotierten Gesellschaft hat darüber hinaus nach § 91 Abs. 3 AktG ein im Hinblick auf den Umfang der Geschäftstätigkeit und die Risikolage des Unternehmens angemessenes und wirksames internes Kontrollsystem und Risikomanagementsystem einzurichten. In arbeitsrechtlicher Hinsicht ist Compliance in zweifacher Form von Bedeutung: Zum einen gehört auch die Einhaltung bestimmter arbeitsrechtlicher Bestimmungen, etwa das ArbSchG (→ *Arbeitsschutz*), das ArbZG (→ *Arbeitszeit*) sowie das AÜG (→ *Arbeitnehmerüberlassung*) zu dessen Gegenstand. Zum anderen stellt das Arbeitsrecht die Instrumente zur Verfügung, mit deren Hilfe unternehmensinterne Complianceregelungen verbindlich für die Beschäftigten eingeführt werden (bspw. durch → *Betriebsvereinbarung*) oder aber zumindest Verstöße gegen unternehmensinterne Complianceregelungen sanktioniert werden (→ *Abmahnung*, → *Kündigung*). Will der AG im Unternehmen einen **allgemeinen Verhaltenskodex** einführen, der unterschiedliche Regelungen beinhaltet, so hat der BR bezüglich der Bestimmungen, die das Verhalten der AN und die betriebliche Ordnung betreffen, nach § 87 Abs. 1 Nr. 1 BetrVG ein **Mitbestimmungsrecht.** Dass der AG die Compliance-Regelungen in einem Handbuch einheitlich zusammenfasst, hat nicht zur Folge, dass bezüglich des Gesamtwerks ein Mitbestimmungsrecht besteht. Vielmehr ist nach dem Inhalt der einzelnen Regelungen zu differenzieren (BAG 22.7.2008 – 1 ABR 40/07). Das Mitbestimmungsrecht setzt nicht notwendig voraus, dass es sich dabei um verbindliche Verhaltensregeln handelt. Ausreichend ist es, wenn die Maßnahme darauf gerichtet ist, das Verhalten der AN zu steuern oder die Ordnung des Betriebs zu gewährleisten. Beabsichtigt der AG, den Verhaltenskodex einheitlich im gesamten Konzern einzuführen, steht das Mitbestimmungsrecht dem → *Konzernbetriebsrat* zu (BAG 22.7.2008 – 1 ABR 40/07). *(MA)*

► Corona

Im Falle einer coronabedingten (pandemiebedingten) Arbeitsverhinderung infolge **behördlich angeordneter oder in Befolgung einer Rechtsverordnung durchgeführten Quarantäne** bestehen unterschiedliche Entgeltansprüche des AN. Dieser kann nach § 56

Abs. 1 IfSG einen Entschädigungsanspruch haben, wenn er ansteckungsverdächtig ist oder als bereits als infizierte Person Krankheitserreger ausscheidet und dadurch eine Ansteckungsquelle für die Allgemeinheit ist, ohne indessen krank oder krankheitsverdächtig zu sein (sog. **Ausscheider**). Es handelt sich hierbei somit um symptomlos COVID-19-Infizierte, bei denen über die Atemwege Krankheitserreger austreten. Ein Entschädigungsanspruch besteht nach § 56 Abs. 1a IfSG auch dann, wenn nach der Feststellung einer epidemische Lage von nationaler Tragweite durch den Bundestag **Kindertagesstätten** oder **Schulen** zur Verhinderung der Verbreitung von Infektionen oder übertragbarer Krankheiten vorübergehend geschlossen werden oder deren Betreten untersagt wird und der AN sein Kind, welches das 12. Lebensjahr noch nicht vollendet hat, in diesem Zeitraum selbst beaufsichtigen muss, weil keine andere Betreuungsmöglichkeit besteht. Der AG hat gem. § 56 Abs. 5 IfSG für die Dauer von **längstens sechs Wochen** die Entschädigung für die zuständige Behörde auszuzahlen. Diese hat die Entschädigung dem AG auf Antrag zu erstatten. Dabei gilt nach § 56 Abs. 11 IfSG eine Antragsfrist von zwei Jahren nach Einstellung der verbotenen Tätigkeit, dem Ende der Absonderung oder nach dem Ende der vorübergehenden Schließung der Kindertagesstätte oder Schule.

Voraussetzung eines Entschädigungsanspruchs ist stets, dass der AN einen **Verdienstausfall** erleidet. Ist er krank, dh leidet er infolge der COVID-19-Infektion unter Krankheitssymptomen, besteht kein Entschädigungsanspruch nach dem IfSG. Der AN hat in diesem Fall keinen Verdienstausfall, sondern Anspruch auf → *Entgeltfortzahlung im Krankheitsfall.* Ist der AN als Ansteckungsverdächtiger oder Ausscheider aufgrund einer behördlichen Anordnung oder in Befolgung einer entsprechenden Rechtsverordnung in Quarantäne, ist er – ohne arbeitsunfähig zu sein – infolge eines in seiner Person liegenden Grundes an der Arbeitsleistung verhindert (→ *Arbeitsverhinderung*). Von einer solchen Arbeitsverhinderung wird allerdings dann nicht auszugehen sein, wenn der AN seine Arbeitsleistung im Homeoffice erbringen kann. Nach der noch zum BSeuchG ergangenen Rspr. aus dem Jahr 1978 ist der AG nach § 616 BGB im Falle einer Arbeitsverhinderung des AN als Ansteckungsverdächtiger oder

Ausscheider zur Fortzahlung des Entgelts bis zur Dauer von sechs Wochen verpflichtet. Ob hieran angesichts eines gewandelten Verständnisses vom Begriff der „verhältnismäßig nicht erheblichen Zeit" in § 616 BGB festgehalten werden kann, erscheint fraglich. Folge dieser Rspr. ist, dass der AN keinen Entschädigungsanspruch gegen den AG hat, sondern dieser unmittelbar nach § 616 BGB zur Fortzahlung des Entgelts verpflichtet ist. Für den AG hat dies zur Konsequenz, dass er keinen Anspruch auf Erstattung der von ihm vorzuleistenden Entschädigung gegen die zuständige Behörde hat und er damit mit anderen Worten auf den Kosten der Entgeltfortzahlung „sitzen bleibt".

Ein Anspruch aus § 616 BGB kommt nur in Betracht, wenn der AN **ohne sein Verschulden** an der Arbeitsleistung verhindert wird. Nicht jede einfache Nachlässigkeit begründet ein solches Verschulden, erforderlich ist vielmehr ein gröblicher Verstoß gegen das von einem verständigen Menschen im eigenen Interesse zu erwartende Verhalten. Im Zusammenhang mit COVID-19-Infektionen kann ein derartiges Verschulden des AN in Betracht zu ziehen sein, wenn dieser in Risikogebiete reist, für die das Auswärtige Amt ausdrückliche Reisewarnungen erlassen hat. Allerdings wird in diesen Fällen nicht einfach festzustellen sein, ob sich der AN tatsächlich bei diesen Anlässen infiziert hat oder nicht bei anderer Gelegenheit. Ebenso wenig erhält ein AN nach § 56 Abs. 1 S. 4 IfSG eine Entschädigung, wenn er die Quarantäne durch eine **Corona-Schutzimpfung** hätte vermeiden können (→ *Arbeitsschutz*, → *Arbeitszeit*, → *Impfpflicht*, → *Kurzarbeit* und → *Telearbeit (mobile Arbeit)*).

Der AG kann in Umsetzung der ihn treffenden arbeitsschutzrechtlichen Verpflichtungen nach § 618 Abs. 1 BGB iVm § 106 S. 2 GewO berechtigt sein, auf Grundlage eines betrieblichen Schutz- und Hygienekonzepts **Corona-Tests einseitig anzuordnen** (BAG 1.6.2022 – 5 AZR 28/22; → *Arbeitsschutz*). Verweigert der AN diesen Test, kann der AG ihm das Betreten des Betriebs untersagen. Der AN verliert dann seinen Entgeltanspruch. Ordnet der AG für **Reiserückkehrer** aus einem SARS-CoV-2-Risikogebiet ein mehrtägiges **Betretungsverbot** für das Betriebsgelände an, obwohl der AN nach den geltenden öffentlich-rechtlichen Einreisebestimmungen aufgrund der Vorlage eines aktuellen negativen PCR-Tests und eines ärztlichen Attests über Symptomfreiheit keiner Absonderungspflicht (Quarantäne) unterliegt, schuldet er hingegen gem. § 615 S. 1, § 611a Abs. 2 BGB grds. Fortzahlung der Vergütung (→ *Annahmeverzug des Arbeitgebers*). Muss ein AG im Rahmen eines allgemeinen **„Lockdowns“** zur Bekämpfung der Corona-Pandemie seinen Betrieb schließen, liegt kein Fall des vom AG nach § 615 S. 3 BGB zu tragenden **Betriebsrisikos** vor (BAG 13.10.2021 – 5 AZR 211/21; → *Betriebsrisiko*). Wenn der AG in diesem Zusammenhang Kurzarbeit „Null“ einführt, ist der Umfang des **Urlaubsanspruchs** neu zu berechnen (BAG 30.11.2021 – 9 AZR 225/21; → *Urlaub*). *(RL)*

▶ COVID-19

→ *Corona*

▶ Crowdsourcing

→ *Crowdworking*

▶ Crowdworking

Crowdworking bezeichnet die Auslagerung von Arbeitsaufgaben durch Unternehmen mittels eines offenen Aufrufs über digitale Netzwerkplattformen an Internetnutzer („User“). Beim sog. externen Crowdworking bieten die Firmen – häufig als **Crowdsourcer** bezeichnet – über eine allgemeine oder spezialisierte Internetplattform Aufträge an, die die User derselben – die sog. Crowdworker – bearbeiten können. Gerade für kleinere Unternehmen eröffnet dies die Möglichkeit, sich über ihre eigenen personellen Ressourcen hinaus weiteres Wissen oder zusätzliche Kreativität zunutze zu machen. Die Internetplattform fungiert dabei in der Regel als reiner Vermittler zwischen dem Unternehmen und dem **Crowdworker.** Der Vertrag zwischen beiden kommt – je nach Plattform – dabei uU erst zustande, wenn das Unternehmen den Ergebnisvorschlag des Crowdworkers angenommen hat. Der Crowdworker arbeitet typischerweise ortsunabhängig. Da er idR nicht weisungsgebunden ist, ist er häufig auch kein AN, sondern **Selbstständiger;** solange er dann nicht überwiegend für ein Unternehmen tätig ist, ist er idR auch keine → *arbeitnehmerähnliche Person*. Allerdings kann ausnahmsweise ein **Arbeitsverhältnis** vorliegen, wenn der Crowdworker auf der Grundlage einer mit dem Betreiber der Plattform geschlossenen (Rahmen-)Vereinbarung tätig, zur persönlichen Leistungserbringung verpflichtet, die geschuldete Tätigkeit ihrer Eigenart nach einfach gelagert und ihre Durchführung inhaltlich vorgegeben ist sowie die Auftragsvergabe und die konkrete Nutzung der Plattform iS eines Fremdbestimmens durch den Crowdsourcer gelenkt werden (BAG 1.12.2020 – 9 AZR 102/20). Fehlt es hieran, findet das Arbeitsrecht auf externe Crowdworker keine Anwendung. Ein → *Mindestlohn* nach dem MiLoG steht ihnen damit nicht zu. Auch unterliegen sie weder dem Schutz des KSchG noch haben sie einen Anspruch auf → *Entgeltfortzahlung im Krankheitsfall* nach dem EFZG oder auf → *Urlaub* nach dem BUrlG. Die Rechtsbeziehungen zwischen dem (selbständigen) Crowdworker und dem Unternehmen werden – sofern deutsches Recht Anwendung findet – idR durch → *Allgemeine Geschäftsbedingungen* geregelt. Deren Inhalte sind grds. nur auf unangemessene Benachteiligungen iSv § 307 BGB zu überprüfen. Nur wenn der Crowdworker kein Unternehmer iSd § 14 BGB (und damit Verbraucher iSd § 13 BGB) ist, finden auch die strengen Klauselverbote in § 309 BGB und § 308 Nr. 1 sowie Nr. 2–8 BGB Anwendung. Hiervon ist lediglich dann auszugehen, wenn der Crowdworker sich nur gelegentlich um einen Auftrag bemüht. Handelt es sich hierbei hingegen um seine planmäßige berufliche Tätigkeit, ist er Unternehmer. Nach § 307 Abs. 1 BGB unwirksam dürfte insbesondere eine Vertragsbedingung sein, die dem Unternehmen das Recht einräumt, die vom Crowdworker erbrachte Leistung ohne Angabe von Gründen abzulehnen und damit auch kein Entgelt hierfür zu zahlen. Gleiches wird für eine Regelung gelten, die vorsieht, dass nur das „erste" oder das „beste" Ergebnis bezahlt wird (→ *Arbeit 4.0*). *(MA)*

D

▶ Darlehen

→ *Vorschuss*

▶ Datenschutz

I. Rechtsgrundlagen

Nach der Rspr. des BVerfG leitet sich aus dem allgemeinen → *Persönlichkeitsrecht* nach Art. 2 Abs. 1, Art. 1 Abs. 1 GG ein Grundrecht des Bürgers auf **informationelle Selbstbestimmung** ab. Es gewährleistet die Befugnis des Einzelnen, grds. selbst über die Preisgabe und Verwendung seiner persönlichen Daten zu bestimmen (BVerfG 15.12.1983 – 1 BvR 209/83). Geschützt ist nicht nur die Privat- und Intimsphäre, sondern auch die Befugnis des Betroffenen, selbst darüber zu entscheiden, ob Filmaufnahmen von ihm gemacht und möglicherweise gegen ihn verwendet werden dürfen (BAG 26.8.2008 – 1 ABR 16/07). Einschränkungen dieses Rechts sind nur im überwiegenden Allgemeininteresse zulässig. Vor allem das BDSG konkretisiert die Anforderungen an eine zulässige Datennutzung und -verarbeitung. Da es bislang an einer spezifischen arbeitsrechtlichen Regelung fehlt, dient es auch im Arbeitsverhältnis als Grundlage für den Schutz personenbezogener Daten. Darüber hinaus ist zum 25.5.2018 die – unmittelbar geltende – **Datenschutz-Grundverordnung** (DS-GVO) vom 27.4.2016 in Kraft treten. Deren Ziel ist ein gleichmäßiges Datenschutzniveau von natürlichen Personen in allen

Mitgliedstaaten. Im Hinblick hierauf hat der Gesetzgeber das bisherige BDSG wesentlich umgestaltet. Die Vorgaben des BR für die Behandlung von personenbezogenen Daten ergeben sich aus § 79a BetrVG (→ *Betriebsrat*), der AG kann zur Bestellung eines → *Datenschutzbeauftragten* verpflichtet sein.

II. Grundlage der Datenverarbeitung

Die Erhebung, Verarbeitung oder Nutzung von personenbezogenen Daten (Datenverarbeitung) richtet sich nach § 26 BDSG. „Personenbezogene Daten" sind nach Art. 4 Abs. 1 DS-GVO alle Informationen, die sich auf eine identifizierte oder identifizierbare natürliche Person beziehen. Hierzu gehören nicht nur die „Stammdaten" des AN wie Name, Alter, Familienstand, Geburtsdatum, Geschlecht und Adresse, sondern auch sonstige Angaben über seine Leistung oder Verhalten, wie zB Daten über geführte Telefongespräche (BAG 27.5.1986 – 1 ABR 48/84) oder Aufzeichnungen über die → *Arbeitszeit* (EuGH 30.5.2013 – C-342/12) oder über die Höhe seines Entgelts (BAG 7.5.2019 – 1 ABR 53/17). Die Datenverarbeitung muss nach Art. 6 Abs. 1 DS-GVO rechtmäßig sein. Dies ist nach Art. 6 Abs. 1 Buchst. a DS-GVO iVm § 26 BDSG zum einen der Fall, wenn der AN freiwillig seine **Einwilligung** zu der Datenverarbeitung für eine oder mehrere bestimmte Zwecke gegeben hat. Bei der Beurteilung, ob dies der Fall ist, sind die im Arbeitsverhältnis bestehende Abhängigkeit des betroffenen AN sowie die Umstände, unter denen die Einwilligung erteilt worden ist, zu berücksichtigen (§ 26 Abs. 3 BDSG). Von der Freiwilligkeit der Einwilligung ist insbesondere dann auszugehen, wenn die Datenverarbeitung für den AN einen rechtlichen oder wirtschaftlichen Vorteil hat oder AG und AN „gleichgelagerte Interessen" verfolgen. Die Einwilligung bedarf der Schriftform, soweit nicht wegen besonderer Umstände eine andere Form angemessen ist. Zudem muss der AG den AN über den Zweck der Datenverarbeitung und über sein Recht, die Einwilligung jederzeit zu widerrufen, in Textform aufklären. Zum anderen kann die Datenverarbeitung auch in einem TV oder in einer BV bzw. DV vorgesehen werden (§ 26 Abs. 4 BDSG). In diesem Fall müssen die jeweiligen Verhandlungspartner der Kollektivvereinbarung die Anforderungen in Art. 88 Abs. 2 DS-GVO beachten, wonach sie geeignete

Maßnahmen zur Wahrung der Menschenwürde sowie der berechtigten Interessen und der Grundrechte der AN – insbesondere im Hinblick auf die Transparenz der Verarbeitung und die Übermittlung personenbezogener Daten innerhalb einer Unternehmensgruppe – vorsehen müssen. Unabhängig davon erlaubt § 26 Abs. 1 S. 1 BDSG die Verarbeitung personenbezogener Daten von AN für bestimmte Zwecke (dazu unter III.). Für die Anwendung der Norm genügt es, dass personenbezogene Daten der AN verarbeitet werden, ohne dass diese unter Einsatz von Datensystemen gespeichert sind oder werden sollen (§ 26 Abs. 7 BDSG). Erfasst sind damit auch rein tatsächliche Handlungen (vgl. zu § 32 Abs. 2 BDSG aF: BAG 20.6.2013 – 2 AZR 546/12), wie etwa **Taschen- oder Torkontrollen,** das Durchsuchen der Bekleidung, Anrufe bei einem früheren AG oder Befragungen des AN, wie zB eine Anhörung des AN vor dem Ausspruch einer → *Verdachtskündigung* (vgl. zu § 32 BDSG aF: BAG 12.2.2015 – 6 AZR 845/13).

Den AG trifft nach § 26 Abs. 5 BDSG die Pflicht, geeignete Maßnahmen zu ergreifen, um sicherzustellen, dass die in Art. 5 DS-GVO enthaltenen Grundsätze bei der Datenverarbeitung eingehalten werden. Danach müssen die Daten für die betroffene Person in nachvollziehbarer Weise verarbeitet werden („Transparenz"), sie dürfen nur für festgelegte, eindeutige und legitime Zwecke erhoben und nicht in einer mit diesen Zwecken nicht zu vereinbarenden Weise weiterverarbeitet werden („Zweckbindung"), die Daten müssen dem Zweck angemessen und erheblich sowie auf das für die Zwecke der Verarbeitung notwendige Maß beschränkt sein („Datenminimierung"), sie müssen sachlich richtig und erforderlichenfalls auf dem neuesten Stand sein („Richtigkeit"), in einer Form gespeichert werden, die die Identifizierung der betroffenen Personen nur so lange ermöglicht, wie es für die Zwecke, für die sie verarbeitet werden, erforderlich ist („Speicherbegrenzung"), sowie in einer Weise verarbeitet werden, die eine angemessene Sicherheit der personenbezogenen Daten gewährleistet („Integrität und Vertraulichkeit").

III. Zulässiger Zweck

(**1**) Nach § 26 Abs. 1 BDSG dürfen personenbezogene Daten der AN dann verarbeitet werden, wenn dies (**a**) für die Entscheidung über die Begründung eines Beschäftigungsverhältnisses (→ *Fragerecht des Arbeitgebers*) oder (**b**) nach Begründung des Beschäftigungsverhältnisses für dessen Durchführung oder Beendigung oder (**c**) zur Ausübung oder Erfüllung der sich aus einem Gesetz oder einem TV, einer BV oder DV ergebenden Rechte und Pflichten der Interessenvertretung der Beschäftigten erforderlich ist. Die Erforderlichkeit setzt in der Regel ein berechtigtes Interesse des AG an der Datenverarbeitung voraus, das aus dem bestehenden Arbeitsverhältnis herrühren muss und im Zusammenhang mit der Erfüllung der vom AN geschuldeten vertraglichen Leistung, seiner sonstigen Pflichtenbindung oder mit der Pflichtenbindung des AG steht. Die Maßnahme muss unter Abwägung der beiderseitigen Interessen verhältnismäßig sein. Die Schwere des Eingriffs in das Persönlichkeitsrecht darf bei einer Gesamtabwägung nicht außer Verhältnis zu dem Gewicht der ihn rechtfertigenden Gründe stehen (BAG 17.11.2016 – 2 AZR 730/15). Steht dem BR ein Anspruch auf Einblick in nicht anonymisierte Bruttoentgeltlisten (§ 80 Abs. 2 S. 2 Hs. 2 BetrVG) zu, ist die von § 26 Abs. 1 S. 1 BDSG verlangte Erforderlichkeit einer damit verbundenen Datenverarbeitung stets gegeben (BAG 7.5.2019 – 1 ABR 53/17). Gleiches gilt bei einem Auskunftsanspruch nach § 80 Abs. 2 S. 1 BetrVG (BAG 9.4.2019 – 1 ABR 51/17).

Da zur Durchführung des Arbeitsverhältnisses auch die **Überwachung der Leistung** der AN gehört, ermöglicht § 26 Abs. 1 S. 1 BDSG die **Erhebung personenbezogener Leistungsdaten.** Allerdings wäre eine dauerhafte Überwachung wegen des darin liegenden unverhältnismäßigen Eingriffs in das allgemeine Persönlichkeitsrecht nicht zulässig. Zur Erfassung der Daten von Telekommunikationseinrichtungen (Telefon, Internet oder E-Mail) ist der AG ebenfalls grds. berechtigt, um die dadurch verursachten Kosten zu kontrollieren und den Missbrauch durch das Führen unerlaubter Privatgespräche zu vermeiden (BAG 27.5.1986 – 1 ABR 48/84). Nicht zulässig ist es hingegen, auf den Gesprächsinhalt der Dienst-

oder Privatgespräche zuzugreifen, indem diese unerkannt mitgehört oder aufgezeichnet werden (→ *Internetnutzung*). Ein solches Vorgehen verletzt das sich aus dem Persönlichkeitsrecht des AN ergebende Recht am eigenen Wort (BVerfG 19.12.1991 – 1 BvR 382/85).

(2) Abweichend vom grundsätzlichen Verbot in Art. 9 Abs. 1 der EU-VO 2016/679 erlaubt § 26 Abs. 3 BDSG auch die Verarbeitung **besonderer Kategorien personenbezogener Daten.** Hierbei handelt es sich um Daten, aus denen die rassische oder ethnische Herkunft des AN, seine politische Meinung, seine religiösen oder weltanschaulichen Überzeugungen oder eine etwaige Gewerkschaftszugehörigkeit hervorgehen, sowie um genetische oder biometrische Daten, Gesundheitsdaten oder Daten zum Sexualleben oder der sexuellen Orientierung des AN. Hierzu gehört auch die Schwangerschaft einer AN (BAG 9.4.2019 – 1 ABR 51/17). Die Verarbeitung dieser besonders sensiblen Daten ist allerdings ausschließlich dann zulässig, wenn dies zur Ausübung von Rechten oder zur Erfüllung arbeits- oder sozialrechtlicher Pflichten erforderlich ist und kein Grund zu der Annahme besteht, dass das schutzwürdige Interesse des betroffenen AN am Ausschluss der Verarbeitung überwiegt. Entscheidend ist damit, ob der AG die Verwendung der Daten für die Erfüllung der ihm obliegenden gesetzlichen Verpflichtungen benötigt. So ist etwa die Frage nach der Schwerbehinderteneigenschaft zur Vorbereitung beabsichtigter Kündigungen zulässig, wenn das Arbeitsverhältnis bereits sechs Monate bestanden hat (BAG 16.2.2012 – 6 AZR 553/10). Bezieht sich der Auskunftsanspruch des BR nach § 80 Abs. 2 S. 1 BetrVG auf eine besondere Kategorie personenbezogener Daten iSv Art. 9 Abs. 1 DS-GVO, ist erforderlich, dass der BR zur Wahrung der Interessen der von der Datenverarbeitung betroffenen AN angemessene und spezifische Schutzmaßnahmen trifft (BAG 9.4.2019 – 1 ABR 51/17). Soweit solche Daten aufgrund einer Einwilligung des AN verwendet werden, muss diese sich ausdrücklich auf diese Daten beziehen.

(3) Ferner dürfen nach § 26 Abs. 1 S. 2 BDSG zur **Aufdeckung von Straftaten** personenbezogene Daten eines AN verarbeitet werden, wenn der Verdacht besteht, dass der Betroffene im Arbeitsverhältnis eine Straftat begangen hat, die Datenverarbeitung zur Aufdeckung

erforderlich ist und das schutzwürdige Interesse des AN am Ausschluss der Verarbeitung nicht überwiegt, insbesondere Art und Ausmaß im Hinblick auf den Anlass nicht unverhältnismäßig sind. Die Datenverarbeitung verlangt, dass tatsächliche Anhaltspunkte für einen solchen Verdacht existieren; diese sind zu dokumentieren. Ein durch konkrete Tatsachen belegter „Anfangsverdacht“ reicht aus (zu § 32 BDSG aF: BAG 20.10.2016 – 2 AZR 395/15). Unter den Voraussetzungen des § 26 Abs. 1 S. 2 BDSG können insbesondere verdeckte Videoüberwachungen der AN gerechtfertigt sein. Stößt der AG im Rahmen einer solchen auf einen nicht mit dem Zweck der Überwachung in Zusammenhang stehenden „Zufallsfund“, ist dessen Verwertung für die Kündigung des betroffenen AN nach § 32 Abs. 1 S. 1 BDSG aF zulässig (zu § 32 BDSG aF: BAG 22.9.2016 – 2 AZR 848/15). Eine ohne Einwilligung des AN durchgeführte Schrankkontrolle und die Durchsuchung seiner darin befindlichen persönlichen Sachen sind nur erlaubt, wenn konkrete Anhaltspunkte für eine Straftat bestehen, der AN zu dem anhand objektiver Kriterien eingegrenzten Kreis der Verdächtigenden gehört und dem AG keine ebenso effektiven, den AN weniger belastenden Möglichkeiten zur Aufklärung des Sachverhalts zur Verfügung stehen. Außerdem muss die Art und Weise der Kontrolle als solche den Verhältnismäßigkeitsgrundsatz wahren. Dies schließt „heimliche“ Schrankkontrollen – ohne Beisein des AN – regelmäßig aus (zu § 32 BDSG aF: BAG 20.6.2013 – 2 AZR 546/12). Die Regelung des § 32 Abs. 1 S. 2 BDSG aF greift nur, wenn der AG Straftaten und nicht lediglich Pflichtverletzungen des AN aufdecken möchte. In diesem Fall kann die Maßnahme jedoch nach Maßgabe von § 26 Abs. 1 S. 1 BDSG zulässig sein. Handelt es sich bei dieser um eine verdeckte Überwachung eines einer schweren Pflichtverletzung verdächtigen AN, ist diese indes nur unter den vergleichbaren Voraussetzungen zulässig wie zur Aufdeckung einer Straftat nach § 26 Abs. 1 S. 2 BDSG (BAG 29.6.2017 – 2 AZR 597/16). Zudem erfasst die Norm auch nicht alle Aufklärungshandlungen, sondern nur Kontroll- bzw. Überwachungsmaßnahmen; die nach § 32 Abs. 1 S. 1 BDSG aF zulässige Anhörung eines AN vor Ausspruch einer → *Verdachtskündigung* ist daher nicht an den strengeren Vorgaben von Satz 2 zu messen (BAG 12.2.2015 – 6 AZR 845/13).

(4) Bei einer **Videoüberwachung** durch den AG in **öffentlich zugänglichen Räumen** ist § 4 BDSG zu beachten. Erforderlich ist danach, dass der Umstand der Beobachtung und die verantwortliche Stelle bei Videoaufzeichnungen durch geeignete Maßnahmen erkennbar zu machen sind. Die Speicherung von Bildsequenzen aus einer zulässigen offenen Videoüberwachung, die eine schwere vorsätzliche Pflichtverletzung eines AN zulasten des AG zeigen, ist solange nicht unverhältnismäßig, wie eine Rechtsverfolgung durch den AG noch möglich ist (BAG 23.8.2018 – 2 AZR 133/18). Auch in öffentlich zugänglichen Räumen kann zudem nach der Rspr. des BAG ausnahmsweise eine verdeckte Videoüberwachung zulässig sein, wenn die verdeckte Überwachung das einzige Mittel zur Überführung von AN ist, die der Begehung von Straftaten konkret verdächtig sind (BAG 21.6.2012 – 2 AZR 153/11).

IV. Rechte des Arbeitnehmers

Nach Maßgabe von Art. 13 und Art. 14 DS-GVO ist der betroffene AN u.a. darüber zu informieren, wenn personenbezogene Daten über ihn erhoben oder verarbeitet werden. Wurden die Daten bei ihm selbst erhoben, muss der AG ihm u.a. mitteilen, für welche Zwecke sie verarbeitet und wie lange sie gespeichert werden sollen. Wurden die Daten nicht beim AN, sondern bei einem Dritten erhoben, kann der AN u.a. Auskunft darüber verlangen, um welche Kategorien von Daten es sich handelt. Zudem steht ihm nach Art. 15 DS-GVO ein Anspruch auf **Auskunftsanspruch** darüber zu, ob ihn betreffende personenbezogene Daten verarbeitet werden; ist dies der Fall, so hat der AN u.a. ein Recht auf Auskunft über diese Daten, den Zweck ihrer Verarbeitung, die Empfänger dieser Daten und die geplante Dauer, für die sie gespeichert werden. Ein auf eine entspr. Auskunft gerichteter Klageantrag muss hinreichend bestimmt gefasst werden (BAG 16.12.2021 – 2 AZR 235/21). Darüber hinaus gewährt Art. 16 DS-GVO dem betroffenen AN das Recht, vom AG unverzüglich die **Berichtigung** ihn betreffender unrichtiger personenbezogener Daten und – unter Berücksichtigung des Verarbeitungszwecks – die Vervollständigung unvollständiger personenbezogener Daten, auch mittels einer ergänzenden Erklärung, zu verlangen. Zudem steht dem AN nach Art. 17 DS-GVO ein Anspruch auf **Löschung** u.a. dann zu, wenn die personenbezogenen Daten für die Zwecke, für die sie erhoben oder auf sonstige Weise verarbeitet wurden, nicht mehr notwendig sind oder die Daten unrechtmäßig verarbeitet wurden.

V. Beteiligungsrechte des Betriebsrats

Der AG ist verpflichtet, den BR umfassend über alle Formen der Verarbeitung personenbezogener Daten der AN sowie vor der Einführung von Personalinformationssystemen zu unterrichten (§ 80 Abs. 1 BetrVG). Da es sich hierbei um technische Anlagen handelt, hat der AG die Einführung mit dem BR zu beraten (§ 90 BetrVG). Im Zusammenhang mit Personalfragebögen (→ *Fragerecht des Arbeitgebers*) ist das Mitbestimmungsrecht nach § 94 Abs. 1 BetrVG zu beachten; dies gilt auch, wenn der AG dem Bewerber Fragen aus einer formularmäßigen Zusammenstellung über persönliche Verhältnisse mündlich stellt und die Antworten selbst vermerkt (BAG 21.9.1993 – 1 ABR 28/93). Von größerer Bedeutung ist allerdings in diesem Zusammenhang das Mitbestimmungsrecht nach § 87 Abs. 1 Nr. 6 BetrVG. Danach hat der BR bei der Einführung und Anwendung von allen technischen Einrichtungen mitzubestimmen, die dazu „bestimmt", dh nach der Rspr. des BAG dazu geeignet sind, das Verhalten oder die Leistung der AN zu überwachen (→ *Betriebsrat (Beteiligungsrechte)*). Demgemäß unterliegt die Erfassung von Daten über von AN geführte Telefongespräche sowie eine Videoüberwachung der AN auf der Grundlage des § 26 Abs. 1 BDSG der Mitbestimmung des BR (BAG 27.5.1986 – 1 ABR 48/84). Beim Betrieb einer Facebook Seite kann der BR ebenfalls zu beteiligen sein (BAG 13.12.2016 – 1 ABR 7/15). Auch bei der Einführung von Microsoft 365 (BAG 8.3.2022 – 1 ABR 20/21), Outlook (BAG 23.3.2021 – 1 ABR 31/19) sowie Microsoft Excel (BAG 23.10.2018 – 1 ABR 36/18) hat er mitzubestimmen. *(MA)*

► Datenschutzbeauftragter

Gem. § 5 Abs. 1, § 38 Abs. 1 BDSG sind öffentliche und private AG (sofern sie idR zumindest 20 Personen mit der automatisierten Verarbeitung personenbezogener Daten ständig beschäftigen) zur **Be-**

nennung eines Datenschutzbeauftragten verpflichtet. Die für die Datenverarbeitung (→ *Datenschutz*) verantwortliche Stelle kann zwischen der Benennung eines internen oder externen Datenschutzbeauftragten wählen. Der Datenschutzbeauftragte ist an keine Anweisungen bezüglich der Ausübung seiner Aufgaben gebunden. Er berichtet unmittelbar dem höchsten Leitungsorgan des Betriebs oder der Dienststelle. Die AN können sich mit allen mit der Verarbeitung ihrer personenbezogenen Daten und mit der Wahrnehmung ihrer Rechte nach der DS-GVO, dem BDSG sowie nach anderen Rechtsvorschriften über den Datenschutz im Zusammenhang stehenden Fragen an den Datenschutzbeauftragten wenden. Dieser ist zur Verschwiegenheit verpflichtet, soweit er nicht davon durch die betroffene Person befreit wird.

Ein Datenschutzbeauftragter darf wegen der Erfüllung seiner Aufgaben nicht abberufen oder benachteiligt werden. Eine **Abberufung** ist nur in entsprechender Anwendung des § 626 BGB aus wichtigem Grund zulässig (§ 6 Abs. 4 S. 1, § 38 Abs. 2 BDSG). Ein wichtiger Grund für die Abberufung liegt vor, wenn die Voraussetzungen der Bestellung (Betriebsgröße, Zuverlässigkeit oder Fachkunde) nicht mehr gegeben sind oder bei der wirksamen Beendigung des Arbeitsverhältnisses (zB durch Kündigung oder Befristung) eines internen Datenschutzbeauftragten. Ferner kann ein wichtiger Grund gegeben sein bei groben Pflichtverletzungen bei seiner Aufgabenerfüllung. Die **Kündigung** des Arbeitsverhältnisses eines internen Datenschutzbeauftragten ist unzulässig, es sei denn, dass Tatsachen vorliegen, welche den AG zur Kündigung aus wichtigem Grund ohne Einhaltung einer Kündigungsfrist berechtigen (§ 6 Abs. 4 S. 2, § 38 Abs. 2 BDSG; BAG 25.8.2022 – 2 AZR 225/20). Nach dem Ende der Tätigkeit als Datenschutzbeauftragter besteht noch ein nachwirkender Kündigungsschutz für die Dauer eines Jahres (§ 6 Abs. 4 S. 3, § 38 Abs. 2 BDSG).

Der BR ist bei der **Bestellung eines internen Datenschutzbeauftragten** regelmäßig nach § 99 Abs. 1 BetrVG zu beteiligen (→ *Betriebsrat (Beteiligung)*), weil die Aufgabenübertragung eine → *Versetzung* iSd § 95 Abs. 3 BetrVG darstellen wird. Die Zustimmung kann nach § 99 Abs. 3 Nr. 1 BetrVG verweigert werden, wenn dem in Aussicht genommenen Datenschutzbeauftragten die erforderliche Eignung (Zuverlässigkeit oder Fachkunde) fehlt (BAG 22.3.1994 – 1 ABR 51/93).

▶ Dauerstellung

Ein Arbeitsvertrag kann für eine bestimmte Mindestdauer abgeschlossen werden. Gelegentlich wird dem AN im Rahmen der Vertragsverhandlungen eine Dauerstellung zugesagt. Im Wege der Auslegung ist zu ermitteln, ob nur ein normales, unbefristetes Arbeitsverhältnis eingegangen werden soll oder ob dem AN eine echte Dauerstellung zugesagt ist. Bei dieser kann sofort der → *Kündigungsschutz* einsetzen oder die → *Kündigung* durch schlüssiges Verhalten für eine bestimmte Zeit ausgeschlossen sein. Ist das Arbeitsverhältnis für die Lebenszeit einer Person oder für längere Zeit als fünf Jahre eingegangen, kann es vom AN nach Ablauf von fünf Jahren gekündigt werden. Die Kündigungsfrist beträgt dann sechs Monate (§ 15 Abs. 5 TzBfG).

▶ Deutscher Gewerkschaftsbund (DGB)

Der DGB ist die Spitzenorganisation der in ihm zusammengeschlossenen Einzelgewerkschaften mit Sitz in Berlin. Mitglieder können nur Gewerkschaften sein. Dem DGB gehören derzeit acht Einzelgewerkschaften an. Dies sind die Eisenbahn- und Verkehrsgesellschaft (EVG), Gewerkschaft Nahrung-Genuss-Gaststätten (NGG), Gewerkschaft der Polizei (GdP), Gewerkschaft Erziehung und Wissenschaft (GEW), IG Bauen-Agrar-Umwelt (IG BAU), IG Bergbau, Chemie, Energie (IG BCE), IG Metall (IGM) und die Vereinte Dienstleistungsgewerkschaft (ver.di) in Berlin. Die Organe des DGB sind neben dem Bundeskongress der Bundesausschuss, der Bundesvorstand, der geschäftsführende Bundesvorstand und die Revisionskommission. Im DGB waren Ende 2021 5.729.371 AN und Beamte organisiert. Die IG Metall hatte 2.169.183 Mitglieder und ver.di 1.893.920 Mitglieder. Im internationalen Bereich ist der DGB im Europäischen Gewerkschaftsbund organisiert.

▶ Dienstordnungen

Dienstordnungsangestellte der Sozialversicherungsträger sind trotz der weitgehend öffentlich-rechtlichen Ausgestaltung ihrer Anstellungsverhältnisse weder → *Beamte* noch haben sie einen öffentlich-rechtlichen Status. Dienstordnungen von Sozialversicherungsträgern sind dem öffentlichen Recht angehöriges, gesetzesvollziehendes autonomes Satzungsrecht, das kraft seiner Normenwirkung zwingend die Arbeitsverhältnisse der von der Dienstordnung erfassten Angestellten gestaltet, ohne dass es dazu übereinstimmender Willenserklärungen der Arbeitsvertragsparteien bedarf. Der Anstellungsvertrag hat nur die Wirkung, den Angestellten der Dienstordnung zu unterstellen. Mit Abschluss des Anstellungsvertrags gilt die maßgebliche Dienstordnung. Die Dienstordnung in ihrer jeweiligen Fassung wirkt gesetzesgleich auf das Dienstverhältnis ein. Für Dienstordnungsangestellte gelten damit im selben Umfang wie für Beamte die jeweils gültigen von der Dienstordnung in Bezug genommenen beamtenrechtlichen Vorschriften. Dazu gehören regelmäßig auch die Anstellung auf Lebenszeit (§ 353 Abs. 1 Nr. 3 RVO), die Beschränkung der Folgen von Pflichtverletzungen auf die disziplinarrechtlichen Sanktionen für Beamte (§ 352 S. 2 RVO) oder die Bestimmungen über die Versetzung in den Ruhestand wegen Dienstunfähigkeit. Diese bedarf deshalb nicht der Zustimmung des Integrationsamts (→ *schwerbehinderte Menschen*). Für Rechtsstreitigkeiten der Dienstordnungsangestellten sind die Arbeitsgerichte zuständig.

▶ Dienstreise

Dienstreisen sind Reisen zur Erledigung von unmittelbar übertragenen Arbeitsaufgaben außerhalb der Arbeitsstätte. Ob Reisen als solches eine Arbeitsleistung darstellt, lässt sich nicht generell und unabhängig von den jeweiligen Einzelumständen beurteilen. Nach der Rspr. sind erforderliche Reisezeiten mit der für die eigentliche Tätigkeit vereinbarten Vergütung zu bezahlen, sofern nicht durch Arbeitsvertrag oder TV eine gesonderte Vergütungsregelung hierfür eingreift (BAG 17.10.2018 – 5 AZR 553/17). Die in Formulararbeitsverträgen enthaltene Klausel, Reisezeiten seien mit der Bruttomonatsvergütung abgegolten, ist unwirksam, wenn sich aus dem Arbeitsvertrag nicht ergibt, welche „Reisetätigkeit" von ihr in welchem Umfang erfasst werden soll (BAG 20.4.2011 – 5 AZR 200/10). Der AN hat auch ohne ausdrückliche Vereinbarung einen Anspruch auf Reisekostenvergütung zur Abgeltung der dienstlich veranlassten Mehraufwendungen für genehmigte Dienstreisen. Dieser umfasst regelmäßig die Fahrt- und Übernachtungskosten sowie den Ausgleich für etwaige Verpflegungsmehraufwendungen. Muss der AN während der Reisezeiten keine Arbeitsleistung erbringen, steht dem BR bei deren Anordnung durch den AG kein Mitbestimmungsrecht nach § 87 Abs. 1 Nr. 2, 3 BetrVG zu (BAG 14.11.2006 – 1 ABR 5/06).

▶ Dienstvereinbarung

Dies ist das der → *Betriebsvereinbarung* entsprechende Rechtsinstitut im Personalvertretungsrecht (→ *Personalvertretung*). Sie ist eine kollektivrechtliche Vereinbarung, die Ausführungen zur BV gelten für sie sinngemäß. Die Dienstvereinbarung bedarf der Schriftform und ist daher vom Personalratsvorsitzenden sowie dem Dienststellenleiter zu unterzeichnen und bekannt zu machen (§ 63 Abs. 2 BPersVG). Die Bekanntmachung ist jedoch nicht konstitutiv (BAG 18.3.2014 – 1 AZR 807/12). Anders als die BV ist die Dienstvereinbarung nur zulässig, soweit sie das BPersVG selbst ausdrücklich vorsieht (§ 63 Abs. 1 BPersVG). Dies ist nur für einige der in §§ 78 ff. BPersVG geregelten Angelegenheiten erfolgt. Im Landesrecht finden sich teilweise abweichende Regelungen. Die Dienstvereinbarung entfaltet für das Arbeitsverhältnis unmittelbare und zwingende Wirkung. Sie endet mit Ablauf der Frist, für die sie abgeschlossen wurde, Erfüllung ihres Zwecks, Auflösung der Dienststelle, Aufhebung durch die Abschließenden, Abschluss einer ablösenden Dienstvereinbarung oder durch Kündigung. Rechtsstreitigkeiten über Bestehen oder Nichtbestehen einer Dienstvereinbarung werden von den Verwaltungsgerichten im Beschlussverfahren entschieden (§ 108 Abs. 1 Nr. 5 BPersVG). Noch nicht höchstrichterlich geklärt ist, ob und in welchem Umfang eine Dienstvereinbarung bei einer Privatisierung der Dienststelle weiter gilt.

▶ Dienstwagen

Der AG kann sich verpflichten, dem AN einen Dienstwagen auch zur privaten Nutzung zur Verfügung zu stellen. Dies stellt für den AN einen → *Sachbezug* dar. Dieser ist steuer- und abgabenpflichtiger Teil des geschuldeten Arbeitsentgelts und damit Teil der als Gegenleistung für die geschuldete Arbeitsleistung erbrachten Arbeitsvergütung. Inhalt und Ausgestaltung der Nutzungsüberlassung richten sich grds. nach der vertraglichen Vereinbarung. Die Abrede kann auch konkludent erfolgen. Eine konkludente Vereinbarung der privaten Nutzungsmöglichkeit kann insbesondere dann vorliegen, wenn der AN den Wagen auch am Wochenende mit nach Hause nehmen kann und privat nutzt, ohne dass der AG einen Kostenanteil fordert. Die auf die Privatnutzung entfallende Lohnsteuer hat der AN zu tragen (BAG 17.10.2018 – 5 AZR 538/17).

Die Nutzungsüberlassung ist so lange geschuldet, wie der AG Arbeitsentgelt leisten muss (BAG 21.3.2012 – 5 AZR 651/10). Im Falle der **Arbeitsunfähigkeit** endet das Recht zur Privatnutzung deshalb mit dem Ende des Entgeltfortzahlungszeitraums (§ 3 EFZG; → *Entgeltfortzahlung im Krankheitsfall*), es sei denn, dass sich aus dem Vertrag etwas anderes ergibt. Darf der AN den Wagen auch privat nutzen, ist er diesem auch während des → *Urlaubs* zu überlassen. Entsprechendes gilt während der **Mutterschutzfristen** (→ *Mutterschutz*).

Ein Widerrufsrecht in einem vom AG gestellten Arbeitsvertrag unterliegt der Inhaltskontrolle nach § 308 Nr. 4 BGB (→ *Allgemeine Geschäftsbedingungen*). Der in einem Formularvertrag vereinbarte **Widerrufsvorbehalt** für die Privatnutzung eines Dienstwagens ist nur wirksam, wenn die Sachgründe für den Widerruf angegeben sind und der durch den Widerruf entzogene geldwerte Vorteil weniger als 25% des regelmäßigen Verdienstes beträgt. Der Widerruf der privaten Nutzung eines Dienstwagens im Zusammenhang mit einer (wirksamen) → *Freistellung des Arbeitnehmers* ist zumutbar, und zwar auch dann, wenn der Widerrufsvorbehalt keine Ankündigungsfrist enthält. Bei der Entscheidung über die Herausgabe sind das Interesse des AG an einer unverzüglichen Rückgabe und das Interesse des AN an einer weiteren privaten Nutzung zu berücksichtigen. Dies kann im Einzelfall dazu führen, dass der AG einen Dienstwagen nur unter Einräumung einer Auslauffrist zurückfordern darf.

Das Recht zur Benutzung des Dienstwagens endet mit dem **Ende des Arbeitsverhältnisses.** War dem AN die Privatnutzung nicht gestattet, kann der AG jederzeit die Herausgabe verlangen, da der AN nur Besitzdiener ist. War dagegen auch die Privatnutzung gestattet, hat der AN das Fahrzeug bei einer Kündigung grds. nach Ablauf der Kündigungsfrist dem AG herauszugeben. Etwas anderes gilt allenfalls dann, wenn die → *Kündigung* offensichtlich unwirksam ist.

▶ Dienstwohnung

→ *Werkswohnung*

▶ Differenzierungsklausel

→ *Tarifverträge* sind grds. auf ein Arbeitsverhältnis nur anzuwenden, wenn es dem → *tariflichen Geltungsbereich* unterliegt und beide Arbeitsvertragsparteien der → *Tarifbindung* unterliegen (§ 4 Abs. 1 TVG) – oder ausnahmsweise die → *Allgemeinverbindlicherklärung* (§ 5 TVG) der TV erfolgt ist. Dadurch wird vom Gesetz ein sozial adäquater Druck ausgeübt, der am Tarifabschluss beteiligten Gewerkschaft beizutreten, um so in den Genuss der unabdingbaren tarifvertraglichen Rechte zu kommen. Diesen Druck gleichen viele AG aus, indem sie mit allen AN, also auch den nicht tarifgebundenen, vereinbaren, dass der betreffende TV auf ihren Arbeitsvertrag – als Vertragsrecht – Anwendung findet. Unter bestimmten, für sie günstigen Bedingungen, zB im Zuge der Verhandlungen über einen Sanierungstarifvertrag, erreichen es die → *Gewerkschaften* nicht selten, dass der – milde – Beitrittsdruck durch Differenzierungsklauseln wiederhergestellt wird. Dazu wird im TV festgelegt, dass nicht- oder andersorganisierte AN (Außenseiter) nicht zu denselben Bedingungen wie die tarifangehörigen AN beschäftigt, ihnen bestimmte tarifliche Vergünstigungen nicht gewährt werden dürfen oder bestimmte Leistungen nur an Mitglieder der tarifschließenden Gewerkschaft fließen sollen. Unter **Organisations- oder Absperr-**

klauseln versteht man tarifliche Abmachungen, durch die der AG verpflichtet wird, keine Außenseiter in seinem Betrieb zu beschäftigen. **Differenzierungs- oder Differenzklauseln** ieS wollen die verschiedene Behandlung von Organisierten und Nichtorganisierten erzwingen. Dies kann durch sog. **einfache Differenzierungsklauseln** geschehen, die die Mitgliedschaft in der betreffenden Gewerkschaft zum Tatbestandsmerkmal der betreffenden Anspruchsgrundlage, zB auf Zahlung einer „Urlaubsbeihilfe", erheben. Solche Klauseln schließen es nicht aus, dass der AG die entsprechenden Leistungen auf einzelvertraglicher Grundlage gegenüber den Außenseitern erbringt. Eine bloße arbeitsvertragliche Verweisung auf den betreffenden TV reicht für einen entsprechenden Anspruch des Außenseiters aber nicht. Weitergehend legen **Spannensicherungsklauseln** (Abstandsklauseln) fest, dass der AG in jedem Falle an Mitglieder der tarifschließenden Gewerkschaft höhere Leistungen als an Außenseiter zu erbringen hat. So könnte zB festgelegt werden, dass Weihnachtsgeld für erstere 500 EUR höher sein muss als für Außenseiter. Es gibt auch die Regelungstechnik, dass eine einfache Differenzierungsklausel dadurch abgesichert wird, dass der TV dem AG aufgibt, an die Tarifgebundenen eine entsprechend erhöhte Leistung zu erbringen hat, wenn er die den Tarifgebundenen versprochene Leistung auch Außenseitern gewährt. Das BAG hält einfache Differenzierungsklauseln für zulässig und wirksam (BAG 18.3.2009 – 4 AZR 64/08), ebenso solche zwischen verschiedenen Gruppen von Mitgliedern der Gewerkschaft (BAG 15.4.2015 – 4 AZR 796/13), während es Spannensicherungsklauseln wegen Überschreitens der tariflichen Regelungsmacht als unwirksam ansieht (BAG 23.3.2011 – 4 AZR 306/09). Der AG kann sich schuldrechtlich dazu verpflichten, bestimmte Geldbeträge zur Verteilung nur an die Mitglieder der tarifschließenden Gewerkschaft zur Verfügung zu stellen (BAG 21.5.2014 – 4 AZR 50/13).

▶ Digitalisierung

→ *Arbeit 4.0*

▶ Direktionsrecht

I. Begriff und Grenzen des Direktionsrechts, Konkretisierung

Ist die vom AN zu erbringende Tätigkeit im Arbeitsvertrag nur rahmenmäßig umschrieben, obliegt es nach § 106 S. 1 GewO dem AG, Inhalt, Ort und Zeit der Arbeitsleistung nach billigem Ermessen unter Beachtung ggf. anwendbarer BV oder TV sowie der gesetzlichen Vorschriften näher zu bestimmen. § 106 GewO begründet nicht das Weisungsrecht, dieses hat vielmehr seine Grundlage im Arbeitsvertrag. Das Weisungsrecht ist als Leistungsbestimmungsrecht iSd § 315 BGB ein Gestaltungsrecht. Je allgemeiner die vom AN zu leistenden Dienste im Arbeitsvertrag festgelegt sind, desto weiter geht die Befugnis des AG, dem AN unterschiedliche Aufgaben im Wege des Direktionsrechts zuzuweisen. Bei einer engen Bestimmung der Tätigkeit ist diese Befugnis hingegen eingeschränkt. Der AG kann dem AN nur die im Arbeitsvertrag festgelegten Aufgaben zuweisen. Eine Veränderung des Tätigkeitsbereichs kann er nur einvernehmlich oder durch eine → *Änderungskündigung* herbeiführen. § 106 GewO unterwirft die Ausübung des Weisungsrechts einer Kontrolle am Maßstab billigen Ermessens. Hieraus ergibt sich eine zweistufige Prüfung: Zunächst ist zu prüfen, ob die konkrete Weisung nur die arbeitsvertraglichen Pflichten konkretisiert oder diese – unzulässig – einseitig zu verändern sucht. In einem zweiten Schritt ist festzustellen, ob die Anordnung des AG billigem Ermessen entspricht.

Arbeitspflichten können sich auf bestimmte Arbeitsbedingungen **konkretisieren.** Eine solche Konkretisierung beschränkt den AG in der Ausübung seines Weisungsrechts. Dazu genügt jedoch nicht schon der bloße Zeitablauf. Vielmehr müssen besondere Umstände hinzutreten, aufgrund derer der AN erkennen kann und darauf vertrauen darf, dass er nicht in anderer als der gegenwärtigen Weise eingesetzt werden soll. Hat der AG längere Zeit von seinem Direktionsrecht keinen Gebrauch gemacht, kann der AN daher daraus allein nicht den Schluss ziehen, der AG werde dies auch in Zukunft nicht tun. Die Nichtausübung des Direktionsrechts hat keinen Erklärungswert und führt zu keiner Bindung des AG. Ansonsten müsste der AG in bestimmten zeitlichen Abständen den AN darauf hinweisen, dass er weiterhin beabsichtige, von seinem Recht zur anderweitigen Ausübung des Direktionsrechts Gebrauch zu machen. Die mehrjährige Durchführung eines Arbeitsverhältnisses nach Maßgabe einer in der Vergangenheit erteilten Arbeitsanweisung hindert den AG daher nicht, die darin enthaltenen Weisungen mit Wirkung für die Zukunft zu ändern.

II. Umfang und Ausübung des Direktionsrechts

Das Weisungsrecht konkretisiert den **Ort,** die **Art** und die **Zeit der Arbeitsleistung.** Es besteht darüber hinaus für eine nicht abschließend aufzählbare, je nach den Umständen näher zu bestimmende Vielzahl von Pflichten, deren Erfüllung unumgänglich ist, um den Austausch der Hauptleistungen sinnvoll zu ermöglichen (sog. leistungssichernde Verhaltenspflichten). Dagegen erstreckt sich das Weisungsrecht nicht auf die Höhe des Entgelts und den Umfang der geschuldeten Arbeitsleistung (Arbeitszeitdauer). Auch die Teilnahme an Gesprächen, die mit den in § 106 GewO genannten Aspekten der Arbeitsleistung in keinem Zusammenhang stehen, können nicht durch einseitige Anordnung zu verbindlichen Dienstpflichten erhoben werden. Die Arbeitsvertragsparteien können das Weisungsrecht durch eine hinreichend deutliche arbeitsvertragliche Regelung einschränken. Beschränkungen können sich auch aus dem Berufsbild ergeben. Ein Prokurist kann zB nicht zu Reinigungsarbeiten in der Montagehalle herangezogen werden. Der AG kann sich bei der Ausübung seines Weisungsrechts durch vorherige Zusagen auch selbst binden. Das ist beispielsweise anzunehmen, wenn er die endgültige Übertragung einer höherwertigen Tätigkeit davon abhängig macht, dass der AN eine Ausbildung erfolgreich durchläuft.

Im Rahmen der vertraglichen Vereinbarungen hat der AG gegenüber dem AN sein **Weisungsrecht gem. § 106 GewO nach billigem Ermessen** auszuüben. Das verlangt von ihm eine Abwägung der wechselseitigen berechtigten Interessen unter Einbeziehung verfassungsrechtlicher Wertentscheidungen (BAG 13.8.2010 – 1 AZR 173/09). In die Abwägung sind insbesondere die Vorteile aus einer Regelung und die Risikoverteilung zwischen den Vertragsparteien einzubeziehen. Der AG hat auf schutzwürdige familiäre Belange des AN (Art. 6 Abs. 1 GG) Rücksicht zu nehmen, soweit diesen nicht betriebliche Gründe oder berechtigte Belange anderer AN entgegenstehen. Es dürfte allerdings zu weit gehen, wenn die Rspr. annimmt, in die Abwägung seien neben den sich unmittelbar aus dem Arbeitsverhältnis ergebenden Gesichtspunkten auch die beiderseitigen Bedürfnisse, außervertragliche Vor- und Nachteile, Vermögens- und Einkommensverhältnisse sowie soziale Lebensverhältnisse einzubeziehen (so BAG 26.9.2012 – 10 AZR 311/11). Hierdurch werden uneingeschränkt und ohne Anbindung an verfassungsrechtliche Wertentscheidungen außervertragliche Umstände berücksichtigt.

III. Rechtsfolgen einer unbilligen Weisung und Notfälle

Ist die erhaltene Weisung unbillig, ist sie nur für den AG, nicht aber für den AN verbindlich. Da mangels Verbindlichkeit die Leistungspflicht des AN nicht in der vom AG bestimmten Art und Weise konkretisiert worden ist, kann dieser die von ihm gewünschten Handlungen des AN nicht verlangen. Der AN kann zwar der – unverbindlichen – Weisung folgen. Will er das nicht, hat er das dem AG binnen einer angemessenen Frist (§ 242 BGB) mitzuteilen. Eine Verpflichtung oder Obliegenheit, entsprechend § 315 Abs. 3 S. 2 BGB die Unverbindlichkeit einer Weisung durch eine Klage geltend zu machen, besteht jedoch nicht. Kommt der AN einer Weisung nicht nach, weil er sie für unverbindlich hält, handelt er grds. auf **eigenes Risiko** (BAG 18.10.2017 – 10 AZR 330/16; aA noch BAG 22.2.2012 – 5 AZR 249/11). Überschreitet der AG die Grenzen des Direktionsrechts, kann der AN die Arbeit verweigern (→ *Zurückbehaltungsrecht*), ohne dass der AG deshalb zur (→ *Kündigung*) berechtigt ist.

Umstritten ist, inwieweit der AG dem AN vorübergehend eine andersartige Tätigkeit übertragen darf, wenn dies nicht vereinbart ist. In **außergewöhnlichen Fällen,** insbesondere in Notfällen, muss der AN aufgrund seiner vertraglichen Nebenpflicht, Schaden vom AG abzuwehren, auf Verlangen vorübergehend auch solche Arbeiten übernehmen, die nicht in seinen Tätigkeitsbereich fallen. Nicht jede im Betrieb auftretende Schwierigkeit kann jedoch als außergewöhnlicher Fall angesehen werden. Außergewöhnliche Fälle sind unvorhergesehene, durch rechtzeitige Personalplanung nicht behebbare Personalengpässe. Notfälle sind die in § 14 ArbZG (→ *Arbeitszeit*) beschriebenen unvorhergesehenen Ereignisse, also Fälle, die unabhängig vom Willen der Betroffenen eintreten und deren Folgen nicht auf andere Weise zu beseitigen sind. Keine außergewöhnlichen Fälle sind zB regelmäßig auftretende Eilaufträge oder eintretender Bedarf, der auf permanenten Arbeitskräftemangel zurückzuführen ist.

▶ Diskriminierung

→ *Allgemeines Gleichbehandlungsgesetz*

▶ Doppelarbeitsverhältnisse

Ein Doppelarbeitsverhältnis liegt vor, wenn der AN mehrere Arbeitsverhältnisse gleichzeitig eingeht. Halten sie sich im Rahmen der gesetzlichen Höchstarbeitszeit, sind sie rechtswirksam, selbst wenn der AN wegen sich überschneidender Dienstzeiten sie nicht alle erfüllen kann (→ *Nebenbeschäftigung*).

▶ Druckkündigung

Eine Druckkündigung liegt vor, wenn Dritte unter Androhung von Nachteilen für den AG von diesem die Entlassung eines bestimmten AN verlangen. Fehlt es an einer objektiven Rechtfertigung der Drohung durch personen- oder verhaltensbedingte Gründe, kommt eine → *betriebsbedingte Kündigung* in Betracht (sog. echte Druckkündigung). Im Anwendungsbereich des KSchG (→ *Kündigungsschutz*) bedarf die echte Druckkündigung einer sozialen Rechtfertigung. An die Zulässigkeit sind **strenge Anforderungen** zu stellen. Sie kommt nur in Betracht, wenn sich der AG zunächst schützend vor den Betroffenen gestellt und – erfolglos – alles Zumutbare unternommen hat, um den Dritten von seinem Verlangen abzubringen. Nur wenn auf diese Weise die Drohung nicht abgewendet werden kann und bei Verwirklichung der Drohung schwere wirtschaftliche Schäden für den AG zu befürchten sind, kann die Kündigung sozial gerechtfertigt sein. Die Kündigung muss das einzig praktisch in Betracht kommende Mittel sein, um die Schäden abzuwenden. Der AG darf nicht jedem Druck nachgeben. Vielmehr ist er aufgrund der → *Fürsorgepflicht* gehalten, erkennbar unangemessenen und ungerechtfertigten Forderungen einen zumutbaren Widerstand entgegenzusetzen. Andererseits ist aber auch der AN gehalten, in einer Drucksituation durch entsprechendes Verhalten unzumutbare Nachteile für den AG zu vermeiden. Hat der AG bereits unwirksam gekündigt und soll der AN nach erfolgreichem Kündigungsschutzprozess wieder beschäftigt werden, ist der AG gehalten, einem aufgrund der vorausgegangenen Kündigung bestehenden Eindruck der weiter eine Entlassung fordernden Mitarbeiter entgegenzuwirken, eine Druckausübung komme ihm „gerade recht", um doch noch eine Beendigung des Arbeitsverhältnisses zu erreichen. Er muss dem Kündigungsverlangen als solchem entgegentreten und deutlich machen, dass es für eine Entlassung keinen Grund gibt und dass aus seiner Sicht eine Entlassung ohne das Vorliegen objektiv geeigneter Kündigungsgründe ausgeschlossen ist. Das gilt auch dann, wenn Anlass für die Druckausübung eine als moralisch besonders verwerflich empfundene Straftat des AN ist, die jedoch keinerlei Bezug zu seiner dienstlichen Tätigkeit hat. Der AG ist auch in einem solchen Fall gehalten, dem möglichen Eindruck entgegenzuwirken, er habe für das – unberechtigte – Entlassungsverlangen Verständnis. Der AG kann sich auf einen Druck nicht berufen, wenn er die Situation selbst herbeigeführt hat oder etwaige vom AN gesetzte Kündigungsgründe verfristet sind. Bei einem unzulässigen Druck auf den AG können für den AN Schadensersatzansprüche gegen den Dritten entstehen. Die vorherige Anhörung des AN ist nicht Wirksamkeitsvoraussetzung der Druckkündigung. *(SR)*

► Durchsuchung

→ *Torkontrolle*

E

▶ Effektivklausel

Diese bestimmt das Verhältnis von tariflichem Arbeitsentgelt zu außer- bzw. übertariflichen Zahlungen des AG. Letztere beruhen entweder auf einzelvertraglichen oder kollektivrechtlichen (→ *Betriebliche Übung*, → *Gesamtzusage*) Leistungsversprechen des AG, der die Zusage regelmäßig mit einem **Anrechnungsvorbehalt** verbindet („Der AG ist berechtigt, Tariflohnsteigerungen voll oder teilweise auf die übertariflich gezahlte Arbeitsvergütung anzurechnen"). Da solche Vertragsklauseln wirksam sind, kann der AN regelmäßig nicht auf die Weitergewährung von außer- bzw. übertariflichen Gehaltsbestandteilen vertrauen.

In wirtschaftlichen Krisenzeiten werden Tariflohnerhöhungen vom AG vielfach auf den außer- bzw. übertariflichen Teil des Arbeitsentgelts angerechnet, um auf diese Weise zu den tariflichen Leistungen zurückzukehren. Bei einer vollen **Anrechnung** ist es daher ohne weiteres möglich, dass sich für den AN die Tariflohnerhöhung summenmäßig nicht auswirkt, weil die nichttariflichen Bestandteile seines Arbeitsentgelts die Tariflohnerhöhung aufzehren. In TV wird vielfach versucht, dem AN durch sog. **begrenzte Effektivklauseln** und **Effektivgarantieklauseln** die Tariflohnerhöhung ohne Anrechnungsmöglichkeit des AG zukommen zu lassen. Durch die begrenzte Effektivklausel soll eine Tariflohnerhöhung auf das bisher effektiv gewährte Entgelt aufzustocken sein. Bei einer Effektivgarantieklausel wird der bisherige über- oder außertarifliche Entgeltbestandteil zum Tarifentgelt. Nach der Rspr. des BAG sind beide Klauseln unwirksam, weil den TVparteien die Regelungsmacht für den damit verbundenen Eingriff in den individualvertraglichen Bereich des Arbeitsverhältnisses fehlt (BAG 16.6.2004 – 4 AZR 408/03). Die TVparteien dürfen nach § 4 Abs. 3 TVG grds. ihre Arbeitsbedingungen nicht gleichzeitig zu Höchst- und Mindestarbeitsbedingungen machen (BAG 26.8.2009 – 4 AZR 294/08).

► Ehrenamtliche Richter

Sie werden besonderen **Vorschlagslisten** entnommen (§ 20 Abs. 1 S. 2, § 37 Abs. 2, § 43 Abs. 1 S. 2 ArbGG) und für die Dauer von fünf Jahren von der obersten Landesbehörde für ArbG und LAG, vom BMAS für das BAG (→ *Arbeitsbehörden*) für eine ehrenamtliche Richtertätigkeit berufen (§ 20 Abs. 1 S. 1, § 37 Abs. 2, § 43 Abs. 1 S. 1 ArbGG). Zu den einzelnen Sitzungen werden sie aus einer Liste der ehrenamtlichen Richter herangezogen, die der Vorsitzende zu Beginn des Geschäftsjahres aufstellt. Fehler bei der Heranziehung der ehrenamtlichen Richter in einer Sache führen nicht im Wege des sog. Domino-Effekts dazu, dass in den Folgeterminen in (allen) anderen Sachen der gesetzliche Richter nicht gewahrt ist. Zu ehrenamtlichen Richtern aus Kreisen der AG können nur AG oder ihnen gleichgestellte Personen (§ 22 Abs. 2 ArbGG), zB Vorstandsmitglieder juristischer Personen, leitende → *Angestellte* mit Einstellungs- und Entlassungsbefugnis; aus Kreisen der AN nur AN, Arbeitslose oder den AN gleichgestellte Personen (§ 23 Abs. 2 ArbGG), zB Gewerkschaftssekretäre berufen werden. Das Amt eines ehrenamtlichen Richters kann nur ausüben, wer im Besitz der bürgerlichen Ehrenrechte und des Wahlrechts zum Deutschen Bundestag ist und die Fähigkeit zur Bekleidung öffentlicher Ämter hat. Personen, die in Vermögensverfall geraten sind, sollen nicht zu ehrenamtlichen Richtern berufen werden (§ 21 Abs. 2 ArbGG). Ehrenamtliche Richter am ArbG müssen das 25., am LAG das 30., am → *Bundesarbeitsgericht* das 35. Lebensjahr vollendet haben (§§ 21, 37, 43 ArbGG). Die ehrenamtlichen Richter am LAG und BAG sollen bereits längere Zeit ehrenamtliche Richter am ArbG gewesen sein.

Das Amt eines ehrenamtlichen Richters kann nur aus den im Gesetz aufgezählten Gründen **abgelehnt oder niedergelegt** werden (§ 24, § 37 Abs. 2, § 3 Abs. 3 ArbGG). Erfüllen die ehrenamtlichen Richter ihre Amtspflichten nicht oder nicht ordnungsgemäß (zB wiederholte Verspätung an Sitzungstagen), so können sie mit **Ordnungsgeldern** belegt werden (§ 28, § 37, § 43 Abs. 3 ArbGG); dagegen sind sie in ihrer Richtertätigkeit unabhängig.

Ob ehrenamtliche Richter bei Wahrnehmung ihres Amtes einen Anspruch auf **Vergütungszahlung** wegen → *Arbeitsverhinderung* haben, wird kontrovers beurteilt. In jedem Fall kann ein solcher Anspruch abgedungen werden. Ehrenamtliche Richter erhalten eine **Entschädigung** nach den §§ 15 ff. JVEG für Fahrtkostenersatz, ihren Aufwand (Tagegeld), für sonstige Aufwendungen, Zeitversäumnis, Nachteile bei der Haushaltsführung sowie für Verdienstausfall.

▶ Eignungsübung

→ *Wehrdienst*

▶ Eignungsuntersuchungen

Mit Hilfe der Einstellungsuntersuchung soll festgestellt werden, ob der Bewerber physisch und psychisch den Anforderungen des in Aussicht genommenen Arbeitsplatzes gewachsen ist. Die Untersuchung und deren Umfang muss wegen des mit ihrer Durchführung verbundenen Eingriffs in das durch Art. 2 Abs. 1, Art. 1 Abs. 1 GG geschützte Persönlichkeitsrecht des Bewerbers im **berechtigten Interesse** des AG liegen. Sie hat sich auf die gegenwärtige Eignung des Bewerbers für den zu besetzenden Arbeitsplatz zu beschränken und der Bewerber muss mit ihrer Durchführung **einverstanden** sein. Der AG erhält von einem untersuchenden Arzt nur eine Mitteilung über das Untersuchungsergebnis (geeignet/nicht geeignet), nicht hingegen über einzelne Befunde. Die Mitteilung setzt eine darauf bezogene Entbindung von der ärztlichen Schweigepflicht durch den Bewerber voraus. Die Untersuchungskosten trägt nach § 670 BGB der AG. Der Freiwilligkeitsvorbehalt gilt auch für die durch Gesetz oder RechtsVO **angeordneten Untersuchungen** nach §§ 32 ff.

JArbSchG, § 43 Abs. 1 IfSG, §§ 11 ff. SeeArbG, §§ 64 ff. StrlSchV, § 14 Abs. 2 GefStoffV sowie (bis 1994) der VO über die Beschäftigung von Frauen auf Fahrzeugen und den Unfallverhütungsvorschriften der Berufsgenossenschaften. Deren Verweigerung kann allerdings zu einem Beschäftigungsverbot führen.

Wegen ihres Eingriffs in das Persönlichkeitsrecht sind grafologische Gutachten und psychologische Eignungstests (Assessment-Center, Stressinterviews) bei der Bewerberauswahl nur eingeschränkt zulässig. Die Einholung eines **grafologischen Gutachtens** wird insbesondere bei leitenden Angestellten für zulässig gehalten, wenn von den Bewerbern ein handgeschriebener Lebenslauf verlangt und vorgelegt wird. Mit dessen Vorlage willige der Bewerber in die Erstellung eines solchen Gutachtens ein. Eine Einwilligung liegt hingegen nicht bei der Einreichung sonstiger schriftlicher Unterlagen vor. Ein **Assessment-Center** ist ein systematisches Verfahren zur qualifizierten Festlegung von Verhaltensleistungen und -defiziten, das von mehreren Beobachtern gleichzeitig für mehrere Teilnehmer in Bezug auf vorher definierte Anforderungen angewandt wird. Ein solches Verfahren, bei dessen Ausgestaltung der BR mitzubestimmen hat (BAG 20.4.1993 – 1 ABR 59/92), ist zulässig. Bei **Stressinterviews** soll herausgefunden werden, wie der Bewerber auf emotionale und intellektuelle Belastungen reagiert. Sie setzen sich zusammen aus einer Folge unangenehmer, unerwarteter und unsicher machender Fragen. Wegen des damit verbundenen Eingriffs in das Persönlichkeitsrecht des Bewerbers sind sie unzulässig. Dies gilt auch für seine **gentechnische Untersuchung.** Nach § 19 GenDG darf der AG von Beschäftigten weder vor noch nach Begründung des Beschäftigungsverhältnisses die Vornahme genetischer Untersuchungen oder Analysen verlangen oder die Mitteilung von Ergebnissen bereits vorgenommener genetischer Untersuchungen oder Analysen verlangen, solche Ergebnisse entgegennehmen oder verwenden.

► Eingebrachte Sachen

Den AG trifft allgemein, also über die vereinzelten gesetzlichen Sonderbestimmungen hinaus aufgrund der → *Fürsorgepflicht* eine gesetzliche Obhuts- und Verwahrungspflicht für die vom AN in die

Betriebsräume mitgebrachten Sachen und Gegenstände. Diese Pflicht erstreckt sich auf die (**1**) persönlich unentbehrlichen, (**2**) unmittelbar arbeitsdienlichen, aber nicht notwendigen sowie (**3**) die mittelbar arbeitsdienlichen Sachen des AN, nicht dagegen auf solche Sachen, die mit dem Arbeitsverhältnis in keinerlei Zusammenhang stehen, zB Fotoapparate, Schmuck, es sei denn, dass dem AN deren Einbringung ausdrücklich oder betriebsüblich (Juwelierverkäufer/in) gestattet ist.

Persönlich unentbehrliche Sachen des AN sind alle, die er benötigt, um die Arbeitsstelle zu erreichen und sich arbeitsfähig zu halten, zB Straßen- und Arbeitskleidung, Fahrkarten, angemessener Geldbetrag oder eine Uhr. **Unmittelbar arbeitsdienlich,** aber nicht notwendige Sachen sind solche, die nach ihrer Zweckbestimmung mit dem Arbeitsverhältnis im engen Zusammenhang stehen (Tabellen, Fachbücher, Werkzeug usw.). **Mittelbar arbeitsdienliche Sachen** sind diejenigen, deren Verwendung im Arbeitsverhältnis zweckmäßig ist, vor allem die privateigenen Verkehrsmittel (Fahrräder, Kraftfahrzeuge). Für die persönlich unentbehrlichen Sachen des AN hat der AG geeignete Verwahrungsmöglichkeiten zu schaffen, da er damit rechnen muss, dass der AN sie in den Betrieb mitbringt. Er hat also ggf. einen Schrank, in Großbetrieben eine gesicherte Kleiderablage, Spinde usw. zur Verfügung zu stellen. Für unmittelbar arbeitsdienliche Sachen hat er regelmäßig in gleicher Weise zu sorgen, wenn diese vom AN zu stellen sind (Werkzeug), in anderen Fällen nur dann, wenn er von deren Einbringung Kenntnis hatte, zumindest damit rechnen musste. Für die Verwahrung von mittelbar arbeitsdienlichen Sachen hat der AG zu sorgen, wenn ihm dies zuzumuten ist.

Zur **dienstlichen Nutzung von eigenen Geräten** (zB Handy, Tablet oder Laptop, üblicherweise als „Bring your own device" bezeichnet) ist ein AN weder verpflichtet noch berechtigt (zB aus Gründen der Datensicherheit), etwas Anderes gilt nur bei Bestehen einer diesbezüglichen Vereinbarung mit dem AG (→ *Arbeitsmittel*).

► Eingliederungsvereinbarung

Die → *Agentur für Arbeit* hat unverzüglich nach der Ausbildungsuchend- oder → *Arbeitsuchendmeldung* zusammen mit dem Beschäftigungsuchenden dessen für die Vermittlung erforderlichen beruflichen und persönlichen Merkmale, seine beruflichen Fähigkeiten und seine Eignung festzustellen (Potenzialanalyse, § 37 Abs. 1 SGB III). Die hieraus abzuleitende individuelle Vermittlungsstrategie ist in einer Eingliederungsvereinbarung festzuhalten. Diese enthält die auf die individuelle berufliche und arbeitsmarktpolitische Situation zugeschnittenen Schritte zur Wiedereingliederung, dh die erforderlichen Angebote der Arbeitsverwaltung sowie die Eigenbemühungen des Arbeitslosen (§ 37 Abs. 2, 3 SGB III). Kommt eine Eingliederungsvereinbarung nicht zustande, werden die nach § 37 Abs. 1 S. 1 Nr. 3 SGB III erforderlichen Eigenbemühungen regelmäßig durch Verwaltungsakt festgesetzt; unterbleiben diese, kann eine → *Sperrzeit* eintreten.

► Eingruppierung

I. Begriff

Unter **Eingruppierung** ist die (erstmalige) Zuordnung einer vom AN auszuübenden Tätigkeit zu den Tätigkeitsmerkmalen der Vergütungs- oder Entgeltgruppe einer im Betrieb geltenden Vergütungsordnung zu verstehen. Ändert sich die Tätigkeit oder die Vergütungsordnung und damit die Entgeltgruppe, spricht man von **Umgruppierung**. Eine Vergütungsordnung kann in einem für das Arbeitsverhältnis kraft beiderseitiger Tarifgebundenheit geltenden oder aufgrund arbeitsvertraglicher Vereinbarung (zB → *Bezugnahme auf Tarifvertrag* (III.)) oder → *betrieblicher Übung* anwendbaren TV enthalten sein. Sie kann aber auch durch BV geschaffen werden. Die Eingruppierung ist keine nach außen wirkende konstitutive Maßnahme, sondern ein **Akt der Rechtsanwendung.** Die Eingruppierung eines AN in eine Entgeltgruppe eines TV oder einer BV erfolgt ausschließlich auf der Grundlage der vom AN auszuübenden Tätigkeit (unter II.1), ein besonderer Eingruppierungsakt des AG ist nicht erforderlich (sog. **Tarifautomatik**). Die Zahlung der höheren Vergütung hängt allein von der Erfüllung eines Tätigkeitsmerkmals der begehrten Entgeltgruppe ab. Deshalb unterliegt die Eingruppierung in ein tarifliches oder betriebliches Regelwerk als solche auch keinen → *Verfallfristen.* Hingegen wird der sich aus der Eingruppierung ergebende **Vergütungsanspruch** des AN einschließlich der Zinsen (BAG 17.11.2021 – 4 AZR 77/21) regelmäßig von bestehenden Ausschlussfristen erfasst und kann bei nicht rechtzeitiger oder nicht formgerechter Geltendmachung verfallen (BAG 27.4.2022 – 4 AZR 463/21).

Der AG kann grds. die Eingruppierung des AN **korrigieren,** wenn die auszuübende Tätigkeit nicht den Tätigkeitsmerkmalen der anwendbaren Vergütungsgruppe entspricht. In welcher Form diese Maßnahme erfolgen muss, ist abhängig von den Umständen des Einzelfalls. Die Korrektur muss durch den Ausspruch einer → *Änderungskündigung* erfolgen, wenn die Vergütungsabrede **Vertragsgegenstand** geworden ist. Dies ist der Fall, wenn sie zwischen AG und AN einvernehmlich vereinbart worden ist. Ob eine solche Vereinbarung vorliegt, ist im Einzelfall durch Auslegung zu ermitteln. Besteht kein arbeitsvertraglicher Anspruch des AN auf Vergütung nach einer bestimmten Entgeltgruppe, kann eine fehlerhafte Eingruppierung auch ohne Änderungskündigung einseitig vom AG korrigiert werden (sog. **korrigierende Rückgruppierung**). Die Fehlerhaftigkeit der Eingruppierung ist vom AG darzulegen und ggf. zu beweisen (BAG 27.4.2022 – 4 AZR 463/21). Allerdings kann die Berufung darauf gegen **Treu und Glauben** (§ 242 BGB) verstoßen. Dies ist der Fall, wenn das Verhalten des AG für den AN einen Vertrauenstatbestand geschaffen hat (BAG 13.12.2017 – 4 AZR 576/16).

II. Aufbau von Vergütungsordnungen

1. Auszuübende Tätigkeit

Grundlage für die Eingruppierung des AN ist regelmäßig die auszuübende Tätigkeit. Dies sind die Aufgaben, die dem AN vom AG entweder im Arbeitsvertrag oder im Wege des → *Direktionsrechts* übertragen worden sind. Für die Bestimmung der geschuldeten Arbeitsleistung kann regelmäßig auf eine für den konkreten Arbeitsplatz bestehende Tätigkeits- oder → *Stellenbeschreibung* zurückgegriffen werden. Weicht die tatsächliche Vertragshandhabung von deren Inhalt ab, ist dies für die Eingruppierung regelmäßig unbeachtlich, wenn der AG diese Handhabung nicht billigt. Die Übertragung der Tätigkeiten muss zwar nicht ausdrücklich erfolgen, ausreichend ist auch die schlüssige Zuweisung oder Übernahme mit stillschweigender Billigung des AG. Jedoch führt nicht jede Übernahme von Tätigkeiten mit Wissen eines Vorgesetzten zu einer entsprechenden Übertragung.

2. Teil- und Gesamttätigkeit

Ganz überwiegend sehen die Vergütungsordnungen vor, dass der AN das Entgelt der Entgeltgruppe beanspruchen kann, welcher die von ihm **überwiegend oder zeitlich mindestens zur Hälfte** auszuübende Tätigkeit entspricht. Um dies beurteilen zu können, ist zunächst festzustellen, ob es sich dabei um eine – einheitlich zu beurteilende – Gesamttätigkeit oder um verschiedene Teiltätigkeiten handelt. In letzterem Fall sind auch die Zeitanteile zu bestimmen. Die TV des öffentlichen Dienstes (insbes. der TVöD und der TV-L) sprechen von **Arbeitsvorgängen.** Maßgebend ist, ob ein einheitliches Arbeitsergebnis oder verschiedene Arbeitsergebnisse geschuldet werden (BAG 23.2.2022 – 4 AZR 354/21). So ist zB die Tätigkeit einer Erzieherin oder eines Erziehers in einer Gruppe regelmäßig ein einheitlicher Arbeitsvorgang (BAG 14.10.2020 – 4 AZR 252/19). Ist einem AN hingegen etwa auf der einen Seite die Tätigkeit einer Pflegekraft, auf der anderen Seite die Tätigkeit eines Praxisanleiters übertragen, kann uU von zwei getrennt zu bewertenden Teiltätigkeiten auszugehen sein (BAG 9.9.2020 – 4 AZR 161/20). Die Bestimmung der zu bewertenden Arbeitseinheit ist in der Praxis oft schwierig. Ggf. kann auch insoweit auf eine vom AG erstellte → *Stellenbeschreibung* zurückgegriffen werden, wenn diese die tatsächlich übertragenen Aufgaben sowie die Arbeitsergebnisse ausreichend differenziert wiedergibt (BAG 10.6.2020 – 4 AZR 142/19).

3. Tätigkeitsmerkmale

In einem nächsten Schritt ist die zu bewertende Teil- oder Gesamttätigkeit einem oder mehreren Tätigkeitsmerkmalen zuzuordnen. Die Vergütungsordnungen sehen für die verschiedenen Entgeltgruppen zumeist **abstrakte Tätigkeitsmerkmale** vor. Diese bestehen idR aus einer objektiven Anforderung an die Tätigkeit (zB „einfache kaufmännische Tätigkeiten"), zT zusätzlich einer Anforderung an die Qualifikation des AN („AN mit abgeschlossener, mindestens zweijähriger Berufsausbildung"). Teilweise werden aber auch bestimmte Tätigkeiten genannt (zB „Schulhausmeister"; vgl. BAG 23.2.2022 – 4 AZR 354/21). Sind in der Vergütungsordnung sog. **Tätigkeits-, Richt- oder Regelbeispiele** aufgeführt (zB „Hausmeister", „Polier", „Kassierer/in"), ist das Tätigkeitsmerkmal regelmäßig schon dann erfüllt, wenn der betreffende AN eine solche Tätigkeit ausübt. Die allgemeinen Anforderungen des Tätigkeitsmerkmals sind dann nicht mehr zu prüfen (BAG 12.6.2019 – 4 AZR 363/18).

III. Beteiligung der Arbeitnehmervertretung

Die Eingruppierung bedarf nach § 99 BetrVG bzw. § 75 BPersVG der Mitwirkung des BR bzw. des PR. Das Beteiligungsrecht bei der Eingruppierung ist **lediglich ein Mitbeurteilungsrecht** und für die Eingruppierung nicht konstitutiv. Für den sich daraus ergebenden Vergütungsanspruch ist die fehlende bzw. eine unwirksame Zustimmung von BR oder PR unbeachtlich, da dieser sich aus der Tarifautomatik, dh der Ausübung der übertragenen Tätigkeit ergibt. Dies gilt auch für eine sog. korrigierende Rückgruppierung. *(UR)*

▶ Einigungsstelle

I. Bildung und Zusammensetzung

Zur Beilegung von Meinungsverschiedenheiten zwischen AG und → *Betriebsrat* (→ *Gesamtbetriebsrat*, → *Konzernbetriebsrat*) ist im Bedarfsfall eine Einigungsstelle zu bilden, die aus einem unparteiischen Vorsitzenden und einer gleichen Zahl von Beisitzern besteht, die vom AG und BR benannt werden (§ 76 BetrVG). Können sich AG und BR nicht auf die Bildung einer Einigungsstelle, die Person des Vorsitzenden oder die Anzahl der Beisitzer einigen, entscheidet das Arbeitsgericht (§ 100 ArbGG). Durch → *Tarifvertrag* kann bestimmt werden, dass an die Stelle der Einigungsstelle eine tarifliche Schlichtungsstelle tritt (§ 76 Abs. 8 BetrVG).

II. Entscheidung der Einigungsstelle

Die Einigungsstelle entscheidet in betrieblichen **Regelungsstreitigkeiten.** Sie fasst ihre Beschlüsse nach mündlicher Verhandlung mit Stimmenmehrheit. Zu den Sitzungen hat der Vorsitzende einzuladen. Die Einigungsstelle hat den Beteiligten rechtliches Gehör zu geben. AG und BR können sich durch Bevollmächtigte vertreten lassen. Die Einigungsstelle ist weitgehend frei in der Ausgestaltung ihres Verfahrens. Zu den von ihr zu beachtenden elementaren Verfahrensgrundsätzen gehört allerdings, dass die abschließende mündliche Beratung und Beschlussfassung in Abwesenheit von AG und BR erfolgt. Bei der Beschlussfassung hat sich der Vorsitzende zunächst der Stimme zu enthalten. Kommt es nicht zu einer Stimmenmehrheit, stimmt nach weiterer Beratung der Vorsitzende mit. Um zu verhindern, dass ein Beteiligter das Einigungsstellenverfahren verzögert, können bei ordnungsgemäßer Einladung die anwesenden Einigungsstellenmitglieder allein entscheiden. Die Beschlüsse sind vom Vorsitzenden eigenhändig zu unterschrieben oder zu signieren und anschließend AG und BR zuzuleiten (§ 76 Abs. 5 BetrVG). Eine Begründung des Einigungsstellenspruchs ist zweckmäßig, aber nicht dessen Wirksamkeitsvoraussetzung. Durch → *Betriebsvereinbarung* kann das Verfahren weitergehend geregelt werden (§ 76 Abs. 4 BetrVG). Der Spruch der Einigungsstelle ist verbindlich, wenn dem → *Betriebsrat* ein erzwingbares Mitbestimmungsrecht zusteht (→ *Betriebsrat (Beteiligungsrechte)*). Hat der BR kein erzwingbares Mitbestimmungsrecht, entscheidet die Einigungsstelle nur auf Antrag oder im Einverständnis der Parteien. Ihr Spruch ist nur verbindlich, wenn die Beteiligten sich im Voraus unterwerfen oder ihn nachträglich annehmen.

Der **Einigungsstellenspruch** muss sich als **angemessener Ausgleich** der Belange des Betriebs und Unternehmens auf der einen und der betroffenen AN auf der anderen Seite erweisen. Maßgeblich ist allein die getroffene Regelung als solche. Eine Überschreitung der **Grenzen des Ermessens** muss in ihr selbst als Ergebnis des Abwägungsvorgangs liegen. Auf die von der Einigungsstelle angestellten Erwägungen kommt es nicht an (BAG 22.1.2013 – 1 ABR 85/11). Hat die Einigungsstelle ihr Ermessen überschritten, können AG oder BR binnen einer Ausschlussfrist von zwei Wochen seit der Zuleitung des Beschlusses diesen beim Arbeitsgericht anfechten. Der Anfechtungsgrund ist innerhalb der Frist darzulegen. Andere (Rechts-)Mängel (zB fehlende Zuständigkeit der Einigungsstelle, Verstöße gegen höherrangiges Recht) können auch noch nach Ablauf der Anfechtungsfrist in das Verfahren eingeführt werden. Ergibt die gerichtliche Überprüfung des Spruchs, dass er rechtswidrig ist, ist seine Unwirksamkeit festzustellen.

III. Kosten der Einigungsstelle

Diese trägt der AG (§ 76a Abs. 1 BetrVG). Der Vorsitzende hat Anspruch auf angemessene Vergütung (§ 76a Abs. 3 BetrVG). Deren Höhe richtet sich nach § 76a Abs. 4, 5 BetrVG. Bislang ist die dort vorgesehene RechtsVO noch nicht ergangen. Üblicherweise vereinbart der Vorsitzende mit dem AG eine Abrechnung nach Stunden oder ein Tageshonorar. Dem Betrieb angehörende Beisitzer haben keinen Anspruch auf eine besondere Honorierung, ihnen wird lediglich die Arbeitsvergütung für die Zeit ihrer Tätigkeit in der Einigungsstelle weitergezahlt (§ 76a Abs. 2 BetrVG). Außerbetriebliche Beisitzer haben einen unmittelbaren Vergütungsanspruch gegen den AG (§ 76a Abs. 3 BetrVG). Regelmäßig beträgt dieser 7/10 des Vorsitzendenhonorars. Zu den Kosten der Einigungsstelle gehören auch die Aufwendungen für einen Sachverständigen.

▶ Einstweilige Verfügung

→ *Arrest und einstweilige Verfügung*

▶ Elterngeld

I. Allgemeines

Ziel des Elterngelds ist es vor allem, Familien bei der Sicherung ihrer Lebensgrundlage zu unterstützen, wenn sich die Eltern vorrangig um die Betreuung ihrer Kinder kümmern. Jeder betreuende Elternteil, der seine Erwerbstätigkeit unterbricht oder reduziert, soll einen an seinem individuellen Einkommen orientierten Ausgleich für die finanziellen Einschränkungen in den ersten Lebensmonaten des

Kindes erhalten. Durch die Kindesbetreuung sollen die Eltern keine allzu großen Einkommenseinbußen befürchten müssen. Mit dem BEEG vom 5.12.2006 hat der Gesetzgeber die familienpolitischen Leistungen neu ausgerichtet und das bedürftigkeitsabhängige Erziehungsgeld durch das verstärkt Einkommenseinbußen ersetzende **Elterngeld** abgelöst. Durch Gesetz vom 18.12.2014 wurde ergänzend das **ElterngeldPlus** mit Partnerschaftsbonus eingeführt (BGBl. I 2014, 2325). Für die ab dem 1.9.2021 geborenen Kinder sind die Teilzeitmöglichkeiten der Eltern erweitert und der Partnerschaftsbonus flexibler gestaltet worden. Das Elterngeld ist schriftlich bei der zuständigen Behörde (https://familienportal.de/action/familienportal/125008/action/suche) zu beantragen. Mit dem neuen Angebot Elterngeld Digital kann Elterngeld in den meisten Bundesländern auch mit elektronischer Unterstützung beantragt werden (https://www.eltern geld-digital.de/ams/Elterngeld).

II. Anspruchsinhalt

Nach dem BEEG kann Elterngeld **beanspruchen,** wer **(1)** seinen Wohnsitz oder seinen gewöhnlichen Aufenthalt in der BRD hat, **(2)** mit seinem Kind in einem Haushalt lebt, **(3)** dieses Kind selbst betreut und erzieht und **(4)** keine oder keine volle Erwerbstätigkeit ausübt (§ 1 Abs. 1 BEEG; zu weiteren Anspruchsberechtigten vgl. § 1 Abs. 2, 3 BEEG). Nach § 1 Abs. 5 BEEG bleibt der Anspruch unberührt, wenn der Elternteil aus einem wichtigen Grund die Betreuung und Erziehung des Kindes nicht sofort aufnehmen kann oder sie unterbrechen muss (Krankheit des Kindes oder des Elternteils). Während des Bezugs von Elterngeld darf nur eine durchschnittlich 30 Wochenstunden nicht übersteigende Erwerbstätigkeit ausgeübt werden (Ausnahmen: Berufsausbildung, Tätigkeit als Tagespflegeperson „Tagesmutter"; bei ab dem 1.9.2021 geborenen Kindern: 32 Wochenstunden). Die **Höhe des Elterngelds** beträgt grds. 67% des Einkommens aus Erwerbstätigkeit vor der Geburt des Kindes, höchstens jedoch 1.800 EUR (§ 2 BEEG). Das BMFSFJ bietet im Internet einen Elterngeldrechner an (https://familienportal.de/familienportal/rechner-antraege/elterngeldrechner). Das Elterngeld kann **bis zur Vollendung des 14. Lebensmonats des Kindes** bezogen werden (§ 4 Abs. 1 BEEG). Die Bezugsdauer für ein Elternteil beträgt regelmäßig zwölf Monate, im Ausnahmefall bis zu 14 Monate (§ 4 Abs. 4 BEEG). Hiervon abweichend kann Elterngeld Plus nach § 4 Abs. 3 BEEG auch nach dem 14. Lebensmonat bezogen werden, solange es ab dem 15. Lebensmonat in aufeinander folgenden Lebensmonaten von zumindest einem Elternteil in Anspruch genommen wird. Mütter und Väter von nach dem 1. Juli 2015 geborenen Kindern sollen Elterngeldbezug und Teilzeitarbeit besser miteinander kombinieren und an ihre Bedürfnisse anpassen können (http://www.elterngeld-plus.de). Eltern, die frühzeitig in Teilzeit wieder in den Beruf einsteigen, bekommen länger finanzielle Unterstützung und gewinnen so Zeit für die Familie. Eltern erhalten ElterngeldPlus in maximal halber Höhe des bisherigen Elterngeldes, aber doppelt so lange. Aus einem Elterngeldmonat werden zwei ElterngeldPlus-Monate. Während Eltern den Partnerschaftsbonus bisher 4 Monate am Stück beziehen mussten, kann er bei nach dem 1.9.2021 geborenen Kindern zwischen 2 und 4 Monaten genommen werden, mit flexiblem Ausstieg und kurzfristiger Verlängerung. Für Eltern in systemrelevanten Berufen hat der Gesetzgeber in § 27 BEEG die Möglichkeit eingeführt, aus Anlass der COVID-19-Pandemie den Bezug von Elterngeld aufzuschieben. *(OKK)*

▶ Elternzeit

I. Anspruchsvoraussetzungen

1. Personenkreis und Dauer

Die einschlägigen Vorschriften zum Anspruch auf Elternzeit finden sich im Gesetz zum Elterngeld und zur Elternzeit (Bundeselterngeld- und Elternzeitgesetz – BEEG vom 5.12.2006). Anspruchsberechtigt sind → *Arbeitnehmer* (§ 15 BEEG), die zu ihrer → *Berufsausbildung* Beschäftigten (§ 20 Abs. 1 BEEG) sowie → *Heimarbeiter* und die ihnen Gleichgestellten, soweit sie am Stück mitarbeiten (§ 20 Abs. 2 BEEG). Ein Anspruch besteht an sich nur bis zur Vollendung des dritten Lebensjahres eines Kindes, ein Anteil von bis zu 24 Monaten ist ohne Zustimmung des AG auf die Zeit bis zur Vollendung des achten Lebensjahres übertragbar. Die Elternzeit kann auf drei Zeitabschnitte verteilt werden. Allerdings kann der AG die Inanspruchnahme eines dritten Abschnitts einer Elternzeit innerhalb von acht Wochen nach Zugang des Antrags aus dringenden betrieblichen Gründen ablehnen, wenn dieser Abschnitt im Zeitraum zwischen dem dritten Geburtstag und dem vollendeten achten Lebensjahr des Kindes liegen soll. AN können nach § 15 BEEG Elternzeit nur verlangen, wenn (**a**) sie (**aa**) mit ihrem Kind, (**bb**) mit einem Kind, für das sie die Anspruchsvoraussetzungen nach § 1 Abs. 3, 4 BEEG erfüllen, oder (**cc**) mit einem Kind, das sie in Vollzeitpflege nach § 33 SGB VIII aufgenommen haben, in einem Haushalt leben und (**b**) dieses Kind selbst betreuen und erziehen. Nach § 1 Abs. 3 BEEG besteht ein Anspruch auch, wenn ein Kind adoptiert werden soll, bei Kindern des Ehegatten und Lebenspartners sowie bei Kindern, bei denen die Vaterschaft anerkannt ist. In § 1 Abs. 4 BEEG ist geregelt, dass Verwandte bis zum dritten Grad Anspruch auf Elternzeit haben, wenn die Eltern das Kind wegen schwerer Krankheit, Schwerbehinderung oder Tod nicht betreuen können. Unter bestimmten Voraussetzungen kann nach § 15 Abs. 1a BEEG auch für Enkelkinder Elternzeit beansprucht werden. Die Elternzeit kann, auch anteilig, von jedem Elternteil allein oder von beiden Elternteilen gemeinsam genommen werden.

2. Verfahren

Die Elternzeit muss spätestens **sieben Wochen vor Beginn** schriftlich **beim AG** geltend gemacht **werden.** Gleichzeitig muss erklärt werden, für welche Zeiten innerhalb von zwei Jahren Elternzeit genommen werden soll (Einzelheiten zur Inanspruchnahme im Anschluss an Mutterschutzfristen in § 16 Abs. 1 BEEG). Beansprucht der AN Elternzeit für den Zeitraum zwischen dem dritten Geburtstag und dem vollendeten achten Lebensjahr des Kindes, muss diese spätestens **13 Wochen** vor ihrem Beginn schriftlich vom AG verlangt werden. Bei dringenden Gründen ist ausnahmsweise eine angemessene kürzere Frist möglich. Wird die Ankündigungsfrist ohne dringende Gründe nicht eingehalten, ist der Antrag nicht unwirksam, sondern die Elternzeit beginnt erst nach Ablauf der Frist. Der Beginn ist konkret zu bezeichnen. Dies bereitet vor allem männlichen AN Probleme, die ab der Geburt des Kindes Elternzeit in Anspruch nehmen wollen. Da im Zeitpunkt der Antragstellung nur der errechnete Geburtstermin bekannt ist, sollte dieser angegeben werden verbunden mit dem Hinweis, dass Elternzeit ab dem tatsächlichen Geburtstermin begehrt wird. Vorsorglich sollte diese Vorgehensweise mit dem AG abgesprochen werden. Werdende Mütter können zunächst die Geburt abwarten und den Antrag dann in der ersten Woche der mindestens achtwöchigen Schutzfrist nach der Entbindung stellen. Ausnahmsweise kann der Anspruch binnen einer Woche seit Wegfall des Verhinderungsgrunds geltend gemacht werden, wenn eine sich unmittelbar an die Schutzfrist nach der Entbindung (§ 3 MuSchG) anschließende Elternzeit aus einem von der AN nicht zu vertretenden Grund nicht rechtzeitig verlangt werden konnte. Die Geltendmachung der Elternzeit muss dem AG **unterschrieben im Original** zugehen. Eine Übermittlung per Telefax oder E-Mail genügt nicht (BAG 10.5.2016 – 9 AZR 145/15).

Die Geltendmachung der Elternzeit bedarf nicht der Zustimmung des AG, der Begriff „Antrag" ist insoweit irreführend. Liegen alle Voraussetzungen vor, beginnt die Elternzeit allein aufgrund der Geltendmachung durch den AN. Der AN ist an die von ihm abgegebene Erklärung gebunden, sie ist nicht einseitig widerruflich. Die Elternzeit kann nur in bestimmten Fällen **vorzeitig beendet** werden (dazu § 16 Abs. 3 BEEG). Insbesondere kann die Elternzeit bei erneuter Schwangerschaft zur Inanspruchnahme der Schutzfristen des MuSchG auch ohne Zustimmung des AG vorzeitig beendet werden; in diesen Fällen soll die AN dem AG die Beendigung der Elternzeit rechtzeitig mitteilen. Die Beendigung der Elternzeit zur Inanspruchnahme der Schutzfristen nach dem MuSchG ist deshalb zu erwägen, weil nach § 22 MuSchG kein Zuschuss zum Mutterschaftsgeld vom AG gezahlt wird, wenn das Arbeitsverhältnis wegen der Elternzeit ruht. Die nach dem BEEG mögliche, vom AG aber wegen dringender betrieblicher Gründe ablehnbare vorzeitige Beendigung der Elternzeit wegen der Geburt eines weiteren Kindes nach § 16 Abs. 3 S. 2 BEEG setzt voraus, dass das weitere Kind entbunden ist und kann nicht mit Wirkung zu einem Zeitpunkt herbeigeführt werden, der noch in der Schwangerschaft mit dem weiteren Kind liegt (BAG 8.5.2018 – 9 AZR 8/18). Stirbt das Kind während der Elternzeit, endet diese drei Wochen nach dem Tod des Kindes, wenn die Elternzeit nicht vorher abläuft. Ob § 16 Abs. 3 BEEG nur anwendbar ist, wenn die Voraussetzungen der Elternzeit noch fortbestehen, diese aber dennoch vorzeitig beendet werden soll, ist gegenwärtig ungeklärt.

Der AG hat eine **Bescheinigung** über die Elternzeit auszustellen. Nach einem AGwechsel ist bei der Anmeldung der Elternzeit auf Verlangen des neuen AG die Bescheinigung des früheren AG über bereits genommene Elternzeit durch den AN vorzulegen.

II. Rechte und Pflichten

1. Arbeitsverhältnis

Während der Elternzeit sind die Hauptpflichten aus dem Arbeitsverhältnis suspendiert; der AN schuldet keine Arbeitsleistung und der AG kein Arbeitsentgelt (zur Teilzeitbeschäftigung siehe unten). Das **Arbeitsverhältnis ruht.** Ob der AG während der Elternzeit → *Sonderzuwendungen* zahlen muss, hängt von der maßgeblichen Zuwendungsvereinbarung ab. Sollen die Leistungen für die Arbeitsleistung erbracht werden, sind sie suspendiert; sollen sie die Betriebstreue abgelten, sind sie weiterzuzahlen. Der AG kann den → **Urlaub,** der dem AN für das Urlaubsjahr zusteht, für jeden vollen Kalendermonat der Elternzeit um ein Zwölftel kürzen. Die Kürzung erfolgt nicht automatisch, sondern muss vom AG erklärt werden. Er kann den Urlaub vor, während und nach dem Ende der Elternzeit kürzen, nicht jedoch vor der Erklärung des AN, Elternzeit in Anspruch zu nehmen (BAG 19.3.2019 – 9 AZR 495/17). Nach der Beendigung des Arbeitsverhältnisses soll der AG den Erholungsurlaub wegen Elternzeit nicht mehr kürzen können (BAG 19.5.2015 – 9 AZR 725/13). Hat der AN den ihm oder ihr zustehenden Urlaub vor dem Beginn der Elternzeit nicht oder nicht vollständig erhalten, hat der AG den Resturlaub nach der Elternzeit im laufenden oder im nächsten Urlaubsjahr zu gewähren (§ 17 Abs. 2 BEEG). Kann der Urlaub wegen einer weiteren Elternzeit in diesem Zeitraum nicht genommen werden, kann er nach dieser weiterhin beansprucht werden (BAG 23.1.2018 – 9 AZR 200/17).

2. Erwerbstätigkeit/Teilzeit

Während der Elternzeit ist Erwerbstätigkeit zulässig, wenn die vereinbarte wöchentliche Arbeitszeit für jeden Elternteil, der eine

Elternzeit nimmt, 32 Stunden nicht übersteigt (§ 15 Abs. 4 BEEG, bis zum 31.8.2021: 30 Stunden, Ausnahme: Tagespflegepersonen – „Tagesmütter“ –, die bis zu fünf Kinder in Tagespflege betreuen dürfen, auch wenn die wöchentliche Arbeitszeit/Betreuungszeit 32 Stunden übersteigt). Will der AN die Erwerbstätigkeit bei einem anderen AG oder als Selbstständiger aufnehmen, bedarf dies der Zustimmung des AG. Über einen **Antrag auf Verringerung der Arbeitszeit und ihre Verteilung** während der Elternzeit beim gleichen AG sollen sich AG und AN innerhalb von vier Wochen einigen. Kommt es zu keiner Einigung, hat der AN unter den in § 15 Abs. 7 BEEG aufgezählten Voraussetzungen einen einklagbaren **Anspruch auf Verringerung** und ggf. veränderte **Verteilung der Arbeitszeit** während der Dauer der Elternzeit (BAG 19.2.2013 – 9 AZR 461/11). Zu den Voraussetzungen für diesen Anspruch gehört – neben einer Mindestbeschäftigtenzahl von in der Regel mehr als 15 AN – insbesondere eine schriftliche Antragstellung 7 Wochen vor dem beabsichtigten Beginn der Teilzeit, bzw. 13 Wochen, wenn der Beginn nach dem dritten Geburtstag des Kindes liegt. Will der AG die beanspruchte Verringerung der Arbeitszeit ablehnen, muss er dies mit schriftlicher Begründung tun. In seinem **Ablehnungsschreiben** hat der AG den wesentlichen Kern der betrieblichen Hinderungsgründe zu benennen. Er muss die Tatsachen mitteilen, die für die Ablehnung maßgeblich sind (BAG 11.12.2018 – 9 AZR 298/18). Hat ein AG die Verringerung der Arbeitszeit in einer Elternzeit zwischen der Geburt und dem vollendeten dritten Lebensjahr des Kindes nicht spätestens vier Wochen nach Zugang des Antrags oder in einer Elternzeit zwischen dem dritten Geburtstag und dem vollendeten achten Lebensjahr des Kindes nicht spätestens acht Wochen nach Zugang des Antrags schriftlich abgelehnt, gilt die Zustimmung als erteilt und die Verringerung der Arbeitszeit entsprechend den Wünschen der AN als festgelegt. Klagt ein AN auf Zustimmung zu einer zuvor erfolglos beantragten Teilzeitbeschäftigung während der Elternzeit, kann der AG im Prozess nur solche der Elternteilzeit entgegenstehenden Gründe einwenden, auf die er sich bereits in einem form- und fristgerechten Ablehnungsschreiben berufen hat. Eine in einem bestehenden Vollzeitarbeitsverhältnis während der Elternzeit ausgeübte Teilzeitbeschäftigung begründet normalerweise kein anderes Arbeitsverhältnis zusätzlich zu dem bereits bestehenden (BAG 26.9.2017 – 1 AZR 717/15).

III. Kündigungsschutz und befristete Arbeitsverträge

1. Kündigungsschutz

Der **AG darf** das Arbeitsverhältnis ab dem Zeitpunkt, von dem an Elternzeit verlangt worden ist und während der Elternzeit **nicht kündigen.** Der → *Kündigungsschutz* beginnt frühestens acht Wochen vor Beginn einer Elternzeit bis zum vollendeten dritten Lebensjahr des Kindes und frühestens 14 Wochen vor Beginn einer Elternzeit zwischen dem dritten Geburtstag und dem vollendeten achten Lebensjahr des Kindes. Die für den Arbeitsschutz zuständige oberste Landesbehörde oder die von ihr bestimmte Stelle kann in besonderen Fällen ausnahmsweise die Kündigung für zulässig erklären (§ 18 Abs. 1 BEEG). Ein solcher „besonderer Fall“ kann nur dann angenommen werden, wenn außergewöhnliche Umstände es rechtfertigen, die vom Gesetz grds. als vorrangig angesehenen Interessen des Elternzeit beanspruchenden AN hinter die Interessen des AG an der Auflösung des Arbeitsverhältnisses zurücktreten zu lassen (vgl. Bayerischer VGH 5.11.2019 – 12 ZB 19.1222). Für die Zulässigkeit der Kündigung sind allgemeine Verwaltungsvorschriften zum Kündigungsschutz bei Elternzeit vorgesehen, die die Verwaltungsbehörden binden (Allgemeine Verw. Vorschr. vom 3.1.2007, BAnz. Nr. 5 S. 247). Die behördliche Zustimmungserklärung muss bei Ausspruch der Kündigung noch nicht bestandskräftig sein. Wird der Bescheid vom AN durch Widerspruch oder Anfechtungsklage angegriffen, ist er bis zu einer gegenteiligen Entscheidung als „schwebend wirksam“ anzusehen. Wird der Bescheid jedoch nachträglich aufgehoben, soll die Kündigung rückwirkend rechtsunwirksam werden (LAG Mecklenburg-Vorpommern 11.5.2021 – 5 Sa 263/20). Der besondere Kündigungsschutz gilt auch, wenn der Insolvenzverwalter das Arbeitsverhältnis kündigen will. Der Insolvenzverwalter ist aber nicht verpflichtet, die Kündigung gegenüber einem AN in Elternzeit mit einer längeren Frist als 3 Monate auszusprechen, um dem AN die Möglichkeit zu erhalten, sich weiter beitragsfrei versichern zu können (BAG 27.2.2014 – 6 AZR 301/12). Der Kündigungsschutz gilt entsprechend, wenn der AN während der Elternzeit bei seinem AG Teilzeitarbeit leistet, oder, ohne Elternzeit in Anspruch zu nehmen, bei seinem AG Teilzeitarbeit leistet und Anspruch auf → *Elterngeld* hat (§ 18 Abs. 2 Nr. 2 BEEG). Vielfach wird der AG in den letzten Fällen gar nichts von dem Bestehen des Kündigungsschutzes wissen. Der AN wird sich daher nach Ausspruch einer Kündigung unverzüglich auf den Kündigungsschutz berufen müssen. Der AN in Elternzeit kann das Arbeitsverhältnis unter Einhaltung einer Kündigungsfrist von drei Monaten zum Ende der Elternzeit kündigen (§ 19 BEEG).

2. Befristung

Stellt ein AG einen AN für die Dauer eines Beschäftigungsverbots nach dem MuSchG, der Elternzeit, einer auf TV, BV oder einzelvertraglicher Vereinbarung beruhenden Arbeitsfreistellung zur Betreuung eines Kindes, für Teile hiervon oder der Einarbeitung hierzu ein, besteht ein sachlicher Grund für einen → *befristeten Arbeitsvertrag* (§ 21 Abs. 1 BEEG). Die Dauer der Befristung muss kalendermäßig bestimmt oder bestimmbar sein oder den aufgezählten Zwecken zu entnehmen sein. Im befristeten Arbeitsverhältnis ist grds. eine → *ordentliche Kündigung* ausgeschlossen, es sei denn, sie wurde vorbehalten. Ist sie vorbehalten, gilt für sie der allgemeine und besondere → *Kündigungsschutz.* Lediglich in § 21 Abs. 4 BEEG ist dem AG ein außerordentliches Kündigungsrecht mit einer Kündigungsfrist von drei Wochen vorbehalten, wenn die Elternzeit ohne Zustimmung des AG vorzeitig beendet werden kann. Für diese Kündigung ist der allgemeine Kündigungsschutz abbedungen (§ 21 Abs. 5 BEEG), nicht aber der besondere, zB nach dem MuSchG. *(OKK)*

▶ Entfristungsklage

→ *Befristeter Arbeitsvertrag*

▶ Entgeltfortzahlung im Krankheitsfall

I. Geltungsbereich

Das EFZG regelt die Fortzahlung des Arbeitsentgelts im Krankheitsfall an AN sowie die wirtschaftliche Sicherung im Bereich der Heimarbeit (§ 1 Abs. 1 EFZG). Nicht anspruchsberechtigt sind Personen, die nicht aufgrund eines Arbeitsvertrags beschäftigt werden, wie zB Vorstände, Geschäftsführer usw. AN iSd EFZG sind Arbeiter und Angestellte sowie die zu ihrer Berufsausbildung Beschäftigten. In Heimarbeit Beschäftigte (§ 1 Abs. 1 HAG; → *Heimarbeiter*) und ihnen nach § 1 Abs. 2 Buchst. a–c HAG Gleichgestellte haben im Krankheitsfall nach Maßgabe von § 10 EFZG Anspruch auf Zahlung eines Zuschlags zum Arbeitsentgelt. Das EFZG gilt auf dem **Gebiet** der BRD, und zwar auch dann, wenn AN und/oder AG nicht deutsche Staatsangehörige sind. Etwas anderes gilt nur dann, wenn ein ausländisches Arbeitsstatut wirksam vereinbart ist. Das EFZG kommt auch bei Arbeitsverhältnissen im Ausland zur Anwendung, soweit sie deutschem Arbeitsrecht unterstellt sind. In jedem Fall gilt das EFZG bei einer Entsendung aus einem inländischen Betrieb ins Ausland.

II. Anspruchsvoraussetzungen

1. Krankheit

Ein AN behält seinen Anspruch auf Arbeitsvergütung, wenn er durch Arbeitsunfähigkeit (AU) infolge → *Krankheit* an seiner Arbeitsleistung verhindert ist, ohne dass ihn ein Verschulden trifft. Krankheit ist ein regelwidriger Körper- oder Geisteszustand, der einer Heilbehandlung bedarf. Erkrankungen sind auch die physische oder psychische Abhängigkeit vom → *Alkohol,* wenn der AN seine Steuerungsfähigkeit verloren hat und den gewohnheitsmäßigen und übermäßigen Alkoholgenuss nicht mehr aufgeben kann. Dieselben Grundsätze gelten bei der Abhängigkeit von Drogen oder Nikotin. Unerheblich für den Begriff der Krankheit ist, auf welchen Ursachen sie beruht, zB Unfällen, genetische Dispositionen oder Infekten. Die Erkrankung kann selbst auf einer angeordneten Operation beruhen, durch die die Folgen eines Unfalls behoben oder gemildert werden sollen. Keine Krankheit ist die Schwangerschaft. Anders zu beurteilen sind die über das gewöhnliche Maß schwangerschaftsbedingter Beeinträchtigungen hinausgehenden Beschwerden.

2. Arbeitsunfähigkeit

Der Begriff der AU stimmt im Arbeitsrecht und im Sozialversicherungsrecht (Krankenversicherungsrecht) überein (§ 3 EFZG, § 44

SGB V). Eine AU ist gegeben, wenn die Krankheit es dem AN unmöglich macht, die nach dem Inhalt des Arbeitsvertrags geschuldete Leistung zu erbringen oder die Arbeit nur unter der Gefahr fortzusetzen, seinen Gesundheitszustand in absehbarer Zukunft zu verschlechtern. Der Begriff der AU ist von **Art und Umfang der geschuldeten Arbeitsleistung abhängig.** Dies ergibt sich aus den Worten „an seiner Arbeitsleistung". Maßgebend ist die vom Arzt nach objektiven medizinischen Maßstäben vorzunehmende Bewertung. AU ist daher auch dann gegeben, wenn der AN zu Diagnosezwecken ins Krankenhaus eingewiesen wird oder die Behandlung selbst zur AU führt. Im Falle einer COVID-19-Infektion hat der AN einen Anspruch auf Entgeltfortzahlung, wenn er unter Symptomen wie Fieber usw. leidet, die ihn an der Erbringung der Arbeitsleistung hindern. Besteht nur eine Ansteckungsgefahr, ist der AN nicht arbeitsunfähig. Entgeltansprüche können sich dann aus § 616 BGB ergeben (→ *Corona*). Keine AU liegt vor, wenn nicht eine Krankheit, sondern eine Schönheitsoperation zur AU führt, zB Beseitigung einer Tätowierung. Für die Abgrenzung, ob es sich um die Beseitigung eines regelwidrigen Körper- oder Geisteszustands oder einer sonstigen Operation handelt, ist die Beurteilung des Arztes maßgeblich. Keine AU besteht bei ambulanten Arztbesuchen, wenn diese nicht wegen einer Krankheit erfolgen, sondern zB zum Zwecke eines Gesundheitschecks oder einer Impfung. Insoweit kann aber eine → *Arbeitsverhinderung* vorliegen. Ebenso wenig liegt eine AU vor, wenn die Krankheit den AN nicht an der Arbeitsleistung hindert, sondern nur an der Zurücklegung des Arbeitswegs. Ein AN mit einer Fußverletzung kann arbeitsunfähig sein, wenn er bei der Arbeitsleistung gehen oder stehen muss. Da der AG durch Ausübung des Weisungsrechts (→ *Direktionsrecht*) den Inhalt des Arbeitsverhältnisses nicht ändern kann, ist er nicht imstande, den AN auf einen außerhalb des Vertragsverhältnisses geschuldeten Arbeitsplatz zu versetzen, auch wenn der AN die Arbeit dort verrichten kann. Wohl aber kann er dem AN innerhalb des vertraglich Vereinbarten eine neue Tätigkeit zuweisen, für die dann das Bestehen der Arbeitsunfähigkeit neu zu prüfen wäre. Den AN treffen im Falle der Arbeitsunfähigkeit nach § 5 EFZG Anzeige- und Nachweispflichten (→ *Krankmeldung*).

3. Kausalzusammenhang

Der AN muss an seiner Arbeitsleistung, also an der Arbeitsleistung, die er nach dem Arbeitsvertrag schuldet, aufgrund der Krankheit verhindert sein. Nach dem Wortlaut von § 3 Abs. 1 S. 1 EFZG muss die Krankheit die alleinige Ursache der AU sein. Ist zB aufgrund einer Vereinbarung → *Kurzarbeit* eingeführt, erhält der AN im Umfang der Kurzarbeit keine Vergütungsfortzahlung. Nach § 4 Abs. 3 EFZG ist die verkürzte Arbeitszeit für ihre Dauer als die für den AN maßgebende regelmäßige Arbeitszeit iSd § 4 Abs. 1 EFZG anzusehen. Erkrankt der AN vor oder während seines → *Urlaubs*, werden gem. § 9 BUrlG die durch ärztliches Zeugnis nachgewiesenen Tage der AU nicht auf den Urlaub angerechnet. Damit erhält der AN während des Zeitraums der AU Entgeltfortzahlung. Auf unbezahlten **Sonderurlaub** ist § 9 BUrlG nicht entsprechend anzuwenden. Bei vereinbartem Arbeitsausfall ohne Vergütungsfortzahlung hat ein AN auch keinen Anspruch auf Entgeltfortzahlung. Bei → *Annahmeverzug des Arbeitgebers* behält der AN nach § 615 BGB seinen Vergütungsanspruch. Dieser Anspruch besteht nicht, wenn der AN arbeitsunfähig ist, weil er dann nicht leistungsfähig iSd § 297 BGB ist. Stattdessen hat er einen Anspruch auf Entgeltfortzahlung nach Maßgabe von § 3 EFZG.

Ist der AG für Arbeitszeit, die gleichzeitig infolge eines gesetzlichen → ***Feiertags*** ausgefallen ist, zur Fortzahlung des Arbeitsentgelts verpflichtet, bemisst sich die Höhe des fortzuzahlenden Entgelts für diesen Feiertag nach § 2 EFZG. Nach § 2 Abs. 2 EFZG gilt die Arbeitszeit, die an einem gesetzlichen Feiertag gleichzeitig infolge von Kurzarbeit ausfällt und für die an anderen Tagen als an gesetzlichen Feiertagen Kurzarbeitergeld geleistet wird, infolge eines gesetzlichen Feiertags als ausgefallen. Anspruchsgrundlage für die Entgeltfortzahlung ist dann § 2 EFZG.

4. Verschulden

Die Arbeitsverhinderung aufgrund der Krankheit muss unverschuldet sein.

(a) Begriff: Ein Verschulden des AN ist gegeben, wenn ein gröblicher Verstoß gegen das von einem verständigen Menschen im eigenen Interesse zu erwartende (gebotene) Verhalten vorliegt. Hierbei handelt es sich um ein Verschulden gegen sich selbst. Dieser Maßstab beruht auf dem Gedanken, dass der AN kein Entgelt bekommen soll, wenn er die AU selbst herbeigeführt hat. Es muss ein besonders leichtfertiges, grob fahrlässiges oder vorsätzliches Verhalten vorliegen. Der Annahme eines groben Eigenverschuldens steht nicht entgegen, dass auch Dritte ein Verschulden trifft. Hat der AN die Arbeitsverhinderung infolge Krankheit in diesem Sinne verschuldet, entfällt der Vergütungsfortzahlungsanspruch. Hat der AG bereits Vergütungsfortzahlung erbracht, kann er die geleisteten Zahlungen zurückverlangen (§ 812 BGB).

(b) Einzelfälle: Unfälle sind nur dann verschuldet, wenn sie vorsätzlich oder durch einen groben Verstoß gegen das von einem verständigen Menschen zu erwartende Verhalten herbeigeführt sind. Dies ist nicht allein deshalb anzunehmen, weil es hierzu in der Freizeit, bei Nachbarschaftshilfe oder in erlaubter Nebentätigkeit gekommen ist. Verschuldet sind dagegen im Allgemeinen Unfälle, die auf Alkoholmissbrauch zurückzuführen sind. Ein Unfall bei der betrieblichen Tätigkeit ist dann verschuldet, wenn er auf einem groben Verstoß gegen ein Verbot des AG bzw. Unfallverhütungsvorschriften oder einem besonders leichtfertigen Verhalten des AN beruht. Verschuldet ist ein Unfall ebenso, wenn die Sicherheitskleidung nicht getragen wird (Sicherheitshandschuhe; Schutzhelm; Sicherheitsschuhe) und die Verletzung darauf beruht. Allerdings muss der AG notwendige Sicherheitskleidung tatsächlich zur Verfügung stellen (§ 618 Abs. 1 BGB). **Verkehrsunfälle** sind verschuldet bei vorsätzlicher oder grobfahrlässiger Verletzung der Verkehrsregeln. Dies ist zB bei Nichtbeachten einer roten Ampel sowie Verkehrsunfällen anzunehmen, die auf Trunkenheit des AN oder auf Tabletteneinnahme zurückzuführen sind, wenn auf die Beeinträchtigung im Beipackzettel hingewiesen wird. Bei Nichtverwendung eines Sicherheitsgurts sind solche Krankheitszeiten verschuldet, die nicht vorgekommen wären, wenn der AN den Sicherheitsgurt getragen hätte. Bei Sportunfällen kommt es nicht auf die abstrakte Gefährlichkeit einer Sportart an, entscheidend ist vielmehr, ob der konkrete AN die Sportart nach seinen Fähigkeiten besonders leichtsinnig ausgeübt hat. Verschuldet sind daher Sportunfälle, wenn der AN die eigene Leistungsfähigkeit erkennbar überschritten oder gegen anerkannte Regeln der Sportausübung verstoßen hat.

Bei einem **versuchten Selbstmord** will der AN nicht die Verletzung, sondern den Tod. Im Allgemeinen wird von fehlendem Verschulden iSd EFZG auszugehen sein.

Trunksucht (Alkoholabhängigkeit, Alkoholmissbrauch; → *Alkohol*), **Tabletten- und Drogensucht** werden von der Rspr. als Krankheit behandelt. Alkoholmissbrauch kann die verschiedensten Ursachen haben. Nach dem aktuellen Stand der wissenschaftlichen Erkenntnisse kann wegen der multifaktoriellen Genese nicht davon ausgegangen werden, dass das Entstehen einer Alkoholabhängigkeit verschuldet iSd EFZG ist. Hat sich der AN einer Entziehungskur unterzogen und ist anschließend mehrere Wochen abstinent gewesen, kann der erneute Ausbruch der Alkoholabhängigkeit verschuldet sein.

AU infolge von **Schlägereien** sind im Allgemeinen verschuldet. Dies gilt insbesondere, wenn der AN die Schlägerei durch unsachgemäßes und provozierendes Verhalten herausgefordert hat. Etwas anderes kann dann gelten, wenn der AN in Notwehr gehandelt hat.

Für das Verschulden trifft den AG die **Darlegungs- und Beweislast.** Allerdings kann für ein Verschulden der Beweis des ersten Anscheins sprechen. Das gilt vor allem bei Arbeitsunfällen infolge Trunkenheit. Hier muss der AN Umstände darlegen und beweisen, die eine andere Bewertung rechtfertigen. Ferner wird ein Anscheinsbeweis für ein Verschulden sprechen, wenn der AN sich an einer Schlägerei beteiligt.

(c) Verschulden des AG oder eines Dritten: Hat der AG die AU verschuldet, richtet sich der Vergütungsfortzahlungsanspruch nach § 326 BGB. Hat ein Dritter die AU des AN verschuldet, geht der Schadensersatzanspruch des AN kraft Gesetzes auf den AG über (§ 6 EFZG).

5. Sterilisation und Abbruch der Schwangerschaft – In-vitro-Fertilisation

Tritt die AU infolge einer nicht rechtswidrigen Sterilisation oder eines nicht rechtswidrigen Abbruchs der Schwangerschaft ein, gilt die AU als nicht verschuldet (§ 3 Abs. 2 EFZG). Das Gesetz fingiert mithin ein Nichtverschulden; einer besonderen Prüfung des Verschuldens bedarf es nicht mehr. Eine Sterilisation und ein → Schwangerschaftsabbruch, der nicht gegen Strafgesetze verstößt, sind nicht rechtswidrig. Im Falle einer In-vitro-Fertilisation hängt die Annahme eines Verschuldens davon ab, ob krankheitsbedingte AU als vorhersehbare, willentlich herbeigeführte Folge einer komplikationslosen In-vitro-Fertilisation eintritt oder sich Krankheitsrisiken realisieren, die mit der künstlichen Befruchtung oder einer ggf. durch sie bewirkten Schwangerschaft einhergehen.

6. Organspende

Nach § 3a EFZG besteht im Falle einer Organspende ein Entgeltfortzahlungsanspruch. Dem AG sind jedoch nach § 3a Abs. 2 EFZG von der gesetzlichen Krankenkasse des Organempfängers das fortgezahlte Arbeitsentgelt sowie die hierauf entrichteten Beiträge zur Sozialversicherung und betrieblichen Altersversorgung zu erstatten. Bei Privatversicherten übernimmt die private Krankenversicherung diese Kosten; vereinbarte Selbstbehalte werden dabei nicht berücksichtigt.

III. Beginn, Dauer und Beendigung der Entgeltfortzahlung

1. Beginn und Ende des Entgeltfortzahlungsanspruchs

Nach § 3 Abs. 3 EFZG beginnt der Anspruch auf Entgeltfortzahlung nach vierwöchiger ununterbrochener Dauer des Arbeitsverhältnisses. Erkrankt ein AN während der Wartezeit des § 3 Abs. 3 EFZG und dauert die AU über den Ablauf der Wartezeit hinaus an, entsteht der Anspruch auf Entgeltfortzahlung nach § 3 Abs. 1 EFZG für die Dauer von sechs Wochen. In die Wartezeit fallende Krankheitstage sind nicht anzurechnen. Keine Wartezeit besteht, wenn ein Ausbildungsverhältnis in ein Arbeitsverhältnis übergeht.

2. Dauer der Entgeltfortzahlung

Der Entgeltfortzahlungsanspruch besteht grds. für die Dauer von sechs Wochen, also 42 Kalendertage. Das Abstellen auf Kalendertage kann Bedeutung bei mehrfacher Erkrankung und Teilzeitbeschäftigung haben. Allerdings erhält der AN in der Fünf-Tage-Woche nur Entgeltfortzahlung für die auch sonst mit Arbeitsleistung belegten Tage. Beginn und Ende der Entgeltfortzahlung berechnen sich nach §§ 187 Abs. 1, 188 Abs. 2 BGB. Grds. entfällt der Entgeltfortzahlungsanspruch bei ruhendem Arbeitsverhältnis. Ein solches liegt aber nur dann vor, wenn die Hauptpflichten aus dem Arbeitsverhältnis übereinstimmend suspendiert sind, also zB während der → *Elternzeit* oder eines unbezahlten Sonderurlaubs. Erkrankt der AN während des Ruhenszeitraums, läuft die Sechs-Wochen-Frist erst bei dem Aufleben der Hauptpflichten. Der Anspruch endet grds. mit Ablauf von sechs Wochen oder mit Beendigung des Arbeitsverhältnisses. Wird sofort ein neues Arbeitsverhältnis begründet, wird die vierwöchige Wartezeit nicht erneut ausgelöst, wenn zwischen den Arbeitsverhältnissen ein enger Zusammenhang besteht.

3. Wiederholte Erkrankung und Fortsetzungserkrankung

(a) Begriff: Es ist zwischen der wiederholten Erkrankung und der Fortsetzungserkrankung zu unterscheiden. Eine wiederholte Erkrankung ist gegeben, wenn die Ursache der Erkrankung eine andere ist. Eine Fortsetzungserkrankung beruht dagegen auf derselben Krankheit (§ 3 Abs. 1 S. 2 EFZG). Hiervon ist auszugehen, wenn die Erkrankung auf demselben Grundleiden beruht, also auf dieselbe Veranlagung des AN oder eine nicht ausgeheilte Krankheit zurückzuführen ist.

(b) Bei **wiederholter Erkrankung** hat der AN grds. für jede Erkrankung Anspruch auf bis zu sechs Wochen Entgeltfortzahlung. Der Anspruch ist allerdings dann auf die Dauer von sechs Wochen beschränkt, wenn während der Arbeitsunfähigkeit zu der bestehenden Krankheit eine neue Krankheit hinzutritt, die ebenfalls Arbeitsunfähigkeit zur Folge hat (**Grundsatz der Einheit des Verhinderungsfalls).** Ist ein AN zB wegen eines Rückenleidens sechs Wochen arbeitsunfähig und tritt vor dem Ende dieses Zeitraums in der sechsten Woche der Entgeltfortzahlung eine schwere Erkältung hinzu, die zu einer weiteren Arbeitsunfähigkeit von zwei Wochen führt, hat der AN ab dem Ende der sechsten Woche der Entgeltfortzahlung keine weiteren Ansprüche mehr gegen den AG. An dessen Stelle tritt ein Anspruch auf Krankengeld gegen die Krankenkasse.

(**c**) Wird der AN infolge **derselben Erkrankung** arbeitsunfähig, verliert er nur dann den Anspruch auf Arbeitsentgelt nicht, wenn (**aa**) er vor der erneuten AU mindestens sechs Monate nicht infolge derselben Krankheit arbeitsunfähig war. Dies gilt auch dann, wenn das Grundleiden medizinisch nicht voll ausgeheilt war. Unschädlich ist während des Sechs-Monats-Zeitraums eine AU wegen einer anderen Erkrankung; (**bb**) seit Beginn der ersten AU infolge derselben Krankheit eine Frist von zwölf Monaten abgelaufen ist. Dieselbe Krankheit kann auch vorliegen, wenn statt einer neuen Erkrankung eine Heil- oder Gesundheitskur durchgeführt wird.

(**d**) Hat der AN das **Arbeitsverhältnis gewechselt,** kann er auch bei derselben Erkrankung grds. für die Dauer von sechs Wochen erneut Entgeltfortzahlung verlangen.

(**e**) Die **Darlegungs- und Beweislast,** dass mehrere Erkrankungen als dieselbe Krankheit anzusehen sind, trifft den AG, weil es sich um eine anspruchsbeschränkende Ausnahme handelt. Ist der AN innerhalb der Zeiträume des § 3 Abs. 1 S. 2 Nr. 1 und 2 EFZG länger als sechs Wochen arbeitsunfähig, muss er darlegen, dass keine Fortsetzungserkrankung vorliegt. Hierzu kann er eine ärztliche Bescheinigung vorlegen. Bestreitet der AG das Vorliegen einer neuen Krankheit, obliegt dem AN die Darlegung der Tatsachen, die den Schluss erlauben, es habe keine Fortsetzungserkrankung vorgelegen. Meldet sich der AN in unmittelbarem Anschluss an den ausgeschöpften Sechs-Wochen-Zeitraum des § 3 Abs. 1 S. 1 EFZG erneut mit einer Erstbescheinigung arbeitsunfähig krank und bestreitet der AG unter Berufung auf den Grundsatz der Einheit des Verhinderungsfalls, dass Arbeitsunfähigkeit infolge der „neuen" Krankheit erst jetzt eingetreten sei, hat der AN als anspruchsbegründende Tatsache darzulegen und im Streitfall zu beweisen, dass die neue Arbeitsunfähigkeit erst zu einem Zeitpunkt eingetreten ist, zu dem die erste krankheitsbedingte Arbeitsverhinderung bereits beendet war. Das gilt entsprechend, wenn sich an den ausgeschöpften Sechs-Wochen-Zeitraum des § 3 Abs. 1 S. 1 EFZG ein Krankengeldbezug angeschlossen hat.

4. Bestand des Arbeitsverhältnisses

Der Entgeltfortzahlungsanspruch ist grds. von dem **rechtlichen Bestand** des Arbeitsverhältnisses abhängig. Ein Anspruch besteht auch, wenn der Arbeitsvertrag von vornherein rechtsunwirksam ist oder angefochten worden ist, also im sog. → *faktischen Arbeitsverhältnis.* Bei dem betriebsverfassungsrechtlichen → *Weiterbeschäftigungsanspruch* (§ 102 Abs. 5 BetrVG) fingiert das Gesetz den Fortbestand des Arbeitsverhältnisses. Aufgrund des **allgemeinen Weiterbeschäftigungsanspruchs** für die Dauer des Kündigungsschutzprozesses Beschäftigte stehen idR nicht in einem Arbeitsverhältnis und haben daher keinen Entgeltfortzahlungsanspruch. Anderes gilt nur dann, wenn sich die Kündigung als unwirksam erweist. Das Vorliegen von AU führt nicht zu einem **Kündigungsverbot** (§ 8 Abs. 2 EFZG).

Endet das Arbeitsverhältnis vor Ablauf des Sechs-Wochen-Zeitraums durch eine auflösende Bedingung oder Befristung, endet zu diesem Zeitpunkt auch der Entgeltfortzahlungsanspruch. Der Anspruch auf Entgeltfortzahlung besteht nur dann über die Beendigung des Arbeitsverhältnisses bis zur Höchstdauer von sechs Wochen hinaus, wenn der AG das Arbeitsverhältnis **aus Anlass der AU kündigt** oder der AN das Arbeitsverhältnis aus Anlass eines vom AG zu vertretenden Grundes kündigt. Eine solche Kündigung liegt vor, wenn die AU das entscheidende Motiv für den Kündigungsausspruch war. Dies setzt die Kenntnis des AG oder eines seiner Repräsentanten von der AU voraus. Die **Darlegungs- und Beweislast** für die Tatsache, dass die Kündigung aus Anlass der AU ausgesprochen ist, trifft den AN. Hat allerdings der AG in unmittelbarem zeitlichem Zusammenhang mit der AU die Kündigung ausgesprochen, kann hierfür der Beweis des ersten Anscheins sprechen. Entgeltfortzahlung **über das Ende des Arbeitsverhältnisses hinaus** kann bis zur Höchstdauer von sechs Wochen verlangt werden, wenn der AN das Arbeitsverhältnis aus einem vom AG zu vertretenden Grunde kündigt, der den AN zur Kündigung aus wichtigem Grund ohne Einhaltung einer Kündigungsfrist berechtigt (§ 8 Abs. 1 S. 2 EFZG).

IV. Höhe des fortzuzahlenden Arbeitsentgelts

1. Arbeitsentgelt

Nach dem **Entgeltausfallprinzip** erhält der AN während der ersten sechs Wochen der AU diejenige Vergütung, die er bezogen hätte, wenn er nicht arbeitsunfähig geworden wäre. Fortzuzahlen ist das Arbeitsentgelt, das der AN bei der für ihn regelmäßigen Arbeitszeit bezogen hätte. Welche Arbeitszeit maßgebend war, richtet sich nach den individuellen und nicht nach den betrieblichen Verhältnissen. Regelmäßig ist eine Arbeitszeit dann, wenn sie sich gleichförmig, auch mit gewissen Schwankungen wiederholt. Notfalls ist auf den Durchschnitt der letzten zwölf Monate abzustellen. Bei Arbeit auf Abruf (→ *Abrufarbeit*) ist nach § 12 Abs. 4 S. 1 TzBfG zur Berechnung der Entgeltfortzahlung die durchschnittliche Arbeitszeit der letzten drei Monate vor Beginn der AU maßgeblich, bei kürzerer Dauer des Arbeitsverhältnisses ist der kürzere Zeitraum zugrunde zu legen. Dem EFZG liegt das sog. modifizierte Entgeltausfallprinzip zugrunde. Der AN soll diejenige Vergütung erhalten, die er erhalten hätte, wenn er nicht arbeitsunfähig krank geworden wäre. Demzufolge kann der AN während der Arbeitsunfähigkeit die Fortzahlung des gesetzlichen Mindestlohns (→ *Mindestlohn*) verlangen, auch wenn vertraglich ein niedrigeres Entgelt vereinbart ist. Kein Arbeitsentgelt sind Leistungen für Aufwendungen des AN, soweit der Anspruch auf sie im Falle der AU davon abhängig ist, dass dem AN entsprechende Aufwendungen tatsächlich entstanden sind und dem AN solche Aufwendungen während der AU nicht entstehen.

2. Zusammensetzung des Arbeitsentgelts

Arbeitsentgelt sind die **Grundbezüge,** unabhängig davon, ob sie als Zeit- oder Akkordvergütung gezahlt werden. Ferner sind Arbeitsentgelt **laufende Lohnzulagen** wie Erschwernis-, Gefahren- und Nachtzulagen, laufende Sozialzuschläge (Kinder-, Familien-, Wohnungs- oder Ortszuschläge). Nicht zum Arbeitsentgelt gehört die zusätzliche Vergütung für tatsächlich geleistete Überstunden (§ 4 Abs. 1a EFZG). Zum Arbeitsentgelt gehören **Provisionen** und **laufende Prämien.** Nach § 4a EFZG ist eine Vereinbarung zulässig, nach der **Sondervergütungen** im Krankheitsfall gekürzt werden.

Naturalvergütungen (→ *Sachbezüge*) gehören zum Arbeitsentgelt. Sie sind mit dem tatsächlichen Wert in Ansatz zu bringen, soweit der AN sie nicht entgegennehmen kann. Kein Arbeitsentgelt sind **Trinkgelder.**

3. Unabdingbarkeit und Erstattung

Nach § 4 Abs. 4 S. 1 EFZG kann eine von § 4 Abs. 1, 1a, 3 EFZG abweichende Bemessungsgrundlage des fortzuzahlenden Arbeitsentgelts nur durch TV festgelegt werden. Unerheblich ist, ob ein solcher TV kraft beiderseitiger Tarifgebundenheit (→ *Tarifbindung*) der Arbeitsvertragsparteien gilt oder arbeitsvertraglich in Bezug genommen worden ist (→ *Bezugnahme auf Tarifvertrag*). Zugunsten des AN kann stets von den Bestimmungen des EFZG abgewichen werden. Über- oder außertarifliche Vergütung kann durch eine tarifliche Regelung nach § 4 Abs. 4 S. 1 EFZG nicht von der Entgeltfortzahlung im Krankheitsfall ausgenommen werden. Die Ansprüche auf Entgeltfortzahlung unterliegen tariflichen → *Verfallfristen.*

Die Krankenkassen mit Ausnahme der landwirtschaftlichen Krankenkassen **erstatten** den AG, die in der Regel nicht mehr als 30 AN ausschließlich der zu ihrer Berufsausbildung Beschäftigten beschäftigen, nach näherer Maßgabe der Satzung der jeweiligen Krankenkasse bis zu 80% des fortzuzahlenden Arbeitsentgelts und der Sozialversicherungsbeiträge (§ 1 AAG).

V. Leistungsverweigerungsrechte

Nach § 7 EFZG hat der AG bis zur Erfüllung der gesetzlichen Voraussetzungen zunächst ein vorläufiges Leistungsverweigerungsrecht für die Entgeltfortzahlung, wenn **(1)** der AN eine Arbeitsunfähigkeitsbescheinigung, Kurbescheinigung oder die Verlängerungsbescheinigung der AU nicht fristgerecht vorlegt oder **(2)** der AN bei Erkrankung im Ausland den Anzeige- und Nachweispflichten nicht nachkommt oder der AN die Krankenkasse im Ausland nicht unterrichtet. Ist der AN wieder in das Inland zurückgekehrt, kann der AG die Leistung endgültig verweigern, weil die Benachrichtigung nicht mehr nachgeholt werden kann. Die Leistungsverweigerungsrechte entstehen nicht, wenn der AN die Verletzung der ihm obliegenden Verpflichtungen nicht zu vertreten hat (§ 7 Abs. 2 EFZG), dh wenn er sie nicht vorsätzlich oder fahrlässig verletzt hat. → *Krankmeldung.* Der AG hat ein endgültiges Leistungsverweigerungsrecht nach § 7 Abs. 1 Nr. 2 EFZG, wenn der AN den **Übergang eines Schadensersatzanspruchs** gegen einen Dritten auf den AG verhindert und er diese Verhinderung zu vertreten hat. *(RL)*

▶ Entgelttransparenzgesetz

Das Gesetz (EntgTranspG) will auf die Entgeltgleichheit von Frauen und Männern für gleiche und gleichwertige Arbeit hinwirken. Es tritt für diesen Teilbereich neben die allgemeine Pflicht des AG zur → *Gleichbehandlung der Arbeitnehmer* und die Diskriminierungsverbote nach dem → *Allgemeinen Gleichbehandlungsgesetz.* Es geht auch auf europarechtliche Vorgaben (zB RL 2006/54/EG) zurück. Deshalb gilt hinsichtlich seines Geltungsbereichs der weite unionsrechtliche Beschäftigtenbegriff. Das Gesetz enthält neben dem Rückgriff auf schon an anderer Stelle Geregeltes auch neue Instrumente, durch deren Einsatz die **Entgeltlücke zwischen Männern und Frauen** („gender pay gap") verringert werden soll.

Im Ersten Abschnitt des Gesetzes finden sich neben dem Verbot unmittelbarer und mittelbarer Ungleichbehandlungen (→ *Allgemeines Gleichbehandlungsgesetz*), allgemeine Begriffsbestimmungen und Zielvorgaben sowie eine Rechtsfolgenanordnung: Bestimmungen, die gegen das Entgeltgleichheitsgebot verstoßen, sind unwirksam (zu den weiteren Folgen und zur Darlegungs- und Beweislast im Prozess BAG 21.1.2021 – 8 AZR 488/19). Wird betrieblich ein tarifvertragliches Entgeltsystem zu Grunde gelegt, soll hinsichtlich des Entgeltgleichheitsgebotes eine **Angemessenheitsvermutung** gelten (§ 4 Abs. 5 EntgTranspG).

Der Zweite Abschnitt (§§ 10–16 EntgTranspG) eröffnet für AN in **Betrieben** und Dienststellen mit **mehr als 200 AN** unter bestimmten Voraussetzungen einen **individuellen Auskunftsanspruch.** Wer glaubt, er werde beim Entgelt wegen des Geschlechts ungleich behandelt, kann Auskunft über die durchschnittliche Höhe des monatlichen Bruttoentgelts und von bis zu zwei Entgeltbestandteilen der vergleichbar Beschäftigten verlangen. Dabei haben sich die Anspruchsberechtigten grds. an den BR zu wenden (§ 14 Abs. 1, § 15 Abs. 2 EntgTranspG). Eine falsche Adressierung des Anspruchs führt allerdings nicht zum Rechtsverlust (BAG 25.6.2020 – 8 AZR 145/19). Ihm hat der AG für seine Aufgabe entsprechend zusammengestellte, nicht anonymisierte Lohnlisten als Datei oder in Papierform ohne zeitliche Begrenzung und ohne Aufsicht zur Einsicht zu überlassen. Eine Pflicht zur dauerhaften Überlassung solcher Listen besteht nicht (BAG 29.9.2020 – 1 ABR 32/19). Die Verpflichtung des AG, dem BR Einsicht in die Lohnlisten zu gewähren, besteht nicht, wenn der AG wirksam (§ 14 Abs. 2 EntgTranspG) die Erfüllung der Auskunftsverpflichtung übernommen hat. Besteht kein BR, ist der AG stets unmittelbar in Anspruch zu nehmen. Ergibt die Auskunft, dass eine Beschäftigte ein geringeres Entgelt für gleiche oder gleichwertige Arbeit erhält als das mitgeteilte Vergleichsentgelt männlicher Vergleichspersonen, besteht eine vom AG zu widerlegende Vermutung, dass eine Benachteiligung wegen des Geschlechts erfolgt ist. Dabei ist unter dem Vergleichsentgelt nach § 11 Abs. 3 S. 2 EntgTranspG das Medianentgelt zu verstehen. Das ist das Entgelt, das in der Mitte der Individualentgelte liegt, die unter gleich oder gleichwertig Beschäftigten erhoben wurden. Unter Entgelt sind in diesem Zusammenhang nicht nur die Grundgehälter, sondern alle Gegenleistungen zu verstehen, die der AG dem AN an Geld und Sachwerten aufgrund des Arbeitsverhältnisses zuwendet (BAG 21.1.2021 – 8 AZR 488/19).

Abschnitt 3 wirkt ein auf AG mit idR **mehr als 500 AN,** wobei es hier auf die Unternehmens-, nicht die Betriebsgröße ankommt. Diese AG „sind aufgefordert“, betriebliche **Verfahren zur Überprüfung und Herstellung von Entgeltgleichheit** einzusetzen. Über das Ergebnis der Prüfung und etwa erforderlich werdende Abhilfemaßnahmen sollen Betriebsrat und Belegschaft unterrichtet werden. Standardisierte Prüfverfahren, die den gesetzlichen Vorgaben (§ 18 EntgTranspG) genügen, sind entwickelt und im Internet abrufbar (zB http://eg-check.de). Die genannten AG müssen außerdem, wenn sie zur Erstellung eines Lageberichts nach § 264 und § 289 HGB verpflichtet sind, in bestimmten Zeiträumen (§ 22 EntgTranspG) **Berichte zur Gleichstellung und Entgeltgleichheit** mit näher festgelegten Mindestangaben erstellen und mit dem Lagebericht veröffentlichen. *(KB)*

▶ Entgeltumwandlung

Nach § 1a BetrAVG kann der AN vom AG verlangen, dass bis zu 4% der jeweiligen Beitragsbemessungsgrenze in der gesetzlichen Rentenversicherung in Anwartschaften auf eine → *betriebliche Altersversorgung* umgewandelt werden. Die sich daraus ergebende Verpflichtung des AG, auch gegen seinen Willen, eine betriebliche Altersversorgung zugunsten des AN einzurichten, ist verfassungsgemäß (BAG 12.6.2007 – 3 AZR 14/06). Der AG ist nicht verpflichtet, den AN von sich aus auf den gesetzlichen Anspruch auf Entgeltumwandlung hinzuweisen (BAG 21.1.2014 – 3 AZR 807/11). § 1a BetrAVG gewährt dem AN lediglich einen **Mindestanspruch.** AG und AN sowie die → *Tarifvertragsparteien* sind daher nicht gehindert, über § 1a BetrAVG hinausgehende Vereinbarungen zur Entgeltumwandlung zu schließen. Der Höhe nach ist der gesetzliche Anspruch auf Entgeltumwandlung auf 4% der jeweiligen Beitragsbemessungsgrenze in der gesetzlichen Rentenversicherung beschränkt. Im **Jahr 2023** beläuft sich der jährliche Höchstbetrag damit auf 3.504 EUR in den alten Bundesländern und auf 3.408 EUR in den neuen Bundesländern. Mindestens müssen im Jahr jedoch Beiträge iHv 1/160 der Bezugsgröße nach § 18 Abs. 1 SGB IV, im Jahr 2023 damit 254,63 EUR im Westen und 246,75 EUR im Osten umgewandelt werden. Der AN kann grds. entscheiden, welche Teile seiner **künftigen Entgeltansprüche** er umwandeln will. Beruhen seine Entgeltansprüche allerdings auf einem zwingend anwendbaren TV, kann er für diese eine Entgeltumwandlung nur vornehmen, wenn der TV dies vorsieht oder zumindest durch eine Öffnungsklausel zulässt. Im Fall der beiderseitigen → *Tarifbindung* des AG und des AN bedarf die Umwandlung des Entgeltanspruchs damit einer tariflichen Regelung. Darüber hinaus kann in einem TV – oder auf der Grundlage eines TV in einer BV oder DV – geregelt werden, dass der AG für alle AN oder für eine Gruppe von AN eine **automatische Entgeltumwandlung (sog. Optionssystem)** einführt, gegen die der einzelne AN lediglich ein Widerspruchsrecht hat. In diesem Fall gilt das Angebot des AG auf Entgeltumwandlung als vom AN angenommen, wenn dieser nicht widersprochen hat und (**1**) das Angebot in Textform und mindestens drei Monate vor der ersten Fälligkeit des umzuwandelnden Entgelts gemacht worden ist, (**2**) darauf hingewiesen wurde, welcher Betrag und welcher Vergütungsbestandteil umgewandelt werden soll, und dass der AN ohne Angabe von Gründen innerhalb einer Frist von mindestens einem Monat nach dem Zugang des Angebots widersprechen und die Entgeltumwandlung mit einer Frist von höchstens einem Monat beenden kann. Verwendet der AN Teile seines regelmäßigen Entgelts zur Entgeltumwandlung, kann der AG verlangen, dass während eines laufenden Kalenderjahres gleichbleibende monatliche Beträge in die Altersversorgung eingezahlt werden. Zudem muss der AG nach § 1a Abs. 1a BetrAVG ab dem 1.1.2019 15% des umgewandelten Entgelts zusätzlich als Zuschuss einzahlen, soweit er durch die Entgeltumwandlung – wie häufig – Sozialversicherungsbeiträge einspart. Für Entgeltumwandlungsvereinbarungen, die vor dem 1. Januar 2019 geschlossen worden sind, gilt dies nach § 26a BetrAVG allerdings erst seit dem 1.1.2022. AG und AN müssen vereinbaren, wie die Umwandlung des Entgelts zu erfolgen hat und welcher **Durchführungsweg** in der → *betrieblichen Altersversorgung* gewählt wird. Wenn sich beide einig sind, kann die Durchführung über eine Unterstützungskasse oder im Wege der Direktzusage erfolgen. Ist der AG zu einer Durchführung über einen Pensionsfonds, eine Pensionskasse oder eine – eine reine Beitragszusage vorsehende – tarifliche Versorgungseinrichtung iSd § 22 BetrAVG bereit, ist die betriebliche Altersversorgung dort durchzuführen; andernfalls kann der AN verlangen, dass der AG für ihn eine Direktversicherung abschließt. *(GS)*

▶ Entlassung

→ *Kündigung*; → *Massenentlassung*

▶ Entschädigung

→ *Allgemeines Gleichbehandlungsgesetz*

► Entwicklungshelfer

Dies sind Personen, die in anderen Kontinenten zur Förderung wirtschaftlicher, kultureller und sozialer Belange in diesen Ländern tätig werden. Entwicklungshelfer im Rechtssinne sind nur die in § 1 Entwicklungshelfer-Gesetz (EhfG) definierten Personen. Sie werden aufgrund eines schriftlich abzuschließenden Vertrags tätig. Bei diesem handelt es sich nicht um einen Arbeitsvertrag; indes gelten eine Reihe arbeitsrechtlicher Grundsätze entsprechend. Entwicklungshelfer erhalten keine Arbeitsvergütung, sondern Unterhaltsgeld (§ 4 EhfG). Für ihre Rechtsstreitigkeiten mit dem Träger sind jedoch die ArbG zuständig (§ 2 Abs. 1 Nr. 7 ArbGG). Der Entwicklungshelfer ist von den im → *Bundesfreiwilligendienst* oder → *Jugendfreiwilligendienst* tätigen Personen zu unterscheiden. *(SR)*

► Erfindung

→ *Arbeitnehmererfindung*

► Erfüllungsort

→ *Arbeitsort*

► Erstattungsanspruch der Bundesagentur für Arbeit

I. Grundsatz

Der Anspruch auf → *Arbeitslosengeld I* kann nach §§ 157, 158 SGB III auf die Arbeitsverwaltung übergehen, wenn der AN während des Arbeitsverhältnisses kein Arbeitsentgelt erhält und die Arbeitsverwaltung mit Alg. in Vorleistung tritt oder wenn der AN während der Arbeitslosigkeit eine dem Arbeitsentgelt vergleichbare Leistung (→ *Urlaubsabgeltung*, → *Abfindung*) bezieht. Soweit der Arbeitslose während der Ruhenszeiträume die Entlassungsentschädigung oder das Urlaubsentgelt nicht erhält, hat er einen Anspruch auf vorläufige Zahlung von Alg. (§ 158 Abs. 4 SGB III). In Höhe des gewährten Alg. gehen die Ansprüche auf die BA über (§ 115 SGB X).

II. Arbeitsentgelt

Der Anspruch auf Alg. ruht für die Zeit, für die der Arbeitslose noch Arbeitsentgelt erhält oder zu beanspruchen hat (§ 157 Abs. 1 SGB III). Der Anspruch ruht ferner, wenn der Arbeitslose wegen Beendigung des Arbeitsverhältnisses eine Urlaubsabgeltung erhalten oder zu beanspruchen hat für die Zeit des abgegoltenen Urlaubs. Der Ruhenszeitraum beginnt mit dem Ende des die Urlaubsabgeltung begründenden Arbeitsverhältnisses (§ 157 Abs. 2 SGB III).

III. Abfindungen

Eine Anrechnung auf das Alg. erfolgt auch, wenn der Arbeitslose (**1**) wegen der Beendigung des Arbeitsverhältnisses (**2**) eine Abfindung, Entschädigung oder ähnliche Leistung erhalten oder zu beanspruchen hat und (**3**) das Arbeitsverhältnis ohne Einhaltung einer der ordentlichen Kündigungsfrist des AG entsprechenden Frist beendet worden ist (§ 158 Abs. 1 SGB III). Rechtssystematisch liegt der Regelung die Überlegung zugrunde, dass eine gezahlte Abfindung bei Nichteinhaltung der → *Kündigungsfrist* durch den AG typischerweise Arbeitsentgeltanteile enthält. Angerechnet werden daher nur Abfindungen sowie Ansprüche nach § 628 BGB. Anrechnungsfrei sind solche Leistungen, auf die der AN unabhängig von der Beendigung des Arbeitsverhältnisses einen Rechtsanspruch hat (zB rückständiges Arbeitsentgelt, → *Sonderzuwendungen*, → *Mehrarbeitsvergütung*). Erfasst werden auch ratenweise gezahlte Abfindungen.

Abgestellt wird auf die **Kündigungsfrist des AG** (§ 622 BGB). Sie rechnet von der Kündigung vor Beendigung des Arbeitsverhältnisses oder der Vereinbarung über die Aufhebung des Arbeitsverhältnisses. Ist die ordentliche Kündigung durch AG ausgeschlossen, gilt bei zeitlich unbegrenztem Ausschluss (zB bei älteren Angestellten) eine Kündigungsfrist von 18 Monaten. Kann nur bei Zahlung einer Abfindung, Entschädigung oder sonstigen Leistungen gekündigt werden, wird eine solche von zwölf Monaten zugrunde gelegt. Bei zeitlich begrenztem Ausschluss der Kündigung, also im Mutterschutz oder bei BRmitgliedern (§ 17 MuSchG; § 15 KSchG; → *Betriebsratsmitglieder*), wird die Kündigungsfrist zugrunde gelegt, die ohne den Ausschluss maßgebend gewesen wäre (§ 158 Abs. 1 SGB III). Der

Anspruch auf Alg. ruht aber **längstens ein Jahr** (§ 158 Abs. 2 SGB III). Das bedeutet aber nicht, dass die Kündigungsfrist doch nur ein Jahr beträgt. Die Ruhenszeiten können sich weiter verkürzen. Der Anspruch auf Alg. ruht nicht über den Tag hinaus, bis zu dem der Arbeitslose bei Weiterzahlung des während der letzten Beschäftigungszeit kalendertäglich verdienten Arbeitsentgelts einen Betrag in Höhe von 60% der zu berücksichtigenden **Entlassungsentschädigung** verdient hätte. Der zu berücksichtigende Anteil der Entlassungsentschädigung vermindert sich sowohl für je fünf Jahre des Arbeitsverhältnisses in demselben Betrieb oder Unternehmen als auch für je fünf Jahre nach Vollendung des 35. Lebensjahres um je 5%. Er beträgt nicht weniger als 25% der zu berücksichtigenden Entlassungsentschädigung.

▶ Erziehungsgeld

→ *Elterngeld*

▶ Erziehungsurlaub

→ *Elternzeit*

▶ Ethnische Herkunft

→ *Allgemeines Gleichbehandlungsgesetz*

▶ Europäischer Betriebsrat

Nach dem Gesetz über Europäische Betriebsräte (EBRG) ist ein Europäischer Betriebsrat (EBR) in gemeinschaftsweit tätigen Unternehmen mit mindestens 1.000 AN in den Mitgliedstaaten und mit jeweils 150 AN in mindestens zwei Mitgliedstaaten zu bilden. Die Initiative zur Bildung des EBR muss aber aus dem Unternehmen kommen. Der EBR ist für Angelegenheiten zuständig, die das gemeinschaftsweit tätige Unternehmen oder die gemeinschaftsweit tätige Unternehmensgruppe insgesamt oder mindestens zwei Betriebe oder zwei Unternehmen in verschiedenen Mitgliedstaaten (grenzübergreifenden Angelegenheiten, § 1 Abs. 2 EBRG) betreffen.

Der EBR hat **keine echten Mitbestimmungsrechte,** sondern nur Unterrichtungs- und Anhörungsrechte. Seine Funktion ähnelt damit dem → *Wirtschaftsausschuss* nach §§ 106 ff. BetrVG. Eine Unterrichtungs- und Anhörungspflicht nach §§ 29, 30 EBRG besteht über außergewöhnliche Umstände oder Entscheidungen der Unternehmensleitung, die erhebliche Auswirkungen auf die Interessen der AN haben. Als außergewöhnliche Umstände gelten bei grenzübergreifenden Angelegenheiten insbesondere **(1)** die Verlegung oder Stilllegung von Unternehmen, Betrieben oder wesentlichen Betriebsteilen sowie **(2)** Massenentlassungen (§ 30 Abs. 2 EBRG). Ob der EBR zur Sicherung seiner Beteiligungsrechte einen zeitlich beschränkten Unterlassungsanspruch hat, ist noch ungeklärt.

▶ Europäischer Gerichtshof

Der Gerichtshof der Europäischen Union (EuGH) ist nach Art. 19 EG-Vertrag eines der Organe der Europäischen Union. Seine Aufgabe ist es, im Rahmen seiner Zuständigkeit das Recht bei der Auslegung und Anwendung des Unionsrechts zu wahren. Ihm obliegt die Sicherung der Einheit der Unionsrechtsordnung wie auch des Rechtsschutzes gegenüber den Organen der Union. Dagegen ist der EuGH nicht zuständig für die Auslegung und Anwendung des Rechts der Mitgliedstaaten. Die Zahl der Richter des Gerichts wird in der Satzung des EuGH festgelegt, gegenwärtig sind bei ihm 27 Richter tätig. Hinzu kommen elf Generalanwälte. Die Richter und Generalanwälte werden von den Regierungen der Mitgliedstaaten im gegenseitigen Einvernehmen auf sechs Jahre ernannt; eine Wiederernennung ist zulässig (Art. 253 Abs. 1 und 3 AEUV). Die Generalanwälte unterstützen den Gerichtshof. Sie sind unparteilich und unabhängig und haben Rechtsgutachten zu erstellen (sog. Schlussanträge). Der Gerichtshof tagt in Kammern oder als Große Kammer entsprechend den hierfür in seiner Satzung vorgesehenen Regeln (Art. 251 AEUV). Dem Gerichtshof ist ein Gericht I. Instanz (EuG) beigeordnet, das für Entscheidungen über einzelne, nach Art. 256 Abs. 1 AEUV geregelte Klagen im ersten Rechtszug zuständig ist und gegen dessen Entscheidung ein auf Rechtsfragen beschränktes Rechtsmittel zum EuGH zulässig ist.

Im Arbeitsrecht spielt vor allem das **Vorabentscheidungsverfahren** nach Art. 267 AEUV eine herausragende Rolle. In diesem Verfahren entscheidet der EuGH im Wege der Vorabentscheidung auf die Vorlage eines nationalen Gerichts über die Auslegung der Verträge sowie über die Gültigkeit und die Auslegung der Handlungen der Organe, Einrichtungen oder sonstigen Stellen der Union. Vorlageberechtigt ist bei Entscheidungserheblichkeit der Auslegungsfrage jedes nationale Gericht. Eine Pflicht zur Vorlage besteht hingegen für Gerichte, deren Entscheidung im konkreten Fall nicht mehr mit Rechtsmitteln angefochten werden kann. Ein Verstoß gegen die Vorlagepflicht stellt nach deutschem Recht zugleich einen Verstoß gegen die Pflicht zur Wahrung des gesetzlichen Richters (Art. 103 Abs. 1 GG) dar, die Gegenstand einer Verfassungsbeschwerde der unterlegenen Partei sein kann. Eine Ausnahme von der Vorlagepflicht eines letztinstanzlichen Gerichts besteht nur, wenn die Rechtslage eindeutig oder bereits durch den EuGH geklärt ist.

▶ Fahrlässigkeit

Nach § 276 Abs. 1 S. 1 BGB hat der Schuldner Vorsatz und Fahrlässigkeit zu vertreten, wenn eine strengere oder mildere Haftung weder bestimmt noch aus dem sonstigen Inhalt des Schuldverhältnisses zu entnehmen ist. Fahrlässig handelt, wer die im Verkehr erforderliche Sorgfalt außer Acht lässt (§ 276 Abs. 2 BGB). Bei dieser Beurteilung wird auf einen objektiven Maßstab abgestellt, nicht auf die handelnde Person. Zu unterscheiden sind **(1)** die bewusste Fahrlässigkeit (der Handelnde hat mit der Möglichkeit eines Schadenseintritts gerechnet, aber auf dessen Nichteintritt gehofft) und **(2)** die unbewusste Fahrlässigkeit (der Handelnde hat die Möglichkeit des Schadenseintritts nicht erkannt, obwohl er sie hätte erkennen können). Bei **(3) grober Fahrlässigkeit** hat der Handelnde die im Verkehr erforderliche Sorgfalt in besonderem Maß nicht beachtet. Die Verschuldensform hat Bedeutung für die → *Haftung des Arbeitnehmers.*

▶ Faktisches Arbeitsverhältnis

Von einem faktischen Arbeitsverhältnis spricht man, wenn der Arbeitsvertrag von vornherein rechtsunwirksam oder rückwirkend im Wege der → *Anfechtung* (§ 142 BGB) beseitigt worden ist, aber der AN die Arbeit bereits aufgenommen hat. Von vornherein unwirksam ist ein Arbeitsvertrag, wenn er gegen ein gesetzliches Verbot verstößt. Ist nur ein **Teil** des Arbeitsvertrags **nichtig** (§ 139 BGB), gilt regelmäßig, dass die Parteien den Vertrag auch ohne den nichtigen Teil abgeschlossen hätten. Anstelle des ungültigen Teils des Arbeitsvertrags treten dann die gesetzlichen, tariflichen oder üblichen Bedingungen, zB bei einer verbotenen Höchstarbeitszeit die gesetzliche Arbeitszeit.

Die Gründe, die zur Nichtigkeit oder Anfechtbarkeit eines Vertrags nach den für Verträge geltenden Vorschriften führen, gelten auch für den Arbeitsvertrag. Die Rechtsfolgen der Nichtigkeit (§§ 105, 107, 134 BGB) und der Anfechtbarkeit des Arbeitsvertrags sind jedoch mit Rücksicht auf die Interessen des AN von der Rspr. modifiziert worden. Ist der Arbeitsvertrag nichtig oder rechtswirksam angefochten (§ 142 BGB) und in diesen Fällen noch **nicht in Vollzug** gesetzt, dh noch keine Arbeitsleistung erbracht, bestehen für AN und AG keinerlei Bindungen. Jeder Vertragsteil kann sich auf die Nichtigkeit berufen.

Hat der AN bereits die **Arbeit angetreten,** kann die Nichtigkeit oder Anfechtung des Arbeitsvertrags nicht mehr rückwirkend geltend gemacht werden. Für die Vergangenheit ist vielmehr ein solches **fehlerhaftes Arbeitsverhältnis** bis zur Einstellung der Arbeitsleistung grds. wie ein fehlerfrei zustande gekommenes Arbeitsverhältnis zu behandeln. Eine Rückabwicklung der erbrachten Leistungen kommt regelmäßig nicht in Betracht. Hat der AN gearbeitet, kann er die dafür ursprünglich vereinbarte Vergütung verlangen und auch behalten. Für die Zukunft können sich jedoch die Vertragspartner **ohne** → *Kündigung* von dem Arbeitsverhältnis lösen, weil kein Vertragsverhältnis zustande gekommen ist. Von diesem Grundsatz gibt es eine **Rückausnahme** für den Fall, dass der AN infolge krankheitsbedingter Arbeitsunfähigkeit nicht gearbeitet hat. In diesem Fall liegt der Grund für die Ausnahme von der gesetzlich angeordneten Rückwirkung der Anfechtung, die Rückabwicklungsschwierigkeiten bei Anwendung der bereicherungsrechtlichen Vorschriften, nicht vor, weil keine Arbeitsleistung erbracht worden ist, die nicht zurückgewährt werden kann. Die Anfechtung wirkt in diesen Fällen auf den Zeitpunkt des Beginns der Arbeitsunfähigkeit zurück.

Ausnahmen bestehen auch im Fall eines **besonders schweren Mangels.** Hier führt die Nichtigkeit des Arbeitsverhältnisses zur Rückabwicklung der erbrachten Leistungen nach Bereicherungsrecht. Bei einem Verstoß gegen ein gesetzliches Verbot sind Sinn und Zweck des Verbotsgesetzes maßgebend. So kommt zB bei einer von Anfang an fehlenden Approbation eines Arztes kein „fehlerhaftes Arbeitsverhältnis", sondern nur die rückwirkende Nichtigkeit in Betracht. Durch die strafbare Durchführung des Arbeitsverhältnisses kann keine Heilung für die Vergangenheit eintreten (BAG 3.11.2004 – 5 AZR 592/03).

▶ Familienmitarbeit

Werden Dienste ausschließlich aufgrund familienrechtlicher Verpflichtung geleistet, liegt ein Dienst- oder Arbeitsvertrag zwischen dem Beschäftigten und dem Beschäftigenden nicht vor. Zur familienrechtlichen Mitarbeit können die Ehegatten aufgrund der Beistandspflicht nach § 1353 Abs. 1 BGB ausnahmsweise verpflichtet sein. Für Kinder (auch volljährige), die dem ehelichen Hausstand angehören und von den Eltern erzogen oder unterhalten werden, kann eine Verpflichtung aus § 1619 BGB folgen. Auf die Fälle der familienrechtlichen Beschäftigung findet grds. **Arbeits- und Sozialversicherungsrecht keine Anwendung.** Ausnahmen gelten für einige Vorschriften des Arbeitsschutzrechts (zB §§ 12 ff. HAG).

Dienst- und Arbeitsverträge können auch bei familienrechtlicher Mitarbeit oder sonstiger Arbeitsleistung unter Verwandten (Lebensgefährten) geschlossen werden. Ob neben den familienrechtlichen Beziehungen ein Dienst- bzw. Arbeitsvertrag gewollt ist, richtet sich nach dem Willen der Beteiligten. Fehlt eine ausdrückliche Vereinbarung, sprechen die folgenden Umstände **für ein Arbeitsverhältnis:** **(1)** erhebliche, den familienrechtlichen Umfang überschreitende Arbeitsleistung, **(2)** Zahlung der ortsüblichen oder tariflichen Vergütung, **(3)** Ersatz einer fremden Arbeitskraft, Weisungsgebundenheit des Dienstleistenden, Abführung von Lohnsteuer- und Sozialversicherungsbeiträgen. **Gegen** ein Arbeitsverhältnis kann die Verkehrsanschauung sprechen. Vor allem im Handwerk ist die Mitarbeit des Ehepartners üblich. Jedoch lässt sich infolge der veränderten gesellschaftlichen Verhältnisse keine Vermutung aufstellen, im Zweifel sei nur eine familienrechtliche Mitarbeit gewollt.

▶ Familienpflegezeit

I. Inhalt

Ziel des Familienpflegezeitgesetzes (FPfZG) ist die Verbesserung der Möglichkeiten zur Vereinbarkeit von Beruf und familiärer Pflege (vgl. http://www.wege-zur-pflege.de). AN haben unter bestimmten Voraussetzungen einen **Rechtsanspruch** gegen ihren AG **auf Teilzeitbeschäftigung** für die Dauer von bis zum 24 Monaten zum Zwecke der häuslichen Pflege naher Angehöriger. Die Familienpflegezeit muss an einem Stück in Anspruch genommen werden und kann – anders als eine →*Elternzeit* – nicht auf mehrere Zeitabschnitte verteilt werden. Während der Familienpflegezeit muss die verringerte Arbeitszeit wöchentlich mindestens 15 Stunden betragen. Bei unterschiedlichen wöchentlichen Arbeitszeiten oder einer unterschiedlichen Verteilung der wöchentlichen Arbeitszeit darf diese im Durchschnitt eines Zeitraums von bis zu einem Jahr 15 Stunden nicht unterschreiten (Mindestarbeitszeit). Die wöchentliche Mindestarbeitszeit wurde aus Anlass und für die Dauer der COVID-19-Pandemie – ebenso wie weitere Voraussetzungen der Familienpflegezeit durch Sonderregelungen modifiziert (vgl. §§ 2b, 16 FPfZG).

II. Voraussetzungen

Der Anspruch auf Familienpflegezeit besteht nur gegenüber AG mit in der Regel mehr als 25 Beschäftigten (ausschließlich der zu ihrer Berufsbildung Beschäftigten). Nach dem Gesetzentwurf der Bundesregierung zur weiteren Umsetzung der Richtlinie (EU) 2019/1158 (vgl. BR-Drs. 364/22) sollen allerdings Regelungen für AN eingeführt werden, die in einem Kleinbetrieb Familienpflegezeit beantragen (insbes. eine Pflicht zur begründeten Ablehnung durch den AG). Wer Familienpflegezeit beanspruchen will, muss dies dem AG spätestens acht Wochen vor dem gewünschten Beginn schriftlich ankündigen und gleichzeitig erklären, für welchen Zeitraum und in welchem Umfang innerhalb der Gesamtdauer die Freistellung von der Arbeitsleistung in Anspruch genommen werden soll. Dabei ist auch die gewünschte Verteilung der Arbeitszeit anzugeben. Von der Ankündigung an genießt der oder die Beschäftigte den gleichen Kündigungsschutz wie bei der → *Pflegezeit* (§ 2 Abs. 3 FPfZG iVm § 5 PflegeZG). Die Beschäftigten haben die Pflegebedürftigkeit der oder des nahen Angehörigen durch Vorlage einer Bescheinigung der Pflegekasse oder des → *Medizinischen Dienstes* der Krankenversicherung nachzuweisen (§ 2a Abs. 4 FPfZG). Wird die Familienpflegezeit nach einer Freistellung nach § 3 Abs. 1 oder Abs. 5 PflegeZG zur Pflege oder Betreuung desselben pflegebedürftigen Angehörigen in Anspruch genommen, muss sich die Familienpflegezeit unmittelbar an die Freistellung nach dem PflegeZG anschließen. In diesem Fall soll die oder der Beschäftigte möglichst frühzeitig erklären, ob sie oder er Familienpflegezeit in Anspruch nehmen wird; die Ankündigung muss spätestens drei Monate vor Beginn der Familienpflegezeit erfolgen. AG und Beschäftigte haben über die Verringerung und Verteilung der Arbeitszeit eine **schriftliche Vereinbarung** zu treffen. Hierbei hat der AG den Wünschen der Beschäftigten zu entsprechen, es sei denn, dass dringende betriebliche Gründe entgegenstehen.

III. Förderung

Für die Dauer der Familienpflegezeit und der → *Pflegezeit* gewährt das Bundesamt für Familie und zivilgesellschaftliche Aufgaben (BAFzA) Beschäftigten auf Antrag ein in monatlichen Raten zu zahlendes **zinsloses Darlehen** nach Maßgabe des § 3 FPfZG. Die monatlichen Darlehensraten werden in Höhe der Hälfte der Differenz zwischen den pauschalierten monatlichen Nettoentgelten vor und während der (Familien-)Pflegezeit gewährt. Der AG hat dem BAFzA für bei ihm Beschäftigte den Arbeitsumfang sowie das Arbeitsentgelt vor der Freistellung nach § 3 FPfZG zu bescheinigen, soweit dies zum Nachweis des Einkommens aus Erwerbstätigkeit oder der wöchentlichen Arbeitszeit der die Förderung beantragenden Beschäftigten erforderlich ist. Das BMFSFJ stellt im Internet unter http://www.wege-zur-pflege.de/familienpflegezeit/rechner.html einen Familienpflegezeit-Rechner zur Verfügung. Hierbei handelt es sich um eine Berechnungshilfe, um Beschäftigten eine erste, auf ihre persönliche Lebens- und Einkommenssituation abgestimmte, Orientierung zu geben. Im Anschluss an die Freistellung ist das Darlehen nach § 6 FPfZG innerhalb von 48 Monaten nach Beginn der Freistellung zurückzuzahlen, und zwar in möglichst gleichbleibenden monatlichen Raten. Das Gesetz enthält auch eine Härtefallregelung. Das BAFzA kann auf Antrag die Rückzahlung des Darlehens stunden, die Fälligkeit also hinausschieben, um eine besondere Härte für die Beschäftigten zu vermeiden. Darüber hinaus gibt es die Möglichkeit eines teilweisen Darlehenserlasses oder eines Erlöschens der Darlehensschuld. *(OKK)*

▶ Fehlgegangene Vergütungserwartung

Vielfach erbringen sich Personen in eheähnlichen, verwandtschaftlichen oder ähnlichen Verhältnissen wechselseitig Arbeitsleistungen, ohne dass eine Arbeitsvergütung vereinbart wurde. Nach der Beendigung dieser Rechtsbeziehungen oder im Falle von Streitigkeiten kommt es zu Auseinandersetzungen über die Vergütungspflicht der Arbeit und die angemessene Vergütungshöhe. Ein Vergütungs- oder Nachzahlungsanspruch auf Vergütung ist gegeben, wenn **(1)** aufgrund arbeitsvertraglicher Beziehungen – und in Form einer schlüssigen Vertragsvereinbarung oder eines → *faktischen Arbeitsverhältnisses* – die Erwartung besteht, dass durch eine in Zukunft erfolgende Übergabe eines Vermögens oder Vermögensbestandteils die in der Vergangenheit geleisteten Dienste abgegolten werden sollen, **(2)** für die geleisteten Dienste entweder keine oder doch nur deutlich unterwertige Bezahlung erfolgt ist und **(3)** ein unmittelbarer Zusammenhang zwischen der unterwertigen oder fehlenden Zahlung und der Erwartung gegeben ist.

Eine für die Anwendung von § 612 BGB ausreichende Vergütungserwartung ist bereits dann gegeben, wenn der AN in einer dem Dienstberechtigten erkennbaren Erwartung späterer Vergütung arbeitet und dieser die Dienste gleichwohl entgegennimmt; eine sichere Aussicht späterer Vergütung ist nicht Voraussetzung. Bei der Beurteilung, ob eine deutlich unterwertige Vergütung erfolgt ist, kann nicht allein auf den Vergleich zwischen der gezahlten und der üblichen Vergütung abgestellt werden, vielmehr sind alle Umstände des Einzelfalls zu berücksichtigen. Hierzu gehört insbesondere die Leistungsfähigkeit des Dienstgebers. Der unmittelbarere Zusammenhang zwischen der fehlenden oder unterwertigen Entgeltzahlung und der Erwartung liegt vor, wenn die Arbeitsleistung ohne die Vergütungserwartung **nicht oder jedenfalls nicht in dem Umfang erfolgt wäre.** Anspruchsgrundlage für den Zahlungsanspruch ist § 611 Abs. 1 BGB iVm § 612 BGB, weil die erbrachte Arbeitsleistung zu vergüten ist. Grundlage hierfür ist ein bestehender Arbeitsvertrag, bei dem lediglich eine fehlgeschlagene Vergütungsvereinbarung durch § 612 BGB ersetzt wird. Der Anspruch **verjährt** wie jeder andere Anspruch auf Arbeitslohn nach drei Jahren (§ 195 BGB); die Verjährungsfrist beginnt gem. § 199 Abs. 1 BGB mit dem Schluss des Jahres zu laufen, in dem nach Fehlschlagen der Vergütungserwartung hätte abgerechnet werden müssen.

▶ Feiertage

Es sind drei Rechtsfragen zu unterscheiden: **(1)** welche Tage Feiertage sind; **(2)** in welchem Umfang die AN an Feiertagen zur Arbeit verpflichtet sind; **(3)** in welchem Umfang AN die Fortzahlung ihrer Arbeitsvergütung verlangen können, wenn die Arbeit infolge eines Feiertags ausfällt.

I. Feiertagsruhe

1. Feiertage

Welche Tage Feiertage sind, ergibt sich mit Ausnahme des 3. Oktober aus den jeweiligen landesrechtlichen Regelungen (dtv Bd. 5006, Arbeitsgesetze, Nr. 18 b).

2. Beschäftigungsverbot

AN dürfen an Sonn- und gesetzlichen Feiertagen von 0 bis 24 Uhr nicht beschäftigt werden (§ 9 ArbZG). In mehrschichtigen Betrieben mit regelmäßiger Tag- und Nachtschicht kann Beginn oder Ende der Sonn- und Feiertagsruhe um bis zu sechs Stunden vor- oder zurückverlegt werden, wenn für die auf den Beginn der Ruhezeit fallenden 24 Stunden der Betrieb ruht (§ 9 Abs. 2 ArbZG). Weitere Besonderheiten gelten für Kraftfahrer (§ 9 Abs. 3 ArbZG).

3. Ausnahmen

Die gesetzlichen Ausnahmen vom Beschäftigungsverbot an Sonn- und Feiertagen sind in 16 Ausnahmetatbeständen zusammengefasst (§ 10 ArbZG). Nach § 13 ArbZG wird die BReg. ermächtigt, durch RechtsVO mit Zustimmung des BRats zur Vermeidung erheblicher Schäden unter Berücksichtigung des Schutzes der AN und der Sonn- und Feiertagsruhe die Bereiche mit Sonn- und Feiertagsbeschäftigung sowie die dort zugelassenen Arbeiten näher zu bestimmen und weitere Ausnahmen zuzulassen. Die Aufsichtsbehörde kann in zwei Fällen Ausnahmen vom Beschäftigungsverbot an Sonn- und Feiertagen zulassen. (**a**) Nach § 13 Abs. 4 ArbZG soll die Aufsichtsbehörde Abweichungen vom Beschäftigungsverbot bewilligen, wenn diese aus chemischen, biologischen, technischen oder physikalischen Gründen einen ununterbrochenen Fortgang auch an Sonn- und Feiertagen erfordern. (**b**) Nach § 13 Abs. 5 ArbZG hat die Aufsichtsbehörde unter folgenden Voraussetzungen Ausnahmen zu bewilligen: (**aa**) Das antragstellende Unternehmen die gesetzlich zulässigen wöchentlichen Betriebszeiten von 144 Stunden weitgehend ausnutzt; (**bb**) ausländische Konkurrenten des Unternehmens produzieren mehr als 144 Stunden in der Woche; (**cc**) die Konkurrenzfähigkeit des Unternehmens ist unter Berücksichtigung der verfassungsmäßig garantierten Sonn- und Feiertagsruhe unzumutbar beeinträchtigt und (**dd**) ohne die Genehmigung von Sonn- und Feiertagsarbeit gehen Arbeitsplätze verloren.

II. Feiertagsbezahlung

Ob ein AN Anspruch auf Vergütungsfortzahlung hat, wenn die Arbeit infolge eines Feiertags ausfällt, ergibt sich aus dem Entgeltfortzahlungsgesetz vom 26.5.1994 (BGBl. I 1014). Nach § 2 EFZG hat der AG dem AN die Arbeitsvergütung zu zahlen, die der AN verdient hätte, wenn die Arbeit nicht infolge des Feiertags, der auch auf einen Sonntag fallen kann, ausgefallen wäre. Der AN ist für den Ausfall wegen des Feiertags darlegungs- und beweispflichtig. Bei Akkord- oder Provisionsvergütung ist der Durchschnittsverdienst zu zahlen. Entsprechendes gilt, wenn die Arbeit je nach wechselndem Bedarf geleistet wird oder der AN Mehrarbeit geleistet hätte. Bei flexibler Arbeitszeit haben AN Anspruch in Höhe der tatsächlich ausfallenden Arbeitszeit. Fällt ein gesetzlicher Feiertag in den Krankheitszeitraum, hat der AN für den Feiertag Anspruch auf → *Entgeltfortzahlung im Krankheitsfall.* Zur Feiertagsvergütung kann auch die Nahauslösung gehören, wenn sie Lohncharakter hat. Ist Kurzarbeit eingeführt und bezieht der AN an anderen Tagen → *Kurzarbeitergeld,* gilt die ausfallende Arbeitszeit als aufgrund der Feiertage ausgefallen; der AG muss dann nur die Vergütung in Höhe des Kurzarbeitergelds weiterzahlen. Hat ein teilzeitbeschäftigter AN nach seinem Arbeitsvertrag regelmäßig am langen Samstag zu arbeiten und fällt ein langer Samstag auf einen gesetzlichen Feiertag, besteht auch dann ein Anspruch auf Feiertagsvergütung für den gesetzlichen Feiertag, wenn der AN am folgenden langen Samstag arbeiten muss. Wird in einem Betrieb an einem Wochenfeiertag eingeschränkt gearbeitet, hängt der Anspruch davon ab, welche AN wegen des Feiertags nicht arbeiten. Eine dienstplanmäßige Freistellung schließt den Anspruch aus. Eine Pauschalierung der Feiertagsvergütung ist zulässig; jedoch muss der Zuschlag erkennen lassen, dass er geeignet ist, den gesetzlichen Anspruch zu erfüllen. Geleistete Feiertagsarbeit führt nicht ohne Weiteres zur Überarbeit, wenn in der betreffenden Kalenderwoche die regelmäßige tarifliche Arbeitszeit nicht überschritten wird. Ein Anspruch auf Zuschläge bei Arbeit an einem Feiertag besteht nur, wenn dies vertraglich oder im TV so vorgesehen ist. Gesetzlich ist ein besonderer **Feiertagszuschlag** nicht vorgesehen.

Der **Anspruch auf Feiertagsbezahlung ist ausgeschlossen,** wenn der AN am letzten Tag vor oder am ersten Arbeitstag nach dem Feiertag unentschuldigt der Arbeit fernbleibt; versäumt er nur einen Teil der Arbeitszeit, entfällt der Anspruch, wenn er nicht wenigstens die Hälfte der für den Arbeitstag maßgebenden Arbeitszeit geleistet hat. Dabei braucht die Fehlzeit nicht in unmittelbarem Zusammenhang mit dem Feiertag zu stehen. Die infolge des Feiertags ausfallende Arbeitszeit kann vor- oder nachgearbeitet werden, dies wirkt sich auf die Feiertagsvergütung nicht aus; die Vor- und Nacharbeit ist jedoch idR keine Mehrarbeit. Erklärt eine → *Gewerkschaft* die Aussetzung eines **Streiks** lediglich an einem Feiertag, besteht kein Anspruch auf Feiertagsvergütung. Die Streikbeendigung vor einem Feiertag muss ausdrücklich erklärt werden.

▶ Firmentarifvertrag

So heißt ein → *Tarifvertrag,* der auf AGseite nur von einem einzelnen AG (Unternehmen) abgeschlossen wird.

▶ Flash-Mob

Zu den Arbeitskampfmitteln der ANseite (→ *Arbeitskampf*) gehören auch sog. Flash-Mob-Aktionen („blitzschnelle Mobilisierung"). Mit Hilfe des Internet oder innerbetrieblicher elektronischer Kommunikation werden kurzfristig Betriebsablaufstörungen als Teil einer Tarifauseinandersetzung organisiert. Dazu ist es bisher vereinzelt im Einzelhandel gekommen. ZB haben von der zuständigen Gewerkschaft über moderne Medien zur Durchsetzung der Tarifforderungen aufgerufene Mitarbeiter und Dritte gleichzeitig für einen überschaubaren Zeitraum ihre Einkaufswagen mit zahlreichen billigen und nicht verderblichen Artikeln beladen und im Verkaufsbereich stehen lassen. Das BAG hat eine derartige Aktion als zulässig angesehen (BAG 22.9.2009 – 1 AZR 972/08). Für den betreffenden Einzelfall hat das BVerfG diese Rspr. nicht beanstandet (BVerfG 26.3.2014 – 1 BvR 3185/09). *(KB)*

▶ Fließarbeit

Es ist eine örtlich fortschreitende, zeitlich bestimmte, lückenlose Folge von Arbeitsvorgängen, wobei nicht notwendig ein laufendes Band zur Beförderung der Werkstücke von Arbeitsvorgang zu Arbeitsvorgang vorhanden sein muss. Die Beschäftigung von Schwangeren und stillenden Frauen (§ 11 Abs. 6 Nr. 2, § 12 Abs. 5 Nr. 2 MuSchG; → *Mutterschutz*) und Jugendlichen mit Fließarbeit ist unzulässig (§ 23 Abs. 1 JArbSchG; → *Jugendarbeitsschutz*).

▶ Fortbildung

Eine Fortbildung (§ 1 Abs. 4, §§ 53 ff. BBiG) dient der Anpassung vorhandener beruflicher Kenntnisse an den technischen Wandel und an die Veränderungen der Arbeitsumwelt. Von der Berufsausbildung unterscheidet sich die berufliche Fortbildung dadurch, dass sie grds. eine Berufsausbildung voraussetzt (BAG 25.1.2022 – 9 AZR 144/21). Keine Fortbildung sind die Einweisung in ein bestimmtes Arbeitsgebiet oder Anweisungen für die Erledigung einer Arbeitsaufgabe, die innerhalb der Arbeitszeit stattfinden müssen und von der Vergütungspflicht des AG erfasst werden. Ein gesetzlicher **Anspruch** des AN auf eine Fortbildung während eines bestehenden Arbeitsverhältnisses besteht nicht, er folgt trotz der missverständlichen Überschrift nicht aus § 111 Abs. 1 GewO. Die Vorschrift bestimmt nur, dass dem AN die **Kosten für eine Fortbildung** nicht auferlegt werden dürfen, wenn der AG durch Gesetz oder aufgrund eines Gesetzes oder durch Kollektivregelungen verpflichtet ist, dem AN eine für die Erbringung der Arbeitsleistung erforderliche Fortbildung anzubieten (→ *Ausbildungskosten*). § 111 Abs. 2 GewO stellt klar, dass solche Fortbildungen während der regelmäßigen → *Arbeitszeit* durchgeführt werden sollen oder – sofern sie außerhalb der regelmäßigen Arbeitszeit durchgeführt werden müssen – als Arbeitszeit gelten. Ebenso ist der AG auch nicht als Nebenpflicht aus dem Arbeitsvertrag (§ 241 Abs. 2 BGB) zum Angebot von Fortbildungsmaßnahmen verpflichtet. Eine Fortbildung muss dementsprechend entweder vertraglich zwischen AG und AN, in einem TV, BV, DV oder einer kirchenrechtlichen Regelung vereinbart werden. Bei der Vereinbarung über die Durchführung und Ausgestaltung von Fortbildungen kann der **Betriebsrat** nach §§ 96 ff. BetrVG zu beteiligen sein (→ *Betriebsrat (Beteiligung)*).

▶ Fortsetzungskrankheit

→ *Entgeltfortzahlung im Krankheitsfall*

▶ Fragerecht des Arbeitgebers

I. Einstellungsfragebogen

Dem AN wird vor der Begründung des Arbeitsverhältnisses vom AG vielfach ein Einstellungsfragebogen vorgelegt. Dieser bedarf der Zustimmung des → *Betriebsrats.* Das gilt auch dann, wenn der AG die Fragen mündlich stellt und die Antworten notiert. Kommt eine Einigung zwischen BR und AG nicht zustande, entscheidet die → *Einigungsstelle* verbindlich. Der Spruch der Einigungsstelle ersetzt die Einigung zwischen AG und BR (§ 94 BetrVG).

II. Inhalt des Fragerechts

Der AG ist berechtigt, dem AN vor der Einstellung Fragen zu stellen, an deren wahrheitsgemäßer Beantwortung der AG ein **berechtigtes, billigenswertes und schutzwürdiges Interesse** hat. Dieses Interesse muss objektiv so stark sein, dass dahinter das Interesse des AN, seine persönlichen Lebensumstände zum Schutz seines → *Persönlichkeitsrechts* und zur Sicherung der Unverletzlichkeit seiner Individualsphäre geheim zu halten, zurückzutreten hat. Die Beantwortung der Fragen muss für den angestrebten Arbeitsplatz und die zu verrichtende Tätigkeit selbst von Bedeutung sein. Je weniger die Frage mit der beabsichtigten Tätigkeit in Zusammenhang steht und je mehr sie die Person selbst ausforscht, desto eher ist sie als unzulässig einzustufen. Das Fragerecht des AG wird nicht nur durch Art. 2 Abs. 1 GG eingeschränkt, sondern auch durch die Bestimmungen des AGG (→ *Allgemeines Gleichbehandlungsgesetz*). An der wahrheitsgemäßen Beantwortung von Fragen, die eine unmittelbare oder mittelbare Benachteiligung wegen der in § 1 AGG genannten Merkmale zur Folge haben können, besteht kein „berechtigtes" Interesse. Diese Einschränkungen des Fragerechts entsprechen den Anforderungen des § 26 BDSG (→ *Datenschutz*).

Auf eine unzulässige Frage braucht der AN nicht wahrheitsgemäß zu antworten. Die wahrheitswidrige Beantwortung einer unzulässigen Frage löst weder ein Anfechtungsrecht des AG nach §§ 119, 123 BGB aus (→ *Anfechtung*), noch berechtigt sie den AG zur → *verhaltensbedingten Kündigung.* Der AN hat insoweit faktisch ein **„Recht zur Lüge"**.

III. Zulässige Fragen

Diese können gerichtet sein auf das Lebensalter, einen Aufenthaltstitel für die Beschäftigungsaufnahme, einschlägige → *Vorstrafen* und → *Wettbewerbsverbote*.

Strikt tätigkeitsbezogene Fragen können zulässig sein in Bezug auf eine Alkohol- und Drogenabhängigkeit, den Krankheitszustand („Liegt eine Krankheit bzw. eine Beeinträchtigung des Gesundheitszustands vor, durch die die Eignung für die vorgesehene Tätigkeit auf Dauer oder in periodisch wiederkehrenden Abständen eingeschränkt ist? Liegen ansteckende Krankheiten vor, die zwar nicht die Leistungsfähigkeit beeinträchtigen, jedoch die zukünftigen Kollegen oder Kunden gefährden? Ist zum Zeitpunkt des Dienstantritts bzw. in absehbarer Zeit mit einer Arbeitsunfähigkeit zu rechnen, zB durch eine geplante Operation, eine bewilligte Kur oder auch durch eine zurzeit bestehende akute Erkrankung?") und einschlägige Vorstrafen.

Unzulässig ist insbesondere die Frage nach der **Schwangerschaft,** weil diese eine Benachteiligung wegen des Geschlechts darstellt (BAG 6.2.2003 – 2 AZR 621/01). Das gilt auch dann, wenn die Frau zu Beginn des Arbeitsverhältnisses wegen eines gesetzlichen Beschäftigungsverbots nicht beschäftigt werden kann. Ebenso sind bei der Begründung des Arbeitsverhältnisses unzulässig Fragen nach einer bestehenden Behinderung oder Schwerbehinderung, der Familienplanung und dem Familienstand, der Gewerkschaftszugehörigkeit, dem Bestehen von Lohnpfändungen, der Mitgliedschaft in einer politischen Partei (Ausnahme: bei der Anstellung bei einer politischen Partei), der Rauchereigenschaft, der Religionszugehörigkeit (Ausnahme: bei der Anstellung bei einer Religionsgemeinschaft und in → *Tendenzbetrieben*), dem Vorverdienst, Vermögensverhältnissen und gegenwärtigen strafrechtlichen Ermittlungsverfahren, zum Fragerecht des AG während einer Pandemie → *Corona.*

▶ Franchise

Der Begriff „Franchise" stammt aus der französischen Rechtssprache und bedeutete die Belehnung mit den Regalien. Der Franchise-Vertrag ist ein Vertrag zur Begründung eines Dauerschuldverhältnisses, aufgrund dessen der Franchisegeber dem Franchisenehmer gegen Entgelt das Recht gewährt, bestimmte Waren- und/oder Dienstleistungen unter Verwendung von Namen, Warenzeichen, Ausstattung oder sonstigen Schutzrechten sowie der technischen und gewerblichen Erfahrungen des Franchisegebers und unter Beachtung seiner Organisation zu vertreiben. Der Franchisegeber ist dem Franchisenehmer gegenüber zu Beistand, Rat und Schulungen verpflichtet sowie zu einer Kontrolle über den Geschäftsbetrieb berechtigt. Der Franchisenehmer schuldet dagegen regelmäßig einen Prozentsatz seines Erlöses als Vergütung. Charakteristisch für den Franchisevertrag ist, dass der Franchisenehmer rechtlich selbständig ist. Gleichwohl können die Bindungen so stark werden, dass typologisch die Schwelle zum AN überschritten wird. Sog. abhängige Selbständige (Unterfrachtführer), die vertraglich in ihrer Berufsausübung so stark eingeschränkt sind, dass sie weitgehend dem Berufsbild eines abhängig beschäftigten Kraftfahrers entsprechen, sind sozialversicherungsrechtlich Beschäftigte iSv § 7 SGB IV. Franchisenehmer sind vielfach → *arbeitnehmerähnliche Personen.*

▶ Freie Mitarbeiter

Dies sind Personen, die nicht im Rahmen eines festen, dauernden Beschäftigungsverhältnisses, sondern aufgrund einzelner, meist nicht unmittelbar aufeinander folgender Aufträge tätig werden, deren Übernahme dem freien Mitarbeiter einerseits freigestellt ist, auf die andererseits aber auch kein Rechtsanspruch besteht. Freie Mitarbeiter sind keine → *Arbeitnehmer,* sondern vielfach → *arbeitnehmerähnliche Personen.* Arbeitsrechtliche Normen finden keine Anwendung auf freie Mitarbeiter. Nach § 12a TVG können für freie Mitarbeiter → *Tarifverträge* abgeschlossen werden. Ob freie Mitarbeiter sozialversicherungspflichtig sind, richtet sich danach, ob sie in einem → *Beschäftigungsverhältnis* zu ihrem Auftraggeber stehen. Auf freie Mitarbeiter findet Arbeitsrecht ansonsten keine Anwendung.

▶ Freistellung des Arbeitnehmers

Hierbei handelt es sich um die einseitige Aufhebung des → *Beschäftigungsanspruchs* des AN und damit der Arbeitspflicht durch den AG aufgrund seines → *Direktionsrechts* ohne Auflösung des Arbeitsverhältnisses. Sie geht zumeist einer → *außerordentlichen Kündigung* voraus oder greift für die Kündigungsfrist, wenn der AN in den Verdacht gerät, für sie einen Grund gesetzt zu haben. Die Freistellung ist nur zulässig, wenn die Beschäftigung des AN und seine Anwesenheit im Betrieb zu einer Gefährdung der Interessen des AG führt. Der AN kann gegen seine Freistellung eine auf Beschäftigung gerichtete einstweilige Verfügung beim ArbG beantragen oder uU selbst außerordentlich kündigen. Eine an keine Voraussetzungen geknüpfte Möglichkeit zur Freistellung in AGB ist idR unzulässig, da sie den AN unangemessen benachteiligt (§ 307 BGB). Ein Bademeister wird durch die in seinem unbefristeten Arbeitsvertrag getroffene Vereinbarung über die Begrenzung der Beschäftigungs- und Vergütungspflicht auf die Freibadsaison in der Zeit von April bis Oktober nicht unangemessen benachteiligt, wenn der AG bei Abschluss des Arbeitsvertrags davon ausgehen durfte, den AN außerhalb der Saison nicht beschäftigen zu können (BAG 19.11.2019 – 7 AZR 582/17). Ob eine Arbeitsfreistellung für die Dauer der → *Kündigungsfrist* in einem Arbeitsvertrag vereinbart werden kann, ist noch nicht geklärt. Beim Vorliegen eines sachlichen Grundes dürfte dies zulässig sein. Während der Freistellung ist der AG grds. zur Zahlung der Arbeitsvergütung verpflichtet, der AN muss sich allerdings den erzielten Zwischenverdienst anrechnen lassen und den Verdienst für die Tätigkeit, deren Ausübung ihm zumutbar gewesen wäre (§ 615 S. 2 BGB, § 11 KSchG). Eine Arbeitsfreistellung kann vom AG nicht nachträglich als Urlaub „verrechnet" werden, es sei denn, dass der AG den AN unwiderruflich unter Anrechnung von Urlaub freigestellt hat. *(SR)*

▶ Fund

Der Finder einer verlorenen Sache erwirbt mit dem Ablauf von sechs Monaten seit Anzeige des Funds bei der zuständigen Behörde Eigentum an der Sache, es sei denn, dass vorher ein Empfangsberechtigter dem Finder bekannt geworden ist oder seine Rechte bei der Behörde angemeldet hat (§ 973 Abs. 1 BGB). Die Frist beginnt mit dem Zeitpunkt des Fundes, wenn die Sache nicht mehr als zehn EUR wert ist (§ 973 Abs. 2 S. 1 BGB). Der Finder erwirbt das Eigentum nicht, wenn er den Fund auf Nachfrage verheimlicht. Hat der AN in Ausführung seiner Arbeit eine Sache gefunden, wird er Besitzdiener und der AG unmittelbarer Besitzer. Der Eigentumserwerb tritt daher zugunsten des AG ein.

► Fürsorgepflicht

I. Begriff

Der Arbeitsvertrag ist ein gegenseitiger Austauschvertrag, bei dem Arbeit gegen Entgelt geschuldet wird, in dem aber die gesteigerten wechselseitigen Nebenpflichten (§ 241 Abs. 2 BGB) bestehen. Die des AN werden Treuepflichten (→ *Treuepflicht (Nebenpflichten des Arbeitnehmers)*), die des AG Fürsorgepflichten genannt. Diese begründen keine selbstständigen sozialen Ansprüche zu seinen Gunsten, sondern gestalten die Pflichten des AG näher aus. Sie hindern den AG indes nicht, seine Interessen mit gesetzlich zulässigen Mitteln wahrzunehmen, etwa → *Betriebsänderungen* vorzunehmen, auch wenn dadurch → *Kündigungen* notwendig werden, oder → *Kurzarbeit* einzuführen, auch wenn dies eine Verdienstminderung beim AN zur Folge hat. Der AG hat das → *Persönlichkeitsrecht* des AN (Art. 2 Abs. 1 GG) zu wahren und auf die Glaubens- und Gewissensfreiheit des AN (Art. 4 GG) Rücksicht zu nehmen, auch akademische Grade seiner AN zu respektieren und dem Ehrenschutz Rechnung zu tragen. Die Pflichtenstellung kann auch Einrichtungen obliegen, die für den AG Leistungen erbringen (zB einer Urlaubskasse). Sie entfaltet ferner Rechtspflichten für den AG vor Begründung des Arbeitsverhältnisses (→ *Vorvertragliche Pflichten*).

II. Gesetzliche Fürsorgepflichten

Nach §§ 617, 618 BGB, § 62 HGB ist der AG verpflichtet, Räume, Vorrichtungen und Gerätschaften, die er zur Verrichtung der Dienste zu beschaffen hat, einzurichten und zu unterhalten, dass der AN **gegen Gefahren für Leben und Gesundheit** soweit geschützt ist, wie die Natur des Betriebs und der Arbeit es gestatten. Ferner hat er die Arbeitsleistungen so zu regeln, dass der AN in gleichem Umfang geschützt ist (→ *Arbeitsschutz*). Er hat die dem AN nach den Unfallverhütungsvorschriften vorgeschriebenen Sicherheitseinrichtungen zur Verfügung zu stellen; dazu gehören zB Sicherheitsschuhe. Ist → *Arbeitskleidung* zur Verfügung gestellt, muss der AG sie auch reinigen lassen. Ist der AN in die häusliche Gemeinschaft aufgenommen, hat der AG die Wohn- und Schlafräume, Verpflegung sowie Arbeits- und Erholungszeiten so auszugestalten, wie es mit Rücksicht auf die Gesundheit, Sittlichkeit und Religion des AN erforderlich ist (§ 618 Abs. 2 BGB, § 62 Abs. 2 HGB). Soweit der AG selbst oder durch einen Dritten seinen gewerblichen AN Gemeinschaftsunterkünfte überlässt, hat er dafür zu sorgen, dass sie so beschaffen, ausgestattet, belegt und benutzt werden, dass die Gesundheit des AN nicht beeinträchtigt wird (§ 3a ArbStättV). Bei dauernden Dienstverhältnissen hat er im Falle der Erkrankung für die Dauer von 6 Wochen für Verpflegung und ärztl. Behandlung zu sorgen (§ 617 Abs. 1 BGB). Dies gilt jedoch dann nicht, wenn der AN die Erkrankung selbst vorsätzlich oder grob fahrlässig herbeigeführt hat oder wenn für die Verpflegung und ärztliche Behandlung durch öffentliche oder private Versicherung oder durch eine Einrichtung der öffentlichen Krankenpflege Vorsorge getroffen ist (§ 617 BGB). Für → *Arbeitsunfälle* gelten weitgehend Sonderregelungen.

III. Allgemeine Fürsorgepflicht

Der Inhalt der allgemeinen Fürsorgepflicht kann nicht abstrakt umschrieben werden. Er hängt stets von den Umständen des Einzelfalls ab und ändert sich gelegentlich auch mit den sozialpolitischen Anschauungen. Jedenfalls entstehen aus ihr Schutz-, Sorgfalts- und Auskunftspflichten.

Der AG hat für das Eigentum des AN zu sorgen (→ *eingebrachte Sachen*) und öffentlich-rechtliche Arbeitnehmerschutzbestimmungen einzuhalten (→ *Arbeitsschutz*). Aufgrund der Fürsorgepflicht ist der AG zur Beachtung der **sozialversicherungsrechtlichen Vorschriften,** Abführung der Beiträge und zur korrekten Zahlung der Arbeitsvergütung verpflichtet und hat im Zweifel eine genaue → *Abrechnung* zu erteilen.

Aus der Fürsorgepflicht ergeben sich **Hinweis- und Aufklärungspflichten.** Grds. hat der AG zwar keine allgemeine Pflicht, die Vermögensinteressen des AN wahrzunehmen. Er hat jedoch unaufgefordert über alle Umstände zu informieren, die dem AN unbekannt, aber für Entscheidungen im Zusammenhang mit der Durchführung des Arbeitsvertrags erheblich sind. Aufklärungs- und Hinweispflichten des AG sind regelmäßig das Ergebnis einer umfassenden Interessenabwägung. Zwar ist der AN regelmäßig gehalten, sich über die für seine Rechtsstellung bedeutsamen Umstände selbst Klarheit zu verschaffen. Ist ihm dies nicht oder nur unter besonderen Schwierigkeiten möglich oder ist die ihm unbekannte Tatsache von besonderer Bedeutung, kann eine Pflichtenstellung des AG entstehen. Wie groß das Informationsbedürfnis des AN ist, hängt insbesondere von der Schwierigkeit der Rechtsmaterie sowie dem Ausmaß der drohenden Nachteile und deren Voraussehbarkeit ab. Der AG muss nicht auf sämtliche für den Zweck des Arbeitsverhältnisses bedeutsamen Umstände, sondern nur auf besondere atypische Risiken für den AN hinweisen, da er im Allgemeinen nicht ohne das Vorliegen besonderer Umstände von einem Informationsbedürfnis des AN ausgehen muss. Eine allgemeine Belehrungs- und Hinweispflicht des AG auf die Möglichkeit der Inanspruchnahme von arbeitsrechtlichen oder steuer- bzw. sozialversicherungsrechtlichen Leistungen besteht nicht. Der AG ist insbesondere nicht zur Auskunft über sozialversicherungsrechtliche Ansprüche des AN (zB auf → *Arbeitslosengeld I*) verpflichtet. Gibt er dem AN auf dessen Frage dennoch Auskunft, kann eine Falschbeantwortung der Frage den AG zum Schadensersatz verpflichten.

Nach Beendigung des Arbeitsverhältnisses hat der AG über den AN auf Verlangen an dritte AG Auskunft zu erteilen. Wenngleich die Auskunft wie ein → *Zeugnis* wahr sein muss, gilt aber im Übrigen der allgemeine Grundsatz, dass der AG alles zu vermeiden hat, durch das der AN geschädigt werden könnte. Schließlich trifft den AG die Pflicht, dem AN einen Kunden zu benennen, der ihn eines Diebstahls bezichtigt hat.

IV. Sanktionen

Der AN hat bei Verletzungen der Fürsorgepflicht grds. einen Erfüllungs- bzw. Unterlassungsanspruch gegen den AG. Daneben ist er berechtigt, ein → *Zurückbehaltungsrecht* hinsichtlich seiner Arbeitspflicht geltend zu machen. Eine Ausnahme gilt bei nur geringfügigen oder kurzzeitigen Verstößen. Verletzt der AG die ihm obliegende Fürsorgepflicht, ist er nach § 280 Abs. 1 BGB zum Schadensersatz verpflichtet, wenn die Pflichtverletzung schuldhaft erfolgt ist; das Verschulden eines Erfüllungsgehilfen wird nach § 278 BGB zugerechnet. Der Umfang des Schadensersatzanspruchs richtet sich nach §§ 249 ff. BGB. Nach der Neufassung des § 253 Abs. 2 BGB kann der AN grds. auch einen Ausgleich für immaterielle Schäden (→ *Schmerzensgeld*) verlangen.

G

▶ Gefährdungsbeurteilung

Nach § 5 Abs. 1 ArbSchG hat der AG durch eine Beurteilung der für die Beschäftigten mit ihrer Arbeit verbundenen Gefährdungen zu ermitteln, welche Maßnahmen des → *Arbeitsschutzes* erforderlich sind. Die Gefährdungsbeurteilung ist ein **zentrales Element des betrieblichen Gesundheitsschutzes,** da mit ihrer Hilfe die Gefährdungen ermittelt werden sollen, denen der AG durch entsprechende Maßnahmen zu begegnen hat. Die Gefährdungsbeurteilung ist je nach Art der Tätigkeiten vorzunehmen; bei gleichartigen Arbeitsbedingungen ist die Beurteilung eines Arbeitsplatzes oder einer Tätigkeit ausreichend (§ 5 Abs. 2 ArbSchG). Eine Gefährdung für die Beschäftigten kann sich aus vielerlei Umständen ergeben. Das Gesetz nennt beispielhaft die Gestaltung und die Einrichtung der Arbeitsstätte und des Arbeitsplatzes, physikalische, chemische und biologische Einwirkungen, die Gestaltung, die Auswahl und den Einsatz von Arbeitsmitteln – insbesondere von Arbeitsstoffen, Maschinen, Geräten und Anlagen – sowie den Umgang damit, die Gestaltung von Arbeits- und Fertigungsverfahren, Arbeitsabläufen und Arbeitszeit und deren Zusammenwirken sowie die unzureichende Qualifikation und Unterweisung der Beschäftigten. Dem AN steht nach § 5 Abs. 1 ArbSchG iVm § 618 BGB ein Anspruch auf Beurteilung der mit seiner Beschäftigung verbundenen Gefährdungen zu. Da das ArbSchG keine zwingenden Vorgaben macht, wie eine Gefährdungsbeurteilung durchzuführen ist, kann er aber keine Gefährdungsbeurteilung nach von ihm vorgegebenen Kriterien verlangen (BAG 12.8.2008 – 9 AZR 1117/06). Der AG verfügt vielmehr insoweit über einen Gestaltungspielraum, bei dessen Ausfüllung der BR nach § 87 Abs. 1 Nr. 7 BetrVG mitzubestimmen hat (BAG 13.8.2019 – 1 ABR 6/18). *(MA)*

▶ Gehalt

→ *Arbeitsvergütung*

▶ Geheimhaltungspflicht

→ *Treuepflicht (Nebenpflichten des Arbeitnehmers)*

▶ Gemeinsame Einrichtungen

Das Gesetz (§ 4 Abs. 2 TVG) versteht unter gemeinsamen Einrichtungen von den **Tarifvertragsparteien geschaffene** und von ihnen abhängige **Organisationen.** Ihre Zwecke und ihre – paritätische – Organisationsstruktur werden durch TV autonom im Rahmen ihrer Regelungsmacht aus Art. 9 Abs. 3 GG (nicht: aus § 1 Abs. 1 TVG) festgelegt. Typischerweise sollen gemeinsame Einrichtungen Aufgaben für die Arbeitsverhältnisse in einer Branche erledigen, die der einzelne AG nicht oder nicht vergleichbar gut erledigen kann. Besonders wichtige Gegenstände überkommener gemeinsamer Einrichtungen nennt § 5 Abs. 1a Nrn. 1–5 TVG. Zu diesen Einrichtungen gehören zB die **Sozialkassen des Baugewerbes** (Lohnausgleichskasse, Zusatzversorgungskasse und Urlaubskasse), die Einrichtung **Metallrente,** eine überbetriebliche Zusatzversorgung der Metallindustrie, oder die überbetriebliche **Ausbildungseinrichtung** des **Garten- und Landschaftsbaus.**

Gemeinsame Einrichtungen werden häufig geschaffen, weil einzelne AG durch die hier bestehenden Belastungen wirtschaftlich oder organisatorisch überfordert wären. Auf die Schultern aller AG der Branche verteilt sind die Lasten leichter zu bewältigen. Deshalb sind viele TV über gemeinsame Einrichtungen für **allgemeinverbindlich** erklärt (→ *Allgemeinverbindlicherklärung*). Sie sind sogar bei Konkurrenz zu anderen TV stets einzuhalten (§ 5 Abs. 4 S. 2 TVG; → *Tarifkonkurrenz*). Solo-Selbständige, die nicht die Absicht haben, AN oder → *arbeitnehmerähnliche Personen* zu beschäftigen, können an den Lasten der Einrichtungen allerdings nicht beteiligt werden (BAG 31.1.2018 – 10 AZR 279/16).

Mit Hilfe gemeinsamer Einrichtungen können bestimmte Ansprüche oder Leistungsanwartschaften auch bei einem AGwechsel innerhalb der Branche erhalten bleiben. Was man beim ersten AG durch dessen Beitragszahlungen gegenüber der gemeinsamen Einrichtung zB an Versorgungs- oder Urlaubsanwartschaften erworben hat, kann man auch beim neuen AG fortführen oder in Anspruch nehmen. Der neue AG kann sich zur Refinanzierung an die gemeinsame Einrichtung wenden, die durch den oder die VorAG vorfinanziert ist.

Es gibt allerdings **auch unternehmensbezogene gemeinsame Einrichtungen**, die durch HausTV geschaffen wurden. Sie dienen im Ergebnis nicht selten dem Zweck, den Mitgliedern der einen an der gemeinsamen Einrichtung beteiligten Gewerkschaft Vorteile zu sichern gegenüber den Mitgliedern der konkurrierenden Gewerkschaft oder gegenüber Außenseitern (→ *Differenzierungsklausel*).

Das Recht der gemeinsamen Einrichtungen ist gekennzeichnet durch eine **Dreiecksbeziehung.** AG und Einrichtung stehen in einer **Beitragsbeziehung,** AN und Einrichtung in der **Leistungsbeziehung.** Nach § 4 Abs. 2 TVG gelten TV über gemeinsame Einrichtungen auch unmittelbar und zwingend für deren Satzung und das Verhältnis zwischen der Einrichtung und den tarifgebundenen AG und AN (→ *Tarifbindung*), obwohl die Einrichtung selbst als Rechtspersönlichkeit nicht am Tarifabschluss beteiligt ist. *(KB)*

▶ Gemeinsamer Senat der obersten Gerichtshöfe des Bundes

Er wurde aufgrund des Gesetzes zur Wahrung der Einheitlichkeit der Rechtsprechung der obersten Gerichtshöfe (OGH) des Bundes (RsprEinhG) v. 19.6.1968 (BGBl. I 661) geschaffen. Der Gemeinsame Senat entscheidet, wenn ein Senat eines OGH in einer Rechtsfrage von der Entscheidung eines anderen Senats eines OGH oder des Gemeinsamen Senats abweichen will (§ 2 RsprEinhG). Er besteht grds. aus den Präsidenten der OGH, den Vorsitzenden und je einem weiteren Richter der beteiligten Senate (§ 3 RsprEinhG). Der Gemeinsame Senat. kann nur von einem OGH angerufen werden. Beteiligt an dem Verfahren sind dann der anrufende Senat und der Senat, von dessen Entscheidung abgewichen werden soll.

► Gerichtskosten

I. Kosten des Gerichts

In den Verfahren vor den → *Arbeitsgerichten* ist zwischen gerichtlichen und außergerichtlichen Kosten zu unterscheiden. Die Gerichtskosten setzen sich aus den Gerichtsgebühren und den Auslagen des Gerichts zusammen.

Für die Verfahrensdurchführung vor den ArbG wird eine **streitwertabhängige Verfahrensgebühr** erhoben, deren Berechnung sich nach dem zum GKG als Anlage 1 ergangenen Kostenverzeichnis richtet (§§ 3, 34 GKG). Grds. fallen für die streitige Beendigung der 1. Instanz zwei Gebühren an (Kostenverzeichnis Nr. 8210). Für das Mahnverfahren fällt eine Verfahrensgebühr von 0,4 an, wenn Antrag auf Erlass eines → *Vollstreckungsbescheids* gestellt wird (Nr. 8100). Die Verfahrensgebühr entfällt bei einer Verfahrensbeendigung ohne streitige Verhandlung, insb. durch den Abschluss eines Vergleichs. Wird das Verfahren nach streitiger Verhandlung durch Klagerücknahme, Beschl. nach § 91a ZPO ohne Kostenausspruch, Anerkenntnis- bzw. Verzichtsurteil oder abgekürztes Urteil nach § 313a ZPO beendet, ermäßigt sich die Verfahrensgebühr auf 0,4 (Nr. 8211). Bei einer Beendigung durch Versäumnisurteil wird stets die volle Verfahrensgebühr von 2,0 berechnet. Für die Verfahren des einstweiligen Rechtsschutzes gelten die Regelungen der Nr. 8310 ff.

Vor den **Rechtsmittelinstanzen** (LAG und BAG) fallen Verfahrensgebühren an, deren Höhe sich aus den Nr. 8220 ff. bzw. 8230 ff. ergibt (Grundsatz: Nr. 8220: 3,2 Gebühren für das Berufungsverfahren; Nr. 8230: 4 Gebühren für das Revisionsverfahren). Kosten für einen vom Gericht hinzugezogenen **Dolmetscher** und Übersetzer werden nicht erhoben, wenn ein Ausländer Partei und die Gegenseitigkeit verbürgt oder ein Staatenloser Partei ist (§§ 8 ff. JEVG). Die Gebühren werden erst **fällig,** wenn das Verfahren in dem jeweiligen Rechtszug beendet ist, sechs Monate geruht hat, von den Parteien nicht betrieben, unterbrochen oder ausgesetzt worden ist (§ 9 GKG). Kostenvorschüsse werden nicht erhoben; dies gilt für die Zwangsvollstreckung auch dann, wenn die Vollstreckung durch das Amtsgericht oder den Gerichtsvollzieher erfolgt (§ 11 GKG). Einer bedürftigen Partei kann → *Prozesskostenhilfe* bewilligt werden. Bei unrichtiger Sachbehandlung können die Gerichtsgebühren nach § 8 GKG niedergeschlagen werden.

Nach § 63 Abs. 2 GKG hat das Gericht nach der **Verfahrensbeendigung durch Beschluss** den Wert für die zu erhebenden Gebühren festzusetzen, wenn ein Antragsberechtigter (Partei, RA, Staatskasse) dies beantragt bzw. das Gericht die Festsetzung für angemessen hält. Für die Höhe der Gebühren des RA gelten die §§ 32, 33 RVG. Ist ein Beschluss nach § 63 Abs. 2 GKG ergangen, ist die Höhe des dort festgesetzten → *Streitwerts* auch für die Berechnung der Vergütung des RA maßgebend. Wenn eine Entscheidung nach § 63 Abs. 2 GKG nicht ergeht, etwa weil keine Gerichtsgebühren zu erheben sind, ein Mehrvergleich abgeschlossen oder über einen streitwerterhöhenden Hilfsantrag nicht entschieden worden ist, kann entweder der RA, die von ihm vertretene Partei, ein Erstattungspflichtiger oder ggf. die Staatskasse nach § 33 RVG die Festsetzung des Gegenstandswerts der anwaltlichen Tätigkeit beantragen.

II. Kostentragung

Grds. hat die im **Rechtsstreit unterliegende Partei** die Verfahrenskosten zu tragen (§ 91 ZPO). Davon besteht für das erstinstanzliche Urteilsverfahren eine Ausnahme. Nach § 12a Abs. 1 ArbGG besteht im Urteilsverfahren des ersten Rechtszugs kein Anspruch der obsiegenden Partei auf Entschädigung wegen Zeitversäumnis (Verdienstausfall) und auf Erstattung der Kosten für die Zuziehung eines Prozessbevollmächtigten (zB RA) oder eines sonstigen rechtskundigen Beraters vor der Klageerhebung.

Vor Abschluss eines **Mandatsverhältnisses** müssen Rechtsanwälte und sonstige Personen, die Honorare liquidieren wollen, auf den

Ausschluss der Kostenerstattung hinweisen (§ 12a Abs. 1 S. 2 ArbGG). Obsiegt der Kläger nach Verweisung des Rechtsstreits von einem ordentlichen Gericht an das ArbG, hat er die dem Beklagten entstandenen Mehrkosten zu ersetzen (§ 17 b Abs. 2 GVG). Unterliegt er, hat er die Kosten ohnehin zu tragen. Mehrkosten sind sämtliche Anwaltskosten und nicht nur die rechnerischen Mehrkosten. Die obsiegende Partei kann die Erstattung von Anwaltskosten einschließlich Auslagen beanspruchen, wenn bei eigener Prozessführung mindestens gleich hohe Kosten entstanden wären.

Werden im 2. Rechtszug die Kosten verhältnismäßig geteilt und ist die eine Partei durch einen RA und die andere durch einen Verbandsvertreter vertreten, ist die durch einen Verbandsvertreter vertretene Partei so zu stellen, als ob sie durch einen RA vertreten wäre. **Kostenerstattungsansprüche** stehen ihr jedoch nur zu, wenn ihr tatsächlich Kosten entstanden sind (§ 12a Abs. 2 ArbGG). In die Kostenausgleichung werden daher fiktiv RA-Kosten eingesetzt. Damit soll erreicht werden, dass die durch einen Verbandsvertreter vertretene Partei nicht noch Kostenerstattung leisten muss, obwohl sie überwiegend obsiegt hat.

► Gerichtsstand

Als Gerichtsstand wird der Ort bezeichnet, an dem eine Person verklagt werden kann. Zu unterscheiden sind der allgemeine Gerichtsstand, der sich nach dem Wohn- oder Firmensitz bestimmt (§§ 12, 13, 17 ZPO), und der besondere (§§ 20 ff. ZPO). Gerichtsstandvereinbarungen sind vor den ArbG grds. unzulässig (§ 38 ZPO). Für Klagen von AN bedeutsam ist der Gerichtsstand des gewöhnlichen **Arbeitsorts** (§ 48 Abs. 1a ArbGG). Arbeitsort ist der tatsächliche Mittelpunkt der Berufstätigkeit des AN; auf die getroffene Vereinbarung kommt es nicht an. Wird der AN vom Betrieb des AG aus an ständig wechselnden Orten eingesetzt (Montagearbeiter), ist der Sitz oder die Niederlassung des AG als gewöhnlicher Arbeitsort anzusehen. Bei überwiegend am häuslichen Arbeitsplatz beschäftigten AN (zB Telearbeiter) gilt ihr Wohnsitz nach § 48 Abs. 1a S. 1 ArbGG als gewöhnlicher Arbeitsort. Bei AußendienstAN, die von ihrem Wohnsitz aus einen größeren Bezirk zu betreuen haben, kann ihr Wohnsitz nach Satz 2 der Vorschrift als Arbeitsort gelten, wenn sie dort über eine eigene betriebliche Organisation verfügen.

▶ Geringfügige Beschäftigung

§ 8 Abs. 1 SGB IV unterscheidet zwei Arten von geringfügigen Beschäftigungsverhältnissen: Eine sog. **Entgeltgeringfügigkeit** (häufig auch als „Minijob") liegt nach § 8 Abs. 1 Nr. 1 SGB IV vor, wenn das Arbeitsentgelt aus der Beschäftigung regelmäßig die sog. Geringfügigkeitsgrenze nicht übersteigt. Die Geringfügigkeitsgrenze bezeichnet das monatliche Arbeitsentgelt, das bei einer Arbeitszeit von zehn Wochenstunden zum → *Mindestlohn* nach § 1 Abs. 2 S. 1 MiLoG erzielt wird. Sie wird nach § 8 Abs. 1a SGB IV berechnet, indem der Mindestlohn mit 130 vervielfacht, durch drei geteilt und auf volle Euro aufgerundet wird. Die jeweils geltende Geringfügigkeitsgrenze wird vom BMAS im Bundesanzeiger bekannt gegeben. Sie beträgt ab dem 1.10.2022 520,- EUR. Eine sog. **Zeitgeringfügigkeit** ist nach § 8 Abs. 1 Nr. 2 SGB IV gegeben, wenn die Beschäftigung für eine Zeitdauer ausgeübt wird, die nach ihrer Eigenart oder einer im Voraus getroffenen vertraglichen Vereinbarung auf nicht mehr als drei Monate oder insgesamt 70 Arbeitstage innerhalb eines Kalenderjahres begrenzt ist, es sei denn, dass die Beschäftigung berufsmäßig ausgeübt wird und ihr Entgelt die Geringfügigkeitsgrenze übersteigt. Die Unterscheidung zwischen beiden Arten geringfügiger Beschäftigung ist wegen der unterschiedlichen Rechtsfolgen von Bedeutung. Zeitgeringfügig Beschäftigte sind sozialversicherungsfrei. Für entgeltgeringfügig Beschäftigte hat der AG dagegen einen **Pauschalbeitrag zur Sozialversicherung** in Höhe von insgesamt 28% zu zahlen: 13% für die Krankenversicherung nach § 249b SGB V und 15% für die Rentenversicherung nach § 168 Abs. 1 Nr. 1b SGB VI. Den restlichen Rentenversicherungsbeitrag bis zum vollen Beitragssatz trägt der AN. Der AN hat allerdings nach § 6 Abs. 1b SGB VI die Möglichkeit, sich auf Antrag ohne weitere Begründung von der Rentenversichersicherungspflicht befreien zu lassen (sog. Opt-Out-Lösung). Der Antrag ist an den AG, nicht an die Rentenversicherung zu richten. Für **geringfügig Beschäftigte in Privathaushalten** belaufen sich die Beiträge zur Kranken- und Rentenversicherung nur auf jeweils 5%. Bei einer entgeltgeringfügigen Beschäftigung kann der AG nach § 40a Abs. 2 EStG wählen, ob er den Lohn pauschal mit 2% versteuert oder ob er eine Besteuerung nach den individuellen Lohnsteuerabzugsmerkmalen vornimmt. Er ist nicht verpflichtet, den AN darauf hinzuweisen, wenn er von der Pauschalversteuerung keinen Gebrauch macht (BAG 13.11.2014 – 8 AZR 817/13). Entscheidet der AG sich für die Pauschalsteuer und hat er mit dem geringfügig Beschäftigten eine Bruttolohnvereinbarung getroffen, kann er diesen intern mit der Pauschalsteuer belasten. Das Steuerrecht verpflichtet den AG nicht, die Pauschalsteuer wirtschaftlich zu tragen (BAG 1.2.2006 – 5 AZR 628/04). *(MA)*

▶ Gesamtbetriebsrat

In Unternehmen werden für AN wichtige Entscheidungen vielfach nicht auf betrieblicher Ebene, sondern durch die Unternehmensleitung getroffen. Ihr soll ein für das gesamte Unternehmen zuständiges Vertretungsorgan der AN gegenübertreten. Zu diesem Zweck ist ein Gesamtbetriebsrat (GBR) zu bilden. Ein solcher ist zu errichten, wenn in einem → *Unternehmen* **mehrere Betriebsräte** bestehen (§ 47 Abs. 1 BetrVG). Kein GBR ist zu bilden, wenn die Betriebe zu mehreren Unternehmen gehören.

Der GBR ist den einzelnen BR nicht übergeordnet (§ 50 Abs. 1 S. 2 BetrVG). Er ist **(1)** nach § 50 Abs. 1 BetrVG **zuständig** für die Behandlung von Angelegenheiten, die das Gesamtunternehmen oder mehrere Betriebe betreffen und nicht durch die einzelnen BR innerhalb ihrer Betriebe geregelt werden können. Die Zuständigkeit des GBR wird immer dann in Betracht kommen, wenn aus rechtlichen oder tatsächlichen Gründen eine unternehmenseinheitliche Regelung geboten ist, zB bei einer betrieblichen Altersversorgung, Richtlinien für die unternehmenseinheitliche Gewährung von Darlehen, Ausstattung mit einheitlicher IT-Technik sowie Betriebsänderungen, die mehrere Betriebe des Unternehmens betreffen; **(2)** für Angelegenheiten, deren Behandlung ihm durch einen BR mit der Mehrheit seiner Stimmen übertragen worden ist (§ 50 Abs. 2 BetrVG).

Seine Zuständigkeit erstreckt sich auch auf solche Betriebe, in denen ein BR nicht gewählt worden ist. In den GBR entsendet jeder BR grds. zwei Mitglieder (§ 47 Abs. 2 BetrVG). Durch TV oder BV kann die Mitgliederzahl abweichend geregelt werden. Die Geschäftsführung des GBR richtet sich im Wesentlichen nach den für den → *Betriebsrat* geltenden Vorschriften. Der GBR kann Ausschüsse bilden. An den Sitzungen des GBR kann die Gesamtschwerbehindertenvertretung beratend teilnehmen. Ein Mitglied des GBR kann auf Antrag von 1/4 der wahlberechtigten AN, des AG, des GBR oder einer im Betrieb vertretenen → *Gewerkschaft* vom Arbeitsgericht wegen grober Verletzung seiner gesetzlichen Pflichten ausgeschlossen werden (§ 48 BetrVG; → *Betriebsratsausschluss und Auflösung des Betriebsrats*). Die Mitgliedschaft endet ferner aus den in § 49 BetrVG aufgezählten Gründen, insbesondere durch Abberufung des GBRmitglieds durch den entsendenden BR. Überträgt ein Unternehmen seine Betriebe auf zwei Unternehmen, endet das Amt des GBR mit der Übertragung.

▶ Gesamt-Jugend- und Auszubildendenvertretung

Ihre Errichtung ist zwingend für solche Unternehmen vorgeschrieben, in denen mehrere Jugend- und Auszubildendenvertretungen (JAV) bestehen (§ 72 BetrVG). In die Gesamt-Jugend- und Auszubildendenvertretung (GJA) entsendet grds. jede JAV ein Mitglied. Durch TV oder BV kann die Mitgliederzahl abweichend geregelt werden. Die GJA ist zuständig für Angelegenheiten, die das Gesamtunternehmen oder mehrere Betriebe betreffen und nicht durch die einzelnen JAV geregelt werden können, sowie in den ihr durch die JAV übertragenen Aufgaben.

▶ Gesamtzusage

Unter diesem Begriff werden einseitige Verpflichtungserklärungen des AG mit kollektivem Charakter verstanden, die dieser der Belegschaft oder einer Gruppe innerhalb der Belegschaft gegenüber abgibt. Die Gesamtzusage ist eine an alle AN oder einen nach abstrakten Merkmalen bestimmten Teil von ihnen in allgemeiner Form gerichtete ausdrückliche und mit Rechtsbindungswillen verbundene

Erklärung des AG, jedem AN, der die vom AG abstrakt festgelegten Voraussetzungen erfüllt, eine bestimmte Leistung zu gewähren. Dies setzt jedoch voraus, dass der einzelne AN das Verhalten des AG als rechtlich bindendes Leistungsversprechen auffassen durfte und die Zusage hinreichend konkret ist. Dies ist etwa bei der pauschalen Erlaubnis, „private Telefonate zu führen", zweifelhaft. Der Inhalt der Gesamtzusage wird Bestandteil des Arbeitsvertrags. Sie hat für alle begünstigten AN den gleichen Inhalt und die gleiche Bedeutung. Ob eine Gesamtzusage vorliegt und welchen Inhalt sie hat, richtet sich nach den für Willenserklärungen geltenden Regeln (§§ 133, 157 BGB), maßgeblich ist der objektive Erklärungsinhalt aus der Sicht des Empfängers. Bloße Erläuterungen oder eine falsche Rechtsauskunft des AG können nicht zu einer Gesamtzusage führen. Die Änderung der Leistungsbedingungen oder die Aufhebung der Leistungsverpflichtung aus einer Gesamtzusage kann nur mit den allgemeinen vertragsrechtlichen Mitteln (→ *Änderungsvertrag*, → *Änderungskündigung*) erfolgen. Eine einseitige Änderungsmöglichkeit durch den AG besteht regelmäßig nur dann, wenn und soweit er sich einen Widerruf der mit der Gesamtzusage versprochenen Leistungen oder die Änderung der Leistungsbedingungen wirksam vorbehalten hat.

▶ Geschäftsgeheimnis

→ *Anzeige gegen den Arbeitgeber (Whistleblowing)*; → *Verschwiegenheit*

▶ Geschäftsgrundlage

Bei der Geschäftsgrundlage handelt es sich um die bei Abschluss des Vertrags zutage getretenen, dem anderen Teil erkennbar gewordenen und von ihm nicht beanstandeten Vorstellungen der einen Partei oder die gemeinsamen Vorstellungen beider Parteien von dem Vorhandensein oder dem künftigen Eintritt bestimmter Umstände, sofern der Geschäftswille der Parteien auf diesen Umständen aufbaut. Nach § 313 Abs. 1 BGB kann eine Anpassung des Vertrags verlangt werden, wenn sich Umstände, die zur Grundlage des Vertrags geworden sind, nach Vertragsschluss schwerwiegend verändert haben und die Parteien den Vertrag nicht oder mit anderem Inhalt geschlossen hätten, wenn sie diese Veränderung vorausgesehen hätten; eine Vertragsanpassung kommt allerdings nur in Betracht, soweit einem Teil unter Berücksichtigung aller Umstände des Einzelfalls, insbesondere der vertraglichen oder gesetzlichen Risikoverteilung, das Festhalten am unveränderten Vertrag nicht zugemutet werden kann. Zu den Umständen, die zum Wegfall der Geschäftsgrundlage führen können, gehören zB die Änderungen von Gesetzen oder TV sowie die für ihre Anwendung maßgeblichen Umstände, der Verlust der Konzernzugehörigkeit, wenn der AG konzernabhängige Leistungen (Bezug von Aktien der Konzernmutter, Personalrabatte) zugesagt hat oder bei Wegfall der Kündigungsgründe nach dem Kündigungsausspruch (→ *Wiedereinstellung*). Fehlt oder ändert sich die Geschäftsgrundlage, kann eine gerichtlich durchsetzbare Anpassung an die Verhältnisse erforderlich werden (§ 313 BGB). Ist eine Anpassung nicht möglich, kann eine → *Änderungskündigung* gerechtfertigt sein (§ 313 Abs. 3 BGB; BAG 5.6.2014 – 2 AZR 615/13).

► Geschlecht

→ *Allgemeines Gleichbehandlungsgesetz*

► Gewerkschaften

Gewerkschaften sind Zusammenschlüsse von AN und Beamten zur Wahrung und Förderung der Arbeits- und Wirtschaftsbedingungen ihrer Mitglieder. Dieser Zweck wird regelmäßig durch den Abschluss von TV angestrebt. Die Gewerkschaften in Deutschland, soweit sie dem → *Deutschen Gewerkschaftsbund (DGB)* angehören, sind im Wesentlichen nach dem sog. **Industrieverbandsprinzip** organisiert. Die Zuständigkeit einer Gewerkschaft für einen bestimmten AN richtet sich nicht nach dem von ihm ausgeübten Beruf, sondern nach dem Wirtschaftszweig seines Unternehmens. Die Gewerkschaften sind wegen der früher geltenden aufsichtspolitischen Rahmenbedingungen für rechtsfähige Vereine (zB Registeranmeldung der Mitglieder) teilweise als nicht rechtsfähige Vereinigungen organisiert. Ihnen ist aber nach § 10 ArbGG ausdrücklich die Parteifähigkeit im arbeitsgerichtlichen Verfahren verliehen worden. Daneben hat die Rspr. den tariffähigen Gewerkschaften auch die aktive Parteifähigkeit im Zivilprozess zuerkannt.

Die **Mitgliedschaft** in einer Gewerkschaft wird durch Beitritt erworben. In der Satzung kann bestimmt werden, dass nur solche Personen aufgenommen werden, die im örtlichen, industriellen und fachlichen Tätigkeitsbereich des Verbands arbeiten. Nach der Rspr. des BGH ergibt sich allerdings bei Gewerkschaften dann ein Aufnahmeanspruch, wenn ihr eine überragende Machtstellung zukommt und ein wesentliches Interesse an der Mitgliedschaft besteht. Eine der Hauptpflichten besteht in der Zahlung der Verbandsbeiträge, die regelmäßig 1% der Bruttovergütung betragen. Die Mitglieder sind berechtigt, die Einrichtungen der Gewerkschaft in Anspruch zu nehmen. Hierzu zählen namentlich die Rechtsberatung und Rechtsschutzeinrichtungen. Die Mitgliedschaft in der Gewerkschaft kann neben einer einvernehmlichen Auflösungsvereinbarung für die Zukunft durch Austritt beendet werden. Für die Kündigung der Mitgliedschaft ist eine Austrittsfrist von mehr als einem halben Jahr regelmäßig unangemessen. Die Mitgliedschaft kann auch durch Ausschluss beendet werden. Eine solche Maßnahme ist zulässig, wenn das Mitglied zugleich einer gewerkschaftsfeindlichen Partei angehört oder bei gewerkschaftsschädlichem Verhalten.

▶ Gewerkschaftliche Vertrauensleute

Sie sind das Bindeglied zwischen den Gewerkschaftsmitgliedern im Betrieb und der Gewerkschaftsorganisation. Gewerkschaftliche Vertrauensleute sind zuständig für die Wahrnehmung der Interessen der Gewerkschaftsmitglieder im Betrieb, die Vermittlung von → *Tarifverträgen* und Tarifpolitik für die AN sowie die Information der Gewerkschaft über Wünsche der AN, aber auch für die Werbung neuer Mitglieder. Bei der Tätigkeit der Vertrauensleute handelt sich um eine gewerkschaftliche Betätigung und nicht um die Wahrnehmung betriebsverfassungsrechtlicher Aufgaben. Die gewerkschaftlichen Vertrauensleute haben grds. dieselbe Rechtsstellung wie die anderen AN. Schon wegen § 75 BetrVG dürfen sie allein wegen ihrer gewerkschaftlichen Betätigung nicht benachteiligt, aber auch nicht bevorzugt werden. Die Rechtsstellung von gewerkschaftlichen Vertrauensleuten kann durch TV besonders **ausgestaltet werden.** Hierzu gehören etwa die Bildung von Vertrauenskörperschaften im Betrieb, die Gewährung von bezahlter Freistellung zum Besuch von Gewerkschaftsveranstaltungen oder ein Anspruch auf unbezahlte Freistellung gegenüber dem AG zur Teilnahme an gewerkschaft lichen Schulungsveranstaltungen während der Arbeitszeit. Zulässig ist auch eine tarifliche Regelung über einen **besonderen Kündigungsschutz** für gewerkschaftliche Vertrauensleute.

▶ Gewinnbeteiligungen (Tantiemen)

Die Gewinnbeteiligung (oder **Tantieme**) bezieht sich anders als die → *Provision* nicht auf bestimmte Geschäfte, sondern auf den geschäftlichen Erfolg des AG als Ganzes oder eines festgelegten Teils. Sie ist Bestandteil des Arbeitsentgelts, steht also im Austauschverhältnis von Arbeitsleistung und Entgelt. Sie wird einzelnen AN, häufig leitenden → *Angestellten,* wegen ihrer für das Unternehmen besonders wichtigen Tätigkeit als zusätzliche Vergütung gezahlt, um sie am Geschäftsergebnis zu interessieren. Von einer Gewinnbeteiligung zu unterscheiden ist eine an die gesamte Belegschaft zur Anerkennung ihrer Dienste gezahlte Jahresabschlussvergütung oder die aus sozialpolitischen Gründen gezahlte Ergebnisbeteiligung, durch die eine stärkere Verbundenheit der AN mit dem Unternehmen erreicht werden soll.

Grundlage des **Anspruchs** auf Gewinnbeteiligung kann der Arbeitsvertrag, aber auch ein TV oder eine BV sein. Die an einzelne AN gezahlte Gewinnbeteiligung wird zumeist in Prozenten des jährlichen Reingewinns, seltener vom Rohgewinn vereinbart, der für das ganze Unternehmen oder einen Unternehmensteil erzielt worden ist. Wird sie vom Umsatz gezahlt (Umsatztantieme, Umsatzbonus), liegt eine Zwischenform zwischen Gewinnbeteiligung und Provision vor. Ist über die **Höhe der Gewinnbeteiligung** nichts vereinbart, ist die für gleichartige Fälle übliche oder angemessene Tantieme zu zahlen (§ 612 Abs. 1 BGB). Ihre Bestimmung kann dem AG auch nach billigem Ermessen überlassen bleiben (§ 315 BGB). Der Inhalt des Gewinnbeteiligungsvertrags schließt regelmäßig die Nebenverpflichtung (§§ 157, 242 BGB) des AG ein, dem anspruchsberechtigten AN die erforderliche **Auskunft** über Bestehen und Umfang seines Rechts zu erteilen; also Informationen über Umstände, die sich der AN nicht beschaffen kann, die der AG hingegen unschwer im Wege der Rechnungslegung darlegen kann.

Der Anspruch auf die Gewinnbeteiligung wird bei fehlender anderweitiger Absprache **fällig,** sobald die Bilanz festgestellt ist oder bei ordnungsmäßigem Geschäftsgang hätte festgestellt sein können. Beginnt oder endet das Arbeitsverhältnis im Laufe des Geschäftsjahres, ist regelmäßig die Jahresbilanz maßgeblich, jedoch mindert sich der Anspruch auf den dem Zeitraum der Beschäftigung entsprechenden Gewinnanteil. Ist ein AN, dem eine Erfolgsvergütung zugesagt worden ist, während des ganzen Jahres arbeitsunfähig krank, entfällt der Anspruch auf die Erfolgsvergütung, wenn und soweit kein Anspruch auf → *Entgeltfortzahlung im Krankheitsfall* besteht (§§ 275, 323 BGB). Eine Vereinbarung, wonach der Tantiemeanspruch bei Ausscheiden des AN entfällt, ist als unzulässige Kündigungserschwerung rechtswidrig, weil es sich bei der Tantieme um einen Teil des Entgelts für die vertragliche geschuldete Arbeitsleistung handelt. Das gilt auch dann, wenn die Tantieme erst im Folgejahr ausgezahlt werden soll.

▶ Gleichbehandlung der Arbeitnehmer

I. Allgemeines

Im staatlichen Raum gehört die Gleichheit aller Bürger vor dem staatlichen Gesetz zu den Grundprinzipen einer demokratisch verfassten Gesellschaft (Art. 3 Abs. 1 GG). Demgegenüber haben innerhalb einer freiheitlichen Gesellschaft deren Mitglieder grds. das Recht, im persönlichen Umgang wie auch im privaten Rechtsverkehr das eigene Verhalten im Rahmen der allgemeinen Gesetze nach eigenen individuellen Vorstellungen, auch willkürlich, zu gestalten. Im Arbeitsleben wie auch in einigen anderen wichtigen Lebensbereichen wird diese Freiheit allerdings schon durch gesetzliche Diskriminierungsverbote eingegrenzt. Eine Schlechterstellung ist unzulässig, wenn sie auf verpönten Motiven beruht. Das → *Allgemeine*

Gleichbehandlungsgesetz (AGG) verbietet die Benachteiligung wegen der Rasse, der ethnischen Herkunft, des Geschlechts, der Religion oder Weltanschauung, einer Behinderung, des Alters oder der sexuellen Identität. Einer Geschlechtsdiskriminierung speziell beim Entgelt wird durch das → *Entgelttransparenzgesetz* entgegengewirkt. Eine Schlechterstellung wegen → *Teilzeitbeschäftigung* oder wegen einer befristeter statt einer unbefristeten Beschäftigung ist nach § 4 TzBfG untersagt.

Darüber hinaus gilt im Arbeitsleben eine ungeschriebene, der verfassungsrechtlichen Gleichbehandlungspflicht im staatlichen Raum ähnliche allgemeine Gleichbehandlungspflicht. Arbeitsverhältnisse sind in aller Regel Teil einer vom AG ausgestalteten kollektiven Ordnung, der die AN unterworfen sind. Dort beschreibt der allgemeine arbeitsrechtliche Gleichbehandlungsgrundsatz eine arbeitsrechtliche Grundpflicht des AG. Sie spielt heute allerdings aufgrund der aus der allgemeinen Gleichbehandlungspflicht ausgeklammerten Diskriminierungsverbote eine geringere Rolle als in der Vergangenheit.

II. Inhalt des allgemeinen Gleichbehandlungsgrundsatzes

Der Gleichbehandlungsgrundsatz richtet sich als Verhaltensanweisung an den AG, wenn er AN Vorteile im Rahmen einer selbst gestalteten betrieblichen oder unternehmerischen Ordnung und dabei selbst gesetzten abstrakten Regeln und einem generalisierenden Prinzip folgt. Verfährt er derart, **bindet** ihn der arbeitsrechtliche Gleichbehandlungsgrundsatz an sein **vorangegangenes Tun:** Hat er nach bestimmten Kriterien eine **Gruppe** begünstigter AN gebildet, muss er auch alle **AN in vergleichbarer Situation,** die diese Kriterien erfüllen, entsprechend behandeln, es sei denn, er hat für eine Ungleichbehandlung einen **sachlichen Grund.** Daneben umfasst der Gleichbehandlungsgrundsatz auch das Gebot, bei der **Gruppenbildung nicht willkürlich** oder sachfremd zu verfahren. Der AG darf also nicht eine ANgruppe von Leistungen ausnehmen, die er einer anderen Gruppe gewährt, wenn nicht in den für die vorgenommene Gruppenbildung maßgeblichen Kriterien ein **Sachgrund** für diese Ungleichbehandlung liegt.

Der Gleichbehandlungsgrundsatz soll darüber hinaus sogar dann anwendbar sein, wenn der AG eine bestimmte Leistung nicht auf besondere Einzelfälle beschränkt, nach Gutdünken oder nach nicht sachgerechten oder nicht bestimmbaren Kriterien erbringt (BAG 27.4.2021 – 9 AZR 662/19). Nach dieser neueren Rspr bedarf es in solchen Fällen nicht einmal einer Gruppenbildung. Wenn nur eine **sehr kleine,** aber nach bestimmten abstrakten Kriterien gebildete **Teilgruppe** aus einer ansonsten in gleicher Weise behandelten Großgruppe begünstigt wird, muss danach erst recht insgesamt die Pflicht zur Gleichbehandlung bestehen (anders noch BAG 13.2.2002 – 5 AZR 713/00). Denn zumindest bei jeder gestaltenden AGentscheidung nach einem generalisierenden Prinzip muss die Begünstigung einer Gruppe gegenüber der übrigen Belegschaft oder von Teilen von ihr sachlich gerechtfertigt werden.

III. Gleichbehandlung beim Entgelt

Das Spannungsverhältnis von Vertragsfreiheit bei Individualverhalten und an den Gleichbehandlungsgrundsatz gebundenem ordnendem Verhalten besteht auch im Bereich der Arbeitsvergütung. Wenn der AG einzelnen AN aufgrund frei ausgehandelter Verträge für dieselbe Tätigkeit ein höheres Entgelt zahlt als anderen, ohne hierbei einem allgemeinen Prinzip zu folgen, besteht keine Gleichbehandlungspflicht. Einen allgemeinen Grundsatz „Gleicher Lohn für gleiche Arbeit“ gibt es nicht. Hier ziehen nur Diskriminierungsverbote Grenzen. Sobald der AG aber, wie regelmäßig, bei der Vergütung nach einem bestimmten Prinzip begünstigt, muss er entsprechend diesem Prinzip gleichbehandeln. Entsprechendes gilt bei Entgelterhöhungen. Auch hier entscheidet das Verhalten des AG – individuell begünstigend oder ordnend – darüber, ob Differenzierungen ohne sachliche Rechtfertigung möglich sind. Legt der AG bei verschiedenen ANgruppen unterschiedliche Vergütungssysteme zu Grunde, muss er auch dies sachlich rechtfertigen.

IV. Keine Gleichbehandlungspflicht bei Normvollzug

Die Gleichbehandlungspflicht des AG knüpft regelmäßig an dessen **gestaltendes Tätigwerden** an. Wendet er demgegenüber einzelnen AN oder ANgruppen Vorteile zu, weil er sich aufgrund einer tatsächlich oder vermeintlich von außen auf ihn einwirkenden Rechtspflicht dazu verpflichtet glaubt, löst dies keine Pflicht zur Gleichbehandlung gegenüber solchen AN aus, bei denen diese – auch: vermeintliche – Rechtspflicht nicht besteht. Deshalb: Ein tarifgebundener AG hat die von den **Tarifvertragsparteien** vereinbarten **Vergütungen** an die bei ihm beschäftigten Gewerkschaftsmitglieder zu zahlen. Auch der Gleichbehandlungsgrundsatz verpflichtet ihn aber dazu nicht gegenüber **nicht tarifgebundenen AN,** die keinen Rechtsanspruch hierauf haben (→ *Tarifbindung*). Der AG muss AN seines Stammbetriebs nicht besser bezahlen, nur weil er in seinem Betrieb auch AN aus einem übernommenen Betrieb beschäftigt, denen er für die gleiche Arbeit eine höhere Vergütung zahlen muss, weil sie einen solchen Anspruch gegen den Betriebsveräußerer hatten (§ 613a Abs. 1 S. 1 BGB). Wendet der AG allerdings eine bestimmte Norm zu Gunsten eines Teils seiner AN an, obwohl er weiß, dass er dazu insgesamt nicht oder nicht mehr verpflichtet ist, gelten wieder die allgemeinen Gleichbehandlungsregeln (BAG 6.7.2011 – 4 AZR 596/09).

V. Gleichbehandlung vergleichbarer Arbeitnehmer

Ob AN bei einer Leistungsgewährung zur selben Gruppe gehören, also in diesem Zusammenhang vergleichbar sind und verglichen werden müssen, richtet sich grds. nach der von ihnen auszuübenden Tätigkeit und dem mit der Leistung verfolgten Zweck. Regelmäßig müssen die wesentlichen Tätigkeitsmerkmale der AN miteinander verglichen werden. Der AG kann bei seiner differenzierenden Gestaltung aber auch auf andere sachlich begründende Kriterien abstellen. So kann er etwa eine von AN erreichte **besondere Qualifikation** zum Anlass für eine Begünstigung beim Arbeitsentgelt nehmen. Dies dürfte allerdings nur dann gerechtfertigt sein, wenn es zumindest nicht unwahrscheinlich ist, dass er für diese Qualifikation Verwendung haben wird.

VI. Betriebs- oder Unternehmensbezug?

Adressat der **Gleichbehandlungspflicht** ist der **AG.** Seine Pflicht beschränkt sich nicht ohne Weiteres auf einen einzelnen Betrieb oder auf die Betriebe, in denen er differenzierend gestaltet. Trifft er von vornherein eine verteilende Entscheidung nur für einen einzelnen Betrieb seines Unternehmens, beschränkt sich nach bisheriger Rspr. auch seine Gleichbehandlungspflicht hierauf. Stellt er aber eine betriebsübergreifende Verteilungsregel auf, wovon im Zweifel auszugehen ist, muss er auch betriebsübergreifend gleichbehandeln. Seine Entscheidung, einzelne Betriebe oder Betriebsstätten seines Unternehmens aus seiner verteilenden Gestaltung auszunehmen, bedarf eines sachlichen Grundes (BAG 27.4.2021 – 9 AZR 662/19). Die Ungleichbehandlung von Betriebsbelegschaften muss allerdings nicht gerechtfertigt werden, wenn der AG von Rechts wegen nicht gleichbehandeln kann. So kann zB der Umsetzung einer mitbestimmungspflichtigen Gestaltungsabsicht in einem einzelnen Betrieb an der fehlenden Zustimmung des dortigen BR scheitern.

VII. Der sachliche Rechtfertigungsgrund

Welcher sachlichen Gründe es für die Rechtfertigung einer Ungleichbehandlung bedarf, hängt davon ab, ob die Ungleichbehandlung auf Verhaltens- bzw. Sachverhaltsunterschiede zurückgeht **oder** ob sie personenbezogen ist. Ist Anknüpfungspunkt für die Ungleichbehandlung ein **Sachverhalt,** muss sich für die Ungleichbehandlung nur ein vernünftiger Grund finden lassen. Die Ungleichbehandlung darf nicht gegen verfassungsrechtliche oder sonstige übergeordnete Wertentscheidungen verstoßen. Unterschiede in der Leistungsgewährung müssen aber nicht nach sachlichen Gesichtspunkten optimal sein. **Bloße Sachgerechtigkeit genügt.** Bei einer **personenbezogenen Ungleichbehandlung** ist der Gleichbehandlungsgrundsatz demgegenüber bereits dann verletzt, wenn eine Gruppe anders behandelt wird als eine andere, obwohl zwischen beiden Gruppen keine Unterschiede von solcher Art und solchem Gewicht bestehen, dass sie die Ungleichbehandlung rechtfertigen können.

Der **Anknüpfungspunkt** für die Feststellung eines eine Ungleichbehandlung rechtfertigenden Sachgrundes ist der **Zweck der ungleich gewährten Leistung.** Eine unterschiedliche Leistungsgewährung ist unbedenklich, wenn sich die Unterscheidung gerade aus dem in einem ersten Prüfungsschritt zu ermittelnden, vom AG festgelegten Zweck der versprochenen Leistung ergibt. Geht es dem AG darum, durch das Versprechen von übertariflichen Vergütungen, Sonderzahlungen oder zusätzlicher Versorgungsleistungen Angehörige einer Berufsgruppe zu gewinnen oder zu halten, die auf dem freien Arbeitsmarkt kaum zu bekommen sind, muss er Angehörigen einer anderen Berufsgruppe, an deren Beschäftigung ihm nicht ebenso viel liegt, diese Leistungen nicht ebenso gewähren. Entsprechend verhält es sich, wenn der AG bei Sonderzahlungen oder Lohnerhöhungen AN begünstigt, die bislang gegenüber anderen AN schlechter behandelt wurden, zB weil sie sich zuvor, anders als diese, zu einem Entgeltverzicht bereit erklärt hatten, um in einer schwierigen wirtschaftlichen Lage die betrieblichen Arbeitsplätze zu erhalten. Der AG darf in solchen Fällen die bisherige Schlechterstellung aber auch **nicht überkompensieren** (BAG 20.9.2017 – 10 AZR 610/15). Die Besserstellung der betreffenden Gruppe wird sonst zu einer maßregelnden Benachteiligung der anderen AN, die lediglich ihr Recht wahrgenommen hatten, einer Vertragsänderung zu ihren Lasten nicht zuzustimmen.

Der AG kann auch **in der Zeit** differenzieren. Er kann von einem **Stichtag** an bestimmte zusätzliche Leistungen, deren Gewährung er in der Vergangenheit vereinbart hatte, in Arbeitsverträgen mit neu eingestellten Mitarbeitern nicht mehr vorsehen. Er kann mit neu eingestellten Mitarbeitern auch von einem festgelegten Termin an ein anderes Vergütungssystem vereinbaren, als er es bisher im Verhältnis zu seinen bereits beschäftigten Mitarbeitern praktiziert hat. Dabei muss er allerdings das Mitbestimmungsrecht des BR aus § 87 Abs. 1 Nr. 10 BetrVG beachten (BAG 18.10.2011 – 1 ABR 25/10). Differenzierung anhand eines in der Vergangenheit liegenden Stichtags sind zulässig zur Abgrenzung des begünstigten Personenkreises, wenn sich die Wahl des Zeitpunkts am zu regelnden Sachverhalt orientiert und die Interessenlage der Betroffenen angemessen erfasst. Die Wahl eines in der Zukunft liegenden Stichtags bedarf grds. keiner Begründung, wenn es nur darum geht, neu eingestellte Mitarbeiter von bisher freiwillig gegebenen Leistungsversprechen auszuschließen.

VIII. Gleichbehandlungsgrundsatz als Anspruchsgrundlage

Aus dem Gleichbehandlungsgrundsatz folgt nicht nur das Verbot der Ungleichbehandlung. Ein dagegen gerichteter Verstoß begründet zugleich einen Anspruch. Im Prozess macht ein AN Gleichbehandlung mit anderen AN, die vergleichbare Tätigkeiten verrichten, dadurch geltend, dass er die Leistungen einklagt, die diesen zufließen, während er insoweit leer ausgeht. Dann ist es Sache des AG vorzutragen, wie groß der begünstigte Personenkreis ist, wie er sich zusammensetzt, wie er abgegrenzt ist und warum der klagende AN nicht dazugehört. Weiter hat er die für die unterschiedlich gewährte Leistung maßgebenden Zwecke darzulegen. Erfüllt der AN die allgemeinen, vom AG aufgestellten Leistungsvoraussetzungen und ergibt sich nicht, dass er nach der vorgenommenen Abgrenzung aus dem Kreis der Begünstigten ausgenommen ist, oder sind die für die Herausnahme herangezogenen Gründe angesichts des Leistungszwecks nicht tragfähig, ist dem AN die vorenthalte Leistung zuzuerkennen. *(KB)*

▶ Gleichstellungsabrede

→ *Bezugnahme auf Tarifvertrag*

▶ Gleitende Arbeitszeit

Es sind zwei Grundtypen zu unterscheiden. Bei der einfachen gleitenden Arbeitszeit ist dem AN nur die Möglichkeit eingeräumt, früher oder später zu beginnen und nach Ablauf der täglichen Arbeitszeit die Arbeit entsprechend früher oder später zu beenden. Bei der qualifizierten gleitenden Arbeitszeit muss der AN nur während bestimmter Stammarbeitszeiten arbeiten und kann Zeitguthaben oder Zeitverluste innerhalb bestimmter Ausgleichszeiträume ausgleichen. Bei der Einführung und Ausgestaltung der gleitenden Arbeitszeit hat der → *Betriebsrat* ein erzwingbares Mitbestimmungsrecht (→ *Betriebsrat (Beteiligungsrechte)*). Der AN hat regelmäßig keinen Anspruch auf eine Arbeitsbefreiung unter Entgeltfortzahlung, wenn die → *Arbeitsverhinderung* (zB Arztbesuch, Behördentermin) in die Gleitzeit fällt.

▶ Gratifikationen

→ *Sonderzuwendungen*

▶ Großer Senat

→ *Bundesarbeitsgericht*

▶ Gruppenarbeitsverhältnis

I. Begriff

Ein Gruppenarbeitsverhältnis liegt vor, wenn mehrere AN zu einer Arbeitsgruppe zusammengefasst sind. Zu unterscheiden sind die Betriebs- und die Eigengruppe.

II. Betriebsgruppe

Eine Betriebsgruppe entsteht, wenn eine Mehrheit von AN, die jeweils einzeln und unabhängig voneinander ihren Arbeitsvertrag mit dem AG abgeschlossen haben, durch diesen aus arbeitsorganisatorischen Gründen zwecks Erreichung eines höheren Arbeitserfolgs zusammengefasst werden. Die Bildung und Zusammensetzung der Betriebsgruppe mit bestimmten AN liegt allein im → *Direktionsrecht* des AG. Durch den Zusammenschluss der AN zur Betriebsgruppe entsteht zwischen ihnen eine tatsächliche Gemeinschaft. Jedes Gruppenmitglied steht in einem unmittelbaren Arbeitsverhältnis zum AG und hat einen eigenen Entgeltanspruch. Es kann unabhängig von den anderen Gruppenmitgliedern kündigen oder gekündigt werden. Entstehen dem AG daraus Schäden, dass einzelne Gruppenmitglieder ihren Leistungsverpflichtungen nicht rechtzeitig oder mangelhaft nachkommen, kann er die schlechtleistenden Gruppenmitglieder auf Schadensersatz in Anspruch nehmen (→ *Haftung des Arbeitnehmers*). Ist eine gemeinsame Gruppenentlohnung vereinbart, haftet jedes Gruppenmitglied dafür, dass die anderen sachgemäß arbeiten.

III. Eigengruppe

Unter Eigengruppe wird eine Mehrheit von AN verstanden, die sich zu gemeinsamer Arbeitsleistung aus eigener Initiative zusammengeschlossen hat und als Gruppe ihre Dienstleistung dem AG anbietet.

Der **AG** hat grds. **keinen Einfluss auf Bildung und Zusammensetzung** der Eigengruppe; eine → *Kündigung* ist nur von und gegenüber der gesamten Gruppe zulässig. Zwischen den Gruppenmitgliedern kann eine Gesellschaft bürgerlichen Rechts als Innen- oder Außengesellschaft (§ 705 BGB), ein rechtsfähiger oder nichtrechtsfähiger Verein, eine GmbH oder eine Genossenschaft bestehen. Welche Rechtsform im Einzelfall gegeben ist, richtet sich nach der Auslegung des Gruppenvertrags. Die Eigengruppe kann nur als Gruppe **Rechtsbeziehungen** zum AG begründen, sie kann aber auch daneben Arbeitsverträge zwischen den einzelnen Gruppenmitgliedern und dem AG oder schließlich nur Rechtsbeziehungen zwischen den Gruppenmitgliedern und dem AG schaffen. Liegen nur Rechtsbeziehungen zwischen Eigengruppe und AG vor, können diese als Werk-, Dienst- oder Dienstverschaffungsvertrag ausgestaltet sein. Bei Ausgestaltung als Dienst- und Werkvertrag findet das Arbeitsrecht überhaupt keine Anwendung; bei Ausgestaltung als Dienstverschaffungsvertrag wird zumeist ein → *mittelbares Arbeitsverhältnis* zwischen den Gruppenmitgliedern und dem AG bestehen. Bei ausschließlichen Rechtsbeziehungen zwischen Eigengruppe und AG steht allein dem Gruppensprecher das Direktionsrecht zu. Die Gruppenmitglieder müssen sich jedoch in die allgemeinen Ordnungsvorschriften des Betriebs einfügen. Der Entgeltanspruch steht regelmäßig allein der Gruppe zu.

Bei **Leistungsstörungen** (Verzug, Unmöglichkeit, Schlechterfüllung) muss sich der AG an die Gruppe als Ganzes halten. Liegen dagegen zwischen Eigengruppe, wie auch zwischen den einzelnen Gruppenmitgliedern und dem AG Rechtsbeziehungen vor, hat der AG das Direktionsrecht. Im Falle von Leistungsstörungen kann er sich an die Gruppe halten, wie auch an das Einzelne, störende Gruppenmitglied. Je nach Vereinbarung ist das **Entgelt** der Gruppe oder den einzelnen Gruppenmitgliedern auszuzahlen. Bei Ersterem hat das einzelne Gruppenmitglied einen Auseinandersetzungsanspruch. Bestehen dagegen ausschließlich Rechtsbeziehungen zwischen den Mitgliedern der Eigengruppe und dem AG, steht dem einzelnen Gruppenmitglied der Entgeltanspruch zu; der AG hat in vollem Umfang das Direktionsrecht; etwaige Leistungsstörungen sind ausschließlich zwischen den Beteiligten abzuwickeln.

▶ Günstigkeitsprinzip

I. Rechtsquellen

Für das Arbeitsverhältnis können unterschiedliche Rechtsquellen von Bedeutung sein. Dabei gilt eine auf dem Rang beruhende Reihenfolge: (**1**) Primärrecht der EU und Grundgesetz, (**2**) Gesetz, (**3**) RechtsVO, (**4**) → *Tarifvertrag*, → *Betriebsvereinbarung* sowie (**5**) vertragliche Regelungen (→ *Arbeitsvertrag*, → *Gesamtzusage*). Eine Entscheidung, welche dieser Rechtsquellen Anwendung findet, ist nur erforderlich, wenn deren Regelungen einen unterschiedlichen Inhalt haben. Als Lösung für eine solche Kollision haben sich das **Rangprinzip, Günstigkeitsprinzip,** die Zeitkollisionsregel und der **Spezialitätsgrundsatz** herausgebildet. Das Rangprinzip und das Günstigkeitsprinzip regeln das Verhältnis von Rechtsquellen zueinander, die nicht im gleichen Rang zueinanderstehen. Die Zeitkollisionsregel und das Spezialitätsprinzip gelten für gleichrangige Rechtsquellen.

II. Rangprinzip

Nach dem Rangprinzip geht die ranghöhere der rangniederen Regelung vor. Außerdem darf die die niederrangige Rechtsvorschrift nicht mit der höherrangigen Rechtsquelle unvereinbar sein. Von diesen beiden Grundsätzen besteht eine Ausnahme, wenn die ranghöheren Rechtsquellen Ausnahmen in den rangniederen Rechtsquellen gestatten (sog. Öffnungsklausel). Daher dürfen sich zB Gesetze, RechtsVO, TV und BV sowie vertragliche Abreden nicht in Widerspruch zum EU-Recht und zum Grundgesetz setzen. Ebenso dürfen TV und BV nicht gegen EU-Recht und Grundgesetz, zwingendes Gesetzesrecht oder RechtsVO verstoßen. Dies gilt nur dann nicht, wenn das Gesetz oder eine RechtsVO die Regelung durch TV oder BV ausdrücklich zulassen oder es sich um sog. dispositives Gesetzesrecht handelt, von dem auch die Arbeitsvertragsparteien abweichen können. Die Wirkungskraft des Rangprinzips ist daher von der zwingenden oder dispositiven Wirkung der ranghöheren Norm abhängig.

III. Günstigkeitsprinzip

Die rangniedere Rechtsquelle geht allerdings der höherrangigen Rechtsquelle dann vor, wenn sie für den AN günstigere Regelungen enthält und das ranghöhere Recht nicht ausnahmsweise zweiseitig-zwingend ist. Ausdrücklich ist das Günstigkeitsprinzip nur in § 4 Abs. 3 TVG im Verhältnis von TV und Arbeitsvertrag geregelt. Es gilt als allgemeines arbeitsrechtliches Prinzip aber auch im Verhältnis von BV zu arbeitsvertraglichen Abreden. Im Verhältnis zwischen TV und BV gilt nicht das Günstigkeitsprinzip, sondern § 77 Abs. 3 BetrVG, wonach der Inhalt einer BV nicht Gegenstände sein dürfen, die durch TV geregelt sind oder üblicherweise geregelt werden. Hiervon besteht nur eine Ausnahme, wenn der TV den Abschluss von ergänzenden BV zulässt.

IV. Rechtsquellen mit gleichem Rang

Auf der gleichen Rechtsquellenebene sind Kollisionen durch die sog. Zeitkollisionsregel aufzulösen. Danach löst die jüngere die ältere Regelung mit dem gleichen Gegenstand. Dies gilt auch dann, wenn die neue Regelung ungünstiger ist als die Vorherige. So können TV und BV auch zum Nachteil der AN geändert werden. Bestehen auf einer Rechtsquellenstufe Regelungen zum gleichen Gegenstand, geht die speziellere der allgemeinen Regelung vor (→ *Tarifpluralität*).

▶ Güteverhandlung

Als Güteverhandlung wird die Verhandlung vor dem Vorsitzenden des → *Arbeitsgerichts* zum Zwecke der **gütlichen Einigung** der Parteien bezeichnet (§ 54 Abs. 1 S. 1 ArbGG). Der Vorsitzende hat dazu das gesamte Streitverhältnis mit den Parteien unter freier Würdigung aller Umstände zu erörtern und ggf. präsente Beweismittel zu verwerten; nur eine eidliche Zeugenvernehmung ist ausgeschlossen (§ 54 Abs. 1 ArbGG). Die Güteverhandlung schließt regelmäßig mit dem Abschluss eines → *Vergleichs* oder der Ansetzung eines Termins zur streitigen Verhandlung (→ *Kammerverhandlung*). Der Vorsitzende kann die Güteverhandlung mit Zustimmung der Parteien in einem weiteren Termin fortsetzen. Das kann sich etwa empfehlen, wenn der Sachverhalt nicht aufgeklärt werden kann oder eine Einigung zu erwarten ist. Die Güteverhandlung in Kündigungsverfahren soll innerhalb von zwei Wochen nach Klageerhebung stattfinden (§ 61a Abs. 2 ArbGG).

Bleibt die Güteverhandlung erfolglos, hat der Vorsitzende die streitige Verhandlung so vorzubereiten, dass sie möglichst in einem Termin zu Ende geführt werden kann (§ 56 Abs. 1 S. 1 ArbGG). Der Beklagte ist bis zur Güteverhandlung nicht zur Einreichung einer schriftlichen Stellungnahme verpflichtet. Erst durch einen am Schluss der Güteverhandlung verkündeten **Auflagenbeschluss** wird ihm eine Frist zu einer schriftsätzlichen Äußerung gesetzt, die mindestens zwei Wochen betragen muss. Dem Kläger kann eine weitere Gegenäußerungspflicht gesetzt werden. Zur sachgerechten Vorbereitung der mündlichen Verhandlung kann der Vorsitzende von den in § 56 Abs. 1 S. 2 ArbGG genannten prozessleitenden Maßnahmen Gebrauch machen. Insbesondere kann er die Parteien zur Ergänzung oder Erläuterung ihres schriftlichen Vorbringens auffordern, die Vorlage von Urkunden und das persönliche Erscheinen der Parteien anordnen und Zeugen, auf die sich eine Partei bezogen hat, laden. Das Gericht hat in dem Auflagenbeschluss die klärungsbedürftigen Punkte genau zu bezeichnen.

Angriffs- und Verteidigungsmittel, die erst nach Fristablauf vorgebracht werden, sind nur zuzulassen, wenn nach der freien Überzeugung des Gerichtes ihre Zulassung die Erledigung des Rechtsstreits nicht verzögern würde oder wenn die Partei die Verspätung genügend entschuldigt. Die Parteien sind über die Folgen der Fristversäumnis zu belehren (§§ 56 Abs. 2 2, 61a Abs. 6 ArbGG). Eine Verzögerung tritt ein, wenn eine Vertagung notwendig wird oder wenn das Gericht eine beabsichtigte Entscheidung zurückstellen muss. Maßstab für die Beurteilung der Verzögerung ist die prozessuale Situation bei rechtzeitigem und verspätetem Vorbringen. Verfahren, die das Bestehen, das Nichtbestehen oder die Kündigung eines Arbeitsverhältnisses zum Gegenstand haben, sind besonders zu beschleunigen.

Der Vorsitzende kann bereits vor streitiger Verhandlung einen **Beweisbeschluss** erlassen, soweit er anordnet (**1**) eine Beweisaufnahme durch den ersuchten Richter, (**2**) die Einholung schriftlicher Auskünfte von Zeugen nach § 377 Abs. 3 und 4 ZPO, (**3**) die Einholung amtlicher Auskünfte, (**4**) eine Parteivernehmung, (**5**) die Einholung eines schriftlichen Sachverständigengutachtens (§ 55 Abs. 4 ArbGG).

Der Vorsitzende kann nur in Ausnahmefällen den Rechtsstreit in der Güteverhandlung allein entscheiden. Eine **Alleinentscheidung** (§ 55 Abs. 1 ArbGG) kann ergehen bei einer Klagerücknahme, Verzicht oder Anerkenntnis des Klageanspruches, Säumnis einer oder beider Parteien sowie über die Einstellung der Zwangsvollstreckung. Der Vorsitzende ist sowohl bei echtem wie unechtem → *Versäumnisurteil* zur Alleinentscheidung befugt. Ferner entscheidet er allein, wenn dies die Parteien übereinstimmend beantragen (§ 55 Abs. 3 ArbGG).

H

► Haftung des Arbeitgebers

Neben einer Haftung des AG im Vertragsanbahnungsverhältnis (→ *Vorvertragliche Pflichten*) und für diskriminierendes Fehlverhalten (→ *Allgemeines Gleichbehandlungsgesetz*) kommt besonders dessen Haftung für Sach- und Vermögensschäden in Betracht, die der AN im Arbeitsverhältnis erleidet. Für Personenschäden haftet der AG demgegenüber nur selten.

(1) **Personenschäden:** Bei Personenschäden, die der AN in Vollzug des Arbeitsverhältnisses erleidet, handelt es sich regelmäßig um die Folgen eines → *Arbeitsunfalls* oder eine Berufskrankheit. Hier haftet der AG nach §§ 104 ff. SGB VII nicht. Den Träger der gesetzlichen Unfallversicherung trifft eine Einstandspflicht im sozialrechtlich festgelegten Umfang. Der AG muss allerdings selbst nach den allgemeinen Regeln haften, wenn er den Versicherungsfall vorsätzlich herbeigeführt hat. Persönlichkeitsrechtsverletzungen im Arbeitsverhältnis (→ *Mobbing*, → *Persönlichkeitsrecht*, → *Allgemeines Gleichbehandlungsgesetz*) unterfallen nicht der Sozialversicherung; auch für sie haftet der AG nach den allgemeinen Regeln.

(2) **Sach- und Vermögensschäden:** Das Arbeitsverhältnis macht es oft notwendig, dass der AN eigene Sachen zur Arbeit mitbringt. Neben der Haftung für übernommene Vertragspflichten kann es für den AG auch im Zusammenhang damit zu einer Haftung kommen. Er hat für solche → *eingebrachten Sachen* des AN **Schutz- und Ver-**

wahrungspflichten. Verletzt er sie schuldhaft, haftet er auf Schadensersatz. Ein **mitwirkendes Verschulden** des AN bei der Schadensentstehung (§ 254 BGB) im Zuge einer betrieblichen Tätigkeit ist nach den haftungseinschränkenden Regeln über den innerbetrieblichen Schadensausgleich zu berücksichtigen. Es führt nur zu einer Minderung oder einem Ausschluss des Schadensersatzanspruchs, wenn und soweit es nach dem Grad des ANverschuldens dessen eigene Haftung begründete, ginge es bei den beschädigten Sachen um solche des AG (→ *Haftung des Arbeitnehmers*).

Die arbeitsrechtlichen Besonderheiten bei der Haftungsverteilung nach Verschuldensbeiträgen gelten entsprechend auch in anderen Fällen der AGhaftung. Setzt der AN ohne besondere Vergütung mit Wissen und Billigung des AG in dessen Betätigungsbereich **eigene Sachen,** etwa Werkzeuge oder den **eigenen PKW,** ein, und erspart so dem AG den Einsatz entsprechender eigener Gegenstände, haftet dieser bei deren Beschädigung auf **Aufwendungsersatz** (→ *Aufwendungen*; § 670 BGB). Auch dieser Anspruch kann nach § 254 BGB, modifiziert durch die Regeln über den innerbetrieblichen Schadensausgleich, gemindert oder ausgeschlossen sein. Verlangt der AN vollen Ersatz eines bei ihm eingetretenen Schadens, muss er darlegen und ggf. beweisen, dass er den Schaden nicht oder nur leicht fahrlässig verursacht hat.

Es kommt grds. auch eine Haftung des AG für beim AN eingetretene Vermögensbeeinträchtigungen durch **Bußgelder** und **Kosten** der **Rechtsverteidigung** in Betracht. Ein Anspruch unter dem Gesichtspunkt des Aufwendungsersatzes setzt allerdings voraus, dass diese Kosten auf ein schuldloses Verhalten des AN im Dienst des AG zurückgehen oder der AG das strafbewehrte Verhalten (zB Lenkzeitverstöße) bewusst herbeigeführt hat. Für Letzteres genügen konkrete Arbeitsanweisungen, die erkennbar nur unter Inkaufnahme strafbewehrten Verhaltens erfüllt werden konnten (BAG 25.1.2001 – 8 AZR 465/00).

Im Zusammenhang mit der vertraglichen Rücksichtnahmepflicht (§ 241 Abs. 2 BGB) können den AG **Aufklärungs- und Hinweispflichten** treffen, deren schuldhafte Verletzung zur Haftung führt. Zwar hat jeder Vertragspartner seine Interessen selbst wahrzunehmen. Es muss aber stets auch geprüft werden, von wann an die Wahrung der Interessen des AN ein Tätigwerden des AG für diesen durch Hinweis und Aufklärung gebietet. Bei der erforderlichen Abwägung können hierfür auf ANseite ein besonders **bedeutsames Informationsinteresse** und atypisch **hohe Risiken** sowie auf AGseite eine erleichterte **Beratungsmöglichkeit** und deren **geringe Fehleranfälligkeit** sprechen (BAG 18.2.2020 – 3 AZR 206/18). Hat der AG den AN zu einem bestimmten Verhalten oder einer bestimmten Erklärung veranlasst, wird ihn vielfach die Pflicht treffen, auf sich hieraus ergebende Folgen oder Risiken hinzuweisen. Davon unabhängig müssen Informationen und Hinweise, die ein AG auf Nachfrage des AN auch ohne Bestehen einer dahin gehenden Pflicht gibt, zutreffend sein, wenn er die Autorität des Informierten in Anspruch nimmt (BAG 15.12.2016 – 6 AZR 578/15). Die Verletzung einer Pflicht zu richtiger Information kann zu einem Schadensersatzanspruch führen, wenn ohne die Pflichtverletzung kein Nachteil entstanden oder kein Vorteil entgangen wäre; dies dann, wenn sich der AN sich nach einer – richtigen – Information nachteilsverhindernd oder vorteilsbegründend verhalten hätte. Dies muss der AN beweisen, es sei denn, das betreffende Verhalten ist die typische Reaktion auf die – tatsächlich ausgebliebene – Information.

(3) Haftung aus geschaffener Gefahrenlage: Im Zusammenhang mit § 241 Abs. 2 BGB hat die Rspr. eine weitere allgemeine Haftungsgrundlage entwickelt. Schafft der AG eine Gefahrenlage, muss er die notwendigen und zumutbaren Vorkehrungen treffen, um eine Schädigung der AN so weit wie möglich zu verhindern. Er muss die Maßnahmen ergreifen, die ein umsichtiger und verständiger, in vernünftigen Grenzen vorsichtiger AG für notwendig und ausreichend halten darf, um die AN vor Schaden zu bewahren. Bietet er zB im Betrieb eine freiwillige Grippeschutzimpfung an, ohne selbst mit den AN einen Behandlungsvertrag abzuschließen, muss er die Person, die die Impfung durchführt, ordnungsgemäß auswählen. Eine darüberhinausgehende Überwachungspflicht besteht indes nicht (BAG 21.12.2017 – 8 AZR 853/16). *(KB)*

▶ Haftung des Arbeitnehmers

I. Haftungsgrundlagen

Ansprüche gegen den AN können sich aus schuldhafter Verletzung (1) → *vorvertraglicher Pflichten*, (2) arbeitsvertraglicher Haupt- und Nebenpflichten oder (3) unerlaubter Handlung ergeben.

1. Vorvertragliche Pflichten

Aus der Aufnahme von Arbeitsvertragsverhandlungen ergibt sich nach dem Grundsatz von → *Treu und Glauben* bereits eine Pflicht zur gegenseitigen Rücksichtnahme und Fürsorge, aus deren Verletzung Schadensersatzansprüche entstehen (§ 311 Abs. 2 BGB). Diese sind jedoch idR nicht auf das Erfüllungsinteresse, sondern auf den Vertrauensschaden gerichtet. Dieser wird ermittelt durch Vergleich der Jetztlage mit der Lage, die vorhanden wäre, wenn der rechtsgeschäftliche Abschluss oder die rechtsgeschäftliche Anbahnung gar nicht eingetreten wären. Ansprüche aus Vorverhandlungen oder culpa in contrahendo entstehen zB, wenn der AN dem AG wahrheitswidrig vorspiegelt, er sei in der Lage, bestimmte Arbeiten zu verrichten, wenn er ihm im Rahmen von Vorstellungen bekannt gewordene Betriebsgeheimnisse weitergibt oder der AG erhebliche Aufwendungen macht und der AN nicht willens oder in der Lage ist, die Arbeit aufzunehmen.

2. Verletzung arbeitsvertraglicher Pflichten

Die Verletzung arbeitsvertraglicher Pflichten kann in Nichtleistung, verspäteter Leistung oder Schlechterfüllung bestehen. Im Arbeitsrecht werden unter Schlechtleistung im Wesentlichen die Fälle zusammengefasst, in denen der AN zwar seiner Arbeitsverpflichtung nachkommt, aber eine mit Mängeln behaftete Arbeitsleistung erbringt. Das ist anzunehmen, wenn das Arbeitsergebnis nicht gelingt, der AN zu langsam oder zu flüchtig arbeitet, er die ihm überlassenen oder anvertrauten Geräte, Maschinen, Werkzeuge usw. beschädigt oder unrichtige oder fehlerhafte Unterlagen (Bilanzen, Buchführungen) erstellt. Eine Schlechtleistung ist zusammengefasst immer dann gegeben, wenn der AG durch die zu erbringende Arbeitsleistung in irgendeiner Form pflichtwidrig geschädigt wird. Bei der

Durchführung der Arbeit sind die für die Berufsgruppe üblichen Fertigkeiten und Kenntnisse einzusetzen und erteilte Weisungen zu beachten. Zu den Pflichten eines Kraftfahrers gehört zB die unbedingte Einhaltung der Straßenverkehrsvorschriften; für AN in besonderen Vertrauensstellungen gelten besondere Auskunfts-, Überwachungs- und Rechnungslegungspflichten. Dem AN obliegen in Bezug auf die ihm überlassenen Werkzeuge, Materialien und Gerätschaften bestimmte Obhuts- und Aufbewahrungspflichten. Für die Pflichtverletzung ist der AG gem. § 619a BGB darlegungs- und beweispflichtig. Aus der Schlechtleistung können sich für den AG drei Rechtsfolgen ergeben: Das Recht zur Entgeltminderung, das Recht zur Kündigung und Schadensersatzansprüche.

3. Unerlaubte Handlung

Mit den vertraglichen Haftungsbestimmungen können diejenigen aus unerlaubter Handlung konkurrieren. Als solche kommen vor allem in Betracht §§ 823, 824, 826 BGB, § 1 UWG (vorsätzliche oder fahrlässige Verletzung von Leben, Gesundheit, Freiheit, Einkommen, Schutzgesetzen, Kreditgefährdung, sittenwidrige Schädigung, Verrat von Geschäftsgeheimnissen usw.). Begeht der AN gegenüber dem Geschäftspartner des AG einen Betrugsversuch, kann er für die durch einen Geschäftsabbruch drohenden Schäden haften.

4. Schädigung Dritter

Hat der AN in Ausübung seiner Tätigkeit einen Dritten geschädigt, haften AN und AG dem Dritten im Außenverhältnis als Gesamtschuldner. Dies kommt vor allem vor, wenn die geschädigten Betriebsmittel dem Dritten gehören (zB bei Sicherungsübereignung oder Leasing). Die Grundsätze der Haftungsbeschränkung des AN gelten nicht gegenüber dem Dritten. Jedoch hat der AN gegen den AG einen Anspruch auf Freistellung von der Haftung in dem Umfang, in dem bei Schädigung des AG er von der Haftung freigestellt wäre. Dieser Freistellungsanspruch ist dann wertlos, wenn der AG insolvent geworden ist.

II. Einschränkung der Arbeitnehmerhaftung

1. Grundsatz

Der AN hat bei der Schadenszufügung Vorsatz und Fahrlässigkeit zu vertreten, wenn eine strengere oder mildere Haftung weder bestimmt noch aus dem sonstigen Inhalt des Schuldverhältnisses zu entnehmen ist (§ 276 Abs. 1 S. 1 BGB). Allerdings hat die Rspr. die Haftung des AN bei Schäden infolge einer betrieblichen Tätigkeit eingeschränkt. Danach hängt die Haftungsbeschränkung des AN in einem bestehenden Arbeitsverhältnis von zwei Voraussetzungen ab: (**a**) der Schaden ist bei einer betrieblich veranlassten Tätigkeit entstanden und (**b**) der Grad des Verschuldens des AN. Die Haftungsbeschränkung gilt grds. nicht für arbeitnehmerähnliche Personen, weil bei diesen die Weisungsgebundenheit fehlt.

2. Betriebliche Veranlassung

Keine Haftungsbeschränkung besteht, wenn der AN Arbeiten verrichtet, die mit der betrieblichen Tätigkeit nicht im Zusammenhang stehen. Als betrieblich veranlasst gelten solche Tätigkeiten, die arbeitsvertraglich übertragen worden sind oder die der AN im Interesse des AG für den Betrieb ausführt. Das Handeln braucht dabei nicht zum eigentlichen Aufgabengebiet des Beschäftigten gehören, ausreichend ist, wenn er im wohlverstandenen Interesse des AG tätig wird. Maßgeblich ist, ob bei objektiver Betrachtungsweise aus der Sicht des Schädigers im Betriebsinteresse zu handeln war, sein Verhalten unter Berücksichtigung der Verkehrsüblichkeit nicht untypisch war und keinen Exzess darstellt. Der betriebliche Charakter der Tätigkeit geht nicht dadurch verloren, dass der AN bei der Durchführung der Tätigkeit grob fahrlässig oder vorsätzlich seine Verhaltenspflichten verletzt, auch wenn ein solches Verhalten grds. nicht im Interesse des AG liegt. Durch das Merkmal der betrieblichen Veranlassung soll sichergestellt werden, dass der AG nicht mit dem allgemeinen Lebensrisiko des AN belastet wird. Ein lediglich räumlicher und zeitlicher Zusammenhang zwischen der Pflichtverletzung und der Arbeit ist unzureichend.

3. Haftungsbeschränkung in Abhängigkeit vom Verschulden

Die Haftung des AN hängt in besonderem Maße von seinem Verschulden ab.

(a) **Vorsätzlich** verursachte Schäden hat der AN in vollem Umfang zu tragen.

(b) Auch bei **grober Fahrlässigkeit** haftet der AN grds. voll, es sind jedoch ausnahmsweise Haftungseinschränkungen möglich. Eine Haftungsbegrenzung durch Begrenzung der Schadenssumme kommt in Betracht, wenn der Verdienst des AN in einem deutlichen Missverhältnis zum verwirklichten Schadensrisiko steht. Ein solches Missverhältnis besteht regelmäßig nicht, wenn der Schaden nicht erheblich über einem Bruttomonatsverdienst des AN liegt.

(c) Bei **mittlerer Fahrlässigkeit** hat der AN den Schaden **anteilig** zu tragen. Ob und ggf. in welchem Umfang er zum Ersatz verpflichtet ist, richtet sich im Rahmen einer Abwägung der Gesamtumstände, insbesondere von Schadensanlass und Schadensfolgen, nach Billigkeits- und Zumutbarkeitsgesichtspunkten. Primär ist auf den Grad des dem AN zur Last fallenden Verschuldens, die Gefahrgeneigtheit der Arbeit, die Höhe des Schadens, die Versicherbarkeit des Risikos, die Stellung des AN im Betrieb und die Höhe seines Arbeitsentgelts sowie persönliche Umstände des AN, wie etwa die Dauer der Betriebszugehörigkeit, sein Lebensalter, seine Familienverhältnisse sowie das bisherige Verhalten des AN abzustellen. Gefahrgeneigte Arbeit liegt vor, wenn die Eigenart der vom AN zu leistenden Arbeit es mit großer Wahrscheinlichkeit mit sich bringt, dass auch einem sorgfältigen AN gelegentlich Fehler unterlaufen, die für sich allein betrachtet zwar jedes Mal vermeidbar wären, mit denen aber angesichts der menschlichen Unzulänglichkeit als mit einem typischen Abirren der Dienstleistung erfahrungsgemäß zu rechnen ist.

(d) Ist der Schaden auf **leichteste Fahrlässigkeit** zurückzuführen, haftet der AN nicht.

(e) Eine absolute **summenmäßige Begrenzung** der Haftung lehnt das BAG ab. Das Gericht schließt jedoch unter Berücksichtigung der Einzelfallumstände eine derartige Haftungsbeschränkung auch nicht aus. So sind auch bei grob fahrlässiger Schadensverursachung durch den AN Haftungserleichterungen nicht ausgeschlossen, wenn sein Verdienst in einem deutlichen Missverhältnis zum verwirklichten Schadensrisiko der Tätigkeit steht.

(**f**) Die Haftungsbeschränkung gilt auch dann, wenn der Schadensersatzanspruch auf die Vorschriften über die **unerlaubte Handlung** (§§ 823 ff. BGB) gestützt wird. Eine unerlaubte Handlung kann vorliegen, wenn der AN Gegenstände seines AG beschädigt, also insbesondere bei Verkehrsunfällen.

4. Haftungsminderung bei Mitverschulden

Nach allgemeinem Vertragsrecht kann die Schadensersatzpflicht bei Mitverschulden des Verletzten gemindert sein (§ 254 BGB). Das Mitverschulden kann sich daraus ergeben, dass ein schuldhaftes Verhalten des Verletzten bei der Entstehung des Schadens mitgewirkt hat oder dass er es unterlassen hat, den drohenden Schaden abzuwenden oder den bereits eingetretenen zu mindern (§ 254 Abs. 2 BGB). Dabei ist zu berücksichtigen, dass der AG die Verantwortung für die Gestaltung der Arbeitsbedingungen und die Organisation des Betriebs trägt. Ein Mitverschulden des AG kann beispielsweise vorliegen, wenn er die notwendigen Anweisungen nicht erteilt, erforderliche Überwachungen nicht durchführt, mangelhaftes Arbeitsgerät oder Arbeitsmaterial zur Verfügung stellt, die Arbeit nicht hinreichend organisiert, den AN überfordert oder überlastet.

5. Bestehen einer Versicherung

(**a**) Ein AN kann sich nicht auf die Haftungsbeschränkung berufen, wenn zu seinen Gunsten eine gesetzlich vorgeschriebene **Haftpflichtversicherung** (zB Kfz-Haftpflichtversicherung) eingreift. Bei Bestehen einer Pflichtversicherung liegen Risiken vor, die der Gesetzgeber als so gefahrträchtig erachtet hat, dass er den Handelnden im Hinblick auf mögliche Gefahren für andere ohne Versicherungsschutz nicht tätig sehen will.

(**b**) Diese Grundsätze gelten nur eingeschränkt, wenn der AN sich gegen das Risiko seiner betrieblichen Tätigkeit selbst **freiwillig versichert** hat. Eine freiwillig abgeschlossene private Haftpflichtversicherung haftet nur in dem Umfang, in dem der AN selbst haftet. Insbesondere darf auch beim Bestehen einer solchen Privathaftpflichtversicherung zugunsten des AN berücksichtigt werden, dass das gezahlte Entgelt im Verhältnis zu dem von ihm zu tragenden Risiko unangemessen gering ist. Etwas Anderes kann dann gelten, wenn der AG vor Einstellung des AN wegen der Risiken der gefahrgeneigten Tätigkeit den Abschluss einer solchen privaten Haftpflichtversicherung verlangt und zur Einstellungsbedingung gemacht hatte, erst recht, wenn dafür zusätzliche Vergütungsbestandteile vereinbart wurden.

(c) Der AG ist zwar nicht verpflichtet, für im Betrieb genutzte Firmenkraftfahrzeuge eine **Vollkaskoversicherung** abzuschließen, wenn sich dies nicht aus dem Arbeitsvertrag oder den das Arbeitsverhältnis gestaltenden normativen Bestimmungen ergibt. Haftet der AN, der als Fahrer eines Kraftfahrzeugs seines AG einen Unfall verschuldet hat, nach den Grundsätzen über den innerbetrieblichen Schadensausgleich für den an dem Kraftfahrzeug des AG entstandenen Schaden anteilig, kann jedoch bei der Abwägung aller für den Haftungsumfang maßgebenden Umstände zu Lasten des AG ins Gewicht fallen, dass dieser für das Unfallfahrzeug keine Kaskoversicherung abgeschlossen hatte. Dies kann dazu führen, dass der AN nur in Höhe einer Selbstbeteiligung haftet, die bei Abschluss einer Kaskoversicherung zu vereinbaren gewesen wäre.

III. Schädigung eines Dritten (Außenhaftung)

Hat der AN durch eine schädigende Handlung allein oder mit dem AG einen betriebsfremden Dritten geschädigt, haftet er diesem, sofern ein haftungsbegründender Tatbestand vorliegt, nach den allgemeinen Grundsätzen des BGB ohne irgendwelche besonderen Haftungsbeschränkungen (**Außenhaftung**). Die von der Rspr. erarbeiteten Grundsätze zur Haftungsbeschränkung (unter II.) wirken nur im Verhältnis zum AG. Im Außenverhältnis haften AG und AN als Gesamtschuldner. Der geschädigte Dritte kann von beiden Zahlung verlangen, bis seine Forderung erfüllt ist.

Bei der Schädigung eines Dritten erwirbt der AN im **Innenverhältnis** zum AG einen Freistellungsanspruch (§ 257 BGB) von der Haftung, soweit der AG wegen der Haftungsbeschränkung verpflichtet ist, den Schaden zu tragen. Rechtsgrundlage dieses Anspruchs ist

§ 670 BGB. Der Umfang des Ersatzanspruchs bemisst sich nach der Höhe, nach der bei unmittelbarer Schädigung des AG der Schadensersatzanspruch herabgesetzt wäre. Der Freistellungsanspruch wird fällig, wenn feststeht, dass der schädigende AN von dem Geschädigten mit Erfolg in Anspruch genommen werden kann. Der Dritte kann den Freistellungsanspruch pfänden und sich zur Einziehung überweisen lassen, dass er unmittelbar gegen den AG vorgehen kann. Hat der AN bereits vollen Schadensersatz geleistet, kann er von seinem AG vollen oder teilweisen Ersatz fordern. Der Freistellungsanspruch wandelt sich in beiden Fällen in einen Erstattungsanspruch um.

▶ Handelsvertreter

Handelsvertreter ist, wer als selbständiger Gewerbetreibender ständig damit betraut ist, für einen anderen Unternehmer Geschäfte gegen → *Provision* zu vermitteln oder in dessen Namen abzuschließen (§ 84 Abs. 1 S. 1 HGB). Er unterscheidet sich vom kaufmännischen Angestellten durch seine **Selbständigkeit** (§ 84 Abs. 2 HGB). Nach § 84 Abs. 1 S. 2 HGB ist selbständig, wer im Wesentlichen frei seine Tätigkeit gestalten und seine Arbeitszeit bestimmen kann. Dabei kommt es nicht allein auf die vertragliche Vereinbarung, sondern auch auf die tatsächliche Ausgestaltung des Vertrags an. Handelsvertreter sind Kaufleute, es sei denn, dass das Unternehmen nach Art und Umfang einen in kaufmännischer Weise eingerichteten Geschäftsbetrieb nicht erfordert (§ 1 HGB). Einfirmenvertreter sind Handelsvertreter, die vertraglich nicht für mehrere Unternehmen tätig sein dürfen oder denen dies nach Art und Umfang der von ihnen verlangten Tätigkeit nicht möglich ist (§ 92a Abs. 1 HGB). Die Abgrenzung gilt entsprechend für Versicherungsvertreter (§ 92a Abs. 2 HGB).

Haben Parteien einen Handelsvertretervertrag geschlossen, kann sich gleichwohl ergeben, dass der zur Dienstleistung Verpflichtete nicht als selbständiger Handelsvertreter, sondern als **unselbständiger Angestellter** tätig geworden ist. Die **Abgrenzung** richtet sich nach dem Grad der persönlichen Abhängigkeit (→ *Arbeitnehmer*). Ob echte oder nur Scheinselbständigkeit vorliegt, ist in der Gesamtwürdigung von Vertrag und tatsächlicher Handhabung zu ermitteln. Immer dann, wenn die mit der Rechtsstellung eines Handelsvertreters verbundenen Vorteile zu weit eingeschränkt werden, wird dieser zum AN. Das gilt insbesondere dann, wenn das wirtschaftliche Risiko der Tätigkeit trägt.

Auf den Handelsvertreter findet grds. **Arbeitsrecht keine Anwendung.** Das zwischen dem Handelsvertreter und dem Auftraggeber bestehende Rechtsverhältnis ist ein auf Geschäftsbesorgung gerichteter unabhängiger Dienstvertrag, auf den §§ 84 ff. HGB sowie § 675 BGB iVm §§ 663, 665, 670, 672–674 BGB anwendbar sind. Ein Zeugnisanspruch gem. § 630 BGB besteht, sofern der Handelsvertreter zu den arbeitnehmerähnlichen Personen gehört oder Einfirmenvertreter ist. Der sozialen Absicherung dient eine Verlängerung der Kündigungsfristen nach § 89 HGB, die teilweise über die des § 622 BGB hinausgehen. Ferner findet § 626 Abs. 2 BGB auf die → *außerordentliche Kündigung* des Vertrags nach § 89a HGB keine Anwendung. Bei Beendigung des Arbeitsverhältnisses erwirbt der Handelsvertreter einen Ausgleichsanspruch nach § 89b HGB.

▶ Handlungsgehilfen

Dies ist, wer in einem Handelsgewerbe zur Leistung kaufmännischer Dienste gegen Entgelt angestellt ist (§ 59 HGB). Der Handlungsgehilfe unterscheidet sich von einem gewerblichen AN (Arbeiter) dadurch, dass die gedankliche, geistige Arbeit die mechanische, mit der Hand geleistete überwiegt. Setzt sich die Tätigkeit aus derjenigen eines Handlungsgehilfen und der eines gewerblichen AN zusammen (Verkaufsfahrer, Kioskverkäufer), wird ihr Wesen durch diejenige Tätigkeitsart bestimmt, die der Gesamttätigkeit nach ihrer für den Zweck des Betriebs wesentlichen Erscheinungsform das Gepräge gibt. Bei der Abgrenzung ist jeweils die Verkehrsauffassung zu berücksichtigen. Auf Handlungsgehilfen findet Arbeitsrecht Anwendung.

▶ Handlungsreisende

So werden diejenigen → *Handlungsgehilfen* genannt, die im Außendienst beschäftigt werden und deren Arbeitsentgelt regelmäßig teilweise aus → *Provision* besteht.

▶ Heimarbeiter

I. Geltungsbereich des HAG

(**1**) Heimarbeiter, Hausgewerbetreibende und ihnen Gleichgestellte genießen besonderen Schutz nach dem HAG. **Heimarbeiter** ist nach § 2 Abs. 1 HAG, wer in selbst gewählter Arbeitsstätte (eigener Wohnung oder Betriebsstätte) allein oder mit seinen Familienangehörigen (§ 2 Abs. 5 HAG) im Auftrag von Gewerbetreibenden oder **Zwischenmeistern** erwerbsmäßig arbeitet, jedoch die Verwertung der aus eigenen oder vom Auftraggeber angelieferten Roh- und Hilfsstoffen gefertigten Arbeitsergebnisse dem unmittelbar oder mittelbar Auftraggebenden überlässt (§ 2 Abs. 1 HAG). Heimarbeiter ist daher auch ein mit → *Telearbeit (mobile Arbeit)* Beschäftigter. **Hausgewerbetreibender** ist, wer in eigener Arbeitsstätte mit nicht mehr als zwei fremden Hilfskräften oder Heimarbeitern (§ 2 Abs. 6 HAG) im Auftrag von Gewerbetreibenden oder Zwischenmeistern Waren herstellt, verarbeitet oder verpackt, wobei er selbst wesentlich am Stück mitarbeitet, jedoch die Verwertung der aus eigenen oder vom Auftraggeber angelieferten Roh- und Hilfsstoffen gefertigten Arbeitsergebnisse dem Auftraggeber überlässt (§ 2 Abs. 2 HAG).

(**2**) Heimarbeiter und Hausgewerbetreibende sind keine → *Arbeitnehmer,* da sie nicht in einen fremden Betrieb eingegliedert sind und nicht dem → *Direktionsrecht* des Auftraggebers unterliegen. Sie können → *arbeitnehmerähnliche Personen* sein. Der **Heimarbeiter** betreibt **kein eigenes Gewerbe** ieS und ist lohnsteuer- und arbeitslosenversicherungspflichtig (§§ 24 ff. SGB III). Der **Hausgewerbetreibende** betreibt ein **eigenes Gewerbe** und wird als selbstständiger Gewerbetreibender zu steuerlichen Lasten herangezogen (vgl. § 11 Abs. 3 GewStG). Beide Beschäftigtengruppen unterliegen der Rentenversicherungspflicht (§ 2 SGB VI). Ob ein Rechtsverhältnis ein Heimarbeits- oder Hausgewerbeverhältnis oder ein sonstiges

Dienst- bzw. Werkverhältnis ist, entscheidet sich nicht nach der Bezeichnung, sondern nach der tatsächlichen Durchführung.

(**3**) Den Heimarbeitern können, wenn dies wegen ihrer Schutzwürdigkeit gerechtfertigt erscheint, **gleichgestellt** werden: (**a**) Personen, die idR allein oder mit ihren Familienangehörigen in selbstgewählter Betriebsstätte eine sich in regelmäßigen Arbeitsvorgängen wiederholende Arbeit im Auftrag eines anderen gegen Entgelt ausüben, ohne dass ihre Tätigkeit als gewerblich angesehen oder dass der Auftraggeber ein Gewerbetreibender oder Zwischenmeister ist (§ 1 Abs. 2a HAG); (**b**) Hausgewerbetreibende, die mit mehr als zwei fremden Hilfskräften oder Heimarbeitern arbeiten (§ 1 Abs. 2 b HAG); (**c**) andere, im Lohnauftrag arbeitende Gewerbetreibende, die infolge ihrer wirtschaftlichen Abhängigkeit eine ähnliche Stellung wie Hausgewerbetreibende einnehmen (§ 1 Abs. 2 c HAG); (**d**) Zwischenmeister (§ 1 Abs. 2d HAG); das ist, wer, ohne AN zu sein, die ihm von Gewerbetreibenden übertragene Arbeit (etwa nach dem Zuschneiden) an Heimarbeiter oder Hausgewerbetreibende weitergibt (§ 2 Abs. 3 HAG). Für die Feststellung der Schutzbedürftigkeit ist das Ausmaß der wirtschaftlichen Abhängigkeit maßgebend. Bei dessen Beurteilung sind alle Umstände des Einzelfalls, insbesondere die Zahl der fremden Hilfskräfte, Abhängigkeit von einem oder mehreren Auftraggebern, Zugang zum Absatzmarkt, Umsatz, Höhe und Art der Eigeninvestitionen zu berücksichtigen.

(**4**) Die **Gleichstellung** erfolgt mit Zustimmung der zuständigen Arbeitsbehörde durch widerrufliche Entscheidung des zuständigen **Heimarbeitsausschusses** nach Anhörung der Beteiligten, notfalls durch die Arbeitsbehörde selbst (§ 1 Abs. 5 HAG) und ist zu veröffentlichen, es sei denn, dass nur einzelne Personen gleichgestellt werden (§ 1 Abs. 4 HAG). Zuständige Arbeitsbehörden sind die LAM oder, sofern die Angelegenheit den Zuständigkeitsbereich mehrerer Länder berührt, die von diesem im Einvernehmen mit dem BMAS vereinbarten Stellen (§ 3 HAG). Die zuständige Arbeitsbehörde errichtet Heimarbeitsausschüsse, die aus je drei Beisitzern aus Kreisen der beteiligten Auftraggeber und der Beschäftigten und einem unparteiischen Vorsitzenden bestehen (§ 4 HAG). Die Beisitzer werden auf Vorschlag der Koalitionen berufen (§ 5 HAG). Die

Gleichstellung erstreckt sich, wenn im Einzelfall nichts Anderes bestimmt ist, auf die **Allgemeinen Schutzvorschriften** und die Vorschriften über die **Entgeltregelung,** den **Entgeltschutz** und die **Auskunftspflicht über Entgelte** (§ 1 Abs. 3 HAG).

II. Rechtsstellung

(1) Auf Heimarbeiter findet **Arbeitsrecht** grds. **keine Anwendung.** Das HAG enthält jedoch Vorschriften über den Arbeitsschutz (§§ 7 ff. HAG), allgemeinen Gefahrenschutz (§ 15 HAG), Entgelt- und Kündigungsschutz (§ 29 HAG). Vor der Kündigung eines Heimarbeiters, der hauptsächlich für einen Betrieb arbeitet, ist dessen BR § 102 BetrVG zu hören (→ *Anhörung des Betriebsrats vor dem Kündigungsausspruch*). § 29a HAG trägt der Tatsache Rechnung, dass Heimarbeiter, die in der Hauptsache für einen Betrieb arbeiten, nach § 5 Abs. 1 S. 2 BetrVG als dessen AN gelten. Sind Heimarbeiter Mitglied einer ANvertretung, gilt für sie der besondere Kündigungsschutz (§ 15 KSchG; → *Betriebsratsmitglieder*). Zur Abgeltung des → *Urlaubs* und der → *Entgeltfortzahlung im Krankheitsfall* sind den in Heimarbeit Beschäftigten und einem Teil der Gleichgestellten besondere Zuschläge zu zahlen (§ 12 BUrlG, § 10 EFZG, § 19 JArbSchG). Dies gilt auch für → *Feiertage* (§ 11 EFZG). Heimarbeiter und Gleichgestellte haben Anspruch auf → *Elternzeit* (§ 20 Abs. 2 BEEG).

(2) Die **Arbeitsvergütung** der Heimarbeiter, Hausgewerbetreibenden und der ihnen Gleichgestellten kann frei vereinbart werden, soweit nicht → *Tarifverträge* oder bindende Festsetzungen bestehen. Der gesetzliche → *Mindestlohn* findet auf sie keine Anwendung. Der Heimarbeitsausschuss kann nach Anhörung der Beteiligten mit Zustimmung der zuständigen Arbeitsbehörde Vertragsbedingungen mit bindender Wirkung festsetzen, wenn unzulängliche Entgelte gezahlt werden oder die sonstigen Vertragsbedingungen unzulänglich sind (§ 19 HAG). Schreibt eine bindende Festsetzung ein bestimmtes Mindeststundenentgelt vor, haben die Beschäftigten Anspruch auf den Stundensatz für jede Stunde der Vorgabezeit, die sie nach dem maßgeblichen Entgeltverzeichnis geleistet haben. Vergütet der Auftraggeber einen geringeren Betrag, kann er nicht geltend machen, er habe die geringere Vergütung durch eine höhere Vorgabe-

zeit kompensiert (BAG 5.11.2002 – 9 AZR 409/01). Für gleichgestellte Zwischenmeister können Entgeltregelungen getroffen werden (§ 21 HAG). Sind die Entgelte der Hausgewerbetreibenden oder Gleichgestellten durch bindende Festsetzung geregelt, können durch besondere Entgeltausschüsse auch für deren fremde Hilfskräfte Mindestarbeitsbedingungen erlassen werden (§ 22 HAG). Die LAM haben für eine wirksame Überwachung der Entgelte und Arbeitsbedingungen durch Entgeltprüfer zu sorgen (§ 23 Abs. 1 HAG). Das Entgelt, das den in Heimarbeit Beschäftigten und Gleichgestellten gezahlt wird, ist nur nach Maßgabe der besonderen Pfändungsschutzbestimmungen für Arbeitsvergütung pfändbar (§ 27 HAG).

▶ Homeoffice

→ *Telearbeit (mobile Arbeit)*

I

▶ Impfpflicht

Nach der Rspr. des BVerfG ist die **einrichtungsbezogene Impfpflicht** des § 20a IfSG, die insbesondere für Beschäftigte in Krankenhäusern und Pflegeeinrichtungen gilt, verfassungsgemäß (BVerfG 20.4.2022 – 1 BvR 2649/21). Der Eingriff in das Recht auf körperliche Unversehrtheit aus Art. 2 Abs. 2 S. 1 GG sei verhältnismäßig. Kommt ein in den im Gesetz genannten Einrichtungen beschäftigter AN der Impfpflicht nicht nach und darf ihn der AG nicht beschäftigen, bestehen grds. keine Entgeltansprüche des AN in dieser Zeit (→ *Annahmeverzug des Arbeitgebers*). Ebenso kommt auch eine → *Kündigung* des Arbeitsverhältnisses in Betracht. Ohne gesetzliche Grundlage wird der AG vom AN grds. nicht verlangen können, sich impfen zu lassen. *(RL)*

▶ Industrie 4.0

→ *Arbeit 4.0*

▶ Infektionsschutz

→ *Corona*

▶ Inhaltskontrolle

Der Inhaltskontrolle nach §§ 307–309 BGB unterliegen gem. § 307 Abs. 3 S. 1 BGB nur Bestimmungen in → *Allgemeinen Geschäftsbedingungen* (AGB), durch die von Rechtsvorschriften abweichende oder diese ergänzende Regelungen vereinbart werden. Gem. § 310 Abs. 4 S. 3 BGB stehen TV, BV und Dienstvereinbarungen Rechtsvorschriften gleich. Kontrollfähig sind AGB, die von Rechtsvorschriften iSd § 307 Abs. 3 S. 1 BGB abweichen.

Rechtsvorschriften sind nicht nur die Gesetzesbestimmungen selbst, sondern die dem Gerechtigkeitsgebot entsprechenden allgemein anerkannten Rechtsgrundsätze, dh auch alle ungeschriebenen Rechtsgrundsätze, die Regeln des Richterrechts oder die aufgrund ergänzender Auslegung nach §§ 157, 242 BGB und aus der Natur des jeweiligen Schuldverhältnisses zu entnehmenden Rechte und Pflichten. Auch Vertragstypen, die gesetzlich nicht geregelt sind, wie etwa ein vertragliches Rückkehrrecht nach Beendigung des Arbeitsverhältnisses oder eine befristete Arbeitszeiterhöhung, können am Maßstab der §§ 307 ff. BGB gemessen werden. Gleiches gilt für einseitige Leistungsbestimmungsrechte, die dem AG das Recht einräumen, die Hauptleistungspflichten einzuschränken, zu verändern, auszugestalten oder zu modifizieren. Sie weichen von dem allgemeinen Grundsatz ab, wonach Verträge einzuhalten sind. Der Vertrag und die sich aus ihm ergebenden Verpflichtungen sind für jede Seite bindend.

Die Inhaltskontrolle beruht auf einer **typisierenden Betrachtung** der jeweiligen Klausel, die grds. ohne Rücksicht auf individuelle Besonderheiten der Vertragsparteien und des konkreten Einzelfalls vorzunehmen ist. Bei der Angemessenheitskontrolle ist deshalb auf die Möglichkeiten abzustellen, die dem Verwender durch die AGB eingeräumt werden. Die gesetzlichen Vorschriften der §§ 307 ff. BGB missbilligen bereits, dass inhaltlich unangemessene AGB gestellt werden und nicht erst den unangemessenen Gebrauch einer Klausel im Einzelfall.

► Insolvenz des Arbeitgebers

In der Insolvenz des AG ist die Geltung arbeitsrechtlicher Bestimmungen zugunsten insolvenzrechtlicher Grundsätze und anderer Gläubiger eingeschränkt. Dies gilt insbesondere bei Entgeltansprüchen iwS (I.) und Kündigungen durch den insolventen AG oder den Insolvenzverwalter (II.). Geht ein Betrieb im Wege eines **Betriebsübergangs** nach § 613a BGB auf den Erwerber über, ist dessen Haftung nicht eingeschränkt, wenn er vor Eröffnung des Insolvenzverfahrens in die Handlungsmacht des Betriebs eingetreten ist. Dagegen ist von einer Haftungsbeschränkung des Betriebserwerbers auszugehen, wenn dieser den Betrieb in der Insolvenz übernimmt (→ *Betriebsübergang*).

I. Arbeitsentgelt und Abfindungen

1. Unterscheidung von Insolvenz- und Masseverbindlichkeit

Entgeltforderungen aus der Zeit **vor der Insolvenzeröffnung** sind Insolvenzforderungen nach § 38 InsO. Sie genießen keinen Vorrang vor anderen Gläubigern. Insolvenzforderungen müssen zur Tabelle beim Insolvenzverwalter angemeldet werden. Entgeltforderungen aus der Zeit **nach der Eröffnung des Insolvenzverfahrens** sind grds. Masseverbindlichkeiten nach § 55 Abs. 1 Nr. 2 InsO. Sonderzahlungen mit reinem Betriebstreuecharakter, deren Stichtag nach Eröffnung des Insolvenzverfahrens liegt, sind Masseverbindlichkeiten iSv § 55 Abs. 1 Nr. 2 InsO (BAG 23.3.2017 – 6 AZR 264/16). Verbindlichkeiten, die von einem vorläufigen starken Insolvenzverwalter begründet worden sind, gelten gleichfalls nach Eröffnung des Verfahrens als Masseverbindlichkeiten (§ 55 Abs. 2 InsO): Bei Verbindlichkeiten aus einem Arbeitsvertrag gilt dies jedoch nur dann, wenn der vorläufige Verwalter für das von ihm verwaltete Vermögen die Arbeitsleistung des AN in Anspruch genommen hat (§ 55 Abs. 2 S. 2 InsO). Stellt er den AN von der Arbeit frei (→ *Freistellung des Arbeitnehmers*), sind die Lohnansprüche lediglich Insolvenzforderungen. Die Masseverbindlichkeiten sind vorweg zu befriedigen. Das bedeutet, dass die Masseverbindlichkeiten gegenüber dem Verwalter geltend zu machen und unabhängig von einem Verteilungsverfahren vor allen Insolvenzgläubigern aus der Insolvenzmasse zu befriedigen sind. Stellt sich im Verlauf des Verfahrens heraus, dass die Masse unzulänglich ist, kann der Insolvenzverwalter den Einwand der Masseunzulänglichkeit erheben. Danach können Entgeltansprüche nicht mehr mit der Leistungsklage verfolgt werden. Die InsO regelt abschließend, dass eine Rangfolgenordnung nur einmal erfolgt. Daher findet eine Rangabwertung der Neumasseverbindlichkeiten iSv § 209 Abs. 1 Nr. 2 InsO bei erneuter Masseunzulänglichkeit nicht statt. Ist die Kündigung, die der Insolvenzverwalter erstmals nach der Anzeige der Masseunzulänglichkeit rechtzeitig ausspricht, unwirksam, sind Annahmeverzugsansprüche, die für die Zeit nach dem Termin entstehen, zu dem das Arbeitsverhältnis nach Anzeige der Masseunzulänglichkeit frühestmöglich hätte beendet werden können, Neumasseverbindlichkeiten (BAG 5.10.2018 – 5 AZR 376/17). Nimmt der Insolvenzverwalter nach der Anzeige der Masseunzulänglichkeit die Arbeitsleistung in Anspruch, sind die Ansprüche des AN auf Urlaubsvergütung und auf Abgeltung des Urlaubs uneingeschränkt als Masseverbindlichkeiten zu bewerten, wenn der Urlaub innerhalb dieses Zeitraums gewährt wird bzw. das Arbeitsverhältnis endet (BAG 16.2.2021 – 9 AS 1/21).

2. Einordnung einer Abfindung

Wird ein Kündigungsschutzprozess nach Eröffnung des Insolvenzverfahrens durch den Insolvenzverwalter fortgesetzt und durch einen **Abfindungsvergleich** beendet, handelt es sich bei der → *Abfindung* in aller Regel nicht um eine Masseschuld. Abfindungen sind idR kein Entgelt für nach Insolvenzeröffnung erbrachte Arbeitsleistungen, sondern stellen einen Ausgleich für durch den Verlust des Arbeitsplatzes entstehende Nachteile und/oder eine Honorierung der Zustimmung des AN zur vorzeitigen Vertragsauflösung dar. Für die Einordnung als Masseverbindlichkeit iSv § 55 Abs. 1 Nr. 2 Alt. 2 InsO müsste sich aus einem gegenseitigen Vertrag ergeben, dass die vereinbarte „Abfindung" in Wahrheit anderen Zwecken dient, nämlich doch eine synallagmatische Verknüpfung zur Arbeitsleistung bzw. im weiteren Sinn zum Bestand des Arbeitsverhältnisses aufweist. Enthält der Vertrag sowohl Hinweise auf herkömmliche Abfindungszwecke als auch auf eine synallagmatische Verknüpfung, müsste angesichts des Regel-Ausnahme-Verhältnisses von § 38 InsO und § 55 InsO die letztere Zwecksetzung überwiegen, um die zugesagte Leistung als Masseverbindlichkeit einordnen zu können. Eine durch → *Auflösungsurteil* zuerkannte Abfindung ist immer dann eine Masseverbindlichkeit, wenn der Auflösungsantrag dem Insolvenzverwalter zuzurechnen ist, indem er ihn erstmals stellt oder wirksam in den Prozess einführt und ihn nicht nur prozessual vorfindet und an ihm festhält (BAG 14.3.2019 – 6 AZR 4/18).

3. Anfechtung

Der Verwalter hat die Möglichkeit, bestimmte Zahlungen des AG an den AN vor der Insolvenzeröffnung „anzufechten". Diese sog. Anfechtung unterliegt nicht den Grundsätzen über die → *Anfechtung* von Willenserklärungen, sondern führt vielmehr dazu, dass der Insolvenzverwalter die Rückübertragung eines Erlangten vom AN an die Insolvenzmasse verlangen kann. Im Wesentlichen geht es um Lohnzahlungen und bei den Anfechtungsgründen um den Schutz der Gläubiger. Die Anfechtung dient idR der Rückabwicklung von Zahlungen des AG an AN oder Dritte zur Sicherung der Insolvenzmasse. Mindestlohnansprüche sind vor der Anfechtung nicht geschützt, der AN muss sich vielmehr im Wege des Vollstreckungsschutzes gegen den Insolvenzverwalter wehren (BAG 25.5.2022 – 6 AZR 497/21).

II. Kündigung

1. Ordentliche Kündigung

Die Insolvenz als solche ist kein betriebsbedingter Kündigungsgrund (→ *Betriebsbedingte Kündigung*). Nach § 113 InsO kann ein Dienstverhältnis, bei dem der Schuldner (AG) der Dienstberechtigte ist, vom Insolvenzverwalter und vom anderen Teil ohne Rücksicht auf eine vereinbarte Vertragsdauer oder einen vereinbarten Ausschluss des Rechts zur ordentlichen Kündigung gekündigt werden. Die → *Kündigungsfrist* beträgt drei Monate zum Monatsende, wenn nicht eine kürzere Kündigungsfrist maßgeblich ist. Dies gilt auch für Nachkündigungen des Insolvenzverwalters, wenn der AG bereits zuvor gekündigt hat. War das Arbeitsverhältnis auf mindestens drei Monate befristet (→ *Befristeter Arbeitsvertrag*), kann auch das befristete Arbeitsverhältnis mit der Dreimonatsfrist beendet werden. Die

Abkürzung der Kündigungsfrist gilt für jede vereinbarte oder tarifliche Frist, nicht aber für eine etwa tariflich erforderliche Zustimmung zur Kündigung. Will ein AN geltend machen, dass die Kündigung seines Arbeitsverhältnisses durch den Insolvenzverwalter unwirksam ist, muss er innerhalb von drei Wochen nach Zugang der Kündigung Klage beim ArbG erheben (→ *Kündigungsschutzklage*). Die Klage ist gegen den Insolvenzverwalter als Partei kraft Amtes über das Vermögen des AG zu erheben. In der Insolvenz besteht kein → *Wiedereinstellungsanspruch* (BAG 25.5.2022 – 6 AZR 224/21).

2. Betriebsbedingte Gründe und Sozialauswahl

Nach § 1 Abs. 2 S. 1 KSchG ist eine Kündigung sozial ungerechtfertigt, wenn sie nicht durch dringende betriebliche Erfordernisse, die einer Weiterbeschäftigung des AN im Betrieb entgegenstehen, bedingt ist (→ *betriebsbedingte Kündigung*). Die Insolvenz als solche ist kein Kündigungsgrund. Nach § 125 InsO kann allerdings der Prüfungsmaßstab der ArbG für die Kündigung in der Insolvenz eingeschränkt sein, wenn der Insolvenzverwalter eine → *Betriebsänderung* plant und zwischen ihm und dem BR ein → *Interessenausgleich* abgeschlossen wird, in dem die AN, denen gekündigt werden soll, namentlich bezeichnet sind. Dann ist § 1 KSchG mit folgenden Maßgaben anzuwenden: (**a**) Es wird vermutet, dass die Kündigung der Arbeitsverhältnisse der bezeichneten AN durch dringende betriebliche Erfordernisse, die einer Weiterbeschäftigung in diesem Betrieb oder einer Weiterbeschäftigung zu unveränderten Arbeitsbedingungen entgegenstehen, bedingt ist; (**b**) die soziale Auswahl der AN kann nur im Hinblick auf die Dauer der Betriebszugehörigkeit, das Lebensalter und die Unterhaltspflichten und auch insoweit nur auf grobe Fehlerhaftigkeit nachgeprüft werden; sie ist nicht als grob fehlerhaft anzusehen, wenn eine ausgewogene Personalstruktur erhalten oder geschaffen wird. Auch dann, wenn ein Interessenausgleich mit Namensliste abgeschlossen worden ist, ist grds. noch eine → *Anhörung des Betriebsrats vor dem Kündigungsausspruch* notwendig. Die durch § 125 Abs. 1 S. 1 Nr. 2 InsO im Insolvenzverfahren ermöglichte Schaffung einer **ausgewogenen Personalstruktur** durch Bildung von **Altersgruppen** verletzt das unionsrechtliche Verbot der Altersdiskriminierung nicht (→ *Allgemeines Gleichbehandlungsgesetz*). Die Gerichte müssen aber prüfen, ob die Altersgruppenbildung im konkreten Interessenausgleich gem. § 10 AGG gerechtfertigt ist (BAG 19.12.2013 – 6 AZR 790/12). Nach § 126 Abs. 1 InsO kann der Insolvenzverwalter beim ArbG in einem Beschlussverfahren vor dem Ausspruch der Kündigungen beantragen festzustellen, dass die Kündigung der Arbeitsverhältnisse bestimmter, im Antrag bezeichneter AN durch dringende betriebliche Erfordernisse bedingt und sozial gerechtfertigt ist, wenn der Betrieb keinen BR hat oder aus anderen Gründen innerhalb von drei Wochen nach Verhandlungsbeginn oder schriftlicher Aufforderung zur Aufnahme von Verhandlungen ein Interessenausgleich nach § 125 Abs. 1 InsO nicht zustande kommt, obwohl der Verwalter den BR rechtzeitig und umfassend unterrichtet hat. Die soziale Auswahl der AN kann nur im Hinblick auf die Dauer der Betriebszugehörigkeit, das Lebensalter und die Unterhaltspflichten nachgeprüft werden. Erhebt der AN nach Abschluss dieses Verfahrens Klage auf Feststellung, dass das Arbeitsverhältnis durch die Kündigung nicht aufgelöst oder die Änderung der Arbeitsbedingungen sozial ungerechtfertigt ist, so ist die rechtskräftige Entscheidung im vorgenannten Verfahren nach § 127 InsO für die Parteien bindend.

III. Betriebsänderung und Sozialplan

1. Verfahren nach § 112 BetrVG

Soll in der Insolvenz eine → *Betriebsänderung* (§ 111 BetrVG) erfolgen, hat der Insolvenzverwalter das Verfahren nach § 112 BetrVG einzuhalten. Ist eine Betriebsänderung geplant und kommt zwischen Insolvenzverwalter und BR der Interessenausgleich nach § 112 BetrVG innerhalb von drei Wochen nach Verhandlungsbeginn oder schriftlicher Aufforderung zur Aufnahme unter hinreichender Unterrichtung (rechtzeitig und umfassend) nicht zustande, kann der Verwalter beim ArbG die Zustimmung beantragen, dass die Betriebsänderung ohne Verfahren nach § 112 BetrVG durchgeführt wird (§ 122 InsO). Hat der Betrieb keinen BR oder kommt aus anderen Gründen innerhalb von drei Wochen nach Verhandlungsbeginn oder schriftlicher Aufforderung zur Aufnahme von Verhandlungen ein Interessenausgleich nach § 125 Abs. 1 InsO nicht zustande, obwohl der Verwalter den BR rechtzeitig und umfassend unterrichtet hat, kann der Insolvenzverwalter beim ArbG beantragen festzustellen, dass die Kündigung der Arbeitsverhältnisse bestimmter, im Antrag bezeichneter AN durch dringende betriebliche Erfordernisse bedingt und sozial gerechtfertigt ist (§ 126 InsO). Im Falle eines Betriebsübergangs erstreckt sich die Vermutung nach § 125 InsO oder die gerichtliche Feststellung nach § 126 InsO auch darauf, dass die Kündigung der Arbeitsverhältnisse nicht wegen des → *Betriebsübergangs* erfolgt ist (§ 128 Abs. 2 InsO; BAG 29.9.2005 – 8 AZR 647/04).

2. Sozialplan

(a) Ein → *Sozialplan,* der **vor Eröffnung des Insolvenzverfahrens,** jedoch nicht früher als drei Monate vor dem Eröffnungsantrag aufgestellt worden ist, kann sowohl vom Insolvenzverwalter als auch vom BR widerrufen werden (§ 124 Abs. 1 InsO). Wird der Sozialplan widerrufen, können die AN, denen Forderungen aus dem Sozialplan zustanden, bei der Aufstellung eines neuen Sozialplans berücksichtigt werden (§ 124 Abs. 2 InsO). Sind schon Leistungen erbracht, können diese nicht wegen des Widerrufs zurückgefordert werden (§ 124 Abs. 3 InsO). Wird der Sozialplan nicht widerrufen, sind die Forderungen Insolvenzforderungen, da sie vor Verfahrenseröffnung begründet wurden.

(b) Ein Sozialplan kann auch **nach Eröffnung des Insolvenzverfahrens** aufgestellt werden. Kommt er durch Vereinbarung zwischen dem Insolvenzverwalter und dem BR zustande, bedarf er der Zustimmung des Gläubigerausschusses (§ 160 InsO). Nicht zustimmungspflichtig ist ein Sozialplan, der auf einem Spruch der Einigungsstelle beruht. Für den nach Insolvenzeröffnung aufgestellten Sozialplan gelten absolute und relative **Obergrenzen für die vereinbarten Leistungen.** Nach § 123 Abs. 1 S. 1 InsO darf das Sozialplanvolumen den Betrag nicht übersteigen, der sich als Summe von zweieinhalb Monatsverdiensten (§ 10 KSchG) aller von einer Entlassung betroffenen AN ergibt. Wird die absolute Obergrenze von den Betriebsparteien oder der Einigungsstelle überschritten, ist der Sozialplan unwirksam. Die relative Obergrenze ergibt sich aus § 123 Abs. 2 S. 2 InsO, sofern nicht ein Insolvenzplan (§§ 217 ff. InsO) zustande kommt. Für die Berichtigung der Sozialplanforderungen darf nicht mehr als ein Drittel der Masse verwandt werden, der ohne einen Sozialplan für die Verteilung an die Insolvenzgläubiger zur Verfügung steht. Übersteigt der Sozialplan die relative Obergrenze, sind alle Forderungen anteilig zu kürzen. Wenn zB nur 300.000 EUR Verteilungsmasse zur Verfügung stehen, muss das erhöhte Gesamtvolumen eines Sozialplans auf 100.000 EUR gekürzt werden. Die Sozialplanforderungen sind Masseverbindlichkeiten, die aber nur bedient werden, wenn die übrigen Masseforderungen befriedigt werden; sie sind also nachrangige Masseforderungen. Bei Masseunzulänglichkeit (§ 207 InsO) brauchen die Forderungen nicht zur Tabelle angemeldet werden. Auf Sozialplanforderungen sollen nach § 123 Abs. 3 InsO Abschläge erbracht werden. *(SR)*

▶ Insolvenzgeld

I. Voraussetzungen

Das Insolvenzgeld gehört zu den sozialversicherungsrechtlichen Lohnersatzleistungen. Im Inland beschäftigte AN haben Anspruch auf Insolvenzgeld, wenn sie für die letzten dem Insolvenzereignis vorausgehenden drei Monate des Arbeitsverhältnisses noch Ansprüche auf Arbeitsentgelt haben und rechtzeitig einen entsprechenden Antrag gestellt haben (§ 165 Abs. 1 SGB III). Kein Anspruch besteht für solche Ansprüche, die der AN durch eine nach der InsO anfechtbare Rechtshandlung oder durch eine Rechtshandlung erlangt hat, die bei Eröffnung des Insolvenzverfahrens anfechtbar wäre (§ 166 Abs. 1 Nr. 2 SGB III). Der Insolvenzgeldantrag selbst unterliegt nicht dem Anfechtungsrecht des Insolvenzverwalters nach §§ 130 ff. InsO.

Voraussetzung für die Gewährung von Insolvenzgeld ist das Vorliegen eines **Insolvenzereignisses** (§ 165 Abs. 1 2 SGB III). Dies ist entweder **(1)** die Eröffnung des Insolvenzverfahrens, **(2)** die Abweisung des Antrags auf Eröffnung des Insolvenzverfahrens mangels Masse oder **(3)** die vollständige Beendigung der Betriebstätigkeit im Inland, wenn ein Antrag auf Eröffnung des Insolvenzverfahrens nicht gestellt worden ist und ein Insolvenzverfahren offensichtlich mangels Masse nicht in Betracht kommt. Nach dem Insolvenzereignis richtet sich der Dreimonatszeitraum des Insolvenzgelds und die zweimonatige Antragsfrist.

II. Arbeitsentgelt und Anspruchszeitraum

Durch das Insolvenzgeld soll das im Insolvenzgeldzeitraum erarbeitete (Netto-)**Arbeitsentgelt gesichert** werden. Hingegen kommt es nicht darauf an, ob der Anspruch in diesem Zeitraum fällig oder bezifferbar geworden ist. Zu den nach den §§ 165 ff. SGB III geschützten Ansprüchen auf Arbeitsentgelt gehören alle Ansprüche aus dem Arbeitsverhältnis, die im weitesten Sinne als **Gegenleistung** für die Arbeitsleistung im Anspruchszeitraum erbracht werden bzw. sich diesem zuordnen lassen (§ 165 Abs. 2 S. 1 SGB III). Nicht gesichert sind Ansprüche die der AN wegen der Beendigung des Arbeitsverhältnisses oder für die Zeit nach Beendigung des Arbeitsverhältnisses erwirbt (§ 166 Abs. 1 Nr. 1 SGB III). Die Einschränkung betrifft vorrangig Abfindungen, die wegen der Beendigung des Arbeitsverhältnisses zu zahlen sind. Nicht geschützt sind auch Entgeltansprüche, die erst nach dem Ende des Arbeitsverhältnisses entstehen, zB Ansprüche nach § 8 Abs. 1 EFZG, die Urlaubsabgeltung sowie Schadensersatzansprüche nach § 113 InsO und § 628 Abs. 2 BGB.

Geschützt ist das Arbeitsentgelt **für die letzten drei Monate vor Eintritt des Insolvenzereignisses** (§ 165 Abs. 1 S. 1 SGB III). Die Frist wird nach § 187 Abs. 1 BGB berechnet, der Insolvenzeröffnungstag bleibt außer Betracht. War das Arbeitsverhältnis vor dem Insolvenztag bereits beendet, endet die Frist mit dem Ende des Arbeitsverhältnisses. Geschützt sind stets die letzten drei Monate des Arbeitsverhältnisses, selbst wenn das Insolvenzereignis erst mit zeitlichem Abstand auf die Beendigung des Arbeitsverhältnisses folgt. Ist zB das Arbeitsverhältnis am 25.7. beendet worden und das Insolvenzereignis erst am 30.8. eingetreten, sind die Ansprüche vom 26.4. bis 25.7. gesichert. Kein Insolvenzschutz besteht für Zeiten nach Eintritt des Insolvenzereignisses. Der AN trägt insoweit das Risiko des Entgeltausfalls, weil er das Arbeitsverhältnis fortsetzen oder wegen Zahlungsverzugs außerordentlich kündigen kann.

III. Höhe und Verwaltungsverfahren

Das Insolvenzgeld wird in Höhe des rückständigen Nettoarbeitsentgelts der letzten drei dem Insolvenzereignis vorausgehenden Monate des Arbeitsverhältnisses erbracht, das sich nach Abzug der jeweils anfallenden Steuern und der gesetzlichen Sozialversicherungsbeiträge ergibt. Nach § 167 Abs. 1 SGB III gilt als maßgebliches Bruttoarbeitsentgelt, aus dem das Insolvenzgeld berechnet wird, höchstens ein Entgelt iHd monatlichen Beitragsbemessungsgrenze in der Arbeitslosenversicherung (§ 341 Abs. 4 SGB III).

Das Insolvenzgeld ist innerhalb einer Ausschlussfrist von zwei Monaten nach dem Insolvenzereignis bei der örtlich zuständigen Agentur für Arbeit zu **beantragen** (§§ 323 Abs. 1 S. 1, 324 Abs. 3, 327 Abs. 3 SGB III). Hat der AN die Antragsfrist versäumt, steht ihm nach § 324 Abs. 3 S. 2 SGB III eine Nachfrist zur Verfügung. Der Anspruch bleibt danach erhalten, wenn der AN die Frist aus Gründen versäumt, die er nicht zu vertreten hat, und der Antrag innerhalb von zwei Monaten nach Wegfall des Hinderungsgrunds gestellt wird. Nach § 169 S. 1 SGB III gehen Ansprüche auf Arbeitsentgelt, die einen Anspruch auf Insolvenzgeld begründen, bereits mit der Antragstellung auf die BA über. Der **Anspruchsübergang** erfasst das Bruttoarbeitsentgelt einschließlich des Lohnsteueranteils.

▶ Integrationsämter

→ *Schwerbehinderte Menschen*

▶ Interessenausgleich

I. Begriff und Inhalt

Als Interessenausgleich bezeichnet das BetrVG die Einigung zwischen AG und → *Betriebsrat* (BR) über → *Betriebsänderungen.* Über eine geplante Betriebsänderung soll zwischen Unternehmer und BR ein Interessenausgleich stattfinden (§ 112 Abs. 1 S. 1 BetrVG), dessen Gegenstand die **Frage** ist, **ob, wann und wie eine Betriebsänderung** durchgeführt wird. Es soll eine Einigung über die unternehmerische wirtschaftliche Entscheidung als solche erfolgen, zB zu welchem Zeitpunkt und in welcher Weise der Betrieb stillgelegt wird, wie ggf. die Personalplanung und der -einsatz erfolgt oder in welchem Umfang bzw. in welcher Form der Betriebsablauf umorganisiert wird. Im Interessenausgleich können Kündigungsverbote, Versetzungs- und Umschulungspflichten vereinbart werden. Ein Interessenausgleich nach § 112 Abs. 1 S. 1 BetrVG kommt wirksam nur zustande, wenn er schriftlich niedergelegt vom Unternehmer und BR unterschrieben wurde. Er muss auch versucht werden, wenn nach § 112a BetrVG kein → *Sozialplan* abgeschlossen werden muss oder die Betriebsänderung von einem Insolvenzverwalter (→ *Insolvenz*) vorgenommen wird. Unter bestimmten Voraussetzungen kann der Insolvenzverwalter aber die gerichtliche Zustimmung zur Durchführung einer Betriebsänderung beantragen (§ 122 InsO).

II. Verfahren

Kommt es zu keinem Interessenausgleich, können Unternehmer oder BR die Arbeitsverwaltung um **Vermittlung** ersuchen (§ 112 Abs. 2 S. 1 BetrVG). Wird von einer Einschaltung der → *Bundesagentur für Arbeit* abgesehen oder bleibt ihr Vermittlungsversuch ergebnislos, können sowohl der Unternehmer als auch der BR nach § 112 Abs. 2 S. 2 BetrVG die → *Einigungsstelle* anrufen. Wird in der **Einigungsstelle** kein Interessenausgleich vereinbart, hat der Vorsitzende das Scheitern der Verhandlungen festzustellen. Der Unternehmer kann nach der Feststellung des Scheiterns des Interessenausgleichs die Maßnahmen durchführen, ohne Ansprüche auf → *Nachteilsausgleich* (§ 113 BetrVG) befürchten zu müssen. Auch wenn ein Interessenausgleich gescheitert ist, kann der BR noch einen Sozialplan erzwingen. Nicht endgültig geklärt ist, ob der BR eine Betriebsänderung im Wege der **einstweiligen Verfügung** zur Sicherung seines Beratungsrechts aus § 112 Abs. 1 BetrVG (vorübergehend) verhindern kann, bevor ein Interessenausgleich mit dem AG – bis hin zur Einigungsstelle – versucht worden ist. Die Rspr. der LAG hierzu ist uneinheitlich.

III. Andere Beteiligungsrechte

Beteiligungsrechte des BR, die sich bei den im Interessenausgleich genannten betrieblichen Maßnahmen ergeben, bleiben bestehen. Selbst wenn der BR der unternehmerischen Entscheidung zugestimmt hat, unterliegen zB die danach notwendigen personellen Einzelmaßnahmen noch seiner Beteiligung (zB §§ 99, 102 BetrVG). Auf die Ausübung dieser Mitwirkungsrechte kann der BR auch nicht im Voraus verzichten. *(KS)*

▶ Internationales Arbeitsrecht

Internationales Arbeitsrecht ist zunächst das von mehreren Staaten vereinbarte Arbeitsrecht, das in den Staatsgebieten der Vertragspartner gilt, wie etwa das Arbeitsrecht der EU. Hier spricht man auch von **supranationalem Arbeitsrecht.**

Üblicherweise wird darunter aber in erster Linie das **deutsche** arbeitsrechtliche **Kollisionsrecht** verstanden. Hat ein Arbeitsverhältnis auch einen Auslandsbezug, zB weil der Arbeitsvertrag in einem anderen Staat abgeschlossen wurde oder weil eine der Arbeitsvertragsparteien kein deutscher Staatsangehöriger ist, kann es den Arbeitsrechtsregelungen verschiedener nationaler Rechtsordnungen unterliegen. Dann muss ein **angerufenes deutsches Arbeitsgericht** bestimmen, welches Recht auf dieses Arbeitsverhältnis anzuwenden ist (**Festlegung des Arbeitsstatuts**) und vor welchem Gericht Streitigkeiten aus dem Arbeitsverhältnis auszutragen sind (**Internationale Zuständigkeit**).

Das Arbeitsstatut für bis zum 17.12.2009 abgeschlossene Arbeitsverträge richtet sich nach den Art. 27–37 EGBGB. Für Arbeitsverhältnisse aus der Zeit danach hat die VO (EG) Nr. 593/2008 vom 17.6.2008 (**Rom I-VO**) in den Mitgliedstaaten unmittelbar anwendbares Unionsrecht zur Regelung von Kollisionsfragen geschaffen. Es gilt:

Bei Sachverhalten mit einer Verbindung zum **Recht** eines ausländischen Staates können die Arbeitsvertragsparteien **wählen,** welches Recht sie anwenden wollen. Diese subjektive Rechtswahl muss ausdrücklich sein oder sich mit hinreichender Sicherheit aus den Bestimmungen des Vertrags oder den Umständen des Falls ergeben. Es kann auch das Recht eines Drittstaats außerhalb der EU gewählt werden, Eine Rechtswahl darf dem AN aber nicht den Schutz aus den zwingenden Bestimmungen des Rechts entziehen, das ohne eine Rechtswahl nach der objektiven Methode, das anzuwendende Recht zu bestimmen, anzuwenden wäre (EuGH 15.7.2021 – C-152/20).

Die **objektive Methode** gilt unmittelbar, wenn die Arbeitsvertragsparteien keine wirksame Rechtswahl getroffen haben. Dann unterliegen Arbeitsverträge oder Arbeitsverhältnisse dem Recht des Staats, in dem der AN gewöhnlich vertragsgemäß arbeitet, auch wenn er vorübergehend in einen anderen Staat entsandt ist. Gibt es keinen üblichen Arbeitsort in einem Staat (zB LKW-Fernfahrer), ist das Recht anzuwenden, das am Ort der den AN einstellenden Niederlassung maßgebend ist. Nach der sog. Ausweichklausel des Art. 30 Abs. 2 Hs. 2 EGBGB ist weder die Anknüpfung an den Arbeitsort noch an den der einstellenden Niederlassung maßgeblich, wenn die Verbindung des Arbeitsverhältnisses zu einem anderen Staat (und dessen Rechtsordnung) stärker ist (BAG 18.9.2019 – 5 AZR 81/19).

Eine an sich maßgebliche Arbeitsrechtsnorm ist unanwendbar, wenn ihre Anwendung durch ein deutsches Gericht zu einem Ergebnis führte, das mit wesentlichen Grundsätzen des deutschen Rechts **(ordre public)** offensichtlich unvereinbar wäre (Art. 6 EGBGB). Dasselbe gilt, wenn es auf diesem Wege zur Verdrängung einer deutschen zwingenden Rechtsnorm **(„Eingriffsnorm“)** käme, die nicht nur dem Schutz von Individualinteressen dient, sondern auch Gemeinwohlinteressen verfolgt, wie zB § 20 Abs. 1 MuSchG, § 20 MiLoG (BAG 24.6.2021 – 5 AZR 505/20) oder grds. auch § 3 EFZG (BAG 18.4.2012 – 10 AZR 200/11; zu § 18 BEEG BAG 7.5.2020 – 2 AZR 692/19).

Die **internationale Zuständigkeit** eines angerufenen deutschen Gerichts ist von Amts wegen zu prüfen. Sie richtet sich im Allgemeinen nach der örtlichen Zuständigkeit (BAG 9.10.2002 – 5 AZR 307/01). Bei Tätigkeit in mehreren Staaten richtet sich die Zuständigkeit nach dem gewählten Lebensmittelpunkt; Einzelheiten enthalten die Art. 18 ff. EuGVVO (= VO [EU] 1215/2012) für den Bereich der EU (dazu EuGH 25.2.2021 – C-804/19) sowie die mit anderen Staaten abgeschlossenen völkerrechtlichen Verträge über die wechselseitigen Zuständigkeiten.

Vom internationalen Arbeitsrecht und der internationalen Zuständigkeit ist die **Gerichtshoheit** zu unterscheiden. Mit ihr ist die Unterwerfung unter die Gerichtsbarkeit eines anderen Staats angesprochen. Ausländische Staaten unterliegen zB in Bestandsschutzstreitigkeiten mit an ihren diplomatischen Vertretungen in Deutschland nach privatem Recht beschäftigten Ortskräften, die keine hoheitlichen Aufgaben zu erfüllen haben, der deutschen Gerichtsbarkeit. Dagegen sind sie der deutschen Gerichtsbarkeit nicht unterworfen, wenn die betreffenden AN zumindest auch originär konsularische oder hoheitliche Aufgaben wahrzunehmen haben (BAG 14.12.2017 – 2 AZR 216/17). *(KB)*

▶ Internetnutzung

Ohne besondere Gestattung des AG darf der AN die betrieblichen Telekommunikationseinrichtungen (Internet, E-Mail und Telefon – TKE) nicht privat nutzen. Die Erlaubnis kann ausdrücklich durch den AG erfolgen, sie kann aber auch auf einer Duldung der **privaten Nutzung** der TKE beruhen. Diese kann in einer BV geregelt werden. Eine nicht näher konkretisierte Erlaubnis des AG oder eine Duldung der Privatnutzung erstrecken sich nicht auf eine grenzenlose, sondern nur auf eine zeitlich und inhaltlich angemessene Nutzung während der Arbeitszeit. Eine exzessive Privatnutzung während der Arbeitszeit in Bezug auf Zeit und Inhalte ist auch nicht von einer Erlaubnis oder der Duldung durch den AG erfasst. Bei der Internetnutzung betrifft dies insbesondere das Aufrufen von Seiten mit pornografischem oder gewaltverherrlichendem Inhalt. Die unerlaubte Installation einer Anonymisierungssoftware stellt eine erhebliche Verletzung der arbeitsvertraglichen (Rücksichtnahme-)Pflichten dar (BAG 12.1.2006 – 2 AZR 386/05). Die unerlaubte oder exzessive Privatnutzung kann – je nach den Umständen des Einzelfalls und regelmäßig nach vorheriger → *Abmahnung* – eine → *ordentliche Kündigung* oder → *außerordentliche Kündigung* rechtfertigen (BAG 19.4.2012 – 2 AZR 186/11).

Die Nutzung der TKE unterliegt grds. den **telekommunikationsrechtlichen Schutzbestimmungen** des TKG und des TMG. Darf das Internet vom AN **ausschließlich zu beruflichen Zwecken** genutzt werden, finden gem. § 11 Abs. 1 Nr. 1 TMG die Schutzvorschriften der §§ 12 ff. TMG keine Anwendung. Der AG als Gläubiger der Arbeitsleistung kann deshalb den Datenverkehr des AN nach Maßgabe von § 26 BDSG kontrollieren; dies gilt zB für E-Mails und den Verlauf besuchter Internetseiten (BAG 27.7.2017 – 2 AZR 681/16; → *Datenschutz*). Ist dem AN die private Nutzung des Internets erlaubt, sei es ausdrücklich oder durch → *Betriebliche Übung,* ist der AN als Dritter (§ 3 Nr. 10 TKG) und der AG als Anbieter der Dienste (§ 3 Nr. 6 TKG) anzusehen. Dies gilt auch bei einer Mischnutzung, sofern der AG die Nutzungsarten nicht logisch oder technisch abtrennt. Nach § 88 Abs. 2 TKG ist der AG dann zur Wahrung des Fernmeldegeheimnisses (Art. 10 Abs. 1 GG) verpflichtet. Ihm ist es nach § 88 Abs. 3 TKG untersagt, sich oder anderen Kenntnis vom Inhalt oder den näheren Umständen der Telekommunikationsnutzung zu verschaffen. Bei einer Verletzung des Telekommunikationsrechts kommt eine Strafbarkeit nach §§ 202a, 206 StGB in Betracht; ob und in welchem Umfang Beweisverwertungsverbote bestehen, wenn der AG bei erlaubter Privatnutzung Daten ohne Einwilligung des AN erhebt, ist noch nicht abschließend geklärt. Nach der Rspr. des EGMR verletzt die Überwachung der privaten E-Mail- und Internetnutzung am Arbeitsplatz das Recht aus Art. 8 Abs. 1 EMRK auf Achtung von Privatleben und Korrespondenz, wenn hierfür keine gesetzliche Grundlage vorhanden ist (EGMR 3.4.2007 – 62617/00).

J

▶ Jugendarbeitsschutz

I. Geltungsbereich

Das JArbSchG vom 12.4.1976 (BGBl. I 965) gilt ohne Rücksicht auf die Wirksamkeit des Arbeits- oder Dienstvertrags für jede Form der Beschäftigung von Jugendlichen, und zwar im betrieblichen → *Berufsausbildungsverhältnis* (ausgenommen also der Schulunterricht), als AN oder → *Heimarbeiter,* bei der Beschäftigung mit sonstigen Dienstleistungen, die der Arbeitsleistung von AN oder Heimarbeitern ähnlich sind, sowie in einem der Berufsausbildung ähnlichen Ausbildungsverhältnis. Vom JArbSchG nicht erfasst werden lediglich geringfügige Hilfeleistungen, soweit sie gelegentlich aus Gefälligkeit, aufgrund familienrechtlicher Vorschriften, in Einrichtungen der Jugendhilfe sowie in Einrichtungen zur Eingliederung von behinderten Menschen erbracht werden. Ferner gilt es nicht bei der Beschäftigung durch Personensorgeberechtigte im Familienhaushalt; hierunter sind in der Landwirtschaft Haus und Hof zu verstehen (§ 1 JArbSchG). AG ist, wer ein Kind oder einen Jugendlichen beschäftigt (§ 3 JArbSchG).

II. Verbot von Kinderarbeit

Nach § 5 Abs. 1 JArbSchG ist die Beschäftigung von Kindern verboten, selbst wenn sie zur Aufbesserung des Taschengelds arbeiten. Die Vorschriften über das Verbot der Kinderarbeit werden ergänzt durch die VO über den Kinderarbeitsschutz (KindArbSchV) vom

23.6.1998 (BGBl. I 1508). Ausnahmen können durch die Aufsichtsbehörde bei Theaterveranstaltungen und Musikaufführungen, aber auch bei Werbeveranstaltungen zugelassen werden, sofern die Kinder dort gestaltend mitwirken (§ 6 JArbSchG). Nach § 7 Abs. 1 JArbSchG dürfen Kinder, die der Vollzeitschulpflicht nicht mehr unterliegen, im Berufsausbildungsverhältnis und außerhalb eines Berufsausbildungsverhältnisses nur mit leichten und für sie geeigneten Tätigkeiten bis zu sieben Stunden täglich und 35 Stunden wöchentlich beschäftigt werden.

Ohne Altersgrenze können Kinder zum Zwecke der Beschäftigung in Arbeitstherapie, im Rahmen des Betriebspraktikums während der Vollzeitschulpflicht und in Erfüllung einer richterlichen Weisung (§ 5 Abs. 2 JArbSchG; §§ 10, 23 JGG) beschäftigt werden. Ist eine Beschäftigung von Kindern zulässig, darf sie nur mit leichten, für sie geeigneten Tätigkeiten erfolgen (§ 5 Abs. 2 S. 2 JArbSchG). Einzelheiten ergeben sich aus der KindArbSchV.

Das Beschäftigungsverbot gilt nicht für die **Beschäftigung von Kindern über 13 Jahren** mit Einwilligung des Personensorgeberechtigten, soweit die Beschäftigung leicht und für Kinder geeignet ist. Die Kinder dürfen nicht mehr als zwei Stunden täglich, im landwirtschaftlichen Familienbetrieb nicht mehr als drei Stunden täglich, nicht zwischen 18 und acht Uhr, nicht vor dem Schulunterricht und nicht während des Schulunterrichts beschäftigt werden (§ 5 Abs. 3 JArbSchG). Auf die Beschäftigung finden §§ 15–31 JGG entsprechende Anwendung. Das Beschäftigungsverbot gilt ferner nicht für die Beschäftigung von Jugendlichen (§ 2 Abs. 3 JArbSchG) während der Schulferien für höchstens vier Wochen im Kalenderjahr.

III. Jugendarbeitsschutzrecht

1. Arbeitszeit

Tagesarbeitszeit ist die Zeit vom Beginn bis zum Ende der täglichen Beschäftigung ohne die Ruhepausen (§ 4 Abs. 1 JArbSchG). Arbeitszeit ist daher nicht nur die Zeit, in der gearbeitet wird, sondern auch die Zeit des Wartens auf Arbeit am Arbeitsplatz, Ausbildungszeit oder Bereitschaftsdienst. Schichtzeit ist die tägliche → *Arbeitszeit* unter Hinzurechnung der auch mehrstündigen Pausen (§ 4 Abs. 2

JArbSchG). Die tägliche Schichtzeit darf zehn Stunden, im Bergbau unter Tage acht und im Gaststättengewerbe, in der Landwirtschaft, in der Tierhaltung, auf Bau- und Montagestellen elf Stunden nicht übersteigen (§ 12 JArbSchG). Die Schichtzeit selbst stimmt mit dem Begriff in § 2 Abs. 2 ArbZG überein, um getrennte Ausfahrten für Erwachsene und Jugendliche im Bergbau zu vermeiden. Für die Berechnung der Wochenarbeitszeit wird anders als bei Erwachsenen auf den Zeitraum von Montag bis zum darauffolgenden Sonntag abgestellt (§ 4 Abs. 4 JArbSchG). Fällt im Laufe der Woche infolge eines gesetzlichen Feiertags die Arbeit aus, wird die anfallende Arbeitszeit mitgerechnet. Wird ein Kind oder Jugendlicher von mehreren AG beschäftigt (§ 4 Abs. 5 JArbSchG), werden die Arbeitstage sowie Arbeits- und Schichtzeiten zusammengerechnet.

Die Arbeitszeit der Jugendlichen darf **acht Stunden täglich oder 40 Stunden wöchentlich nicht überschreiten** (§ 8 Abs. 1 JArbSchG). Wenn an einzelnen Werktagen die Arbeitszeit auf weniger als acht Stunden verkürzt ist, können Jugendliche an den übrigen Werktagen derselben Woche achteinhalb Stunden beschäftigt werden (§ 8 Abs. 2a JArbSchG). In der Landwirtschaft dürfen Jugendliche über 16 Jahre während der Erntezeit nicht mehr als neun Stunden täglich und 85 Stunden in der Doppelwoche beschäftigt werden (§ 8 Abs. 3 JArbSchG).

2. Berufsschulunterricht und Prüfungen

Nach § 9 Abs. 1 S. 1 JArbSchG sind Jugendliche und noch berufsschulpflichtige ältere Personen zur Teilnahme am Berufsschulunterricht freizustellen. Ein Beschäftigungsverbot besteht für einen vor neun Uhr beginnenden Unterricht, an Berufsschultagen mit mehr als fünf Unterrichtsstunden von mindestens je 45 Min., einmal in der Woche und in Berufsschulwochen mit einem planmäßigen Blockunterricht von mindestens 25 Stunden an mindestens fünf Tagen. Beim Blockunterricht sind zusätzlich betriebliche Ausbildungsveranstaltungen bis zu zwei Stunden wöchentlich zulässig. § 9 Abs. 2 JArbSchG regelt die Anrechnung der Berufsschulzeit auf die Arbeitszeit; maßgeblich ist dabei die durchschnittliche tägliche oder wöchentliche Arbeitszeit. Durch den Besuch der Berufsschule darf keine Entgeltminderung eintreten. Nach § 10 Abs. 1 JArbSchG hat der AG den Jugendlichen für die Teilnahme an Prüfungen und Ausbildungsmaßnahmen, die aufgrund öffentlich-rechtlicher oder vertraglicher Bestimmungen außerhalb der Arbeitsstätte durchzuführen sind, sowie am Arbeitstag vor der schriftlichen Abschlussprüfung ohne Entgeltausfall freizustellen.

3. Ruhezeiten und Freizeit

Jugendliche dürfen nur an **fünf Tagen in der Woche beschäftigt** werden (§ 15 JArbSchG). Die beiden wöchentlichen Ruhetage sollen nach Möglichkeit aufeinander folgen. Nach §§ 16 Abs. 1, 17 Abs. 1 JArbSchG dürfen Jugendliche an Samstagen und Sonntagen nicht beschäftigt werden, soweit dies in §§ 16 Abs. 1, 17 Abs. 2 JArbSchG nicht anderweitig geregelt ist; in diesen Fällen haben die Jugendlichen jedoch Anspruch auf Arbeitsfreistellung an einem anderen Tag in der Woche, der auch ein betrieblicher Ruhetag sein kann (§§ 16 Abs. 3, 17 Abs. 3 JArbSchG); zur Rückausnahme § 16 Abs. 4 JArbSchG. Die Einzelheiten zur Feiertagsruhe sind in § 18 JArbSchG zusammengefasst.

Den Jugendlichen müssen bei einer Arbeitszeit von mehr als 4 1/2 Stunden eine oder mehrere im Voraus feststehende (§ 11 JArbSchG) **Ruhepausen** gewährt werden. Diese müssen bei mehr als 4 1/2 bis sechs Stunden mindestens 30 Minuten betragen, bei mehr als sechs Stunden Arbeitszeit 60 Minuten. Länger als 4 1/2 Stunden hintereinander dürfen Jugendliche nicht ohne Ruhepausen beschäftigt werden. Als solche gelten nur Arbeitsunterbrechungen von 15 Minuten. Nach Beendigung der täglichen Arbeit ist Jugendlichen mindestens 12 Stunden ununterbrochene Freizeit zu gewähren (§ 13 JArbSchG).

4. Nachtarbeit

Nach § 14 Abs. 1 JArbSchG dürfen Jugendliche nur in der Zeit von sechs bis 20 Uhr beschäftigt werden. Um den besonderen Bedürfnissen einzelner Gewerbezweige Rechnung zu tragen, dürfen älter als 16 Jahre alte Jugendliche in Ausbildungsverhältnissen wie in normalen Arbeitsverhältnissen im Gaststättengewerbe und Schaustellergewerbe bis 22 Uhr, in mehrschichtigen Betrieben bis 23 Uhr, in der Landwirtschaft ab fünf oder bis 21 Uhr, in Bäckereien und Konditoreien ab fünf Uhr (Jugendliche über 17 ab vier Uhr) beschäftigt werden. In jedem Fall ist eine Beschäftigung nach 20 Uhr dann verboten, wenn am Folgetag der Berufsschulunterricht vor neun Uhr beginnt. Weitere Ausnahmen bestehen bei Musikaufführungen, Theatervorstellungen und anderen Aufführungen, bei Aufnahmen im Rundfunk (Hörfunk und Fernsehen), auf Ton- und Bildträger sowie bei Film- und Fotoaufnahmen und im Sport (§ 14 Abs. 7 JArbSchG); sie können überdies durch die Aufsichtsbehörde oder eine RechtsVO (§ 21b JArbSchG) zugelassen werden.

5. Arbeitsschutz

Dem Arbeitsschutz der Jugendlichen dienen zahlreiche Beschäftigungsverbote. Diese betreffen die in § 22 Abs. 1 JArbSchG aufgeführten gefährlichen Arbeiten. Bei diesen handelt es sich jeweils um individuelle Beschäftigungsverbote, die eine einzelfallbezogene Prüfung erfordern. Absolute Beschäftigungsverbote bestehen hingegen für Akkordarbeit und tempoabhängige Arbeiten (§ 23 JArbSchG). Daneben besteht ein Beschäftigungsverbot für Jugendliche unter Tage. Das Verbot entspricht dem Übereinkommen Nr. 123 der Internationalen Arbeitsorganisation über das Mindestalter für die Zulassung zu Untertagearbeiten in Bergwerken, ergänzt durch die Empfehlung Nr. 124 betreffend das Mindestalter für die Zulassung zu Untertagearbeiten in Bergwerken.

6. Ärztliche Untersuchungen

Nach § 32 Abs. 1 JArbSchG darf ein Jugendlicher, der in das Berufsleben eintritt, nicht beschäftigt werden, wenn er nicht innerhalb der letzten 14 Monate von einem Arzt untersucht worden ist und hierüber eine Bescheinigung bei seinem AG vorlegt. Die erste Untersuchung braucht nur einmal vorgenommen zu werden; sie gilt daher auch bei einem Arbeitsplatzwechsel. Sie ist nicht erforderlich für eine geringfügige oder eine nicht länger als zwei Monate dauernde Beschäftigung mit leichten Arbeiten, von denen keine gesundheitlichen Nachteile für den Jugendlichen zu befürchten sind (§ 32 Abs. 2 JArbSchG). Neun Monate nach Aufnahme der ersten Beschäftigung hat der AG den Jugendlichen auf die Erforderlichkeit einer Bescheinigung über eine Nachuntersuchung hinzuweisen und ihn zu deren

Durchführung aufzufordern. Diese muss dem AG ein Jahr nach Aufnahme der ersten Beschäftigung vorliegen. Legt der Jugendliche die Bescheinigung nicht vor, hat ihn der AG binnen Monatsfrist schriftlich unter Hinweis auf das Beschäftigungsverbot aufzufordern, die Bescheinigung nachzureichen. Eine Durchschrift des Schreibens ist den Personensorgeberechtigten und dem Betriebs- oder Personalrat zuzusenden. Nach Ablauf von 14 Monaten darf der Jugendliche nicht mehr beschäftigt werden, wenn er die Bescheinigung nicht vorlegt (§ 33 JArbSchG). Versäumt der Jugendliche die Nachuntersuchung und ist er rechtzeitig hierauf hingewiesen worden, verliert er den Anspruch auf Vergütung. Nach Ablauf jedes weiteren Jahres kann sich der Jugendliche erneut nachuntersuchen lassen (sog. weitere Nachuntersuchung). Der AG soll ihn auf diese Möglichkeiten hinweisen und auf die Vorlage einer Bescheinigung hinweisen.

7. Sonderregelungen

Sonderregelungen bestehen für die Binnenschifffahrt (§ 20 JArb SchG). Im Übrigen kann in Notfällen, also bei plötzlich eintretenden unvorhersehbaren Ereignissen, denen durch die Beschäftigung Erwachsener nicht Rechnung getragen werden kann, von den vorstehenden Vorschriften mit Ausnahme der Freistellung zum Berufsschulunterricht und der Prüfungen sowie des Urlaubs abgewichen werden. Weitere Ausnahmen können durch RechtsVO (§ 21b JArbSchG) und TV (§ 21a JArbSchG) geschaffen werden. Nach § 26 JArbSchG ist das BMAS mit Zustimmung des Bundesrats ermächtigt, zum Schutze der Jugendlichen gegen Gefahren für Leben und Gesundheit sowie zur Vermeidung einer Beeinträchtigung der körperlichen oder seelisch-geistigen Entwicklung RechtsVO zu erlassen, in denen der Begriff der für Jugendliche geeigneten leichten Arbeiten näher umschrieben oder weitere Beschäftigungsverbote geschaffen werden.

▶ Jugendfreiwilligendienste

Jugendfreiwilligendienste fördern die Bildungsfähigkeit von Personen bis zur Vollendung des 27. Lebensjahrs und gehören zu den besonderen Formen des bürgerschaftlichen Engagements (§ 1 JFDG).

Angeboten werden das freiwillige soziale (§ 3 JFDG) und ökologische Jahr (§ 4 JFDG). Daneben existiert der → *Bundesfreiwilligendienst,* der an die Stelle des ausgesetzten Zivildienstes getreten ist. Über die Durchführung der Jugendfreiwilligendienste schließen deren Träger und der Teilnehmer eine schriftliche Vereinbarung ab (§ 11 JFDG). Die Freiwilligen erhalten für den Dienst nur unentgeltliche Unterkunft, Verpflegung und Arbeitskleidung sowie ein angemessenes Taschengeld oder anstelle von Unterkunft, Verpflegung und Arbeitskleidung entsprechende Geldersatzleistungen (Einzelheiten § 2 JFDG); ein Anspruch auf → *Mindestlohn* besteht nicht. Die Dauer der Dienste beträgt idR zwölf Monate (§ 5 Abs. 1 S. 1 JFDG). Die Teilnehmer der Jugendfreiwilligendienste stehen unter dem Schutz der gesetzlichen Unfallversicherung, haben Anspruch auf Erholungsurlaub und Einhaltung der geltenden Arbeitsschutzbestimmungen (§ 13 JFDG). Bei Beendigung der Dienste kann von dem Träger ein schriftliches → *Zeugnis* verlangt werden. Der Dienst kann auch in Teilzeit von mehr als 20 Stunden erbracht werden, sofern ein berechtigtes Interesse der Freiwilligen an einer Teilzeitbeschäftigung vorliegt. Für Rechtsstreitigkeiten der Teilnehmer sind die ArbG zuständig (§ 2 Abs. 1 Nr. 7 ArbGG). *(SR)*

▶ Jugend- und Auszubildendenversammlung

Die Jugend- und Auszubildendenvertretung (JAV) kann vor oder nach jeder Betriebsversammlung mit Zustimmung des → *Betriebsrats* (BR) die Jugend- und Auszubildendenversammlung einberufen. Sie soll grds. am gleichen Tag wie die → *Betriebsversammlung* stattfinden. Ihre Leitung obliegen der JAV und dem BR (§ 71 BetrVG).

▶ Jugend- und Auszubildendenvertretung

I. Wahl und Amtszeit

Eine Jugend- und Auszubildendenvertretung (JAV) ist zu wählen in allen → *Betrieben,* in denen idR mindestens fünf AN beschäftigt werden, die das 18. Lebensjahr noch nicht vollendet haben oder die zu ihrer Berufsausbildung beschäftigt sind (§ 60 Abs. 1 BetrVG). **Wahlberechtigt** sind alle in § 60 Abs. 1 BetrVG genannten betriebsangehörigen AN. **Wählbar** sind alle AN des Betriebs, die das 25. Lebensjahr noch nicht vollendet haben oder die zu ihrer Berufsausbildung beschäftigt sind. Mitglieder des BR können nicht zu Jugend- und Auszubildendenvertretern gewählt werden (§ 61 BetrVG). Ein Mitglied der JAV, das im Laufe seiner Amtszeit das 25. Lebensjahr vollendet oder sein Berufsausbildungsverhältnis beendet, bleibt bis zum Ende der Amtszeit Mitglied der JAV (§ 64 Abs. 3 BetrVG).

Die JAV besteht in Betrieben mit idR 5–20 jugendlichen AN und Auszubildenden aus einem, 21 bis 50 aus drei, 51 bis 150 aus fünf, 151 bis 300 aus sieben, 301 bis 500 aus neun, 501 bis 700 aus elf, 701 bis 1000 aus 13 und mehr als 1000 aus 15 **Jugend- und Auszubildendenvertretern** (§ 62 Abs. 1 BetrVG). Stichtag ist der Erlass des Wahlausschreibens. Die JAV soll sich möglichst aus Vertretern der verschiedenen Beschäftigungsarten der im Betrieb Vertretenen zusammensetzen. Dabei müssen die Geschlechter entsprechend ihrem Verhältnis vertreten sein (§ 62 Abs. 3 BetrVG). Die JAV wird in geheimer, unmittelbarer und gemeinsamer Wahl nach den Grundsätzen der Mehrheitswahl gewählt. Der **Wahlvorstand** wird durch den → *Betriebsrat* bestellt, der unverzüglich die Wahl einzuleiten hat. Bestellt der BR keinen Wahlvorstand, so kann er auf Antrag auch der jugendlichen AN durch das → *Arbeitsgericht* bestellt werden (§ 63 BetrVG).

Die regelmäßige **Amtszeit** der JAV beträgt zwei Jahre beginnend mit der Bekanntgabe des Wahlergebnisses oder, wenn zu diesem Zeitpunkt noch eine JAV besteht, mit Ablauf von deren Amtszeit. Die regelmäßigen Wahlen finden alle zwei Jahre in der Zeit vom 1.10. bis 30.11. statt. Dementsprechend endet auch die Amtszeit einer JAV spätestens am 30.11. eines Jahres, in dem die regelmäßigen Wahlen stattfinden (vgl. § 64 Abs. 2 BetrVG). Die Amtszeit eines Mitglieds der JAV endet vorzeitig, wenn es zugleich Ersatzbetriebsratsmitglied ist und zu einer Sitzung des → *Betriebsrats* hinzugezogen wird und hieran teilnimmt. Die Geschäftsführung der JAV ist weitgehend in Anlehnung an die des BR geregelt.

II. Zuständigkeit

Das BetrVG regelt wie die Aufgaben des Betriebsrats (→ *Betriebsrat*) auch diejenigen der JAV. Damit diese ihre Aufgaben sachgemäß durchführen kann, hat der BR die JAV rechtzeitig und umfassend zu unterrichten und ihr auf Verlangen die erforderlichen Unterlagen zur Verfügung zu stellen. Die JAV ist zuständig (§ 70 BetrVG) für: **(1)** Maßnahmen, die den jugendlichen AN und Auszubildenden dienen, beim BR (nicht: beim AG) zu beantragen. Voraussetzung für das Antragsrecht ist allerdings die Zuständigkeit des BR (zB Arbeitszeit- und Urlaubsregelungen, Ausbildungsfragen, Sozialräume). **(2)** Maßnahmen zur tatsächlichen Gleichstellung bei Frauen und Männern (§ 70 Abs. 1 Nr. 1a BetrVG). Die JAV hat **(3)** darüber zu wachen, dass die zugunsten der jugendlichen AN und Auszubildenden geltenden Gesetze, RechtsVO, Unfallverhütungsvorschriften, TV und BV durchgeführt werden. Damit sind nicht nur die typischen „Jugendarbeitsschutzgesetze“ gemeint, sondern sämtliche Vorschriften, die auch dem Schutz der jugendlichen AN und Auszubildenden dienen. Das Überwachungsrecht bezieht sich darauf, dass die Schutznormen ausgeführt werden. Stellt sie Missstände fest, hat sie beim BR auf Abhilfe zu dringen. Sie kann von sich aus ohne tatsächliche Verdachtsmomente jugendlichen AN und Auszubildenden an ihrem Arbeitsplatz besuchen, um sich von der Einhaltung der Normen zu überzeugen. Die JAV ist nicht zuständig für die Durchsetzung von Rechten der jugendlichen AN und Auszubildenden gegenüber dem AG. Ihre Zuständigkeit besteht für **(4)** die Entgegennahme von Anregungen von jugendlichen AN und Auszubildenden (zB in Berufsbildungsfragen) und – falls sie ihr berechtigt erscheinen – beim BR auf eine Erledigung hinzuwirken. Die davon betroffenen jugendlichen AN und Auszubildenden sind über den Stand und das Ergebnis der Bemühungen zu informieren. Schließlich ist die JAV zuständig für **(5)** die Förderung der Integration ausländischer AN (§ 70 Abs. 1 Nr. 4 BetrVG). Allerdings kann die JAV keine gegenüber dem AG wirksamen Beschlüsse fassen oder Anträge im → *Beschlussverfahren* stellen.

III. Geschäftsführung

Die JAV kann nach Verständigung mit dem BR (also auch ohne Zustimmung) **Sitzungen** abhalten. Für die Sitzungen gilt § 29 BetrVG entsprechend (§ 65 Abs. 2 BetrVG). Sie kann zu allen Sitzungen des BR einen Vertreter entsenden. Die gesamte JAV hat ein Teilnahmerecht an Sitzungen des BR, wenn dort Angelegenheiten behandelt werden, die besonders jugendliche AN und Auszubildende betreffen. Dies ist der Fall, wenn die Angelegenheit für sie von spezieller Bedeutung ist (qualitative Beurteilung). Die JAV hat **Stimmrecht** im BR, soweit die zu fassenden Beschlüsse überwiegend jugendliche AN und Auszubildende betreffen. Überwiegend werden diese betroffen, wenn quantitativ mehr jugendliche AN und Auszubildende als andere AN von den Beschlüssen erfasst werden. Dies kann zur Folge haben, dass in Betrieben, in denen überwiegend jugendliche AN und Auszubildende beschäftigt werden, der BR von der JAV überstimmt werden kann. Nach der Vorstellung des Gesetzgebers soll sich die JAV vor allem auf dem Gebiet der → *Berufsausbildung* betätigen (§ 67 Abs. 2 BetrVG). Sie kann beim BR beantragen, Angelegenheiten, die besonders jugendliche AN und Auszubildende betreffen, auf die nächste Tagesordnung zu setzen (§ 67 Abs. 3 BetrVG) und an Besprechungen des BR mit dem AG teilnehmen, wenn Angelegenheiten behandelt werden, die besonders jugendliche AN und Auszubildende betreffen (§ 68 BetrVG). Die JAV kann in Betrieben mit mehr als 50 jugendlichen AN und Auszubildenden Sprechstunden während der Arbeitszeit einrichten; Zeit und Ort der Sprechstunden sind mit dem AG und dem BR zu vereinbaren, im Streitfall entscheidet die → *Einigungsstelle.* An den Sprechstunden kann der BR-Vorsitzende oder ein beauftragtes Mitglied teilnehmen (§ 69 BetrVG). Die JAV kann schließlich die Aussetzung eines BR-Beschlusses beantragen, wenn die Mehrheit der JAV der Auffassung ist, dass durch ihn wichtige Interessen der jugendliche AN und Auszubildende erheblich beeinträchtigt werden (→ *Betriebsrat*).

Nicht vorgesehen ist **Freistellung** der Mitglieder der JAV von der Arbeit, da insbesondere bei Ausbildungsverhältnissen die Ausbildung beeinträchtigt werden könnte. Allerdings können sie einen Anspruch auf Freistellung zu Bildungsveranstaltungen haben (→ *Betriebsratsmitglieder*), wenn dies zur Ausübung der Rechte in der JAV erforderlich ist. Über die Teilnahme ist ein Beschluss des BR notwendig, bei dem die JAV stimmberechtigt ist. Ein minderjähriger Jugendlicher kann Rechte selbstständig geltend machen. Er ist insoweit prozess-(verfahrens-)fähig.

IV. Kündigungsschutz

Die Mitglieder der JAV, der Wahlvorstand und die Wahlbewerber genießen genau wie → *Betriebsratsmitglieder* einen entsprechenden Kündigungsschutz (§ 15 KSchG). Der Schutz beginnt, wenn nach der Stimmenauszählung feststeht, dass der Bewerber eine für seine Wahl ausreichende Stimmenzahl erhalten hat. Schutz genießen auch Ersatzmitglieder der JAV, wenn sie ein ordentliches Mitglied vertreten, oder solche Vertreter, die vor Ablauf der Amtsperiode aus der JAV ausgeschieden sind, sofern nicht die Voraussetzungen nach § 65 Abs. 1, § 24 Abs. 1 Nr. 5 und 6 BetrVG gegeben sind.

V. Übernahme in ein Arbeitsverhältnis

Nach § 21 BBiG endet das Ausbildungsverhältnis → *Auszubildender* mit Ablauf der Ausbildungszeit bzw. mit dem Bestehen der Prüfung. Geschützt sind JAV-Mitglieder in staatlich anerkannten (§ 34 BBiG), aber auch sonstigen Ausbildungsverhältnissen. Nach § 78a Abs. 1 BetrVG hat der AG spätestens 3 Monate vor Beendigung des Berufsausbildungsverhältnisses dem JAV-Mitglied mitzuteilen, wenn er nicht beabsichtigt, ihn in ein Arbeitsverhältnis zu übernehmen. Unterlässt der AG die Mitteilung, führt dies allein zu Schadensersatzansprüchen, dagegen nicht zur Begründung eines Arbeitsverhältnisses (arg. § 78a Abs. 5 BetrVG).

JAV-Mitglieder (nicht: Bewerber für die Wahl der JAV) **können innerhalb der letzten drei Monate vor Beendigung des Ausbildungsverhältnisses** (§ 21 BBiG) vom AG **schriftlich** die Übernahme in ein Arbeitsverhältnis verlangen (§ 78a Abs. 2 BetrVG). Maßgebend für die Berechnung der Frist ist die Bekanntgabe des Prüfungsergebnisses. Ein außerhalb dieser Frist gestelltes Verlangen ist rechtlich ohne Bedeutung (BAG 5.12.2012 – 7 ABR 38/11). Stellt das JAV-Mitglied form- und fristgerecht ein Übernahmeverlangen, gilt zwischen ihm und dem AG ein Arbeitsverhältnis als auf unbestimmte Zeit begründet. Auf dieses sind § 37 Abs. 4 und 5 BetrVG entsprechend anzuwenden (→ *Betriebsratsmitglieder*).

Der AG kann spätestens bis zum Ablauf von zwei Wochen nach Beendigung des Berufsausbildungsverhältnisses beim → *Arbeitsgericht* Feststellung beantragen, dass ein Arbeitsverhältnis nicht begründet (zB bei einem nicht form-/fristgemäßem Übernahmeverlangen) oder das begründete Arbeitsverhältnis wieder aufgelöst wird, wenn Tatsachen vorliegen, aufgrund derer dem AG unter Berücksichtigung aller Umstände die **Weiterbeschäftigung nicht zugemutet werden kann** (§ 78a Abs. 4 S. 1 BetrVG). Wird in einem Verfahren nach § 78a Abs. 4 BetrVG geltend gemacht, dem AG sei die Weiterbeschäftigung unzumutbar, ist über den Antrag durch rechtsgestaltenden Auflösungsbeschluss im → *Beschlussverfahren* zu entscheiden. Das Entbindungsverlangen des AG ist begründet, wenn entweder persönliche oder betriebliche Gründe einer dauerhaften Beschäftigung des JAV-Mitglieds in Vollzeit in seinem Ausbildungsberuf entgegenstehen. Die Weiterbeschäftigung eines nach den Bestimmungen des § 78a BetrVG geschützten Auszubildenden ist dem AG **unzumutbar,** wenn in dem Ausbildungsbetrieb (nicht: Unternehmen, BAG 15.11.2006 – 7 ABR 15/06) bei der Beendigung des Ausbildungsverhältnisses kein freier Arbeitsplatz vorhanden ist. Der AG ist nicht verpflichtet, durch organisatorische Maßnahmen einen Arbeitsplatz zu schaffen (BAG 8.9.2010 – 7 ABR 33/09). Allerdings darf der AG innerhalb von drei Monaten vor der vertraglich vereinbarten Beendigung des Ausbildungsverhältnisses einen für ein JAV-Mitglied in Betracht kommenden freiwerdenden Arbeitsplatz nicht anderweitig besetzen, wenn die sofortige Neubesetzung nicht durch dringende betriebliche Erfordernisse geboten ist (BAG 12.11.1997 – 7 ABR 63/96). Das Weiterbeschäftigungs- und Entbindungsverlangen ist im Urteilsverfahren (→ *Urteil*) auszutragen, während über die Entbindung des AG im Beschlussverfahren entschieden wird.

Der AG ist zur Übernahme eines JAV-Mitglieds **zu anderen als den sich aus § 78a BetrVG ergebenden Arbeitsbedingungen** verpflichtet, wenn sich dieses zumindest hilfsweise mit einer Beschäftigung zu geänderten Vertragsbedingungen bereit erklärt hat. Übernimmt der AG zB andere Auszubildende in ein nicht ausbildungsgerechtes Arbeitsverhältnis, ist er zur Vermeidung einer ansonsten eintretenden Benachteiligung eines durch § 78a BetrVG geschützten Auszubildenden wegen der Amtsausübung auch bei dessen Weiterbeschäftigungsverlangen zur Begründung eines solchen Arbeitsverhältnisses verpflichtet (BAG 15.11.2006 – 7 ABR 15/06).

K

▶ Kammerverhandlung (streitige Verhandlung)

Das Verfahren vor dem ArbG besteht aus zwei Verfahrensabschnitten. Zunächst wird die → *Güteverhandlung* durch den Vorsitzenden der Kammer durchgeführt. Im Gütetermin soll eine gütliche Streitbeilegung versucht werden. Ist diese nicht möglich, hat der Vorsitzende die streitige Verhandlung durch Auflagen über die von den Parteien noch vorzutragenden Tatsachen vorzubereiten und einen Termin dafür anzuberaumen. Der Vorsitzende kann auch das persönliche Erscheinen der Parteien anordnen (§ 51 Abs. 1 ArbGG) und hat in Betracht kommende Zeugen vorbereitend zu laden. Die streitige Verhandlung erfolgt vor der Kammer des ArbG, die mit dem Vorsitzenden und je einem → *ehrenamtlichen Richter* aus AN- und AG-Kreisen besetzt ist; sie wird deshalb in der Arbeitsgerichtsbarkeit überwiegend als Kammerverhandlung bezeichnet. Sie beginnt mit der Stellung der Anträge aus der → *Klage* und ggf. weiteren Schriftsätzen. Es schließt sich regelmäßig die Einführung des Vorsitzenden in den Sach- und Streitstand ein, bei der die entscheidungserheblichen Punkte angesprochen werden. Anschließend erhalten die Parteien und ihre Vertreter Gelegenheit zur Stellungnahme. Ist eine entscheidungserhebliche Tatsache zwischen den Parteien streitig, muss über sie Beweis erhoben werden. Die Beweisaufnahme findet vor der Kammer statt. Zeugen und Sachverständige werden nur beeidigt, wenn die Kammer dies im Hinblick auf die

Bedeutung des Zeugnisses für die Entscheidung des Rechtsstreits für notwendig erachtet (§ 58 Abs. 2 ArbGG). Der Kammertermin endet mit einem Auflagen- oder Beweisbeschluss, wenn weiterer Parteivortrag bzw. weitere Beweiserhebungen notwendig sind. Ist die Sache entscheidungsreif, so ergeht ein → *Urteil.* Zur **Verkündung** kann ein besonderer Termin nur bestimmt werden, wenn die sofortige Verkündung in dem Termin, aufgrund dessen es erlassen wird, aus besonderen Gründen nicht möglich ist (§ 60 Abs. 1 ArbGG). Bei der Verkündung ist, sofern nicht beide Parteien abwesend sind, der wesentliche Inhalt der Entscheidungsgründe mitzuteilen (§ 60 Abs. 2 ArbGG). Sind die ehrenamtlichen Richter bei der Verkündung nicht mehr zugegen, haben sie die Urteilsformel vorher zu unterschreiben (§ 60 Abs. 3 ArbGG).

▶ Karenzentschädigung

→ *Wettbewerbsverbot*

▶ Katastrophenschutz

AN dürfen aus ihrer Verpflichtung zum Dienst im Katastrophenschutz und aus diesem Dienst keine Nachteile im Arbeitsverhältnis sowie in der Sozialversicherung entstehen. Nehmen AN während der Arbeitszeit an Einsätzen oder Ausbildungsveranstaltungen teil, sind sie für die Dauer der Teilnahme unter Weitergewährung des Arbeitsentgelts, das sie ohne die Teilnahme erhalten hätten (→ *Lohnausfallprinzip*), von der Arbeitsleistung freigestellt (§ 9 Abs. 2 KatSG).

▶ Kaution

Kaution ist eine vom AN dem AG aufgrund einer besonderen Abrede gestellte Geldsumme, um etwaige für den AG während des Arbeitsverhältnisses entstehende Forderungen (zB Schadensersatzansprüche) abzusichern. Die Verpflichtung zur Stellung einer Kaution in einem vom AG vorformulierten Arbeitsvertrag stellt eine unangemessene Benachteiligung iSd § 307 BGB dar und ist unzulässig.

▶ Kinderarbeit

→ *Jugendarbeitsschutz*

▶ Kinder des Arbeitnehmers (Erkrankung)

Ist ein AN im Falle der Erkrankung seiner Kinder an der Arbeitsleistung verhindert, kann ein Anspruch auf vorübergehende Arbeitsbefreiung und auf Zahlung von → *Krankengeld* bestehen. Die Anspruchsdauer ist für jedes Kind auf längstens zehn Arbeitstage, für alleinerziehende Versicherte auf längstens 20 Arbeitstage begrenzt. Bei mehreren Kindern besteht der Anspruch für nicht mehr als 25 Arbeitstage, für alleinerziehende Versicherte für nicht mehr als 50 Arbeitstage je Kalenderjahr (§ 45 SGB V).

▶ Kirche

I. Autonomie und arbeitsrechtliche Regelungssysteme der Kirchen

Nach Art. 140 GG iVm Art. 137 Abs. 3 WRV ordnet jede Religionsgesellschaft ihre Angelegenheiten im Rahmen der für alle geltenden Gesetze selbst. Nach Art. 17 AEUV achtet die EU den Status, den Kirchen und religiöse Vereinigungen oder Gemeinschaften in den Mitgliedstaaten nach deren Rechtsvorschriften genießen, und beeinträchtigt ihn nicht. Soweit die Kirchen staatliches Arbeitsrecht anwenden, müssen sie auch die Vorgaben des Unionsrechts beachten. Insbesondere das AGG berücksichtigt aber den besonderen Status der Kirchen und enthält zu ihren Gunsten Sonderregeln (§ 9 AGG; → *Allgemeines Gleichbehandlungsgesetz*). Keine Kirche oder Weltanschauungsgemeinschaft iSd Art. 140 GG ist die „Scientology Kirche Hamburg eV" (BAG 22.3.1995 – 5 AZB 21/94). Sämtliche kirchliche Maßnahmen dürfen die AN nicht unverhältnismäßig wegen der Religion oder Weltanschauung benachteiligen. Die Religion oder die Weltanschauung muss im Hinblick auf die Art der betreffenden beruflichen Tätigkeiten oder die Umstände ihrer Ausübung eine wesentliche, rechtmäßige und gerechtfertigte berufliche Anforderung angesichts des kirchlichen Ethos sein. Das Vorliegen dieser Anforderungen muss Gegenstand einer wirksamen gerichtlichen Kontrolle sein können (EuGH 11.9.2018 – C-68/17).

Nach § 118 Abs. 2 BetrVG, § 1 Abs. 4 S. 2 MitbestG finden diese Gesetze auf Einrichtungen der Kirche keine Anwendung. Im Bereich der Evangelischen Kirche Deutschland gilt das Kirchengesetz über Mitarbeitervertretungen in der evangelischen Kirche Deutschland (MVG). In den Gliedkirchen der EKD bestehen vergleichbare Regelungen. Das Mitarbeitervertretungsrecht der katholischen Kirche beruht auf der Rahmenordnung für eine Mitarbeitervertretungsordnung (MAVO) nebst Gesetz zur Anpassung arbeitsrechtlicher Vorschriften an die kirchliche Arbeitsgerichtsordnung.

II. Staatliches Arbeitsrecht

1. Einstellung

Der kirchliche AG muss grds. bei der Einstellung auch die Vorgaben des → *Allgemeinen Gleichbehandlungsgesetzes* beachten. Er darf AN nicht wegen der Religion oder Weltanschauung unzulässig benachteiligen. Er kann aber uU die Einstellung konfessionell anders oder nicht gebundener Bewerber ablehnen, ohne eine Entschädigung oder Schadensersatz nach § 15 AGG wegen einer Benachteiligung wegen der Religion zahlen zu müssen, wenn die Religionszugehörigkeit eine zulässige Anforderung darstellt (§ 9 Abs. 1 AGG). Die Religion muss dafür aber nach der Art der betreffenden Tätigkeiten oder den vorgesehenen Umständen ihrer Ausübung eine wesentliche, rechtmäßige und gerechtfertigte berufliche Anforderung angesichts des Ethos der kirchlichen Einrichtung begründen (EuGH 17.4.2018 – C-414/16; BAG 25.10.2018 – 8 AZR 501/14). Die Entscheidung des BAG und mittelbar auch die des EuGH sind allerdings mit der Verfassungsbeschwerde angegriffen; die Entscheidung des BVerfG steht noch aus.

2. Arbeitsvertragsrecht

Nach dem Verständnis der beiden großen christlichen Kirchen können die Arbeitsbedingungen ihrer AN auf drei Wegen geregelt werden. Beim **1. Weg** werden Einzelarbeitsverträge in einheitlicher Form von den kirchlichen AG vorgegeben. Auf dem **2. Weg** werden die Arbeitsbedingungen durch kollektivrechtliche Vereinbarungen (→ *Tarifvertrag*) geregelt. Beim **3. Weg** werden die Arbeitsbedingungen durch paritätisch besetzte Arbeitsrechtliche Kommissionen festgesetzt und in den Arbeitsverträgen in Bezug genommen. Die Mitglieder der Kommissionen werden von AN und AG entsandt. Bei den auf dem 3. Weg zustande gekommenen Arbeitsbedingungen handelt es sich nicht um TV (BAG 25.3.2009 – 7 AZR 710/07). Der → *Arbeitskampf* ist im kirchlichen Bereich durch das Regelungssystem des 3. Wegs unter bestimmten Voraussetzungen ausgeschlossen (BAG 20.11.2012 – 1 AZR 179/11). Dies gilt auch, wenn sich die Kirchen für den 2. Weg entschieden haben und TV abschließen (BAG 20.11.2012 – 1 AZR 611/11). Sie müssen allerdings ein Schlichtungssystem vorsehen, bei dem gewährleistet ist, dass sich jede Seite gegenüber der anderen Seite durchsetzen kann. Die auf dem 3. Weg beschlossenen Arbeitsbedingungen der evangelischen und katholischen Kirche werden als **Arbeitsvertragsrichtlinien** (AVR) bezeichnet. Sie beruhen auf einem kirchenrechtlich bestimmten Verfahren. Die AVR können die Arbeitsverhältnisse der kirchlichen AN **nicht wie Tarifverträge** unmittelbar und zwingend gestalten. Der einzelne AN hat daher auch keinen Anspruch gegen den AG, dass auf der Grundlage der Regelungen des 3. Wegs ein höheres Entgelt gezahlt wird. Die AVR müssen daher stets durch eine Bezugnahme im Arbeitsvertrag in das Arbeitsverhältnis einbezogen werden. Die AVR unterliegen dann einer abgeschwächten AGB- und Entgelttransparenzkontrolle, die der Kontrolle von TV ähnelt. Mit der Bezugnahme im Arbeitsvertrag auf die kirchlichen Regeln kommt der AG dem Nachweis der wesentlichen Vertragsbedingungen iSv § 2 Abs. 1 S. 2 Nr. 15 NachwG (→ *Nachweisgesetz*) nach. Sehen die kirchlichen Arbeitsrechtsregelungen für die Geltendmachung von Ansprüchen eine Ausschlussfrist vor, ist dies als wesentliche Vertragsbedingung gem. § 2 Abs. 1 S. 1 NachwG nicht mehr separat oder zusätzlich nachzuweisen. Der pauschale Verweis auf die Geltung der kirchlichen Arbeitsrechtsregelungen reicht – wie bei TV – aus. Das war nach dem alten NachwG bis zum 1.8.2022 noch anders und könnte für Altverträge noch weitergelten (BAG 30.10.2019 – 6 AZR 465/18).

3. Kündigung

(a) Verfahren: Auf die kirchlichen Arbeitsverhältnisse ist grds. das **KSchG** und § 626 BGB anzuwenden. Hat sich ein AG selbst gebunden, bei bestimmten Verhaltensverstößen vor Ausspruch einer Kündigung zunächst mit dem AN ein klärendes Gespräch zu führen, verstößt eine Kündigung, die der AG ausspricht, ohne ein solches Gespräch zu führen, regelmäßig gegen den Verhältnismäßigkeitsgrundsatz und ist deshalb sozialwidrig. Die **Mitwirkung der Vertretungsorgane** vor dem Kündigungsausspruch richtet sich dagegen nach kirchlichem Recht. Ihre fehlende oder fehlerhafte Beteiligung führt zur Unwirksamkeit der Kündigung, wenn das Mitarbeitervertretungsrecht der Kirchen die Unwirksamkeit der Kündigung vorsieht.

(b) **Kündigungsgründe:** Bei der Anwendung des staatlichen Arbeitsrechts ist stets das Selbstbestimmungsrecht der Kirchen zu beachten. Sie können den kirchlichen Dienst nach ihrem **Selbstverständnis** regeln und die glaubensbezogenen Pflichten kirchlicher AN verbindlich bestimmen. In **Streitfällen** haben die ArbG daher die kirchlichen Maßstäbe für die Bewertung vertraglicher Loyalitätspflichten zugrunde zu legen, soweit die Verfassung das Recht der Kirchen anerkennt, hierüber selbst zu befinden. Diesen bleibt es danach grds. überlassen, verbindlich zu bestimmen, was die Glaubwürdigkeit der Kirche und ihre Verkündigung erfordert, was spezifisch kirchliche Aufgaben sind, was Nähe zu ihnen bedeutet, welches die wesentlichen Grundsätze der Glaubens- und Sittenlehre sind und was als ggf. schwerer Verstoß gegen diese anzusehen ist. Zu den Grundsätzen der katholischen Glaubens- und Sittenlehre gehören insbesondere die **herausragende Bedeutung der Ehe** und die **Zugehörigkeit zur Kirche.** Die Bindung an die von den Kirchen vorgegebenen Loyalitätsanforderungen gilt auch für AN, die in der Kirche zugeordneten karitativen und erzieherischen Einrichtungen beschäftigt werden. Andererseits haben die ArbG zu prüfen, ob ein nach kirchlichem Verständnis schwerer Loyalitätsverstoß nach Maßgabe von § 1 Abs. 2 KSchG die Kündigung des Arbeitsverhältnisses bedingt und sozial rechtfertigt (BVerfG 22.10.2014 – 2 BvR 661/129). Nach der Rspr. des EGMR muss die Abwägung der rechtlich geschützten Interessen der Parteien sowohl dem Selbstverständnis der Kirchen das ihm zukommende Gewicht beimessen als auch das Recht des Mitarbeiters auf Achtung seines Privat- und Familienlebens (Art. 8 EMRK) ausreichend berücksichtigen. Dies kann im Einzelfall zu dem Ergebnis führen, dass dem kirchlichen AG die Weiterbeschäftigung des AN zumutbar und die Kündigung deshalb unwirksam ist. Die ArbG haben auf der Grundlage des kirchlich definierten Selbstverständnisses der verfassten Kirche zu überprüfen, ob eine bestimmte Loyalitätsobliegenheit Ausdruck eines kirchlichen Glaubenssatzes ist und welches Gewicht dieser Loyalitätsobliegenheit und einem Verstoß nach kirchlichem Selbstverständnis zukommt. Sie haben eine Gesamtabwägung vorzunehmen, in der die kirchlichen Belange mit den Grundrechten der AN auszugleichen sind. Die widerstreitenden Rechtspositionen sind in möglichst hohem Maße zu verwirklichen. **Allerdings** will der EuGH hier strengere Maßstäbe an die gerichtliche Überprüfbarkeit anlegen; er erkennt aber auch an, dass das Ethos als solches und damit wohl auch der dazugehörige Glaubenssatz nur ausnahmsweise gerichtlich zu überprüfen sind (EuGH 11.9.2018 – C-68/17). Die katholische Kirche hat die Folgen von Loyalitätsverstößen in ihrer **Grundordnung** 2015 abgemildert; in der Regel wird für eine Kündigung verlangt, dass das Verhalten objektiv geeignet ist, ein erhebliches Ärgernis in der Dienstgemeinschaft oder im beruflichen Wirkungskreis zu erregen und die Glaubwürdigkeit der Kirche zu beeinträchtigen.

(c) **Einzelfälle:** Als bislang gerechtfertigt wurde eine Kündigung angesehen, wenn eine Lehrerin in einer katholischen Schule einen geschiedenen Mann heiratet (BAG 18.11.1986 – 7 AZR 274/85), ein Assistenzarzt in einem katholischen Krankenhaus aus der Kirche austritt (BAG 12.12.1984 – 7 AZR 418/83), ein in der Konfliktberatung des Diakonischen Werks eingesetzter AN sich homosexuell betätigt (BAG 30.6.1983 – 2 AZR 524/81), ein Chefarzt in einem katholischen Krankenhaus sich für die künstliche Insemination (BAG 7.10.1993 – 2 AZR 226/93) oder ein dort beschäftigter Arzt öffentlich für den Schwangerschaftsabbruch (BAG 21.10.1982 – 2 AZR 591/80) eintritt. Der Austritt eines im verkündigungsnahen Bereich eingesetzten Mitarbeiters aus der katholischen Kirche kann eine → *außerordentliche Kündigung* des Arbeitsverhältnisses rechtfertigen (BAG 25.4.2013 – 2 AZR 579/12). Als Loyalitätsverstoß kommt grds. für leitende katholische Mitarbeiter einer katholischen

Einrichtung auch der Abschluss einer nach katholischem Verständnis ungültigen Ehe in Betracht (BVerfG 22.10.2014 – 2 BvR 661/12; aA EuGH 11.9.2018 – C-68/17). All diese Einzelfälle stehen aber als mögliche Benachteiligungen wegen der Religion auf dem Prüfstand, wenn das kirchliche Arbeitsrecht besondere Pflichten nur Glaubenszugehörigen auferlegt (EuGH 11.9.2018 – C-68/17; BAG 20.2.2019 – 2 AZR 746/14). Vieles ist hier noch ungeklärt.

(d) Verbot der Benachteiligung wegen der Religion: Grds. dürfen sämtliche Folgen aus der Verletzung von Loyalitätspflichten AN nicht unzulässig wegen der Religion benachteiligen (§ 9 Abs. 2 AGG; → *Allgemeines Gleichbehandlungsgesetz*). Wenn der AG auf derselben Hierarchieebene des zu Kündigenden AN beschäftigt, die wegen einer anderen oder fehlenden Konfession nicht von den besonderen kirchlichen Pflichten betroffen sind, und die Kirchenzugehörigkeit keine – gerichtlich überprüfbare – wesentliche berufliche Anforderung darstellt, scheidet eine Rechtfertigung der Benachteiligung wegen der Religion aus (EuGH 11.9.2018 – C-68/17). Die Loyalitätspflicht etwa, keine nach dem Glaubensverständnis und der Rechtsordnung der katholischen Kirche ungültige Ehe zu schließen, ist im Hinblick auf die Art der Tätigkeiten des AN und die Umstände ihrer Ausübung keine wesentliche, rechtmäßige und gerechtfertigte berufliche Anforderung (BAG 20.2.2019 – 2 AZR 746/14). Diese Entscheidung ist rechtskräftig und nicht mit einer Verfassungsbeschwerde angegriffen worden. Allerdings könnte ihr rein faktisch eine abweichende Entscheidung des BVerfG auf die Verfassungsbeschwerde einer Kirche gegen die Entscheidung des BAG vom 25.10.2018 (– 8 AZR 501/14) den Boden entziehen; wie ein dann möglicher Konflikt zwischen BVerfG und EuGH aufzulösen ist, ist offen. Gegenstand eines neuerlichen Vorabentscheidungsverfahrens (→ *Europäischer Gerichtshof*) ist die Frage, ob ein der katholischen Kirche zugeordnetes Krankenhaus eine angestellte Hebamme allein deshalb als ungeeignet für eine Tätigkeit ansehen und sie daher kündigen darf, weil sie vor Wiederbeginn des Arbeitsverhältnisses aus der katholischen Kirche ausgetreten ist, auch wenn von den beim AG tätigen konfessionslosen oder andersgläubigen AN im Übrigen nicht verlangt wird, dass sie der katholischen Kirche angehören oder nicht aus ihrer Kirche austreten (BAG 21.7.2022 – 2 AZR 131/21 (A)).

(e) Rechtsweg: Für Rechtsstreitigkeiten von AN der Kirchen ist regelmäßig nach einem innerkirchlichen Schiedsverfahren der Rechtsweg zu den ArbG gegeben. Wird das Schiedsverfahren nicht durchgeführt, kann dennoch Klage erhoben werden. Für Rechtsstreitigkeiten aus dem Mitarbeitervertretungsrecht ist der Rechtsweg zu den ArbG ausgeschlossen. Hier sind die kirchlichen ArbG zuständig. *(SR)*

▶ Klage

Als Klage wird das bei Gericht gestellte Gesuch um Rechtsschutz bezeichnet. Die Klageerhebung in arbeitsrechtlichen Streitigkeiten erfolgt durch Einreichung einer Klageschrift beim → *Arbeitsgericht* oder zur Niederschrift des Urkundsbeamten der Geschäftsstelle (§ 496 ZPO) und Zustellung dieses Schriftsatzes. Die Klageschrift soll in mindestens doppelter Ausfertigung eingereicht werden. Sie hat nach § 46 Abs. 2 ArbGG, § 253 ZPO die Bezeichnung der Parteien (Name, Wohn-/Geschäftssitz) und des Gerichts sowie einen bestimmten Antrag und seine Begründung zu enthalten und ist zu unterschreiben (§ 253 Abs. 5 ZPO). Unklarheiten in der Parteibezeichnung sind unschädlich, wenn aus der Begründung oder beigefügten Unterlagen ersichtlich ist, welche Partei verklagt werden soll. Bei der Abfassung einer Klage kann die Hilfe der Rechtsantragstelle eines ArbG in Anspruch genommen werden.

Der Klageantrag kann auf das Bewirken einer **Leistung** gerichtet sein. Bei einer Entgeltklage müssen die Zeiträume, für die die Vergütung gefordert wird, kalendermäßig und der Höhe nach bezeichnet werden. Unzulässig ist daher ein Zahlungsantrag unter Abzug eines nicht der Höhe nach angegebenen Alg. Der Klageantrag kann auf das Bruttoarbeitsentgelt gerichtet werden, nach einer Vollstreckung muss dann der AN die anfallenden Steuern und Sozialversicherungsbeiträge berechnen und abführen. Eine Nettoklage kann der AN erheben, wenn der AG die Beiträge berechnet hat oder wenn eine Nettolohnvereinbarung besteht. Ein Klageantrag, mit dem Zinsen in

Höhe bestimmter Prozentpunkte über dem Basiszinssatz der Europäischen Zentralbank gefordert werden, ist auch für die Vergangenheit bestimmt genug. Zulässig ist auch eine **Feststellungsklage** (§ 256 ZPO – zB auf Bestehen eines Arbeitsverhältnisses, der Echtheit oder Unechtheit einer Urkunde) sowie in den gesetzlich vorgesehenen Fällen eine **Gestaltungklage** (Auflösung des Arbeitsverhältnisses gegen Zahlung einer Abfindung – §§ 9, 10 KSchG). Eine auf Feststellung eines inzwischen beendeten Rechtsverhältnisses gerichtete Klage ist nur dann zulässig, wenn sich aus der Feststellung noch Rechtsfolgen für die Gegenwart oder Zukunft ergeben können.

Nach Einreichung der Klageschrift bestimmt der Vorsitzende des ArbG Termin zur **Güteverhandlung** und lässt die Parteien unter Wahrung der Einlassungs- und Ladungsfrist laden. In Rechtsstreitigkeiten über das Bestehen, das Nichtbestehen oder die Kündigung eines Arbeitsverhältnisses soll die → *Güteverhandlung* innerhalb von zwei Wochen nach Klageerhebung stattfinden. Bei Klageerhebung ergeht allgemein noch keine Aufforderung an den Beklagten, sich auf die Klage schriftlich zu äußern (§ 47 Abs. 2 ArbGG). Wegen der Sonderregelung im ArbGG finden die Vorschriften über den frühen ersten Termin (§§ 272, 275 ZPO) oder das schriftl. Vorverfahren (§§ 272, 276 ZPO) vor den ArbG keine Anwendung (§ 46 Abs. 2 S. 2 ArbGG). Die Klageschrift muss mindestens eine Woche vor dem Termin zugestellt sein (§ 47 Abs. 1 S. 1 ArbGG).

▶ Koalitionsfreiheit

Nach Art. 9 Abs. 3 GG ist für alle natürlichen und juristischen (Art. 19 Abs. 3 GG) Personen („Jedermann"), und für alle Berufsgruppen das Recht gewährleistet, zur **Wahrung und Förderung der Arbeits- und Wirtschaftsbedingungen Vereinigungen** zu bilden. Dies entspricht einer allgemeinen Rechtsüberzeugung (Art. 23 Abs. 1 der UN-Erklärung der Menschenrechte, Art. 11 der Europäischen Konvention zum Schutze der Menschenrechte und Grundfreiheiten, Art. 5 der Europäischen Sozial-Charta, Übereinkommen Nr. 87 der Internationalen Arbeitsorganisation [ILO], Art. 12 EU-GRCharta).

Das Grundrecht der Koalitionsfreiheit ist in erster Linie ein Freiheitsrecht. Es schützt die **individuelle Freiheit,** Vereinigungen mit der genannten Zwecksetzung zu bilden und diesen Zweck gemeinsam zu verfolgen. Auch das Recht, solchen Vereinigungen fernzubleiben oder sie zu verlassen (**negative Koalitionsfreiheit**), wird ihm zugerechnet. Die an einer Koalitionsbildung Beteiligten sollen jedenfalls grds. frei von staatlicher Einflussnahme, selbst und eigenverantwortlich über ihre Aktivitäten bestimmen können. Geschützt ist damit auch das **Recht der Vereinigung selbst,** durch koalitionsmäßige Betätigung die in Art. 9 Abs. 3 GG genannten Zwecke zu verfolgen (**Doppelgrundrecht**); die Wahl der Mittel, welche die Koalitionen zur Erreichung dieses Zwecks für geeignet halten, also auch des → *Streiks*, ist ihnen als Grundrechtsträger grds. selbst überlassen (BVerfG 11.7.2017 – 1 BvR 1571/15). Der Gesetzgeber ist aber befugt, dieses Recht nach dem Grundsatz der Verhältnismäßigkeit auszugestalten (BVerfG 19.6.2020 – 1 BvR 842/17).

Es muss sich bei einer Koalition um eine (**1**) privatrechtliche Vereinigung handeln, die sich (**2**) freiwillig zusammengeschlossen hat, (**3**) demokratisch organisiert und (**4**) vom sozialen Gegenspieler ebenso unabhängig ist, wie von Staat, Kirche und Parteien, sowie (**5**) den besonderen Vereinigungszweck des Art. 9 Abs. 3 GG verfolgt. Grundrechtsträger sind die abhängig beschäftigten Berufsangehörigen, also nicht nur die → *Arbeitnehmer* im klassischen Sinn, die AG und sonstigen Weisungsgeber sowie die von ihnen mit der genannten Zwecksetzung gebildeten Organisationen.

„Koalition" ist ein **Oberbegriff.** Ihm unterfallen auch die engeren Begriffe → *Gewerkschaft* und → *Arbeitgeberverband.* Diese Koalitionen müssen zusätzliche Begriffsmerkmale erfüllen, weil ihnen die Fähigkeit zugewiesen ist (§ 2 TVG), normativ wirkende → *Tarifverträge* abzuschließen (→ *Tarifautonomie*) und zu deren Durchsetzung zu einem trotz bewusster Schädigung des sozialen Gegenspielers rechtmäßigen → *Arbeitskampf* aufzurufen. AN-Koalitionen, die – noch – nicht tariffähig sind, dies aber anstreben, haben diese besonderen Rechte nicht. Für sie ergibt sich aus der Koalitionsfreiheit aber zB das Recht, für sich in den Betrieben zu werben, um diese Rechte mit der Gewerkschaftseigenschaft erwerben zu können (BAG 22.5.2012 – 1 AZR 11/11). *(KB)*

▶ Konkretisierung

→ *Direktionsrecht*

▶ Konkurrentenklage

Aus dem Arbeitsvertrag folgt **kein allgemeiner Beförderungsanspruch,** ein solcher lässt sich insbesondere nicht aus der → *Fürsorgepflicht* des AG herleiten. Auch im öffentlichen Dienst kann ein AN aus einer arbeitsvertraglichen Nebenpflicht nicht seine Beförderung durch den AG erzwingen. Nach Art. 33 Abs. 1 GG hat allerdings jeder Deutsche nach seiner Eignung, Befähigung und fachlichen Leistung Zugang zu jedem öffentlichen Amt. Bei der Feststellung der in Art. 33 Abs. 2 GG bezeichneten Qualifikationsmerkmale steht dem öffentlichen AG ein von der Verfassung gewährleisteter Beurteilungsspielraum zu, der nur einer eingeschränkten gerichtlichen Kontrolle unterliegt.

Die danach strikt leistungsbezogene **Auswahl** setzt verfahrensmäßig die Festlegung eines konkreten Anforderungsprofils für die zu besetzende Stelle voraus. In diesem werden die Leistungskriterien für die nachfolgende Auswahlentscheidung konkretisiert und festgelegt. Das Anforderungsprofil muss zur Gewährleistung eines nachfolgenden effektiven Rechtsschutzes so dokumentiert sein, dass die Auswahlentscheidung nach den Kriterien des Art. 33 Abs. 2 GG überprüft werden kann. Diese setzt in verfahrensrechtlicher Hinsicht neben einem feststehenden Anforderungsprofil eine vorherige Bewertung der Bewerber im Hinblick auf ihre Eignung für die zu besetzende Stelle voraus. Diese kann durch dienstliche Beurteilungen, Zeugnisse oder aktuelle Leistungsberichte vorgenommen werden. Die öffentlichen AG sind verpflichtet, die Leistungsbewertungen und die wesentlichen Auswahlerwägungen schriftlich niederzulegen.

Macht ein Bewerber um eine auch für Angestellte ausgeschriebene Stelle des öffentlichen Dienstes geltend, er sei unter Verletzung der in Art. 33 Abs. 2 GG festgelegten Kriterien abgewiesen worden, kann er bis zum Abschluss des Auswahlverfahrens arbeitsgerichtlichen Rechtsschutz in Anspruch nehmen (sog. **arbeitsrechtliche Konkurrentenklage**). Nach der Rspr. des BVerfG darf der Dienstherr durch den Abschluss seines Auswahlverfahrens keine vollendeten Tatsachen schaffen. Die Verwaltung muss dem abgelehnten Bewerber die Absage rechtzeitig mitteilen und diesem vor der Besetzung des Amts die Möglichkeit einräumen, vorläufigen Rechtsschutz in Anspruch zu nehmen. Regelmäßig darf der Vollzug der Auswahlentscheidung erst 14 Tage nach Zugang der Mitteilung liegen. In diesem Zeitraum kann der unterlegene Bewerber einstweiligen Rechtsschutz gegen die bevorstehende Besetzung beantragen. Erfolgt die Einleitung rechtzeitig, ist die öffentliche Verwaltung verpflichtet, die Besetzung bis zum rechtskräftigen Abschluss des einstweiligen Verfügungsverfahrens zu unterlassen.

Im einstweiligen Rechtsschutzverfahren und im Hauptsacheverfahren wird regelmäßig die **erneute Durchführung des Auswahlverfahrens** beantragt werden. Anders als vor den Verwaltungsgerichten richtet sich der Klageantrag nicht auf eine Neubescheidung, sondern auf die Wiederholung der Auswahlentscheidung unter Beachtung der Kriterien des Art. 33 Abs. 2 GG. Der Antrag ist begründet, wenn die bisherige Auswahlentscheidung des AG fehlerhaft war, den Kläger in seinem Bewerberverfahrensanspruch verletzt und die ausgeschriebene Stelle noch nicht endgültig besetzt ist. Wäre jede andere Entscheidung als die für den abgelehnten Bewerber ermessensfehlerhaft, kann auch auf Übertragung der ausgeschriebenen Stelle oder Annahmeerklärung zum Vertragsschluss zu geänderten Bedingungen geklagt werden, letzteres sofern eine Vertragsänderung erforderlich ist.

Ein anhängiger Konkurrentenstreit um eine dauerhaft zu besetzende Stelle kann die **Befristung** des Arbeitsvertrags mit einem auf dieser Stelle beschäftigten AN bis zum Abschluss des Rechtsstreits mit dem Konkurrenten nach § 14 TzBfG sachlich rechtfertigen.

▶ Konzern

Nach § 18 AktG ist ein Konzern die Zusammenfassung mehrerer rechtlich selbständiger Unternehmen unter einheitlicher Leitung. Das Gesetz geht von einem einheitlichen Konzernbegriff aus. Es ist zwischen einem **Unterordnungskonzern** (§ 18 Abs. 1 AktG) und **Gleichordnungskonzern** (§ 18 Abs. 2 AktG) zu unterscheiden. Ein

Unterordnungskonzern liegt vor, wenn sich die Zusammenfassung unter einheitlicher Leitung auf herrschende und abhängige Unternehmen (§ 17 AktG) bezieht. Ein Gleichordnungskonzern besteht dagegen bei einer Zusammenfassung unter einheitlicher Leitung ohne Abhängigkeit des einen von dem anderen Unternehmen.

Besondere konzernrechtliche Haftungsfragen stellen sich im **GmbH-Konzern.** Die durch Beteiligung ihres Gesellschafters an anderen Unternehmen verbundene GmbH kann Mitglied eines Konzerns sein. Voraussetzung ist eine maßgebliche Beteiligung des Gesellschafters in mehreren Unternehmen. Befindet sich die GmbH in einem Abhängigkeitsverhältnis gegenüber einem herrschenden Unternehmen, besteht die Gefahr, dass das herrschende Unternehmen sein anderweitig verfolgtes unternehmerisches Interesse auch in der abhängigen GmbH auf deren Kosten durchsetzt. In diesen Fällen muss die abhängige GmbH im Interesse ihrer Gläubiger vor Schädigungen durch das faktisch herrschende Unternehmen geschützt werden. Dieselbe Problematik tritt im Übrigen auch im Verhältnis der GmbH zu ihrem Gesellschafter auf.

Nach einer zuletzt sehr wechselhaften Rechtsprechungsentwicklung kommt nach Auffassung des BGH im Konzernverbund eine **Haftung wegen vorsätzlicher sittenwidriger Schädigung** in Betracht. Die Haftung eines pflichtwidrig handelnden Gesellschafters knüpft an dessen missbräuchliche Schädigung des im Gläubigerinteresse zweckgebundenen Gesellschaftsvermögens an und ordnet sie – in Gestalt einer schadensersatzrechtlichen Innenhaftung gegenüber der Gesellschaft – als besondere Fallgruppe der sittenwidrigen vorsätzlichen Schädigung (§ 826 BGB) zu (BGH 28.4.2008 – II ZR 264/06). Daneben besteht eine Anspruchskonkurrenz zu Erstattungsansprüchen aus §§ 30, 31 GmbHG. Der → *Kündigungsschutz* ist grds. nicht konzernbezogen.

▶ Konzernbetriebsrat

Für einen Konzern kann durch Beschlüsse der einzelnen → *Gesamtbetriebsräte* (GBR) der Konzernunternehmen ein Konzernbetriebsrat (KBR) gebildet werden. Die Errichtung ist von einer qualifizierten Mehrheit der GBR der Konzernunternehmen abhängig (§ 54

Abs. 1 BetrVG). Das BetrVG verweist hinsichtlich des Konzernbegriffs auf die Begrifflichkeiten des AktG (→ *Konzern*). Ein KBR kann auch gebildet werden, wenn eine natürliche Person die Konzernspitze darstellt oder bei Bestehen einer Teilkonzernspitze. Besteht in einem Konzernunternehmen nur ein BR, nimmt dieser die Aufgaben des GBR wahr (§ 54 Abs. 2 BetrVG). Ein KBR kann nur errichtet werden, wenn das herrschende Unternehmen seinen Sitz im Inland hat oder über eine im Inland ansässige Teilkonzernspitze verfügt (BAG 23.5.2018 – 7 ABR 60/16).

Die Zuständigkeitsregelung des KBR ist der des GBR nachgebildet. Der KBR ist nach § 58 BetrVG **zuständig (1)** für die Behandlung von Angelegenheiten, die den Konzern oder mehrere Konzernunternehmen betreffen und nicht durch die einzelnen GBR geregelt werden können. Die Zuständigkeit des KBR erstreckt sich auch auf Unternehmen, die einen GBR nicht gebildet haben, sowie auf Betriebe des Konzernunternehmens ohne BR; **(2)** für Angelegenheiten, die ihm von den GBR übertragen worden sind.

In den KBR entsendet jeder BR zwei seiner Mitglieder. Die Geschlechter sollen angemessen berücksichtigt werden. Die in den KBR entsandten Mitglieder und Ersatzmitglieder werden vom GBR bestimmt. Das KBRmitglied hat im KBR die Hälfte der **Stimmen** der Mitglieder des GBR (§ 55 Abs. 3 BetrVG). Ein Mitglied des KBR kann wegen grober **Pflichtverletzung** auf Antrag vom Arbeitsgericht aus dem KBR ausgeschlossen werden (§ 56 BetrVG). Die Mitgliedschaft endet ferner, wenn die Mitgliedschaft zum GBR erlischt, durch Amtsniederlegung oder durch Abberufung durch den GBR. Hinsichtlich der **Geschäftsführung** des KBR wird auf die Vorschriften für den GBR verwiesen. Weiter ist die Möglichkeit der Bildung von Ausschüssen vorgesehen. Einen → *Wirtschaftsausschuss* kann der KBR nicht bilden.

▶ Kraftfahrer

Für die Beschäftigung von AN als Fahrer oder Beifahrer bei Straßenverkehrstätigkeiten gelten die VO (EG) Nr. 561/2006 des Europäischen Parlaments und des Rates vom 15.3.2006 zur Harmonisierung bestimmter Sozialvorschriften im Straßenverkehr (ABl. EG

Nr. L 102 S. 1) und das Europäische Übereinkommen über die Arbeit des im internationalen Straßenverkehr beschäftigten Fahrpersonals (AETR) idF vom 31.7.1985 (BGBl. 1974 II 889). Diese Vorschriften sind insbesondere für die Arbeitszeit von Kraftfahrern maßgeblich. Daneben enthält das ArbZG besondere Arbeitszeitvorschriften. Für Kraftfahrer und Beifahrer kann der Beginn der 24-stündigen Sonn- und Feiertagsruhe um bis zu zwei Stunden vorverlegt werden (§ 9 Abs. 3 ArbZG). Nach § 21a ArbZG darf die Arbeitszeit 48 Stunden wöchentlich nicht überschreiten. Sie kann auf bis zu 60 Stunden verlängert werden, wenn innerhalb von vier Kalendermonaten oder 16 Wochen im Durchschnitt 48 Stunden wöchentlich nicht überschritten werden. Als Arbeitszeit gilt nicht die während der Fahrt neben dem Fahrer oder in einer Schlafkabine verbrachte Zeit (§ 21a Abs. 3 ArbZG). Der AG ist verpflichtet, die Arbeitszeit der AN aufzuzeichnen und die Aufzeichnungen zumindest zwei Jahre aufzubewahren; auf Verlangen ist dem AN eine Kopie der Aufzeichnungen auszuhändigen (§ 21a Abs. 7 ArbZG). Weitere Regelungen enthält das Gesetz über das Fahrpersonal von Kraftfahrzeugen und Straßenbahnen (FPersG) vom 19.2.1987 (BGBl. I 640). Bestimmungen zu Lenk- und Ruhezeiten sowie zum Einsatz eines digitalen Kontrollgeräts sind in der VO zur Durchführung des Fahrpersonalgesetzes (FPersV) vom 27.6.2005 (BGBl. I 1882) enthalten (Internet: www.bag.bund.de).

▶ Krankengeld

Versicherte haben Anspruch auf Krankengeld, wenn sie infolge → *Krankheit* arbeitsunfähig sind oder sie auf Kosten der Krankenkasse stationär in einem Krankenhaus, einer Vorsorge- oder Rehabilitationseinrichtung behandelt werden (§ 44 Abs. 1 SGB V). Ferner besteht Anspruch auf Krankengeld bei Erkrankung eines noch nicht zwölf Jahre alten Kindes, wenn seine Betreuung erforderlich ist (§ 45 SGB V; → *Kinder des Arbeitnehmers (Erkrankung)*). Der Anspruch auf Krankengeld ruht, solange der Versicherte Arbeitsvergütung erhält (§ 49 Abs. 1 Nr. 1 SGB V; → *Entgeltfortzahlung im Krankheitsfall*). Erfüllt der AG den Anspruch auf Arbeitsvergütung nicht, geht dieser in Höhe des gezahlten Krankengelds auf die Krankenkasse über

(§ 115 SGB V). Der übergegangenen Forderung kann der Einwand entgegengesetzt werden (§§ 412, 404 BGB), dass der Anspruch aufgrund einer Verfallfrist (→ *Verfallfristen*) erloschen ist. Das Krankengeld beträgt 70% des erzielten Arbeitsentgelts (§ 47 Abs. 1 SGB V) und wird für längstens 78 Wochen gezahlt (§ 48 Abs. 1 SGB V).

▶ Krankenvergütung

→ *Entgeltfortzahlung im Krankheitsfall*

▶ Krankenversicherungszuschuss

Nach § 257 Abs. 1 S. 1 SGB V erhalten von ihrem AG einen Beitragszuschuss die (**1**) freiwillig in der gesetzlichen Krankenversicherung Versicherten, die ausschließlich wegen Überschreitung der Jahresarbeitsentgeltgrenze (§ 6 Abs. 1 Nr. 1 SGB V) **versicherungsfrei** sind. Nach § 257 Abs. 2 SGB V sind auch solche Personen zuschussberechtigt, die (**2**) nur wegen Überschreitens der Jahresarbeitsentgeltgrenze oder aufgrund von § 6 Abs. 3a SGB V versicherungsfrei oder die von der Versicherungspflicht befreit und bei einem privaten Krankenversicherungsunternehmen iSd § 257 Abs. 2a SGB V versichert sind und für sich und ihre Angehörigen, die bei Versicherungspflicht des Beschäftigten nach § 10 SGB V versichert wären, Vertragsleistungen beanspruchen können, die der Art nach den Leistungen der gesetzlichen Krankenversicherung entsprechen. Im Falle des § 257 Abs. 1 SGB V muss daher der Beschäftigte in der gesetzlichen Krankenversicherung versichert sein, im Geltungsbereich des § 257 Abs. 2 S. 1 SGB V muss eine private Krankenversicherung bestehen, die zumindest den Leistungen der gesetzlichen Versicherung im Rahmen der Grundversorgung (Regelleistungen) entspricht und damit einen adäquaten Ersatz bietet. Ein Anspruch auf Beitragszuschuss besteht ferner für (**3**) Empfänger von Vorruhestandsleistungen (§ 257 Abs. 3 SGB V) sowie für (**4**) Teilnehmer an einer berufsfördernden Maßnahme zur Rehabilitation (§ 258 SGB V). Von der gesetzlichen Regelung über die Beitragszuschüsse kann nicht zuungunsten des Versicherten abgewichen werden, wohl aber zu seinen Gunsten. Ein Krankenversicherungszuschuss kann daher auch vertraglich vereinbart werden.

Die **Höhe des Beitragszuschusses** ist nach § 257 Abs. 1, 2 SGB V unterschiedlich. Mitglieder der gesetzlichen Krankenversicherung, die freiwillig versichert sind, erhalten von ihrem AG als Beitragszuschuss die Hälfte des Beitrags, der bei Anwendung des allgemeinen Beitragssatzes der gesetzlichen Krankenversicherung zu zahlen wäre. Für Mitglieder der privaten Krankenversicherung beträgt der Zuschuss die Hälfte des Betrags, der sich bei Anwendung des allgemeinen Beitragssatzes bis zur Höhe der Beitragsbemessungsgrenze in der Krankenversicherung (§ 226 Abs. 1 S. 1 Nr. 1 SGB V) als Beitrag ergibt, höchstens jedoch die Hälfte des Betrags, den der Beschäftigte für seine Krankenversicherung zu zahlen hat.

▶ Krankheit

Krankheit ist ein regelwidriger Körper- oder Geisteszustand, der einer Heilbehandlung bedarf. Was regelwidrig ist, bestimmt sich nach dem Stand der Wissenschaft. Alkohol- und Drogensucht sind Krankheiten (→ *Alkohol*). Die Behandlungsfähigkeit oder Heilbarkeit ist für den Krankheitsbegriff unerheblich. Auch ein unheilbar erkrankter Patient kann noch behandlungsbedürftig sein, beispielsweise im Rahmen einer Schmerztherapie. Im Falle der Arbeitsunfähigkeit infolge Krankheit besteht für den AN Anspruch auf → *Entgeltfortzahlung im Krankheitsfall.* Den AN trifft die Pflicht zur → *Krankmeldung.* Der AN ist während der Erkrankung von der Arbeitsleistung befreit. Der arbeitsunfähig erkrankte AN muss sich so verhalten, dass er bald wieder gesund wird. Eine Pflichtwidrigkeit kann vorliegen, wenn er den Heilungserfolg verzögert. Der AG kann aus dem Anlass der Krankheit eine → *personenbedingte Kündigung* aussprechen. *(RL)*

▶ Krankheitsbedingte Kündigung

I. Überblick

Die Kündigung wegen Krankheit kommt als → *personenbedingte Kündigung* in Betracht bei: **(1)** langanhaltender Erkrankung und **(2)** häufigen Kurzerkrankungen. Die Beurteilung der sozialen Rechtfertigung (§ 1 Abs. 2 KSchG) vollzieht sich dabei in drei Prüfungsschritten. Es muss eine negative Prognose hinsichtlich der voraussichtlichen Dauer der Arbeitsunfähigkeit vorliegen (erste Stufe), eine darauf beruhende erhebliche Beeinträchtigung betrieblicher Interessen festzustellen sein (zweite Stufe) und die Interessenabwägung ergeben, dass die betrieblichen Beeinträchtigungen zu einer billigerweise nicht mehr hinzunehmenden Belastung des AG führen (dritte Stufe). Bei einem vorübergehend oder dauerhaft unkündbaren Arbeitsvertrag, kann uU eine → *außerordentliche Kündigung* wegen Krankheit unter Wahrung einer Auslauffrist in Betracht kommen. Das **(3)** Vortäuschen einer Krankheit stellt einen Grund für eine → *verhaltensbedingte Kündigung* dar.

Das **Vortäuschen oder Ankündigen einer krankheitsbedingten Abwesenheit** stellt eine Verletzung der arbeitsvertraglichen Pflichten des AN dar, das zu einer → *verhaltensbedingten Kündigung* auch als → *außerordentliche Kündigung* führen kann. Gerechtfertigt sein kann eine solche Kündigung auch dann, wenn der AN **ankündigt,** er werde wegen Krankheit fehlen, selbst wenn er im Nachhinein tatsächlich erkrankt oder er sich eine Arbeitsunfähigkeitsbescheinigung (→ *Krankmeldung*) erschleicht. Wird während der Arbeitsunfähigkeit eine **Nebenbeschäftigung** ausgeübt, kann eine Kündigung gerechtfertigt sein, wenn der AN hierdurch in Wettbewerb zum AG tritt oder die Beschäftigung seinen Heilungsprozess verzögern kann.

II. Kündigung aus Krankheitsgründen

1. Lang anhaltende Krankheit

Bei krankheitsbedingter dauernder Leistungsunfähigkeit ist in aller Regel ohne Weiteres von einer erheblichen Beeinträchtigung der betrieblichen Interessen auszugehen. Die Dauer der Krankheit und die Ungewissheit der Genesung begründen dann das betriebliche Erfordernis für die Beendigung des Arbeitsverhältnisses. Ist die Wiederherstellung der Arbeitsfähigkeit ausgeschlossen oder ungewiss, führt dies regelmäßig zu einer erheblichen Belastung der betrieblichen Interessen. Die Ungewissheit der Wiederherstellung der Arbeitsfähigkeit steht einer krankheitsbedingten dauernden Leistungsunfähigkeit dann gleich, wenn in den nächsten 24 Monaten nicht mit der Wiederherstellung der Leistungsfähigkeit gerechnet werden kann (BAG 12.4.2002 – 2 AZR 148/01). Maßgebender Beurteilungszeitpunkt ist der Zugang der Kündigungserklärung. Um die **Zukunfts-**

prognose anstellen zu können, muss sich der AG im Allgemeinen nach dem Krankheitsverlauf erkundigen. Unterlässt er dies, ist das kein Unwirksamkeitsgrund der Kündigung. Im Allgemeinen genügt der AG seiner Darlegungslast zur Prognose, wenn er vorträgt, wegen der bisherigen Erkrankungen sei auch mit weiteren Krankheiten zu rechnen. Dann ist es Aufgabe des AN, seinerseits Tatsachen vorzutragen, warum dieser Schluss nicht gerechtfertigt ist. Auch wenn der AN sich vorprozessual geweigert hat, seinen Arzt von der ärztlichen Schweigepflicht zu entbinden, ist es ihm nicht verwehrt, die negative Gesundheitsprognose unter Bezugnahme auf ärztliches Zeugnis zu bestreiten. Bestehen begründete Zweifel, ob der AN nur vorübergehend durch Krankheit an der Arbeitsleistung verhindert oder auf Dauer berufs- oder erwerbsunfähig/jetzt vermindert erwerbsfähig ist, so hat er sich, wenn er schuldhaft keinen Rentenantrag stellt, vielfach nach tariflichen Regelungen auf Verlangen des AG einer ärztlichen Untersuchung zu unterziehen.

2. Häufige Kurzerkrankungen

Sie können eine krankheitsbedingte Kündigung rechtfertigen, wenn im Kündigungszeitpunkt (**a**) objektive Tatsachen vorliegen, die die Besorgnis weiterer Erkrankungen im bisherigen Umfang befürchten lassen. Die prognostizierten Fehlzeiten müssen (**b**) zu einer erheblichen Beeinträchtigung der betrieblichen Interessen führen. Diese Beeinträchtigungen können sowohl in Betriebsablaufstörungen als auch in zu erwartenden Entgeltfortzahlungskosten liegen, sofern die Zahlungen einen Umfang von sechs Wochen übersteigen. Im Rahmen der gebotenen Interessenabwägung ist schließlich zu prüfen, ob (**c**) die Beeinträchtigungen vom AG gleichwohl hingenommen werden müssen. Treten während der letzten Jahre jährlich mehrere (Kurz-)Erkrankungen auf, spricht dies für eine entsprechende künftige Entwicklung des Krankheitsbilds, es sei denn, die Krankheiten sind ausgeheilt. Der AG darf sich deshalb auf der ersten Prüfungsstufe zunächst darauf beschränken, die Fehlzeiten der Vergangenheit darzustellen und zu behaupten, in Zukunft seien Krankheitszeiten in entsprechendem Umfang zu erwarten. Dann ist es Sache des AN darzulegen, weshalb im Kündigungszeitpunkt mit einer baldigen Genesung zu rechnen war. Er genügt dieser prozessualen Mitwirkungspflicht schon dann, wenn er vorträgt, die behandelnden Ärzte hätten seine gesundheitliche Entwicklung positiv beurteilt, und wenn er diese von ihrer Schweigepflicht entbindet. Je nach Erheblichkeit des Vortrags ist es dann Sache des AG, den Beweis für die Berechtigung einer negativen Gesundheitsprognose zu führen. Einer negativen Prognose steht nicht entgegen, dass die Arbeitsunfähigkeitszeiten – den Angaben des AN zufolge – auf unterschiedlichen Erkrankungen beruhen. Selbst wenn die Krankheitsursachen verschieden sind, können sie doch auf eine allgemeine Krankheitsanfälligkeit hindeuten, die prognostisch andauert (BAG 20.11.2014 – 2 AZR 755/13).

3. Verhältnismäßigkeit

Eine Kündigung aus Krankheitsgründen ist nur erforderlich und iSd § 1 Abs. 2 KSchG „bedingt", wenn es keine angemessenen milderen Mittel zur Vermeidung oder Verringerung künftiger Fehlzeiten gibt. Mildere Mittel können insbesondere die Umgestaltung des bisherigen Arbeitsbereichs oder die Weiterbeschäftigung des AN auf einem anderen – leidensgerechten – Arbeitsplatz sein. Die Pflicht zur Umorganisation entfällt, wenn der AN auch auf anderen möglichen Arbeitsplätzen nicht einsetzbar ist oder eine geänderte Organisation aus betrieblichen Gründen (zB wegen der berechtigten Interessen anderer AN) nicht möglich ist (BAG 24.11.2005 – 2 AZR 514/04). Ggf. hat der AG einen solchen Arbeitsplatz durch Ausübung seines Direktionsrechts frei zu machen und sich auch um die eventuell erforderliche Zustimmung des BR zu bemühen. Zu einer weitergehenden Umorganisation oder zur Durchführung eines Zustimmungsersetzungsverfahrens gem. § 99 Abs. 4 BetrVG ist der AG nicht verpflichtet. Darüber hinaus kann sich aus dem Grundsatz der Verhältnismäßigkeit die Verpflichtung des AG ergeben, dem AN vor einer Kündigung die Chance zu bieten, ggf. spezifische Behandlungsmaßnahmen zu ergreifen, um dadurch die Wahrscheinlichkeit künftiger Fehlzeiten auszuschließen. Der AG, der für die Verhältnismäßigkeit der Kündigung die Darlegungs- und Beweislast trägt, kann sich zunächst darauf beschränken zu behaupten, für den AN bestehe keine alternative Beschäftigungsmöglichkeit. Diese pauschale Erklärung umfasst den Vortrag, Möglichkeiten zur leidensgerechten Anpassung des Arbeitsplatzes seien nicht gegeben. Der AN muss hierauf erwidern, insbesondere darlegen, wie er sich eine Änderung des bisherigen Arbeitsplatzes oder eine anderweitige Beschäftigung vorstellt, die er trotz seiner gesundheitlichen Beeinträchtigung ausüben könne. Dann ist es Sache des AG, hierauf seinerseits zu erwidern und ggf. darzulegen, warum eine solche Beschäftigung nicht möglich sei. Entsprechend abgestuft ist die Darlegungslast des AG, wenn sich der AN darauf beruft, die Kündigung sei deshalb unverhältnismäßig, weil eine dem AG bekannte, ihm gleichwohl nicht geboten erscheinende Therapiemöglichkeit bestanden habe. Den AG trifft eine erweiterte Darlegungs- und Beweislast, wenn er es versäumt hat, ein ordnungsgemäßes → *Betriebliches Eingliederungsmanagement* durchzuführen. Er muss dann detailliert darlegen, dass keine Möglichkeit bestand, die Kündigung durch angemessene mildere Maßnahmen zu vermeiden (BAG 20.11.2014 – 2 AZR 755/13). *(SR)*

► Krankmeldung

I. Information des Arbeitgebers

Nach § 5 Abs. 1 S. 1 EFZG sind alle AN ohne Rücksicht darauf, ob sie einen Anspruch auf → *Entgeltfortzahlung im Krankheitsfall* haben, verpflichtet, dem AG die Arbeitsunfähigkeit (AU) und deren voraussichtliche Dauer **unverzüglich mitzuteilen. Verletzt** der AN seine **Anzeigepflicht,** kann im Wiederholungsfalle nach vorhergehender → *Abmahnung* eine → *verhaltensbedingte Kündigung,* in Ausnahmefällen auch eine → *außerordentliche Kündigung* gerechtfertigt sein. Entstehen dem AG durch die Verletzung der Anzeigepflicht Schäden, ist der AN zu deren Ersatz verpflichtet.

Die Anzeigepflicht hat den Zweck, den AG über den Arbeitsausfall zu unterrichten. Der AN hat dem AG die AU **unverzüglich** mitzuteilen, also ohne schuldhaftes Zögern (§ 121 BGB). Die Anzeige muss daher regelmäßig am ersten Tag während der ersten Betriebsstunden vor einem etwaigen Arztbesuch erfolgen. Beginnt die Arbeitsunfähigkeit an einem arbeitsfreien Tag (zB bei Teilzeitarbeit) und ist absehbar, dass der AN die Arbeit nicht wird aufnehmen können, hat er nicht erst am folgenden individuellen Arbeitstag, sondern zu Beginn der Arbeitsunfähigkeit die AU anzuzeigen. Anzuzeigen sind die **Arbeitsunfähigkeit und die voraussichtliche Dauer,** nicht hingegen die Art der Erkrankung. Hiervon können jedoch nach Treu und Glauben Ausnahmen bestehen. So ist die Art der Erkrankung mitzuteilen, wenn sie ein unverzügliches Eingreifen des AG erfordert, wie etwa bei ansteckenden Erkrankungen zum Schutz der übrigen AN. Für die Anzeige ist eine besondere Form nicht vorgeschrieben. Sie kann mündlich, telefonisch oder schriftlich per E-Mail erfolgen. Die Anzeige kann durch einen Familienangehörigen oder sonstigen Dritten erfolgen. Die Anzeige muss dem AG, der Personalabteilung oder derjenigen Person zugehen, die für die Empfangnahme derartiger Mitteilungen zuständig ist.

II. Ärztliche Bescheinigung

1. Vorlage

Dauert die Arbeitsunfähigkeit länger als drei Kalendertage, hat der AN eine ärztliche Bescheinigung (AU-Bescheinigung) über das Bestehen der Arbeitsunfähigkeit sowie deren voraussichtliche Dauer spätestens an dem darauffolgenden Arbeitstag vorzulegen (§ 5 Abs. 1 EFZG). Maßgeblich ist der Tag des Zugangs beim AG. Der Tag der Erkrankung zählt mit und ist damit der erste Tag. Vorzulegen ist die AU-Bescheinigung grds. am vierten Kalendertag, wenn es sich hierbei in dem Betrieb des AG um einen Arbeitstag handelt. Beginnt die AU an einem Freitag, ist die Bescheinigung am Montag vorzulegen. Gleiches gilt, wenn die AU am Donnerstag beginnt und der Sonntag als vierter Kalendertag in dem Betrieb arbeitsfrei ist. Die Bescheinigung ist dann am Montag als dem nächsten betrieblichen Arbeitstag vorzulegen. Wird hingegen in dem Betrieb durchgängig an jedem Kalendertag gearbeitet (zB Tankstelle), hat der AN die AU-Bescheinigung bis spätestens Sonntag vorzulegen. Die Vorlagepflicht besteht unabhängig davon, ob dem AN noch ein Anspruch auf Entgeltfortzahlung zusteht. In TV kann vorgesehen werden, dass schon am ersten Tag eine AU-Bescheinigung vorgelegt werden muss. Auch der AG ist berechtigt, ohne Bestehen besonderer Gründe die Vorlage der ärztlichen Bescheinigung früher zu verlangen. Da es sich um eine Vorlagepflicht des AN handelt, hat er die Kosten der AU zu tragen. Bei Inanspruchnahme eines Kassenarztes ist die Ausstellung der Bescheinigung nach § 73 Abs. 2 Nr. 9 SGB V kostenfrei.

2. Inhalt

Die (schriftliche) AU-Bescheinigung für den AG muss einen bestimmten Mindestinhalt haben. Sie wird regelmäßig nach Formblatt erteilt. Sie muss den Namen des AN enthalten und vom behandelnden Arzt ausgestellt sein. Aus ihr muss sich die Dauer der Arbeitsunfähigkeit ergeben. Ist ein Kalendertag als Ende der Arbeitsunfähigkeit angegeben, wird idR Arbeitsunfähigkeit bis zum Ende dieses Tages bescheinigt. Die Bescheinigung muss bei Versicherten einen Vermerk des behandelnden Arztes darüber enthalten, dass der Krankenkasse unverzüglich eine Bescheinigung über die AU mit Angaben über den Befund und die voraussichtliche Dauer der AU übersandt wird (§ 5 Abs. 1 S. 5 EFZG). Fehlt dieser Vermerk, liegt keine Bescheinigung iSv § 5 Abs. 1 EFZG vor. Der AG erwirbt in diesem Fall ein Leistungsverweigerungsrecht nach § 7 EFZG. Die **Wirksamkeit der Bescheinigung** wird durch die in ihr angegebene Dauer der AU begrenzt. Dauert die AU länger, hat der AN eine neue Bescheinigung vorzulegen (§ 5 Abs. 1 S. 4 EFZG).

Bei gesetzlich krankenversicherten AN stellt die Krankenkasse nach Eingang einer Arbeitsunfähigkeitsmeldung durch den Arzt dem AG den Namen des AN, Beginn und Ende der ärztlich festgestellten Arbeitsunfähigkeit, das Ausstelldatum und eine Kennzeichnung als Erst- oder Folgemeldung in elektronischer Form als Meldung zum Abruf bereit. Daher **entfällt ab dem 1.1.2023 für gesetzlich krankenversicherte AN** die zuvor in § 5 Abs. 1 S. 2–5 EFZG vorgesehene **Pflicht zur Vorlage einer Arbeitsunfähigkeitsbescheinigung** (§ 5 Abs. 1a S. 1 EFZG). Die Vorlagepflicht bleibt bestehen bei einer geringfügigen Beschäftigung in einem Privathaushalt oder der Feststellung der Arbeitsunfähigkeit durch Ärzte, die nicht an der vertragsärztlichen Versorgung teilnehmen (zB im Ausland). Anstelle der bisherigen Vorlagepflicht ist es ausreichend, sich zu den in § 5 Abs. 1 S. 2 bis 4 EFZG genannten Zeitpunkten einem Arzt vorzustellen, das Bestehen einer Arbeitsunfähigkeit sowie deren voraussichtliche Dauer feststellen und sich vom behandelnden Arzt eine ordnungsgemäß ausgestellte Arbeitsunfähigkeitsbescheinigung mit den für den AG bestimmten Daten aushändigen zu lassen. Bei fehlgeschlagenen Übermittlungen an den AG verbleibt dem AN die Papierbescheinigung als Beweismittel für das Vorliegen der Arbeitsunfähigkeit.

3. Beweiswert

Der AN genügt seiner Beweislast für das Bestehen einer AU grds. durch Vorlage einer AU-Bescheinigung. Diese hat einen hohen Beweiswert. Nach Vorlage einer solchen Bescheinigung besteht eine tatsächliche Vermutung für die bescheinigte Arbeitsunfähigkeit. Der AG kann allerdings Tatsachen vortragen, die den Beweiswert der Bescheinigung erschüttern. Hierzu muss er Umstände darlegen und ggf. beweisen, die zu ernsthaften Zweifeln an der behaupteten AU Anlass geben. Hiervon ist etwa auszugehen, wenn der AN die AU angekündigt hat, er im Falle der Nichterteilung von Urlaub mit AU droht, Schwarzarbeit verrichtet, ganztägig auf einer Eigenheimbaustelle arbeitet oder unmittelbar zuvor eine Eigenkündigung ausgesprochen hat (BAG 8.9.2021 – 5 AZR 149/21). Allgemeine Ausführungen zur Problematik des „Krankfeierns" sind hingegen unzureichend. Ob die im Internet angebotenen „AU-Bescheinigungen ohne Arztbesuch" den gleichen hohen Beweiswert haben, ist fraglich.

4. Auslandserkrankung

Einer von einem ausländischen Arzt ausgestellten AU-Bescheinigung kommt grds. der gleiche Beweiswert zu wie der von einem deutschen Arzt ausgestellten. Die Bescheinigung muss jedoch erkennen lassen, dass der ausländische Arzt zwischen einer bloßen Erkrankung und einer mit Arbeitsunfähigkeit verbundenen Erkrankung unterscheidet. Nach den zu Art. 18 Abs. 1–4 EWG-VO Nr. 574/72 ergangenen Entscheidungen des EuGH ist der AG in tatsächlicher und rechtlicher Hinsicht an die vom Träger des Wohn- oder Aufenthaltsorts getroffenen ärztlichen Feststellungen über den Eintritt und die Dauer der Arbeitsunfähigkeit gebunden. Der AG kann jedoch einen Rechtsmissbrauch darlegen, der den Anspruch ausschließt.

5. Medizinischer Dienst

Nach § 275 SGB V sind die Krankenkassen verpflichtet, eine Begutachtung der Arbeitsunfähigkeit durch den → *Medizinischen Dienst* herbeizuführen, wenn es zur Sicherung des Heilerfolgs, insbesondere zur Einleitung von Maßnahmen der Sozialleistungsträger für die Wiederherstellung der Arbeitsfähigkeit oder der AG dies unter Darlegung begründeter Zweifel an der Arbeitsunfähigkeit verlangt. Dagegen hat der AG keinen Anspruch auf Begutachtung durch einen bestimmten Arzt. Auch bei vertraglich vereinbarter Verpflichtung, sich ärztlich untersuchen zu lassen, ist die Weigerung des AN kein Grund zur Kündigung, wenn dieser dafür vertretbare Gründe hatte.

Ein AN, der durch eine Maßnahme der medizinischen Vorsorge oder Rehabilitation, die ein Träger der gesetzlichen Renten-, Kranken- oder Unfallversicherung, eine Verwaltungsbehörde der Kriegsopferversorgung oder ein sonstiger Sozialleistungsträger bewilligt und die in einer Einrichtung der medizinischen Vorsorge oder Rehabilitation stationär durchgeführt wird, hat in entspr. Anwendung der Vorschriften des EFZG Anspruch auf Entgeltfortzahlung nach § 3 EFZG (→ *Entgeltfortzahlung im Krankheitsfall*). Ist der AN nicht Mitglied einer gesetzlichen Krankenkasse oder nicht in der gesetzlichen Rentenversicherung versichert, gelten dessen Vorschriften entsprechend, wenn eine Maßnahme der medizinischen Vorsorge oder Rehabilitation ärztlich verordnet worden ist und stationär in einer Einrichtung der medizinischen Vorsorge oder Rehabilitation oder einer vergleichbaren Einrichtung durchgeführt wird. Die Entgeltfortzahlung setzt nicht voraus, dass die Kosten vollständig übernommen werden. Hat ein Sozialversicherungsträger die Kur bewilligt, ist die medizinische Notwendigkeit nicht mehr besonders zu prüfen, es sei denn, dass ernsthafte Zweifel bestehen. Der AN ist verpflichtet, dem AG unverzüglich eine Bescheinigung über die Kurbewilligung, aus der sich Dauer und Kostentragung ergeben, vorzulegen. Ist die Maßnahme nicht von einem Sozialleistungsträger bewilligt, ist eine ärztliche Bescheinigung über die Erforderlichkeit der Maßnahme vorzulegen (§ 9 Abs. 2 EFZG). Treffen eine Maßnahme der medizinischen Vorsorge und Rehabilitation iSd § 9 Abs. 1 S. 1 EFZG mit einer krankheitsbedingten Arbeitsunfähigkeit iSd § 3

Abs. 1 S. 1 EFZG zusammen, ist die Dauer der Entgeltfortzahlung auf sechs Wochen beschränkt, wenn die Fehlzeiten auf demselben Grundleiden beruhen (BAG 10.9.2014 – 10 AZR 651/12).

▶ Kündigung

Die einseitige Beendigung des Arbeitsverhältnisses als Dauerschuldverhältnis kann durch Kündigung erfolgen (§ 623 BGB). Diese bedarf einer Kündigungserklärung gegenüber der anderen Vertragspartei. Die Kündigung ist eine einseitige, empfangsbedürftige, rechtsgestaltende, bedingungsfeindliche, unwiderrufliche Willenserklärung (→ *Kündigungserklärung*), die den Endtermin des Arbeitsverhältnisses bestimmen soll. Eine Kündigung kann als → *außerordentliche Kündigung* oder als → *ordentliche Kündigung* erklärt werden. Erfolgt sie bereits vor der vereinbarten Arbeitsaufnahme, ist nach den Umständen des Einzelfalls zu entscheiden, ob die → *Kündigungsfrist* vor vereinbartem Vertragsbeginn zu laufen beginnt und die Kündigung bereits vorher wirksam wird. Ein Kündigungsausschluss vor Vertragsbeginn ist zulässig, aber selten zweckmäßig. Eine **Teilkündigung** ist grds. unwirksam, da dem AN nicht ein anderer Inhalt des fortbestehenden Arbeitsverhältnisses aufgezwungen werden kann. Vorrangig ist hier die Änderungskündigung. Teilkündigungen einzelner arbeitsvertraglicher Vereinbarungen können zulässig sein, wenn dem Kündigenden hierzu – wirksam – das Recht eingeräumt wurde und durch die Abrede kein zwingender Kündigungsschutz umgangen wird (BAG 18.5.2017 – 2 AZR 721/16). Der Wirksamkeit einer Kündigung können Kündigungsverbote entgegenstehen (zB während der Schwangerschaft → *Mutterschutz*). Die → *außerordentliche Kündigung* bedarf eines wichtigen Grunds. Eine → *ordentliche Kündigung* des AG im Anwendungsbereich des KSchG (→ *Kündigungsschutz*) muss sozial gerechtfertigt sein. Kündigungen des AG sind vom AN stets innerhalb von drei Wochen nach ihrem Zugang mit der → *Kündigungsschutzklage* anzugreifen. Nach dem Ablauf der Klagefrist wird die Wirksamkeit der Kündigung fingiert (§ 7 KSchG). *(SR)*

▶ Kündigungserklärung

I. Form und Inhalt

Die Beendigung des Arbeitsverhältnisses durch eine Kündigung bedarf zu ihrer Wirksamkeit der → *Schriftform* (§ 623 BGB). Unzureichend ist eine Kopie, Faxkopie oder E-Mail. Das Schriftformerfordernis gilt für sämtliche Kündigungen des AG wie des AN. Die elektronische Form ist ausgeschlossen. Haben die Parteien eine Kündigung durch Einschreiben vereinbart, ist im Zweifel nur anzunehmen, dass der Kündigungszugang gesichert werden soll, dagegen dem Einschreiben keine konstitutive Bedeutung zukommt. Diese Vorgabe wäre zudem gegenüber dem AN unwirksam (§ 309 Nr. 13 BGB). Die Kündigung muss den **Willen des Kündigenden,** das Arbeitsverhältnis zu beenden, eindeutig erkennen lassen; jedoch ist der Gebrauch des Worts „Kündigung" nicht nötig. Die Kündigung darf grds. nicht unter einer Bedingung erklärt werden; nur Bedingungen, die allein vom Willen des Gekündigten abhängen, sind zulässig. Die Kündigung **kann nicht zurückgenommen werden;** dies soll auch dann gelten, wenn die Kündigung unwirksam war oder der AN → *Kündigungsschutzklage* erhoben hat. Jedenfalls liegt in der Erhebung der Kündigungsschutzklage kein antizipiertes Einverständnis zur Rücknahme der Kündigung. Durch die Rücknahme entfällt auch nicht das Rechtsschutzinteresse und der AN wird nicht gehindert, die → *Auflösung des Arbeitsverhältnisses durch Urteil* nach §§ 9, 10 KSchG zu verlangen. Das gilt nicht, wenn die Parteien die Rücknahme der Kündigung vereinbart haben.

Die Kündigung kann durch einen Vertreter des AG erklärt werden. Im Allgemeinen muss dieser bei Ausspruch der Kündigung seine **Bevollmächtigung nachweisen** (§ 174 BGB). Kennt der AN die Vollmacht des Kündigenden nicht, kann er die Kündigung gegenüber diesem zurückweisen; dies muss unverzüglich erfolgen. Maßgeblich ist der Zugang beim AG. Die Frist beginnt mit der tatsächlichen Kenntnis des Empfängers von der Kündigung und der fehlenden Vorlegung einer Vollmachtsurkunde. Nach einer Zeitspanne von mehr als einer Woche ist dies ohne Vorliegen besonderer Umstände des Einzelfalls nicht mehr der Fall (BAG 5.12.2019 – 2 AZR 147/19). Die Kündigung ist dann unwirksam. Es besteht kein Zurückweisungsrecht, wenn der Vollmachtgeber den Erklärungsempfänger von der Bevollmächtigung in Kenntnis gesetzt hat. Eines Nachweises über die Bevollmächtigung bedarf es daher auch nicht, wenn sie durch eine Person erfolgt, der üblicherweise das Kündigungsrecht übertragen ist (zB Personalleiter, Prokuristen, nicht: Personalsachbearbeiter, Referatsleiter). Nur die → *außerordentliche Kündigung* muss in einer **Erklärungsfrist** von zwei Wochen nach der maßgeblichen Kenntnis erklärt werden (§ 626 Abs. 2 S. 2 BGB).

II. Zugang und Begründung

Die Kündigungserklärung wird rechtswirksam mit dem **Zugang beim Kündigungsempfänger.** Sie kann unter Anwesenden erklärt werden und wird dann wirksam, wenn sie durch Übergabe in den Herrschaftsbereich des Empfängers gelangt. Es kommt nicht darauf an, ob der Empfänger die Verfügungsgewalt über das Schriftstück dauerhaft erlangt. Es genügt die Aushändigung und Übergabe, so dass für ihn die Möglichkeit der Kenntnisnahme besteht. Der Zugang ist auch dann bewirkt, wenn das Schriftstück dem Empfänger mit der für ihn erkennbaren Absicht, es ihm zu übergeben, angereicht und, falls er die Entgegennahme ablehnt, so in seiner unmittelbaren Nähe abgelegt wird (zB auf einem Tisch), dass er es ohne Weiteres an sich nehmen und von seinem Inhalt Kenntnis nehmen kann. Eine Kündigung unter Abwesenden geht zu, wenn sie so in den Machtbereich des Adressaten gelangt ist, dass er unter regelmäßigen Verhältnissen von ihr Kenntnis nehmen kann. Ein Brief geht mit Einlage zur verkehrsüblichen Zeit in den Briefkasten zu. Das gilt auch für das Einwurfeinschreiben. Ein Übergabeeinschreibebrief geht noch nicht mit Hinterlegung des Einschreibezettels, sondern erst mit der Abholung des Briefs zu. Dagegen geht er im Augenblick der Zustellung zu, wenn er durch Vermittlung des Gerichtsvollziehers präsentiert und später zur Post niedergelegt worden ist. Ein an die Heimatanschrift des Gekündigten gerichtetes Kündigungsschreiben geht diesem regelmäßig auch dann zu, wenn er sich in → *Urlaub* oder in Untersuchungshaft befindet. Der AN kann, wenn er unverschuldet verspätet Kenntnis von der Kündigung erlangt, nachträgliche Zulassung seiner → *Kündigungsschutzklage* beantragen. Allerdings wird ihn bei längerer Abwesenheit als 6 Wochen regelmäßig ein schädliches Verschulden treffen, wenn er niemanden mit dem Sichten seiner Post beauftragt. Es kann nur in besonderen Ausnahmefällen treuwidrig für den AG sein, sich auf den Zugang der Erklärung zu berufen, etwa wenn er gewusst hätte, dass der Briefkasten des AN gar nicht mehr geleert wird und nur versehentlich noch mit seinem Namensschild versehen ist. Zulässig ist auch die Aushändigung der Kündigung an Familienangehörige und Zimmervermieter. Hat der Kündigungsadressat den Zugang der Kündigung vereitelt, muss er sich so behandeln lassen, als wäre sie ihm zugegangen. Eine **Zugangsvereitelung** liegt noch nicht vor, wenn der AG eine Anschriftenänderung nur aus einer übersandten Arbeitsunfähigkeitsbescheinigung (→ *Krankmeldung*) erkennen kann oder ein Angehöriger aus eigenem Antrieb die Kündigung zurückschickt.

Die Kündigung muss **nicht schriftlich begründet werden** (Ausnahme: → *Auszubildender*; → *Mutterschutz*), es sei denn, dass ein anwendbarer → *Tarifvertrag* oder eine → *Betriebsvereinbarung* eine Begründung vorschreiben. Nach § 626 Abs. 2 BGB sind dem außerordentlich Gekündigten auf Verlangen die Gründe mitzuteilen. Der Verstoß gegen diese Pflicht führt aber nicht zur Unwirksamkeit, sondern kann allenfalls Schadensersatzpflichten begründen. Eine **Anhörung** des AN ist vor Ausspruch einer Kündigung grds. nicht notwendig (Ausnahme → *Verdachtskündigung*). Die Vorschriften über die → *Anhörung des Betriebsrats vor dem Kündigungsausspruch* und der Schwerbehindertenvertretung (§ 178 Abs. 2 SGB IX) sind zu beachten. Die Kündigung kann auf sofortige Beendigung (fristlose oder → *außerordentliche Kündigung*) oder auf Beendigung nach Ablauf mit einer Frist (fristgemäße oder → *ordentliche Kündigung*) gerichtet sein. Nach Sinn und Zweck der gesetzlichen Regelung setzt der Beginn der Klagefrist nach § 4 S. 1 KSchG für die → *Kündigungsschutzklage* den Zugang einer vom AG stammenden, ihm jedenfalls zurechenbaren schriftlichen Kündigung voraus. Es kann sich anbieten, der Kündigungserklärung einen Hinweis auf die Kündigungsschutzklage und die Klagefrist anzufügen, um jedenfalls hierdurch den Vorgaben des § 2 Abs. 1 S. 2 Nr. 14 NachwG (→ *Nachweisgesetz*) nachzukommen. *(SR)*

▶ Kündigungsfrist

I. Begriff und Bestimmtheit

1. Begriff

Die Kündigungsfrist ist die Zeitspanne, die bei einer → *ordentlichen Kündigung* zwischen dem Zugang der Kündigungserklärung und der Beendigung des Arbeitsverhältnisses liegen muss. Bei der → *außerordentlichen Kündigung* heißt diese Zeitspanne – wenn sie in die Erklärung aufgenommen wird – Auslauffrist. Die vereinbarte oder gesetzliche Kündigungsfrist muss in einem Nachweis der wesentlichen Arbeitsbedingungen enthalten sein (§ 2 Abs. 1 S. 2 Nr. 14 NachwG; → *Nachweisgesetz*).

2. Bestimmte Angabe der Kündigungsfrist oder des Endtermins

Eine Kündigung muss bezogen auf die Kündigungsfrist hinreichend bestimmt und unmissverständlich erklärt werden. Der Empfänger einer ordentlichen Kündigung muss erkennen können, wann das Arbeitsverhältnis enden soll. Dafür genügt bei einer ordentlichen Kündigung regelmäßig die Angabe des Kündigungstermins oder der Kündigungsfrist. Eine Kündigung „zum nächstmöglichen Zeitpunkt" ist noch hinreichend bestimmt, wenn dem Erklärungsempfänger die Dauer der Kündigungsfrist bekannt oder für ihn bestimmbar ist (BAG 10.4.2014 – 2 AZR 647/13). Eine nicht der Auslegung zugängliche, vom AG mit **zu kurzer Kündigungsfrist** erklärte ordentliche Kündigung des Arbeitsverhältnisses ist zunächst unwirksam und kann nur dann in eine Kündigung zum richtigen Kündigungstermin umgedeutet werden, wenn sie nicht durch Ablauf der Klagefrist als rechtswirksam gilt. Eine ordentliche Kündigung des AG mit zu kurzer Kündigungsfrist zu einem bestimmten Zeitpunkt, die den Zusatz „fristgemäß zum" enthält, kann als Kündigung zum richtigen Kündigungstermin **ausgelegt** werden, wenn es dem AG für den AN erkennbar wesentlich um die Einhaltung der maßgeblichen Kündigungsfrist ging und sich das in die Kündigungserklärung aufgenommene Datum lediglich als das Ergebnis einer fehlerhaften Berechnung der zutreffenden Kündigungsfrist erweist. Der Kündigende muss den Wirkungszeitpunkt seiner Willenserklärung so bestimmen, dass der Empfänger unschwer ermitteln kann, zu welchem Datum das Arbeitsverhältnis enden soll. Dieses Bestimmtheitsgebot ist nicht verletzt, wenn unstreitig (nur) die gesetzlichen Kündigungsfristen Anwendung finden und der AN anhand von § 622 Abs. 2 BGB die maßgebliche Kündigungsfrist in einem einfachen Rechenschritt selbst errechnen kann (BAG 15.5.2013 – 5 AZR 130/12).

II. Länge der Kündigungsfrist

1. Gesetzliche Kündigungsfristen

Nach § 622 Abs. 1 BGB kann das Arbeitsverhältnis mit einer Frist von vier Wochen zum 15. oder zum Ende eines Kalendermonats gekündigt werden. Für die Kündigung des AG verlängert § 622 Abs. 2 S. 1 BGB die Kündigungsfrist. Sie beträgt, wenn das Arbeitsverhältnis in dem Betrieb oder Unternehmen (**a**) zwei Jahre bestanden hat, ein Monat zum Ende eines Kalendermonats, (**b**) fünf Jahre, zwei Monate, (**c**) acht Jahre, drei Monate, (**d**) zehn Jahre, vier Monate, (**e**) zwölf Jahre, fünf Monate, (**f**) 15 Jahre, sechs Monate, (**g**) 20 Jahre, sieben Monate jeweils zum Ende eines Kalendermonats. § 622 BGB gilt auch für ordentliche → *Änderungskündigungen*. Die verlängerten Kündigungsfristen nach § 622 Abs. 2 BGB gelten nicht für Arbeitsverhältnisse, die ausschließlich in einem privaten Haushalt durchzuführen sind (BAG 11.6.2020 – 2 AZR 660/19).

2. Einzelvertragliche Abreden über die Kündigungsfrist

Die gesetzliche Grundkündigungsfrist (§ 622 Abs. 1 BGB) kann einzelvertraglich nicht abgekürzt werden. (**a**) Durch Vereinbarung können die Verlängerung der Kündigungsfrist oder eine Verminderung der Kündigungs-Termine vereinbart werden. Dieser **Günstigkeitsvergleich** zwischen einzelvertraglicher und gesetzlicher Regelung hat abstrakt, entweder schon im Zeitpunkt des Vertragsschlusses oder spätestens bei Eintritt des AN in die einschlägige „Stufe" des § 622 Abs. 2 BGB zu erfolgen. Es ist nicht auf die konkret ausgesprochene Kündigung abzustellen. Eine einzelvertragliche Abrede ist nur dann günstiger als die gesetzliche Bestimmung, wenn sie in jedem Fall zu einer späteren Beendigung des Arbeitsverhältnisses führt. Es genügt nicht, dass die vertragliche Regelung für die längere Zeit innerhalb eines Kalenderjahres den besseren Schutz bietet. Erweist sich ein einzelvertragliches „Ensemble“ nach vorstehenden Grundsätzen nicht als günstiger, findet die gesetzliche Regelung Anwendung. Es wird nicht die längere gesetzliche Kündigungsfrist mit den – eingeschränkten – vertraglichen Kündigungsterminen „kombiniert“. Für die Kündigung des AN ergibt sich aus § 15 Abs. 4 TzBfG eine Begrenzung, wonach AN nicht länger als fünf Jahre gebunden werden können (→ *Dauerstellung*). Wird die gesetzliche Kündigungsfrist für den AN in AGB (→ *Allgemeine Geschäftsbedingungen*) ganz **erheblich** verlängert, kann darin eine unangemessene Benachteiligung liegen, auch wenn die Kündigungsfrist für den AG in gleicher Weise verlängert wird (BAG 26.10.2017 – 6 AZR 158/16). (**b**) Einzelvertraglich dürfen für den AN keine ungünstigeren Kündigungsfristen und Kündigungstermine als für den AG vereinbart werden. Andererseits kann die Kündigungsfrist für den AG verlängert werden (§ 622 Abs. 6 BGB). Vereinbaren die Parteien unter Verstoß gegen § 622 Abs. 6 BGB für die Kündigung des Arbeitsverhältnisses durch den AN eine längere Frist als für die Kündigung durch den AG, muss der AN bei der Kündigung des Arbeitsverhältnisses die vereinbarte (längere) Kündigungsfrist nicht einhalten. Es gelten die gesetzlichen Fristen (BAG 18.10.2018 – 2 AZR 374/18).

3. Aushilfe

Nach § 622 Abs. 5 Nr. 1 BGB kann die gesetzliche Kündigungsfrist im Rahmen eines → *Aushilfsarbeitsverhältnisses* während der ersten drei Monate **verkürzt** werden. Es kann also auch eine entfristete ordentliche Kündigung vereinbart werden. Dabei ist auf den Kündigungsausspruch abzustellen, selbst wenn der Ablauf der Kündigungsfrist nach drei Monaten liegt.

4. Kleinbetrieb

Nach § 622 Abs. 5 Nr. 2 BGB kann eine verkürzte Grundkündigungsfrist vereinbart werden, wenn der AG idR nicht mehr als 20 AN ausschließlich der zu ihrer Berufsausbildung Beschäftigten (→ *Berufsausbildungsverhältnis*) beschäftigt und die Kündigungsfrist vier Wochen nicht unterschreitet. Bei der Berechnung der Beschäftigungszeit ist auf den AG (also das → *Unternehmen*) und nicht auf den Betrieb abzustellen. Bei der Feststellung der Zahl der beschäftigten AN sind Teilzeitbeschäftigte mit einer regelmäßigen wöchentlichen Arbeitszeit von nicht mehr als 20 Stunden mit 0,5 und nicht mehr als 30 Stunden mit 0,75 zu berücksichtigen.

5. Probezeit

Während einer vereinbarten → *Probezeit,* längstens für die Dauer von sechs Monaten, kann das Arbeitsverhältnis mit einer Frist von zwei Wochen gekündigt werden. Die Verkürzung der Kündigungsfrist tritt automatisch ein, wenn eine Probezeit vereinbart wird. Werden an anderer Stelle im Vertrag allerdings Kündigungsfristen geregelt, muss die Probezeitkündigungsfrist ebenfalls ausdrücklich als solche bezeichnet werden (BAG 23.3.2017 – 6 AZR 705/15). Die vereinbarte Probezeit muss nach § 2 Abs. 1 S. 2 Nr. 6 NachwG dem AN nachgewiesen werden (→ *Nachweisgesetz*).

6. Bezugnahme auf Tarifvertrag

Nach § 622 Abs. 4 S. 2 BGB können auch von nicht Tarifgebundenen einzelvertraglich die tariflichen Kündigungsfristen in Bezug genommen werden (→ *Bezugnahme auf Tarifvertrag*). Nach § 622 Abs. 2 BGB verlängert sich nur die Kündigungsfrist für den AG. Einzelvertraglich kann aber vereinbart werden, dass sich in gleichem Umfang die Kündigungsfrist für den AN verlängert.

7. Kündigungsfristen in Tarifverträgen

(a) Nach § 622 Abs. 4 S. 1 BGB sind die Grundkündigungsfrist, die verlängerten Kündigungsfristen wie die Kündigungsfrist während der Probezeit **tarifdispositiv,** damit die Tarifpartner für einzelne Wirtschaftszweige und Beschäftigungsgruppen Besonderheiten berücksichtigen können. Sie dürfen lediglich für AN keine nachteiligeren Regelungen als für AG treffen. **(b)** Die TVparteien können die Kündigungsfristen eigenständig regeln, sie können aber auch auf die gesetzlichen Regelungen (deklaratorisch) verweisen. Sie sind dabei weder an die Vorgaben des § 622 Abs. 2 BGB noch an die Staffelung noch an sonstige Grenzen gebunden, sondern nur an die allgemeinen Vorgaben für TV des GG (BAG 24.10.2019 – 2 AZR 158/18). **(c)** Haben AG und AN einzelvertraglich eine Kündigungsfrist vereinbart, unterliegen sie aber auch der → *Tarifbindung,* so können sich Unterschiede zwischen vertraglicher und tariflicher Kündigungsfrist ergeben. Um diese Unterscheidung zu vermeiden, können einzelvertraglich die Tarifnormen, auch soweit sie nur kraft Nachwirkung gelten, in Bezug genommen werden. Nach § 4 Abs. 3 TVG sind abweichende einzelvertragliche Regelungen wirksam, sofern sie günstiger als die Normen des → *Tarifvertrags* sind. Im Allgemeinen wird der AN ein Bestandsschutzinteresse an seinem Arbeitsverhältnis haben, so dass in jedem Fall der AG die längeren Kündigungsfristen einhalten muss. Denkbar ist aber auch, dass der AN ein Interesse hat, mit der verkürzten vereinbarten Kündigungsfrist zu kündigen. *(SR)*

► Kündigungsgründe

Die Wirksamkeit einer → *außerordentlichen Kündigung* des Arbeitsvertrags bedarf – unabhängig von der kündigenden Partei – eines wichtigen Grundes (§ 626 Abs. 1 BGB). Die → *ordentliche Kündigung* des Vertrags durch den AG bedarf im Anwendungsbereich des KSchG (→ *Kündigungsschutz*) einer sozialen Rechtfertigung (§ 1 Abs. 2 KSchG). Hier haben sich in der Rspr. bestimmte Gründe für eine Kündigung herausgebildet: → *betriebsbedingte Kündigung,* → *personenbedingte Kündigung,* → *verhaltensbedingte Kündigung,* → *krankheitsbedingte Kündigung,* → *Verdachtskündigung* sowie → *Druckkündigung.* Die → *ordentliche Kündigung* des Arbeitsverhältnisses durch den AN kann ohne Grund erklärt werden. *(SR)*

► Kündigungsschutz

I. Grundlagen

Der AG hat bei der → *Kündigung* eines Arbeitsverhältnisses zahlreiche Kündigungsbeschränkungen zu beachten: **(1)** KSchG nach der Wartezeit in Betrieben mit mehr als 10 AN; **(2)** § 242 BGB → *Treu und Glauben*; **(3)** §§ 168, 174, 178 Abs. 2 SGB IX → *schwerbehinderte Menschen*; **(4)** § 17 MuSchG → *Mutterschutz*; **(5)** §§ 18, 21 BEEG → *Elternzeit*; **(6)** § 38, § 6 Abs. 4 BDSG → *Datenschutzbeauftragter*; **(7)** § 2 EignÜbG → *Wehrdienst*; **(8)** § 2 ArbPlSchG → *Wehrdienst*; **(9)** Gesetz über den Zivilschutz und über den → *Katastrophenschutz*; **(10)** Ländergesetze über Bergmannsversorgungsscheine (NRW, Saarland);

(11) Sonderschutzvorschriften für → *Massenentlassung* (§ 17 KSchG); **(12)** Mitglieder von ANvertretungen → *Betriebsratsmitglieder,* → *Personalvertretung* (§ 15 KSchG); **(13)** → *Anhörung des Betriebsrats vor dem Kündigungsausspruch* (§ 102 BetrVG) und des PR (§ 79 BPersVG); **(14)** → *Maßregelungsverbot* (§ 612a BGB). Die größte Bedeutung kommt freilich dem allgemeinen Kündigungsschutz nach dem KSchG zu.

Neben dem gesetzlichen Kündigungsschutz kann ein **tariflicher Schutz gegen Kündigungen** bestehen. Der Umfang dieses Schutzes muss durch Auslegung des TV ermittelt werden. Tarifliche Kündigungsbeschränkungen finden sich in Rationalisierungsschutzabkommen und in Sanierungstarifverträgen. Teilweise werden auch **ältere AN** von → *ordentlichen Kündigungen* ausgenommen (BAG 20.6.2013 – 2 AZR 295/12).

II. Schutz vor Kündigungen außerhalb des KSchG

Auch außerhalb des Anwendungsbereichs des KSchG gilt ein gewisser Kündigungsschutz. Zwar hat das KSchG die Voraussetzungen und Wirkungen des Grundsatzes von Treu und Glauben konkretisiert und abschließend geregelt, soweit es um den Bestandsschutz und das Interesse des AN an der Erhaltung seines Arbeitsplatzes geht. Das BVerfG hat in Entscheidungen zur Kleinbetriebsklausel (BVerfG 27.1.1998 – 1 BvL 15/87) allerdings die verfassungsrechtlich gebotenen Anforderungen an den Kündigungsschutz näher umschrieben. Es geht vor allem darum, AN vor willkürlichen oder auf sachfremden Motiven beruhenden Kündigungen zu schützen (BAG 5.12.2019 – 2 AZR 107/19). Aus den Generalklauseln des bürgerlichen Rechts folgt, dass **(1)** die Kündigung nicht willkürlich sein dürfe; der AG muss einen auf das Arbeitsverhältnis bezogenen sachlichen Grund zur Kündigung haben; **(2)** soweit eine soziale Auswahl unter mehreren AN notwendig ist, muss der AG ein gewisses Maß an sozialer Rücksichtnahme walten lassen; **(3)** ein durch langjährige Zusammenarbeit erdientes Vertrauen muss berücksichtigt werden. Es muss eine Interessenabwägung stattfinden, wenn ein langjährig Beschäftigter seinen Arbeitsplatz verlieren soll. Macht ein AN im Kleinbetrieb geltend, der AG habe bei der sozialen Auswahl das gebotene Mindestmaß an sozialer Rücksichtnahme außer Acht gelassen, so muss sich aus seinem Vorbringen auch ergeben, dass er mit den nicht gekündigten AN auf den ersten Blick vergleichbar ist (BAG 6.2.2003 – 2 AZR 672/01). Die vorherige Anhörung des AN ist auch bei erheblichen Vorwürfen keine Wirksamkeitsvoraussetzung.

III. Allgemeiner Kündigungsschutz nach dem KSchG

1. Anwendungsbereich des KSchG

Voraussetzung für die Anwendung des KSchG ist (**a**) das Erfüllen der Wartezeit durch (**b**) einen AN und (**c**) die Beschäftigung in einem ausreichend großen Betrieb.

(**a**) **Wartezeit:** Das KSchG gilt grds. für alle AN, also Vollzeit- und Teilzeitbeschäftigte, deren Arbeitsverhältnis in demselben → *Betrieb* oder → *Unternehmen* ohne Unterbrechung länger als sechs Monate bestanden hat (Wartezeit). Die Voraussetzungen müssen im Inland erfüllt sein. Die Wartezeit ist eine gesetzliche → *Probezeit.* Eine Kündigung kurz vor Ablauf der gesetzlichen Wartezeit ist zulässig. Für die Erfüllung der Wartezeit ist der rechtliche Bestand des Arbeitsverhältnisses maßgebend; auf die tatsächliche Beschäftigung kommt es nicht an. Notwendig ist der ununterbrochene Bestand des Arbeitsverhältnisses, indes werden Beschäftigungszeiten bei einer nur kurzen Unterbrechung zusammengerechnet, wenn die Arbeitsverhältnisse in einem inneren Zusammenhang stehen und der AN auf dem gleichen Arbeitsplatz weiter beschäftigt wird. Ist dem AN eine Dauerstellung zugesagt, so kann damit die Anwendung des KSchG mit Beginn des Arbeitsverhältnisses gewollt sein. Aber auch sonst ist die Abkürzung der Wartezeit oder die Anrechnung von Vorzeiten möglich. Die Wartezeit kann auch an einem Sonntag enden.

(b) Geschützter Personenkreis: Das KSchG gilt nicht für arbeitgeberähnliche Personen (§ 14 Abs. 1 KSchG). Hierzu gehören Vorstände und Geschäftsführer von Kapitalgesellschaften sowie die kraft Gesetzes, Satzung oder Gesellschaftsvertrags zur Vertretung von Personengesellschaften berechtigten Personen. Dagegen sind die sog. leitenden → *Angestellten,* die zur selbständigen Einstellung oder Entlassung von AN befugt sind, in den Kündigungsschutz einbezogen. Ihre Arbeitsverhältnisse können jedoch selbst bei einer sozial ungerechtfertigten Kündigung auf nicht zu begründenden Antrag des AG gegen Zahlung einer Abfindung vom ArbG aufgelöst werden (§ 14 Abs. 2 KSchG; → *Auflösung des Arbeitsverhältnisses durch Urteil*). → *Auszubildende* haben einen besonderen Kündigungsschutz nach dem BBiG und werden in Kleinbetrieben bei der Berechnung der Zahl der Beschäftigten nicht mitgezählt (§ 23 Abs. 1 S. 2 KSchG).

(c) **Kleinbetriebe:** Das KSchG gilt nicht für AN in Kleinbetrieben. Das sind nach derzeitigem Recht Betriebe, die idR **nicht mehr als 10 AN** beschäftigen. Durch das Gesetz zu Reformen am Arbeitsmarkt ist eine gespaltene Lösung eingeführt worden. Nach § 23 Abs. 1 S. 2 KSchG gelten die Vorschriften des KSchG nicht für Betriebe, in denen idR 5 oder weniger AN ausschließlich der Auszubildenden beschäftigt werden. Dagegen gelten für Betriebe, in denen idR 10 oder weniger AN ausschließlich der zu ihrer Berufsbildung beschäftigt werden, die Vorschriften des KSchG nicht, wenn die AN nach dem 31.12.2003 eingestellt worden sind. Hieraus folgt, dass AN in Unternehmen mit mehr als 5 und weniger als 10 Beschäftigten, die am 31.12.2003 Kündigungsschutz besaßen, ihren Kündigungsschutz behalten können. Die Erhöhung des Schwellenwerts gilt nur für Neueinstellungen. Sinkt die Beschäftigtenzahl auf 5 und weniger, verlieren alle den Kündigungsschutz. Steigt die Beschäftigtenzahl bis auf 10, lebt der Kündigungsschutz nicht auf. Bei der Ermittlung der regelmäßig beschäftigten AN bedarf es eines Überblicks über die bisherige personelle Situation und einer Einschätzung der zukünftigen Entwicklung. Beschäftigt eine Verwaltung des öffentlichen Rechts mehr AN, als der Schwellenwert ausmacht, dann ist das KSchG auch dann anzuwenden, wenn in der einzelnen Dienststelle der Schwellenwert nicht erreicht wird. Im Betrieb eingesetzte **LeihAN** sind bei der Bestimmung der Betriebsgröße nach § 23 Abs. 3 S. 3 KSchG mitzuzählen, soweit mit ihnen ein regelmäßiger Beschäftigungsbedarf abgedeckt wird. Bei der Feststellung der Zahl der beschäftigten AN sind **teilzeitbeschäftigte AN** mit einer regelmäßigen wöchentlichen Arbeitszeit von nicht mehr als 20 Stunden mit 0,5 und nicht mehr als 30 Stunden mit 0,75 zu berücksichtigen. Durch die Vorschrift soll die Beschäftigung von Teilzeitbeschäftigten gefördert werden. Wenn zwei Unternehmen im Rahmen einer gemeinsamen Arbeitsorganisation unter einer einheitlichen Leitungsmacht arbeitstechnische Zwecke fortgesetzt verfolgen, kann ein **gemeinsamer Betrieb** vorliegen. In diesen Fällen können für die Anwendung des KSchG die AN bei den verschiedenen AG zusammengezählt werden. Für die Zahl der Beschäftigten und ihren Beschäftigungsumfang in einem Betrieb ist der AN darlegungs- und beweispflichtig. Allerdings kommen ihm Abstufungen bei der Darlegungslast zugute.

2. Soziale Rechtfertigung der Kündigung

Eine ordentliche Kündigung ist sozialwidrig und rechtsunwirksam, wenn sie nicht durch Gründe in der Person des AN (→ *personenbedingte Kündigung*) oder durch Gründe in seinem Verhalten (→ *verhaltensbedingte Kündigung*) oder durch dringende betriebliche Erfordernisse (→ *betriebsbedingte Kündigung*) bedingt ist, die einer Weiterbeschäftigung im Betrieb entgegenstehen (§ 1 Abs. 2 KSchG). Sie ist ferner sozialwidrig, wenn sie gegen eine → *Auswahlrichtlinie* (§ 1 Abs. 4 KSchG) verstößt oder der AN an einem anderen Arbeitsplatz desselben Betriebs oder Unternehmens weiterbeschäftigt werden kann. In Betrieben und Verwaltungen des öffentlichen Rechts ist sie sozialwidrig, wenn die Kündigung gegen eine Richtlinie über die personelle Auswahl verstößt oder der AN an einem anderen Arbeitsplatz in derselben Dienststelle oder in einer anderen Dienststelle desselben Verwaltungszweigs an demselben Dienstort einschließlich seines Einzugsgebiets weiterbeschäftigt werden kann. Dieser Kündigungsschutz gilt entsprechend, wenn die Weiterbeschäftigung erst nach zumutbaren Umschulungs- und Fortbildungsmaßnahmen oder zu geänderten, vom AN zugestandenen Vertragsbedingungen möglich ist (§ 1 Abs. 2 KSchG). Der AG hat die die Kündigung rechtfertigenden Gründe im Prozess darzulegen und zu beweisen. Führt die unternehmensbezogene Weiterbeschäftigungspflicht (§ 1 Abs. 2 S. 2 KSchG) dazu, dass mehrere AN aus verschiedenen Betrieben eines Unternehmens um denselben Arbeitsplatz in einem der Betrieb konkurrieren, so hat das Unternehmen bei seiner Entscheidung über die Besetzung dieses Arbeitsplatzes die sozialen Belange der betroffenen AN zu berücksichtigen. *(SR)*

▶ Kündigungsschutzklage

I. Begriff

Jeder AN kann eine ihm erklärte schriftliche ordentliche, außerordentliche Kündigung oder Änderungskündigung mittels Kündigungsschutzklage nach § 4 KSchG angreifen. Er muss dies innerhalb einer Klagefrist von drei Wochen tun, wenn er die Fiktionswirkung des § 7 KSchG verhindern will. Die Kündigung gilt sonst als von Anfang an rechtswirksam, wenn die Rechtsunwirksamkeit einer Kündigung nicht rechtzeitig geltend gemacht wird. Die Klagefrist gilt auch für Kündigungen im Kleinbetrieb (§ 23 Abs. 1 KSchG) und in den ersten sechs Monaten eines Arbeitsverhältnisses (§ 1 Abs. 1 KSchG). Sie gilt auch für jede weitere Kündigung, die einem AN zugeht. Die Kündigungsschutzklage ist darauf gerichtet festzustellen, dass das Arbeitsverhältnis durch eine bestimmte Kündigung nicht aufgelöst (§ 4 S. 1 KSchG) oder die Änderung der Arbeitsbedingungen sozial ungerechtfertigt oder aus anderen Gründen unwirksam ist (§ 4 S. 2 KSchG). Die Klage muss den Voraussetzungen von § 253 ZPO genügen, also insbesondere eine Unterschrift enthalten. Ansonsten werden keine übermäßigen **Formvorschriften** an die Kündigungsschutzklage gestellt. Der Wohnort des Klägers muss nicht angegeben werden (BAG 1.10.2020 – 2 AZR 247/20). Ist die Bezeichnung des beklagten AG nicht eindeutig, ist er durch **Auslegung** zu ermitteln. Eine ungenaue oder erkennbar falsche Parteibezeichnung ist unschädlich und kann jederzeit von Amts wegen richtiggestellt werden, insbesondere wenn der Klage das Kündigungsschreiben beigefügt war. Kann die Klage wegen unrichtiger Bezeichnung des AG nur mit einer Verzögerung von mehr als zwei Wochen zugestellt werden, ist das Erfordernis der „demnächstigen" Zustellung nicht mehr gewahrt. Fehler des Gerichts bei der Zustellung gehen nicht zu Lasten des AN. Nach § 2 Abs. 1 S. 2 Nr. 14 NachwG muss der AG die Frist zur Erhebung der Klage dem AN gegenüber nachweisen (→ *Nachweisgesetz*). Zwar soll der fehlerhafte Nachweis nach dem Gesetzeswortlaut die Wirkungen des § 7 KSchG nicht betreffen, allerdings könnte ein unterlassener Hinweis zur nachträglichen Zulassung der Klage als Kündigungsschutzklage führen (§ 5 KSchG). Aufgrund § 17 TzBfG und § 21 TzBfG gelten die Grundsätze zur

Kündigungsschutzklage entsprechend für die Entfristungs- bzw. Befristungskontrollklage (→ *befristeter Arbeitsvertrag*).

II. Klagefrist

Diese wird auch durch andere innerhalb von 3 Wochen eingereichte Klagen gewahrt, mit denen der AN die Unwirksamkeit der Kündigung – möglicherweise auch nur mittelbar – geltend macht (§ 6 S. 1 KSchG). Ist durch eine Klageerhebung sichergestellt, dass der AG unter Wahrung der Frist des § 4 S. 1 KSchG gewarnt ist, kommt es nicht darauf an, welche Formulierung der Klageantrag hat. § 6 KSchG ist entsprechend anzuwenden, wenn der AN aus der Unwirksamkeit einer Kündigung folgende Lohnansprüche mit einer Leistungsklage geltend macht. Entsprechendes gilt, wenn der AN im Wege der Leistungsklage seine Weiterbeschäftigung für einen Zeitraum nach Zugang der außerordentlichen Kündigung innerhalb von drei Wochen gerichtlich geltend gemacht hat. Zweck der gesetzlichen Regelung in § 6 KSchG ist es, im Zusammenspiel mit § 4 KSchG frühzeitig Rechtsklarheit und -sicherheit zu schaffen. § 6 KSchG will den – häufig rechtsunkundigen – AN vor einem unnötigen Verlust seines Kündigungsschutzes aus formalen Gründen schützen. Der AN ist nach §§ 4, 6 KSchG nur verpflichtet, durch eine rechtzeitige Anrufung des ArbG seinen Willen, sich gegen die Wirksamkeit einer Kündigung wehren zu wollen, genügend klar zum Ausdruck zu bringen. Dieser Wille des AN, eine Beendigung seines Arbeitsverhältnisses nicht zu akzeptieren und das Arbeitsverhältnis auch in Zukunft fortsetzen zu wollen, kann während der 3-wöchigen Klagefrist auch ohne ausdrücklichen Hinweis auf eine ganz konkrete Kündigungserklärung für den Kündigenden hinreichend klar zum Ausdruck kommen, beispielsweise indem der AN eine Leistungsklage erhoben hat, deren Anspruch zwingend die Unwirksamkeit der ausgesprochenen Kündigung voraussetzt. Daher können Beendigungs- oder Änderungsschutzklagen die Klagefrist des § 4 KSchG auch für eine Folgekündigung wahren, die das Arbeitsverhältnis vor dem oder bis einschließlich zu dem Termin der ersten Kündigung auflösen soll, wenn die Unwirksamkeit der Folgekündigung noch vor Schluss der mündlichen Verhandlung des ArbG ausdrücklich geltend gemacht und mit einem

Kündigungsschutzantrag erfasst wird (BAG 24.5.2018 – 2 AZR 67/18).

III. Nachträgliche Zulassung der Klage

War der AN ohne sein Verschulden trotz Anwendung aller ihm nach Lage der Umstände zuzumutenden Sorgfalt daran gehindert, die Klagefrist einzuhalten, kann er nach § 5 KSchG die **nachträgliche Zulassung** der Klage beim ArbG verlangen. Der Antrag ist nur innerhalb von 2 Wochen nach Behebung des Hindernisses zulässig. Nach Ablauf von 6 Monaten, vom Ende der versäumten Frist an gerechnet, kann der Antrag nicht mehr gestellt werden. Als **Beispiele** für ein **fehlendes Verschulden** kommen – abhängig vom Einzelfall – in Betracht: (**1**) Abwesenheit des AN vom Wohnort; (**2**) arglistiges Verhalten des AG; (**3**) Fehlerhafte Auskunft der Rechtsantragstelle; (**4**) Mittellosigkeit; (**5**) fehlender Hinweis nach § 2 Abs. 1 S. 2 Nr. 14 NachwG; (**6**) Schwangerschaft. Eine Zulassung kommt eher nicht in Betracht bei (**a**) Verschulden des Prozessbevollmächtigten; (**b**) längerer Abwesenheit vom Wohnort ohne Vorkehrung für den Postzugang; (**c**) Unkenntnis der Klagefrist.

IV. Allgemeine Feststellungsklage (Schleppnetzantrag)

Ein AN kann neben der gegen eine Kündigung gerichteten Klage eine Klage nach § 256 Abs. 1 ZPO auf Feststellung des Fortbestands des Arbeitsverhältnisses zu unveränderten Bedingungen über den Kündigungsendtermin hinaus erheben und damit zwei selbständige prozessuale Ansprüche geltend machen. Gegenstand der Kündigungsschutzklage ist die Beendigung des Arbeitsverhältnisses durch eine konkrete, mit dieser Klage angegriffene Kündigung zu dem in ihr vorgesehenen Termin. Streitgegenstand einer Feststellungsklage nach § 256 Abs. 1 ZPO ist im Allgemeinen die Frage, ob ein Arbeitsverhältnis über diesen Termin hinaus im Zeitpunkt der letzten mündlichen Verhandlung in der Tatsacheninstanz fortbesteht. Dieser Antrag hat den Zweck, die Wirkungen des § 7 KSchG für Folgekündigungen, die einem Schleppnetz gleich eingefangen werden, abzuwenden. Diese Wirkung hat er selbst dann, wenn der AN bereits beim Einreichen des Antrags nach § 256 Abs. 1 ZPO bei Gericht die weitere Kündigung kannte und hätte bezeichnen können (BAG 16.12.2021 – 6 AZR 154/21). *(SR)*

► Kur

Ein AN, der durch eine Maßnahme der medizinischen Vorsorge oder Rehabilitation, die ein Träger der gesetzlichen Renten-, Kranken- oder Unfallversicherung, eine Verwaltungsbehörde der Kriegsopferversorgung oder ein sonstiger Sozialleistungsträger bewilligt und die in einer Einrichtung der medizinischen Vorsorge oder Rehabilitation stationär durchgeführt wird, hat in entspr. Anwendung der Vorschriften des EFZG Anspruch auf Entgeltfortzahlung nach § 3 EFZG (→ *Entgeltfortzahlung im Krankheitsfall*). Ist der AN nicht Mitglied einer gesetzlichen Krankenkasse oder nicht in der gesetzlichen Rentenversicherung versichert, gelten dessen Vorschriften entsprechend, wenn eine Maßnahme der medizinischen Vorsorge oder Rehabilitation ärztlich verordnet worden ist und stationär in einer Einrichtung der medizinischen Vorsorge oder Rehabilitation oder einer vergleichbaren Einrichtung durchgeführt wird. Die Entgeltfortzahlung setzt nicht voraus, dass die Kosten vollständig übernommen werden. Hat ein Sozialversicherungsträger die Kur bewilligt, ist die medizinische Notwendigkeit nicht mehr besonders zu prüfen, es sei denn, dass ernsthafte Zweifel bestehen. Der AN ist verpflichtet, dem AG unverzüglich eine Bescheinigung über die Kurbewilligung, aus der sich Dauer und Kostentragung ergeben, vorzulegen. Ist die Maßnahme nicht von einem Sozialleistungsträger bewilligt, ist eine ärztliche Bescheinigung über die Erforderlichkeit der Maßnahme vorzulegen (§ 9 Abs. 2 EFZG). Treffen eine Maßnahme der medizinischen Vorsorge und Rehabilitation iSd § 9 Abs. 1 S. 1 EFZG mit einer krankheitsbedingten Arbeitsunfähigkeit iSd § 3 Abs. 1 S. 1 EFZG zusammen, ist die Dauer der Entgeltfortzahlung auf sechs Wochen beschränkt, wenn die Fehlzeiten auf demselben Grundleiden beruhen (BAG 10.9.2014 – 10 AZR 651/12).

► Kurzarbeit

Kurzarbeit ist die vorübergehende Minderung der → *Arbeitszeit.* Sie wird idR durch **Auftragsmangel** oder durch **technische Umstände** veranlasst, dass der AG entweder Entlassungen vornehmen oder verkürzt arbeiten lassen muss. Die zulässige Einführung von Kurzarbeit führt zu einer vorübergehenden Beschränkung der Arbeitspflicht des AN und der Vergütungspflicht. Der AG kann Kurzarbeit nicht einseitig im Wege seines → *Direktionsrechts* anordnen. Die Einführung von Kurzarbeit setzt entweder eine Vereinbarung mit dem AN, eine wirksame → *Änderungskündigung* oder eine Vereinbarung in einem → *Tarifvertrag* oder einer → *Betriebsvereinbarung* voraus. Ordnet der AG rechtswidrig Kurzarbeit an, führt dies nicht zu einer vorübergehenden Verkürzung der Arbeitszeit. Die AN behalten ihren Vergütungs- und Beschäftigungsanspruch. Dies gilt auch, wenn der AG bei der Einführung von Kurzarbeit das erzwingbare Mitbestimmungsrecht des BR nach § 87 Abs. 1 Nr. 3 BetrVG missachtet (→ *Betriebsrat (Beteiligungsrechte)*).

Ist die Einführung der Kurzarbeit wirksam erfolgt, bleibt sie auch dann wirksam, wenn die Agentur für Arbeit kein → *Kurzarbeitergeld* bewilligt. Unterlässt der AG die Anzeige der Kurzarbeit bei der Agentur für Arbeit (§ 99 SGB III), führt dies nicht zur Unwirksamkeit der Kurzarbeit, da die Anzeige nur eine Voraussetzung für den Bezug des Kurzarbeitergelds ist. Bei einer drohenden → *Massenentlassung* kann während der gesetzlichen oder von der Arbeitsverwaltung verfügten Sperrfrist mit deren Genehmigung Kurzarbeit eingeführt werden. Zu einer **Kürzung** der Arbeitsvergütung ist der AG jedoch erst ab dem Zeitpunkt berechtigt, in dem das Arbeitsverhältnis nach den allgemeinen gesetzlichen oder vereinbarten Bestimmungen enden würde (§ 19 KSchG).

Die Einführung von Kurzarbeit spricht indiziell gegen das Vorliegen von **betriebsbedingten Kündigungsgründen** (→ *betriebsbedingte Kündigung*), da der AG davon ausgeht, dass nur ein vorübergehender Arbeitsmangel besteht. Der AG kann jedoch im Kündigungsschutzprozess nachweisen, dass eine Beschäftigungsmöglichkeit für einzelne von der Kurzarbeit betroffene AN dauerhaft entfallen ist.

▶ Kurzarbeitergeld

Es werden das Strukturkurzarbeitergeld (Struktur-KUG) und das Transferkurzarbeitergeld (Transfer-KUG) unterschieden (→ *Kurzarbeit*); daneben besteht zur Förderung der ganzjährigen Beschäftigung im Baugewerbe das Saisonkurzarbeitergeld (→ *Winterbauförderung*). Die pandemiebedingten Sonderregelungen zum Struktur-KUG (→ *Corona*) sind zum 31. Dezember 2022 ausgelaufen.

(1) **Struktur-KUG:** Dieses ist in §§ 95 ff. SGB III geregelt. Nach § 95 SGB III haben AN **Anspruch** auf KUG, wenn (**a**) ein erheblicher Arbeitsausfall mit Entgeltausfall vorliegt, (**b**) die betrieblichen Voraussetzungen erfüllt sind, (**c**) die persönlichen Voraussetzungen erfüllt sind, (**d**) der Arbeitsausfall der Agentur für Arbeit angezeigt ist.

Ein **erheblicher Ausfall** ist gegeben, wenn (**aa**) er auf wirtschaftlichen Gründen oder einem unabwendbaren Ereignis beruht, (**bb**) er vorübergehend ist, (**cc**) er nicht vermeidbar ist und (**dd**) im jeweiligen Kalendermonat mindestens 1/3 der in dem Betrieb beschäftigten AN von einem Entgeltausfall von jeweils mehr als 10% ihres monatlichen Bruttoentgelts betroffen ist (§ 96 Abs. 1 SGB III). Die betrieblichen Voraussetzungen sind erfüllt, wenn der Betrieb mindestens einen AN beschäftigt. Betrieb iSd KUG ist auch die Betriebsabteilung (§ 97 SGB III).

Die **persönlichen Voraussetzungen** sind erfüllt, wenn (**aa**) der AN nach Beginn des Arbeitsausfalls eine versicherungspflichtige Beschäftigung fortsetzt, aus zwingenden Gründen aufnimmt oder im Anschluss an die Beendigung eines → *Berufsausbildungsverhältnisses* aufnimmt, (**bb**) das Arbeitsverhältnis nicht gekündigt oder durch Auflösungsvertrag aufgelöst ist und (**cc**) der AN nicht vom KUG ausgeschlossen ist. Ausgeschlossen sind AN in beruflichen Weiterbildungsmaßnahmen und während des Krankengeldbezugs (§ 98 SGB III).

(2) **Transfer-KUG:** Dessen Voraussetzungen legt § 111 SGB III fest. Zur Vermeidung von Entlassungen haben AN nach § 111 Abs. 1 SGB III Anspruch auf KUG zur Förderung der Eingliederung bei betrieblichen Restrukturierungen, wenn (**a**) und solange sie von einem dauerhaften unvermeidbaren Arbeitsausfall mit Entgeltausfall betroffen sind, (**b**) die betrieblichen Voraussetzungen und (**c**) die persönlichen Voraussetzungen erfüllt sind sowie (**d**) der dauerhafte Arbeitsausfall der Agentur für Arbeit angezeigt worden ist.

(3) **Höhe, Dauer und Verfahren:** Das KUG beträgt in beiden Fällen nach §§ 105, 111 Abs. 10 SGB III (**a**) für AN, die beim → *Arbeitslosengeld I* die Voraussetzungen für den erhöhten Leistungssatz erfüllen würden, 67%, (**b**) für die übrigen AN 60% der Nettoentgeltdiffe-

renz im Anspruchszeitraum. Die Bezugsfrist für das KUG beträgt längstens zwölf Monate (§ 104 Abs. 1 S. 1 SGB III). § 109 Abs. 1 Nr. 2 SGB III erlaubt eine Verlängerung der Bezugsdauer unter den dort bestimmten Voraussetzungen bis zu 24 Monaten durch eine RechtsVO. Die Gewährung von KUG setzt einen Antrag voraus. Obwohl der **einzelne AN** Anspruchsberechtigter der Leistungen ist, gehört er nicht zu den in § 323 Abs. 1 S. 1, 2 SGB III genannten möglichen Antragstellern.

L

▶ Landesarbeitsgerichte

Dies sind die ausschließlich zweitinstanzlichen Gerichte der → *Arbeitsgerichtsbarkeit.* Sie entscheiden über die → *Berufungen* gegen → *Urteile* und die Beschwerden gegen Beschlüsse im → *Beschlussverfahren* der → *Arbeitsgerichte* (§ 87 ArbGG). Außerdem sind die LAG Beschwerdegerichte gegen Beschlüsse und Verfügungen der ArbG und ihrer Vorsitzenden. Die Urteile der LAG müssen eine → *Rechtsmittelbelehrung* enthalten. Ist die Revision statthaft, muss das Urteil einen Tatbestand enthalten. Das LAG hat in den Tenor aufzunehmen, ob ein Rechtsmittel an das BAG gegeben ist (§ 72 Abs. 1, § 64 Abs. 3a ArbGG).

▶ Leiharbeitsverhältnis

→ *Arbeitnehmerüberlassung*

▶ Leitende Angestellte

→ *Angestellte*

▶ Lohnabrechnung

→ *Abrechnung*

▶ Lohnabzüge

→ *Bruttolohn*

▶ Lohnausfallprinzip

Hat ein AG ohne Arbeitsleistung die Arbeitsvergütung fortzuzahlen, wird zu deren Berechnung entweder das Lohnausfallprinzip oder das → *Referenzprinzip* verwandt. Das Lohnausfallprinzip besagt, dass der AG die Vergütung zu zahlen hat, die der AN erzielt hätte, wenn er weitergearbeitet hätte. Zur Ermittlung der Vergütung ist auf einen vergleichbaren AN derselben Arbeitsgruppe oder des Betriebs abzustellen. Das Lohnausfallprinzip liegt zB der → *Entgeltfortzahlung im Krankheitsfall* oder der Vergütungsfortzahlung beim → *Annahmeverzug des Arbeitgebers* zugrunde.

▶ Lohnfortzahlung

→ *Entgeltfortzahlung im Krankheitsfall*

▶ Lohnsteuerkarte/-merkmale

Die Durchführung des Lohnsteuerabzugs (→ *Bruttolohn*) gehört zu den öffentlich-rechtlichen Pflichten des AG (§ 39b Abs. 1 EStG). Das Verfahren richtet sich nach den **E**lektronischen **L**ohn**St**euer**A**bzugs**M**erkmalen (ELStAM, § 39e EStG). Danach bildet das Bundeszentralamt für Steuern für jeden AN grds. automatisiert dessen Steuerabzugsmerkmale (Steuerklasse/Faktor, Kirchensteuermerkmal, Zahl der Kinderfreibeträge, Freibetrag und Hinzurechnungsbetrag). Die Informationen über die maßgeblichen Steuerabzugsmerkmale des AN sind in einer beim Bundeszentralamt für Steuern eingerichteten Datenbank (ELStAM-Datenbank) gespeichert und können durch jede Person mit einer AGberechtigung abgerufen werden. Für den AG sind grds. nur noch die elektronisch gespeicherten Daten verbindlich. Eine ihm am Monatsanfang zum elektronischen Abruf bereitgestellte Liste zeigt etwaige Änderungen der Lohnsteuermerkmale an.

▶ Lohnüberzahlung

→ *Überzahlung der Arbeitsvergütung*

▶ Lohnwucher

→ *Wucher*

▶ Lohnzuschläge

→ *Zuschläge*

▶ Low-Performer

→ *Minderleistungsfähigkeit;* → *Verhaltensbedingte Kündigung*

M

► Mahnverfahren

Das Mahnverfahren ist ein gerichtliches Verfahren, in dem der Gläubiger seine Ansprüche auf eine einfache und kostengünstige Weise geltend machen und durchsetzen kann. Seine Einleitung empfiehlt sich, wenn Einwendungen des Schuldners nicht zu erwarten sind, da anderenfalls das Mahnverfahren in das normale Klageverfahren (→ *Klage*) übergeht. Das Mahnverfahren ist zulässig für Ansprüche auf Zahlung einer bestimmten, nicht von einer Gegenleistung abhängigen Geldsumme in Euro (§ 688 ZPO). Der Antrag auf Erlass eines Mahnbescheids muss enthalten: **(1)** Die Bezeichnung der Parteien mit Namen und Wohnort sowie ggf. der gesetzl. Vertreter und Prozessbevollmächtigten, **(2)** die Bezeichnung des Gerichts, **(3)** die Bezeichnung des Anspruchs unter bestimmter Angabe der verlangten Leistung, **(4)** die Erklärung, dass der Anspruch nicht von einer Gegenleistung abhängt oder dass die Gegenleistung bereits erbracht ist (§ 690 ZPO). Für den Mahnantrag sind amtl. Vordrucke zu verwenden (§ 46 a Abs. 1 S. 1, Abs. 7 ArbGG).

Entspricht der Antrag nicht den formellen Voraussetzungen, wird er zurückgewiesen (§ 691 ZPO). Kann er nur wegen eines Teils des Anspruchs nicht erlassen werden, ist der Antragsteller zuvor zu hören. Anderenfalls wird er vom zuständigen → *Arbeitsgericht* erlassen. Funktionell ist der Rechtspfleger zuständig (§ 20 Nr. 1 RPflG). Gegen den Mahnbescheid kann der Schuldner binnen der in ihm bestimmten Frist, längstens jedoch bis zum Erlass des Vollstreckungsbescheids, **Widerspruch** einlegen (§ 692 ZPO). Für den Widerspruch sollen die amtl. Vordrucke verwandt werden. Wird Widerspruch eingelegt, geht das Mahnverfahren in das Klageverfahren über und es wird Gütetermin (→ *Güteverhandlung*) anberaumt. Wird kein Widerspruch eingelegt, wird auf Antrag des Gläubigers, der nicht vor Ablauf der Widerspruchsfrist gestellt werden kann, der → *Vollstreckungsbescheid* erlassen (§ 699 ZPO). Dieser steht einem → *Versäumnisurteil* gleich. Gegen den Vollstreckungsbescheid findet binnen einer Frist von einer Woche seit seiner Zustellung der Einspruch statt. Wird kein Einspruch eingelegt, ist aus dem Vollstreckungsbescheid die → *Zwangsvollstreckung* zulässig; wird Einspruch eingelegt, setzt das Gericht Termin zur → *Kammerverhandlung* an. Erscheint in diesem Termin der Schuldner nicht, ergeht ein 2. → *Versäumnisurteil.*

▶ Mandantenschutzklauseln

Es sind Vereinbarungen zwischen den Angehörigen freier Berufe und ihren Mitarbeitern, nach denen diese nach ihrem Ausscheiden keinen Wettbewerb treiben dürfen. Es sind zwei Arten zu unterscheiden. **Begrenzte Mandantenschutzklauseln** oder Abwerbungsverbote verbieten es dem AN lediglich, sich aktiv um Mandanten seines AG zu bemühen, diese an sich zu ziehen und abzuwerben, wenn er sich selbstständig macht. Sie sind entschädigungslos zulässig und werden bei ihrer Verletzung standesrechtlich geahndet. **Allgemeine Mandantenschutzklauseln** verbieten dem AN, nach Beendigung des Arbeitsverhältnisses in einem anderen Arbeitsverhältnis oder als Selbstständiger Mandanten seines früheren AG zu betreuen. Für allgemeine Mandantenschutzklauseln gelten die Vorschriften über → *Wettbewerbsverbote* (§§ 74 ff. HGB) entsprechend. Allgemeine Mandantenschutzklauseln sind daher unverbindlich, wenn sie nur für den Fall gelten sollen, dass der AN ordentlich kündigt, oder den AN verpflichten, einen Teil seiner Honorareinnahmen an den AG abzuführen (BAG 7.8.2002 – 10 AZR 586/01). Die einem Freiberufler obliegenden Verschwiegenheitspflichten hindern ihn nicht, Auskunft darüber zu erteilen, mit welchen ehemaligen Mandanten er vertragswidrig Beratungsverträge abgeschlossen hat (BAG 27.9.1988 – 3 AZR 59/87).

▶ Mankohaftung

Als Manko bezeichnet man im Arbeitsrecht einen Vermögensnachteil, den ein AG dadurch erleidet, dass ein einem AN anvertrauter Waren eine Fehlmenge oder eine von ihm geführte Kasse einen Fehlbetrag aufweist. Der AN kann hierfür auf der Grundlage einer besonderen **Mankovereinbarung** mit dem AG haften. Er kann sich vertraglich verpflichten, dem AG ein entstandenes Manko unabhängig von einer schuldhaften Verursachung zu ersetzen. Eine solche verschuldensunabhängige Haftung kann aber nur wirksam begründet werden, wenn zugleich eine **besondere Mankovergütung** vereinbart wird. Eine derartige Mankoabrede wird regelmäßig dahin auszulegen sein, dass der AN auch bei größeren Schäden nur bis zur Höhe der erhaltenen Mankovergütung haften soll (BAG 2.12.1999 – 8 AZR 386/98). Eine Haftung setzt aber stets voraus, dass der AG beweist, dass das Manko **objektiv** vom AN **verursacht** wurde. Dazu gehört der Nachweis, dass der AN den Waren- oder Geldbestand durchgängig beherrschte.

Ohne eine derartige Mankovereinbarung richtet sich die Haftung nach den allgemeinen Vorschriften: Schadensersatz kann wegen einer Pflichtverletzung (§ 280 Abs. 1 BGB) oder wegen unerlaubter Handlung (§§ 823 ff. BGB) geschuldet sein. Dazu muss der AG darlegen und beweisen, dass der AN eine Pflichtverletzung begangen und sie zu vertreten hat. Hierbei gelten die allgemeinen Grundsätze der – bei betrieblich veranlasster Tätigkeit eingeschränkten – AN-Haftung (→ *Haftung des Arbeitnehmers*). Der AN muss zu den schadensverursachenden Umständen vortragen, soweit er über sie konkret informiert ist. *(KB)*

▶ Massenentlassung

I. Voraussetzungen

Eine Massenentlassung liegt vor, wenn der AG in Betrieben mit idR 21–59 AN mehr als fünf AN, mit 60–499 AN 10% oder aber mehr als 25 AN, mit mindestens 500 AN mindestens 30 AN innerhalb von 30 Kalendertagen auf einmal oder ratenweise aufgrund Kündigung entlässt (§ 17 KSchG). Als AN gelten nicht die in § 17 Abs. 5 KSchG genannten Personen. Keine Anzeigepflicht besteht für Kleinbetriebe, für öffentliche Unternehmen mit hoheitlichen Aufgaben (§ 23 Abs. 2 KSchG) und für Saisonbetriebe (§ 22 KSchG). Bei der Ermittlung der Beschäftigtenzahl ist auf den Zeitpunkt der → *Kündigung* abzustellen. Der Begriff der Entlassung ist als Kündigungserklärung zu verstehen. Bei AN in → *Elternzeit* ist Entlassung iSd § 17 KSchG bereits der Eingang des Antrags auf Zustimmung zur Kündigung bei der zuständigen Behörde. Mitgezählt werden auch → *Änderungskündigungen.* Den Kündigungen stehen andere Beendigungen des Arbeitsverhältnisses gleich, die vom AG veranlasst sind (§ 17 Abs. 1 S. 2 KSchG). Das Ausscheiden aufgrund eines → *Aufhebungsvertrags* oder einer Eigenkündigung des AN ist zu berücksichtigen, wenn die Beendigung vom AG veranlasst wird. Bei der gem. § 17 Abs. 3 S. 1 KSchG zwingend erforderlichen Angabe der Anzahl der zu entlassenden AN sind auch die AN mitzuzählen, die auf Veranlassung des AG im Wege der **Eigenkündigung** aus dem Arbeitsverhältnis ausgeschieden und damit einer sonst erforderlichen betriebsbedingten AGkündigung zuvorgekommen sind. Das gilt jedenfalls dann, wenn der AG keine Kenntnis davon hat, dass diese AN bereits ein neues Arbeitsverhältnis begründet haben. Der maßgebliche Begriff des Betriebs folgt weder dem KSchG noch dem BetrVG. Er bezeichnet die Einheit, der die von der Entlassung betroffenen AN zur Erfüllung ihrer Aufgabe angehören. Es muss sich um eine unterscheidbare Einheit von einer gewissen Dauerhaftigkeit und Stabilität handeln, die zur Erledigung einer oder mehrerer bestimmter Aufgaben bestimmt ist und über eine Gesamtheit von AN sowie über technische Mittel und eine organisatorische Struktur zur Erfüllung dieser Aufgaben verfügt. Dabei reicht es aus, wenn eine Leitung besteht, die die ordnungsgemäße Durchführung der Arbeit und die Kontrolle des Gesamtbetriebs der Einrichtungen der Einheit sowie die Lösung technischer Probleme im Sinne einer Aufgabenkoordinierung übernimmt (BAG 13.2.2020 – 6 AZR 146/19).

II. Folgen

Beabsichtigt der AG, eine Massenentlassung vorzunehmen, hat er den BR rechtzeitig zu unterrichten und die in § 17 Abs. 2 KSchG aufgezählten Angaben zu machen. AG und BR haben über die Vermeidung der Massenentlassung zu beraten. Eine Abschrift der Mitteilung ist der örtlich zuständigen → *Agentur für Arbeit* zuzuleiten. Der Anzeige ist die Stellungnahme des BR beizufügen. Fehlt sie, so ist glaubhaft zu machen, dass der BR zwei Wochen vorher unterrichtet worden ist. Der Inhalt der Anzeige ergibt sich aus § 17 Abs. 3 KSchG. Entlassungen, die nach § 17 KSchG anzuzeigen sind, werden vor Ablauf eines Monats nach Eingang der Anzeige bei der Agentur für Arbeit nur mit deren Zustimmung wirksam (§ 18 Abs. 1 KSchG). Die Agentur kann die Frist auf zwei Monate verlängern (§ 18 Abs. 2 KSchG), wenn dies aus arbeitsmarktpolitischen Gründen notwendig ist. Nach Ablauf der Sperrfrist sind dagegen die Entlassungen unbeschränkt wirksam, wenn die einzelnen Kündigungen auch im Übrigen nach Frist und Grund berechtigt waren und nicht gegen sonstige Bestimmungen zum → *Kündigungsschutz* verstoßen. Soweit die Entlassungen nicht innerhalb von 90 Tagen nach dem Zeitpunkt, zu dem sie nach § 19 Abs. 1, 2 KSchG zulässig sind, durchgeführt werden, bedarf es unter den Voraussetzungen von § 17 Abs. 1 KSchG einer erneuten Anzeige. Ist der AG nicht in der Lage, während der Sperrfrist die AN voll zu beschäftigen, kann er mit Genehmigung der Arbeitsverwaltung gem. § 19 KSchG → *Kurzarbeit* einführen.

III. Kündigungsausspruch und Verfahrensfehler

Das Fehlen einer nach § 17 Abs. 1 KSchG erforderlichen, den Anforderungen des § 17 Abs. 3 S. 2, 3 KSchG genügenden Massenentlassungsanzeige hat die **Unwirksamkeit** der Kündigung zur Folge. Wird in einer Massenentlassungsanzeige die Anzahl der zu entlassenden AN zu niedrig angegeben, können sich auf diesen Fehler nur die AN berufen, die von der Massenentlassungsanzeige nicht erfasst sind. Wird der BR vor einer Massenentlassung nicht über die betroffenen Berufsgruppen unterrichtet, kommt eine Heilung dieses Verfahrensfehlers durch eine abschließende Stellungnahme des BR in

Betracht, wenn wegen einer Betriebsstilllegung die Entlassung aller AN beabsichtigt ist und der BR hierüber ordnungsgemäß unterrichtet wurde. Der Stellungnahme muss zu entnehmen sein, dass der BR seinen Beratungsanspruch als erfüllt ansieht. Die Beifügung der Stellungnahme des BR gem. § 17 Abs. 3 S. 2 KSchG ist Wirksamkeitsvoraussetzung für die Massenentlassungsanzeige. Wurde vor der Kündigung kein Konsultationsverfahren nach § 17 Abs. 2 KSchG durchgeführt, ist eine im Rahmen einer Massenentlassung ausgesprochene Kündigung – unabhängig von dem Erfordernis einer ordnungsgemäßen Anzeige bei der Agentur für Arbeit nach § 17 Abs. 1, 3 KSchG rechtsunwirksam. Die Anzeige bei der örtlich unzuständigen Agentur für Arbeit führt ebenfalls zur Unwirksamkeit der Kündigung (BAG 13.2.2020 – 6 AZR 146/19). Das gilt nicht für den Verstoß gegen die Sollangaben nach § 17 Abs. 3 S. 5 KSchG (BAG 19.5.2022 – 2 AZR 467/21). Die ArbG sind durch einen bestandskräftigen Verwaltungsakt der Arbeitsverwaltung nicht gehindert, im Kündigungsschutzprozess die Wirksamkeit der Massenentlassungsanzeige zu prüfen. *(SR)*

▶ Maßregelungsverbot

I. Arbeitskampf

Ein Maßregelungsverbot kann in TV vereinbart werden, um nach Beendigung des → *Arbeitskampfs* Nachteile von AN abzuwenden, weil diese sich rechtmäßig oder rechtswidrig an einem → *Streik* beteiligt haben. **Beispiel:** „Jede Maßregelung von Beschäftigten aus Anlass oder im Zusammenhang mit der Tarifauseinandersetzung unterbleibt oder wird, falls sie erfolgt ist, rückgängig gemacht". Gegenstand von Maßregelungsverboten können Kündigungsverbote, die Anrechnung von Arbeitskampfzeiten für Leistungen und Rechte, die an die Dauer der Arbeitsleistung anknüpfen, ein Haftungsausschluss, der Verzicht auf Strafanträge und zivilrechtliche Klagen oder auf ein Amtsenthebungsverfahren gegenüber BRmitgliedern sein. Maßregelungsabreden sind grds. von der tarifvertraglichen Regelungsmacht gedeckt. Sie können auch zugunsten von sog. **Außenseitern** als Vertrag zu Gunsten Dritter iSd § 328 BGB vereinbart werden.

Verbietet ein TV allgemein die Maßregelung von AN wegen ihrer Teilnahme am Arbeitskampf, wird hierdurch kein Anspruch auf Arbeitsentgelt für Streikzeiten begründet (BAG 17.6.1997 – 1 AZR 674/96). Die **Zahlung von sog. Streikbruchprämien** an AN, die sich nicht an einem Streik beteiligen, ist grds. zulässig, wenn sie vor oder während des Arbeitskampfs zugesagt werden und die Fortführung des Betriebs sichern sollen (BAG 14.8.2018 – 1 AZR 287/17). Zulässig ist auch die Gewährung einer Erschwerniszulage an AN, die während des Streiks Belastungen ausgesetzt waren, die erheblich über das normale Maß der mit jeder Streikarbeit verbundenen Erschwerungen hinausgehen.

II. Allgemeines Maßregelungsverbot

Nach § 612a BGB darf der AG einen AN nicht deshalb bei einer Maßnahme benachteiligen, weil dieser in zulässiger Weise seine Rechte ausübt. Das Benachteiligungsverbot soll den AN in seiner Willensfreiheit bei der Entscheidung darüber schützen, ob ein Recht ausgeübt wird oder nicht. Ein Verstoß gegen das Maßregelungsverbot des § 612a BGB liegt vor, wenn **die zulässige Rechtsausübung der tragende Beweggrund,** dh das wesentliche Motiv für die benachteiligende Maßnahme ist. Es reicht nicht aus, dass die Rechtsausübung nur den äußeren Anlass für die Maßnahme bietet. Handelt der AG aufgrund eines Motivbündels, so ist auf das wesentliche Motiv abzustellen. Eine Kündigung aus Anlass einer → *Krankmeldung* ist demnach nur dann eine unzulässige Maßregelung, wenn gerade das zulässige Fernbleiben von der Arbeit sanktioniert werden soll. Will der AG dagegen für die Zukunft erwarteten Folgen weiterer Arbeitsunfähigkeit, insbesondere (neuerlichen) Betriebsablaufstörungen, vorbeugen, fehlt es an einem unlauteren Motiv für die Kündigung (BAG 20.5.2021 – 2 AZR 560/20).

▶ Matrixorganisation

I. Begriff und individualrechtliche Fragestellungen

Der Begriff „Matrixorganisation" ist gesetzlich nicht definiert. Üblicherweise werden darunter Organisationsformen rechtlich verbundener Unternehmen bezeichnet. Deren Ziel ist es, aus betriebswirtschaftlichen Gründen die fachlichen Führungsstrukturen der jeweiligen Unternehmen zu vereinheitlichen sowie die jeweils zusammen gefassten organisatorischen „Produktlinien" iSe Mehrlinigkeit der Leitungsstrukturen zu bündeln. Bei Matrixorganisationen kann das Arbeitsverhältnis – wie bei einem Fremdpersonaleinsatz (→ *Arbeitnehmerüberlassung*) – aufgespalten sein. Regelmäßig werden die fachliche und disziplinarische Führung (→ *Direktionsrecht*) gegenüber den AN von unterschiedlichen Personen ausgeübt, die in einem Rechtsverhältnis zu verschiedenen Rechtsträgern stehen können. Fachliche Weisungen erhält der AN von einem Angehörigen eines anderen Betriebs seines oder eines anderen Unternehmens (sog. Matrix-Manager). Die disziplinarische Verantwortung für die AN (zB der Ausspruch einer → *Abmahnung* oder → *Kündigung*) sowie die Ausübung von Rechten, die sich aus der Gläubigerstellung eines AG ergeben (→ *Urlaub;* → *Arbeitsvergütung*), wird nach wie vor vom (Vertrags)AG ausgeübt.

Nach § 613 S. 2 BGB ist der Anspruch auf die Arbeitsleistung des AN im Zweifel nicht übertragbar. Der AN ist daher regelmäßig nur **zur höchstpersönlichen Leistung** gegenüber seinem (Vertrags)AG verpflichtet (§ 613 S. 1 BGB). Daher darf dem AN gegen seinen Willen kein anderer rechtlich selbstständiger Dienstberechtigter aufgezwungen werden. Dies entspricht den Grundsätzen zum Fremdpersonaleinsatz; eine weisungsgebundene Tätigkeit für einen anderen Rechtsträger als den (Vertrags)AG muss – wie bei der Arbeitnehmerüberlassung – besonders vereinbart werden. Der AN kann daher in einer unternehmensübergreifenden Matrixorganisation nur eingesetzt werden, wenn **(1)** er sich hierzu bereit erklärt hat, **(2)** im Arbeitsvertrag eine entsprechende Vereinbarung getroffen worden ist (sog. Matrix-Klausel) oder **(3)** der Matrix-Manager die Weisungen zugleich für den (Vertrags-)AG erteilt; bei einer solchen unternehmerischen Zusammenarbeit bedarf es keiner besonderen Abrede mit dem AN. Hingegen ist eine vertraglich vereinbarte Konzernversetzungsklausel für den Einsatz in Matrix-Strukturen nicht ausreichend. Dem AN ist zur Vermeidung von Konflikten bei der Zuweisung zu einer Matrixorganisation zu eröffnen, in welchem Umfang das Weisungsrecht oder andere Befugnisse auf den Matrix-Manager übertragen sind bzw. ob und ggf. welche Doppelzuständigkeiten der beteiligten AG bestehen.

II. Betriebsverfassungsrechtliche Fragestellungen

1. Organisation der Betriebsverfassung

Ein eigenständiger → *Betrieb* iSd § 1 Abs. 1 S. 1 BetrVG wird bei der Zusammenfassung von AN zu einer Matrixorganisation kaum gegeben sein. Dies folgt im Wesentlichen schon aus dem regelmäßigen Fehlen einer einheitlichen Betriebsstätte. Wenn der Matrix-Manager nur das fachliche Weisungsrecht für die aus den verschiedenen Betriebsstätten zugefassten AN ausübt, fehlt es an einer einheitlichen Leitung in personellen Angelegenheiten. Die AN in der Matrixorganisation bleiben **Betriebsangehörige ihrer jeweiligen Betriebe,** die bloße Unterstellung unter das fachliche Weisungsrecht eines Matrix-Managers führt nicht zu einer „Ausgliederung" in den Betrieb des Vorgesetzten (BAG 26.5.2021 – 7 ABR 17/20); die Zuständigkeit der bisher zuständigen BR bleiben erhalten (BAG 12.6.2019 – 1 ABR 5/18). Etwas anderes gilt, wenn der Matrix-Manager die wesentlichen Entscheidungen in personellen und sozialen Angelegenheiten trifft. Dann kann die Zusammenfassung der AN in einer Matrix-Struktur durchaus einen eigenen Betrieb oder -steil iSd § 4 Abs. 1 BetrVG darstellen, für den jeweils ein BR zu wählen ist. Auf diese Einheiten sind – wegen der doppelten Betriebszugehörigkeit der AN – dann die Regelungen in § 14 Abs. 1, 2 AÜG (→ *Arbeitnehmerüberlassung*) entsprechend anzuwenden

Das **Wahlrecht** von in Matrixorganisationen beschäftigten AN richtet sich nach ihrer Betriebszugehörigkeit. Sie sind aktiv und passiv wahlberechtigt bei ihrem (Vertrags)AG, wenn sie nur in dessen Betrieb eingegliedert sind. Dies gilt spiegelbildlich, wenn sie allein einem „Matrix-Betrieb" zugeordnet sind, dann sind sie nur dort wahlberechtigt. Werden sie von ihrem Vertrags(AG) – wie Fremdpersonal – zur Arbeitsleistung in einem „Matrix-Betrieb" eingesetzt, haben sie (auch) in diesem das aktive Wahlrecht, können aber nicht Mitglied eines dort möglicherweise gebildeten BR sein; bei ihrem (Vertrags)AG bestehen hingegen keine Beschränkungen im Wahlrecht. Diese Grundsätze gelten sinngemäß für die Berechnung des Schwellenwert nach §§ 9, 38 BetrVG.

2. Beteiligungsrechte

Wird der AN von seinem (Vertrags-)AG einer Matrixorganisation zugewiesen, kann dies unter den Voraussetzungen von § 95 Abs. 3 S. 1 BetrVG eine → *Versetzung* iSd § 99 Abs. 1 BetrVG darstellen, für deren Vollzug jedenfalls eine Zustimmung des BR des im Betrieb des (Vertrags-)AG errichteten BR erforderlich sein kann (→ *Betriebsrat (Beteiligung)*). Keine betriebsverfassungsrechtliche Versetzung dürfte vorliegen, wenn der Matrix-Manager ausschließlich ein fachliches Weisungsrecht ausüben soll (und ausübt) und der Arbeitsbereich des AN ansonsten unverändert bleibt (reiner Vorgesetztenwechsel). Ein Einsatz in einem geänderten Arbeitsbereich, insbesondere mit anderen Arbeitsaufgaben und/oder außerhalb der Betriebsstätte, wird regelmäßig eine beteiligungspflichtige Versetzung darstellen, sofern nicht der Ausnahmetatbestand des § 95 Abs. 3 S. 2 BetrVG gegeben ist. Wird der AN in einen Matrix-Betrieb eingegliedert und besteht dort ein BR, ist dieser unter dem Gesichtspunkt der Einstellung (§ 99 Abs. 1 BetrVG; → *Betriebsrat (Beteiligung)*) zu beteiligen.

Die Einführung bzw. Auflösung einer Matrixorganisation unterliegt der freien Entscheidung des AG oder der beteiligten Unternehmen. Für die AN der betroffenen Betriebe kann sie je nach ihrem Umfang und ihren Auswirkungen eine nach §§ 111, 112 BetrVG sozialplanpflichtige (→ *Sozialplan*) → *Betriebsänderung* darstellen. Bei der Ausübung der Beteiligungsrechte in sozialen Angelegenheiten (→ *Betriebsrat (Beteiligung)*) gilt: Werden die AN in den Matrix-Betrieb eingegliedert, beurteilt sich die Zuständigkeit für die Wahrnehmung der sich aus § 87 Abs. 1 BetrVG ergebenden Mitbestimmungsrechte nach den Grundsätzen für den Fremdpersonaleinsatz (→ *Arbeitnehmerüberlassung*). Der BR des (Vertrags-)AG bleibt zuständig für die Wahrnehmung der vertragsbezogenen Rechte, während für die einsatz-/tätigkeitsbezogenen Rechte ein ggf. im Matrix-Betrieb gebildeter BR zuständig ist. Bleibt der AN im Betrieb seiner (Vertrags-)AG eingegliedert, bleibt die Zuständigkeit der für diesen errichteten Arbeitnehmervertretungen (BR/GBR/KBR) erhalten.

▶ Medizinischer Dienst

Die Krankenkassen sind in den gesetzlich bestimmten Fällen, oder wenn es nach Art, Schwere, Dauer oder Häufigkeit der Erkrankung oder nach dem Krankheitsverlauf erforderlich ist, verpflichtet, zur Beseitigung von Zweifeln an der Arbeitsunfähigkeit eine gutachtliche Stellungnahme des Medizinischen Dienstes der Krankenkasse einzuholen (§ 275 Abs. 1 Nr. 3 SGB V). Der Medizinische Dienst darf nicht in die Behandlung des Arztes eingreifen. Ihm obliegt nur die **Begutachtung,** ob Arbeitsunfähigkeit vorliegt.

Die Prüfung hat unverzüglich nach Vorlage der ärztlichen Feststellung über die Arbeitsunfähigkeit zu erfolgen. Der AG kann **von der jeweiligen gesetzlichen Krankenkasse verlangen,** dass sie eine gutachtliche Stellungnahme des Medizinischen Dienstes zur Überprüfung der Arbeitsunfähigkeit einholt. Die Krankenkasse kann von einer Beauftragung des Medizinischen Dienstes absehen, wenn sich die medizinischen Voraussetzungen der Arbeitsunfähigkeit eindeutig aus den der Krankenkasse vorliegenden ärztlichen Unterlagen ergeben. Einen unmittelbaren Anspruch des AG gegen den Medizinischen Dienst sieht das Gesetz nicht vor. Gem. § 275 Abs. 1b SGB V prüft der Medizinische Dienst bei Vertragsärzten, die nach § 106 Abs. 2 S. 1 Nr. 2 SGB V geprüft werden, stichprobenartig und zeitnah Feststellungen der Arbeitsunfähigkeit.

Nach § 277 Abs. 2 SGB V hat die Krankenkasse, solange ein Anspruch auf → *Entgeltfortzahlung im Krankheitsfall* besteht, dem AG und dem Versicherten das Ergebnis des Gutachtens des Medizinischen Dienstes über die Arbeitsunfähigkeit mitzuteilen, wenn das Gutachten **mit der Bescheinigung des Kassenarztes im Ergebnis nicht übereinstimmt.** Die Mitteilung darf keine Angaben über die Krankheit des Versicherten enthalten. Verhindert der AN die Untersuchung durch den Medizinischen Dienst, ist der AG nicht berechtigt, die Lohnfortzahlung zu verweigern. Allerdings ist ein solches Verhalten im Rahmen der Gesamtumstände von den Gerichten zu würdigen.

▸ Mehrarbeitsvergütung

Für die Vergütung von Über- oder Mehrarbeit bestehen keine besonderen gesetzlichen Regelungen. Ob und ggf. wie die über die vertraglich vereinbarte Arbeitszeit geleistete Tätigkeit zu vergüten ist, hängt von den für das Arbeitsverhältnis maßgeblichen Vereinbarungen (→ *Tarifvertrag*, → *Betriebsvereinbarung* und → *Arbeitsvertrag*) ab. **Ohne Vereinbarung** ist die Mehrarbeit pro Stunde zusätzlich mit dem auf die **Arbeitsstunde entfallenden** vereinbarten **Entgelt** zu vergüten. Auch von Rechts wegen verbotene, aber tatsächlich geleistete Mehrarbeit ist zu vergüten. Arbeit, die lediglich geleistet wird, um **schuldhaft versäumte Arbeit** nachzuholen, ist demgegenüber keine Mehrarbeit und nicht zusätzlich zu bezahlen. Nimmt der AG AN von der Zuweisung von Mehrarbeit aus, weil sie nicht bereit sind, auf Vergütungsansprüche zu verzichten, kann dies als Maßregelung (§ 612a BGB) zu Ansprüchen aus → *Annahmeverzug des Arbeitgebers* führen (BAG 7.11.2002 – 2 AZR 742/00).

Die **Vereinbarung einer Pauschalvergütung** für die vereinbarte Arbeitszeit und etwaige Mehrarbeit ist nur zulässig, wenn im Arbeitsvertrag der Umfang der für die **Gesamtvergütung höchstens** geschuldeten Arbeit festgelegt ist (BAG 16.5.2012 – 5 AZR 331/11). Unwirksam, weil intransparent (→ *Allgemeine Geschäftsbedingungen*), sind deshalb Klauseln, in denen ein Anspruch auf Mehrarbeitsvergütung nur pauschal ausgeschlossen wird („Mit diesem Gehalt sind etwa notwendig werdende Überstunden mit abgegolten"). Überstunden sind dann nach den allgemeinen Regeln zu vergüten.

Eine arbeitsvertragliche Vereinbarung, nach der **künftige Mehrarbeit** ausschließlich durch **Freizeit** abzugelten ist, wird von der Rspr. für wirksam gehalten (BAG 17.1.1995 – 3 AZR 399/94). Ein bereits **entstandener Anspruch** auf Überstundenvergütung kann aber ohne eine vorab vereinbarte Ersetzungsbefugnis **nicht ohne Zustimmung** des AN durch eine entsprechende Freistellung **ersetzt** werden (BAG 18.9.2001 – 9 AZR 307/00).

Ein zusätzlicher Vergütungsanspruch besteht ausnahmsweise nicht, wenn dies unüblich (§ 612 Abs. 1 BGB) ist, insbesondere bei sog. **Hochverdienern.** Nach der Rspr. sind das AN, deren Arbeitsvergütung die Beitragsbemessungsgrenze in der gesetzlichen Rentenversicherung (2023: West 7.300/Ost 7.100 EUR mtl.) übersteigt. Sie haben nur Anspruch auf die mit ihnen vereinbarte regelmäßige monatliche Vergütung, wenn sie ohne besondere Vergütungsvereinbarung Mehrarbeit leisten (BAG 22.2.2012 – 5 AZR 765/10).

Der Anspruch auf einen zusätzlichen, meist prozentual vom Normallohn ermittelten **Mehrarbeitszuschlag** ist von den bestehenden Vereinbarungen abhängig. Fehlt jede, also auch eine einen solchen Anspruch ausschließende Vereinbarung, besteht Anspruch auf einen Zuschlag in dem Umfang, wie er für die betreffende Tätigkeit und die hierfür vereinbarte Vergütung zB aufgrund eines in der Branche ansonsten zu Grunde gelegten TV in der Region **üblich** ist (§ 612 Abs. 1 BGB). Zu Mehrarbeitszuschlägen für Teilzeitkräfte → *Teilzeitbeschäftigung.*

Der AN, der die Bezahlung von Über- oder Mehrarbeitsstunden (→ *Arbeitszeit*) fordert, muss im Streitfall im Einzelnen darlegen und beweisen, dass er Arbeit in einem die Normalarbeitszeit übersteigenden Umfang verrichtet hat. Er muss vortragen, an welchen Tagen er von wann bis wann Arbeit geleistet oder sich auf Anweisung des AG zur Arbeit bereitgehalten hat (BAG 4.5.2022 – 5 AZR 359/21), sowie dass der **AG oder** eine (welche?) von ihm **beauftragte Person** die Überstundenarbeit (wann und wie?) angeordnet, gebilligt oder geduldet hat. Davon ist schon auszugehen, wenn die Mehrarbeit in dem geleisteten zeitlichen **Umfang** zur Erledigung der vom AG **übertragenen Arbeitsaufgaben** erforderlich war (BAG 10.4.2013 – 5 AZR 122/12; zur Darlegungslast bei elektronisch erfassten Arbeitszeiten BAG 26.6.2019 – 5 AZR 452/18). *(KB)*

▶ Meinungsfreiheit

→ *Treuepflicht (Nebenpflichten des Arbeitnehmers)*

▶ Mietvertrag

→ *Werkswohnung*

▶ Minderjährige

Dies sind Personen, die das 18. Lebensjahr noch nicht vollendet haben. Sie können von ihrem gesetzlichen Vertreter ermächtigt werden, in Dienst oder Arbeit zu treten (§ 113 BGB). Fehlt es an einer wirksamen Ermächtigung, entsteht ein → *faktisches Arbeitsverhältnis.* Den **Umfang** der Ermächtigung kann der gesetzliche Vertreter in beliebiger Weise bestimmen; er kann sie also auch nur für ein einzelnes Arbeitsverhältnis erteilen. Im Zweifel ist jedoch anzunehmen, dass die für den Einzelfall erteilte Ermächtigung als allgemeine Ermächtigung zur Begründung von Verhältnissen derselben Art gilt (§ 113 Abs. 4 BGB). Die Ermächtigung kann vom Vertreter jederzeit sowohl gegenüber dem Minderjährigen wie auch gegenüber dem AG **zurückgenommen oder eingeschränkt** werden (§ 113 Abs. 2 BGB). Gegenstand der Ermächtigung muss ein Dienst- oder Arbeitsverhältnis sein. Hierzu gehört auch ein selbständiges Handelsvertreterverhältnis, nicht hingegen ein → *Berufsausbildungsverhältnis* oder ein Volontariat (→ *Volontär*). → *Jugendarbeitsschutz*

Ist dem Minderjährigen eine Ermächtigung erteilt, ist er für solche Rechtsgeschäfte unbeschränkt geschäftsfähig, welche den Abschluss oder die Aufhebung eines Dienst- oder Arbeitsverhältnisses der gestatteten Art oder die Erfüllung der sich aus einem solchen Verhältnis ergebenden Verpflichtungen betreffen (§ 113 Abs. 1 BGB). Die Ermächtigung umfasst daher **alle verkehrsüblichen Vereinbarungen und Rechtsgeschäfte.** Dies betrifft zB Abreden über Vertragsstrafen, Vergleiche über Schadensersatzansprüche, Erteilung von Ausgleichsquittungen, Anerkennung von Schadensersatzansprüchen, Auswahl der Zusatzversicherung. Nicht erfasst werden von der Ermächtigung die Verpflichtung zur Erstattung von Lehrgangskosten im Falle der Kündigung oder der Abschluss von Aufhebungsverträgen bei Schwangerschaft. Die Vereinbarung eines Wettbewerbsverbots mit Minderjährigen ist nichtig.

Umstritten ist, ob und inwieweit der Minderjährige für mit dem **Arbeitsleben im Zusammenhang stehende Geschäfte** geschäftsfähig ist. Die Ermächtigung deckt auch den **Gewerkschaftsbeitritt,** den Abschluss von Beförderungsverträgen, um zur Arbeitsstelle zu gelangen, Verträge über die entgeltliche Gewährung von Kost und Logis, wenn der Minderjährige dadurch erst zur Arbeitsleistung in die Lage versetzt wird, den Kauf erforderlicher Berufskleidung sowie die Eröffnung von Gehaltskonten bei einem Kreditinstitut. Die Ermächtigung umfasst dagegen nicht solche Geschäfte, zu deren Abschluss der gesetzliche Vertreter der Genehmigung des Vormundschaftsgerichts bedarf (§ 113 Abs. 1 S. 2 BGB). Im Umfang der Geschäftsfähigkeit ist der Minderjährige auch **prozessfähig** (§ 52 ZPO); er kann daher klagen und verklagt werden oder einen Anwalt beauftragen und bevollmächtigen.

▶ Minderleistungsfähigkeit

Sie ist im Rechtssinne gegeben, wenn der AN auf dem ihm zugewiesenen, seiner Ausbildung entsprechenden Arbeitsplatz nicht nur vorübergehend schuldlos eine **qualitativ und quantitativ unzureichende Arbeitsleistung** erbringt. Die Minderleistungsfähigkeit beruht zumeist auf körperlichen oder geistigen Mängeln. Während sich bei leistungsabhängiger Entlohnung (→ *Akkord*, → *Prämie*, → *Provision*) der Verdienst automatisch mindert, findet bei zeitbestimmter Arbeitsvergütung grds. eine Minderung des Entgelts nicht statt. Eine geringere Vergütung kann regelmäßig auch nicht vereinbart werden. In Rationalisierungsschutzabkommen ist häufig vorgesehen, dass der AG vor einer Kündigung dem Minderleistungsfähigen einen anderen, seinen Kräften entsprechenden Arbeitsplatz oder auch eine Lohnminderung anbieten muss. Eine → *verhaltensbedingte Kündigung* gegenüber einem leistungsschwachen AN kann nach § 1 Abs. 2 KSchG gerechtfertigt sein, wenn der AN seine arbeitsvertraglichen Pflichten dadurch vorwerfbar verletzt, dass er fehlerhaft arbeitet. Dies ist regelmäßig nicht der Fall, wenn der AN unter angemessener Ausschöpfung seiner persönlichen Leistungsfähigkeit arbeitet. Er verstößt gegen seine Arbeitspflicht nicht allein dadurch, dass er die durchschnittliche Fehlerhäufigkeit aller AN überschreitet (BAG 17.1.2008 – 2 AZR 536/06).

▶ Mindestarbeitsbedingungen

→ *Mindestlohn*

▶ Mindestlohn

Der Anspruch auf den gesetzlichen Mindestlohn nach dem Mindestlohngesetz (MiLoG) kann weder einseitig noch einvernehmlich unterschritten werden. Er verfällt (→ *Verfallfristen*) und verwirkt nicht. Auch ein Verzicht auf ihn ist nur durch gerichtlichen Vergleich möglich (§ 3 MiLoG). Über die Höhe des Mindestlohns hat grds. alle zwei Jahre eine auf Vorschlag der Spitzenorganisationen der AG und AN durch die BReg. paritätisch besetzte Mindestlohnkommission unter unparteiischem Vorsitz zu beschließen. Den beschlossenen Mindestlohn kann die BReg. durch RechtsVO verbindlich machen. Sie kann vom Kommissionsbeschluss aber nicht abweichen. Der so festgelegte Mindestlohnanspruch betrug bis zum 30.9.2022 10,45 EUR brutto für jede Arbeitsstunde. Ohne Beteiligung der Mindestlohnkommission hat der Gesetzgeber den Mindestlohn dann mit Wirkung zum 1.10.2022 und für die Zeit bis zum 30.6.2023 aus 12,00 EUR erhöht. Ab dem 1.5.2023 wird die Anpassung wieder auf der Grundlage der Beschlüsse der Mindestlohnkommission erfolgen.

Der gesetzliche Mindestlohn steht mangels anderer Festlegung durch das Gesetz auch dann zu, wenn nicht Vollarbeit, sondern Arbeit geringerer Intensität wie etwa **Bereitschaftsdienst** geleistet wird (BAG 24.6.2021 – 5 AZR 505/20). Er gilt grds. für alle AN. § 22 MiLoG nimmt lediglich einige Personengruppen aus. Dies sind Personen, **(1)** die unter bestimmten Umständen (BAG 19.1.2022 – 5 AZR 217/21) ein (Pflicht-)Praktikum (→ *Praktikant*) leisten, **(2)** die das 18. Lebensjahr noch nicht vollendet haben, **(3)** die in einem → *Berufsausbildungsverhältnis* stehen oder **(4)** ehrenamtlich tätig sind, sowie **(5)** bis zu ihrer Einstellung Langzeitarbeitslose (§ 18 Abs. 1 SGB III) in den ersten sechs Monaten ihrer Beschäftigung.

Der Anspruch auf den gesetzlichen Mindestlohn ist ein eigenständiger gesetzlicher Anspruch. Das MiLoG ist kein Gesetz zur Vertragskontrolle. Es reglementiert vielmehr die Durchführung des Arbeitsverhältnisses. Der Mindestlohnanspruch besteht zwar pro tatsächlicher Arbeitsstunde – wo, wie und unter welchen Bedingungen auch immer sie geleistet wurde (BAG 21.12.2016 – 5 AZR 374/16). Ob er erfüllt ist, ist aber anhand der im Abrechnungszeitraum, idR dem Arbeitsmonat, geleisteten Arbeitsstunden zu ermitteln. Multipliziert mit dem Mindestlohn ergibt sich der gesetzliche Anspruch. Liegt er nicht höher als das Arbeitsentgelt, das der AG vereinbarungsgemäß gezahlt hat, besteht kein Anspruch nach dem MiLoG. So ist es zB, wenn zwar einzelne Arbeitsstunden mit weniger als dem Mindestlohn entgolten werden, zB Bereitschaftszeiten, durch die höhere Bezahlung der übrigen Stunden im Abrechnungsmonat im Durchschnitt aber mehr als der gesetzliche Mindestlohn zugeflossen ist (BAG 11.10.2017 – 5 AZR 591/16).

Bei der Kontrolle, ob der AG den MiLoG-Anspruch erfüllt hat, ist alles einzustellen, was dem AN als Gegenleistung für die geleistete Arbeit aus welchen auf die Arbeit bezogenen Erwägungen auch immer gezahlt wurde. Hierzu gehören etwa Mehrarbeits-, Erschwernis- oder Sonn- und Feiertagszuschläge sowie Anwesenheits- und Treueprämien, Leistungszulagen, monatlich gezahlte Provisionen und monatlich ausgezahlte Teile einer Jahressondervergütung. Leistungen, die andere Zwecke erfüllen, sind zur Feststellung, ob der gesetzliche Mindestlohnanspruch erfüllt worden ist, nicht heranzuziehen. Dazu zählen zB AG-Zuschüsse zu vermögenswirksamen Leistungen oder zur Entgeltumwandlung, Nachtarbeitszuschläge nach § 6 Abs. 5 ArbZG, die bei Fehlen einer günstigeren vertraglichen Regelung vom Mindestlohn aus zu berechnen sind (BAG 25.4.2018 – 5 AZR 25/17) oder ein aus Anlass des Jahresurlaubs ausgezahltes zusätzliches Urlaubsgeld. Auch alle sonstigen Geldleistungen des AG, die nicht als Gegenleistung für konkret geleistete Arbeitsstunden erbracht werden, sondern aus anderen Anlässen (Weihnachten, Betriebsjubiläen, Förderung künftiger Betriebstreue) erfüllen den gesetzlichen Mindestlohnanspruch nicht.

Der gesetzliche Mindestlohn ist zwar nur für tatsächlich geleistete Arbeitsstunden geschuldet. Der **Entgeltfortzahlungsanspruch** bei Krankheit soll den AN jedoch so stellen, als hätte er gearbeitet. Er muss deshalb bei Krankheit mindestens den Mindestlohn als unterste Grenze des für Arbeit geschuldeten Entgelts erhalten. Dieser Anspruch ist nach der Rspr in gleichem Umfang wie ein Mindestlohnanspruch nach § 3 MiLoG gegen Verfall gesichert (BAG 20.6.2018 – 5 AZR 377/17).

Neben den allgemeinen gesetzlichen Mindestlohn nach dem MiLoG treten noch branchenbezogen die auf der Grundlage des → *Arbeitnehmer-Entsendegesetzes* (AEntG) erstreckten tariflichen oder auf einen Beschluss der Pflegekommission zurückgehenden Mindestentgelte. Für den Bereich der → *Arbeitnehmerüberlassung* gibt es einen Mindestlohn aufgrund RechtsVO (§ 3a Abs. 2 AÜG). Diese speziellen Mindestentgelte müssen über dem allgemeinen gesetzlichen Mindestlohn liegen.

Mindestlohnregelungen haben keinen Einfluss auf den möglichen Umfang der **Insolvenzanfechtung** anfechtbarer Lohnzahlungen. Der Existenzsicherung erfolgt insoweit nur durch den gesetzlichen Pfändungsschutz (→ *Pfändungsschutz von Arbeitseinkommen*) des aus der Insolvenzanfechtung folgenden Rückgewähranspruchs (BAG 25.5.2022 – 6 AZR 497/21). *(KB)*

▶ Mitbestimmung (Unternehmensmitbestimmung)

I. Übersicht über die gesetzlichen Regelungen

Die Beteiligung der AN in den Organen von → *Unternehmen* (Unternehmensmitbestimmung) ist in vier gesetzlichen Regelungen enthalten, und zwar dem MitbestG vom 4.5.1976 (BGBl. I 1153), dem Gesetz über die Mitbestimmung der AN in den Aufsichtsräten und Vorständen der Unternehmen des Bergbaus und der Eisen und Stahl erzeugenden Industrie (MontanMitbestG) vom 21.5.1951 (BGBl. I 347), dem Gesetz zur Ergänzung des Gesetzes über die Mitbestimmung der AN in den Aufsichtsräten und Vorständen der Unternehmen des Bergbaus und der Eisen und Stahl erzeugenden Industrie (MontanMitbestErgG) vom 7.8.1956 (BGBl. I 707) und dem Drittelbeteiligungsgesetz (DrittelbG) vom 18.5.2004 (BGBl. I 974); zur **Geschlechterquote** bei der Besetzung der Führungsgremien → *Aufsichtsrat.*

II. MitbestG 1976

1. Inhalt

Das MitbestG 1976 gilt für **Unternehmen mit eigener Rechtspersönlichkeit,** die idR **mehr als 2.000 AN** beschäftigen. Hierunter fallen AktG, KGaA, GmbH sowie GmbH & Co. KG wie AG & Co. KG. Es gilt ferner für die herrschenden Unternehmen von Konzernen und Teilkonzernen, die in der genannten Rechtsform betrieben werden, wenn die Konzernunternehmen idR mehr als 2.000 AN beschäftigen (§ 5 MitbestG). Ausgenommen vom MitbestG sind Tendenzunternehmen iSv § 118 BetrVG (→ *Tendenzbetriebe*). Ferner sind ausgenommen solche Unternehmen, die dem MontanMitbestG oder dem MitbestErgG unterfallen. Unternehmen, die nicht die Größenordnung erreichen, für die das MitbestG 1976 gilt, unterliegen dem DrittelbG.

Das MitbestG 1976 modifiziert in seinem Kern die **Zusammensetzung des Aufsichtsrats und zT auch des Vorstands** abweichend vom geltenden Gesellschafts- und Unternehmensrecht und überträgt eine Reihe von zwingenden Vorschriften des AktG über den → *Aufsichtsrat* auf die übrigen Gesellschaftsformen. Es ist auf das bisherige Gesellschafts- und Unternehmensrecht aufgestockt. Hieraus ergibt sich, dass die Kompetenzen der Anteilseignerversammlung im Hinblick auf die Grundfragen des Unternehmens wie Änderung des Unternehmensgegenstands, Auflösung des Unternehmens, Sitzverlegung, Maßnahmen der Kapitalbeschaffung und -herabsetzung, Fusion mit anderen Unternehmen, Umwandlung des Unternehmens und Satzungsänderungen usw. unberührt bleiben.

2. Aufsichtsrat

Die Aufsichtsräte nach dem MitbestG 1976 werden mit der gleichen Zahl von Aufsichtsratsmitgliedern der Anteilseigner und der AN besetzt, und zwar im Unternehmen bis zu 10.000 AN im Verhältnis sechs zu sechs, in Unternehmen mit 10.000 bis 20.000 AN im Verhältnis acht zu acht und in solchen mit mehr als 20.000 AN im Verhältnis zehn zu zehn. In Unternehmen der unteren Größenklassen kann bestimmt werden, dass der Aufsichtsrat aus 16 bzw. 20 Mitgliedern besteht (§§ 6, 7 MitbestG). Die im Unternehmen vertretenen Gewerkschaften haben in Unternehmen bis zu 20.000 AN zwei und in größeren drei Sitze im Aufsichtsrat. Die übrigen vier, sechs bzw. sieben Sitze müssen mit unternehmensangehörigen AN besetzt werden. Prokuristen des Unternehmens dürfen dann nicht Mitglied des Aufsichtsrats der AN sein, wenn sie dem Vorstand unmittelbar unterstellt sind und im Innenverhältnis zur Ausübung der Prokura für den gesamten Geschäftsbereich aller Vorstandsmitglieder ermächtigt sind (§ 105 Abs. 1 AktG, § 6 Abs. 2 MitbestG). Da die AN von Konzerntochtergesellschaften als AN des herrschenden Unternehmens gelten, ist bei ihrer Wahl unerheblich, ob sie in einem herrschenden oder Tochterunternehmen beschäftigt sind. Der Aufsichtsratsvorsitzende und sein Stellvertreter werden mit 2/3 Mehrheit gewählt. Wird dieses Quorum nicht erreicht, wählen die Anteilseignervertreter den Vorsitzenden und die ANvertreter den Stellvertreter (§ 27 MitbestG). Muss im Aufsichtsrat wegen Stimmengleichheit eine Abstimmung wiederholt werden, erhält der Aufsichtsratsvorsitzende einen Stichentscheid. Im Aufsichtsrat besteht daher keine echte Parität.

3. Wahlverfahren

Die Aufsichtsratsmitglieder der AN werden entweder in **Urwahl oder durch Wahlmänner** gewählt. In Unternehmen bis zu 8.000 AN ist die Urwahl, in den anderen die Wahlmännerwahl die Regel. Indes kann die Belegschaft beschließen, dass statt der Urwahl die Wahlmännerwahl und umgekehrt durchgeführt wird (§ 9 MitbestG). Bei der **Urwahl** wählen die AN die auf sie entfallenden unternehmensangehörigen Aufsichtsratsmitglieder (§§ 18, 15 Abs. 3, 10 Abs. 1 MitbestG). Vertreter der Gewerkschaften werden immer in gemeinsamer Wahl gewählt. Die Wahl erfolgt aufgrund von Wahlvorschlägen (§§ 18, 15 MitbestG). Das Aufsichtsratsmitglied wird aufgrund von Abstimmungsvorschlägen durch Beschluss der leitenden Angestellten aufgestellt. Die Wahl der Aufsichtsratsmitglieder erfolgt nach den Grundsätzen der Verhältniswahl. Im Falle der **Wahlmännerwahl** wird die Zahl der Wahlmänner aufgrund einer Schlüsselzahl gewählt. Die Wahlmänner werden von den wahlberechtigten AN aufgrund von Wahlvorschlägen gewählt. Die **Einzelheiten des Wahlverfahrens** sind in drei RechtsVO vom

27.5.2002 (BGBl. I 1682, 1708, 1741) geregelt, und zwar (**a**) 1. WO MitbestG: Wahlberechtigte AN **eines** → *Betriebs*, (**b**) 2. WO MitbestG: Wahlberechtigte AN **mehrerer** Betriebe zum Aufsichtsrat eines → *Unternehmens*, (**c**) 3. WO MitbestG: Wahlberechtigte AN aus **mehreren Unternehmen.**

4. Vorstand, Arbeitsdirektor

Die Mitglieder des Vorstands werden vom Aufsichtsrat mit 2/3 Mehrheit bestellt. Wird das erforderliche Quorum nicht erreicht, hat der Vermittlungsausschuss einen Bestellungsvorschlag zu machen. Der Vermittlungsausschuss ist unmittelbar nach der Wahl des Aufsichtsratsvorsitzenden und seines Stellvertreters als permanenter Ausschuss zu bilden. Ihm gehören der Aufsichtsratsvorsitzende, sein Stellvertreter und je ein weiterer Vertreter der Anteilseigner und der AN an. Über den Vorschlag des Vermittlungsausschusses hat der Aufsichtsrat mit der Mehrheit der Stimmen seiner Mitglieder zu beschließen. Wird wiederum keine Mehrheit erreicht, hat bei der erneuten Abstimmung der Aufsichtsratsvorsitzende den Stichentscheid. Als gleichberechtigtes Mitglied des Vorstands ist ein Arbeitsdirektor zu bestellen. Seine Bestellung wie Abberufung erfolgt nach den gleichen Regeln wie bei den übrigen Vorstandsmitgliedern. Der Arbeitsdirektor ist in den Vorstand als gleichberechtigtes Organ eingebunden. Es liegt in der Natur der Sache, dass er vom Vertrauen der ANseite getragen sein muss.

III. Drittelbeteiligungsgesetz

Das DrittelbG knüpft an das BetrVG 1952 an, dass die in der Rspr. zum BetrVG entwickelten Rechtsgrundsätze auch heute noch gelten. Die AN haben ein Mitbestimmungsrecht nach dem DrittelbG im Aufsichtsrat (**1**) in einer AktG mit idR nicht mehr als 500 AN. Ein Mitbestimmungsrecht besteht auch in einer AktG mit idR weniger als 500 AN, die vor dem 10.8.1994 eingetragen worden ist (Ausnahmen bei Familiengesellschaften); (**2**) KGaA; (**3**) GmbH mit idR mehr als 500 AN (Einzelheiten § 1); (**4**) einem Versicherungsverein auf Gegenseitigkeit; (**5**) einer Erwerbs- und Wirtschaftsgenossenschaft mit idR mehr als 500 AN. An der Wahl der Aufsichtsratsmitglieder der AN des Konzerns nehmen auch die AN der übrigen

Konzernunternehmen teil. Das Gesetz findet keine Anwendung auf Unternehmen, die für die ANseite eine andere Mitbestimmungsform vorsehen und auf Tendenzunternehmen (→ *Tendenzbetriebe*). AN iSd DrittelbG sind die in § 5 Abs. 1 BetrVG genannten Personen. Der Aufsichtsrat der beschriebenen Unternehmen muss zu einem Drittel aus ANvertretern bestehen. Sind ein oder zwei Aufsichtsratsmitglieder zu wählen, müssen diese als AN im Unternehmen beschäftigt sein (§ 4 DrittelbG). Die Aufsichtsratsmitglieder werden nach den Grundsätzen der Mehrheitswahl in allgemeiner, gleicher und unmittelbarer Wahl für die Zeit gewählt, die im Gesetz oder in der Satzung für die von der Hauptversammlung zu wählenden Aufsichtsratsmitglieder bestimmt ist (§ 5 DrittelbG). Wahlberechtigt sind die AN des Unternehmens und von anderen AktG überlassene AN (vgl. § 7 BetrVG). Die Wahl erfolgt aufgrund von Wahlvorschlägen. Die Wahlvorschläge der AN müssen von mindestens einem Zehntel der Wahlberechtigten oder von mindestens 100 Wahlberechtigten unterzeichnet sein (§ 6 DrittelbG). Aufsichtsratsmitglieder der AN dürfen in der Ausübung ihrer Tätigkeit nicht gestört oder behindert werden. Sie dürfen wegen ihrer Tätigkeit im Aufsichtsrat nicht benachteiligt oder begünstigt werden. Dies gilt auch für ihre berufliche Entwicklung (§ 9 DrittelbG). Niemand darf die Wahl der Aufsichtsratsmitglieder behindern. Die Aufsichtsratswahl kann wie die BRwahl angefochten werden (§ 11 DrittelbG). Die Aufsichtsratsmitglieder können abberufen werden (§ 12 DrittelbG). Das Wahlverfahren ist durch das Zweite Gesetz zur Vereinfachung der Wahl der ANvertreter in den Aufsichtsrat vom 18.5.2004 (BGBl. I 974) modernisiert und gestrafft worden.

IV. MontanMitbestG, MontanMitbestErgG

Erfolgt die Mitbestimmung nach dem MontanMitbestG (oben I.), gelten folgende **Grundsätze:** Ihm unterfallen AktG oder GmbH, sofern sie mehr als 1.000 AN beschäftigen, (**1**) wenn der überwiegende Zweck in der Förderung von Stein- und Braunkohle oder Eisenerzen sowie in der Aufbereitung, Verkokung, Verschwelung oder Brikettierung dieser Grundstoffe liegt und ihre Betriebe unter der Aufsicht der Bergbehörden stehen; (**2**) wenn Unternehmen der eisen- und stahlerzeugenden Industrie, im alliierten Entflechtungsgesetz vom 16.5.1950 namentlich aufgeführt sind und als Einheitsgesellschaften oder in anderer Form weiterbetrieben werden; (**3**) in Unternehmen, die von einem vorstehend bezeichneten oder nach Gesetz Nr. 27 der Alliierten Hohen Kommission zu liquidierenden Unternehmen abhängig sind, wenn sie die Voraussetzungen (1) erfüllen oder überwiegend Eisen und Stahl erzeugen.

Die **Aufsichtsräte** dieser Gesellschaften bestehen aus 11 Mitgliedern, davon je 5 Vertretern der Anteilseigner und der AN sowie ein weiteres Mitglied (§ 4 MontanMitbestG). Bei Gesellschaften mit einem Nennkapital von mehr als 10 Mio. EUR kann durch Satzung der Aufsichtsrat auf 15, bei solchen mit mehr als 25 Mio. EUR auf 21 Mitglieder unter Berücksichtigung des Beteiligungsverhältnisses der AN erweitert werden (§ 9 MontanMitbestG). Als gleichberechtigtes Mitglied des zur gesetzlichen Vertretung berufenen Organs (Vorstand, Geschäftsführung) wird ein Arbeitsdirektor bestellt. Seine Bestellung und Abberufung kann nicht gegen die Stimmen der Mehrheit der gewählten Aufsichtsratsmitglieder erfolgen (§ 13 Abs. 1 MontanMitbestG). Der Arbeitsdirektor hat seine Aufgaben (Personalangelegenheiten) im engsten Einvernehmen mit dem Gesamtorgan auszuüben (§ 13 Abs. 2 MontanMitbestG).

Das MontanMitbestG wird ergänzt durch das **MontanMitbestErgG.** Die Einbeziehung von Konzernobergesellschaften in die Sonderform der Montan-Mitbestimmung nach dem Mitbestimmungsergänzungsgesetz war nach der Rspr. des BVerfG mit Art. 3 Abs. 1 GG vereinbar, wenn sie einen ausreichenden Montan-Bezug aufwiesen. Einen solchen Bezug vermittelte zwar die in Nr. 1 des § 3 Abs. 2 S. 1 MontanMitbestErgG bestimmte Montan-Umsatzquote, nicht aber die in Nr. 2 dieser Vorschrift festgelegte ANzahl. Durch das DrittelbG ist das MontanMitbestErgG an die Rspr. angepasst worden. Es gilt für AktG oder GmbH, die nicht unter das MitbestG fallen, aber aufgrund eines Organschaftsvertrags ein oder mehrere andere Unternehmen beherrschen, in denen das MitbestG gilt oder fortbesteht. Hier besteht der Aufsichtsrat aus 15 Mitgliedern, davon je 7 Vertretern der Anteilseigner und der AN sowie einem weiteren Mitglied. Unter den ANvertretern müssen sich fünf AN von Konzernunternehmen und zwei Vertreter von Gewerkschaften befinden (§ 6

Abs. 1 MontanMitbestErgG). Die ANvertreter werden im Wahlmännerverfahren gewählt. Dieses ist in der WahlO zum MitbestErgG vom 10.10.2005 (BGBl. I 2927, 2932) geregelt. Weiterhin ist ein Arbeitsdirektor zu bestellen.

▶ Mittelbares Arbeitsverhältnis

Es liegt vor, wenn ein AN von einem Mittelsmann, der seinerseits AN eines Dritten ist, beschäftigt wird und die Arbeit mit Wissen des Dritten unmittelbar für diesen geleistet wird, ohne dass ein unmittelbarer Arbeitsvertrag zwischen dem Dritten und dem Gehilfen zustande kommt. Die starke wirtschaftliche oder künstlerische Abhängigkeit des Mittelsmanns allein kann den AN nicht auch zum AN des Dritten machen. Die Konstruktion des mittelbaren Arbeitsverhältnisses kann rechtsmissbräuchlich sein, wenn der Mittelsmann keine unternehmerischen Entscheidungen treffen kann, zB Schulhausmeister. Aus den Grundsätzen des mittelbaren Arbeitsvertrags folgt die allgemeine → *Fürsorgepflicht* des Dritten; dieser muss die notwendigen Maßnahmen zum Schutz von Leben und Gesundheit der mittelbaren AN treffen (§ 618 BGB) und hat dafür zu sorgen, dass der Gehilfe seine und die Pflichten aus dem öffentlichen Arbeitsschutzrecht erfüllt. Im Sozialversicherungsrecht gilt der Grundsatz, dass die Pflichten dem mittelbaren AG obliegen, da hier Anknüpfungspunkt die tatsächliche Beschäftigung ist.

▶ Mobbing

Mit Mobbing werden typischerweise **Verhaltensweisen** von Vorgesetzten oder Kollegen bezeichnet, die durch ein einheitliches Ziel planmäßig miteinander **verbunden** sind und mit denen bewusst und gewollt die Würde eines AN verletzt und ein von Einschüchterungen, Anfeindungen, Erniedrigungen, Entwürdigungen oder Beleidigungen gekennzeichnetes Umfeld geschaffen wird. Häufig ist Fernziel, den betreffenden AN zum Ausscheiden aus dem Arbeitsverhältnis zu veranlassen.

Mobbing ist kein anspruchsbegründender Rechtsbegriff. Im Zusammenhang mit den als Mobbing bezeichneten Handlungen können aber Ansprüche gegen die Arbeitskollegen und den AG entstehen. Zwischen den AN eines Betriebs kommen Ansprüche aus unerlaubter Handlung (§§ 823 ff. BGB) einschließlich eines Anspruchs auf → *Schmerzensgeld* (§ 253 BGB) in Betracht. Wenn das Verhalten von Arbeitskollegen oder AG zu Körper- oder Ehrverletzungen führt, kann strafrechtlich der Tatbestand der Körperverletzung oder der Beleidigung erfüllt sein. Verliert der Verletzte seine Arbeit, kann der Mobber nach §§ 823, 826 BGB haften. Einen Anspruch auf Ausgleich des Verdienstausfallschadens lehnt die Rspr. aber ab (BAG 18.1.2007 – 8 AZR 234/06).

Allerdings: Nicht jede Auseinandersetzung oder Meinungsverschiedenheit zwischen Kollegen und/oder Vorgesetzten und Untergebenen erfüllt den Begriff des Mobbing und kann Rechtsansprüche auslösen. Im Arbeitsleben übliche Konfliktsituationen erfüllen, auch wenn sie sich über längere Zeiträume erstrecken, noch keinen zum Schadensersatz verpflichtenden Tatbestand, selbst wenn einzelne Verhaltensweisen sachlich ungerechtfertigt sind. Im Einzelfall muss ohne Rücksicht auf individuelle Empfindlichkeiten zwischen sozialadäquatem und deshalb schadensersatzrechtlich folgenlosem Verhalten und erheblichen rechtswidrigen Eingriffen in Persönlichkeitsrechte oder das Recht auf körperliche Unversehrtheit abgegrenzt werden (BAG 15.9.2016 – 8 AZR 351/15).

Für den **AG** besteht eine **Nebenpflicht,** den AN **vor** einer **Verletzung** seiner Persönlichkeitsrechte und seines Rechts auf körperliche Unversehrtheit zu bewahren. Er muss daher den unangemessen behandelten Mitarbeiter **schützen.** Er muss die notwendigen organisatorischen Maßnahmen treffen, dass Mobbing zulasten eines oder einer Beschäftigten zukünftig unterbleibt. Wenn im Betrieb Konfliktlagen bestehen, aus denen sich Mobbing entwickeln kann, darf der BR eine Schulung zum Thema Mobbing für erforderlich halten (BAG 14.1.2015 – 7 ABR 95/12) (→ *Betriebsratsmitglieder*). Der AG sollte sich dem schon im Eigeninteresse nicht entgegenstellen. Verletzt der AG seine Schutzpflichten schuldhaft, haftet er nach § 280 Abs. 1 BGB auf Schadensersatz und bei immateriellen Schäden ggf. auf Schmerzensgeld (§ 253 Abs. 2 BGB). Daneben kommt bis zur Beseitigung der Beeinträchtigungen ein Zurückbehaltungsrecht

(§ 273 BGB) des AN in Bezug auf seine Arbeitsleistung in Betracht (BAG 13.3.2008 – 2 AZR 88/07). Wird es ausgeübt, besteht der Anspruch auf das Arbeitsentgelt fort (§ 615 BGB). Der AG haftet nach § 278 BGB auch für Schäden, die ein AN dadurch erleidet, dass ihn sein Vorgesetzter, der für den AG dessen Schutzpflichten wahrzunehmen hat, als Mobber schuldhaft in seinen Rechten verletzt (BAG 25.10.2007 – 8 AZR 593/06).

Da die als Mobbing bezeichneten Verhaltensweisen miteinander systematisch verknüpft sind, ist Mobbing ein **Dauertatbestand.** → *Verfallfristen* für Ansprüche aus derartigem Verhalten beginnen erst mit Abschluss des zeitlich letzten Einzelverhaltens zu laufen, das zu der gegen eine Person gerichteten Mobbingaktion gehört (BAG 10.5.2007 – 8 AZR 709/06). *(KB)*

▶ Mobile Arbeit

→ *Telearbeit (mobile Arbeit)*

▶ Mutterschutz

I. Neufassung des MuSchG

Das zum 1.1.2018 neu gefasste Gesetz zum Schutz von Müttern bei der Arbeit, in der Ausbildung und im Studium (Mutterschutzgesetz – **MuSchG**) schützt die Gesundheit der Frau und ihres Kindes am Arbeits-, Ausbildungs- und Studienplatz während der Schwangerschaft, nach der Entbindung und in der Stillzeit. Frauen soll ermöglicht werden, ihre Beschäftigung oder sonstige Tätigkeit in dieser Zeit ohne Gefährdung ihrer Gesundheit oder der ihres Kindes fortzusetzen. Zugleich soll es Benachteiligungen entgegnen. In Betrieben und Verwaltungen, in denen regelmäßig mehr als drei Frauen beschäftigt werden, hat der AG eine Kopie des MuSchG an geeigneter Stelle zur Einsicht **auszulegen oder auszuhängen** oder in einem elektronischen Verzeichnis jederzeit zugänglich zu machen. Verstöße gegen die Pflichten aus dem MuSchG sind unter den Voraussetzungen des § 32 MuSchG als Ordnungswidrigkeiten bußgeldbewehrt; nach § 33 MuSchG kommt in bestimmten Fällen sogar eine Strafbarkeit des Handelns in Betracht.

II. Geschützter Personenkreis

Die Bestimmungen des MuSchG gelten für alle Frauen in einem → *Beschäftigungsverhältnis* iSv § 7 Abs. 1 SGB IV. Das Gesetz gilt also nicht nur für → *Arbeitnehmer.* Im Einklang mit unionsrechtlichen Vorgaben (EuGH 11.11.2010 – C-232/09 – Danosa) findet es auch auf (Fremd-)Geschäftsführerinnen einer GmbH Anwendung. Es zählt in § 1 Abs. 2 MuSchG zusätzlich einige Gruppen von Frauen ausdrücklich auf, die unabhängig davon geschützt werden, ob sie in einem → *Beschäftigungsverhältnis* stehen:

- Frauen in betrieblicher Berufsbildung und → *Praktikantinnen* iSv § 26 BBiG;
- Frauen mit Behinderung, die in einer Werkstatt für behinderte Menschen beschäftigt sind;
- Entwicklungshelferinnen (bei diesen sind allerdings §§ 18–22 MuSchG nicht anzuwenden);
- Frauen, die als Freiwillige iSd JFDG oder des BFDG tätig sind;
- Frauen, die als Mitglieder einer geistlichen Genossenschaft, Diakonissen oder Angehörige einer ähnlichen Gemeinschaft auf einer Planstelle oder aufgrund eines Gestellungsvertrages für diese tätig werden, auch während der Zeit ihrer dortigen außerschulischen Ausbildung;
- Frauen, die in Heimarbeit beschäftigt sind (→ *Heimarbeiter*), und ihnen Gleichgestellte iSv § 1 Abs. 1 und 2 des Heimarbeitsgesetzes, soweit sie am Stück mitarbeiten (bei diesen sind §§ 10 und 14 MuSchG nicht anzuwenden; § 9 Abs. 1–5 MuSchG ist entspr. anzuwenden; an die Stelle des Beschäftigungsverbots tritt das Verbot der Ausgabe von Heimarbeit nach §§ 3, 8, 13 Abs. 2, § 16 MuSchG);
- Frauen, die wegen ihrer wirtschaftlichen Unselbstständigkeit als → *arbeitnehmerähnliche Person* anzusehen sind (bei diesen sind §§ 18, 19 Abs. 2, § 20 MuSchG nicht anzuwenden; an die Stelle des Beschäftigungsverbots nach Satz 1 tritt die Befreiung von der vertraglich vereinbarten Leistungspflicht; die Frau kann sich jedoch gem. § 2 Abs. 3 S. 3 MuSchG gegenüber der dem AG gleichgestellten Person oder Gesellschaft dazu bereit erklären, die vertraglich vereinbarte Leistung zu erbringen);

- Schülerinnen und Studentinnen, soweit die Ausbildungsstelle Ort, Zeit und Ablauf der Ausbildungsveranstaltung verpflichtend vorgibt oder die ein im Rahmen der schulischen oder hochschulischen Ausbildung verpflichtend vorgegebenes Praktikum ableisten (bei diesen sind §§ 17–24 MuSchG nicht anzuwenden).

Entsprechend dieser Aufzählung definiert § 2 Abs. 1 MuSchG einen weiten AGbegriff.

III. Gesundheitsschutz

1. Arbeitszeitlicher Gesundheitsschutz

Der AG darf eine schwangere Frau in den letzten sechs Wochen vor der Entbindung nicht beschäftigen (**Schutzfrist vor der Entbindung**). Für die Berechnung der Schutzfrist vor der Entbindung ist der voraussichtliche Tag der Entbindung maßgeblich, wie er sich aus dem ärztlichen Zeugnis oder dem Zeugnis einer Hebamme oder eines Entbindungspflegers ergibt. Entbindet eine Frau nicht am voraussichtlichen Tag, verkürzt oder verlängert sich die Schutzfrist vor der Entbindung entsprechend. Nach der Entbindung darf der AG eine Frau bis zum Ablauf von acht Wochen nicht beschäftigen (**Schutzfrist nach der Entbindung**). Diese Schutzfrist verlängert sich auf zwölf Wochen

a) bei Frühgeburten, dh wenn das Kind bei der Geburt weniger als 2500 Gramm wiegt. Auf die Dauer der Schwangerschaft kommt es nicht an. Diesen Entbindungen sind solche gleichzusetzen, bei denen das Kind trotz höheren Geburtsgewichts wegen noch nicht voll ausgebildeter Reifezeichen oder wegen verfrühter Beendigung der Schwangerschaft einer wesentlich erweiterten Pflege bedarf (BAG 12.3.1997 – 5 AZR 329/96),
b) bei Mehrlingsgeburten und
c) wenn vor Ablauf von acht Wochen nach der Entbindung bei dem Kind eine Behinderung ärztlich festgestellt wird und die Frau die Verlängerung der Schutzfrist beantragt.

Bei **vorzeitiger Entbindung** verlängert sich die Schutzfrist nach der Entbindung von acht bzw. zwölf Wochen um den Zeitraum der Verkürzung der Schutzfrist vor der Entbindung.

Die werdende Mutter kann **auf** die **Schutzfrist** vor der Entbindung gegenüber dem AG **verzichten** und sich zur Arbeitsleistung bereit erklären. Diese Erklärung kann sie jederzeit mit Wirkung für die Zukunft widerrufen. Auf die Einhaltung der Schutzfrist nach der Entbindung kann die Mutter grds. nicht verzichten. Nur Schülerinnen und Studentinnen können bereits in der Schutzfrist nach der Entbindung im Rahmen der schulischen oder hochschulischen Ausbildung wieder tätig werden. Die entsprechende Erklärung kann von der Frau gegenüber der Ausbildungsstelle ebenfalls jederzeit mit Wirkung für die Zukunft widerrufen werden.

Nach dem Ablauf der Schutzfrist nach der Entbindung hat der AG eine Frau auf ihr Verlangen während der ersten zwölf Monate nach der Entbindung für die **zum Stillen erforderliche Zeit** freizustellen (zur Mindestdauer vgl. § 7 Abs. 2 MuSchG). Durch die Freistellung darf bei der stillenden Frau kein Entgeltausfall eintreten. Freistellungszeiten sind weder vor- noch nachzuarbeiten. Sie werden nicht auf Ruhepausen angerechnet, die im ArbZG oder in anderen Vorschriften festgelegt sind.

Nach dem Tod ihres Kindes darf der AG eine Frau bereits nach Ablauf der ersten zwei Wochen nach der Entbindung beschäftigen, wenn die Frau dies ausdrücklich verlangt und nach ärztlichem Zeugnis nichts dagegenspricht. Auch diese Erklärung kann von der Frau jederzeit mit Wirkung für die Zukunft widerrufen werden.

Nach § 8 Abs. 1 MuSchG besteht ein **Verbot von Mehrarbeit.** Der AG darf eine schwangere oder stillende Frau nicht mit einer Arbeit beschäftigen, die die Frau über achteinhalb Stunden täglich oder über 90 Stunden in der Doppelwoche hinaus zu leisten hat (bei unter 18-jährigen: 8 Stunden/Tag bzw. 80 Stunden/Doppelwoche). Der AG darf eine schwangere oder stillende Frau nicht in einem Umfang beschäftigen, der die vertraglich vereinbarte wöchentliche Arbeitszeit im Durchschnitt des Monats übersteigt. Dies ist vor allem bei teilzeitbeschäftigten Frauen zu beachten. Die Arbeitszeiten bei mehreren AG sind zusammenzurechnen. Nach Beendigung der täglichen Arbeitszeit muss der AG der schwangeren oder stillenden Frau eine **ununterbrochene Ruhezeit** von mindestens elf Stunden gewähren. Dabei besteht sowieso grds. ein Beschäftigungsverbot für die Zeit zwischen 20 Uhr und 6 Uhr (**Verbot der Nachtarbeit**). Mit einer Genehmigung der Aufsichtsbehörde nach § 28 MuSchG kann die schwangere oder stillende Frau allerdings in der Zeit zwischen 20 Uhr und 22 Uhr beschäftigt werden. Darüber hinaus regelt § 6 MuSchG ein Verbot der Sonn- und Feiertagsarbeit. Schwangere oder stillende Frauen dürfen an Sonn- und Feiertagen nur beschäftigt werden, wenn

a) sich die Frau dazu ausdrücklich bereit erklärt,
b) eine Ausnahme vom Verbot der Arbeit an Sonn- und Feiertagen nach § 10 ArbZG zugelassen ist,
c) der Frau in jeder Woche im Anschluss an eine ununterbrochene Nachtruhezeit von mindestens elf Stunden ein Ersatzruhetag gewährt wird und
d) insbesondere eine unverantwortbare Gefährdung für die schwangere Frau oder ihr Kind durch Alleinarbeit ausgeschlossen ist.

Für Schülerinnen und Studentinnen gelten bezüglich der Nacht-, Sonn- und Feiertagsarbeit gem. § 5 Abs. 2, § 6 Abs. 2 MuSchG Sonderregelungen.

Für Zeiten, die zur **Durchführung** der **Untersuchungen** im Rahmen der Leistungen der gesetzlichen Krankenversicherung bei Schwanger- und Mutterschaft erforderlich sind, hat der AG die Frau von der Arbeit **freizustellen.** Entsprechendes gilt zugunsten einer Frau, die nicht in der gesetzlichen Krankenversicherung versichert ist. Durch die Freistellung darf bei der schwangeren Frau kein Entgeltausfall eintreten. Freistellungszeiten sind weder vor- noch nachzuarbeiten. Sie werden nicht auf Ruhepausen angerechnet, die im ArbZG oder in anderen Vorschriften festgelegt sind.

2. Betrieblicher Gesundheitsschutz

Ein wesentlicher Aspekt bei der Reform des Mutterschutzrechts war die Einbindung der MuSchArbV in das MuSchG und deren Einbindung im Unterabschnitt „Betrieblicher Gesundheitsschutz" (§§ 9 ff. MuSchG). Der AG ist verpflichtet, die Arbeitsbedingungen so zu gestalten, dass Gefährdungen einer schwangeren oder stillenden Frau oder ihres Kindes möglichst vermieden werden und eine unverantwortbare Gefährdung ausgeschlossen wird. Eine **Gefährdung** liegt vor, wenn die Möglichkeit besteht, dass die schwangere oder stillende Frau und das ungeborene oder gestillte Kind durch eine bestimmte Tätigkeit oder Arbeitsbedingung gesundheitlich beeinträchtigt werden (vgl. BR-Drs. 230/16, 38). Eine Gefährdung ist **unverantwortbar,** wenn die Eintrittswahrscheinlichkeit einer Gesundheitsbeeinträchtigung angesichts der zu erwartenden Schwere des möglichen Gesundheitsschadens nicht hinnehmbar ist. Eine unverantwortbare Gefährdung gilt als ausgeschlossen, wenn der AG alle Vorgaben einhält, die aller Wahrscheinlichkeit nach dazu führen, dass die Gesundheit einer schwangeren oder stillenden Frau oder ihres Kindes nicht beeinträchtigt wird.

Der AG hat sicherzustellen, dass die schwangere oder stillende Frau ihre Tätigkeit am Arbeitsplatz, soweit es für sie erforderlich ist, kurz unterbrechen kann. Er hat darüber hinaus sicherzustellen, dass sich die schwangere oder stillende Frau während der Pausen und Arbeitsunterbrechungen unter geeigneten Bedingungen hinlegen, hinsetzen und ausruhen kann.

Sobald eine Frau mitgeteilt hat, dass sie schwanger ist oder stillt, hat der AG die nach Maßgabe der → *Gefährdungsbeurteilung* erforderlichen Schutzmaßnahmen festzulegen und der Frau ein Gespräch über weitere Anpassungen ihrer Arbeitsbedingungen anzubieten. Hierzu hat der AG im Rahmen der **Beurteilung der Arbeitsbedingungen nach § 5 ArbSchG** für jede Tätigkeit

e) die Gefährdungen nach Art, Ausmaß und Dauer zu beurteilen, denen eine schwangere oder stillende Frau oder ihr Kind ausgesetzt ist oder sein kann, und

f) unter Berücksichtigung des Ergebnisses der Beurteilung der Gefährdung nach Nummer 1 zu ermitteln, ob für eine schwangere oder stillende Frau oder ihr Kind voraussichtlich

- keine Schutzmaßnahmen erforderlich sein werden,
- eine Umgestaltung der Arbeitsbedingungen nach der Rangfolge des § 13 Abs. 1 Nr. 1 MuSchG erforderlich sein wird oder
- eine Fortführung der Tätigkeit der Frau an diesem Arbeitsplatz nicht möglich sein wird.

Bei gleichartigen Arbeitsbedingungen ist die Beurteilung eines Arbeitsplatzes oder einer Tätigkeit ausreichend. Die Gefährdungsbeurteilung ist nach Maßgabe des § 10 MuSchG zu dokumentieren und alle Personen, die beim AG beschäftigt sind, – insbesondere schwangere und stillende Frauen – sind über das Ergebnis der Gefährdungsbeurteilung und den Bedarf an Schutzmaßnahmen zu informieren.

- Der AG darf eine **schwangere Frau** keine Tätigkeiten ausüben lassen und sie keinen Arbeitsbedingungen aussetzen, bei denen sie
- in einem Maß **Gefahrstoffen** ausgesetzt ist oder sein kann, dass dies für sie oder für ihr Kind eine unverantwortbare Gefährdung darstellt (iE § 11 Abs. 1 MuSchG iVm der CLP-Verordnung (EG) Nr. 1272/2008);
- in einem Maß mit **Biostoffen** der Risikogruppe 2, 3 oder 4 iSv § 3 Abs. 1 Biostoffverordnung in Kontakt kommt oder kommen kann, dass dies für sie oder für ihr Kind eine unverantwortbare Gefährdung darstellt (iE § 11 Abs. 2 MuSchG);
- **physikalischen Einwirkungen** in einem Maß ausgesetzt ist oder sein kann, dass dies für sie oder für ihr Kind eine unverantwortbare Gefährdung darstellt (iE § 11 Abs. 3 MuSchG);
- einer **belastenden Arbeitsumgebung** in einem Maß ausgesetzt ist oder sein kann, dass dies für sie oder für ihr Kind eine unverantwortbare Gefährdung darstellt (iE § 11 Abs. 4 MuSchG);
- **körperlichen Belastungen** oder **mechanischen Einwirkungen** in einem Maß ausgesetzt ist oder sein kann, dass dies für sie oder für ihr Kind eine unverantwortbare Gefährdung darstellt (iE § 11 Abs. 5 MuSchG).
- Der AG darf eine **stillende Frau** keine Tätigkeiten ausüben lassen und sie keinen Arbeitsbedingungen aussetzen, bei denen sie
- in einem Maß **Gefahrstoffen** ausgesetzt ist oder sein kann, dass dies für sie oder für ihr Kind eine unverantwortbare Gefährdung darstellt (iE § 12 Abs. 1 MuSchG iVm der CLP-Verordnung (EG) Nr. 1272/2008);
- in einem Maß mit **Biostoffen** der Risikogruppe 2, 3 oder 4 iSv § 3 Abs. 1 Biostoffverordnung in Kontakt kommt oder kommen kann, dass dies für sie oder für ihr Kind eine unverantwortbare Gefährdung darstellt (vgl. iE § 12 Abs. 2 MuSchG);

- **physikalischen Einwirkungen** in einem Maß ausgesetzt ist oder sein kann, dass dies für sie oder für ihr Kind eine unverantwortbare Gefährdung darstellt (insbesondere ionisierende und nicht ionisierende Strahlungen);
- einer **belastenden Arbeitsumgebung** in einem Maß ausgesetzt ist oder sein kann, dass dies für sie oder für ihr Kind eine unverantwortbare Gefährdung darstellt (vgl. iE § 12 Abs. 4 MuSchG).
- **Akkordarbeit** (→ *Akkord*) oder sonstige Arbeiten, bei denen durch ein gesteigertes Arbeitstempo ein höheres Entgelt erzielt werden kann, sowie → *Fließarbeit* darf der AG weder eine schwangere noch eine stillende Frau ausüben lassen. Das gleiche gilt für getaktete Arbeit mit vorgeschriebenem Arbeitstempo, wenn die Art der Arbeit oder das Arbeitstempo für die Frau oder für ihr Kind eine unverantwortbare Gefährdung darstellt.
- § 13 MuSchG gibt eine **Rangfolge der Schutzmaßnahmen** vor, wenn unverantwortbare Gefährdungen festgestellt werden:
- Der AG hat die **Arbeitsbedingungen** für die schwangere oder stillende Frau durch Schutzmaßnahmen **umzugestalten.**
- Kann der AG unverantwortbare Gefährdungen für die schwangere oder stillende Frau nicht durch die Umgestaltung der Arbeitsbedingungen ausschließen oder ist eine Umgestaltung wegen des nachweislich unverhältnismäßigen Aufwandes nicht zumutbar, hat der AG die Frau an einem anderen geeigneten Arbeitsplatz einzusetzen, wenn er einen solchen Arbeitsplatz zur Verfügung stellen kann und dieser Arbeitsplatz der schwangeren oder stillenden Frau zumutbar ist **(Arbeitsplatzwechsel).**
- Kann der AG unverantwortbare Gefährdungen für die schwangere oder stillende Frau auch nicht durch einen Arbeitsplatzwechsel ausschließen, darf er die schwangere oder stillende Frau nicht weiter beschäftigen (**Beschäftigungsverbot**).
- Das **ärztliche Beschäftigungsverbot** ist in § 16 Abs. 1 MuSchG geregelt. Danach darf der AG eine schwangere Frau nicht beschäftigen, soweit nach einem ärztlichen Zeugnis ihre Gesundheit oder die ihres Kindes bei Fortdauer der Beschäftigung gefährdet ist. Darüber hinaus darf der AG eine Frau, die nach einem ärztlichen

Zeugnis in den ersten Monaten nach der Entbindung nicht voll leistungsfähig ist, nicht mit Arbeiten beschäftigen, die ihre Leistungsfähigkeit übersteigen.

- Mit dem Ende eines Beschäftigungsverbots hat eine Frau nach § 25 MuSchG das Recht, entsprechend den vertraglich vereinbarten Bedingungen beschäftigt zu werden. Das bedeutet freilich nicht, dass eine AN wieder auf den konkreten Arbeitsplatz zurückkehren muss, den sie zuvor innehatte. Die zugewiesene Beschäftigung muss sich nur im Rahmen der vertraglichen Vereinbarungen halten. Insofern ist die Vorschrift nur Ausdruck des allgemeinen arbeitsrechtlichen → *Beschäftigungsanspruchs.*
- Damit die Maßnahmen des Gesundheitsschutzes eingreifen können, soll eine schwangere Frau ihrem AG ihre **Schwangerschaft** und den **voraussichtlichen Tag der Entbindung mitteilen,** sobald sie weiß, dass sie schwanger ist. Eine stillende Frau soll ihrem AG so früh wie möglich mitteilen, dass sie stillt. Auf dessen Verlangen soll eine schwangere Frau als Nachweis über ihre Schwangerschaft ein ärztliches Zeugnis oder das Zeugnis einer Hebamme oder eines Entbindungspflegers vorlegen. Das Zeugnis über die Schwangerschaft soll den voraussichtlichen Tag der Entbindung enthalten. Kosten für Zeugnisse und Bescheinigungen, die die schwangere oder stillende Frau auf Verlangen des AG vorzulegen hat, hat dieser zu tragen. Der BR kann vom AG aus datenschutzrechtlichen Gründen (→ *Datenschutz*) nicht ohne besondere Gründe eine Unterrichtung darüber beanspruchen, welche AN ihre Schwangerschaft mitgeteilt hat (BAG 9.4.2019 – 1 ABR 51/17).
- Den AG treffen nach § 27 MuSchG umfangreiche **Mitteilungs- und Aufbewahrungspflichten.**

IV. Kündigungsschutz

Die Kündigung gegenüber einer Frau ist unzulässig

- während ihrer Schwangerschaft,
- bis zum Ablauf von vier Monaten nach einer Fehlgeburt nach der zwölften Schwangerschaftswoche und
- bis zum Ende ihrer Schutzfrist nach der Entbindung, mindestens jedoch bis zum Ablauf von vier Monaten nach der Entbindung,

wenn dem AG zum Zeitpunkt der Kündigung die **Schwangerschaft,** die **Fehlgeburt** nach der zwölften Schwangerschaftswoche **oder** die **Entbindung bekannt** ist oder, wenn sie ihm innerhalb von zwei Wochen nach Zugang der Kündigung mitgeteilt wird. Das Überschreiten dieser Frist ist unschädlich, wenn die Überschreitung auf einem von der Frau nicht zu vertretenden Grund beruht und die Mitteilung unverzüglich nachgeholt wird. Eine schuldhafte Versäumung der Zwei-Wochen-Frist liegt nur dann vor, wenn sie auf einen groben Verstoß gegen das von einem verständigen Menschen in eigenem Interesse billigerweise zu erwartende Verhalten zurückzuführen ist (BAG 16.5.2002 – 2 AZR 730/00). Für den Beginn der Schwangerschaft ist das Zeugnis eines Arztes oder einer Hebamme maßgebend. Bei natürlicher Empfängnis wird der Beginn des Kündigungsverbots in der Weise bestimmt, dass von dem ärztlich festgestellten mutmaßlichen Tag der Entbindung um 280 Tage zurückgerechnet wird (BAG 26.3.2015 – 2 AZR 237/14). Dieser Zeitraum umfasst die mittlere Schwangerschaftsdauer, die bei einem durchschnittlichen Menstruationszyklus zehn Lunarmonate zu je 28 Tagen – gerechnet vom ersten Tag der letzten Regelblutung an – beträgt. Er markiert die äußerste zeitliche Grenze, innerhalb derer bei normalem Zyklus eine Schwangerschaft vorliegen kann. Damit werden auch Tage einbezogen, in denen das Vorliegen einer Schwangerschaft eher unwahrscheinlich, aber eben nicht ausgeschlossen ist. Im Fall einer Schwangerschaft aufgrund einer Befruchtung außerhalb des Körpers (In-vitro-Fertilisation) greift das Kündigungsverbot ab dem Zeitpunkt der Einsetzung einer befruchteten Eizelle in die Gebärmutter (Embryonentransfer, BAG 26.3.2015 – 2 AZR 237/14). Neu im MuSchG ist eine Regelung in § 17 Abs. 1 S. 3 MuSchG, nach der die Sätze 1 und 2 entsprechend gelten für **Vorbereitungsmaßnahmen** des AG, die er im Hinblick auf eine Kündigung der Frau trifft. Die Neuregelung ist durch eine Rspr. des EuGH veranlasst, der Handlungen zur Vorbereitung einer Kündigung wie „die Suche und Planung eines endgültigen Ersatzes für die betroffene Angestellte" während der Schutzfristen für verboten hält (EuGH 11.10.2007 – C-460/06 – Paquay). Auch die → *Anhörung des Betriebsrats vor dem Kündigungsausspruch* und ein Antrag an das → *Integrationsamt* auf Erteilung der Zustimmung zu einer Kündigung dürften verbotene Vorbereitungsmaßnahmen idS darstellen. Das Kündigungsverbot gegenüber einer schwangeren AN gilt auch für eine Kündigung vor der vereinbarten Aufnahme der Tätigkeit (BAG 27.2.2020 – 2 AZR 498/19).

Die für den Arbeitsschutz zuständige oberste Landesbehörde oder die von ihr bestimmte Stelle kann in besonderen Fällen, die nicht mit dem Zustand der Frau in der Schwangerschaft, nach einer Fehlgeburt nach der zwölften Schwangerschaftswoche oder nach der Entbindung in Zusammenhang stehen, gemäß § 17 Abs. 2 MuSchG ausnahmsweise die Kündigung für zulässig erklären. Die Folgen einer solchen Kündigung für das Mutterschaftsgeld und den Zuschuss zum Mutterschaftsgeld sind in § 19 Abs. 2 S. 3, § 20 Abs. 3 MuSchG geregelt. Die **Kündigung** bedarf der Schriftform und muss den **Kündigungsgrund angeben.** Während des Kündigungsschutzzeitraums kann der Arbeitsvertrag im Wege eines → *Aufhebungsvertrags* oder durch eine Eigenkündigung der Schwangeren auch ohne Zustimmung beendet werden.

V. Finanzielle Leistungen

1. Mutterschutzlohn

Eine Frau, die wegen eines Beschäftigungsverbots außerhalb der Schutzfristen vor oder nach der Entbindung teilweise oder gar nicht beschäftigt werden darf, erhält von ihrem AG gem. § 18 MuSchG **Mutterschutzlohn.** Als Mutterschutzlohn wird das durchschnittliche Arbeitsentgelt (siehe dazu iE V. 3.) der letzten drei abgerechneten Kalendermonate vor dem Eintritt der Schwangerschaft gezahlt (modifiziertes → *Referenzprinzip*). Dies gilt auch, wenn wegen dieses Verbots die Beschäftigung oder die Entlohnungsart wechselt. Beginnt das Beschäftigungsverhältnis erst nach Eintritt der Schwangerschaft, ist das durchschnittliche Arbeitsentgelt aus dem Arbeitsentgelt der ersten drei Monate der Beschäftigung zu berechnen. Hat der AG gegenüber der AN wirksam Kurzarbeit Null eingeführt, hat das BAG in einer älteren Entscheidung angenommen, der Anspruch auf Mutterschutzlohn entfalle (BAG 7.4.1970 – 2 AZR 201/69). Es erscheint zweifelhaft, ob daran im Hinblick auf den Erstattungsanspruch gegen die gesetzlichen Krankenkassen nach dem AAG heute noch festgehalten werden kann. Im Fall eines Catering-Unternehmens, das aufgrund der COVID-19-Pandemie (→ *Corona*) sämtliche Aufträge verloren hatte, hat das LAG Köln angenommen, der Anspruch auf Mutterschutzlohn entfalle, weil mit dem Entfall der Beschäftigungsmöglichkeit auch das Beschäftigungsverbot entfallen sei (LAG Köln 29.3.2021 – 2 Sa 1230/20).

2. Mutterschaftsgeld/Zuschuss zum Mutterschaftsgeld

Eine Frau, die Mitglied einer gesetzlichen Krankenkasse ist, erhält nach § 19 MuSchG für die Zeit der Schutzfristen vor und nach der Entbindung sowie für den Entbindungstag **Mutterschaftsgeld** nach den Vorschriften des SGB V oder nach den Vorschriften des Zweiten Gesetzes über die Krankenversicherung der Landwirte. Eine Frau, die nicht Mitglied einer gesetzlichen Krankenkasse ist, erhält für diese Zeiten Mutterschaftsgeld zu Lasten des Bundes in entsprechender Anwendung der Vorschriften des SGB V über das Mutterschaftsgeld, jedoch insgesamt höchstens 210 EUR. Das Mutterschaftsgeld wird auf Antrag vom Bundesversicherungsamt gezahlt.

Von ihrem AG erhält eine Frau während ihres bestehenden Beschäftigungsverhältnisses für die Zeit der Schutzfristen vor und nach der Entbindung sowie für den Entbindungstag einen **Zuschuss zum Mutterschaftsgeld.** Als Zuschuss zum Mutterschaftsgeld wird der Unterschiedsbetrag zwischen 13 EUR und dem um die gesetzlichen Abzüge verminderten durchschnittlichen kalendertäglichen Arbeitsentgelt (siehe dazu iE V. 3.) der letzten drei abgerechneten Kalendermonate vor Beginn der Schutzfrist vor der Entbindung gezahlt (modifiziertes → *Referenzprinzip*). Die letzten drei abgerechneten Kalendermonate müssen der Schutzfrist nicht unmittelbar vorausgegangen sein. Daher ist bei einer weiteren Geburt im unmittelbaren Anschluss an die Inanspruchnahme von Elternzeit das Arbeitsentgelt der drei Kalendermonate vor der Elternzeit maßgeblich (BAG 19.5.2021 – 5 AZR 378/20). Einer Frau, deren Beschäftigungsverhältnis während der Schutzfristen vor oder nach der Entbindung beginnt, wird der Zuschuss zum Mutterschaftsgeld von Beginn des Beschäftigungsverhältnisses an gezahlt. Ist eine Frau für mehrere AG tätig, sind für die Berechnung des AGzuschusses die durchschnittlichen kalendertäglichen Arbeitsentgelte aus diesen Beschäftigungsverhältnissen zusammenzurechnen. Den sich daraus ergebenden Betrag zahlen die AG anteilig im Verhältnis der von ihnen gezahlten durchschnittlichen kalendertäglichen Arbeitsentgelte. Eine **Tagespflegeperson** hat keinen Anspruch auf Zuschuss zum Mutterschaftsgeld (BAG 23.5.2018 – 5 AZR 263/17).

3. Durchschnittliches Arbeitsentgelt

Der Berechnung des Zuschusses zum Mutterschaftsgeld liegt die Lohnbezugsmethode zugrunde (BAG 19.5.2021 – 5 AZR 378/20). Bei der Bestimmung des Berechnungszeitraumes für die Ermittlung des durchschnittlichen Arbeitsentgelts für den Mutterschutzlohn bzw. den Zuschuss zum Mutterschaftsgeld bleiben Zeiten unberücksichtigt, in denen die Frau infolge unverschuldeter Fehlzeiten kein Arbeitsentgelt erzielt hat. War das Beschäftigungsverhältnis kürzer als drei Monate, ist der Berechnung der tatsächliche Zeitraum des Beschäftigungsverhältnisses zugrunde zu legen. Für die **Ermittlung des durchschnittlichen Arbeitsentgelts** bleiben unberücksichtigt:

- einmalig gezahltes Arbeitsentgelt iSv § 23a SGB IV,
- Kürzungen des Arbeitsentgelts, die im Berechnungszeitraum infolge von Kurzarbeit, Arbeitsausfällen oder unverschuldetem Arbeitsversäumnis eintreten,
- im Fall der Beendigung der → *Elternzeit* nach dem BEEG (insbes. § 16 Abs. 3 S. 3 BEEG) das Arbeitsentgelt aus Teilzeitbeschäftigung, das vor der Beendigung der Elternzeit während der Elternzeit erzielt wurde, soweit das durchschnittliche Arbeitsentgelt ohne die Berücksichtigung der Zeiten, in denen dieses Arbeitsentgelt erzielt wurde, höher ist. Wird die Elternzeit nicht beendet, sind nach § 22 MuSchG Ansprüche auf Leistungen auf Mutterschutzlohn und Zuschuss zum Mutterschaftsgeld aus dem wegen der Elternzeit ruhenden Arbeitsverhältnis ausgeschlossen. Übt die Frau während der Elternzeit eine Teilzeitarbeit aus, ist für die Ermittlung des durchschnittlichen Arbeitsentgelts nur das Arbeitsentgelt aus dieser Teilzeitarbeit zugrunde zu legen.

Ist die Ermittlung des durchschnittlichen Arbeitsentgelts auf diese Weise nicht möglich, ist das durchschnittliche kalendertägliche Arbeitsentgelt einer vergleichbar beschäftigten Person zugrunde zu legen.

Bei einer **dauerhaften Änderung der Arbeitsentgelthöhe** ist die geänderte Arbeitsentgelthöhe bei der Ermittlung des durchschnittlichen Arbeitsentgelts für die Leistungen nach den §§ 18–20 MuSchG zugrunde zu legen. Wird die Änderung der Entgelthöhe schon während des Berechnungszeitraums wirksam, wird sie für den gesamten Berechnungszeitraum zugrunde gelegt. Wenn die Änderung der Arbeitsentgelthöhe erst nach dem Berechnungszeitraum, also typischerweise während des Bezugszeitraums, wirksam wird, erfolgt eine Berücksichtigung erst ab Wirksamkeit der Änderung.

Gehören → *Sachbezüge* zum Arbeitsentgelt und sind sie nicht frei widerruflich (→ *Dienstwagen*), sind sie der AN nicht nur während eines Beschäftigungsverbots, sondern auch während der Schutzfristen zu überlassen (BAG 11.10.2000 – 5 AZR 240/99).

VI. Urlaub

Für den Anspruch auf bezahlten Erholungsurlaub und dessen Dauer gelten die Ausfallzeiten wegen mutterschutzrechtlicher Beschäftigungsverbote als Beschäftigungszeiten. Es erfolgt also keine Kürzung des Urlaubsanspruchs. Hat die Frau ihren → *Urlaub* vor Beginn eines Beschäftigungsverbots nicht oder nicht vollständig erhalten, kann sie nach Ablauf der Fristen den Resturlaub im laufenden oder im nächsten Urlaubsjahr beanspruchen. § 24 S. 2 MuSchG regelt damit die Unvereinbarkeit von Urlaub und einer (vollständigen) Arbeitsbefreiung infolge mutterschutzrechtlicher Beschäftigungsverbote mit der Folge, dass das Risiko der Leistungsstörung durch ein in den festgelegten Urlaubszeitraum fallendes Beschäftigungsverbot dem AG zugewiesen wird (BAG 9.8.2016 – 9 AZR 575/15). War der Urlaub also schon festgelegt, bevor das Beschäftigungsverbot eingreift, gilt der Urlaubsanspruch nicht als erfüllt, die Frau kann den Urlaub zu einem späteren Zeitpunkt erneut verlangen. Eine tarifliche Regelung zum Urlaubsgeld, die die Frau dazu anreizt, entgegen der Schutzfristen zu arbeiten, ist unwirksam (BAG 20.8.2002 – 9 AZR 353/01). *(OKK)*

N

► Nachbindung an Tarifverträge

TV finden bei beiderseitiger Tarifgebundenheit (§ 3 TVG; → *Tarifbindung*) im Arbeitsverhältnis unmittelbar und zwingend Anwendung (§ 4 Abs. 1 TVG). Auch eine Nachbindung nach § 3 Abs. 3 TVG begründet Tarifgebundenheit. Sie reicht auf AN- wie auf AGseite aus, beiderseitige Tarifgebundenheit und damit zwingende Tarifgeltung zu begründen. Nachbindung tritt ein, wenn ein AG oder AN, der an einen oder mehrere TV gebunden ist, aus dem Verband austritt, der die Tarifbindung vermittelt hat, oder seine Mitgliedschaft aus anderen Gründen endet. Das Gesetz bestimmt für diese Fälle, dass die einmal eingetretene Tarifgebundenheit – nur – an die zum Ende der Mitgliedschaft geltenden TV bestehen bleibt, bis der jeweilige TV endet. Ein TV endet mit Ablauf der vereinbarten Laufzeit oder mit Wirksamwerden einer TV-Kündigung. Auch jede TV-Änderung beendet den betreffenden TV, wie er durch die zwischenzeitlich beendete Mitgliedschaft legitimiert war (BAG 1.7.2009 – 4 AZR 261/08).

An das Ende der Nachbindung schließt sich die → *Nachwirkung von Tarifverträgen* (§ 4 Abs. 5 TVG) an. Mit ihrem Eintritt kann das bisher tarifvertraglich zu Gunsten des AN zwingend Geregelte auch zu dessen Nachteil des AN verschlechtert werden. *(KB)*

▶ Nachtarbeit

→ *Arbeitszeit*

▶ Nachteilsausgleich

Weicht der Unternehmer von einem → *Interessenausgleich* über eine geplante → *Betriebsänderung* ohne zwingenden Grund ab, können diejenigen AN, die infolge der Abweichung entlassen werden oder andere wirtschaftliche Nachteile erleiden, Klage auf Abfindung erheben (§ 113 Abs. 1, 2 BetrVG). Gleiches gilt nach Abs. 3, wenn der Abschluss eines Interessenausgleichs vom Unternehmer nicht versucht wird. Während Sozialplanleistungen konkrete Nachteile ausgleichen sollen, die dem AN infolge der durchgeführten Betriebsänderung entstehen, verfolgt der Anspruch auf Nachteilsausgleich das Ziel, ein bestimmtes betriebsverfassungswidriges Verhalten des AG durch die Zahlung einer Abfindung zu sanktionieren. Während nach Abs. 3 das Unterbleiben eines Versuchs über einen Interessenausgleich zum Nachteilsausgleich führt, sieht § 113 Abs. 1, 2 BetrVG diese Rechtsfolge auch für ein Abweichen von einem Interessenausgleich ohne zwingenden Grund vor. Ein Anspruch besteht nicht, wenn in dem betroffenen Betrieb überhaupt kein BR besteht; dies gilt selbst dann, wenn im Unternehmen ein → *Gesamtbetriebsrat* errichtet ist. Der Anspruch auf Nachteilsausgleich nach § 113 BetrVG ist auch dann gegeben, wenn ein → *Sozialplan* nicht erzwungen werden kann (zB bei erheblichem Personalabbau iSd § 112a BetrVG). Der Anspruch aus § 113 BetrVG erfasst nur solche AN, deren Arbeitsverhältnis von der Betriebsänderung unmittelbar nachteilig betroffen sein kann.

Beim Anspruch aus § 113 Abs. 1, 2 BetrVG fehlt es an dem notwendigen Kausalzusammenhang, wenn der AN ohnehin zu dem gleichen Zeitpunkt entlassen worden wäre. Die AGkündigungen müssen kausal auf der Abweichung vom Interessenausgleich beruhen. Die Ansprüche nach § 113 Abs. 3 BetrVG werden ausgelöst, wenn der Unternehmer einen gebotenen Interessenausgleich überhaupt nicht, nur teilweise oder verspätet, also nach Einleitung der Betriebsänderung durchführt. Ein Verschulden des AG ist nicht erforderlich, der Anspruch entsteht, sobald der Unternehmer mit der

Durchführung der Betriebsänderung begonnen hat, ohne bis dahin einen Interessenausgleich mit dem BR versucht zu haben.

Hinsichtlich der **Höhe der Abfindungen** wird in § 113 Abs. 1 BetrVG auf § 10 KSchG verwiesen. Bei ihrer Bemessung ist auf die Umstände des Einzelfalls abzustellen, wie Dauer der Betriebszugehörigkeit, Lebensalter des AN, Familienstand, Folgen der Entlassung für den AN, wirtschaftliche Lage des Unternehmens, ideelle Nachteile. Daneben ist das Ausmaß des betriebsverfassungswidrigen Verhaltens des AG bei der Höhe der Abfindung zu berücksichtigen. Abfindungen aufgrund eines Sozialplans und aufgrund eines Nachteilsausgleichs sind verrechenbar (BAG 12.2.2019 – 1 AZR 279/17).

▶ Nachträgliche Zulassung der Kündigungsschutzklage

→ *Kündigungsschutzklage*

▶ Nachweisgesetz

Der Arbeitsvertrag muss nicht schriftlich abgeschlossen werden; ein mündlicher Vertragsschluss ist ausreichend. Lediglich bei einem → *befristeten Arbeitsvertrag* muss die Befristungsabrede schriftlich erfolgen (§ 14 Abs. 4 TzBfG). Allerdings ist der AG nach dem Nachweisgesetz vom 20.7.1995 (BGBl. I 946) zur Ausstellung eines schriftlichen Nachweises über die für das Arbeitsverhältnis geltenden wesentlichen Bedingungen verpflichtet. Das NachwG gilt für alle → *Arbeitnehmer* sowie für → *Praktikanten* (§ 1 NachwG). Der AG hat eine von ihm unterzeichnete Nachweisurkunde spätestens entsprechend der zeitlichen Staffelung in § 2 Abs. 2 S. 4 NachwG dem AN auszuhändigen; die Erteilung in elektronischer Form ist ausgeschlossen (§ 2 Abs. 2 S. 3 NachwG).

In die **Niederschrift** sind für die ab dem 1. August 2022 abgeschlossenen Arbeitsverhältnisse mindestens aufzunehmen **(1)** der Name und die Anschrift der Vertragsparteien, **(2)** der Zeitpunkt des Beginns des Arbeitsverhältnisses, **(3)** bei einem → *befristeten Arbeitsvertrag*: das Enddatum oder die vorhersehbare Dauer des Arbeitsverhältnisses, **(4)** der → *Arbeitsort* oder, falls der AN nicht nur an einem bestimmten Arbeitsort tätig sein soll, ein Hinweis darauf, dass der AN an verschiedenen Orten beschäftigt werden oder seinen

Arbeitsort frei wählen kann, (**5**) eine kurze Charakterisierung oder Beschreibung der vom AN zu leistenden Tätigkeit, (**6**) sofern vereinbart, die Dauer einer Probezeit, (**7**) die Zusammensetzung und die Höhe des Arbeitsentgelts einschließlich der Vergütung von → *Überstunden*, der Zuschläge, der Zulagen, Prämien und → *Sonderzuwendungen* sowie anderer Bestandteile des Arbeitsentgelts, die jeweils getrennt anzugeben sind, und deren Fälligkeit sowie die Art der Auszahlung, (**8**) die vereinbarte → *Arbeitszeit*, vereinbarte Ruhepausen und Ruhezeiten sowie bei vereinbarter Schichtarbeit das Schichtsystem, der Schichtrhythmus und Voraussetzungen für Schichtänderungen, (**9**) bestimmte Angaben zur → *Abrufarbeit*, (**10**) sofern vereinbart, die Möglichkeit der Anordnung von → *Überstunden* und deren Voraussetzungen, (**11**) die Dauer des jährlichen Erholungsurlaubs (→ *Urlaub*), (**12**) ein etwaiger Anspruch auf vom AG bereitgestellte Fortbildung, (**13**) eine → *betriebliche Altersversorgung*, (**14**) das bei der Kündigung des Arbeitsverhältnisses von AG und AN einzuhaltende Verfahren (dazu gehören die → *Schriftform*, → *Kündigungsfrist* sowie die Frist für die Erhebung der → *Kündigungsschutzklage*), (**15**) ein in allgemeiner Form gehaltener Hinweis auf die auf das Arbeitsverhältnis anwendbaren TV, BV oder DV oder Regelungen paritätisch besetzter Kommissionen, die auf der Grundlage kirchlichen Rechts Arbeitsbedingungen für den Bereich kirchlicher AG (→ *Kirche*) festlegen.

Besondere Nachweispflichten bestehen bei Vereinbarung von → *Abrufarbeit* (§ 2 Abs. 1 Nr. 9 NachwG) und die Einstellung von **Praktikanten** (§ 2 Abs. 1a NachwG). Hat der AN länger als einen Monat seine Arbeitsleistung im Ausland zu erbringen, kommen weitere allgemeine Nachweispflichten (§ 2 Abs. 2, 3 NachwG) in Betracht. Nachweiserleichterungen bestehen, wenn bestimmte nachzuweisende Angaben in TV, BV, DV oder kirchliche Arbeitsbedingungen sowie in Rechts- oder Verwaltungsvorschriften enthalten sind (§ 2 Abs. 4 NachwG), hier reicht dann ein in allgemeiner Form gehaltener Hinweis auf die kollektiven Regelungen aus. Eine **Änderung der wesentlichen Vertragsbedingungen** ist dem AN spätestens an dem Tag, an dem sie wirksam wird, schriftlich mitzuteilen; das gilt nicht, soweit sich Angaben in den einschlägigen Kollektivvereinbarungen ändern (§ 3 NachwG).

Ist dem AN ein **schriftlicher Arbeitsvertrag** ausgehändigt worden, in dem die vorstehenden Angaben enthalten sind, entfällt die Nachweispflicht des AG (§ 2 Abs. 5 NachwG). Für vor dem 1. August 2022 begründete Arbeitsverhältnisse enthält § 5 NachwG eine **Übergangsvorschrift.**

Der AN kann die Erfüllung der Nachweispflicht des AG gerichtlich durchsetzen, wofür aber regelmäßig kein praktisches Bedürfnis bestehen wird. Erfüllt der AG seine Verpflichtung nicht, bleibt hiervon die Wirksamkeit des Arbeitsverhältnisses der vertraglich vereinbarten Bestimmungen unberührt, allerdings kann der AG dem AN auf Schadensersatz haften, wenn er wegen des unterbliebenen Nachweises seinen Anspruch nicht rechtzeitig geltend macht (BAG 17.4.2002 – 5 AZR 89/01; → *Verfallfristen*). Daneben können dem AN bei **Streitigkeiten** über die nachzuweisenden Arbeitsbedingungen Beweiserleichterungen zu Gute kommen. Diese Frage ist aber noch nicht abschließend von der Rspr. geklärt. Schließlich hat der Gesetzgeber die ordnungsgemäße Erfüllung der Nachweispflicht durch die mögliche Verhängung eines **Bußgelds** geahndet (§ 4 NachwG).

▶ Nachwirkung von Tarifverträgen

Nach dem Ende eines TV wirken seine Rechtsnormen „nach", also weiter, bis sie durch eine andere Abmachung ersetzt werden (§ 4 Abs. 5 TVG). Dies dient dazu, den bisher tariflich zwingend gesicherten Besitzstand zu erhalten. Die Zeit bis zu einer tariflichen oder sonstigen Neuabmachung soll überbrückt werden. Nachwirkung tritt nicht nur mit dem Ende des TV aufgrund Zeitablaufs oder Wirksamwerdens einer Kündigung ein, sondern nach der Rspr. auch in weiteren Fällen:

(1) Hat die beiderseitige Gebundenheit an einen TV durch Austritt einer Arbeitsvertragspartei aus AGverband oder Gewerkschaft geendet, gilt der TV im Arbeitsverhältnis zunächst zwingend weiter, bis er endet (§ 3 Abs. 3 TVG) (→ *Nachbindung an Tarifverträge*). Hat er geendet, wirkt er entsprechend § 4 Abs. 5 TVG nach.

(2) Dasselbe gilt nach dem Ende die → *Allgemeinverbindlichkeit* eines TV für die unter den TV fallenden Arbeitsverhältnisse, in denen keine durch Mitgliedschaft vermittelte beiderseitige Tarifgebundenheit bestand.

(3) Der bisher maßgebliche TV wirkt auch dann nach, wenn der Beschäftigungsbetrieb den → *tariflichen Geltungsbereich* verlässt, weil dort nun überwiegend eine einer anderen Branche zuzurechnende Tätigkeit ausgeübt wird, sodass für die zwingende Anwendung des ursprünglich geltenden TV eine Geltungsbedingung entfällt.

Die „Nach"-Wirkung von tariflichen Rechtsnormen erstreckt sich nicht auf erst im Nachwirkungszeitraum begründete Arbeitsverhältnisse. **Sie besteht nur für Arbeitsverhältnisse, die bereits während der Laufzeit des TV bestanden haben und ihm unterlagen** (BAG 27.9.2017 – 4 AZR 630/15). Auf Rechtsnormen eines nachwirkenden TV können sich später eingestellte AN allerdings dann berufen, wenn deren Anwendbarkeit vertraglich vereinbart wurde oder ausnahmsweise unter dem Gesichtspunkt der Gleichbehandlung geschuldet ist (→ *Gleichbehandlung der Arbeitnehmer*).

Im Nachwirkungszeitraum ist die Möglichkeit eröffnet, durch → *Betriebsvereinbarung* im Rahmen der § 87 Abs. 1, § 77 Abs. 3 BetrVG oder durch Arbeitsvertrag **neue Abmachungen** zu treffen. Diese können dem nachwirkenden TV widersprechen und an dessen Stelle treten. Auch aus ANsicht verschlechternde Neuabmachungen sind wirksam. Mit der anderen Abmachung endet die Nachwirkung der Tarifnormen,, wenn die neue Abmachung in dem der Nachwirkung unterstehenden Arbeitsverhältnis gilt. Neue TV haben diese Wirkung mithin nicht, wenn eine der Arbeitsvertragsparteien nicht (mehr) an den ablösenden TV gebunden ist.

Tarifunterworfene müssen während der Nachwirkung eines TV damit rechnen, dass die **nachwirkenden Rechtsnormen rückwirkend beseitigt** werden. Die TVparteien können den zeitlichen Geltungsbereich eines ablösenden TV so festlegen, dass er sich nahtlos an den Ablauf des vorherigen TV anschließt, auch wenn sie erst später eine Tarifeinigung finden. Zwischenzeitlich getroffene einzelvertragliche „andere Abmachungen" können deshalb auch rückwirkend durch eine günstigere tarifliche Neuregelung verdrängt werden.

TVparteien können die **Nachwirkung** des von ihnen geschlossenen TV **begrenzen** oder **ganz ausschließen.** Eine solche Regelung muss nicht ausdrücklich erfolgen, muss sich aber aus dem ausdrücklich Geregelten ergeben. Regelmäßig wird die Nachwirkung in als → *Firmentarifverträge* abgeschlossenen Sanierungs-TV ausgeschlossen (BAG 16.5.2012 – 4 AZR 366/10). Dort soll idR für einen notleidenden Betrieb vorübergehend das Niveau des Flächentarifvertrags abgesenkt werden. Nach erfolgreicher Sanierung, die im festgelegten Zeitraum gelungen sein soll, will man auf das Niveau des Flächentarifvertrags (→ *Tarifvertrag*) zurückkehren. *(KB)*

► Naturallohn

→ *Sachbezüge*

► Nebenpflichten des Arbeitnehmers

→ *Treuepflicht (Nebenpflichten des Arbeitnehmers)*

► Nebentätigkeit

Dem AN steht die Verwendung seiner Arbeitskraft außerhalb der Arbeitszeit grds. frei. Durch den Arbeitsvertrag verpflichtet er sich nur dazu, dem AG während der vereinbarten Arbeitszeit zur Verfügung zu stehen. Der AN kann sich in Bezug auf die Nebentätigkeit auf das **Grundrecht der freien Berufswahl** berufen (Art. 12 Abs. 1 S. 1 GG). Allerdings ist die Ausübung einer Nebenbeschäftigung unzulässig, wenn sie **(1)** zu einer erheblichen Beeinträchtigung der Arbeitskraft des AN führt, **(2)** entgegenstehende Wettbewerbsinteressen des AG berührt oder **(3)** → *Schwarzarbeit* vorliegt. Einschränkungen bestehen während **(4)** des → *Urlaubs* und **(5)** einer → *Arbeitsunfähigkeit* des AN.

– Unzulässig ist die Aufnahme einer Nebentätigkeit, die den AN daran hindert, seinen Arbeitspflichten aus dem Hauptarbeitsverhältnis nachzukommen. Das ist zB anzunehmen, wenn er dort körperlich und zeitlich so **beansprucht** wird, dass er seinen normalen Arbeitspflichten nicht mehr genügt. In diesen Fällen kann der HauptAG nach einer erfolglosen Abmahnung eine Kündigung aussprechen. Leistet der AN infolge der Nebentätigkeit schlechte Arbeit, können auch Schadensersatzansprüche bestehen.

- Die Arbeitszeiten im Hauptarbeitsverhältnis und in der Nebenbeschäftigung dürfen zusammen die gesetzlich zulässigen Höchstgrenzen (§ 3 ArbZG; → *Arbeitszeit*) nicht übersteigen. Weiterhin muss die Ruhezeit zwischen der Beendigung der abendlichen Nebentätigkeit und dem Beginn der täglichen Haupttätigkeit mindestens elf Stunden betragen (§ 5 ArbZG). Wird mit der Nebentätigkeit die gesetzlich zulässige Arbeitszeit erheblich überschritten, ist nach einer älteren Entscheidung des BAG der die Arbeitszeitgrenze übersteigende Arbeitsvertrag nichtig. Dem ist nicht zu folgen. Die **Abgrenzung von Haupt- und Nebentätigkeit** ist nach dem nach außen erkennbar gewordenen Willen des AN vorzunehmen.
- Nach § 60 HGB darf der Handlungsgehilfe ohne Einwilligung des Prinzipals in dem Handelszweig des Prinzipals weder ein Handelsgewerbe betreiben noch für eigene oder fremde Rechnung Geschäfte machen. Dies gilt auch für Nebentätigkeiten. Für die übrigen AN und auch → *Auszubildende* besteht zwar keine gesetzliche Regelung. Für deren Nebenbeschäftigung gelten jedoch gem. § 241 Abs. 2 BGB dieselben **Wettbewerbsbeschränkungen** (→ *Wettbewerbsverbote*) wie für Handlungsgehilfen.
- Während des gesetzlichen Mindesturlaubs ist dem AN eine dem **Urlaubszweck** widersprechende Erwerbstätigkeit untersagt (§ 8 BUrlG; → *Urlaub*).
- Unzulässig ist eine Nebentätigkeit während der **Erkrankung,** wenn hierdurch der Genesungsprozess verzögert wird (BAG 26.8.1993 – 2 AZR 154/93).

Ein generelles **Nebentätigkeitsverbot** im Arbeitsvertrag ist demgegenüber regelmäßig unwirksam, weil der AG hieran kein berechtigtes Interesse hat. Zulässig sind hingegen die Vereinbarung einer **Anzeigepflicht** und der Vorbehalt der Genehmigung einer Nebentätigkeit durch den AG. Der AN kann bei einer unwirksamen vertraglichen Beschränkung von Nebentätigkeiten im Rahmen der allgemeinen Grenzen Nebenbeschäftigungen nachgehen. Verstößt er gegen diese

Grundsätze oder gegen ein rechtswirksames Verbot, kommen eine Abmahnung, eine → *verhaltensbedingte Kündigung* oder in schweren Fällen eine → *außerordentliche Kündigung* in Betracht.

Für die Angestellten des **öffentlichen Dienstes** fanden nach § 11 BAT die Nebentätigkeitsvorschriften für Beamte entsprechende Anwendung. Diese Regelung ist nicht in den TVöD übernommen worden. Nach § 3 Abs. 3 TVöD haben die Beschäftigten Nebentätigkeiten gegen Entgelt ihrem AG rechtzeitig vorher schriftlich anzuzeigen.

▶ Nettovergütung

Bei einer Nettolohnvereinbarung gehen **Steuern und Beiträge** – anders als beim → *Bruttolohn* – grds. unabhängig von deren Höhe nicht zulasten des AN, sondern zulasten des AG. Der AG hat in diesem Fall den vereinbarten Betrag an den AN auszuzahlen, die hierauf entfallenden Steuern und Beiträge selbst zu tragen und den für deren Berechnung maßgeblichen Bruttobetrag durch „Abtastung" bzw. Iteration zu ermitteln (BAG 27.7.2010 – 3 AZR 615/08). Zu der Verpflichtung, den AN von der Steuerlast freizustellen, die im Lohnabzugsverfahren anzusetzen ist, gehört nicht die sich aus dem Progressionsvorbehalt ergebende individuelle Steuerlast des AN. Die Nettolohnvereinbarung bietet im Allgemeinen keine Vorteile, da für die Zwecke der Sozialversicherung immer der dazugehörige Bruttobetrag errechnet werden muss und sie zu erheblichen Streitigkeiten zwischen den Arbeitsvertragsparteien führen kann.

Auch im Falle einer Nettolohnvereinbarung steht der Anspruch auf **Lohnsteuerjahresausgleich** grds. dem AN zu. Von einer Nettolohnvereinbarung werden die Beiträge zu einer freiwilligen Kranken- und Pflegeversicherung nicht erfasst. Diese stellen keine gesetzlichen Beiträge oder Abgaben dar, die vom AG allein wegen der Vereinbarung eines Nettolohns zu tragen sind; hierzu bedarf es vielmehr weitergehender Abreden. Haben die Parteien vereinbart, eine Auslösung werde steuerfrei gewährt, ist diese Vereinbarung regelmäßig nicht dahingehend auszulegen, dass der AG die Steuern zu tragen hat, wenn sich die Auslösung als steuerpflichtig erweist. Bei pauschal versteuertem Entgelt ist nicht ohne Weiteres anzunehmen, dass der AG eine Nettolohnvereinbarung treffen wollte.

Ändern sich die Abzüge bei einer Nettolohnvereinbarung, ist durch Auslegung zu ermitteln, ob der AG das Risiko und ggf. den Vorteil einer geänderten Abgabenlast trägt. Ist nur eine Nettovergütung vereinbart und der Betrag nicht weiter konkretisiert, ist regelmäßig davon auszugehen, dass es den Parteien darauf ankommt, dass der AN diesen Betrag erhalten soll, ganz gleich, wie hoch die Abgaben und Beiträge sind.

Bei einer Nettolohnvereinbarung sind Lohnzuschläge, Urlaubsabgeltungen, Lohnerhöhungen usw. vom Nettolohn zu berechnen. Wird zu wenig Lohnsteuer abgeführt, hat der AG **keinen Erstattungsanspruch;** dagegen steht dem AN bei unmittelbarer Inanspruchnahme durch das Finanzamt ein Nachzahlungsanspruch gegen den AG zu. Im Prozess ist der Klageantrag auf den Nettobetrag zu richten, der AN hat die Darlegungs- und Beweislast für das Bestehen einer Nettolohnvereinbarung (BAG 23.9.2020 – 5 AZR 251/19).

▶ Nichtzulassungsbeschwerde

I. Allgemeines

Urteile der → *Landesarbeitsgerichte* oder deren verfahrensbeendende Beschlüsse im → *Beschlussverfahren* können nur mit der Revision bzw. im Beschlussverfahren mit der Rechtsbeschwerde angegriffen werden, wenn sie das LAG zugelassen hat (§ 72 Abs. 1, § 92 Abs. 1 ArbGG) oder wenn sie das → *Bundesarbeitsgericht* auf eine Nichtzulassungsbeschwerde hin zulässt. Die Nichtzulassungsbeschwerde kann nur auf die in § 72 Abs. 2 ArbGG **abschließend genannten Gründe** gestützt werden. Dies sind die Verkennung der grundsätzlichen Bedeutung einer entscheidungserheblichen Rechtsfrage (Nr. 1, unter II.), Divergenz (Nr. 2, unter III.), Vorliegen eines absoluten Revisionsgrunds (Nr. 3 Alt. 1, unter IV.) und die entscheidungserhebliche Verletzung des rechtlichen Gehörs (Nr. 3 Alt. 2, unter V.). Eine Nichtzulassungsbeschwerde ist deshalb unzulässig, wenn nur allgemein eine fehlerhafte Rechtsanwendung durch das LAG gerügt wird. Beruht die Entscheidung des LAG auf einer **Doppelbegründung,** ist die Revision nur zuzulassen, wenn mit der Nichtzulassungsbeschwerde beide Begründungen des LAG angegriffen werden und die Rügen gegen jede der beiden Begründungen für sich betrachtet begründet sind. Dabei kann die Beschwerde hinsichtlich einer Begründung auf Divergenz, hinsichtlich der anderen auf grundsätzliche Bedeutung der Rechtssache gestützt werden.

Hat das LAG eine → *Berufung* ohne mündliche Verhandlung als unzulässig verworfen, kann gegen die **Nichtzulassung der Revisionsbeschwerde** Nichtzulassungsbeschwerde unter den Voraussetzungen des § 72 Abs. 2, § 72a ArbGG eingelegt werden.

Die Nichtzulassungsbeschwerde muss beim BAG binnen einer **Notfrist** von einem Monat nach Zustellung des in vollständiger Form abgefassten Urteils bzw. Beschlusses eingelegt werden. Der Beschwerdeschrift soll eine Ausfertigung oder beglaubigte Abschrift des Urteils bzw. Beschlusses beigefügt werden, gegen das Revision oder Rechtsbeschwerde eingelegt werden soll. Die Beschwerde ist innerhalb einer Notfrist von zwei Monaten nach Zustellung des in vollständiger Form abgefassten Urteils bzw. Beschlusses zu begründen (§§ 72a, 92a ArbGG); eine Verlängerung der Begründungsfrist sieht das Gesetz nicht vor. Für ihre Einlegung und Begründung gelten die **Formvorschriften** des Revisionsverfahrens (→ *Revision*) entsprechend. Sie kann daher nur durch einen RA oder einen Verbandsvertreter iSd § 11 Abs. 4 ArbGG eingelegt werden. Gegen einen Beschluss des BAG, durch den eine Nichtzulassungsbeschwerde verworfen oder als unbegründet zurückgewiesen wird, ist die Anhörungsrüge (§ 78a ArbGG) statthaft.

II. Grundsatzbeschwerde

Nach § 72 Abs. 2 Nr. 1 ArbGG ist die → *Revision* vom LAG gegen seine Entscheidung zuzulassen, wenn die Entscheidung des Rechtsstreits von einer klärungsfähigen und klärungsbedürftigen Rechtsfrage abhängt und diese Klärung entweder von allgemeiner Bedeutung für die Rechtsordnung ist oder wegen ihrer tatsächlichen Auswirkungen die Interessen der Allgemeinheit oder eines größeren Teils der Allgemeinheit eng berührt. Eine Rechtsfrage ist eine Frage, die die Wirksamkeit, den Geltungsbereich, die Anwendbarkeit oder den Inhalt einer Norm zum Gegenstand hat. Klärungsfähig ist eine Rechtsfrage, wenn sie in der Revisionsinstanz nach Maßgabe des

Prozessrechts beantwortet werden kann. Klärungsbedürftig ist eine Rechtsfrage, wenn sie höchstrichterlich noch nicht entschieden und ihre Beantwortung nicht offenkundig ist. Von allgemeiner Bedeutung ist die Rechtsfrage, wenn sie sich in einer unbestimmten Vielzahl weiterer Fälle stellen kann und deshalb das abstrakte Interesse der Allgemeinheit an der einheitlichen Entwicklung und Handhabung des Rechts berührt (BAG 3.5.2022 – 3 AZN 45/22). Die Rechtsfrage kann das materielle oder das Verfahrensrecht oder eine Vorfrage aus einem anderen Rechtsgebiet betreffen. Die Entscheidung des Rechtsstreits muss von der Beantwortung der Rechtsfrage abhängen. Dies ist der Fall, wenn bei einer anderen als vom LAG vorgenommenen rechtlichen Beurteilung der Rechtsfrage die Entscheidung anders ausfallen würde. Erforderlich ist schließlich, dass sich das LAG mit der Rechtsfrage befasst hat und nicht, dass es sich mit ihr hätte befassen müssen (BAG 21.4.2020 – 7 ABN 78/19). Eine Rechtsfrage ist nicht klärungsbedürftig, wenn sie bereits durch das BAG entschieden ist und keine neuen, beachtlichen Gesichtspunkte vorgetragen werden.

III. Divergenzbeschwerde

Nach § 72 Abs. 2 Nr. 2 ArbGG ist die Revision zum BAG zuzulassen, wenn das LAG in seiner Entscheidung von den Rechtssätzen der in der Vorschrift genannten Gerichte und Spruchkörper (BVerfG, GmS-OGB, BAG, LAG) abweicht. Hierdurch soll die Einheitlichkeit der Rspr. gewährleistet werden. Eine Divergenz liegt nur vor, wenn das LAG in seinen **abstrakten Rechtssätzen** von der bestehenden Rspr. abweicht, nicht ausreichend ist es, wenn das LAG die Rechtssätze „nur" falsch anwendet. Die Nichtzulassungsbeschwerde wegen Divergenz ist nur dann ausreichend begründet, wenn der Beschwerdeführer im Einzelnen darlegt, welche divergierenden abstrakten Rechtssätze das anzufechtende oder das Urteil, von dem abgewichen sein soll, aufgestellt haben und dass jedenfalls das anzufechtende Urteil auf dem abweichenden Rechtsgrundsatz beruht. Hat das LAG keine abstrakten Rechtssätze aufgestellt, muss der Beschwerdeführer darlegen, dass sich aus den fallbezogenen Ausführungen des LAG ein divergierender Rechtssatz ergibt (sog. Deduktion, BAG 15.10.2012 – 5 AZN 1958/12).

IV. Vorliegen von absoluten Revisionsgründen

Nach § 72 Abs. 2 Nr. 3 Alt. 1 ArbGG hat die Zulassung der Revision zu erfolgen, wenn ein absoluter Revisionsgrund nach den § 547 Nr. 1–5 ZPO vorliegt. Ist dies der Fall, wird unwiderruflich vermutet, dass die Entscheidung des LAG auf der Gesetzesverletzung beruht. Die von § 72 Abs. 2 Nr. 3 Alt. 1 ArbGG erfassten absoluten Revisionsgründe sind: die nicht ordnungsgemäße Besetzung des Gerichts (§ 547 Nr. 1–3 ZPO; BAG 18.9.2019 – 5 AZN 640/19), die fehlerhafte Vertretung einer Partei (§ 547 Nr. 4 ZPO; BAG 26.4.2018 – 8 AZN 974/17) und die Verletzung der Vorschriften über die Öffentlichkeit (§ 547 Nr. 5 ZPO; BAG 2.3.2022 – 2 AZN 629/21); eine solche liegt vor, wenn die Öffentlichkeit bei der Güteverhandlung oder einer mündlichen Verhandlung zu Unrecht ausgeschlossen worden ist oder trotz Vorliegens der Voraussetzungen für den Ausschluss nicht ausgeschlossen worden ist.

V. Entscheidungserhebliche Verletzung von rechtlichem Gehör

Die Revision ist zuzulassen, wenn von einer Partei eine entscheidungserhebliche Verletzung ihres Anspruchs auf rechtliches Gehör geltend gemacht wird und die Verletzung tatsächlich vorliegt (§ 72 Abs. 2 Nr. 3 Alt. 1 ArbGG). Der Anspruch auf die Gewährung von rechtlichem Gehör ist eine Folgerung aus dem in Art. 103 Abs. 1 GG näher geregelten Rechtsstaatsgedanken für die gerichtlichen Verfahren; der Einzelne soll nicht bloßes Objekt des Verfahrens sein, sondern vor einer Entscheidung, die seine Rechte betrifft, sich äußern können, um Einfluss auf das Verfahren und sein Ergebnis nehmen zu können. Das rechtliche Gehör sichert den Parteien ein Recht auf Information, Äußerung und Berücksichtigung mit der Folge, dass sie ihr Verhalten im Prozess eigenbestimmt und situationsspezifisch gestalten können, insbesondere, dass sie mit Ausführungen und Anträgen gehört werden (BVerfG 30.4.2003 – 1 PBvU 1/02).

Art. 103 Abs. 1 GG verpflichtet das entscheidende Gericht, die Ausführungen der Prozessbeteiligten **zur Kenntnis zu nehmen und in Erwägung zu ziehen.** Das Gebot des rechtlichen Gehörs soll als Prozessgrundrecht sicherstellen, dass die vom Fachgericht zu treffende Entscheidung frei von Verfahrensfehlern ergeht, die ihren

Grund in unterlassener Kenntnisnahme und Nichtberücksichtigung des Sachvortrags der Parteien haben. Grds. ist davon auszugehen, dass ein Gericht das Vorbringen der Beteiligten zur Kenntnis genommen und in Erwägung gezogen hat. Die Gerichte brauchen aber nicht jedes Vorbringen in den Gründen der Entscheidung ausdrücklich zu behandeln. Deshalb müssen, um eine Verletzung des rechtlichen Gehörs feststellen zu können, im Einzelfall besondere Umstände deutlich machen, dass tatsächliches Vorbringen eines Prozessbeteiligten entweder überhaupt nicht zur Kenntnis genommen oder bei der Entscheidung nicht erwogen worden ist. Dies ist insbesondere dann der Fall, wenn das Gericht auf den wesentlichen Kern des Vortrags einer Partei zu einer Frage, die für das Verfahren von zentraler Bedeutung ist, in den Entscheidungsgründen nicht eingeht (BAG 11.4.2019 – 3 AZN 720/18).

Allerdings schützt Art. 103 Abs. 1 GG damit nicht davor, dass das Gericht dem Vortrag einer Partei **nicht die aus deren Sicht richtige Bedeutung** beimisst. Die Norm begründet keinen Anspruch, dass die Gerichte der Rechtsansicht des Grundrechtsträgers folgen, und schützt nicht vor einer aus dessen Sicht „unrichtigen" Rechtsanwendung. Der Anspruch auf rechtl. Gehör ist daher nicht schon dann verletzt, wenn das Gericht bei der ihm obliegenden Tätigkeit der Sammlung, Feststellung und Bewertung der vorgetragenen Tatsachen zu einer unrichtigen Schlussfolgerung oder Wertung gelangt (BAG 18.11.2008 – 9 AZN 836/08).

▶ Niederkunft

→ *Mutterschutz*

O

▶ Offenbarungspflicht

→ *Vorvertragliche Pflichten*

▶ Öffentlicher Dienst

Das Arbeitsverhältnis der AN in den öffentlichen Verwaltungen und Betrieben beruht auf einem privatrechtlichen Arbeitsvertrag, auf den grds. die Vorschriften der §§ 611 ff. BGB und des übrigen Arbeitsrechts anwendbar sind. Für → *Auszubildende* im öffentlichen Dienst gilt das BBiG. Die Besonderheit der Arbeit, die Tätigkeit für die dem Haushaltsrecht unterliegenden öffentlichen Dienstherrn, Arbeiten im öffentlichen Interesse, Zusammenarbeit mit → *Beamten* haben weitgehend zu Anpassungen an die beamtenrechtlichen Bestimmungen geführt. Es sind demnach für Beamte erlassene Gesetze und VO für öffentlichen Bedienstete häufig entsprechend anwendbar (zB bei Umzugskosten, Trennungsentschädigung, Beihilfevorschriften). Vor allem gelten auch die **Personalvertretungsgesetze** des Bundes und der Länder (→ *Personalvertretung*). Die Frage, ob ein AN im öffentlichen Dienst oder in der Privatwirtschaft beschäftigt wird, entscheidet sich gem. § 130 BetrVG, § 1 BPersVG nach der Rechtsform der Verwaltung oder des Unternehmens.

Seit dem 1.10.2005 gilt für alle Beschäftigten beim Bund und den Kommunen der TVöD. Am 1.11.2006 sind die entsprechenden Regelungen für die Länder (TV-L) in Kraft getreten (Ausnahme:

Berlin und Hessen, die später einbezogen worden sind). Die häufig verwendete Klausel „Das Arbeitsverhältnis bestimmt sich nach dem BAT und den diesen ergänzenden, ändernden oder ersetzenden Tarifverträgen in der für den jeweiligen Bereich geltenden Fassung" enthält regelmäßig eine Bezugnahme auf den TVöD (BAG 19.5.2010 – 4 AZR 796/08).

Der TVöD besteht im Wesentlichen aus **zwei Teilen,** nämlich den allgemeinen Tarifvorschriften und besonderen Tarifvorschriften für die Sparten Verwaltung, Krankenhäuser und Pflegeeinrichtungen, Sparkassen, Flughäfen und Entsorgungsbetriebe. Er gilt nach seinem § 1 für **Beschäftigte,** die in einem Arbeitsverhältnis zu einem der Angehörigen der tarifgebundenen AG stehen; die Geltung des TVöD kann auch durch seine vertragliche Inbezugnahme erfolgen. Zu den in § 1 Abs. 2 TVöD ausgenommenen ANgruppen gehören u.a. leitende → *Angestellte* iSv § 5 Abs. 3 BetrVG, Beschäftigte, die ein Entgelt beziehen, das über die Entgeltgruppe 15 hinausgeht und bei deutschen Dienststellen im Ausland eingestellte Ortskräfte. Der Abschluss und Inhalt des Arbeitsvertrags werden in § 2 TVöD geregelt. § 3 TVöD enthält Allgemeine Arbeitsbedingungen, zu denen die in § 3 Abs. 1–3 TVöD geregelten Nebenpflichten und das Recht auf Einsicht in die Personalakte gehören. Gem. § 4 Abs. 1 TVöD können Beschäftigte aus dienstlichen oder betrieblichen Gründen **versetzt oder abgeordnet** werden; § 4 Abs. 3 TVöD enthält Regelungen zur Personalgestellung (→ *Arbeitnehmerüberlassung*). Bestimmungen zur Arbeitszeit finden sich in §§ 6 ff. TVöD.

Die noch im BAT/BAT-O enthaltene Unterscheidung zwischen Arbeitern und Angestellten beim **Entgelt** ist ebenso wie die lebensalters- und familienbezogenen Vergütungsbestandteile entfallen. Die Vergütung richtet sich nach Erfahrungswissen und Leistung. Die kaum noch übersehbaren verschiedenen Eingruppierungsmerkmale des alten Tarifrechts werden in 15 Entgeltgruppen zusammengefasst. Die Zuordnung der bislang im öffentlichen Dienst beschäftigten AN zu den Entgeltgruppen des TVöD bestimmt sich nach einer von den TVparteien vereinbarten Zuordnungstabelle. Nach dieser Tabelle werden die bislang bestehenden Vergütungs- und Lohngruppen je nach Verlauf bestimmten Entgeltgruppen zugeordnet. Bewährungs-,

Fallgruppen- und Tätigkeitsaufstiege sind in den Tabellenwerten der jeweiligen Stufe bereits berücksichtigt. In § 18 TVöD ist ein Leistungsentgelt vorgesehen. Das bisherige Weihnachts- und Urlaubsgeld ist in § 20 TVöD zu einer einheitlichen **Jahressonderzahlung** zusammengefasst worden. Bei **Arbeitsunfähigkeit** gelten gem. §§ 21, 22 Abs. 1 TVöD im Wesentlichen die Bestimmungen des EFZG; in § 29 TVöD sind Fälle der **bezahlten Arbeitsbefreiung** iSv § 616 BGB aufgeführt, während § 26 TVöD Regelungen über den **Erholungsurlaub** enthält. § 31 TVöD sieht erstmals die **befristete Übertragung von Führungspositionen** vor. Nur wenige Neuregelungen gegenüber dem bisherigen Tarifrecht enthält der TVöD in § 30 zu befristeten Arbeitsverträgen und in § 34 zum Kündigungsrecht. Nach § 34 Abs. 2 TVöD besteht ein besonderer Kündigungsschutz für die AN in den alten Bundesländern. Der Ausschluss von AN im öffentlichen Dienst in den neuen Bundesländern dürfte allerdings mit dem allgemeinen Gleichheitssatz des Art. 3 Abs. 1 GG nicht vereinbar sein.

▶ Ordentliche Kündigung

Die ordentliche Kündigung in Abgrenzung zur → *außerordentlichen Kündigung* kommt grds. nur in den auf unbestimmte Zeit eingegangenen Arbeitsverhältnissen in Betracht, dagegen ist sie in befristeten Arbeitsverhältnissen (→ *befristeter Arbeitsvertrag*) idR ausgeschlossen, es sei denn, eine Kündigungsmöglichkeit ist besonders vereinbart (§ 15 Abs. 3 TzBfG). Das Recht zur ordentlichen Kündigung kann durch besondere gesetzliche oder tarifliche Bestimmungen beschränkt oder ganz ausgeschlossen sein (Kündigungsverbote, → *Kündigungsschutz*; → *Unkündbarkeit*). Hier muss zur Beendigung in aller Regel eine außerordentliche Kündigung mit Auslauffrist ausgesprochen werden. *(SR)*

▶ OT-Mitgliedschaft

Bei der OT-Mitgliedschaft („Verbandsmitgliedschaft **o**hne **T**arifbindung“) handelt es sich um eine Mitgliedschaftsform, die viele → *Arbeitgeberverbände* mit einigem Erfolg anbieten, um der Verbandsflucht (→ *Tarifflucht*) der letzten Jahrzehnte entgegen zu wirken.- Eine solche Mitgliedschaft räumt zwar einen Anspruch auf die

Dienstleistungen des Verbands ein. Bei ihr ist aber nach der Satzung ausdrücklich ausgeschlossen, dass ein derartiges Mitglied an vom Verband abgeschlossene TV gebunden ist. Diese Mitgliedschaftsform ist rechtlich unproblematisch in eigenständigen OT-Dienstleistungsverbänden. Sie werden gelegentlich von vollwertigen AGverbänden ausgegründet (**„Aufteilungsmodell“**) und sind selbst nicht tarifwillig. Die Rspr. lässt aber auch die deutlich häufigeren OT-Mitgliedschaften innerhalb eines AGverbands zu, der für seine übrigen Mitglieder Tarifbindung vermittelt (**„Stufenmodell“).** Dies setzt allerdings eine Verbandssatzung voraus, die zweifelsfrei sicherstellt, dass OT-Mitglieder an der tarifpolitischen Willensbildung des Verbands nicht mitwirken. Der für eine funktionierende → *Tarifautonomie* erforderliche **Gleichlauf von Verantwortlichkeit und Betroffenheit** der an der tariflichen Regelung der Arbeits- und Wirtschaftsbedingungen Beteiligten muss gewährleistet sein (BAG 21.1.2015 – 4 AZR 797/13). Fehlt es an einer eindeutigen in der Satzung festgelegten Verantwortungstrennung, sind alle Verbandsmitglieder tarifgebunden. Zu den Anforderungen an einen kurzfristigen Wechsel von der Vollmitgliedschaft in eine OT-Mitgliedschaft → *Tarifflucht.*

Handwerksinnungen, die kraft Gesetzes (§ 53 HwO) tariffähig, also auch → *Arbeitgeberverbände* sind, können allerdings keine OT-Mitgliedschaften anbieten. Die gesetzliche Konzeption der Mitgliedschaft dort schließt es aus, den Mitgliedern die Wahl zu eröffnen, ob sie an einen von der Innung abgeschlossenen TV gebunden sein wollen (BVerwG 23.3.2016 – 10 C 23/14). *(KB)*

▶ Outplacement

Vor allem bei Führungskräften übernehmen AG im Zusammenhang mit der Beendigung von Arbeitsverhältnissen die Kosten einer sog. Outplacement-Beratung. Hierbei handelt es sich um eine personalpolitische Strategie, drohende Konflikte möglichst frühzeitig abzuwehren und Beschäftigten die Möglichkeit zu geben, sich um eine andere Stelle zu bewerben. Die nicht unwesentlichen Kosten einer Beratung werden in der Regel vom Unternehmen getragen und können dem AN nicht als geldwerter Vorteil zugerechnet werden. *(SR)*

▶ Outsourcing

So wird die rechtliche Verselbstständigung eines Betriebs oder einer Betriebsabteilung bezeichnet. → *Betriebsübergang*.

P

▶ Pandemie

→ *Corona*

▶ Parkplatz

Der AG ist nicht verpflichtet, den AN Parkraum zur Verfügung zu stellen. Sofern er jedoch AN Abstellflächen für Kraftfahrzeuge und Fahrräder zur Verfügung stellt, trifft ihn insoweit eine Verkehrssicherungspflicht. Der Umfang für Sicherungsmaßnahmen richtet sich nach den Umständen des Einzelfalls. Der AG ist regelmäßig nicht verpflichtet, die auf seinem Parkplatz abgestellten Kraftfahrzeuge und Fahrräder gegen Diebstahl oder gegen durch Dritte verursachte Unfälle zu schützen oder zu versichern. Dagegen wird er üblicherweise für ausreichende Beleuchtung, die Erfüllung der Streupflicht und die Sicherung gegen den fließenden Verkehr sorgen müssen. Wird der Kraftwagen des AN auf dem Parkplatz durch Immissionen beschädigt, kommt eine Haftung des AG nach § 280 Abs. 1 BGB dann in Betracht, wenn etwa eine Überdachung des Parkplatzes geboten oder die Schädigung voraussehbar war. Der AG kann festlegen, dass die StVO auf dem Parkplatz gilt.

▶ Pausen

→ *Arbeitszeit*

▶ Personalakten

I. Begriff und Einsichtnahme

Der Begriff der Personalakte ist gesetzlich nicht definiert. Im Allgemeinen sind Personalakten im materiellen Sinne alle Urkunden und Vorgänge, die persönliche und dienstliche Verhältnisse eines AN betreffen und in einem inneren Zusammenhang mit dem Arbeitsverhältnis stehen. Sie sollen ein möglichst vollständiges, wahrheitsgemäßes und sorgfältiges Bild über diese Verhältnisse geben. Soweit in einem Unternehmen Personalakten in elektronischer Form geführt werden, ergeben sich Einschränkungen der Aktenführung aus § 26 Abs. 1 S. 1 BDSG (→ *Datenschutz*). Da in Papierform geführte Personalakten **personenbezogene Daten** (Art. 4 Nr. 1 DS-GVO) enthalten, die nicht automatisiert verarbeitet werden, aber in einem Dateisystem, dh in einer strukturierten Sammlung (Art. 4 Nr. 6 DS-GVO) geführt werden, hat die Verarbeitung (Art. 4 Nr. 2 DS-GVO) der Daten in einer Personalakte den Anforderungen der DS-GVO und des § 26 BDSG zu entsprechen. Die Verarbeitung sensibler Daten richtet sich nach § 26 Abs. 3 BDSG iVm Art. 9 Abs. 1 DS-GVO. In die Personalakte dürfen nur die für das Arbeitsverhältnis erforderlichen Daten aufgenommen werden. Hierzu gehören zunächst die sog. Stammdaten (insbesondere Name, Adresse, Geschlecht, Familienstand), die der AG zur Erfüllung der grundlegenden Pflichten, insbesondere der Lohnzahlung benötigt. Hinzu kommen Daten, die für die weitere Personalplanung bedeutsam sein können, etwa Ausbildung, Studium, Fortbildungen und Sprachkenntnisse. Des Weiteren kann der AG die Daten speichern, die er zur Erfüllung und Durchführung arbeitsrechtlicher, steuerrechtlicher und sozialversicherungsrechtlicher Gesetze benötigt. Daten, die keinen solchen Bezug zum Arbeitsverhältnis aufweisen und der Privatsphäre des AN zuzurechnen sind, können grds. nicht verarbeitet werden. Die Personalakten dürfen gem. § 26 Abs. 3 S. 3 iVm § 22 Abs. 2 BDSG nicht allgemein zugänglich sein und müssen sorgfältig verwahrt werden. Zudem muss der AG für die vertrauliche Behandlung durch die Sachbearbeiter Sorge tragen und den Kreis der mit Personalakten befassten Beschäftigten möglichst eng halten. Der AG darf Daten aus der Personalakte des AN nur unter den Voraussetzungen des § 26 Abs. 1 S. 1 BDSG an Dritte weitergegeben.

Das **Recht auf Einsichtnahme** des AN in die Personalakten folgt aus § 83 Abs. 1 S. 1 BetrVG. Im öffentlichen Dienst finden sich neben den für Beamte und Soldaten geltenden Vorschriften tarifliche Regelungen in § 3 Abs. 5 TVöD. Der AN kann sein Einsichtsrecht jederzeit und anlasslos ausüben. Erfolgt die Einsichtnahme während der Dienstzeit, darf das Arbeitsentgelt nicht gekürzt werden. Der AN kann bei der Einsichtnahme ein Mitglied des BR hinzuziehen (§ 83 Abs. 1 BetrVG), nicht hingegen einen Rechtsanwalt (BAG 12.7.2016 – 9 AZR 791/14). Schwerbehinderte AN (→ *Schwerbehinderte Menschen*) können die Schwerbehindertenvertretung beiziehen (§ 178 Abs. 3 SGB IX). Das Einsichtsrecht steht grds. nur dem AN selbst zu. Im **öffentlichen Dienst** kann die Einsichtnahme auch durch einen schriftlich Bevollmächtigten ausgeübt werden (§ 3 Abs. 5 TVöD). Der AN darf bei der Einsichtnahme vom Inhalt der gesamten Akten Kenntnis nehmen. Er darf auch Abschriften oder Kopien fertigen. Die Akteneinsicht braucht nur in Gegenwart des Dienstvorgesetzten oder einer von diesem beauftragten Person gestattet zu werden. Der AN darf bei der Einsichtnahme vom Inhalt der gesamten Akten Kenntnis nehmen. Er darf auch Abschriften oder Kopien (gegen Kostenerstattung) fertigen.

II. Berichtigungs- und Unterlassungsansprüche

Der AN hat Anspruch auf Aufnahme seiner **Gegendarstellung** zu den Personalakten (§ 83 Abs. 2 BetrVG) und kann die Berichtigung oder Entfernung unrichtiger bzw. sonst unzulässiger Personalunterlagen sowie deren Ersetzung durch eine zutreffende Unterlage vom AG verlangen. Gleiches gilt, wenn sich ein Fehler im **Beurteilungsverfahren** auf das Beurteilungsergebnis auswirken kann. Der Anspruch besteht auch dann, wenn die Angaben nicht mehr für die Beurteilung des AN erforderlich sind. Ist im öffentlichen Dienst eine unzutreffende dienstliche Beurteilung erstellt worden, kann der AN vom AG verlangen, diese Beurteilung nicht zu den Personalakten zu nehmen. Ist sie bereits zu den Akten genommen worden, kann er verlangen, dass sie **berichtigt** oder **entfernt** oder durch eine zutreffende ersetzt wird. Der AN trägt die Beweislast dafür, in welchen

Punkten die Beurteilung in tatsächlicher Hinsicht unrichtig ist und welche Bewertungen unter Überschreitung des Beurteilungsspielraums abgegeben wurden.

▶ Personalfragebogen

→ *Fragerecht des Arbeitgebers*

▶ Personalgestellung

→ *Arbeitnehmerüberlassung*

▶ Personalplanung

Unter Personalplanung wird die Methode zur Planung einer möglichst weitgehenden Übereinstimmung zwischen künftigen Arbeitsanforderungen und dem einsetzbaren Personal verstanden. Sie erfordert wie jede Planung regelmäßig einen kontinuierlichen **Soll/Ist-Vergleich** der Planungsziele mit den vorhandenen personellen Ressourcen und den zu erwartenden Veränderungen. Bei der Personalplanung des AG ist der BR nach § 92 BetrVG zu beteiligen.

Zur Personalplanung iSd § 92 BetrVG zählt jede Planung, die sich auf den gegenwärtigen und künftigen **Personalbedarf** in quantitativer und qualitativer Hinsicht, auf deren Deckung im weitesten Sinne und auf den abstrakten Einsatz der personellen Kapazität bezieht. Dazu gehören die **(1)** Personalbedarfsplanung, **(2)** Personaldeckungsplanung (Personalbeschaffung bzw. -abbau), **(3)** Personalentwicklungsplanung (Fortbildung der AN), **(4)** Personaleinsatzplanung und die **(5)** Personalkostenplanung (BAG 8.11.2016 – 1 ABR 64/14).

Nach § 92 BetrVG hat der AG den BR über die Personalplanung, insbesondere den gegenwärtigen und zukünftigen Personalbedarf und die sich daraus ergebenden Maßnahmen rechtzeitig und umfassend an Hand von Unterlagen zu **unterrichten.** Die Beteiligungspflicht des BR besteht für alle Bereiche der Personalplanung. Zweck des Beteiligungsrechts ist es, dem BR frühzeitig Einfluss auf die personellen Grundsatzentscheidungen einzuräumen. Es soll damit eine bessere Objektivierung und Durchschaubarkeit der Personalwirtschaft und der personellen Einzelmaßnahmen erreicht werden.

Hierauf aufbauend kann der BR zur Aktivierung des innerbetrieblichen Arbeitsmarkts verlangen, dass freie Arbeitsplätze zunächst im Betrieb ausgeschrieben werden (§ 93 BetrVG). Weiter ist er bei der Beschäftigungssicherung, der Aufstellung von → *Auswahlrichtlinien* und Verwendung von → *Personalfragebogen* zu beteiligen (§§ 92a–95 BetrVG).

▶ Personalvertretung

I. Geltungsbereich

Das Bundespersonalvertretungsgesetz (BPersVG) idF vom 9.6.2021 (BGBl. I 1614) findet **Anwendung** in den Verwaltungen des Bundes und der bundesunmittelbaren Körperschaften, Anstalten und Stiftungen des öffentlichen Rechts sowie in den Gerichten des Bundes (§ 1 Abs. 1 BPersVG). Mit einigen Modifizierungen ist es auch anwendbar beim Bundesgrenzschutz (§ 111 BPersVG), beim Bundesnachrichtendienst (§ 112 BPersVG), beim Bundesamt für Verfassungsschutz (§ 113 BPersVG), den bundesunmittelbaren Körperschaften und Anstalten des öffentlichen Rechts im Bereich der Sozialversicherung und für die → *Bundesagentur für Arbeit* (§ 114 BPersVG), bei der Deutschen Bundesbank (§ 115 BPersVG), bei den Dienststellen des Bundes im Ausland (§ 118 BPersVG), im Geschäftsbereich des Bundesministers der Verteidigung (§ 124 BPersVG) sowie bei den alliierten Streitkräften. Für die Dienstverhältnisse der Landes- und Gemeindebediensteten sowie der unter Landesaufsicht stehenden juristischen Personen des öffentlichen Rechts enthielt das BPersVG aF in §§ 94–106 Rahmenvorschriften, die nach der Neuregelung der Gesetzgebungszuständigkeiten im Jahr 2006 in Art. 73 Nr. 8 GG zukünftig durch Landesrecht ersetzt werden können (Ausnahme: die Vorschriften über die Kündigung, die nach Art. 74 Abs. 1 Nr. 12 GG zur konkurrierenden Gesetzgebungskompetenz des Bundes zählen). Für die juristischen Personen des Privatrechts, insbesondere die Regiebetriebe, die von der öffentlichen Hand unterhalten werden, findet dagegen das BetrVG Anwendung (§ 130 BetrVG). Entscheidend für die Abgrenzung des sachlichen Geltungsbereichs des BPersVG und des BetrVG ist allein die Rechtsform des AG.

II. Wahl des Personalrats

1. Voraussetzungen

Ein Personalrat (PR) ist in allen Dienststellen zu wählen (§ 13 BPersVG), die idR mindestens fünf wahlberechtigte Beschäftigte, von denen drei wählbar sind, haben. Dienststellen mit weniger als fünf Beschäftigten werden von der übergeordneten Dienststelle im Einvernehmen mit der Stufenvertretung (unter V. 2.) einer benachbarten Dienststelle zugeteilt (§ 13 Abs. 2 BPersVG). Dienststellen sind die einzelnen Behörden, Verwaltungsstellen und Betriebe der in § 1 BPersVG (oben I.) bezeichneten Verwaltungen und Gerichte. Die einer Behörde der Mittelstufe unmittelbar nachgeordneten Behörden bilden mit den nachgeordneten Stellen eine Dienststelle. Dies gilt nur dann nicht, wenn auch die weiter nachgeordnete Stelle im Verwaltungsaufbau nach Aufgabenbereich und Organisation selbstständig ist (zum Dienstellenbegriff § 4 BPersVG).

2. Wahlberechtigung und Wählbarkeit

Wahlberechtigt sind alle Beschäftigten, die am Wahltag das 16. Lebensjahr vollendet haben, es sei denn, dass sie infolge Richterspruchs das Recht verloren haben, in öffentlichen Angelegenheiten zu wählen oder zu stimmen. Wahlberechtigt sind auch ausländische AN. Nicht wahlberechtigt sind solche Beschäftigte, die am Wahltage länger als sechs Monate unter Wegfall der Bezüge beurlaubt sind oder länger als 3 Monate abgeordnet waren, da davon ausgegangen wird, dass sie die Beziehung zu ihrer Dienststelle verloren haben. Andererseits sind solche Beschäftigte, die zu einer anderen Dienststelle abgeordnet sind, in der neuen Behörde nach Ablauf von drei Monaten wahlberechtigt. Zu diesem Zeitpunkt erlischt das Wahlrecht in der alten Dienststelle. Dies gilt nicht für freigestellte Mitglieder der Stufenvertretung oder des Gesamtpersonalrats sowie dann nicht, wenn zu erwarten ist, dass die Beschäftigten binnen weiterer 9 Monate in die alte Dienststelle zurückkehren. Beamte im Vorbereitungsdienst oder Beschäftigte in entsprechender Ausbildung sind nur in ihrer Stammbehörde wahlberechtigt, da sie auch bei längerer Abordnung starken Bindungen an die Stammbehörde unterliegen (§ 14 BPersVG). Die Wahlberechtigung und Wählbarkeit enden mit Beginn der Freistellungsphase der Altersteilzeit. Personen, die nach einer Kündigung vorläufig weiterbeschäftigt werden, sind nach dem Ablauf der Kündigungsfrist für die Dauer ihrer Beschäftigung auch dann AN iSv § 4 BPersVG, wenn später rechtskräftig festgestellt wird, dass die → *Kündigung* rechtswirksam ist.

Wählbar sind alle Wahlberechtigten, die am Wahltag (**a**) seit sechs Monaten dem Geschäftsbereich ihrer obersten Dienstbehörde angehören und (**b**) seit einem Jahr in öffentlichen Verwaltungen oder von diesen geführten Betrieben beschäftigt sind. **Nicht wählbar** sind (**a**) alle, denen infolge Richterspruchs die Fähigkeit, Rechte aus öffentlichen Wahlen zu erlangen, verloren haben; (**b**) Beschäftigte, die am Wahltag noch länger als 12 Monate beurlaubt sind und (**c**) der Dienststellenleiter sowie die zur selbstständigen Entscheidung in Personalangelegenheiten der Dienststelle befugten Personen (§ 15 BPersVG).

3. Zahl der Mitglieder des Personalrats

Die Zahl der Mitglieder des PR ist entsprechend der Zahl der Wahlberechtigten (oben II. 2.) bzw. der Beschäftigten insgesamt gestaffelt. Der PR besteht bei fünf bis 20 Wahlberechtigten aus einem, bei 21 bis 50 Wahlberechtigten aus drei, bei 51 bis 150 Beschäftigten aus fünf, bei 151 bis 300 Beschäftigten sieben, bei 301 bis 600 aus neun und bei 601 bis 1.000 aus elf Mitgliedern. In noch größeren Dienststellen erhöht sich die Zahl um je zwei, bei 1.001 bis 5.000 Beschäftigten um je zwei für je 2.000 weitere Beschäftigte (§ 16 BPersVG). Da in den Verwaltungen Beamte und AN beschäftigt werden, muss grds. jede Beschäftigtengruppe im PR entsprechend ihrer Stärke vertreten sein, sofern diese aus mehr als drei Mitgliedern besteht, ebenso ist dem Verhältnis der Geschlechter Rechnung zu tragen (Ausnahme §§ 17, 18 BPersVG).

4. Wahlverfahren

Der PR hat spätestens acht Wochen vor Ablauf der Amtszeit einen aus drei Wahlberechtigten bestehenden Wahlvorstand und einen davon als Vorsitzenden zu bestellen. Gehören der Dienststelle beide Gruppen an, muss jede im Wahlvorstand vertreten sein (§ 21 BPersVG). Hat die Dienststelle weibliche und männliche Beschäftigte, sollen ihm Frauen und Männer angehören. Besteht in der Dienststelle bis sechs Wochen vor der Wahl kein Wahlvorstand, hat der Dienststellenleiter auf Antrag von drei Wahlberechtigten oder einer in der Dienststelle vertretenen Gewerkschaft eine Personalversammlung zu seiner Wahl einzuberufen. Bestand in der Dienststelle noch kein PR, hat der Dienststellenleiter die Personalversammlung auch ohne Antrag zusammenzurufen. Wählt diese keinen Wahlvorstand, hat ihn der Dienststellenleiter auf Antrag zu ernennen (§§ 20–22 BPersVG). Der Wahlvorstand hat die Wahl unverzüglich einzuleiten (§ 23 BPersVG).

Der PR wird in **geheimer, unmittelbarer Wahl** gewählt (§ 19 BPersVG). Ist mehr als ein Mitglied des PR zu wählen, findet **Gruppenwahl** statt, es sei denn, dass die Wahlberechtigten der Gruppen vor der Neuwahl in getrennten, geheimen Abstimmungen gemeinsame Wahl mit Mehrheit aller Wahlberechtigten jeder Gruppe beschließen. Die Wahl erfolgt aufgrund von Wahlvorschlägen, die die Wahlberechtigten und die in der Dienststelle vertretenen → *Gewerkschaften* machen. Jeder Wahlvorschlag der Beschäftigten muss von mindestens 1/20 der wahlberechtigten Gruppenangehörigen, mindestens aber von drei unterzeichnet sein. In jedem Fall ausreichend ist die Unterzeichnung durch 50 wahlberechtigte Gruppenangehörige (§ 19 BPersVG). Die weiteren Einzelheiten über das Wahlverfahren sind in der Wahlordnung (BPersVWO) idF vom 1.12.1994 (BGBl. I 3653) mit späteren Änderungen geregelt. Bei etwaigen Wahlmängeln kann die PRwahl binnen zwölf Arbeitstagen – vom Tage der Bekanntgabe des Wahlergebnisses an gerechnet – vor dem Verwaltungsgericht angefochten werden. Anfechtungsberechtigt sind drei Wahlberechtigte, jede in der Dienststelle vertretene Gewerkschaft oder der Leiter der Dienststelle (§ 26 BPersVG). Die Kosten der Wahl, zu denen auch Wahlanfechtungskosten gehören können, trägt die Dienststelle.

III. Geschäftsführung des Personalrats

Die **regelmäßige Amtszeit** des PR beträgt vier Jahre (§ 27 BPersVG). Im Interesse der Entlastung der Gewerkschaften finden die PRwahlen wie → *Betriebsratswahlen* regelmäßig alle vier Jahre in der Zeit vom 1.3. bis 31.5. statt. Der PR ist neu zu wählen, wenn sich die Zahl der regelmäßig Beschäftigten erheblich ändert oder der PR aus den in § 28 BPersVG aufgezählten Gründen beschlussunfähig geworden ist. Bei grober Vernachlässigung ihrer Pflichten können die Mitglieder des PR abberufen werden (§ 30 BPersVG). Die Mitgliedschaft im PR endet ferner aus den in § 31 BPersVG aufgezählten Gründen.

Der PR bildet zur **Führung der laufenden Geschäfte** einen aus drei oder, sofern ihm mindestens elf Mitglieder angehören, aus fünf Personen bestehenden Vorstand, in dem beide Gruppen vertreten sein müssen (§ 34 BPersVG). Der Vorsitzende und sein Stellvertreter dürfen grds. nicht derselben Gruppe angehören (§ 35 BPersVG).

Der PRvorsitzende hat den PR zu **Sitzungen** einzuberufen. Er setzt die Tagesordnung fest, hat die Verhandlung zu leiten und die Mitglieder unter Mitteilung der Tagesordnung rechtzeitig einzuladen (§ 36 Abs. 2 BPersVG). Die Ladung gilt auch für die Schwerbehindertenvertretung und die Mitglieder der Jugend- und Auszubildendenvertretung (JAV, unter V. 2.) sowie die Vertreter der nicht ständig Beschäftigten. Die Sitzungen sind nicht öffentlich und finden unter Berücksichtigung der dienstlichen Belange während der Arbeitszeit statt (§ 38 BPersVG). Der Dienststellenleiter kann an den Sitzungen teilnehmen, die auf seinen Antrag einberufen werden oder zu denen er eingeladen ist. Der PR kann beschließen, dass ein Vertreter der im PR vertretenen Gewerkschaften beratend hinzugezogen wird (§ 37 BPersVG). An allen Sitzungen können ein Vertreter der JAV sowie die Schwerbehindertenvertretung beratend teilnehmen (§ 37 BPersVG, zum Stimmrecht der JAV § 37 Abs. 1 BPersVG).

Die **Beschlüsse des PR** werden mit einfacher Stimmenmehrheit der anwesenden Mitglieder gefasst. Der PR ist beschlussfähig, wenn mehr als die Hälfte seiner Mitglieder anwesend ist (§ 39 Abs. 2 BPersVG). Grds. werden alle Angelegenheiten gemeinsam beraten und beschlossen (§ 40 Abs. 1 BPersVG). In Angelegenheiten, die nur eine Gruppe betreffen, stimmen nur die Vertreter der betroffenen Gruppen ab (§ 40 Abs. 2 BPersVG). Besonderheiten können sich dann ergeben, wenn auch die Vertreter der JAV mitstimmen und diese verschiedenen Gruppen angehören. Über die Verhandlung des PR ist eine Niederschrift aufzunehmen (§ 43 BPersVG). Werden durch die Beschlüsse die Interessen einer Gruppe oder der Jugendlichen oder schwerbehinderten Menschen beeinträchtigt, hat die Mehrheit der Vertreter einer Gruppe, die JAV oder die Schwerbehindertenvertretung das Recht, die Beschlüsse des PR zu beanstanden (§ 42 BPersVG).

Der PR kann ohne Rücksicht auf die Größe der Dienststelle **Sprechstunden** während der Arbeitszeit abhalten; nur für deren räumliche und zeitliche Lage während der Arbeitszeit bedarf es des Einvernehmens des Dienststellenleiters (§ 45 BPersVG).

Die **Kosten des PR** trägt die Dienststelle (§ 47 BPersVG). Sie hat im erforderlichen Umfang Räume, Geschäftsbedarf, Bücher, Telefon, Computer und Bürohilfskräfte zur Verfügung zu stellen und geeignete Plätze für Bekanntmachungen und Anschläge einzurichten. Für zur Erfüllung ihrer Aufgaben notwendige Dienstreisen, zB zu Gerichtsterminen, erhalten die PRmitglieder Reisekostenvergütungen nach den für Beamte der Besoldungsgruppe A 15 geltenden Bestimmungen (vgl. Bundesreisekostengesetz – BRKG idF vom 26.5.2005 [BGBl. I 1418]). Die Höhe des Tagegelds für Mehraufwendungen für die Verpflegung des Dienstreisenden bestimmt sich nach § 4 Abs. 5 S. 1 Nr. 5 EStG. Das Übernachtungsgeld beträgt 20 EUR (§§ 6–10 BRKG).

IV. Rechtsstellung der Personalratsmitglieder

1. Vergütung, Freistellung sowie Schulungs- und Bildungsveranstaltungen

Die Mitglieder des PR führen ihr **Amt unentgeltlich.** Sie erhalten ihre (Brutto-)Arbeitsvergütung weiter, wenn sie zur ordnungsgemäßen Durchführung ihrer PRaufgaben Arbeitszeit versäumen. Werden sie über die regelmäßige Arbeitszeit hinaus beansprucht, ist ihnen entsprechende Dienstbefreiung zu erteilen (§ 51 BPersVG). Der Anspruch unterliegt der Verfallfrist des § 37 Abs. 1 TVöD. Ein

Anspruch auf Überstundenbezahlung besteht im Allgemeinen nicht. Kein Anspruch besteht für Reisezeiten zum Bezirkspersonalrat außerhalb der Arbeitszeit oder für die Teilnahme an einer Personalratssitzung während des eigenen Urlaubs des PRmitglieds. Soweit es nach Umfang und Art der Dienststelle zur ordnungsgemäßen Durchführung der Aufgaben erforderlich ist, sind die PRmitglieder ganz **vom Dienst freizustellen** (§ 52 BPersVG). Teilweise Freistellungen sind möglich (§ 52 Abs. 4 BPersVG). Wie nach dem BetrVG ist auch nach dem BPersVG bei bestimmten Beschäftigungszahlen vorgesehen, dass ein oder mehrere Mitglieder freizustellen sind (§ 52 Abs. 2 BPersVG). Die Freigestellten erhalten Entgeltfortzahlung nach dem → *Lohnausfallprinzip.* Ein freigestelltes PRmitglied kann im Allgemeinen von seinem AG nicht verlangen, dass er ihm während der Freistellung zusätzlich zum Bruttoarbeitsentgelt die Nettolohndifferenz zahlt, die sich daraus ergibt, dass Zulagen, die im Falle der Arbeitsleistung steuer- und sozialversicherungsfrei sind, abgabenpflichtig sind (BAG 15.1.1997 – 7 AZR 873/95). Infolge der Freistellung darf eine Beeinträchtigung des beruflichen Werdegangs nicht eintreten (§ 52 Abs. 1 S. 2 BPersVG). Sie erhalten eine **monatliche Aufwandsentschädigung,** die von der BReg. im Wege der RechtsVO vom 18.7.1974 (BGBl. I 1499) auf 26 EUR monatlich festgelegt worden ist. Zur Teilnahme an **Schulungs- und Bildungsveranstaltungen,** soweit diese Kenntnisse vermitteln, die für die Tätigkeit im PR erforderlich sind, sind PRmitglieder unter Fortzahlung der Vergütung vom Dienst freizustellen (§ 54 BPersVG). Daneben besteht ein Anspruch auf Bildungsurlaub für solche Schulungsveranstaltungen, die von der Bundeszentrale für politische Bildung als geeignet anerkannt sind (§ 54 BPersVG).

2. Benachteiligungsverbot

PRmitglieder dürfen in ihrer Tätigkeit nicht behindert oder wegen ihrer Tätigkeit nicht benachteiligt oder begünstigt werden (§ 10 BPersVG). Bewirbt sich ein freigestelltes PRmitglied um die Übertragung der Aufgaben eines freien, höher dotierten Arbeitsplatzes, hat der öffentliche AG die Entscheidung über die Besetzung des Arbeitsplatzes nach den Merkmalen des Art. 33 Abs. 2 GG zu treffen. Trifft der AG die Entscheidung zugunsten eines Mitbewerbers, liegt keine personalvertretungsrechtliche Benachteiligung vor, wenn der Mitbewerber auch unter Berücksichtigung der freistellungsbedingten Umstände besser qualifiziert ist als das freigestellte PRmitglied. Hält der öffentliche AG den Mitbewerber dagegen für qualifizierter, weil das PRmitglied nicht mehr über dieselben fachlichen Leistungen verfügt oder solche nicht feststellbar sind, folgt daraus eine personalvertretungsrechtliche Benachteiligung auch dann, wenn die Auswahlentscheidung nach Art. 33 Abs. 2 GG zugunsten des Mitbewerbers nicht zu beanstanden ist. Das freigestellte PRmitglied hat in diesem Fall einen Anspruch auf Vergütung nach der höheren Vergütungsgruppe. Erleiden Beamte in Wahrnehmung der Aufgaben und Befugnisse nach dem BPersVG einen Dienstunfall, sind die Vorschriften über den Dienstunfall (§§ 134 ff. BBG) entsprechend anzuwenden (§ 12 BPersVG). PRmitglieder dürfen gegen ihren Willen nur versetzt oder abgeordnet werden, wenn dies unter Berücksichtigung der Mitgliedschaft im PR aus dienstlichen Gründen unvermeidbar ist. Versetzung und Abordnung bedürfen der Zustimmung des PR (§ 55 BPersVG).

3. Kündigungsschutz

Die aufgrund eines Arbeitsvertrags beschäftigten PRmitglieder unterliegen einem besonderen Kündigungsschutz. Eine **ordentliche Kündigung** ist grds. unzulässig (Ausnahme im Fall der Stilllegung, § 15 Abs. 3 KSchG). Eine **außerordentliche Kündigung** ist nur mit Zustimmung des PR möglich. Äußert sich der PR nicht binnen drei Tagen, gilt die Zustimmung als verweigert. Die Zustimmung kann alsdann auf Antrag des Dienststellenleiters vom Verwaltungsgericht ersetzt werden, wenn die außerordentliche Kündigung unter Berücksichtigung aller Umstände gerechtfertigt ist. An dem Verfahren vor dem Verwaltungsgericht ist der Betroffene beteiligt (§ 55 Abs. 1 BPersVG).

V. Personalversammlung, Jugend- und Auszubildendenvertretung und Stufenvertretung

1. Personalversammlung

Die Personalversammlung (PV) besteht aus den Beschäftigten der Dienststelle (§ 57 BPersVG). Wenn nach den dienstlichen Verhältnissen eine Vollversammlung nicht stattfinden kann, können auch Teilversammlungen abgehalten werden (§ 57 Abs. 2 BPersVG). Die PV muss **mindestens einmal im Jahr** zusammentreten, um einen Tätigkeitsbericht des PR entgegenzunehmen. Der PR kann mehrere PV einberufen. Er ist zur Einberufung verpflichtet, wenn der Dienststellenleiter oder 1/4 der Wahlberechtigten es beantragen; in Ausnahmefällen auch auf Antrag der Gewerkschaft (§ 59 Abs. 2 BPersVG). Die PV findet **während der Arbeitszeit** unter Fortzahlung der Arbeitsvergütung statt. Wird sie aus dienstlichen Gründen außerhalb der Arbeitszeit abgehalten, ist den Teilnehmern entsprechende Freizeit zu gewähren (§ 60 BPersVG). Besonders angefallene Fahrtkosten werden entsprechend den Vorschriften des BRKG erstattet. Die PV kann dem PR **Anträge** unterbreiten; im Übrigen darf sie alle Angelegenheiten behandeln, die die Dienststelle oder ihre Beschäftigten unmittelbar betreffen (vgl. § 61 BPersVG). An der PV **teilnahmeberechtigt** sind der Dienststellenleiter sowie ein beauftragtes Mitglied der Stufenvertretung oder des Gesamt-PR sowie ein Beauftragter der Dienststelle, bei der die Stufenvertretung besteht (§ 58 BPersVG). Der PR kann zur Unterrichtung der Belegschaft sachkundige Personen hinzuziehen. Ist der Dienststellenleiter eingeladen oder die PV auf seinen Wunsch einberufen worden, hat er an der PV teilzunehmen. Teilnahmeberechtigt sind ferner Beauftragte aller in der Dienststelle vertretenen Gewerkschaften und ein Beauftragter der AGvereinigung, der die Dienststelle angehört.

2. Jugend- und Auszubildendenvertretung

In allen Dienststellen, in denen PR gebildet sind und in denen mindestens fünf Beschäftigte arbeiten, die das 18. Lebensjahr noch nicht vollendet haben oder die sich in einer beruflichen Ausbildung befinden und das 25. Lebensjahr noch nicht vollendet haben, werden wie im BetrVG Jugend- und Auszubildendenvertretungen (JAV) gewählt (§ 99 BPersVG). Wahlberechtigt sind alle jugendlichen Beschäftigten und Auszubildenden. Die Zahl der Mitglieder der JAV ist entsprechend der Zahl der beschäftigten Jugendlichen gestaffelt. Die regelmäßige Amtszeit beträgt zwei Jahre. Die Jugend- und Auszubildendenvertreter werden regelmäßig zwischen dem 1.3. und dem 31.5. gewählt. Die JAV hat das Recht, Sitzungen des PR zu erzwingen, kann im PR mitberaten und mitbestimmen, wenn besonders oder überwiegend jugendliche AN betroffen werden sowie Beschlüsse des PR beanstanden. Ferner hat die JAV das Recht, die in § 103 BPersVG aufgezählten Maßnahmen zu beantragen oder anzuregen. Die JAV hat einmal in jedem Jahr eine Jugend- und Auszubildendenversammlung durchzuführen (§ 106 BPersVG). Bei mehrstufigen Verwaltungen werden **Stufenvertretungen** errichtet. Da Ausbildungsverhältnisse befristet abgeschlossen werden (→ *Auszubildende*), kann auch das Arbeitsverhältnis der Mitglieder der JAV enden, wenn sich der AG weigert, nach Ablauf des Ausbildungsvertrags einen Arbeitsvertrag abzuschließen. Nach § 56 BPersVG können die Mitglieder der JAV ihre Übernahme in ein unbefristetes Arbeitsverhältnis verlangen, von dem sich der AG nur durch Anrufung des Verwaltungsgerichts befreien kann.

3. Stufenvertretung

Nach § 88 BPersVG werden für den Bereich mehrstufiger Verwaltungen bei den Behörden der Mittelstufe Bezirkspersonalräte und bei den Obersten Dienstbehörden Hauptpersonalräte gebildet. Durch § 4 Abs. 1 Nr. 4, § 6 Abs. 2 BPersVG wird bestimmt, welche Dienststellen personalvertretungsrechtlich als Behörden der Mittelstufe anzusehen sind. Die Bildung von Stufenvertretungen erfolgt, um eine durchgängige Beachtung der Beteiligungsrechte zu gewährleisten.

VI. Rechte der Personalvertretung

1. Rechte

Der PR hat **Beratungs-, Initiativ-, Überwachungs-, Mitwirkungs- und Mitbestimmungsrechte.** Sämtliche Rechte stehen unter dem Obersatz, dass Dienststellenleiter und PR im Rahmen der Gesetze und TV im Zusammenwirken mit den in der Dienststelle vertretenen Koalitionen vertrauensvoll zusammenarbeiten (§ 2 Abs. 1 BPersVG). Zur Förderung der Zusammenarbeit sind Dienststellenleiter und PR verpflichtet, einmal im Monat zusammenzutreten und über streitige Fragen mit dem ernsten Willen der Verständigung zu verhandeln (§ 65 Abs. 1 BPersVG). Die Sitzungen brauchen nicht ausdrücklich einberufen zu werden; vielmehr reicht ein formloses

Gespräch. Teilnahmeberechtigt sind grds. nur die im Gesetz aufgezählten Beteiligten. PR und Dienststelle haben alles zu unterlassen, was geeignet ist, die Arbeit und den Frieden der Dienststelle zu untergraben (§ 2 Abs. 2 BPersVG).

2. Aufgaben

Zu den **Überwachungsaufgaben** gehört insbesondere die Wahrung des Gleichbehandlungsgrundsatzes (→ *Gleichbehandlung der Arbeitnehmer*). Dienststelle und PR haben darüber zu wachen, dass alle Beschäftigten nach Recht und Billigkeit behandelt werden und jede unterschiedliche Behandlung wegen Geschlecht, Abstammung, Religion, Nationalität, Herkunft, politischer oder gewerkschaftlicher Betätigung oder Einstellung unterbleibt (§ 2 Abs. 4 BPersVG). Zu den **allgemeinen Aufgaben** gehören: Maßnahmen zu beantragen, die der Dienststelle und ihren Angehörigen dienen; Überwachung der Einhaltung von Gesetzen, Verordnungen usw.; Entgegennahme der Anregungen und Beschwerden von AN; Förderung der Eingliederung von → *schwerbehinderten Menschen* und ausländischen AN (→ *Arbeitsgenehmigung (Aufenthaltstitel)*); die Durchsetzung der tatsächlichen Gleichberechtigung von Frauen und Männern, insbesondere bei der Einstellung, Beschäftigung, Aus-, Fort- und Weiterbildung und den beruflichen Aufstieg zu fördern; Zusammenarbeit mit der JAV (§ 62 Abs. 1 BPersVG). Zur Wahrung ihrer Aufgaben ist der PR rechtzeitig und umfassend zu **unterrichten** (§ 66 Abs. 1 BPersVG). Ferner gehören hierhin Maßnahmen zur Bekämpfung von Unfall- und Gesundheitsgefahren (§ 68 BPersVG).

3. Mitbestimmung

Soweit eine Maßnahme der Mitbestimmung des PR unterliegt, kann sie nur mit seiner Zustimmung getroffen werden. Der Dienststellenleiter hat bei mitbestimmungspflichtigen Maßnahmen den PR zu unterrichten und seine Zustimmung zu beantragen. Er kann sich durch seinen ständigen Vertreter vertreten lassen (§ 8 S. 2 BPersVG). Der PR muss die Einleitung des Beteiligungsverfahrens durch einen nicht dazu befugten Vertreter rügen, ansonsten bleibt der Mangel ohne Auswirkungen (BAG 25.2.1998 – 2 AZR 226/97). Der PR kann die Begründung der Maßnahme der Dienststelle verlangen. Er hat sich innerhalb von zehn Tagen zu der beabsichtigten Maßnahme zu äußern. In dringenden Fällen kann der Dienststellenleiter die Äußerungsfrist auf drei Arbeitstage verkürzen. Sie gilt als gebilligt, wenn nicht der PR innerhalb der Frist die Zustimmung unter Angabe der Gründe schriftlich verweigert. Beruft er sich dabei auf Tatsachen, die für einen Beschäftigten ungünstig sind, hat dieser ein Recht zur Stellungnahme. Einigen sich Dienststellenleiter und PR nicht, können sie binnen sechs Arbeitstagen die Angelegenheit der übergeordneten Dienststelle, bei der eine Stufenvertretung besteht (oben V. 3.), vorlegen. Legt der Dienststellenleiter die Maßnahme der übergeordneten Dienststelle vor, hat er den PR schriftlich unter Angabe der Gründe zu informieren. Kommt es auch zwischen der obersten Dienststelle und der bei ihr bestehenden Vertretung nicht zur Einigung, entscheidet die **Einigungsstelle,** die aus je drei Beisitzern der ANseite und der AGseite und einem unparteiischen Vorsitzenden besteht. Die Einigungsstelle entscheidet grds. verbindlich. In den Fällen der § 72, § 78 Abs. 1, § 80 Abs. 1 Nr. 10–13, 19–21 BPersVG erteilt sie wegen des Letztentscheidungsrechts der Dienststelle nur Empfehlungen.

Dem PR steht ein Mitbestimmungsrecht in **personellen und sozialen Angelegenheiten** zu. Zu den nach § 78 Abs. 1 BPersVG mitbestimmungspflichtigen Personalangelegenheiten gehören die Einstellung, dh die tatsächliche Beschäftigungsaufnahme (Nr. 1), Übertragung einer höher oder niedriger zu bewertenden Tätigkeit (Nr. 3), die Versetzung bzw. Umsetzung (Nr. 5, 6), Abordnung, Zuweisung oder Personalgestellung für mehr als drei Monate (Nr. 7), Weiterbeschäftigung über die Altersgrenze hinaus (Nr. 8), Bestimmungen über den dienstlichen Wohnsitz (Nr. 9), Versagen oder Widerruf von Genehmigungen für die Ausübung von Nebentätigkeiten (Nr. 10). Kein Mitbestimmungsrecht besteht bei Umsetzungen, wenn es nicht zum Wechsel der Entgeltgruppe kommt, sondern nur zum Wegfall einer Zulage. Der PR hat nach § 79 Abs. 1 BPersVG ein Mitbestimmungsrecht in sozialen Angelegenheiten bei **Gewährung von Unterstützungen, Vorschüssen, Darlehen** und entsprechenden sozialen Zuwendungen, der Errichtung und Auflösung von Sozialeinrichtungen, Aufstellung von Sozialplänen sowie bei Zuweisung und Kündigung von Wohnungen.

Im Übrigen hat der PR in sozialen Angelegenheiten ein Mitbestimmungsrecht, **soweit gesetzliche und tarifliche Regelungen nicht bestehen** (§ 80 Abs. 1 BPersVG). Hierzu zählen insbesondere Arbeitszeitfragen (Nr. 1 bis 3), Aufstellung allgemeiner Urlaubsgrundsätze und des Urlaubsplans (Nr. 6), die Art und Auszahlung der Dienstbezüge (Nr. 7), Fragen der Lohngestaltung (Nr. 8), Durchführung der Berufsausbildung bei AN (Nr. 9), Beurteilungsrichtlinien (Nr. 11), Grundsätze zur Bewertung von Verbesserungsvorschlägen (Nr. 14), Ausgestaltung von Personalfragebogen (Nr. 15), Maßnahmen zur Verhütung von Dienst- und Arbeitsunfällen (Nr. 16), Grundsätze des behördlichen oder betrieblichen Gesundheits- und Eingliederungsmanagements (Nr. 17), sowie Regelung der Ordnung in der Dienststelle und des Verhaltens der Beschäftigten (Nr. 18) und Einführung und Anwendung von technischen Überwachungseinrichtungen (Nr. 20).

4. Mitwirkungsrecht

Soweit der PR ein Mitwirkungsrecht hat, haben Dienststellenleiter und PR die Maßnahme mit dem ernsthaften Willen zur Verständigung zu behandeln (§§ 81, 82 BPersVG). Von der Erörterung kann nur abgesehen werden, wenn der PR dies wünscht. Äußert sich der PR nicht binnen zehn Tagen oder hält er seine Einwendungen nicht aufrecht, gilt die Maßnahme als gebilligt. Widerspricht er, hat er dem Dienststellenleiter die Gründe mitzuteilen. Will dieser den Einwendungen nicht stattgeben, hat er dies dem PR schriftlich mitzuteilen. Der PR kann alsdann binnen drei Tagen die Entscheidung der nächst höheren Dienststelle einholen (§ 82 BPersVG). Die **Mitwirkungstatbestände** sind in §§ 84, 85 BPersVG aufgezählt. Hierzu gehören soziale und personelle Angelegenheiten, die Vorbereitung von Verwaltungsanordnungen, Auflösung, Einschränkung, Verlegung oder Zusammenlegung von Dienststellen oder wesentlichen Teilen von ihnen, Einleitung von förmlichen Disziplinarverfahren gegen Beamte, Entlassung von Beamten auf Probe oder Widerruf, vorzeitige Versetzung der Beamten in den Ruhestand. In einigen Fällen besteht das Mitwirkungsrecht nur dann, wenn der betroffene Beschäftigte dies beantragt (§ 84 Abs. 2 BPersVG).

5. Mitwirkungsrecht bei Kündigungen

Im Falle der **ordentlichen Kündigung oder Änderungskündigung** von AN hat der PR ein Mitwirkungsrecht. Das Verfahren ist der → *Anhörung des Betriebsrats vor dem Kündigungsausspruch* nach § 102 BetrVG nachgebildet. Das Mitwirkungsrecht kann bei AN, die auf höheren Beamtendienstposten beschäftigt werden, ausgeschlossen sein. Kein Mitwirkungsrecht besteht bei Aufhebungsverträgen. Eine ohne Mitwirkung des zuständigen PR ausgesprochene Kündigung oder Änderungskündigung ist unwirksam (§ 85 Abs. 3 BPersVG).

Der Dienststellenleiter hat dem PR die Person des zu kündigenden AN sowie den **Kündigungstermin** und die **Kündigungsgründe** unter näherer Umschreibung des zugrundeliegenden Sachverhalts mitzuteilen. Für den Umfang der Mitteilungspflicht gelten die gleichen Grundsätze wie bei der BRanhörung, auf die dortigen Ausführungen wird insoweit verwiesen. Wird das Verfahren zur Beteiligung des PR nicht durch den Dienststellenleiter selbst, sondern durch einen personalvertretungsrechtlich nicht zuständigen Vertreter des Dienststellenleiters eingeleitet, führt dies zur Unwirksamkeit der Kündigung, wenn der PR den Fehler gerügt hat (BAG 25.2.1998 – 2 AZR 226/97).

Der PR kann gegen eine ordentliche Kündigung jegliche **Einwände** erheben. Er hat jedoch ein besonderes Einwendungsrecht aus den in § 85 Abs. 1 S. 2 BPersVG aufgezählten Fällen. Dies ist dann gegeben, wenn bei der Auswahl soziale Gesichtspunkte nicht ausreichend berücksichtigt wurden (Nr. 1), die Kündigung gegen eine personelle → *Auswahlrichtlinie* verstößt (Nr. 2), der AN versetzt werden kann (Nr. 3), die Weiterbeschäftigung nach zumutbaren Umschulungs- und Fortbildungsmaßnahmen (Nr. 4) oder unter geänderten Vertragsbedingungen möglich ist (Nr. 5). Erhebt der PR Einwendungen und will der AG gleichwohl kündigen, hat er die Stellungnahme des PR der Kündigung beizufügen. Der PR hat die Möglichkeit, bei Meinungsverschiedenheiten mit dem Dienststellenleiter die übergeordnete Dienststelle, bei der eine Stufenvertretung besteht, anzurufen (oben V. 3.). Hieraus ergibt sich, dass die Pflicht zur Beifügung der Stellungnahme des PR dann entfällt, wenn der PR die Stufenvertretung angerufen hat und dort die Einwendungen gegen die Kündigung nicht aufrechterhalten worden sind. Hat der PR gegen die Kündigung Einwendungen nach § 85 Abs. 1 S. 2 Nrn. 1–5 BPersVG geltend gemacht und der AN → *Kündigungsschutzklage* erhoben, ist der AG verpflichtet, den AN bis zur rechtskräftigen Entscheidung über die Kündigung **weiterzubeschäftigen.** Von dieser Pflicht kann er auf seinen Antrag hin durch das Arbeitsgericht entbunden werden (§ 85 Abs. 2 BPersVG). Vor einer → *außerordentlichen Kündigung* hat der AG den PR nur anzuhören (§ 86 BPersVG), ein → *Weiterbeschäftigungsanspruch* besteht nicht.

▶ Personenbedingte Kündigung

I. Voraussetzungen

Mit der Befugnis zur personenbedingten Kündigung wird dem AG die Möglichkeit eröffnet, das Arbeitsverhältnis, das dem → *Kündigungsschutz* unterliegt, aufzulösen, wenn der AN die erforderliche Eignung oder Fähigkeit nicht (mehr) besitzt, die geschuldete Arbeitsleistung vertragsgerecht zu erfüllen **(1).** Als Kündigungsgrund in der Person des AN kommen daher Umstände in Betracht, die auf einer in dessen persönlichen Verhältnissen oder Eigenschaften liegenden „Störquelle“ beruhen. Eine personenbedingte Kündigung kann insbesondere sozial gerechtfertigt sein, wenn der AN aus Gründen, die in seiner Sphäre liegen, jedoch nicht von ihm verschuldet sein müssen, zu der nach dem Vertrag vorausgesetzten Arbeitsleistung ganz oder teilweise nicht mehr in der Lage ist. In diesen Fällen liegt in der Regel eine **schwere und dauerhafte Störung** des vertraglichen Austauschverhältnisses vor, der der AG, wenn keine andere Beschäftigung mehr möglich ist, mit einer ordentlichen Kündigung begegnen kann. Die (prognostizierte) Nichterfüllung der Arbeitspflicht muss sich nachteilig auf das Arbeitsverhältnis auswirken. Da der AG im Fall der dauerhaften Arbeitsunfähigkeit typischerweise von der Lohnzahlungspflicht befreit ist, hängt es von der Dauer der Verhinderung sowie Art und Ausmaß der betrieblichen Auswirkungen ab, ob sie geeignet ist, einen Grund zur Kündigung zu geben (→ *krankheitsbedingte Kündigung*). Eine Kündigung ist trotz Gründen in der Person des AN durch diese nicht „bedingt“, deshalb unverhältnismäßig und damit rechtsunwirksam, wenn die Möglichkeit besteht, den AN zu anderen (ggf. auch schlechteren) Arbeitsbedingungen weiter zu beschäftigen, unter denen sich die eingetretene Vertragsstörung nicht mehr, zumindest nicht mehr in erheblicher Weise auswirkt (**2**). Grds. ist daher auch beim Fehlen der Eignung für die vertraglich geschuldete Tätigkeit zu prüfen, ob eine Weiterbeschäftigung zu geänderten Arbeitsbedingungen in Betracht kommt. Liegt eine beachtliche Störung vor, bedarf es der abschließenden, alle Umstände des Einzelfalls einbeziehenden Abwägung, ob es dem AG unter Berücksichtigung der Interessen beider Vertragsteile dennoch zumutbar war, das Arbeitsverhältnis bis zum Wegfall des Hinderungsgrundes fortzusetzen (**3**). Sowohl bei der Frage, ob von einer erheblichen Störung des Austauschverhältnisses auszugehen ist, als auch bei der Interessenabwägung ist zu berücksichtigen, ob der AN die Arbeitsverhinderung selbst zu vertreten hat.

II. Beispiele

(**1**) Zu den personenbedingten Gründen zählt vor allem die → *krankheitsbedingte Kündigung*, aber auch eine Arbeitsverhinderung, die auf einer **Straf-** oder **Untersuchungshaft** beruht (BAG 23.5.2013 – 2 AZR 120/12). Deren Qualifizierung als Grund in der Person des AN lässt es zu, auf eine mögliche Resozialisierung des straffällig gewordenen AN Bedacht zu nehmen. Nicht jede Freiheitsstrafe kann ohne Rücksicht auf ihre Dauer und ihre Auswirkungen zum Verlust des Arbeitsplatzes führen.

(**2**) Zu Gründen in der Person des AN, die eine Kündigung ebenfalls sozial rechtfertigen, zählen: **mangelnde körperliche oder geistige Eignung;** mangelnde Ausbildung; mangelnde Fähigkeit, die erforderlichen Kenntnisse zu erwerben. Verliert ein Flugzeugführer seine Fluglizenz, kann dies ein personenbedingter Grund sein. Dies gilt gleichermaßen bei dem Verlust einer für die betriebliche Tätigkeit notwendigen Fahrerlaubnis. Kein Kündigungsgrund ist die Erreichung des Regelrentenalters oder die Möglichkeit, eine vorgezogene Altersrente zu beziehen (§ 41 SGB VI).

(3) Die **Minderleistung** des AN kann ebenfalls eine personenbedingte Kündigung rechtfertigen. Sie setzt nicht voraus, dass der AN gegen die subjektiv zu bestimmende Leistungspflicht verstößt. Es kommt darauf an, ob die Arbeitsleistung die berechtigte Erwartung des AG von der Gleichwertigkeit der beiderseitigen Leistungen in einem Maße unterschreitet, dass ihm ein Festhalten an dem (unveränderten) Arbeitsvertrag unzumutbar wird (BAG 11.12.2003 – 2 AZR 667/02).

(4) Auch **strafbares außerdienstliches Verhalten** des AN kann Zweifel an der Zuverlässigkeit und Vertrauenswürdigkeit eines Beschäftigten begründen. Sie kann dazu führen, dass es ihm – abhängig von seiner Funktion – an der Eignung für die künftige Erledigung seiner Aufgaben mangelt. Ob daraus ein in der Person liegender Kündigungsgrund folgt, hängt von der Art des Delikts, den konkreten Arbeitspflichten des AN und seiner Stellung im Betrieb ab. So können außerdienstlich begangene Straftaten eines im öffentlichen Dienst mit hoheitlichen Aufgaben betrauten AN auch dann zu einem Eignungsmangel führen, wenn es an einem unmittelbaren Bezug zum Arbeitsverhältnis fehlt (BAG 10.4.2014 – 2 AZR 684/13).

(5) Im öffentlichen Dienst kann sich ein – nicht behebbarer – Eignungsmangel aus begründeten Zweifeln an der **Verfassungstreue** des AN ergeben. TV der Länder beschreiben das notwendige Maß an Verfassungstreue, das ein AN im öffentlichen Dienst mitbringen muss, um seine Arbeitsaufgaben vertragsgerecht zu erfüllen; mit diesen Anforderungen ist die Verfassungstreue Bestandteil des Begriffs „Eignung" in Art. 33 Abs. 2 GG (BAG 6.9.2012 – 2 AZR 372/11).

(6) Ist der AN aufgrund eines offenbarten beachtlichen **Glaubenskonflikts** teilweise außerstande, seine arbeitsvertraglichen Verpflichtungen zu erfüllen, ist der AN also aus persönlichen Gründen außerstande, einen Teil der vertraglich (weiterhin) versprochenen Leistungen zu erbringen. Aufgrund dieses Umstands kann eine Kündigung des Arbeitsverhältnisses durch einen in seiner Person liegenden Grund ausgesprochen werden. Der AN darf im Betrieb oder Unternehmen entweder innerhalb des vertraglich vereinbarten Leistungsspektrums oder aber zu geänderten Vertragsbedingungen

unter Vermeidung des Konflikts nicht sinnvoll weiterbeschäftigt werden können (BAG 24.2.2011 – 2 AZR 636/09). *(SR)*

▶ Persönlichkeitsrecht

Der AG hat das sich aus Art. 2 Abs. 1 GG ergebende Persönlichkeitsrecht des AN allgemein zu schützen. Unter Persönlichkeitsrecht wird das Recht des Einzelnen auf Achtung seiner Menschenwürde und auf Entfaltung seiner individuellen Persönlichkeit verstanden, das sich nicht nur gegen den Staat und seine Organe richtet, sondern auch im Privatrechtsverkehr Wirkungen entfaltet. Auch das Recht am eigenen Bild sowie das Recht auf informationelle Selbstbestimmungen werden vom Persönlichkeitsrecht umfasst. Daneben hat der AN Anspruch auf **Rücksichtnahme auf sein Wohl und seine berechtigten Interessen,** insbesondere auf Schutz vor Gesundheitsgefahren und vor einer betrieblichen Situation, in der seine Würde verletzt und ein von Einschüchterungen, Anfeindungen, Erniedrigungen, Entwürdigungen oder Beleidigungen gekennzeichnetes Umfeld geschaffen wird. Allerdings können Eingriffe in das Persönlichkeitsrecht durch die Wahrnehmung überwiegend schutzwürdiger Interessen Dritter gerechtfertigt sein. Daher bedarf es zur Konkretisierung des Persönlichkeitsrechts stets einer Güter- und Interessenabwägung nach dem Grundsatz der Verhältnismäßigkeit, um zu klären, ob dem Persönlichkeitsrecht des einen gleichwertige und schutzwürdige Interessen anderer gegenüberstehen. Der Persönlichkeitsschutz ist bis auf einen unantastbaren Kernbereich abdingbar. Insbesondere die Eingliederung des AN in den Betrieb führt angesichts der wechselseitigen Interessen des AG und der anderen AN regelmäßig zu Beeinträchtigungen des Persönlichkeitsrechts, mit denen sich der AN durch den Abschluss des Arbeitsvertrags ausdrücklich oder konkludent einverstanden erklärt.

Bei objektiv rechtswidrigen Eingriffen in sein Persönlichkeitsrecht hat der AN entsprechend den §§ 12, 862, 1004 BGB Anspruch auf **Beseitigung** von fortwirkenden Beeinträchtigungen und auf Unterlassung weiterer Eingriffe. So kann zB die Wiederholung von wahren Tatsachenbehauptungen, die geeignet sind, den Betroffenen herabzusetzen, untersagt werden, wenn kein schutzwürdiges

Interesse an der öffentlichen Weiterverbreitung besteht. Verletzt der AG bei einer betrieblichen Tätigkeit das Persönlichkeitsrecht des AN, liegt darin zugleich ein Verstoß gegen seine arbeitsvertraglichen Pflichten, der den AG nach § 280 Abs. 1 BGB zum Schadensersatz verpflichtet, wenn die Pflichtverletzung schuldhaft erfolgt ist; das Verschulden eines Erfüllungsgehilfen wird nach § 278 BGB zugerechnet. Bei schwerwiegenden Eingriffen in das Persönlichkeitsrecht kommt nach § 253 Abs. 2 BGB auch der Ausgleich des immateriellen Schadens des AN in Betracht (→ *Schmerzensgeld*). Daneben können sich aus einer Verletzung des Persönlichkeitsrechts Verwertungsverbote im gerichtlichen Verfahren ergeben (BAG 27.7.2017 – 2 AZR 681/16).

▶ Pfändung von Arbeitseinkommen (Verfahrensablauf)

I. Vorbemerkung

Erfüllt ein AN die von ihm eingegangenen Zahlungsverpflichtungen (zB aus einem Konsumgüterkauf oder einem Darlehnsvertrag) nicht, so kann sein Gläubiger die Forderung des AN auf → *Arbeitsvergütung* gegen den AG pfänden und sich nach Wahl an Zahlungs Statt oder zur Einziehung überweisen lassen (§§ 829, 835 ZPO). In der Praxis erfolgt wegen der möglichen Insolvenz des AG nur die Überweisung zur Einziehung. Der von einer Pfändung betroffene AN wird als Schuldner und der AG als Drittschuldner bezeichnet (→ *Pfändungsschutz von Arbeitseinkommen*).

II. Antrag auf Pfändung von Arbeitsentgelt

1. Pfändungsantrag

Die Pfändung setzt einen Pfändungsantrag voraus, für den ein Formblatt zu verwenden ist. Der Antrag ist schriftlich oder zu Protokoll der Urkundsbeamten der Geschäftsstelle (§ 496 ZPO) an das zuständige Vollstreckungsgericht zu richten. Zuständig ist das Amtsgericht, in dessen Bezirk der AN seinen allgemeinen Gerichtsstand (Wohnsitz) hat oder in dem der AN einer dauernden Erwerbstätigkeit nachgeht (§§ 828, 13, 23 ZPO). Der Pfändungsantrag muss enthalten: **(a)** Die Bezeichnung des **Gläubigers** und **Schuldners** (Name und Anschrift). Fehler in der Bezeichnung des Schuldners können zur Unwirksamkeit des Pfändungs- und Überweisungsbeschlusses führen, zB bei einer Namensverwechslung. **(b)** Die Bezeichnung der **Forderung,** wegen der gepfändet werden soll. Bei Pfändung wegen Unterhaltsforderung besteht für den Gläubiger eine Vorzugsstellung (§ 850 d ZPO). Dem Pfändungsantrag sind der mit der Vollstreckungsklausel (§ 724 ZPO) versehene zu vollstreckende Titel (§§ 704, 794 ZPO) und dessen Zustellungsnachweis (§ 750 ZPO) beizufügen. **(c)** Die genaue Bezeichnung des **Drittschuldners.** **(d)** Die Bezeichnung der **zu pfändenden Forderung.** Dies kann eine gegenwärtige oder zukünftige Vergütungsforderung sein (§ 832 ZPO); sie muss jedenfalls hinreichend bestimmt oder bestimmbar sein. Die zukünftige Forderung bleibt von einer bestehenden Pfändung weiter erfasst, wenn das Arbeitsverhältnis inhaltlich geändert wird. Eine rechtlich fehlerhafte Qualifizierung der Forderung ist unschädlich, zB wird durch ein das Arbeitseinkommen pfändender Pfändungs- und Überweisungsbeschluss auch eine Werklohnforderung des freien Mitarbeiters erfasst. **(e)** Angaben über den **Familienstand des Schuldners,** soweit sie bekannt sind. **(f)** Sofern bekannt ist, empfiehlt es sich, Angaben über die **Höhe des Einkommens** des Schuldners zu machen. **(g)** Zugleich mit der Pfändung wird zweckmäßig die **Überweisung** der gepfändeten Forderung beantragt; denn erst mit dieser erlangt der Gläubiger einen Zahlungsanspruch gegen den Drittschuldner (AG), den er mit der Drittschuldnerklage (§ 771 ZPO) verfolgen kann. **(h)** Das Ersuchen an die Geschäftsstelle, die **Zustellung des Pfändungs- und Überweisungsbeschlusses** an den Drittschuldner und den Schuldner zu veranlassen. **(i)** Der Pfändungsantrag wird ferner zweckmäßig auf die Abgabe einer **Drittschuldnererklärung** aus § 840 ZPO gerichtet sein. Der Drittschuldner muss sich darüber erklären, ob und inwieweit er die Forderung als begründet anerkennt und zu Zahlungen bereit ist; ob und welche Ansprüche andere Personen gegenüber der Forderung erheben sowie ob und wegen welcher Ansprüche die Forderung bereits für andere Gläubiger gepfändet sei.

2. Vorpfändung

Wäre der Erlass des Pfändungs- und Überweisungsbeschlusses verspätet, weil der Drittschuldner (AG) gegenüber dem Schuldner

(AN) die Forderung bereits erfüllt (zB das Arbeitsentgelt ausgezahlt) hat, kann der Gläubiger des AN eine Vorpfändung zur Sicherung einer zukünftigen Pfändung durchführen (§ 845 ZPO). Die Vorpfändung ist eine Pfändungsankündigung, die zulässig ist, sobald der Gläubiger einen vollstreckbaren Schuldtitel (nicht nötig: vollstreckbare Ausfertigung) besitzt. Sie erfolgt durch Zustellung einer Pfändungsankündigung durch den Gerichtsvollzieher an den Drittschuldner. Die Ankündigung muss enthalten: (**a**) die genaue Bezeichnung (Namen und Anschrift) von Gläubiger, Schuldner und Drittschuldner, (**b**) die Bezeichnung der Forderung(en) und des Titels, aus dem vollstreckt werden soll, (**c**) das an den Drittschuldner gerichtete Verbot, an den Schuldner zu zahlen, und (**d**) das an den Schuldner gerichtete Gebot, sich der Verfügung über die Forderung zu enthalten, sowie (**e**) den Hinweis, dass die Vorpfändung die Wirkung eines dinglichen Arrestes hat. Der Gerichtsvollzieher stellt die Vorpfändung zunächst dem Drittschuldner und dann dem Schuldner zu. Wird das Arbeitsentgelt dann binnen eines Monats gepfändet, wird der Drittschuldner nicht mehr durch die Zahlung an den Schuldner frei und zwischenzeitlich ausgebrachte Pfändungen gehen dem vorpfändenden Gläubiger im Range nach (§ 804 ZPO).

III. Erlass des Pfändungs- und Überweisungsbeschlusses

Das **Gericht** erlässt ohne vorherige Anhörung des Schuldners (AN) (§ 834 ZPO) den Pfändungs- und Überweisungsbeschluss, es sei denn, dass der Antrag nicht ordnungsgemäß gestellt wird oder die zu pfändende Forderung offensichtlich nicht besteht. Eine Ausfertigung des Beschlusses stellt der Gerichtsvollzieher dem Drittschuldner (AG) zu. Über die Zustellung fertigt der Gerichtsvollzieher eine Urkunde, die idR mit einer weiteren Ausfertigung verbunden und dann dem Gläubiger des AN übersandt wird. Zwar ist auch eine Zustellung durch die Post möglich (billiger); sie ist aber unzweckmäßig, weil dem Drittschuldner nur vom Gerichtsvollzieher die Fragen nach § 840 ZPO gestellt werden können. Mit Zustellung an den Drittschuldner ist die Pfändung und Überweisung vollzogen (§ 829 Abs. 3, § 835 Abs. 3 ZPO). Zugleich stellt der Gerichtsvollzieher den Beschluss mit einer Abschrift der Zustellungsurkunde dem Schuldner zu (§ 829 Abs. 2, § 835 Abs. 3 ZPO). Der Vollzug der Pfändung und Überweisung hat **vier Rechtsfolgen:** (**a**) Der Drittschuldner darf im Umfang der ausgebrachten Pfändung nicht mehr an den Schuldner zahlen. (**b**) Der Gläubiger kann über die gepfändete und überwiesene Forderung verfügen, sie also einziehen und sie abtreten. Auf den Gläubiger gehen auch sämtliche Vorrechte über. (**c**) Der AN kann über die gepfändete Forderung nicht mehr verfügen, eine etwaige Verfügung (Verzicht, Abtretung seines Entgeltanspruchs) ist gegenüber dem Gläubiger unwirksam. (**d**) Die Erklärungsfrist von zwei Wochen beginnt für den Drittschuldner (§ 840 ZPO) zu laufen. Aufgrund des Pfändungs- und Überweisungsbeschlusses kann die Herausgabe von Urkunden über die Forderung verlangt werden.

IV. Rechtsstellung des Arbeitnehmers

Der AN ist Gläubiger der Lohnforderung und Schuldner seines Gläubigers, der in die Entgeltforderung vollstreckt. (**1**) **Im Verhältnis zu seinem Arbeitgeber** ist er durch eine Pfändung nicht gehindert, das Arbeitsverhältnis zu beenden. Der Pfändungs- und Überweisungsbeschluss wird mit der Beendigung wirkungslos. Begründet er ein neues Arbeitsverhältnis mit seinem AG, muss grds. ein neuer Pfändungs- und Überweisungsbeschluss ausgebracht werden. Dies gilt nur dann nicht, wenn die beiden Arbeitsverhältnisse nach der Verkehrsanschauung als einheitliche anzusehen sind. Die Pfändung erfasst immer nur den Nettolohn; der AG bleibt also verpflichtet, die auf das Arbeitsentgelt entfallenden Steuern und Sozialversicherungsbeiträge (§ 850 e ZPO) von der Bruttovergütung abzuführen. (**2**) **Im Verhältnis zu seinem Gläubiger** gilt: (**a**) Wird die Entgeltpfändung aufgrund eines Urteils betrieben, ist die Verteidigung gegen die festgestellte Forderung idR aussichtslos. Dem AN stehen nur folgende Möglichkeiten offen. (**aa**) Erfolgte die Pfändung bereits aufgrund eines vorläufig vollstreckbaren, aber noch nicht rechtskräftigen Urteils, kann er bei späterer Aufhebung des Urteils nach § 717 ZPO Schadensersatz vom Gläubiger verlangen. (**bb**) Betreibt der Gläubiger aufgrund eines rechtskräftigen Urteils die Vollstreckung, ist der AN idR mit allen Einwendungen ausgeschlossen, die er im Vorverfahren hätte geltend machen können. Dies gilt nur dann nicht, wenn er die Rechtsmittelfrist versäumt und die Voraussetzungen der → *Wiedereinsetzung in den vorigen Stand* vorliegen und das Urteil schließlich aufgehoben wird oder wenn die Voraussetzungen einer Nichtigkeits- (§§ 578, 579 ZPO) bzw. Restitutionsklage (§§ 578, 580 ZPO) vorliegen und das Urteil aufgehoben wird. Bis zur Aufhebung des Urteils oder vorläufigen Einstellung der Zwangsvollstreckung wird jedoch die Vollstreckung durchgeführt. (**cc**) Ist der AN rechtskräftig zu künftig fällig werdenden, wiederkehrenden Leistungen verurteilt worden (Unterhaltsleistung), kann er bei wesentlicher Veränderung der Verhältnisse nach Erlass des Urteils eine Abänderungsklage nach § 323 ZPO erheben. (**dd**) Sind Einwendungen gegen die festgestellte Forderung nach Erlass des Urteils entstanden (Erfüllung, Erlass der Schuld), kann eine Vollstreckungsgegenklage (§ 767 ZPO) erhoben werden. (**b**) Will der AN sich gegen die **Art und Weise** der Zwangsvollstreckung wenden, muss er dagegen beim Vollstreckungsgericht Erinnerung (§ 766 ZPO) einlegen. Mit diesem Rechtsbehelf kann gerügt werden, der Pfändungs- und Überweisungsbeschluss habe nicht erlassen werden dürfen; die Familienverhältnisse hätten sich geändert, weshalb der im Pfändungs- und Überweisungsbeschluss festgesetzte Pfändungsfreibetrag höher sei, vor allem aber kann geltend gemacht werden, dass die Pfändungsschutzbestimmungen (→ *Pfändungsschutz von Arbeitseinkommen*) nicht eingehalten seien.

V. Rechtsstellung des Arbeitgebers

1. Pflichten des Arbeitgebers

Er ist gegenüber dem AN Schuldner des Anspruchs auf Arbeitsvergütung und gegenüber dem Gläubiger Drittschuldner.

(**a**) Mit der Zustellung des Pfändungs- und Überweisungsbeschlusses entsteht für den AG regelmäßig die **Verpflichtung zur Beantwortung der** ihm vom Gläubiger gestellten **Fragen** (§ 840 ZPO). Die bejahende Antwort auf die Frage, ob und inwieweit er die Forderung als begründet anerkenne und Zahlung zu leisten bereit sei, ist kein selbstständiges oder deklaratorisches → *Schuldanerkenntnis*, sondern nur eine Wissenserklärung. Der Drittschuldner kann sie daher widerrufen, trägt dann aber die Beweislast und wird möglicherweise nach § 840 ZPO schadensersatzpflichtig. Die Antwort auf die Fragen, ob noch andere Personen Anspruch auf die Lohnforderung erheben oder ob diese vorgepfändet ist, ist eine Tatsachenmitteilung. Die Auskunftspflicht ist auf die Beantwortung der Fragen begrenzt; daher entsteht zB keine erneute Verpflichtung zur Mitteilung bei Veränderung der Umstände oder Aufschlüsselung nach Brutto- oder Nettoverdienst. Erfüllt der AG die Auskunftspflicht nicht, nicht vollständig oder unrichtig, kann der Gläubiger nicht auf Auskunft, wohl aber unmittelbar auf Zahlung klagen. Der AG kann jedoch nach § 840 Abs. 2 ZPO schadensersatzpflichtig werden, zum Schaden des Gläubigers gehören auch etwaige Rechtsanwaltskosten (BAG 16.5.1990 – 4 AZR 56/90).

(**b**) Ist dem AG ein Pfändungs- und Überweisungsbeschluss zugestellt worden, muss er diesen nach den Grundsätzen des Zwangsvollstreckungsrechts auch dann beachten, wenn dieser nicht ordnungsgemäß ergangen ist. Nach § 836 Abs. 2 ZPO gilt der Überweisungsbeschluss zugunsten des Drittschuldners dem Schuldner gegenüber so lange als rechtsbeständig, bis er aufgehoben wird und der Drittschuldner von der Aufhebung Kenntnis erlangt. Erkennt der AG, dass der Pfändungs- und Überweisungsbeschluss mangelhaft ist, kann er selbst Erinnerung (§ 766 ZPO) einlegen und/oder seinen AN entsprechend unterrichten oder die Mängel im Rahmen der Drittschuldnerklage (§ 771 ZPO) geltend machen. Nach Zustellung des Pfändungs- und Überweisungsbeschlusses darf der AG im Umfang der Pfändung nicht mehr an den AN zahlen. Der AG hat die gepfändete Forderung unter Berücksichtigung der Pfändungsschutzbestimmungen (→ *Pfändungsschutz von Arbeitseinkommen*) zu berechnen und den Zahlbetrag nebst Zinsen und Kosten an den Gläubiger abzuführen. Im Zweifelsfall (zB bei Streit über die Höhe des auszuzahlenden Betrags) kann der Zahlbetrag beim Amtsgericht hinterlegt werden (§ 372 BGB). Den gepfändeten Betrag hat der AG dem Gläubiger an seinen Wohn- oder Geschäftssitz auf Kosten des AN zu überweisen.

2. Fürsorgepflicht

(**a**) Der AG ist berechtigt, den AN über etwaige Mängel des Pfändungs- und Überweisungsbeschlusses zu unterrichten (zB über die fehlerhafte Berechnung des Pfändungsfreibetrags). (**b**) Der **Pfän-**

dungs- und Überweisungsbeschluss erfasst je nach Bezeichnung der gepfändeten Forderung diese in ihrer jeweiligen Höhe, bis die zugrunde liegende Forderung des Gläubigers getilgt ist. Hatte der AN seine Forderung zur Sicherung von gegen ihn gerichtete Forderungen an ein Kreditinstitut abgetreten, geht die Pfändung ins Leere und bleibt wirkungslos, selbst wenn zeitnah eine Rückabtretung an den AN erfolgt. (**c**) Hat der AG seinerseits aus dem Arbeitsverhältnis Forderungen gegen den AN, kann er die → ***Aufrechnung*** auch gegenüber dem Gläubiger erklären. Nach § 804 ZPO, §§ 1279, 1275, 406 BGB ist die Aufrechnung gegenüber dem Gläubiger jedoch ausgeschlossen, wenn der AG bei dem Erwerb seiner Forderung von der Pfändung Kenntnis hatte oder seine Forderung erst nach der Erlangung der Kenntnis und später als die abgetretene Forderung fällig geworden ist.

▶ Pfändungsschutz von Arbeitseinkommen

Das in Geld zahlbare Arbeitseinkommen kann nur nach Maßgabe der §§ 850a–850l ZPO gepfändet werden (§ 850 Abs. 1 ZPO). Hat der AG bereits an den AN ausgezahlt, verhindert § 811 Nr. 8 ZPO eine Kahlpfändung, dh der Gerichtsvollzieher hat dem Schuldner jedenfalls den Betrag zu belassen, der den unpfändbaren Einkünften entspricht. Die Pfändungsschutzvorschriften sind im öffentlichen Interesse erlassene soziale Schutzbestimmungen und daher unabdingbar. Auf ihre Anwendung kann weder vor noch nach der Auszahlung des Arbeitseinkommens verzichtet werden. Im Arbeitsrecht haben die Pfändungsschutzvorschriften besondere Bedeutung bei der → *Pfändung von Arbeitseinkommen (Verfahren).*

I. Gegenstand des Pfändungsschutzes

Von einer Pfändung wird das gesamte in Geld zahlbare Arbeitseinkommen ohne Rücksicht auf die Benennung oder Berechnungsart erfasst (§ 850 Abs. 4 ZPO), also das laufende Arbeitsentgelt, → *Sonderzuwendungen*, → *Prämien*, → *Provisionen*. Ferner zählen hierzu Ansprüche auf → *Entgeltfortzahlung im Krankheitsfall* und → *Annahmeverzug*, nicht jedoch Schadensersatzansprüche oder Abfindungen nach §§ 9, 10 KSchG (→ *Auflösung des Arbeitsverhältnisses durch Urteil*) oder §§ 112, 113 BetrVG (→ *Sozialplan*, → *Nachteils-*

ausgleich). Dem Arbeitseinkommen gleichgestellt sind Karenzentschädigungen bei → *Wettbewerbsverboten* oder Renten, die aufgrund von Versicherungsverträgen gewährt werden, wenn diese Verträge zur Versorgung des Versicherungsnehmers oder seiner unterhaltsberechtigten Angehörigen eingegangen sind (§ 850 Abs. 3 ZPO). Nicht nach § 850 ZPO geschützt sind Ansprüche auf → *Sachbezüge*; diese sind idR nach § 851 ZPO, § 399 BGB unpfändbar. Zum Arbeitsentgelt zählen auch die nach der Pfändung fällig werdenden Bezüge (§ 832 ZPO) oder zukünftige Entgelterhöhungen (§ 833 ZPO). § 832 ZPO stellt insoweit eine Ausnahme von dem Grundsatz dar, wonach die Pfändung künftige Ansprüche nur erfasst, wenn dies ausdrücklich angeordnet wird. Die im Rahmen eines Arbeitsverhältnisses nach bestimmten Zeiträumen entstehenden Forderungen sollen vielmehr durch einen einzigen Pfändungs- und Überweisungsbeschluss erfasst werden können; dies ist in § 833a ZPO klargestellt.

Für den Pfändungsschutz von **Arbeitseinkommen** ist unerheblich, ob es **fortlaufend** oder in einem Betrag gezahlt wird. Für den Pfändungsschutz fortlaufender Bezüge gelten die §§ 850a–850g ZPO. Die Pfändungsgrenze für einen Vergütungsanspruch, der nach dem Arbeitsvertrag monatlich fällig wird, bestimmt sich auch dann nach dem monatlichen Nettoeinkommen, wenn der AN in dem betreffenden Monat nicht die ganze Zeit gearbeitet hat. Entscheidend ist der regelmäßige monatliche Auszahlungszeitraum. Ist die **Arbeitsvergütung** dem AN bereits **ausgezahlt,** wird er nach § 811 Nr. 8 ZPO geschützt. Der Gerichtsvollzieher hat ihm einen Geldbetrag zu belassen, der dem der Pfändung nicht unterworfene Teil der Einkünfte für die Zeit von der Pfändung bis zu dem nächsten Zahlungstermin entspricht.

II. Grenzen des Pfändungsschutzes

1. Pfändbare Bezüge

Es sind drei Gruppen von pfändungsgeschützten Vergütungsansprüchen zu unterscheiden. **(a) Absolut unpfändbare Bezüge** (§ 850a ZPO). Hierbei handelt es sich zumeist um Beträge, die für einen bestimmten Zweck als → *Aufwendungsersatz* oder als Anreiz für eine weitere Beschäftigung gezahlt werden. **(b) Bedingt pfändbare Be-**

züge (§ 850b ZPO). Hierzu zählen Unterhaltsrenten, Bezüge aus Witwen-, Waisen- und Hilfs- und Krankenkassen, die ausschließlich oder zu einem wesentlichen Teil zu Unterstützungszwecken gewährt werden. Leistungen der Sozialversicherung sind nach §§ 54, 55 SGB I geschützt. Bedingt pfändbare Bezüge können durch Blankettbeschluss gepfändet werden, wenn **(aa)** die Vollstreckung in das sonstige bewegliche Vermögen des Schuldners zu einer vollständigen Befriedigung des Gläubigers nicht geführt hat oder voraussichtlich nicht führen wird und **(bb)** nach den Umständen des Falls, insbesondere nach der Art des beizutreibenden Anspruchs und der Höhe der Bezüge, die Pfändung der Billigkeit entspricht. Das Vollstreckungsgericht soll vor seiner Entscheidung, ob es die Pfändung in bedingt pfändbare Bezüge zulässt, die Beteiligten hören. **(c) Relativ pfändbare Bezüge.** Das ist das Arbeitseinkommen im Übrigen (§ 850c ZPO).

2. Berechnung des pfändbaren Arbeitsentgelts

Bei der Berechnung des pfändbaren und pfändungsfreien Betrags hat der AG die Gesamtbezüge aus dem Arbeitsverhältnis zusammenzurechnen. Die pfändbaren Teile des Arbeitseinkommens werden anhand des Nettoeinkommens ermittelt. Als Nettoeinkommen ist gem. § 850e Nr. 1 ZPO der Betrag anzusehen, der vom Gesamteinkommen (Bruttoeinkommen) nach Abzug der nach § 850a ZPO der Pfändung entzogenen Beträge und nach Abzug der Beträge verbleibt, die unmittelbar aufgrund steuerlicher oder sozialrechtlicher Vorschriften zur Erfüllung gesetzlicher Verpflichtungen des Schuldners abzuführen sind. Dementsprechend sind abzuziehen **(a)** die absolut oder bedingt pfändbaren Bezüge. Bei Vollstreckung für bevorrechtigte Forderungen ist zu beachten, dass nur ein Teil der absolut pfändbaren Bezüge pfandfrei ist; sie sind daher nur teilweise abzuziehen. Die bedingt unpfändbaren Bezüge sind nicht abzusetzen, wenn ein entsprechender Beschluss des Vollstreckungsgerichts vorliegt (§ 850e ZPO); **(b)** die Steuern und Sozialversicherungsbeiträge. Unberücksichtigt bleiben Steuern, die vom AG einbehalten werden, weil sie der AN wegen seines Wohnsitzes im Ausland unmittelbar entrichten muss. Insoweit kommt nur eine Erhöhung des pfändungsfreien Betrags nach § 850f Abs. 1 ZPO in Betracht; **(c)** den Sozialversicherungsbeiträgen gleichgestellte Beträge, die der Schuldner zum Zwecke der Weiterversicherung oder an eine Ersatzkasse oder an ein Unternehmen der privaten Krankenversicherung leistet, soweit letztere den Rahmen des Üblichen nicht überschreiten, sowie VBL-Pflichtbeiträge.

3. Pfändung wegen bevorrechtigter und nicht bevorrechtigter Forderungen

Ist das pfändbare Nettoeinkommen ermittelt worden, ist für den Umfang des Pfändungsschutzes maßgeblich, ob die Vollstreckung wegen bevorrechtigter oder anderer Forderungen erfolgt. Bei Vollstreckung aus sog. **bevorrechtigten Forderungen** des Gläubigers (Unterhaltsansprüche, Ansprüchen aus vorsätzlich unerlaubten Handlungen) hat das Vollstreckungsgericht gem. § 850d Abs. 1, § 850f Abs. 1 und 2 ZPO mit Bindungswirkung die Höhe des pfändungsfreien Betrags festzusetzen. Dieser gilt grds. für den gesamten Abrechnungszeitraum. Ändern sich nachträglich die Verhältnisse, darf sich der Drittschuldner bis zur Zustellung des nachfolgenden Beschlusses nach dem ursprünglichen Beschluss richten (§ 850g ZPO).

Erfolgt die Zwangsvollstreckung für **nicht bevorrechtigte Forderungen** des Gläubigers, ist das Nettoeinkommen nach unten abzurunden, und zwar bei Auszahlung für Monate auf einen durch 10 EUR, bei Auszahlung für Wochen auf einen durch 5 EUR oder bei Auszahlung für Tage auf einen durch 50 Cent teilbaren Betrag. Der pfändbare Betrag bis zu einem Nettoeinkommen von 3.840,08 EUR monatlich, 883,74 EUR wöchentlich, 176,75 EUR täglich ist einer in der jeweils geltenden **Pfändungsfreigrenzenbekanntmachung** (PfändfreiGrBek) enthaltenen Tabelle zu entnehmen (§ 850c Abs. 4 ZPO); die dort angeführten Beträge berücksichtigen die tatsächlichen Unterhaltsleistungen für bis zu fünf Personen. Bei weiteren Unterhaltsberechtigten kann der Schuldner ihre Berücksichtigung durch besonderen Beschluss nach § 850f Abs. 1 ZPO erreichen. Der sich aus der Tabelle ergebende pfändbare Betrag ist an den Gläubiger, der Rest an den Schuldner auszuzahlen, und zwar neben dem unpfändbaren Betrag. Übersteigt das Nettoeinkommen die in der jeweiligen zu § 850c ZPO ergangenen PfändfreiGrBek genannten

Beträge, ist es entsprechend der gesetzlich bestimmten Berechnung voll pfändbar (§ 850c Abs. 1–4 ZPO).

Die **unpfändbaren Beträge** werden seit dem 1. Juli 2021 jeweils zum 1. Juli eines jeden Jahres entsprechend der im Vergleich zum jeweiligen Vorjahreszeitraum sich ergebenden prozentualen Entwicklung des Grundfreibeitrags nach § 32a EStG **angepasst** (§ 850c Abs. 4 S. 2 ZPO).

III. Pfändungsschutz von Bankkonten

Der Pfändungsschutz von Bankguthaben findet allein auf **Pfändungsschutzkonten** (P-Konto) statt. Durch deren Einführung soll sichergestellt werden, dass einem Schuldner unabhängig von der Art seiner Einkünfte das Existenzminimum verbleibt. Nach § 833a Abs. 1 ZPO umfasst die Pfändung des Guthabens eines Kontos bei einem Kreditinstitut das am Tag der Zustellung des Pfändungsbeschlusses bei dem Kreditinstitut bestehende Guthaben sowie die Tagesguthaben der auf die Pfändung folgenden Tage. Der Schuldner kann innerhalb eines Monats einen Freigabeantrag (§ 906 Abs. 1 S. 2 ZPO) stellen (§ 835 Abs. 3 S. 2 Hs. 1 ZPO). Wird ein künftiges Guthaben des Schuldners gepfändet, ist der Pfändungsschutz von einem Antrag des Schuldners beim Vollstreckungsgericht abhängig (Hs. 2).

Nach § 899 Abs. 1 S. 1 ZPO unterliegen Guthabenbeträge auf einem P-Konto in Höhe des auf den nächsten vollen 10-Euro-Betrag aufzurundenden **Grundfreibetrags** (§ 850c Abs. 1 ZPO, zzt. 1.178,59 EUR) sowie etwaige **Aufstockungsbeträge** nicht der Pfändung. Über den jeweils für ihn gültigen Betrag kann der Schuldner bis zum Ende des Kalendermonats frei verfügen. Hat er im Kalendermonat über seinen Freibetrag verfügt, unterliegt das verbleibende Restguthaben der ausgebrachten Pfändung. Ein am Monatsende unverbrauchtes Guthaben steht dem Schuldner noch in den nächsten drei Folgemonaten zur Verfügung (§ 899 Abs. 2 S. 1 ZPO), wird es auch in diesem Zeitraum nicht verbraucht, unterliegt es dem Zugriff des Gläubigers. Übertragen wird nur der nicht verbrauchte Teil des pfändungsfreien Guthabens (Grundfreibetrag zzgl. der Erhöhungsbeträge, § 902 S. 2 ZPO). Zu dem Guthaben nach § 899 Abs. 1 S. 1 ZPO gehört auch das Guthaben, das bis zum Ablauf der Frist des

§ 900 Abs. 1 ZPO nicht an den Gläubiger geleistet oder hinterlegt werden darf. Nach dieser Vorschrift dürfen bei der Pfändung künftiger Guthaben auf einem P-Konto eingehende Zahlungen erst nach Ablauf des Folgemonats an den Gläubiger ausgekehrt werden. Hierdurch sollen Zahlungseingänge dem Schuldner in dem Zeitraum tatsächlich zur Verfügung stehen, für den sie bestimmt sind.

In § 902 S. 1 ZPO ist die **Erhöhung des Grundfreibetrages** geregelt (sog. Erhöhungsbeträge). Diese werden von dem kontoführenden Institut nur auf entsprechenden Nachweis durch den Schuldner berücksichtigt; die Aufzählung ist abschließend. Bei den Erhöhungsbeträgen handelt es sich um **(1)** die pfändungsfreien Beträge nach § 850c Abs. 2 und 4 ZPO, wenn der Schuldner einer oder mehreren Personen aufgrund gesetzlicher Verpflichtung Unterhalt gewährt oder er Unterhaltsleistungen nach dem SGB II oder SGB XII sowie dem AsylbLG für bestimmte andere Personen entgegennimmt, **(2)** bestimmte einmalige Geldleistungen iSd § 54 Abs. 2 und 3 S. 2 SGB I, **(3)** Geldleistungen gem. § 5 Abs. 1 MuKStiftG, **(4)** Geldleistungen, die dem Schuldner selbst nach dem SGB II oder SGB XII sowie dem AsylbLG gewährt werden, in dem Umfang, in dem diese den pfändungsfreien Betrag nach § 899 Abs. 1 S. 1 ZPO übersteigen, **(5)** das Kindergeld nach dem EStG sowie kinderbezogene Leistungen und **(6)** gesetzlich als unpfändbar bestimmte Geldleistungen an den Schuldner. Dazu ergänzend regelt § 903 ZPO die Pflicht zur Vorlage und Ausstellung der für den **Nachweis der Erhöhungsbeträge** erforderlichen Bescheinigungen. Zu deren Beachtung ist das kontoführende Institut verpflichtet.

Nach § 850k Abs. 1 S. 1, Abs. 3 ZPO hat eine natürliche Person gegenüber einem Kreditinstitut – unabhängig von dem gegenwärtigen Saldo – einen **Anspruch auf Umwandlung** ihres bisherigen Zahlungs(Giro)kontos in ein P-Konto. Das P-Konto darf jedoch ausschließlich auf Guthabenbasis geführt werden. Bei Zahlungskonten mit einem negativen Saldo wird dieser nicht auf das P-Konto übertragen, sondern muss getrennt verbucht werden. Ist das Guthaben des Girokontos bereits gepfändet worden, ermöglicht § 850k Abs. 2 ZPO die Kontoumwandlung mit einer kurzen Ankündigungsfrist in ein P-Konto. § 850k Abs. 3 ZPO legt fest, dass jede Person nur ein

P-Konto unterhalten darf, eine Regelung über den Datenaustausch über eine Auskunftei (Schufa) enthält § 909 ZPO. In § 850l ZPO ist das Verfahren für die Pfändung von Guthaben auf einem **Gemeinschaftskonto** festgelegt. § 850k Abs. 5 ZPO enthält eine Verfahrensvorschrift für die Beendigung eines P-Kontos. Danach kann der Kontoinhaber mit einer Frist von mindestens vier Geschäftstagen zum Monatsende von dem Kreditinstitut verlangen, dass das dort geführte P-Konto als Zahlungskonto ohne Pfändungsschutz geführt wird.

▶ Pflegezeit

I. Voraussetzungen

AN haben für die Pflege von nahen Angehörigen nach dem Gesetz über die Pflegezeit (PflegeZG) Anspruch auf vorübergehende Arbeitsbefreiung für die Dauer von bis zu 10 Tagen sowie auf eine Pflegezeit von bis zu 6 Monaten, während der der AN entweder gar nicht oder nur in Teilzeit arbeitet. Voraussetzung für den Anspruch auf Pflegezeit ist, dass der AG regelmäßig mehr als 15 AN beschäftigt. Nach dem Gesetzentwurf der Bundesregierung zur weiteren Umsetzung der Richtlinie (EU) 2019/1158 (vgl. BR-Drs. 364/22) sollen allerdings Regelungen für AN eingeführt werden, die in einem Kleinbetrieb Pflegezeit beantragen (insbes. eine Pflicht zur begründeten Ablehnung durch den AG). Nahe Angehörige iSd PflegeZG sind Großeltern, Eltern, Schwiegereltern, Ehegatten, Lebenspartner, Partner einer eheähnlichen Gemeinschaft, Geschwister, Kinder, Adoptiv- oder Pflegekinder, die Kinder, Adoptiv- oder Pflegekinder des Ehegatten oder Lebenspartners, Schwiegerkinder und Enkelkinder (§ 7 Abs. 3 Pflege ZG). Der AG darf das Arbeitsverhältnis von der Ankündigung bis zur Beendigung der in den §§ 2, 4 PflegeZG genannten Zeiträume **nicht kündigen** (§ 5 PflegeZG). Die §§ 4a, 9 PflegeZG enthalten Sonderregelungen aus Anlass der COVID-19-Pandemie.

II. Dauer der Freistellung

1. Akute Pflege

Bei akut auftretenden Pflegesituationen hat der AN das Recht, **bis zu zehn Arbeitstage** jährlich der Arbeit fern zu bleiben, um für einen nahen Angehörigen eine bedarfsgerechte Pflege zu organisieren oder die sofortige pflegerische Versorgung des betroffenen Angehörigen sicherzustellen (kurzzeitige Arbeitsverhinderung). AN haben bis einschließlich 30.4.2023 nach § 9 Abs. 1 PflegeZG ausnahmsweise das Recht, bis zu 20 Arbeitstage der Arbeit fernzubleiben, wenn die akute Pflegesituation aufgrund der COVID-19-Pandemie aufgetreten ist, wobei dieser Zusammenhang nach dem Gesetz vermutet wird. Der AN ist verpflichtet, dem AG seine Verhinderung an der Arbeitsleistung und deren voraussichtliche Dauer unverzüglich mitzuteilen. Zur Vergütungszahlung ist der AG nur bei Vorliegen der Voraussetzungen des § 616 BGB (→ *Arbeitsverhinderung*) oder bei einer bestehenden tariflichen oder vertraglichen Vereinbarung verpflichtet (§ 2 PflegeZG). Seit dem 1.1.2015 haben AN für die Dauer der kurzzeitigen Arbeitsverhinderung einen Anspruch auf Pflegeunterstützungsgeld nach § 44a Abs. 3 SGB XI, das von der Pflegekasse des pflegebedürftigen Angehörigen gezahlt wird.

2. Längerer Pflegezeitraum

Zu einer längeren Pflege naher Angehöriger in häuslicher Umgebung kann ein AN bis zu sechs Monate (unbezahlte) Pflegezeit in Anspruch nehmen. Für pflegebedürftige Kinder und Jugendliche kann Pflegezeit auch dann genommen werden, wenn die Pflege nicht in der häuslichen Umgebung erfolgt. Unter den in § 3 Abs. 5 PflegeZG näher bezeichneten Voraussetzungen kann Pflegezeit außerdem zur Begleitung eines nahen Angehörigen in der letzten Lebensphase in Anspruch genommen werden; dies allerdings nur für längstens 3 Monate. Die Freistellung ist dem AG spätestens zehn Arbeitstage vor Beginn schriftlich anzukündigen und gleichzeitig zu erklären, für welchen Zeitraum und in welchem Umfang die Freistellung von der Arbeitsleistung in Anspruch genommen werden soll. Aus Anlass der COVID-19-Pandemie genügt vorübergehend eine Ankündigung in Text- anstatt Schriftform (vgl. § 9 PflegeZG). Hierbei kann der AN **zwischen** der **vollständigen** und **teilweisen Freistellung** von der Arbeit **wählen.** Die Pflegebedürftigkeit eines nahen Angehörigen ist durch die Vorlage einer Bescheinigung der Pflegekasse oder des → *Medizinischen Dienstes* der Krankenversicherung nachzuweisen (§§ 3, 4 PflegeZG). Durch die Erklärung, Pflegezeit in Anspruch zu nehmen, treten die gesetzlichen Rechtsfolgen der Pflegezeit unmittelbar ein, ohne dass es noch eines weiteren Handelns des AG bedarf (BAG 15.11.2011 – 9 AZR 348/10). Der AG kann den Erholungsurlaub, der der oder dem Beschäftigten für das Urlaubsjahr zusteht, für jeden vollen Kalendermonat der vollständigen Freistellung von der Arbeitsleistung um ein Zwölftel kürzen. Ein Anspruch auf finanzielle Förderung der Pflegezeit besteht entsprechend den Regelungen bei der → *Familienpflegezeit. (OKK)*

▶ Praktikant

I. Begriff

Für das Praktikumsverhältnis existieren keine eigenen gesetzlichen Regelungen. Praktikanten sind nach der Definition in § 22 Abs. 1 S. 3 MiLoG unabhängig von der Bezeichnung des Rechtsverhältnisses Personen, die sich nach der tatsächlichen Ausgestaltung und Durchführung des Vertragsverhältnisses für eine begrenzte Dauer zum Erwerb praktischer Kenntnisse und Erfahrungen einer bestimmten betrieblichen Tätigkeit zur Vorbereitung auf eine berufliche Tätigkeit unterziehen, ohne dass es sich dabei um eine Berufsausbildung iSd BBiG oder um eine damit vergleichbare praktische Ausbildung handelt. Bei einem Praktikumsverhältnis handelt es sich danach stets um eine befristete Tätigkeit. Von AN unterscheiden sich Praktikanten dadurch, dass bei ihnen die Ausbildungsabsicht im Vordergrund steht, von → *Auszubildenden* dadurch, dass keine Ausbildung im Rahmen eines geordneten Ausbildungsgangs in einem anerkannten Lehrberuf erfolgt. Kein Praktikumsverhältnis ist das **Traineeverhältnis.**

II. Rechtsstellung

1. Mindestlohn

Für Praktikanten gelten gem. § 26 BBiG grds. die Bestimmungen der §§ 10–23 sowie § 25 BBiG. Anwendbar sind insbesondere die Vorschriften über die zwingende Vergütungspflicht (§§ 17 ff. BBiG). Damit haben Praktikanten Anspruch auf → *Mindestlohn*. Durch § 22 Abs. 1 S. 3 Nr. 1–4 MiLoG sind jedoch bestimmte Praktikumsverhältnisse hiervon ausgenommen: (**a**) (Pflicht-)Praktika aufgrund einer schulrechtlichen Bestimmung, einer Ausbildungsordnung, einer hochschulrechtlichen Bestimmung oder im Rahmen einer Ausbildung an einer gesetzlich geregelten Berufsakademie (BAG 19.1.2022 – 5 AZR 217/21), (**b**) Praktika bis zu drei Monaten zur Orientierung für eine Berufsausbildung oder für die Aufnahme eines Studiums, (**c**) Praktika von bis zu drei Monaten aus, die begleitend zu einer Berufs- und Hochschulausbildung geleistet werden, wenn nicht zuvor ein solches Praktikumsverhältnis mit demselben Ausbildenden bestanden hat und (**d**) Teilnehmer an einer Einstiegsqualifizierung nach § 54a SGB III oder an einer Berufsausbildungsvorbereitung nach §§ 68–70 BBiG.

2. Sonstige Rechte und Pflichten

Aufgrund der Verweisung in § 26 BBiG sind eine Abkürzung der gesetzlichen Probezeit (§ 20 BBiG) und der Verzicht auf eine schriftliche Vertragsniederschrift (§ 11 BBiG) zulässig. Nicht anwendbar ist die Regelung in § 23 BBiG über den Schadensersatz bei vorzeitiger Beendigung. Gem. § 10 Abs. 2 BBiG gelten im Übrigen die für den Arbeitsvertrag geltenden Rechtsvorschriften und Rechtsgrundsätze, also das gesamte **Arbeitnehmerschutzrecht.** Werden über einen längeren Zeitraum vom Praktikanten Leistungen abverlangt, die nicht einer Aus- oder Fortbildung dienen, sondern ganz überwiegend im betrieblichen Interesse liegen, kann ein Arbeitsverhältnis vorliegen und ein Vergütungsanspruch nach § 612 BGB bestehen. Ferner sind die Bestimmungen des BBiG anwendbar, soweit im Rahmen eines ausbildungsintegrierten Studiums vor (Vorpraktikum) oder parallel zu einem Studiengang bzw. anschließend (Nachpraktikum) eine betriebliche Ausbildung erfolgt.

III. Sozialversicherung

Für die Kranken- und Pflegeversicherung gilt: (1) **Vorgeschriebenes Praktikum ohne Arbeitsentgelt.** Es besteht Versicherungspflicht nach § 5 Abs. 1 Nr. 10 SGB V in der Krankenversicherung und nach § 20 Abs. 1 S. 2 Nr. 10 SGB XI in der Pflegeversicherung. Die berufspraktische Tätigkeit muss in Studien oder Prüfungsordnungen vorgeschrieben sein. Sie kann vor, während oder nach dem Studium liegen. Die Versicherungspflicht in der Krankenversicherung ist gegenüber einer beitragsfreien Familienversicherung (§ 10 SGB V) subsidiär (§ 5 Abs. 7 SGB V). (2) **Vorgeschriebenes Praktikum mit Arbeitsentgelt.** Es besteht keine Versicherungspflicht nach § 5 Abs. 1 Nr. 10 SGB V, § 20 Abs. 1 S. 2 Nr. 10 SGB XI. Regelmäßig besteht aber eine Versicherungsfreiheit nach § 6 Abs. 1 Nr. 3 SGB V, § 20 Abs. 1 S. 1 SGB XI, weil es sich um Personen handelt, die während der Dauer ihres Studiums als ordentliche Studierende einer Hochschule oder einer der fachlichen Ausbildung dienenden Schule gegen Arbeitsentgelt beschäftigt sind. (3) **Nicht vorgeschriebenes Praktikum mit Arbeitsentgelt;** es ist keine Beschäftigung zur Berufsausbildung. Aber es kann Versicherungspflicht als AN bestehen. (4) Ein **nicht vorgeschriebenes Praktikum ohne Arbeitsentgelt** ist in der Kranken- und Pflegeversicherung versicherungsfrei.

In der gesetzlichen **Rentenversicherung** sind Praktikanten versicherungsfrei, wenn sie ein vorgeschriebenes Praktikum während der Dauer des Studiums als eingeschriebene Studenten ableisten (§ 5 Abs. 3 SGB VI). Ansonsten gilt: Der Beitragsbemessung wird das Arbeitsentgelt, mindestens ein Betrag von 1% der mtl. Bezugsgröße, zugrunde gelegt (§ 162 Nr. 1 SGB VI); der AG trägt den Beitrag allein, wenn das mtl. Arbeitsentgelt 325 EUR nicht übersteigt (§ 20 Abs. 3 S.1 Nr. 1 SGB IV), anderenfalls werden die Beiträge je zur Hälfte von AG und Praktikant getragen. Studierende eines dualen Studiums sind in der gesetzlichen Rentenversicherung versicherungspflichtig. Dabei spielt es keine Rolle, ob sie während des Studiums ein Arbeitsentgelt bekommen oder nicht. Praktikanten sind unfallversicherungspflichtig (§ 2 SGB VII), die Beiträge trägt der AG.

▶ Prämie

Dies ist eine zusätzliche Vergütung, die der AG zahlt, um eine ihn besonders zufriedenstellende Erfüllung der dienstlichen Obliegenheiten oder längere Betriebstreue zu belohnen. Zu unterscheiden sind die **individuellen Prämien,** die der AG als → *Sonderzuwendung* gewährt, und Prämienlohnsysteme. Für die individuellen Prämien bestehen im Allgemeinen keine Ordnungssätze. Bei ihrer Zahlung muss der AG den Gleichbehandlungsgrundsatz (→ *Gleichbehandlung der Arbeitnehmer*) beachten und sich im Rahmen des billigen Ermessens halten. Als Prämienlohnsystem sind die Prämien eine Leistungsvergütung, mit der sowohl die Arbeitsmenge wie die Arbeitsqualität vergütet werden kann. Reine **Prämienlohnsysteme** (→ *Akkord*) kommen in der Praxis kaum vor. Zumeist wird eine Grundvergütung gezahlt, auf die ein Prämienlohnsystem (zumeist Mengen/Güteprämie) aufgestockt ist. Der BR hat im Rahmen der Tarifvertragsnormen gem. § 87 Abs. 1 Nr. 10, 11 BetrVG ein erzwingbares Mitbestimmungsrecht bei der Einführung und Ausgestaltung der Prämienentlohnung (→ *Betriebsrat (Beteiligungsrechte)*). Jugendliche AN dürfen nur dann im Prämienlohn beschäftigt werden, sofern darin keine Mengenprämie enthalten ist (§ 38 JArbSchG; → *Jugendarbeitsschutz*); ebenso bestehen Beschränkungen bei schwangeren und stillenden Frauen (§ 11 Abs. 6 Nr. 2, § 12 Abs. 5 Nr. 2 MuSchG; → *Mutterschutz*).

▶ Probezeit

Zur gegenseitigen Erprobung von AG und AN kann eine Probezeit im Arbeitsvertrag vereinbart werden. Zwingend vorgeschrieben ist eine Probezeit nur für die zu ihrer Berufsausbildung beschäftigten Personen (→ *Auszubildende*; § 20 BBiG). Sie führt nach § 622 Abs. 3 BGB zu einer Verkürzungsmöglichkeit der → *Kündigungsfrist* auf zwei Wochen. Zur Anwendung einer Probezeit bedarf es – anders als bei der Wartezeit zur Begründung von → *Kündigungsschutz* – einer ausdrücklichen Vereinbarung im Arbeitsvertrag, die Angabe einer verkürzten Kündigungsfrist – zwei Wochen – ist dringend zu empfehlen. Die vereinbarte Probezeit ist nach § 2 Abs. 1 S. 2 Nr. 6 NachwG nachzuweisen (→ *Nachweisgesetz*). Die Dauer der Probezeit ist bei Vereinbarung durch → *Allgemeine Geschäftsbedingungen* einer Inhaltskontrolle nach §§ 307 ff. BGB zu unterziehen (BAG 12.2.2015 – 6 AZR 831/13). Sie muss zudem bei einem → *befristeten Arbeitsvertrag* in angemessenem Verhältnis zur Befristung stehen (§ 15 Abs. 3 TzBfG). Dafür muss die Vertragsdauer mindestens doppelt so lang sein wie die Probezeit. Mit der verkürzten Kündigungsfrist kann dann bis zum Ende der Probezeit gekündigt werden, auch wenn die Kündigung erst nach ihrem Ablauf wirksam wird. → *Schwerbehinderten Menschen* kann in den ersten sechs Monaten des Arbeitsverhältnisses ohne Zustimmung des Integrationsamts gekündigt werden (§ 173 Abs. 1 SGB IX). Dagegen können schwangere AN in den ersten sechs Monaten nur mit Genehmigung der zuständigen Behörde gekündigt werden (→ *Mutterschutz*). Zur **Erprobung** kann auch ein → *befristeter Arbeitsvertrag* vereinbart werden, auch mit einer Probezeit – wenn dies hinreichend deutlich vereinbart wurde (§ 15 Abs. 4 TzBfG). *(SR)*

▶ Prokura

Die Prokura ist eine von einem Vollkaufmann erteilte **Handlungsvollmacht eigener Art mit gesetzlich geregeltem Umfang** (§§ 48 ff. HGB). Sie kann nur von dem Inhaber des Handelsgeschäfts oder seinem gesetzlichen Vertreter und nur mittels ausdrücklicher Erklärung erteilt werden und wird in das Handelsregister eingetragen. Die Prokura ermächtigt zu allen Arten von gerichtlichen und außergerichtlichen Geschäften und Rechtshandlungen, die der Betrieb eines Handelsgewerbes mit sich bringt. Zur Veräußerung und Belastung von Grundstücken ist der Prokurist nur ermächtigt, wenn ihm diese Befugnis besonders erteilt ist (§ 49 HGB). Dem Prokuristen steht im Verhältnis zu Dritten die Rechtsmacht zu, seinen AG umfassend zu vertreten und damit zu verpflichten, ohne dass dieser in der Lage wäre, die Vertretungsmacht zu beschränken. Zum Ausgleich dieser umfassenden Vertretungsmacht ist dem AG das Recht vorbehalten, die Prokura jederzeit ohne Rücksicht auf das Grundverhältnis zu **widerrufen.** Von dem Widerruf der Prokura bleibt der Inhalt des Arbeitsvertrags unberührt (BAG 26.8.1986 – 3 AZR 94/85). Der vertragswidrige Widerruf kann allerdings einen wichtigen Grund zur

→ *außerordentlichen Kündigung* darstellen, wenn dem AN die Fortsetzung des Arbeitsverhältnisses nach den besonderen Umständen des Einzelfalls unzumutbar ist. Einen Anspruch auf Neuerteilung der Prokura hat er nicht. AN, denen Prokura erteilt ist, können unter den Voraussetzungen des § 5 Abs. 1 S. 2 Nr. 2 BetrVG leitende → *Angestellte* sein (BAG 25.3.2009 – 7 ABR 2/08), die dann nicht vom BR, sondern nur vom → *Sprecherausschuss* repräsentiert werden.

▶ Provision

I. Begriff

Die Provision ist eine leistungsabhängige Arbeitsvergütung, die für → *Handelsvertreter* typisch ist, aber auch mit → *Handlungsgehilfen* und sonstigen AN vereinbart werden kann. Sie ist zumeist eine in Prozenten ausgedrückte Beteiligung an dem Wert solcher Geschäfte, die durch den Provisionsberechtigten zustande kommen (**Vermittlungsprovision**) oder die mit Kunden eines bestimmten Bezirkes oder einem vorbehaltenen Kundenstamm abgeschlossen werden (**Bezirksprovision).** Maßgeblich ist die Gestaltung der Vergütungsregelung, auf die Bezeichnung als Erfolgsvergütung oder Provision kommt es nicht an. Hiervon zu unterscheiden ist die **Umsatzprovision.** Sie ist eine Beteiligung an dem Wert sämtlicher Geschäfte eines Unternehmens oder einer Abteilung. Auf sie finden die gesetzlichen Vorschriften über die Provision keine Anwendung.

Wird eine Provisionsvereinbarung geschlossen, finden nach § 65 HGB für Handlungsgehilfen die §§ 87 Abs. 1, 3, 87a–c HGB entsprechende Anwendung. Für sonstige auf Provisionsbasis tätige AN fehlt zwar eine entsprechende Regelung, für sie ist der Verweis in § 65 HGB aber entsprechend anzuwenden. Die gesetzlichen Vorschriften sind für AN in gleichem Umfang wie bei einem Handelsvertreter unabdingbar. Für den Handlungsgehilfen sind die Vorschriften über die Bezirksvertretung (§ 87 Abs. 2 HGB) und Inkassoprovision (§ 87 Abs. 4 HGB) nicht in Bezug genommen. Daraus folgt, dass dem Handlungsgehilfen derartige Provisionen nicht kraft Gesetzes, sondern allein bei einer entsprechenden Vereinbarung zustehen. Ebenso wenig steht dem Handlungsgehilfen ein Ausgleichsanspruch nach § 89b HGB zu.

II. Entstehen des Provisionsanspruchs

Der Provisionsanspruch entsteht, wenn (**1**) das Geschäft zu denen gehört, auf deren Abschluss der Vertretervertrag abzielt, und keine Bedingungen enthält, die den Weisungen des AG widersprechen; (**2**) das Geschäft bindend abgeschlossen ist; (**3**) das Geschäft durch die Tätigkeit des Vertreters zustande gekommen ist, dh, die Tätigkeit des Vertreters muss zumindest mitursächlich geworden sein (§ 87 Abs. 1 HGB). (**4**) Unerheblich ist dagegen, ob das Arbeitsverhältnis bei Abschluss des Geschäfts noch besteht (§ 87 Abs. 3 HGB). Der Provisionsanspruch ist **aufschiebend bedingt.** Die Zahlungspflicht des AG tritt ein, (**a**) sobald und soweit der Dritte (§ 87a Abs. 1 S. 3 HGB) oder (**b**) der AG das Geschäft ausgeführt haben (§ 87a Abs. 1 S. 1 HGB). Soll die Bedingung vereinbarungsgemäß erst später eintreten, hat der AN einen unabdingbaren Anspruch auf einen angemessenen Vorschuss, der spätestens am letzten Tag des folgenden Monats fällig wird (§ 87a Abs. 1 S. 2 HGB). Allerdings entfällt der Provisionsanspruch, wenn feststeht, dass der Dritte nicht leistet oder der Unternehmer das Geschäft ganz oder teilweise nicht oder nicht so ausführt, wie es abgeschlossen worden ist (§ 87a Abs. 3 S. 1 HGB). Dies gilt jedoch dann nicht, wenn und soweit die Geschäftsausführung nachträglich unmöglich geworden ist, ohne dass den Unternehmer hieran ein Verschulden trifft (§ 87a Abs. 3 S. 2 HGB), oder wenn die Ausführung des Geschäfts dem Unternehmer nicht mehr zugemutet werden kann, weil in der Person des Dritten hierfür ein wichtiger Grund vorliegt (§ 87a Abs. 3 S. 2 HGB). Die Ausführung des Geschäfts ist dem Unternehmer nicht mehr zumutbar, wenn es nicht gerechtfertigt ist, ihn an dem Geschäftsabschluss mit dem Dritten festzuhalten. Für diese Beurteilung ist auf die Umstände des Einzelfalls abzustellen.

III. Fälligkeit der Provision

Der unbedingt entstandene Provisionsanspruch wird am letzten Tag des Monats fällig, in dem über ihn abzurechnen ist (§ 87a Abs. 4 HGB). Die Abrechnung hat monatlich zu erfolgen; der Abrechnungszeitraum kann auf höchstens drei Monate erstreckt werden (§ 87c Abs. 1 HGB). Zur Provisions-Abrechnung gehören Angaben über Art und Menge der verkauften Waren sowie über den Käufer. Der AN kann bei der Abrechnung einen **Buchauszug** über alle provisionspflichtigen Geschäfte verlangen (§ 87c Abs. 2 HGB). In diesen sind alle Angaben aufzunehmen, die für die Berechnung der Provision von Bedeutung sind. Bei Verweigerung des Buchauszugs oder begründeten Zweifeln an seiner Richtigkeit und Vollständigkeit kann der AN verlangen, dass nach Wahl des Unternehmers entweder ihm oder einem von ihm zu bestimmenden Wirtschaftsprüfer oder vereidigten Buchsachverständigen Einsicht in die Geschäftsbücher oder die sonstigen Urkunden soweit gewährt wird, wie dies zur Feststellung der Richtigkeit oder Vollständigkeit der Abrechnung oder des Buchauszugs erforderlich ist. Die Verjährung des Einsichtsrechts beginnt mit dem Schluss des Jahres, in dem der Buchauszug erteilt worden ist.

IV. Provisionshöhe

Ist die Provisionshöhe nicht bestimmt, ist der übliche Satz als vereinbart anzusehen (§ 87b Abs. 1 HGB). Sie ist von dem Entgelt zu berechnen, das der Dritte oder der Unternehmer zu leisten hat. Nachlässe bei Barzahlung und Nebenkosten (Fracht, Verpackung, Zölle, Steuern) sind nicht abzuziehen, es sei denn, dass sie gesondert in Rechnung gestellt werden (§ 87b Abs. 2 HGB). Bei Gebrauchsüberlassungs- und Nutzungsverträgen ist die Provision vom Entgelt der Vertragsdauer zu berechnen (§ 87b Abs. 3 HGB). Bei Vereinbarung einer Mindestgarantie-Provision können ohne besondere Vereinbarung Minderverdienste nicht mit Verdienstspitzen verrechnet werden. Es sind aber Verrechnungsabreden möglich, dass einem AN erst dann Provision gezahlt wird, wenn das Mindestgarantiegehalt überschritten ist. Der Provisionsanspruch verjährt in drei Jahren (§ 195 BGB; → *Verjährung*).

▶ Prozesskostenhilfe

Jede Partei hat Anspruch auf Gewährung von Prozesskostenhilfe (PKH), wenn sie nach ihren persönlichen und wirtschaftlichen Verhältnissen nicht in der Lage ist, die **Kosten der Prozessführung** gänzlich oder jedenfalls zum Teil zu tragen, und wenn die beabsichtigte Rechtsverfolgung/-verteidigung **hinreichende Aussicht auf Erfolg** bietet und nicht mutwillig erscheint (§ 114 ZPO). PKH ist eine Sozialhilfeform im Bereich der Rechtspflege.

§ 115 ZPO bestimmt, in welchem Umfang die Partei Einkommen und Vermögen für die Verfahrenskosten einzusetzen hat. Die Bewilligung von PKH scheidet aus, wenn bereits vier Raten die aus dem Vermögen aufzubringenden Teilbeträge die Prozesskosten übersteigen würden (§ 115 Abs. 4 ZPO). Zum Einkommen gehören alle Einkünfte in Geld oder Geldwert ohne Rücksicht auf ihre Herkunft und Rechtsnatur oder darauf, ob sie zu den Einkunftsarten des EStG zählen oder der Steuerpflicht unterliegen (§ 1 DVO zu § 82 SGB XII). Von dem Einkommen sind nach § 115 Abs. 1 S. 3 ZPO Abzüge vorzunehmen, die sich aus § 115 Abs. 1 S. 3 Nr. 2–4 ZPO und aus der Verweisung auf § 82 Abs. 2, § 28 Abs. 2 S. 1 SGB XII in § 115 Abs. 1 S. 3 Nr. 1a ZPO ergeben. Unter Vermögen iSv § 115 ZPO ist nur das materielle Vermögen zu verstehen, also Geld und sonstige geldwerte Gegenstände sowie Ansprüche auf geldwerte Leistungen. Vermögensgegenstände können daher beweglich und unbewegliche Sachen sowie Forderungen und dingliche Rechte sein. Maßgeblich sind die Werte, die zu Beginn des Bewilligungsmonats vorhanden sind, zuzüglich des zum Ende des Bewilligungsmonats nicht verbrauchten Einkommens, zum Einsatz einer Abfindung. Die Gewährung von PKH ist ausgeschlossen, wenn der AN Anspruch auf gewerkschaftlichen Rechtsschutz hat oder eine Rechtsschutzversicherung eintreten könnte.

Der **Antrag** auf PKH ist beim Prozessgericht zu stellen. Der Partei ist ein RA, eine RAsozietät oder eine RAgesellschaft beizuordnen, wenn die Vertretung vor Gericht durch Anwälte vorgeschrieben ist. Ist die Partei RA, kommt seine eigene Beiordnung nicht in Betracht. Ansonsten ist der Partei ein Anwalt beizuordnen, wenn die Vertretung durch einen RA erforderlich erscheint oder der Gegner durch einen RA vertreten ist (§ 121 Abs. 2 ZPO). Der beigeordnete RA verliert das Recht, sein Honorar ggü. dem Mandanten geltend machen zu können (§ 122 Abs. 1 S. 3 ZPO). Vielmehr ist er auf die Geltendmachung der (geringeren) Gebühren und Auslagen ggü. der Staatskasse nach §§ 45 ff. RVG beschränkt; seine Vergütungsansprüche gelten insoweit als gestundet. Die Kostenerstattungspflicht ggü. dem Gegner bleibt auch bei Gewährung von PKH erhalten (§ 123 ZPO).

Nach § 114 S. 1 ZPO kann PKH ledigl. für eine **beabsichtigte Rechtsverfolgung** gewährt werden. Die Bewilligung darf rückwirkend frühestens auf den Zeitpunkt der vollständigen Antragstellung vorgenommen werden. Eine Ablehnung wegen unvollständiger Unterlagen darf aber nur erfolgen, wenn dem Antragsteller zuvor unter Fristsetzung aufgegeben worden ist, konkrete Angaben zu machen oder Nachweise einzureichen. Ist die Nachfrist wirksam gesetzt worden, sind spätere Angaben und Nachweise nicht mehr zu berücksichtigen. Die Entscheidung über die Bewilligung von PKH ergeht durch **Beschluss** des Vorsitzenden ohne Beteiligung der ehrenamtlichen Richter und grds. ohne mündliche Verhandlung, dem Gegner ist in Bezug auf die Erfolgsaussichten zuvor rechtliches Gehör zu gewähren (§ 118 Abs. 1 ZPO). Die PKHerklärung nebst beigefügten Unterlagen kann nur mit Zustimmung des Antragstellers oder nach § 117 Abs. 2 S. 2 ZPO dem Gegner zugänglich gemacht werden. Wird PKH bewilligt, ist in der Entscheidung der Bewilligungszeitpunkt und der beigeordnete RA zu bezeichnen und über eine Ratenzahlung bzw. den Vermögenseinsatz zu befinden.

Haben sich die für die PKH maßgeblichen persönlichen und wirtschaftlichen **Verhältnisse wesentlich geändert,** soll (nicht: kann) das Gericht die Entscheidung über die zu leistenden Zahlungen abändern (§ 120a Abs. 1 S. 1 ZPO); zuständig ist der Rechtspfleger (§ 20 Nr. 4c RPflG). Eine wesentliche Änderung der wirtschaftlichen Verhältnisse, über die sich eine Partei jederzeit erklären muss, liegt vor, wenn der Begünstigte statt der ratenfreien PKH zumindest zur Zahlung von Monatsraten in der Lage oder nicht mehr bedürftig ist; eine Berücksichtigung der Freibeträge aus § 115 Abs. 1 S. 3 Nr. 1b und Nr. 2 ZPO ist nur auf Antrag und nur dann zu berücksichtigen, wenn sie dazu führt, dass keine Monatsrate zu zahlen ist (§ 120a Abs. 1 S. 2 ZPO). Verbessern sich die wirtschaftlichen Verhältnisse der Partei wesentlich oder ändert sich ihre Anschrift, hat sie dies dem Gericht unverzüglich mitzuteilen (§ 120a

Abs. 2 S. 1 ZPO). Nach S. 2 ist eine Einkommensverbesserung nur wesentlich, wenn sie 100 EUR übersteigt und dies dazu führt, dass sich die Partei nunmehr an den Kosten beteiligen muss.

R

► Rauchverbot

Nach § 5 ArbStättV idF vom 12.8.2004 (BGBl. I 2179) hat der AG die erforderlichen Maßnahmen zu treffen, damit die nicht rauchenden Beschäftigten in Arbeitsstätten wirksam vor den Gesundheitsgefahren durch Tabakrauch geschützt sind (→ *Arbeitsschutz*). In § 5 Abs. 1 S. 2 ArbStättV ist weiter bestimmt, dass – soweit erforderlich – der AG ein allgemeines oder auf einzelne Bereiche der Arbeitsstätte beschränktes Rauchverbot zu erlassen hat. Durch die inzwischen erlassenen landesrechtlichen Nichtraucherschutzgesetze über Rauchverbote in öffentlich zugänglichen Bereichen ist der Ermessensspielraum teilweise beseitigt worden. Daneben kann durch TV, BV und Arbeitsvertrag, aber auch in Ausübung des → *Direktionsrechts* ein Rauchverbot während der Arbeitszeit oder des Aufenthalts im Betrieb eingeführt werden. Im Hinblick auf die wissenschaftlich belegten Gefahren des Passivrauchens bestehen an der Erforderlichkeit derartiger Verbote keine begründeten Zweifel. AN können nach § 618 BGB einen individuell durchsetzbaren Anspruch auf einen tabakfreien Arbeitsplatz haben, wenn das für sie aus gesundheitlichen Gründen geboten ist und die betrieblichen Verhältnisse dies zulassen (BAG 17.2.1998 – 9 AZR 84/97). Besteht ein BR, hat dieser ein erzwingbares Mitbestimmungsrecht bei der Ausgestaltung eines Rauchverbots (§ 87 Abs. 1 Nr. 1 BetrVG; → *Betriebsrat (Beteiligungsrechte)*).

▶ Rechtsanwälte

Sie sind vor den Gerichten für Arbeitssachen postulationsfähig. Die Parteien können sich vor den Arbeitsgerichten von RA vertreten lassen; vor dem LAG und BAG müssen sie sich von RA oder Verbandsvertretern vertreten lassen. Vor dem ArbG ist auch die Vertretung durch einen Stationsreferendar des RA zulässig (§ 157 ZPO); für die Vertretung durch Rechtsbeistände gilt § 11 Abs. 6 ArbGG. Vor Abschluss eines Mandatsvertrages hat ein RA die Partei auf den Ausschluss der Kostenerstattungspflicht in der 1. Instanz hinzuweisen (§ 12a Abs. 1 S. 2 ArbGG). Der RA wird schadensersatzpflichtig, wenn er seinen Sorgfaltspflichten nicht nachkommt, zB → *Verfallfristen* übersieht. Im Arbeitsrecht besonders erfahrene RA führen vielfach die Bezeichnung Fachanwalt für Arbeitsrecht, die ihnen in der Regel nach einer besonderen Schulung und einer Prüfung verliehen wird.

▶ Rechtsfortbildung

Die Gerichte für Arbeitssachen müssen ggf. Rechtsfortbildung vornehmen, wenn eine gesetzliche Regelung planwidrig fehlt oder eine bestehende Regelung an die sich wandelnden Verhältnisse angepasst werden muss, weil der Gesetzgeber untätig geblieben ist. Die Rechtsfortbildung gehört zu den Aufgaben der Rspr.; sie darf allerdings nicht dazu führen, dass die Gerichte ihre eigene materielle Gerechtigkeitsvorstellung an die Stelle derjenigen des Gesetzgebers setzen. Die Aufgabe der Rspr. beschränkt sich vielmehr darauf, den vom Gesetzgeber festgelegten Sinn und Zweck eines Gesetzes unter gewandelten Bedingungen möglichst zuverlässig zur Geltung zu bringen oder eine planwidrige Regelungslücke mit den anerkannten Auslegungsmethoden zu füllen. Eine Interpretation, die als richterliche Rechtsfortbildung den Wortlaut des Gesetzes hintanstellt und sich über den klar erkennbaren Willen des Gesetzgebers hinwegsetzt, greift unzulässig in die Kompetenzen des demokratisch legitimierten Gesetzgebers ein (BVerfG 28.6.2014 – 1 BvR 1157/12). Ein Beispiel für eine unzulässige Rechtsfortbildung durch das BAG war die einschränkende Auslegung des Vorbeschäftigungsverbot in § 14 Abs. 2 S. 2 TzBfG (BVerfG 4.7.2018 – 1 BvR 3041/13). Als zulässig hat das BVerfG hingegen die vom BAG entwickelten Maßstäbe zur Beurteilung der Organisationsstärke einer Arbeitnehmervereinigung angesehen (BVerfG 31.5.2022 – 1 BvR 2387/21).

▶ Rechtsmittelbelehrung

Nach § 9 Abs. 5 S. 1 und 2 ArbGG müssen alle Entscheidungen der Gerichte für Arbeitssachen eine Belehrung enthalten, welches Rechtsmittel gegeben ist. Über die Möglichkeit zur Einlegung eines Einspruchs gegen ein → *Versäumnisurteil* ist nach § 59 ArbGG zu belehren, auf die Möglichkeit zur Einlegung einer → *Nichtzulassungsbeschwerde* ist hinzuweisen. Die Rechtsmittelbelehrung ist Bestandteil des Urteils und muss von der Unterschrift unter dem → *Urteil* erfasst sein. Sie ist dann ordnungsgemäß, wenn sie es den Parteien ermöglicht, sich allein aus der Belehrung über das für sie gegebene Rechtsmittel und das Gericht, bei dem das Rechtsmittel einzulegen ist, die Anschrift des Gerichts sowie die einzuhaltende Frist und Form zu informieren.

Ist die Rechtsmittelbelehrung nicht oder unrichtig erteilt, so ist die Einlegung des Rechtsmittels grds. innerhalb eines Jahres seit Zustellung der in vollständiger Form abgesetzten Entscheidung möglich (§ 9 Abs. 5 S. 4 ArbGG). Hiervon macht das BAG eine wichtige Ausnahme bei den Rechtsmittelfristen für die → *Berufung* und die → *Revision* und den entsprechenden Rechtsmitteln im → *Beschlussverfahren* (Beschwerde, Rechtsbeschwerde). Die Rechtsmittelfrist beginnt auch bei einer nicht vollständig abgesetzten Entscheidung spätestens nach Ablauf von fünf Monaten nach ihrer Verkündung. Dies bedeutet, auch wenn die beschwerte Partei bis zum Ablauf von fünf Monaten kein schriftlich begründetes Urteil/Beschluss erhalten hat, hat sie nur noch einen Monat Zeit zur Einlegung ihres Rechtsmittels (BAG 28.10.2004 – 8 AZR 492/03). Bei einer unrichtig erteilten Rechtsmittelbelehrung kann die → *Wiedereinsetzung in den vorherigen Stand* in Betracht kommen (BAG 16.1.2008 – 7 AZR 1090/06).

▶ Rechtsschutz

→ *Gewerkschaften;* → *Arbeitgeberverbände*

▶ Rechtsschutzversicherung

Die Leistungen einer Rechtsschutzversicherung umfassen grds. die Kosten für den eigenen Anwalt im Rahmen der gesetzlichen Gebührenordnung, die Gerichtskosten sowie Kosten für Gerichtsvollzieher, Kosten für Zeugen und Sachverständige sowie die erstattungsfähigen Kosten der Gegenseite. Je nach den Versicherungsbedingungen und den bei Abschluss der Rechtsschutzversicherung getroffenen Vereinbarungen werden auch die außergerichtliche Wahrnehmung und eine Mediation übernommen.

▶ REFA

→ *Akkord*

▶ Referenzprinzip

Dies ist – wie das → *Lohnausfallprinzip* – eine Berechnungsweise der Arbeitsvergütung, wenn der AN hierauf ohne Arbeitsleistung Anspruch hat. Beim Referenzprinzip wird zur Berechnung auf eine vorhergehende Lohnperiode (idR drei Monate) Bezug genommen und für diese der durchschnittliche Verdienst ermittelt, der für den Zeitraum ohne Arbeitsleistung zu zahlen ist (zB § 11 BUrlG; → *Urlaub*). Beim Referenzprinzip bleiben einmalige Zuwendungen (→ *Sonderzuwendungen*) aus von der Arbeitsleistung unabhängigem Anlass unberücksichtigt.

▶ Reisekosten

Reisekosten sind Kosten für beruflich veranlasste Tätigkeit außerhalb der Wohnung und der regelmäßigen Arbeitsstätte, also für Dienstreisen und Dienstgänge. Sie werden vom AG im Rahmen der Erforderlichkeit bei → *Dienstreisen* als → *Aufwendungen* erstattet. Gleiches gilt, wenn ein AG einen Bewerber zur Vorstellung aufgefordert hat und nicht erklärt hat, Fahrtkosten nicht zu übernehmen. Die Aufwendungen für Fahrten von seinem Wohnort zu seiner regelmäßigen Arbeitsstätte hat grds. der AN selbst und nicht sein AG zu tragen.

▶ Religion

→ *Allgemeines Gleichbehandlungsgesetz*

▶ Revision

Dies ist das Rechtsmittel, das sich im Wesentlichen gegen Berufungsurteile (→ *Berufung*) der Landesarbeitsgerichte (Ausnahme → *Sprungrevision*) an das BAG richtet. Sie ermöglicht nicht eine tatsächliche, sondern nur die **rechtliche Nachprüfung** der angefochtenen Entscheidung. Sie dient sowohl dem Interesse der Parteien als auch der Wahrung einer einheitlichen Rspr., die ihrerseits die Rechtssicherheit stärkt. Die Revision ist nur zulässig, wenn sie das LAG oder auf → *Nichtzulassungsbeschwerde* das BAG **zugelassen** hat (§ 72 ArbGG). Nach § 64 Abs. 3a ArbGG hat das LAG die Entscheidung, ob die Revision zugelassen oder nicht zugelassen wird oder nur beschränkt zugelassen wird, in den Urteilstenor aufzunehmen. Ist dies unterblieben, kann binnen zwei Wochen ab Verkündung des Urteils eine entsprechende Ergänzung des Urteils beantragt werden. Die Revisionszulassung kann auf einen Teil des Streitgegenstands beschränkt sein. Die Voraussetzungen für die Zulassung sind in § 72 Abs. 2 ArbGG (→ *Nichtzulassungsbeschwerde*) geregelt. Das BAG ist an die Zulassungsentscheidung des LAG gebunden.

Die **Revisionsfrist** beträgt einen Monat und die **Revisionsbegründungsfrist** beträgt zwei Monate (§ 74 Abs. 1 ArbGG), beide Fristen beginnen mit der Zustellung des in vollständiger Form abgesetzten Urteils, spätestens aber nach fünf Monaten nach der Verkündung. Die Revision kann nur durch einen → *Rechtsanwalt* oder Verbandsvertreter iSd § 11 Abs. 4 ArbGG eingelegt und begründet werden (→ *Arbeitsgerichtsbarkeit*). Eine ordnungsgemäße Revisionsbegründung erfordert eine hinreichende Auseinandersetzung mit der Begründung des Berufungsurteils (§ 551 ZPO). In der Revisionsinstanz sind Klageänderungen grds. unzulässig, möglich ist die Einlegung einer **Anschlussrevision** (§ 554 ZPO), wenn sie einen Lebenssachverhalt betrifft, der mit dem von der Revision erfassten Streitgegenstand in einem unmittelbaren rechtlichen oder wirtschaftlichen Zusammenhang steht (BAG 25.3.2021 – 2 AZR 508/19).

▶ Richterrecht

So heißen die durch die Rspr. entwickelten Rechtsgrundsätze, die namentlich im Arbeitsrecht sich vielfach gewohnheitsrechtlich wie Rechtsnormen durchsetzen. Beispiele für Richterrecht sind die Grundsätze, die das BAG für die Zulässigkeit eines → *Arbeitskampfes* und für die Maßstäbe zur Beurteilung der Organisationsstärke einer Arbeitnehmervereinigung (→ *Gewerkschaften*; BVerfG 31.5.2022 – 1 BvR 2387/21) entwickelt hat.

▶ Rückzahlungsklauseln

→ *Ausbildungskosten*; → *Sonderzuwendungen*

▶ Rufbereitschaft

→ *Arbeitszeit*

▶ Ruhepausen

→ *Arbeitszeit*

S

▶ Sachbezüge

Sachbezüge, früher auch als Naturalvergütung bezeichnet, sind Leistungen des AG, die er dem AN als **unmittelbare Gegenleistung für die Arbeitsleistung in anderer Form als in Geld** gewährt. Nach § 107 Abs. 2 GewO können AG und AN Sachbezüge als Teil des Arbeitsentgelts vereinbaren, wenn dies dem Interesse des AN oder der Eigenart des Arbeitsverhältnisses entspricht. Über den Wortlaut des § 107 Abs. 2 S. 1 GewO hinaus kann der „Sachbezug" auch in einer Dienstleistung des AG bestehen. Sachbezüge sind die Überlassung eines → *Dienstwagens* zur privaten Nutzung, der Haustrunk in Brauereien, Deputate in der Landwirtschaft und im Bergbau, verbilligter Wohnraum, Warengutscheine, aber auch → *Aktienoptionen* oder zur privaten Nutzung überlassene Handys sowie Notebooks. Zu den Sachbezügen gehören nicht die Überlassung von → *Arbeitskleidung* sowie deren Pflege und Ersatzbeschaffung durch den AG, wenn die Gestellung der ordnungsgemäßen Diensterfüllung dient und das Erscheinungsbild des Unternehmens durch die einheitliche und saubere Kleidung der AN verbessert werden soll. Maßgeblich ist nicht das individuelle Interesse des einzelnen AN, sondern das verständige, objektive Interesse eines AN in vergleichbarer Lage. Die geleisteten Gegenstände müssen – soweit nichts Anderes vereinbart ist – mittlerer Art und Güte sein (§ 243 Abs. 1 BGB). Kann der AG die Sachbezüge nicht gewähren oder der AN sie unverschuldeter Weise nicht entgegennehmen, so sind diese nach den Sachbezugswerten (§ 17 Abs. 6 BBiG) abzugelten (§ 19 Abs. 2 BBiG).

Der Vereinbarung von Sachbezügen sind in § 107 Abs. 2 S. 5 GewO zum Schutz des AN Grenzen gesetzt: Der Wert der vereinbarten Sachbezüge oder die Anrechnung der überlassenen Waren auf das Arbeitsentgelt darf die **Pfändungsfreigrenzen für Arbeitsentgelt** (§§ 850 ff. ZPO) nicht übersteigen. Dem AN muss der unpfändbare Teil seines Arbeitsentgelts „in Geld" ausgezahlt werden. Die Pfändungsgrenze für einen Vergütungsanspruch, der nach dem Arbeitsvertrag monatlich fällig wird, bestimmt sich dabei nach dem monatlichen Nettoeinkommen. Der Anspruch auf Mindestlohn (§ 1 MiLoG) kann nicht durch einen Sachbezug erfüllt werden.

Der AG darf dem AN gem. § 107 Abs. 2 S. 2 GewO **keine Waren auf Kredit** überlassen (sog. Truckverbot (→ *Arbeitsvergütung*)). Da nach § 107 Abs. 1 GewO das Arbeitsentgelt grds. in Geld zu bezahlen ist und § 107 Abs. 2 GewO hierfür genau definierte Ausnahmen vorsieht, ist eine Vereinbarung, die gegen § 107 Abs. 2 GewO verstößt, gem. § 134 BGB nichtig und lässt den Anspruch auf Leistung des Arbeitsentgelts nicht erlöschen.

▶ Sachverständige

→ *Betriebsratskosten*; → *Einigungsstelle*

▶ Saisonarbeit

Diese werden in Saisonbetrieben, die zu bestimmten Jahreszeiten, zB aus witterungs- oder sonstigen Gründen verstärkt Arbeitskräfte benötigen, abgeschlossen. Es handelt sich regelmäßig um → *befristete Arbeitsverträge*. Ein regelmäßig wiederkehrender Mehrbedarf kann die **Befristung** bei Saison- bzw. Kampagnebetrieben nach § 14 Abs. 1 S. 2 Nr. 1 TzBfG rechtfertigen, wenn nach Ablauf der Saison kein Bedürfnis mehr für die Beschäftigung des SaisonAN bis zum Beginn der neuen Saison besteht. Für SaisonAN mit einer Staatsangehörigkeit außerhalb der EU und des EWR bestehen nach § 15a BeschV Besonderheiten bei der Erteilung einer → *Arbeitsgenehmigung (Aufenthaltstitel)*.

▶ Scheinselbstständigkeit

Von Scheinselbstständigkeit wird dann gesprochen, wenn Erwerbstätige nach der Ausgestaltung ihrer Rechtsbeziehungen **wie Selbstständige behandelt** werden, tatsächlich jedoch **wie abhängig Beschäftigte arbeiten** und sich auch hinsichtlich ihrer sozialen Schutzbedürftigkeit nicht von diesen unterscheiden. Die Abgrenzung ist für die Sozialversicherung von großer Bedeutung. Nach § 7 Abs. 1 SGB IV ist Beschäftigung die nichtselbstständige Arbeit, insbesondere in einem Arbeitsverhältnis. Gem. § 2 Nr. 9 SGB VI sind in der gesetzlichen Rentenversicherung arbeitnehmerähnliche Selbständige versicherungspflichtig, **(1)** die im Zusammenhang mit ihrer selbständigen Tätigkeit keinen versicherungspflichtigen AN beschäftigen und **(2)** auf Dauer und im Wesentlichen nur für einen Auftraggeber tätig sind. Als AN gelten auch Personen, die berufliche Kenntnisse erwerben, dagegen nicht Personen, die als geringfügig Beschäftigte nach § 5 Abs. 2 S. 2 SGB VI auf die Versicherungsfreiheit verzichtet haben. Arbeitnehmerähnliche Selbständige können nach § 6 Abs. 1a SGB VI von der Versicherungspflicht befreit werden.

Die Beteiligten können schriftlich eine **Entscheidung beantragen,** ob eine sozialversicherungsrechtliche Beschäftigung vorliegt, es sei denn, es ist bereits ein Amtsermittlungsverfahren eingeleitet worden. Über den Antrag entscheidet die Deutsche Rentenversicherung aufgrund der Gesamtwürdigung aller Umstände (§ 7a Abs. 2 SGB IV). Sie teilt den Beteiligten schriftlich mit, welche Angaben und Unterlagen sie benötigt und hat ihnen rechtliches Gehör zu gewähren (§ 7a Abs. 4 SGB IV). Wird der Antrag innerhalb eines Monats seit Aufnahme der Arbeit gestellt, tritt die Versicherungspflicht mit der Bekanntgabe der Entscheidung ein, wenn die erwerbsmäßig tätige Person zustimmt und anderweitig Vorsorge für die soziale Absicherung getroffen worden ist (§ 7a Abs. 6 SGB IV). Gegen die Entscheidung können Widerspruch und Klage zu den Sozialgerichten erhoben werden. Weitere Einzelheiten ergeben sich aus §§ 7b, 7c SGB IV.

▶ Schiedsgerichtliche Verfahren

Die Tarifvertragsparteien können für zwischen ihnen anhängig werdende Rechtsstreitigkeiten über Bestand und Auslegung eines → *Tarifvertrags* die → *Arbeitsgerichtsbarkeit* ausschließen und die Zuständigkeit eines Schiedsgerichtes vereinbaren (§ 101 Abs. 1 ArbGG). Ein Schiedsverfahren kann für Rechtsstreitigkeiten aus einem dem TV unterliegenden Arbeitsverhältnis vereinbart werden, wenn der persönliche → *tarifliche Geltungsbereich* überwiegend **Bühnenkünstler, Filmschaffende** oder **Artisten** umfasst (§ 101 Abs. 2 S. 1 ArbGG). Nicht der → *Tarifbindung* unterliegende Arbeitsvertragsparteien können eine Schiedsabrede ausdrücklich und schriftlich dann treffen, wenn sich ihr Arbeitsverhältnis nach einem derartigen TV richtet (§ 101 Abs. 2 S. 3 ArbGG). Die Schiedsabrede begründet im arbeitsgerichtlichen Verfahren eine prozesshindernde Einrede (§ 102 ArbGG).

Das Schiedsgericht muss aus **einer gleichen Zahl von AN und AG** bestehen; außerdem können ihm Unparteiische angehören (§ 103 ArbGG). Sein Verfahren richtet sich nach §§ 105–110 ArbGG. Es muss rechtsstaatlichen Grundsätzen genügen; im Übrigen unterliegt es nur der beschränkten gerichtlichen Kontrolle. Danach sind die Parteien vor Fällung des Schiedsspruches **mündlich anzuhören** (§ 105 Abs. 1 ArbGG). Das Schiedsgericht kann **Beweise** erheben; jedoch werden Zeugen und Sachverständige uneidlich vernommen. Kann es eine Beweiserhebung nicht durchführen, so ersucht es darum den örtlich zuständigen Vorsitzenden des → *Arbeitsgerichts* oder das örtlich zuständige Amtsgericht (§ 106 ArbGG). Das Verfahren endet mit einem **Vergleich** (§ 107 ArbGG) oder einem zu begründenden **Schiedsspruch** (§ 108 ArbGG). Dieser ist den Parteien zuzustellen; eine Ausfertigung soll beim zuständigen ArbG hinterlegt werden. Eine Vollstreckung aus Vergleich oder Schiedsspruch findet nur statt, wenn er von dem Vorsitzenden des zuständigen ArbG für vollstreckbar erklärt worden ist (§ 109 ArbGG).

▶ Schlechtleistung

Dies ist eine mit Mängeln behaftete Arbeitsleistung. Auch eine verschuldete Schlechtleistung führt bei zeitbestimmter → *Arbeitsvergütung* (Gehalt, Stundenlohn) grds. nicht zu deren Minderung. Der AG kann jedoch mit seinen Schadensersatzansprüchen im Rahmen der Vorschriften über die → *Pfändung von Arbeitseinkommen (Verfahren)* die → *Aufrechnung* gegen die Forderung des AN erklären (→ *Haftung des Arbeitnehmers*).

▶ Schleppnetzantrag

→ *Kündigungsschutzklage*

▶ Schmerzensgeld

Als Schmerzensgeld wird der Ersatz für die Zufügung von immateriellen Schäden bezeichnet. Nach Aufhebung von § 847 BGB findet sich die Regelung bei dem Umfang des zu ersetzenden Schadens in § 253 BGB. Nach § 253 Abs. 1 BGB können Entschädigungen in Geld wegen eines Schadens, der nicht Vermögensschaden ist, nur in den durch das Gesetz bestimmten Fällen gefordert werden. Außerdem kann immaterieller Schadensersatz verlangt werden, wenn eines der in § 253 Abs. 2 BGB aufgezählten Rechtsgüter verletzt wurde. Dazu gehören die Verletzung des Körpers, der Gesundheit, der Freiheit oder der sexuellen Selbstbestimmung (→ *Allgemeines Gleichbehandlungsgesetz*, → *Mobbing*). Nach der Rspr. kann eine Entschädigung bei einer Verletzung des Persönlichkeitsrechts zu zahlen sein. Dies setzt allerdings eine schwerwiegende Verletzung des allgemeinen → *Persönlichkeitsrechts* bzw. ein schweres Verschulden des Handelnden voraus. Geringfügige Eingriffe in das Persönlichkeitsrecht lösen keine Entschädigungsansprüche aus (BAG 21.2.2013 – 8 AZR 68/12).

▶ Schmiergelder

→ *Treuepflicht (Nebenpflichten des Arbeitnehmers)*

► Schriftform

Das BGB kennt als besondere Formvorschriften für das Zustandekommen von Rechtsgeschäften die **(1)** Schriftform, die durch die elektronische Form (§ 126a BGB) ersetzt werden kann, sofern nichts anderes bestimmt ist (§ 126 BGB), **(2)** Textform (§ 126b BGB), **(3)** öffentliche Beglaubigung der Unterschrift (§ 129 BGB) und **(4)** notarielle Beurkundung (§ 128 BGB).

Die **Schriftform** dient der Beweiserleichterung, dem Schutz vor übereilten Entscheidungen und der Inhaltsklarheit. Ist sie gesetzlich vorgeschrieben, muss die Urkunde von dem Aussteller **eigenhändig** durch Namensunterschrift oder mittels notariell beglaubigten Handzeichens **räumlich abgeschlossen** werden. Ein Vertrag muss beiderseits auf derselben Urkunde unterzeichnet werden. Wurden über den Vertrag mehrere gleichlautende Urkunden aufgenommen, reicht es aus, wenn die eine Partei die für die andere Partei bestimmte Urkunde unterzeichnet. Soll die gesetzliche Form durch die elektronische Form zulässigerweise ersetzt werden, muss der Aussteller der Erklärung seinen Namen hinzufügen und das elektronische Dokument mit einer qualifizierten elektronischen Signatur versehen. Bei einem Vertrag müssen die Parteien jeweils ein gleichlautendes Dokument in dieser Weise signieren.

Das Gesetz schränkt die Verwendung der **elektronischen Form** im Arbeitsrecht stark ein. Sie ist nicht zulässig für die → *Kündigung* und einen → *Aufhebungsvertrag* (§ 623 BGB), wohl aber für eine Befristungsabrede (§ 14 Abs. 4 TzBfG). Auch die Zeugniserteilung (§ 109 Abs. 3 GewO, § 630 S. 3 BGB) und der Nachweis der wesentlichen Arbeitsbedingungen (§ 2 Abs. 1 S. 3 NachwG) kann nicht in elektronischer Form erfolgen. Ob bei fehlendem Ausschluss diese Form stets zulässig ist, ist umstritten. So ist zweifelhaft, ob → *Tarifverträge* und → *Betriebsvereinbarungen* in elektronischer Form wirksam abgeschlossen werden können.

Die Verwendung der **Textform** (§ 126b BGB) durch Telefax, Telegramm, Fernschreiben, E-Mail und Computerfax ist zur Wahrung der Schriftform als ausreichend angesehen worden bei der Zustimmungsverweigerung nach § 99 Abs. 2 S. 1 BetrVG (BAG 9.12.2008 – 1 ABR 79/07) oder der „schriftlichen" Geltendmachung einer Forderung zur Einhaltung von → *Verfallfristen* (BAG 7.7.2010 – 4 AZR 549/78).

Wird gegen eine gesetzliche Formvorschrift verstoßen, ist das ihr unterworfene Rechtsgeschäft grds. **unwirksam** (§ 125 BGB). Dieselbe Rechtsfolge tritt bei der Nichtbeachtung einer vereinbarten Schriftform ein.

In Arbeitsverträgen (nicht: TV) sind Klauseln unwirksam (§ 309 Nr. 13 Buchst. b BGB), die Anzeigen oder Erklärungen, die dem Verwender oder einem Dritten gegenüber abzugeben sind, an eine strengere Form als die Textform binden. Deshalb sind arbeitsvertragliche Klauseln über → *Verfallfristen* unwirksam, wenn sie eine „schriftliche" Geltendmachung verlangen. Man kann eine derartige Regelung zwar auch so verstehen, dass eine Geltendmachung in Textform ausreicht. Diese Verständnismöglichkeit allein macht eine solche Regelung aber nicht transparent. Die Klausel macht nicht mit der gebotenen Eindeutigkeit deutlich, dass eine Geltendmachung in Textform ausreicht. *(KB)*

► Schuldanerkenntnis

Man unterscheidet zwei Formen des Schuldanerkenntnisses. Soll es kein neues Schuldverhältnis begründen, sondern nur die bestehende Rechtsbeziehung abschließend festlegen, spricht man von einem **deklaratorischen Schuldanerkenntnis,** für dessen Abgabe kein besonderes Formerfordernis besteht. Es schließt alle Einwendungen für die Zukunft aus, die der Schuldner bei der Abgabe kannte. Das **konstitutive Schuldanerkenntnis** schafft unabhängig von dem bestehenden Schuldgrund eine neue, selbstständige, von der ursprünglichen Schuldbeziehung losgelöste Verpflichtung. Es bedarf der Schriftform (§ 781 BGB; Ausnahme: § 782 BGB). Die elektronische Form ist ausgeschlossen. Welche Art von Schuldanerkenntnis gewollt ist, ergibt sich im Wege der Auslegung. Ist auf das Grundgeschäft in irgendeiner Weise Bezug genommen worden, handelt es sich regelmäßig um ein deklaratorisches Schuldanerkenntnis. Ein durch widerrechtliche Drohung erzwungenes Schuldanerkenntnis kann angefochten werden (→ *Anfechtung*). Eine Gehaltsabrechnung enthält kein abstraktes Schuldanerkenntnis. Sie kann aber, wenn sie keinen

Vorbehalt enthält, dazu führen, dass die Berufung des AG auf den zwischenzeitlichen Ablauf einer → *Verfallfrist* hinsichtlich des abgerechneten Anspruchs als treuwidrig und deshalb wirkungslos zu bewerten ist.

► Schulungsveranstaltungen

→ *Betriebsratsmitglieder*

► Schutzkleidung

→ *Arbeitskleidung*

► Schwangerschaft

→ *Mutterschutz*

► Schwangerschaftsabbruch

Die Rechtswidrigkeit eines Schwangerschaftsabbruchs richtet sich nach § 218a StGB. Tritt infolge eines nicht rechtswidrigen Schwangerschaftsabbruchs Arbeitsunfähigkeit ein, besteht nach § 3 Abs. 2 EFZG Anspruch auf → *Entgeltfortzahlung im Krankheitsfall.* Medizinisches Personal, das angewiesen wird, an einem Schwangerschaftsabbruch mitzuwirken, kann sich auf seine Gewissensfreiheit berufen, muss aber, wenn ihm keine andere Arbeit zugewiesen werden kann, mit einer → *Kündigung* des Arbeitsverhältnisses rechnen. Das öffentliche Eintreten für die Vornahme von Schwangerschaftsabbrüchen kann bei einem in einer Einrichtung der → *Kirche* beschäftigten Arzt einen Kündigungsgrund darstellen. *(OKK)*

► Schwarzarbeit

Nach dem Gesetz zur Bekämpfung der Schwarzarbeit und illegalen Beschäftigung (SchwarzArbG) handelt ordnungswidrig, wer Dienst- oder Werkleistungen erbringt oder ausführen lässt, obwohl er

- als AG, Unternehmer oder versicherungspflichtiger Selbstständiger seine deshalb bestehenden sozialversicherungsrechtlichen Melde-, Beitrags- oder Aufzeichnungspflichten nicht erfüllt,

- als Steuerpflichtiger seine sich daraus ergebenden steuerlichen Pflichten nicht erfüllt,
- als Empfänger von Sozialleistungen seine im Hinblick darauf geschuldeten Mitteilungspflichten gegenüber dem Sozialleistungsträger nicht erfüllt,
- als Erbringer von Dienst- oder Werkleistungen seiner sich daraus ergebenden Verpflichtung zur Anzeige vom Beginn des selbstständigen Betriebs eines stehenden Gewerbes (§ 14 GewO) nicht nachgekommen ist oder die erforderliche Reisegewerbekarte (§ 55 GewO) nicht erworben hat,
- mit seinen Tätigkeiten ein zulassungspflichtiges Handwerk als stehendes Gewerbe selbstständig betreibt, ohne in die Handwerksrolle eingetragen zu sein (§ 1 HwO).

Schwarzarbeit kann mit einer Geldbuße bis zu 300.000 EUR geahndet werden. Keine Schwarzarbeit iSd Gesetzes liegt vor bei Leistungen, die nicht nachhaltig auf Gewinn gerichtet sind und von nahen Angehörigen iSd § 15 AO, aus **Gefälligkeit,** im Wege der **Nachbarschaftshilfe** erbracht werden oder durch Selbsthilfe iSd § 36 Abs. 2, 4 2. WohnungsbauG und des § 12 Abs. 1 S. 2 WohnraumförderungsG. Die Leistung von Schwarzarbeit eines anderweit fest angestellten AN kann in diesem Arbeitsverhältnis als unerlaubte Konkurrenztätigkeit Grund zur außerordentlichen → *Kündigung* sein. Wird sie von einem AN während des Urlaubs geleistet, kann sie dessen AG zur Rückforderung des Urlaubsentgelts berechtigen (§ 8 BUrlG).

Die **Verträge zwischen Auftraggeber und Schwarzarbeiter** sind nichtig. Der Schwarzarbeiter kann deshalb eine Entgeltvereinbarung nicht durchsetzen. Allenfalls ein Anspruch auf Wertersatz nach § 812 BGB kommt in Betracht. Bei mangelhafter Leistung oder vorzeitiger Arbeitseinstellung hat der Auftraggeber gegen den Schwarzarbeiter keine Gewährleistungs- oder Schadensersatzansprüche. Verursacht der Schwarzarbeiter einen Schaden, kommt es für eine etwaige Haftung auf die Fachkompetenz an, über die er verfügt. Der Unternehmer, der Schwarzarbeiter beschäftigt, kann von öffentlichen Aufträgen ausgeschlossen werden (§ 21 SchwarzArbG). Der Schwarzarbeit soll durch erweiterte Meldepflichten und die Pflicht zur Vorlage des Sozialversicherungsausweises begegnet werden.

Wird in einem Arbeitsverhältnis vereinbart, dass das Arbeitsentgelt ohne Berücksichtigung von Steuern und Sozialversicherungsbeiträgen ausgezahlt werden soll, liegt entgegen dem allgemeinen Sprachgebrauch kein (nichtiges) Schwarzarbeitsverhältnis iSd SchwarzArbG vor (BAG 26.2.2003 – 5 AZR 690/01). Lediglich die Zahlungsvereinbarung ist teilweise unwirksam. Ggf. nachträglich zu entrichtende Steuern und Sozialabgaben werden geschuldet, als sei eine Nettolohnvereinbarung getroffen worden (§ 14 Abs. 2 S. 2 SGB IV; BAG 17.3.2010 – 5 AZR 301/09). § 14 Abs. 2 S. 2 SGB IV ist aber nicht im Arbeitsverhältnis anzuwenden. Zwischen den Parteien eines solchen Arbeitsvertrags wird keine (höhere) Bruttolohnvereinbarung fingiert. Deshalb werden zB die an die Sozialkassen des Baugewerbes zu zahlenden Beiträge auch nur nach der vereinbarten Vergütung berechnet. Der AG schuldet dem AN nur das, was beide miteinander – teilunwirksam – vereinbart haben. Die sonstigen arbeitsvertraglichen Pflichten sind so zu erfüllen wie in jedem anderen Arbeitsverhältnis. *(KB)*

► Schweigepflicht

→ Betriebsratsmitglieder; → Treuepflicht (Nebenpflichten des Arbeitnehmers)

► Schwerbehinderte Menschen

I. Beginn und Ende des Schutzes von schwerbehinderten Menschen

1. Begriff des schwerbehinderten Menschen

Menschen mit Behinderungen sind Menschen, die körperliche, seelische, geistige oder Sinnesbeeinträchtigungen haben, die sie in Wechselwirkung mit einstellungs- und umweltbedingten Barrieren an der gleichberechtigten Teilhabe an der Gesellschaft mit hoher Wahrscheinlichkeit länger als sechs Monate hindern können (§ 2 Abs. 1 SGB IX). Schwerbehinderte Menschen iSd SGB IX sind alle Personen, bei denen (**a**) eine Behinderung iSd § 2 Abs. 1 SGB IX vorliegt, (**b**) der GdB wenigstens 50 beträgt und (**c**) wenn sie rechtmäßig im Geltungsbereich des SGB IX wohnen, sich aufhalten oder einer Beschäftigung als AN nachgehen (§ 2 Abs. 2 SGB IX). Der Schutz des SGB IX kommt daher auch ausländischen AN zugute.

2. Gleichgestellte

Den schwerbehinderten Menschen gleichgestellt sind Personen (§ 2 Abs. 3 SGB IX), (**a**) bei denen eine Behinderung vorliegt, (**b**) der GdB weniger als 50 aber wenigstens 30 beträgt, (**c**) die sich rechtmäßig im Bereich der Bundesrepublik aufhalten, (**d**) deren Behinderung festgestellt ist, (**e**) die einen Antrag bei der Agentur für Arbeit auf Gleichstellung gestellt haben und (**f**) die ohne Gleichstellung infolge ihrer Behinderung einen geeigneten Arbeitsplatz nicht erlangen oder behalten können. Die Gleichstellung wird wirksam mit dem Tag des Eingangs des Antrags; sie kann zeitlich befristet werden. Die Gleichgestellten haben dieselben Rechte wie ein schwerbehinderter AN mit Ausnahme des Rechts auf Zusatzurlaub und unentgeltliche Beförderung (§ 151 Abs. 3 SGB IX).

3. Behinderung

Der Begriff „Menschen mit Behinderungen" ist mWv 1.1.2018 neu gefasst. Er orientiert sich an der Internationalen Klassifikation der Funktionsfähigkeit, Behinderung und Gesundheit (ICF) der Weltgesundheitsorganisation (WHO). Bei diesem wird Behinderung nicht durch die individuelle Funktionsstörung, sondern durch die **Beeinträchtigung an der gesellschaftlichen Teilhabe** definiert. Menschen mit Behinderungen haben langfristige körperliche, seelische, geistige oder Sinnesbeeinträchtigungen, die sie in Wechselwirkung mit verschiedenen Barrieren an der vollen, wirksamen und gleichberechtigten Teilhabe an der Gesellschaft hindern können. Nach dem Wechselwirkungsansatz manifestiert sich die Behinderung erst durch gestörte oder nicht entwickelte Interaktion zwischen dem Individuum und seiner materiellen und sozialen Umwelt. Zu den einstellungsbedingten Barrieren können auch Vorurteile oder Ängste gehören, die Menschen mit Behinderungen beeinträchtigen. Eine Gesundheitsstörung kann auch darin liegen, dass die (gesellschaftliche) Teilhabe durch das Verhalten anderer beeinträchtigt wird. Zu den umweltbedingten Barrieren gehören vor allem bauliche Barrieren wie ein barrierefreier Zugang zum ÖPNV und zu öffentlichen und privaten Gebäuden. Der Hinweis auf die Sinnesbeeinträchtigung dient der Klarstellung und soll nicht zu einer Ausweitung des Behinderungsbegriffs führen. Aus § 2 Abs. 1 S. 2 SGB IX folgt, dass eine

Beeinträchtigung nur vorliegt, wenn der Körper- und Gesundheitszustand von dem für das Lebensalter typischen Zustand abweicht. Damit soll ausgeschlossen werden, dass etwa altersbedingte Erkrankungen idR als Behinderung anerkannt werden (BT-Drs. 18/9522, 227). Die unionsrechtliche Konzeption und die des nationalen Rechts sind nicht vollständig identisch. Nach dem EuGH ist der Begriff der Behinderung auf Beeinträchtigungen der wirksamen Teilhabe am Berufsleben beschränkt (EuGH 18.12.2014 – C-354/13), während die Behindertenbegriffe des SGB IX bzw. der UN-BRK auch auf die gesellschaftliche Teilhabe abstellen. Offensichtlich vorübergehende Störungen führen nach § 2 Abs. 2 S. 2 SGB IX zu keiner Behinderung, während nach dem Verständnis des Unionsrechts die nationalen Gerichte im Einzelfall entscheiden müssen, wann eine Einschränkung „langfristig“ ist. Danach ist der nationale Behindertenbegriff zulasten der behinderten Menschen enger als das supranationale Begriffsverständnis, soweit er eine Abweichung von dem für das Lebensalter typischen Zustand verlangt, alterstypische Einschränkungen also stets nicht als Behinderung ansieht. Nach § 2 Abs. 1 S. 3 SGB IX ist es ausreichend, dass eine solche Beeinträchtigung eintreten kann.

4. Nachweis der Behinderung

Um dem behinderten Menschen den Nachweis seiner Rechte zu erleichtern, wird auf seinen Antrag von den für die Durchführung des BVG zuständigen Behörden, also den Versorgungsämtern, der **Grad der Behinderung** nach den Grundsätzen von § 30 Abs. 1 BVG festgestellt. Liegen mehrere Behinderungen vor, sind die Gesamtwirkungen der Behinderungen abzuschätzen (§ 152 Abs. 3 SGB IX). Eine Feststellung wird nicht getroffen, wenn eine Feststellung über das Vorliegen einer Behinderung und den Grad einer auf ihr beruhenden Minderung der Erwerbsfähigkeit schon in einem Rentenbescheid oder einer entsprechenden Verwaltungs- oder Gerichtsentscheidung oder einer vorläufigen Bescheinigung festgestellt ist, es sei denn, dass der Behinderte ein Interesse an anderweitiger Feststellung glaubhaft macht (zB Verschlimmerung). Die Feststellung des Grades der Erwerbsminderung hat im Interesse einer einheitlichen Sozialvorsorge nicht nur Bedeutung für das SGB IX. Indes hat die

Feststellung nur deklaratorische Wirkung, dh der Schwerbehindertenschutz kann unabhängig von einer entsprechenden Feststellung bestehen und dem AG im Rahmen eines Prozesses nachgewiesen werden (umstritten). Auf Antrag des Behinderten stellt das Versorgungsamt nach einer unanfechtbar gewordenen Feststellung einen **Schwerbehindertenausweis** aus. Der Ausweis dient zum Nachweis für die Inanspruchnahme von Rechten nach dem SGB IX und von Vergünstigungen, die schwerbehinderten Menschen nach anderen gesetzlichen Bestimmungen zustehen. Für Streitigkeiten über die Feststellung des Grades der Behinderung sowie Ausstellung, Berichtigung und Einziehung des Ausweises sind die Sozialgerichte zuständig (§ 51 Abs. 4 SGG).

5. Erlöschen des Schutzes von schwerbehinderten Menschen

Der Schutz schwerbehinderter AN erlischt, (**a**) wenn die Voraussetzungen von § 2 Abs. 2 SGB IX (oben I. 1.) entfallen, (**b**) bei Verringerung des GdB auf weniger als 50 jedoch erst am Ende des dritten Kalendermonats nach Eintritt der Unanfechtbarkeit des Feststellungsbescheides (oben I. 4.). Bei Einlegung von Rechtsmitteln kann der Wegfall des Schutzes später eintreten. Der gesetzliche Schutz der Gleichgestellten erlischt mit dem Widerruf oder der Rücknahme der Gleichstellung. Der Widerruf der Gleichstellung ist zulässig, wenn die Voraussetzungen nach § 2 SGB IX (oben I. 2.) weggefallen sind. Er wird erst am Ende des dritten Kalendermonats nach Eintritt seiner Unanfechtbarkeit wirksam (§ 199 Abs. 2 SGB IX). Widerrufen werden kann ein rechtmäßiger Verwaltungsakt der Gleichstellung; eine Rücknahme kommt bei rechtswidrigem Verwaltungsakt in Betracht (§§ 48, 49 VwVfG). Bis zum Erlöschen des Schutzes werden die schwerbehinderten AN auf die im Rahmen der Pflichtzahl Beschäftigten (unter II. 1.) angerechnet. Einem schwerbehinderten AN kann durch das Integrationsamt vorübergehend der Schutz des SGB IX entzogen werden, wenn er einen zumutbaren Arbeitsplatz ohne berechtigten Grund aufgibt oder zurückweist, sich grundlos weigert, an Maßnahmen der Rehabilitation teilzunehmen oder sonst durch sein Verhalten seine Eingliederung in Beruf und Arbeit schuldhaft vereitelt (§ 200 SGB IX).

II. Pflichten des Arbeitgebers

1. Beschäftigungspflicht

Alle privaten und öffentlichen AG, die jahresdurchschnittlich über mindestens 20 Arbeitsplätze verfügen, haben auf wenigstens 5% der Arbeitsplätze schwerbehinderte AN zu beschäftigen (§ 154 Abs. 1 SGB IX). Durch RechtsVO des zuständigen Ministeriums wird die Pflichtquote jährlich im BAnz. bekannt gemacht. Im Rahmen ihrer Beschäftigungspflicht haben AG schwerbehinderte AN angemessen zu beschäftigen, (**a**) die nach Art und Schwere ihrer Behinderung im Arbeits- und Berufsleben besonders betroffen sind, insbesondere solche (**aa**) die bei der Ausübung ihrer Beschäftigung auf fremde Hilfe angewiesen sind, (**bb**) deren Beschäftigung mit besonderen Aufwendungen verbunden ist, (**cc**) die wegen ihrer Behinderung eine wesentlich verminderte Arbeitsleistung erbringen, (**dd**) bei denen ein Grad der Behinderung von wenigstens 50 allein infolge geistiger oder seelischer Behinderung oder eines Anfallsleidens vorliegt, (**ee**) die wegen der Schwere der Behinderung keine abgeschlossene Berufsausbildung haben; (**b**) die das 50. Lebensjahr vollendet haben (§ 155 Abs. 1 SGB IX). Arbeitsplätze iSd SGB IX sind solche, auf denen AN, Beamte, Richter sowie → *Auszubildende* und andere zur beruflichen Bildung Beschäftigte eingestellt werden (§ 156 Abs. 1 SGB IX). Nicht zu den mitzuzählenden Arbeitsplätzen zählen die in § 154 Abs. 2, 3 SGB IX aufgezählten Stellen. Die Einzelheiten der Berechnungsmethode ergeben sich aus §§ 157–159 SGB IX.

Soweit private oder öffentliche AG die vorgeschriebene Zahl schwerbehinderter Menschen nicht beschäftigen, haben sie für jeden unbesetzten Pflichtplatz monatlich eine **Ausgleichsabgabe** zu entrichten (vgl. dazu Schwerbehinderten-Ausgleichsabgabeverordnung vom 28.3.1988 (BGBl. I 484)). Die Ausgleichsabgabe wird auf der Grundlage einer jahresdurchschnittlichen Beschäftigungsquote ermittelt, indem aus den monatlichen Beschäftigungsdaten der Mittelwert der Beschäftigungsquote eines Kalenderjahres gebildet wird. Die Ausgleichsabgabe ist je nach Beschäftigungsquote zwischen 125 bis 320 EUR gestaffelt (§ 160 SGB IX). Sie ist vom AG jährlich im Wege der Selbstveranlagung zugleich mit der nach § 163 Abs. 2 SGB IX (unter

II. 2.) zu erstattenden Anzeige an das Integrationsamt abzuführen. Die Ausgleichsabgabe ist zweckgebunden und darf nur für die Arbeits- und Berufsförderung schwerbehinderter Menschen sowie für Leistungen zur nachgehenden Hilfe im Arbeitsleben verwandt werden. 45% der Ausgleichsabgabe werden von den Integrationsämtern an einen beim zuständigen Ministerium errichteten Ausgleichsfonds abgeführt.

2. Anzeige-, Duldungs- und Nachweispflichten

Der AG hat gegenüber der Agentur für Arbeit eine Reihe von Anzeige-, Nachweis- und Duldungspflichten. Er hat (**a**) ein Verzeichnis der schwerbehinderten Menschen, Gleichgestellten und anzurechnenden AN zu führen (§ 163 Abs. 1 SGB IX), (**b**) einmal jährlich bis zum 31.3. für das vorausgegangene Kalenderjahr die Zahl der Arbeitsplätze und der schwerbehinderten Menschen sowie die Höhe der Ausgleichsabgabe mitzuteilen. Der Anzeige ist eine Durchschrift für das Integrationsamt beizufügen. Eine weitere Abschrift ist jährlich der ANvertretung, der Schwerbehindertenvertretung und dem Beauftragten (unter IV.) des AG (§ 163 Abs. 2 SGB IX) auszuhändigen, (**c**) die zur Durchführung des Gesetzes notwendigen Auskünfte zu erteilen (§ 163 Abs. 5 SGB IX), (**d**) der BA und dem Integrationsamt Zutritt und Einsicht in den Betrieb zu gestatten (§ 163 Abs. 7 SGB IX), (**e**) die Vertrauensleute der schwerbehinderten Menschen und den Beauftragten unverzüglich der Agentur für Arbeit und dem Integrationsamt zu melden (§ 163 Abs. 7 SGB IX).

3. Pflicht zur Einstellung

Bei Besetzung freier Arbeitsplätze haben die AG besonders zu prüfen, ob schwerbehinderte Menschen, insbesondere mit bei der Agentur für Arbeit gemeldeten schwerbehinderte Menschen, beschäftigt werden können (§ 164 Abs. 1 S. 1 SGB IX). Die Bewerbungen sind mit der Schwerbehindertenvertretung zu erörtern und mit seiner Stellungnahme dem BR bzw. Personalrat zuzuleiten. Hiervon kann nur dann abgesehen werden, wenn der Bewerber auf die Einschaltung der Schwerbehindertenvertretung ausdrücklich verzichtet (§ 164 Abs. 1 S. 10 SGB IX). Der AN braucht bei seiner Einstellung nur dann auf seine Behinderung hinzuweisen, wenn er ihretwegen die Arbeit nicht ausführen kann. Die vor der Einstellung gestellte Frage des AG nach einer Behinderung oder einer anerkannten Schwerbehinderung ist unzulässig, der AN muss sie nicht wahrheitsgemäß beantworten. Der Grund hierfür ist die mögliche Benachteiligung des schwerbehinderten Menschen bei der Begründung des Arbeitsverhältnisses wegen seiner Behinderung. Erst nachdem der Arbeitsvertrag abgeschlossen ist, darf der AG nach einer anerkannten Schwerbehinderung fragen; in diesem Fall muss die Frage auch wahrheitsgemäß beantwortet werden (BAG 16.2.2012 – 6 AZR 553/10). Die AG sind verpflichtet, durch geeignete Maßnahmen sicherzustellen, dass in ihren Betrieben und Dienststellen wenigstens die vorgeschriebene Zahl schwerbehinderter Menschen eine möglichst dauerhafte behinderungsgerechte Beschäftigung finden kann (§ 164 Abs. 3 SGB IX).

4. Berufliche Förderungspflicht und Diskriminierungsverbot

Das SGB IX will nicht nur eine Einstellung, sondern auch die Beschäftigung und den beruflichen Aufstieg der schwerbehinderten AN fördern (§ 164 Abs. 4 SGB IX). Diese haben **(a)** einen einklagbaren Anspruch auf eine Beschäftigung, in der sie ihre Fähigkeiten und Kenntnisse möglichst voll verwerten und weiterentwickeln können (Nr. 1). Dies kann dazu führen, dass der schwerbehinderte AN, der nicht mehr in der Lage ist, seine bisherige vertraglich geschuldete Tätigkeit auszuüben, einen Anspruch auf eine seinen Fähigkeiten und Kenntnissen entsprechende Beschäftigung hat, wenn dem AG ein entsprechender freier Arbeitsplatz zur Verfügung steht. Der AG ist nicht zur Einrichtung eines zusätzlichen Arbeitsplatzes verpflichtet. **(b)** Bei betrieblichen Bildungsmaßnahmen sind schwerbehinderte AN bevorzugt zu berücksichtigen (Nr. 2). **(c)** Die außerbetriebliche Bildung, die insbesondere durch das Integrationsamt gefördert werden soll (§ 164 Abs. 4 S. 1 Nr. 3 SGB IX), ist zu erleichtern. Schließlich sind die AG **(d)** verpflichtet, Arbeitsräume, Betriebsvorrichtungen, Maschinen und Gerätschaften unter besonderer Berücksichtigung der Unfallgefahr einzurichten und zu unterhalten sowie die **Arbeitsplätze** mit den erforderlichen technischen Mitteln auszustatten (§ 164 Abs. 4 S. 1 Nr. 4, 5 SGB IX). Die Einrichtung von Teilzeitarbeitsplätzen ist zu fördern (§ 164 Abs. 5 SGB IX).

(**e**) Bei Eintreten von personen-, verhaltens- oder betriebsbedingten Schwierigkeiten im Arbeitsverhältnis, die zu seiner Gefährdung führen können, muss der AG möglichst frühzeitig die **Schwerbehindertenvertretung** und die in § 176 SGB IX genannten Vertretungen einschalten (§ 167 Abs. 1 SGB IX). AG dürfen schwerbehinderte AN **nicht wegen ihrer Behinderung benachteiligen.** Ein schwerbehinderter AN darf bei einer Vereinbarung oder einer Maßnahme, beim beruflichen Aufstieg, bei einer Weisung oder einer Kündigung, nicht wegen seiner Behinderung benachteiligt werden. Die Rechte der schwerbehinderten AN richten sich dabei nach dem → *Allgemeinen Gleichbehandlungsgesetz* (AGG).

5. Arbeitsvergütung, Zusatzurlaub

Bei der Bemessung der Arbeitsvergütung der schwerbehinderten AN aus einem bestehenden Arbeitsverhältnis dürfen Renten und Leistungen, die wegen der Behinderung bezahlt werden, nicht berücksichtigt werden (§ 206 SGB IX). Dies gilt nicht für Übergangsgelder. Aus § 206 SGB IX folgt aber keine Pflicht zur Fortzahlung der Vergütung, wenn der schwerbehinderte AN aus gesundheitlichen Gründen die arbeitsvertraglich geschuldete Leistung nicht mehr erbringen kann. Schwerbehinderte AN haben einen Anspruch auf einen **Zusatzurlaub** von fünf Arbeitstagen im Urlaubsjahr. Verteilt sich die regelmäßige Arbeitszeit des schwerbehinderten AN auf weniger oder mehr als fünf Arbeitstage in der Kalenderwoche, erhöht oder vermindert sich der Zusatzurlaub entsprechend (§ 208 SGB IX). Die gesetzlichen Vorschriften über die Wartezeit und die Zwölftelung des Mindesturlaubs sind auf den Zusatzurlaub im Ein- und Austrittsjahr anzuwenden. Der schwerbehinderte AN, der die Wartefrist nach § 4 BUrlG für den gesetzlichen Mindesturlaub erfüllt hat, erwirbt den vollen Zusatzurlaubsanspruch auch dann, wenn er erst im Laufe des Jahres als schwerbehinderter AN anerkannt wird. Der Anspruch erlischt, wenn er nicht bis zum Ablauf des Kalenderjahres oder bei Vorliegen der Übertragungsvoraussetzungen bis zum Ende des Übertragungszeitraums geltend gemacht wird. Die Ungewissheit über das Ergebnis des Feststellungsverfahrens nach § 152 SGB IX führt nicht zur Übertragung des Urlaubs. Kann der gesetzliche Zusatzurlaub wegen Beendigung des Arbeitsverhältnisses nicht gewährt werden, ist er abzugelten. Der schwerbehinderte AN kann für die Dauer des Zusatzurlaubs Anspruch auf ein zusätzliches Urlaubsgeld haben, wenn dies in einem TV vorgesehen ist.

III. Kündigungsschutz

1. Zustimmungserfordernis

(a) **Grundsatz:** Jede Beendigungskündigung oder Änderungskündigung des Arbeitsverhältnisses eines schwerbehinderten AN durch den AG bedarf der **vorherigen Zustimmung des Integrationsamts** (§ 168 SGB IX). Eine ohne Zustimmung ausgesprochene Kündigung ist unwirksam (§ 134 BGB). Voraussetzung für das Eingreifen des besonderen Kündigungsschutzes nach dem SGB IX ist (**aa**) das Vorliegen der Voraussetzungen des § 2 Abs. 2 SGB IX und (**bb**) die Kenntnis des AG von der Schwerbehinderteneigenschaft des AN bzw. seiner Gleichstellung. Nach § 173 Abs. 3 SGB IX gilt der besondere Kündigungsschutz nicht, wenn zum Zeitpunkt der Kündigung (**aa**) die Schwerbehinderteneigenschaft zum Zeitpunkt der Kündigung nicht nachgewiesen ist oder (**bb**) das Versorgungsamt nach Ablauf der Frist des § 152 Abs. 1 S. 2 SGB IX eine Feststellung wegen fehlender Mitwirkung des AN nicht treffen konnte. Die Vorschrift soll verhindern, dass Anerkennungs- bzw. Gleichstellungsanträge „in letzter Minute“ gestellt werden und damit zur zeitnahen Klärung der Frage beitragen, ob die Zustimmung des Integrationsamts für den Kündigungsausspruch erforderlich ist. Neben dem besonderen → *Kündigungsschutz* besteht unter den Voraussetzungen von § 1 KSchG auch der allgemeine Kündigungsschutz (→ *Kündigungsschutzklage*). Darüber hinaus kann die Auflösung des Arbeitsverhältnisses gegen Zahlung einer Abfindung verlangt werden (§§ 9, 10 KSchG), für die das Zustimmungserfordernis des § 168 SGB IX nicht gilt.

(**b**) **Voraussetzungen:** Schwerbehinderte AN haben den **besonderen Kündigungsschutz nach dem SGB IX,** wenn zum Zeitpunkt des Kündigungszugangs (**aa**) der für die Schwerbehinderteneigenschaft erforderliche Grad der Behinderung durch einen Bescheid des Versorgungsamts festgestellt worden oder der Grad offensichtlich ist, (**bb**) die in § 152 S. 2 SGB IX bestimmte Frist verstrichen ist (**aaa**), das Versorgungsamt eine Entscheidung nicht getroffen hat (**bbb**) und die fehlende Feststellung nicht auf einer fehlenden Mitwirkung des AN beruht (**ccc**). Der Antrag ist rechtzeitig gestellt, wenn er drei Wochen vor dem Kündigungszugang beim Versorgungsamt eingeht (BAG 1.3.2007 – 2 AZR 217/06); die Zustellung des Bescheids des Versorgungsamts innerhalb der Frist ist nicht erforderlich. Ist der Antrag rechtzeitig gestellt und vom Versorgungsamt vor dem Kündigungszeitpunkt beschieden worden, erreicht der festgestellte Grad der Behinderung aber nicht die in § 2 Abs. 2 SGB IX genannte Grenze, besteht auch dann Kündigungsschutz nach § 168 SGB IX, wenn erst im Widerspruchs- oder Klageverfahren auf einen Grad der Behinderung erkannt wird, der für die Schwerbehinderteneigenschaft ausreichend ist (BAG 29.11.2007 – 2 AZR 613/06). Die rechtzeitige Antragstellung ist jedoch nicht ausreichend, wenn das Versorgungsamt die notwendigen Feststellungen nicht treffen konnte, weil der AN seine sich aus § 60 SGB I ergebende Mitwirkungspflicht nicht erfüllt hat, weil er zB Untersuchungstermine nicht wahrnimmt, Befundberichte nicht einreicht oder seine behandelnden Ärzte nicht von der Schweigepflicht entbindet. Diese Grundsätze gelten auch für die schwerbehinderten Menschen Gleichgestellten (BAG 1.3.2007 – 2 AZR 217/06).

(**c**) **Kenntnis des Kündigenden:** Da der AG regelmäßig am Anerkennungsverfahren beim Versorgungsamt nicht beteiligt ist und nach Begründung des Arbeitsverhältnisses keine Verpflichtung des AN besteht, dem AG ungefragt die Anerkennung mitzuteilen, hat der AG oftmals **keine Kenntnis** von der Schwerbehinderteneigenschaft des zu kündigenden AN. Bei fehlender Kenntnis des AG ist der AN verpflichtet, dem AG innerhalb einer Frist von bis zu vier Wochen nach Zugang der Kündigung Mitteilung von der Anerkennung als Schwerbehinderter oder einer zwischenzeitlich erfolgten Antragstellung beim Versorgungsamt zu machen. Wird die Frist versäumt, ist der Sonderkündigungsschutz verwirkt (BAG 22.9.2016 – 2 AZR 700/15). Die nachträgliche Mitteilung der Schwerbehinderteneigenschaft oder der Antragstellung ist entbehrlich, wenn (**aa**) die die Schwerbehinderung begründende Behinderung offensichtlich war (zB bei Blindheit, Taubheit), (**bb**) der AG bis zum Ablauf der Drei-Wochen-Frist auf sonstige Weise von der Schwerbehinderteneigenschaft Kenntnis erhält (BAG 20.1.2005 – 2 AZR 675/03) oder (**cc**) der schwerbehinderte AN den AG vor dem Kündigungsausspruch über seine körperlichen Beeinträchtigungen informiert und über die rechtzeitige Antragstellung in Kenntnis gesetzt hat.

2. Ordentliche Kündigung

(**a**) Die **Kündigungsfrist** von schwerbehinderten AN beträgt mindestens vier Wochen. Die Kündigung kann erst nach der Zustimmung durch das Integrationsamt ausgesprochen werden (§ 169 SGB IX). Die **Zustimmung** ist bei dem örtlich für den Betrieb oder die Dienststelle zuständigen Integrationsamt schriftlich in doppelter Ausfertigung zu beantragen (§ 170 Abs. 1 SGB IX). Dieses hat der schwerbehinderte AN zu hören und eine Stellungnahme der zuständigen Agentur für Arbeit, des BR oder Personalrats und der Schwerbehindertenvertretung einzuholen. Ob dies auch bei leitenden → *Angestellten* gilt, ist bisher ungeklärt. Das Integrationsamt soll in jeder Lage des Verfahrens auf eine gütliche Beilegung der Meinungsverschiedenheiten zwischen AN und AG hinwirken, um möglichst den Arbeitsplatz zu erhalten. Es soll die **Entscheidung** – uU nach mündlicher Verhandlung – möglichst innerhalb eines Monats vom Tage des Eingangs des Antrags an treffen. Die Zustimmung ist dem AG und dem schwerbehinderten AN zuzustellen; der Agentur für Arbeit ist eine Abschrift zu übersenden, damit ggf. Vermittlungsbemühungen einsetzen können. Die Zustimmung ist erst erteilt, wenn der Bescheid dem AG zugestellt ist. Anschließend muss der AG binnen eines Monats die Kündigung aussprechen, ansonsten muss das Zustimmungsverfahren erneut durchgeführt werden (§ 171 Abs. 3 SGB IX). Eine Kündigung ist ferner möglich, wenn das Integrationsamt entscheidet, dass eine Zustimmung nicht erforderlich ist (sog. Negativattest). Versagt das Integrationsamt zunächst die Zustimmung, kann es bei einer Änderung der Sach- oder Rechtslage vor Rechtskraft den Bescheid ändern und die Zustimmung erteilen.

(**b**) Das **Integrationsamt** entscheidet über den Antrag des AG nach pflichtgemäßem Ermessen und vorheriger Aufklärung des Sachverhalts. Es kann die Zustimmung nicht mit der Begründung verweigern, die arbeitsrechtlichen Voraussetzungen für die Kündigung lägen nicht vor; diese Beurteilung obliegt allein dem Arbeitsgericht. Berücksichtigungsfähig sind nur Erwägungen, die sich speziell aus der Fürsorge für den schwerbehinderten AN ergeben. Rechtfertigen solche Erwägungen eine Versagung der Zustimmung nicht, ist dem AG die Zustimmung zur beabsichtigten Kündigung zu erteilen. Nur in drei Fällen ist das Ermessen eingeschränkt. Das Integrationsamt soll die Zustimmung erteilen, wenn dem schwerbehinderten AN ein anderer angemessener und zumutbarer Arbeitsplatz gesichert ist (§ 172 Abs. 2 SGB IX). Das Integrationsamt hat die Zustimmung im Falle der → *Betriebsstilllegung* (§ 172 Abs. 1 S. 1 SGB IX) zu erteilen, wenn zwischen dem Tag der Kündigung und dem Tag, bis zu dem Arbeitsvergütung gezahlt wird, mindestens drei Monate liegen. Es soll dem Antrag des AG zustimmen, wenn über dessen Vermögen das **Insolvenzverfahren** eröffnet ist (§ 172 Abs. 3 SGB IX). Für die Entscheidung hat es einen Monat Zeit. Ergeht in den beiden zuletzt genannten Fällen innerhalb der Monatsfrist keine Entscheidung, gilt die Zustimmung als erteilt (§ 171 Abs. 5 SGB IX).

3. Außerordentliche Kündigung

(**a**) Für die außerordentliche Kündigung gelten mit Ausnahme von § 169 SGB IX (Dauer der Kündigungsfrist) die vorstehenden Ausführungen zur ordentlichen Kündigung entsprechend. Indes ergeben sich folgende Besonderheiten: Die Zustimmung zur außerordentlichen Kündigung kann nur innerhalb einer Frist von zwei Wochen seit Kenntnis des die Kündigung rechtfertigenden Sachverhalts beantragt werden. Entscheidend ist der Eingang des Zustimmungsantrags beim Integrationsamt (§ 174 Abs. 2 SGB IX). Die Frist des § 174 Abs. 2 SGB IX beginnt nicht bevor der AG von einer bereits festgestellten oder beantragten Schwerbehinderteneigenschaft des AN Kenntnis hat. Das **Ermessen des Integrationsamts** ist bei einer außerordentlichen Kündigung regelmäßig stärker **eingeschränkt** als bei einer ordentlichen Kündigung. Die Zustimmung soll erteilt werden, wenn ein wichtiger Grund besteht, der nicht im Zusammenhang mit der Behinderung steht (§ 174 Abs. 4 SGB IX). Ein solcher Fall liegt vor, wenn die Kündigung den schwerbehinderten AN besonders hart trifft, dh ihm im Vergleich zu nicht schwerbehinderten AN ein Sonderopfer abverlangt.

Das **Integrationsamt** hat nach Eingang des Antrags innerhalb einer Frist von zwei Wochen seine **Entscheidung zu treffen** (§ 174 Abs. 3 SGB IX). Wird innerhalb dieser Frist eine Entscheidung durch das Integrationsamt nicht getroffen, gilt die Zustimmung als erteilt (§ 174 Abs. 3 SGB IX). Die Zustimmungsfiktion greift nicht ein, wenn das Integrationsamt innerhalb der Zwei-Wochen-Frist den behördeninternen Entscheidungsvorgang abgeschlossen hat. Das BAG hat dies in der Vergangenheit angenommen, wenn das Ergebnis der getroffenen Entscheidung entweder (mündlich) bekannt gegeben oder der Bescheid zum Versand gebracht worden ist. Die förmliche Bekanntgabe der Entscheidung ist nicht erforderlich. Eine nach § 174 Abs. 3 SGB IX fingierte Zustimmung hat dieselbe Wirkung wie eine tatsächlich erteilte Zustimmung.

Hat das Integrationsamt die Zustimmung erteilt, kann der AG die außerordentliche **Kündigung gegenüber dem AN erklären.** Liegt die Zustimmung vor Ablauf der Frist des § 626 Abs. 2 S. 1 BGB vor, muss der AG die Kündigung nicht unverzüglich erklären, er kann vielmehr die Zwei-Wochen-Frist voll ausschöpfen. Wird die Zustimmung des Integrationsamts erst nach Ablauf der Frist des § 626 Abs. 2 S. 1 BGB erteilt, muss die Kündigung unverzüglich erfolgen, dh ohne schuldhaftes Zögern nach Erteilung der Zustimmung bzw. der Zustimmungsfiktion erklärt wird (§ 174 Abs. 5 SGB IX; BAG 11.6.2020 – 2 AZR 442/19). Einen festen Zeitrahmen für den Kündigungsausspruch gibt das Gesetz nicht vor, die Kündigung wird wohl innerhalb von zwei bis drei Tagen nach dem Fristablauf zugehen müssen. Der AG muss sich nach Ablauf des zweiwöchigen Entscheidungsraums beim Integrationsamt nach dessen Entscheidung erkundigen. Ist dort keine Entscheidung getroffen worden oder wurde die Zustimmung erteilt, muss er sofort die außerordentliche Kündigung aussprechen, ansonsten ist die Frist des § 174 Abs. 5 SGB IX nicht gewahrt (BAG 19.4.2012 – 2 AZR 118/11).

(b) Rechtsmittel gegen den Bescheid des Integrationsamts haben keine aufschiebende Wirkung. Der AN hat auch dann den Rechtsbehelf des Widerspruchs, wenn das Integrationsamt keine Entscheidung getroffen hat und die Zustimmung in den Fällen der §§ 171 Abs. 3, 174 Abs. 3 S. 2 SGB IX fingiert wird.

(**c**) Sind schwerbehinderte AN aus Anlass eines → *Streiks* oder der → *Aussperrung* gekündigt worden, sind sie nach Beendigung des → *Arbeitskampfs* wieder einzustellen. Im Übrigen besteht dieselbe Möglichkeit des Angriffs der Kündigung wie bei der ordentlichen Kündigung (§ 174 Abs. 6 SGB VI).

4. Auflösende Bedingung

Schließlich bedarf die Beendigung des Arbeitsverhältnisses der Zustimmung des Integrationsamts, wenn das Arbeitsverhältnis auflösend bedingt auf den Fall des Eintritts der Berufsunfähigkeit oder Erwerbsunfähigkeit auf Zeit abgeschlossen ist (§ 175 SGB IV).

5. Ausnahmen vom Sonderkündigungsschutz

Der Sonderkündigungsschutz des schwerbehinderten AN findet keine Anwendung, wenn (**a**) das Arbeitsverhältnis im Zeitpunkt des Zugangs der Kündigungserklärung ohne Unterbrechung noch nicht länger als sechs Monate bestanden hat. Insoweit ist § 173 Abs. 1 Nr. 1 SGB IX dem KSchG angepasst worden (→ *Kündigungsschutzklage*); (**b**) der schwerbehinderte AN auf Stellen iSd § 156 Abs. 2 Nr. 2–6 SGB IX beschäftigt wird (oben II. 1.); (**c**) der schwerbehinderte AN nach Vollendung des 58. Lebensjahres gekündigt wird und besondere Sozialleistungen gewährt werden; (**d**) die Kündigung aus witterungsbedingten Gründen erfolgt und die Wiedereinstellung gewährleistet ist. Der AG hat Einstellungen auf Probe sowie die Beendigung des Arbeitsverhältnisses vor Ablauf der Wartezeit unabhängig von der Anzeigepflicht nach anderen Gesetzen binnen vier Tagen dem Integrationsamt anzuzeigen, damit ggf. unverzüglich die Betreuung der Behörden einsetzen kann. Auch dann, wenn die Benachrichtigung des Integrationsamts unterblieben ist, wird die Kündigung nicht zustimmungspflichtig.

6. Beteiligung der Arbeitnehmervertretungen

Unabhängig von der Zustimmung des Integrationsamts zur Kündigung ist die → *Anhörung des Betriebsrats vor dem Kündigungsausspruch* nach § 102 Abs. 1 BetrVG sowie der → *Schwerbehindertenvertretung* (§ 178 Abs. 2 SGB IX) notwendig; im Bereich des öffentlichen Dienstes ist der Personalrat (→ *Personalvertretung*) an Stelle des BR anzuhören. Der AG kann das Anhörungsverfahren nach § 102 BetrVG auch nach dem Ende des Zustimmungsverfahrens oder nach dem Eintritt der Fiktion einleiten. Verweigert der → *Betriebsrat* bei einem schwerbehinderten BRmitglied die Zustimmung zur Kündigung, ist das Beschlussverfahren nach § 103 Abs. 2 BetrVG auf Ersetzung der Zustimmung in entsprechender Anwendung von § 174 Abs. 5 SGB IX unverzüglich nach der Zustimmung durch das Integrationsamt oder dem Eintritt der Zustimmungsfiktion einzuleiten.

▶ Schwerbehindertenvertretung

I. Aufgabe

Die Vertretungen der AN (→ *Betriebsrat,* → *Personalvertretung* usw.) haben die besondere Pflicht, die Eingliederung schwerbehinderter Menschen zu fördern und darauf zu achten, dass der AG den Verpflichtungen nach diesem Gesetz genügt. Diese sich bereits aus dem BetrVG und BPersVG ergebende Verpflichtung ist in § 176 SGB IX noch einmal besonders hervorgehoben.

II. Bildung

In Betrieben und Dienststellen, in denen wenigstens fünf schwerbehinderte AN nicht nur vorübergehend beschäftigt sind, sind eine **Vertrauensperson und ein(e) Stellvertreter(in)** zu wählen. Wahlberechtigt sind alle in dem Betrieb oder der Dienststelle beschäftigten schwerbehinderten AN (§ 177 Abs. 2 SGB IX). Wählbar sind alle dem → *Betrieb* oder der Dienststelle angehörigen Beschäftigten, die das 18. Lebensjahr am Wahltag vollendet haben und diesem/dieser seit sechs Monaten angehören. Vertrauensperson und deren Vertreter werden in geheimer und unmittelbarer Wahl nach den Grundsätzen der Mehrheitswahl gewählt. Die Vorschriften über das Wahlverfahren sind in der 1. VO zur Durchführung des SchwbG (Wahlordnung Schwerbehindertenvertretungen – SchwbVWO vom 23.4.1990 [BGBl. I 811]), enthalten. Um die Wahl der Schwerbehindertenvertretung (SBV) zu erleichtern, kann in den Fällen, in denen diese nicht gewählt wird, das Integrationsamt Versammlungen der schwerbehinderten AN einberufen (§ 177 Abs. 4 S. 4 SGB IX). Die **Amtszeit** beträgt vier Jahre.

III. Beteiligungsrechte

Die SBV hat die in § 178 SGB IX genannten Aufgaben. Sie hat darüber zu wachen, dass die Schutzvorschriften eingehalten werden, Maßnahmen, die den schwerbehinderten AN dienen, bei den zuständigen Stellen zu beantragen und Anregungen und Beschwerden der schwerbehinderten AN entgegenzunehmen und im Falle ihrer Berechtigung bei dem AG auf Abhilfe zu drängen. Die SBV ist vom AG in **allen Angelegenheiten, die einen schwerbehinderten AN einzeln oder die Gruppe betreffen,** rechtzeitig und umfassend zu unterrichten und vor einer Entscheidung zu hören. Verletzt der AG diese Verpflichtung, ist die Entscheidung auszusetzen und die Beteiligung innerhalb von sieben Tagen nachzuholen. Sodann ist endgültig zu entscheiden (§ 178 Abs. 2 SGB IX). Die getroffene Entscheidung ist der SBV unverzüglich mitzuteilen. Die **Kündigung** eines schwerbehinderten Menschen, die der AG ohne eine Beteiligung der SBV ausspricht, ist unwirksam (§ 178 Abs. 2 S. 3 SGB IX; BAG 13.12.2018 – 2 AZR 378/18). Bei Einsicht in die → *Personalakten* kann der schwerbehinderte AN die SBV hinzuziehen. Sie hat an allen Sitzungen des Betriebs- und Personalrats ein Teilnahmerecht und ist berechtigt, an den Besprechungen nach § 74 BetrVG zwischen AG und BR teilzunehmen (§ 178 Abs. 5 SGB IX). Ein Teilnahmerecht besteht auch an den Sitzungen des → *Wirtschaftsausschusses.* Die SBV kann mindestens einmal im Jahr die schwerbehinderten AN zu einer Versammlung einberufen. Auf diese Versammlungen finden die Vorschriften des PersVG bzw. BetrVG über die Personal, bzw. → *Betriebsversammlung* entsprechende Anwendung (§ 178 Abs. 6 SGB IX).

IV. Rechtsstellung

Die Rechtsstellung der **Vertrauenspersonen** ist derjenigen von Betriebs- und Personalräten angenähert. Die Einzelheiten ergeben sich aus § 179 SGB IX (→ *Betriebsratsmitglieder*). Sie führen ihr Amt unentgeltlich als Ehrenamt; sie dürfen in der Amtsausübung nicht behindert und wegen der Amtsausübung nicht begünstigt oder benachteiligt werden; sie genießen denselben Kündigungsschutz wie ein BR- oder PRmitglied und sind im erforderlichen Umfang von der Tätigkeit freizustellen. In Betrieben und Dienststellen mit 100 schwerbehinderten AN sind sie auf Verlangen freizustellen (§ 179 Abs. 4 S. 2 SGB IX). Sie haben ferner das Recht zur Teilnahme an Bildungsveranstaltungen, genießen eine Art Beförderungsausgleich und haben Anspruch auf Arbeitsfreistellung, wenn sie in ihrer Freizeit tätig geworden sind (zu Einzelheiten § 179 Abs. 4, 5 SGB IX). Die sächlichen Kosten der SBV trägt der AG. Für die Durchsetzung ihrer Ansprüche ist das Urteilsverfahren vor den → *Arbeitsgerichten* eröffnet.

V. Gesamtbehindertenvertretung

In den Fällen, in denen in Unternehmen ein → *Gesamtbetriebsrat* besteht, wählen die SBV eine Gesamtbehindertenvertretung (§ 180 Abs. 1 SGB IX). Diese hat ein Teilnahmerecht an einer örtlichen Versammlung der schwerbehinderten AN. Ist für mehrere Unternehmen ein KBR errichtet, wählen die Gesamtschwerbehindertenvertretungen eine Konzernschwerbehindertenvertretung. Der AG hat für Schwerbehindertenangelegenheiten einen Beauftragten zu bestellen, der ihn in Angelegenheiten der schwerbehinderten AN vertritt. Auch dieser hat darauf zu achten, dass die Verpflichtungen nach dem Gesetz erfüllt werden (§ 181 SGB IX).

▶ Sexuelle Ausrichtung

→ *Allgemeines Gleichbehandlungsgesetz*

▶ Sexuelle Belästigung am Arbeitsplatz

Eine **sexuelle Belästigung** wird juristisch als Benachteiligung iSd AGG (→ *Allgemeines Gleichbehandlungsgesetz*) eingeordnet. Abstrakt versteht man hierunter ein **unerwünschtes, sexuell bestimmtes Verhalten.** § 3 Abs. 4 AGG zählt beispielhaft auf: unerwünschte sexuelle Handlungen und Aufforderungen hierzu, sexuell bestimmte körperliche Berührungen, Bemerkungen sexuellen Inhalts sowie unerwünschtes Zeigen und sichtbares Anbringen von pornografischen Darstellungen. Dieses Verhalten muss bezwecken oder doch zumindest bewirken, dass die Würde der angezielten Person verletzt, dass sie unter Verletzung ihres Rechts auf Selbstbestimmung sexualbezogen beschämt wird (BAG 20.5.2021 – 2 AZR 596/20). Das missbilligte Verhalten muss nicht vorsätzlich sein. Für das vom Gesetz verlangte „Bewirken" genügt der bloße Eintritt der Belästigung. Dafür kann auch ein einmaliges, sexuell bestimmtes Verhalten ausreichen (BAG 29.6.2017 – 2 AZR 302/16).

Der AG und seine Mitarbeiter mit Aufsichtsfunktionen haben die bei ihm **Beschäftigten** – auch LeihAN – vor sexueller Belästigung am Arbeitsplatz zu **schützen.** Dieser Schutz umfasst auch vorbeugende Maßnahmen (§ 12 Abs. 1 AGG). Der AG hat gegenüber dem belästigenden AN die im Einzelfall angemessenen und verhältnismäßigen arbeitsrechtlichen Maßnahmen wie Abmahnung, Umsetzung oder Versetzung zu ergreifen (§ 12 Abs. 3 AGG). Reicht eine → *Abmahnung* nicht aus, um die Fortsetzung sexueller Belästigungen mit der gebotenen Sicherheit zu unterbinden und kommt eine Umsetzung oder Versetzung des Störers nicht in Betracht, kann der AG mit einer Kündigung reagieren. Eine sexuelle Belästigung am Arbeitsplatz durch einen Vorgesetzten ist – je nach Umfang und Intensität – ein wichtiger Grund zur → *außerordentlichen Kündigung* (BAG 20.11.2014 – 2 AZR 651/13). Deshalb ist auch bereits der Verdacht einer erheblichen sexuellen Belästigung an sich geeignet, unter den allgemeinen Voraussetzungen eine → *Verdachtskündigung* zu rechtfertigen (BAG 26.9.2013 – 8 AZR 1026/12). Der AG kann aber auch von einer Kündigung absehen, wenn dem verdächtigten AN die Belästigung nicht nachgewiesen werden kann (BAG 8.6.2000 – 2 ABR 1/00).

Bei Maßnahmen des AG zur Beseitigung oder Vermeidung von sexueller Belästigung oder auch bei der Einrichtung eines anonymisierten Meldesystems können **Mitbestimmungsrechte** des BR nach § 87 Abs. 1 Nr. 1 BetrVG oder ein Zustimmungsverweigerungsrecht nach § 99 Abs. 1 BetrVG in Betracht kommen (→ *Betriebsrat (Beteiligungsrechte)*).

Die **Rechte der belästigten Beschäftigten** ergeben sich aus §§ 13 ff. AGG: sie haben das Recht, sich bei den zuständigen Stellen des Betriebs oder der Dienststelle zu beschweren, wenn sie sich vom AG, vom Vorgesetzten, von anderen Beschäftigten oder von Dritten am Arbeitsplatz sexuell belästigt fühlen (§ 13 Abs. 1 AGG). Der AG hat hierauf nach pflichtgemäßem Ermessen zu reagieren. Ergreift er oder der Dienstvorgesetzte keine oder offensichtlich ungeeignete Maßnahmen zur Unterbindung solcher Belästigungen, können die belästigten AN ihre Arbeitsleistung ohne Verlust des Arbeitsentgelts zurückbehalten, soweit dies zu ihrem Schutz erforderlich ist (§ 14 AGG; → *Zurückbehaltungsrecht*). Der AG oder Dienstvorgesetzte darf die belästigten Beschäftigten nicht benachteiligen, weil diese sich gegen eine sexuelle Belästigung gewehrt und in zulässiger Weise ihre Rechte ausgeübt haben (§ 16 AGG). Daneben bestehen Ansprüche auf Schadensersatz gegen den AG, wenn dieser seine Pflichten schuldhaft verletzt hat (§ 15 Abs. 1 AGG). Schließlich kann der Beschäftigte für einen Schaden, der nicht Vermögensschaden ist, vom AG eine Entschädigung verlangen (§ 15 Abs. 2 AGG). Beide Geldansprüche müssen innerhalb einer Ausschlussfrist von zwei Monaten seit der Belästigung schriftlich gegenüber dem AG und innerhalb von weiteren drei Monaten nach dieser Geltendmachung gerichtlich geltend gemacht werden (§ 15 Abs. 4 AGG, § 61b Abs. 1 ArbGG).

Die Behauptung einer(s) Beschäftigten, ein Vorgesetzter habe sie (ihn) sexuell belästigt, kann als **beleidigende Äußerung** eine Kündigung der(s) AN nur rechtfertigen, wenn der AG im Kündigungsschutzprozess beweisen kann, dass die betreffenden konkreten Vorwürfe, soweit sie für den Unwertgehalt des angezeigten Verhaltens wesentlich sind, wahrheitswidrig erhoben wurden. *(KB)*

► Sittenwidrigkeit

Rechtsgeschäfte, also auch Arbeitsverträge, die gegen die guten Sitten verstoßen, sind nichtig, dh von Anfang an unwirksam (§ 138 Abs. 1 BGB; → *faktisches Arbeitsverhältnis*). Ein solcher Verstoß ist die Nichterfüllung der Mindestforderungen, die die heute geübte Rechtsanschauung für das Handeln der Rechtsgenossen aufstellt. Sie dokumentiert sich in dem Anstandsgefühl aller billig und gerecht Denkenden. Ein Sittenverstoß ist gegeben, wenn objektiv die Gesamtgestaltung des Rechtsgeschäfts (Inhalt, Beweggründe der Beteiligten, verfolgte Zwecke) gegen das Anstandsgefühl aller billig und gerecht Denkenden verstößt und subjektiv dem Handelnden die Tatumstände, aus denen sich die Sittenwidrigkeit ergibt, bekannt sind oder er sich ihrer Kenntnis böswillig oder grob fahrlässig verschließt, siehe auch → *Treu und Glauben* und zu sittenwidrigen Vergütungen → *Wucher.*

▶ Sonderurlaub

Er kann AN im Anschluss an den Jahresurlaub zur Erholung oder sonst zur Interessenwahrnehmung gewährt werden. Ein Anspruch auf Gewährung von Sonderurlaub besteht im Allgemeinen nicht. Allerdings kann bei unverschuldeter → *Arbeitsverhinderung* ein Freistellungs- und Vergütungsanspruch bestehen (→ *Kinder des Arbeitnehmers*). Während des Sonderurlaubs ruhen die Arbeitspflicht des AN und die Entgeltzahlungspflicht des AG, das Arbeitsverhältnis besteht aber fort. Daher entsteht auch während eines Sonderurlaubs ein Anspruch auf Erholungsurlaub nach dem BUrlG (BAG 6.5.2014 – 9 AZR 678/12). Gewährt ein AG Sonderurlaub, ist im Allgemeinen ein Vorbehalt unwirksam, diesen nachträglich mit dem Erholungsurlaub zu verrechnen. Wird einem ausländischen AN zur Ableistung des Wehrdienstes in seinem Heimatland Sonderurlaub gewährt, kann er keine Vergütung verlangen. Im **öffentlichen Dienst** besteht nach § 28 TVöD/TV-L kein Anspruch auf Sonderurlaub, diesen kann der AG aber bei Bestehen eines wichtigen Grundes nach billigem Ermessen (§ 315 BGB) gewähren.

Der AG ist regelmäßig nur dann verpflichtet, der vorzeitigen Beendigung des Sonderurlaubs zuzustimmen, wenn dies tarifvertraglich oder einzelvertraglich vorgesehen ist. Nach § 241 Abs. 2 BGB kommt eine darüber hinausgehende Pflicht zur Einwilligung in die vorzeitige Beendigung nur in Betracht, wenn dem AG die Beschäftigung des AN möglich und zumutbar ist und wenn der Grund für die Bewilligung des Sonderurlaubs weggefallen ist oder schwerwiegende negative Veränderungen in den wirtschaftlichen Verhältnissen des AN eingetreten sind (BAG 6.9.1994 – 9 AZR 221/93). Der AG kann verpflichtet sein, der vorzeitigen Beendigung eines vereinbarten Sonderurlaubs zuzustimmen, wenn der AN stattdessen → *Elternzeit* in Anspruch nehmen will (BAG 16.7.1997 – 5 AZR 309/96).

▶ Sonderzuwendungen

I. Begriff

Sonderzuwendung ist kein präzise definierter Rechtsbegriff. Üblicherweise wird er als Oberbegriff für alle Vergütungen verwendet, die der AG zusätzlich zur laufenden Arbeitsvergütung und nicht in jedem Abrechnungszeitraum erbringt. Hierzu zählen etwa ein 13. Monatsgehalt, Jahresabschlussvergütungen, das sog. Weihnachtsgeld, Urlaubsgeld oder Jubiläumszuwendungen, aber auch Tantiemen oder Leistungsboni auf der Grundlage von Zielvereinbarungen (BAG 13.10.2021 – 10 AZR 729/19). Solche Sonderzuwendungen haben grds. Entgeltcharakter. Sie sind – auch bei „freiwilliger" Gewährung – keine AG-Schenkung.

Für die rechtliche Behandlung einer Sonderzuwendung kann wesentlich sein, ob sie eine **Gegenleistung** für erbrachte Arbeitsleistung ist, oder ob sie vergangene Betriebstreue belohnt oder zu zukünftiger **Betriebstreue** anreizt. Dies ist durch **Auslegung** der jeweils **mit der Leistungsgewährung,** der mit ihrer rechtlichen Grundlegung **verbundenen AGerklärungen** oder der kollektivrechtlichen Rechtsgrundlagen festzustellen. Die Bezeichnung einer Jahressonderzahlung (zB 13. Monatsgehalt, Weihnachtsgratifikation) hat für ihre Zweckbestimmung nur indizielle Bedeutung. Wichtiger sind die festgelegten Leistungsvoraussetzungen. Soll zB allein die bewiesene Betriebstreue belohnt werden, kommt dies idR dadurch zum Ausdruck, dass ein Anspruch erst entsteht, wenn der AN im Bezugszeitraum zu einem Stichtag eine bestimmte Zeit dem Betrieb angehört hat und in einem ungekündigten Arbeitsverhältnis steht. Soll auch auf eine künftige Betriebstreue hingewirkt werden, bleibt der Anspruch regelmäßig nur bestehen, wenn der AN noch für einen bestimmten Zeitraum nach dem Auszahlungszeitpunkt dem Betrieb angehört. Wird die Sonderzuwendung ohne weitere Voraussetzungen des Anspruchs zugesagt oder wird sie anteilig für den Fall versprochen, dass der AN nur während eines Teils eines Jahres im Arbeitsverhältnis steht, geht es zumindest auch um ein zusätzliches Entgelt für die in der Vergangenheit geleistete Arbeit.

II. Grund und Höhe

1. Rechtsgrundlagen und Ausgestaltung

Der Anspruch auf Zahlung einer Sonderzuwendung setzt eine besondere Rechtsgrundlage voraus. Hierfür kommen in Betracht → *Tarifvertrag*, → *Betriebsvereinbarung*, → *Betriebliche Übung*, → *Gesamtzusage*, → *Arbeitsvertrag* oder der Grundsatz der → *Gleichbehandlung der Arbeitnehmer*.

(**a**) Ein in einem **TV** vorgesehener **Anspruch** auf Zahlung einer Sonderzuwendung besteht bei beiderseitiger Tarifgebundenheit (→ *Tarifbindung;* → *Nachbindung an Tarifverträge;* → *Nachwirkung von Tarifverträgen*) oder arbeitsvertraglicher Verweisung auf diesen TV (→ *Bezugnahme auf Tarifvertrag*). Im Bereich der **Kirchen** und ihrer Einrichtungen kommen die anstelle von TV auf dem Dritten Weg (→ *Kirche*) zustande gekommenen Arbeitsvertragsrichtlinien (AVR), die im Arbeitsvertrag in Bezug genommen sein müssen, als Anspruchsgrundlagen in Betracht, wie zB Anlage 1a XIV AVR Caritas.

(**b**) Auch eine nach § 88 BetrVG freiwillig abgeschlossene **Betriebsvereinbarung** kann Rechtsgrundlage einer Sonderzuwendung sein. Sie ist allerdings nur wirksam, wenn in dem Wirtschaftsbereich, in dem der AGbetrieb angesiedelt ist, keine TV über Sonderzuwendungen existieren oder üblich sind (§ 77 Abs. 3 S. 1 BetrVG). Bei der Zur-Verfügung-Stellung der für Sonderzuwendungen vorgesehenen Mittel („Topf") ist der AG (mitbestimmungs-)frei. Der BR hat aber nach § 87 Abs. 1 Nr. 10 BetrVG mitzubestimmen, wenn es um die Verteilung dieser Mittel geht. Wird eine solche „teilmitbestimmte" BV vom AG gekündigt, hängt deren Nachwirkung (§ 77 Abs. 6 BetrVG) davon ab, welches Ziel mit der Kündigung verfolgt wird:

– Geht es dem AG um eine gänzliche Einstellung der betreffenden Leistung, wirkt die gekündigte BV nicht nach. Der AG kann ohne Mitwirkung des BR seine Zahlungspflicht beenden.

– Strebt der AG eine neue Festlegung der Anteile der Einzelnen am „Vergütungstopf" – mit oder ohne Änderung der Dotierung – an, wirkt die BV insgesamt nach (BAG 5.10.2010 – 1 ABR 20/09). Die Regelungen zu Dotierung und Verteilung können nicht voneinander getrennt werden. Die AN behalten bis zu einer wirksam mitbestimmten Neuregelung des Leistungsplans die bisherigen Ansprüche.

(**c**) Zu den einzelvertraglichen Rechtsgrundlagen zählen neben ausdrücklichen individualvertraglichen Zusagen auch → *Gesamtzusage* und → *Betriebliche Übung*. **Gesamtzusagen** erfolgen ausdrücklich und werden nach § 151 BGB Arbeitsvertragsinhalt. Sie werden aber gegenüber der Betriebsöffentlichkeit oder einem Teil von ihr erklärt. Aufgrund **Betriebsübung** entsteht ein Zahlungsanspruch, wenn der AG mindestens dreimal nacheinander **vorbehaltlos** eine bestimmte Sonderzuwendung zahlt. Wird die Zuwendung jeweils in unterschiedlicher Höhe ohne irgendein erkennbares System gezahlt, ist für den AN zu erkennen, dass der AG die einzelne Zuwendung nur für das jeweilige Jahr gewähren will. Der AG ist dann zu späteren Stichtagen nur zu einer ermessensfehlerfreien Entscheidung verpflichtet, ob und ggf. welche Sonderzuwendungen er leistet.

(**d**) Vielfach werden Ansprüche auf Sonderzuwendungen im **Einzelvertrag** begründet. Sind sie entstanden, kann sich der AG von ihnen, wie auch von Ansprüchen aus Gesamtzusage oder Betriebsübung nur durch → *Änderungsvertrag* lösen, der auch mit Hilfe einer → *Änderungskündigung* zustande kommen kann. Der AG kann im Arbeitsvertrag die Voraussetzungen und den Umfang der Ansprüche auf Sonderzuwendungen grds. frei festlegen. Er ist dabei allerdings idR einer Kontrolle nach §§ 305 ff. BGB ausgesetzt (→ *Allgemeine Geschäftsbedingungen*). Dort spielt besonders das Transparenzgebot des § 307 Abs. 1 S. 2 BGB eine Rolle.

(**e**) AN können schließlich auch Ansprüche aufgrund des arbeitsrechtlichen **Gleichbehandlungsgrundsatzes** (→ *Gleichbehandlung der Arbeitnehmer*) haben. Zahlt der AG an seine übrigen AN oder an eine ANgruppe, der ein AN nach den maßgeblichen Kriterien angehören müsste, Sonderzuwendungen, muss dieser ebenso gestellt werden, wenn es für seine Schlechterstellung keinen tragfähigen Sachgrund gibt. Ein Ausschluss von solchen Leistungen ist diskriminierend und nichtig, wenn er aus verpönten Motiven des → *Allgemeinen Gleichbehandlungsgesetzes* erfolgt. Er ist offensichtlich gleichheitswidrig, wenn bei einer Zusage auf die Gewerkschafts- oder BRzugehörigkeit oder deren Fehlen abgestellt wird. Auch die Höhe des Verdienstes oder der Umstand, dass bereits der Ehepartner des AN vom AG eine Sonderzuwendung erhält, sind keine tragfähigen Sachgründe. Zulässig ist demgegenüber die Gewährung einer höheren Sonderzuwendung an AN, wenn damit bezweckt wird, deren Benachteiligung bei der Zahlung übertariflicher Zulagen auszugleichen oder sie aus nachvollziehbaren sachlichen Gründen stärker an den Betrieb zu binden. Bei Weihnachtsgeldern kann wohl auch zwischen AN im Innendienst und im Außendienst differenziert werden, wenn die AN im Außendienst üblicherweise aus diesem Anlass erhebliche Trinkgelder erhalten. Bei einem 13. Monatsgehalt, bei dem es nur um die Vergütung für die Tätigkeit in der Vergangenheit geht, ist eine solche Differenzierung dagegen ausgeschlossen.

(f) Es ist gelegentlich schwierig festzustellen, ob überhaupt ein **Rechtsanspruch** auf eine Sonderzuwendung eingeräumt oder lediglich – unverbindlich – eine **Zahlung in Aussicht gestellt wird,** bei der der AG frei bleiben will, sich zum in Aussicht genommenen Zeitpunkt für oder gegen eine Zahlung zu entscheiden. Diese Freiheit versuchen AG vielfach durch **Freiwilligkeits**- oder **Widerrufsvorbehalte** herbeizuführen (→ *Allgemeine Geschäftsbedingungen*).

Freiwilligkeitsvorbehalte finden sich insbesondere in schriftlichen Arbeitsverträgen. Allein der Umstand, dass dort die Zahlung einer Sonderzuwendung als „freiwillige Leistung“ bezeichnet wird, erhält dem AG aber nicht die Freiheit, in jedem Jahr neu darüber zu entscheiden, ob er die Leistung erbringen will oder nicht (BAG 17.4.2013 – 10 AZR 281/12). Selbst ein vollständiger Freiwilligkeitsvorbehalt („Diese Leistung ist eine freiwillige Leistung, die ohne Anerkennung einer Rechtspflicht gewährt wird, wobei auch bei wiederholter Zahlung kein Rechtsanspruch für die Zukunft begründet wird.“) kann dieses Ziel verfehlen, wenn die Regelung als Ganze intransparent ist. Dies ist etwa der Fall, wenn der Arbeitsvertrag die Sonderzuwendung nach Grund, Höhe und in seinen einzelnen Voraussetzungen derart präzise anspricht, dass ein verständiger AN daraus auf eine verbindliche Anspruchsbegründung schließt; folgt dann ein echter Freiwilligkeitsvorbehalt, der einen Rechtsanspruch wieder ausschließen will, ist die Gesamtregelung in sich widersprüchlich. Sie verstößt gegen § 307 Abs. 1 S. 2 BGB (BAG 20.2.2013

– 10 AZR 177/12). Der Freiwilligkeitsvorbehalt entfällt von Rechts wegen.

Es wird auch versucht, durch **Freiwilligkeitsvorbehalte** das Entstehen einer anspruchsbegründenden Betriebsübung (oben (c)) zu verhindern. Dafür reicht es aber jedenfalls nicht aus, wenn im Arbeitsvertrag lediglich „alle zukünftigen Leistungen, gleich welcher Art und welchen Entstehungsgrundes" als freiwillige Leistung bezeichnet werden, auf die ein Rechtsanspruch nicht entsteht (BAG 14.9.2011 – 10 AZR 526/10). Ein auf eine bestimmte Sonderzuwendung („Weihnachtsgeld") bezogener und nicht widersprüchlich wirkender echter Freiwilligkeitsvorbehalt kann demgegenüber die Entstehung einer betrieblichen Übung durch mehrfache Leistungen verhindern, die nicht jeweils unter einen Freiwilligkeitsvorbehalt gestellt wurden. Diese Wirkung dürfte aber nicht auf unbestimmte Zeit eintreten. Der Vorbehalt wird von Zeit zu Zeit bei der Leistungsgewährung wiederholt werden müssen, um die Entstehung eines Rechtsanspruchs für die Zukunft auszuschließen (tendenziell BAG 14.9.2011 – 10 AZR 526/10).

Ein **Widerrufsvorbehalt** (→ *Allgemeine Geschäftsbedingungen*), der gelegentlich sinnwidrig mit einem Freiwilligkeitsvorbehalt verknüpft wird, setzt die Entstehung eines Rechtsanspruchs auf die Sonderzuwendung voraus. Diesen Anspruch will der AG durch einen Widerrufsvorbehalt unter erleichterten Bedingungen wieder beseitigen können. Dafür müssen die Voraussetzungen für den Widerruf schon bei Vertragsschluss hinreichend präzise festgelegt werden. Es muss zumindest zweifelsfrei deutlich sein, welche Leistung aus welcher **Art von Gründen** („wirtschaftliche Gründe") widerrufbar sein soll. Zudem ist der **Umfang** des Widerrufbaren **begrenzt.** Es darf nicht mehr als 25 bis 30% der Gesamtvergütung zur Disposition des AG gestellt werden (BAG 12.1.2005 – 5 AZR 364/04). Auch wenn ein Widerrufsvorbehalt wirksam begründet worden ist, unterliegt im Anschluss ein darauf gestützter Widerruf einer **Ausübungskontrolle** nach § 315 BGB (BAG 24.1.2017 – 1 AZR 774/14).

2. Höhe der Sonderzuwendungen

(a) **Regelungsmöglichkeiten:** Besteht ein Rechtsanspruch auf die Sonderzuwendung, richtet sich deren Höhe nach der ausdrücklich oder stillschweigend getroffenen **Vereinbarung.** Die Höhe kann sich auch aus der bisherigen Übung ergeben. Es ist aber auch möglich, dass der AG eine Festlegung der Anspruchshöhe im Vertrag unterlässt und sich stattdessen vorbehält, die Sonderzuwendung nach billigem Ermessen (§ 315 Abs. 3 BGB) nach den bei ihm aktuell gegebenen Rahmenbedingungen festzulegen. Seine Ermessensausübung ist gerichtlich überprüfbar (BAG 24.10.2018 – 10 AZR 285/16).

(b) **Sonderzuwendungen für Teilzeitkräfte:** Bei einer → *Teilzeitbeschäftigung* werden Sondervergütungen grds. anteilig gewährt (§ 4 Abs. 1 S. 2 TzBfG), wenn die Zusage sich erkennbar auf ein Vollzeitarbeitsverhältnis bezieht. Ist in einem Teilzeitarbeitsvertrag eine **bezifferte** Sonderzuwendung versprochen, ist sie zu zahlen. Wechselt ein AN während des Bezugszeitraums von Vollzeit in Teilzeit oder umgekehrt, hängt die Anspruchshöhe von der getroffenen Regelung ab. Fehlt es hieran und handelt es sich bei der Sonderzuwendung nicht um eine zusätzliche Vergütung, sondern um eine Belohnung für Betriebstreue („Weihnachtsgeld"), entscheidet der Beschäftigungsumfang zum Zeitpunkt der Leistungsgewährung. Bei einem zeitanteilig zu erdienenden 13. Monatsgehalt wird auf den durchschnittlichen Beschäftigungsumfang im Bezugszeitraum abzustellen sein. Bisher ungeklärt ist die allgemeinere Frage, ob bei einer anteiligen Berechnung für die Teilzeitkraft auf deren **vereinbarte oder** auf die von ihr üblicherweise **erbrachte** Arbeitszeit abzustellen ist. § 4 TzBfG schweigt hierzu. Es erscheint zwar denkbar, bei Teilzeitkräften der Anteilsberechnung deren durchschnittliche Arbeitszeit zu Grunde zu legen, wenn sie, wie zB teilzeitbeschäftigte Lektorinnen, regelmäßig und den Lebensstandard beeinflussend erhebliche Mehrarbeit leisten (müssen). Eine solche Handhabung dürfte aber ausgeschlossen sein, wenn der AG einer Vollzeitkraft, auch wenn sie regelmäßig Überstunden leistet, ausdrücklich nur ein Tarifmonatsgehalt als Sonderzuwendung versprochen hat. Regelmäßige Mehrarbeit kann danach wohl – allgemein – nur dann berücksichtigt werden, wenn der Vollzeitkraft ein zusätzlicher regelmäßiger Monatsbezug oÄ als Sonderzuwendung versprochen wurde.

3. Ausschluss und Kürzung

Die getroffene Regelung entscheidet auch darüber, ob und inwieweit ein AG trotz eines einmal eingeräumten Anspruchs auf eine Sonderzuwendung Leistungen verweigern kann. Bei deren Ausgestaltung haben TVparteien grds. einen größeren Gestaltungsspielraum als der einzelne AG im Individualarbeitsvertrag oder einer Gesamtzusage.

(a) **Arbeitsunfähigkeit:** Dem AG steht es grds. frei zu bestimmen, wie sich Zeiten ohne tatsächliche Arbeitsleistung auf die Sonderzuwendung auswirken sollen, soweit dem nicht gesetzliche Regelungen, wie § 4a EFZG, entgegenstehen. Sonderzuwendungen gehören zum fortzuzahlenden Arbeitsentgelt, wenn sie ausschließlich Vergütungscharakter haben. Dann bestehen Kürzungsbefugnisse nur für Krankheitszeiten, in denen der AN keinen Anspruch auf → *Entgeltfortzahlung im Krankheitsfall* hat.

(b) Beendigung des Arbeitsverhältnisses: Scheidet der AN vor dem Stichtag oder der Fälligkeit der Sonderzuwendung aus dem Arbeitsverhältnis aus, ist wegen der Rechtsfolgen zu unterscheiden: Geht es um eine Sonderzuwendung, die **in der Vergangenheit erbrachte,** ggf. auch für die Zukunft erwartete **Betriebstreue** entlohnt, kann der Anspruch davon abhängig gemacht werden, dass der AN während des gesamten Bezugszeitraums oder während eines bestimmten Teils dieses Bezugszeitraums im Arbeitsverhältnis gestanden hat. Der Anspruch entfällt, wenn der AN vor Fälligkeit oder vor dem – eindeutig festzulegenden – Stichtag ausscheidet. Eine Sonderzuwendung mit **reinem Entgeltcharakter** ist bei einem vorzeitigen Ausscheiden demgegenüber **anteilig** entsprechend der Dauer des Arbeitsverhältnisses im Bezugszeitraum zu gewähren, der mit der Sonderzuwendung zusätzlich vergütet wird.

Die in der Vergangenheit vielfach üblichen **Sonderzuwendungen mit Mischcharakter** können nur noch von den TVparteien wirksam geregelt werden. In Formulararbeitsverträgen oder vom AG gestellten Regelungen ist dies nicht rechtswirksam möglich. Es dürfen nicht für dieselbe Sonderzuwendung Arbeitstätigkeiten in der Vergangenheit und außerdem noch Betriebstreue bis zu einem bestimmten Zeitpunkt verlangt werden. Es ist deshalb ausgeschlossen, eine zeitanteilige Zahlung je nach der Dauer der Beschäftigung im Bezugszeitraum in Aussicht zu stellen und gleichzeitig ein zu einem bestimmten Stichtag ungekündigtes Arbeitsverhältnis oder eine Betriebstreue zB bis zum Ablauf des ersten Quartals des Folgejahres zu fordern (BAG 18.1.2012 – 10 AZR 612/10). Eine solche Klausel benachteiligt den AN unangemessen. Sie gefährdet den Erhalt bereits erarbeiteten Lohns und erschwert die Ausübung des Kündigungsrechts übermäßig. Bei einer derartigen Klausel besteht Anspruch auf die Sonderzuwendung auch dann, wenn der AN zum Stichtag bereits in einem gekündigten Arbeitsverhältnis steht oder kürzer als die für die Zukunft vorausgesetzte Mindestzeit im Betrieb geblieben ist.

(c) **Elternzeit:** Bestimmt ein TV, dass eine tarifliche Jahressonderzahlung für Zeiten gekürzt werden kann, in denen das Arbeitsverhältnis kraft Gesetzes ruht, kann die Jahressonderzahlung auch für die Zeit gekürzt werden, in der der AN sich in → *Elternzeit* befindet. Steht die Sonderzuwendung nicht im Austauschverhältnis „Arbeit gegen Entgelt", setzt eine derartige Kürzung allerdings eine dahin gehende Vereinbarung voraus.

(d) **Insolvenz:** Der Anspruch wird nicht beseitigt durch Eröffnung des Insolvenzverfahrens über das Vermögen des AG. Eine Insolvenz des AG kann allenfalls Grund für eine → *Änderungskündigung* sein, nach der die Sonderzuwendung zukünftig entfallen soll, wenn dies der Sicherung der betrieblichen Arbeitsplätze dient und auch die übrigen Gläubiger zur Sanierung beitragen. Über die insolvenzrechtliche Einordnung der Sonderzuwendung entscheidet erneut deren Zweck. Geht es um eine zusätzliche Vergütung, kommt es darauf an, wann die Sonderzuwendung erdient wurde. Soweit dies vor der Insolvenzeröffnung geschah, handelt es sich um eine Insolvenzforderung, im Übrigen um eine Masseforderung. Bei einer anlassbezogenen Sonderzuwendung entscheidet der Zeitpunkt der Entstehung der Forderung über die insolvenzrechtliche Einordnung.

(e) **Kurzarbeit:** Die Sonderzuwendung kann wegen → *Kurzarbeit* im Bezugszeitraum gekürzt werden, wenn dies in der Rechtsgrundlage vorgesehen ist.

(f) **Mutterschutz, Beschäftigungsverbot:** Ist der Anspruch auf eine Jahressonderzahlung davon abhängig gemacht, dass der AN im Berechnungszeitraum eine bestimmte Anzahl an Tagen tatsächlich gearbeitet hat, muss die Zeit der Beschäftigungsverbote während der Mutterschutzfristen wohl nicht als Zeit tatsächlicher Arbeitsleistung behandelt werden.

III. Rückzahlungsvorbehalt

1. Begriff

Häufig wird der Anspruch auf eine Sonderzuwendung mit einem Rückzahlungsvorbehalt verbunden. Die gewährte Leistung soll zurückgezahlt werden, wenn der AN innerhalb der nächsten Zeit nach dem Bezugszeitraum bis zu einem festgelegten Stichtag aus dem Arbeitsverhältnis ausscheidet. Dabei lösen nur die Beendigungstatbestände den Rückzahlungsanspruch aus, die im Vorbehalt angesprochen sind. Eine **formularmäßige Rückzahlungsklausel** ist unwirksam, wenn sie weder die Voraussetzungen für die Rückzahlungspflicht noch einen eindeutig bestimmten Zeitraum für die Bindung des AN festlegt; eine ergänzende Vertragsauslegung ist ausgeschlossen.

2. Zulässigkeit

(a) Rückzahlungsvorbehalte sind **unzulässig,** wenn die Sonderzuwendung zumindest **auch Entgelt für bereits geleistete Arbeit** war. Außerdem entsteht nach § 12 BBiG im Berufsausbildungsverhältnis kein Rückzahlungsanspruch, wenn der Vorbehalt auch für den Fall der vorzeitigen Beendigung durch Bestehen der Abschlussprüfung (§ 21 Abs. 2 BBiG) eingreift. Eine solche Klausel ist nichtig.

(b) **Bindungsfrist:** Rückzahlungsklauseln dürfen den AN nicht in unzulässiger Weise in seiner durch Art. 12 Abs. 1 GG geschützten Berufsausübung behindern. In Formulararbeitsverträgen unterliegen sie nach § 307 Abs. 1 BGB einer Inhaltskontrolle. Für die **zulässige Bindungsdauer** in Rückzahlungsklauseln hat die in den letzten

Jahren nicht mehr überprüfte Rspr. (BAG 9.6.1993 – 10 AZR 529/92) zur **Disposition der TVparteien,** nicht aber der Betriebspartner stehende Grundsätze in Abhängigkeit **zur Höhe der Sonderzuwendung** aufgestellt. Bei Sonderzuwendungen bis zu einem Betrag von 100 EUR brutto ist eine Rückzahlungsklausel stets unwirksam. Erhält der AN mehr als diesen Betrag, aber weniger als einen Bruttomonatsverdienst, ist eine Rückzahlungsklausel nur statthaft, die ein Verbleiben im Arbeitsverhältnis bis zum 31.3. des Folgejahres verlangt. Der AN kann daher mit Ablauf des 31.3. ausscheiden. Erhält der AN eine Sonderzuwendung in Höhe von zumindest einem vollen Bruttomonatsverdienst, kann der AG sich die Rückforderung für den Fall vorbehalten, dass der AN nicht über das erste Quartal hinaus bis zum nächst zulässigen Kündigungstermin bleibt (BAG 28.4.2004 – 10 AZR 356/03). Zu lange festgelegte Rückzahlungsfristen sind nichtig. Der AN kann jederzeit ausscheiden, ohne dass Rückzahlungspflichten entstehen. Scheidet der AN allerdings vor Ablauf einer rechtlich zulässig festgelegten Bindungsfristen aus, muss er die volle Sonderzuwendung zurückzahlen. Ein Sockelbetrag von 100 EUR verbleibt ihm nicht.

Bei der formularmäßigen Vertragsklausel, die den Rückzahlungsvorbehalt enthält, ist darauf zu achten, dass sie nicht auch Fälle umfasst, in denen eine Rückzahlungspflicht unangemessen ist: Andernfalls ist der Rückzahlungsvorbehalt insgesamt unwirksam (→ *Allgemeine Geschäftsbedingungen*). Dies ist zB der Fall, wenn die Rückzahlungspflicht so weit gefasst ist, dass sie auch durch eine Beendigung des Arbeitsverhältnisses durch betriebsbedingte Kündigung ausgelöst werden soll (LAG München 19.1.2017 – 3 Sa 492/16). *(KB)*

► Sonntagsarbeit

Die Zulässigkeit von Sonn- und Feiertagsarbeit ist eingeschränkt. Nach § 9 ArbZG ist eine Erwerbsarbeit an Sonntagen grds. verboten; dasselbe gilt für Jugendliche nach § 17 JArbSchG. In Dreischichtbetrieben kann die Arbeitszeit an Sonntagen um sechs Stunden nach vorn oder hinten verschoben sein (→ *Feiertage*; § 9 Abs. 2 ArbZG). Ausnahmen von dem Verbot der Sonntagsarbeit ergeben sich aus

§§ 10 ff. ArbZG. Arbeitet der AN an Sonntagen, enthalten TV hierfür regelmäßig Zuschlagsregelungen. Sieht ein TV für Arbeit an gesetzlichen Feiertagen Zuschläge vor, haben AN keinen Anspruch auf Zahlung dieses Zuschlags für Ostersonntag, wenn dieser Tag landesrechtlich kein gesetzlicher Feiertag ist (BAG 17.3.2010 – 5 AZR 317/09).

▶ Sozialplan

I. Abschluss eines Sozialplans

So heißt die Einigung zwischen AG und → *Betriebsrat* zur **Milderung der wirtschaftlichen Nachteile,** die den AN infolge einer geplanten → *Betriebsänderung* entstehen (§ 112 Abs. 1 S. 2 BetrVG). Der BR hat ein erzwingbares Mitbestimmungsrecht zur Aufstellung eines Sozialplans zum Ausgleich oder Minderung der wirtschaftlichen Nachteile, die den AN infolge der Betriebsänderung entstehen (§ 112 Abs. 1 S. 2 BetrVG). Besteht die Betriebsänderung in einer Betriebsstilllegung und wird ein BR erst nach dem Stilllegungsbeschluss gewählt, ist der AG nicht zum Abschluss eines Sozialplans verpflichtet. Voraussetzung ist das Vorliegen einer Betriebsänderung und das voraussichtliche Entstehen von ausgleichsfähigen Nachteilen. Wirtschaftliche Nachteile können zB sein der Eintritt von Arbeitslosigkeit nach einer Kündigung, Verlust des Kündigungsschutzes, Erschwerungen bei der Arbeitssuche, schlechtere Bezahlung oder geänderte Anfahrtswege. Einen Sozialplan kann der BR unabhängig davon verlangen, ob ein → *Interessenausgleich* versucht, abgeschlossen, gescheitert oder überhaupt unterblieben oder die Betriebsänderung bereits durchgeführt worden ist. Der AG hat dem BR die für die Aufstellung eines Sozialplans erforderlichen Informationen zur Verfügung zu stellen. AG und BR können einvernehmlich einen Sozialplan abschließen, kommt eine Einigung nicht zustande, kann eine → *Einigungsstelle* angerufen werden, deren Spruch die Einigung zwischen AG und BR ersetzt. Der Sozialplan ist im Fall einer Einigung **schriftlich niederzulegen** und vom AG und BR zu unterschreiben; entscheidet die Einigungsstelle, hat deren Vorsitzender den Spruch zu unterzeichnen und AG und BR zuzuleiten. Zuständig für den Abschluss eines Sozialplans ist regelmäßig der BR.

Die Zuständigkeit des → *Gesamtbetriebsrats* kommt nur in Betracht, wenn die Betriebsänderung nicht nur einen Betrieb, sondern betriebsübergreifend mehrere Betriebe betrifft und einheitliche Ausgleichsregelungen erfordert. Vom persönlichen Geltungsbereich des Sozialplans werden nur die betriebsangehörigen AN, nicht aber die leitenden → *Angestellten* erfasst.

Ausgenommen von der Sozialplanpflicht sind **neu gegründete Unternehmen** (§ 112a BetrVG). Um Neugründungen handelt es sich auch, wenn der Alleingesellschafter und Geschäftsführer einer Komplementär-GmbH eine neue GmbH gründet und diese einen Betrieb der früheren Gesellschaft fortführt. Übertragen zwei Unternehmen einzelne Betriebe einem neu gegründeten Unternehmen, das die Betriebe mit einer auf dem Zusammenschluss beruhenden unternehmerischen Zielsetzung fortsetzen will, handelt es sich um eine Neugründung im Zusammenhang mit der rechtlichen Umstrukturierung von Unternehmen iSv § 112 Abs. 2 S. 2 BetrVG, die nicht von der Sozialplanpflicht ausgenommen ist.

II. Sozialplanleistungen

1. Grundsatz

Nach der Rspr. des BAG haben Sozialpläne eine zukunftsbezogene Ausgleichs- und Überbrückungsfunktion. Geldleistungen in Form einer Abfindung stellen kein zusätzliches Entgelt für die in der Vergangenheit erbrachten Dienste dar, sondern sollen die voraussichtlich entstehenden wirtschaftlichen Folgen eines durch Betriebsänderung verursachten Arbeitsplatzverlustes ausgleichen oder zumindest abmildern. Die Betriebsparteien sind wegen des ihnen zustehenden Beurteilungs- und Gestaltungsspielraums bei der Vereinbarung eines Sozialplans frei in ihrer Entscheidung, welche Nachteile dem von einer Betriebsänderung betroffenen AN in welchem Umfange ausgeglichen oder gemildert werden sollen. Sie können nach der Vermeidbarkeit der Nachteile unterscheiden und sind nicht verpflichtet, alle denkbaren Nachteile zu entschädigen. Sie können auch AN von Leistungen des Sozialplans ausnehmen. Ein **Beurteilungsspielraum** besteht hinsichtlich der Einschätzung der den AN durch die Betriebsänderung voraussichtlich entstehenden wirtschaftlichen Nachteile. Der **Gestaltungsspielraum** der Betriebsparteien betrifft die Frage, ob, in welchem Umfang und wie sie die prognostizierten wirtschaftlichen Nachteile ausgleichen oder abmildern. In diesem Rahmen können die Betriebsparteien bei den Ausgleichsregelungen eine typisierende Beurteilung vornehmen. Als Sozialplanleistungen kommen Abfindungen, Lohnausgleich für die Zuweisung einer anderen Tätigkeit, Erstattung von Fahrtkosten, Belassung von Werkswohnungen oder die Übernahme von Umzugskosten in Betracht. Bei Entlassungen werden üblicherweise Abfindungen vereinbart, die regelmäßig zumindest nach Lebensalter und Betriebszugehörigkeit gestaffelt werden.

2. Abfindungen

Überwiegend werden Abfindungen in Sozialplänen nach einer festgelegten Formel berechnet, die im Sozialplan vereinbart wird. Häufig ist dabei für den Grundabfindungsbetrag folgende Berechnung anzutreffen:

$$\frac{\text{Bruttomonatsverdienst} \times \text{Lebensalter} \times \text{Betriebszugehörigkeit}}{\text{[Divisor]}}$$

Die **Höhe der Abfindung** hängt in diesem Fall vor allem von der Definition der Bruttomonatsvergütung und dem Divisor ab. Je größer der Divisor gewählt wird, umso kleiner wird die Abfindung. Die Betriebsparteien sind aber nicht verpflichtet, Sozialplanleistungen stets nach einer bestimmten Formel zu bemessen. Sie können diese auch individuell festlegen und sich an den ihnen bekannten Verhältnissen der betroffenen AN orientieren. Eine Berücksichtigung des Alters kann nach § 10 AGG zulässig sein, wenn die Interessen der benachteiligten (Alters-)Gruppe nicht unverhältnismäßig stark vernachlässigt werden. Insbesondere können AG und BR wegen der zukunftsbezogenen Ausgleichsfunktion von Sozialplänen die Abfindungen nach dem Lebensalter und der Betriebszugehörigkeit ansteigen lassen (BAG 12.4.2011 – 1 AZR 743/09) und bei rentennahen Jahrgängen wieder verringern (BAG 26.3.2013 – 1 AZR 813/11). Daneben finden sich in Sozialplänen häufig Sockelbeträge für alle AN, die um bestimmte Beträge nach sozialen Indikatoren (zB für → *schwerbehinderte Menschen,* Kinder und unterhaltsberechtigte Familienangehörige) erhöht werden.

Inhaltliche Grenzen bei der Festsetzung der Abfindungskriterien ergeben sich für AG und BR aus der Bindung des Sozialplans an höherrangiges Gesetzesrecht und insbesondere an das **Gleichbehandlungsgebot** des § 75 Abs. 1 BetrVG. Wegen des Sozialplanzwecks und der nur begrenzt zur Verfügung stehenden finanziellen Mittel können die AG und BR eine typisierende Beurteilung dahin vornehmen, dass AN, die „vorzeitig", also zu einem früheren Zeitpunkt als durch die Betriebsänderung geboten, selbst kündigen, keine oder sehr viel geringere wirtschaftliche Nachteile drohen als den anderen AN. Eine Differenzierung ist aber unzulässig, wenn die **Eigenkündigung** oder der Aufhebungsvertrag vom AG veranlasst worden ist. In einem solchen Fall sind gekündigte AN und solche, die aufgrund einer Eigenkündigung oder eines Aufhebungsvertrags ausgeschieden sind, gleich zu behandeln (BAG 12.4.2011 – 1 AZR 505/09).

3. Wirtschaftliche Vertretbarkeit

Kommt zwischen AG und BR keine Einigung zustande, entscheidet auf Antrag einer der Beteiligten eine Einigungsstelle über den Sozialplan. Diese hat nach § 112 Abs. 5 S. 1 BetrVG bei ihrer Entscheidung sowohl die sozialen Belange der betroffenen AN zu berücksichtigen als auch auf die wirtschaftliche Vertretbarkeit ihrer Entscheidung für das Unternehmen zu achten. Im Rahmen billigen Ermessens muss sie unter Berücksichtigung der Gegebenheiten des Einzelfalls Leistungen zum Ausgleich oder der Milderung wirtschaftlicher Nachteile vorsehen, dabei die Aussichten der betroffenen AN auf dem Arbeitsmarkt berücksichtigen und bei der Bemessung des Gesamtbetrags der Sozialplanleistungen darauf achten, dass der Fortbestand des Unternehmens oder die nach der Durchführung der Betriebsänderung verbleibenden Arbeitsplätze nicht gefährdet werden (BAG 22.1.2013 – 1 ABR 85/11). In aller Regel ist wegen der Vermögensverhältnisse auf das Unternehmen und nicht auf den Konzern abzustellen.

4. Anfechtung

Überschreitet die Einigungsstelle den ihr in § 112 Abs. 5 BetrVG gezogenen Ermessensrahmen, kann die Unwirksamkeit des Spruchs sowohl vom AG als auch vom BR binnen einer Frist von zwei Wochen vom Tage der Zuleitung des Beschlusses an gerechnet, geltend gemacht werden (§ 76 Abs. 5 BetrVG). Im Beschlussverfahren kann nur die Unwirksamkeit des Sozialplans festgestellt werden, nicht hingegen seine Änderung, zB auf ein höheres Volumen. Der einzelne AN kann nur Rechtsfehler des Sozialplans geltend machen. Hierzu gehört zB ein Verstoß gegen den Gleichbehandlungsgrundsatz (§ 75 BetrVG). Dagegen kann er nicht erreichen, dass der Sozialplan auf billiges Ermessen überprüft wird, ob also die Ausgleichsleistungen im Einzelfall ausreichend sind oder nicht.

► Sozialversicherungsausweis

Er ist zur Bekämpfung der → *Schwarzarbeit* eingeführt worden. Der zuständige Rentenversicherungsträger stellt den Sozialversicherungsausweis bei der Vergabe einer Versicherungsnummer aus (§ 18h Abs. 1 SGB IV). Der Ausweis enthält für jeden Beschäftigten die Versicherungsnummer, den Vor- und Familiennamen, ggf. den Geburtsnamen. Der AN ist nach § 18h Abs. 3 SGB IV verpflichtet, den Sozialversicherungsausweis bei Beginn einer Beschäftigung dem AG vorzulegen. Kann der Beschäftigte dies nicht zum Zeitpunkt des Beschäftigungsbeginns, hat er dies unverzüglich nachzuholen.

► Sperrzeit

I. Begriff

Der Anspruch auf → *Arbeitslosengeld I* oder Arbeitslosengeld II kann ruhen, wenn sich der Arbeitslose versicherungswidrig verhalten hat (sog. Sperrzeit). Die Vorschrift beruht auf dem Grundgedanken, dass sich die Versichertengemeinschaft gegen Risikofälle (Arbeitslosigkeit) wehren muss, deren Eintritt der Versicherte selbst zu vertreten hat. Die Sperrzeittatbestände sind in § 159 Abs. 1 SGB III abschließend aufgeführt. Dies sind die Sperrzeit wegen Arbeitsaufgabe (§ 159 Abs. 1 Nr. 1 SGB III), Arbeitsablehnung (Nr. 2), ungenügende Eigenbemühungen (Nr. 3), Ablehnung einer beruflichen Eingliederungsmaßnahme (Nr. 4), Abbruch einer beruflichen Eingliederungsmaßnahme (Nr. 5), bei Ablehnung oder Abbruch eines Integrationskurses oder einer berufsbezogenen Deutschsprachförderung bzw. bei maßnahmewidrigem Verhalten (Nr. 6 und 7), bei einem Meldeversäumnis (Nr. 8) oder bei verspäteter Arbeitsuchendmeldung (Nr. 9). Allen Sperrzeittatbeständen ist gemeinsam, dass eine Sperrzeit nicht eintritt, wenn der Arbeitslose für sein Verhalten einen wichtigen Grund hat. Mehrere Sperrzeiten, die durch dasselbe Ereignis begründet werden, laufen nacheinander ab (§ 159 Abs. 2 S. 2 SGB III).

II. Sperrzeit wegen Arbeitsaufgabe

1. Auflösungstatbestände

Nach § 159 Abs. 1 S. 1 Nr. 1 SGB III tritt eine Sperrzeit wegen Arbeitsaufgabe ein, wenn der AN das Beschäftigungsverhältnis gelöst oder durch ein vertragswidriges Verhalten Anlass für die Lösung des Beschäftigungsverhältnisses gegeben hat und er hierdurch seine Arbeitslosigkeit vorsätzlich oder zumindest grob fahrlässig herbeigeführt hat, ohne dass hierfür ein wichtiger Grund vorlag.

Als Auflösungstatbestände der Sperrzeit nach § 159 Abs. 1 S. 1 Nr. 1 SGB III kommen nur (**a**) die eigene → *Kündigung* des AN, (**b**) der Abschluss eines → *Aufhebungsvertrags* oder → *Abwicklungsvertrags* sowie (**c**) eine Kündigung des AG wegen vertragswidrigen Verhaltens des AN (→ *verhaltensbedingte Kündigung*) in Betracht. Bei einer → *personenbedingten Kündigung* tritt keine Sperrzeit ein, da den AN an der Auflösung des Beschäftigungsverhältnisses regelmäßig kein Verschulden trifft. Gleiches gilt für eine → *betriebsbedingte Kündigung*. Eine Kündigung durch den AG ist deshalb nur sperrzeitauslösend, wenn der Kündigungsgrund eine Verletzung des Arbeitsvertrags darstellt und die Kündigung nach § 626 BGB, § 1 KSchG gerechtfertigt ist.

2. Kausalzusammenhang

Eine Sperrzeit wegen Arbeitsaufgabe tritt ein, wenn das Verhalten des AN für die Kündigung und diese wiederum für die Arbeitslosigkeit kausal war. Vertragswidriges Verhalten des AN ist deshalb unschädlich, wenn der AG auch aus personen- bzw. betriebsbedingten Gründen hätte kündigen können oder das Arbeitsverhältnis aufgrund eines anderen Beendigungstatbestands (etwa durch eine Befristung) zum gleichen Termin geendet hätte. Die Arbeitslosigkeit muss vorsätzlich oder grob fahrlässig verschuldet sein.

3. Wichtiger Grund

Der Begriff des wichtigen Grundes ist im SGB III nicht definiert. Er ist dann gegeben, wenn dem Arbeitslosen unter Berücksichtigung aller Umstände des Einzelfalls und unter Abwägung seiner Interessen mit denen der Versichertengemeinschaft ein anderes Verhalten nicht zugemutet werden kann. Für das Vorliegen des wichtigen Grundes kommt es auf die objektive Rechtslage an. Ein wichtiger Grund liegt daher nicht vor, wenn der Arbeitslose irrigerweise Umstände als gegeben angesehen hat, die als wichtiger Grund zu werten wären, oder tatsächlich richtig erkannte Umstände fehlerhaft als wichtigen Grund bewertet hat; in diesen Fällen kommt jedoch das Vorliegen einer besonderen Härte in Betracht. Als wichtiger Grund für den AN zur Lösung eines Arbeitsverhältnisses kommen alle Gründe in Betracht, die ihn zum Ausspruch einer fristlosen Kündigung aus wichtigem Grund (§ 626 BGB) berechtigt hätten. Jedoch verlangt das BSG vor Ausspruch einer Eigenkündigung regelmäßig, dass sich der AN zunächst unter Zurückstellung seiner eigenen Interessen und Aufrechterhaltung des bisherigen Arbeitsverhältnisses um eine andere Arbeitsmöglichkeit bemüht. Die BA hat in ihrer Geschäftsanweisung (GA) Beispielsfälle für den wichtigen Grund aufgezählt (GA 159.1.2.1). Danach können Rechtfertigungsgründe für die **Eigenkündigung** eines AN insbesondere gesetz- oder tarifwidrige Arbeitsbedingungen, erhebliche Lohnrückstände (insb. Insolvenz des AG) oder ein sittenwidriges Arbeitsentgelt (30% unter Tariflohn oder ortsüblicher Vergütung) sein. **Betriebliche Umstände** stellen einen Grund für eine Lösung des Beschäftigungsverhältnisses dar, wenn dem AN eine objektiv rechtmäßige Kündigung droht, unerheblich ist, ob ihm das Abwarten der Kündigung zumutbar war. Anerkannt sind weiterhin Gründe aus dem **persönlichen Bereich** des AN, wie etwa religiöse Gründe oder solche, die einen Gewissenskonflikt auslösen, zB ein Kirchenaustritt. Jedoch muss sich der AN vor der Lösung seines Beschäftigungsverhältnisses regelmäßig um eine Beseitigung der Beeinträchtigung ggf. mit dem AG bemühen. Dies gilt nicht, wenn die Abhilfe keine Erfolgsaussicht hat. Auch krankheitsbedingte Einschränkungen der Leistungsfähigkeit können die Aufgabe der Beschäftigung rechtfertigen; allerdings ist zum Nachweis ein amtsärztliches Attest empfehlenswert. Schließlich kann ein wichtiger Grund für die Lösung des bisherigen Beschäftigungsverhältnisses vorliegen, wenn durch einen Umzug mit dem Partner und einem im Haushalt lebenden Kind eine Erziehungsgemeinschaft (wieder)hergestellt werden soll oder eine eheähnliche Gemeinschaft fortgesetzt wird.

4. Dauer

Die Dauer der Sperrzeit bei Arbeitsaufgabe beträgt regelmäßig zwölf Wochen (§ 159 Abs. 3 S. 1 SGB III). Die Sperrzeit beginnt mit dem Tag nach dem Ereignis, das die Sperrzeit begründet, oder, wenn dieser Tag in eine vorangehende Sperrzeit fällt, mit dem Ende dieser Sperrzeit (§ 159 Abs. 2 S. 1 SGB III). Während einer Sperrzeit ruht der Anspruch auf Alg. (§ 159 Abs. 2 S. 2 SGB III), der Arbeitslose erhält keine Leistungen. Daneben mindert sich die Anspruchsdauer für den Anspruch auf Alg. um die Tage der Sperrzeit. Bei einer Sperrzeit von zwölf Wochen beträgt die Kürzung des Anspruchs jedoch mindestens 1/4 der Gesamtanspruchsdauer des Alg. (§ 142 Abs. 1 Nr. 4 SGB III), was insbesondere für ältere AN zu einer über zwölf Wochen hinausgehenden Schmälerung ihrer Ansprüche führt.

► Sphärentheorie

→ *Betriebsrisiko*

► Sprecherausschüsse

I. Errichtung

Das BetrVG 1972 hat die leitenden → *Angestellten* als AN qualifiziert, sich aber bewusst einer Vertretungsregelung enthalten (BT-Drs. 11/2503, 25). Das Gesetz über Sprecherausschüsse der leitenden Angestellten (SprAuG) vom 20.12.1988 (BGBl. I 2312) nebst Wahlordnung vom 28.9.1989 (BGBl. I 1798) sieht die Bildung von Sprecherausschüssen vor. Freiwillige Sprecherausschüsse können nicht mehr gewählt werden.

Ein Sprecherausschuss ist zu wählen (**1**) in Betrieben mit idR mindestens zehn leitenden Angestellten (Ausnahme § 1 Abs. 2, 3 SprAuG) und (**2**) sofern bislang ein gesetzlicher Sprecherausschuss nicht bestand, die Mehrheit der leitenden Angestellten dies beschließt (§ 7 Abs. 2 SprAuG). Um eine Parallelität mit dem BetrVG herbeizuführen, ist nach §§ 16, 17 SprAuG ein Gesamt-Sprecherausschuss und nach § 21 SprAuG ein freiwilliger Konzern-Sprecherausschuss zu bilden.

Betriebsübergreifende Sprecherausschüsse sind zu wählen in Betrieben mit idR weniger als zehn leitenden Angestellten. Sie gelten als Angestellte des räumlich nächstgelegenen Betriebs mit mehr als zehn leitenden Angestellten (§ 1 Abs. 2 SprAuG). Hierdurch wird gewährleistet, dass kein leitender Angestellter unvertreten bleibt, wenn sich die Mehrheit für eine Vertretung ausgesprochen hat. Andererseits können sich Probleme ergeben, wenn ein Betrieb einem fachfremden Betrieb zugeschlagen wird.

Sind in einem → *Unternehmen* mit mehreren Betrieben idR insgesamt mindestens zehn leitende Angestellte beschäftigt, kann abweichend von der Rechtslage unter II. ein **Unternehmens-Sprecherausschuss** gewählt werden, wenn dies die Mehrheit der leitenden Angestellten des Unternehmens verlangt. Ein Unternehmens-Sprecherausschuss kann gebildet werden, wenn (**1**) ein Unternehmen mehrerer Betriebe mindestens je zehn leitende Angestellte, (**2**) ein Unternehmen insgesamt mehr als zehn leitende Angestellte, (**3**) ein Unternehmen mehrere Betriebe teils mehr und teils weniger als zehn leitende Angestellte hat. Dagegen unterfällt nicht dem § 1 Abs. 2 SprAuG, dass ein Unternehmen einen Betrieb mit mindestens zehn leitenden Angestellten hat und alle anderen Betriebe weniger als zehn leitende Angestellte haben (§ 20 Abs. 1 SprAuG).

Die **Zahl der Mitglieder** und die **Geschäftsführung** des Sprecherausschusses sind in §§ 3 ff. SprAuG geregelt. Die Vorschriften lehnen sich eng an die Vorschriften für den → *Betriebsrat* an. Dagegen sind die Mitglieder des Sprecherausschusses weitaus weniger gesichert. Sie verfügen über keinen besonderen Kündigungsschutz. Allerdings dürfen sie in der Amtsausübung nicht gestört werden. Ist dies der

Fall, sind Kündigungen und sonstige Maßregelungen unwirksam (§ 134 BGB).

II. Mitwirkungsrechte

1. Einteilung

Die Beteiligungsrechte des Sprecherausschusses sind weitaus schwächer als die des BR ausgestaltet. Nach § 2 Abs. 1 S. 2 SprAuG hat der AG vor Abschluss einer → *Betriebsvereinbarung* oder sonstigen Vereinbarung, die die rechtlichen Interessen der leitenden Angestellten berührt, den Sprecherausschuss anzuhören. Fehlt es an einer wirksamen Anhörung, bleibt hiervon die Wirksamkeit der Vereinbarung unberührt.

Die Mitwirkungsrechte ergeben sich aus §§ 25–32 SprAuG. Nach § 25 Abs. 1 SprAuG vertritt der Sprecherausschuss die **Belange der leitenden Angestellten des Betriebs** (§ 1 Abs. 1 SprAuG) und, sofern ein Unternehmens-Sprecherausschuss (dazu II.) gewählt worden ist, die des Unternehmens (§ 20 Abs. 4 SprAuG). Aus § 25 Abs. 1 SprAuG lässt sich nicht seine Allzuständigkeit ableiten, denn sonst wären die geregelten Mitwirkungstatbestände überflüssig. Unberührt von dem Vertretungsmandat bleibt die Wahrnehmung der Belange durch den einzelnen Angestellten. Die **Beteiligungsrechte** des Sprecherausschusses beschränken sich auf Unterrichtungs-, Anhörungs- und Beratungsrechte. Dagegen stehen ihm keine Mitbestimmungsrechte zu. Da die leitenden Angestellten ohnehin der Unternehmensleitung zugerechnet werden, soll die Unternehmensleitung keinen Gegner im eigenen Lager haben. Der leitende Angestellte kann bei der **Wahrnehmung seiner Belange** gegenüber dem AG ein Mitglied des Sprecherausschusses hinzuziehen (§ 26 Abs. 1 SprAuG). Der leitende Angestellte hat das Recht, in seine → *Personalakte* Einsicht zu nehmen. Auch hierbei kann ein Mitglied des Sprecherausschusses hinzugezogen werden. Dieses hat über den Inhalt der Akte Stillschweigen zu bewahren. Nach § 27 SprAuG haben AG und Sprecherausschuss darüber zu wachen, dass die leitenden Angestellten nach **Recht und Billigkeit** behandelt werden. § 27 SprAuG ist § 75 BetrVG nachgebildet.

2. Richtlinien

Nach § 28 Abs. 1 SprAuG können AG und Sprecherausschuss Richtlinien über den Inhalt, den Abschluss oder die Beendigung von Arbeitsverhältnissen der leitenden Angestellten schriftlich vereinbaren. Sie entsprechen den Regelungsabreden im BetrVG (→ *Betriebsvereinbarung*). Sie entfalten für das einzelne Arbeitsverhältnis nur dann Wirkungen, wenn sie **einzelvertraglich** in das Arbeitsverhältnis **umgesetzt** werden. Der AG ist gegenüber dem Sprecherausschuss nicht verpflichtet, bei der Einzelvereinbarung sich an die Richtlinien zu halten. AG und Sprecherausschuss können in den Richtlinien vereinbaren, dass sie **unmittelbar und zwingend** für die Arbeitsverhältnisse gelten. Es steht mithin in deren Regelungskompetenz, ob sie Mindestarbeitsbedingungen vereinbaren. Ist eine entsprechende Vereinbarung getroffen, gilt das Günstigkeitsprinzip. Ohne Zustimmung des Sprecherausschusses kann der leitende Angestellte nicht auf Rechte einer Vereinbarung verzichten. Die Vereinbarungen können mit einer Frist von drei Monaten **gekündigt** werden, sofern nichts anderes vereinbart ist (§ 28 Abs. 2 S. 4 SprAuG). Eine Nachwirkung der Vereinbarung ist im Unterschied zu BV nicht vorgesehen.

3. Soziale Angelegenheiten

Nach § 30 SprAuG hat der AG den Sprecherausschuss rechtzeitig zu **unterrichten** über **(a)** Änderung der Gehaltsgestaltung und sonstiger allgemeiner **Arbeitsbedingungen** sowie **(b)** Einführung oder Änderungen allgemeiner Beurteilungsgrundsätze. Die vorgesehenen Maßnahmen sind mit dem Sprecherausschuss zu beraten. **Gehaltsgestaltung** ist wie die Lohngestaltung in § 87 Abs. 1 Nr. 10 BetrVG kollektive und abstrakte Regelungen über die Gehaltsfindung (→ *Betriebsrat (Beteiligungsrechte)*). Sie umfasst auch die Bildung von Gehaltsgruppen und die Bandbreite der einzelnen Gehaltsgruppen. Zu den allgemeinen Arbeitsbedingungen zählen alle Bedingungen, die Inhalt des einzelnen Arbeitsvertrags sein können; diese können materielle (zB Ruhegeld) als auch formelle (Lage der Arbeitszeit) sein. Beurteilungsgrundsätze sind wie im BetrVG Regelungen über die Bewertung des Verhaltens und der Leistung der leitenden Angestellten. Aus § 25 Abs. 2 SprAuG iVm § 30 SprAuG wird sich nicht das Recht ableiten lassen, dass der Sprecherausschuss in die Lohn- und Gehaltslisten der leitenden Angestellten **Einsicht nehmen** kann.

4. Personelle Angelegenheiten

In § 31 SprAuG sind die personellen Mitwirkungsrechte geregelt. Eine beabsichtigte **Einstellung oder personelle Veränderung** eines leitenden Angestellten ist dem Sprecherausschuss rechtzeitig mitzuteilen (§ 31 Abs. 1 SprAuG). Die Vorschrift entspricht der Mitteilungspflicht an den BR nach § 105 BetrVG. Der Sprecherausschuss ist vor jeder **Kündigung** eines leitenden Angestellten zu hören. Der AG hat ihm die Gründe der beabsichtigten Kündigung mitzuteilen. Eine ohne Anhörung des Sprecherausschusses ausgesprochene Kündigung ist unwirksam. Das Verfahren ist der → *Anhörung des Betriebsrats vor dem Kündigungsausspruch* nachgebildet. Ist zweifelhaft, ob ein Angestellter leitender Angestellter ist, erfolgt zweckmäßig die Anhörung des Sprecherausschusses und des BR. Auch wenn ein Zuordnungsverfahren nach § 18a BetrVG stattgefunden hat, entfaltet dies für die Kündigung keine Bindungswirkung. Die Mitglieder des Sprecherausschusses unterliegen wegen der personellen Angelegenheiten einer besonderen **Verschwiegenheitspflicht** (§ 31 Abs. 3 SprAuG).

5. Wirtschaftliche Angelegenheiten

In wirtschaftlichen Angelegenheiten hat der AG den Sprecherausschuss mindestens einmal im Kalenderhalbjahr zu unterrichten (§ 32 Abs. 1 SprAuG). Die wirtschaftlichen Angelegenheiten werden durch Verweisung auf § 106 Abs. 3 BetrVG konkretisiert. Keine Unterrichtungspflicht besteht in Tendenzbetrieben. Der Unternehmer hat den Sprecherausschuss über geplante → *Betriebsänderungen* iSv § 111 BetrVG, die auch wesentliche Nachteile für leitende Angestellte zur Folge haben können, rechtzeitig und umfassend zu unterrichten. Zumeist wird vertreten, dass durch die Verweisung auf § 111 BetrVG sichergestellt werden sollte, dass das Recht nur in Betrieben mit idR mehr als 20 wahlberechtigten Angestellten besteht. Was unter Betriebsänderungen zu verstehen ist, ergibt sich aus § 111 BetrVG. Der Sprecherausschuss hat keinen Anspruch auf einen Interessenausgleich; damit entfällt ein Anspruch auf → *Nachteilsausgleich* für die entlassenen leitenden Angestellten. Ebenso wenig ist ein erzwingbarer Anspruch auf einen → *Sozialplan* gegeben; dieser kann aber freiwillig vereinbart werden.

▶ Sprechstunde

→ *Betriebsrat*

▶ Sprungrevision

Gegen ein → *Urteil* eines Arbeitsgerichts kann unter Übergehung der Berufungsinstanz unmittelbar die → *Revision* eingelegt werden, wenn der Gegner schriftlich zustimmt und wenn sie vom Arbeitsgericht auf Antrag im Urteil oder nachträglich durch Beschluss zugelassen wird (§ 76 ArbGG). Sie ist nur zuzulassen, wenn die Rechtssache **grundsätzliche Bedeutung** hat und eine der in § 76 Abs. 2 Nr. 1–3 ArbGG aufgeführten Rechtsstreitigkeiten betrifft. Die Zulassung erfolgt nur auf schriftlichen Antrag. Der Antrag ist vor Erlass des Urteils oder innerhalb einer Notfrist von einem Monat nach Zustellung des in vollständiger Form abgefassten Urteils zu stellen. Wird der Antrag im Urteil beschieden, erfolgt die Zulassung im Tenor (s. § 64 Abs. 3a, § 72 Abs. 2 ArbGG). Wird die Sprungrevision zugelassen, kann die beschwerte Partei nach ihrer Wahl Berufung oder Revision einlegen. Ist die Sprungrevision im Urteil zugelassen, ist die Zustimmungserklärung des Gegners zur Durchführung der Sprungrevision dieser bei der Einlegung beizufügen. Wird Sprungrevision eingelegt, wird eine zuvor eingelegte Berufung unzulässig. Da die Sprungrevision nicht auf Mängel des Verfahrens gestützt werden kann (§ 76 Abs. 4 ArbGG), muss eine Partei, die geltend machen will, das Gericht habe unter Verletzung verfahrensrechtlicher Vorschriften unstreitigen Parteivortrag übergangen, statt der Sprungrevision Berufung einlegen. Für das → *Beschlussverfahren* verweist § 92a ArbGG für die **Sprungrechtsbeschwerde** auf § 76 ArbGG.

▶ Stellenausschreibung

Mit einer Stellenausschreibung macht der AG auf eine bei ihm vorhandene **Beschäftigungsmöglichkeit** aufmerksam und fordert den angesprochenen Personenkreis zu Bewerbungen auf. Eine Stellenausschreibung kann sich an externe Bewerber richten oder auf den Betrieb beschränkt sein. Je nach betrieblichem Bedürfnis enthält die Ausschreibung mehr oder weniger differenzierte Angaben zum Unternehmen, eine Beschreibung der freien Stelle einschließlich des vom AG vorausgesetzten Anforderungsprofils sowie die in Aussicht genommenen finanziellen Leistungen. Die Festlegung des Anforderungsprofils für den Arbeitsplatz obliegt dem AG. Die Stellenausschreibung muss geschlechtsneutral erfolgen. Gem. § 11 iVm § 7 AGG sind Stellenausschreibungen untersagt, die eines der in § 1 AGG genannten Merkmale (insbesondere Geschlecht und Alter) als Einstellungsvoraussetzung enthalten, sofern hierfür nicht ein Rechtfertigungsgrund nach §§ 8–10 AGG vorliegt (→ *Allgemeines Gleichbehandlungsgesetz*).

Nach § 93 BetrVG kann der **BR** verlangen, dass Arbeitsplätze, die besetzt werden sollen, allgemein oder für bestimmte Arten von Tätigkeiten vor ihrer Besetzung innerhalb des Betriebs ausgeschrieben werden. Die Vorschrift schreibt die Ausschreibung von Arbeitsplätzen nicht generell vor. Eine Verpflichtung hierzu besteht nur, wenn der BR die Ausschreibung verlangt hat oder die Ausschreibung zwischen den Betriebsparteien vereinbart ist. Hierdurch soll der innerbetriebliche Arbeitsmarkt durchschaubarer gemacht werden. Verstößt der AG gegen die Pflicht aus § 93 BetrVG, hat der BR ein Zustimmungsverweigerungsrecht bei der nachfolgenden Einstellung nach § 99 Abs. 2 Nr. 5 BetrVG (→ *Betriebsrat (Beteiligungsrechte)*). Über die Einstellungsvoraussetzungen entscheidet der AG jedoch ohne Beteiligung des BR.

▶ Stellenbeschreibung

Eine Stellenbeschreibung legt die Funktion einer bestimmten Stelle innerhalb der betrieblichen Organisation fest. Sie definiert die Aufgabe und die Kompetenz dieser Stelle und beschreibt, welche Tätigkeiten im Einzelnen zu ihrer Erfüllung verrichtet werden müssen. Die Stellenbeschreibung legt fest, an welcher Stelle welche Arbeit zu verrichten ist. Sie ist Teil der → *Personalplanung* über die der BR nach § 92 Abs. 1 BetrVG zu unterrichten ist. Ein Mitbestimmungsrecht bei der Erstellung von Stellenbeschreibungen besteht nicht. Diese sind auch keine Auswahlrichtlinien noch Teile derselben, bei deren Aufstellung der BR unter den in § 95 Abs. 1, 2 BetrVG bestimmten Voraussetzungen zu beteiligen ist. Eine Stellenbeschreibung kann für die → *Eingruppierung* von AN von Bedeutung sein, wenn sie den Tätigkeitsinhalt festlegt, der dem AN im Wege des → *Direktionsrechts* vom AG übertragen worden ist.

▶ Stellensuche

Nach der Kündigung eines nicht nur auf kurze Zeit abgeschlossenen Arbeitsverhältnisses hat der AN einen unabdingbaren Anspruch auf angemessene Freistellung von der Arbeit zum **Aufsuchen einer neuen Stelle** (§ 629 BGB). Während dieser Zeit ist das Entgelt fortzuzahlen, es sei denn, § 616 BGB ist im Arbeitsvertrag oder einem anwendbaren TV abbedungen worden. Der Freizeitanspruch entsteht mit der Kündigung des Arbeitsverhältnisses. Unerheblich ist, wer aus welchem Grund gekündigt hat. Bei einer → *Änderungskündigung* entsteht der Anspruch, wenn der AN das Angebot nicht, und zwar auch nicht unter Vorbehalt annimmt. § 629 BGB gilt entsprechend, wenn dem AN zwar noch nicht gekündigt worden ist, ihm jedoch dringend empfohlen wird, eine neue Stelle zu suchen. Gleiches gilt bei Fristablauf eines befristeten oder eines auflösend bedingten Arbeitsverhältnisses (→ *befristeter Arbeitsvertrag*).

Ein Freistellungsanspruch besteht nicht nur für Vorstellungsgespräche, sondern auch für etwaige → *Eignungsuntersuchungen* sowie das Aufsuchen der → *Agentur für Arbeit* oder einer privaten Arbeitsvermittlung. In diesem Zusammenhang ist § 2 Abs. 2 Nr. 3 SGB IX von Bedeutung. Danach hat der AG den AN frühzeitig vor Beendigung des Arbeitsverhältnisses über die Notwendigkeit eigener Bemühungen bei der Suche nach einer anderen Beschäftigung sowie über die Verpflichtung unverzüglicher Meldung bei der Agentur für Arbeit zu informieren (§ 38 Abs. 1 SGB III; → *Arbeitsuchendmeldung*), ihn hierzu freizustellen und die Teilnahme an notwendigen Qualifizierungsmaßnahmen zu ermöglichen. Bei unberechtigter Verweigerung der Freizeit hat der AN ein Zurückbehaltungsrecht an seiner Arbeitskraft; uU macht sich der AG schadensersatzpflichtig.

▶ Stillgeld

→ *Mutterschutz*

▶ Stilllegung

→ *Betriebsstilllegung*

▶ Strafanzeige

→ *Anzeige gegen den Arbeitgeber (Whistleblowing)*

▶ Streik

Streik ist die Hauptform, in der von ANseite ein → *Arbeitskampf* durchgeführt wird: eine Mehrzahl von AN weigert sich planmäßig und gemeinschaftlich, die arbeitsvertraglich geschuldete Arbeitsleistung zu erbringen. Durch die Arbeitsniederlegung soll **Druck auf den sozialen Gegenspieler** ausgeübt werden, um ein bestimmtes Ziel zu erreichen. In aller Regel geht es um einen neuen TV mit besseren Arbeitsbedingungen. Zum Streik gehört die Absicht, die Arbeit nach dem – erfolgreichen – Ende der Maßnahmen wieder aufzunehmen.

Das Streikrecht ist für AN verfassungsrechtlich nach Art. 9 Abs. 3 GG als koalitionsgemäße Betätigung (→ *Koalitionsfreiheit*) gewährleistet. Für deutsche Beamte besteht demgegenüber nach dem überkommenen Verständnis der hergebrachten Grundsätze des Berufsbeamtentums (Art. 33 Abs. 5 GG) ein Streikverbot. Für das Verbot kommt es nur – so das BVerfG – auf den Beamtenstatus selbst an und nicht auf eine konkret von der Beschäftigtengruppe wahrgenommene hoheitliche Funktion. Das Streikverbot stehe bei diesem weiten Verständnis auch nicht im Widerspruch zu in Deutschland zu beachtenden supranationalen Rechtsnormen (BVerfG 12.6.2018 – 2 BvR 1738/12).

Für einen **rechtmäßigen Streik** von AN hat die Rspr. anstelle des bislang untätigen Gesetzgebers einige **Grundvoraussetzungen** aufgestellt: **(1)** er muss um ein tarifvertraglich regelbares Ziel geführt werden, **(2)** er muss von einer tariffähigen Gewerkschaft geführt werden, **(3)** er darf nicht gegen die tarifvertragliche Friedenspflicht verstoßen, die sich in aller Regel bereits stillschweigend aus zwischen den Kampfbeteiligten vollwirksam geltenden TV, deren Regelungsgegenständen und der für deren zwingende Geltung vereinbarten TV-Laufzeit ergibt (→ *Tarifvertrag*) ergibt, **(4)** er muss verhältnismäßig sein, dh er darf zur Erreichung des Kampfziels nicht **offensichtlich** ungeeignet, nicht erforderlich oder unangemessen sein; dazu gehört auch, dass Schädigungen des AG möglichst ausgeschlossen werden sollten, die eine Wiederaufnahme der Arbeit erheblich gefährden. Aus diesem Grund müssen Notdienst- und Erhaltungsarbeiten möglich bleiben. Der Umfang der Drittbetroffenheit (Streiks in Betrieben der Daseinsvorsorge!) spielt in diesem Zusammenhang in der Rspr. keine Rolle.

Durch die Arbeitsniederlegung aus Anlass eines rechtmäßigen Streiks wird das Arbeitsverhältnis nicht beendet. Die **gegenseitigen Hauptpflichten aus dem Arbeitsvertrag** (Arbeits- und Vergütungspflicht) **ruhen** bis zur Mitteilung des Streikendes durch die streikführende Gewerkschaft (BAG 31.5.1988 – 1 AZR 589/86). Da nur die Hauptpflichten aus dem Arbeitsverhältnis ruhen, bleiben die Nebenpflichten, insbesondere die wechselseitigen Schutzpflichten, bestehen. Der AG bleibt weiterhin verpflichtet, für eingebrachte Sachen des AN zu sorgen. Die AN müssen Wettbewerbshandlungen unterlassen; an ihrer Verschwiegenheitspflicht ändert sich nichts. Während eines Streiks erhalten gewerkschaftsangehörige AN als Ersatz für das ausbleibende Arbeitsentgelt von der streikführenden Gewerkschaft Streikunterstützung.

Die Teilnahme an einem rechtmäßigen Streik berechtigt den AG nicht zur **Kündigung** der streikenden AN. Der AN kann auch nicht zum Schadensersatz herangezogen werden. Hingegen kann die beharrliche Beteiligung an einem rechtswidrigen Streik zur Kündigung berechtigen, wenn der AN die Rechtswidrigkeit des Streiks erkennen musste. Nach dem Streikende werden idR → *Maßregelungsverbote* vereinbart. Solche von Haftung **freistellende Vereinbarungen** können auch eine möglicherweise bestehende Pflicht der streikleitenden Gewerkschaft mit umfassen, für Schäden aus rechtswidrigen Streikaktionen einstehen zu müssen. *(KB)*

▶ Streitwert

Der Streitwert ist der vom → *Arbeitsgericht* grds. im → *Urteil* festzusetzende **Wert des Rechtsschutzbegehrens** (→ *Klage*) des Klägers (§ 61 Abs. 1 ArbGG). Die Festsetzung im Urteil ist nur für die Zulässigkeit der → *Berufung* von Bedeutung, die in vermögensrechtlichen Streitigkeiten nur statthaft ist, wenn der Wert des Beschwerdegegenstands 600,– EUR übersteigt. Das LAG ist grds. bei der Ermittlung des Werts des Beschwerdegegenstands an die Wertfestsetzung des ArbG **gebunden.** Die Bindung besteht ausnahmsweise nicht, wenn die Festsetzung offensichtlich unrichtig ist oder der Beschwerdewert des § 64 Abs. 2 ArbGG nach anderen Kriterien als der festgesetzte Streitwert ermittelt wird.

Die Höhe des Streitwerts richtet sich nach §§ 3–9 ZPO sowie den Vorschriften des GKG. Für → *Kündigungsschutzklagen* oder sonstige Streitigkeiten über die **Beendigung des Arbeitsverhältnisses** beträgt der Streitwert aus sozialen Gründen höchstens einen Betrag eines Vierteljahresverdiensts im Kündigungszeitpunkt (§ 42 Abs. 4 S. 1 GKG). Der Wert einer Abfindung nach §§ 9, 10 KSchG wird nicht hinzugerechnet. Zu dem Vierteljahresverdienst kann hinzukommen der Wert für die weiteren Anträge des AN (Feststellungs- und Weiterbeschäftigungsantrag). Bei Streitigkeiten über wiederkehrende Leistungen (zB Eingruppierungsstreitigkeiten) ist der Wert des dreijährigen Bezugs maßgebend (§ 42 Abs. 4 S. 2 GKG). Bis zur Klageerhebung anfallende Beträge werden nicht hinzugerechnet (§ 42 Abs. 5 GKG). Bei einem Streit über eine unter Vorbehalt angenommene → *Änderungskündigung* ist auf den Wert der Änderung abzustellen, die die Grenzen des § 42 Abs. 4 S. 1 GKG nicht überschreiten darf. Für weitere Streitwerte wenden die Arbeitsgerichte ganz überwiegend den von der Streitwertkommission der Arbeitsgerichtsbarkeit erarbeiteten **Streitwertkatalog** idF vom 9.2.2018 (NZA 2018, 498) an, der Richtwerte für die Bewertung der dort aufgeführten (typischen) Fallkonstellationen im Urteils- und → *Beschlussverfahren* enthält.

▶ Student (Studierende)

Studierende werden idR nicht zu ihrer Berufsausbildung, sondern im Rahmen eines Arbeitsverhältnisses zur **Aushilfe** (→ *Aushilfsarbeitsverhältnis*) beschäftigt. Sie sind zu unterscheiden von den → *Praktikanten*, die zum Zwecke ihrer praktischen Ausbildung in ihrer Fachrichtung im Betrieb tätig werden. Wird ein Arbeitsverhältnis begründet, unterliegen Studierende wie andere AN dem Arbeitsrecht. Werden sie nur in der vorlesungsfreien Zeit tätig, sind sie in der Kranken-, Pflege-, Renten- und Arbeitslosenversicherung versicherungsfrei (§ 6 Abs. 1 Nr. 3 SGB V, § 5 Abs. 3 SGB VI, § 27 Abs. 4 S. 1 Nr. 1 SGB III). Sie sind in der Krankenversicherung pflichtversichert (§ 5 Abs. 1 Nr. 9 SGB V) und haben daher grds. im Falle der Erkrankung auch Anspruch auf → *Entgeltfortzahlung im Krankheitsfall.* Ihr Arbeitslohn muss zumindest dem → *Mindestlohn* entsprechen und unterliegt dem Lohnsteuerabzug (→ *Bruttolohn*).

Bei der Beschäftigung von Studierenden kann es zu Abgrenzungsschwierigkeiten kommen, ob und ggf. in welchem Umfang eine vertragliche Bindung zwischen AG und AN besteht. Insbesondere kann bei nur wechselnden Einsätzen fraglich werden, ob das Arbeitsverhältnis nur tageweise oder dauerhaft begründet wird. Dabei kann die Vertragsauslegung ergeben, dass der AG berechtigt ist, den Studierenden **entsprechend dem anfallenden Bedarf zur Arbeitsleistung heranzuziehen** (→ *Abrufarbeit*). Wird er im Rahmen eines Arbeitsverhältnisses beschäftigt, gelten für ihn die für AN geltenden Schutzbestimmungen gleichermaßen. Teilzeitbeschäftigte Studierende dürfen nicht deshalb schlechter bezahlt werden, weil ihre Beschäftigung sozialversicherungsfrei bleibt (→ *Teilzeitbeschäftigung*). Ein sachlicher Grund iSd § 14 Abs. 1 TzBfG für die Befristung eines Arbeitsverhältnisses (→ *befristeter Arbeitsvertrag*) mit einem Studierenden liegt vor, wenn die Befristung deshalb vereinbart wird, weil er die von ihm zu erbringende Arbeitsleistung mit den wechselnden Erfordernissen des Studiums in Einklang bringen muss (BAG 10.8.1994 – 7 AZR 695/93). Hat das Arbeitsverhältnis länger als sechs Monate bestanden, erwerben Studierende den allgemeinen Kündigungsschutz des § 1 KSchG (→ *Kündigung*).

▶ Suspendierung

→ *Freistellung des Arbeitnehmers*

T

▶ Tantiemen

→ *Gewinnbeteiligungen (Tantiemen)*

▶ Tarifautonomie

Art. 9 Abs. 3 GG garantiert für jedermann und alle Berufe die Freiheit, zur Wahrung und Förderung der Arbeits- und Wirtschaftsbedingungen Vereinigungen zu bilden (→ *Koalitionsfreiheit*). Handelt es sich bei der auf dieser Grundlage gebildeten Koalition auch um eine tariffähige → *Gewerkschaft* im Rechtssinne oder einen AGverband, ergibt sich für diese Organisationen aus dem Individualgrundrecht des Art. 9 Abs. 3 GG zugleich das von Verfassungs wegen gewährleistete kollektive Recht, die Arbeits- und Wirtschaftsbedingungen im Wesentlichen frei von staatlichem Einfluss, autonom, durch einen normativ wirkenden → *Tarifvertrag* zu regeln. Daraus folgt auch, dass der Staat die inhaltliche Regelung der Arbeitsbedingungen den Tarifpartnern überlässt, auf die Tarifverhandlungen keinen Einfluss nimmt und auch bei Arbeitskämpfen (→ *Arbeitskampf*) grds. neutral bleibt. Die aus Art. 9 Abs. 3 GG hergeleitete Tarifautonomie soll nach der schwer umsetzbaren Rspr. des BVerfG nicht dazu berechtigen, Schlüsselpositionen und Blockademacht unbeschränkt zu eigenem Nutzen tarifpolitisch zu verwerten (BVerfG 11.7.2017 – 1 BvR 1571/15).

Ob es wegen der grundrechtlich geschützten Tarifautonomie eine gerichtlich feststellbare **Zuständigkeitsgrenze für staatliche Gesetzgebung** auf dem Gebiet des Arbeitsrechts gibt, ist unklar. Eine solche Grenze wird stets bei der Gesetzgebung zum → *Mindestlohn* diskutiert. Zumindest dann, wenn die TVparteien nicht in der Lage sind, durch flächendeckende TV vertretbare Bedingungen für alle Arbeitsverhältnisse zu gewährleisten, ist aber zur Lückenfüllung eine auf Gemeinwohlbelange gestützte staatliche Regelungskompetenz zur Schaffung eines existenzsichernden Mindestschutzes anzuerkennen.

Die Tarifautonomie hat inhaltliche Grenzen bei der Gestaltung des Arbeits- und Wirtschaftslebens einzuhalten. Eine mittelbare **Grundrechtsbindung** von TV ergibt sich aus der Schutzfunktion der Grundrechte. Ihr gegenüber darf andererseits die Koalitionsfreiheit nicht völlig übergangen werden. Hier ist ein Abwägungsprozess geboten. Zwar hat sich das Koalitionsmitglied freiwillig der tarifautonomen Rechtssetzungsmacht unterworfen. Damit hat es aber nicht allgemein auf Grundrechtspositionen verzichtet, insbesondere nicht auf die Einhaltung von Gleichstellungsgeboten in TV. Die Tarifautonomie soll ja gerade eine allgemeine Ordnung schaffen, die Gleiches gleich und Ungleiches seiner Besonderheit entsprechend ungleich behandelt.

Im Verhältnis Tarifautonomie/Staat ist außerdem zu beachten, dass dem Gesetzgeber eine **Ausgestaltung** der Tarifautonomie, etwa durch das TVG, nur in den Grenzen der Verhältnismäßigkeit gestattet ist. Ein **Eingriff** in die Autonomie der TVparteien bedarf aber einer Rechtfertigung durch ein Rechtsgut von Verfassungsrang. Der Gesetzgeber kann durch Regelungen sowohl des Verhältnisses der sozialen Gegenspieler zueinander als auch der Gewerkschaften oder AGverbände untereinander dafür Sorge tragen, dass in Tarifverhandlungen strukturelle Voraussetzungen bestehen, in denen es zu einem fairen Ausgleich der beteiligten Interessen kommen kann (BVerfG 11.7.2017 – 1 BvR 1571/15). *(KB)*

▶ Tarifbindung

Tarifbindung ist Voraussetzung dafür, dass ein TV (→ *Tarifvertrag*) von Rechts wegen angewendet werden muss. Hierfür müssen grds. der AN **Mitglied** der tarifvertragsschließenden → *Gewerkschaft* und der AG Mitglied des am Tarifabschluss beteiligten → *Arbeitgeberverbands* sein. Der AG ist aber auch an die TV gebunden, die er mit einer Gewerkschaft **abgeschlossen** hat (§ 3 Abs. 1 TVG). Die **beiderseitige** Gebundenheit an den TV ist unverzichtbare Voraussetzung für die zwingende Geltung von Tarifnormen im einzelnen Arbeitsverhältnis (§ 4 Abs. 1 TVG).

Betriebliche und **betriebsverfassungsrechtliche Normen** in TV bestimmen nicht das Rechtsverhältnis zwischen AG und einzelnem AN, sondern das Verhältnis zwischen dem AG und der gesamten Belegschaft. Sie gelten nach § 3 Abs. 2 TVG bereits dann, wenn nur der AG an den TV gebunden ist. Für solche Regelungen ist kennzeichnend, dass sie wegen ihrer Eigenart notwendigerweise in gleichem Maße für alle AN des Betriebs oder einen abstrakt beschriebenen Teil von ihnen gelten müssen (zB → *Torkontrollen*).

Die **Tarifbindung** der Arbeitsvertragsparteien an einen TV besteht, wenn bei Inkrafttreten des TV AG und AN Mitglieder der vertragschließenden Verbände sind. Kommt eine beiderseitige Verbandsmitgliedschaft erst nach Inkrafttreten des TV zustande, tritt die Tarifbindung erst zu diesem Zeitpunkt ein. Eine rückwirkende Bindung an die TVnormen wird regelmäßig zu verneinen sein. Für diese Zeiträume bestand wegen der fehlenden Verbandsmitgliedschaft keine Normsetzungsbefugnis der TVparteien.

Die **Gebundenheit an einen bestimmten TV** nach § 3 Abs. 1 TVG **endet** bei Beendigung der Mitgliedschaft von AG oder AN in einer der abschließenden TVparteien. Nach § 3 Abs. 3 TVG gelten die Bestimmungen des TV aber unabhängig davon noch bis zu dessen Beendigung (→ *Nachbindung an Tarifverträge*).

Fehlt die Tarifbindung auf einer Seite, „gelten" die tariflichen Inhaltsnormen nicht. Ist nur der AG tarifgebunden, wird allerdings idR der betreffende TV im Arbeitsverhältnis tatsächlich angewendet. Der AG wird in den von ihm gestellten Arbeitsverträgen auf den oder die TV Bezug nehmen, an die er gebunden ist und die er gegenüber den tarifgebundenen AN seines Betriebs anwenden muss. Solche Bezugnahmen gibt es aber auch in Betrieben, deren Inhaber nicht tarifgebunden ist. In beiden Fällen besteht – nur – die arbeitsvertragliche Pflicht, den TV anzuwenden (→ *Bezugnahme auf Tarifvertrag*).

Einer **beiderseitigen Tarifbindung** an einen TV **aufgrund Mitgliedschaft** stehen in ihrer Wirkung **gleich** stehen die → *Allgemeinverbindlicherklärung* eines TV (§ 5 TVG) und seine Geltungserstreckung nach dem → *Arbeitnehmer-Entsendegesetz.* In beiden Fällen gelten die betreffenden TV auch in den Arbeitsverhältnissen ihres Geltungsbereichs unmittelbar und zwingend, wenn eine oder beide Arbeitsvertragsparteien nicht mitgliedschaftlich tarifgebunden sind. Für sie wird Tarifbindung durch Hoheitsakt hergestellt. *(KB)*

▶ Tarifeinheit

→ *Tarifkonkurrenz*; → *Tarifpluralität*

▶ Tarifflucht

Als Tarifflucht werden Vorgänge bezeichnet, durch die ein tarifgebundener AG versucht, sich der Bindung an einen → *Tarifvertrag* insgesamt oder für einen Teil seiner Mitarbeiter zu entledigen.

Der AG kann hierfür aus dem → *Arbeitgeberverband* **austreten.** So kann er die → *Tarifbindung* an die von diesem Verband in Zukunft abgeschlossenen TV ausschließen. Die bei Austritt bereits geltenden tariflichen Regelungen muss er aber zwingend bis zu deren Ende (§ 3 Abs. 3 TVG; → *Nachbindung an Tarifverträge*) gegenüber tarifgebundenen AN einhalten. Die Pflicht besteht auch über diesen Zeitpunkt hinaus aufgrund der daran anschließenden Nachwirkung (§ 4 Abs. 5 TVG; → *Nachwirkung von Tarifverträgen*), bis der AG von den bisherigen tariflichen Regelungen abweichende andere Abmachungen hat treffen können. Der Austritt ist grds. in den Grenzen der für die Verbandsmitgliedschaft maßgebenden Satzungsbestimmungen wirksam. Die Rspr. macht hiervon – nur tarif-, nicht verbandsrechtlich – eine Ausnahme bei einem Verbandsaustritt während **laufender Tarifverhandlungen („Blitzaustritt").** In einem solchen Fall kann der AG seine künftige Gebundenheit an den oder die TV, die zum Zeitpunkt der Austrittserklärung **Verhandlungsgegenstand** waren (BAG 21.11.2012 – 4 AZR 237/11), nur dann vermeiden, wenn der Austritt dem Verhandlungspartner auf Gewerkschaftsseite vor dem Tarifabschluss mitgeteilt worden ist. Entsprechendes gilt, wenn das Mitglied während laufender Tarifverhandlungen aus der Tarifgebundenheit vermittelnden Vollmitgliedschaft in eine vom Verband rechtswirksam angebotene → *OT-Mitgliedschaft* wechselt (**„Blitzwechsel"**).

Der tarifgebundene AG kann zur Tarifflucht auch **Teilfunktionen und die mit ihnen beschäftigten AN (Betriebsteile)** auf ein anderes, nicht oder anders tarifgebundenes Unternehmen **übertragen** (→ *Betriebsübergang*). Für die übernommenen **tarifgebundenen** AN gelten dann aber immerhin die tariflichen Regelungen über die Rechte und Pflichten im Arbeitsverhältnis für ein Jahr zwingend weiter, die zum Zeitpunkt des Betriebsteilübergangs für sie gegolten haben. Lediglich später abgeschlossene TV, an die der neue AG nicht mehr gebunden ist, sind nicht mehr maßgebend. Nach dem Jahr der zwingenden Weitergeltung ist das ursprünglich tariflich Geregelte weiterhin verbindlich, kann aber einzelvertraglich abbedungen werden. Anders ist das nur, wenn der ausgegliederte Betriebsteil beim aufnehmenden Unternehmen zu einer anderen Branche gehört als der ursprüngliche Hauptbetrieb **und** in dem neuen Unternehmen ein **anderer TV** kraft **beiderseitiger** → *Tarifbindung* (auch: → *Allgemeinverbindlicherklärung*) gilt (Beispiel: Ausgliederung des Reinigungsdienstes aus einem Krankenhaus auf ein Gebäudereinigungsunternehmen). Ein solcher TV tritt mit sofortiger Wirkung an die Stelle der bisherigen tariflichen Regelungen. Im Verhältnis zwischen dem abgelösten und dem ablösenden TV gilt nicht das → *Günstigkeitsprinzip*. Es kann auf diesem Weg ohne Weiteres zu Verschlechterungen der maßgebenden tariflichen Arbeitsbedingungen kommen.

Beide Versuche der Tarifflucht scheitern im Ergebnis, wenn in den Arbeitsverträgen der betroffenen AN die bisherigen TV in ihrer jeweiligen Fassung, also dynamisch (→ *Bezugnahme auf Tarifvertrag*), in Bezug genommen worden sind (ebenso EuGH 27.4.2017 –

C-680/15, C-681/15 – Asklepios). In diesem Fall **gilt** das bisherige Tarifrecht und das dieses ergänzende, ändernde oder ersetzende **einzelvertraglich** weiter. Es kann allerdings durch individualvertragliche Abrede auch verschlechtert werden (BAG 17.11.2010 – 4 AZR 391/09).

Eine nachhaltigere Tarifflucht gelingt, wenn der AG bestimmte Funktionen nicht mehr von eigenen AN erledigen lässt, denen er die Einhaltung der tariflichen Bedingungen schuldet. Er kann stattdessen Werkverträge (→ *Werkvertrag*) abschließen, oder auf frei gewordenen Arbeitsplätzen LeihAN einsetzen. Auch diese beiden Wege bergen indes Gefahren: **Werkverträge** sind nur solche, wenn die hier im Ergebnis eingesetzten Personen auch wirklich nur einen von vornherein festgelegten Vertragserfolg schulden und nicht in gleicher Weise wie Mitarbeiter des Stammunternehmens in die betriebliche Organisation eingebunden sind. Andernfalls handelt es sich – unbeschadet der Bezeichnung als Werkvertrag – bei den eingesetzten Einzelpersonen um AN im Einsatzbetrieb (BAG 25.9.2013 – 10 AZR 282/12). Die „Werkvertragsparteien" können sich selbst dann, wenn der „Werkunternehmer" eine Überlassungserlaubnis hat, nicht auf das Bestehen eines Leiharbeitsverhältnisses berufen, weil sie ihren Vertrag nicht als ANüberlassung bezeichnet haben. Der Beschäftigte wird von Rechts wegen AN des „Werkbestellers" (§ 1 Abs. 1 S. 5, § 9 Abs. 1 Nr. 1a, § 10 Abs. 1 AÜG). Auch der offen gelegte Einsatz von **LeihAN** (→ *Arbeitnehmerüberlassung*) führt nicht zu Kostenersparnissen, wenn der Verleiher den LeihAN dasselbe Arbeitsentgelt schuldet, wie der Entleiher vergleichbar beschäftigten StammAN. Denn dann wird sich der Verleiher den Tariflohn, den der Entleiher durch seine Tarifflucht gerade teilweise sparen will, über die Vergütung, auf die er den Entleiher in Anspruch nimmt, refinanzieren lassen. Hinzu kommt der Unternehmergewinn des Verleihers. Selbst wenn der Verleiher § 8 Abs. 2 AÜG nutzt und deshalb berechtigt ist, weniger als das Entgelt für vergleichbare StammAN des Entleihers zu zahlen, wird der vom Verleiher angestrebte Unternehmergewinn idR verhindern, dass eine Tarifflucht durch Einsatz von LeihAN zur Einsparung von ansonsten aufgrund TV entstehender Kosten führt. *(KB)*

▶ Tarifkonkurrenz

Tarifkonkurrenz liegt vor, wenn mehrere TV (→ *Tarifvertrag*) auf dasselbe Arbeitsverhältnis anwendbar sind und dort um Geltung konkurrieren. Das Arbeitsverhältnis muss in mehreren tariflichen Geltungsbereichen (→ *Tariflicher Geltungsbereich*) angesiedelt sein. Außerdem muss hinsichtlich aller TV beiderseitige → *Tarifbindung* bestehen, sei es, dass **dieselben Tarifvertragsparteien** an den Tarifabschlüssen beteiligt waren, sei es, dass einer der konkurrierenden TV wegen seiner **AVE** (→ *Allgemeinverbindlicherklärung*) unabhängig von Verbandsmitgliedschaft gilt. Sind dieselben TVparteien beteiligt, wird es allerdings nicht selten an einer Tarifkonkurrenz im eigentlichen Sinne fehlen. Solche tarifvertraglichen Regelungen sollen einander ergänzen. So verhält es sich etwa im Verhältnis von Rahmen- und Entgelttarifverträgen. Welche Normbefehle maßgebend sind, muss aber entschieden werden, wenn und soweit die nebeneinanderstehenden Regelungen dieselben Gegenstände betreffen. IdR sind dies die des **spezielleren, sachnäheren TV.** Im Konkurrenzverhältnis zwischen den TV für das Baugewerbe und denjenigen für Fliesenleger gelten dann zB im Überschneidungsbereich letztere.

Ergibt sich die Konkurrenz aus einer AVE des einen TV, hat regelmäßig (Ausnahme: § 5 Abs. 4 S. 2 TVG) der durch beiderseitige Mitgliedschaft legitimierte TV vor dem allgemeinverbindlichen Vorrang.

Auch bei **Betriebsnormen** und **betriebsverfassungsrechtlichen Normen** (→ *Tarifvertrag*) kann es zu einer Tarifkonkurrenz kommen. Dafür genügt es, dass der AG an mehrere TV mit solchen Regelungen gebunden ist. Auf die Mitgliedschaft der AN kommt es nicht an, damit Betrieb oder Betriebsverfassung beiden Normen unterworfen sind. Ein solches Konkurrenzverhältnis ist nach dem Willen des Gesetzgebers nach den Regeln über die Auflösungen einer → *Tarifpluralität* aufzulösen (vgl. auch § 4a Abs. 3 TVG).

Grds. ist die → *Tarifpluralität* allerdings von der Tarifkonkurrenz zu unterscheiden. Sie besteht, wenn innerhalb desselben Betriebs für dieselbe Art von Arbeitsverhältnissen, aber eben nicht für dieselben AN, **unterschiedliche TV Geltung beanspruchen.** Dazu kommt es, wenn der AG oder sein Verband mit mehreren Gewerkschaften TV abgeschlossen haben. An sie sind an sich nach § 4 Abs. 1 TVG die vom doppelt tarifgebundenen AG beschäftigten AN je nach eigener Organisationszugehörigkeit gebunden. Dieses Nebeneinander bezeichnet der Gesetzgeber als Tarifkollision. Es soll grds. nach Tarifeinheitsrecht (§ 4a TVG, § 99 ArbGG) aufgelöst werden (→ *Tarifpluralität*).

Kein Fall der Tarifkonkurrenz ist es auch, wenn in einem Betrieb Tätigkeiten verrichtet werden, für die an sich nach deren tariflichem Geltungsbereich (→ *Tariflicher Geltungsbereich*) unterschiedliche Branchentarifverträge in Betracht kämen. Hier ist von vornherein nur der TV anwendbar, der die nach dem Personaleinsatz **überwiegenden Betriebstätigkeit** zum Gegenstand hat. Die Prägung des Betriebs entscheidet über das eine anwendbare Tarifwerk. *(KB)*

▶ Tariflicher Geltungsbereich

Es ist Sache der TVparteien, den Geltungsbereich ihrer TV **autonom** festzulegen. Der tarifliche Geltungsbereich darf nie weiter reichen als die → *Tarifzuständigkeit* aller am Tarifabschluss beteiligten Verbände (zB Metall- und Elektroindustrie), muss diese aber nicht vollständig abdecken (zB TV für Auszubildende der Elektroindustrie).

Räumlicher Geltungsbereich ist das Tarifgebiet, in dem der TV gelten soll, also je nach Festlegung das Bundesgebiet, ein oder mehrere Bundesländer, Landkreise oder einzelne Städte. Die TVparteien entscheiden auch darüber, ob es für die räumliche Zuordnung auf den Betriebs- oder den Unternehmenssitz ankommt. Zur Vereinheitlichung der Personalverwaltung kann es auch zu einer Anknüpfung an den Unternehmenssitz kommen. Häufiger stellen die TVparteien jedoch auf den Betriebssitz ab. Er ist auch dann maßgebend, wenn von dort aus Außenarbeiten (Montage, Tätigkeit von Reisenden) zu verrichten sind, die außerhalb des räumlichen Geltungsbereichs stattfinden.

Der **betriebliche Geltungsbereich** richtet sich idR nach den im TV festgelegten Wirtschaftszweigen, denen die Betriebe angehören. Für die Zuordnung ist der wirtschaftliche Hauptzweck des Betriebs (nicht des Unternehmens) entscheidend, für den die **Arbeitsleis-**

tungen der AN im Kalenderjahr **zeitlich überwiegend** erbracht werden. Deshalb unterstehen AN, auch wenn sie betriebsfremde Tätigkeiten verrichten, dem für den Betrieb insgesamt geltenden TV (zB Maurer oder Kraftfahrer in einem Chemiebetrieb, wenn sie arbeitsvertraglich mit dessen Inhaber verbunden sind). Entsprechendes gilt für Mischbetriebe, also Betriebe, in denen unterschiedliche Betriebszwecke verfolgt werden. Es entscheidet der überwiegend verfolgte Betriebszweck. Wird dann aber eine Betriebsabteilung, zB ein Restaurant, aus einem Kaufhaus ausgegliedert und rechtlich verselbstständigt, wird ein bis dahin einheitlich zuzuordnender Mischbetrieb aufgelöst. Der Restaurantbetrieb verlässt den betrieblichen Geltungsbereich des Einzelhandel-TV und fällt in den des Gaststätten-TV, der bei beiderseitiger → *Tarifbindung* tarifrechtlich ohne weiteres anzuwenden ist (→ *Tarifflucht*).

Die tariflichen Bestimmungen zum **fachlichen Geltungsbereich** knüpfen an die Art der tatsächlich geleisteten und geforderten Arbeit an (zB kann ein TV für technische, nicht aber für kaufmännische → *Angestellte* gelten).

Dem **persönlichen Geltungsbereich des TV** unterliegen grds. alle im Tarifgebiet in den erfassten Betrieben beschäftigten Personen, die auch unter den fachlichen Geltungsbereich fallen, es sei denn, der TV nimmt sie aus seinem Geltungsbereich aus (zB → *Auszubildende*) oder der TV will nur für Angehörige bestimmter Berufsgruppen gelten. Auf AGseite können die TVparteien den persönlichen Geltungsbereich auch **mitgliedschaftsbezogen** danach bestimmen, wer aktuell Mitglied des tarifschließenden AGverbandes oder auch nur eines näher bestimmten Teils von ihm ist. Ein dahingehender Wille ist aber nur bei Vorliegen besonderer Anhaltspunkte anzunehmen (BAG 16.11.2016 – 4 AZR 697/14).

Der **zeitliche Geltungsbereich** ist maßgebend für die normative Erfassung der Arbeitsverhältnisse. Er reicht vom Inkrafttreten bis zu einem im TV vorgesehenen Fristablauf. TV, die auf unbestimmte Zeit abgeschlossen wurden, gelten, bis eine tarifvertraglich vorgesehene ordentliche Kündigung ausgesprochen worden und eine vorgesehene → *Kündigungsfrist* abgelaufen ist. Ein TV kann auch rückwirkend in Kraft gesetzt werden und wirkt auch insoweit sowohl zum Vor- wie zum Nachteil der AN. Der neue TV kann sogar für eine Zeit vor Außerkrafttreten des früheren TV abgeschlossen werden. Wirkungsvoraussetzung ist aber, dass das Vertrauen der Tarifunterworfenen in die Weitergeltung des bisherigen TV zerstört worden ist. Auf tariflicher Grundlage entstandene Besitzstände können grds. nicht durch rückwirkende TV vernichtet werden. *(KB)*

► Tariflohnerhöhung (Anrechnung)

I. Übertarifliche Zulagen

Vielfach werden von AG neben dem Tariflohn übertarifliche Entgeltbestandteile in Form von Zulagen gezahlt. Wird der Tariflohn erhöht, ist fraglich, ob die Zulagen unverändert weitergezahlt werden müssen oder der AG zu ihrer Anrechnung auf den erhöhten Tariflohn berechtigt ist. Dabei ist zwischen der individualrechtlichen Zulässigkeit einer Anrechnung im Verhältnis AG und AN sowie der kollektivrechtlichen Zulässigkeit im Verhältnis des AG zum BR zu unterscheiden. Ist die Anrechnung entweder im Verhältnis zum AN oder wegen einer Verletzung des Mitbestimmungsrechts des BR unzulässig, ist die Zulage wie bisher weiterzuzahlen. Andernfalls kann ihre Anrechnung auf die Tariflohnerhöhung erfolgen.

Ob eine Tariflohnerhöhung **individualrechtlich** auf eine übertarifliche Vergütung angerechnet werden kann, hängt von der zugrundeliegenden Vergütungsabrede ab. Haben die Arbeitsvertragsparteien dazu eine ausdrückliche Vereinbarung getroffen, gilt diese. Anderenfalls ist aus den Umständen zu ermitteln, ob eine Befugnis zur Anrechnung besteht. Die – ggf. auch rückwirkende – → *Anrechnung* ist grds. möglich, sofern dem AN nicht vertraglich ein selbstständiger Entgeltbestandteil in bestimmter Höhe neben dem jeweiligen Tarifentgelt zugesagt worden ist. Die Anrechnung erfordert eine ausdrückliche oder konkludente Erklärung des AG über die Anrechnung. Unerheblich ist, ob der übertarifliche Bestandteil als Zulage neben dem Tariflohn ausgewiesen ist.

II. Mitbestimmung des Betriebsrats

Der BR hat bei der Anrechnung einer Tariflohnerhöhung auf übertarifliche Zulagen nach § 87 Abs. 1 Nr. 10 BetrVG **mitzubestimmen,** wenn (**1**) eine generelle Maßnahme vorliegt, (**2**) sich durch die Anrechnung die bisher bestehenden Verteilungsrelationen ändern und (**3**) für die Neuregelung innerhalb des vom AG mitbestimmungsfrei vorgegebenen Dotierungsrahmens ein Gestaltungsspielraum besteht (→ *Betriebsrat (Beteiligungsrechte)*). Im Einzelnen bestehen folgende **Fallgruppen:**

(**1**) Wird die Tariferhöhung im Rahmen des rechtlich und tatsächlich Möglichen vollständig und gleichmäßig auf die übertariflichen Zulagen angerechnet, werden die Verteilungsgrundsätze nicht geändert. Es besteht daher kein Mitbestimmungsrecht (BAG 27.8.2008 – 5 AZR 820/07).

(**2**) Mitbestimmungsfrei ist auch die Streichung sämtlicher übertariflichen Zulagen.

(**3**) Führt dagegen die völlige oder teilweise Anrechnung der Tariflohnerhöhungen zu einer Änderung der Verteilungsgrundsätze, ist eine derartige Änderung mitbestimmungspflichtig (BAG 23.3.1993 – 1 AZR 520/92).

(**4**) Schließlich entfällt das Mitbestimmungsrecht auch in der letzten Fallgruppe, wenn sich der AG eine Kürzung oder den Widerruf vorbehalten hat, er aber aus Gründen des Individualrechts daran gehindert ist, den Dotierungsrahmen zu verändern. In jedem Fall bleibt das Mitbestimmungsrecht bestehen, wenn der verbleibende Dotierungsrahmen anderweitig verteilt werden kann. Hiervon ist auszugehen, wenn der AG Geldleistungen, die aus Anlass des Arbeitsverhältnisses gewährt wurden, nur noch in geänderter Form weiter gewähren will und dazu vertragliche Regelungen mit den AN anstrebt (BAG 29.1.2008 – 3 AZR 42/06).

(**5**) Sieht ein TV eine Lohnerhöhung in **zwei Stufen** vor, sind die Nichtanrechnung der ersten und die vollständige Anrechnung der zweiten Stufe auf übertarifliche Zulagen nur mitbestimmungspflichtig, wenn sie auf einer einheitlichen Entscheidung des AG beruhen. Hierfür kann insbesondere ein enger zeitlicher Zusammenhang zwischen den Anrechnungsvorgängen sprechen (BAG 10.3.2009 – 1 AZR 55/08). Verletzt der AG das Mitbestimmungsrecht des BR, ist die Anrechnung unwirksam.

▶ Tariföffnungsklauseln

So heißen solche Bestimmungen in einem → *Tarifvertrag,* die den ergänzenden Abschluss einer → *Betriebsvereinbarung* oder abweichende Regelungen durch Arbeitsvertrag zulassen. Nach § 77 Abs. 3 S. 1 BetrVG können Arbeitsentgelte und sonstige Arbeitsbedingungen, die durch TV geregelt sind oder üblicherweise geregelt werden, nicht Gegenstand einer BV sein. Der BR ist für den Abschluss von BV, deren Gegenstand tarifüblich oder bereits in TV geregelt ist, nicht zuständig. Die Vorschrift soll unabhängig von der Tarifbindung des AG die Funktionsfähigkeit der → *Tarifautonomie* gewährleisten. AG und BR dürfen keine abweichenden oder ergänzenden BV mit normativer Wirkung abschließen oder den Inhalt von TV in einer BV übernehmen.

Nach § 77 Abs. 3 S. 2 BetrVG sind solche abweichenden Regelungen aber zulässig, wenn dies im TV ausdrücklich so vorgesehen ist. Die TVparteien können auf den ihnen durch Satz 1 verliehenen Schutz verzichten und ergänzende betriebliche oder arbeitsvertragliche Regelungen zulassen. Die rückwirkende Kürzung tariflicher Ansprüche durch eine BV wird durch die Grundsätze des Vertrauensschutzes begrenzt.

▶ Tarifpluralität

I. Begriff und Zustandekommen

Tarifpluralität entsteht bei einer Mehrheit von TV, wenn in einem Betrieb auf die Arbeitsverhältnisse die TV unterschiedlicher TVparteien Anwendung finden und sich ihr Geltungsbereich (→ *tariflicher Geltungsbereich*) überschneidet. Tarifpluralität besteht, wenn **(1)** die AN eines Betriebes in unterschiedlichen → *Gewerkschaften* organisiert sind, mit denen der AG bzw. sein Verband (→ *Arbeitgeberverbände*) jeweils TV abgeschlossen hat (§ 3 TVG; → *Tarifbindung*).

Beispiel: Ärzte in Krankenhäusern: TV von ver.di oder des Marburger Bundes; Lokführer: TV der EVG oder der GDL; Redakteure in Verlagen: TV von ver.di und des DJV.

Daneben kann Tarifpluralität dann entstehen, wenn (**2**) ein TV für allgemeinverbindlich erklärt wird (§ 5 TVG), aber für die organisierten AG und AN noch ein anderer TV aufgrund beiderseitiger → *Tarifbindung* (beiderseitiger Verbandsmitgliedschaft) gilt.

Das BAG hat die Tarifpluralität bis zum Jahr 2010 nach dem (ungeschriebenen) **Grundsatz der Tarifeinheit** aufgelöst. In einem Betrieb setzte sich in solchen Fällen immer nur ein TV durch, in aller Regel nach Maßgabe des an sich nicht passenden Grundsatzes der **Spezialität** oder der **größeren Sachnähe.** Der speziellere bzw. sachnähere TV war in den Arbeitsverhältnissen anzuwenden, in denen beide Arbeitsvertragsparteien an ihn gebunden waren. Im Übrigen, sowohl bei anders-, als auch bei nichtorganisierten AN, galt kein TV. Diese Rspr. hat das BAG für tarifliche Rechtsnormen, die den Inhalt, den Abschluss und die Beendigung von Arbeitsverhältnissen regeln (**Inhaltsnormen**), aufgegeben (BAG 7.7.2010 – 4 AZR 549/08). Sie war weder mit § 4 Abs. 1 TVG noch mit der positiven Koalitionsfreiheit aus Art. 9 Abs. 3 GG zu vereinbaren. Im Ergebnis dieser Entscheidung hatte der AG dann – je nach Tarifbindung der AN – mehrere TV in seinem Betrieb anzuwenden. Wie die Rechtslage bei Normen über betriebliche und betriebsverfassungsrechtliche Fragen (§ 3 Abs. 2 TVG) zu entscheiden war, für deren Geltung die Tarifbindung des AG ausreichend ist, hat das BAG nicht entschieden. In diesen Fällen liegt nämlich kein Nebeneinander, sondern eine echte Konkurrenz vor.

II. Die Rechtslage nach dem Tarifeinheitsgesetz

Der Gesetzgeber hat die Rspr. des BAG mit dem am 10. Juli 2015 in Kraft getretenen Tarifeinheitsgesetz korrigiert. Der neu eingefügte § 4a TVG bestimmt, dass **sog. Tarifkollisionen** nach dem Mehrheitsprinzip aufzulösen sind. Eine solche aufzulösende Tarifkollision besteht, wenn

- der AG an mehrere TV mit unterschiedlichen Gewerkschaften nach § 3 TVG gebunden ist,
- sich die Geltungsbereiche dieser TV zumindest teilweise überschneiden und
- die TV nicht inhaltsgleich sind.

An der Inhaltsgleichheit fehlt es schon dann, wenn sich die TV der konkurrierenden Gewerkschaften nur in irgendeinem Punkt unterscheiden, und sei es auch nur, dass der eine einen Gegenstand regelt, den der oder die anderen TV der anderen Gewerkschaft nicht regeln.

Das Vorliegen einer Tarifkollision ist jeweils **betriebsbezogen** festzustellen. Besteht sie, gelten in dem Betrieb ausschließlich die Rechtsnormen des TV der Gewerkschaft mit den **meisten Mitgliedern** unter den AN des Betriebs. Alle TV aus den kollidierenden Tarifwerken werden verdrängt und sind unanwendbar. Diese Regel gilt auch für die Betriebsnormen und betriebsverfassungsrechtlichen Normen der verdrängten TV (Ausnahme: TV über die Organisation der Betriebsverfassung nach § 3 Abs. 1 Nr. 1–3 BetrVG).

Haben mehrere Gewerkschaften in einer **Tarifgemeinschaft** zusammengearbeitet und einen einheitlichen TV abgeschlossen, haben sie, soweit sie sich nach ihrem Geltungsbereich überschneiden, wortgleiche Regelungen getroffen oder haben sie in ihrem jeweiligen Geltungsbereich allein geregelt, also ihre Geltungsbereiche aufeinander abgestimmt, liegt keine Tarifkollision vor und es bleibt bei der Tarifpluralität.

Zur Feststellung, welche Gewerkschaft die Mehrheitsgewerkschaft im Betrieb ist, hat der Gesetzgeber in § 2a Abs. 1 Nr. 6, § 99 ArbGG ein besonderes **Beschlussverfahren** vorgesehen, dieses aber für die arbeitsgerichtliche Praxis nicht handhabbar ausgestaltet. Insbesondere seine Vorstellung, dass die Gewerkschaft über die Zahl ihrer Mitglieder im Betrieb durch Vorlage einer notariellen Urkunde einen mittelbaren Beweis führen kann (§ 58 Abs. 3 ArbGG), damit sie die Namen ihrer Mitglieder vor Gericht nicht offenlegen muss, erscheint wenig durchdacht.

Die Gewerkschaften, deren TV auf die beschriebene Weise verdrängt werden, haben wegen der Beeinträchtigungen ihrer Koalitionsfreiheit nach § 4a Abs. 4 TVG das Recht, eine **Nachzeichnung** der Rechtsnormen des verdrängenden TV zu verlangen, soweit diese an Stelle von Rechtsnormen des verdrängten TV anwendbar sind. Und: Die tarifzuständige Minderheitsgewerkschaft kann, wenn die AGseite Tarifverhandlungen mit der gewerkschaftlichen Konkurrenz aufnimmt, verlangen, dass sie wegen ihrer Vorstellungen, was die künftige Gestaltung der Arbeitsverhältnisse durch TV angeht, **mündlich angehört** wird.

Das **Bundesverfassungsgericht** hat die gegen das Tarifeinheitsgesetz von mehreren Berufsgruppen eingelegten Verfassungsbeschwerden überwiegend als unbegründet zurückgewiesen. Nach seiner Ansicht war das Gesetz nur insoweit mit Art. 9 Abs. 3 GG nicht vereinbar, als es an Vorkehrungen fehlt, die sicherstellen, dass die Interessen der Berufsgruppen, deren TV nach § 4a Abs. 2 S. 2 TVG verdrängt wird, im verdrängenden TV hinreichend berücksichtigt werden (BVerfG 11.7.2017 – 1 BvR 1571/15). Als Reaktion hierauf hat der Gesetzgeber die (völlig unbestimmten) Vorgaben des BVerfG wortgleich in die Vorschrift aufgenommen. Die Entscheidung des BVerfG stellt die Praxis letztlich vor kaum lösbare Aufgaben bei der Auflösung von Tarifkollisionen. Daneben hat das Gericht einerseits die dem Tarifeinheitsgesetz zugrunde liegende gesetzgeberische Intention beiseitegeschoben und sich andererseits belastbarer Aussagen zur verfassungsrechtlich gebotenen Auslegung des § 4a TVG enthalten.

▶ Tariftreueerklärung

Vierzehn von sechzehn Bundesländern (Ausnahmen: Bayern und Sachsen) haben – im Einzelnen sehr unterschiedlich – gesetzlich festgelegt, dass öffentliche Aufträge von einem bestimmten Umfang und/oder bestimmter Art nur vergeben werden, wenn der AG sich verpflichtet, die TV seines Wirtschaftszweigs, nicht selten aber auch nur die nach Maßgabe des → *Arbeitnehmer-Entsendegesetzes* erstreckten einschlägigen Tarifentgelte, einzuhalten und die dort festgelegte Arbeitsvergütung zu zahlen. Diese Regelungen sind nach nationalem Kartellrecht, aber auch nach dem Recht der Europäischen Union häufig problematisch. So hat schon im Jahre 2006 der Europäische Gerichtshof das Tariftreuegesetz Niedersachsens als europarechtswidrig qualifiziert. Es beeinträchtige die Freizügigkeit der Unternehmen in der Union. Deshalb dürfe nur die Anwendung allgemeinverbindlicher oder staatlich erstreckter Tarifregelungen (→ *Allgemeinverbindlicherklärung;* → *Arbeitnehmer-Entsendegesetz*) von den

Auftragnehmern im öffentlichen Vergabeverfahren verlangt werden (EuGH 3.4.2006 – C-346/06 – Rüffert). Seither sind die meisten Tariftreueregelungen entsprechend angepasst worden.

Mit Wirkung zum 1.9.2022 ist im Zuge der Bemühungen, die Arbeit in der Pflege attraktiver zu machen, eine für diese Branche maßgebliche Tariftreueregelung hinzugekommen: Seither dürfen Versorgungsverträge, welche die Grundlage für eine Refinanzierung von Pflegekosten durch die staatliche Pflegeversicherung sind, nur noch mit Pflegeeinrichtungen abgeschlossen werden, die aufgrund einer Bindung an TV oder kirchliche Arbeitsrechtsregelungen (→ *Kirche*) an ihre Beschäftigten mindestens die dort festgelegten Entgelte zahlen; nicht derart Gebundene müssen zumindest die in einschlägigen TV oder Arbeitsrechtsregelungen vorgesehenen Vergütungen zahlen (§ 72 Abs. 3a–f SGB XI). *(KB)*

▶ Tarifvertrag

I. Abschluss von Tarifverträgen

TV können nach § 1 Abs. 1 TVG **Rechtsnormen begründen,** die den Inhalt, den Abschluss und die Beendigung von Arbeitsverhältnissen sowie betriebliche und betriebsverfassungsrechtliche Bereiche regeln. In ihnen können die TVparteien außerdem die im Verhältnis zueinander bestehenden Rechte und Pflichten **schuldrechtlich** festlegen. Dazu gehören etwa Bestimmungen zur Möglichkeit, TV zu kündigen, oder die Festlegung bestimmter Pflichten der tarifschließenden Verbände, bei der Durchführung der getroffenen Regelungen aktiv mitzuwirken.

Der TV ist ein Vertrag. Er wird nach den Regeln des BGB schriftlich (→ *Schriftform*) von einem tariffähigen Verband auf ANseite (→ *Gewerkschaften*) mit einem einzelnen AG oder einem → *Arbeitgeberverband* im Rahmen von deren → *Tarifzuständigkeit* abgeschlossen. Es können sich auch auf jeder Seite mehrere Gewerkschaften, AG oder AGverbände zu sog. **Tarifgemeinschaften** zusammenschließen. Hat ein einzelner AG mit einer Gewerkschaft für sein Unternehmen oder auch nur einen oder mehrere Betriebe seines Unternehmens einen TV abgeschlossen, spricht man von einem **Haus- oder FirmenTV;** steht auf AGseite ein AGverband, wird der zustande gekommene TV als **Flächen- oder VerbandsTV** bezeichnet.

TV kommen typischerweise als Kompromisse zustande. Diese werden im Verhandlungswege, notfalls unterstützt durch wechselseitige Druckausübung im Rahmen von Arbeitskämpfen gefunden (→ *Arbeitskampf*). Während ihrer Laufzeit sind um ihren Inhalt geführte Arbeitskämpfe unzulässig (Friedenspflicht). Daher bilden TV in ihrem Geltungsbereich eine Friedensordnung, die für die AG Kalkulationssicherheit gewährleistet. Tarifliche Regelungen haben aufgrund der strukturell gleichgewichtigen Durchsetzungsfähigkeit und der Fachkompetenz der TVparteien grds. eine Angemessenheitsvermutung für sich. Eine solche Vermutung greift indes nicht, wenn für die Auflösung einer Tarifkollision (§ 4a TVG) (→ *Tarifpluralität*) geprüft werden muss, ob in einem Mehrheitstarifvertrag die Interessen einer Minderheitsgruppe angemessen berücksichtigt sind (BVerfG 19.5.2020 – 1 BvR 672/19 u.a.), damit dieser die Normen des MinderheitsTV verdrängen kann.

II. Inhalt von Tarifverträgen

TV bestehen regelmäßig aus einem **schuldrechtlichen** und einem **normativen Teil.** Der schuldrechtliche Teil legt die Rechte und Pflichten der TVparteien im Verhältnis zueinander fest. Der normative Teil setzt für die Mitglieder der tarifschließenden Verbände bzw. beim FirmenTV auf AGseite für den einzelnen AG arbeitsrechtliche Normen, die unmittelbar und zwingend, wie staatliche Gesetze, auf die beiderseits tarifgebundenen Arbeitsverhältnisse (→ *Tarifbindung*) einwirken.

Im normativen Teil werden durch **Inhaltsnormen** materielle und formelle Arbeitsbedingungen geregelt. In den Arbeitsverträgen beiderseits tarifgebundener Arbeitsvertragsparteien werden vielfach nur wenige Bestimmungen zur näheren Ausgestaltung des Arbeitsverhältnisses getroffen. Tarifverträge gestalten die Arbeitsverhältnisse dann im Einzelnen aus. Dasselbe gilt für Arbeitsverträge, in denen die TV vertraglich in Bezug genommen und deshalb anzuwenden sind (→ *Bezugnahme auf Tarifvertrag*). Zu den Inhaltsnormen gehören auch **Abschlussnormen,** die das Entstehen neuer, die Wiederaufnahme alter oder die Fortführung unterbrochener Arbeitsverhältnisse zum Gegenstand haben. **Beendigungsnormen** betreffen das Ende bzw. die Beendigungs- (zB → *Kündigung*) und Befristungsmöglichkeiten von Arbeitsverhältnissen (→ *befristeter Arbeitsvertrag*).

Bei beiderseitiger Tarifbindung gelten Inhalts-, Abschluss- und Beendigungsnormen als **Mindestarbeitsbedingungen** (§ 4 Abs. 3 TVG; → *Günstigkeitsprinzip*; § 4 Abs. 1, § 5 Abs. 4 TVG; → *Tarifbindung*). Sie verdrängen gleichwertige oder für den AN ungünstigere Regelungen im Individualvertrag.

Neben Inhaltsnormen enthalten TV vielfach auch Betriebsnormen und betriebsverfassungsrechtliche Normen. **Betriebsnormen** regeln das betriebliche Rechtsverhältnis des AG und der Belegschaft oder abstrakt beschriebener Teile von ihr. Sie haben anders als Inhaltsnormen keine individuellen Rechte und Pflichten von AN zum Gegenstand. Durch **betriebsverfassungsrechtliche Normen** werden die Organisation der Betriebsverfassung und ihrer Organe geregelt sowie deren Rechte und Pflichten. Betriebsnormen und betriebsverfassungsrechtliche Normen gelten unmittelbar und zwingend für den betreffenden Betrieb, wenn nur der AG an sie tarifgebunden ist (→ *Tarifbindung*). Schließlich können TV nach § 4 Abs. 2 TVG Normen über → *Gemeinsame Einrichtungen*, wie zB die Urlaubskasse des Baugewerbes, schaffen. *(KB)*

▶ Tarifwechselklausel

→ *Bezugnahme auf Tarifvertrag*; → *Tarifpluralität*

▶ Tarifzuständigkeit

→ *Gewerkschaften* und → *Arbeitgeberverbände* legen autonom **in ihren Satzungen** ihre Zuständigkeit fest, innerhalb derer sie TV abschließen wollen. Organe der Koalitionen, aber auch der jeweilige soziale Gegenspieler und Dritte müssen diese Zuständigkeit mit hinreichender Sicherheit feststellen können. Die Tarifzuständigkeit kann sich nach einer bestimmten Branche (Industrieverbandsprinzip) oder nach Berufsgruppen (Berufsprinzip) richten. Die Satzungsregelungen bewirken eine Selbstbindung. Die Organisation kann nur in ihrem selbst bestimmten Zuständigkeitsbereich

TV abschließen. Dies gilt auch im Verhältnis zum jeweiligen Tarifpartner. TV, die außerhalb des satzungsmäßigen Zuständigkeitsbereichs einer TVpartei Geltung beanspruchen, sind unwirksam (BAG 17.4.2012 – 1 ABR 5/11). Soweit sie im gemeinsamen Zuständigkeitsbereich bleiben, sind sie allerdings teilwirksam, wenn und soweit sie als abgeschlossene Regelwerke ihrer Gestaltungsaufgabe gerecht werden können.

Im Bereich der **DGB-Gewerkschaften** kommt es für die Tarifzuständigkeit zusätzlich auf die in ihren Satzungen in Bezug genommene DGB-Satzung an. Danach soll für jeden Betrieb stets nur eine DGB-Gewerkschaft zuständig sein. Deshalb haben sich die DGB-Gewerkschaften in § 15 Abs. 2 DGB-Satzung verpflichtet, ihre Organisationsbereiche aufeinander abzustimmen und sie nur in Übereinstimmung mit den betroffenen Gewerkschaften und dem Bundesausschuss zu ändern. In § 16 DGB-Satzung ist ein **Schiedsverfahren** für Konfliktfälle vorgesehen. Der Schiedsspruch oder eine Einigung der Gewerkschaften über ihre Tarifzuständigkeiten in einem Schiedsverfahren hat verbindliche Wirkung nicht nur für die streitenden Gewerkschaften. Die einzelne Tarifzuständigkeit wird so durch Konkretisierung der Satzungsbestimmungen verbindlich festgelegt und begrenzt auch nach außen die Fähigkeit, wirksame Tarifverträge zu schließen. Überschneiden sich die Organisationsbereiche mehrerer DGB-Gewerkschaften, ohne dass sie untereinander eine verbindliche Abgrenzungsvereinbarung zustande bringen, und gelingt auch keine Klärung vor der DGB-Schiedsstelle, bleibt es bei der Alleinzuständigkeit der DGB-Gewerkschaft, die vor der Entstehung der Konkurrenzsituation als zuständig angesehen wurde. Geht es um ein **neues,** zB durch Ausgründung entstandenes **Unternehmen,** muss auf der Grundlage der bestehenden Satzungsbestimmungen der Einzelgewerkschaften die erstmalige Tarifzuständigkeit festgestellt werden. Notfalls kann nach § 97 ArbGG das Arbeitsgericht zur Klärung im Beschlussverfahren angerufen werden, in dem die Organisation, um deren Zuständigkeit gestritten wird, ihren Sitz hat. Bis die Tarifzuständigkeit in einem solchen Verfahren geklärt ist, muss ein Rechtsstreit, in dem sie entscheidungserhebliche Vorfrage ist, ausgesetzt werden (§ 97 Abs. 5 ArbGG). *(KB)*

▶ Teilzeitbeschäftigung

I. Rechte und Pflichten aus dem Teilzeitarbeitsverhältnis

1. Teilzeitbeschäftigung

Teilzeitbeschäftigte sind AN, deren regelmäßige Wochenarbeitszeit kürzer ist als die regelmäßige Wochenarbeitszeit vergleichbarer vollzeitbeschäftigter AN des Betriebs. Ist eine regelmäßige Wochenarbeitszeit nicht vereinbart, ist die regelmäßige Arbeitszeit maßgebend, die im Jahresdurchschnitt auf eine Woche entfällt (§ 2 TzBfG). Vergleichbar ist ein im Betrieb vollzeitbeschäftigter AN mit derselben Art des Arbeitsverhältnisses und der gleichen oder ähnlichen Tätigkeit. Teilzeitbeschäftigt ist auch ein AN, der eine geringfügige Beschäftigung iSv § 8 Abs. 1 Nr. 1 SGB IV ausübt (§ 2 Abs. 2 TzBfG). Der AG hat auch AN in leitenden Positionen Teilzeitarbeit nach Maßgabe des Gesetzes zu ermöglichen (§ 6 TzBfG).

2. Diskriminierungsverbot

Nach § 4 Abs. 1 TzBfG darf der AG einen teilzeitbeschäftigen AN **nicht** wegen der Teilzeitarbeit gegenüber vollzeitbeschäftigten AN **unterschiedlich behandeln,** es sei denn, sachliche Gründe rechtfertigen eine unterschiedliche Behandlung. Der AG hat die Differenzierungsmerkmale **darzulegen und zu beweisen.** Einem teilzeitbeschäftigten AN ist Arbeitsentgelt oder eine andere teilbare geldwerte Leistung mindestens in einem Umfang zu gewähren, der dem Anteil seiner Arbeitszeit an der Arbeitszeit eines vergleichbaren vollzeitbeschäftigten AN entspricht (*pro rata temporis;* § 4 Abs. 1 S. 2 TzBfG). Der Teilzeitbeschäftigte unterscheidet sich vom Vollzeitbeschäftigten nur durch die Dauer der Arbeitszeit. Mit dem TzBfG wird u.a. die von UNICE, CEEP und EGB geschlossene Rahmenvereinbarung über Teilzeitarbeit im Anhang der RL 97/81/EG (Rahmenvereinbarung) umgesetzt und damit Unionsrecht durchgeführt. Tarifvertragliche Bestimmungen, die eine zusätzliche Vergütung davon abhängig machen, dass dieselbe Zahl von Arbeitsstunden überschritten wird, ohne zwischen Teilzeit- und Vollzeitbeschäftigten zu unterscheiden, werfen deshalb auch Fragen nach der Auslegung von Unionsrecht auf. Der Zehnte Senat des BAG den EuGH daher nach Art. 267 AEUV um Vorabentscheidung (→ *Europäischer Gerichtshof*) ersucht (BAG 11.11.2020 – 10 AZR 185/20 (A)). Erklärungen, Vereinbarungen und Maßnahmen des AG, die gegen das Verbot verstoßen, sind unwirksam (§ 134 BGB). Verstößt eine Vergütungsabrede gegen § 4 Abs. 1 TzBfG und ist sie deshalb gem. § 134 BGB nichtig, hat der AN Anspruch auf Zahlung der üblichen Vergütung (§ 612 Abs. 2 BGB) eines Vollzeitbeschäftigten (BAG 26.5.1993 – 4 AZR 461/92). Der AG darf einen AN wegen der **Inanspruchnahme von Rechten** nicht benachteiligen (§ 5 TzBfG).

3. Ansprüche aus dem Teilzeitarbeitsverhältnis

(**a**) Die Beschäftigungsdauer bei Teilzeitbeschäftigten wird ermittelt, indem nicht nur die Zeiten, in denen sie arbeiten, zusammengezählt werden, sondern die **Bestandszeiten des Arbeitsverhältnisses.** Ein Teilzeitbeschäftigter erwirbt daher nach sechs Monaten den → *Kündigungsschutz.* Anders kann es sein, wenn Rechte von der tatsächlichen Beschäftigung abhängen. Eine Tarifnorm, die für den Ausschluss einer ordentlichen Kündigung bei Teilzeitbeschäftigten die Zurücklegung einer längeren Dienstzeit fordert als bei Vollzeitbeschäftigten, verstößt gegen § 4 Abs. 1 TzBfG (BAG 25.4.2007 – 6 AZR 746/06). Arbeitszeitverkürzungen wegen besonderer Belastung können auch Teilzeitbeschäftigten zustehen. Auch bei Arbeit an Bildschirmarbeitsplätzen verletzt der AG nicht seine → *Fürsorgepflicht,* wenn er teilzeitbeschäftigte AN genauso lange wie Vollzeitbeschäftigte am Bildschirm beschäftigt. Zuschläge zur Anerkennung der Unternehmenszugehörigkeit können entsprechend der Unternehmenszugehörigkeit gezahlt werden.

(**b**) Die Rspr. hat es lange akzeptiert, wenn ein Anspruch auf einen **Überstundenzuschlag** für Teilzeitbeschäftigte in der Regel nur für die Zeiten besteht, in denen die tarifliche Regelarbeitszeit überschritten wird (BAG 26.4.2017 – 10 AZR 589/15). Dies folgt aus dem **Zweck der Überstundenvergütung.** Dieser besteht zumeist in einem Ausgleich für die mit der Leistung von Arbeit über die vereinbarte Regelarbeitszeit hinaus einhergehenden Belastungen des AN (BAG 5.11.2003 – 5 AZR 8/03). Der Zweck der Überstundenzuschläge kann weiterhin darin bestehen, die Einhaltung der regelmäßigen Wochenarbeitszeit zu gewährleisten. Dies ist jedoch keineswegs zwingend. Denkbar ist auch, dass der Zweck der Überstundenvergütung in einem Ausgleich für die mit der Leistung von Überstunden einhergehenden Beschränkung der Dispositionsmöglichkeit im Freizeitbereich liegt. Dann hätte ein Teilzeitbeschäftigter einen Anspruch auf den Zuschlag, wenn er länger als vertraglich vereinbart arbeitet (vgl. BAG 23.3.2017 – 6 AZR 161/16). Vor diesem Hintergrund geht die neuere Rspr. eher davon aus, dass eine tarifvertragliche Bestimmung, nach der ein Anspruch auf Mehrarbeitszuschläge erst besteht, wenn die für eine Vollzeittätigkeit maßgebliche Stundenzahl überschritten wird, gegen § 4 Abs. 1 TzBfG verstößt (vgl. BAG 19.12.2018 – 10 AZR 231/18). Weitere Klarheit wird hoffentlich eine Entscheidung des EuGH schaffen. Das BAG hat – gerade vor dem Hintergrund, dass häufig mehr Frauen als Männer von der Regelung zur Überstundenvergütung betroffen sind – den EuGH um eine Vorabentscheidung (→ *Europäischer Gerichtshof*) gebeten (BAG 28.10.2021 – 8 AZR 370/20 (A)). Teilzeitbeschäftigte haben auch Anspruch auf Wechselschichtzulagen, wenn sie die Anspruchsvoraussetzungen erfüllen, sowie Spät- und Nachtarbeitszuschläge. Wird eine teilzeitbeschäftigte Pflegekraft zur gleichen Zahl von Wochenenddiensten herangezogen wie eine vollzeitbeschäftigte Pflegekraft, so wird sie gegenüber dieser nicht wegen Teilzeit ungleich behandelt (BAG 1.12.1994 – 6 AZR 501/94).

(c) **Betriebsverfassungsrechtlich** werden Teilzeitbeschäftigte wie Vollzeitbeschäftigte behandelt. Bei der Frage, ob ein Betrieb die notwendige Größe für die Errichtung eines BR hat (§ 1 Abs. 1 BetrVG) ist es unerheblich, ob die AN in Voll- oder Teilzeit beschäftigt sind. Dagegen werden Teilzeitbeschäftigte mit bis zu 30 Wochenstunden bei der Ermittlung der Betriebsgröße nach § 23 Abs. 1 KSchG nur mit 0,5 bzw. 0,75 berücksichtigt.

II. Besondere Rechte und Pflichten nach dem TzBfG

1. Informationspflicht

Der AG hat umfangreiche Informationspflichten (§ 7 TzBfG). Er hat (**a**) Arbeitsplätze, die besetzt werden sollen, öffentlich oder innerhalb des Betriebs auch als Teilzeitarbeitsplatz auszuschreiben, es sei denn, dass dringende betriebliche Gründe einer Teilzeitarbeit an diesem Arbeitsplatz entgegenstehen; (**b**) einen AN, der ihm den Wunsch nach einer Veränderung von Dauer und Lage seiner vertraglich vereinbarten Arbeitszeit angezeigt hat, über entsprechende Arbeitsplätze zu informieren, die besetzt werden sollen. Besteht das Arbeitsverhältnis schon länger als sechs Monate und hat der AN seinen Wunsch nach Veränderung der Arbeitszeit in Textform angezeigt, muss der AG innerhalb eines Monats nach Zugang der Anzeige eine begründete Antwort in Textform mitteilen. Diese Pflicht entfällt, wenn in den letzten zwölf Monaten vor Zugang der Anzeige bereits einmal ein in Textform geäußerter Wunsch in Textform begründet beantwortet wurde (§ 7 Abs. 3 TzBfG); (**c**) die ANvertretung über Teilzeitarbeit im Betrieb und Unternehmen zu informieren, insbesondere über vorhandene oder geplante Teilzeitarbeitsplätze und die Umwandlung von Teilzeitarbeitsplätzen in Vollzeitarbeitsplätze. Ferner sind BR/PR von angezeigten Arbeitszeitwünschen der AN in Kenntnis zu setzen. Diesen sind auf Verlangen die erforderlichen Unterlagen zur Verfügung zu stellen (§ 7 Abs. 4 TzBfG). Die pflichtwidrige Verletzung der Informationspflicht nach § 7 Abs. 2 TzBfG durch den AG kann einen Schadensersatzanspruch des AN begründen, sofern der AN sich bei erfolgter Information auf die Stelle beworben hätte und er darlegt und ggf. beweist, dass er die Stelle auch tatsächlich hätte erhalten müssen (BAG 21.1.2021 – 8 AZR 195/19).

2. Verringerung der Arbeitszeit

(**a**) Ein AN, dessen Arbeitsverhältnis länger als sechs Monate bestanden hat, kann verlangen, dass seine vertraglich vereinbarte Wochenarbeitszeit verringert wird. § 8 TzBfG regelt den Anspruch auf eine zeitlich nicht begrenzte Verringerung der Arbeitszeit (vgl. BAG 12.9.2006 – 9 AZR 686/05; zur Brückenteilzeit siehe unter II. 4.). Für den Anspruch auf Verringerung der Wochenarbeitszeit nach dem TzBfG gilt die Voraussetzung, dass der AG, unabhängig von der Anzahl der Personen in Berufsbildung, idR mehr als 15 AN beschäftigt. Der AN muss nach § 8 Abs. 2 TzBfG die Verringerung seiner Arbeitszeit **spätestens drei Monate vor deren Beginn** in Textform geltend machen; eine Begründung für den Teilzeitwunsch ist nicht erforderlich. Wird die Frist versäumt, wird nur der Beginn der Verringerung verschoben. Der AN soll gleichzeitig erklären, wie die verringerte Wochenarbeitszeit auf die einzelnen Arbeitstage in der Woche verteilt werden soll. Der AN ist an sein Verringerungsverlangen bis zum Ablauf der Stellungnahmefrist des AG aus § 8 Abs. 5 TzBfG gebunden. Ein Widerrufsrecht steht dem AN nach Zugang seines Verringerungsantrags nicht zu (BAG 9.3.2021 – 9 AZR 312/20). Nach der Geltendmachung des Anspruchs hat der AG mit dem AN die gewünschte Verringerung der Arbeitszeit mit dem Ziel einer Vereinbarung zu erörtern. Lässt sich der AG entgegen § 8 Abs. 3 S. 2 TzBfG nicht auf Verhandlungen über die Verringerung der Arbeitszeit ein, verliert er zwar nicht das Recht, die Wünsche des AN abzulehnen, er kann dem AN aber keine Einwendungen entgegenhalten, die im Rahmen einer Verhandlung hätten ausgeräumt werden können (BAG 12.9.2006 – 9 AZR 686/05).

(**b**) Der AG kann die vom AN verlangte Verringerung der Arbeitszeit **ablehnen,** wenn betriebliche Gründe entgegenstehen. Ablehnungsgründe können gegeben sein, wenn die Verringerung der Arbeitszeit die Organisation, Planung oder Sicherheit im Betrieb wesentlich beeinträchtigt oder unverhältnismäßige Kosten verursacht. Dabei prüft das BAG zunächst, ob und ggf. welches betriebliche Organisationskonzept der vom AG als erforderlich angesehenen Arbeitszeitregelung zugrunde liegt. Anschließend untersucht es, inwieweit die Arbeitszeitregelung dem Arbeitszeitverlangen des AN tatsächlich entgegensteht. Zuletzt prüft es, ob durch die vom AN gewünschte Abweichung die in § 8 Abs. 4 S. 2 TzBfG genannten besonderen betrieblichen Belange oder das betriebliche Organisationskonzept und die ihm zugrundeliegende unternehmerische Aufgabenstellung wesentlich beeinträchtigt wird (BAG 18.2.2003 – 9 AZR 164/02). Der AG ist nicht verpflichtet, Teilzeitwünsche durch die Anordnung von **Mehrarbeit für andere AN** auszugleichen. Sein Einwand, keine geeignete Arbeitskraft finden zu können, ist nur beachtlich, wenn er nachweist, dass eine dem Berufsbild des AN, der seine Arbeitszeit reduziert, entsprechende zusätzliche Arbeitskraft auf dem für ihn maßgeblichen Arbeitsmarkt nicht zur Verfügung steht (BAG 14.10.2003 – 9 AZR 636/02). Die Ablehnungsgründe können durch TV festgelegt werden. Im Geltungsbereich eines solchen TV kann zwischen nicht tarifgebundenen AG und AN die Anwendung der tariflichen Regelungen über die Ablehnungsgründe vereinbart werden (§ 8 Abs. 4 S. 3 TzBfG).

(**c**) Kommt zwischen AG und AN eine **Einigung** über die Verringerung der Arbeitszeit **nicht zustande,** hat der AG spätestens einen Monat vor dem gewünschten Termin den Wunsch des AN schriftlich (§ 126 BGB, einfache Textform genügt nicht, BAG 27.6.2017 – 9 AZR 386/16) abzulehnen. Erfolgt die Ablehnung nicht frist- und formgerecht, verringert sich nach § 8 Abs. 5 S. 2 TzBfG die Arbeitszeit in dem vom AN gewünschten Umfang, sofern dieser seinen Wunsch form- und fristgerecht geltend gemacht hat. Entsprechendes gilt, wenn der AG die vom AN geäußerten Wünsche zur Verteilung der verringerten Arbeitszeit nicht spätestens einen Monat vor dem gewünschten Termin schriftlich ablehnt. Lehnt der AG den Anspruch ab, muss der AN auf Zustimmung zur begehrten Teilzeit klagen; es besteht kein Recht zur eigenmächtigen Arbeitszeitverkürzung. Der Anspruch kann auch durch einstweilige Verfügung verfolgt werden. Der AN kann eine **erneute Verringerung** der Wochenarbeitszeit frühestens nach Ablauf von zwei Jahren verlangen, nachdem der AG einer Verringerung zugestimmt oder sie berechtigt abgelehnt hat (§ 8 Abs. 6 TzBfG). Die Verringerung der Arbeitszeit kann ein **Mitbestimmungsrecht** des BR nach § 87 Abs. 1 Nr. 2 BetrVG auslösen, wenn sich die Veränderung auch auf andere AN auswirkt (→ *Betriebsrat (Beteiligung)*).

3. Verlängerung der Arbeitszeit

Der AG hat einen teilzeitbeschäftigen AN, der ihm den **Wunsch nach einer Verlängerung** seiner vertraglich vereinbarten Arbeitszeit in Textform angezeigt hat, bei der Besetzung eines entsprechenden freien Arbeitsplatzes zu berücksichtigen, es sei denn, dass es sich entweder (**a**) dabei nicht um einen freien Arbeitsplatz handelt, (**b**) der teilzeitbeschäftigte AN nicht mindestens gleich geeignet ist wie ein anderer vom AG bevorzugter Bewerber, (**c**) Arbeitszeitwünsche anderer teilzeitbeschäftigter AN oder (**d**) dringende betriebliche Gründe entgegenstehen (§ 9 TzBfG). Die Vorschrift begründet bei Vorliegen der genannten Merkmale einen Anspruch des AN auf Abschluss einer geänderten Arbeitszeitregelung (BAG 15.8.2006 – 9 AZR 8/06). Ein freier zu besetzender Arbeitsplatz liegt vor, wenn der AG die Organisationsentscheidung getroffen hat, diesen zu schaffen oder einen unbesetzten Arbeitsplatz neu zu besetzen. Sein Ermessen ist aber im Hinblick auf § 9 TzBfG eingeschränkt. Die Einrichtung von Arbeitsplätzen, auf denen AN ausschließlich Teilzeitarbeit leisten sollen, muss arbeitsplatzbezogen veranlasst sein. Durch die Entscheidung, einen bestimmten Arbeitskräftebedarf durch die Erhöhung der Arbeitszeit bereits beschäftigter TeilzeitAN abzudecken, ist kein freier Arbeitsplatz in örtlich-räumlicher und zugleich in funktionaler Hinsicht mit einem erhöhten Arbeitszeitvolumen zu besetzen (BAG 17.10.2017 – 9 AZR 192/17). Der seit dem 1.1.2019 geänderte Wortlaut des § 9 TzBfG soll klarstellen, dass AG neben den entgegenstehenden betrieblichen Gründen auch darlegen und ggf. beweisen müssen, dass es sich nicht um einen entsprechenden freien Arbeitsplatz handelt und dass die/der AN für die Besetzung des Arbeitsplatzes nicht gleich geeignet ist wie eine andere Bewerberin oder ein anderer Bewerber. Die in Teilzeit beschäftigten AN haben weiterhin das Teilzeitbeschäftigungsverhältnis sowie die Anzeige des Verlängerungswunsches nachzuweisen. Die Führung dieses Nachweises wird dadurch erleichtert, dass der Antrag auf Verlängerung der Arbeitszeit der Textform bedarf. Der AG kann auch erfolgreich einwenden, dass er den freien Arbeitsplatz zwischenzeitlich mit einem anderen AN besetzt hat (BAG 18.7.2017 – 9 AZR 259/16). In diesem Fall hat der AN regelmäßig Anspruch auf Schadensersatz in Geld, sofern der AG das zur Unmöglichkeit führende Verhalten zu vertreten hat und der AN ein annahmefähiges Angebot gemacht hatte (BAG 21.1.2021 – 8 AZR 195/19).

4. Brückenteilzeit

Ein AN, dessen Arbeitsverhältnis länger als sechs Monate bestanden hat, kann nach § 9a TzBfG verlangen, dass seine vertraglich vereinbarte Arbeitszeit für einen im Voraus zu bestimmenden Zeitraum verringert wird (sog. **Brückenteilzeit**). Der begehrte Zeitraum muss – vorbehaltlicher einer abweichenden tarifvertraglichen Regelung – mindestens ein Jahr und darf höchstens fünf Jahre betragen. Ein Anspruch auf befristete Verringerung der Arbeitszeit bestand bis dahin nur für die Dauer der → *Elternzeit* (§ 15 Abs. 7 BEEG), während der → *Pflegezeit* und in Form der → *Familienpflegezeit*. Auch räumen den AN manche TV zum Zwecke der Betreuung und Pflege von Angehörigen befristete Teilzeitansprüche ein (zB § 11 TVöD/TV-L). Der AN hat nur dann einen Anspruch auf zeitlich begrenzte Verringerung der Arbeitszeit nach § 9a TzBfG, wenn der AG in der Regel **mehr als 45 AN** – ausschließlich der Personen in Berufsbildung – beschäftigt. Der AG kann das Verlangen des AN nach Verringerung der Arbeitszeit ablehnen, soweit betriebliche Gründe entgegenstehen. Ein AG, der in der Regel mehr als 45, aber nicht mehr als 200 AN beschäftigt, kann das Verlangen auch ablehnen, wenn zum Zeitpunkt des begehrten Beginns der verringerten Arbeitszeit bei einer ANzahl von in der Regel mehr als 45 bis 60 bereits mindestens vier, mehr als 60 bis 75 bereits mindestens fünf, usw. (vgl. § 9a Abs. 2 TzBfG) bis mehr als 195 bis 200 bereits mindestens 14 andere AN bereits in Brückenteilzeit sind (befristete TeilzeitAN aufgrund anderer Vorschriften zählen nicht mit). Das Verfahren zur Durchsetzung des befristeten Teilzeitanspruchs entspricht im Wesentlichen dem nach § 8 Abs. 2–5 TzBfG (s. II. 2.). Ein unter Verletzung der dreimonatigen Mindestankündigungsfrist gestellter Antrag auf Brückenteilzeit kann nur als ein zum frühestmöglichen Zeitpunkt wirkendes Angebot verstanden werden, wenn der AG aufgrund greifbarer Anhaltspunkte erkennen kann, dass der AN die „Brückenteilzeit“ verkürzen oder verschieben möchte (BAG 7.9.2021 – 9 AZR 595/20). Während der Dauer der Brückenteilzeit kann der AN keine weitere Verringerung und keine Verlängerung seiner Arbeitszeit nach dem TzBfG verlangen.

Ein AN, der nach einer Brückenteilzeit zu seiner ursprünglichen vertraglich vereinbarten Arbeitszeit zurückgekehrt ist, kann eine **erneute Verringerung** der Arbeitszeit auf der Grundlage des TzBfG frühestens ein Jahr nach der Rückkehr zur ursprünglichen Arbeitszeit verlangen. Teilzeitansprüche nach anderen Gesetzen sind hiervon nicht betroffen. Für einen erneuten Antrag auf Verringerung der Arbeitszeit nach berechtigter Ablehnung aufgrund entgegenstehender betrieblicher Gründe gilt § 8 Abs. 6 TzBfG entsprechend, dh der AN kann eine erneute Verringerung der Arbeitszeit frühestens nach Ablauf von zwei Jahren verlangen, nachdem der AG einer Verringerung zugestimmt oder sie berechtigt abgelehnt hat. Nach berechtigter Ablehnung aufgrund der Überlastungsregelung nach § 9a Abs. 2 S. 2 TzBfG kann der AN bereits nach Ablauf von einem Jahr nach der Ablehnung erneut eine Verringerung der Arbeitszeit verlangen.

5. Aus- und Weiterbildung und Kündigungsverbot

Der AG hat teilzeitbeschäftigte AN die Teilnahme an Aus- und Weiterbildungsmaßnahmen zu ermöglichen, die ihre berufliche Entwicklung und Mobilität fördern, es sei denn, dass dringende betriebliche Gründe oder Aus- und Weiterbildungswünsche anderer teilzeitbeschäftigter AN, die unter beruflichen oder sozialen Gesichtspunkten vorrangig sind, entgegenstehen. Die **Kündigung eines Arbeitsverhältnisses** wegen der Weigerung eines AN, von einem Vollzeitarbeitsverhältnis in ein Teilzeitarbeitsverhältnis zu wechseln oder umgekehrt, ist unwirksam. Das Recht zur Kündigung des Arbeitsverhältnisses aus anderen Gründen bleibt unberührt (§ 11 TzBfG). Die Vorschrift enthält ein echtes Verbot. Eine gleichwohl erklärte Kündigung ist nach § 134 BGB unwirksam. Zulässig bleibt eine Kündigung aus wirtschaftlichen, technischen oder organisatorischen Gründen, die zur Beendigung oder Änderung des Arbeitsverhältnisses führt. *(OKK)*

▶ Telearbeit (mobile Arbeit)

Als mobile Arbeit werden Arbeitsformen bezeichnet, bei denen der Beschäftigte jedenfalls einen Teil seiner Arbeit außerhalb des Betriebs erbringt. Typisch ist die Nutzung der elektronischen Informations- und Kommunikationstechnik. Der Beschäftigte kann Selbstständiger, → *Arbeitnehmer,* → *Heimarbeiter* oder → *arbeitnehmerähnliche Person* sein. Für die Abgrenzung gelten die allgemeinen Merkmale.

Ein Arbeitsverhältnis wird immer dann anzunehmen sein, wenn dem Mitarbeiter Weisungen im Hinblick auf die Arbeitsdurchführung (**fachliche Weisungsgebundenheit**), den → *Arbeitsort* oder die → *Arbeitszeit* gegeben werden und eine Eingliederung in die betriebliche Organisation vorliegt. Eine fachliche Weisungsgebundenheit kann sich aus der Zuweisung von Arbeit ergeben. Sie liegt zB vor, wenn eine ständige Onlineverbindung zum AG besteht und der Beschäftigte feststehenden Arbeitsvorgaben sowie Anmelde- und Abmeldeverpflichtungen unterliegt.

Ein gesetzlicher **Anspruch** auf die Erledigung der vertraglichen Arbeitsaufgaben in Telearbeit oder in einem **Homeoffice** besteht für den AN bisher nicht, lediglich in Pandemiezeiten hat die Verpflichtung des AG bestanden, dem AN eine Tätigkeit am häuslichen Arbeitsplatz zu ermöglichen. Ebenso wenig besteht eine entsprechende Verpflichtung, auf Anweisung des AG an einem Arbeitsplatz in den eigenen Wohnräumen oder in Telearbeit zu arbeiten. Hierfür erforderlich ist eine entsprechende Vereinbarung zwischen AG und AN, auch Regelungen in TV oder BV sind möglich. Die Vereinbarung kann etwa die Ausstattung des häuslichen Arbeitsplatzes zum Inhalt haben sowie Regelungen zu Anwesenheits- und Erreichbarkeitszeiten, der Kostentragung, zu Dokumentationspflichten in Bezug auf die Arbeitszeit und dem Umgang mit beruflichen Daten (→ *Datenschutz*).

Die Arbeit im Homeoffice unterliegt den zwingenden arbeitsschutzrechtlichen Bestimmungen, so gelten zB die arbeitszeitrechtlichen Normen über Höchstarbeitszeit, Pausen und Ruhezeiten (→ *Arbeitszeit*). Bei einem → *Arbeitsunfall* ist der Beschäftigte in der gesetzlichen Unfallversicherung versichert, wenn der Unfall mit einer beruflichen Tätigkeit im häuslichen Bereich im unmittelbaren Zusammenhang steht. Kosten für ein Arbeitszimmer können unter bestimmten Voraussetzungen als Werbungskosten geltend gemacht werden. Befindet sich der AN in **Quarantäne** und besteht keine → *Arbeitsunfähigkeit*, ist er nur zur Arbeitsleitung verpflichtet, wenn er diese in einem Homeoffice erledigen kann. Besteht die Möglichkeit, muss er aber regelmäßig diese Möglichkeit auch nutzen. Ist der AN hingegen arbeitsunfähig erkrankt (→ *Krankheit*), muss er auch nicht im Homeoffice arbeiten (→ *Corona*).

Der **BR** hat bei der Einführung und Ausgestaltung von Arbeit im Homeoffice ein Mitbestimmungsrecht nach § 87 Abs. 1 Nr. 14 BetrVG. Daneben können bei der Ausgestaltung von häuslicher Arbeit Beteiligungsrechte nach den §§ 80, 87 Abs. 1 Nr. 2, 3, 6 u. 7 BetrVG bestehen (→ *Betriebsrat (Beteiligungsrechte)*).

▶ Telefonkonferenz

→ *Betriebsrat*

▶ Tendenzbetriebe

I. Betriebsverfassungsrecht

Die Anwendung des BetrVG ist nach § 118 Abs. 1 BetrVG eingeschränkt und teilweise aufgehoben in Tendenzunternehmen und Tendenzbetrieben. Durch die Ausnahmeregelung sollen die besonderen Grundrechte des tendenzgeschützten AG (zB Rundfunk- und Pressefreiheit, Wissenschafts- und Kunstfreiheit) gewährleistet werden. Tendenzbetriebe sind solche, die unmittelbar und überwiegend **(1)** politischen, koalitionspolitischen, konfessionellen, karitativen, erzieherischen, wissenschaftlichen oder künstlerischen Bestimmungen oder **(2)** Zwecken der Berichterstattung oder Meinungsäußerung, auf die Art. 5 Abs. 1 S. 2 GG Anwendung findet, dienen. In Tendenzbetrieben sind die §§ 106–110 BetrVG über die sog. wirtschaftliche Mitbestimmung (→ *Betriebsrat (Beteiligungsrechte)*) nicht anzuwenden, die §§ 111–113 BetrVG nur insoweit, als sie dem Ausgleich oder der Milderung wirtschaftlicher Nachteile für die AN infolge von → *Betriebsänderung* (→ *Sozialplan*) dienen. In Tendenzbetrieben kommt ein Anspruch auf → *Nachteilsausgleich* nach § 113 Abs. 3 BetrVG nur in Betracht, wenn der AG eine Betriebsänderung durchführt, ohne den BR rechtzeitig unterrichtet und Verhandlungen über einen Sozialplan ermöglicht zu haben.

Ansonsten finden die Beteiligungsrechte des BetrVG keine Anwendung, wenn die Eigenart des Unternehmens oder Betriebs dem entgegensteht. Im Allgemeinen sind die Mitbestimmungsrechte in **sozialen Angelegenheiten** nicht eingeschränkt. Bei personellen Maßnahmen sind die Beteiligungsrechte von der Relativklausel in § 118 Abs. 1 BetrVG nicht betroffen, soweit sie Nicht-Tendenzträger betreffen. Bei Tendenzträgern ist zu differenzieren. Nicht eingeschränkt werden die schwächeren Beteiligungsrechte, zB die Unterrichtungs-, Anhörungs- und Beratungsrechte (§§ 92, 92a, 93, 96, 97 BetrVG). Bei der **Einstellung** und **Versetzung** von Tendenzträgern hat der AG den BR zwar umfassend über die personelle Maßnahme zu informieren, seine Zustimmung ist jedoch unabhängig von den geltend gemachten Zustimmungsverweigerungsgründen nicht erforderlich ist (BAG 27.7.1993 – 1 ABR 8/93). Dagegen wird das Mitbestimmungsrecht des BR bei → *Eingruppierung* und Umgruppierungen nicht ausgeschlossen. Das Mitwirkungsrecht beim Kündigungsausspruch (§ 102 BetrVG) besteht unverändert, wenn der Kündigungsgrund nicht aus der vom Betrieb oder Unternehmen verfolgten Tendenz herrührt. Erfolgt die **Kündigung** aus tendenzbedingten Gründen, unterliegt der AG bei der Mitteilung der Kündigungsgründe keinen Einschränkungen, auch tendenzbezogene Kündigungsgründe sind dem BR vollständig darzulegen. Bei seinen Einwendungen ist der BR nach Ansicht des BAG auf soziale Gesichtspunkte beschränkt, daneben soll kein → *Weiterbeschäftigungsanspruch* nach § 102 Abs. 5 BetrVG bestehen.

II. Individualarbeitsrecht

Für AN in Tendenzunternehmen können besondere Anforderungen an ihre **Verhaltenspflichten** bestehen. Dies ist bei den sog. Tendenzträgern der Fall. Beschäftigte sind Tendenzträger, wenn die Bestimmungen und Zwecke des jeweiligen in § 118 Abs. 1 S. 1 BetrVG genannten Unternehmens oder Betriebs für ihre Tätigkeit inhaltlich prägend sind. Dies setzt voraus, dass sie die Möglichkeit haben, in einer bestimmenden Weise auf die Tendenzverwirklichung Einfluss zu nehmen. Eine bloße Mitwirkung bei der Tendenzverfolgung genügt dafür nicht (BAG 14.5.2013 – 1 ABR 10/12). Ein Tendenzträger ist insbesondere verpflichtet, sowohl bei der Arbeitsleistung als auch im außerdienstlichen Bereich nicht gegen die Tendenz des Unternehmens zu verstoßen. Er hat sich dabei solcher Äußerungen und Handlungen zu enthalten, die der Tendenz des Unternehmens nachhaltig zuwiderlaufen und damit betriebliche Interessen des Unternehmens erheblich berühren (BAG 23.10.2008 – 2 AZR 483/07). Bei Zuwiderhandlungen kann eine → *personenbedingte Kündigung* oder → *verhaltensbedingte Kündigung* gerechtfertigt sein.

▶ Torkontrolle

Sie dient dem repressiven wie dem präventiven Schutz des AG vor Diebstählen. Solche Kontrollen können durch TV, BV (BAG 15.4.2014 – 1 ABR 2/13 [B]) und Einzelarbeitsvertrag eingeführt werden. Von der Durchführung der Torkontrolle müssen alle AN gleichmäßig betroffen werden. Sofern die Kontrolle nicht alle AN erfasst, muss die Auswahl der zu Kontrollierenden sachlich begründet erfolgen (zB durch einen Zufallsgenerator). Die mit den Kontrollen einhergehenden Beeinträchtigungen der → *Persönlichkeitsrechte* der AN müssen unter Wahrung des Verhältnismäßigkeitsgrundsatzes erfolgen. Die Torkontrollen greifen in die Privatsphäre der betroffenen AN ein. Die Handhabung der Kontrolle darf das Ehr- und Schamgefühl der untersuchten AN nicht verletzen und ihre Zeit nicht unangemessen beanspruchen. Im Allgemeinen ist die Torkontrolle auf das Öffnen der mitgeführten Taschen und allenfalls das Abtasten der Oberbekleidung zu beschränken. Weitergehende Kontrollen sind von den dafür zuständigen Behörden durchzuführen. Der BR hat bei der Ausgestaltung von Torkontrollen ein Mitbestimmungsrecht nach § 87 Abs. 1 Nr. 1 BetrVG (→ *Betriebsrat (Beteiligungsrechte)*).

▶ Totgeburt

→ *Mutterschutz*

▶ Trennungsentschädigung

→ *Auslösungen*

▶ Treuepflicht (Nebenpflichten des Arbeitnehmers)

Aus dem personenrechtlichen Charakter des Arbeitsvertrags wurde die Treuepflicht des AN und dieser korrespondierend die → *Fürsorgepflicht* des AG abgeleitet. Beide Begrifflichkeiten sind inzwischen überholt, sie werden heute als Nebenpflichten des jeweiligen Vertragsteils bezeichnet. Die Treuepflicht zählt zu den schuldrechtlichen Nebenpflichten (§ 241 Abs. 2 BGB). Ihr Inhalt ergibt sich aus dem jeweiligen Schuldverhältnis. Danach hat der AN seine Verpflichtungen aus dem Arbeitsverhältnis so zu erfüllen, seine Rechte so wahrzunehmen und die im Zusammenhang mit dem Arbeitsverhältnis stehenden Interessen des AG so zu wahren, wie dies von ihm unter Berücksichtigung seiner Stellung im Betrieb, seiner eigenen Interessen und der Interessen der anderen AN des Betriebs nach → *Treu und Glauben* billigerweise verlangt werden kann.

Die arbeitsvertragliche Nebenpflicht verpflichtet den AN, vom Betrieb, also auch vom AG als Betriebsinhaber, sowie anderen AN **Schäden abzuwenden,** soweit dies dem AN möglich und zumutbar ist. Der AN braucht sich nicht selbst in Gefahr zu begeben. Vom ihm wird lediglich ein zumutbarer Einsatz verlangt. Gehen die Schädigungen von einem anderen AN aus, also zB bei Diebstählen, Unterschlagungen, Verletzung der Unfallverhütungsvorschriften usw., besteht nur bei Personen- oder erheblichen Sachschäden eine Informationspflicht gegenüber dem AG. Führungskräfte sind dagegen weitergehend zur Anzeige verpflichtet. Aus den vertraglichen Nebenpflichten folgt zudem ein Verbot zur Annahme von **Schmiergeldern** und zur Störung des Betriebsfriedens bzw. -ablaufs. Zu den Nebenpflichten gehört daneben die → *Verschwiegenheit.* Verstöße gegen die Nebenpflichten können zu einer → *verhaltensbedingten Kündigung* oder bei besonders schweren Fällen zur → *außerordentlichen Kündigung* führen.

▶ Treu und Glauben

Nach § 242 BGB ist der Schuldner verpflichtet, die Leistung so zu bewirken, wie Treu und Glauben mit Rücksicht auf die Verkehrssitte es erfordern. Aus dem Grundsatz von Treu und Glauben wird der das gesamte Rechtsleben beherrschende Grundsatz abgeleitet, dass jedermann die sozialethischen Grenzen des Rechts bei der Ausübung seiner Rechte und Pflichten aus einem Schuldverhältnis zu beachten hat. Wegen seiner Unbestimmtheit hat die Rspr. aus dem Grundsatz von Treu und Glauben bestimmte Nebenrechte und -pflichten sowie Fallgruppen hergeleitet, die für die Rechtsausübung von Bedeutung sind. Hierunter fallen zB die Verbote zur treuwidrigen Ausnutzung der eigenen Rechtsstellung, des widersprüchlichen Verhaltens sowie die → *Verwirkung.*

▶ Trinkgelder (Tronc)

Bei Trinkgeldern, die das Bedienungspersonal in Gaststätten von den Gästen erhält, handelt es sich um Leistungen, die nicht vom AG, sondern von dessen **Gästen freiwillig** erbracht werden. Sie gehören arbeitsrechtlich nicht zur Arbeitsvergütung, weil auf sie mangels entsprechender Vereinbarung kein Anspruch gegen den AG besteht, sondern sie ohne rechtliche Verpflichtung als persönliche Zuwendung aus einer bestimmten Motivationslage von Dritten erbracht werden. Trinkgelder gehören daher auch für Zeiten des → *Urlaubs*, der Arbeitsunfähigkeit (→ *Krankheit*) und der BRtätigkeit nicht zu dem vom AG fortzuzahlenden Arbeitsentgelt (BAG 28.6.1995 – 7 AZR 1001/94). Der AG ist auch nicht verpflichtet, während eines bestehenden → *Annahmeverzugs* Schadenersatz für ausgefallene Trinkgelder zu gewähren (BAG 19.1.2022 – 5 AZR 346/21). Üblicherweise von einem Dritten für eine Arbeitsleistung gezahlte Trinkgelder gehören steuerrechtlich zu den Einkünften aus nichtselbstständiger Arbeit.

AN der Spielbanken werden regelmäßig aus einem **Tronc** (Gesamtspendenaufkommen) bezahlt. Hierbei verbucht der AG das eingenommene Bedienungsgeld in einer gemeinsamen Kasse und verteilt es nach einem festgelegten Schlüssel auf die einzelnen AN; zu den Tronceinnahmen gehören auch die hieraus erwirtschafteten Bankzinsen. Die aus dem Tronc finanzierten Zahlungen sind keine Trinkgelder, sondern gehören zur Vergütung des Spielbankpersonals.

▶ Truckverbote

→ *Sachbezüge*

U

▶ Überstunden

→ *Arbeitszeit*; → *Mehrarbeitsvergütung*

▶ Überzahlung der Arbeitsvergütung

Hat der AG irrtümlich eine zu hohe Arbeitsvergütung gezahlt, ist der AN nach §§ 812 ff. BGB zur Rückzahlung verpflichtet. Die Rückzahlungsverpflichtung besteht insbesondere, wenn **(1)** der AG sich verrechnet hat, **(2)** er irrtümlich glaubt, aufgrund tariflicher Vorschriften zur Leistung verpflichtet zu sein, **(3)** im öffentlichen Dienst, wenn der AG den AN irrtümlich in eine zu hohe tarifliche Lohngruppe eingruppiert hat. Der AG muss darlegen und im Streitfall beweisen, dass für die Leistungen an den AN ein Rechtsgrund (teilweise) gefehlt hat. Beruht die Überzahlung auf einer fehlerhaften → *Eingruppierung*, umfasst das die Darlegung der Tatsachen, aus denen die zutreffende Eingruppierung des AN folgt. Rückzahlungsansprüche des AG aus Bereicherungsrecht (§§ 812 ff. BGB) können auch bestehen, wenn ein Arbeitsverhältnis von den Vertragsparteien irrtümlich als **freies** Mitarbeiterverhältnis behandelt worden ist und der AG deshalb ein Honorar bezahlt hat, das höher war als die tarifvertraglichen Arbeitsentgeltansprüche aus dem Arbeitsverhältnis.

Der **Rückzahlungsanspruch** kann nach § 814 BGB **ausgeschlossen** sein, wenn der AG gewusst hat, dass er zur Leistung nicht verpflichtet war. Erforderlich ist die positive Kenntnis der Rechtslage zum Zeitpunkt der Leistung. Nicht ausreichend ist die Kenntnis der Tatsachen, aus denen sich das Fehlen einer rechtlichen Verpflichtung ergibt. Der Leistende muss wissen, dass er nach der Rechtslage nichts schuldet.

Berechnet der AG die Vergütung fehlerhaft, obwohl ihm die maßgeblichen Berechnungsgrundlagen bekannt waren oder hätten bekannt sein müssen, entsteht sein Rückzahlungsanspruch bei überzahlter Vergütung im Zeitpunkt der Überzahlung und wird auch zugleich **fällig** (§ 271 Abs. 1 BGB). Auf die Kenntnis des AG von seinem Rückzahlungsanspruch kommt es in einem solchen Fall nicht an.

Bei Entgeltüberzahlungen bezieht sich der Rückzahlungsanspruch grds. auf den **Bruttobetrag** (BAG 11.10.2006 – 5 AZR 755/05). Dieser unterliegt regelmäßig öffentlich-rechtlichen Abzügen (→ *Bruttolohn*). Die arbeitsrechtliche Vergütungspflicht beinhaltet nicht nur die Nettoauszahlung, sondern umfasst auch die Leistungen, die nicht in einer unmittelbaren Auszahlung an den AN bestehen.

Auf die **Abwicklung der Rückzahlungsverpflichtung** wendet die Rspr. §§ 812 ff. BGB an. Hieraus folgt, dass ein im Hinblick auf die Überzahlung gutgläubiger AN sich auf den Wegfall der Bereicherung (§ 818 Abs. 3 BGB) berufen kann, ein bösgläubiger nicht. Der Entreicherungseinwand ist begründet, wenn das Erlangte ersatzlos weggefallen ist und kein Überschuss mehr zwischen dem vorhandenen Vermögen und demjenigen Vermögen besteht, das auch ohne die ursprüngliche Bereicherung (Überzahlung) vorhanden wäre. Es kommt deshalb darauf an, ob der Empfänger die Beträge restlos für seine laufenden Lebensbedürfnisse verbraucht hat oder sich damit noch in seinem Vermögen befindliche Werte oder Vorteile verschafft hat. Letzteres ist zB der Fall bei anderweitigen Ersparnissen oder Anschaffungen von Haushaltsgegenständen. Auch die infolge Tilgung eigener Schulden mittels des rechtsgrundlos erlangten Geldes eintretende Befreiung von Verbindlichkeiten zählt zu den Vermögensvorteilen, die einem Wegfall der Bereicherung grds. entgegenstehen. Bei **Überzahlungen von bis zu 10% des Nettozahlbetrags** ist davon auszugehen, dass der AN das erhöhte Einkommen zur Deckung laufender Lebensbedürfnisse verwendet hat, die keine bleibenden Vermögensveränderungen zu seinen Gunsten bewirkt haben. Die Einwendung der Entreicherung aus § 818 Abs. 3 BGB ist nach §§ 819 Abs. 1, 820 Abs. 1 BGB bei **Bösgläubigkeit** des Leistungsempfängers ausgeschlossen. Die verschärfte Haftung des Bereicherungsschuldners nach § 819 BGB setzt seine positive Kenntnis des Mangels des rechtlichen Grundes voraus; das Kennenmüssen genügt nicht. Bösgläubigkeit des AN wird zumeist bei höheren Überzahlungen anzunehmen sein.

Der AG kann nur gegen Nettoentgeltansprüche des AN die → *Aufrechnung* erklären. Zur Abführung der Sozialversicherungsbeiträge, die auf den **Aufrechnungsbetrag** entfallen, bleibt der AG jedoch stets verpflichtet. Die Aufrechnung gegen unpfändbare Forderungen ist nach § 394 BGB ausgeschlossen. Die **Verjährungsfrist** für den Rückzahlungsanspruch beträgt drei Jahre. Dieser kann indes kürzeren → *Verfallfristen* unterliegen. Gegenüber dem Anspruch auf Lohnrückzahlung kann mit Schadensersatzansprüchen wegen fehlerhafter Lohnberechnung aufgerechnet werden.

▶ Umsatzbeteiligung

Die Umsatzbeteiligung ist ein prozentualer Anteil am Wert sämtlicher Geschäfte eines Unternehmens oder einer Abteilung. Auf sie finden im Allgemeinen die gesetzlichen Vorschriften über die → *Provision* keine Anwendung. Eine zusätzlich zum Gehalt gezahlte Umsatzbeteiligung ist keine widerrufbare Sonderleistung, sondern Teil des Entgelts. Sie kann auch nicht von der Bedingung abhängig gemacht werden, dass das Arbeitsverhältnis im Folgejahr nicht gekündigt wird. Ist vereinbart, dass die Umsatzbeteiligung im Folgejahr in monatlichen Raten ausgezahlt wird, handelt es sich um eine Fälligkeitsregelung. Die Zahlungspflicht besteht auch dann, wenn das Arbeitsverhältnis beendet worden ist. Für die Abrechnung der Umsatzprovision findet die für Provisionen geltende Vorschrift in § 87c HGB keine Anwendung. Der AG hat jedoch dem vertraglich am Umsatz beteiligten AN nach § 242 BGB **Auskunft** in entsprechender Anwendung des § 259 BGB zu erteilen, wenn die durch Tatsachen gestützte Besorgnis gerechtfertigt ist, dass der AG den AN bei der Zuteilung der Aufträge benachteiligt hat.

▶ Umwandlung

I. Formen

1. Rechtsgrundlage

Das Umwandlungsgesetz (UmwG) vom 28.10.1994 (BGBl. I 3210; ber. 1995 I 428) findet Anwendung, wenn gesellschaftsrechtliche Strukturveränderungen im Unternehmen erfolgen. Dagegen werden Strukturveränderungen innerhalb eines Unternehmens, die sich lediglich auf Bestandteile seines Vermögens beziehen, vom UmwG nicht erfasst. Die möglichen Umwandlungsarten sind in § 1 UmwG abschließend aufgezählt. Rechtsträger mit Sitz im Inland können umgewandelt werden, (**a**) durch Verschmelzung; (**b**) durch Spaltung (Aufspaltung, Abspaltung, Ausgliederung); (**c**) durch Vermögensübertragung sowie (**d**) durch Formwechsel.

2. Verschmelzung (§§ 2–122 UmwG)

Die Verschmelzung kommt in zwei Grundformen vor. Rechtsträger können unter Auflösung ohne Abwicklung verschmolzen werden, (**a**) im Wege der Aufnahme durch Übertragung des Vermögens eines Rechtsträgers oder mehrerer Rechtsträger (übertragende Rechtsträger) als Ganzes auf einen anderen bestehenden Rechtsträger (übernehmenden Rechtsträger) oder (**b**) im Wege der Neugründung durch Übertragung der Vermögen zweier oder mehrerer Rechtsträger (übertragende Rechtsträger) jeweils als Ganzes auf einen neuen, von ihnen dadurch gegründeten Rechtsträger. Die Anteilseigner der übertragenden Rechtsträger erhalten Mitgliedschaftsrechte des übernehmenden oder neuen Rechtsträgers (§ 2 UmwG). Mit der Eintragung der Verschmelzung ins Handelsregister erlöschen die übertragenden Rechtsträger (§ 20 Abs. 1 Nr. 2 UmwG). Das Vermögen geht im Wege der Gesamtrechtsnachfolge auf den übernehmenden Rechtsträger über (§ 20 Abs. 1 Nr. 1 UmwG). Der Verschmelzungsvertrag muss Angaben über die arbeitsrechtlichen Folgen enthalten.

3. Spaltung

Die Spaltung kommt in drei Grundformen vor. (**a**) **Aufspaltung:** Der übertragende Rechtsträger kann unter Auflösung ohne Abwicklung sein Vermögen aufspalten als Gesamtheit auf andere bestehende Rechtsträger (übernehmende Rechtsträger) oder zur Neugründung durch gleichzeitige Übertragung der Vermögensanteile jeweils als Gesamtheit auf andere, von ihm dadurch gegründete neue Rechtsträger gegen Gewährung von Anteilen (§ 123 Abs. 1 UmwG). **(b) Abspaltung:** Bei der Abspaltung kann der übertragende Rechtsträger von seinem Vermögen zur Aufnahme durch Übertragung eines oder mehrerer Teile jeweils als Gesamtheit auf einen bestehenden oder mehrere bestehende Rechtsträger oder zur Neugründung durch Übertragung dieses Teils oder dieser Teile jeweils als Gesamtheit auf einen oder mehrere, von ihm dadurch gegründete neue oder neuen Rechtsträger gegen Gewährung von Anteilen oder Mitgliedschaftsrechten dieses oder dieser Rechtsträger an die Anteilseigner des übertragenden Rechtsträgers abspalten (§ 123 Abs. 2 UmwG). **(c) Ausgliederung:** Bei der Ausgliederung gliedert der übertragende Rechtsträger aus seinem Vermögen einen Teil oder mehrere Teile zur Aufnahme durch Übertragung dieses Teils oder dieser Teile jeweils als Gesamtheit auf einen bestehenden oder mehrere bestehende Rechtsträger aus oder zur Neugliederung durch Übertragung dieses Teils oder dieser Teile jeweils als Gesamtheit auf einen oder mehrere, von ihm dadurch neu gegründete Unternehmen oder neu gegründete Unternehmen gegen Gewährung von Anteilen oder Mitgliedschaftsrechten des Rechtsträgers oder dieser Rechtsträger. Sondervorschriften bestehen für die Ausgliederung aus Vermögen von Gebietskörperschaften oder Zusammenschlüssen von Gebietskörperschaften (§ 168 UmwG), die vor allem für die Privatisierung von Bedeutung sind. Die Ausgliederung ist eine mitbestimmungspflichtige Betriebsänderung (BAG 10.12.1996 – 1 ABR 32/96). **(d) Durchführung:** Das Vermögen des übertragenden Rechtsträgers geht jeweils im Wege der Gesamtrechtsnachfolge über (§ 131 Abs. 1 Nr. 1 UmwG). Das sich aufspaltende Unternehmen wird aufgelöst und erlischt mit Eintragung der Aufspaltung im Handelsregister (§ 131 Abs. 1 Nr. 2 UmwG). Bei der Abspaltung überträgt der übertragende Rechtsträger nur einen Teil seines Vermögens und bleibt daher erhalten. Die Ausgliederung unterscheidet sich von der Abspaltung dadurch, dass die Anteilsrechte in das Vermögen des übertragenden Rechtsträgers fließen.

4. Vermögensübertragung und Formwechsel

Die Vermögensübertragung kommt vor als Aufspaltung, Abspaltung und Ausgliederung (§ 174 UmwG). Eine Vermögensübertragung ist als Voll- oder Teilübertragung jeweils nur möglich von einer Kapitalgesellschaft auf den Bund, ein Land, eine Gebietskörperschaft oder einen Zusammenschluss von Gebietskörperschaften oder von Versicherungsgesellschaften auf andere (vgl. § 175 UmwG). Beim Formwechsel erhält ein Rechtsträger eine andere Rechtsform (§ 190 UmwG). Es liegt mithin keine Rechtsnachfolge vor.

II. Arbeitsrechtliche Regelungen

1. Übergang der Arbeitsverhältnisse und Widerspruchsrecht

Bei der Umwandlung gehen nach den Grundsätzen der Gesamtrechtsnachfolge alle Arbeitsverhältnisse auf den neuen Rechtsträger über; insoweit findet § 613a BGB auch bei einer Verschmelzung, Spaltung oder Vermögensübertragung Anwendung (→ *Betriebsübergang*). Maßgeblich ist der Zeitpunkt der Eintragung in das Handelsregister (§§ 20, 125 UmwG). Nach § 323 Abs. 2 UmwG können AG und BR bei einer Verschmelzung, Spaltung oder Vermögensübertragung in einem → *Interessenausgleich* durch namentliche Bezeichnung AN nach der Umwandlung einem bestimmten Betrieb oder Betriebsteil zuordnen. Die **Zuordnung der AN** kann unter diesen Voraussetzungen gerichtlich nur auf grobe Fehler überprüft werden.

Nach § 324 UmwG gelten die Regelungen über das **Widerspruchsrecht** der AN bei einem Betriebsübergang (§ 613a Abs. 6 BGB) auch bei der Umwandlung von Rechtsträgern. Der AN hat danach ein Widerspruchsrecht gegen den Übergang seines Arbeitsverhältnisses, wenn ein neuer Rechtsträger die bisherige wirtschaftliche Einheit des Betriebs oder Betriebsteils unter Wahrung ihrer Identität fortführt. Die Voraussetzungen des Betriebsübergangs sind auch im Falle der Umwandlung selbstständig zu prüfen (BAG 25.5.2000 – 8 AZR 416/99). Die Vorschrift des § 324 UmwG enthält lediglich eine Rechtsgrundverweisung mit der Maßgabe, dass der Übergang nicht durch Rechtsgeschäft erfolgt sein muss. Das Widerspruchsrecht läuft weitgehend leer, wenn der übertragende Rechtsträger bei der Umwandlung erlischt. Das ist der Fall bei der Verschmelzung (§ 2

UmwG), Aufspaltung (§ 123 Abs. 1 UmwG) und der vollständigen Vermögensübertragung. Das BAG hat daher entschieden, dass in den Fällen, in denen der bisherige Rechtsträger durch gesellschaftsrechtliche Verschmelzung erlischt, kein Widerspruchsrecht besteht (BAG 21.2.2008 – 8 AZR 157/07).

2. Haftung für Arbeitnehmeransprüche

(a) Nach dem Übergang entstehende Ansprüche: Durch Auf- oder Abspaltung kann die Haftungsmasse des Unternehmens erheblich verkleinert werden. Für nach dem Übergang des Arbeitsverhältnisses nach § 613a Abs. 1 BGB auf den neuen Rechtsträger entstehende Ansprüche haftet allein der neue Rechtsträger. Will der AN das nicht, muss er entsprechend der hM dem Übergang widersprechen. Er trägt aber das Risiko, seinen Arbeitsplatz zu verlieren. Das Prinzip, dass nach dem Betriebsübergang nur der neue Rechtsträger haftet, wird jedoch in § 134 Abs. 1 UmwG für die Fälle der klassischen Betriebsaufspaltung durchbrochen. Spaltet ein Rechtsträger sein Vermögen in eine Anlagegesellschaft und eine Betriebsgesellschaft und sind an diesen Gesellschaften im Wesentlichen dieselben Personen beteiligt, haftet die Anlagegesellschaft auch für die Forderungen der AN der Betriebsgesellschaft als Gesamtschuldner, die binnen fünf Jahren nach dem Wirksamwerden der Spaltung aufgrund der §§ 111–113 BetrVG begründet werden (BAG 15.3.2011 – 1 ABR 97/09 – Sozialplan). Über §§ 134 Abs. 3, 133 Abs. 3 UmwG wird die Nachhaftung auf zehn Jahre erstreckt.

(b) Bei der Umwandlung vorhandene Ansprüche: Es konkurrieren zwei Haftungssysteme, die nicht aufeinander abgestimmt sind, nämlich einmal die Haftung nach § 613a BGB und zum anderen die umwandlungsrechtliche bei Verschmelzung (§ 22 UmwG) und bei Spaltung (§§ 133, 134 UmwG). Wie dieser Widerspruch der beiden Haftungsebenen zu lösen ist, ist umstritten. Nach der einen Auffassung hat die umwandlungsrechtliche Haftung den Vorrang. Nach anderer Meinung ist § 613a Abs. 2 BGB eine gesetzliche Sonderregelung gegenüber der umwandlungsrechtlichen Lösung. Nach richtiger Auffassung wird wohl die umwandlungsrechtliche Lösung den Vorrang haben. Denn in § 324 UmwG wird nicht auf § 613a Abs. 2 BGB verwiesen. Andererseits lässt sich dann § 613a Abs. 3 BGB nicht erklären, wonach eine Nachhaftung des übertragenden Unternehmens nicht besteht, wenn es erlischt.

Bei **Verschmelzung** können alle Gläubiger, also auch die AN, Sicherheit verlangen, wenn sie binnen sechs Monaten die Forderungen schriftlich anmelden, soweit sie keine Befriedigung verlangen können. Dieses Recht ist wiederum eingeschränkt für solche Gläubiger, die im Falle der Insolvenz ein Recht auf vorzugsweise Befriedigung aus einer Deckungsmasse haben, die nach gesetzlicher Vorschrift zu ihrem Schutz errichtet und staatlich überwacht ist.

3. Kündigungsschutz nach dem UmwG

Nach § 613a Abs. 6 S. 1 BGB ist die Kündigung des Arbeitsverhältnisses durch den bisherigen AG oder durch den neuen Inhaber wegen des Betriebsübergangs unwirksam (→ *Betriebsübergang*). Darüber hinaus enthält das UmwG in den §§ 322–324 weitere kündigungsrechtliche Regelungen. Nach § 323 Abs. 1 UmwG darf sich die **kündigungsrechtliche Stellung** eines AN, der vor dem Wirksamwerden einer Spaltung oder Teilübertragung zu dem übertragenden Rechtsträger in einem Arbeitsverhältnis steht, aufgrund der Spaltung oder Teilübertragung für die Dauer von zwei Jahren ab dem Zeitpunkt ihres Wirksamwerdens nicht verschlechtern. Die Vorschrift gilt nur für Verschlechterungen, die aufgrund der Spaltung eingetreten sind. § 323 Abs. 1 UmwG schreibt die Anwendbarkeit der zum Zeitpunkt der Spaltung oder Teilübertragung geltenden kündigungsrechtlichen Normen fest, nicht aber, wie sie bei einer nachfolgenden Kündigung anzuwenden sind. Hierfür sind die zum Zeitpunkt des Kündigungsausspruchs geltenden Verhältnisse maßgebend. Aus diesem Grund steht § 323 Abs. 1 UmwG einer Kündigung wegen Betriebsstilllegung eines abgespaltenen Unternehmens nicht entgegen (BAG 22.9.2005 – 6 AZR 526/04). Auch der Fortbestand des Kündigungsschutzes trotz Unterschreitens des Schwellenwerts gem. § 23 Abs. 1 KSchG wird nicht von § 323 Abs. 1 UmwG erfasst. Wird der AN nach der Umwandlung bei einem Rechtsträger beschäftigt, bei dem der Schwellenwert aus § 23 Abs. 1 KSchG nicht erreicht wird, besteht kein Kündigungsschutz (BAG 15.2.2007 – 8 AZR 397/06). Wegen des Abstellens auf den Kündigungszeitpunkt bei der Anwendung der kündigungsrechtlichen Vorschriften führt § 323 Abs. 1 UmwG nicht dazu, dass hinsichtlich einer anderweitigen Beschäftigungsmöglichkeit (§ 1 Abs. 2 KSchG) und der Sozialauswahl (§ 1 Abs. 3 KSchG) beim neuen Rechtsträger die Verhältnisse vor Wirksamwerden der Spaltung maßgeblich sind.

4. Tarifverträge und Betriebsvereinbarungen

Im Falle der Umwandlung wird der neue Rechtsträger nicht automatisch Mitglied des AGverbands des bisherigen Rechtsträgers. Daraus folgt: Tritt der neue Rechtsträger in denselben AGverband ein, gilt der bisherige TV nach § 3 Abs. 1 TVG weiter, sofern der neue Rechtsträger demselben Geltungsbereich unterliegt. Tritt der neue Rechtsträger nicht in denselben AGverband ein oder unterliegt er nicht mehr demselben tariflichen Geltungsbereich, entfällt eine Tarifbindung kraft Gesetzes. Ein Firmentarifvertrag zählt zu den Verbindlichkeiten iSd § 20 Abs. 1 Nr. 1 UmwG. Geht ein Firmentarifvertrag gem. § 20 Abs. 1 S. 1 UmwG durch Verschmelzung auf einen neuen Unternehmensträger über, ist insoweit für eine Anwendung der § 324 UmwG, § 613a Abs. 1 S. 2 BGB kein Raum (BAG 24.6.1998 – 4 AZR 208/97). Bei einer Ausgliederung eines Betriebs im Wege der Spaltung ist aufgrund der damit verbundenen partiellen Gesamtrechtsnachfolge im Spaltungs- und Übernahmevertrag festzulegen, welcher der beiden Rechtsträger in die Rechtsstellung als Vertragspartei eines Haustarifvertrags eintritt (BAG 21.11.2012 – 4 AZR 85/11). Aufgrund der Verweisung in § 324 UmwG auf § 613a Abs. 1 BGB finden TV, die bei dem neuen Rechtsträger weder kraft Tarifbindung noch Allgemeinverbindlichkeit weiter gelten, nunmehr nach § 613a Abs. 1 S. 2 BGB individualvertraglich Anwendung (→ *Betriebsübergang*).

Behält der Betrieb nach der unternehmensrechtlichen Spaltung seine bisherige Identität, gelten die bestehenden → *Betriebsvereinbarungen* weiter. Ändert sich dagegen die betriebliche Identität, finden nach § 324 UmwG die § 613a Abs. 1, 4–6 BGB Anwendung.

▶ Umweltschutz

AG sind aufgrund von gesetzlichen Vorschriften zur Bestellung von Beauftragten in Umweltfragen verpflichtet. Hierzu gehören insbesondere der Immissionsschutzbeauftragte (§§ 53 ff. BImSchG), der Störfallbeauftragte (§§ 58a ff. BImSchG), der Gewässerschutzbeauftragte (§§ 64 ff. WHG) und der Abfallbeauftragte (§§ 59 ff. KrWG). Daneben besteht eine Zuständigkeit des BR (→ *Betriebsrat (Beteiligungsrechte)*) für Fragen des betrieblichen Umweltschutzes. Nach § 89 Abs. 3 BetrVG sind dies alle personellen und organisatorischen Maßnahmen sowie alle die betrieblichen Bauten, Räume, technischen Anlagen, Arbeitsverfahren, Arbeitsabläufe und Arbeitsplätze betreffenden Maßnahmen, die dem Umweltschutz dienen.

▶ Umzugskosten

Ein Anspruch auf Ersatz der Umzugskosten besteht, wenn der AN vom AG an einen anderen Ort versetzt wird und der Umzug wegen der Entfernung zum bisherigen Wohnort notwendig ist (§ 670 BGB). Die Zahlung der Umzugskosten kann bei einem betrieblich erforderlichen Umzug nicht mit einem Rückzahlungsvorbehalt versehen werden. Bei der Neueinstellung kann der AN Umzugskosten idR nur verlangen, wenn diese ausdrücklich zugesagt werden. Die Umzugskostenzusage anlässlich einer Neueinstellung kann mit einem Rückzahlungsvorbehalt verbunden werden, wenn der AN vor einer bestimmten Zeit aus von ihm zu vertretenen Gründen aus dem Unternehmen ausscheidet. Ein Vertrag, der die jederzeit widerrufliche Versetzung eines AN in das entfernte Ausland vorsieht, enthält im Zweifel auch die Zusage über die Erstattung der Kosten für den Rückumzug (BAG 26.7.1995 – 5 AZR 216/94).

▶ Unfall

→ *Arbeitsunfall*

▶ Unfallanzeige

Der Unternehmer (AG) hat der zuständigen Berufsgenossenschaft bei einem → *Arbeitsunfall*, durch den ein AN getötet oder so verletzt wird, dass er stirbt oder für mehr als drei Tage völlig oder teilweise arbeitsunfähig wird, binnen drei Tagen eine Unfallanzeige zu erstatten (§ 193 Abs. 1 SGB VII; → *Arbeitsschutz*). Die Anzeigepflicht besteht auch im Fall von Anhaltspunkten, dass bei Versicherten des Unternehmers eine Berufskrankheit vorliegen könnte. Die Unfallanzeige ist vom → *Betriebsrat* mit zu unterzeichnen (§ 193 Abs. 5 S. 1 SGB VII), der auch eine Durchschrift erhält (§ 89 Abs. 4 BetrVG). Der Unternehmer hat darüber hinaus die Sicherheitsfachkraft und den → *Betriebsarzt* über jede Anzeige eines Arbeitsunfalls oder einer Berufskrankheit in Kenntnis zu setzen (§ 193 Abs. 5 S. 2 SGB VII).

▶ Unkündbarkeit

Das deutsche Arbeitsrecht kennt keine umfassende Unkündbarkeit von Arbeitsverhältnissen. Nach seiner Konzeption muss die Möglichkeit bestehen, ein Dauerschuldverhältnis wie das Arbeitsverhältnis zu beenden. So sieht § 624 BGB bei Arbeitsverhältnissen, die für die „Lebenszeit" einer Person oder für längere Zeit als fünf Jahre eingegangen sind, eine Kündigungsmöglichkeit zumindest nach Ablauf von fünf Jahren vor. Auch kann eine → *außerordentliche Kündigung* nicht – tarif- oder einzelvertraglich – abbedungen werden (BAG 20.6.2013 – 2 AZR 379/12). Dementsprechend wird unter einer „Unkündbarkeit" eines AN im Allgemeinen ein Ausschluss der „ordentlichen" Kündbarkeit – aus welchem Grund auch immer – verstanden. Kündigt ein AG trotz eines gesetzlichen oder tarifvertraglichen Kündigungsausschlusses das Arbeitsverhältnis ordentlich, ist diese Kündigung nach § 134 BGB unwirksam. Etwas Anderes gilt nur für eine vom AN ausgesprochene Kündigung, dessen → *ordentliche Kündigung* ist stets möglich (Ausnahme: § 15 Abs. 4 TzBfG → *Befristeter Arbeitsvertrag*).

Von Gesetzes wegen sind einige Personengruppen, wie zB Mitglieder von ANvertretungen (→ *Betriebsrat*, → *Personalrat*, → *Schwerbehindertenvertretung* [schwerbehinderte Menschen]), zahlreiche „Beauftragte" (zB der Datenschutzbeauftragte, → *Umweltschutz*) sowie

Schwangere, Mütter (→ *Mutterschutz*), AN in → *Elternzeit* oder → *schwerbehinderte Menschen* ordentlich bzw. überhaupt nicht kündbar **(gesetzlicher Sonderkündigungsschutz).**

Von besonderer praktischer Bedeutung ist vor allem der Ausschluss von ordentlichen Kündigungen **aufgrund tarifvertraglicher Regelungen** oder auf der Basis von Arbeitsvertragsrichtlinien. Zahlreiche TV sehen den Ausschluss von ordentlichen Kündigungen unter bestimmten Voraussetzungen vor. Die ordentliche Unkündbarkeit wird zumeist von einer längeren, mehrjährigen Betriebszugehörigkeit und einem höheren Lebensalter abhängig gemacht. Beispielhaft ist die Regelung des § 34 Abs. 2 TVöD/TV-L, nach der „Arbeitsverhältnisse von Beschäftigten, die das 40. Lebensjahr vollendet haben und für die die Regelungen des Tarifgebiets West Anwendung finden, nach einer Beschäftigungszeit von mehr als fünfzehn Jahren durch den AG nur noch aus einem wichtigen Grund gekündigt werden (können)“. Zudem sehen häufig TV zur Beschäftigungssicherung (sog. Betriebliche Bündnisse für Arbeit) Regelungen für einen – zeitlich begrenzten – Kündigungsausschluss vor. Den von den TV erfassten AN wird für einen gewissen Zeitraum eine Beschäftigungsgarantie unter Ausschluss von ordentlichen Kündigungen als Kompensation für eine Reduzierung oder einen Verzicht auf tarifvertragliche Rechte und Ansprüche eingeräumt.

Der tarifvertragliche (oder der eher seltene einzelvertragliche) **Ausschluss von ordentlichen Kündigungen** ist grds. unbedenklich und **rechtlich zulässig.** Allerdings hat ein solcher die Vorgaben des AGG (→ *Allgemeines Gleichbehandlungsgesetz*) zu beachten, da eine solche kündigungsrechtliche Privilegierung unter bestimmten Voraussetzungen zu einer Ungleichbehandlung von jüngeren AN – insbesondere bei einer → *betriebsbedingten Kündigung* und der Durchführung einer Sozialauswahl – führen kann. Sieht beispielsweise ein TV eine ordentliche Unkündbarkeit bei einer geringen Betriebszugehörigkeit (zum Beispiel drei Jahre) bei einem Alter des AN von 55 Jahren vor, können unbillige Ergebnisse entstehen, indem einem 50 Jahre alten Mitarbeiter, der bereits 30 Jahre im Betrieb beschäftigt ist, gekündigt werden müsste (BAG 20.6.2013 – 2 AZR 295/12). In diesen Fällen wird man nicht mehr ohne Weiteres den tarifvertraglich geschützten AN aus der Sozialauswahl herausnehmen können.

Praktische Schwierigkeiten entstehen bei einem tarifvertraglichen Kündigungsausschluss vor allem in den Fällen, in denen eine Fortsetzung des Arbeitsverhältnisses überhaupt nicht mehr real möglich ist, weil entweder der Arbeitsplatz dauerhaft weggefallen ist (zB bei einer → *Betriebsstilllegung*) oder der betroffene AN überhaupt nicht mehr in der Lage ist, seine vertraglich geschuldete Arbeitsleistung, vor allem aufgrund körperlicher Einschränkungen, zu erbringen. Das Arbeitsverhältnis stellt sich in diesem Fall nur noch als eine „leere Hülle" dar (zB der „Heizer auf der E-Lok). In der Rspr. ist anerkannt, dass ein solches **„sinnentleertes Arbeitsverhältnis"** auch bei Vorliegen eines tariflichen Sonderkündigungsschutzes beendet werden kann. Da aber die ordentliche Kündigung ausgeschlossen ist, bleibt nur der Weg über eine außerordentliche Kündigung. Dementsprechend erkennt zwar die Rspr. einen wichtigen Grund iSd § 626 Abs. 1 BGB an, wenn das Äquivalenzverhältnis von Leistung und Gegenleistung dauerhaft und nachhaltig zerstört ist. Allerdings wird eine solche Kündigung „angepasst" mit der Folge, dass sie nur mit der längsten zulässigen Kündigungsfrist (**„notwendige Auslauffrist"**) ausgesprochen werden darf. Zudem wird eine solche außerordentliche Kündigung mit notwendiger Auslauffrist an zusätzliche, strenge Voraussetzungen gebunden. Der AG muss alles ihm Zumutbare unternehmen, um den Ausspruch einer solchen Kündigung zu vermeiden. Er hat alle denkbaren Alternativen zu prüfen. Insbesondere trifft ihn eine erhöhte **„Unterbringungsverpflichtung"**. Prozessual werden deshalb an seine Darlegungslast bezüglich des → *Kündigungsgrundes* hohe Anforderungen gestellt. Er muss von sich aus dartun, dass für den betroffenen AN überhaupt keine Weiterbeschäftigung – auch nicht zu geänderten Arbeitsbedingungen – mehr möglich ist. So bleibt es ihm trotz des tarifvertraglichen Sonderkündigungsschutzes nicht verwehrt, Umstrukturierungen im Betrieb vorzunehmen, mit denen ein Verlust von Arbeitsplätzen verbunden ist. Der tarifliche Sonderkündigungsschutz erhöht aber die Anforderungen an seine Bemühungen erheblich, dem AN eine anderweitige Beschäftigung zu ermöglichen. Und schließlich ist zu beachten, dass eine solche außerordentliche Kündigung mit notwendiger Auslauffrist auch nur dann erfolgen kann, wenn ein auf Dauer sinnentleertes Arbeitsverhältnis entstehen würde; für den insoweit maßgeblichen Zeitraum kann die 5-Jahres-Frist des § 624 BGB einen Anhaltspunkt geben. *(ME)*

▶ Unternehmen

Einen für die Gesamtrechtsordnung einheitlichen Unternehmensbegriff gibt es nicht. Der Begriffsinhalt ist vielmehr für die einzelnen Rechtsgebiete jeweils nach Sinn und Zweck des betreffenden Gesetzes zu ermitteln. Im Arbeitsrecht, insbesondere im Betriebsverfassungsrecht ist Unternehmen „die organisatorische Einheit, die bestimmt wird durch den wirtschaftlichen oder ideellen Zweck, dem ein Betrieb oder mehrere organisatorisch verbundene Betriebe desselben Unternehmens dienen." Ein Unternehmen setzt einen einheitlichen Rechtsträger (zB GmbH, AG) voraus. Die **Bedeutung** des Unternehmerbegriffs liegt vornehmlich auf handelsrechtlichem und wirtschaftlichem Gebiet; arbeitsrechtlich ist er zB bei Bildung eines → *Gesamtbetriebsrats* und bei den Beteiligungsrechten des BR in wirtschaftlichen Angelegenheiten (→ *Wirtschaftsausschuss*, → *Betriebsänderung*) von Bedeutung.

▶ Urlaub

I. Entstehung des Urlaubsanspruchs

1. Anspruchsvoraussetzungen

Jeder AN hat in jedem Kalenderjahr Anspruch auf bezahlten Erholungsurlaub (§ 1 BUrlG).

(**a**) Urlaub ist der Anspruch des AN, von den Arbeitspflichten für einen bestimmten Zeitraum befreit zu werden. Bei dem Anspruch auf Urlaubsentgelt handelt es sich um einen Vergütungsfortzahlungsanspruch. Der Erholungsurlaub ist zu unterscheiden von sonstigen Arbeitsbefreiungen aus persönlichen Gründen, zur Ausübung staatsbürgerlicher Rechte und Pflichten, zu BR- und PRtätigkeiten usw.

(b) **Anspruchsberechtigt** sind alle AN (§ 2 BUrlG). Dazu gehören → *Arbeiter,* → *Angestellte,* → *Auszubildende* sowie Voll- und Teilzeitbeschäftigte (→ *Teilzeitbeschäftigung*). Auch → *arbeitnehmerähnliche Personen* und → *Heimarbeiter* fallen unter das BUrlG. Soweit der Urlaubsanspruch auf Arbeitsfreistellung gerichtet ist, kann er nach dem Tod des AN nicht auf dessen Erben übergehen. Erben haben aber nach § 1922 Abs. 1 BGB iVm § 7 Abs. 4 BUrlG Anspruch auf → *Urlaubsabgeltung.* Auch der Zusatzurlaub für schwerbehinderte Menschen ist gegenüber den Erben abzugelten, wenn das Arbeitsverhältnis durch Tod des AN endet.

(c) Für das Entstehen des Urlaubsanspruchs ist nach dem BUrlG allein das Bestehen eines Arbeitsverhältnisses Voraussetzung. Der Urlaubsanspruch nach §§ 1, 3 Abs. 1 BUrlG steht – dem Grunde nach – nicht unter der Bedingung, dass der AN im Bezugszeitraum eine Arbeitsleistung erbracht hat (BAG 22.1.2019 – 9 AZR 10/17).

(d) Der gesetzliche Urlaub beträgt jährlich **mindestens 24 Werktage.** Dies entspricht der europarechtlichen Vorgabe eines Mindestjahresurlaubs von vier Wochen in der Arbeitszeitrichtlinie 2003/88/EG. Als Werktage gelten alle Tage, die nicht Sonn- oder gesetzliche Feiertage sind (§ 3 BUrlG). Der Umfang des Jahresurlaubs ist grds. proportional zu der Anzahl der Tage zu berechnen, an denen der AN im Urlaubsjahr seine Arbeitsleistung zu erbringen hat. Bei einer Umrechnung auf Arbeitstage werden die 24 Werktage rechnerisch zu den vom AN geschuldeten Arbeitstagen in Beziehung gesetzt. Die Dauer des Urlaubs wird durch sechs Werktage in der Woche geteilt und mit der Anzahl der Arbeitstage multipliziert, an denen in der Woche eine Arbeitsverpflichtung besteht. Das führt bei einer Verteilung der Arbeitszeit auf die Tage von Montag bis Freitag zu einem Anspruch von 20 Tagen Urlaub im Jahr. Ist die Arbeitszeit nicht das gesamte Kalenderjahr über gleichmäßig auf weniger oder mehr als sechs Wochentage verteilt, ist für die Umrechnung der Zeitabschnitt heranzuziehen, in dem die regelmäßige wöchentliche Arbeitszeit im Durchschnitt erreicht wird. Bei einer über das Kalenderjahr ungleichmäßigen Verteilung der Arbeitszeit wird jahresbezogen die für den AN maßgebliche Anzahl der Arbeitstage mit der Anzahl der Werktage ins Verhältnis gesetzt. Auch bei einer **unterjährigen Än-**

derung der Arbeitszeitregelung ist eine jahresbezogene Betrachtung anzustellen, die die Anzahl der in den einzelnen Zeitabschnitten vorgesehenen Arbeitstage berücksichtigt. Die Umrechnung des nach § 3 Abs. 1 BUrlG in Werktagen bemessenen Urlaubs in Arbeitstage ist grds. auch dann vorzunehmen, wenn die Arbeitsvertragsparteien ihre Hauptleistungspflichten durch die Vereinbarung von unbezahltem **Sonderurlaub** suspendieren. Der Zeitraum des Sonderurlaubs ist bei der Berechnung des Urlaubsanspruchs mit „null" Arbeitstagen in Ansatz zu bringen (BAG 19.3.2019 – 9 AZR 406/17). Nach der Rspr. des EuGH führt auch → ***Kurzarbeit*** „Null" zu einer Kürzung der Höhe des Urlaubsanspruchs (EuGH 13.12.2018 – C-385/17). Fallen ganze Urlaubstage aufgrund von Kurzarbeit aus, verringert sich die durch die Erbringung der Arbeitsleistung bedingte Belastung. Der Urlaubsumfang kann daher bei der Umrechnung von Werktagen in Arbeitstage an die herabgesetzte Arbeitspflicht des AN angepasst werden (BAG 30.11.2021 – 9 AZR 225/21). Arbeitstage, an denen wegen einer **Krankheit** des AN keine Arbeitspflicht besteht, dürfen nicht zu einer Kürzung des Urlaubsanspruchs in dem Jahr führen.

(e) → *Schwerbehinderte Menschen* haben bei einer 5-Tage-Woche Anspruch auf **Zusatzurlaub** von fünf Tagen (§ 208 SGB IX). Der Zusatzurlaubsanspruch teilt das rechtliche Schicksal des gesetzlichen Mindesturlaubsanspruchs, es sei denn, tarifliche oder einzelvertragliche Bestimmungen sehen für den AN günstigere Bestimmungen vor. Aufgrund von Landesgesetzen oder TV können weitere Urlaubsansprüche bestehen.

2. Bindung des Urlaubs an das Kalenderjahr

Der Urlaubanspruch entsteht jeweils mit Beginn des Kalenderjahres und erlischt mit Ablauf dieses Jahres, es sei denn, die Erfüllung ist wegen dringender betrieblicher oder in der Person des AN liegender Gründe unterblieben. In diesen Fällen ist der Urlaub auf die ersten drei Monate des Folgejahres zu übertragen (§ 7 Abs. 3 BUrlG). Liegen die Voraussetzungen einer Übertragung vor, erfolgt die Urlaubsübertragung unabhängig davon, ob sie vom AN geltend gemacht wird. Die Übertragung vollzieht sich von selbst, kraft Gesetzes wird der übertragene Vorjahresurlaub dem Urlaub des nachfolgenden

Jahres hinzugerechnet (BAG 9.8.1994 – 9 AZR 384/92). Wird der Urlaub in der Zeit bis zum 31.3. des Folgejahres nicht gewährt und genommen, **erlischt** er regelmäßig. Dies ist ausnahmsweise nicht der Fall, wenn

(**a**) der AN wegen **Nichterfüllung der Wartezeit** noch keinen vollen Urlaubsanspruch erworben hat. Dann ist auf sein Verlangen der Urlaubsanspruch in das (gesamte) nächste Kalenderjahr zu übertragen (§§ 7 Abs. 3 S. 4, 5 Abs. 1 Buchst. a BUrlG). Das Verlangen muss im Urlaubsjahr geäußert werden. Hieran sind nur geringe Anforderungen zu stellen. Es reicht jede Handlung des AN aus, nach der sein Wunsch, den Teilurlaub erst im nächsten Jahr zu nehmen, deutlich wird (BAG 29.7.2003 – 9 AZR 270/02);

(**b**) der AN während des Übertragungszeitraumes **arbeitsunfähig krank** war. Der Urlaubsanspruch verfällt bei weiterhin bestehender Krankheit erst am 31.3. des zweiten auf das Urlaubsjahr folgenden Jahres, dh nach einem Übertragungszeitraum von 15 Monaten (BAG 7.8.2012 – 9 AZR 353/10);

(**c**) der AG den AG nicht zuvor in die Lage versetzt hat, seinen Urlaubsanspruch wahrzunehmen. Die Befristung des Urlaubsanspruchs setzt grds. voraus, dass der AG seinen aus einem unionsrechtskonformen Verständnis von § 7 Abs. 1 S. 1 BUrlG resultierenden Mitwirkungsobliegenheiten bei der Verwirklichung des Urlaubsanspruchs genügt, indem er den AN – erforderlichenfalls förmlich – **auffordert,** seinen **Urlaub zu nehmen,** und ihm klar und rechtzeitig **mitteilt,** dass der **Urlaub** mit Ablauf des Kalenderjahres oder Übertragungszeitraums **verfällt,** wenn er ihn nicht beantragt (BAG 19.2.2019 – 9 AZR 423/16). Der AG kann seine Mitwirkungsobliegenheiten regelmäßig zB dadurch erfüllen, dass er dem AN zu Beginn des Kalenderjahres in Textform mitteilt, wie viele Arbeitstage Urlaub ihm im Kalenderjahr zustehen, ihn auffordert, seinen Jahresurlaub so rechtzeitig zu beantragen, dass er innerhalb des laufenden Urlaubsjahres genommen werden kann, und ihn über die Konsequenzen belehrt, die eintreten, wenn dieser den Urlaub nicht entsprechend der Aufforderung beantragt. Die Anforderungen an eine „klare“ Unterrichtung sind regelmäßig durch den Hinweis erfüllt, dass der Urlaub grds. am Ende des Kalenderjahres verfällt, wenn der AN in der Lage war, seinen Urlaub im Kalenderjahr zu nehmen, er ihn aber nicht beantragt. Abstrakte Angaben etwa im Arbeitsvertrag, in einem Merkblatt oder in einer Kollektivvereinbarung dürften den Anforderungen an eine Unterrichtung hingegen idR nicht genügen. Der AG muss aber nicht die Mitteilung ständig aktualisieren (zB bei jeder Änderung des Umfangs des Urlaubsanspruchs).

Hat der AG seinen Mitwirkungsobliegenheiten nicht entsprochen, tritt der am 31.12. des Urlaubsjahres nicht verfallene Urlaub zu dem Urlaubsanspruch hinzu, der am 1.1. des Folgejahres entsteht. Dies kann dazu führen, dass AN, die nie ordnungsgemäß belehrt wurden, ihren nicht genommenen Urlaub noch nach mehreren Jahren geltend machen können. Nach der Rspr. des EuGH kann sich der AG in einem solchen Fall **nicht** auf die **Verjährung** des Urlaubs berufen, da die Verjährungsfrist nicht zu laufen beginnen darf, solange der AG den AN nicht tatsächlich in die Lage versetzt hat, den Urlaubsanspruch wahrzunehmen (EuGH 22.9.2022 – C-120/21).

3. Wartezeit und Teilurlaub

Der volle Urlaubsanspruch wird erstmalig **nach sechsmonatigem Bestehen des Arbeitsverhältnisses** erworben (§ 4 BUrlG). Der AN hat Anspruch auf 1/12 des Jahresurlaubs für jeden vollen Monat des Bestehens des Arbeitsverhältnisses, **(a)** für Zeiten eines Kalenderjahres, für die er wegen Nichterfüllung der Wartezeit keinen vollen Urlaubsanspruch erwirbt (Eintritt in der zweiten Jahreshälfte); **(b)** wenn er vor Erfüllung der Wartezeit ausscheidet, **(c)** wenn er nach Erfüllung der Wartezeit in der ersten Kalenderjahreshälfte ausscheidet. Das Ausscheiden am 30.6. gilt als Ausscheiden in der ersten Hälfte.

Tarifliche Regelungen können vorsehen, dass sich der tarifliche Mehr-Urlaub eines AN, der sein Arbeitsverhältnis kündigt, sich um 1/12 für jeden vollen Monat, in dem das Arbeitsverhältnis in diesem Jahr nicht mehr besteht, verkürzt, dh auch bei einem Ausscheiden in der zweiten Jahreshälfte. Eine tarifliche Zwölftelung des gesetzlichen Urlaubsanspruchs nach erfüllter Wartezeit ist dagegen nach dem BUrlG unzulässig (BAG 20.1.2009 – 9 AZR 650/07).

Bruchteile von Urlaubstagen, die zumindest einen halben Tag ergeben, sind nach oben zu runden (§ 5 Abs. 2 BUrlG). Die Regelung gilt jedoch nur für Teilurlaubsansprüche nach § 5 BUrlG (BAG 23.1.2018 – 9 AZR 200/17). Bruchteile, die nicht nach § 5 Abs. 2 BUrlG aufgerundet werden müssen, sind entsprechend ihrem Umfang dem AN durch Befreiung von der Arbeitspflicht zu gewähren oder nach dem Ausscheiden aus dem Arbeitsverhältnis abzugelten (BAG 26.1.1989 – 8 AZR 730/87).

Hat der AN, der nach erfüllter Wartezeit in der ersten Jahreshälfte ausscheidet, mehr als den ihm nach § 5 BUrlG zustehenden Urlaub erhalten, ist eine **Rückforderung des Entgelts** ausgeschlossen, es sei denn, dass durch TV etwas anderes bestimmt ist. Hat der AN bereits von einem früheren AG für das Jahr Urlaub erhalten, ist der Urlaubsanspruch ausgeschlossen (§ 6 Abs. 1 BUrlG). Erwirbt er in dem folgenden Arbeitsverhältnis aufgrund eines TV noch einen höheren Teilurlaubsanspruch, so muss er sich den bereits gewährten Urlaub anteilig anrechnen lassen. Über den bereits gewährten Urlaub hat der frühere AG eine → *Urlaubsbescheinigung* zu erteilen.

4. Erkrankung während des Urlaubs

Erkrankt der AN während des Urlaubs, so werden die durch ärztliches Zeugnis nachgewiesenen Tage der Arbeitsunfähigkeit auf den Urlaub nicht angerechnet (§ 9 BUrlG). Dies gilt auch dann, wenn der Urlaub durch die Erkrankung nicht beeinträchtigt wird. Nach § 59 IfSG in der seit dem 16.9.2022 geltenden Fassung führt eine Absonderungspflicht nach dem IfSG dazu, dass diese Tage nicht auf den Jahresurlaub angerechnet werden (zur Rechtslage in der Zeit davor vgl. BAG 16.8.2022 – 9 AZR 76/22 (A)). Nach dem Ende der Erkrankung muss der AN seine Arbeitskraft wieder anbieten; ein eigenmächtiges Anhängen des wegen der Erkrankung bestehenden Resturlaubs kann zur → *außerordentlichen Kündigung* führen.

5. Arbeit während des Urlaubs

Handelt ein AN der Pflicht zuwider, während des Urlaubs keiner dem Urlaubszweck widersprechenden Erwerbstätigkeit nachzugehen (§ 8 BUrlG), bleibt davon die Verpflichtung des AG unberührt, Urlaub und Urlaubsentgelt zu gewähren. Der AG kann aber eine

→ *Abmahnung* aussprechen und bei erneuten Verstößen ggf. eine → *verhaltensbedingte Kündigung* aussprechen.

II. Erteilung des Urlaubs

1. Freistellung und Bezahlung

Zur Erfüllung des Urlaubsanspruchs bedarf es einer Freistellungserklärung des AG. Der Urlaubsanspruch nach dem BUrlG ist aber nicht allein auf die Freistellung des AN von der Verpflichtung zur Arbeitsleistung gerichtet. Das Gesetz verlangt darüber hinaus, dass die Zeit der Freistellung von der Arbeit „bezahlt" sein muss. Aus diesem Grunde erteilt der AG nur dann wirksam Urlaub, wenn er dem AN die Urlaubsvergütung vor Antritt des Urlaubs zahlt oder vorbehaltlos zusagt. Zahlt der AG das Urlaubsentgelt nicht vor Urlaubsantritt aus, ist die Urlaubserteilung jedenfalls im bestehenden Arbeitsverhältnis nach Treu und Glauben gesetzeskonform so zu verstehen, dass der AG damit zugleich streitlos stellt, dass er für den gewährten Urlaub dem Grunde nach zur Zahlung von Urlaubsentgelt nach den gesetzlichen Vorgaben und etwaigen arbeitsvertraglichen Vereinbarungen verpflichtet ist, sofern dem nicht konkrete Anhaltspunkte entgegenstehen.

2. Urlaubsgewährung

Dem AN muss erkennbar sein, dass er von der Arbeit zum Zwecke der Erfüllung des Urlaubsanspruchs freigestellt wird. Grds. ist der Urlaub **im Zusammenhang** zu gewähren (§ 7 Abs. 2 BUrlG), es sei denn, dringende betriebliche oder in der Person des AN liegende Gründe machen eine Teilung des Urlaubs erforderlich. Kann er aus diesen Gründen nicht zusammenhängend gewährt werden und hat der AN einen Anspruch von mehr als zwölf Tagen, muss einer der Urlaubsteile mindestens zwölf Tage umfassen. Andere Abmachungen zwischen den Arbeitsvertragsparteien sind allerdings wirksam (§ 13 Abs. 1 S. 3 BUrlG). Eine halbtags- oder stundenweise Gewährung ist grds. nicht statthaft. Der AG hat bei Erteilung des Urlaubs auf die Wünsche des AN Rücksicht zu nehmen, es sei denn, dass deren Berücksichtigung dringende betriebliche Gründe oder Wünsche anderer AN, die unter sozialen Gesichtspunkten den Vorrang verdienen (schulpflichtige Kinder), entgegenstehen (§ 7 Abs. 1 BUrlG). Die Abwägung der wechselseitigen Interessen hat nach billigem Ermessen zu erfolgen. Stehen dem AN im Kalenderjahr Ansprüche auf Erholungsurlaub zu, die auf unterschiedlichen Anspruchsgrundlagen beruhen und für die unterschiedliche Regelungen gelten, findet § 366 BGB Anwendung, wenn die Urlaubsgewährung durch den AG nicht zur Erfüllung sämtlicher Urlaubsansprüche ausreicht. Nimmt der AG keine Tilgungsbestimmung vor, findet die in § 366 Abs. 2 BGB vorgegebene Tilgungsreihenfolge mit der Maßgabe Anwendung, dass zuerst gesetzliche Urlaubsansprüche und erst dann den gesetzlichen Mindesturlaub übersteigende Urlaubsansprüche erfüllt werden (BAG 1.3.2022 – 9 AZR 353/21).

Ist der Urlaub zu Beginn des Urlaubsjahres zeitlich festgelegt worden und wird die AN danach schwanger mit der Folge, dass in der vorgesehenen Urlaubszeit ein Beschäftigungsverbot besteht, wird der Urlaubsanspruch nicht erfüllt und kann nach dem Ende der Schutzfrist in Anspruch genommen werden (BAG 9.8.2016 – 9 AZR 575/15). Der AG kann den Urlaub in die **Kündigungsfrist** legen. Ist das → *Arbeitsverhältnis* zu dem Zeitpunkt beendet, zu dem er ursprünglich festgelegt worden ist, kann der AG den Urlaubszeitpunkt grds. neu bestimmen. Etwas Anderes gilt nur bei überwiegendem Interesse des AN (zB fest gebuchte Urlaubsreise). Der AG kann den AN auch bis zum Ablauf der → *Kündigungsfrist* von der Arbeit freistellen unter gleichzeitiger Anrechnung auf den Urlaub. Der AG kann den Urlaub nur vorsorglich für den Fall gewähren, dass eine von ihm erklärte ordentliche oder außerordentliche Kündigung das Arbeitsverhältnis nicht auflöst, wenn er dem AN die Urlaubsvergütung vor Antritt des Urlaubs zahlt oder vorbehaltlos zusagt (BAG 10.2.2015 – 9 AZR 455/13). In keinem Fall kann Urlaub im **Vorgriff für das kommende Jahr** erteilt werden.

Der AN ist grds. nicht verpflichtet, seine **Urlaubsanschrift** bekannt zu geben. Ebenso wenig muss er für den AG per E-Mail oder (Mobil-)Telefon erreichbar sein. Gewährt der AG den Urlaub nur unter der Bedingung, den AN ständig erreichen zu können, stellt dies keine wirksame Urlaubsgewährung dar. Gerichtsurteile zu dieser Frage liegen freilich bisher nicht vor.

3. Änderung des Urlaubszeitpunkts

Hat der AG in Übereinstimmung mit dem Urlaubswunsch des AN den Urlaub gewährt, kann dieser nur einvernehmlich geändert werden. Nur in Notfällen hat der AG ein Widerrufsrecht. In diesen Fällen muss er jedoch dem AN die durch den Widerruf entstehenden Aufwendungen ersetzen. Behält sich der AG bei Urlaubserteilung den Widerruf ausdrücklich vor, fehlt die zur Erfüllung des Urlaubsanspruchs notwendige Freistellungserklärung. Es handelt sich dann nicht um Urlaub iSd BUrlG.

4. Nichterteilung des Urlaubs/Selbstbeurlaubung

Der AN hat bei Nichterteilung des Urlaubs kein → *Zurückbehaltungsrecht* an der Arbeitsleistung. Hat der AG den Urlaub trotz eines rechtzeitigen Antrags des AN nicht festgelegt, darf der AN nicht eigenmächtig den Urlaub antreten. Die sog. Selbstbeurlaubung kann zu einer → *Kündigung* des AG führen (BAG 20.5.2021 – 2 AZR 457/20). Der AN muss gerichtliche Hilfe in Anspruch nehmen und auf Urlaubserteilung (Freistellung von der Arbeitspflicht) klagen. Ggf. muss er den Erlass einer einstweiligen Verfügung beantragen.

5. Mitbestimmungsrecht des Betriebsrats

Der → *Betriebsrat* hat ein erzwingbares Mitbestimmungsrecht bei der Aufstellung allgemeiner Urlaubsgrundsätze und des Urlaubsplans sowie der Festsetzung der zeitlichen Lage des Urlaubs für einzelne AN, wenn zwischen dem AG und den beteiligten AN kein Einverständnis erzielt wird (§ 87 Abs. 1 Nr. 5 BetrVG; → *Betriebsrat (Beteiligung)*). Die Betriebsparteien können vereinbaren, dass es zu einer zeitlichen Festlegung kommt, wenn der AN seine Urlaubswünsche in eine Urlaubsliste eingetragen hat und der AG nicht innerhalb einer bestimmten Frist widerspricht. *(OKK)*

▶ Urlaubsabgeltung

I. Begriff

Kann der → *Urlaub* wegen → *Beendigung des Arbeitsverhältnisses* nicht mehr gewährt werden, so ist er abzugelten (§ 7 Abs. 4 BUrlG). Dasselbe gilt für den Zusatzurlaub für → *schwerbehinderte Menschen.*

Urlaubsabgeltung ist wie das Urlaubsentgelt zu **berechnen.** Der AG kann den AN nicht darauf verweisen, dass dieser in einem Folgearbeitsverhältnis einen vollen Urlaubsanspruch erwirbt. Nach der neueren Rspr. des BAG handelt es sich bei dem Abgeltungsanspruch um einen reinen Geldanspruch, der auch dann zu erfüllen ist, wenn der AN über die Beendigung des Arbeitsverhältnisses hinaus arbeitsunfähig krank ist (BAG 19.6.2012 – 9 AZR 652/10). Im Falle der → *Elternzeit* wird der Urlaub übertragen, den der AN infolge der Elternzeit nicht nehmen konnte (§ 17 Abs. 2 BEEG). Endet das Arbeitsverhältnis während der Elternzeit oder wird es im Anschluss an die Elternzeit nicht fortgesetzt, hat der AG den noch nicht gewährten Urlaub abzugelten (§ 17 Abs. 3 BEEG). Der AG schuldet Urlaubsabgeltung nur bei der rechtlichen → *Beendigung des Arbeitsverhältnisses.* Ist dieses ein solches in → *Altersteilzeit*, endet es zum vereinbarten Endtermin und nicht bereits mit dem Übergang von der Arbeits- in die Freistellungsphase (BAG 16.5.2017 – 9 AZR 572/16).

II. Vererblichkeit und Verfall

Die Erben eines verstorbenen AN haben nach § 1922 Abs. 1 BGB iVm § 7 Abs. 4 BUrlG Anspruch auf Abgeltung des von diesem nicht genommenen Urlaubs (BAG 22.1.2019 – 9 AZR 45/16). Auch der **Zusatzurlaub** für schwerbehinderte Menschen ist gegenüber den Erben abzugelten, wenn das Arbeitsverhältnis durch Tod des AN endet.

In einem TV kann vorgesehen werden, dass der **tarifliche Mehrurlaub** nicht abzugelten ist, wenn er infolge Krankheit nicht genommen werden konnte. Nach der neueren Rspr. des BAG wird der Abgeltungsanspruch von tariflichen und vertraglichen → *Verfallfristen* erfasst (BAG 9.3.2021 – 9 AZR 323/20). Er muss deshalb in der dort für Vergütungsansprüche vorgesehenen Form geltend gemacht werden. Auch für die Abgeltung von Teilurlaubsansprüchen können Verfallfristen vereinbart werden. Diese laufen selbst dann ab, wenn der AN mit Rücksicht auf den Erwerb eines vollen Urlaubsanspruchs gegen den Folge-AG von deren Erhebung absieht.

III. Insolvenz

Wird bei einer → *Insolvenz des Arbeitgebers* das Arbeitsverhältnis beendet, ist ein bei Beendigung des Arbeitsverhältnisses nach Eröffnung des Insolvenzverfahrens entstehender Urlaubsabgeltungsanspruch nach § 7 Abs. 4 BUrlG Masseverbindlichkeit iSv § 55 Abs. 1 Nr. 2 Alt. 2 InsO. Da Urlaubsabgeltungsansprüche erst mit Beendigung des Arbeitsverhältnisses entstehen, können sie nicht einem früheren Zeitraum zugeordnet werden (BAG 16.2.2021 – 9 AS 1/21). Für die Einordnung als Masseverbindlichkeit ist deshalb unerheblich, ob die Zeit nach Eröffnung des Insolvenzverfahrens bis zur Beendigung des Arbeitsverhältnisses ausgereicht hätte, den Urlaubsanspruch durch Freistellung von der Arbeitspflicht zu erfüllen (BAG 25.3.2003 – 9 AZR 174/02). *(OKK)*

▶ Urlaubsbescheinigung

Wechselt der AN im Laufe des Jahres den Arbeitsplatz, ist der AG verpflichtet, eine Urlaubsbescheinigung über den im Kalenderjahr bereits gewährten oder abgegoltenen → *Urlaub* auszuhändigen (§ 6 Abs. 2 BUrlG). Die Bescheinigung soll die Gewährung von Doppelurlaub ausschließen. Der AN erwirbt bei dem neuen AG keinen neuen Urlaubsanspruch, sofern er bereits von seinem früheren AG Urlaub erhalten hat (§ 6 Abs. 1 BUrlG). Dem AN als Gläubiger des Urlaubsanspruchs obliegt es, darzulegen und ggf. zu beweisen, dass die Voraussetzungen, unter denen § 6 Abs. 1 BUrlG eine Anrechnung bereits gewährten Urlaubs vorsieht, nicht vorliegen. Dabei gelten die Grundsätze der abgestuften Darlegungs- und Beweislast (BAG 16.12.2014 – 9 AZR 295/13). *(OKK)*

▶ Urlaubsentgelt

→ *Urlaub*

▶ Urlaubsgeld

Es ist eine neben dem normalen Urlaubsentgelt (→ *Urlaub*) in zahlreichen Tarif- und Arbeitsverträgen vorgesehene → *Sonderzuwendung*. Das Urlaubsgeld ist in aller Regel auch für den Zusatzurlaub von → *schwerbehinderten Menschen* zu zahlen. Der AG kann einzelvertraglich Urlaubsgeld in der Weise in Aussicht stellen, dass er sich jedes Jahr erneut die Entscheidung vorbehält, ob er Urlaubsgeld zahlt. Vorsorglich sollte er bei der Auszahlung nochmals auf den Vorbehalt hinweisen. Denkbar ist, dass der Anspruch erst nach einer Wartezeit entsteht. Die Anspruchsvoraussetzungen sind je nach TV unterschiedlich geregelt. Ob ein Urlaubsgeld als urlaubsunabhängige Sonderzahlung ausgestaltet ist oder ob es von der Urlaubsgewährung und dem Urlaubsvergütungsanspruch abhängt, richtet sich nach den Leistungsvoraussetzungen und ist durch Auslegung zu ermitteln (BAG 22.7.2014 – 9 AZR 981/12). Bei einem tariflichen Anspruch auf ein zusätzliches Urlaubsgeld ist im Zweifel anzunehmen, dass innerhalb der für tarifliche Vergütungsansprüche vereinbarten → *Verfallfrist* alle mit der Berechnung und Zahlung des Urlaubsgelds zusammenhängenden Fragen geklärt werden sollen. Dazu gehören insbesondere Streitigkeiten über die zutreffende Forderungshöhe. Nach Ablauf der Verfallfrist ist sowohl die Geltendmachung einer nicht vollständigen Erfüllung des Anspruchs als auch einer Überzahlung ausgeschlossen. Das Urlaubsgeld ist nach § 850a Nr. 2 ZPO unpfändbar. In TV sind häufig Verfalltatbestände oder Rückzahlungsklauseln für die Fälle vorzeitigen Ausscheidens vorgesehen. Bei Teilzeitbeschäftigten kann eine Kürzung entsprechend der Arbeitszeit erfolgen, wenn das Urlaubsgeld auch Entgeltcharakter hat. Der Anspruch auf Urlaubsgeld während der → *Elternzeit* richtet sich nach dem Inhalt der einzelnen Regelung. *(OKK)*

► Urteil

Das arbeitsgerichtliche Urteil besteht aus Entscheidungsformel, Kostenentscheidung, Festsetzung des Streitwertes sowie Tatbestand und Entscheidungsgründen und einer → *Rechtsmittelbelehrung*. Tatbestand und Entscheidungsgründe entfallen bei einem → *Versäumnisurteil*, Anerkenntnisurteil und Verzichtsurteil (§ 313b ZPO) sowie dann, wenn die Parteien hierauf verzichten und ein Rechtsmittel nicht eingelegt werden kann (§ 313a ZPO). Die Urteile sind den Parteien zuzustellen, nur ein verkündetes Versäumnisurteil wird ausschließlich der unterlegenen Partei zugestellt (§ 317 Abs. 1 S. 1

ZPO). Sämtliche Urteile der ArbG sind vorläufig vollstreckbar. Die vorläufige Vollstreckbarkeit kann nur dann ausgeschlossen werden, wenn der Beklagte glaubhaft macht, dass die Vollstreckung ihm einen nicht zu ersetzenden Nachteil bringen würde (§ 61 ArbGG).

Die → ***Berufung*** gegen Urteile der → *Arbeitsgerichte* ist zulässig, **(1)** wenn das Arbeitsgericht sie zulässt und die Zulassung in den Tenor aufgenommen wird. Ist dies unterblieben, kann binnen zwei Wochen ab Verkündung eine entsprechende Ergänzung des Urteils beantragt werden (§ 64 Abs. 3a ArbGG); **(2)** wenn der Wert des Beschwerdegegenstandes 600,– EUR übersteigt; **(3)** in Rechtsstreitigkeiten über das Bestehen, das Nichtbestehen oder die Kündigung eines Arbeitsverhältnisses (§ 64 Abs. 2 ArbGG). Gegen ein 2. Versäumnisurteil ist die Berufung nur zulässig, wenn sie darauf gestützt wird, dass der Fall der schuldhaften Säumnis nicht vorgelegen habe (§ 64 Abs. 2 Buchst. d ArbGG). Grundurteile sind nicht berufungsfähig (§ 61 Abs. 3 ArbGG).

Die → ***Revision*** gegen Urteile der → *Landesarbeitsgerichte* ist zulässig, wenn sie das LAG oder auf → *Nichtzulassungsbeschwerde* das BAG zugelassen hat (§ 72 ArbGG).

▶ Verbandswechsel

Beim Verbandswechsel beendet ein AG einvernehmlich oder durch Kündigung die Mitgliedschaft in einem → *Arbeitgeberverband* und begründet sie in einem anderen Verband, idR durch Beitritt. Die vereinsrechtliche Wirksamkeit des Verbandswechsels richtet sich nach dem **Satzungsrecht der beteiligten Verbände.**

Der AG bleibt Mitglied in seinem bisherigen Verband, bis die satzungsmäßigen Voraussetzungen für die Beendigung der Mitgliedschaft erfüllt sind (zB Ablauf der Kündigungsfrist). Der AG bleibt über den Zeitpunkt seines Austritts tarifrechtlich an die von seinem bisherigen Verband abgeschlossenen TV nach § 3 Abs. 3 TVG gebunden, bis sie enden (→ *Nachbindung an Tarifverträge*). Zusätzlich entsteht Tarifgebundenheit an die vom neuen Verband in der Vergangenheit und Zukunft abgeschlossenen TV (→ *Tarifbindung*). Die betreffenden TV gelten an sich nebeneinander, jeweils im Verhältnis zu den entsprechend tarifgebundenen AN, wenn sie mit unterschiedlichen Gewerkschaften abgeschlossen wurden. Kommt es im Zuge eines Verbandswechsels zu einer Tarifkollision (→ *Tarifpluralität*) im Betrieb des AG, wird der MinderheitsTV durch den MehrheitsTV nach § 4a TVG verdrängt. Ist an den vom bisherigen wie vom neuen AGverband vereinbarten Tarifwerken auf ANseite nur eine → *Gewerkschaft* beteiligt, gelten die bisherigen Tarifregelungen weiter, bis sie enden. Erst danach werden die vom neuen AGverband abgeschlossenen TV in den Arbeitsverhältnissen mit dem in diesen Verband gewechselten AG wirksam. Eine solche Auflösung der entstandenen → *Tarifkonkurrenz* entspricht dem Schutzzweck von § 3 Abs. 3 TVG, dem es um eine Kontinuität der einmal geltenden tariflichen Ordnung geht.

Von der vereinsrechtlichen Wirksamkeit eines Verbandswechsels ist die tarifvertragsrechtliche Wirksamkeit zu unterscheiden. Hier muss keine Deckungsgleichheit bestehen, wenn der Verbandswechsel während laufender Tarifverhandlungen erfolgt. Ein solcher Verbandswechsel unterliegt denselben einschränkenden tarifvertragsrechtlichen Wirksamkeitsvoraussetzungen wie ein **Blitzwechsel** von einer Vollmitgliedschaft in eine → *OT-Mitgliedschaft* (→ *Tarifflucht*). *(KB)*

▶ Verbesserungsvorschläge

Das betriebliche Vorschlagswesen soll die Ideenkräfte der Mitarbeiter dem Unternehmen nutzbar machen → *Arbeitnehmererfindung.* Die AG und der BR können zur verbindlichen Beurteilung eingereichter Verbesserungsvorschläge paritätische Kommissionen einrichten. Die mit Mehrheit getroffenen tatsächlichen Feststellungen und Bewertungen dieser Kommissionen sind nur beschränkt gerichtlich überprüfbar. Inhaltlich unterliegt der Kontrolle, ob das Ergebnis offenbar unrichtig ist, und verfahrensmäßig, ob die Feststellungen auf einem zutreffenden Sachverhalt beruhen. Verfahrensmäßig mangelhaft und daher unverbindlich ist eine Entscheidung auch dann, wenn sie nur lückenhaft begründet ist. Das ist sie, wenn selbst eine fachkundige Person das Ergebnis aus dem Zusammenhang nicht überprüfen kann oder nicht nachvollziehbar ist, welche Tatsachenfeststellungen die Kommission getroffen hat. Verfahrensverstöße führen dazu, dass gerichtlich in vollem Umfange zu prüfen ist, ob ein AN einen Anspruch auf Vergütung für seinen Verbesserungsvorschlag hat oder nicht (BAG 20.1.2004 – 9 AZR 393/03).

▶ Verbraucher

Nach § 13 BGB ist Verbraucher jede natürliche Person, die ein Rechtsgeschäft zu einem Zweck abschließt, der weder ihrer gewerblichen noch ihrer selbstständigen beruflichen Tätigkeit zugerechnet werden kann. Von dieser Definition werden auch der AN (BAG 25.5.2005 – 5 AZR 572/04) und der Fremdgeschäftsführer einer GmbH (BAG 19.5.2010 – 5 AZR 253/09) erfasst (→ *Allgemeine Geschäftsbedingungen*).

▶ Verdachtskündigung

I. Verdacht als Kündigungsgrund

Als Verdachtskündigung, die nicht ausdrücklich gesetzlich geregelt, aber als kündigungsrechtliches, vom Bundesverfassungsgericht (BVerfG 4.11.2008 – 1 BvR 2587/06) gebilligtes Gestaltungsmittel allgemein anerkannt ist, wird eine vor allem → *außerordentliche Kündigung* bezeichnet, die sich auf den dringenden Verdacht einer vom AN begangenen Straftat oder einer schuldhaft schweren Pflichtverletzung als → *Kündigungsgrund* stützt. Gerade der Verdacht einer Pflichtverletzung, der zum Verlust der vertragsnotwendigen Vertrauenswürdigkeit und damit zu einem Eignungsmangel des AN führt, stellt gegenüber dem verhaltensbezogenen Vorwurf, der AN habe seine arbeitsvertraglichen Pflichten tatsächlich verletzt, einen eigenständigen Kündigungsgrund dar. Die Verdachtskündigung ist deshalb keine „unterentwickelte Tatkündigung". Sie liegt nur vor, wenn und soweit der AG seine Kündigung darauf stützt, gerade der Verdacht eines nicht bewiesenen strafbaren bzw. vertragswidrigen Verhaltens habe das für die Fortsetzung des Arbeitsverhältnisses erforderliche Vertrauen zerstört (BAG 21.6.2012 – 2 AZR 695/11). Dieser Verdacht muss **dringend** sein. Er muss sich auf konkrete, vom Kündigenden darzulegende und ggf. zu beweisende Tatsachen stützen, dh es muss eine **große Wahrscheinlichkeit** dafür bestehen, dass er zutrifft. Ein Misstrauen oder bloße, auf mehr oder weniger haltbare Vermutungen gestützte Verdächtigungen reichen nicht zur Rechtfertigung eines dringenden Tatverdachts aus. Die vom AG zur Begründung des Verdachts herangezogenen Tatsachen und Umstände müssen zum einen hinreichende Qualität aufweisen, um den Verdacht zu rechtfertigen und das vertragsnotwendige Vertrauen zerstören zu können, und zum anderen auch tatsächlich vorliegen. Sie müssen vom AG schlüssig dargelegt und ggf. bewiesen werden. Dabei ist nicht der volle Nachweis der schweren Pflichtverletzung oder Straftat erforderlich. Zu beachten ist aber, dass nicht jede strafbare Handlung des AN einen erforderlichen Bezug zum Arbeitsverhältnis hat und deshalb dessen Vertrauensgrundlage zerstören kann. Eine Verdachtskündigung kann aufgrund der verlorenen Vertrauenswürdigkeit des AN auch als ordentliche Kündigung aus personenbedingten Gründen iSv § 1 Abs. 2 KSchG („Eignungsmangel") sozial gerechtfertigt sein (BAG 31.1.2019 – 2 AZR 426/18). Nach dem Kündigungsausspruch bekannt gewordene Umstände, die beim Kündigungszugang objektiv bereits vorlagen und den ursprünglichen Verdacht abschwächen oder verstärken, können berücksichtigt werden. Dies gilt gleichermaßen für solche Tatsachen, die den Verdacht eines eigenständigen neuen Kündigungsvorwurfs begründen. Voraussetzung ist aber, dass der neue Kündigungsgrund bei Ausspruch der Kündigung bereits objektiv vorlag und dem AG nur noch nicht bekannt war.

II. Die Anhörung des Arbeitnehmers

Da bei einer Verdachtskündigung immer ein Restrisiko besteht, dass die schuldhaft schwere Pflichtverletzung oder Straftat gar nicht vorliegt, muss der AG alle ihm zumutbaren Anstrengungen zur möglichst vollständigen Aufklärung des Sachverhalts unternehmen. Dabei kommt als milderes Mittel vor einer Beendigung des Arbeitsverhältnisses zunächst einmal die Anhörung des AN in Betracht. Dessen **Anhörung ist Wirksamkeitsvoraussetzung** einer Verdachtskündigung. Demnach kann der Verdacht einer schwerwiegenden Pflichtverletzung eine Kündigung nur rechtfertigen, wenn der AN diesen nicht ausräumen kann. Zu den entsprechenden Verdachtsmomenten ist der AN konkret anzuhören. Er muss die Möglichkeit erhalten, die Verdachtsgründe zu entkräften und Entlastungstatsachen anzuführen. Dabei ist er im Zuge der gebotenen Aufklärung, dh in jedem Fall vor dem Ausspruch einer Verdachtskündigung, anzuhören. Wie die Anhörung des AN im Einzelnen durchzuführen ist, ist umstritten. Ihr Umfang richtet sich entsprechend dem Zweck der

Aufklärung zwar nach den Umständen des Einzelfalls. Sie muss sich aber zumindest auf einen greifbaren, dh konkretisierten Sachverhalt beziehen (BAG 20.3.2014 – 2 AZR 1037/12). Der AG darf den AN deshalb weder mit einer unsubstantiierten Wertung konfrontieren noch ihm wesentliche Erkenntnisse vorenthalten. Er hat alle erheblichen Umstände anzugeben, aus denen er den Verdacht ableitet. Verletzt der AG schuldhaft seine Anhörungspflicht, ist die Verdachtskündigung unwirksam. Die Anhörung ist keine datenschutzrechtliche relevante Überwachungsmaßnahme und unterliegt nicht den Anforderungen des § 26 Abs. 1 S. 2 BDSG.

Der AG verletzt seine Anhörungspflicht nicht, wenn der AN abschließend erklärt, er werde sich zum Vorwurf nicht äußern, ohne hierfür erhebliche Gründe anzugeben. In diesem Fall braucht der AG ihn auch nicht über die Verdachtsmomente näher informieren. Ist der AN von vornherein nicht bereit, sich zu den gegen ihn erhobenen Vorwürfen substantiiert zu äußern und so an der Aufklärung mitzuwirken, ist eine weitere Anhörung überflüssig, weil sie zur Aufklärung des Sachverhalts und zur Willensbildung des AG nichts beitragen kann. Soweit der AN hingegen zu seiner Entlastung Tatsachen vorträgt, die im Zeitpunkt der Kündigung vorlagen, sind diese unabhängig davon zu berücksichtigen, ob sie dem AG im Kündigungszeitpunkt bekannt waren oder bekannt sein konnten. Bei der Verwertung von nachträglich bekannt gewordenen Umständen bedarf es keiner erneuten Anhörung des AN.

III. Kündigungserklärungsfrist

Bei einer außerordentlichen Verdachtskündigung muss der AG die zweiwöchige Kündigungserklärungsfrist des § 626 Abs. 2 BGB (→ *außerordentliche Kündigung*) beachten. Grds. beginnt die Frist in dem Zeitpunkt, in dem der Kündigungsberechtigte von den für die Kündigung maßgeblichen Tatsachen eine zuverlässige, möglichst vollständige Kenntnis erlangt hat. Zu den maßgeblichen Tatsachen gehören sowohl die für als auch gegen die Kündigung sprechenden Umstände. Die Kündigungserklärungsfrist kann nur in Ausnahmefällen „angehalten" werden. So beginnt die zweiwöchige Frist bei einer Verdachtskündigung grds. nicht vor der Anhörung des AN und ist solange gehemmt, wie dessen Anhörung zügig – regelmäßig binnen einer Woche nach Kenntnis der Vorgänge – erfolgt (BAG 16.6.2015 – 2 AZR 85/15). Geht es um ein strafbares Verhalten des AN, darf der AG den Fort- und Ausgang eines Ermittlungs- und Strafverfahrens abwarten und kann unabhängig davon in dessen Verlauf zu einem nicht willkürlich gewählten Zeitpunkt kündigen. Für die Wahl des Zeitpunkts bedarf es eines sachlichen Grundes (BAG 22.11.2012 – 2 AZR 732/11). Wenn der AG vor der Verurteilung zwar Verdachtsmomente kannte, diese aber noch keine jeden vernünftigen Zweifel ausschließende sichere Kenntnis der Tatbegehung selbst begründen, darf er zum Beispiel den Ausgang des Strafverfahrens abwarten. Dies gilt auch, wenn es ihm auf das Werturteil ankommt, das mit der Verurteilung des AN verbunden ist. Neu bekannt gewordene, bei Kündigungsausspruch objektiv bereits gegebene Gründe können auch nach Ablauf der Zweiwochenfrist in den Prozess eingeführt werden. Hält der AG einen bestimmten Kenntnisstand für ausreichend, muss er binnen zwei Wochen kündigen, nachdem er diesen Kenntnisstand erlangt hat. Entscheidet er sich, den bestehenden Anfangsverdacht weiter aufzuklären, muss er die Ermittlung zügig durchführen und binnen zwei Wochen nach Abschluss der Ermittlung, die seinen Kündigungsentschluss stützen, kündigen. Stellt sich im Verlauf des Rechtsstreits die Unbegründetheit des Verdachts heraus, ist dies zugunsten des AN zu berücksichtigen; wird der Verdacht später entkräftet, kann der AN ggf. einen Anspruch auf → *Wiedereinstellung* haben. *(ME)*

▶ Verfallfristen

I. Funktion und Wirksamkeit

1. Erlöschen des Anspruchs

Verfallfristen oder **Ausschlussfristen** sind Fristen, innerhalb derer Ansprüche gegenüber dem Schuldner **geltend gemacht** werden müssen, damit sie **nicht erlöschen**. Lässt der Gläubiger eine wirksam festgelegte Verfallfrist verstreichen, erlischt der Anspruch ohne Rücksicht auf die Kenntnis der Parteien von diesen Folgen und vom Anspruch selbst. Verfallfristen gehen in ihrer Wirkung damit wesentlich weiter als Verjährungsfristen (→ *Verjährung*), auf deren Eintritt sich eine Partei berufen muss. Sie dienen der Beschleunigung der Abwicklung der wechselseitigen Ansprüche, um Beweisprobleme zu vermeiden, und beziehen sich immer nur auf Ansprüche, nicht auf anspruchsbegründende Rechte (sog. Mutter- oder Stammrechte). Deshalb können zwar zB Ansprüche auf einzelne Betriebsrentenzahlungen oder Teile von ihnen von Verfallfristen erfasst werden, nicht aber das Recht, nach einer bestimmten Versorgungsordnung überhaupt Betriebsrente zu erhalten.

2. Regelungen in Tarifverträgen

Verfallfristen sind in den TV (→ *Tarifvertrag*) der meisten Branchen enthalten. Sie erstrecken ihre anspruchsvernichtende Wirkung anders als individualvertragliche Verfallfristen auch auf tarifvertragliche Ansprüche (§ 4 Abs. 4 S. 3 TVG) und unterliegen keiner → *Inhaltskontrolle* (§ 310 Abs. 4 BGB; → *Allgemeine Geschäftsbedingungen*). Der Wirkungsumfang tariflicher Verfallfristen ist durch Auslegung zu bestimmen. Tarifliche Regelungen können sich nur auf einzelne Ansprüche beziehen, zB auf → *Mehrarbeitsvergütung*. Häufiger sind allerdings Bestimmungen, die alle mit dem Arbeitsverhältnis in Zusammenhang stehenden Ansprüche einer Geltendmachungsfrist unterwerfen, auf welchem Rechtsgrund auch immer sie beruhen. Werden ANansprüche dem Verfall unterworfen, gilt dies nicht für Ansprüche, soweit sie, wie zB Beihilfe- oder Betriebsrentenansprüche, erst nach Ende des Arbeitsverhältnisses entstehen (BAG 22.9.2020 – 3 AZR 433/19).

Ist auf einen TV, der eine Verfallfrist festlegt, nicht nach dem → *Nachweisgesetz* **hingewiesen worden,** kann sich der AG zur Abwehr von Ansprüchen des AN im Regelfall nicht auf deren Verstreichenlassen durch den AN stützen. Der AN ist so zu stellen, als wäre er über die tarifliche Verfallfrist informiert worden. Dann nimmt die Rspr. an, dass er den Anspruch typischerweise rechtzeitig geltend gemacht hätte. Der AG kann dem nur mit Erfolg entgegentreten, wenn er Hilfstatsachen dafür vorträgt und beweist, dass der AN auch bei einem ordnungsgemäßen Nachweis den Anspruch nicht rechtzeitig geltend gemacht hätte (BAG 21.2.2012 – 9 AZR 486/10).

Die **Gerichte** müssen tarifliche Verfallfristen **von Amts wegen berücksichtigen.** Es muss nur feststehen, dass der betreffende TV im Arbeitsverhältnis Anwendung findet. Ist dies im Prozess umstritten, muss der, der meint, dass er wegen Verfalls des Anspruchs nichts schuldet, die Voraussetzungen der Anwendbarkeit (→ *Tarifbindung*; → *Bezugnahme auf Tarifvertrag*) beweisen. Steht die Anwendbarkeit von TV und Verfallfristklausel fest, muss der Gläubiger zusätzlich noch vortragen und ggf. beweisen, dass er seine Forderung rechtzeitig geltend gemacht hat.

3. Verfallfristen in Arbeitsverträgen

Arbeitsverträge sind regelmäßig zumindest vom AG gestellte Verträge (§ 310 Abs. 3 BGB; → *Allgemeine Geschäftsbedingungen*). Die in ihnen festgelegten Arbeitsbedingungen unterliegen deshalb der → *Inhaltskontrolle* nach §§ 307 ff. BGB. Der Kontrollmaßstab der unangemessenen Benachteiligung führt zu weitreichenden Einschränkungen der Möglichkeiten, arbeitsvertraglich Verfallfristen zu vereinbaren:

(a) Wegen ihrer einschneidenden Wirkung muss eine Verfallfrist im Arbeitsvertrag besonders **verständlich und klar** niedergelegt sein. Sie ist nur wirksam, wenn eindeutig darauf hingewiesen wird, dass mit fruchtlosem Fristablauf das betreffende Recht verloren geht (BAG 31.8.2005 – 5 AZR 545/04). Sie darf sich auch nicht nur an einer **versteckten Stelle** im Arbeitsvertrag finden. Werden im Formularvertrag im Übrigen drucktechnische Hervorhebungen vorgenommen, muss auch eine Verfallfrist auf diese Weise herausgestellt werden.

(b) Eine vertragliche Verfallfrist, die sich **nur auf Ansprüche des AN** bezieht, ist unangemessen und unzulässig. Werden Ansprüche, die nur AN zustehen können, einer Verfallfrist unterworfen (zB solche auf → *Mehrarbeitsvergütung*), ist die Klausel dahin auszulegen, dass sie auch entsprechende Gegenansprüche des AG, wie etwa Rückforderungsansprüche wegen irrtümlich überzahlter Mehrarbeitsvergütung, mit umfasst. Im Arbeitsvertrag ist es auch ausgeschlossen, **Schadensersatzansprüche aus vorsätzlicher Pflichtverletzung** einer Verfallfrist zu unterwerfen (§ 202 Abs. 1 BGB; BAG 26.11.2020 – 8 AZR 58/20).

(c) Eine einzelvertragliche Klausel darf **keine Verfallfrist** vorsehen, die **kürzer als drei Monate** ist. Eine **zweistufige** Verfallfrist, bei der sich an die Frist für eine schriftliche (→ *Schriftform*) **Geltendmachung** eine Frist für die **gerichtliche** Geltendmachung des Anspruchs anschließt, ist auf mindestens zweimal drei Monate festzulegen (BAG 25.5.2005 – 5 AZR 572/04). Kürzere als dreimonatige Verfallfristen sind unwirksam. Das Gericht kann sie nicht auf die zulässige Zeitdauer verlängern (§ 306 Abs. 2 BGB). Ist bei einer einzelvertraglich festgelegten zweistufigen Verfallfrist bereits die erste Stufe für die schriftliche Geltendmachung unwirksam, ist die gesamte Regelung unwirksam. Es fehlt für die zweite Stufe an einem Zeitpunkt, zu dem die dort geregelte Frist zu laufen beginnt.

Vertraglich begründete Verfallfristregelungen sind nach **§ 309 Nr. 13 BGB** unwirksam, wenn sie die Geltendmachung an eine strengere Form als die **Textform** des § 126b BGB binden.

II. Lauf der Verfallfristen

In der Verfallfrist muss geregelt sein, wann sie zu laufen beginnt. Vielfach wird es die **Fälligkeit** des Anspruchs sein. Es gibt aber auch Regelungen, wonach die Verfallfrist erst mit dem **Ende des Arbeitsverhältnisses** beginnt. Soweit solche Klauseln wirksam sind (s.o.), ist durch Auslegung zu ermitteln, ob damit die tatsächliche oder – so im Zweifel – rechtswirksame Beendigung des Arbeitsverhältnisses gemeint ist. Eine **einzelvertragliche** Fristbestimmung, die an die **Entstehung** eines Anspruchs anknüpft, ohne dass es auf die Kenntnis hiervon ankommt, oder **allein an das Ende des Arbeitsverhältnisses,** ist nach § 307 BGB **unwirksam.** Es muss, um Kenntnis des Anspruchsinhabers von seinem Anspruch bei Fristbeginn in etwa sicherzustellen, auf die Fälligkeit des Anspruchs ankommen; außerdem müssen dem AN stets drei Monate zur Geltendmachung zur Verfügung stehen (BAG 28.8.2019 – 5 AZR 425/18). Eine Verfallfrist für eine **gerichtliche Geltendmachung** wird entsprechend § 203 S. 1 BGB in ihrem Ablauf **gehemmt,** wenn und solange die Parteien außergerichtlich wegen des betreffenden Anspruchs **Vergleichsverhandlungen** führen (BAG 20.6.2018 – 5 AZR 262/17). Der Fristablauf für eine **schriftliche Geltendmachung** wird hierdurch aber nicht gehemmt (BAG 17.4.2018 – 5 AZR 331/18).

Eine Geltendmachung **vor Fälligkeit** reicht zur Anspruchserhaltung ausnahmsweise aus, wenn der Schuldner von vornherein erklärt hat, er werde die betreffende Leistung in keinem Falle erbringen. Entsprechendes gilt, wenn eine bestimmte Forderung auf der Grundlage einer zwischen den Parteien allein streitigen Berechnungsweise fristgerecht geltend gemacht wurde. Im Zweifel ist bei einer derartigen Geltendmachung durch den AN klar, dass der AG die auf derselben Grundlage beruhenden Ansprüche auch künftig auf der reklamierten Berechnungsgrundlage abrechnen soll. Damit verfallen auch erst künftig fällig werdende Differenzansprüche nicht mehr (BAG 16.1.2013 – 10 AZR 863/10), soweit es nur um die zutreffende Berechnungsweise geht.

Für **Schadensersatz**- oder **Rückzahlungsforderungen** oder Ansprüche auf **Freistellung** von Schadensersatzansprüchen Dritter (→ *Haftung des Arbeitnehmers*) gelten Besonderheiten. Verallgemeinernd lässt sich sagen, dass für den Gläubiger solcher Ansprüche die Verfallfrist zu laufen beginnt, wenn er vom Schadensereignis, Überzahlungsvorgang oder Freistellungsbedarf Kenntnis erlangt hat oder unter zumutbaren Bedingungen hätte erlangen müssen (BAG 16.5.1984 – 7 AZR 143/81). Dabei wird vom Gläubiger, besonders von einem AG, der hierzu typischerweise in der Lage ist (Ausnahme: Kenntnis vom für § 3 EFZG wichtigen Vorliegen einer Fortsetzungserkrankung BAG 31.3.2021 – 5 AZR 197/20), die Erfüllung von schon im eigenen Interesse liegenden Kontroll- und Organisationspflichten verlangt. Geht es um die Freistellung eines AN von Schadensersatzpflichten gegenüber Dritten aus dienstlichen Tätigkeiten, beginnt die Verfallfrist für den AN zu laufen, wenn er die Rechtsverteidigung gegenüber dem Dritten eingestellt hat (BAG 25.6.2009 – 8 AZR 236/08).

III. Inhalt und Form der Geltendmachung

Verfallfristen sind vom Gläubiger gegenüber dem Schuldner zu wahren. Der Anspruchsteller muss die Forderung dem Grunde nach konkretisieren und der Höhe nach in der Größenordnung beziffern sowie den Schuldner zur Leistung auffordern, zB auch auf der Erfüllung der Forderung bestehen (BAG 27.4.2022 – 4 AZR 463/21). Eine Bitte um wohlwollende Prüfung genügt nicht. Die Forderungshöhe muss nicht angegeben werden, wenn der Schuldner diese, etwa bei Ansprüchen wegen strafbarer Handlungen, ohnehin kennt. Glaubt der Gläubiger, er sei Inhaber **mehrerer Ansprüche,** muss er die Anforderungen an eine Geltendmachung grds. für jede einzelne Forderung erfüllen.

Die Geltendmachung von ANansprüchen muss durch den AN selbst erfolgen. Es genügt nicht, wenn der → *Betriebsrat* von sich aus eine Forderung für einen oder mehrere AN geltend macht. AN können jedoch dritte Personen, auch BRmitglieder, hierzu bevollmächtigen. Es kommt nur auf die tatsächliche **Bevollmächtigung** an. Eine Vollmachtsurkunde muss nicht vorgelegt werden. Auch der AG kann sich für eine Geltendmachung einer hierzu bevollmächtigten Hilfsperson bedienen, ohne ihm eine Vollmachtsurkunde auszuhändigen.

Mit der **Zustellung** einer → *Kündigungsschutzklage* oder einer Befristungskontrollklage werden auch die Ansprüche, deren Bestand allein vom Ausgang des Kündigungsschutzverfahrens abhängig sind, **schriftlich wie auch gerichtlich** im Sinne einer zweistufigen Ausschlussfrist geltend gemacht (BAG 19.9.2012 – 5 AZR 627/11). Hiervon sind insbesondere die Ansprüche auf Annahmeverzugsvergütung (einschließlich darauf entfallender Verzugszinsen: BAG 24.6.2021 – 5 AZR 385/20) umfasst, die dem AN im Falle seines **Obsiegens** zustehen. Ansprüche auf → *Urlaubsabgeltung* gehören hierzu nicht (BAG 21.2.2012 – 9 AZR 486/10). Sie stehen dem AN nur im Falle seines **Unterliegens,** der Beendigung seines Arbeitsverhältnisses, zu.

Schreiben TV oder Arbeitsvertrag für eine fristwahrende Geltendmachung eine **bestimmte Form** vor, ist ihre Einhaltung Voraussetzung für die Anspruchserhaltung. Wird eine schriftliche Geltendmachung verlangt, bedarf es des Zugangs einer verkörperten Erklärung des Gläubigers beim Schuldner. Auch eine Klageschrift kann eine schriftliche Geltendmachung sein; der Gläubiger trägt aber in einem solchen Fall das Risiko, dass die Klageschrift dem Schuldner rechtzeitig zugestellt wird. Denn es kommt auch hier auf den Zugang der schriftlichen Geltendmachung beim Schuldner an (BAG 16.3.2016 – 4 AZR 421/13). Demgegenüber reicht bei einer zweistufigen Verfallfrist für eine rechtzeitige Klageerhebung regelmäßig der fristgerechte Eingang der Klageschrift bei Gericht (§ 167 ZPO). Ist nicht ausdrücklich etwas anderes vorgesehen ist, genügt für die Wahrung der → *Schriftform* auch die Einhaltung der Textform. Forderungen können deshalb fristwahrend auch durch Telefax oder **E-Mail** erhoben werden (BAG 7.7.2010 – 4 AZR 549/08).

IV. Betroffene Ansprüche

Verfallfristen können nicht nur für arbeits- oder tarifvertragliche (§ 4 Abs. 4 S. 3 TVG) Ansprüche festgelegt werden. Eine rechtzeitige Geltendmachung kann für **alle** im Zusammenhang mit einem Arbeitsverhältnis stehenden **Ansprüche,** auch gesetzliche, verlangt werden.

Aufgrund des besonderen Gewichts, das Ansprüche auf **betriebliche Versorgungsleistungen** haben, geht die Rspr. davon aus, dass solche Ansprüche, in welcher Einkleidung auch immer, keinen Verfallfristen unterliegen (BAG 12.6.2007 – 3 AZR 186/06). Ebenso hat die Rspr. den Anspruch des AN auf Entfernung einer → *Abmahnung* aus der → *Personalakte* als nicht verfallbar angesehen (BAG 14.12.1994 – 5 AZR 696/93). Hingegen können Ansprüche auf → *Entgeltfortzahlung im Krankheitsfall* oder Erteilung eines qualifizierten → *Zeugnisses* weit gefassten Verfallfristen unterliegen.

Ansprüche auf Erfüllung des gesetzlichen wie auch des tarifvertraglichen → *Urlaubs* unterliegen grds. nicht allgemeinen vertraglichen oder tariflichen Verfallfristen, sondern dem besonderen Fristenregime des BUrlG, das seinerseits nur noch nach Maßgabe des Unionsrechts maßgeblich ist, oder tarifvertraglichen Abweichungen hiervon, soweit diese nicht zu höherrangigem Recht im Widerspruch stehen (BAG 22.5.2012 – 9 AZR 618/10). Demgegenüber unterfallen den allgemeinen Verfallfristen sowohl Ansprüche auf **Abgeltung** des gesetzlichen wie des tariflichen und vertraglichen Urlaubs, ohne dass dies im Widerspruch zu Unionsrecht stünde (BAG 9.3.2021 – 9 AZR 323/20) (→ *Urlaubsabgeltung*), als auch Schadensersatzansprüche auf Freizeitgewährung wegen schuldhaft nicht gewährten Urlaubs (BAG 8.6.2014 – 9 AZR 550/12; 9.3.2021 – 9 AZR 323/20). Der Anspruch auf Urlaubsentgelt unterliegt zwar an sich einer Verfallfrist. Er wird indes in aller Regel nicht verfallen: Ist der Urlaub gewährt, das Urlaubsentgelt aber entgegen § 11 Abs. 2 BUrlG nicht vor Urlaubsantritt gezahlt worden, liegt in der vorbehaltlosen Urlaubsgewährung von Rechts wegen die wie ein **Anerkenntnis** zu behandelnde Erklärung, die Zahlung des Urlaubsentgelts stehe außer Streit (BAG 30.1.2019 – 9 AZR 43/18).

Einzelvertragliche Regelungen, die nach ihrer umfassenden Formulierung (zB „alle Ansprüche aus dem Arbeitsverhältnis und solche, die damit im Zusammenhang stehen") auch den Anspruch auf den gesetzlichen oder einen auf der Grundlage des AEntG festgelegten → *Mindestlohn* einer Verfallfrist unterwerfen, sind jedenfalls insoweit unwirksam (§ 3 S. 1 MiLoG; § 9 S. 3 AEntG). Der Schutzzweck der gesetzlichen Regelungen verlangt auch, dass **Entgeltfortzahlungsansprüche,** die nach dem Referenzprinzip zumindest in Höhe des Mindestlohnes bestehen müssen, in diesem Umfang auch nicht dem Verfall unterliegen (BAG 20.6.2018 – 5 AZR 377/17).

Nach Auffassung des BAG sind einzelvertragliche Klauseln, die alle Ansprüche aus dem Arbeitsverhältnis unter Einschluss von Mindestlohnansprüchen dem Verfall unterwerfen, wenn sie nach Inkrafttreten von MiLoG (1.1.2015) und einem einen Mindestlohn für ein derartiges Arbeitsverhältnis nach dem AEntG schaffenden TV vereinbart worden sind, wegen fehlender Transparenz nach § 307 Abs. 1 S. 2 BGB insgesamt unwirksam (BAG 24.8.2016 – 5 AZR 703/15). Für Altverträge aus der Zeit zuvor bleibt es ab dessen Inkrafttreten bei der in § 3 MiLoG vorgeschriebenen Teilunwirksamkeit (BAG 30.1.2019 – 5 AZR 43/18).

Es ist noch nicht abschließend geklärt, ob vertragliche Verfallfristen auch dann wegen fehlender Transparenz **insgesamt** unwirksam sind, wenn sie derart umfassend formuliert sind, dass sie auch Schadensersatzansprüche aus vorsätzlicher unerlaubter Handlung oder vorsätzlichen Vertragsverstößen mitumfassen und **jedenfalls insoweit** nach § 202 Abs. 1 BGB nichtig sind (BAG 26.11.2020 – 8 AZR 58/20). *(KB)*

▶ Verfassungstreue

Sie hat Bedeutung bei der Einstellung und Beschäftigung von AN im → *öffentlichen Dienst.* Nach Art. 33 Abs. 2 GG hat jeder Deutsche nach seiner Eignung, Befähigung und fachlichen Leistung gleichen Zugang zu jedem öffentlichen Amt. Zur Eignung iSv Art. 33 Abs. 2 GG zählt auch die Bereitschaft des Bewerbers, der für das erstrebte Amt oder die erstrebte Aufgabe erforderlichen politischen Treuepflicht zu genügen. **Anders als Beamte,** die sich mit der freiheitlichen, demokratischen, rechts- und sozialstaatlichen Ordnung identifizieren müssen und verpflichtet sind, dafür aktiv einzutreten, bestehen bei AN im öffentlichen Dienst geringere Anforderungen an ihre politische Treupflicht. Sie schulden ihrem Dienstherrn nur Loyalität iSv passiver Neutralität. Das Maß der einem Beschäftigten des öffentlichen Dienstes abzuverlangenden Loyalität gegenüber der Verfassung bestimmt sich nach der Stellung und dem Aufgabenkreis, der dem AN laut Arbeitsvertrag übertragen ist. Dieser schuldet lediglich ein solches Maß an politischer Loyalität, das **für die funktionsgerechte Verrichtung seiner Tätigkeit unverzichtbar** ist (BAG 6.9.2012 – 2 AZR 372/11).

Die politische Betätigung eines angestellten Lehrers für eine verfassungsfeindliche Partei kann als Grund für eine → *personenbedingte Kündigung* in Betracht kommen, wenn der AN unter Berücksichtigung der ihm obliegenden Funktion und der staatlichen Aufgabenstellung des öffentlichen AG aufgrund konkreter Umstände nicht (mehr) als geeignet für die Lehrtätigkeit angesehen werden kann; hingegen reicht die bloße Mitgliedschaft in einer verfassungsfeindlichen Partei nicht aus (BAG 28.9.1989 – 2 AZR 317/86). Bei nicht herausgehobenen Tätigkeiten kann ein AN die Verfassung hingegen schon dadurch „wahren“, dass er die freiheitliche demokratische Grundordnung jedenfalls nicht aktiv bekämpft.

Unter den gleichen Voraussetzungen kann auch eine **Einstellung in den öffentlichen Dienst** verweigert werden. Eine zulässige Frage (→ *Fragerecht des Arbeitgebers*) zur Feststellung der Verfassungstreue setzt voraus, dass der Bewerber nach konkreten Umständen befragt wird, die gemäß den Anforderungen der ins Auge gefassten Tätigkeit einstellungsrelevant sind. Die allgemein gehaltene Frage, ob der

Bewerber einer verfassungsfeindlichen Organisation angehört, ist unzulässig (BAG 12.5.2011 – 2 AZR 479/09).

► Vergleich

I. Begriff

Ein Vergleich ist ein gegenseitiger, formlos gültiger Vertrag, durch den der Streit oder die Ungewissheit der Parteien über ein Rechtsverhältnis im Wege gegenseitigen Nachgebens beseitigt wird. Ein abgeschlossener Vergleich ist unwirksam, wenn der nach dem Inhalt des Vertrags als feststehend zugrunde gelegte Sachverhalt der Wirklichkeit nicht entspricht und der Streit oder die Ungewissheit bei Kenntnis der Sachlage nicht entstanden sein würde (§ 779 Abs. 1 BGB). Die **Anfechtung** eines Vergleichs wegen Irrtums (§ 119 BGB) ist ausgeschlossen, wenn sich eine Partei über Punkte geirrt hat, die Gegenstand des durch den Vergleich beseitigten Streits oder des streitigen Sachverhalts waren. Durch den Vergleichsschluss sollte gerade dieser Streit beseitigt werden.

Im Arbeitsrecht ist die Möglichkeit der Parteien zum Vergleichsabschluss davon abhängig, ob sie über die entsprechenden **Ansprüche oder Rechtspositionen verfügen** können bzw. dürfen. Wegen der zwingenden Ausgestaltung ist dies bei Ansprüchen auf → *Entgeltfortzahlung im Krankheitsfall* (§ 12 EFZG), auf Mindesturlaub (→ *Urlaub*) und dessen Abgeltung (§ 13 Abs. 1 S. 3 BUrlG), auf → *Verringerung der Arbeitszeit* (§ 22 Abs. 1 TzBfG) und auf → *betriebliche Altersversorgung* (§ 17 Abs. 3 S. 3 BetrAVG) sowie auf → *Mindestlohn* (§ 3 S. 2 MiLoG, Ausnahme: Prozessvergleich). Eingeschränkt, weil von der Zustimmung Dritter abhängig, ist die Verfügungsmöglichkeit bei Ansprüchen aus → *Tarifvertrag* (Tarifvertragsparteien, § 4 Abs. 4 TVG) oder zu Lasten von AN bei einer → *Betriebsvereinbarung* (BR, § 77 Abs. 4 BetrVG). Stets zulässig ist aber ein Vergleich über das Vorliegen der tatsächlichen Voraussetzungen für die vorgenannten Ansprüche (sog. Tatsachenvergleich). Im Kündigungsschutzprozess (→ *Kündigungsschutzklage*) sind Vergleiche über die Beendigung des Arbeitsverhältnisses gegen Zahlung einer Abfindung zulässig und in der gerichtlichen Praxis häufig anzutreffen.

Im **Betriebsverfassungsrecht** sind Vergleichsabschlüsse zwischen AG und BR wegen ihrer fehlenden Verfügungsmöglichkeit über die Verfahrensgegenstände regelmäßig ausgeschlossen, so können sie zB nicht vereinbaren, dass ein bestimmter AN als leitender Angestellter anzusehen ist oder bestimmte AN an der Wahl zum BR nicht teilnehmen dürfen.

II. Prozessvergleich

Der Prozessvergleich hat eine Doppelnatur. Er enthält einerseits eine **Prozesshandlung,** deren Wirksamkeit sich nach den Grundsätzen des Verfahrensrechts bestimmt. Zugleich beruht er auf einem privatrechtlichen Vertrag, für den § 779 BGB und die Vorschriften des BGB über die Willenserklärung gelten. Er ersetzt jede Form und beendet den Rechtsstreit. Aus ihm ist die → *Zwangsvollstreckung* möglich (§ 794 Abs. 1 Nr. 1 ZPO). Ist die Prozesshandlung nichtig, kann er gleichwohl noch materiell wirksam sein. Ist der Vergleichsvertrag hingegen unwirksam oder wirksam angefochten, ist nicht nur der Vergleichsvertrag unwirksam, sondern der Vergleich hat auch keine verfahrensbeendende Funktion (mehr) (BAG 12.5.2010 – 2 AZR 544/08). Alle Arbeitsgerichte (ArbG, LAG und BAG) sollen während des ganzen Verfahrens eine gütliche Beilegung des Rechtsstreites – insbes. also durch Vergleich – anstreben (§ 54, § 57 Abs. 2 ArbGG). Ein Streit über die **Rechtswirksamkeit** eines Prozessvergleichs ist durch Fortsetzung des Verfahrens zu klären.

Ein Prozessvergleich kann von den Parteien unter Widerruf abgeschlossen werden. Der Widerruf ist rechtzeitig, wenn er bis zum Ende der vereinbarten Frist bei Gericht eingeht. Gegen die Versäumung der vereinbarten Widerrufsfrist für einen Prozessvergleich ist keine → *Wiedereinsetzung in den vorigen Stand* möglich. Ist ein Prozessvergleich von den Parteien lange Zeit als wirksam behandelt worden, kann es einen Verstoß gegen Treu und Glauben darstellen, wenn sich eine Partei mit dem **Hinweis auf bloße Formvorschriften** von ihm lossagen will.

▶ Verhaltensbedingte Kündigung

I. Soziale Rechtfertigung

Eine Kündigung ist iSd § 1 Abs. 2 KSchG durch das Verhalten des AN „bedingt“ und damit gerechtfertigt, wenn der AN (**1**) seine vertraglichen Haupt- oder Nebenpflichten erheblich und in der Regel schuldhaft verletzt hat und eine dauerhaft störungsfreie Vertragserfüllung in Zukunft nicht mehr zu erwarten steht. Dann kann dem Risiko künftiger Störungen nur durch die (fristgemäße) Beendigung des Arbeitsverhältnisses begegnet werden. Das wiederum ist nicht der Fall, wenn schon mildere Mittel und Reaktionen – wie etwa eine → *Abmahnung* – von Seiten des AG geeignet gewesen wären, beim AN künftige Vertragstreue zu bewirken. Dem AN obliegt es, substantiiert Rechtfertigungsgründe zu benennen, die vom AG zu widerlegen sind. Zur sozialen Rechtfertigung einer verhaltensbedingten Kündigung ist eine **negative Prognose** erforderlich. Eine solche ist möglich, wenn aus der konkreten Pflichtverletzung und der daraus resultierenden Vertragsstörung geschlossen werden kann, der AN werde den Arbeitsvertrag auch nach einer Kündigungsandrohung erneut in gleicher oder ähnlicher Weise verletzen und deshalb eine dauerhaft störungsfreie Vertragserfüllung in Zukunft nicht mehr zu erwarten steht. Liegt eine ordnungsgemäße Abmahnung vor und verletzt der AN erneut seine vertraglichen Pflichten, kann regelmäßig davon ausgegangen werden, es werde auch zukünftig zu weiteren gleichartigen Vertragsstörungen kommen. Wegen des sog. Ultima-ratio-Prinzips darf im Allgemeinen aber erst nach vorheriger → *Abmahnung* gekündigt werden. (**2**) Beruht die Vertragspflichtverletzung auf steuerbarem Verhalten des AN, ist grds. davon auszugehen, dass sein künftiges Verhalten schon durch die Androhung von Folgen für den Bestand des Arbeitsverhältnisses (→ *Abmahnung*) positiv beeinflusst werden kann. Mildere Mittel sind dann nicht geeignet, wenn erkennbar ist, dass eine Verhaltensänderung in Zukunft auch nach einer Abmahnung nicht zu erwarten steht, oder es sich um eine so schwere Pflichtverletzung handelt, dass selbst deren erstmalige Hinnahme dem AG nach objektiven Maßstäben unzumutbar und damit offensichtlich – auch für den AN erkennbar – ausgeschlossen ist. Ebenso sind als mildere Mittel eine → *Versetzung* oder eine → *Änderungskündigung* in Betracht zu ziehen. Eine verhaltensbedingte Kündigung ist nur gerechtfertigt, wenn (3) eine andere zumutbare **Weiterbeschäftigungsmöglichkeit** nicht besteht. Anschließend sind (4) die Interessen der Parteien umfassend **abzuwägen.** Erforderlich ist, dass die Kündigung in Abwägung der Interessen beider Vertragsteile billigenswert und angemessen erscheint. Es gilt dabei ein objektiver Maßstab. An die Interessenabwägung sind keine allzu hohen Anforderungen zu stellen, weil der AN durch ihm zurechenbares steuerbares Verhalten den Kündigungsgrund selbst herbeigeführt hat. Bei der Abwägung der wechselseitigen Interessen sind aufseiten des AG insbesondere zu berücksichtigen: die Schwere der Pflichtverletzung; der Grad des Verschuldens des AN; etwaige Betriebsstörungen; die Beharrlichkeit der Pflichtverletzung; entstandene materielle und immaterielle Schäden, aber nicht notwendige Bedingung einer verhaltensbedingten Kündigung. Aufseiten des AN sind zu berücksichtigen: früheres Verhalten des AN, Mitverschulden des AG sowie die Dauer der ungestörten Betriebszugehörigkeit. Die verhaltensbedingte Kündigung ist der Hauptanwendungsfall der → *außerordentlichen Kündigung*. Sie setzt voraus, dass dem AG auch bis zum Ablauf der → *Kündigungsfrist* eine Weiterbeschäftigung unzumutbar ist.

II. Beispiele

(1) → ***Alkohol.*** Soweit kein Alkoholverbot besteht, stellt maßvoller Alkoholgenuss keine Pflichtverletzung dar. Auch ohne Verbot darf der Konsum jedoch nicht dazu führen, dass der AN die geschuldete Arbeitsleistung nicht mehr erbringen kann.

(2) Die → ***Abwerbung*** von Kunden oder Arbeitskollegen kann eine verhaltensbedingte Kündigung rechtfertigen (BAG 23.10.2014 – 2 AZR 644/13).

(3) → ***Anzeige gegen den Arbeitgeber.*** Die Strafanzeige gegen den AG kann eine verhaltensbedingte Kündigung rechtfertigen, wenn sie auf wissentlich unwahren Angaben beruht oder in Schädigungsabsicht bzw. aus Rache erfolgt.

(4) Anzeige der **Arbeitsunfähigkeit** (→ *Krankheit*). Verstößt der AN nach vorheriger Abmahnung gegen die Anzeigepflicht, kommt eine

verhaltensbedingte Kündigung in Betracht. Das gilt auch für den Verstoß gegen die Pflicht zur Anzeige der Fortdauer der Krankheit (§ 5 Abs. 1 EFZG). Betriebsablaufstörungen sind nicht Voraussetzung der sozialen Rechtfertigung einer Kündigung, sie sind aber regelmäßig in die Interessenabwägung einzubeziehen (BAG 6.5.2020 – 2 AZR 619/19).

(5) **Außerdienstliches Verhalten** berechtigt nur dann zur Kündigung, wenn hierdurch Interessen des AG oder des Betriebs unmittelbar berührt werden (BAG 10.9.2009 – 2 AZR 257/08). Eine weitergehende Berücksichtigung außerdienstlichen Verhaltens kann bei → *Tendenzbetrieben* oder → *Kirchen* in Betracht kommen.

(6) **Beleidigungen.** Beleidigende Äußerungen rechtfertigen grds. eine verhaltensbedingte Kündigung, bei verbalen Entgleisungen ist aber stets das Grundrecht auf freie Meinungsäußerung (Art. 5 GG) zu berücksichtigen. In grobem Maße unsachliche Angriffe, die zur Untergrabung der Position eines Vorgesetzten führen können, muss der AG nicht hinnehmen. Widerrechtliche **Bedrohungen des AG** mit einem empfindlichen Übel, um die Erfüllung von streitigen Forderungen des AN zu erreichen, können – je nach den Umständen des Einzelfalls – einen erheblichen, ggf. sogar die fristlose Kündigung des Arbeitsverhältnisses rechtfertigenden Verstoß gegen die Pflicht zur Rücksichtnahme auf die Interessen des AG darstellen.

(7) **Leistungsschwache Arbeitnehmer.** Die Kündigung eines leistungsschwachen AN kann als verhaltens- oder → *personenbedingte Kündigung* gerechtfertigt sein. Eine verhaltensbedingte Kündigung setzt voraus, dass dem AN eine Pflichtverletzung vorzuwerfen ist. Ein AN genügt seiner Vertragspflicht, wenn er unter angemessener Ausschöpfung seiner Leistungsmöglichkeiten arbeitet. Er verletzt seine Arbeitspflicht nicht bereits dann, wenn er die vom AG gesetzte Norm oder die Durchschnittsnorm unterschreitet. Eine personenbedingte Kündigung kommt in Betracht, wenn bei einem über längere Zeit erheblich leistungsschwachen AN auch für die Zukunft mit einer schweren Störung des Vertragsgleichgewichts zu rechnen ist. Voraussetzung ist allerdings, dass ein milderes Mittel zu Wiederherstellung des Vertragsgleichgewichts nicht zur Verfügung steht

und dem Schutz älterer, langjährig beschäftigter AN ausreichend Rechnung getragen wird (BAG 17.1.2008 – 2 AZR 536/06).

(8) Straftaten. Betrug, Diebstähle, Unterschlagungen oder Hehlerei im Betrieb des AG rechtfertigen idR ohne vorherige Abmahnung die verhaltensbedingte Kündigung. Das gilt auch für Tätlichkeiten gegenüber dem AG oder gegenüber Kollegen.

(9) → ***Tendenzbetriebe.*** AN in Tendenzbetrieben, die zugleich Tendenzträger sind, können gekündigt werden, wenn sie sich durch ihr Verhalten in Widerspruch zu den besonderen Zielen des AG setzen.

(10) Die **unerlaubte Nutzung** von Arbeitsmitteln wie **Telefon und Internet** kann eine verhaltensbedingte Kündigung rechtfertigen (→ *Internetnutzung*; BAG 19.4.2012 – 2 AZR 186/11).

(11) Dauernde **Unpünktlichkeit** kann nach vorheriger Abmahnung die Kündigung rechtfertigen.

(12) Untersuchung durch einen Arzt. Der Verstoß gegen eine tarif- oder einzelvertraglich geregelte Pflicht des AN, bei gegebener Veranlassung auf Wunsch des AG an einer ärztlichen Untersuchung zur Feststellung der Arbeitsfähigkeit mitzuwirken, kann je nach den Umständen geeignet sein, eine Kündigung zu rechtfertigen.

(13) → ***Urlaub.*** Der eigenmächtige Urlaubsantritt oder die Verlängerung des Urlaubs führen zur unentschuldigten Fehlzeit und berechtigen grds. zur Kündigung. *(SR)*

▶ Verjährung

So wird die Möglichkeit zur Entkräftung eines Anspruchs (§ 194 BGB) infolge seiner längeren **Nichtausübung** bezeichnet. Grds. verjähren alle Ansprüche innerhalb von drei Jahren (§ 195 BGB). Besondere Verjährungsfristen bestehen nach §§ 196, 197 BGB, die aber für das Arbeitsrecht keine große Bedeutung haben. Die regelmäßige **Verjährungsfrist beginnt,** wenn der Anspruch entstanden ist und der Gläubiger von den anspruchsbegründenden Umständen und der Person des Schuldners Kenntnis erlangt oder ohne grobe → *Fahrlässigkeit* erlangen müsste. Der Anspruch entsteht regelmäßig mit seiner Fälligkeit. Kenntnis ist nur die positive Kenntnis. Grob fahrlässig handelt, wer die im Verkehr erforderliche Sorgfalt nach den gesamten Umständen in ungewöhnlich hohem Maße verletzt und außer Acht lässt. Es handelt sich um einen subjektiven Verschuldensbegriff, der sich auf alle Merkmale des Anspruchs bezieht. Da der Beginn der Verjährungsfrist auch von subjektiven Merkmalen abhängt, ist eine **Höchstfrist** für die Verjährung geregelt (§ 199 Abs. 2, 3 BGB). Schadensersatzansprüche, die auf der Verletzung des Lebens, des Körpers, der Gesundheit oder der Freiheit beruhen, verjähren ohne Rücksicht auf ihre Entstehung und die Kenntnis oder grob fahrlässige Unkenntnis in 30 Jahren von der Begehung der Handlung. Sonstige Schadensersatzansprüche verjähren grds. in zehn Jahren. Verjährungsfristen können vertraglich abgekürzt werden (§ 202 BGB).

Nach Ablauf der Verjährungsfristen erlangt der Schuldner ein Leistungsverweigerungsrecht, eine **Einrede,** die (anders als bei Ablauf von → *Verfallfristen* und der → *Verwirkung*) nicht von Amts wegen, sondern nur bei Geltendmachung berücksichtigt wird (§ 214 BGB).

Der Ablauf der Verjährungsfrist kann gehemmt sein. Der Zeitraum, während dem die Verjährung gehemmt ist, wird in die Verjährungsfrist nicht eingerechnet. Die Gründe der Hemmung ergeben sich aus §§ 203, 204 BGB. Schweben zwischen dem Schuldner und dem Gläubiger **Verhandlungen über den Anspruch** oder die den Anspruch begründenden Umstände, ist die Verjährung gehemmt, bis der eine oder andere Teil die Fortsetzung der Verhandlungen ablehnt. Die Verjährung tritt frühestens drei Monate nach der Hemmung ein (§ 203 BGB). Zweckmäßig wird nach dem Scheitern von Vergleichsverhandlungen die Fortsetzung abgelehnt. Zu den sonstigen Hemmungsgründen gehören die Klage, die Zustellung eines Mahnbescheids oder die Geltendmachung im Prozess. Die Verjährungsfrist beginnt neu zu laufen, wenn die Forderung etwa durch Abschlagszahlungen anerkannt wird oder Vollstreckungshandlungen vorgenommen werden (§ 212 BGB). Die **Verjährung von Zahlungsansprüchen** für den Zeitraum nach Zugang einer → *außerordentlichen Kündigung* oder Ablauf der → *Kündigungsfrist* (→ *Annahmeverzug des Arbeitgebers*) wird nicht unterbrochen durch die Erhebung einer → *Kündigungsschutzklage* nach § 4 KSchG oder einer

Feststellungsklage nach § 256 ZPO. Die Berufung auf die Einrede der Verjährung kann rechtsmissbräuchlich sein, etwa bei einer Vereinbarung, Musterprozesse durchzuführen (vgl. jetzt § 203 BGB). Der Einwand des Rechtsmissbrauchs gegen die Erhebung der Einrede der Verjährung ist nur erfolgreich, wenn das Verhalten des Schuldners ursächlich für die Fristversäumnis des Gläubigers geworden ist.

▶ Vermögensbildung der Arbeitnehmer

Die Vermögensbildung der AN wird durch das 5. VermBG idF vom 4.3.1994 ([BGBl. I 406], mit VermBDV idF vom 20.12.1994 [BGBl. I 3904]), staatlich gefördert. Voraussetzung der Förderung der Vermögensbildung nach dem 5. VermBG ist, dass **(1)** die Begünstigten AN sind oder zu einem Personenkreis gehören, für die das Gesetz entsprechend gilt (§ 1 Abs. 2, 4 5. VermBG); **(2)** vermögenswirksame Leistungen iSv § 2 5. VermBG erbracht werden und **(3)** die vermögenswirksamen Leistungen zwischen dem Begünstigten und dem Dienstberechtigten vereinbart werden (§§ 10, 11 5. VermBG). Begünstigt werden AN einschließlich der zu ihrer Berufsausbildung beschäftigten Personen sowie die in Heimarbeit beschäftigte Personen (→ *Heimarbeiter*).

Vermögenswirksame Leistungen sind **Geldleistungen,** die der AG für den AN anlegt (§ 2 5. VermBG). Die **Anlagemöglichkeiten** bestehen in zB Sparbeiträgen, Aktien, Aktienförderungsanteilen, Gewinnschuldverschreibungen, Genussscheinen, stillen Beteiligungen, Mitarbeitergenussrechten, Genussanteilen, GmbH-Geschäftsanteilen, Anteilscheinen an Beteiligungssondervermögen, die neben Wertpapieren auch stille Beteiligungen in vornehmlich mittelständischen Unternehmen enthalten (Einzelheiten § 2 5. VermBG). Erbringt der AG neben der vereinbarten Bruttovergütung zusätzlich vermögenswirksame Leistungen für den AN, hat er sie besonders gekennzeichnet und aufgeschlüsselt nach zulagebegünstigten und sonstigen Beträgen unmittelbar an das Unternehmen oder Institut zu überweisen, bei dem die Anlage erfolgen soll (§ 3 Abs. 2 5. VermBG). Nach § 11 5. VermBG kann auch der AN selbst Teile seines Arbeitslohns vermögenswirksam anlegen. Diese Möglichkeit hat er sowohl dann, wenn er bereits zusätzliche Leistungen bezieht, als auch dann, wenn der AG zusätzliche Leistungen nicht gewährt.

Sind die vermögenswirksamen Leistungen bzw. die Vermögensbeteiligungen festgelegt und die Einkommensgrenzen nicht überschritten, zahlt der Staat dem AN eine **ANsparzulage** für nach dem 31.12.1998 angelegte vermögenswirksame Leistungen in Höhe von maximal 20% des Anlagebetrags bis zum Höchstbetrag von 400 EUR (§ 13 5. VermBG). Die Einkommensgrenze liegt für Alleinstehende bei 17.900 EUR und Verheirateten bei 35.800 EUR. Die vermögenswirksamen Leistungen müssen während der Sparfrist festgelegt sein.

▶ Versäumnisurteil

I. Voraussetzungen

Erscheint in einer → *Güteverhandlung* oder → *Kammerverhandlung* die klagende Partei nicht, wird auf Antrag des Beklagten die → *Klage* durch Versäumnisurteil (VU) abgewiesen (§ 330 ZPO). Erscheint der Beklagte nicht, ergeht für den Kläger nur ein VU, wenn sein tatsächliches Vorbringen die Verurteilung des Beklagten rechtfertigt (§ 331 Abs. 2 ZPO; **Schlüssigkeitsprüfung**); ansonsten wird die Klage als unbegründet abgewiesen. Einem Nichterscheinen (Säumnis) steht es gleich, wenn eine Partei nicht verhandelt oder ihr Prozessbevollmächtigter zurückgewiesen worden ist. Der Antrag auf Erlass eines VU ist auch zurückzuweisen, wenn die säumige Partei nicht ordnungsgemäß geladen oder ihr ein tatsächliches Vorbringen der Gegenseite nicht rechtzeitig zugeleitet worden ist (§ 335 ZPO). Die Entscheidung über den Antrag auf Erlass des VU ist zu vertagen, wenn die Gegenpartei ohne ihr Verschulden am Erscheinen verhindert ist (§ 337 ZPO). Gegen den ein VU ablehnenden Beschluss ist sofortige → *Beschwerde* gegeben (§ 336 ZPO).

II. Einspruch und 2. Versäumnisurteil

Ergeht das VU, steht der säumigen Partei innerhalb einer Notfrist von einer Woche seit Urteilszustellung der **Einspruch** zu (§ 59 S. 1 ArbGG). Hierauf wird sie zugleich mit Zustellung des VU hingewiesen (§ 59 S. 3 ArbGG). Der Einspruch wird beim → *Arbeitsgericht* schriftlich oder zur Niederschrift der Geschäftsstelle eingelegt (§ 59 ArbGG). Im Interesse der Beschleunigung hat die Partei in der Einspruchsschrift ihre Angriffs- und Verteidigungsmittel, soweit es nach der Prozesslage einer sorgfältigen und auf Förderung des Verfahrens bedachten Prozessführung entspricht, sowie Rügen, die die Zulässigkeit der Klage betreffen, vorzubringen (§ 340 Abs. 3 ZPO). Werden die Einwendungen nicht vorgebracht, ist zwar der Einspruch zulässig; der Einsprechende kann indes mit seinem Vorbringen ausgeschlossen werden. Wird die Einspruchsfrist von der säumigen Partei versäumt, kann → *Wiedereinsetzung in den vorigen Stand* beantragt werden.

Das Gericht stellt den Einspruch der Gegenpartei zu (§ 340a ZPO) und prüft, ob der **Einspruch form- und fristgerecht** eingelegt ist. Fehlt es an einer der Voraussetzungen, ist der Einspruch durch → *Urteil,* gegen das unter den allgemeinen Voraussetzungen das Rechtsmittel der → *Berufung* zulässig ist, als unzulässig zu verwerfen. Ist dagegen der Einspruch zulässig, ist in jedem Fall Termin zur → *Kammerverhandlung* anzuberaumen (§ 341a ZPO). Die Sache wird in den vorherigen Stand zurückversetzt (§ 342 ZPO), das VU bleibt aber vorläufig vollstreckbar.

Erscheint die säumige Partei auch in der anberaumten Verhandlung nicht, wird der Einspruch durch ein **2. Versäumnisurteil** verworfen (§ 345 ZPO). Vor Erlass des 2. VU, mit dem der Einspruch gegen ein vorangegangenes VU verworfen wird, ist die Schlüssigkeit der Klage (erneut) zu prüfen (BAG 2.2.1994 – 10 AZR 113/93). Gegen ein 2. VU findet die → *Berufung* nur unter den allgemeinen Voraussetzungen statt. Ergibt die weitere Sachprüfung, dass das VU zu Recht ergangen ist, wird es durch → *Urteil* aufrechterhalten; andernfalls wird es aufgehoben und anderweitig erkannt (§ 343 ZPO). Ist es ordnungsgemäß ergangen, trägt die säumige Partei stets die durch die Säumnis entstandenen Kosten (§ 344 ZPO).

► Verschwiegenheit

Die Verschwiegenheitspflicht des AN gehört zu den arbeitsvertraglichen Nebenpflichten. Ein AN hat generell über sämtliche betrieblichen Angelegenheiten Stillschweigen zu bewahren, die ihm im Zusammenhang mit seiner Stellung im Betrieb bekannt geworden sind und an deren Geheimhaltung der AG ein berechtigtes Interesse hat. Dies betrifft vor allem **Geschäfts- und Betriebsgeheimnisse.** In § 2 Nr. 1 GeschGehG wird Geschäftsgeheimnis als eine Information definiert, **(1)** die weder insgesamt noch in der genauen Anordnung und Zusammensetzung ihrer Bestandteile den Personen in den Kreisen, die üblicherweise mit dieser Art von Informationen umgehen, allgemein bekannt oder ohne Weiteres zugänglich ist und daher von wirtschaftlichem Wert ist und **(2)** die Gegenstand von den Umständen nach angemessenen Geheimhaltungsmaßnahmen durch ihren rechtmäßigen Inhaber ist und **(3)** bei der ein berechtigtes Interesse an der Geheimhaltung besteht. Allgemein bekannte und übliche Verfahren oder Tatsachen sind keine Geschäfts- und Betriebsgeheimnisse, selbst wenn sie vom AG als solche bezeichnet werden.

Die Verschwiegenheitspflicht beginnt grds. mit dem Abschluss des Arbeitsvertrags und besteht bis zur rechtlichen Beendigung des Arbeitsverhältnisses. Eine **nachvertragliche** Verschwiegenheitspflicht kann nur einzelne, konkret bezeichnete Geheimnisse betreffen. Nach Beendigung des Arbeitsverhältnisses kann der AN – mit dem ein → *Wettbewerbsverbot* nicht vereinbart ist – das im Arbeitsverhältnis erworbene Erfahrungswissen zum eigenen Nutzen verwenden. Besondere Verschwiegenheitspflichten bestehen für Mitglieder der ANvertretungen (§ 79 BetrVG; → *Betriebsrat,* → *Personalvertretung*), daneben kann ein Verstoß unter den in § 17 UWG genannten Voraussetzungen strafbar sein.

▶ Versetzung

I. Individualvertragliche Versetzung

1. Begriff

Als Versetzung wird die Änderung des Aufgabenbereichs des AN nach Art, Ort und Zeit seiner Tätigkeit (§ 106 GewO) bezeichnet. Sie kann erfolgen aufgrund des → *Direktionsrechts* des AG oder eines → *Änderungsvertrags* oder einer → *Änderungskündigung.* Ob die Versetzung einseitig durch Ausübung des Direktionsrechts erfolgen kann, hängt vom Inhalt des Arbeitsvertrags ab. Die Versetzung ist individualrechtlich wirksam, wenn sie von den arbeitsvertraglichen

Vereinbarungen gedeckt ist. Dazu ist die dort getroffene Vereinbarung über die auszuübende Tätigkeit des AN auszulegen. Ist ein AN für eine bestimmte Tätigkeit eingestellt (zB Pförtner), ist das **Direktionsrecht** des AG **vertraglich begrenzt;** dem AN kann nicht einseitig eine andere Beschäftigung (zB als Kraftfahrer) zugewiesen werden. Seine Weigerung, eine nicht vereinbarte Tätigkeit auszuüben, berechtigt den AG nicht zu einer → *verhaltensbedingten Kündigung*. Anders dagegen, wenn der AN für jede Tätigkeit eingestellt wurde. Dann ist das **Direktionsrecht** des AG **nicht eingeschränkt;** in diesem Fall kann ihm jede Arbeit zugewiesen werden, die bei Abschluss des Arbeitsvertrags voraussehbar war und der vereinbarten gleichwertig ist. Allerdings muss die Zuweisung der geänderten Tätigkeit, dh die Ausübung des Direktionsrechts billigem Ermessen iSd § 315 BGB entsprechen (BAG 18.10.2017 – 10 AZR 330/16). Dies ist zB nicht der Fall, wenn der AN die ihm zugedachte Tätigkeit aufgrund seiner Kenntnisse und Fähigkeiten oder seines Gesundheitszustands nicht ausüben kann. Eine dringende ärztliche Empfehlung zum Arbeitsplatzwechsel aus gesundheitlichen Gründen berechtigt den AG regelmäßig, dem AN einen anderen Arbeitsbereich zuzuweisen (BAG 17.2.1998 – 9 AZR 130/97). Bei der Versetzung kann ein Mitwirkungsrecht des BR nach § 99 Abs. 1 BetrVG (→ *Betriebsrat (Beteiligungsrechte)*) bestehen.

2. Versetzungsklauseln

Diese unterliegen in Formulararbeitsverträgen der Kontrolle nach dem Recht der → *Allgemeinen Geschäftsbedingungen* (§§ 305 ff. BGB). Eine formularmäßige Versetzungsklausel, die materiell der Regelung in § 106 S. 1 GewO nachgebildet ist, ist zulässig, selbst wenn keine konkreten Versetzungsgründe genannt werden (BAG 11.4.2006 – 9 AZR 557/05). Ein Vorbehalt, wonach der AG berechtigt ist, den AN entsprechend seinen Leistungen und Fähigkeiten mit einer anderen im Interesse des Unternehmens liegenden Tätigkeit zu betrauen und auch an einem anderen Ort zu beschäftigen, ist gleichfalls wirksam (BAG 13.3.2007 – 9 AZR 433/06); ebenso die grds. Festlegung des Arbeitsorts (BAG 13.6.2012 – 10 AZR 296/11). Jedoch muss die Klausel, nach welcher der AG dem AN eine andere als die vertraglich vereinbarte Tätigkeit „falls erforderlich“ und nach „Abstimmung der beiderseitigen Interessen" einseitig zuweisen kann, erkennen lassen, dass die Zuweisung eine mindestens gleichwertige Tätigkeit zum Gegenstand hat.

3. Abgrenzung

Durch eine Versetzung kann die Vergütung des AN nicht geändert werden. Ist eine Versetzung aufgrund des vertraglich eingeschränkten Direktionsrechts nicht zulässig, ist für die Änderung des Aufgabenbereichs, des Arbeitsorts oder der Arbeitsvergütung ein **Änderungsvertrag** oder eine **Änderungskündigung** notwendig. Die Darlegungs- und Beweislast für die Zulässigkeit der Versetzung trägt der AG. Eine unwirksame Versetzung kann im Allgemeinen nicht in eine → *Kündigung* umgedeutet werden.

II. Betriebsverfassungsrechtliche Versetzung

1. Grundsatz

Nach § 99 Abs. 1 BetrVG muss der BR einer betriebsverfassungsrechtlichen Versetzung **zustimmen.** Entsprechende Beteiligungstatbestände bestehen im Bereich des BPersVG und der Länderpersonalvertretungsgesetze (→ *Personalvertretung*). Eine ohne Zustimmung des BR erfolgte mitbestimmungspflichtige Versetzung ist **unwirksam.** Bei der Versetzung von **Beamten,** die bei einem der Nachfolgeunternehmen der Deutschen Bundespost beschäftigt sind, richtet sich das Mitbestimmungsrecht des BR ausschließlich nach den §§ 28, 29 PostPersRG, wenn die Maßnahme von § 78 Abs. 1 Nr. 5 BPersVG erfasst wird.

2. Begriff

Versetzung iSd BetrVG ist die Zuweisung eines anderen Arbeitsbereichs, die entweder **(a)** voraussichtlich die Dauer von einem Monat überschreitet oder **(b)** mit einer erheblichen Veränderung der Arbeitsbedingungen des AN verbunden ist (§ 95 Abs. 3 S. 1 BetrVG). Die einen Monat nicht überschreitende Zuweisung eines anderen Arbeitsbereichs stellt nur dann eine Versetzung dar, wenn mit ihr eine erhebliche Änderung der Umstände verbunden ist, unter denen die Arbeit zu leisten ist. Die Zuweisung eines anderen Arbeitsbereichs liegt dann vor, wenn dem AN ein **neuer Tätigkeitsbereich**

zugewiesen wird, sodass der Gegenstand der geschuldeten Arbeitsleistung, der Inhalt der Arbeitsaufgabe ein anderer wird und sich das Gesamtbild der Tätigkeit des AN ändert. Die Zuweisung eines anderen → *Arbeitsorts* von nicht mehr als einem Monat stellt eine Versetzung dar, wenn dadurch die Anfahrt erschwert wird. Die Betriebsverlagerung um wenige Kilometer ist keine Versetzung. Dagegen kann der Entzug von Arbeitsaufgaben eine Versetzung sein, nicht jedoch die Freistellung von der Arbeit (BAG 28.3.2000 – 1 ABR 17/99). Versetzung ist auch die vorübergehende Entsendung von mehr als einem Monat zu einer anderen Filiale oder der Einsatz bei einem Tochterunternehmen. Dagegen liegt keine Versetzung vor bei Umsetzung in eine andere Schicht, bei der Verlängerung oder Verkürzung der Wochenarbeitszeit, bei einer Dienstreise oder der Teilnahme an einer Bildungsveranstaltung (BAG 28.8.2007 – 1 ABR 70/06). Keine Versetzung ist die Umsetzung nicht ständig an einem Arbeitsplatz beschäftigter AN oder die Entsendung zu einer Arbeitsgemeinschaft (§ 95 Abs. 3 S. 2 BetrVG).

3. Verfahren

Widerspricht der BR der Versetzung aus den in § 99 Abs. 2 BetrVG aufgezählten Gründen form- und fristgerecht, kann der AG die Zustimmung des BR durch das Arbeitsgericht ersetzen lassen. An diesem Verfahren ist der AN nicht beteiligt. Der AG kann die Versetzung bei fehlender Zustimmung des BR vorläufig aus dringenden Gründen durchführen (§§ 100, 101 BetrVG); bei Widerspruch des BR muss er aber auch insoweit dessen Zustimmung ersetzen lassen. Wird ein AN in einen anderen Betrieb des Unternehmens versetzt, ist der BR des abgebenden Betriebs nicht unter dem Gesichtspunkt der Versetzung zu beteiligen, wenn der AN mit der Versetzung einverstanden ist; beteiligungspflichtig bleibt aber stets die Eingliederung des AN in den aufnehmenden Betrieb, da dieser Vorgang eine (betriebsverfassungsrechtliche) Einstellung (§ 99 Abs. 1 BetrVG) darstellt. Hingegen sind bei einem Wechsel des AN von einem Betrieb in einen anderen Betrieb sowohl der BR des abgebenden wie auch des aufnehmenden Betriebs zu beteiligen, wenn der AN ohne sein Einverständnis versetzt werden soll (BAG 20.9.1990 – 1 ABR 37/90).

Will der AG mit einer → *Änderungskündigung* zugleich eine Versetzung des AN in einen anderen Betrieb bewirken, ist die Zustimmung des BR nach § 99 BetrVG Wirksamkeitsvoraussetzung nur für die tatsächliche Zuweisung des neuen Arbeitsbereichs nach Ablauf der Kündigungsfrist. Die fehlende Zustimmung des BR führt nicht zur Unwirksamkeit der Änderungskündigung (BAG 22.4.2010 – 2 AZR 491/09).

▶ Vertragsstrafe

Eine Vertragsstrafe ist die zwischen Gläubiger und Schuldner für den Fall vereinbarte Leistung, dass der Schuldner seine Verbindlichkeit nicht oder nicht in gehöriger Weise erfüllt (§ 339 S. 1 BGB). Vertragsstrafen können in vorformulierten Arbeitsverträgen vereinbart werden. § 309 Nr. 6 BGB steht dem nicht entgegen. Die Besonderheiten des Arbeitsrechts erfordern gem. § 310 Abs. 4 S. 2 BGB die Möglichkeit, für den Fall des verschuldeten Vertragsbruchs Vertragsstrafen wirksam vereinbaren zu können. Die in Formulararbeitsverträgen vereinbarten Vertragsstrafen müssen der Kontrolle nach § 305c Abs. 1 und § 307 Abs. 1 S. 2 BGB standhalten. Sie dürfen nicht an versteckter Stelle stehen und müssen klar und verständlich formuliert sein (→ *Allgemeine Geschäftsbedingungen*). Die vereinbarte Vertragsstrafe muss nicht nur die zu leistende Strafe, sondern auch die sie auslösende Pflichtverletzung so klar bezeichnen, dass sich der Versprechende in seinem Verhalten darauf einstellen kann.

Das BAG legt an die **Bestimmtheit** eines Vertragsstrafenversprechens einen sehr strengen Maßstab an. Allgemeine Tatbestände ohne weitere Erläuterung, wie etwa „schuldhaft vertragswidriges Verhalten, das den AG zur fristlosen Kündigung veranlasst“ oder „im Falle eines gravierenden Vertragsverstoßes“ genügen nicht dem Bestimmtheitsgebot. Gleiches gilt für die Formulierung „Nichteinhaltung des Vertrags“ oder „low performance“. Die Bestimmtheit kann in diesen Fällen allerdings durch eine beispielhafte Nennung von Pflichtverstößen herbeigeführt werden (BAG 18.8.2005 – 8 AZR 65/05).

Der AG muss ein berechtigtes Interesse an der Vertragsstrafe haben, damit die Vereinbarung nicht unangemessen (§ 307 Abs. 1 BGB) ist. Dies ist beim angestrebten **Schutz vor einem Vertragsbruch** regelmäßig anzunehmen, gilt aber auch für die Nichtaufnahme der Arbeit nach einer unberechtigten Kündigung vor Dienstantritt. Ein formularmäßiges Vertragsstrafenversprechen, nach welcher der AN für den Fall des Nichtantritts seines befristeten Probearbeitsverhältnisses eine Vertragsstrafe in Höhe eines Bruttomonatsverdiensts zu zahlen hat, ist wirksam, wenn die → *Kündigungsfrist* während der Probezeit einen Monat beträgt (BAG 19.8.2010 – 8 AZR 645/09). Unangemessen ist hingegen eine Vertragsstrafenabrede, die den AN für den Fall der **vertragswidrigen Lösung des Arbeitsvertrags** zur Zahlung einer Strafe in Höhe eines Betrags verpflichtet, der höher ist als das Arbeitsentgelt, welches der AG dem AN für die Zeit bis zur ordnungsgemäßen Beendigung des Arbeitsverhältnisses schulden würde (unzulässige Übersicherung des AG).

Die Strafe ist **verwirkt** (dh zu bezahlen), wenn der Schuldner mit der geschuldeten Hauptverbindlichkeit in Verzug kommt (§ 339 Abs. 1 BGB). Die Verwirkung setzt daher **Verschulden** voraus. Einfache Fahrlässigkeit genügt. Ein Verzicht auf das Verschuldenserfordernis in AGB ist gem. § 307 Abs. 2 Nr. 1 BGB unwirksam. Die Herabsetzung einer unverhältnismäßig hoch vereinbarten Vertragsstrafe (§ 343 Abs. 1 S. 1 BGB) in Formulararbeitsverträgen ist nicht möglich. Hält die getroffene Vertragsstrafenvereinbarung wegen einer unverhältnismäßig hohen Strafe der Inhaltskontrolle nach § 307 Abs. 1 BGB nicht stand, ist sie unwirksam; eine geltungserhaltende Reduktion findet nicht statt (BAG 4.3.2004 – 8 AZR 196/03). Durch § 343 Abs. 1 BGB wird dem Gericht nur die Befugnis eingeräumt, eine bereits verwirkte Vertragsstrafe herabzusetzen, sofern die besonderen Umstände des Einzelfalls dies gebieten.

▶ Vertrauensarzt

→ *Medizinischer Dienst*

▶ Vertrauensleute

→ *Gewerkschaftliche Vertrauensleute*

▶ Verwarnung

Der AG darf den AN auf Erfüllung seiner arbeits- und kollektivvertraglichen Pflichten hinweisen. Er darf also zB einen AN ermahnen, korrekte Arbeit zu leisten oder nicht zu rauchen. Von einer einfachen Mahnung (Ermahnung, Beanstandung) wird dann gesprochen, wenn keine Rechtsfolgen für die Zukunft angedroht werden. Eine → *Abmahnung* im Rechtssinne ist dann gegeben, wenn die eine Partei die andere auffordert, ein vertragswidriges Verhalten abzustellen und für die Zukunft Rechtsfolgen androht.

▶ Verwirkung

Die Verwirkung ist ein Sonderfall der unzulässigen Rechtsausübung und soll dem Bedürfnis nach Rechtsklarheit dienen. Durch die Verwirkung wird die illoyal verspätete Geltendmachung von Rechten ausgeschlossen. Von der Verwirkung ist die → *Verjährung* eines Rechts zu unterscheiden, die anders als die Verwirkung, auf den reinen Zeitablauf seit der Fälligkeit des Anspruchs abstellt. Die Verwirkung dient dem Vertrauensschutz. Sie hat aber nicht den Zweck, Schuldner, denen gegenüber Gläubiger ihre Rechte längere Zeit nicht geltend gemacht haben, von ihrer Pflicht zur Leistung vorzeitig zu befreien. Deshalb kann allein **(1)** der Zeitablauf die Verwirkung eines Rechts nicht rechtfertigen (Zeitmoment). Es müssen vielmehr **(2)** besondere Umstände sowohl im Verhalten des Berechtigten als auch des Verpflichteten hinzutreten (Umstandsmoment), die es rechtfertigen, die späte Geltendmachung des Rechts als mit Treu und Glauben unvereinbar und für den Verpflichteten als unzumutbar anzusehen. Der Berechtigte muss uU untätig geblieben sein, die den Eindruck erwecken konnten, dass er sein Recht nicht mehr geltend machen wolle, dass der Verpflichtete sich darauf einstellen durfte, nicht mehr in Anspruch genommen zu werden. Weiterhin muss **(3)** – als Zumutbarkeitsmoment – das Erfordernis des Vertrauensschutzes das Interesse des Berechtigten an einer sachlichen Prüfung des von ihm behaupteten Anspruchs derart überwiegen, dass dem in Anspruch genommenen die Erfüllung des Anspruchs oder die Einlassung auf die Klage nicht mehr zuzumuten ist (BAG 25.9.2013 – 5 AZR 936/12). Nach § 4 Abs. 4 S. 2 TVG ist die Verwirkung von **tariflichen Rechten,** nach § 77 Abs. 4 BetrVG die Verwirkung von Rechten aus einer → *Betriebsvereinbarung* ausgeschlossen.

▶ Verzicht

I. Rechte aus dem Arbeitsverhältnis

1. Begriff und Abgrenzung

(**a**) Bei einem „Verzicht" auf eine bestimmte Forderung oder ein Recht kann es sich rechtstechnisch um einen **Erlassvertrag** nach § 397 Abs. 1 BGB, ein sog. **konstitutives negatives Schuldanerkenntnis** nach § 397 Abs. 2 BGB oder ein sog. **deklaratorisches negatives Schuldanerkenntnis** handeln. Ein Erlassvertrag liegt vor, wenn der Gläubiger einer bestehenden Schuld dem Schuldner diese durch Vertrag erlässt. Ein konstitutives negatives Schuldanerkenntnis ist gegeben, wenn der Gläubiger durch Vertrag mit dem Schuldner anerkennt, dass das Schuldverhältnis nicht besteht. Hiervon ist zB auszugehen, wenn AN und AG in einem gerichtlichen Vergleich eine Ausgleichsklausel vereinbaren, die ausdrücklich auch unbekannte Ansprüche erfassen soll (BAG 27.5.2015 – 5 AZR 137/14). Ein deklaratorisches negatives Schuldanerkenntnis liegt vor, wenn Gläubiger und Schuldner nur die von ihnen angenommene Rechtslage, nach der eine Forderung nicht besteht, eindeutig dokumentieren und fixieren wollen.

(**b**) Ob eine vom AN abgegebene Erklärung überhaupt einen **rechtsgeschäftlichen Verzicht** in Form eines Erlassvertrags oder eines negativen Schuldanerkenntnisses beinhaltet, muss durch Auslegung nach §§ 133, 157 BGB ermittelt werden. An die Feststellung eines Verzichtswillens sind hohe Anforderungen zu stellen (BAG 22.10.2020 – 6 AZR 566/18); der Verzicht muss eindeutig und zweifelsfrei zum Ausdruck gebracht worden sein (BAG 27.8.2020 – 8 AZR 45/19). Nur dann ist gewährleistet, dass der AN auch die Tragweite seiner Erklärung erkennt und spätere Unklarheiten über den Erklärungswillen des AN weitgehend vermieden werden. Nicht ausreichend ist daher eine in einer → *Ausgleichquittung* enthaltene Bestätigung, alle Ansprüche des AN gegenüber dem AG seien „abgegolten". Steht fest, dass eine Forderung entstanden ist, verbietet dieser Umstand im Allgemeinen die Annahme, der Gläubiger habe auf sein Recht einfach verzichtet (BAG 7.11.2007 – 5 AZR 880/06).

2. Wirksamkeit und Reichweite

Selbst wenn der AN einen Verzicht auf Ansprüche oder Rechte aus dem Arbeitsverhältnis gegenüber dem AG erklärt hat, kann dieser ggf. **unwirksam** sein. Die grds. bestehende Befugnis eines Gläubigers, wirksam auf Ansprüche oder Rechte zu verzichten, wird im Arbeitsrecht zugunsten des AN durch zahlreiche Regelungen eingeschränkt.

(a) **Gesetzliche Ansprüche:** Der AN kann auf den → *Mindestlohn* nach dem MiLoG oder dem AEntG nur durch gerichtlichen Vergleich verzichten; im Übrigen ist ein Verzicht ausgeschlossen (§ 3 S. 2 MiLoG, § 9 S. 1 AEntG). Die Erfüllung der den Mindestlohn übersteigenden **Vergütungsansprüche,** die auf einer einzelvertraglichen Vereinbarung beruhen, kann der AN dem AG hingegen grds. erlassen. Auf Ansprüche auf → *Entgeltfortzahlung im Krankheitsfall* kann der AN im bestehenden Arbeitsverhältnis allerdings nach § 12 EFZG nicht wirksam verzichten (BAG 28.11.1979 – 5 AZR 955/77); nach Beendigung des Arbeits- oder → *Berufsausbildungsverhältnisses* soll ein erklärter Verzicht auf solche Ansprüche dagegen grds. möglich sein (BAG 11.6.1976 – 5 AZR 506/75). Der AN kann dem AG auch einen über den gesetzlichen → *Urlaub* nach § 1 BUrlG hinausgehenden vertraglich vereinbarten **Urlaubsanspruch** erlassen (BAG 20.1.1998 – 9 AZR 812/96). § 9 AÜG steht einem Verzicht des Leih-AN (→ *Leiharbeitsverhältnis*) auf bereits entstandene und durchsetzbare Ansprüche auf equal pay nicht entgegen (BAG 27.5.2015 – 5 AZR 137/14). Auch ein (Teil-)Erlassvertrag über eine **Versorgungsanwartschaft** in einem fortbestehenden Arbeitsverhältnis ist zulässig und verstößt nicht gegen § 17 Abs. 3 S. 3 BetrAVG (BAG 14.8.1990 – 3 AZR 301/89). Der entschädigungslose Erlass einer Versorgungsanwartschaft in einer Vereinbarung, die im Zusammenhang mit der Beendigung des Arbeitsverhältnisses getroffen wird, ist wegen § 3 Abs. 1 S. 1 BetrAVG dagegen unzulässig (BAG 17.6.2014 – 3 AZR 412/13). Verzichts-, Vergleichs- oder Abgeltungsvereinbarungen über Ansprüche aus § 15 Abs. 1 und 2 AGG sind zulässig, soweit sie sich auf in der Vergangenheit liegende Benachteiligungen beziehen (BAG 28.10.2021 – 8 AZR 371/20).

(b) Tarifvertrag und Betriebsvereinbarung: Findet auf das Arbeitsverhältnis ein → *Tarifvertrag* infolge beidseitiger → *Tarifbindung* des AG und des AN unmittelbar und zwingend Anwendung, ist ein Verzicht auf bereits entstandene Rechte aus dem **Tarifvertrag** nur in einem von den TVparteien gebilligten Vergleich zulässig (§ 4 Abs. 4 S. 1 TVG). Fehlt es hieran, ist der Verzicht nichtig. Dies gilt auch, wenn der Verzicht auf einen bereits vor Betriebsübergang entstandenen tarifvertraglichen Anspruch erst nach einem Betriebsübergang erklärt wird (BAG 12.2.2014 – 4 AZR 317/12). Findet der TV dagegen nur kraft einzelvertraglicher Vereinbarung Anwendung, gilt § 4 Abs. 4 TVG nicht; in diesem Fall kann daher auf schon entstandene tarifvertragliche Rechte verzichtet werden. Ergeben sich die Ansprüche des AN aus einer → *Betriebsvereinbarung*, ist ein Verzicht auf sie nur mit Zustimmung des BR wirksam (§ 77 Abs. 4 S. 3 BetrVG). Die Zustimmung setzt einen ordnungsgemäßen Beschluss des BR gem. § 33 BetrVG voraus. Sie kann grds. nur jeweils für den einzelnen konkreten Verzicht des AN erteilt werden. Wirksam ist ein Verzicht auf Ansprüche aus einem Sozialplan allerdings auch ohne Zustimmung des BR, wenn zweifelsfrei feststellbar ist, dass die Abweichung vom Sozialplan objektiv die für den AN günstigere Regelung ist (BAG 27.1.2004 – 1 AZR 148/03). Will der AG dem Beendigungswunsch eines AN nicht im Wege stehen, obwohl er diesen weiterhin benötigt, kann er diesem den Abschluss eines Aufhebungsvertrags unter der Bedingung anbieten, dass der BR einem (Teil-)Verzicht auf den Abfindungsanspruch zustimmt (BAG 15.10.2013 – 1 AZR 405/12). § 77 Abs. 4 S. 3 BetrVG erfasst keine Tatsachenvergleiche, durch die ein Streit über die tatsächlichen Voraussetzungen von Ansprüchen aus einer BV ausgeräumt wird (BAG19.7.2016 – 3 AZR 134/15). Auch auf einen Nachteilsausgleichsanspruch nach § 113 Abs. 3 BetrVG kann der AN ohne Zustimmung des BR wirksam verzichten (BAG 23.9.2003 – 1 AZR 576/02).

(c) Allgemeine Geschäftsbedingungen: → *Allgemeine Geschäftsbedingungen*. Der in einem Formularvertrag vereinbarte einseitige und kompensationslose Verzicht des AN auf seine Ansprüche benachteiligt den AN unangemessen. Derartige Klauseln sind daher regelmäßig nach § 307 Abs. 1 S. 1 BGB unwirksam (BAG 27.5.2015 – 5 AZR

137/14). Auch eine in einem auf Wunsch des AN zustande gekommenen Aufhebungsvertrag vereinbarte beiderseitige Verzichtsklausel ist unangemessen und damit nichtig, wenn der AG die Situation des AN entgegen den Geboten von Treu und Glauben zur Durchsetzung eigener Interessen ausgenutzt hat (BAG 24.2.2016 – 5 AZR 258/14).

(d) Betriebsübergang: Ein Erlassvertrag, der aus Anlass eines → *Betriebsübergangs* abgeschlossen wird, um die zwingenden gesetzlichen Rechtsfolgen des § 613a BGB zu umgehen, ist nach § 134 BGB nichtig. Dies ist etwa der Fall, wenn der AN zur Vermeidung einer Haftung des Betriebserwerbers nach § 613a Abs. 2 BGB auf rückständigen Lohn verzichtet (BAG 19.3.2009 – 8 AZR 722/07). Anderseits hindert § 613a BGB den AN und den Betriebsübernehmer nicht, nach einem Betriebsübergang einzelvertraglich die mit dem Betriebsveräußerer vereinbarte Vergütung abzusenken (BAG 7.11.2007 – 5 AZR 1007/06).

II. Verzicht auf Kündigungsschutz

1. Zeitpunkt

Ein vor Ausspruch einer → *Kündigung* vom AN erklärter Verzicht auf die Erhebung einer Kündigungsschutzklage ist wegen des zwingenden Charakters des Kündigungsschutzrechts unwirksam (BAG 19.12.1974 – 2 AZR 565/73). Nach dem Zugang der Kündigung kann der AN grds. auf die Erhebung oder Durchführung einer → *Kündigungsschutzklage* oder die Geltendmachung von Kündigungsschutz verzichten (BAG 6.9.2007 – 2 AZR 722/06). Ein solcher Verzicht ist ausreichend deutlich, wenn der AN erklärt, er wolle auf das Recht verzichten, das Fortbestehen des Arbeitsverhältnisses geltend zu machen, oder er wolle eine mit diesem Ziel bereits erhobene Klage nicht mehr fortführen. Ebenso eindeutig ist die Erklärung eines AN, er „erhebe gegen die Kündigung keine Einwendungen" und werde „sein Recht, das Fortbestehen des Arbeitsverhältnisses geltend zu machen, nicht wahrnehmen" (BAG 20.6.1985 – 2 AZR 427/84). Nicht ausreichend ist hingegen die – vom AG vorformulierte – Erklärung, der AN habe die „Kündigung erhalten" und sei „mit dem Inhalt einverstanden".

2. Vertragsformen

Dogmatisch kann die Erklärung auf Kündigungsschutz zu verzichten, je nach Lage des Falls ein Aufhebungsvertrag, ein Vergleich, ein Klageverzichtsvertrag oder ein vertragliches Klagerücknahmeversprechen sein, sofern eine Kündigungsschutzklage bereits rechtshängig ist (BAG 19.4.2007 – 2 AZR 208/06). Eine Klageverzichtsvereinbarung, die im unmittelbaren zeitlichen und sachlichen Zusammenhang mit dem Ausspruch einer Kündigung getroffen wird, kann nach Ansicht des BAG auch als **Auflösungsvertrag** iSd § 623 BGB zu qualifizieren sein, der zu seiner Wirksamkeit der Schriftform bedarf. Voraussetzung ist, dass der erforderliche Zusammenhang die Annahme rechtfertigt, Kündigung und Verzicht seien letztlich gemeinsam nur ein anderes Mittel, mit dem das Arbeitsverhältnis in Wirklichkeit im gegenseitigen Einvernehmen aufgelöst werden soll (BAG 25.9.2014 – 2 AZR 788/13). Handelt es sich bei dem Klageverzicht um eine → *Allgemeine Geschäftsbedingung* iSd § 305 Abs. 1 BGB, unterliegt er der Inhaltskontrolle nach § 307 BGB, da er von der gesetzlichen Regelung des § 4 KSchG abweicht, wonach dem AN drei Wochen für die Überlegung zur Verfügung stehen, ob er Kündigungsschutzklage erheben will (BAG 25.9.2014 – 2 AZR 788/13). Erfolgte der **formularmäßige Verzicht auf eine Kündigungsschutzklage ohne eine angemessene kompensatorische Gegenleistung** – etwa in Bezug auf den Beendigungszeitpunkt, die Beendigungsart, die Zahlung einer Abfindung oder den Verzicht des AG auf eigene Ersatzansprüche – benachteiligt dies den AN unangemessen iSd § 307 Abs. 1 S. 1 BGB, so dass der Verzicht unwirksam ist (BAG 24.9.2015 – 2 AZR 347/14). Ob der AN für den Verzicht eine ausreichende kompensatorische Gegenleistung erhalten hat, ist von den Gerichten im jeweiligen Einzelfall zu prüfen. Die Verpflichtung des AG, dem AN ein „gutes" Zeugnis zu erteilen, stellt keinen Vorteil dar, der geeignet wäre, den Verzicht auf die Erhebung einer Kündigungsschutzklage auszugleichen (BAG 24.9.2015 – 2 AZR 347/14). Auch ein **formularmäßiger Klageverzicht in einem Aufhebungsvertrag,** der zur Vermeidung einer vom AG angedrohten außerordentlichen Kündigung geschlossen wird, benachteiligt den AN unangemessen und ist damit unwirksam, wenn ein verständiger AG die angedrohte Kündigung nicht ernsthaft in Erwägung ziehen durfte, die Drohung mithin widerrechtlich und der Aufhebungsvertrag damit nach § 123 BGB anfechtbar ist (BAG 12.3.2015 – 6 AZR 82/14). *(MA)*

▶ Videokonferenz

→ *Betriebsrat*

▶ Vollstreckungsbescheid

→ *Mahnverfahren*

▶ Volontär

Als Volontäre werden solche Personen bezeichnet, die sich für eine vorübergehende Dauer zum Erwerb praktischer Kenntnisse und Erfahrungen einer bestimmten betrieblichen Tätigkeit und Ausbildung im Rahmen einer Gesamtausbildung unterziehen, da sie diese regelmäßig für die Zulassung zum Studium, eine nachfolgende Berufsausübung oder zu sonstigen Zwecken benötigen. Danach sind Volontäre Personen, die ihre Berufskenntnisse erweitern oder zusätzliche Kenntnisse in einem fremden Beruf erwerben wollen, dabei aber keinen ordentlichen Ausbildungsgang absolvieren. Hauptpflicht des AG ist die Ausbildung des Volontärs, während dieser zur Leistung der zur Erreichung dieses Ziels erforderlichen Dienste verpflichtet ist. Üblicherweise erfolgt die Abgrenzung zwischen Praktikanten und Volontären nach der Verpflichtung, die Ausbildung zu absolvieren. So ist ein Volontariat üblicherweise freiwillig, während das Praktikum zwingender Bestandteil einer Gesamtausbildung oder Zulassungsvoraussetzung zu dieser ist. Auf Volontäre findet über § 26 BBiG das Berufsbildungsgesetz (→ *Auszubildende*) weitgehende Anwendung; Volontäre haben Anspruch auf → *Mindestlohn*.

▶ Vorpfändung

→ *Pfändung von Arbeitseinkommen (Verfahren)*

▶ Vorschuss

Vorschuss, Darlehen und Abschlagszahlungen sind voneinander zu unterscheiden. Maßgebend ist nicht die von den Parteien gewählte Bezeichnung, sondern die nach objektiven Gesichtspunkten vorzunehmende Qualifizierung. **Abschlagszahlungen** sind die vor Lohnabrechnung und Auszahlung geleisteten Zwischenzahlungen auf die bereits verdiente → *Arbeitsvergütung*. Ein **Vorschuss** ist dann anzunehmen, wenn demnächst fällige Zahlungen für kurze Zeit vorverlegt werden, um dem AN die Überbrückung bis zur nächsten Zahlung und die Bestreitung des normalen Lebensunterhalts bis dahin zu ermöglichen. Ein **AGdarlehen** ist idR dann gegeben, wenn ein die jeweilige Entgeltzahlung erheblich übersteigender Betrag zur Erreichung eines Zwecks gegeben wird, der mit den normalen Bezügen nicht oder nicht sofort erreicht werden kann und zu dessen Befriedigung auch sonst üblicherweise Kreditmittel in Anspruch genommen werden. Ist es in monatlichen Raten zurückzahlbar, wird es nicht ohne Weiteres bei vorzeitigem Ausscheiden des AN fällig. Ist seine Fälligkeit für den Fall der Beendigung des Arbeitsverhältnisses vereinbart, ist gleichwohl nach §§ 133, 157, 242, 628 Abs. 2 BGB zu prüfen, ob seine Fälligkeit eintreten soll, wenn der AG die fristlose Kündigung des AN verschuldet hat. Auf AGdarlehen finden die §§ 305 ff. BGB Anwendung (→ *Allgemeine Geschäftsbedingungen*).

Die Unterscheidung von Vorschuss, Darlehen und Abschlagszahlung ist vor allem bei der **Pfändung** von Arbeitsentgelt (→ *Pfändungsschutz von Arbeitseinkommen*) von Bedeutung. Eine nach Zahlung der **Abschläge** eingehende Pfändung ergreift nur noch den zur Endabrechnung anstehenden Restlohn; bei vorausgegangener Pfändung hat der Gläubiger keinen Anspruch auf anteilige Berücksichtigung seiner Forderung bei den Abschlagszahlungen. Diese ist bei der → *Abrechnung* zu berücksichtigen. **Vorschüsse** dürfen auch nach Pfändung dem AN mit befreiender Wirkung in unbeschränkter Höhe gewährt werden. Jedoch dürfen sie vom Zeitpunkt der Pfändung an nicht mehr von dem der Pfändung unterliegenden Teil abgezogen werden; dagegen ist der Abzug auch vom unpfändbaren Teil der Vergütung zulässig, da Vorschüsse zum Bestreiten des Lebensunterhalts dienen. In jedem Fall ist dem AN aber ein geringer Mindestsatz seiner Vergütung auszuzahlen. Mit seiner **Darlehensforderung** kann der AG auch nach Lohnpfändung die → *Aufrechnung* erklären und sich vorrangig befriedigen, es sei denn, dass er bei der Gewährung des Darlehens von der Pfändung Kenntnis hatte oder die Darlehensforderung erst nach der Erlangung dieser Kenntnis und später als die gepfändete Forderung fällig wurde (§ 406 BGB). Fordert der AG mit der Begründung Rückzahlung eines Vorschusses, dieser habe mit den zwischenzeitlichen Vergütungszahlungen nicht verrechnet werden können, ist er idR darlegungs- und beweispflichtig. Im Allgemeinen umfasst die Vorschussvereinbarung aber die Verpflichtung zur Rückzahlung, ohne dass sich der AN auf den Wegfall der Bereicherung berufen kann.

▶ Vorstellungskosten

Hat der AG einen Bewerber zur Vorstellung aufgefordert (§ 670 BGB), ist er grds. verpflichtet, ohne Rücksicht darauf, ob ein Arbeitsvertrag zustande kommt, ihm die notwendigen Kosten für die Anreise zum Vorstellungstermin zu ersetzen. Hierzu können Fahrt-, auch Kraftfahrzeugkosten, Verpflegungs- und Übernachtungskosten gehören. Eine Erstattungspflicht besteht nicht, wenn der AN sich auf eine Zeitungsanzeige, aufgrund einer Vermittlung durch die Agentur für Arbeit meldet oder wenn in der Einladung zum Vorstellungsgespräch darauf hingewiesen wird, dass der AG keine Vorstellungskosten erstattet. Die → *Agentur für Arbeit* kann Zuschüsse zu den Vorstellungskosten aus dem Vermittlungsbudget zahlen (§ 44 SGB III).

▶ Vorstrafen

Sie brauchen bei der Einstellung vom AN nur dann mitgeteilt zu werden, wenn der AG zulässig danach fragt (→ *Fragerecht des Arbeitgebers*). Der AG darf den AN bei der Einstellung nach Vorstrafen fragen, wenn und soweit die Art des zu besetzenden Arbeitsplatzes dies erfordert, dh bei objektiver Betrachtung berechtigt erscheinen lässt. Auch die Frage nach noch anhängigen Straf- oder Ermittlungsverfahren kann zulässig sein, wenn solche Verfahren Zweifel an der persönlichen Eignung des AN begründen können. Eine Einschränkung des Fragerechts kann sich im Einzelfall aus dem allgemeinen Persönlichkeitsrecht des Bewerbers, dem Datenschutzrecht oder – in den Fällen abgeschlossener Straf- und Ermittlungsverfahren – den Wertentscheidungen des § 53 BZRG ergeben (BAG 6.9.2012 – 2 AZR 270/11). Der AN muss die Frage nach Vorstrafen nicht so verstehen, dass er Auskunft auch über tilgungsreife oder getilgte Vorstrafen geben sollte (BAG 20.3.2014 – 2 AZR 1071/12). Die falsche Beantwortung einer dem AN bei der Einstellung zulässigerweise gestellten Frage nach Vorstrafen kann den AG nach § 123 Abs. 1 BGB dazu berechtigen, den Arbeitsvertrag wegen arglistiger Täuschung anzufechten (→ *Anfechtung*), wenn die Täuschung für dessen Abschluss ursächlich war.

▶ Vorvertragliche Pflichten

Durch die Aufnahme von Vertragsverhandlungen entsteht nach § 311 Abs. 2 Nr. 1 BGB ein gesetzliches Schuldverhältnis. Ausreichend ist, dass eine Bewerbung beim AG eingeht oder ein Arbeitsuchender zu einem Vorstellungsgespräch (→ *Vorstellungskosten*) eingeladen wird. AG und Bewerber haben während der Vertragsanbahnung nach § 241 Abs. 2 BGB wechselseitige Aufklärungs-, Mitwirkungs-, **Obhuts- und Rücksichtnahmepflichten.** Deren Verletzung kann gem. § 280 Abs. 1 BGB zu Schadensersatzansprüchen führen. Wird allerdings bei den Verhandlungen kein besonderes Vertrauen beim anderen Teil in Anspruch genommen, entstehen bei ihrem Abbruch keine Schadensersatzansprüche. Im Rahmen der Vertragsfreiheit hat jeder Vertragspartner bis zum Vertragsabschluss das Recht, von dem in Aussicht genommenen Vertragsabschluss Abstand zu nehmen. Nur wenn der Vertragsschluss nach den Verhandlungen zwischen den Parteien als sicher anzunehmen ist und in dem hierdurch begründeten Vertrauen Aufwendungen zur Durchführung des Vertrags vor dessen Abschluss gemacht werden, können diese vom Verhandlungspartner (§ 280 Abs. 1 iVm § 311 Abs. 2 BGB) zu erstatten sein, wenn er den Vertragsabschluss später ohne triftigen Grund ablehnt.

Aufklärungspflichten des AG: Der AG hat über Umstände aufzuklären, die dazu führen können, dass das Arbeitsverhältnis alsbald beendet wird oder seinen wirtschaftlichen Sinn verliert (zB massive Zahlungsschwierigkeiten). Umstände, welche die vollständige Durchführung des Rechtsverhältnisses in Frage stellen können, darf der AG nicht verschweigen, soweit sie ihm bekannt sind oder bekannt sein müssen. Der AG muss einen Bewerber bei den Einstellungsverhandlungen nicht von sich aus über die an ihn gestellten Anforderungen unterrichten, soweit sich diese im Rahmen des Üblichen halten. Der AG muss den Bewerber darauf hinweisen, dass seine Einstellung dem Beteiligungsrecht des BR (§§ 99 ff. BetrVG) unterliegt.

Offenbarungspflichten des AN: Diese können Qualifikation und Eignung betreffen. Ohne entsprechend gefragt zu werden, muss der AN **von sich aus** allerdings nur auf solche Tatsachen hinweisen, deren Mitteilung der AG erwarten darf. Das sind Umstände, die dem AN die Vertragsdurchführung dauerhaft oder zumindest längerfristig unmöglich machen (bevorstehender Haftantritt) oder sonst für den in Betracht kommenden Arbeitsplatz von ausschlaggebender Bedeutung sind (Alkoholabhängigkeit eines Kraftfahrers). Umstände, nach denen der AG nicht fragen dürfte (→ *Fragerecht des Arbeitgebers*), müssen nicht offenbart werden (zB Schwangerschaft, Anerkennung einer Schwerbehinderung).

W

▶ Wahlanfechtung

→ *Betriebsratswahl*

▶ Wahlvorstand

→ *Betriebsratswahl*

▶ Wartezeit

Wartezeit oder Karenzzeit heißt die Zeitspanne, die das Arbeitsverhältnis bestanden haben muss, damit der AN bestimmte Ansprüche geltend machen (zB beim → *Urlaub,* → *Entgeltfortzahlung im Krankheitsfall*) oder sich auf bestimmte Schutzgesetze (zB → *Kündigungsschutz*) berufen kann.

▶ Wehrdienst

Die praktische Bedeutung der arbeitsrechtlichen Regelungen zum Wehrdienst ist nach der **Aussetzung der Wehrpflicht** sowie der Pflicht zur Ableistung eines Zivildienstes zum 1.7.2011 erheblich zurückgegangen. Die Wehrpflicht bzw. Pflicht zur Ableistung eines Zivildienstes besteht danach nur noch im Spannungs- oder Verteidigungsfall (§ 2 WPflG). Gleichzeitig wurde allerdings ein sowohl Frauen als Männern offenstehender freiwilliger Wehrdienst eingeführt (§ 58b Soldatengesetz). Hier dürfte die Bedeutung der arbeitsrechtlichen Schutzvorschriften fortbestehen. Der freiwillige Wehrdienst besteht aus einem sechsmonatigen freiwilligen Grundwehrdienst (Probezeit) und einem bis zu 17 Monate dauernden anschließenden freiwilligen Wehrdienst sowie Dienstleistungen nach dem 4. Abschnitt des Soldatengesetzes. Gem. § 58 f Soldatengesetz sind Regelungen in anderen Gesetzen oder Rechtsverordnungen, die an die Ableistung des Grundwehrdienstes oder des freiwilligen zusätzlichen Wehrdienstes im Anschluss an den Grundwehrdienst anknüpfen, auf den neu eingeführten freiwilligen Grundwehrdienst entsprechend anzuwenden. Damit sind auch die Bestimmungen des ArbPlSchG anwendbar (§ 16a ArbPlSchG). Das ArbPlSchG gilt für alle wehrpflichtigen AN und → *Auszubildenden*, die zum Grundwehrdienst (§ 5 WPflG) oder einer Wehrübung (§ 6 WPflG) einberufen werden. Es gilt ferner für Soldaten auf Zeit für die zunächst auf sechs Monate festgesetzte Dienstzeit sowie für die endgültig auf zwei Jahre festgesetzte Dienstzeit (§ 16a ArbPlSchG). Für anerkannte Kriegsdienstverweigerer gilt das ArbPlSchG entsprechend (§ 78 ZDG). Dagegen gilt es nicht für sonstige Freiwillige, die als Soldaten auf Zeit oder als Berufssoldaten in die Bundeswehr eintreten. Diesen wird nur für die Dauer der Eignungsübung ein Arbeitsplatzschutz in dem Umfang gewährt, wie er auch den Wehrpflichtigen zusteht. Ferner gilt das ArbPlSchG für Wehrübungen aufgrund freiwilliger Verpflichtung bis zur Dauer von sechs Wochen (§ 10 ArbPlSchG). Keine Anwendung findet das ArbPlSchG auf den → *Bundesfreiwilligendienst.*

Wird ein AN aufgrund freiwilliger Verpflichtung zu einer **Eignungsübung** zur Auswahl von freiwilligen Soldaten einberufen, ruht das Arbeitsverhältnis während der Eignungsübung bis zur Dauer von vier Monaten (§ 1 Abs. 1 EignÜbG). Während, vor und nach der Eignungsübung besteht ein ähnlich gearteter Kündigungsschutz wie nach dem ArbPlSchG (§ 2 EignÜbG). Bleibt der AN im Anschluss an die Eignungsübung als freiwilliger Soldat bei den Streitkräften, endet das Arbeitsverhältnis mit Ablauf der Eignungsübung (§ 3 EignÜbG). *(SR)*

▶ Weisungsbefugnis

→ *Direktionsrecht*

▶ Weiterbeschäftigungsanspruch

I. Allgemeines

Es ist zwischen dem betriebsverfassungsrechtlichen (§ 102 BetrVG) und dem richterrechtlich entwickelten allgemeinen Weiterbeschäftigungsanspruch sowie dem sonstigen allgemeinen → *Beschäftigungsanspruch* des AN zu unterscheiden. Der vertragliche oder allgemeine Beschäftigungsanspruch des AN besteht im fortlaufenden Arbeitsverhältnis, wenn der AG den AN nicht beschäftigt. Der Anspruch folgt aus dem Arbeitsvertrag und dem allgemeinen Persönlichkeitsrecht des AN. Zudem besteht ein Weiterbeschäftigungsanspruch bei offensichtlich unwirksamer Kündigung. Dieser Fall ist in der Praxis freilich selten. Der allgemeine **Weiterbeschäftigungsanspruch** nach dem Ausspruch einer Kündigung und dem Ablauf der Kündigungsfrist hat eine große Bedeutung im Kündigungsschutzprozess und bei der Befristungskontrollklage (→ *befristeter Arbeitsvertrag*), flankiert diese Anträge und beruht auf ähnlichen Grundlagen wie der allgemeine Beschäftigungsanspruch des AN, ist aber nach einer streitigen Beendigung des Arbeitsverhältnisses – insbesondere einer Kündigung – vorrangig zu prüfen. Der **betriebsverfassungsrechtliche Weiterbeschäftigungsanspruch** aus § 102 Abs. 5 BetrVG ist noch spezieller (BAG 27.5.2020 – 5 AZR 247/19).

II. Betriebsverfassungsrechtlicher Weiterbeschäftigungsanspruch

Hat der → *Betriebsrat* einer **(1)** → *ordentlichen Kündigung* **(2)** nach § 102 Abs. 3 BetrVG frist- und ordnungsgemäß widersprochen (→ *Anhörung des Betriebsrats vor dem Kündigungsausspruch*) und hat **(3)** der AN → *Kündigungsschutzklage* erhoben, muss der AG diesen **(4)** auf Verlangen des AN nach Ablauf der → *Kündigungsfrist* bis zum rechtskräftigen Abschluss des Rechtsstreits **weiterbeschäftigen** (§ 102 Abs. 5 BetrVG). Liegen die vorgenannten Voraussetzungen vor, entsteht während der Zeit nach Ablauf der Kündigungsfrist zwischen AG und AN ein bis zur rechtskräftigen Entscheidung im Kündigungsschutzprozess auflösend bedingtes Arbeitsverhältnis kraft Gesetzes. Der AG muss den AN also trotz der Kündigung beschäftigen und bezahlen. Während der Weiterbeschäftigung hat der AN Anspruch auf → *Urlaub,* Urlaubsvergütung und → *Entgeltfortzahlung im Krankheitsfall.*

Die **Nichtbeschäftigung** während dieses Zeitraums führt zum → *Annahmeverzug des Arbeitgebers.* Auf Antrag des AG kann ihn das ArbG durch einstweilige Verfügung von der Verpflichtung zur Weiterbeschäftigung entbinden (§ 102 Abs. 5 S. 2 BetrVG). Die Entbindung von der Weiterbeschäftigungspflicht tritt erst mit Rechtskraft der einstweiligen Verfügung ein; bis zu diesem Zeitpunkt hat der AN Anspruch auf die Vergütung.

III. Allgemeiner Weiterbeschäftigungsanspruch

Der Große Senat des BAG hat im Jahr 1985 entschieden, dass der gekündigte AN einen arbeitsvertraglichen Anspruch auf vertragsgemäße Beschäftigung über den Ablauf der Kündigungsfrist oder bei einer → *außerordentlichen Kündigung* über deren Zugang hinaus **bis zum rechtskräftigen Abschluss des Kündigungsschutzprozesses** hat, wenn die Kündigung unwirksam ist und überwiegende schutzwerte Interessen des AG einer solchen Beschäftigung nicht entgegenstehen. Dies ist der Fall, wenn der AN in erster Instanz im Kündigungsrechtsstreit obsiegt und einen Weiterbeschäftigungsantrag gestellt hat (BAG 27.2.1985 – GS 1/84). Kein Weiterbeschäftigungsanspruch besteht bei Streit über die Wirksamkeit einer → *Änderungskündigung,* wenn der AN das Änderungsangebot unter Vorbehalt (§ 2 KSchG) angenommen hat. Die Rspr. hat im Anschluss an die Entscheidung des Großen Senats den Weiterbeschäftigungsanspruch auf andere Bestandsstreitigkeiten (→ *Aufhebungsvertrag* und → *befristeter Arbeitsvertrag*) erstreckt, wenn der AN in erster Instanz obsiegt. Wird die Kündigungsschutzklage rechtskräftig abgewiesen, hat der AN nur Anspruch auf Vergütung seiner Arbeitsleistung nach den Grundsätzen der ungerechtfertigten Bereicherung (§§ 812 ff. BGB). Ein Anspruch auf → *Urlaub* und → *Entgeltfortzahlung im Krankheitsfall* besteht nicht (BAG 27.5.2020 – 5 AZR 247/19).

Grds. besteht der allgemeine Weiterbeschäftigungsanspruch nur bis zur **Rechtskraft des obsiegenden Urteils.** Für die Zeit danach soll der AN für seinen allgemeinen Beschäftigungstitel wegen § 259 ZPO – Klage auf künftige Leistung – darlegen müssen, dass der AG über eine Vielzahl von Kündigungen hinaus zu erkennen gegeben hat, er werde den AN auch dann nicht vertragsgemäß beschäftigen, wenn die Unwirksamkeit sämtlicher angegriffener Kündigungen rechtskräftig festgestellt ist (BAG 24.5.2018 – 2 AZR 67/18).

IV. Offensichtlich unwirksame Kündigung

Außerhalb der vorgenannten Grundsätze und der Regelung des § 102 Abs. 5 BetrVG kann der AN seine Weiterbeschäftigung schon während eines →*Kündigungsschutzverfahrens* bei einer offensichtlich unwirksamen → *Kündigung* unmittelbar verlangen ggf. auch im Wege einer einstweiligen Verfügung. Eine solche Kündigung liegt vor, wenn sich ihre Unwirksamkeit bereits aus dem unstreitigen Sachverhalt ohne Beurteilungsspielraum jedem Kundigen aufdrängt, dh die Unwirksamkeit ohne jeden vernünftigen Zweifel in rechtlicher oder tatsächlicher Hinsicht offen erkennbar ist. Dies ist der Fall, wenn der BR überhaupt nicht beteiligt worden ist (§ 102 Abs. 1 S. 3 BetrVG) oder die Kündigung gegen §§ 168 ff. SGB IX, § 17 MuSchG, § 103 BetrVG verstößt und dies eindeutig erkennbar ist. *(SR)*

▶ Weltanschauung

→ *Allgemeines Gleichbehandlungsgesetz*; → *Kirche*

▶ Werkstatt für behinderte Menschen

Werkstätten für behinderte Menschen sind Einrichtungen zur Eingliederung von behinderten Menschen (→ *schwerbehinderte Menschen*) in das Arbeitsleben. Können diese wegen ihrer Behinderung nicht, noch nicht oder noch nicht wieder auf dem allgemeinen Arbeitsmarkt tätig werden, sollen sie in einer Werkstatt für behinderte Menschen einen Arbeitsplatz oder Gelegenheit zur Ausübung einer geeigneten Tätigkeit erhalten (§ 219 SGB IX). Behinderte Menschen im Arbeitsbereich anerkannter Werkstätten stehen regelmäßig zu deren Rechtsträgern in einem arbeitnehmerähnlichen Rechtsverhältnis. Dessen Inhalt wird unter Berücksichtigung des zwischen den behinderten Menschen und dem Rehabilitationsträger bestehenden Sozialleistungsverhältnisses durch Werkstattverträge näher geregelt. Nach § 221 Abs. 2 SGB IX setzt sich das Arbeitsentgelt von behinderten Menschen im Arbeitsbereich der Werkstätten aus einem Grundbetrag in Höhe des Ausbildungsgelds, das die → *Bundesagentur für Arbeit* behinderten Menschen im Berufsbildungsbereich zuletzt leistet, und einem leistungsangemessenen Steigerungsbetrag zusammen. Danach sind die Werkstätten nicht berechtigt, schon den Grundbetrag in erster Linie nach der individuellen Leistungsfähigkeit des behinderten Menschen zu staffeln. Werkstätten für behinderte Menschen sind → *Tendenzbetriebe.* Für die Inanspruchnahme von Vergünstigungen nach dem SGB IX bedürfen sie der Anerkennung (§ 225 SGB IX). Das entsprechende Verzeichnis wird von der BA geführt und in der ANBA veröffentlicht.

▶ Werkstudent

→ *Student (Studierende)*

▶ Werkswohnung

I. Begriff

Werks- bzw. Dienstwohnung (Werkswohnung) ist der Oberbegriff für die Überlassung von Wohnraum durch den AG in Zusammenhang mit einem Arbeitsverhältnis. Entsprechend der gesetzlichen Regelung im BGB wird dabei nach Werkmietwohnungen und Werkdienstwohnungen unterschieden. Bei **Werkmietwohnungen** handelt es sich um Wohnraum, der mit Rücksicht auf das Bestehen des Arbeitsverhältnisses vermietet wird; Arbeitsvertrag und Mietvertrag bestehen getrennt **nebeneinander.** Bei **Werkdienstwohnungen** wird der Wohnraum im Rahmen des Arbeitsverhältnisses überlassen. Dies ist insbesondere der Fall, wenn das Arbeitsverhältnis seiner Art nach die Überlassung des Wohnraums, der in unmittelbarer Beziehung oder Nähe zur Stätte der Dienstleistung steht, erfordert (Pförtner, Hausmeister usw.). Es besteht dann neben dem Arbeitsvertrag kein Mietvertrag, sondern nur ein einheitliches (gemischtes) Vertragsverhältnis, auf das im Wesentlichen Arbeitsrecht Anwendung findet. Der AG ist nicht verpflichtet, Werkswohnungen zur Verfügung zu stellen. Werden Werkswohnungen als Sozialeinrichtung unterhalten, hat der BR bei Form, Ausgestaltung und Verwaltung gem. § 87 Abs. 1 Nr. 8 BetrVG ein erzwingbares Mitbestimmungsrecht (→ *Betriebsrat (Beteiligungsrechte)*). Daneben ist er bei Zuweisung und Kündigung von Werkswohnungen, sowie bei der allgemeinen Festsetzung der Nutzungsbedingungen nach § 87 Abs. 1 Nr. 9 BetrVG zu beteiligen. Für die → *Personalvertretungen* bestehen vergleichbare Mitbestimmungsrechte nach dem BPersVG und den Landespersonalvertretungsgesetzen.

II. Kündigung der Werkswohnung

Während des Arbeitsverhältnisses kann, sofern das Kündigungsrecht nicht ausdrücklich oder konkludent ausgeschlossen ist, der Mietvertrag nur nach den allgemeinen Mietvorschriften des BGB gekündigt werden. Nach → *Beendigung des Arbeitsverhältnisses* besteht eine erleichterte Kündigungsmöglichkeit nach §§ 576 ff. BGB. Bei Werkmietwohnungen gelten §§ 576–576a BGB sowie für die Dauer der Kündigungsfrist § 576 BGB. Hieraus folgt, dass für die Kündigung das für die Kündigung von Mietverträgen geltende Schriftformerfordernis (§ 568 BGB) und der Begründungszwang einzuhalten sind.

Gewöhnliche Werkmietwohnungen, die weniger als zehn Jahre überlassen waren, können spätestens am dritten Werktag eines Kalendermonats für den Ablauf des übernächsten Monats gekündigt werden, wenn der Wohnraum für einen anderen zur Dienstleistung Verpflichteten benötigt wird. Der Mieter kann sich auf die Sozialklausel der §§ 574, 574a BGB berufen, wenn er der Kündigung spätestens zwei Monate vor Beendigung des Mietverhältnisses schriftlich widersprochen hat (§ 574b BGB). Die Belange des AG, also die Zweckbindung der Werkswohnung, sind zu berücksichtigen. Der Widerspruch ist ausgeschlossen, wenn der Mieter das Dienstverhältnis gelöst hat, ohne dass ihm vom AG ein begründeter Anlass gegeben war, oder der Mieter durch sein Verhalten dem AG einen begründeten Anlass zur Auflösung des Dienstverhältnisses gegeben hat (§ 576a Abs. 2 Nr. 2 BGB). Räumungsfristen können nach §§ 721, 794a ZPO bewilligt werden.

Eine **Werkdienstwohnung** ist kündbar am dritten Werktag eines Kalendermonats für den Ablauf des Monats, wenn der Wohnraum für einen anderen, zur Dienstleistung Verpflichteten aus den Gründen der Funktionsbindung benötigt wird (§ 576 Nr. 2 BGB). Für den Mieter ist die Berufung auf die Sozialklausel der §§ 574–574c BGB ausgeschlossen. Das Nutzungsrecht an einer Werkdienstwohnung endet mit Beendigung des Arbeitsverhältnisses. Die arbeitsvertragliche Verpflichtung, eine Werkdienstwohnung zu bewohnen, kann nicht durch Teilkündigung beseitigt werden (BAG 23.8.1989 – 5 AZR 569/88). Nur wenn die Werkdienstwohnung vom AN ganz oder überwiegend mit Einrichtungsgegenständen versehen worden ist oder er in ihr mit seiner Familie einen eigenen Hausstand führt, gelten die Vorschriften über die Werkmietwohnungen entsprechend (§ 576b Abs. 1 BGB).

Bei **Rechtsstreitigkeiten** über Werkmietwohnungen ist das Amtsgericht zuständig. Für Streitigkeiten über eine Werkdienstwohnung ist wegen des einheitlichen Vertragsschlusses stets der Rechtsweg zu den Arbeitsgerichten gegeben, selbst wenn Gegenstand der Klage die Räumung der überlassenen Wohnung ist (BAG 2.11.1999 – 5 AZB 18/99).

▶ Werkvertrag

Dienst- bzw. Arbeitsvertrag und Werkvertrag beziehen sich jeweils auf die menschliche Arbeitsleistung. Der Hauptunterschied zwischen Dienst- und → *Arbeitsvertrag* einerseits und Werkvertrag andererseits liegt in dem verschiedenartigen Inhalt der Leistungspflichten. Beim Dienstvertrag wird eine Tätigkeit als solche, beim Werkvertrag ein bestimmter Erfolg, und zwar entweder ein Leistungswerk (Rasur, Haarschnitt) oder ein Sachwerk (Hausbau) unabhängig von der dazu notwendigen Arbeit geschuldet. Beim Werkvertrag ist die Arbeit nur das Mittel für den Erfolg. Beim Dienstvertrag bemisst sich die zu leistende Tätigkeit zumeist nach der Zeitdauer, beim Werkvertrag nach dem herbeizuführenden Erfolg. Die Gefahr des Erfolgs trägt beim Dienst- und Arbeitsvertrag der Dienstberechtigte, beim Werkvertrag der Verpflichtete.

Da sich in beiden Vertragstypen die Leistungspflichten unterscheiden, sind die Vorschriften über den Werkvertrag (§§ 631 ff. BGB) nicht auf den Arbeits- oder Dienstvertrag und mit Ausnahme von § 618 BGB auch die §§ 611a ff. BGB nicht auf den Werkvertrag anzuwenden. Lediglich auf den Vertrag der → *Heimarbeiter* finden die §§ 631 ff. BGB Anwendung, da dieser Personenkreis wegen Art und Durchführung der Arbeit selbständig sein kann.

▶ Werkzeug

→ *Arbeitsmittel*

▶ Wettbewerbsverbot

I. Bestehendes Arbeitsverhältnis

(1) Während des Arbeitsverhältnisses ist einem AN grds. **jede Konkurrenztätigkeit** zum Nachteil seines AG **untersagt.** Durch eine gleichwohl entfaltete Konkurrenztätigkeit verstößt der AN gegen seine vertraglichen Pflichten. Für kaufmännische AN folgt dies unmittelbar aus § 60 HGB. Für die sonstigen AN, insbesondere die gewerblichen AN, fehlen zwar entsprechende Regelungen. Da § 60 Abs. 1 HGB aber lediglich einen allgemeinen Rechtsgedanken konkretisiert, gilt die Vorschrift für die übrigen AN entsprechend. Sofern der AG nicht seine Einwilligung erteilt hat, ist dem AN damit sowohl die Tätigkeit bei einem Konkurrenzunternehmen des AG untersagt als auch die Gründung eines eigenen Unternehmens in demselben Geschäfts- bzw. Marktbereich wie dem des AG. Für eine behauptete Einwilligung des AG zum Wettbewerb ist der AN beweispflichtig. Dieser darf auch dann keine Konkurrenzgeschäfte tätigen, wenn sicher ist, dass der AG den vom AN betreuten Bereich oder die betreffenden Kunden nicht erreichen wird (BAG 16.1.2013 – 10 AZR 560/11). Dagegen darf der AN, der sich selbständig machen will, bereits im bestehenden Arbeitsverhältnis ein eigenes, künftiges Handelsgewerbe vorbereiten. Zulässige Vorbereitungshandlungen sind zB das Mieten von Geschäftsräumen, der Erwerb von Waren, die Einstellung von AN, die Gründung, Anmeldung und Bekanntmachung einer Handelsgesellschaft, der Erwerb einer Internet-Domain sowie der Abschluss eines Franchise-Vertrags. Die

Werbung von Kunden oder das Versenden von Abschiedsbriefen zur Kundenabwerbung sind hingegen ebenso untersagt wie die Abwerbung von Arbeitskollegen.

(2) Verletzt der AN das Wettbewerbsverbot, kann der AG auch im Wege einstweiliger Verfügung **Unterlassung** verlangen, eine → *außerordentliche Kündigung* aussprechen (§ 626 BGB) und **Schadensersatz** fordern. Anstelle des Schadensersatzes kann der AG auch verlangen, dass der AN die für eigene Rechnung gemachten Geschäfte als für Rechnung des AG eingegangen gelten lässt bzw. die aus den Konkurrenzgeschäften erhaltene Vergütung herausgibt oder seinen Anspruch auf die Vergütung abtritt (§ 61 Abs. 1 HGB). Kein Geschäft iSv § 61 Abs. 1 HGB ist ein mit einem Wettbewerber eingegangener Arbeitsvertrag, sodass der AN nicht verpflichtet ist, seinen Gehaltsanspruch gegenüber dem Wettbewerber an den AG abzutreten (BAG 17.10.2012 – 10 AZR 809/11). Kann der AG dartun, dass sein AN ihm mit hoher Wahrscheinlichkeit Konkurrenz gemacht hat, ist der AN verpflichtet, über die getätigten Geschäfte Auskunft zu erteilen und Rechnung zu legen. Die genannten Ansprüche des AG verjähren in drei Monaten ab Kenntnis oder grob fahrlässiger Unkenntnis des AG vom Abschluss des Geschäfts bzw. vom Betrieb eines konkurrierenden Handelsgewerbes (BAG 25.11.2021 – 8 AZR 226/20); ohne Kenntnis spätestens in fünf Jahren (§ 61 Abs. 2 HGB). Diese Verjährungsfrist gilt auch für – aus Wettbewerbsverstößen resultierende – konkurrierende vertragliche oder deliktische Ansprüche des AG (BAG 30.5.2018 – 10 AZR 780/16).

II. Nach Beendigung des Arbeitsverhältnisses

1. Allgemeines

Nach Beendigung des Arbeitsverhältnisses besteht kein gesetzliches Wettbewerbsverbot. AG und AN können die berufliche Tätigkeit des AN für die Zeit nach Beendigung des Arbeitsverhältnisses jedoch durch Vereinbarung beschränken (§ 110 GewO). Für das vereinbarte nachvertragliche Wettbewerbsverbot gelten die §§ 74, 75 f. HGB entsprechend, die bis zur Einfügung von § 110 GewO zum 1.1.2003 unmittelbar nur auf kaufmännische Angestellte Anwendung fanden. Für → *Handelsvertreter* gilt § 90a HGB. Das Wettbewerbsverbot kann bei der Einstellung sowie während der Dauer des

Arbeitsverhältnisses bis zu seinem Ende abgeschlossen werden. Wird es nach Beendigung des Arbeitsverhältnisses vereinbart, müssen die Schutzvorschriften der §§ 74 ff. HGB nicht mehr beachtet werden. Dagegen sind die §§ 74–75c HGB anwendbar, wenn das Wettbewerbsverbot im Zusammenhang mit der Beendigung des Arbeitsverhältnisses (zB im Rahmen eines → *Aufhebungsvertrags*) vereinbart wird. Die §§ 74–75c HGB enthalten zugunsten des AN zwingendes Recht. Für Auszubildende sind nachvertragliche Wettbewerbsverbote gem. § 12 Abs. 1 S. 1 BBiG unzulässig. Gleiches gilt für sonstige nach § 26 BBiG gleichgestellte Personen, wie zB → *Volontär* und → *Praktikant*. Mit Minderjährigen kann ein Wettbewerbsverbot ebenfalls nicht wirksam vereinbart werden, selbst wenn der gesetzliche Vertreter einwilligt (§ 74a Abs. 2 HGB).

2. Inhalt

Das Wettbewerbsverbot ist ein gegenseitiger Vertrag, durch den sich der AN zur **Unterlassung von Wettbewerb** und der AG zur Zahlung einer **Karenzentschädigung** verpflichtet. Bei der Karenzentschädigung handelt es sich nicht um eine Schadensersatzleistung, sondern um das Entgelt für die Wettbewerbsenthaltung. Die Zahlung einer Abfindung wegen der Beendigung eines Arbeitsverhältnisses stellt keine Karenzentschädigung dar. Bei einem vereinbarten Wettbewerbsverbot entsteht der Anspruch auf Karenzentschädigung allein dadurch, dass der AN Wettbewerb unterlässt. Es kommt nicht darauf an, ob überhaupt die Möglichkeit für ihn bestünde, Wettbewerb zu betreiben. Der AG muss daher auch dann eine Karenzentschädigung zahlen, wenn der AN aus gesundheitlichen Gründen oder infolge Eintritts in den Ruhestand keine Erwerbstätigkeit mehr ausübt. Lediglich im Fall der Verbüßung einer Freiheitsstrafe ruht der Anspruch auf die Karenzentschädigung (§ 74c Abs. 1 S. 3 HGB). Ansprüche auf Karenzentschädigung verjähren idR in drei Jahren (BAG 3.4.1984 – 3 AZR 56/82).

Verstößt der AN gegen das Wettbewerbsverbot, steht dem AG ein Leistungsverweigerungsrecht nach § 320 Abs. 1 S. 1 BGB zu. Da die Zuwiderhandlung gegen das Wettbewerbsverbot die dem AN obliegende Leistung – den Wettbewerb zu unterlassen – für die entsprechende Zeit unmöglich macht, verliert der AN nach § 326 Abs. 1

S. 1 Hs. 1 BGB seinen Anspruch auf die Karenzentschädigung, solange er Konkurrenztätigkeit ausübt. Gerät der AG mit der Zahlung der Karenzentschädigung in Verzug, steht dem AN zwar die Einrede des nicht erfüllten Vertrags nach § 320 BGB zu. Ohne wirksame Ausübung eines Rücktritts von der ihm den Wettbewerb untersagenden Vereinbarung ist er jedoch nicht befugt, eine Wettbewerbstätigkeit aufzunehmen.

Sieht das Wettbewerbsverbot entgegen § 74 Abs. 2 HGB keine **Vereinbarung über die Zahlung von Karenzentschädigung** vor, ist es unwirksam (BAG 3.5.1994 – 9 AZR 606/92). Dies gilt auch, wenn der Vertrag eine sog. „salvatorische Klausel" enthält (BAG 22.3.2017 – 10 AZR 448/15). Der AG muss sich zumindest zur Zahlung der gesetzlichen Karenzentschädigung verpflichtet haben. Möglich ist hierbei auch der bloße Verweis im Wettbewerbsverbot auf die Bestimmungen über die Karenzentschädigung. Liegt die vereinbarte Karenzentschädigung unter der sich aus § 74 Abs. 2 HGB ergebenden Entschädigung, ist das Wettbewerbsverbot unverbindlich. Gleiches gilt, wenn die Höhe der Karenzentschädigung in das Ermessen des AG gestellt wird, ohne dass eine Mindesthöhe iSv § 74 Abs. 2 HGB vereinbart ist (BAG 15.1.2014 – 10 AZR 243/13). Bei einem **unverbindlichen Wettbewerbsverbot** steht dem AN ein Wahlrecht zu, ob er sich von dem Wettbewerbsverbot lösen will oder ob er sich für dessen Einhaltung entschließt. Im letztgenannten Fall erhält er die vereinbarte – nicht die gesetzliche – Karenzentschädigung; ist deren Höhe in das Ermessen des AG gestellt, entspricht nur eine die Mindesthöhe nach § 74 Abs. 2 HGB nicht unterschreitende Karenzentschädigung billigem Ermessen (BAG 15.1.2014 – 10 AZR 243/13). Gleichzeitig kann der AG dann auch die Einhaltung des Wettbewerbsverbots erzwingen. Der AN muss das ihm zustehende Wahlrecht regelmäßig bei Beginn der Karenzzeit ausüben. Er kann es jedoch bis zur gerichtlichen Entscheidung über die Wirksamkeit des Wettbewerbsverbots hinausschieben, wenn die vorübergehende Einhaltung unter Berücksichtigung der Interessen des AG sinnvoll ist. Bei einem anhängigen Rechtsstreit über die Beendigung des Arbeitsverhältnisses genügt es, wenn der AN vorläufig Wettbewerb unterlässt und sein Wahlrecht endgültig nach Feststehen der Beendigung trifft. An die Ausübung des Wahlrechts ist der AN gebunden.

Das **Wettbewerbsverbot** muss **dem Schutz eines berechtigten geschäftlichen Interesses des AG dienen,** ansonsten ist es unverbindlich (§ 74a Abs. 1 S. 1 HGB). Damit kann der AN wählen, ob er sich an das Wettbewerbsverbot hält und dafür die vereinbarte Karenzentschädigung verlangt. Ein berechtigtes Interesse des AG an dem Wettbewerbsverbot ist gegeben, wenn das Verbot entweder dem Schutz von Betriebsgeheimnissen dient oder den Einbruch eines ausgeschiedenen Mitarbeiters in den Kunden- oder Lieferantenkreis unter Ausnutzung besonderer Kenntnisse oder persönlicher Kontakte verhindern soll (BAG 7.7.2015 – 10 AZR 260/14). Das bloße Interesse des AG, Konkurrenz einzuschränken, genügt nicht (BAG 21.4.2010 – 10 AZR 288/09). Örtlich darf sich das Wettbewerbsverbot nur auf das Gebiet erstrecken, in dem für den AG Konkurrenz droht. Gleiches gilt für die branchenmäßige Reichweite des Wettbewerbsverbots. Für die Frage, ob ein berechtigtes Interesse des AG besteht, kommt es auf den Zeitpunkt an, in dem der AG sich auf die Wettbewerbsabrede beruft. Auch ein sog. **bedingtes Wettbewerbsverbot** ist lediglich unverbindlich. Ein Solches liegt vor, wenn dem AG die Entscheidung darüber vorbehalten wurde, ob er das Wettbewerbsverbot in Anspruch nehmen will oder nicht.

Das Wettbewerbsverbot kann nur für die **Höchstdauer** von zwei Jahren seit Beendigung des Arbeitsverhältnisses vereinbart werden (§ 74a Abs. 1 S. 3 HGB). Wird eine längere Frist vereinbart, ist das Wettbewerbsverbot nur für die Dauer von zwei Jahren verbindlich. Der AN kann aber wählen, ob er das Wettbewerbsverbot über die Dauer von zwei Jahren hinaus einhalten und Karenzentschädigung beanspruchen will. Sein Wahlrecht muss er nach Ablauf der zulässigen Höchstdauer ausüben.

3. Form

Das Wettbewerbsverbot bedarf der → *Schriftform* (§§ 125, 126 BGB). Wird die Schriftform verletzt, ist die Wettbewerbsabrede gem. § 125 S. 1 BGB nichtig. Dies hat zur Folge, dass keine der beiden Parteien irgendwelche Ansprüche aus dem Wettbewerbsverbot ableiten kann. Darüber hinaus ist die das Wettbewerbsverbot enthaltende Urkunde dem AN auszuhändigen, damit dieser sich jederzeit über seine Verpflichtung orientieren kann (§ 74 Abs. 1 HGB). Erst mit der Aushändigung wird das Wettbewerbsverbot verbindlich.

4. Höhe der Karenzentschädigung

Nach § 74 Abs. 2 HGB muss die Karenzentschädigung für jedes Verbotsjahr mindestens die Hälfte der letzten vor Beendigung des Arbeitsverhältnisses vom AN bezogenen vertragsgemäßen Vergütung erreichen. Zur Berechnung sind die zuletzt gezahlten Monats- oder Wochenbezüge auf Jahresbezüge umzurechnen. Dabei sind sämtliche Vergütungsbestandteile wie zB Leistungszulagen, → *Provisionen*, → *Gewinnbeteiligungen (Tantiemen)*, → *Sonderzuwendungen* oder ein zur privaten Nutzung überlassener → *Dienstwagen* zu berücksichtigen. Außer Ansatz bleiben der → *Krankenversicherungszuschuss* des AG sowie Bezüge zur Abgeltung besonderer Auslagen, die infolge Dienstleistung entstehen (§ 74b Abs. 2 HGB) sowie Vergütungen für → *Arbeitnehmererfindungen*. Bei variablen Entgeltbestandteilen ist zur Berechnung der Durchschnittsverdienst der letzten drei Jahre in Ansatz zu bringen.

Auf die Karenzentschädigung muss sich der AN – auch ohne besondere Vereinbarung – das **anrechnen lassen,** was er durch anderweitige Verwertung seiner Arbeitskraft während des Zeitraums, für den die Karenzentschädigung gezahlt wird, erwirbt oder zu erwerben böswillig unterlässt, soweit die Entschädigung unter Hinzurechnung dieses Betrags die zuletzt von ihm bezogene Arbeitsvergütung um 10% übersteigt (§ 74c Abs. 1 S. 1 HGB). War der AN wegen des Wettbewerbsverbots gezwungen, seinen Wohnsitz zu wechseln, steigt die Anrechnungsfreigrenze auf 25%. Der AN trägt die Darlegungs- und Beweislast dafür, dass das Wettbewerbsverbot für den Umzug ursächlich war. Ausreichend ist, wenn er darlegt, dass er mit Rücksicht auf das Wettbewerbsverbot eine seiner früheren Tätigkeit vergleichbare Arbeit nur bei einem branchenfremden ortsansässigen AG unter dem Vorbehalt der späteren Versetzung aufnehmen konnte. Die Anrechnung des anderweitigen Verdienstes erfolgt jeweils monatsweise, also anders als beim → *Annahmeverzug des Arbeitgebers*. Unklar ist, ob und welche Sozialversicherungsleistungen angerechnet werden müssen. Der Wortlaut von § 74c Abs. 1 HGB, wonach sich der AN nur anrechnen lassen muss, was er durch anderweitige Verwendung seiner Arbeitskraft erwirbt, könnte den Schluss darauf zulassen, dass Sozialversicherungsleistungen nicht auf die Karenzentschädigung anzurechnen sind, weil sie nicht durch Verwendung der Arbeitskraft erworben werden. Allerdings ging das BAG bislang davon aus, dass auch Arbeitslosengeld anzurechnen ist (BAG 25.6.1985 – 3 AZR 305/83). Diese Rspr. hat das Gericht nach der Aufhebung der maßgeblichen Vorschrift im SGB III in Frage gestellt (BAG 14.9.2011 – 10 AZR 198/10). Anrechenbar sind hingegen → *Krankengeld* und → *Kurzarbeitergeld*, da es sich hierbei um Lohnersatzleistungen handelt. Renten der gesetzlichen Rentenversicherung sind hingegen nicht anzurechnen (BAG 30.10.1984 – 3 AZR 213/82). Gewinne aus einer selbständigen Tätigkeit sind anzurechnen, wenn sie bis zum Ende der Karenzzeit realisiert wurden. Dies ist der Fall, wenn der Anspruch des AN auf die Gegenleistung für die anderweitige Verwertung seiner Arbeitskraft während der Karenzzeit rechtlich bis zu deren Ablauf bereits entstanden ist, oder, wenn die für die Entstehung wesentlichen wirtschaftlichen Ursachen während der Karenzzeit gesetzt worden sind und der frühere AN mit der künftigen Entstehung der Forderung fest rechnen kann (BAG 27.2.2019 – 10 AZR 340/18). Haben AG und AN eine über die Vorgaben des § 74c Abs. 1 HGB hinausgehende Anrechnung vereinbart, ist die vertragliche Anrechnungsklausel insoweit für den AN unverbindlich (BAG 16.12.2021 – 8 AZR 498/20). Der AN ist verpflichtet, dem AG über die Höhe seines anderweitigen Verdienstes Auskunft zu geben. Nur auf diese Weise kann der AG in die Lage versetzt werden, seiner Darlegungspflicht für den anderweitigen Erwerb des AN nachzukommen. Bei Zweifeln an der Richtigkeit der Auskunft muss sie der AN belegen.

5. Durchsetzung des Wettbewerbsverbots

Verstößt der AN gegen das Wettbewerbsverbot, kann der AG gegen ihn auf Unterlassung klagen. Die Ansprüche können ggf. auch im Wege einstweiliger Verfügung durchgesetzt werden. Daneben besteht für den AG die Möglichkeit, vom AN Ersatz des Schadens zu verlangen, der ihm durch die verbotene Wettbewerbstätigkeit entstanden ist. Zudem kann der AG vom Wettbewerbsverbot zurücktreten mit der Folge, dass die Verpflichtung des AN, Wettbewerb zu unterlassen, erlischt. Die Einhaltung des Wettbewerbsverbots kann auch durch → *Vertragsstrafe* gesichert werden. Im Wege der Auslegung ist zu ermitteln, ob die Vertragsstrafe für jeden einzelnen Fall der Zuwiderhandlung während der Karenzzeit, nur für Zuwiderhandlungen während bestimmter Zeiträume oder für Zuwiderhandlungen während der gesamten Karenzzeit geschuldet wird. Die Vertragsstrafe muss sich wegen ihrer Höhe nicht an der zu zahlenden Karenzentschädigung orientieren. Ist die Vertragsstrafe unverhältnismäßig hoch, kann der AN hiergegen klagen und Herabsetzung durch Urteil verlangen (§ 75c Abs. 1 S. 2 HGB iVm § 343 Abs. 1 S. 1 BGB).

6. Beseitigung des Wettbewerbsverbots

Die Parteien eines Arbeitsvertrags können ein Wettbewerbsverbot jederzeit einvernehmlich **aufheben.** Der Aufhebungsvertrag unterliegt keinen Formvorschriften. Ansprüche aus einem Wettbewerbsverbot können auch durch eine Ausgleichsklausel in einem gerichtlichen oder außergerichtlichen Vergleich zur Beendigung eines Kündigungsrechtsstreits miterfasst werden. Ob dies gewollt ist, muss jeweils im Einzelfall durch Auslegung nach §§ 133, 157 BGB ermittelt werden. Erfüllt der AG die Verpflichtung zur Zahlung der Karenzentschädigung nach Beendigung des Arbeitsverhältnisses nicht, obwohl der AN sich an das vereinbarte Wettbewerbsverbot hält, kann der AN – ggf. nach einer angemessenen Fristsetzung – von diesem durch einseitige empfangsbedürfte Erklärung gegenüber dem AG **zurücktreten.** Da es sich beim Wettbewerbsverbot um einen gegenseitigen Vertrag handelt, finden die Bestimmungen über das gesetzliche Rücktrittsrecht nach §§ 323 ff. BGB Anwendung (BAG 31.1.2018 – 10 AZR 392/17). Der Rücktritt entfaltet Wirkung für die Zeit nach Zugang der Rücktrittserklärung. Damit entfallen ab diesem Zeitpunkt die wechselseitigen Rechte und Pflichten von AN und AG.

Bis zur rechtlichen Beendigung des Arbeitsverhältnisses kann der AG zudem auch durch schriftliche Erklärung auf das Wettbewerbsverbot **verzichten** (§ 75a HGB). Der Verzicht bewirkt, dass der AN sofort von dem Wettbewerbsverbot befreit wird, der AG dagegen bis zum Ablauf eines Jahres nach Zugang der Verzichtserklärung zur Zahlung der Karenzentschädigung verpflichtet bleibt, selbst wenn der AN Konkurrenz betreibt. Kündigt der AG allerdings im Anschluss daran berechtigt außerordentlich, so verliert der AN den Anspruch auf Karenzentschädigung (BAG 17.2.1987 – 3 AZR 59/86). Kündigt der AN das Arbeitsverhältnis aus wichtigem Grund (§ 626 BGB) außerordentlich, wird das Wettbewerbsverbot unwirksam, wenn der AN vor Ablauf eines Monats nach der → *Kündigung* schriftlich erklärt, dass er sich an die Vereinbarung nicht gebunden fühlt (§ 75 Abs. 1 HGB). Kündigt der AG das Arbeitsverhältnis ordentlich, wird das Wettbewerbsverbot unwirksam, es sei denn für die Kündigung lag ein erheblicher Grund in der Person des AN vor (§ 75 Abs. 2 HGB). Der AN hat in diesem Fall ein Wahlrecht, ob er sich an das Wettbewerbsverbot hält oder nicht. Kündigt der AG zu Recht außerordentlich, bleibt das Wettbewerbsverbot nach § 75 Abs. 3 HGB bestehen, der AN soll jedoch keinen Anspruch auf die Karenzentschädigung haben. Das BAG hält § 75 Abs. 3 HGB allerdings für verfassungswidrig (BAG 7.7.2015 – 10 AZR 260/14; 23.2.1977 – 3 AZR 620/75). Wegen der dadurch entstandenen Regelungslücke wendet es auch insoweit § 75 Abs. 1 HGB entsprechend an. Dies bedeutet, dass das Wettbewerbsverbot unwirksam wird, wenn der AG vor Ablauf eines Monats nach der Kündigung schriftlich erklärt, dass er sich an das Wettbewerbsverbot nicht gebunden fühlt. Wird das Arbeitsverhältnis durch → *Aufhebungsvertrag* aufgelöst, ist zu prüfen, worauf die Aufhebung nach Sache und Anlass beruht. Lag ein wichtiger Grund iSd § 626 BGB vor, ist § 75 Abs. 1 HGB ebenfalls entsprechend anwendbar.

7. Sperrabrede

Eine sog. Sperrabrede bezeichnet eine geheime Wettbewerbs- oder Konkurrenzklausel, mit der sich zwei oder mehr AG verpflichten, AN, die bei ihnen angestellt waren, nicht oder nur unter gewissen Voraussetzungen einzustellen. Das Gesetz verbietet derartige Abmachungen nicht schlechthin, sondern versagt ihnen lediglich den Rechtsschutz, indem es jedem AG das Recht zum jederzeitigen Rücktritt eröffnet (§ 75f S. 1 HGB). *(MA)*

▶ Whistleblowing

→ *Anzeige gegen den Arbeitgeber (Whistleblowing)*

▶ Widerrufsvorbehalt

Die Arbeitsvergütung oder Teile von ihr können **ohne einen vereinbarten Vorbehalt nicht einseitig widerrufen** werden, und zwar auch nicht mit der Begründung, infolge Nachlassens der Leistung sei die Geschäftsgrundlage (§ 313 BGB) entfallen.

Wird die Leistung unter einem **Widerrufsvorbehalt** gezahlt, besteht bis zur Ausübung des Widerrufsrechts ein Anspruch des AN auf die Leistung. Der Widerruf einer Leistungszulage kann allerdings nicht nach freiem Ermessen erfolgen; er unterliegt in vorformulierten Arbeitsverträgen der Inhaltskontrolle nach § 308 Nr. 4 BGB (→ *Allgemeine Geschäftsbedingungen*). Daher müssen bei einem Widerrufsvorbehalt bei den Widerrufsgründen zumindest die Richtung angegeben werden, aus der ein Widerruf möglich sein soll, zB wirtschaftliche Gründe, Leistung oder Verhalten des AN (BAG 21.3.2012 – 5 AZR 651/10). Die Vereinbarung eines Widerrufsvorbehalts ist zulässig, soweit der im Gegenseitigkeitsverhältnis stehende widerrufliche Teil des Gesamtverdienstes unter 25% liegt, der Tariflohn nicht unterschritten wird und die Widerrufsgründe in der Vereinbarung bezeichnet sind (BAG 12.1.2005 – 5 AZR 364/04). Sind darüber hinaus Zahlungen des AG widerruflich, die nicht eine unmittelbare Gegenleistung für die Arbeitsleistung darstellen, sondern Ersatz für Aufwendungen, die an sich der AN selbst tragen muss, kann sich der widerrufliche Teil der Arbeitsvergütung auf bis zu 30% des Gesamtverdienstes erhöhen (BAG 11.10.2006 – 5 AZR 721/05).

In der Bezeichnung eines Vergütungsbestandteils als „freiwillige" Leistung kommt in der Regel nicht hinreichend deutlich zum Ausdruck, dass der AG diese Leistung „widerruflich" gewähren will (§ 305c Abs. 2 BGB). Diese Bezeichnung kann auch so verstanden werden, dass der AG damit verdeutlichen will, nicht durch sonstige Regelungen zu dieser Leistung verpflichtet zu sein. Unwirksam, weil unklar und missverständlich, ist regelmäßig auch die vielfach verwandte **Kombination eines Freiwilligkeits- mit einem Widerrufs-**

vorbehalt (BAG 14.10.2011 – 10 AZR 526/10). Bei einem Freiwilligkeitsvorbehalt entsteht schon kein Anspruch auf die Leistung, bei einem Widerrufsvorbehalt hingegen hat der AN Anspruch, der AG behält sich aber vor, die versprochene Leistung einseitig zu ändern. Beispiel:

„Sonstige, in diesem Vertrag nicht vereinbarte Leistungen des AG an den AN sind freiwillig und jederzeit widerruflich. Auch wenn der AG sie mehrmals und regelmäßig erbringen sollte, erwirbt der AN durch keinen Rechtsanspruch für die Zukunft".

▶ Wiedereingliederung

Die Wiedereingliederung dient der **stufenweisen Eingliederung** eines regelmäßig lang erkrankten AN in das Berufsleben. Können arbeitsunfähige AN, die in der gesetzlichen Krankenversicherung pflichtversichert sind, nach ärztlicher Feststellung ihre bisherige Tätigkeit jedenfalls teilweise verrichten und können sie durch eine stufenweise Wiederaufnahme ihrer Tätigkeit voraussichtlich besser wieder in das Erwerbsleben eingegliedert werden, können sie von ihrem AG im Umfang ihrer Leistungsfähigkeit beschäftigt werden. Der Arzt soll die teilweise Arbeitsfähigkeit auf der Arbeitsunfähigkeitsbescheinigung (→ *Krankmeldung*) vermerken (§ 74 SGB V). Spätestens ab einer Dauer der Arbeitsunfähigkeit von 6 Wochen hat die ärztliche Feststellung idR mit der Bescheinigung über die Arbeitsunfähigkeit zu erfolgen. Während der stufenweisen Wiedereingliederung gilt der AN als arbeitsunfähig; die Vergütungs- und Beschäftigungspflichten aus dem Arbeitsvertrag ruhen. Der AN hat keinen → *Beschäftigungsanspruch*. Die Beschäftigung im Rahmen einer Wiedereingliederung hängt daher davon ab, ob der AN arbeiten will und der AG bereit ist, die Arbeitsleistung entgegenzunehmen. Der AN hat **keinen Rechtsanspruch** darauf, dass er stufenweise wieder eingegliedert wird. Ebenso kann auch der AG vom AN nicht verlangen, dass dieser die Arbeitsleistung im Rahmen eines Wiedereingliederungsverhältnisses wiederaufnimmt. Beim schwerbehinderten Beschäftigten kann sich ein Anspruch aus § 164 Abs. 4 SGB IX ergeben, dessen Verletzung Schadensersatzansprüche auslösen kann. Wird ein Eingliederungsverhältnis vereinbart, besteht für die erbrachten Dienste kein Vergütungsanspruch gegen den AG. Die Arbeit wird zum Zwecke der Rehabilitation erbracht; der AN erhält in diesem Zeitraum regelmäßig → *Krankengeld.* Während des Zeitraums einer Wiedereingliederung kann der AG → *Urlaub* nicht wirksam gewähren. Der AG kann verpflichtet sein, an einer Maßnahme der stufenweisen Wiedereingliederung eines schwerbehinderten AN derart mitzuwirken, dass er den Beschäftigten entsprechend den Vorgaben des Wiedereingliederungsplans beschäftigt. Unterlässt er dies, kann er sich schadensersatzpflichtig machen (BAG 16.5.2019 – 8 AZR 530/17). *(SR)*

▶ Wiedereinsetzung in den vorigen Stand

I. Zulässigkeit der Wiedereinsetzung

Einer Partei, die eine im Gesetz als Notfrist bezeichnete Frist (§ 224 ZPO) oder die Frist zur Begründung der → *Berufung,* der → *Revision,* der → *Nichtzulassungsbeschwerde,* der Rechtsbeschwerde oder die Wiedereinsetzungsfrist selbst versäumt hat, kann auf **Antrag** die Wiedereinsetzung in den vorigen Stand bewilligt werden. Zulässig ist ein solcher Antrag nur, wenn er binnen 2 Wochen seit Behebung des Hindernisses gestellt wird, das der Wahrung der versäumten Frist entgegenstand (§ 234 ZPO). Die Frist für die Wiedereinsetzung beginnt in dem Zeitpunkt, in dem die Partei oder ihr Prozessbevollmächtigter bei Anwendung der erforderlichen Sorgfalt von der Verspätung hätte Kenntnis erlangen können. Die Wiedereinsetzung ist von Amts wegen und ohne Antrag zu bewilligen, sofern die versäumte Prozesshandlung innerhalb der zweiwöchigen Antragsfrist nachgeholt wird und die eine Wiedereinsetzung rechtfertigenden Gründe aktenkundig oder sonst offenkundig sind (§ 236 Abs. 2 S. 2 ZPO). Nach Ablauf eines Jahres kann der Wiedereinsetzungsantrag nicht mehr gestellt werden (§ 234 Abs. 3 ZPO). Etwas anderes gilt nur dann, wenn das Versäumen der Frist der Sphäre des Gerichts und nicht derjenigen des Antragstellers zuzurechnen ist und der Prozessgegner kein schutzwürdiges Vertrauen auf den Eintritt der Rechtssicherheit haben konnte (BAG 30.7.2020 – 2 AZR 43/20).

Die **Form des Wiedereinsetzungsantrags** richtet sich nach den Vorschriften, die für die versäumte Prozesshandlung gelten. Der Antrag muss die Angabe und Glaubhaftmachung der die Wiedereinsetzung begründenden Tatsachen enthalten sowie die versäumte Prozesshandlung nachholen oder, sofern dies bereits geschehen ist, hierauf Bezug nehmen (§ 236 ZPO). Der Wiedereinsetzungsantrag erfordert grds. eine genaue Darlegung und Glaubhaftmachung aller zwischen dem Beginn und dem Ende der versäumten Frist liegenden Umstände, die für die Frage bedeutsam sind, wie und ggf. durch wessen Verschulden es zu einer Versäumung der Frist gekommen ist. Diese Tatsachen müssen innerhalb der Zwei-Wochen-Frist des § 234 Abs. 1 ZPO vorgetragen werden. Ein Nachschieben von Wiedereinsetzungsgründen nach Ablauf dieser zweiwöchigen Frist ist unzulässig.

II. Begründetheit der Wiedereinsetzung

Der Wiedereinsetzungsantrag ist begründet, wenn die Partei ohne ihr Verschulden gehindert war, die Frist einzuhalten. Ein die Wiedereinsetzung **rechtfertigender Grund** können eine urlaubsbedingte Abwesenheit oder ungewöhnlich lange Postlaufzeiten sein. Eine Wiedereinsetzung scheidet aus, wenn die Partei gegenüber der Fristversäumung ein Verschulden trifft. Ein Verschulden ihres Prozessbevollmächtigten (RA, Verbandsvertreter) wird der Partei zugerechnet (§ 85 Abs. 2 ZPO), nicht dagegen das Verschulden von dessen Personal, soweit es hinreichend angewiesen und beaufsichtigt worden ist. Schuldlos kann die Fristversäumnis bei einer schwerwiegenden Erkrankung sein. Auch eine unrichtige → *Rechtsmittelbelehrung* schließt regelmäßig das Verschulden aus. Die Unkenntnis von der Zustellung eines → *Versäumnisurteils* ist nicht schuldlos, wenn die säumige Partei von dem Termin, in dem das VU ergangen ist, Kenntnis hatte und sich nicht nach dem Ausgang dieses Termins erkundigt hat.

Kann nur ein RA wirksam Rechtsmittel einlegen, hindert die Mittellosigkeit den Rechtsmittelführer daran, die Rechtsmittelfrist einzuhalten. Wird **Prozesskostenhilfe** bewilligt und ein RA beigeordnet, ist das Hindernis der Mittellosigkeit behoben, sobald der Bewilligungsbeschluss dem Rechtsmittelführer zugeht. Eine mittellose Partei kann daher zunächst → *Prozesskostenhilfe* und nach deren Bewilligung innerhalb der Frist des § 234 Abs. 1 S. 1 ZPO Wiedereinsetzung in die Frist zur Einlegung des Rechtsmittels sowie innerhalb der Frist gem. § 234 Abs. 1 S. 2 ZPO Wiedereinsetzung in die Frist zu dessen Begründung beantragen. Für den Fall, dass die beantragte Prozesskostenhilfe nach dem Ablauf der Rechtsmittelfrist verweigert wird, bleibt der Partei nach der Bekanntgabe der Entscheidung noch eine Zeit von höchstens drei bis vier Tagen für die Überlegung, ob sie das Rechtsmittel auf eigene Kosten durchführen will. Dann beginnt die zweiwöchige Frist des § 234 Abs. 1 S. 1 ZPO für das Wiedereinsetzungsgesuch und die mit ihm zu verbindende Einlegung des Rechtsmittels. Entsprechendes gilt für die Frist zur Wiedereinsetzung in die Frist zur Begründung des Rechtsmittels (BAG 3.7.2013 – 2 AZN 250/13).

▶ Wiedereinstellung

Ein gesetzlicher Anspruch auf Wiedereinstellung (Vertragsfortsetzung) besteht nur für → *schwerbehinderte Menschen* (§ 174 Abs. 6 SGB IX) nach einem das Arbeitsverhältnis lösenden → *Arbeitskampf*. Ein Anspruch auf Wiedereinstellung kann aber in einem TV, einer BV oder einzelvertraglich vereinbart werden, zB in einem Vorvertrag zu einem Arbeitsverhältnis. Ein gekündigter AN kann allein aus der wiederholten Einstellung in der Vergangenheit keinen Vertragsfortsetzungsanspruch herleiten. Bei einer → *betriebsbedingten Kündigung* kommt ein Wiedereinstellungsanspruch in Betracht, wenn sich die Vorstellungen des AG über die Weiterbeschäftigungsmöglichkeiten nachträglich als unzutreffend herausstellen (zB weil es zu einem → *Betriebsübergang* kommt). Das gilt allerdings nicht in der Insolvenz (→ *Insolvenz des Arbeitgebers*) (BAG 25.5.2022 – 6 AZR 224/21). Diese Grundsätze sind für ordentliche Kündigungen in Kleinbetrieben iSv § 23 Abs. 1 KSchG ebenfalls nicht anwendbar, da es dort keiner Prognoseentscheidung, die korrigiert werden könnte, bedarf. Der Wiedereinstellung können berechtigte Interessen des AG entgegenstehen, zB wenn dieser über keine Beschäftigungsmöglichkeiten für den betroffenen AN verfügt oder anderweitig über den Arbeitsplatz disponiert hat oder der BR einer Wiedereinstellung nicht zustimmt. Bei einer → *krankheitsbedingten Kündigung* kann ein Anspruch auf Wiedereinstellung gegeben sein, wenn die Besserung des Gesundheitszustands bis zum Ablauf der Kündigungsfrist eingetreten ist. Dies gilt auch nach einer → *Verdachtskündigung*, wenn der AN wegen Verdachts einer strafbaren Handlung gekündigt worden ist und sich später seine Unschuld herausstellt oder zumindest nachträglich Umstände bekannt werden, die den bestehenden Verdacht beseitigen. Nach Ablauf eines → *befristeten Arbeitsvertrags* besteht kein Anspruch des AN auf Wiedereinstellung, selbst wenn eine unbefristete oder befristete Beschäftigungsmöglichkeit besteht. Ausnahmsweise können auch AN in → *Saisonarbeit* einen Anspruch auf Wiedereinstellung haben. *(SR)*

▶ Winterbauförderung

Das Saison-KUG ist eine Sonderform des → *Kurzarbeitergelds*. Es soll die ganzjährige Beschäftigung in der Baubranche fördern. Nach § 101 Abs. 1 SGB III haben AN in der Schlechtwetterzeit (1.12. des Jahres bis 31.3. des Folgejahres) Anspruch auf Saison-KUG, wenn (**1**) sie in einem Betrieb beschäftigt sind, der dem Baugewerbe oder einem Wirtschaftszweig angehört, der von saisonbedingtem Arbeitsausfall betroffen ist, (**2**) der Arbeitsausfall erheblich ist, (**3**) die betrieblichen Voraussetzungen des § 97 SGB III sowie die persönlichen Voraussetzungen des § 98 SGB III erfüllt sind. Das Saison-KUG wird wie das Kurzarbeitergeld berechnet.

AN, deren Arbeitsverhältnis in der Schlechtwetterzeit nicht aus witterungsbedingten Gründen gekündigt werden kann, haben **Anspruch auf ergänzende Leistungen** nach § 102 SGB III. Bei den zusätzlichen Leistungen handelt es sich um (**1**) Zuschuss-Wintergeld und (**2**) Mehraufwands-Wintergeld. Daneben werden (**3**) die von den AG allein zu tragenden Beiträge zur Sozialversicherung für Bezieher von Saison-KUG auf Antrag erstattet (Sozialaufwandserstattung). Zuschuss-Wintergeld iHv 2,50 EUR erhalten AN steuer- und sozialversicherungsfrei je ausgefallener Arbeitsstunde, zu deren Ausgleich Arbeitszeitguthaben aufgelöst und dadurch die Inanspruchnahme des Saison-KUG vermieden wird (§ 102 Abs. 2 SGB III). Mehraufwands-Wintergeld iHv 1 EUR erhalten AN steuer- und sozialversicherungsfrei für jede in der Zeit vom 15.12. bis zum 29.2. geleistete Arbeitsstunde. Der Anspruch ist auf 90 Stunden im Dezember und je 180 Stunden im Januar und Februar begrenzt (§ 102 Abs. 3 SGB III). **Sozialaufwandserstattung** erhalten AG für die während des Saison-KUG-Bezugs zu tragenden Beiträge zur Sozialversicherung (§ 102 Abs. 4 SGB III).

► Wirtschaftsausschuss

I. Errichtung

In → *Unternehmen* (**Ausnahme** → *Tendenzbetriebe*) mit idR mehr als 100 ständigen AN wird ein Wirtschaftsausschuss gebildet. Der Wirtschaftsausschuss hat die Aufgabe, wirtschaftliche Angelegenheiten mit dem Unternehmer zu beraten und den → *Betriebsrat* (BR) zu unterrichten (§ 106 Abs. 1 BetrVG). Der Wirtschaftsausschuss besteht aus drei bis sieben Mitgliedern, die dem Unternehmen angehören müssen, davon mindestens ein BRmitglied (§ 107 BetrVG). Die Mitglieder werden vom BR oder → *Gesamtbetriebsrat* bestimmt (§ 107 Abs. 2 BetrVG) und können ohne Angabe von Gründen abberufen werden. Der BR kann beschließen, die Aufgaben des Wirtschaftsausschusses einem BRausschuss zu übertragen (§ 107 Abs. 3 BetrVG). Die Mitglieder des Wirtschaftsausschusses haben regelmäßig keinen Anspruch auf Freistellung zu Schulungs- und Bildungsveranstaltungen nach § 37 Abs. 6, 7 BetrVG (→ *Betriebsratsmitglieder*).

Der Wirtschaftsausschuss soll **einmal monatlich** zusammentreten (§ 108 Abs. 1 BetrVG). Er kann, soweit es zur Erfüllung seiner Aufgaben notwendig ist, Sachverständige hinzuziehen. Die → *Schwerbehindertenvertretung* und die Beauftragten der → *Gewerkschaften* können an den Sitzungen des Wirtschaftsausschusses teilnehmen.

II. Beteiligungsrechte

Der Wirtschaftsausschuss hat Anspruch auf rechtzeitige **Unterrichtung über die wirtschaftlichen Angelegenheiten** des Unternehmens anhand der Unterlagen, soweit dadurch nicht die Betriebs- und Geschäftsgeheimnisse des Unternehmens gefährdet werden. Die Mitglieder des Wirtschaftsausschusses unterliegen daher der Verschwiegenheitspflicht (§ 79 Abs. 2 BetrVG). Zu den wirtschaftlichen Angelegenheiten gehören u.a. die wirtschaftliche und finanzielle Lage des → *Unternehmen*, Produktions- und Absatzlage, Produktions- und Investitionsprogramm, Rationalisierungsvorhaben, Fabrikations- und Arbeitsmethoden, Fragen des betrieblichen Umweltschutzes, Einschränkung oder Stilllegung von Betrieben, Verlegung von Betrieben oder von Betriebsteilen, Zusammenschluss oder die Spaltung von Unternehmen oder Betrieben, Änderung der Betriebsorganisation sowie sonstige Vorgänge und Vorhaben, welche die Interessen der AN des Unternehmens wesentlich berühren, zB Übertragung der Geschäftsanteile einer GmbH, die Stilllegung auch betriebsratsloser Betriebe oder die Übernahme des Unternehmens.

Zur gründlichen Vorbereitung der Ausschussmitglieder gehört es regelmäßig, dass ihnen die **Unterlagen** zur Verfügung gestellt werden. Zu diesen gehört auch der Wirtschaftsprüferbericht nach § 321 HGB. Die Mitglieder des Wirtschaftsausschusses können sich Notizen machen, dürfen aber die Unterlagen nicht ohne Einverständnis fotokopieren (BAG 20.11.1984 – 1 ABR 64/82). Wird eine Auskunft nicht oder nicht genügend erteilt, entscheidet im Streitfall die → *Einigungsstelle* verbindlich (§ 109 BetrVG). Wird die erforderliche Unternehmensgröße nicht erreicht, steht das Unterrichtungsrecht nicht dem BR zu. Inhaltsgleiche Auskunftsansprüche können sich für den BR jedoch aus § 80 Abs. 2 BetrVG ergeben (BAG 5.1.1991 – 1 ABR 24/90). Das Amt eines Wirtschaftsausschusses endet, wenn die Anzahl der AN unter 101 AN absinkt.

▶ Wirtschaftsrisiko

→ *Betriebsrisiko*

▶ Wohnung

→ *Werkswohnung*

▶ Wucher

Ein Rechtsgeschäft ist **sittenwidrig,** wenn es gegen das Anstandsgefühl aller billig und gerecht Denkenden verstößt (§ 138 Abs. 1 BGB). § 138 BGB enthält in **Abs. 1 eine Generalklausel,** die in **Abs. 2 für den Wucher beispielhaft konkretisiert** wird. Nach § 138 Abs. 2 BGB ist ein Rechtsgeschäft nichtig, durch das jemand unter Ausbeutung der Zwangslage, der Unerfahrenheit, des Mangels an Urteilsvermögen oder der erheblichen Willensschwäche eines anderen sich oder einem Dritten für eine Leistung Vermögensvorteile versprechen oder gewähren lässt, die in einem auffälligen Missverhältnis zu der Leistung stehen. Der Wucherer muss subjektiv eine Schwäche des anderen (Zwangslage, Unerfahrenheit, Mangel an Urteilsvermögen oder Willensschwäche) ausbeuten. Wird ein besonders grobes Missverhältnis zwischen Leistung und Gegenleistung festgestellt, besteht eine tatsächliche Vermutung einer verwerflichen Gesinnung der anderen Vertragspartei (BAG 18.3.2014 – 9 AZR 694/12). Sind die subjektiven Tatbestandsvoraussetzungen des § 138 Abs. 2 BGB nicht vollständig erfüllt, kann das entsprechende Rechtsgeschäft gleichwohl wegen eines allgemeinen Sittenverstoßes nach Abs. 1 nichtig sein.

Ein **wucherähnliches Geschäft** liegt nach § 138 Abs. 1 BGB vor, wenn Leistung und Gegenleistung **in einem auffälligen Missverhältnis zueinanderstehen** und weitere sittenwidrige Umstände, wie beispielsweise eine verwerfliche Gesinnung des durch den Vertrag objektiv Begünstigten, hinzutreten. Eine Vergütungsabrede kann wegen Wuchers oder wegen eines wucherähnlichen Rechtsgeschäfts nichtig sein. Voraussetzung ist ein auffälliges Missverhältnis zwischen Leistung und Gegenleistung. Dies ist vom BAG bejaht worden, wenn die Vergütung etwa 2/3 des Tariflohns beträgt. Ausgangspunkt zur Feststellung des Werts der Arbeitsleistung sind dabei in der Regel die Tariflöhne des jeweiligen Wirtschaftszweigs. Dies gilt jedenfalls dann, wenn diese in dem Wirtschaftsgebiet üblicherweise gezahlt werden. Erreicht die Arbeitsvergütung **nicht einmal zwei Drittel** eines in dem betreffenden Wirtschaftszweig üblicherweise gezahlten Tariflohns, liegt eine ganz erhebliche, ohne Weiteres ins Auge springende und regelmäßig nicht mehr hinnehmbare Abweichung vor, für die es einer spezifischen Rechtfertigung bedarf (BAG 24.5.2017 – 5 AZR 251/16). Ist eine Entgeltvereinbarung wegen Wucher unwirksam, hat der AN Anspruch nach § 612 Abs. 1 BGB auf die übliche Vergütung, dies ist regelmäßig der Tariflohn, ansonsten die üblicherweise gezahlte Vergütung.

Z

▶ Zeugnis

I. Zeugnisarten

Bei Beendigung des Arbeitsverhältnisses hat der AG dem AN ein Zeugnis auszustellen (§ 109 GewO, § 630 S. 4 BGB). Das **einfache Zeugnis** muss Angaben über Art und Dauer der Beschäftigung enthalten. Diese Angaben dienen dazu, den neuen AG zu unterrichten, welche Tätigkeit der AN wie lange ausgeübt hat. Bei den zu ihrer Berufsausbildung beschäftigten Personen (→ *Auszubildende*) muss das Zeugnis Angaben über Art, Dauer und Ziel der Berufsausbildung enthalten (§ 16 Abs. 2 BBiG). Auf Verlangen des AN sind auch Angaben über seine Leistungen und Verhalten aufzunehmen **(qualifiziertes Zeugnis).** Das Zeugnis ist spätestens bei Ablauf der Kündigungsfrist auszuhändigen, selbst wenn die Parteien über die Wirksamkeit der Kündigung streiten (BAG 27.2.1987 – 5 AZR 710/85). Grds. muss der AN seine Arbeitspapiere, zu denen auch das Zeugnis gehört, bei dem AG abholen. Im Einzelfall kann der AG aber gehalten sein, dem AN das Zeugnis zuzuschicken (BAG 8.3.1995 – 5 AZR 848/93). Der Anspruch auf die Erteilung eines Zeugnisses und dessen Berichtigung unterliegt der → *Verwirkung* und einer → *Verfallfrist*, dagegen wird er regelmäßig nicht von einer → *Ausgleichsquittung* erfasst. Liegt ein triftiger Grund hierfür vor, kann der AN im laufenden Arbeitsverhältnis ein **Zwischenzeugnis** verlangen. Ein solcher Grund ist zB gegeben, wenn ein Vorgesetzter ausscheidet, dem der AN über mehrere Jahre unmittelbar fachlich unterstellt war. Auch bei → *Kündigung* kann der AN während des Laufs der Kündigungsfrist ein Zwischenzeugnis verlangen, das gegen Aushändigung des endgültigen Zeugnisses zurückzugeben ist.

II. Inhalt und Form

Das Zeugnis soll dem AN als **Unterlage für eine neue Bewerbung** dienen und insoweit einen Dritten, der die Einstellung erwägt, unterrichten. Den AN informiert es, wie der AG seine Leistungen bewertet hat. Zur Beurteilung von Inhalt und äußerer Form des Zeugnisses ist auf die Sicht eines objektiven und damit unbefangenen AG mit Berufs- und Branchenkenntnissen abzustellen. Entscheidend ist, wie ein solcher Zeugnisleser das Zeugnis auffassen muss. Es gelten die **Grundsätze der Zeugnisklarheit und der Zeugniswahrheit.** Ein Zeugnis muss klar und verständlich formuliert sein. Es darf keine Merkmale und Formulierungen enthalten, die den Zweck haben, eine andere als aus der äußeren Form oder dem Wortlaut ersichtliche Aussage über den AN zu treffen. Weder **Form,** Wortwahl, Interpunktion, Satzstellung noch Auslassungen dürfen dazu führen, dass bei Dritten der Wahrheit nicht entsprechende Vorstellungen entstehen. Das Zeugnis soll im Rahmen der **Wahrheit wohlwollend** ausgestellt werden. Die zur Erreichung des Zeugniszwecks erforderlichen individuellen Hervorhebungen und Differenzierungen in der Beurteilung lassen sich regelmäßig nicht in einer an ein Schulzeugnis angelehnten tabellarischen Darstellungsform, sondern nur durch ein im Fließtext formuliertes Arbeitszeugnis angemessen herausstellen (BAG 27.4.2021 – 9 AZR 262/20). Ein Zeugnis muss alle wesentlichen Tatsachen und Bewertungen enthalten, die für die Gesamtbeurteilung des AN von Bedeutung und für den Dritten von Interesse sind. Dazu können auch Strafverfahren gehören (BAG 5.8.1976 – 3 AZR 491/75). Nicht aufzunehmen sind einmalige Vorfälle und Umstände, die für den AN, seine Führung und Leistung nicht charakteristisch sind. Ebenso wenig gehören Angaben über eine Elternzeit oder die Mitgliedschaft im → *Betriebsrat* in das Zeugnis; etwas Anderes soll dann gelten, wenn der AG die Leistungen des AN wegen der langen Dauer der Freistellung nicht mehr beurteilen kann (BAG 10.5.2005 – 9 AZR 261/04). Das Bestehen eines → *Wett-*

bewerbsverbots gehört nicht zum Zeugnisinhalt. Ein Zeugnis darf dort keine Auslassung enthalten, wo der Leser eine positive Hervorhebung erwartet (vgl. zur Belastbarkeit in Stresssituationen bei Tageszeitungsjournalisten BAG 12.8.2008 – 9 AZR 632/07).

Die Leistungs- und Verhaltensbeurteilung muss sich auf das Anforderungsprofil der vom AN wahrgenommenen Aufgaben beziehen und steht damit in einem inneren Zusammenhang mit der **Tätigkeitsbeschreibung.** Die Tätigkeiten sind im Zeugnis daher vollständig und genau zu beschreiben. Die Tätigkeitsbeschreibung soll Aufschluss über die während des Arbeitsverhältnisses unter Beweis gestellten Fähigkeiten, Fertigkeiten und Kenntnisse des Dienstverpflichteten geben. Dies kann auch derart erfolgen, dass der AG die dem AN übertragenen Aufgaben lediglich in einer stichwortartigen Aufzählung darstellt, wenn sich dadurch die Lesbarkeit des Zeugnisses verbessert.

Im Rahmen der **Leistungsbeurteilung** hat der AG die Art und Weise darzustellen, in der der AN die ihm übertragenen Aufgaben erledigt hat. Dies erfolgt regelmäßig anhand von Bewertungskriterien wie Fähigkeiten, Kenntnisse, Fertigkeiten, Geschicklichkeit und Sorgfalt sowie Einsatzfreude und Einstellung zur Arbeit. Es hat sich eine Zeugnissprache herausgebildet. Die Formulierung steht im Ermessen des AG, es sei denn, dieser hat sich zuvor durch entsprechende Äußerungen gebunden. Bei der zusammenfassenden Beurteilung der Leistung wird häufig die sog. **Zufriedenheitsskala** benutzt. Wird dem AN danach bescheinigt, er habe „zur vollen Zufriedenheit", oder er habe „stets zur Zufriedenheit" des AG gearbeitet, entspricht eine solche Bewertung der Note „befriedigend" oder auch „vollbefriedigend" (BAG 14.10.2003 – 9 AZR 12/03). In gleicher Weise werden den Graden der Zufriedenheitsskala – ausgehend von einer durchschnittlichen Leistung – Aussagen wie über- oder unterdurchschnittlich zugerechnet. Danach setzt die Endnote „gut" voraus, dass der AG dem AN mehr als die „volle Zufriedenheit" bescheinigt. Das kann durch Berücksichtigung des für die Beurteilung besonders wichtigen Zeitmoments geschehen, mit dem der AG die Beständigkeit der Leistungen charakterisiert. „Gut" iSd Zufriedenheitsskala ist ein AN nur dann, wenn ihm bescheinigt wird, er habe

„stets", „immer" oder „durchgehend" zur vollen Zufriedenheit des AG gearbeitet. Für eine sehr gute Beurteilung hat sich in der Zeugnissprache die Formulierung „stets zur vollsten Zufriedenheit" eingebürgert. Bei den Angaben über das **Verhalten** von Beschäftigten ist insbesondere ihr Verhältnis gegenüber Mitarbeitern, Vorgesetzten und ggf. Kunden sowie ihr Einfügen in den betrieblichen Arbeitsablauf zu beurteilen. Für die Bewertung des Verhaltens können folgende Formulierungen verwandt werden: Das Verhalten gegenüber Vorgesetzten und Mitarbeitern war stets einwandfrei/vorbildlich (sehr gut), ohne stets (gut), das Verhalten war gut (befriedigend), war stets befriedigend (ausreichend). Aussagen über persönliche Empfindungen des AG in einer **Schlussformel,** zB Dank für die Zusammenarbeit und gute Wünsche für die Zukunft, gehören nach der Rspr. nicht zum erforderlichen Inhalt eines Arbeitszeugnisses (BAG 25.1.2022 – 9 AZR 146/21). Das Zeugnis ist vom AG bzw. dem Insolvenzverwalter oder einem ranghöheren Bediensteten unter Zusatz seiner Vertretungsmacht (ppa., i.A.) zu unterzeichnen (BAG 4.10.2005 – 9 AZR 507/04). Dem AN ist ein einheitliches schriftliches Zeugnis auszustellen. Werden üblicherweise Firmenbögen verwandt, muss das Zeugnis auf einem solchen erstellt werden. Der AG erfüllt den Anspruch des AN auf Erteilung eines Zeugnisses grds. auch mit einem ordentlich gefalteten Zeugnis. Es ist üblich, als Datum, mit dem ein qualifiziertes Arbeitsendzeugnis versehen wird, den Tag der rechtlichen Beendigung des Arbeitsverhältnisses zu bezeichnen, nicht dagegen den Tag, an dem das Zeugnis tatsächlich physisch ausgestellt worden ist (vgl. LAG Köln 27.3.2020 – 7 Ta 200/19). Die Erteilung in elektronischer Form ist ausgeschlossen (§ 109 Abs. 3 GewO).

III. Zeugnisberichtigung und Streitigkeiten

Genügt das erteilte Zeugnis den genannten Anforderungen nicht, kann der AN die Berichtigung des Zeugnisses oder dessen Ergänzung verlangen (BAG 15.11.2011 – 9 AZR 286/10). Der AG ist grds. für die dem Zeugnis zugrundeliegenden Tatsachen und Bewertungen beweispflichtig. Hat der AG jedoch dem AN im Zeugnis eine gut durchschnittliche Gesamtleistung bescheinigt, hat der AN nach der Rspr. die Tatsachen vorzutragen und zu beweisen, die eine bessere Schlussbeurteilung rechtfertigen sollen (BAG 18.11.2014 – 9 AZR 584/13). Die Nichtaufnahme des Beendigungsgrunds des Arbeitsverhältnisses macht es – von Sonderfällen abgesehen – nicht unrichtig, sondern nur unvollständig, sodass der AN die Aufnahme des Grundes verlangen kann. Ist der AN mit einer vom AG in das Zeugnis aufgenommenen Schlussformel nicht einverstanden, hat er keinen Anspruch auf Ergänzung oder Umformulierung der Schlussformel, sondern nur Anspruch auf die Erteilung eines Zeugnisses ohne Schlussformel (BAG 11.12.2012 – 9 AZR 227/11). Bei dem berichtigten Zeugnis ist der AG an seine bisherige Verhaltensbeurteilung gebunden, soweit keine neuen Umstände eine schlechtere Beurteilung rechtfertigen (BAG 21.6.2005 – 9 AZR 352/04). Hat der AG zuvor ein Zwischenzeugnis erteilt, ist er regelmäßig an dessen Inhalt gebunden, wenn er ein Zeugnis erteilt (BAG 16.10.2007 – 9 AZR 248/07). Ein unrichtiges Zeugnis kann der AG widerrufen und gegen Erteilung eines neuen Zeugnisses zurückverlangen. Ein berichtigtes Zeugnis ist auf das ursprüngliche Ausstellungsdatum zu berichtigen. Hat der AG das Zeugnis unrichtig oder verspätet ausgestellt und der AN deswegen keine neue Stelle gefunden, kann der AG schadensersatzpflichtig werden. Hat der AG ein unrichtiges Zeugnis ausgestellt, in dem aufzunehmende Vorkommnisse oder Eigenschaften verschwiegen worden sind, und wird ein Dritter hierdurch geschädigt, kann dies zu Schadensersatzansprüchen des AG gegenüber den geschädigten Dritten führen (BGH 15.5.1979 – VI ZR 230/76). Im Rechtsstreit um die Berichtigung des Zeugnisses hat der AN einen konkreten Antrag zu stellen, der die Streitpunkte hervorhebt und angibt, inwieweit Berichtigung oder Ergänzung beantragt wird (BAG 14.2.2017 – 9 AZB 49/16). Bei ihrer Entscheidung sind die Gerichte allerdings weder an die Formulierung des erteilten Zeugnisses noch an die des Klageantrags gebunden. Sie sind gehalten, das gesamte Zeugnis zu überprüfen, und berechtigt, es unter Umständen selbst neu zu formulieren. Unabhängig von der Zeugniserteilung ist der AG berechtigt, auf Wunsch des AN anderen AG auf Anfrage Auskunft zu erteilen. Die Angaben des AG gegenüber Dritten müssen wie die Angaben in einem Zeugnis richtig sein. Im Übrigen sind bei der Weitergabe personenbezogener Daten die Beschränkungen durch den → *Datenschutz* zu beachten. Macht der frühere AG zu weitgehende Angaben gegenüber (potentiellen) neuen AG, kann der AN Unterlassung verlangen. *(OKK)*

► Zielvereinbarung

Ziel- und Bonusvereinbarungen sind als „Handwerkszeug moderner Personalarbeit" zur Regelung einer erfolgsabhängigen Vergütung weit verbreitet. Durch sie sollen das Arbeitsentgelt flexibilisiert und die Leistungsorientierung bei der Vergütungsbemessung gestärkt werden. Bei entgeltbezogenen Zielvereinbarungen wird für das Erreichen der Ziele ein Bonus vereinbart, der nach dem Grad der Zielerreichung gestaffelt sein kann. Rechtsgrundlage ist regelmäßig eine arbeitsvertragliche Vereinbarung, gelegentlich finden sich auch tarifvertragliche Regelungen über leistungsbezogene Entgeltbestandteile (zB § 18 TVöD). Zielvereinbarungen mit Entgeltcharakter erfolgen üblicherweise in einem zweistufigen Verfahren. Im Arbeitsvertrag oder einer Ergänzungsvereinbarung hierzu wird eine **Rahmenregelung** getroffen, die durch Einzelvereinbarungen oder eine BV hinsichtlich der zu erreichenden Ziele, des Verfahrens für Feststellung der Zielerreichung, der finanziellen Dotierung sowie deren Verteilung auf die einzelnen AN konkretisiert wird. Üblicherweise werden **persönliche** und **unternehmensbezogene Ziele** vereinbart. Die persönlichen Ziele können ganz unterschiedlich bestimmt werden. Sie reichen von konkret messbaren „harten" Zielen (zB Abschluss eines Projekts zu einem bestimmten Zeitpunkt, erzielter Umsatz, Akquisitionserfolge) bis zu sog. „weichen Zielen" (Personalführungskompetenz, Teamfähigkeit, Kundenzufriedenheit usw.) oder Gruppenzielen. Unternehmensbezogene Ziele sind zumeist auf wirtschaftliche Kennziffern bezogen, wie Umsatz oder Gewinn. Bei der Einführung und Ausgestaltung eines Bonussystems besteht nach § 87 Abs. 1 Nr. 10 BetrVG ein **Mitbestimmungsrecht** des BR (→ *Betriebsrat (Beteiligungsrechte)*). Dieses betrifft nur die Verteilungsgrundsätze, nicht jedoch den Umfang der auszuzahlenden Boni.

Die in Zielvereinbarungen vereinbarte Vergütung (Bonus) ist erfolgsabhängig und damit regelmäßig eine **unmittelbare Gegenleistung** für die entsprechend der Zielvereinbarung erbrachte Arbeitsleistung. Dies gilt jedenfalls dann, wenn die Sonderzahlung an das

Erreichen quantitativer oder qualitativer Ziele geknüpft ist. In diesem Fall dürfen Boni nicht vom Bestand des Arbeitsverhältnisses zu einem bestimmten Stichtag abhängig gemacht werden (BAG 14.11.2012 – 10 AZR 793/11). Will der AG andere Zwecke verfolgen (zB Belohnung der Betriebstreue), muss sich dies deutlich aus der zugrundeliegenden Vereinbarung ergeben. Leistungsbezogene Boni sind gem. § 3 Abs. 1, § 4 Abs. 1 EFZG grds. auch im Rahmen der → *Entgeltfortzahlung im Krankheitsfall* zu leisten. Sofern mit dem Bonus nicht weitergehende Zwecke, wie Honorierung der Betriebstreue, verfolgt werden, kommt eine Kürzung nach § 4a EFZG nicht in Betracht. Bei länger als sechs Wochen andauernder Erkrankung ist allerdings eine anteilige Kürzung zulässig. Eine Kürzung des Bonus wegen Fehlzeiten aufgrund des Mutterschutzes ist unzulässig.

Die formularmäßige Vereinbarung von Zielvereinbarungen muss dem Transparenzgebot entsprechen und darf den AN nicht unangemessen benachteiligen (BAG 24.10.2007 – 10 AZR 825/06); insoweit gelten die für → *Sonderzuwendungen* bestehenden Grundsätze. Setzt die Zahlung einer Vergütung voraus, dass Ziele vereinbart und erreicht wurden, scheidet ein Erfüllungsanspruch aus, wenn die Arbeitsvertragsparteien es unterlassen haben, rechtzeitig Ziele zu vereinbaren. In Betracht kommt dann nur ein Schadensersatzanspruch des AN (BAG 13.10.2021 – 10 AZR 729/19).

▶ Zinsen

Rückständige Lohnforderungen sind zu verzinsen, wenn sich der AG im Verzug befindet (→ *Annahmeverzug des Arbeitgebers*). Die Zinsen sind auf den Bruttobetrag zu entrichten (BAG 7.3.2001 – GS 1/00). Der Zinssatz beträgt 5 Prozentpunkte (nicht: 5%) über dem Basiszinssatz der EZB, der jeweils bekannt gemacht wird. Der so formulierte Zinsantrag ist hinreichend bestimmt iSd § 253 Abs. 2 Nr. 2 ZPO. Ein höherer Zinssatz kann geltend gemacht werden, wenn der AN einen darüberhinausgehenden entsprechenden Schaden nachweist, der ihm durch die ausgebliebene Zahlung des AG entstanden ist. In diesem Fall können die Zinsen nur auf den Nettobetrag berechnet werden, da der AN nur diesen Betrag ausgezahlt bekommen hätte. In Höhe des erhaltenen → *Arbeitslosengeld I* können keine Zinsen auf den Annahmeverzugslohn verlangt werden (BAG 13.6.2002 – 2 AZR 391/01). Mit dem Übergang des Vergütungsanspruchs auf die Arbeitsverwaltung (§ 115 SGB X) geht auch der Zinsanspruch auf diese über. Der AN kann bei Zahlungsverzug des AG keine **Verzugspauschale** (§ 288 Abs. 5 BGB) verlangen (BAG 12.12.2018 – 5 AZR 588/17). Mit der Erhebung einer Kündigungsschutzklage oder einer Befristungskontrollklage (befristeter Arbeitsvertrag) macht ein AN nicht nur die von dieser abhängigen Vergütungsansprüche iSd der ersten Stufe einer tariflichen Ausschlussfrist geltend, sondern zugleich die darauf geschuldeten gesetzlichen Verzugszinsen (BAG 24.6.2021 – 5 AZR 385/20).

▶ Zurückbehaltungsrecht

Der Schuldner hat nach § 273 BGB das Recht, seine Leistung zu verweigern, bis sein Gläubiger seine Leistung erbracht hat. Das Zurückbehaltungsrecht ist ein Sicherungsmittel bis zur vollständigen Leistungserfüllung. Durch seine Ausübung wird der AN wegen des Fixschuldcharakters der Arbeitsleistung von der Leistungspflicht frei, **ohne zur Nachleistung verpflichtet zu sein.** Das Zurückbehaltungsrecht setzt voraus: **(1)** eine erfüllbare Schuld, **(2)** einen fälligen Gegenanspruch, der **(3)** aus demselben rechtlichen Verhältnis besteht, wie der Anspruch, dem der Schuldner ausgesetzt ist (sog. Konnexität der Ansprüche); daneben muss **(4)** der AN die Ausübung des Zurückbehaltungsrechts gegenüber dem AG erkennbar (entweder ausdrücklich oder durch schlüssiges Verhalten) zum Ausdruck bringen. Der AN ist zB berechtigt, die Arbeit in Räumen zu verweigern, die über das zulässige Maß hinaus mit Gefahrstoffen (zB Asbest → *Arbeitsschutz*) belastet sind. Beide Ansprüche stammen aus dem Arbeitsverhältnis. Kein Zurückbehaltungsrecht besteht hingegen gegenüber einer Forderung aus unerlaubter Handlung oder bei nur geringfügigen Lohnrückständen.

Macht der AN wegen Vergütungsrückständen ein Zurückbehaltungsrecht berechtigt geltend, gerät der AG nach § 298 BGB in Annahmeverzug. Der AN muss allerdings gegenüber dem AG verdeutlichen, dass er die Arbeitsleistung wegen der Vergütungsrückstände einstellt, und diese regelmäßig beziffern (BAG 19.1.2022 – 5 AZR

346/21). Macht der AN berechtigterweise ein Zurückbehaltungsrecht an seiner Arbeitskraft geltend, ist eine deswegen ausgesprochene außerordentliche oder ordentliche **Kündigung** regelmäßig unwirksam. Die rechtsirrtümliche Ausübung eines nicht bestehenden Zurückbehaltungsrechts durch den AN kann hingegen eine → *verhaltensbedingte Kündigung* rechtfertigen. Der AN hat an den ihm überlassenen Arbeitsgeräten (zB Notebook, → *Dienstwagen*) kein Zurückbehaltungsrecht, da er in der Regel nur Besitzdiener ist (vgl. § 855 BGB). Das Zurückbehaltungsrecht kann in vorformulierten Arbeitsverträgen nicht ausgeschlossen oder eingeschränkt werden (§ 309 Nr. 2 BGB).

▶ Zuschläge

Zuschläge und Zulagen sollen besondere Leistungen des AN vergüten oder Erschwernisse bei der Arbeitsleistung ausgleichen. Ein gesetzlicher Anspruch auf Vergütungszuschläge besteht nur nach § 6 Abs. 5 ArbZG für NachtAN (→ *Arbeitszeit*), für Überstunden fehlt eine entsprechende Regelung. Zusätzliche Entgeltbestandteile für besondere Vergütungsformen oder Erschwernisse (zB Überstunden, → *Mehrarbeitsvergütung* oder Schichtarbeit) werden üblicherweise in einem → *Tarifvertrag* oder einer → *Betriebsvereinbarung* geregelt, sie können aber auch im Arbeitsvertrag enthalten sein. Der Anspruch auf eine Zulage kann durch eine → *Anrechnung* oder einen wirksamen → *Widerrufsvorbehalt* eingeschränkt werden. Bei freiwillig erbrachten Entgeltbestandteilen muss der AG den Gleichbehandlungsgrundsatz (→ *Gleichbehandlung der Arbeitnehmer*) beachten.

▶ Zuschuss zum Mutterschaftsgeld

→ *Mutterschutz*

▶ Zustellung

Zustellung ist die **Bekanntgabe eines Schriftstücks** an den Zustellungsadressaten in der gesetzlich vorgeschriebenen Form (§ 166 Abs. 1 ZPO). Die Beurkundung des Vorgangs ist nicht Bestandteil der Zustellung, sondern dient nur ihrem Nachweis (§ 182 Abs. 1

ZPO). Durch die Zustellung wird der Zustellungsadressat in die Lage versetzt, vom Inhalt des Schriftstücks Kenntnis zu nehmen. Nach den § 46 ArbGG, § 166 Abs. 2 ZPO erfolgen Zustellungen regelmäßig von Amts wegen, soweit nichts anderes vorgeschrieben ist. Von Amts wegen werden zB zugestellt Klageschrift, Ladungen, Prozesserklärungen, Entscheidungen (Urteile, Beschlüsse im → *Beschlussverfahren*) und Rechtsmittel.

Die Zustellung wird vom **Urkundsbeamten der Geschäftsstelle** des Gerichts, bei dem der Prozess anhängig ist, nicht nur veranlasst, sondern auch durchgeführt (§ 168 Abs. 1 ZPO). Dies geschieht entweder durch (**1**) die Zustellung eines elektronischen Dokuments (§ 173 ZPO), (**2**) Übergabe des Schriftstücks an den Zustellungsempfänger an der Amtsstelle (§ 174 ZPO), (**3**) Übersendung gegen Empfangsbekenntnis an bestimmte Personen (zB RA, Behörden, § 175 ZPO) oder (**4**) Versenden als Einschreiben mit Rückschein (§ 176 ZPO). Der Urkundsbeamte kann schließlich (**5**) die Post als Beliehene oder (**6**) einen Justizbediensteten mit der Ausführung der Zustellung beauftragen (§ 168 Abs. 1 S. 2 ZPO). An → *Rechtsanwälte* und Verbandsvertreter ist eine **vereinfachte Zustellung** (§ 195 ZPO) möglich.

Eine **Ersatzzustellung** erfolgt, wenn der Zustellungsadressat nicht angetroffen wird. Wird er in der Wohnung, dem Geschäftsraum oder einer Gemeinschaftseinrichtung (zB Alten- bzw. Pflegeheim, Studentenwohnheim) nicht angetroffen, kann die Zustellung nach § 178 Abs. 1 ZPO (**1**) in der Wohnung entweder an erwachsene Familienangehörige, eine im Familienhaushalt beschäftigte Person oder einen erwachsenen ständigen Mitbewohner, (**2**) in Geschäftsräumen an eine dort beschäftigte Person sowie (**3**) in Gemeinschaftseinrichtungen an deren Leiter oder eine dazu ermächtigte Person erfolgen. Die Ersatzzustellung an diese Personen hat nur zu unterbleiben, wenn die Person an dem Rechtsstreit als Gegner des Zustellungsadressaten beteiligt ist (§ 178 Abs. 2 ZPO).

Ist die **Zustellung fehlerhaft** erfolgt, kann sie mit Wirkung für die Zukunft wiederholt werden. Ist dem Zustellungsadressaten das Schriftstück tatsächlich zugegangen, gilt es als in diesem Zeitpunkt zugestellt (§ 189 ZPO). Eine zwingende Zustellungsvorschrift ist verletzt, wenn die förmliche Zustellung gesetzl. vorgesehen ist, jedoch nicht stattgefunden hat. Eine diesbezügliche **Heilung** setzt voraus, dass (**1**) das Gericht eine förmliche Zustellung an einen bestimmten Adressaten (**2**) mit Zustellungswillen bewirken wollte, (**3**) dieser Person das Schriftstück tatsächlich zugegangen ist und (**4**) dieser Zeitpunkt nachgewiesen werden kann.

Der Vorsitzende eines → *Betriebsrats* oder → *Gesamtbetriebsrats* ist berechtigt, die Zustellung für sein Gremium entgegenzunehmen.

▶ Zwangsvollstreckung

Grds. setzt die Zwangsvollstreckung aus einem → *Urteil* dessen Rechtskraft voraus. Doch auch nicht rechtskräftige Urteile der → *Arbeitsgerichte* sind vorläufig vollstreckbar (§ 62 Abs. 1 ArbGG). Die vorläufige Vollstreckbarkeit kann im Urteil oder auf die → *Berufung* des vor dem ArbG unterlegenen Beklagten auf dessen Antrag hin ausgeschlossen werden. Der **Ausschluss der Zwangsvollstreckung** setzt voraus, dass der Beklagte glaubhaft macht, dass ihm die drohende Vollstreckung einen nicht zu ersetzenden Nachteil bringen würde. Eine Einstellung der Zwangsvollstreckung gegen Sicherheitsleistung (Bürgschaft, Hinterlegung) ist – anders als im Zivilprozess – nicht zulässig.

Der Beklagte kann nach Erlass eines Urteils die (vorläufige) **Einstellung der Zwangsvollstreckung** beantragen. Zuständig ist das Gericht, das über den Einspruch gegen ein → *Versäumnisurteil* oder die → *Berufung* zu entscheiden hat. Die Entscheidung ergeht ohne mündliche Verhandlung durch den Vorsitzenden der Kammer. Der Antrag ist nur begründet, wenn – wie bei einem Antrag auf Ausschluss der Zwangsvollstreckung – glaubhaft gemacht wird, dass die Vollstreckung dem Beklagten einen nicht zu ersetzenden Nachteil bringen würde (§ 62 Abs. 1 S. 3 ArbGG; § 719 Abs. 1 ZPO). Dies kommt zB in Betracht, wenn sich die Vollstreckungsfolgen nicht mehr beseitigen lassen oder es zu irreparablen Schäden kommt. Auch die Einstellung der Zwangsvollstreckung kann nicht von einer Sicherheitsleistung abhängig gemacht werden.

Auf die Zwangsvollstreckung finden die **Vorschriften der ZPO** Anwendung (§ 62 Abs. 2 S. 1 ArbGG, §§ 704 ff. ZPO). Danach sind das Amtsgericht oder der Gerichtsvollzieher für die Zwangsvollstreckung **zuständig** (§§ 764, 753 ZPO). Das ArbG ist nur dann Vollstreckungsgericht, wenn die Zwangsvollstreckung dem Prozessgericht übertragen ist (§§ 887, 888, 889a, 890 ZPO). Im Vollstreckungsverfahren findet auch vor den ArbG volle Kostenerstattung statt. Wird nur die Art und Weise der Zwangsvollstreckung durch den Gerichtsvollzieher oder das Amtsgericht gerügt, kann dagegen Erinnerung eingelegt werden (§ 766 ZPO). Gegen die Beschlüsse des Amtsgerichts ist die sofortige Beschwerde statthaft (§ 793 ZPO), über die das Landgericht entscheidet. Gegen Vollstreckungsmaßnahmen der ArbG ist nur die sofortige Beschwerde gegeben. Wird dagegen geltend gemacht, der Urteilsausspruch sei nach Erlass erfüllt worden (zB durch Zahlung), muss der Beklagte **Vollstreckungsabwehrklage** (§ 767 ZPO) erheben.

▶ Zwischenmeister

→ *Heimarbeiter*

▶ Zwischenzeugnis

→ *Zeugnis*

Beruf und Karriere

Kunz
Vom Mitarbeiter zur Führungskraft
Die erste Führungsaufgabe
erfolgreich übernehmen.
Wirtschaftsberater TOPTITEL
4. Aufl. 2019. 310 S.
€ 16,90. dtv 50966
Auch als **ebook** erhältlich.

Der Autor liefert zahlreiche Hinweise, Tipps und praktische Hilfen für den Übergang von einer Fachfunktion zur Leitungsaufgabe.

Mentzel
Personalentwicklung
Erfolgreich motivieren, fördern
und weiterbilden.
Wirtschaftsberater
5. Aufl. 2018. 328 S.
€ 17,90. dtv 50959
Auch als **ebook** erhältlich.

Kunz
Neu in der Führungsrolle
So meistern Sie die persönliche
Herausforderung.
Wirtschaftsberater TOPTITEL
2. Aufl. 2020. 199 S.
€ 15,90. dtv 50969
Auch als **ebook** erhältlich.

Der Autor beschreibt, wie Sie die **neue Rolle als Vorgesetzter** souverän ausfüllen können – ab dem Zeitpunkt der ersten Ausübung der Führungsaufgabe und den ersten Monaten in der Führungsverantwortung bis zur erfolgreichen Bewährung als Vorgesetzter.

Er gibt **Hinweise, Tipps und praktische Hilfen,** um die ersten 100 Tage in der Leitungsaufgabe gut vorbereitet zu bewältigen.

Hell
Assessment Center
Souverän agieren – gekonnt überzeugen.
Wirtschaftsberater TOPTITEL
4. Aufl. 2019. 230 S.
€ 17,90. dtv 50963
Auch als **ebook** erhältlich.

Praktische Tipps und Übungsbeispiele bereiten optimal auf ein Assessment Center vor.

Kunz
Teams und Arbeitsgruppen leiten
Wie Sie Führungsverantwortung übernehmen, ohne Vorgesetzter zu sein
Wirtschaftsberater TOPTITEL
2021. 169 S.
€ 15,90. dtv 50972
Auch als **ebook** erhältlich.

Wer im Unternehmen eine Führungsrolle übernimmt, trägt Verantwortung für das Erreichen der wirtschaftlichen Ziele, für ein hohes Maß an Kundenzufriedenheit, für effiziente Strukturen und Prozesse sowie für den wirkungsvollen Einsatz der Mitarbeiter. In Zeiten häufiger Wandlungsprozesse in Unternehmen, der zunehmenden Digitalisierung von Abläufen und dem wachsenden Stellenwert von flachen Hierarchien und schlanken Aufbauorganisationen werden neue Anforderungen an die Mitarbeiterführung gestellt. Ist das Führen durch Vorgesetzte überhaupt noch zeitgemäß? Dieses Buch vertritt den Standpunkt, dass »klassische« Führung durch Vorgesetzte mit disziplinarischen Befugnissen und das Führen durch Leitungsverantwortliche ohne Vorgesetztenrolle sich wirksam ergänzen können.

Hell
Das Vorstellungsgespräch
Die besten Strategien, die schlagkräftigsten Argumente: So überzeugen Sie Ihren neuen Arbeitgeber.
Wirtschaftsberater TOPTITEL
2. Aufl. 2021. 288 S.
€ 17,90 €. dtv 50971
Auch als **ebook** erhältlich.

Das Vorstellungsgespräch ist das Portal in den Berufseinstieg. Dieses Buch hilft, sich **optimal darauf vorzubereiten und eine individuelle Überzeugungsstrategie** zu entwickeln. Es erläutert die wichtigsten allgemeinen und branchentypischen Fragen sowie die verschiedenen **Interviewmethoden** und gibt Tipps für optimale Antworten.

Übungen und Praxisbeispiele zeigen anschaulich, worauf es bei der Selbstpräsentation ankommt und mit welchen Kommunikations- und Überzeugungstechniken Sie die größte Wirkung erzielen.

Weisbach
Stolperfallen im Gespräch
Passende Antworten auf unpassende Fragen und andere Möglichkeiten Gespräche zu lenken.
Wirtschaftsberater — TOPTITEL
2019. 172 S.
€ 12,90. dtv 50968
Auch als **ebook** erhältlich.

Mit diesem Buch lernen Sie ein neues Gesprächsverhalten und verbessern so zwischenmenschliche Beziehungen – geschäftlich ebenso wie privat.

Drzyzga
Personalgespräche richtig führen
Ein Kommunikationsleitfaden.
Wirtschaftsberater
2. Aufl. 2011. 164 S.
€ 12,90. dtv 50840
Auch als **ebook** erhältlich.

Weisbach/Sonne-Neubacher
Professionelle Gesprächsführung
Ein praxisnahes Lese- und Übungsbuch.
Wirtschaftsberater — TOPTITEL
10. Aufl. 2023. 512 S. — NEU
€ 16,90. dtv 50974
Auch als **ebook** erhältlich.
Neu im November 2022

Bühring-Uhle/Eidenmüller/Nelle
Verhandlungsmanagement
Analyse · Werkzeuge · Strategien.
Beck im dtv
2. Aufl. 2017. 253 S.
€ 19,90. dtv 50763
Auch als **ebook** erhältlich.

Klotzki
So halte ich eine gute Rede
In 7 Schritten zum Publikumserfolg.
Wirtschaftsberater
2. Aufl. 2012. 131 S.
€ 9,90. dtv 50873
Auch als **ebook** erhältlich.

Weisbach
Gekonnt kontern
Wie Sie Angriffe souverän entschärfen.
Wirtschaftsberater
2. Aufl. 2017. 213 S.
€ 12,90. dtv 50955
Auch als **ebook** erhältlich.

Mentzel
Erfolgreiche Vorträge und Präsentationen
Überzeugend auftreten,
Lampenfieber beherrschen.
Wirtschaftsberater TOPTITEL
3. Aufl. 2020. 216 S.
€ 13,90. dtv 50965
Auch als **ebook** erhältlich

Die Fähigkeit, vor anderen zu sprechen gehört heutzutage zu den so genannten Schlüsselqualifikationen. Die Sprache ist Voraussetzung, um beruflich und gesellschaftlich voranzukommen. Die besten Argumente und originellsten Gedanken sind nutzlos, wenn Sie nicht rhetorisch überzeugend übermittelt werden. Das gilt bei beruflichen und öffentlichen Anlässen ebenso wie im privaten Bereich.

Das sichere und freie Sprechen vor Zuhörern kann man erlernen. Mit diesem Buch haben Sie eine perfekte Arbeitshilfe, um Vorträge und Präsentationen vorzubereiten und durchzuführen. Sie finden alles, was Sie wissen müssen, zur Gliederung, sprachlichen Gestaltung oder Visualisierung ihrer Gedanken, aber auch zur Wirkung Ihrer Körpersprache und zum Umgang mit Lampenfieber und Störungen.

Zahlreiche Übungen unterstützen Sie dabei, Regeln und Empfehlungen zu vertiefen und sich die notwendige Sicherheit anzueignen.

Haug
Erfolgreich im Team
Praxisnahe Anregungen für effizientes Teamcoaching und Projektarbeit.
Wirtschaftsberater
5. Aufl. 2016. 223 S.
€ 12,90. dtv 50946
Auch als **ebook** erhältlich.

Bender
Teamentwicklung
Der effektive Weg zum »Wir«.
Wirtschaftsberater
3. Aufl. 2015. 303 S.
€ 16,90. dtv 50945
Auch als **ebook** erhältlich.

Stender-Monhemius
Schlüsselqualifikationen
Zielplanung, Zeitmanagement, Kommunikation, Kreativität.
Beck im dtv
2006. 163 S.
€ 9,50. dtv 50910

Haberzettl/Birkhahn
Moderation und Training
Ein praxisorientiertes Handbuch.
Wirtschaftsberater
2. Aufl. 2012. 324 S. € 17,90. dtv 50866
Auch als **ebook** erhältlich.

Diekmann
China Knigge
Business und Interkulturelle Kommunikation.
Wirtschaftsberater
2. Aufl. 2015. 200 S.
€ 16,90. dtv 50944
Auch als **ebook** erhältlich.

Ein Überblick über die Bandbreite chinesischer Verhaltenstraditionen im Alltags- und Geschäftsleben.

Knieß
Kreativitätstechniken
Methoden und Übungen.
Beck im dtv
2006. 268 S.
€ 9,50. dtv 50906

Baumert
Professionell texten
Grundlagen, Tipps und Techniken.
Wirtschaftsberater
4. Aufl. 2017. 250 S.
€ 14,90. dtv 50956
Auch als **ebook** erhältlich.

Arbeitsrecht

ArbG · Arbeitsgesetze
Textausgabe **TOPTITEL**
102. Aufl. 2023. 1104 S. **NEU**
€ 13,90. dtv 5006
Neu im Februar 2023

Mit den wichtigsten Bestimmungen zum Arbeitsverhältnis, Kündigungsrecht, Arbeitsschutzrecht, Berufsbildungsrecht, Tarifrecht, Betriebsverfassungsrecht, Mitbestimmungsrecht und Verfahrensrecht.
Die **101. Auflage** bringt die Textsammlung auf den Stand **1. Juli 2022.** Wichtigste Änderung bleiben die Berücksichtigung der Pandemie bedingten Corona-Gesetzgebung, das Mindestlohngesetz, das Infektionsschutzgesetz, Regelungen des elektronischen Rechtsverkehrs, Richtlinienumsetzungen sowie Sozialrechtsänderungen.

Mitbestimmungsgesetze in den Unternehmen mit allen Wahlordnungen
Textausgabe
8. Aufl. 2017. 532 S.
€ 16,90. dtv 5524

Hromadka/Maschmann
Arbeitsrecht für Vorgesetzte
Rechte und Pflichten bei der Mitarbeiterführung.
Rechtsberater TOPTITEL
6. Aufl. 2019. 486 S.
€ 24,90. dtv 51239
Auch als **ebook** erhältlich.

Notter/Ruf/Schönleben
Arbeitsrecht in Frage und Antwort
Bewerbung, Vertrag, Entgeltfortzahlung, Urlaub, Krankheit, Kündigungsschutz, Abfindung, Zeugnis.
Rechtsberater
4. Aufl. 2017. 444 S.
€ 19,90. dtv 51205
Auch als **ebook** erhältlich.

Fragen und Antworten rund um das Arbeitsverhältnis.

Schulz/Jarvers/Gerauer
Alles über Arbeitszeugnisse
Form und Inhalt · Zeugnissprache.
Mit Beispielen und Zeugnismustern.
Rechtsberater
9. Aufl. 2015. 191 S.
€ 12,90. dtv 50767
Auch als **ebook** erhältlich.

BeamtR · Beamtenrecht
BundesbeamtenG, BeamtenstatusG, BundesbesoldungsG, BeamtenversorgungsG, BundesdisziplinarG, BundesbeihilfeVO und weitere Vorschriften des Bundesbeamtenrechts.
Textausgabe TOPTITEL
36. Aufl. 2022. 651 S. NEU
€ 14,90. dtv 5529

TVöD · Tarifrecht öffentlicher Dienst
Bund, Kommunen, TV-Ärzte, Entgeltordnungen
Textausgabe TOPTITEL
9. Aufl. 2021. 929 S.
€ 13,90. dtv 5787

TVAöD - Allgemeiner Teil, TVAöD -Besonderer Teil - BBiG und Pflege, TV EntgO Bund, EntO (VKA), TVöD - Allgemeiner Teil, TV-Ärzte (VKA), TVÜ-Ärzte, TVÜ-Bund, TVÜ-VKA

TV-L · Tarifrecht öffentlicher Dienst
Länder, TV-Ärzte, Entgeltordnungen
Textausgabe
8. Aufl. 2020. 916 S.
€ 12,90. dtv 5788

TVA-L BBiG und Pflege, TV-Ärzte (Länder), TV-L, TV EntgO-L, TV-Hessen, TVÜ -Hessen, TVÜ -Länder, TV EntgO-L, TVA-L Gesundheit.